谨以此书献给中国共产党成立 100 周年

大同市保险业志

DATONGSHI BAOXIANYE ZHI

大同市保险行业协会◎编

方志出版社
Publishing House of Local Records

图书在版编目（CIP）数据

大同市保险业志 / 大同市保险行业协会编 . —北京：方志出版社，2021.12

ISBN 978-7-5144-5188-7

Ⅰ . ①大… Ⅱ . ①大… Ⅲ . ①保险业－概况－大同 Ⅳ . ① F842.725.3

中国版本图书馆 CIP 数据核字（2022）第 213709 号

责任编辑：李志瑜
责任校对：刘玉霞
责任印制：梅中英
出 版 者：方志出版社
地　　址：北京市朝阳区潘家园东里 9 号（国家方志馆 4 层）
邮　　编：100021
网　　址：http://www.zgfzcb.cn
发　　行：方志出版社图书营销中心（010-67110500）
印　　刷：北京天恒嘉业印刷有限公司
开　　本：889 毫米 ×1194 毫米　1/16
印　　张：58.5
字　　数：1059 千字
版　　次：2021 年 12 月第 1 版
印　　次：2021 年 12 月第 1 次印刷
定　　价：298.00 元

主 修

郭 促

贺启宗

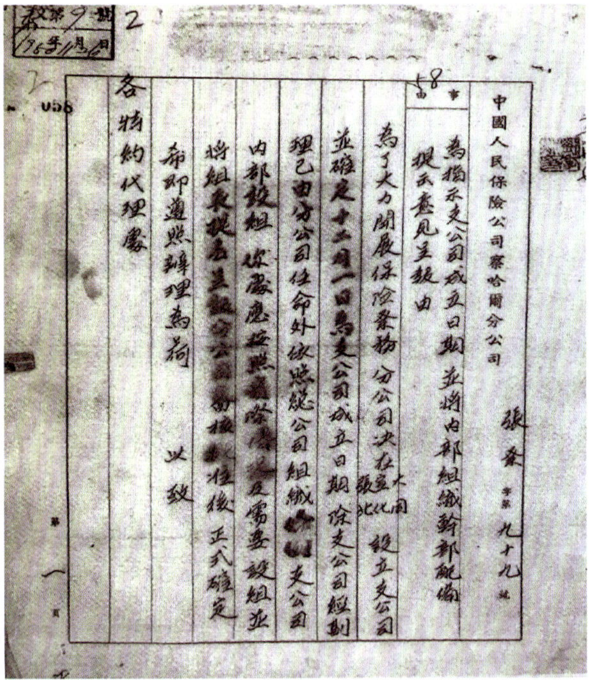
中國人民保險公司察哈爾分公司 張家 字第九十九號

事由：為指示支公司成立日期並將內部組織幹部配備提示意見呈核由

為了大力開展保險業務分公司決在大同張北化德設立支公司

並確定十二月一日為支公司成立日期，除支公司經

理已由分公司任命外，依照總公司組織[illegible]支公司

內部設組，依處應按照[illegible]需要設組並

將組長提出呈報分公司[illegible]核准後正式確定

希即遵照辦理為荷 此致

各特約代理處

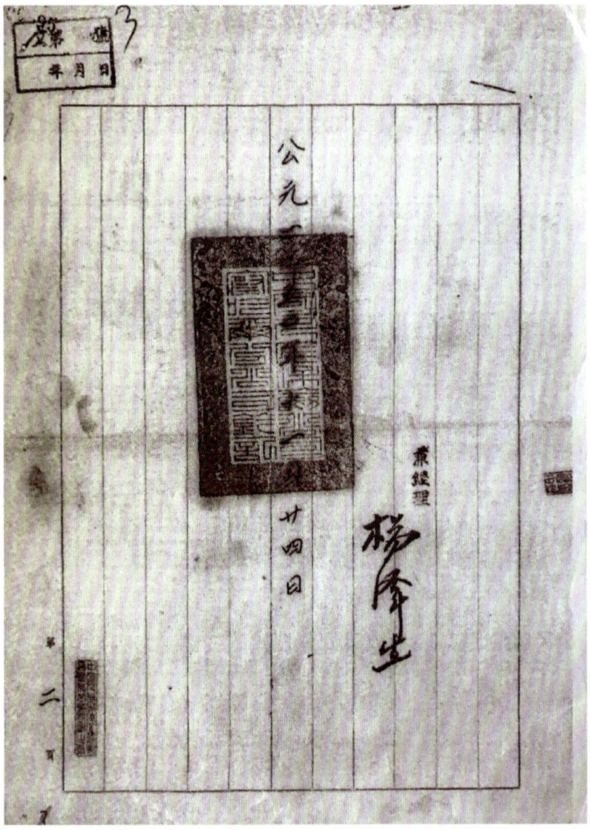
公元[illegible]廿四日

兼經理 [illegible]

1950 年 11 月中国人民保险公司察哈尔分公司下发关于人保大同支公司成立文件

1986 年 9 月，人保大同中支机关及所辖城区、新平旺、南郊、新荣区、保险修理厂全体员工合影

1987 年 2 月，中国人民保险公司总经理秦道夫（二排左五）在省分公司总经理常世华（二排左四）陪同下在雁同地区考察。图为秦道夫与雁北地委书记阎赞尧（二排左六）、地区副专员陆晨日（二排左三）在雁北保险大楼与人保雁北中支部分员工合影

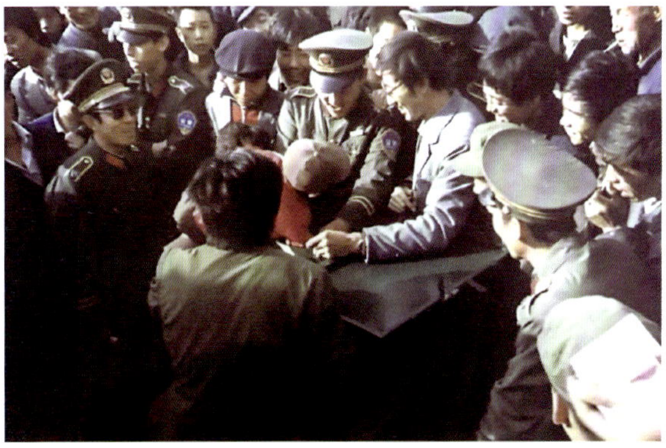

1988 年 2 月，人保雁北中支营业部开展简易人身保险有奖销售活动

1988 年 5 月，人保大同县支公司业务科员工在大同县中高庄乡观察承保黄花长势情况

1993 年 3 月，人保省分公司副总经理乔行之（第二排左七）宣布人保雁北新领导班子成立

1988 年 6 月，人保广灵县梁庄乡家庭财产保险理赔兑现大会现场

1993 年 6 月，人保山西省分公司副总经理张大运（前排左五）同新组建的人保大同分公司领导班子合影

1989 年 10 月 18 日至 19 日，雁北境内发生“大同—阳高地震”。10 月 23 日，人保山西省分公司总经理乔行之（左二）、人保雁北中支经理郝禄（左三）等保险员工在地震重灾区浑源县沙圪坨镇赤泥泉村慰问受灾群众

1993 年 7 月，人保雁同地市中支合并成立大同分公司。图为人保大同分公司召开第一次党组会议，会议由党组书记、常务副总经理石宝镛（左六）主持

1996 年 7 月，中保人寿大同分公司召开第一次党组工作扩大会议

1998 年 10 月，中保人寿大同分公司总经理室成员及部分员工在大同西门外广场开展保险咨询活动

1996 年 7 月，中保人寿山西省分公司副总经理王明（主席台左一）参加中保人寿大同分公司挂牌仪式。图为省分公司领导、市分公司领导成员向员工致谢

1999 年 8 月 14 日，太平洋保险公司大同支公司在大同西门外红旗广场开展保险宣传活动

1996 年 8 月，中保人寿大同分公司员工在街头宣传保险知识

1999 年 10 月，中国人寿大同分公司举办“收获在金秋”营销活动。图为总经理刘枫（左二）为优秀员工颁奖

1999 年 10 月，国寿大同分公司举行"收获在今秋厚礼献国庆"表彰大会

2000 年 7 月，大同市委书记靳善忠（左一）在中国人寿大同分公司调研。中国人寿大同分公司党委书记、总经理刘枫（左二）介绍大同寿险业发展情况

2001 年 7 月，中国人寿保险股份有限公司个人保险部总经理苏恒轩（左四）、国寿运城分公司总经理张红路（左三）在国寿大同浑源支公司调查研究

2000 年 6 月，国寿山西省分公司个险代理处、内蒙古自治区个险代理处负责人同国寿大同分公司领导及营销员组成的军乐队合影

2003 年大同矿务局开展安全生产宣传咨询月活动

2004 年 12 月，国寿大同分公司系统举办业务财务封闭式培训

2005 年 3 月，中国人寿山西省分公司总经理赵立业（右）在大同调研

2006 年 7 月，大同自来水公司感谢人保财险大同分公司为企业“保驾护航，共谋发展”。图为人保财险总经理薛雁翔（左二）、副总经理陆晓军（左一）同自来水公司领导在一起

2006 年 7 月，人保财险大同分公司举办歌咏比赛。图为人保财险南郊支公司现场表演

2007 年 3 月，人保财险大同市分公司举办“激情人保·我心飞扬”演讲比赛

2007 年 4 月，中国人寿大同分公司在雁北宾馆世纪厅举行 5、6 联动启动会议。中国人寿大同分公司总经理靳联虎（前排左四）及班子成员同销售精英进行会间互动

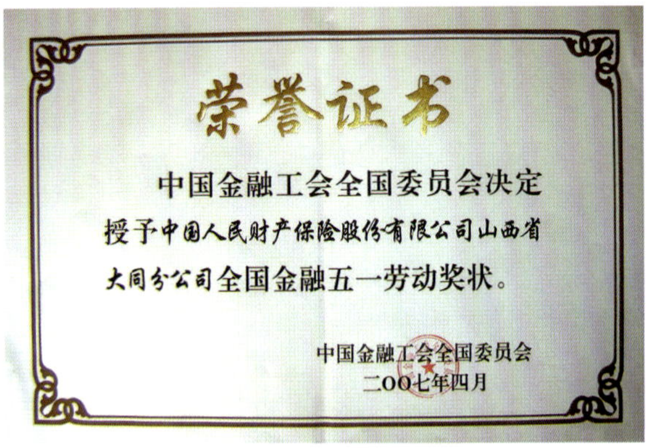

2007 年 4 月，中国人民财险保险股份有限公司大同分公司获中国金融工会全国委员会颁发的全国金融五一劳动奖状

2007 年 7 月 18 日，中国人寿大同分公司在雁北影剧院举办首届客户节答谢晚会

2007 年 6 月 16 日，中国人寿大同分公司举办首届客户节健康义诊活动

2007 年 9 月 25 日，中国人民财产保险股份有限公司大同市分公司首届客户节启动

2007 年 12 月，大同市保险行业协会成立。山西省保监局、山西保险行业协会、大同市政府、大同市民政局及大同市保险协会会员公司领导参加。大同市副市长李武章（前排左七）被选举为大同保险行业协会名誉会长，王者成任协会秘书长（前排左四）

2008 年 7 月，人保财险大同市分公司一线技能理赔查勘知识竞赛举行

2008 年 1 月，中国人寿大同市分公司总经理高铁强（前排左四）及分公司新领导班子成员、部分支公司经理欢送前任总经理靳联虎（前排左三）出任中国人寿长治分公司总经理

2009 年 6 月，大同灵丘 7 个乡（镇）74 个村庄遭遇罕见的冰雹灾害，国寿财险大同中支积极启动灾情理赔快速兑现预案。国寿财险大同中支总经理麻秀文（左五）、副总经理孟祥静（左四）在勘查理赔现场

2009 年 2 月，太平财险大同中支获太平财险山西省先进单位。图为太平财险大同中支杨密总经理（左六）接受颁奖

2009 年 2 月，中国人寿财险大同中支、中国人寿大同分公司在国寿财险大同中支会议室召开产寿险互动销售会议。国寿财险山西省分公司副总经理杨彦龙（左五）、业务部总经理杨琪（左三）、副总经理段政（左一）、互动部总经理曹建军(左七)、国寿大同分公司总经理高铁强(左六)、副总经理郭善宏（左二）、国寿财险大同中支总经理麻秀文（左四）、副总经理孟祥静（右一）参加会议

2009 年 6 月，人保财险大同分公司同其他单位联合举办大同市第二届汽车展示会。图为大同市副市长阎文照在开幕仪式上致辞

2009 年 3 月，中国人寿保险股份有限公司大同分公司获得大同市政府授予的“大同市名牌战略企业”称号

2010 年 3 月 15 日，人保财险大同分公司预付大同绕城高速公路重大交通事故承运人责任险赔款 150 万元

2010 年 2 月 25 日，国寿大同分公司总经理高铁强（前排左八）主持召开中国人寿大同分公司年度工作会议

2010年10月，人保财险大同市分公司举办2010年法律/合规工作暨反洗钱知识培训

2012年8月22日，山西保监局局长王毅（前排左四）一行到大同开展县域监管巡查工作，并与大同保险行业协会及会员公司领导合影

2011年2月12日，国寿大同分公司总经理郭善宏（前排左十四）主持召开中国人寿大同分公司年度工作会议

2011年6月，国寿大同分公司组织VIP客户，在南郊区西韩岭乡北村进行采摘活动

2012 年 8 月，大同保险协会会员公司在人保财险大同分公司参加山西省保监局政风民主评议对话视频会议

2012 年 8 月 24 日，山西保监局在山西保险行业协会大同办事处召开山西保监局监管巡查座谈会。山西保监局局长王毅（左七）到会作重要讲话

2013 年 5 月，中煤保险大同中支在华林生活广场举办“百日品牌传播活动”

2013 年 7 月 31 日，山西保监局副局长景晋生（中）、法制处副处长谭学庆（左一）一行在大同监管巡查

2013 年 6 月，山西保险行业协会举办地市交流会议。山西省保监局办公室主任侯广庆（前排左五）、山西省保险行业协会秘书长郭志龙（左四）、副秘书长郭晓莉（前排左六）、谭守伟（前排左三）参加会议

2013 年 9 月，河南省三门峡市、焦作市保险行业协会秘书长到大同保险行业协会进行业务交流

2013 年 9 月 29 日，大同办事处举办“大同保险业案件诉讼实务暨纠纷调处工作专项培训”

2014 年 4 月，平安财险大同中支总经理李永升（三排左六）与全体员工参加年度荣誉盛典

2014 年 6 月 6 日，山西保监局财产险处处长高奇志（左一）在大同检查指导工作

2014 年 11 月 21 日，大同保险行业协会保险从业人员代理人资格考试现场

2015 年 1 月，中国人寿大同分公司总经理赵万明（左六）慰问国寿大同营业部销售精英

2014 年 11 月，大同保险行业协会工作人员为保险代理人员办理资格录入

2016 年 1 月，客户为华安财险大同中支送旌旗，感谢保险理赔服务高效满意

2016 年 2 月，大同、朔州司法局领导到大同保险业检查指导“两会”期间纠纷排查调处工作

2016 年 2 月，阳光财险大同中支召开年度经营分析会。图为大同保险行业协会秘书长郭促（前排左三）、阳光财险大同中支总经理杨密（前排左四）在会场

2016 年 7 月，“全国保险公众宣传日”到来之际，大同保险行业协会组织全市会员公司在大同文瀛湖畔举办主题为“@ 保险，一切更简单”彩虹定位跑活动。大同市政府金融办公室副主任张福平（右三）参加开幕仪式

2016 年 7 月，全国保险宣传日英大财险大同中支参加集中宣传活动。图为英大财险大同中支总经理王晓同（左三）同部分员工在充气拱门前留影

2016 年 12 月 9 日，大同市保险行业协会再次成立并在大同市南环路 108 号举行挂牌仪式。山西保监局办公室副主任李志超（左二），山西省保险行业协会秘书长孙志斌（左一），大同市保险行业协会会长、人保财险大同分公司总经理王俊斌（左三），协会秘书长郭促（左四）参加揭牌仪式

2016 年 12 月 24 日，中煤财险大同中支举办开门红年会

2017 年 1 月 17 日，中国太保寿险大同中心支公司总经理董铁军（左六）带队，赴定点帮扶村灵丘县白崖台乡东长城村开展春节慰问

2017 年 1 月 23 日，国寿财险大同中支杨东山总经理（右二）带领扶贫工作队在大同平城区吉家庄乡固定桥村慰问村民

2017 年 3 月，人保财险大同分公司、大同公安交通大队召开联席会，探讨提高交通事故处理时效

2017 年 7 月，泰康人寿开展户外防范非法集资宣传

2017 年 3 月，永安财险大同中支开展“平安大同暨摩托车专项整治动员活动”。公司总经理魏天飞(左四)与交警、员工一起参与活动

2017 年 6 月，泰康人寿大同中支开展防范与打击非法集资宣传月系列活动

2017 年 6 月 28 日，大同保险业在大同和阳门广场举办防范与打击非法集资宣传月系列活动。市政府金融办公室副主任张福平（左五）参加启动仪式

2017 年 7 月 8 日，中国保险公众宣传日华安财险大同中支在大同和阳门广场做宣传

2017 年 11 月 11 日，人保财险大同市分公司机关党员前往阳高大泉山红色文化教育基地开展党员教育活动

2018 年 2 月 10 日，平安财险大同中支春节联欢晚会员工合影

2018 年 3 月，人保财险大同市分公司市本部组织员工观看电影《厉害了，我的国》

2018 年，太平人寿大同中支总经理钱江胜（右二）一行，向大同市保险行业协会赠送锦旗一面

2018 年 1 月 21 日，人保财险大同市分公司与大同市中级人民法院举行“执行无忧悬赏保险合作协议”签约仪式。大同市中级人民法院院长白永旺（左五）、大同市中级人民法院副院长王发（左六）、大同市中级人民法院执行局局长韩毅（左七）、人保财险大同市分公司总经理陆晓军（左四）参加签约仪式

2018 年 5 月 15 日，大同保险行业协会乔迁后举行第一次理事会议。会长、人保财险大同分公司总经理陆晓军（左二），副会长、国寿大同分公司总经理周文军（左三），副会长、国寿财险大同中支总经理杨东山（左四），秘书长郭促（左一）共同揭牌

2018 年 5 月 4 日，大同市保险行业协会全体员工专赴阳高王官屯双语实验学校，开展爱心捐助活动

2018 年 5 月，大同市保险行业协会会长、人保财险大同分公司总经理陆晓军（前排左三），副会长、国寿大同分公司总经理（周文军），副会长、国寿财险大同中支总经理杨东山（前排左四），秘书长郭促（前排左二）及秘书处全体工作人员合影

2018 年 5 月 25 日，大同保险行业协会召开《大同市保险业志》组稿会议

2018 年 5 月，人保财险大同分公司丰富业余生活。图为分公司总经理陆晓军（左三）做裁判，参与系统员工拔河比赛

2018 年 6 月 15 日，人保财险大同市分公司组织开展“2018 年人保客户节”暨“PICC 直升机救援项目”宣传活动

2018 年 7 月，人保财险大同分公司参与成龙国际动作电影周宣传

2018年9月，幸福人寿大同中支积极开展爱国主义教育活动。图为公司组织青年员工参观大同煤矿“万人坑”遗址纪念馆

2019年1月，大同保险行业协会组织平安财险大同中支、平安寿险大同中支在广灵县作疃乡曹窑村进行春节慰问。图为平安人寿大同中支总经理张密（右一）参与慰问活动

2019年1月，大同保险行业协会召开第五次《大同保险志》编纂工作会议

2018年12月11日，人保财险大同市分公司、大同市委政法委、大同市第六人民医院签订《大同市严重精神障碍患者监护人责任保险协议》。大同市政法委常务副书记柴鑫（前排左二）、大同市第六人民医院院长曹德（前排右一）、人保财险大同市分公司总经理陆晓军（前排左一）参加签约仪式

2019年3月13日，大同市政府金融办在人保财险大同市分公司会议室组织召开大同市保险业改革创新座谈会议。大同政府金融办主任王一民（左三）、副主任王丽鸿（左二）、副主任张福平（左四）以及全市42家市级保险公司总经理及保险行业协会全体工作人员参加会议

2019年6月，国寿大同分公司总经理室成员机关部门负责人及部分员工在天镇县上湾村举办“联手群众、清洁家园”活动。中国人寿大同分公司总经理周文军（后排左八）参加活动

2019 年 7 月，中国人寿大同分公司党员干部在大同市党风廉政教育培训基地接受党课教育

2019 年 7 月，大同保险行业协会开展车险理赔服务质量测评

2019 年 8 月，大同公安局交通警察大队、人保财险大同分公司“警保联勤”将士出征

2019 年 8 月，大同公安局交通警察大队、人保财险大同分公司“放管服务改革交通事故快处快赔”“警保联勤”启动仪式

2019 年 7 月 4 日，大同保险业在大同和阳门广场举办“7·8 保险扶贫公益跑活动”。图为大同市银保监局党委书记、局长任厚（左三）在开幕式上致辞

《大同市保险业志》编纂委员会

主任委员 陆晓军 梁 宏

副主任委员 周文军 杨东山 郭 促

成 员 董铁军 郭俊旗 王 军 陈建明 魏天飞 高 岗 侯建刚

《大同市保险业志》编纂办公室

主 编 郭 促（兼）

副 主 编 贺启宗（执笔撰稿）

张 颖（综合协调）

冯祺龙（协助组稿）

供稿成员 曹 雷 曹 润 陈建勋 董存虎 董红祥 董瑞颖 杜琴南 范英武 高华云 高卯平 谷海琦 郭建军 何 鑫 靳莎莎 李 波 李付云 李 鲤 李晓莉 连 虹 林雅慧 刘 杰 刘 海 吕彩霞 祁 华 邵 鑫 沈 刚 石晋琳 史艳丽 宋 涛 孙 涛 孙雪程 仝整中 魏栋艳 吴国凯 杨树琴 杨旺敏 袁 佳 张菊英 张 萍 张 然 张新宇 赵红霞 赵廷利 赵 巍 赵 伟 赵媛媛 左晓伟 曾丹霞

图片提供 大同市保险行业协会

书装设计 北京嘉海文化传播有限公司

前　言

《大同市保险业志》主编
大同市保险行业协会秘书长　郭促

《大同市保险业志》与大家见面了，这是大同保险业发展史上第一本志书，可喜可贺。客观地讲，我们协会不是做这方面工作的行家里手，但我们履行了这个责任，为这个蓬勃兴起的朝阳行业，留下并不完全、也不完美、但十分珍贵的历史资料和文字记录。

大同保险业发展史与中华人民共和国发展史同步。中华人民共和国成立以来，特别是乘改革开放的东风，大同保险业在市委、市政府及省市保险监管部门的正确领导下，健康稳健迅猛发展。目前已真正成为地方经济发展的稳定器和助推器，成为城乡居民生活的防护服和安全网。几代保险人艰苦创业、呕心沥血，开拓进取、创新奋发，目前已牢牢承担起在大同社会生活中“经济补偿、资金融通、社会管理”三大功能，涌现和造就一大批高级管理人员和优秀一线员工，成为大同金融业的重要组成部分。

这是一个在地方经济发展中占突出比重的行业。大同有 GDP 统计数据的 1952 年当年保险深度（保费总额 /GDP 总值）仅为 0.137%，到 2017 年大同市保险深度 5.92%，2020 年保险深度 5.82%；1950 年保险密度（保费总和 / 人口总数）为 0.035 元 / 人，1952 年保险密度为 0.1165 元 / 人，2017 年保险密度为 1929 元 / 人，2020 年更是增加到 2301.47 元 / 人。可以说，中华人民共和国成立之初的保险几乎空白，与如今不可同日而语。

这是一个迅猛发展蓬勃壮大的行业。1950 年大同仅有市级保险公司一家，保险从业人员只有 15 人；2017 年底全市市级产寿险公司 38 家，县支公司 119 家，保险从业人员 15987 人；2020 年市级保险公司发展到 43 家，县支公司 167 家，保险从业人员 2.15 万人。遍布城乡的网点，以“守信用、担风险、重服务、合规范”的行业核心价值理念，开展经营活动并承担社会公益责任。

这是一个提供保障服务、真诚奉献爱心的行业。中华人民共和国成立之初，保险公司主要提供财产保障服务，险种仅有 8 种，如今财产险、车险、责任险、健康险、人身险、养老险等，种类齐全，险种涵盖广泛，已达 120 种；过去只提供单一的保险服务，如今主动承担社会责任，在脱贫攻坚、爱心救助等诸多领域，到处都有保险服务的身影。

这是一个越来越受到重视、越来越值得尊重的行业。中华人民共和国成立初期以及后来的相当长时间，保险在全社会的重视程度是逐步提升起来的，过去确实是就保险论保险，服务范围单一狭窄，而如今它推动提高医疗保障水平、参与完善多层次养老保障体系，创新社会管理机制，参与完善灾害事故防范救助体系，积极服务“三农”，促进经济提质增效升级，积极履行社会责任，覆盖到全社会的方方面面，其行为举措越来越得到全社会的尊重。用数据对比一下，一目了然：1950 年大同保险业成立第一家保险公司，当年保费收入 3.8 万元；1980 年仍为 1 家保险公司 4 个基层服务网点，保费收入仅为 2.8 万元；而到 1997 年底，保费收入达到 66.42 亿元，2020 年底保费收入则上升到 79.7 亿元。

这是一个前景光明，经济社会越发展、作为越巨大的行业。过去人们对这个行业的发展持观望态度，但随着经济社会发展和城乡居民对保险服务的需求提升，保险业以行动彰显的大爱无疆的理念和“人人为我，我为人人”的精神，保险业巨大的经济补偿、资金融通、社会管理三大功能更有了用武之地，在国家金融的宏观板块下承担的作用不可或缺，发展空间巨大、潜力巨大、作用巨大。

这是一个值得记录、留下记忆，有许多感人故事的行业。保险行业产品销售的特殊性使其发展过程中经历了许多艰辛曲折，为了保险业的发展壮大，保险人以难能可贵的毅力和精神，用爱和奉献成就行业的辉煌和社会经济生活中的地位。从高级管理人员到一线员工，开拓创新者有之，严控管理者有之，忍辱负重者有之，孜孜不倦者有之，勤而致富者有之，默默付出者有之。这里的数据，这里的叙事，是成千上万保险人辛勤的汗水和功绩。

盛世修志，成为众多有识之士的共识。我们感谢这个伟大的时代，也感动于这个发展的行业，感激这个编撰史无前例的行为，感恩支持修志各位领导的远见卓识，感慨提供资料服务的有关同行的精细接力，感激为志书的成册绞尽脑汁的主笔。当然更感悟于同心协力兼收并蓄、克服诸多困难后的心血结晶、事业历程！

阶段总结，抛砖引玉。我在前面讲过，修志始于 2018 年 3 月，专职聘用仅为主笔贺启宗一人，2019 年 9 月又增添一名资料收集员。时间短、资料缺，尽管我们相关人员特别是主笔加班加点，但难免挂一漏万，加之能力水平所限，这本史志仅是一个阶段性的资料串联，敬请谅解。我的期望是抛砖引玉，在供行业同人和社会各界参考时，有关部门在适当之际集中人力、物力再做一个修志补充和完善！

2021 年 5 月 8 日

凡　例

一、本志以马克思列宁主义、毛泽东思想、邓小平理论、“三个代表”重要思想、科学发展观、习近平新时代中国特色社会主义思想为指导，坚持辩证唯物主义和历史唯物主义的立场、观点和方法，力求全面、客观、准确、系统地记述大同市保险业发展历程和取得的成绩，实现存史、资政作用，推动大同保险业健康发展。

二、本志记述时间范围：起于清末，重点在中华人民共和国成立之后，止于2017年年底。

三、本志采用规范现代语体文。全书采用述、记、志、传、图、表、录、索引等体裁。大事记采用编年体，主体部分采用志体。编纂遵循方志编写原则：事以类聚、类为一目、横排门类、纵述史实。

四、本志主体部分由企业使命、目标与企业战略，企业组织机构，保险企业经营，保险企业管理，客户服务管理，保险宣传管理，企业文化建设，企业工会建设与企业争先创优活动，大同保险行业协会，保险监管十个部分构成。基本涵盖大同保险业有史以来特别是中华人民共和国成立之后保险业发展轨迹，重点是对1980年恢复国内保险业务之后，大同保险业在改革开放中不断发展壮大的进程进行全面翔实的记录。

五、本志记述的保险公司以及涉及的其他机构的名称一般使用当时的称谓，初次出现时称谓用全称并括注简称，其后使用规范简称。纪年按照《山西省第二轮修志行文规定》，中华人民共和国成立之前，使用历史纪年并括注公元纪年。

六、本志中涉及专业术语来自全国保险业标准化技术委员会编写的《保险术语》和当时高等院校经济学管理学系列教材《保险学》。

七、本志篇目设计按照企业管理基本理论展开，重点在第三篇、第四篇，志书中按企业一般管理要素分类，较全面地记述了保险企业过去与现在的经营管理变迁。

八、本志数字用法、标点符号、计量单位分别执行中华人民共和国国家标准

《出版物上数字用法》（GB/T 15835—2011）、《标点符号用法》（GB/T 15834—2011）、《国际单位制及其应用》（GB 3100—1993）和《有关量、单位和符号的一般原则》（GB 3101—1993）。

九、本志记述涉及的数据大部分采用的是《山西保险年鉴》、山西保险行业协会、大同保险行业协会公开的数据，部分采用的是大同保险会员公司报送资料公布的数据，还有一部分来自大同市国民经济和社会发展统计公报上公开的数据。本志凡涉及金额的数据，若无特别标注均为人民币。

十、各种资料、数字均来自保险年鉴、保险行业协会和保险同业公司，并经与相关单位和部门进行核对。

目 录

表目录

图目录

概　述

大同市，山西省省辖市，山西省第二大城市，是中国首批24个国家历史文化名城之一、中国首批13个较大的市之一、中国九大古都之一、国家新能源示范城市、中国优秀旅游城市、国家园林城市、全国双拥模范城市、全国性交通枢纽城市、中国雕塑之都、中国十佳运动休闲城市。

大同历史悠久，文化灿烂，至少在10万年前，我们的祖先就在这里繁衍生息，留下了泥河湾、许家窑、青瓷窑等文化遗址。上古迄于春秋，大同是我国北方少数民族北狄的聚居地。公元前3世纪，赵武灵王“北破林胡，楼烦，筑长城，自代并阴山下，至高阙为塞，而置云中、雁门、代郡”。秦北逐戎狄，城西“筑城武州塞内，以备胡”。公元4世纪末，拓跋鲜卑控制黄河流域以北大部分地区后迁都平城，始营宫室，建宗庙，立社稷，典官制，定律令、申科禁，历经七帝97年，大同遂成为中国北方政治、经济、军事、文化中心。之后的1500年中，大同先后经过北魏京华、辽京陪都、元代西京、明朝九边、清时重镇。历史上，大同是兵家必争之地，同样也是商家必逐之市。由于其特殊的地理位置，决定大同是一个天然的交易市场。北边是蒙古游牧民族，南边是中原农耕文化，草原民族需要茶叶、丝绸和铁器，中原王朝需要马匹、牛羊和毛皮，这种天然需求成就了互通有无的贸易往来或商业往来。在北魏时代，作为王朝京师和公元5世纪的国际大都市，平城通往各地的交通路线已经四通八达。不仅有通往全国乃至南朝方向的交通线路，也有通向西域各国及中亚、西亚以至欧洲往来的丝绸之路。这一时期， 西域各国的金银珍宝随着贡使、胡商出入平城，并向中原扩散，而中原的绢帛、丝、粮食、铁器等商品从平城流向西域诸国。平城宫城南部建有外城，“悉筑为坊,坊开巷，坊大者容四五百家,小者六七十家”,内外城间分布着民宅、作坊、商肆、馆驿、货栈。在商业政策上，“日不暇给，然犹分别士庶，不令杂居，伎作屠沽，各有攸处，但不设科禁，买卖任情，贩贵易贱，错居混杂”，对商业的鼓励和扶植可见一斑。辽代治下的大同西京，虽作为一个边防军事重镇，在工商业上远不如“多财富”的南京等繁华，但京都及其下辖州县商业市场也很活跃，“店铺林立”“商贾辐辏”。金代承袭辽朝旧制，大同仍称西京，并“亲王镇守之”“唯利是视，铁禁随驰”，经商之风盛行。到了元代， 大同一度成为蒙古南下与西征的军事集结之地和后援粮草补给之地，设立行省制度改西京路为大同路，大同仍为北方地区重要政治、经济、文化中心。马可·波罗第二次到中国后，看到天德州至大同之间的大量居民，记述到“以商工为业，制造金锦，其名曰纳石失、毛里新、纳克”，可见，当时工商从业者人数相当可观。明清时期，大同作为北方重镇，“开中制”的实行，成就了山西晋商，纵横捭阖，横跨欧亚，称雄中国商界几个世纪之久。大同之地，虽战争频仍，“寇掠者无虚日”，人民过着“废寝难安”的生活，但也出现过“隆庆和议，俺答封贡”和平时期，经常是“贡使络绎，商队接踵”。

我国的资本主义形式保险业，是伴随着资本主义对中国通商贸易和经济侵略而来。据《中国实业志》所载，“晋省之有保险业，始于民国元年，先有永年、金星等公司之代理人，专营人寿保险，因办理欠善，不数年，相继停业。嗣有华安公司代理人，亦属专营寿险，旋亦取消代理”。民国前期，大同工商业发展迅速，商业资本和工业资本的不断壮大，催生了大同的近代金融业。“大同在平绥铁路未通之前，其时金融业不甚发达，虽有一二家金融机关设立，尚在票号时代。自平绥铁路告成以后，金融业随市场之兴盛而发达。”民国 7 年（1918），交通银行大同办事处开业，归天津分行节制，地址在大同城区四牌楼西街路南。除经理一般业务外，还与其他城市有通汇业务往来。民国 15 年（1926）停业，民国 24 年（1935）恢复办事处并开始兼办太平保险各种业务，七七事变后，撤回天津。民国 29 年（1940）年初，为了完全控制与整顿晋北地区的金融，日本侵略者在大同设立伪晋北实业银行总行，在大同地区设有 1 处支行和 10 处分行，主营业务是针对大同地区的中小商业者及农民，经营信用放款，代伪蒙疆银行收兑市场流通的法币、省钞及其他货币，同时代办东洋保险公司业务，在客户办理抵押贷款时，实行强制投保，持续到民国 34 年（1945）5 月。民国 30 年（1941）11 月，中国共产党领导下的晋冀鲁豫边区政府制定《晋冀鲁豫边区劳工保护暂行条例》，并相继在民国 31 年（1942）12 月、民国 32 年（1943）9 月、民国 33 年（1944）1 月分别进行修改和完善，通过劳动保护、劳动合同、工作权利、工作时间、劳动报酬和劳动保险等，实施保护劳动者的利益。民国 31 年（1942），山西邮政管理局设立保险科，专营邮政人寿保险业务，并在南北同蒲铁路的 20 余县的邮政局内经营人寿保险业务，但范围较小，投保人甚少。至中华人民共和国成立之前，大同保险市场一直未形成气候。

一、保险业的起步与尝试阶段（1950—1958）

中华人民共和国成立后，大同保险事业进入一个新的历史时期。1950 年 12 月 1 日，中国人民保险公司察哈尔省分公司大同支公司成立。百废待兴，百业待举，面对前进路上的风风雨雨，中国人民保险公司大同支公司按照总公司提出的“为生产服务”基本方针，将保险业的发展融入社会各项建设事业之中。主要任务是在人民银行和中国人民保险公司察哈尔省分公司领导下，在当地政府的大力支持下，积极实施保障生产安全，扶助贸易发展、促进城乡物质交流，提高劳动人民福利，保护国家财产三项任务。首先开办财产强制保险、企业财产保险、家庭财产保险、运输保险、养殖业保险、职工火险等险种，实现保费2.55万元。之后，中国人民保险公司大同支公司经历1953年“整顿城市业务，停办农村业务，整顿机构，在巩固的基础上稳步前进”的重大决策，财产强制保险有较大整顿，承保对象被重新明确，1956年全国农业合作化运动迅猛发展，城镇资本主义工商业改造进入高潮，强制财产保险保费收入进入快速发展时期。到1957年，财产强制保险占总保费收入68.29%，较上年同比增长47.63%。农业保险在开办前两年，发展较为顺利，满足保险条件的承保比例在80%以上，简单赔付率在46%～52%，1953年，为纠正中国人民保险公司系统在展业过程存在的“五多①”现象，农村保险业务停办。1955年，中国人民保险公司系统确立“重点恢复办理牲畜自愿保险业务”的目标，养殖业保险才步入正途。其他险种在经过“整顿城市业务，发展农村业务”之后，受到一定影响，其中大车保险、职工火险、简易火险、团身保险处于停办状态。中国人民保险公司大同支公司在发展业务过程中，重视防灾防损工作，并一直按照“保防结合，以防为主”的工作方针，参与地方防灾防损组织工作，积极宣传预防灾害的各种知识和有关法律，密切配合地方开展防火、防汛、防疫等相关预防灾害检查，经常支持和支援地方消防器材改善等，努力履行保险公司维护人民生命和财产安全，减少社会财富损失的责任。1958年10月，全国财贸工作会议在西安召开，会议认为：“人民公社成立后，保险工作的作用已经消失，除国外保险业务必须继续办理外，国内保险业务应即停办。”12月，在武汉召开的全国财政会议正式作出决定：立即停办国内保险业务。

1951—1958年，大同保险业务中途经过多次调整、整顿、停办和恢复，虽开办时间不长，但普及保险知识，加强防灾防损，促进生产安全，保障人民生活，汲取保险经验，积累保险资金，为保险市场的形成奠定基本商业伦理基础。在开办业务的8年中，中国人民保险公司大同支公司先后开办11个险种，收取保费192.83万元，支付各种赔款41.13万元，在大同保险业历史上留下浓厚一笔。

---

①五多：新中国成立初期，农村许多地区出现了任务多、会议和集训多、公文表册多、组织多、积极分子兼职多，即“五多”问题。

二、保险业的恢复与探索阶段（1979—1994）

伴随我国改革开放的大幕徐徐拉开，1979 年，国务院作出“逐步恢复国内保险业务”的重大决策，中国保险业迎来新的生机，沉睡 20 年之久的保险业在风云激荡中苏醒。1980 年，中国人民保险公司大同支公司恢复国内保险业务，体制上是大同市人民银行领导下的独立核算单位。1984 年，中国人民保险公司大同支公司更名为中国人民保险公司大同中心支公司。在组织架构上，与地方行政层次序列相一致，为中国人民保险公司系统的三级公司，实行垂直领导，呈典型的“三级管理，一级经营”模式。1985 年， 在“改革保险体制，加快发展我国保险事业”精神指导下，中国人民保险公司系统内部实行以“放权让利”为核心的改革，中国人民保险公司山西省分公司下放劳动人事权、工资分配权、生产经营销售权和员工奖惩权，中国人民保险公司大同中支开始实行以保费收入、赔付率、费用率和工作质量四项指标为考核内容的经济承包责任制。1986 年， 分别是中国人民保险公司雁北中心支公司、大同中心支公司，以及 19 个县（区）支公司和办事处。1988 年，中国人民保险公司雁北中支、大同中支分别同省分公司签订《承包经营责任制协议书》，主要内容是“两包一挂”，即包业务收入，包利润，承保指标和利润留成同承包人奖金挂钩。之后若干年，承包内容不断增多，并扩展延伸到其他条线。1993 年，中国人民保险公司大同中支和中国人民保险公司雁北中支合并组建中国人民保险公司大同市分公司，同年进行劳动、人事、分配“三项制度” 改革，在劳动制度上执行对基层公司领导实行聘用制，对普通员工实行优化组合，对新入职员工实行试用期制，积极创造条件对市公司中层干部和县、区支办的领导进行横向、垂直交流。在分配制度上，实行全辖司员等级工作制，并将绩效工资与任务挂钩。12 月，根据国务院颁布的《关于金融体制改革的决定》要求，保险体制要坚持社会保险与商业保险分开经营原则，坚持政企分开，对保险业，证券业、信托业和银行业实行分业经营。中国人民保险公司大同分公司主动向劳动部门移交经办多年的“两统”业务。1994 年，中国人民保险公司系统执行一级核算、“授权经营”的方式，一级授权一级， 层层实行经营承包责任制，并视经营成果与工资挂钩进行奖惩。在销售渠道上，承袭 20 世纪 50 年代公司员工直销制队伍。1983 年，在“多渠道、广代理”的方针指导下，中保大同支公司从建立农业银行、农村信用社代办机构开始，代办网点覆盖城乡。到 1994 年年底，中保大同分公司代办所 49 个，代办员工 242 人，代理渠道年保费突破 5800 多万元。在销售产品上，在总颁条款、省颁条款（保险总公司或省级分公司颁布的条款），中国人民保险公司大同市分公司（包括前期大同中支和雁北中支）制定和开发的条款，如大同中支牛奶保险、大同中支自行车保险、大同中支母婴安康保险、大同儿童保险条款、商品购买者人寿保险、农村老干部老党员终身保险、南郊残疾人养老保险、执法干部平安保险、煤气综合配套保险、供热系统系列保险、自来水管道保险、新车出厂试车保险、雁北地区地膜覆盖玉米保险、广灵县食用菌（木耳）保险、天镇县小麦植业保险、左云残疾人养老保险、雁北金婚纪念保险等 50 多个险种。1981 年保费收入 150.5 万元（1980 年营业 4 个月，收取保费 2.8 万元），1994 年保费 12447 万元，是 1981 年保费收入的 82.70 倍，14 年间，平均增长速度为 40.44%，高于"六五"期间经济增长速度（10.7%）29.74 个百分点，高于"七五"期间经济增长速度（7.8%）32.64 个百分点，高于"八五"期间经济增长速度（11%）29.44 个百分点。

三、保险业的规范与成长阶段（1995—2000）

1995 年 10 月，《中华人民共和国保险法》正式颁布实施，我国保险业进入规范发展阶段。保险法的颁布，为规范保险市场提供有力的法律依据，也为保险业的健康发展奠定良好的法律环境。1996 年 7 月，中国人民银行印发《保险管理暂行规定》的通知，对保险机构的设立、变更和终止，保险公司业务范围，保险资金管理及运用，保险业务许可证管理，保险条款和保险费率管理，保险公司偿付能力管理，保险经营行为管理，监督管理和罚则进行明确规定。同月，根据《中华人民共和国保险法》第 91 条第二款规定，"同一保险人不得同时兼营财产保险业务和人身保险业务"，中国人保大同市分公司系统实行产险、寿险分业经营，分别在大同设置中保财险大同分公司、中保人寿大同市分公司。大同保险业进入规范与快速成长时期。11 月，中国人民银行颁布实施《保险代理人管理规定（试行）》，为规范保险代理人行为，维护保险市场秩序，建立规章制度。1998 年，保险市场监管主体改变，中国保险监督管理委员会成立，取代了中国人民银行行使对保险市场的监督管理职能，从根本上改变国有产权垄断时期保险的财政属性模式。1998 年中保集团撤销，1999 年中保三家子公司成立，子公司旗下大同分公司更名。2000 年 8 月，山西省保险行业协会成立，对强化大同保险同业接受政府监管、行业自律、内部控制、同业沟通与交流、维护保险市场秩序、促进市场公平竞争、维护保险人及被保险人合法权益、促进保险业健康发展具有重要意义。

1996年，中保财险大同分公司采取“一级法人、四级核算”的核算模式。1997年年初，中保财险大同分公司拉开“三项制度”改革的序幕，从实施全员劳动合同，推行“万元保费工资含量”，实行竞聘上岗、双向选择“三项制度”推动企业改革。中保人寿大同分公司建立新的用工制度，要求全员签订劳动合同，实行劳动合同用工制和“效率优先、兼顾公平、总量控制、微观搞活”的分配制度。1998年至2000年，大同保险业在完善管理制度的同时，重视科技在业务中的运用，从承保到理赔，从业务到财务，从单证到档案等各方面建立和健全各项规章制度和运营程序。

1998年，中保财险大同分公司实现企业财产保险、机动车辆保险、货物运输保险三大险种全部上机承保处理，实现“会计记账系统”在全市系统推广使用。中保人寿大同分公司开始采用总公司统一开发综合业务处理系统（CBPS系统）、财务处理系统（CLAF系统），实现营销业务和新承保直销业务全市统一程序、统一规范、统一应用。并对集团代理业务进行清理工作，通过使用“保单状态库”系统，基本上实现保单信息的计算机程序管理。太平洋财险大同中支车险承保业务实行系统作业和管理。2000年7月，中国人寿大同分公司业务中心开始运行；8月，财务中心开始运行。“两个中心”的运营，标志着国寿大同分公司开始实行“展管”分离运营模式。

“九五”期间，大同保险市场有1个市级财险公司，15个县支财险机构（含办事处），40多个财险专职代办机构；1个市级寿险公司，15个县支寿险机构（含营销部），28个寿险专职代办机构；1个综合性市级公司。财产险产品主要有企业财产保险、机动车辆保险、家庭财产保险、货物运输保险、农业保险、责任保险、保证保险7大类型近百种险种；人身保险主要开办普通寿险、意外伤害保险、健康保险、年金保险4大类近百种产品。销售渠道发展为直销渠道、个人代理渠道、专职代办渠道、兼职代办渠道等。1996年，大同保险市场实现保费1.69亿元，其中财产保险保费收入1.06亿元，人寿险保费收入6264.69万元；保险密度为59.95元/人，保险深度为1.16%。1999年，大同保险市场人身保险保费超过财产保险保费。到2000年，大同保险市场实现保费3.06亿万元，其中财产保险保费实现1.35亿元，列全省第2位；人身险保险实现保费1.7亿元，列全省第3位。保险密度111.15元/人，列全省第3位；保险深度1.95%，列全省第4位；“九五”期间，大同保险市场平均增长速度为16.01%。

四、保险业的发展与壮大阶段（2001—2017）

（一）制度体系不断完善

保险法实施之后，大同保险业保险主体提高法制意识和规范经营意识，在企业基本制度、管理制度、技术规范、业务规范、员工行为规范等方面形成健全的制度体系。2001 年，中国人民保险公司财险大同分公司实现业务拓展与实务管理的分离，展业与理赔的分离，查勘定损与理算赔款的分离，保费收入与支出的分离，实现资金集中、数据集中、查勘定损与理赔集中、核保核赔集中，成立“三个中心”，即承保中心、理赔 / 客服中心、财务中心，建立新的运营规范。当年 10 月 1 日正式启动运行。2003 年，中保财险、中国人寿完成股份制改造，中国人民保险公司财险大同分公司和中国人寿大同分公司进入股份公司管理时期。中国人寿大同市分公司根据省分公司有关规定，成立市分公司预算决策委员会、预算执行委员会和预算管理部门，在全市系统实行全面预算管理。太平洋人寿大同中支开始制定和实施首位激励、末位淘汰、优胜劣汰的用人机制。2005 年，中国人民保险公司财险大同市分公司结合经营计划和考核办法，全面推行预算管理制度。2011 年，中国人民保险公司财险大同市分公司制定出台《机关费用报销管理办法》，加强对费用成本的管控，实行固定费用预算管理。同年，中国人寿大同分公司按照《中国人寿大同分公司深化经营管理体系改革方案》，实施经营管理体系改革。将公司分为收入单元、成本单元两个部分，加强各个条线对自身条线的投入和产出控制。太平洋财险大同中支执行全面预算管理制度，实施“条块结合，以条为主”的预算管控模式；理赔管理实施省级集中 4 个片区调度管理机制。平安财险大同中支成本划分逐渐细化，从 2009 年的“四分成本管控”到“五分成本管控”，按照管理成本、运营成本、客服成本、赔付成本、销售成本，建立条线成本垂直对应管理关系，逐步形成各条线对直线成本负责的成本管理方式，最终实现条线的成本领先优势。2013 年，国寿大同分公司根据总公司《关于印发〈地市及以下分支机构岗位指标列表体系（2012）版〉的通知》的通知，落实分配激励机制和用人机制。2014 年，太平洋财险省分公司车险、非车险正式剥离，车险理赔部完成车险理赔省级集中，实现理赔人员的垂直管理。2016 年，中国人民保险公司财险大同市分公司设立和发挥车险发展委员会的领导作用，使用“目标设定—路径规划—资源配置—监控反馈—考核评价”五位一体闭环工作方法。

（二）管理理念日趋先进

大同保险市场主体经过 8 年的尝试和 5 年多的探索，经营理念和企业使命日渐清晰，经过市场不断实践，形成企业的价值理念，逐渐将企业发展过程中经常使用的“指导方针”“经营原则”“行动纲领”表述为企业使命，并于 20 世纪初期相对固定，在社会、员工、媒体和公众场合陈述自己企业的使命。企业文化内涵逐渐丰富并日渐成熟，形成激发员工最为稳定和持久的动力源泉。2002 年，中国人寿大同市分公司经历中国人民保险公司大同支公司初始尝试阶段、中国人民保险公司国内业务恢复探索阶段、大同保险业的规范与成长阶段，向公众陈述自己的企业使命：造福社会大众，振兴民族寿险。并同时表述以“成己为人，成人达己”为核心理念的企业文化，主要包括企业宗旨、企业价值观、企业使命、企业目标、企业精神、企业作风、企业愿景、生存理念、用人理念、教育培训理念、市场理念、销售理念、竞争理念、投资理念、传播理念、产品开发理念、管理理念、服务理念以及企业标识。2005 年，中国人民保险公司财险经过 20 世纪 50 年代的“为生产服务”、80 年代的“为生产服务，为人民生活服务”、90 年代的“以人为本，效益为先，笃守信誉，稳健经营”的指导方针，企业使命陈述为：做人民信赖的卓越品牌。企业远景表述为：做人民信赖的卓越品牌。公司还详细表达企业战略、企业核心价值观、经营理念、企业精神、企业定位、用人理念、行为规范、员工品格、文化载体、公司司歌和企业标识等。至 2017 年年底，大同保险市场有 36 家保险公司都明确地向公众陈述自己的企业使命，38 家形成自己独特的企业文化。在企业使命陈述方面，出现最多的首先是对公众形象的关切，对产品或服务的关切，对企业生存、效益增长和业务盈利的关切三个要素；其次是关于顾客、企业对员工的关心、公司哲学三个要素；对市场、技术、自我认知三个要素出现较低。在企业使命陈述中，包含上述 5 个要素有 3 个公司，包含上述 3～4 个要素有 32 个公司。其中，有 3 家公司通过企业远景、战略目标、社会责任或者企业追求表述公司在社会经济活动中的身份、角色以及承担的责任。企业文化的表述丰富多彩，特色鲜明。太平洋保险（集团）公司重视团队精神，表述以“为顾客着想，诚信天下，稳健一生，追求卓越”的核心价值观的企业文化；永安财险提倡奋斗精神，表述以“为客户创造满意，为员工创造机会，为股东创造效益，为社会创造价值”为企业使命的企业文化；平安保险（集团）公司重视综合性发展，构建以“价值最大化是检验平安经营管理一切工作的标准”为核心的企业文化；泰康人寿以人为本，构建起以“诚信、稳健、创新、分享”为核心的企业文化；天安财险构建以“变革才能生存，变革才能发展”为核心理念的企业文化；新华人寿注重“继承与发展”“本土化与国际化”相结合，构建以“诚信、责任、公平、创新、进取”为核心价值观的企业文化；大地财险尊崇太极文化，遵循自然规律，构建以“简单、高效、务实、合规”为核心价值观的企业文化；华安财险构建以“责任、专业、奋进”为理念的企业文化；太平保险构建以“诚信、专业、创新、业绩”为价值观的企业文化； 永诚财险构建以“诚信、专业、效率、和谐”为核心价值观的企业文化；安邦财险（人寿）崇尚人与自然的“水”文化，构建以“凭借智慧、遵从规律、简单高效、团队合作、随需而变、马上就办、互联支持、共赢未来”为理念的企业文化；渤海保险向往宽广的胸怀、开阔的视野和包容和谐的精神，构建以“海纳百川，风雨同舟”为核心价值观的企业文化；阳光保险崇尚阳光生活、兴高采烈，构建“一个追求、两个根本、三个统一、四个切记”为核心的企业文化；农银人寿突出企业拓展新的业务领域，构建“诚信立业、稳健行远”的企业文化；合众人寿崇尚和谐合用、兼收融合、追求对立统一、内和外顺，构建以“和合文化”为核心的企业文化；华泰财险向往“稳定、恒久、可靠”，崇尚“勤劳、合作、积累、奉献”的企业文化；国华人寿追求高效与创新，努力构建“信任、责任、精益、价值”为核心价值观的企业文化；民生人寿向往以天地共存，与山河同在，构建以“利他共生，共创共享，走共同富裕之路”的企业文化；中煤财险奉行“道法中正”的经营哲学，努力构建“责任、创新、价值”为核心的企业文化；国任财险致力于“勇攀高峰，不断向上”，努力打造“传统、创新、科技”的企业文化；安盛天平财险努力构建“尊重、共享、执行、卓越”为核心的企业文化；英大财险向往团结、力量，努力构建以“以客户为中心、专业专注、持续改善”为核心的企业文化；中华联合财险突出“情系中华，诚信为民”，努力打造以“稳健、创新、持续、高效”为理念的企业文化。安诚财险致力于打造“安全放心、诚信忠心、仁爱关心、和谐用心”的企业文化。紫金财险突出责任和精细，致力于打造“责任、创新、价值”为核心价值的企业文化。都邦财险汇通融和，努力打造“修己安人，践行尽责”为核心价值的企业文化； 工银人寿热情、执着，努力打造以“诚信天下、勇于创新、精诚协作、追求卓越”为核心价值理念的企业文化；幸福人寿努力构建以“以人为本，诚信规范，共创价值，服务社会”为核心价值的企业文化。百年人寿信奉诚信本质，努力构建以“诚信、创新、稳健、进取、关爱、和谐”为核心价值的企业文化。

（三）业务增长较为快速

2001 年，大同保险市场实现保费 3.76 亿万元，列全省第 3 位，其中财产保险保费实现 1.42 亿元，列全省第 2 位；人身保险保费实现 2.3 亿元，列全省第 3 位； 保险密度为 132.43 元 / 人，列全省第 4 位；保险深度为 2.21%，列全省第 4 位。到 2017 年，大同保险市场实现保费 66.42 亿元，其中财产保险保费实现 18.89 亿元，人身保险保费实现 47.53 亿元。保险密度为 1929.40 元 / 人，保险深度为 5.92%。其中，保险总保费增长 16.67 倍，财产保险保费增长 13.27 倍，人身保险保费增长 19.34 倍。16 年期间，总保费平均年增长 19.66%，各个期间均高于同期国内生产总值的增长速度。

1. 财产险

2001 年，《大同市政府工作报告》指出，“九五”期间全力开发和培植新的发展优势，实现经济社会的快速发展，为在之后十年内把大同建设成为新型加工业基地、商贸集散地和旅游胜地打下坚实的基础。大同保险业积极发挥保险风险管理职能，努力为地方经济发展提供保驾护航作用。2002 年，大同市委、市政府把经济工作的重点转移到民营企业、带动县域经济发展，大同保险业顺应地方经济发展，扩大保险服务领域，在巩固传统险种基础上，继续探索和开发新险种拓展，当年，财产险保费增长 14.65%，列全省第 3 位。2003 年，大同保险市场主体增多，针对车险费率市场化改革，审时度势， 因势利导，实现保费规模的正增长。短期健康经过充分酝酿、法律准许、监管核准之后，堂皇入市，并取得佳绩。“十五”期间，大同保险市场财产主体达到 6 家，财产保险产品主要为企业财产保险、机动车辆保险、货物运输保险、责任保险、信用保证保险、短期意外伤害保险和短期健康保险 7 大类险种。其间，保费累计收入实现 10.56 亿元，平均增长速度达到 16.27%，较“九五”期间平均增长速度提高 11.39%。在 7 大类险种中，机动车辆保险保费收入占总保费 83.18%，列第二、第三位是企业财产保险、货物运输保险，分别占总保费 8.25% 和 2.19%。其间，意外伤害保险发展迅速，仅开办两年保费达到 1336 万元，占总保费 1.27%。“十一五”规划以来，大同市政府采取一系列重大措施，进一步加快经济结构调整，全力推进资源型城市转型。大同保险同业充分把握保险“国十条”颁布契机，依托良好的政治、经济环境，将保险业务发展驶入快车道。“ 十一五”期间，大同保险市场财产保险公司达到 13 家，主要保险产品较“九五” 期间增加责任保险、工程保险和农业保险 3

大类型保险，其间实现保费总计30.99亿元，较“九五”期间净增20.44亿元，增长1.94倍。“十一五”期间，大同保险市场财产保险平均年度增长27.48%，较“九五”期间提升16.09个百分点。“十二五”期间，大同市政府明确五年发展定位，全力打造国家重要的绿色低碳新能源基地、现代制造业基地和国际旅游终极目的地。紧紧围绕“转型发展、绿色崛起”的战略，为大同保险业开拓广阔的发展环境。其间，大同保险市场新增财险公司7家，在大同区域开展财产保险业务财险公司达到20家，开办险种达到9大类千余种产品。保险费累计收入实现73.70亿元，较“十一五”期间净增42.70亿元，增长1.38倍。“十二五”期间，年度平均增长9.13%，较“十一五”期间降低18.35个百分点。2016年至2017年，全市共有注册保险机构38家，其中财产保险公司达到22家。全年全市保费收入实现66.42亿元，同比增长15.2%。其中，财产险业务保费收入18.89亿元，同比下降1.3%。全年全市累计支付各类保险赔款及给付24.49亿元，同比增长14.7%。其中，财产险业务赔款12.18亿元，同比增长21.0%。

2.农业保险

大同保险市场农业保险经历一个曲折的发展过程，在20世纪50年代就经历试办、大办、停办、再试办和全面停办几个过程。80年代，国内保险业务恢复，中国人民保险公司大同中支、中国人民保险公司雁北中支在农业保险业务上获得一定的经验，并在中国人民保险公司系统全国农险会议上进行充分交流。产寿险分业经营之后，中国人民保险公司系统对农业保险进行整顿，中保财险大同分公司采取“以效益为中心，积极稳妥，适度发展农业保险”的方针，逐步停办合办、代办的农业保险业务，大同保险市场农业保险逐步萎缩，“十五”期间基本走向低谷。“十一五”期间，保险业“国十条”颁布并指出，认真总结试点经验，研究制定支持政策，探索建立适合我国国情的农业保险发展模式，将农业保险作为支农方式的创新，纳入农业支持保护体系。大同市政府扎实推进新农村建设，以“农业发展和农民增收”为目标，加快推进城镇化建设，加快推进生态畜牧经济区建设，加快推进农业产业化进程，加快推进“两区”开发项目的“四个推进”建设，为大同保险业农业保险的开拓与发展提供机会。2006年，中国人民保险公司财险大同市分公司加大开办政策性农业保险试点工作。2007年，中国人民保险公司大同分公司积极开拓能繁母猪试点保险工作。2009年，中国人民保险公司财险大同市分公司在产品开发、产品推广、经营模式上积极进行试办，在继续做好能繁母猪保险工作的同时，积极开办油料作物、育肥猪、奶牛等新政策性农业保险。2010 年，中国人民保险公司财险大同市分公司坚持以“补贴性农险为主，商业保险为辅”，充分利用省公司搭建平台，积极向政府汇报，全力推进政策性玉米种植险试点启动工作，收获很好的效果。“十一五”期间，大同保险市场农业保险累计保费收入 3484 万元，保费年度平均增长速度达到 26.48%。其间，赔付累计支出 2593.37 万元，简单赔付率达到 74.44%。“十二五”期间，大同保险市场农业险开办主体增多。2012 年，国寿财险大同中支涉足农业保险。2014 年，中煤财险大同中支开办种植业保险。至 2015 年底，大同保险市场开办农业保险业务的公司有 3 家，开办险种有政策性玉米保险、政策性能繁母猪保险、政策性奶牛保险、政策性生态公益林保险、政策性商业林保险、商业育肥猪保险、政策性养羊保险、政策性种植黄花保险、政策性仁用杏保险等。其间，收取保险费达到 2.15 亿元，较“十一五”期间增长 5.17 倍，年度平均增长速度为 13.12%。其间，赔付支出 1.22 亿元，简单赔付率为 56.84%。至 2017 年，大同保险市场开办农业保险的公司有 4 家，分别为中国人民保险公司财险大同市分公司、国寿财险大同中支、中煤财险大同中支、太平洋财险大同中支，新开办的养殖业保险承保对象扩大到肉牛、育肥猪等；种植业保险扩大到小杂粮、中草药、温室大棚保险等；指数保险有黄花价格指数保险、谷子天气指数保险 、蔬菜价格指数保险；其他如牲畜养殖治疗费用保险等。当年，大同保险市场农业保险保费实现 7.49 亿元，承保风险保额 256.34 亿元，赔付支出 1.55 亿元，简单赔付率 20.68%。

3. 人身保险

“十五”期间，大同保险业迎来新一轮发展机遇。中国人寿大同分公司经总公司、保监会批准，并经保监会驻太原特派办验收，同意开办“ 国寿千禧理财两全保险（分红型）”“国寿团体年金保险（补充养老型）”等分红产品；完成产寿险分设组建后的太平洋人寿大同中支走上“专业化经营、市场化运作”的经营管理模式。公司开发的“太平盛世·长虹两全保险（分红型）”保险产品、员工团体年金保险（万能型）保险产品获准面市。至此，中国人寿和太平洋人寿在大同开辟新型保险产品市场。“十五”期间，各类人身保险保费收入达到 34.86 亿元，年均增长幅度达到 36.32%，较“九五”期间年均增长速度提升 14.05 个百分点。“十五”期间，大同地区人身保险密度 167.74 元 / 人，高于全省平均值 61.67 元 / 人，人身保险深度 2.67%，高于全省平均值 0.04 个百分点（以 2002 年计算）。“十一五”期间，各类人身保险保费实现 85.30 亿元，平均增长速度为 10.96%。“十一五”期间，大同地区人身保险密度 635.67 元 / 人，较全省平均水平降低 59.55 元 / 人；人身保险深度 3.29%，高于全省平均水平 0.22 个百分点（以 2008 年计算）。“十二五”期间，各类人身保险保费收入实现 121.69 亿元，年度平均增长速度达到 11.20%，较“十一五”期间增加 0.24 个百分点。人身保险密度 674.13 元 / 人，较“十一五”期间增加 38.46 元 / 人；人身保险深度为 2.35%，较“十一五”期间降低 0.94 个百分点。至 2017 年，大同人身保险主体达到 16 家，保险产品达到千余种，涵盖普通寿险、年金保险、新型投资理财保险、健康保险、意外伤害保险以及各种附加保险等。当年，各类人身保险保费收入实现 47.53 亿元，同比增长 24.7%；各种给付支出 11.24 亿元，同比增长 10.3%；人身保险密度达到 1380.72 元 / 人，较“十二五”期间增加 706.59 元 / 人；人身保险深度达到 4.24%，较“十二五”期间增加 1.89 个百分点。

“十五”初期，新型保险产品进入大同保险市场，初露锋芒，屡试不爽。立即成为各寿险公司“攻城略地”“上规模，冲保费”的利器。2001 年，中国人寿的“鸿系列”“太平洋系列”“平安系列”等各种以投资功能为主要卖点的保险产品纷纷上柜，并逐渐占据市场，占有较大比重。保险兼业代理渠道一路走来，发展到“十五”期间，已成为各家保险公司主要渠道，甚至是独立挑起某些公司规模保费的“大梁”。2001 年，分红保险产品占总保费比重 24.59%；2002 年，分红保险产品占总保费比重达到 57.38%；之后逐年上升，到“十一五”收官之年，分红保险产品占总保费比重达到 84.45%。以中国人寿为例，从 2002 年保险中介渠道开始实现保费 2000 万元，到 2006 年实现保费 3.00 亿元，年度平均增长速度达到 96.77%。中介渠道收取保费占总保费比例从 2002 年的 5.88% 提升到 2006 年的 49.93%。后期入驻大同保险市场的同业公司，代理渠道收取保费占比更高，到 2008 年之后，银保渠道成为主要渠道，有的公司甚至银保独大。银保代理业务结构表现为趸交占比越来越大，如国寿大同分公司，从 2002 年到 2006 年趸交占比渠道总保费之比，一路攀高。后期入驻的寿险公司更甚。业务的快速发展令人皆大欢喜，但险种结构不平衡、渠道销售不平衡、趸交期交费极化、销售误导、客户投诉、保单退保等问题结伴而行，叫人喜忧参半。“几者，动之微，吉凶之先见者也”。“调整结构”“优化结构”一直是保险公司业务发展的基本理念与发展思路。2001 年，保监会发布公告，针对新型寿险产品，如投连保险、万能保险、分红保险，提醒消费者要认真了解产品特性，清醒认识保险公司自己承担的风险。2003 年，平安人寿实施银保业务“控规模，转期交”。2005 年，保监会发布《人身保险内含价值报告编制指引》。2007 年，太平洋人寿大同中支中介代理业务落实“又好又快发展”的指导思想。2009 年，中国保监会下发《关于加快业务结构调整进一步发挥保险保障功能的指导意见》的通知，山西保监局下发《关于进一步规范银行代理保险业务管理的通知》，全面治理寿险销售误导，保护保险消费者合法权益。大同保险同业在“防风险、调结构、稳增长”指导下，认真调整业务发展思路，银保业务发展趋于规范、理性，传统业务发展日益重视、强化，共同走上回归寿险保障本质的经营理念和经营模式的轨道上。“十二五”期间，普通寿险保费逐年递增，2011 年普通寿险保费收入 2.02 亿元，到 2015 年实现 14.94 亿元，年度平均增长速度达到 64.88%；新型投资产品由于调整结构，增速放缓，从 2011 年保费收入 17.53 亿元，到 2015 年保费收入下降到 12.91 亿元，平均年度下降 7.37%。2017 年，大同保险市场各类人身保险业务实现保费 47.53 亿元，较上一年同比增长 24.7%，各类给付 11.24 亿元，同比增长 10.3%。其中，人身险密度 1380.63 元 / 人，人身险深度 4.24%；传统人寿保险占总保费 49.91%，新型投资产品占总保费 43.13%，团体业务占总保费 4.11%，其他渠道占总保费 2.85%；各渠道全年实现期交保费 27.86 亿元，占年度总保费 58.61%；银保渠道期交保费实现 4.7 亿元，占渠道总保费 22.91%；国寿大同、太平洋人寿、平安人寿三家公司银保渠道期交保费占渠道当年总保费 43.47%、92.04%、99.27%；国华人寿、安邦人寿销售渠道以银保渠道为主，保费收取以趸交为主，期交费占比微小。

（四）创新效果十分显著

“创新是一个民族进步的灵魂，是国家兴旺发达的不竭动力。”保险业的创新和奋进，并非有一个拐点清晰的阶段，而是伴随着保险业成长过程中始终存在的动力和追求，是在发展和成长过程中承载着丰富内涵的创造性实践。虽然可以发现保险业发展带有鲜明的时代特征，烙上行业不断创新的痕迹，但从本质上说：保险业历史多长，保险业创新就有多长。保险业是一个勇于创新的行业。

1. 产品创新

“十五”期间是大同保险业快速发展的时期，也是保险产品新旧更替的时期。2001 年，国寿大同市分公司将“国寿千禧理财两全保险（分红型）”“国寿鸿寿年金保险（分红型）”、太平洋人寿大同中支将“太平盛世·长虹两全保险”“团体年金保险（万能型）”推向大同市场，将传统的具有保障功能、养老保障功能和产品分红功能组合，激活了市场长久以来沉闷的保险需求，拉开大同人寿保险市场新型投资产品的纷纷上市的大幕。2002 年，中国人寿以“国寿鸿泰两全保险（分红型）”产品为代表的“鸿系列”充斥市场，借助于“两康”品牌效应，新推出国寿康宁重大疾病保险（分红型）产品，通过健康保障和分红职能的融合与搭配在市场上实现品牌延伸；太平洋人寿借助于银邮代理渠道推出“太平盛世 · 长虹两全保险”“太平盛世 · 状元红两全保险”“红利来两全保险 A 款（分红型）”“红利来两全保险 D 款（分红型）”，在银保渠道一炮走红。2003 年，中国人寿继续丰富“鸿系列”家族，并推出“国寿永泰团体年金保险（分红型）”，为团体保险目标市场推出一款分红产品，为日后竞争团体业务立下汗马功劳；太平洋人寿更迭分红保险产品，主动调整分红保险产品结构；平安人寿以平安鸿利终身保险（分红型）进入大同市场。2004 年，国寿改造分红产品形式，推出适合银行（邮政）柜面直接销售的“国寿鸿泰两全保险（分红型 2003 版）定额保险单”；平安智富人生终身寿险（简称智富 A/B）上市，开启了平安万能保险产品大门，成为大同保险市场的贵客。至 2005 年，销售投资理财保险产品的寿险公司达到 5 家，产品基本实现传统生存保险、死亡保险、两全保险、年金保险、健康保险，同分红、理财、投资相结合，满足市场的一定需求。“十五”期间，大同财产保险市场责任保险产品，新增加医生、医疗等职业责任保险；中国人民保险公司财险大同市分公司通过“门敞开、高门槛”的指导原则，机动车辆消费贷款保证保险业务占据市场重要位置。

“十一五”期间，国务院颁布《国务院关于保险业改革发展若干意见》。2006 年，机动车辆交通事故责任强制保险正式实施，我国首个强制责任保险在大同市场实施。借助于“交强险”实施的东风，保险行业协会统一商业车险的条款，回归至相对统一的 A、B、C 三个条款，车险又经历一个螺旋式的轮回。2007 年，大同城市建设和文物保护建设步入历史最佳机遇阶段，城区周边许多乡村同全国城建一样，房屋拆迁、土地转让、居民搬迁、人员安置等问题接踵而来。中国人寿适时开发“国寿被征地农民团体年金保险（A 型）”“国寿被征地农民团体年金保险（B 型）（分红型）”“个人转换年金（被征地农民团体年金分红型 B 款）”等产品，一定程度满足目标市场的需要。2007 年以来，保险主体积极探索支农、助农和保险扶贫路径，到 2008 年，中国保监会发布《农村小额人身保险试点方案》后，各保险业主体在“三农”保险产品上先后入市。在人身保险方面，中国人寿推出国寿小额贷款借款人定期寿险、国寿小额贷款借款人意外伤害保险；太平洋人寿推出太平洋人寿“安贷宝”借款人意外伤害保险；平安人寿推出平安农村小额意外伤害保险等。通过保险方式服务于“三农”。保险业既有自身经营的领域，又随着时代进步不断创造和扩大业务范围；既沿袭着传统行业的经营路径，又伴随着时代变革，开辟着崭新的路途。随着教育、就业、医疗、养老等成为社会突出问题，保险业同样在探索通过自身的特性解决和改善这些社会的突出问题。“十一五”期间，大同保险市场主体通过开发和创新产品，主要围绕破解这些社会问题展开。如，国寿先后开发并面市 227 个保险产品，其中长期性险种 83 款，短期及附加险种 144 款；长期性产品中普通寿险产品 42 款（含年金保险），占比 50.6%；新型投资类产品 41 款，占比 49.4%。提供对教育、医疗、养老的保险保障。在面市的产品中，医疗保险产品 58 款，占总产品 25.55%；疾病保险 29 款，占总产品 12.78%；失能产品 1 款，护理产品 1 款，更是直接针对医疗的保障产品。“十二五”之后，大同保险业坚持市场导向，不断贴近社会。在养老方面，人身保险公司主要通过定期返还、延期返还、定额返还、变额返还、年金返还、一次性返还款项来实现养老保障，如各种生存保险、两全保险、年金保险和新型保险产品；财产保险公司通过责任保险，如中国人民保险公司财险大同分公司开办大同养老机构责任保险，通过直接或间接渠道实现或参与老年人群的保险保障。在旅游方面，通过对“旅游者”“旅游交通工具”“旅游住宿”“旅游景点”“旅行社团”的意外伤害保险、意外伤害医疗保险、乘坐险、责任保险，可以看到旅游保险不断思变的发展轨迹。在农业保险方面，从牲畜业保险到种植业保险，经历政府主导、政府介入、险企主体尝试、市场化作业、商业化运作、政策性经营等多种模式，在《农业保险条例》出台后，大同保险市场主体在“协同推进”方针指导下，承办农业保险主体增多，保险标的不断扩大，开办黄花价格指数保险、蔬菜价格指数保险、玉米价格保险、谷子天气指数保险等，实现农业保险产品的创新。在责任保险方面，开辟环境污染责任保险，增添责任险家族成员，弥补大同环境保险的空白。在“扶贫”攻坚项目方面，大同财产保险主体通过扶贫攻坚结对人员提供责任险保障；人寿保险公司通过“小额保险”特色，为贷款借款人团体、个人提供意外伤害、意外伤害医疗保障。

2. 渠道创新

“十五”之后，大同保险同业中国人民保险公司财险大同市分公司、国寿大同分公司重视直销渠道的改制和创新，以不断提升销售业绩。2004 年起，中国人寿大同分公司积极实施团险销售体制改革，实行直销队伍任务认购承包办法，以责、权、利相结合，以公司、团险、个人利益相统一为原则，自主经营，自负盈亏，把经营权力下放给销售人员，实行费用、工资、任务承包经营体制。在直销渠道业务拓展上，重点理顺直销团险组织结构，实行垂直化管理和专业化经营。通过内部员工转岗、对外招聘等途径，充实销售队伍，积极实行“项目经理制”，机动灵活地组合“战时攻关小组”，通过人力资源整合提升团险队伍的战斗力。2007 年，中国人民保险公司财险大同市分公司通过人力派遣方式、优秀营销员、吸纳同业骨干加盟利用多种形式的用人机制，推动公司销售架构和渠道的发展。到2014年，中国人民保险公司财险大同市分公司初步形成车商、电商、网销、银保、代理、经纪、互动等渠道业务，形成多渠道销售网络的格局。

在个人代理渠道上，“增员难、流动大”的难题持续存在，并逐渐成为个险渠道发展上的瓶颈。“十五”期间，大同保险同业针对该顽疾，采取各种有力措施，努力破解或者改善困境。2001 年，国寿大同市分公司发挥“国企品牌”优势，认真落实《大同市分公司“群英荟萃”增员活动企划实施方案》，促进个险渠道队伍建设。并从 2001 年开始，坚持通过专项增员活动、增员竞赛活动、全员增员活动等形式，逐步形成“常态 + 项目”增员体系，队伍持续、稳步、快速的发展。平安人寿大同中支重视个人代理队伍素质建设，在人员的甄选上形成科学的管理体系。2005 年，平安人寿大同中支按照《关于推广礼贤业务人员甄选系统相关事项的通知》及“礼贤测试”相关规定进行招聘。之后，平安人寿大同中支按照平安总部制定的《关于加强礼贤业务员甄选测试（LASS）规范的通知》，建立科学规范的增员甄选程序，实现个人代理队伍的选择性扩张。2014 年，平安人寿大同中支根据《关于〈E 增员平台〉使用规范的工作通知》，通过电子化方式支持队伍增员运作各环节，实现资料的大幅简化和流程优化。泰康人寿大同中支运用增员活动量系统，强化个人代理队伍管理。从建立个人代理渠道以来，大同保险业不断完善营销员基本法规，根据自身队伍建设情况， 不断调整基本法内容，通过增员奖励、增员定着奖、培育组经理奖、展业外勤增员奖励、增员津贴、增员培训、增员技巧等，加强个险渠道队伍建设，提升个险渠道队伍素质。

在保险中介渠道上，如影随形始终伴随着渠道成长的是保险业主体对渠道“议价能力弱”“代理成本高”“控制能力低”“专业素质差”等几个问题。保险业在解决和改善问题过程中，实现自身的提升与成长。2002 年，国寿大同市分公司根据《中国人寿保险公司山西省分公司兼业代理专管员管理暂行办法》，制定当年度全市专管员聘用计划、应聘条件和聘用程序，建立兼业代理管理队伍。在银保渠道逐渐成为公司挑起规模保费的大梁的时期，公司为实现结构的调整，不断适应市场变化需要。 2008 年，国寿大同分公司按照国寿省分公司下发《银行保险客户经理精品团队及理财经理团队建设实施方案》，对全辖银保代理队伍进行调整与改造，打造由客户经理、理财经理、职场经理共同构成银保渠道的队伍体系。2012 年以后，国寿大同分公司落实《山西省分公司银行保险2012年客户经理增员方案》，并开始实行集中增员与常规增员相结合的办法，到2013年，公司提出“打造第二支营销队伍”的发展战略，步入更加健康的发展之路。2007年，太平洋人寿在兼业渠道业务提出“又好又快发展”指导思想，之后采取科学增员措施、努力打造金牌团队，主动进行银保转型，积极整合系统资源，大力发展与个险、产险的交叉业务，不断实现产品渠道化、渠道精细化的发展格局。2009年，太平洋财险大同中支按照总公司的统一部署，完成“P09集中渠道系统”的导入和切换，与业务、财务系统全面对接，全面提升中介管理模式。2010年，中国人民保险公司财险大同分公司充分利用邮政、电信网通、银行、4S店的渠道实行捆绑销售、打包销售的办法，推动小险种发展。2013年，华泰财险研究、借鉴美国、欧洲、日本等发达国家保险市场经验，引进独具华泰特色商业模式，建立华泰EA（Exclusive Agent）专属代理人经营销售模式。到2017年，大同保险市场主体经历保险销售渠道从单一到多元的变迁，经历以公司直销为主导的保险业起步时期、个人营销渠道拉动保险需求的规范成长时期、保险中介兴起传统渠道并存保险业快速发展时期以及电话销售、网络销售等新型渠道兴起的大发展时期，保险中介随着时代节奏一路前行。

3.服务创新

客户服务是保险业发展永恒的主题。从中国人民保险公司财险大同分公司“95518”专线开通，形成以“95518”为中心的全市统一的车险报案、立案、统一调度指挥和统一客户回访的制度体系开始，大同保险业进入客户服务新的时代。2001年之后，大同保险业主体先后制定或统一客户服务规范，开通全国统一的客户报备专线电话，建立省际或全国的运营中心，为客户提供365天乘以24小时人工电话或智能服务电话。实现初期目标：查询、咨询、投诉、挂失登记、理赔报案登记、客户回访“一站式”的服务模式，创建规范的服务体系。大同保险业主体在创建服务体系过程中，注重服务场所、服务手段、服务平台的建设与改进，特别在“十一五”开始之后，大同保险主体标准化客户服务中心柜面建设得到发展，各保险主体按照系统客户服务中心职场管理的指导原则、职场分类、职场布局、职场选址等要求，确立市区和县支服务大厅的规范与标准，先后在公司办公大楼或者当地繁华地段建立企业文化鲜明、办公设备先进、功能区域齐全，环境人性温馨的服务渠道。并按照《职工道德规范准则》《保户须知》《保户索赔指南》《承诺服务内容》规范员工行为，创建行业或者系统青年文明示范岗位、行业标准示范岗位活动。特色性建立VIP客户服务窗口、精英营销员服务专柜、6S 柜员服务、一岗通、综合柜员制等。2004 年，平安财险大同中支首先正式启动“客服节活动”，该举之后，大同保险业各主体陆续设立公司客户节，每逢客户节来临之际，各保险主体都会以客户为中心，设立一个紧扣时代的主题，举办形式多样、内容丰富的“客户服务节”庆典活动，搭建公司与客户沟通的平台，架设公司与客户联系的桥梁，增进公司与客户之间的了解，举办丰富多彩的特色服务活动。如“平安家园”“泰康宝贝”“国寿 1+N”“太平人寿名家之约”等让人印象深刻的活动。大同保险主体在服务创新过程中，十分重视运用先进的科学技术和成果，为客户提供承保、核保、保全、理赔、收付费等保险环节便捷、舒适充满人文关怀的客户服务。如“异地出险，就近理赔”“车险理赔金牌服务”“小额赔案限时快速理赔”“快易免服务承诺”“道路交通事故快处中心”“微信理赔系统”“健保通直付式理赔”“E 宝账自助式寿险保单服务”“E 网络自助式服务”“云服务平台”等，提高业务处理速度和质量，树立保险行业优质服务的形象。

“十一五”期间，大同保险业根据保监会下发的《寿险柜面服务规范》《人身保险业务基本服务规定》的通知，在柜面服务时间、服务环境、服务时效、服务礼仪、服务纪律等方面严格落实和认真实施。“十二五”期间，山西省保险行业通过《提供高效优质服务，维护客户合法权益》为题目向社会发布国寿山西公司 6 大领域服务承诺。之后又印发《山西省人身保险业务基本服务标准（试行）》的通知，从销售服务、承保服务、保全服务、理赔服务、客户回访、柜面服务、投诉及应急处理、监督与执行 8 个方面，建立人身保险业务经营的基础标准。2015 年，在“创新驱动发展”战略指导下，大同保险同业在服务制度规范、人文保险关爱、科技保险融合、社会治理参与等方面有了长足发展。到 2017 年，大同保险同业遵循行业经营规则，维护行业法律规范，认真执行行业协会制定的车险理赔服务标准、人身险公司服务标准、人身险公司星级柜面标准、服务承诺监测检查制度等，通过不断创新服务体系，完善服务机制，改进服务渠道，在保险服务社会、服务民生的道路上继续探索前进。

（五）内控体系稳步健全

“十五”期间，美国“安然公司事件”和“世界通信公司事件”等一系列具有世界影响力的财务造假丑闻被披露，企业内部控制问题再次成为广泛关注的焦点。2002 年 1 月，中国人寿山西省分公司成立公司内部控制监督管理委员会，进一步强化系统内部控制监督工作的领导，健全和完善内部控制机制，同时对下属 11 个地市分公司的“整规”工作进行检查。国寿大同分公司重点对财务管理方面如保险法规、财经纪律的执行情况、资产负债真实情况、财务收支项目合法性状况以及账外资金、“小金库”等，业务管理方面如个人代理人管理、赔（给）付管理、核保工作、团体年金保险、意外险业务、农村网点管理、中介业务等开展自查自纠工作。对 5 个养老金类产品的退保金、满期给付、年金给付的真实性、准确性、合规性进行稽核。9 月，国寿大同分公司开始执行《中国人寿保险山西省分公司客户服务规范和内控管理办法》。2003 年，大同保险同业根据《中国保险监督管理委员会关于开展 2003 年全国整顿和规范保险市场秩序工作的通知》，重点整顿“销售误导客户的行为”“车险市场秩序情况”“兼业代理机构的依法经营情况”“保险公司内控制度建设情况”。2004 年，中国人寿大同分公司成立风险控制管理委员会。12 月，全员参加省分公司召开的“404 项目启动和内部控制推广”视频会议，标志着国寿大同分公司系统正式启动萨班斯法案第 404 条款遵循工作。“十一五”期间，国寿大同分公司根据中国保险监督管理委员会发布《寿险公司内部控制评价办法（试行）》，对控制环境、风险识别、控制活动（包括业务、财务、资金、信息技术及其他控制活动）、信息与沟通、监督五个方面，实施内部控制活动，填写内部控制评估表，并向上级报告内部控制年度评估报告。2007 年，大同保险同业开始设立内控合规部或者配置内控合规岗，负责本机构内控合规工作。国寿大同分公司设立监察部（法律合规部），主要负责全辖 404 条款遵循、风险管理、合规管理、法律事务、反洗钱、关键岗位检查等方面工作。2008 年，中国人寿大同分公司开始推行《合规经营责任书》的签订工作；太平洋财险大同中支制订和实施合规培训计划；太平洋人寿大同中支在全公司范围内首次开展操作风险控制与自我评估工作；农银人寿大同中支在综合部设立内控合规岗位，实行 A、B 岗制度。在落实反洗钱义务工作中，大同保险同业认真宣传，积极行动，有的公司设立“反洗钱宣传月”，有的公司印发《反洗钱工作规程》，有的公司建立《反洗钱信息系统》，有的公司制定“反洗钱考试题库”等，将反洗钱工作落到实处。“十二五”期间，大同保险同业在审计、稽核、内部控制等方面建立适应公司发展的组织结构，制定相对完善的规章制度，形成较为严密的执行流程，对防范和化解各种风险形成较为完整的内部控制体系。2011 年，国寿大同分公司下发《2011 年中国人寿大同分公司关于进一步强化内控管理工作的实施意见》，分别从人力资源、财务预算、运营管理、内控合规、固定资产以及集中采购提出控制要求。太平洋人寿大同中支根据总公司修订并下发的《中国太平洋人寿保险股份有限公司全面风险管理工作规定》，进一步完善公司风险管理基本原则、组织架构、工作职责和管理流程等。2012 年，太平洋财险大同中支开始执行《中国太平洋财产保险股份有限公司内部控制手册》，加强内控合规管理。华泰财险大同中支根据总公司下发的《合规政策》和《合规联系人管理办法》，进一步完善合规管理的组织体系，明确各部门、各公司应设置合规联系人岗位，并规定合规联系人的任职条件、职责、管理及考核。2015 年，大同保险同业根据中国保监会《关于开展保险机构“两个加强、两个遏制”专项检查的通知》精神，在业内精心组织，统筹安排，认真地开展专项自查工作。2016 年， 大同保险同业重点开展“两个加强、两个遏制”“回头看”问题整改工作。紫金财险大同中支在综合部合规管理岗，行使内控与风险等管理职能。安邦人寿大同中支在业务支持部设立合规管理岗，在中支各部门设立兼职合规管理员，形成内控合规队伍。幸福人寿大同中支在综合管理部设内部审计专岗，接受分公司和中支的双重领导，采用询问、审核、观察、函证、监盘、分析性复核等方法，对本级各部门、各所属机构进行反洗钱审计、人身保险业务审计、内部控制评价、经济责任审计、后续审计等工作。2016 年 5 月，国寿大同分公司等部分寿险公司依据《人身保险风险排查管理规定》， 对不限于保险资金案件风险、财务管理风险、业务管理风险、内控管理缺陷等 4 大类风险进行排查。同时，同业公司根据保监会相关指示，开展非法集资风险专项排查和“慧眼 · 守信 · 明责”主题宣传月活动。6 月，大同保险同业根据保监会要求，开展整治和规范保险销售行为的活动。2017 年，大同保险同业落实保监会《中国保监会关于进一步加强保险风险防控工作的通知》，牢固树立“保险业姓保”理念，重点防范“九个重点领域十类风险事项”，建立“一把手”负总责，一级抓一级，层层落实的风险防控工作格局，明确各级公司、各个部门和各个岗位人员的风险防控任务。

（六）社会治理更加凸显

大同保险业主体不断汲取传统优秀品质和国际先进管理技术，不仅在保险保障、抵御风险方面发挥重要作用，而且在参与社会治理、承担社会责任方面也成绩突出。“十五”期间，大同保险公司主体根据公司自身条件，积极奉献爱心，回报社会，有的公司捐资助教，有的公司“雪中送炭”，有的公司经常参与社会公益活动，有的公司投入当地脱贫项目活动。中国人民保险公司财险大同市分公司继续保持同公安、交警部门建立广泛的联系，在社会企业，特别是众多保户中开展防灾防损工作，力争防患于未然。太平洋保险大同支公司主动向大同市政府和大同市医改领导组汇报、沟通、商讨和论证，为全市66万名城镇职工提供大额医疗费用保障，被政府和群众称作“民心工程”。“十五”期间，中国人民保险公司财险大同分公司根据安排，在灵丘县石家田乡马头关村进行定点扶贫工作，在当地政府领导和指导之下，人均纯收入从2002年的800元增加到2008年的2100元，增长162.5%。大地保险系统包括大同中支员工开展捐款活动，在革命圣地——井冈山、延安、西柏坡建造三所“中国大地财产保险股份有限公司希望小学”。中国人寿大同分公司组织全辖系统实施由省分公司制定的《众志成城抗“非典” 中国人寿送真情业务推动企划案》活动。承保大同铁路分局团体补充医疗保险业务，为铁路系统53463名职工提供大额医疗保障。2004年， 山西省新型农村合作医疗制度开始实施，中国人寿左云支公司抓住机遇，落实省保监局“山西省农村医疗保险业务发展座谈会”精神，实现了“保险服务‘三农’，保险走进农村”目标，为左云县农民办了件好事、实事。“十一五”期间，其他保险公司积极参与在当地开展的各项社会公益活动。“阿姆斯特丹—北京自驾车之旅”旅行团亮相山西大同，有永安财险大同中支的参与；四川省汶川县、青海省玉树藏族自治州发生大地震，大同保险险企奉献给灾区人民一片爱心；中国南方发生罕见雪灾，太平洋人寿主动捐款；大同政府实施的定点扶贫工程，有中国人民保险公司、国寿两家国企的责任与担当。“十二五”期间，太平洋人寿大同中支响应总公司号召，参与“责任照亮未来”支教活动。平安人寿大同中支组织实施打造“平安人”的慈善信仰，传播爱心、善行客户。2013年，四川雅安发生7.0级强烈地震，给人民群众的生命财产造成严重损失。大同保险业员工积极捐款捐物，表达大同“保险人”的爱心。2017年，中国人民保险公司、中国人寿、中国人寿财险、太平洋寿险驻村工作队及派驻村书记，按照当地政府安排入村到户开展帮扶工作。中国人寿主动向帮扶村捐款捐物，并同天镇政府协商，为“天镇保姆”（劳务输出）全部办理大病补偿保险和意外伤害保险；国寿财险、太平洋寿险在驻地帮助进行试种黄芪脱贫工作项目。到2017年年底，大同保险同业为全市140.93万名村民承办新农合大病医疗保险，承担风险保额达5637.02亿元，总计赔付7039人次，赔款支出4397.45万元，简单给付率75.29%；为全市42.07万名职工承办城镇职工补充医疗保险，承担风险保额达1640.61亿元，总计赔付1935人次，赔款支出5987.73万元，简单给付率93.32%；为全市53.74万名城镇职工承办城镇职工意外保险，承担风险保额达 214.98 亿元；为全市 48.91 万名居民承办城镇居民大病医疗保险，承担风险保额达 1956.59 亿元，总计赔付 3292 人次，赔款支出 2299.98 万元，给付率 96.25%。

保险是人类的基本需求，是市场经济条件下风险管理的基本手段，是反映社会文明水平、经济发达程度、社会治理能力的重要标志。大同保险业在起步、停业、恢复、成长各个阶段，始终融入并服务于大同地区的改革开放和经济建设，不忘初心、牢记使命，充分发挥保险企业的责任与担当，发挥保险的职能和作用。在新的历史时期，保险同业继续以客户为中心，以主场为导向，立足于地方治理体系和治理能力的现代化建设，不断丰富保险产品，不断提升服务质量，内强素质、外塑形象，以更加饱满的行业精神，跨入现代保险业发展的新时代。

大事记

1918 年 交通银行大同办事处开业。

1935 年 交通银行恢复大同办事处，开始兼办太平保险各种业务。

1940 年年初 日本侵略者在大同设立伪晋北实业银行总行，代办东洋保险公司业务。

1941 年 11 月 晋冀鲁豫边区政府制定《晋冀鲁豫边区劳工保护暂行条例》。

1942 年 山西邮政管理局设立保险科，专营邮政人寿保险业务。

1950 年

10 月 13 日 中国人民保险公司察哈尔省分公司大同市保险小组成立。刘季冰任组长，4 名成员。小组隶属于大同市人民银行。

12 月 1 日 中国人民保险公司察哈尔省分公司大同支公司成立。大同市人民银行办事处主任马清标兼任支公司经理，刘季冰任副经理；支公司设业务、会计两个组。职工 15 名。开业初，开办运输、火灾两个险种。

1951 年

7 月 中国人民保险公司大同市支公司在全市开展强制保险业务。

1952 年

5 月 中国人民保险公司雁北中心支公司成立，下属朔县等 15 个县支公司及口泉办事处。

6 月 中国人民保险公司大同市保险支公司改由大同市人民政府直接领导，并撤销大同市人民银行所辖口泉支行、西街支行、车站支行内设的 3 个保险股，市支公司增设秘书股。

12 月 1 日 中国人民保险公司在雁北、大同的分支机构划归中国人民保险公司山西省分公司领导（11 月 15 日，察哈尔省被撤销）。

1953 年

6 月 26 日 山西省分公司召开全省第三次保险工作会议，根据上级精神决定停办农村各项保险业务；根据省编制委员会决定，农村业务停办后，超编人员分 3 批调出。会议还决定，铁路、粮食、邮电、水利、交通等国营企业财产停止办理强制保险。

8 月 中国人民保险公司大同市支公司开始着手处理停办与结束农村保险业务事宜。

9 月 中国人民保险公司大同市支公司停办大车险、团体人身险、职工团体火险、简易火险、牲畜运输死亡险和运输加保的破碎渗漏险。

9—12 月　开办国家机关和国营企业财产强制保险、运输保险、团体人身保险、自愿火险、牲畜险、汽车旅客险、简易人身险。

1954 年

2 月　大同市党政部门主持召开中国人民保险公司大同市保险公司向市消防队赠送消防车大会，全市各界 700 人参加。

5 月 1 日　由山西省机构编制委员会批准，大同市人事局同意，中国人民保险公司大同市支公司成立防灾理赔股。

1955 年

1 月　大同市消防队联合保险公司对机关、学校、工厂、企业、交通运输、贸易合作等 99 个单位进行防灾检查。

6 月　中国人民保险公司大同市支公司开始肃反工作。

1956 年

1 月　中共大同市委〔1956〕61 号文件批准，中国人民保险公司大同市支公司成立党小组，并任命姚启文为党小组组长。

3 月　中国人民保险公司大同市支公司试行基层供销合作社财产保险统保。

6 月　中国人民保险公司大同市支公司结束肃反工作，开始审干工作。恢复牲畜保险，并在大仁县党留庄、落阵营进行试办。

1957 年

4 月　中国人民保险公司大同市支公司开始全面整风和鸣放运动。

8 月　中国人民保险公司大同市支公司，进行机构调整和精简编制工作，将原编 77 人（含雁北 5 县小组）减编为 71 人，机构设秘书股、城市业务股、农村业务股和计划会计股。

1958 年

4 月　中国人民保险公司大同市支公司制定《保险支公司养猪自愿保险办法》，试办养猪保险，先后在马军营、平旺、马辛庄 3 个农业社试办养猪保险。

5 月 24 日　中国人民保险公司大同市支公司城市业务股、秘书股、计划会计股、农村业务股撤销，新设业务科、会计科、秘书科。

6 月　中国人民保险公司大同市支公司开办简易人身两全保险。

7 月 1 日　省委决定，委托雁北专署管理大同市。银行保险机构也随之变动。

8 月　中国人民保险公司大同市支公司结束整风运动。

10 月　西安全国财贸会议提出停办国内保险业务。大同市支公司根据上级指示，开始业务清理活动。

11 月　山西省保险公司撤销，当时全省保险机构 43 个，职工 595 人。大同市支公司全面停办保险。

1959 年

1 月　中国人民保险公司山西省分公司撤销，大同支公司根据指示，开始机构撤销和清理事宜。

1979 年

9 月　中国人民银行太原分行召开各地、市支行和部分县支行保险工作座谈会议，总结上年工作，研究恢复保险业务工作的意见。

1980 年

4 月　山西省人民政府批转中国人民银行山西省分行“关于在山西省恢复国内保险业务的请示”，决定在太原、大同、榆次 3 市进行试点工作。

6 月　山西省人民政府批准成立中国人民保险公司山西省分公司。省保险公司受总公司和省人民银行双重领导。

7 月　经省人民政府批准，中国人民保险公司山西省分公司恢复成立，同时组建太原、大同、榆次三个支公司。

7—8 月　大同市人民银行接到中国人民银行山西省分行文件，开始筹建大同市保险支公司。

9 月 1 日　大同市保险支公司正式对外办公，地址在大同市人民银行（东华门 19 号），员工 6 人。同日，山西省分公司陆续在太原、大同、榆次 3 市开办企业财产保险业务。大同市色织厂成为国内保险业恢复业务后大同市支公司的第一个保户。

1981年

9月 中国人民保险公司大同市支公司开办汽车及第三者责任保险。

12月 经大同市财贸部门批准，中国人民保险公司大同支公司成立党支部，姚启文任支部书记。

1982年

3月5日 中国人民保险公司大同市支公司召开恢复国内业务以来的第一次全市保险工作会议。市人民银行领导主持，全市银行各办事处业务主任、信贷计划股股长及业绩突出的信贷员、保险干部共70余人参加会议。

6月 中国人民保险公司大同市支公司设立防灾理赔科。至此，机构设置为4科1处，即人事秘书科、计划财务科、业务科、理赔科，新平旺办事处。

8月 中国人民保险公司大同市支公司成立工会委员会。8月9日支公司召开首届职工大会，庆祝大同市保险支公司成立暨恢复国内业务两周年。

11月1日 中国人民保险公司大同市支公司开办家庭财产保险。

12月 经山西省分公司批准，中国人民保险公司大同市支公司买地7.2亩，投资66.82万元，新建办公楼782.38平方米，住宅楼1474.56平方米（24套），并于冬季破土动工。

1983年

12月 中国人民保险公司大同市支公司办公楼及住宅楼等基建工程竣工。

1984年

7月11日 中国人民保险公司山西省分公司通知，经中国人民银行山西省分行批准，从即日起，中国人民保险公司大同市支公司正式升格，改称中国人民保险公司大同中心支公司（简称“中国人民保险公司大同中心支公司”）。

8月2日 中国人民保险公司大同中心支公司组建应县、阳高、左云、怀仁、灵丘、大同市南郊6个支公司和大同市城区、新平旺2个办事处。支公司和办事处为科级单位，实行系统垂直领导管理。在干部管理上，实行系统与地方相结合的领导管理体制，以系统为主，地方为辅。

8月23日 中国人民银行山西省分行党组会议研究，并征得中共大同市委组织部同意，决定任命柳林为中国人民保险公司大同中心支公司党组书记，杜林茂、迟淑瑞为党组成员。

9月20日 中国人民保险公司平朔办事处成立，隶属大同中心支公司领导。

1985 年

1 月 1 日　中国人民保险公司平朔办事处成立，主要承办平朔露天煤炭公司的保险业务，暂时归大同中心支公司领导。

同日，总公司决定：从 1985 年开始，国内业务除人身险外，实行总公司、分公司两级核算，自负盈亏，三七分保。根据这一精神，山西省保险系统实行以保费、赔款、费用、工作质量四项指标为考核内容的奖惩经济责任制。

1 月 13 日　左云县上张家坟村将全村的企业财产、机动车辆、家庭财产由中国人民保险公司左云支公司统一承保。

2 月 5 日　经共青团大同市委〔1985〕1 号文件批准，中国人民保险公司大同中心支公司成立团总支。

4 月 2 日　中国人民保险公司系统山西省保险工作会议在太原召开，会议提出下放“三权”（业务经营、财务管理、干部管理）和经营承包责任制试行方案。

4 月　根据晋保人字〔1985〕第 12 号文件通知，组建中国人民保险公司天镇、广灵、山阴、大同、平鲁和右玉县支公司，以及新荣区办事处。

6 月 4 日　中国人民保险公司大同中心支公司召开第八次党组会议。根据省公司〔1985〕晋保财字 30 号文件，批准拨款 30 万元投资筹建保险车辆修理厂。该厂属独立核算、自负盈亏的集体企业性质，有一定自主权，18 个月还清贷款，厂名定为大同保险车辆修理厂。

6 月 21 日　中国人民保险公司大同中心支公司党组第九次会议审查修理厂和马军营乡周家店村购买厂房等建筑物协议书。同意购地 5 亩，单价为 1.6 万元，车间为 432 平方米的混合结构，办公室为 200 平方米的砖木结构。

10 月 9 日　省公司〔1985〕晋保人字第 96 号文件通知，撤销平朔矿区办事处，成立中国人民保险公司大同平朔矿区支公司（县团级单位），隶属于省分公司管理。

1986 年

4 月 15 日　中国人民银行山西省分行批复，同意大同中心支公司分设为大同市中心支公司和雁北地区中心支公司。同日，中共大同市委组织部批准，大同中心支公司成立党总支委员会。

6 月 16 日　中国人民保险公司山西省分公司党组〔1986〕晋保党组字第 17 号文件通知，分设中国人民保险公司雁北中心支公司，组建中国人民保险公司大同市中心支公司。决定任命柳林为中国人民保险公司大同市中心支公司经理、党组书记；杜林茂、乔素华为副经理、党组成员；王兴业为纪检组组长、党组成员。

同日，省公司党组〔1986〕晋保党组字第16号文件通知，任命郝禄为中国人民保险公司雁北地区中心支公司经理、党组书记；迟淑慧为副经理、党组成员；石宝镛为副经理；乔佐为纪检组组长、党组成员。

7月 中国人民保险公司雁北中心支公司在全区开展家财险统保和地膜覆盖玉米保险。

8月10日 山西省商业厅、财政厅、工商银行和保险公司联合下发《山西省商业系统职工退休基金统筹试行办法》。

8月11日 中国人民保险公司大同中心支公司经理室研究决定，机关设11个科室：办公室、人事科、党总支、财务科、计划科、城市业务科、农村业务科、运输工具科、人身保险科、纪检组、工会。

9月9日 山西省人民政府发布《山西省城镇集体所有制企业、事业单位职工养老保险暂行办法》。

1987年

2月 中国人民保险公司党组书记、总经理秦道夫在省公司总经理常世华的陪同下，到雁同公司考察工作。中共大同市委书记肖聪慈、市长王玉龙、副市长王振宇委等会见两位总经理。

4月1日 中国人民保险公司大同市城区办事处北城分理处正式挂牌营业。

9月13日 根据省委宣传部、省安委会、省经委、省公安厅、省保险分公司联合通知，市公司在西门外红旗广场开展为期一天的安全防灾宣传和保险咨询服务活动。

1988年

6月下旬至7月上旬 雁北地区连降大到暴雨，13个县遭受不同程度的灾情。截至7月17日，由暴雨和供水造成各类灾害事故（保险责任范围内）140多起。

7月12日 大同市遭遇一场50年来罕见的暴雨，大同市56户投保企业，45部汽车和3100亩农作物遭受不同程度损失，中国人民保险公司大同中支系统支付保险赔款82.77万元。

7月17日 大同市连续受到暴雨、洪水的袭击，经济损失严重，中国人民保险公司系统及时赔付123万元结案。

1989 年

2 月 3—8 日 大同矿务局马脊梁矿煤堆发生自燃，中国人民保险公司大同保险系统累计支付赔款 132.4 万元。

2 月 9 日 大同矿务局大斗沟矿井塌方，中国人民保险公司大同保险系统支付赔款 124.7 万元。

3 月 3 日 雁北行署在全区经济工作会议上，正式把保险的业务指标列入县级政府 1989 年工作目标责任制范围考核。

4 月 25 日 中国人民保险公司山西省分公司以晋保发〔1989〕31 号发文，成立中国人民保险公司朔州市中心支公司。

8 月 28 日 中国人民保险公司山西省分公司决定，省、市两级分别成立防灾防损处（科），与经营管理处（科）一套人马，合署办公。

10 月 18—19 日 大同县、阳高县地段发生 6.1 级地震，造成大同、阳高、浑源、广灵 4 县 68 个乡镇受灾，直接经济损失约 5 亿元。中国人民保险公司系统山西省、市、县三级公司组织 100 余人抢险查勘，赔付金额总计 1104.6 万元，支援防灾费 45 万元。

11 月 1 日 总公司农险部陶然、陈会善两人到大同指导抗震救灾工作。

11 月 4 日 省公司总经理常世华到雁北地区指导赈灾抢险理赔工作。

11 月 16 日 阳高、浑源、广灵三个县的重灾区保险勘察核损工作全部结束，并相继召开理赔兑现大会。地震发生后，中国人民保险公司大同中支系统 221 名干部职工积极参加募捐活动，共捐助现金 1081 元，衣服 86 件。

1990 年

2 月 28 日 中国人民保险公司大同中支公司业余演出队在石家庄市河北宾馆演出节目，《保险和灾民心连心》获特别奖，《看秧歌》获三等奖。

3 月 中国人民保险公司大同中支选送的《保险员之歌》在全国司歌评选中荣获二等奖。

6 月 1 日 中国人民保险公司雁北中支党组转发省分公司党组决定，同意恢复中共雁北地区中心支公司党组。郝禄为党组书记；米锐、司光耀、乔佐为党组成员。

7 月 2—14 日 由中支副经理米锐带队组织一支专职宣传队深入各县开展山西保险十年成就展览。

10 月 7—13 日 中国人民保险公司山西省分公司在雁北中支的配合下，组织 19 名中央、省、地三级新闻单位记者，在雁北地区举行“大阳地震一周年跟踪采访”活动，先后到四县、五乡[①]，以及十余家企业进行现场采访。13 日举行隆重的新闻发布会。

11 月 中国人民保险公司大同中支机关及 5 个支办全部获得省级先进档案达标单位。

1991 年

1 月 5 日 中国人民保险公司省分公司决定，从该年 1 月份开始，对全系统职工实行浮动工资制度。

3 月 26 日 雁北地区大同、阳高、广灵、浑源、天镇 5 县发生 5.8 级地震，余震 600 余次，造成人员伤亡和财产损失，中国人民保险公司大同保险系统及时向灾区支付赔款 948 万元（企业财产 350 万元，家庭财产 598 万元）。

11 月 10 日 雁北王坪煤矿发生冒顶塌方事故，中国人民保险公司雁北系统支付赔款 299.3 万元。

12 月 大同中心支公司办公楼竣工。

1992 年

6 月 6 日 由中国人民保险公司专款资助重建的浑源县北岳保险中学（原名杨庄中学）举行新校名命名典礼。

7 月 14 日 雁北地区王坪煤矿发生冒顶塌方事故，中国人民保险公司雁北保险系统支付赔款 103.5 万元。

7 月 25 日 大同市姜家湾煤矿发生井下透水事故，中国人民保险公司大同保险系统支付赔款 523.2 万元。

11 月 17 日 山西省计生委作出决定，在全省大力开展计划生育系列保险。

12 月 7 日 大同市青磁窑矿发生井下瓦斯爆炸，致 36 人死亡，大量财产损坏，中国人民保险公司大同保险系统支付赔款 130 万元。

①四县、五乡：说明：1989 年 10 月 18 日，大同—阳高发生一次中强震群。大同县、阳高县、浑源县、广灵县等以及河北、内蒙古均遭到不同程度的破坏，其中上述“四县”破坏较为严重，在当地抗震期间，简称四县。当时地震受灾波及乡镇 12 个，地震 1 年后，记者主要奔赴大同县西册田乡堡村、阳高县友宰镇前后贵村、浑源县吴城乡、沙圪坨镇等，这里概括为五乡。

1993 年

4 月 26 日 根据省公司要求，中国人民保险公司雁北中支成立国际业务部。

5 月 中国人民保险公司雁北中支成立云岗办事处、北岳办事处、湖东办事处。怀仁王坪办事处由怀仁县支公司组建。

6 月 7 日 中国人民保险公司雁北中支召开党组会，传达省公司《关于雁同合并工作几个问题的紧急通知》。

7 月 6 日 中国人民保险公司雁北中支、大同中支合并，成立中国人民保险公司大同市分公司。

7 月 29 日 中国人民保险公司大同分公司召开第一次党组会议，讨论决定领导成员分工。

1996 年

4 月 16 日 中国人民保险公司大同分公司根据《系统机构体制改革实施意见》及大同市系统机构体制改革实施方案，在中国人民保险公司南郊支公司开始实行产寿险分业经营。

6 月 10 日 中国人民保险公司大同分公司根据系统机构体制改革实施方案，完成中国人民保险公司系统全市产、寿险财产分割、财务划转、人员分流工作。

7 月 12 日 中保人寿保险有限公司大同市分公司正式成立。

7 月 21 日 10 时 30 分 天津武警总队驻同二台沟煤矿发生瓦斯爆炸事故，死亡 21 人，伤 4 人。事故发生后，中保寿险山西省分公司意外险处处长李向荣、市公司总经理石宝镛、副总经理刘枫、高铁强和业务二部经理会同御河路支公司负责人迅速赴现场勘查核损，及时预付保险赔款 10 万元。

10 月 25 日 左云县上张家坟村全村 80 户、150 人参加“岁岁平安综合保险”和“全家福平安保险”，交保费 13600 元；这是继参加企财险、机动车险、家财险、简易人身险和养老金保险之后的又一举措，成为名副其实的“保险村”。

1997 年

1 月 18 日 中保财产保险有限公司大同市分公司成立。

1998年

7月 太平洋保险大同支公司正式成立。

1999年

5月20日 中保财产保险有限公司大同市分公司更名为中国人民保险公司大同分公司。

12月15日 中国人寿大同市分公司决定筹建“业务处理中心”和“财务处理中心”。

1999年 太平洋保险大同支公司设立矿区、东关等营业部。

2000年

11月30日 太平洋保险大同支公司率先承保大同市“城镇职工大额医疗费用保险”，为全市66万名城镇职工提供大额医疗费用保障。

12月13日6时许，全国十大小商品批发市场之一的大同市云中商城服装大世界发生特大火灾，中国太平洋保险公司大同支公司分设中国太平洋财产保险股份有限公司大同中心支公司和中国太平洋人寿保险股份有限公司大同中心支公司，该次赔付被保险人500万元。

2001年

3月 太平洋保险大同支公司更名为中国太平洋人寿保险股份有限公司大同中心支公司。

3月 中国人寿山西省分公司系统开始推广办公自动化系统。

4月 太平洋人寿大同中心支公司首开向县区延伸第一家县级机构——左云机构宣告成立。

12月 中国人寿大同分公司与大同铁路分局签订协议书，收取职工养老保险金保费4604.7万元。

2002年

3月25日 中国人寿大同分公司开始使用新版保费发票。

4月8日 中国人寿大同分公司启用CBPS7.04版系统。

12月24日 中国平安财产保险股份有限公司大同中心支公司成立。

2003年

3月27日　中国人寿大同分公司设立银行（邮政）代理部、健康保险部。

4月18日　中国人寿大同分公司正式启用老业务计算机处理系统。

6月4日　大同市现代家居大世界C区基础建材城板材区西北区域发生火灾，中国人民保险公司大同分公司立即行动，资产估损450万元，流动资产估损500万元，施救费80万元。

6月10日　中国人寿大同分公司业务数据向省公司集中。

6月19日　永安财产保险股份有限公司大同中心支公司开业。

7月　中国人民保险公司大同分公司更名为“中国人民财产保险股份有限公司大同市分公司”。

8月20日　中国平安人寿保险股份有限公司大同中心支公司成立，李国亮任支公司经理。

12月25日　中国人寿大同分公司告知客户停止手工业务操作，老业务收付费实行计算机处理。

2004年

4月28日　永安财产保险股份有限公司大同中心支公司北城营销部开业。

7月　太平洋人寿大同中心支公司率先在全省推行“保险职业经理人”计划。

11月5日　山西合成橡胶集团有限责任公司发生特大危险化学品爆炸事故，中国人民保险公司财险大同市分公司支付赔款8486465.65元。

2005年

1月　太平洋人寿大同中心支公司获得中共大同市委、大同市人民政府颁发的“市级文明单位”称号。

3月14日　中国人寿大同分公司启用移动“95519”短信客户服务系统。

6月4日　太平洋人寿大同中心支公司召开首届职工代表大会。

7月　中国平安人寿保险股份有限公司大同中心支公司矿区营销服务部成立。

9月16日　中国大地财产保险股份有限公司太原分公司大同营销服务部成立，负责人王涛。

2006年

5月15日 中国人寿大同分公司正式开通“邮保通”系统。

6月 太平洋寿险大同中支与同煤集团朔州矿业公司签订《企业年金保险协议书》。

7月1日 中国人民保险公司大同市分公司开办机动车交通事故责任强制保险。

8月10日 永安大同中支为2006年“阿姆斯特丹—北京自驾车之旅”提供车辆保险。

10月30日 中国大地财产保险股份有限公司太原分公司大同营销服务部升级，公司更名为中国大地财产保险股份有限公司大同中心支公司。

2007年

5月18日 中国人民保险公司财险大同市分公司被中国金融工委授予“全国五一劳动奖状”。

8月10日 由大同市委宣传部、大同报社主办，永安财产保险大同中心支公司独家冠名的“永安保险杯”“北京办奥运，大同做些啥”大讨论有奖征文活动开始。

8月13日 中国大地财产保险股份有限公司大同中心支公司天镇营销服务部成立。中国大地财产保险股份有限公司大同中心支公司北馨营销服务部成立。

10月18日 中国人寿大同分公司开始将县支公司、县级营销服务部、机关部门经理级聘用员工纳入员工管理体系，实行劳动合同管理。

10月20日 中国人民保险公司大同市分公司在市体育馆举办首届客户节答谢会。

2008年

1月31日 中国人民人寿保险股份有限公司大同市中心支公司成立。

4月 永诚财产保险公司大同中心支公司成立。

5月9日 安邦财产保险股份有限公司山西分公司大同营销服务部成立。

5月19日 中国大地财产保险股份有限公司大同中心支公司浑源营销服务部成立。

同日 中国大地财产保险股份有限公司大同中心支公司左云营销服务部成立。

6月12日 太平人寿保险有限公司大同中心支公司成立。

6月30日 中国人民人寿保险股份有限公司大同城区营销服务部成立。

10月29日 中国人民人寿保险股份有限公司大同矿区营销服务部、南郊区营销服务部成立。

10 月 平安人寿县域网点浑源营销服务部成立。

11 月 13 日 嘉禾人寿保险股份有限公司大同中心支公司成立，刘中任总经理。

11 月 平安人寿县域网点灵丘营销服务部成立。中国人民健康保险股份有限公司大同中心支公司成立。

2008 年 太平洋寿险大同中支全面实行无纸化办公系统。

2009 年

3 月 16 日 中国人民人寿保险股份有限公司浑源营销服务部、左云营销服务部成立。

11 月 24 日 永诚保险大同中支特邀上海新能源协会太阳能光伏行业专家魏光普教授，针对太阳能光伏行业、LED 行业的发展状况以及太阳能电池生产、使用过程中的风险做了专题培训。

12 月 17 日 永安财产保险股份有限公司大同中心支公司南城营销部开业。

2010 年

4 月 27 日 合众人寿保险股份有限公司大同中心支公司成立。

4 月 太平洋人寿大同中心支公司搬迁至新址。

8 月 20 日 中国大地财产保险股份有限公司大同中心支公司西城支公司成立。

9 月 9 日 太平人寿大同矿区支公司成立。

12 月 2 日 太平人寿大同御东支公司成立。

2011 年

1 月 28 日 中国人民人寿保险股份有限公司灵丘县支公司成立。

3 月 合众人寿大同中支矿区支公司成立。

2012 年

2 月 2 日 国华人寿保险股份有限公司大同中心支公司成立，由管晋伟担任总经理。

2 月 9 日 华泰财产保险有限公司大同中心支公司成立。

11 月 5 日 中煤财产保险股份有限公司大同中心支公司开业。

12月 太平洋人寿大同中心支公司荣获山西省工会金融工委、山西省保险行业协会联合颁发的“山西省人身保险公司AAAA级服务柜面”荣誉称号，同时获得山西省总工会金融工会工作委员会颁发的“五一劳动奖状”。

2013年

1月1日 民生人寿保险股份有限公司大同中心支公司成立，李军任总经理。

1月 嘉禾人寿保险股份有限公司大同中心支公司变更为农银人寿保险股份有限公司大同中心支公司；信达财产保险股份有限公司大同中心支公司成立。

4月7日 天平汽车保险有限公司大同中心支公司成立。

6月19日 太平人寿大同浑源支公司、灵丘支公司成立。

7月4日 中煤财产保险股份有限公司天镇、大同县、左云支公司开业。

7月12日 山西保监局副局长赵东升到大同检查指导工作，并召开大同六家保险中介代理公司总经理座谈会。山西省保险协会大同办事处主任郭促参加座谈。

7月31日 山西保监局副局长景晋升、法制处副处长谭学庆一行到大同进行监管巡查。其间，召开中国人民保险公司大同分公司、国寿大同分公司、太平洋财险大同中支、中国人民保险公司人寿大同中支、大地财险大同中支、太平财险大同中支、中煤财险大同中支、新华人寿大同中支、平安人寿大同中支等九家公司总经理座谈会。其间，还在灵丘县与当地公司座谈“三农”保险事宜、在广灵县召开当地基层公司基层座谈会、在办事处对代理人考场进行巡查。巡视期间大同办事处主任郭促陪同。

8月 华泰财险大同中支调整职能部门，将业务管理部变更为EA管理部，同时试运营。

11月 平安人寿县域网点左云支公司成立。

12月19日 中国人民人寿保险股份有限公司大同县支公司成立。

2014年

1月24日 英大泰和财险保险股份有限公司大同中心支公司正式成立。

4月1日 天平汽车有限公司大同中心支公司变更为安盛天平财产保险股份有限公司大同中心支公司。

4 月 30 日　山西保监局王俊国一行到大同浑源、灵丘、广灵县基层公司进行监管巡查。巡查期间与大同祥和代理公司、大同铁联代理公司进行交流，大同办事处主任郭促参加整个活动。

6 月 12 日　大同办事处、朔州办事处主任一行赴乌兰察布保险协会交流工作。

6 月 20 日　中华联合财产保险股份有限公司大同市城区支公司成立。

8 月 11 日　山西保险协会大同办事处郭促主任与大同市金融办副主任张福平走访市政府"12345"政府热线主任蔡俊武，就涉及保险相关事宜进行充分沟通，开设办事处专线。大同办事处成为较早承办政府转办投诉件的社会组织。

8 月 25 日　乌兰察布保险协会秘书长一行到大同协会进行工作交流。

8 月 27 日　中煤财产保险股份有限公司阳高支公司开业。

10 月 24 日　农银人寿保险股份有限公司大同市矿区支公司进行开业。

11 月 12 日　山西省保险学会常务副会长田毅、秘书长郭志龙在大同办事处召开山西保险学会山西保险志编撰大同座谈会。会议邀请原中国人民保险公司雁北中支经理郝禄、中国人寿大同分公司总经理石宝镛参加。

2015 年

1 月 29 日　大同市副市长张涛主持召开"大同市人民政府贯彻省政府加快现代保险服务业发展"座谈会议，大同办事处主任郭促代表保险业做相关工作汇报和情况介绍。同月，安盛天平大同中支撤销业管部和理赔部，组建客户服务部，行使原两个部门所有职能。

3 月 27 日　中煤财产保险股份有限公司浑源支公司开业。

4 月 20 日　大同姜家湾煤矿发生重大透水事故后，山西保监局办公室副主任李志超要求办事处立即了解情况，追踪服务。国华人寿大同中支对"4 · 19"大同市同煤集团姜家湾发生的透水事故开设理赔绿色通道。

5 月　中国大地财产保险股份有限公司大同中心支公司天镇支公司开业。

6 月 18 日　中煤财产保险股份有限公司灵丘支公司开业。

7 月 7 日　大同保险同业 31 家保险公司在大同兴国寺广场集会，举办中国保险宣传公众日（7 月 8 日）宣传活动。活动期间，市政府办公厅、市金融办以及市委、市政府相关部门有关领导参加活动。

8月19日 张家口保险行业协会、乌兰察布保险行业协会、朔州办事处在大同办事处举办工作交流座谈会。

9月17日 永诚财险大同中支“微营销”正式上线。

9月 安诚财产保险股份有限公司大同南郊支公司成立，成建兵任总经理。

12月10日 山西省保监局法制处处长王相军、省协会副秘书长魏峰到大同保险行业协会检查指导工作，并与市中级人民法院副院长王发就诉调对接工作进行交流。14日，中煤财产保险股份有限公司新荣区支公司开业。同月，平安人寿县域网点大同县支公司成立。

2016年

1月13日 紫金财产保险股份有限公司大同中心支公司成立。

5月26日 山西省保险行业协会秘书长孙志斌、太原市金融办副主任孙伟、山西保险协会大同办事处主任郭促等一行8人赴内蒙古乌兰察布考察马铃薯保险事宜。

6月12日 中煤财产保险股份有限公司客服部总经理侯永祥、经理尹兵帅、中煤省分公司曹少恒一行3人到中煤大同中心支公司，对理赔存在的问题及整改问题展开调研督导。

6月23—24日 中煤财产保险股份有限公司非车险部总经理吕先辉率领黄玮、聂城、赖晓微一行4人到中煤大同中支开展业务培训指导工作。

8月 都邦财产保险股份有限公司大同中心支公司成立。

9月 都邦财险大同中支与云冈研究所建立长期合作关系。

10月 都邦财险大同中支与大同民航旅汽达成长期合作。

11月 合众人寿浑源支公司成立。

同月 安诚保险大同南郊支公司“微信商城”正式上线运行。

12月8日 大同市保险行业协会第一届第一次会议举行。山西保监局办公室副主任李志超、省保险行业协会秘书长孙志斌、市金融办主任王四祯、市民政局副局长王强（主持工作）、社会组织管理科科长翟通参加。会议通过大同保险行业协会章程、经费管理办法等。选举王俊斌为会长，赵万明、陈世珍为副会长，郭促为秘书长。

2017 年

1 月 1 日 紫金财险大同中支正式启用“95312”全国统一客服电话。

1 月 20 日 工银安盛人寿保险有限公司大同中心支公司成立。

4 月 18 日 安诚财险全国统一客户服务热线“95544”正式上线。

6 月 15 日 中国人民人寿保险股份有限公司天镇县支公司成立。

6 月 安诚财险“微车险”产品正式登陆安诚微信商城。

9 月 5 日 中国人民保险公司财险山西省分公司总经理翟因华就保险业务发展拜访山西省委常委、大同市委书记张吉福。

9 月 21 日 百年人寿保险股份有限公司大同中心支公司正式成立。

10 月 中国平安财产保险股份有限公司大同中心支公司首个 3.0 县域店落户矿区支公司。

第一篇

企业使命、目标与企业战略

企业使命是企业持续追求的终极目标，它反映了企业所追求的价值，是企业存在和发展的意义所在，也是企业所有经济活动的依据和指向。

企业目标是企业在一定时期内要达到的目的和要求，一般指经营性目标。企业目标包含社会目标、市场目标、盈利目标和创新目标。目标并不决定未来，它只是创造未来促进资源配置的手段，它为使命而服务。清晰的目标是企业经营的原动力。

企业战略就是企业为寻找和维持持久的竞争优势做出的有关全局的重大筹划和谋略，是为履行义务、承担责任、完成使命，实现目标而采取的必要的行动序列和资源配置。企业的一切活动从这里展开。

第一章 企业使命与目标

企业使命管理与企业使命陈述在我国保险业界起步较晚。20世纪90年代，企业使命管理在学术界受到青睐，概念逐渐成熟，但在保险业界相对陌生。21世纪初，国内保险业开始向公众实行企业使命陈述，并日臻完善。20世纪50年代始，虽没有清晰的使命陈述，但对于公司自身的纲领、宗旨、目的、政策、原则、方针等都在不同层面、时间和地域表达，如1950年12月1日，刚刚成立的中国人民保险公司大同支公司提出“发展生产，繁荣经济，保护国家和社会财产，保障劳动人民之福利”的工作方针向社会和民众陈述，表达中华人民共和国成立初期国有体制下保险公司恢复生产，造福大同的责任、任务与担当。2002年以后，在大同设立或开办的保险公司均正式进行企业使命陈述，如中国人寿大同市分公司的企业使命陈述为“造福社会大众，振兴民族寿险”，反映国寿大同市分公司通过自身的服务，分担客户的风险，成为民众安居乐业的依托和保证，同时，中国人寿大同市分公司应当责无旁贷地承担起推动大同寿险业发展，振兴大同寿险业的神圣使命。

1949年5月1日，大同和平解放。从此，大同在自然、政治、经济、文化和社会等方面揭开崭新的篇章。1950年12月1日，中国人民保险公司察哈尔省分公司大同市支公司成立。从此，在大同、雁北地区内开始对保险事业的艰苦摸索。根据国内恢复国民经济形势的需要和全国保险会议精神，中国人民保险公司大同支公司提出把“发展生产繁荣经济，保护国家和社会财产，保障劳动人民之福利”作为支公司的工作方针。之后不久，又从“保护国家财产，提高劳动人民福利”目的出发，把“风险补偿和防灾防损结合起来，把实现风险补偿和增加财政积累统一起来”作为支公司的工作方针。根据上述工作方针，中国人民保险公司大同市支公司在1951年确立的工作目标为“基础建设目标、产品开办目标和市场销售目标”。在基础建设上，提出要加强会计管理，尽快建立管理账簿、制订会计制度、设立管理标准，较好地完成会计核算和扎实基础工作等；在产品开发上，提出在两年内开办如大汽车保险、猪羊保险等新业务；在市场销售目标上提出：1952年保费要达到9.67亿元（旧人民币单位），较1951年要同比增长10%以上。

1953年，中国人民保险公司大同市支公司以全国保险会议精神为指导，把“组织分散的社会资金，促进国家和社会财产的安全，提高人民福利，同时为国家积累资金”确定为工作方针。根据上述方针，1953年，中国人民保险公司大同市支公司提出市场目标为：全年保费达到24.23亿元（旧人民币单位），利润目标达到1434.6万元（旧人民币单位）。

1954年及之后数年，按照“国家保险是财政体系中的一个重要环节”的定位，中国人民保险公司大同市支公司以总公司确立的“根据国民经济有计划发展的需要，对地方国营企业、合作社企业、农业、手工业、国家资本主义工商业、资本主义工商业和一般公民开拓各种保险业务，以便吸收分散的社会资金，建立保险基金，充实国家财政的后备力量”为工作方针。根据工作方针，1954年大同市支公司提出的市场目标为全年保费收入达到23.23亿元（旧人民币单位），1955年达到23.86亿元（旧人民币单位）。

1956年，全国农业合作化进入高潮，手工业合作组织也接近峰值，大同、雁北两地的农业合作化运动和手工业的社会主义改造同样迅猛发展。3月，中国人民保险公司大同市支公司为适应农业合作化社会主义改造和农业生产发展的需要，同时根据中国人民保险公司总公司第五次全国会议精神，提出“两年准备，一跃而上”的目标，准备在短时间内全面实行农村法定保险的指导方针，但在执行后不久又进行调整。1957年5月，根据总公司“稳一年”指示，中国人民保险公司大同市支公司以“整顿巩固农村业务，稳步城市分散业务”为工作方针。1958年年初，新生的中国人民保险公司大同市支公司经历创业、整顿、巩固到稳定的成长过程，明确保险工作必须加强生产观念、政治观念和群众观念，提出保险要“为生产服务，为群众服务”的工作方针。根据上述工作方针，中国人民保险公司大同市支公司连续三年均制定以开办险种的保费收入规模大小和不同程度的增长比例作为公司当年的市场目标。

1959 年 1 月，中国人民保险公司山西省分公司撤销，大同支公司根据相应指示和精神，进行机构撤销和清理的相关事宜。

1980 年 9 月 1 日，中国人民保险公司大同市支公司正式恢复业务并对外办公。在恢复业务同时确立工作方针：“为生产服务、为群众服务和自愿的原则，通过试点，逐步恢复国内保险。”根据上述方针，支公司提出 1981 年的目标是：开展销售企业财产保险、试办车辆保险，计划保费收入 130 万元；1982 年的市场目标是计划保费 200 万元；1983 年市场目标是计划保费 230 万元，增长目标是大于 10% 以上，在团体人身保险新产品有突破；1984 年市场目标是 350 万元；增长目标大于 15% 以上。

1986 年，中国人民保险公司大同中支工作方针：努力提升企业自身效益和社会效益。并确立当年市场目标为年度计划保费收入 1055 万元，力争较上年翻番。中国人民保险公司雁北中支工作方针：充分发挥保险经济杠杆作用，为城乡经济体制改革服务。当年市场目标是总保费收入为 780 万元。

1987 年，中国人民保险公司大同中支工作方针：以经济为中心，抓好两件大事（社会、经济），推动两个文明（精神、物质）。根据该方针，1987 年度市场目标是财险指令性计划 1650 万元，同比增长 32%。中国人民保险公司雁北中支工作方针：以经济为中心，抓好两件大事（社会、经济），积极拓宽业务领域，为雁北经济发展搞好配套服务。本年度市场目标是总保费收入为 1450 万元。

1988 年，中国人民保险公司大同中支公司的工作方针：稳定经济，深化改革。人身保险在巩固中求速度，产短险在发展中求效益。根据上述工作方针，确定该年度市场目标是全年保费实现 3582 万元，利润目标是 544 万元。中国人民保险公司雁北中支的工作方针：积极推进内部改革，热情提供配套服务，努力提高两个效益。当年确定市场目标为年度保费收入 2284 万元。

1989 年中国人民保险公司大同中支的工作方针：为治理整顿，深化改革配套服务；为稳定经济，协调发展优质服务；为安定社会，稳定人民生活服务。根据上述工作方针，确定该年度市场目标为全年保费实现 4225 万元，利润目标 748 万元。中国人民保险公司雁北中支的工作方针：深入搞好内部整顿，深化保险内部改革，大力开拓服务领域，完善强化经营管理，全面加强廉政建设，进一步提高保险的经济效益和社会效益。根据上述工作方针，确定市场目标为保费同比增长 30% 以上。

1990年，中国人民保险公司大同中支的工作方针：追求两个效益——经济效益和社会效益；实现两个文明——物质文明和精神文明。根据上述方针，该年度市场目标是全年保费实现5257.8万元，利润目标1100万元。中国人民保险公司雁北中支的工作方针：以治理整顿深化改革为中心，以优化服务强化管理为手段，以扩新业务提高素质为重点，以实现“两个效益”为目的。当年市场目标是总保费收入1894万元，同比增长接近20%。

1991年，中国人民保险公司大同中支公司的工作方针：勇于奉献，争创一流，夺取经济效益和社会效益双丰收。根据上述方针，确定该年度市场目标为全年保费实现5921.9万元，利润目标1100万元。中国人民保险公司雁北中支的指导思想是加强保险队伍建设，加强思想政治工作，强化优质文明服务，强化经营管理，紧紧围绕治理整顿和深化改革，积极稳步发展业务，努力提高两个效益，为兴雁富民做贡献。当年市场目标为总保费收入2674万元，同比增长14.7%。

1992年，中国人民保险公司大同中支的工作方针：以业务发展为中心，超全省水平，赶全国步伐。根据上述工作方针，确定本年度市场目标为全年保费实现1.03亿元。中国人民保险公司雁北中支的工作方针：加快保险事业发展步伐，为兴雁富民做出更大贡献。根据上述工作方针，当年市场目标确定保证总保费收入为3400万元，同比增长15%以上；争取达到保费4000万元，同比增长35%以上。

1993年，中国人民保险公司大同市分公司的工作方针：坚持业务发展为中心，突出经济效益和社会效益。根据上述方针，确定市场目标为年度保费收入1.70亿元。

1994年，中国人民保险公司大同市分公司工作方针：以党的十四大精神为指针，以深化改革为动力，抓住机遇，加快发展，优化险种结构，强化经营管理，适应市场经济需要，搞好市场配套服务，夺取业务发展和经济效益的双胜利，为兴同富民做出新贡献。根据该年度工作方针，当年的市场目标为总任务1.58亿元，保费收入1.21亿元。其中，产短险保费收入8775万元，较上年增长9.8%；储金业务收入3750万元（产险储金3000万元，人险储金750万元）。

1995年的工作目标为保费收入1.32亿元，利润600万元。

1996年，中保财险大同分公司工作方针：效益为先，稳健经营。根据上述方针，当年市场目标为业务整体规模同比增加大于15%。

中保人寿大同市分公司工作重心：发展人寿保险事业，安定大同人民生活。当年市场目标为总保费收入5995万元。

1997 年，中保财险大同分公司提出工作方针：以经济效益为中心，以结构调整为重点，以客户至上为服务理念，以精神文明和廉政建设为责任。根据上述方针，1997 年市场目标为业务整体规模同比增加大于 15%。中保人寿大同市分公司的工作宗旨陈述为“服务人民，向社会奉献”。当年市场目标为总保费收入 7966 万元。

1998 年，中保财险大同分公司主要工作方针：坚持以经济效益为中心，以业务发展为重心，深化改革，开拓市场，强化风险管理，提高服务质量，保持业务平衡发展。当年市场总保费目标为 1.27 亿元。中保人寿大同市分公司指导思想：发展就是硬道理。当年市场目标是总保费收入指标为 1.11 亿元。中国太平洋保险公司大同支公司使命陈述为“做一家负责任的保险公司”。

1999 年，中国人民保险公司财险大同分公司工作方针：以经济效益为中心，以业务发展为重点，深化改革，开拓市场，强化风险管理，提高服务质量，促进业务稳健发展。根据上述方针，1998 年市场目标为业务整体规模同比增加大于 15%。中国人寿大同市分公司工作指导原则：把握市场导向，强化基础管理，立足当地实际，实现寿险规模、效益相互协调发展。当年市场目标为总保费收入 1.2 亿元，同比增长 7.5%。

2000 年，中国人民保险公司财险大同分公司工作方针：以业务发展为中心，以效益优先为原则。根据上述方针，2000 年市场目标是全年保费收入 1.24 亿元，同比增长 5%，利润目标 1450 万元。中国人寿大同市分公司奋斗目标：追求卓越，争创一流。当年市场目标为总保费收入是 1.439 亿元。

2001 年，中国人民保险公司财险大同分公司工作方针：坚定不移加快发展，全力以赴提高效益。根据上述方针，2001 年市场目标是全年保费收入 1.27 亿元，同比增长 9%。中国人寿大同市分公司奋斗目标：为创建“管理一流、服务一流、体制一流、队伍一流”的现代化商业寿险公司而努力奋斗。当年市场目标是总保费收入 1.472 亿元，其中首年保费 63 万元，营销业务在总业务中占比达到 70% 以上。

2002 年，中国人民保险公司财险大同分公司工作方针：以市场为导向，以客户为中心。根据上述方针，2002 年市场目标为全年保费同比增长 10%。中国人寿总公司作企业使命陈述：造福社会大众，振兴民族寿险。提出企业目标：与时俱进，争创一流。大同分公司提出奋斗目标：将大同分公司做大做强；当年市场目标为总保费达 2.591 亿元。

2003 年，中国人民保险公司财险大同市分公司工作方针：以发展为第一要务，以效益为工作中心。根据上述方针，2003 年经营目标是全年保费同比增长 7%。

中国人寿大同分公司工作方针：坚持以业务发展为中心，以结构调整为重点，强化内部管理，提高队伍素质，实现业务快速发展，稳固大同寿险市场主导地位。当年市场目标是实现年度总保费4.30亿元。永安保险大同中心支公司企业使命陈述为：“为客户创造满意；为员工创造机会；为股东创造效益；为社会创造价值。”平安财险大同中支企业使命陈述为“对客户负责，服务至上，诚信保障；对员工负责，生涯规划，安家乐业；对股东负责，资产增值，稳定回报；对社会负责，回馈社会，建设国家”。平安人寿大同中支企业使命陈述为：“中国平安致力于成为国际领先的个人金融生活服务提供商”。

2004年，中国人民保险公司财险大同市分公司工作方针：与时俱进，转变观念；强化管控，提高效益；开拓市场，再上规模；确保实现赢利目标，使公司逐步建设成为具有现代企业管理水平的、可持续发展的中国人民保险公司财险地市分公司。根据上述方针，当年中国人民保险公司财险大同市分公司市场目标是净赚保费1.52亿元，净利润1100万元。中国人寿大同分公司指导思想：以股份制改革为契机，树立发展第一要务的思想，规范管理，苦练内功，增收节支，多创效益，强化服务意识，提升服务质量。确保保费规模和业务结构的协调发展，加大宣传公关，塑造国寿品牌，全面提升公司综合竞争力，使大同国寿在激烈的市场竞争中立于不败之地。当年市场目标是总保费收入5.2亿元，市场贡献率在80%以上。其中，个险首年保费1.7亿元，个险首年期交保费5100万元，短期险保费2500万元，兼业代理保费收入1.96亿元，团寿险保费1700万元，其他保费6100万元。

2005年，中国人民保险公司财险大同市分公司总体要求：以效益为中心，以市场为导向；提升管理水平，提高服务质量，把公司建成一个具有较强竞争力和持续创利能力的公司；培育良好的企业文化，营造和谐的发展格局，为员工创造一个可以愉快工作，并通过努力能实现自我价值的平台。根据上述要求，2005年市场目标是业务在上年实绩基础上增长10个百分点，净利润在上年基础上增长30%，并且分险种进行考核。中国人寿大同分公司指导思想：坚持“发展、管理、效益”六字方针，狠抓业务结构调整，强化服务意识，提升业务质量，加大宣传公关，塑造国寿品牌，强化经营管理、加强风险管控，全面提升公司核心竞争力，实现效益、规模、速度齐头并进，全力开创大同寿险事业的新局面。当年业务发展目标是股份公司总保费收入6.00亿元。其中，个险首年保费1.62亿元。个险首年期交保费6400万元，团险保费3600万元，中介代理业务保费2.798亿元，意外险业务1650万元，健康险保费1250万元。泰康人寿保险股份有限公司大同中心支公司企业使命陈述为“始终致力于为广大客户提供专业化、高品质的人寿保险服务，倡导青春、健康、时尚、幸福美满的现代生活观、现代消费观和家庭价值观”。天安保险股份有限公司大同中心支公司企业使命陈述为“为梦想护航，人生天安”。新华人寿保险股份有限公司大同中心支公司企业使命陈述为“为客户提供幸福生活的保障，为员工创造成就自我的机会，为股东贡献稳定持续的回报，为社会增添和谐安宁的力量”。中国大地财产保险股份有限公司大同中心支公司企业使命陈述为“打造中国保险业的百年老店”。

2006 年，中国人民保险公司财险大同市分公司总体要求：坚持以发展为第一要务，创新发展模式，加快提升公司综合实力；激发内部活力和强化内部管理，把大同分公司建设成既朝气蓬勃又井然有序的优秀公司。根据上述要求，当年经济目标是实现保费 2.5 亿元，利润总额 2000 万元。中国人寿大同分公司市场目标：股份公司保费总收入 5 亿元，较上一年度增长 5%，其中个险首年保费 1 亿元，个险首年期交保费 4200 万元，意外险保费 1000 万元，健康险保费 1400 万元，兼业代理保费 2.26 亿元，团体寿险业务 2000 万元，续期保费 1.3 亿元。

2007 年，中国人民保险公司财险大同市分公司工作方针：努力实现“系统领先、行业一流”。根据上述方针，2007 年市场目标总体保费收入 2.92 亿元。国寿大同分公司总体思路：坚持发展是第一要务，加快业务发展步伐，加大结构调整力度，提升业务内涵价值，提高经营效益，加强经营管理，完善制度建设，强化执政力和执行力，努力扩充队伍规模，同步跟进技能培训，提升队伍素质，进一步巩固城区市场优势，努力拓展城乡市场，积极推动公司又好又快发展。当年市场目标：股份公司保费总收入 6.13 亿元，其中个险首年保费 8300 万元，个险首年期交保费 6500 万元；中介趸交保费 3.00 亿元，中介期交保费 600 万元；团寿险保费 3500 万元，意外险保费 1200 万元，短期健康险保费 900 万元。华安保险大同中心支公司企业使命陈述为“做一家受人尊敬的保险企业”。

2008 年，中国人民保险公司财险大同市分公司工作方针：坚持“系统领先，行业一流”的目标定位不动摇，紧扣发展主题，深化改革创新，加强精细化管理，全面提升竞争能力，努力实现新起点上的新跨越。根据上述方针，2008 年市场目标为总体保费收入 3.81 亿元，市场份额稳定在 65% 以上。国寿大同分公司坚持以科学发展观为指导，坚持发展是第一要务不动摇，在经营目标上：实现“业务规模、经营效益、市场份额”全新突破，巩固国寿市场第一的行业地位；在队伍建设上：实现“高技能、高素质、高水平”全面发展；在公司发展上：实现“制度建设、经营管理、服务水平”全面创新，彻底甩掉公司贫穷落后的帽子，改变公司费用不足，员工收入低的状况。当年市场目标为：个险首年期保费8080万元，其中十年期以上期交保费2620万元；中介趸交保费32000万元，中介期交保费1000万元；团寿险保费5000万元，意外险保费1100万元，短期健康险保费1194万元，总目标力争突破7亿元。中国人民保险公司寿险大同中支企业使命陈述为“人民保险，服务人民”。太平财产保险有限公司大同中心支公司企业使命陈述为“创造安全、健康、富裕的美好生活”。永诚财险大同中支企业使命陈述为“努力打造成为一个机制先进、经营规范、管理科学、技术领先、人才优秀的专业化综合性财产保险公司”。安邦财产保险股份有限公司山西分公司大同营销服务部企业使命陈述为“金融报国，实干兴邦；给客户、给社会、给员工带来安全和帮助；客户增值，员工增值，股东增值”。太平人寿保险有限公司大同中心支公司企业使命陈述为“用人寿保险解决人生问题，为人们生活增添祥和安宁”。渤海财产保险有限公司大同中支企业使命陈述为“建设一家受人尊重、受社会尊敬的现代金融服务企业”。阳光财产保险股份有限公司大同中心支公司企业使命陈述为“员工、客户、社会和股东四方面共同成长”。中国人民健康保险股份有限公司大同中心支公司企业使命陈述为“让每一位中国人的健康更有保障、生活更加美好、生命更有尊严”。嘉禾人寿保险股份有限公司大同中心支公司使命陈述为“把嘉禾人寿打造成深受客户信赖的保险公司”。

2009年，中国人民保险公司财险大同市分公司工作方针：坚持“效益第一”思想不动摇；坚持“系统领先，行业一流”的目标定位不动摇；坚持深化改革创新观念不动摇；全面提升公司竞争能力、管理能力和服务水平，努力实现公司又好又快发展。根据上述方针，2009年目标总体是确保业务稳步增长，实现与同行业同步发展，保持市场份额不降。具体保费收入4.10亿元。国寿大同分公司总体要求：进一步巩固城区市场优势，努力拓展县区市场，不断强化队伍建设，向着“高技能、高素质、高水平”的方向发展，稳步推进经营管理，增强风险防范机制，积极推动公司科学稳健发展。当年经营目标是总保费突破10亿元，进入全省A类公司行列。个险首年期交保费7010万元，其中十年期以上期交保费3510万元；银保趸交保费6亿元，银保期交保费2100万元；团寿险保费4400万元，意外险保费1500万元，短期健康险保费1050万元。

2010年，中国人民保险公司财险大同市分公司工作方针陈述：科学谋划发展，体现赢利能力。以建设精品公司为目标，丰富公司内涵，体现公司价值，增强公司实力。以高度的政治意识，强化执行力，重振公司雄风，彰显公司形象，提升公司品质。2010年市场目标总体保费收入4.65亿元，利润总额3260万元，保费增速12%以上，综合成本率低于94%以下。国寿大同分公司总体要求：坚持以科学发展观为统领，以“调结构、增效益、防风险、稳增长”为主题，不断强化公司执政力和执行力，努力实现“业务规模、经营效益、市场份额”全新突破、“制度建设、经营管理、服务水平”全面提升以及“保市场、保地位、保优势”的全部跨越。当年年度目标：实现总规模大跨越，总保费突破10亿元大关，同比增长13%，进入全省A类公司行列；实现市场份额大跨越，力争达到50%以上；实现经营效益大跨越，创费能力增长20%以上；实现销售队伍规模大跨越，个险实动人力实现翻番、达到2000人，银保客户经理达到150人，理财经理达到60人，团险销售人员达到100人；实现农村市场开发大跨越，业务增长20%以上。合众人寿保险股份有限公司大同中心支公司企业使命陈述为“和合各方利益，实现多赢共好”。

2011年，中国人民保险公司财险大同市分公司工作方针陈述为“转变发展方式，夯实发展基础，增强发展效益，体现赢利能力，丰富服务内涵，拓宽服务外延，提升管理品质，加快精品公司推进步伐，增强公司综合实力，体现科学发展”。当年确定市场目标为实现保费收入12亿元，挑战15亿元，稳定系统一类公司，市场份额、服务水平、创利能力在区域市场绝对引领，全面建成精品公司。国寿大同分公司使命陈述为“发展、经营、管理”及“谋发展、促发展和引领发展”。当年经营目标：实现保费规模大跨越，总保费突破11亿元大关；实现可支费用大增长，创费能力增长30%以上；实现销售队伍规模大发展，年末个险持证人力达3000人，举绩人力达1500人，银保客户经理150人，理财经理达百人，团险销售人员60人；实现员工收入大提高。实现市场竞争大优势。实现规范管理大突破。

2012年，中国人民保险公司财险大同市分公司总体要求：提升转型发展能力、市场销售能力和客户服务能力，在队伍建设、增量份额、资源协同上实现突破。其主要目标为保费规模达到7亿元，增速在20%左右，基本与市场保持一致，市场份额坚守在50%以上（剔除农险），综合成本率低于94%，确保全年利润圆满实现，确保客户满意度提升，确保区域市场引领。国寿大同分公司使命：强化发展、责任、经营意识，坚持以客户服务为中心，加强队伍建设，完善基础管理，巩固市场主导地位，确保各项预算指标达成，实现公司科学健康发展。当年经营目标：业务总规模9亿元，个险首年期交保费8500万元，其中5年至9年期4000万元，10年期及以上业务4500万元，短期险550万元，长险首年标准保费4100万元；银保长期险首年保费4.4亿元，其中银保首年期交4050万元，长险首年标准保费1400万元；团险渠道短期险1755万元，小额信贷保险350

万元。农银人寿大同中心支公司企业使命陈述为打造“最受客户信赖的保险公司”。华泰财产保险有限公司大同中心支公司企业使命陈述为“为客户提供恒久可靠的保障；为员工提供充分展示才华的平台；为股东创造不断增长的投资价值；为建立和谐社会贡献更多的力量”。国华人寿保险股份有限公司大同中心支公司企业使命陈述为“以让每个家庭拥有保障和幸福”。民生人寿保险股份有限公司大同中心支公司企业使命陈述为“为民生服务，让民生确定”。中煤财产保险股份有限公司大同中支企业使命陈述为“管理高危风险，保障和谐社会”。

2013 年，中国人民保险公司财险大同市分公司方针：以党的十八大精神为指针，以“三位一体”战略推进为主线，以车险为发力点，非车险为辐射点，实行攻势策略，在队伍建设、全员增效、幸福指数上下功夫，全面加强精品公司构建。根据上述使命，年度目标确定为“保费收入 6.71 亿元，增速在 11% 以上，市场份额保持在 46% 以上，综合成本率控制在 92% 以内，综合赔付率控制在 63% 以内，全年实现利润 4682 万元，客户满意度提升，区域市场引领”。

国寿大同分公司总体要求：建立健全新型经营管理体系，不断提升预算达成能力和风险管控能力，在确保各项业务发展的同时，加强队伍和基础管理建设，坚持依法合规经营，积极推动公司持续健康发展。经营目标是新单业务总规模 4.53 亿元，个险首年期交 7300 万元，其中 5 年至 9 年期交 3300 万元，10 年期以上业务 4000 万元；个险渠道短期险 660 万元，其中意外险 396 万元。银保总规模 3.5 亿元，其中银保趸交 3.17 亿元，银保首年期交 3300 万元；团险渠道短期险 2300 万元，其中意外险 1800 万元，小额信贷保险 200 万元。信达财产保险股份有限公司大同中心支公司企业使命陈述为“为客户提供保障、为股东创造价值、为员工搭建舞台、为社会分担责任”。天平汽车保险股份有限公司大同中心支公司企业使命陈述为“让出行更美好”。

2014 年，中国人民保险公司财险大同市分公司工作方针陈述以“基层建设年”活动为抓手，围绕发展、效益两大主题，突出转型、突破、规范三个关键，逐步建成实力雄厚、管理精细、服务升级、员工自豪的精品公司，步入先进行列，成为“优秀之师”。2014 年保费目标保费收入 6.68 亿元，同比增速不低于 12.5%。国寿大同分公司总体要求落实“价值先导、规模适度，优化结构，注重创费”的经营思想，以改革创新增强发展动力，以转型升级提升内涵价值，进一步建立健全新型经营管理体系，不断提升预算达成能力和风险管控能力，持续加强队伍建设和基础管理工作，积极推动公司快速发展。当年经营目标为首年新单保费 3.54 亿元，首年期交保费 1.1 亿元，其中十年期4800万元，首年标保5370万元，短期险保费3500万元，其中个险首年新单保费8320万元，10年期4800万元，标保4400万元，短期险660万元；银保首年新单2.43亿元，其中银保首年期交3300万元，标保970万元，团险短期险2852万元，其中分散性业务1300万元。英大泰和财险保险股份有限公司大同中心支公司企业使命陈述为努力“建成偿付能力坚强、资产优良、服务优质、业绩优秀的国内一流、国际知名的现代保险公司”。中华联合财产保险股份有限公司大同市城区支公司企业使命陈述为“振兴民族保险，造福中华百姓”。

2015年，中国人民保险公司财险大同市分公司工作方针是品质、能力、机制、领先。2015年经营目标：保费市场增速比值0.8以上，增量市场份额第一，综合成本率优于市场，服务指标优于行业。国寿大同分公司总体要求：落实“强化对标、聚焦突破”经营策略，坚持发展是第一要务不动摇，持续推进业务发展、队伍建设、基础管理“三位一体”工作，全面推进新型经营管理体系建设，不断提升预算达成能力、市场竞争能力和风险管控能力，积极推动公司持续健康发展。当年经营目标个险首年期交保费9800万元，其中10年期保费5800万元，标保5500万元，短期险保费670万元。银保趸交保费2.07亿元，银保期交保费3760万元；团险渠道短期险保费3300万元，其中意外险保费2200万元。队伍目标个险架构人力达3550人。市场目标：市场份额28%。安诚财产保险股份有限公司大同南郊支公司企业使命陈述为“构筑风险预警体系，提供专业安全保障”。

2016年，中国人民保险公司财险大同市分公司工作方针陈述为“以客户为中心，全面深化场对标，做好经营布局，持续提升发展能力、盈利能力、服务能力”。2016年经营目标：市场对标比值1.0；保费收入5.84亿元，应收保费率8.6%，综合赔付率64%，综合成本率96%，利润目标1850万元。国寿大同分公司总体要求是落实“重价值、强队伍、优结构、稳增长、防风险”的经营思路，全面推进新型管理体系建设，持续推进业务发展、队伍建设、基础管理“三位一体”工作，积极推动公司持续健康发展。当年企业目标是个险首年期2亿元；个险架构人力7050人；市场份额26%；员工收入指标提升15%以上。安邦人寿保险股份有限公司大同中心支公司企业使命陈述为“发挥综合运营的平台化优势，整合多种资源，为客户提供更专业、更全面、更多层次的全方位金融服务”。紫金财产保险股份有限公司大同中心支公司企业使命陈述为“追求价值保障，致力社会和谐”。都邦财产保险股份有限公司大同中心支公司企业使命陈述为“打造中国服务最好的保险公司”。

2017年，中国人民保险公司财险大同市分公司工作方针：对标市场、效益第一，全面推进精品公司创建。2017年经营目标：对标保费市场对标比值1.02，增量市场份额第一，保费增速6%以上，收入达7亿元；综合赔付率64%以下，费用率控制在32%以下，综合成本率优于市场；严格应收管理，应收保费率8%以下；服务指标优于同业，位于全省前列。国寿大同分公司总体要求：重价值、强队伍、优结构、稳增长、防风险。当年企业目标的经营指标：首年新单5.76亿元，长期险首年标保1.5亿元，首年期交3.2亿元，其中10年期及以上期交1.53亿元，短期险5300万元，保障型产品3.79亿元。队伍建设指标：个险架构人力5520人。市场指标：总体业务市场份额27%。员工收入指标：较2016年提升15%以上。工银安盛人寿保险有限公司大同中心支公司企业使命陈述为“秉承服务客户，回报股东，成就员工，回馈社会的理念，深耕保险，帮助人们安享健康、幸福、美满的生活”。幸福人寿保险股份有限公司大同中心支公司企业使命陈述为“胸怀全局，关注民生，服务大众，促进发展”。百年人寿保险股份有限公司大同中心支公司企业使命陈述为“悦客户以服务、亲员工以眷顾、馈股东以价值、报社会以和睦”。

第二章 企业战略

企业战略管理应用到保险业界的时间较为短暂，但其在管理中的地位和作用不言而喻。20 世纪 80 年代之前，其在保险业界还处于缺失阶段，90 年代处于萌芽时期，到 21 世纪之初，保险业界许多公司提出战略管理，并呈现出时髦、新潮、流行状态。中国人民保险公司大同支公司在 50 年代成立，每一年度在业务发展上都需要分析、研究和讨论，然后确定公司的业务推动计划和策略。到 20 世纪，许多保险公司引入战略管理理论，并进行公司战略分析、战略选择与评价，直至战略实施与控制。大同保险业企业战略管理从无到有，从零散到系统，从随意到规范，从盲目到理性，在企业管理实践上，铺就一条充满崎岖、曲折而又不断伸向远方的轨迹。

1949—1952 年，全国人民以恢复国民经济为中心，新成立的中国人民保险公司大同支公司为了配合“国民经济恢复”这一中心工作，也为了实现自身工作目标，支公司实行的推动策略：在企业财产保险和铁路、轮船、飞机旅客意外伤害险种上实行强制保险；在传统火险、运输险、牲畜保险实行重点突破；在其他领域开辟新险种。

1953 年，中国人民保险公司大同支公司工作策略：整理城市业务，停办农村业务，整顿机构，在整顿的基础上稳步前进。

1954—1955 年，中国人民保险公司大同支公司的工作策略：停办部分国营企业强制保险业务，重点恢复农村保险业务，稳步推进城市保险业务。

1956—1957 年，中国人民保险公司大同支公司的工作策略：把业务的重点放在农村，积极地有计划有步骤地开展农村保险业务，为逐步实行法定保险创造条件，争取在第一个五年计划期间，对农业生产合作社，担负起基本保险责任。

1958 年，中国人民保险公司大同支公司的工作策略：农村保险要积极办理牲畜保险，扩大办理养猪保险，重点试办农作物保险；城市业务要积极发展人身保险和公民财产保险，继续办理国营企业财产保险和运输保险。

1959 年，中国人民保险公司大同保险支公司机构撤销，保险业务停办。

1981—1982 年，中国人民保险公司大同支公司的工作战略“稳步发展，循序渐进”，即先办理国营企业和集体企业的财产保险、货物运输保险、运输工具保险以及个人财产保险和人身保险。

1983—1984 年，中国人民保险公司大同支公司的工作战略：态度要积极，步子要稳妥，巩固企业财产保险，积极发展汽车保险和家庭财产，重点试办团体人身保险。

1985 年，中国人民保险公司大同中支的工作战略是：管理上城乡业务并举，大小业务齐抓，展业管理并重，人才“用”“育”结合；销售上抓好三个“拳头险种（企业财产险、机动车辆及第三者责任保险、人身保险）”，办好三个“试点险种”（乡镇煤矿保险、养殖业、集体养老金），把好“质量三关”（理赔、管理、财务），用活“三费”（代办手续费、宣传费、防灾费）。

1986 年，中国人民保险公司大同中支的工作策略：加强五大管理（业务管理、财务管理、计统管理、人事管理、实物管理），抓好三个突破（人均保费突破 17 万元、财产保险销售在矿务局井下零突破、商业统筹和集体职工养老统筹零的突破），提高两个效益（企业自身效益和社会效益）。中国人民保险公司雁北中支的工作策略：服务“一个中心”（为城乡经济体制改革服务），打好“三个战役”（家财统保、国营企财、两个统筹和路查路检），抓好“五个结合”（巩固扩大旧险种与因地制宜开辟新险种结合、展业与思想政治结合、组织建设与展业结合、防灾理赔与经营管理结合、抓企财小户与企财大户结合）。

1987 年，中国人民保险公司大同中支工作策略：领导分片包干，科室分片蹲点；全面实施增收节支，同城配置服务网点；郊区开办“两业”业务，广泛多种宣传方式。中国人民保险公司雁北中支工作策略：疏通保险渠道、拓宽展业领域、凭借政府支持、服务大小保户。

1988年，中国人民保险公司大同中支工作策略：实行“两包一挂”承包经营责任制。即包公司全年保费收入，包全年利润指标；目标完成与否同奖惩挂钩。中国人民保险公司雁北中支工作策略：实行多种形式的经营承包责任制，主要方式为“两包”（包收入、包利润）一挂（挂资金）。部分基层实行“一包多联”。

1989年，中国人民保险公司大同中支工作策略：巩固发展企财险，保足保全车辆险，努力拓宽人身险，继续探索农业险，扩大试点责任险。中国人民保险公司雁北中支工作策略是：努力拓展服务领域，向产短险要效益，向长身险要速度。

1990年，中国人民保险公司大同中支工作策略：实行“两包三联一挂”。即“两包”是包产短险保费收入，包利润指标；“三联”是联“两业”险业务，联人险储金，联产险储金；一挂是目标指标的完成与否和奖惩挂钩。中国人民保险公司雁北中支的工作策略：以计划管理为龙头，以业务管理为主体，以财务和人事管理为两翼，内控和外控相结合，并将企财、运工、家财三项业务，计划和财务两个内控业务纳入制度化、规范化、专业化和科学化的管理轨道。

1991年，中国人民保险公司大同中支工作策略：实行新的“两包三联一挂”。即“两包”是包业务总收入，包利润指标；“三联”是联“两业”业务，联人险储金，联产险储金；“一挂”是目标指标的完成与否和奖惩挂钩。中国人民保险公司雁北中支工作策略：围绕“两业险”搞好配套服务，选择“两长险”（长效家财保险、爱子女年金保险）搞好重点突破，攻克车辆险解决滑坡问题。

1992年，中国人民保险公司大同中支工作策略：“六字”战略。一是“早”字：即早动手，早准备，早安排，争主动；二是“争”字：一定程度打破展业“界限”，引进内部竞争机制；三是“新”字：开发新险种，增设新网点，拓展新渠道。四是“活”字：体制上“松绑放权”，方法上“活学活用”。五是“实”字：实事求是找问题，真心实意求改进，脚踏实地做工作。六是“和”字：班子讲团结，队伍讲协调，保户讲和谐。中国人民保险公司雁北中支工作策略：以业务发展为中心，突出“三个重点”，即全力做好当地大中型企业和重点骨干企业的保险服务，积极开拓农村服务领域，大力发展“两业”“两储”保险；增强“四个意识”，即改革意识、竞争意识、防灾意识、服务意识；加强“五个建设”，即班子建设、廉政建设、业务建设、队伍建设、网点建设，为兴雁富民努力奋斗。

1993年，中国人民保险公司大同市分公司工作策略：改革内部分配制度，向一线倾斜；实施分片包点战术，抓突击会战；强化各项管理政策，需统一规范；加强管理队伍建设，要勤政廉洁。

1994年，中国人民保险公司大同市分公司工作策略：以效益险种为龙头，大力发展各项保险事业。财产险：坚持巩固、挖潜、扩新原则；运输工具险：集中精力、巩固阵地、抓好续保；农业险：提倡自办、控制代办、奖扶结合、择优选择。

1995年，中国人民保险公司大同市分公司的工作战略：分类指导，统筹兼顾，平等竞争，责利挂钩。

1996年，中保财险大同分公司工作策略：稳定思想，排除干扰，恪尽职守，力争“十个到位”和“六个服务”。中保人寿大同市分公司工作谋划是搭建组织架构，疏通业务渠道，蹲点包片督导，突破重点“堡垒”。

1997年，中保财险大同分公司工作策略：调整业务区域结构，向市场和经济发达的县区倾斜；调整人员配置结构，向业务第一线倾斜；调整险种结构，向效益好的产品倾斜；调整服务重心，向后劲强的大中企业倾斜；调整服务窗口，向多渠道公布；调整经营渠道，向集中主业保险聚集。中保人寿大同市分公司工作谋划是疏通渠道、占领阵地，加快发展寿险业务；加强宣传，因地制宜，不断扩大企业品牌；重视质量，加强管理，努力提高经济效益。

1998年，中保财险大同分公司工作策略是把握业务发展的支撑点，主抓“三大”（大险种、大保户、大公司）；培育业务发展的增长点，狠抓创新；找准业务发展的着力点，争抓主动；握住业务发展的关键点，抓出效益。中保人寿大同市分公司业务推动谋划发展与管理同步，规模与效益并举，即加强三支队伍建设，加强业务财务管理，加强业务企划部署，加强工作方案落实。中国太平洋保险大同支公司提出以客户需求为导向的战略，通过建立覆盖全国的营销网络和多元化服务平台。为客户提供全方位风险保障解决方案、投资理财和资产管理服务。

1999年，中国人民保险公司财险大同分公司工作策略抓大公司，抓大业务，抓大保户，抓新业务。中国人寿大同市分公司业务推动谋划：改造一年期直销业务，发展“韭菜基地”（长期交保费业务）工程；扩大和巩固市内及县城营销寿险市场，抢占经济富裕乡镇市场；发展以县（区）支公司为中心乡镇代办所为依托的农村保险市场；保持传统业务，发展和扩大行业兼职代理业务。太平洋大同支公司企业战略：抓机遇与迎挑战同步，抓增员与严培训同步，塑品牌与速理赔同步，强管理与优服务同步，建队伍与增保费同步。人才战略：选贤任能，引进高素质人才。

2000年，中国人民保险公司财产大同分公司策略：实行一个转变（由计划经济思维转向市场经济思维），进行两项改革（减员增效、分配制度），做好五方面工作（展业方式、合理用工、联企联户、内部控制、管理系统）。中国人寿大同市分公司业务推动谋划：探索新型渠道，拓展意外伤害保险业务；建设高效团队，推进寿险营销业务发展。太平洋保险大同中支战略：继续创规模，努力增效益，规模、效益并重；以公司信誉、工作质量、优质服务立足市场；努力巩固老客户，大力发展新客户，巩固与发展并进；强化增员、培训，细化内控管理，促进业务全面发展。

2001 年，中国人民保险公司财险大同分公司战略：坚守大中企业主阵地，维护公司客户关系，开展高效营销，突出先进引领。中国人寿大同市分公司战略：调整业务结构，下大气力发展营销业务；调整有效保费结构，控制趸交费业务；在业务发展上以营销业务为重点，在队伍建设上，以增员和培训为重点；在业务管理上，以“两个中心”（业务处理中心和财务处理中心）建设为重点。太平洋人寿大同中支战略规划：转换机制、健全制度、夯实基础。管理由粗放型向集约化管理过渡，经营与管理并重、激励与约束并举，夯实基础、规范经营，促进健康发展。

2002 年，中国人民保险公司财险大同分公司战略：转变思想观念，调整业务发展思路，拓宽展业渠道（思想观念是指建立市场观念和效益观念；展业渠道是建立员工直销、兼业代理、社会营销的全方位展业机制）。中国人寿大同市分公司战略：突出一个重点（推行千万元以上重点公司业务发展战略），抓好两项业务（新单、意外伤害），拓宽三条渠道（理顺个险、团险、兼业代理专业化经营渠道），加强四项建设（作风、纪律、企业文化、职场文化）。太平洋人寿大同分公司战略规划：稳健经营、效益为先。

2003 年，中国人民保险公司财险大同市分公司战略：业务上早抓快上，结构上战略调整。“早抓快上”是指一季度业务进度达到 35% 以上；二季度达到 70% 以上；三季度达到 90% 以上。“结构调整”是指企财险求快速，运工险求平稳，车贷险求落实，责任险求巩固，货运险求效益，人意险求规范，健康险求谨慎。中国人寿大同分公司业务推动策略：“一个一、五个五。”[①]太平洋人寿大同中支战略规划：及时有效地实施业务结构战略性调整、强化核保核赔体系建设。永安财产大同中支公司战略：

---

① “一个一、五个五”解释：“一个一”是指一个信念，即以业务发展为中心；“五个五”是指：五种观念，即思想观念、市场观念、竞争观念、创新观念、服务观念；五大整合，即整合产品、整合业务推动、整合销售队伍、整合培训资源、整合开发信息资源；五个到位，即法人责任到位、利益分配到位、访量管理到位、制度建设到位、后台支持到位；五项工作，即抓好首季开门红、抓好营销业务、抓好团险中介代理业务、抓好健康险市场的拓展、抓好短险业务；五个新局面，即经营机制要有新转变、队伍建设要有新面貌、内部管理要上新台阶、客户服务要有新提高、企业文化要有大动作。

“夯实发展基础，创新发展模式，做强传统市场，开拓新兴市场”。平安财险大同中支公司战略：“竞争、激励、淘汰”“差异、专业、领先、长远”。平安寿险大同中支公司市场战略：聚焦“大金融资产”和“大医疗健康”两大产业，围绕保险、银行、资产管理、互联网金融四大板块，为客户创造“专业，让生活更简单”的品牌体验，获得持续的利润增长，向股东提供长期稳定的价值回报。核心战略：平安专注个人客户的经营，通过不同产品与服务间的交叉销售，让服务变得更加专业、便捷。技术战略：平安致力成为智能时代的领航者。

2004年，中国人民保险公司财险大同市分公司战略：一是市公司班子成员分片包干，进行定向督导；二是大力推广新的潜力险种，实施分期营销；三是组建具有特色的营销队伍，新辟展业渠道。中国人寿大同分公司业务发展策略：在个险业务上大力发展期交业务和风险型业务；在意外险业务上巩固原有阵地要效益；在健康险业务上求稳健；在中介业务上冲规模；在团寿险业务上求翻身。太平洋人寿大同中支公司战略规划：稳健经营，以效益为中心。

2005年，中国人民保险公司财险大同市分公司战略：车险业务上细分客户，不断深化内部结构调整；非车险业务上实行差异化费用率，营造发展的政策环境，围绕地方经济发展重点，服务地方经济。中国人寿大同分公司战略“在发展中调整，在调整中发展”。个险经营战略：抓机遇、打基础，增后劲，创费用；车险经营战略：上速度、抢市场、全面拓展意外险，扩大贡献度；银邮兼业代理经营战略：抢时间，上规模，城区、郊区、矿区、县乡协调发展。太平洋人寿大同中支战略规划：以人为本、文化为先、制度为纲、做大做强。泰康人寿保险股份有限公司大同中心支公司发展战略是努力奉行公司“专业化、规范化、国际化”。天安保险股份有限公司大同中心支公司战略:“险融互动，多元发展”。新华人寿保险股份有限公司大同中心支公司推进的战略是“以客户为中心”。中国大地财产保险股份有限公司大同中心支公司企业战略：遵循“技术领先、低成本扩张、总成本领先”的经营策略。

2006年，中国人民保险公司财险大同市分公司战略：激活点、强化线、提升面；抓创新、抓营销，抓服务（“激活点”就是严格考核标准，重点倾斜基层，用积极的激励政策，促进基层展业积极性。“强化线”就是通过激励机制，改善生态，激发的个体“点”，拉动和引发“线”的延伸。“提升面”就是整体发展）。中国人寿大同分公司个险经营战略：实现面上开花，点上突破。意外伤害保险经营战略：意外险作为重中之重求发展，学生险作为巩固市场，逐步提高；健康保险要健康发展，兼业代理要多元化销售。团体寿险竞争战略：大型企业、私营企业和失地农民的产品开发。太平洋人寿大同中支战略规划：坚持稳健经营、以效益为中心，坚持向管理要规模、向制度要效益。全面贯彻实施总公司高度集中的经营决策，坚持集约化管理、专业化经营、市场化运作。

2007 年，中国人民保险公司财险大同市分公司战略：加强政府招标与统保工作，加强与重点行业、重点领域的合作，加强区县建设，坚持“倾斜一线，稳定基层，发展基层”战略，为持续、稳定、快速发展明确方向。中国人寿大同分公司战略：理财业务抓全员达标，团险业务抓重点公关，意外险业务抓效益优先。华安保险大同中心支公司战略：推行“连锁式营销服务部”营销战略。太平洋人寿大同中支战略规划：稳健经营、以效益为中心。不断为客户、员工、社会创造价值，为社会和谐做出贡献。

2008 年，中国人民保险公司财险大同市分公司战略：有效整合资源，积极应对竞争；强化产品线建设，满足市场多种需求；加强服务平台支撑，促进营销队伍发展。中国人寿大同分公司战略：推进县域保险发展战略，“实施网点快速延伸”和“促强扶弱”战略；提升城区市场份额，强化个险持续稳定，撑起银保规模发展大梁；确立意外险翻番策略，抢占四大阵地（学生、团意、运工和公旅四个险种），开拓六块领域（旅游、小额信贷、驾乘、工伤补充、行政事业人员、航空）。太平洋人寿大同中支战略规划：稳健经营、以效益为中心，以发展为第一要务，牢牢把握市场命脉，以差异化战略赢得发展先机。华安保险大同中心支公司确立经营战略是“以实现金融保险企业价值为目标，以保证保险业务和资产管理业务为特色，构建华安可持续发展的差异化经营模式”。中国人民保险公司寿险大同中支公司战略以“规模效益化”为指导，实行“超常规跨越式”发展。太平财产保险有限公司大同中心支公司的公司战略为“为企业客户和个人客户提供全方位、多元化的金融和保险产品综合服务”“国家所需、太平所向”。永诚财产保险股份有限公司大同中心支公司的企业战略“以电力能源保险业务为基础，积极开拓其他大型商业风险领域”。经营战略“电力能源承保技术和承保能力领先于同业，电力能源市场份额领先于同业”。安邦财产保险股份有限公司山西分公司大同营销服务部公司战略：在车辆领域形成战略优势，成为汽车服务产业链的枢纽。太平人寿保险大同中支公司战略：把公司的未来定位为“金融服务公司”，未来公司的经营领域可能包括人寿保险、证券、银行、资产管理等综合性金融服务；公司以人寿保险为基础，致力于为人们解决生、老、病、死、伤、残、损等基本人生问题；在此基础上，提供全方位的金融服务，提升人们的生活品质，帮助客户创造财富，享受祥和与安定的幸福人生。渤海财险大同中支经营战略：通过创新，打造渤海特色，有过人的长项、局部的优势和领先的差异，做到“人无我有，人有我新，人新我精”。阳光财产保险股份有限公司大同中心支公司战略：第一步，自公司成立起，用5年左右的时间，打造中国最优秀、最具成长能力的新兴保险公司，建立和扩大在保险市场的知名度、美誉度和影响力。第二步，再用5年左右的时间，打造中国最具品质和成长力的保险集团公司。第三步，在公司成立15周年前后，把公司打造成为国内有影响力的保险金融集团。第四步，在公司成立20周年前后，把公司打造成为国际有影响力的保险金融集团。中国人民健康保险股份有限公司大同中心支公司实行的战略：健康保险+健康管理。嘉禾人寿保险股份有限公司大同中心支公司实行“以服务树品牌”的经营战略。

2009年，中国人民保险公司财险大同市分公司战略：巩固车险业务，拓展非车险业务；强化传统直销渠道，延伸合作、中介渠道；合理资源配置，重视管理细节，提升服务品质，夯实基础建设，全面促进公司各项工作迈上新台阶。中国人寿大同分公司的公司战略：以规模稳增长保份额，以期交、短险高增长保效益，以结构调整保稳健，以县域做强保均衡，以改革创新增活力，以强化管理防风险。太平洋人寿大同中支战略规划：稳健经营、以效益为中心。不断创造价值，为社会做出贡献。

2010年，中国人民保险公司财险大同市分公司的战略定位：在大同财险市场，实现可持续盈利领先、发展稳定、管理精细、服务卓越、技能优良、行业引领的学习型、创新型、成长型、和谐型组织，牢固确立比较优势明显的核心竞争能力，长期保持科学发展的蓬勃势头。年度战略：车险业务和非车险业务齐抓；重点行业和分散业务共进；服务支撑和销售能力并举。中国人寿大同分公司的企业战略：强竞争保市场，冲规模保地位，抓调整创效益，强队伍促发展，优服务树形象。合众人寿保险股份有限公司大同中心支公司实行的战略：以保险为经营核心，以客户体验为主线，以互联科技为辅助，在养老和医疗两个领域，进行创新发展，中期实现金融保险集团，最终发展成为一流的综合金融企业集团。

2011年，中国人民保险公司财险大同市分公司的公司战略：车险战略是搞好市场调研，重点竞回业务；非车辆险是巩固原守阵地，重在期先进入。中国人寿大同分公司战略：个险业务渠道，分阶段推进，分险种突破，分重点攻坚；银保业务渠道：强化渠道维护，强化专业经营，抓重点渠道、重点网点、重点区域；团险业务渠道，看计划更看市场，看同比更看同业；抓大业务也要抓分散业务，抓新业务也要抓续期业务。

2012 年，中国人民保险公司财险大同市分公司的战略：“一司一策、一险一策。”车辆保险实施的战略为：“一轴两翼。”即以传统骨干业务为轴心；一翼是做大做强电网销售；一翼是大力发展 4S 店私家车业务。非车辆险业务实施的战略：“巩固内涵、发展外延、织网布局。”中国人寿大同分公司战略表述为：个险渠道重点抓转型，实施分阶段推进，分重点攻坚；银保业务重点抓渠道，保持渠道高层公关到位，重点渠道优势凸显；团队渠道要坚持短期险业务长期化，传统性险种求大发展，法人客户业务求大突破。农银人寿大同中心支公司实行的公司战略：建设城乡一体化的全能型国际金融企业。华泰财产保险有限公司大同中心支公司战略：全力发展 EA 模式，做优做强商险，积极探索互联网保险，为中国千万家庭、百万企业提供综合金融保险服务，旨在成为细分市场领导者。国华人寿保险股份有限公司大同中心支公司实行战略是为公司健康发展保驾护航，为客户资产保障增值。满足广大客户在子女教育、养老规划、家庭理财、资产配置、财富传承、婚姻保障六大方面的需求。民生人寿保险股份有限公司大同中心支公司战略：积极探索和实践基于云计算、区块链等新技术的服务模式创新，提升用户体验度。建立完善的产品体系，涵盖人寿保险、年金保险、健康保险、意外伤害保险等多种类型，满足用户全方位、全生命周期的保险保障需求。

2013 年，中国人民保险公司财险大同市分公司战略：以“三位一体”战略推进为主线，以车险为发力点，非车险为辐射点，紧盯市场，拓展渠道，整合资源，继续实行攻势策略。中国人寿大同分公司战略：个险业务抓转型（销售理念转型、销售方式转型、销售产品转型、考核周期转型、销售导向转型）；银保业务转型（大而全向小而精转型、趸交方式向期交方式转型、渠道经营向客户经营转型）；团队渠道转型（经营理念向增量增效转型、传统普及收费向调责提费转型）。信达财产保险股份有限公司大同中心支公司的公司战略：努力提升传统业务，夯实可持续性；积极发展投资业务，提升资管能力；尽力探索科技保障，提高开创能力。经营战略：以市场需求为导向，通过产品、服务、制度、科技等方面创新，为社会提供适销的保险保障产品，通过实施与同业差异化管理模式，形成信达财险独有特色。严格遵循保险行业的经营运作规律、盈利特点，充分掌握行业专业技能，以高素质的专业化团队、业内领先的技术，奠定公司专业品质基础并不断提升，形成品牌。通过高质量的服务、专业化的风险管理和销售管理、严格的内部控制，高起点地进入保险市场，为合作伙伴和客户带来价值最优的产品和服务。坚持有所为、有所不为，科学发展、重点突破。以产品选择与产品定价能力为基础，建立并不断培育公司的比较竞争优势，不断提升企业核心竞争能力。天平汽车保险股份有限公司大同中心支公司的经营战略：基于非核心业务外包的低成本专业化。

2014年，中国人民保险公司财险大同市分公司战略：整合车商业务专管专营，注重渠道建设多路并进，逐月制定企划逐月兑现，严格管理政策保证效益。中国人寿大同分公司战略：个险业务渠道实施“以队伍建设促进业务发展”；银保业务渠道实施“趸交业务阶段化，期交业务常态化”；团队业务渠道实施“拓展政保业务，夯实续保业务”。安盛天平财产保险股份有限公司大同中心支公司战略“好司机省更多”。英大泰和财产保险股份有限公司大同中心支公司战略：公司发展以电网业务为基础，市场发展以电源业务为基础。经营战略：做强电网、做优车险、做专特色、做精团队。中华联合财产保险股份有限公司大同市城区支公司经营战略：稳健、持续、价值。

2015年，中国人民保险公司财险大同市分公司战略：整合资源，精准投放，对症施策，在攻坚奋进中扭转被动局面。中国人寿大同分公司战略：个险渠道业务以队伍驱动业务；银保业务以分级攻关，层层沟通推动业务；团队渠道业务着力打造“政保业务、学生险业务、团体法人业务”三大板块，努力实施“增量增效、调责提费”战略转移。安诚财产保险股份有限公司大同南郊支公司战略：专注于小康中产阶层品质生活保险需求，专注于中小企业发展保险需求，专注于基础设施投资及建设保险需求。经营战略：有差异化特色、现金流健康、投资能力突出、主融结合。

2016年，中国人民保险公司财险大同市分公司战略：协同、机制、能力、激活。中国人寿大同分公司竞争战略：坚持“抓早赶前”的科学方法，首季实现“双开双红”，半年确保“过六争七”，四季力保“提前对标”。安邦人寿保险股份有限公司大同中心支公司战略：以保险、投资为核心的，融银行、资产管理、金融租赁等多元金融业务为一体的、综合性跨国金融服务，提供“一个客户，综合服务”的全方位、定制化金融解决方案。紫金财产保险股份有限公司大同中心支公司战略：“价值成长”战略、“创新驱动”战略、“集团发展”战略、“人才强司”战略。

2017年，中国人民保险公司财险大同市分公司战略：聚焦增量目标，实施针对性的举措；聚焦问题短板，实施务实改进举措；聚焦重点险种，加快分散型业务发展；聚焦新兴领域，加快新兴险种效益发展；聚焦考核激励，强化压力传导和激励推动。中国人寿大同分公司个险经营战略：坚持平台与自展相结合的展业模式，继续搭建好“市公司中高端产说会、支公司中端产说会、主管个人小说会、营销员自展”的立体化组织销售体系。银邮渠道经营战略是：坚持“渠道代理和队伍自营”同步推进。团险渠道战略：抓机遇，放大格局，着力做大“扶贫保险、小额保险、驾乘保险、学生保险、员福保险”五个重点板块。太平洋人寿大同分公司战略规划：稳健经营、以效益为中心，高效、奋进，不断创造价值，为社会做出贡献。工银安盛人寿保险有限公司大同中心支公司战略表述为：坚持以客户需求为导向，通过差异化经营策略、产品创新优势、多元化销售渠道，针对子女教育、退休规划、家庭保障和财富管理这四大人生最需财务保障和财富规划的关键领域，为客户提供量身定制的个性化保险解决方案及服务，满足客户日益提升的多样化需求。幸福人寿保险股份有限公司大同中心支公司战略：致力于为社会各个年龄、群体的不同客户提供包括人寿保险、健康保险、意外保险和养老保险在内的全方位风险保障解决方案和投资理财计划，并积极参与国家的健康养老产业、基础建设以及各类民生工程。百年人寿保险股份有限公司大同中心支公司战略：以客户为中心。职能战略：全程关爱理赔、平台及 App、官方微信服务。

第二篇

企业组织机构

组织机构是企业运用组织管理职能，进行组织结构设计交付的成果，是实现企业使命实施企业战略的结构和功能单位，是发挥组织职能进行整体分工协作的有机整体，是组织配置管理职务确立信息传递与确认权力关系的基本形式和框架。

组织机构同企业战略相适应，随着企业环境、企业资源、自我能力、运行机制和企业效能而发生变化。

大同保险业的组织结构演化是从 20 世纪 50 年代人民银行的保险小组孵化开始，成立之初的保险公司内部设置简单，仅有业务组和会计组，50 年代中期，根据内部职能和业务对象，又增设过秘书股与防灾理赔股，划分过城市业务股与农村业务股。1980 年，恢复保险业务之后，中国人民保险公司大同支公司在山西省首批成立，隶属于大同市人民银行，作为市人民银行的二级单位，实行经济独立核算。从恢复初期公司本部设置业务办公室、行政办公室，到 1984 年发展成为大同中心支公司，其内设办公室、业务科、计财科、农险科 4 个科室及 11 个县（区）级支公司。1986 年，中国人民保险公司雁北地区中心支公司成立，同早期中国人民保险公司大同中心支公司进行业务分割，并按照地市行政所辖办理保险业务。1995 年，第一版《中华人民共和国保险法》出台。1996 年 7 月，中国人民保险公司大同分公司拆分成中保财险大同分公司和中保寿险大同分公司，各公司根据自身业务需要，进行了不同职能的组织结构划分。1996 年第四季度，中保人寿大同分公司引进个人代理机制，在传统职能部门设置中增加了营销管理部门。1998 年 1 月，太平洋保险财险进驻大同，7 月，太平洋寿险在大同设立机构，打破了大同保险业由中保独家办理业务的格局。2000 年后，大同保险业财险、寿险先后成立业务处理中心、客户服务中心和财务处理中心，将业务推动和业务处理进行专业化改制。2003 年以后，多家财险、寿险公司入驻大同地区，保险主体增多，保险产品丰富，销售渠道多样，从业人员众广，保险进入繁荣阶段，公司内部组织结构的设置进入裂变时期，有沿袭传统的、有依据科学的，有按照地域的、有受制环境的，有遵循流程的、有根据职能的，有围绕战略的、有尊重技术的，等等。多种原则催生了多种职能部门和展业机构划分与设置。如 2007 年，华安财险大同中支设立连锁营销管理部门，同城设立百家门店联营部。2012 年，阳光财险设立网电销售管理部等。总之，从 20 世纪 50 年代一个保险公司仅划分业务和财务两个职能部门开始，到现在许多新型多维度职能部门划分与建立，从早期直线制组织机构设计到直线职能制组织机构设计再到后期矩阵式组织的设计，从锥形结构形态到扁平结构形态，保险业机构设置走过了从低级向高级，由简单到复杂的变迁过程，并继续向着更科学、更合理、更人性、更便捷、更有效的方向迈进。

第三章　财产保险公司

财产保险公司是经营财产损失保险、责任保险、信用保险、短期健康保险和意外伤害保险等保险业务的保险公司。1996 年 7 月 23 日，中国人民保险公司进行机构体制改革。7 月 30 日，中国人民保险公司大同分公司根据总部改革精神，经过人员分流、机构分设、财产分割和业务划转等一系列工作，中保财险大同市分公司成为大同市首家专营财产险业务的专业公司。1998 年、2003 年，中国太平洋财产保险股份有限公司大同中心支公司、中国平安财产保险股份有限公司大同中心支公司先后成立。根据《中华人民共和国保险法》“经营财产保险业务的保险公司经国务院保险监督管理机构批准，可以经营短期健康保险业务和意外伤害保险业务”的规定，财产保险公司经营业务范围从法律上给予明确界定。到 2017 年年底，有 22 家全国性的财产保险公司在大同区域内设立分支机构。

第一节　中国人民财产保险股份有限公司大同市分公司

中国人民财产保险股份有限公司大同市分公司（以下简称中国人民保险公司大同市分公司）其前身是中国人民保险公司大同市分公司，公司名称几经变更。1950 年 10 月 13 日，中国人民保险公司察哈尔省分公司大同市保险小组成立。小组由刘季冰任组长，同其他 4 名成员组成，隶属于大同市人民银行。同年 12 月 1 日，中国人民保险公司察哈尔省分公司大同支公司在大同成立，大同市人民银行办事处主任马清标兼任支公司经理，刘季冰任副经理，支公司设业务、会计两个组。全公司职工 15 名，公司由大同市人民银行领导。办公地址：大同市城区大南街路东（中国人民银行大同办事处）。

1952 年 6 月，中国人民保险公司大同市保险支公司从大同人民银行划归大同市政府领导，并撤销大同市人民银行所辖口泉支行、西街支行、车站支行内设的 3 个保险股，市支公司增设秘书股。至此，中国人民保险公司大同支公司内设股室有财保股、人身险股、农业险股、防灾理赔股、会计股和秘书股。员工 52 名。11 月 15 日，察哈尔省撤销中国人民保险公司在雁北、大同的分支机构划归中国人民保险公司山西省分公司领导。

1953 年，随着农村保险业务停办，城市业务的整顿，雁北所辖县支机构业务合并到大同市支公司。中国人民保险公司机构进行调整，大同市支公司内设四个相关业务股室财险股、人身险股、农业险股和防灾理赔股合并为业务股，口泉办事处改为营业所。支公司编制 40 人，员工实际为 43 人。

1954 年 5 月 1 日，山西省编制委员会批准中国人民保险公司大同市支公司设立防灾理赔股。

1957 年 8 月，中国人民保险公司大同支公司实行精简编制，定员由 77 人缩减为 71 人，内设秘书股、城市业务股、农村业务股和计划会计股。

1958 年 5 月 24 日，中国人民保险公司大同市支公司原秘书股、城市业务股、农村业务股和计划会计股撤销，新设业务科、会计科、秘书科。同年 7 月 1 日，山西省委决定，将省辖大同市委托雁北专署领导。大同保险业务随同银行机构而变动。

1958 年 10 月，西安全国财贸会议提出“人民公社化以后，保险工作的作用已经消失，除国外保险业务必须继续办理以外，国内保险业务应即停办”。进入 12 月，全国财政会议正式作出决定，立即停办国内保险业务，山西省保险公司撤销，大同市支公司全面停办保险业务。1959年1月全国保险会议后，贯彻落实国内保险业务停办精神，实施清理善后工作。

1980年4月25日，山西省人民政府批转中国人民银行山西省分行“关于在山西省恢复国内保险业务的请示”，决定在太原、大同、榆次3市进行试点工作。同年9月1日，大同市保险支公司正式成立，员工6人，支公司隶属于大同市人民银行，作为市人民银行的二级单位，实行经济独立核算。办公地址：大同市城区东华门19号。

1981年1月，中国人民保险公司大同支公司新增员工9名，支公司员工达15名。内设机构有业务办公室、行政办公室。

1982年1月，中国人民保险公司大同支公司新增干部9名，职工总数达23名。5月，支公司在大同矿务局派驻办理保险业务的临时机构。6月，支公司设立防灾理赔科。至此，中国人民保险公司大同支公司机构设置为4科1处，即人事秘书科、计划财务科、业务科、理赔科，新平旺办事处。

1983年1月，大同市支公司新增职工7名，至此全司职工为32名。

1984年3月8日，中国人民保险公司大同支公司撤销防灾理赔科，成立农村业务科。6月29日朔州、浑源两支公司组建。7月11日，大同市保险支公司正式升格，改称中国人民保险公司大同中心支公司。8月2日，中国人民保险公司大同中支公司组建应县、阳高、左云、怀仁、灵丘、大同市南郊6个支公司和大同市城区、新平旺2个办事处，支公司和办事处为科级单位，实行系统垂直领导管理，在干部管理上，实行系统与地方相结合的领导管理体制，以系统为主，地方为辅。1984年年末，中国人民保险公司大同中支市、县（区）两级机构增至11个，系统员工125人。

1985年1月1日，中国人民保险公司平朔办事处成立，主要承办平朔露天煤炭公司的保险业务，暂时归大同中支领导。1月7日，计划筹建天镇、右玉、大同、山阴、平鲁、广灵6个县支公司和新荣区办事处。5月1日，中国人民保险公司大同中支本部设立人事科。10月9日，中国人民保险公司大同中支本部设立人身保险科。同月，撤销平朔办事处，成立中国人民保险公司平朔矿区支公司，隶属于山西省分公司。年内，中国人民保险公司大同中支下设支公司、办事处、修理厂18个单位188人，其中雁北地区13个单位133人。

1986年2月15日，中国人民银行山西省分行批复，同意中国人民保险公司大同中心支公司分设大同市中心支公司和雁北地区中心支公司。6月16日，中国人民保险公司雁北地区中心支公司、中国人民保险公司大同市中心支公司在大同分设成立。8月11日，大同中心支公司经理室研究决定，机关设11个科室：办公室、人事科、党总支、财务科、计划科、城市业务科、农村业务科、运输工具科、人身保险科、纪检组、工会。年内，中国人民保险公司大同中支员工 101 人。

1987 年，中国人民保险公司大同中支成立审计科。

1989 年 3 月 8 日，中国人民保险公司大同中支决定机关设 11 个科室：办公室、人事教育科、监审科、计划科、财务科、业务科、运险科、人险科、经管科、工会、党总支。8 月 28 日，中国人民保险公司山西省分公司决定省、地（市）两级公司成立防灾防损处（科）与经营管理处（科）。同日，根据省公司决定，中支本部设防灾防损科与经营管理科，一套班子，两块牌子。

1990 年 3 月 13 日，中国人民保险公司大同中支组建大同保险劳动服务公司建筑工程队。

1991 年 4 月 13 日，中国人民保险公司大同中支本部增设思想政治工作办公室、防灾科、工会女工委和医务室。11 月 6 日，成立营业一室、营业二室。

1992 年 1 月 27 日，中国人民保险公司大同中支成立培训部，属办公室管理。11 月 24 日，中国人民保险公司大同中支决定成立矿区办事处。

1993 年 4 月 26 日，中国人民保险公司大同市分公司成立云冈办事处。同日，中国人民保险公司雁北地区中支决定成立国际业务部。5 月 5 日，中国人民保险公司雁北地区中支决定成立北岳办事处、湖东办事处、怀仁王坪办事处。7 月 6 日，根据国务院《关于山西撤销雁北地区，调整大同市、朔州市行政区划的批复》精神，雁北地区与大同市合并。中国人民保险公司山西省分公司根据雁北地区与大同市行政区域合并实际情况，将中国人民保险公司雁北地区中心支公司与中国人民保险公司大同市中心支公司合并，成立中国人民保险公司大同市分公司。市公司本部设置为办公室、业务一部、业务二部、人身保险科、农险科、国际业务科、防灾防损科、财务科、计划统计科、人事教育科、党委办公室、政工办公室、稽核审计科、监察室、纪检组、行政科、工会等 17 科（部、室），下设分公司营业部、新建路办事处、涉外营业部、城区办事处、大北街办事处、新平旺办事处、矿区办事处、云冈办事处、南郊区支公司、新荣区支公司、阳高县支公司、天镇县支公司、左云县支公司、大同县支公司、浑源县支公司、灵丘县支公司、广灵县支公司等 17 个支公司（办事处）。至此，全公司员工 447 人。

1996 年 4 月，中国人民保险公司大同市分公司进行机构体制改革。6 月 11 日，中国人民保险公司大同分公司完成产寿险公司分设工作。

1997 年 1 月 18 日，中保财产保险有限公司大同市分公司挂牌成立。根据人民银行山西省分行批复，市公司内设机构为办公室、人事教育部、计财部、业务一部、业务二部、监审部6个职能部门；下设南城、北城、南郊区、新荣区、矿务局、新建路、御河路、左云县、浑源县、灵丘县、广灵县、阳高县、天镇县、大同县、营业部共15个分支机构。员工335人。

1999年1月18日，中保财产保险有限公司正式继承中国人民保险公司品牌，更名为中国人民保险公司。1999年5月20日，中保财产保险有限公司大同市分公司更名为中国人民保险公司大同分公司。1999年5月26日，大同市分公司所属分支机构更名，全市下设14个支公司、1个营业部、40个专职代办所，公司系统员工498人，正式编制333人。

2000年，中国人民保险公司大同分公司本部组建理赔中心、业务处理中心、财务中心3个运营平台。

2001年，中国人民保险公司大同分公司全市共设立15支公司，其中市区内7个，县区8个。市公司本部设办公室、人事教育科、行政科、监审部、业务管理部、信息技术科、业务一部、业务二部、业务处理中心、理赔服务中心、计划财务部11个部门。全市在册从业人员290人，其中市公司本部50人，基层公司240人。

2002年，中国人民保险公司大同分公司全市共设立15支公司，其中市区内7个、县区8个，全市营业网点40个。市公司本部设办公室、人事教育科、行政科、监审部、业务管理部、信息技术科、业务处理中心、理赔中心、财务中心、机动车消费贷款保证保险部10个部门。全市从业人员361人，其中正式编制291人。

2003年7月，中国人民保险公司重组改制为中国人民保险公司控股公司，并发起设立中国人民财产保险股份有限公司（简称中国人民保险公司财险）。8月，中国人民保险公司大同分公司更名为“中国人民财产保险股份有限公司大同市分公司”，大同市分公司所属基层公司同时更名。市公司本部将办公室、行政科、监审部合并为综合部，在原有部门基础上新设立业务管理部、团险部、个险部、营销服务部。

2007年6月26日，中国人民保险公司举行复名揭牌仪式，正式恢复使用中国人民保险集团公司名称。

2008年，中国人民财产保险股份有限公司大同市分公司本部撤销团险部、个险部、业务管理部；设立销售管理部、责任信用保险/意外健康保险部、财产保险/大型商业风险保险部、合规部。

2009年，中国人民财产保险股份有限公司大同市分公司本部业务处理中心改为承保中心。

2011年，中国人民财产保险股份有限公司大同市分公司本部承保中心调整为出单中心。市分公司本部设立“三农”保险部。

2012 年，中国人民财产保险股份有限公司大同市分公司本部增设立法律部 / 合规部。

2013 年，中国人民财产保险股份有限公司大同市分公司本部财务中心变更为财务会计部。至此，中国人民保险公司财险大同分公司总经理室下设 15 个职能部门，22 个分支机构。全辖 585 人，其中机关本部 223 人，基层 362 人。

2014 年，中国人民保险公司财险大同市分公司设立社保业务部，机关本部职能部门达 16 个。全辖 536 人，其中机关本部 194 人，基层 342 人。

2017 年，中国人民保险公司财险大同市分公司部经理下职能部门为：高级业务主管室、人力资源部 / 教育培训部、办公室 / 监察部、车辆保险部、责任信用保险 / 意外健康保险部、财产保险部、销售管理部 / 经纪代理业务部、信息技术部、法律部 / 合规部、财务会计部、出单中心、车商业务部、电子商务业务部、农村保险事业部 / 农村普惠金融事业部、大同市车贷业务团队、大同市经纪业务团队、大同市社会医疗保险服务中心综合部等 17 个部门。分支机构有南城、北城、南郊区、新荣区、矿务局、新建路、御河路、左云县、浑源县、灵丘县、广灵县、阳高县、天镇县、大同县、营业部、大北街营销服务部、新开南路营销部、城区营销部、振华南街营销部、开发区营销部、城关营销部、新建南路营销部、王家园营销服务部 23 个分支机构。全辖 455 人，其中机关本部 130 人，基层 325 人。

（一）领导班子变动情况

表 1　　1950—1958 年中国人民保险公司大同支公司历任负责人一览表

部门	姓名	职务	任职时间
行政和党支部	马标清	经理	1950.12—1956.1
	刘季冰	保险组组长	1950.10—1950.12
		副经理	1950.12—1956.1
	张鸿熊	业务组组长	1950.12—1958.5
	吕维	业务组副组长	1950.12—1958.5
	刘文元	会计组组长	1950.12—1958.5
	徐憬	秘书股股长	1956.1—1958.5
	郭德瑞	秘书股副股长	1956.10—1957.12
	曹洪富	农险股副股长	1956.10—1958.5
		业务科副科长	1958.5—1958.12
	李舜葵	会计股副股长	1956.11—1958.5
	赵思启	业务股副股长	1957.1—1957.12
	郭大兴	农险股副股长	1957.1—1957.12
	张世俨	业务科副科长	1958.5—1958.12
	王永江	秘书科科长	1958.5—1958.12
		会计科科长	1958.5—1958.12
	姚启文	党支部书记	1952.11—1956.1
		党小组组长	1956.1—1958.12
		组织委员	1957.5—1958.12
	翟义祥	书记	1957.5—1958.12
	王永江	宣传委员	1957.5—1958.12

表 2　1981—1984 年中国人民保险公司大同市支公司历任负责人一览表

部门	姓名	职务	任职时间
党支部和工会	姚启文	党支部书记	1981.12—1984.6
	刘殿元	工会主席	1982.7—1984.6

表 3　1984—1993 年中国人民保险公司大同中支历任负责人一览表

部门	姓名	职务	任职时间
行政、党支部和工会	柳林	经理	1984.7—1990.3
	杜林茂	副经理	1984.7—1990.3
		经理	1990.3—1993.7
	迟淑慧	副经理	1984.7—1986.6
	乔素华	副经理	1986.6—1992.1
	王兴业	纪检组组长	1986.6—1990.3
		副经理	1990.3—1993.4
	司光耀	副经理	1993.4—1993.7
	吴世相	副经理	1992.1—1993.7
	刘枫	纪检组组长	1992.1—1993.7
	杜志涛	工会主任	1992.1—1993.7

表 4　1986—1993 年中国人民保险公司雁北中支历任负责人一览表

部门	姓名	职务	任职时间
行政、党支部和工会	郝禄	经理	1986.6—1993.3
	迟淑慧	副经理	1986.6—1988.10
	石宝镛	副经理	1986.6—1988.10
		经理	1993.3—1993.7
	乔佐	纪检组组长	1986.6—1988.10
		工会主任	1988.10—1990.3
		副经理	1990.3—1993.7
	米锐	副经理	1988.10—1993.7
	司光耀	副经理	1990.3—1991.11
	周存信	总经济师	1992.5—1993.7
	刘国廉	纪检组组长	1993.3—1993.7
	吴荣贵	调研员	1993.3—1993.7

表 5　1993—1996 年中国人民保险公司大同市分公司负责人一览表

部门	姓名	职务	任职时间
党委	石宝镛	党组书记	1993.7—1996.7
	杜林茂	常务副书记	1993.7—1996.7
	米锐	党组成员	1993.7—1996.7
	司光耀	党组成员	1993.7—1996.7
	乔佐	党组成员	1993.7—1996.7
	吴世相	党组成员	1993.7—1996.7
	周存信	党组成员	1993.7—1996.7
	刘枫	党组成员	1993.7—1996.7
	刘国廉	党组成员	1993.7—1996.7
	杜志涛	列席党组会议	1993.7—1996.7

表 6　1993—1996 年中国人民保险公司大同市分公司负责人一览表

部门	姓名	职务	任职时间
行政、党委和工会	杜林茂	经理	1993.7—1996.7
	石宝镛	常务副经理	1993.7—1996.7
	米锐	副经理	1993.7—1996.7
	司光耀	副经理	1993.7—1996.7
	乔佐	副经理	1993.7—1996.7
	吴世相	副经理	1993.7—1996.7
	周存信	副经理	1993.7—1996.7
	刘枫	副经理	1993.7—1996.7
	刘国廉	纪检组组长	1993.7—1996.7
	杜志涛	工会主任	1993.7—1996.7
	李有志	总经济师	1993.7—1996.7
	吴荣贵	调研员	1993.7—1996.7
	樊秉义	调研员	1993.7—1996.7

表 7　　1996—2017 年中国人民保险公司财险大同市分公司负责人一览表

部门	姓名	职务	任职时间
行政	王者成	总经理	1999.7—2004.2
	张小平	副总经理	2000.1—2005.3
		总经理	2005.3—2008.4
	李有志	副总经理	1996.6—2006.1
	李展	副总经理	2002.1—2006.1
	周培明	总稽核	2002.1—2003.10
	姚金才	总经理助理	2002.1—2003.10
		副总经理	2003.11—2008.5
	王萍	总经理助理	2002.1—2006.1
	武进仕	副总经理	2006.1—2010.4
	薛雁翔	副总经理	2006.1—2008.5
		总经理	2008.5—2013.12
		副总经理	2014.12—
	陆晓军	副总经理	2008.9—2014.4
	白志敏	副总经理	2008.9—2017.12
	陈世珍	副总经理	2008.7—2010.5
	贾达文	副总经理	2006.5—2012.12
	赵利斌	总经理助理	2008.7—2013.10
	王俊斌	总经理	2014.9—
	乔建明	副总经理	2014.5—
	安宜	高级主管	2013.4—
	张磊	高级主管	2014.7—

（二）分支机构领导班子变动情况

表 8　1984—2017 年中国人民保险公司、中保财险及中国人民保险公司财险历任分支机构负责人一览表

部门	分支机构	姓名	职务	任职时间
行政	矿务局支公司	樊秉义	经理	1984.10—1993.8
		乔佐	经理	1996.6—2000.1
		姚金才	经理	1999.7—2002.1
		乔建明	经理	2009.8—2017.8
		李涛	经理	2017.8—
	南城支公司	杨世荣	经理	1989.3—1999.7
		吴世相	经理	1991.11—1999.6
		左尚	经理	1992.3—2000.6
		武东山	经理	
		王涛	经理	
		赵利斌	经理	2005.3—2008.7
		李涛	经理	2009.1—2017.8
		常珍	经理	2017.8—
	北城支公司	高铁强	经理	1988.8—1996.7
		武进仕	经理	1999.7—2000.1
		张生富	经理	2000.2—2005.3
		白智敏	经理	2006.3—2008.6
		刘朝阳	经理	2005.3—2006.3
		张磊	经理	2008.7—2014.1
		刘晓攀	经理	2015.4—
	新建路支公司	白利家	经理	1996.7—2001.4
		穆大军	经理	2001.3—2003.6
		麻秀文	经理	
		张永成	经理	2005.4—2008.4
		杨银会	经理	2008.4—2012.5
		闫振宏	经理	2014.3—
	御河路支公司	阎昌万	经理	1986.11—1988.10
		李展	经理	1999.7—2000.1
		安宜	经理	2002.3—2009.1
		杨银会	经理	2002.3—2008.3
		范辰翔	经理	2009.1—2011.11
		宋春海	经理	2014.8—2015.11
		张国栋	经理	2011.11—2014.8

续表 8

部门	分支机构	姓名	职务	任职时间
行政	南郊支公司	周存信	经理	1985.5—1992.5
		周培明	经理	1996.6—2000.1
		董建新	经理	
		孟祥静	经理	
		赵亮东	经理	2006.10—2012.7
		曹刚	经理	2014.3—
	营业部	柴京瑞	经理	
		白利家	经理	2001.3—2002.11
		穆大军	经理	2000.2—2001.3
		薛雁翔	经理	2002.8—2006.1
		陈建明	经理	
		王玉涛	经理	2012.7—
	大同县支公司	薛广瑞	经理	1985.5—2000.3
		张军	经理	1998.8—1999.7
		白利家	经理	2002.12 2003.10
		吕建邦	经理	2006.1—2015.3
		李正伟	经理	2015.3—
	阳高支公司	赵兴联	经理	1985.5—1996.8
		张生富	经理	1999.7—2000.2
		陆晓军	经理	1999.10 — 2002.10
		温雁	经理	2002.12—
	天镇支公司	杨生敏	经理	1985.4—1996.7
		许吉元	经理	2004.3—2010.11
		王风清	经理	2010.11—
	浑源支公司	王贵元	经理	1984.3—1998.7
		韩瑞军	经理	
		麻秀文	经理	2002.4—2002.12
		赵廷利	经理	2002.12—2003.10
		史雅迪	经理	2014.2—2016.11
		李东	经理	

续表 8

部门	分支机构	姓名	职务	任职时间
行政	灵丘支公司	李进	经理	1984.9—
		吴常顺	副经理	1985.10—1996.6
		陈佩明	副经理	1984.9—1985.3
		孟祥静	经理	
		武臻	经理	2005.4—2012.7
		陈海	经理	2014.2—
	广灵支公司	陈佩明	经理	1993.7—1999.7
		闫昌万	经理	1996.6—1999.7
		班勇	经理	2004.3—
	左云支公司	米锐	经理	1984.9—1988.10
		马尚礼	经理	1990.6—2000.6
		刘朝阳	经理	2000.8—2005.3
		宋春海	经理	2005.4—2012.7
		张国栋	经理	2014.8—
	新荣支公司	吴常顺	副主任	1985.4—1985.10
		左尚	副主任	1985.10—1986.11
			主任	1986.11—1992.3
		岳满	经理	1986.5—2001.12
		宫志强	经理	2002.12—2003.10
		徐廷俊	副经理	2001.3—2002.12
		左志岗	经理	2005.10—2015.3
		常珍	经理	2015.3—2017.8
	城区营销部	李栋	经理	
		张军	副经理	2006.7—2010.6
		杨明帅	经理	2006.7—2014.8
		樊秀丽	经理	2014.8—
	振华南街营销部	徐庭俊	经理	2006.9—2007.7
		陈世珍	经理	2007.6—2008.6
		王雁	经理	2013.2—2015.4
		王志强	经理	2017.9—
	城关营销部	孙海鹰	经理	2009.1—2013.10
		郗如海	经理	2013.10—
	大北街营销部	陈磊	经理	2003.8—2004.5
		张军	经理	2010.7—2015.3
		韩军	经理	2015.7—
	新开南路营销部	王春钢	经理	2006.6—2012.5
		杨丽娟	经理	2017.9—
	新建南路营销部	陈碧空	经理	2009.7—2011.10
		王顺	经理	2011.10—

表 9　　1984—1993 年人保及人保财险历任分支机构负责人一览表

部门	分支机构	姓名	职务	任职时间	备注
行政	朔县	王满禹	副经理	1984.6—1985.4	大同、雁北管辖期
			经理	1985.4—1988.12	大同、雁北管辖期
		王寿山	副经理	1984.6—1988.12	大同、雁北管辖期
		刘建国	副经理	1985.4—1988.12	大同、雁北管辖期
	山阴	李振武	副经理	1985.4—1988.12	大同、雁北管辖期
		丰守保	副经理	1985.4—1988.12	大同、雁北管辖期
	平鲁	蔚先	副经理	1985.4—1988.12	大同、雁北管辖期
		田禾茂	副经理	1985.4—1988.12	大同、雁北管辖期
	应县	马杰	经理	1985.4—1991.6	大同、雁北管辖期
		王者成	负责人	1991.6—1993.7	大同、雁北管辖期
		刘志玉	副经理	1984.4—1992.6	大同、雁北管辖期
	怀仁	韩国安	副经理	1984.9—1985.4	大同、雁北管辖期
			经理	1985.4—1993.7	大同、雁北管辖期
		白金明	副经理	1984.9—1993.7	大同、雁北管辖期
		赵建利	副经理	1990.8—1993.7	大同、雁北管辖期
		刘建威	经理	1992.6—1993.7	大同、雁北管辖期
		王恒	副经理	1992.6—1993.5	大同、雁北管辖期
	右玉	贺富	副经理	1985.4—1993.7	大同、雁北管辖期
		高日荣	副经理	1985.4—1993.7	大同、雁北管辖期
	雁北中支营业部	王明兴	负责人	1988.11—1991.10	
			主任	1991.10—1993.7	
		张福	副主任	1988.11—1993.7	
		郭玉宝	副主任	1988.11—1993.7	
	雁同路办事处	郭玉宝	经理		
	矿区办事处	王贵久	经理		
	云岗办事处	柴金瑞	经理		
	北岳办事处	郭玉宝	经理		
	湖东办事处	陶绥生	经理		
		王继跃	副经理		
	王坪办事处	刘志玉	经理	1992.6—1993.7	大同、雁北管辖期

表 10　　1984—1993 年中国人民保险公司大同分公司附属机构历任负责人一览表

部门	机构名称	姓名	职务	任职时间
行政	大同劳动服务公司	赵广瑞	经理	1989.3—1993.6
	雁北劳动服务公司	李新明	经理	1988.3—1993.6
	大同保险汽车修理一厂	李生奎	经理	1990.7—1992.3
	大同保险汽车修理二厂	张国梁	经理	1989.3—1990.7
	大同中支工程队	焦志强	经理	1992.11—1993.6

（三）公司基本信息变动情况

表 11　　1996—2017 年中国人民保险公司大同分公司历年分支机构基础信息统计表

年度	分支机构（个）	员工人数（人）	销售人员（人）	保费收入（万元）
1996	15	335		10645.5
1997	15	335		12723.6
1998	15	335		12782.3
1999	15	498		11849.6
2000	15	498		12561.5
2001	15	530		12917
2002	15	361		14423
2003	15	580	1351	17780
2004	15	580	1427	22156
2005	15	579	1422	23799
2006	15	578	1452	25609
2007	15	575	1453	34312
2008	15	575	1469	40084
2009	15	576	1525	41481
2010	15	580	1507	54354
2011	15	582	1511	60162
2012	15	583	1523	60476
2013	22	585	1462	59337
2014	22	536	1433	399614
2015	22	449	1442	56361.53
2016	22	448	1707	64218.99
2017	23	455	1738	70928.23

第二节　中国太平洋财产保险股份有限公司大同中心支公司

中国太平洋保险公司于 1991 年 5 月 13 日成立，总部设在上海，是经中国人民银行批准设立的全国性股份制商业保险公司。

中国太平洋财产保险股份有限公司大同中心支公司（简称中国太平洋财险大同中支）前身是中国太平洋保险公司大同支公司。

1998 年 1 月 1 日，中国太平洋保险公司大同支公司成立。成立初期，在总经理室下设综合管理部、业务管理部、财务部、理赔部 4 个职能部室。公司员工 29 人。营业场所：大同市平城区兴和街 168 号东泰大厦三层。

2001 年 8 月 31 日，经中国保险监督管理委员会批准，中国太平洋保险公司进行体制改革，实施产、寿险分业经营，成立中国太平洋保险（集团）股份有限公司。2002 年 3 月 14 日，中国太平洋保险公司大同支公司实施分设，更名为中国太平洋财产保险股份有限公司大同中心支公司，公司设立总经理室，总经理室下设立综合管理部、业务管理部、财务部、理赔部、营销部 5 个部室。公司员工 40 人。

2004 年，公司本部调整内设机构，设置综合管理部、业务管理部、财务部、客户服务部、中介业务部。分支机构下设营业部、矿区营销部，全辖员工 43 人。

2011 年，公司增设矿区支公司、浑源支公司、灵丘支公司、左云支公司 4 家县支公司，员工共有 77 人。

2015 年，公司本部调整中支内部部（科）室，中支设置综合管理部、销售管理部、财务部、理赔科、非车险业务部、车商业务一部、车商业务二部、新渠道业务部、银保业务部、团体车险业务部。下设矿区支公司、浑源支公司、灵丘支公司、左云支公司 4 家县支公司，公司共有员工 77 人。

2016 年，中支调整部室，增设交叉销售业务部、电网销业务部、个人代理渠道业务部 3 个部室。全辖员工 75 人。

（一）市级机构领导班子变动情况

表 12　　1997—2017 年太平洋财险大同中支历任负责人一览表

部门	姓名	职务	任职时间	备注
行政	王贵元	经理	1997.11—1998.12	
	柴煜	副经理	1997.11—1998.12	
		经理	1998.12—2003.12	
	王继跃	副经理	1998.12—2000.11	
	李宝日	副经理	2000.11—2003.12	
		总经理	2003.12—2012.3	
	安永青	经理助理	2002.2—2003.12	
	郝秀琴	总经理助理	2003.12—2005.1	
		副总经理	2005.1—2016.4	
	许翠英	工会主席	2005.1—2008.1	
		副总经理	2008.1—2015.4	
	黄滨	总经理	2012.3—2013.11	
	王正义	总经理	2013.11—2015.4	
	郭俊旗	副总经理	2015.4—2016.4	主持工作
		总经理	2016.4—	
	汤明霞	副总经理	2016.4—	
	姚勇	副总经理	2016.4—	
党委	解星宝	党组书记	1999.12—2000.11	
	柴煜	党组成员	1999.12—2000.11	
		党组书记	2000.11—2004.2	
	王新跃	党组成员	1999.12—2000.11	
	许翠英	党组成员	2000.11—2010.6	
		党委委员	2010.6—2016.3	
	李宝日	党组成员	2003.7—2004.2	
		党组书记	2004.2—2010.6	
		党委书记	2010.6—2011.12	
	崔利萍	党组成员	2004.2—2005.1	
	郝秀琴	党委委员	2010.6—2016.3	
	黄滨	党委委员	2011.2—2015.2	
	郭俊旗	党委副书记	2015.2—2016.3	主持工作
		党委书记	2016.3—	
	汤明霞	党委委员	2016.3—	
	姚勇	党委委员	2016.3—	

表 13　2001—2017 年太平洋财险大同中支历届纪检委班子及工会负责人一览表

部门	姓名	职务	任职时间	备注
纪检	许翠英	纪委书记	2011.9—2016.6	
	汤明霞	纪委委员	2011.9—2016.7	
		纪委书记	2016.6—	
	赵业平	纪委委员	2011.9—2016.6	
	李波	纪委委员	2016.6—	
	王宏	纪委委员	2016.6—	
工会	柴煜	工会主席	2001.8—2003.12	大同支公司
	郝秀琴	工会主席	2004.12—2005.1	
	许翠英	工会主席	2005.1—2016.8	
	姚勇	工会主席	2016.8—	

（二）各分支机构变动情况

表 14　2003—2017 年太平洋财险大同中支分支机构历任负责人一览表

部门	姓名	机构名称	职务	任职时间	备注
行政	刘涛	矿区营销部	副经理	2003.7—2004.2	
			经理	2004.2—2004.7	
	安海	矿区营销部	经理	2004.7—2007.1	
	黄滨	矿区营销部	经理	2007.1—2009.2	
	黄滨	矿区支公司	经理	2009.2—2012.12	
	刘振英	灵丘支公司	经理	2009.2—2015.10	
	韩叶斌	浑源支公司	经理	2009.8—2015.4	
	宋利兵	左云支公司	经理	2009.8—2010.12	
	安海	左云支公司	负责人	2010.12—2011.3	兼职
	许翠英	左云支公司	经理	2011.3—2012.12	
	常铁锋	左云支公司	负责人	2012.12—2013.11	
		左云支公司	经理	2013.11—2015.10	
	姚勇	矿区支公司	经理	2012.12—2016.12	
	杨林峰	浑源支公司	负责人	2015.4—2015.5	
			经理	2015.5—	
	支文平	灵丘支公司	负责人	2015.10—2016.1	
			经理	2016.1—	
	王文军	左云支公司	负责人	2015.10—2016.8	
			经理	2016.8—	
	谢经锋	矿区支公司	经理	2016.12—	

（三）基本信息情况

表 15　　1998—2017 年太平洋财险大同中支基本情况统计表

年份	县级机构数（个）	职工人数（人）	直接销售人力（人）	中介销售人力（人）	保费规模（万元）
1998		29	3		368.24
1999		34	4		473.74
2000		35	7		950.15
2001		40	9		1317.73
2002		41	11		1898.8
2003	1	40	10		1088.46
2004	1	43	14		1515.98
2005	1	41	16		2047.48
2006	1	43	19		2902.14
2007	1	65	23		4298.35
2008	2	69	26		4711.62
2009	4	64	27	63	4761.42
2010	4	69	30	51	8144.38
2011	4	77	32	89	9252.35
2012	4	75	33	64	11133.65
2013	4	72	32	114	15940.42
2014	4	75	31	154	15294.18
2015	4	77	30	140	8806.61
2016	4	75	29	223	9537.08
2017	4	74	33	211	10567.47

第三节　永安财产保险股份有限公司大同中心支公司

永安财产保险股份有限公司成立于 1996 年 9 月 28 日，总部设在陕西省西安市。

2003 年 6 月 19 日，永安财产保险股份有限公司大同中心支公司（简称永安财险大同中支）在大同成立。中支设总经理室，总经理室下设办公室、计财部、业务管理部、理赔管理部 4 个相关职能部门，管理员工 42 人，中支设有 8 个业务部门。营业场所：大同市火车站邮政大楼 10 层。

2004 年年初，增设稽核部。

2004 年 4 月 28 日，永安财险大同中支成立北城营销服务部，设服务部负责人 1 人、出单岗 1 人、综合管理岗 1 人、业务人员若干。

2009 年 4 月 29 日，永安财险大同中支成立南城营销服务部，服务部设负责人 1 人、出单岗 1 人、综合管理岗 1 人、业务人员若干。

2013 年 8 月，永安财险大同中支对原有职能部门进行调整，办公室、计财部合并为综合管理部，理赔管理部更名为理赔中心，同时撤销稽核部。至此，中支总经理室下设：综合管理部、业务管理部、理赔中心 3 个职能部门。管理人员 12 人。

2015 年 2 月 3 日，经中国保险监督管理委员会山西监管局批准，永安大同中支成立浑源营销服务部，服务部设负责人 1 人、出单岗 1 人、综合管理岗 1 人、业务人员若干。

（一）领导班子变动情况

表 16　　2003—2017 年永安财产大同中支历任负责人一览表

部门	姓名	职务	任职时间
行政和工会	马睿	总经理	2003.4—2004.4
	董建新	总经理	2004.5—2005.5
	魏诚	总经理	2005.6—2013.2
	魏天飞	总经理	2013.3—
	郭永模	工会主席	2009.8—

（二）基本信息变动情况

表 17　　2003—2017 年永安财险大同中支历年分支机构基础信息统计表

年份	县级机构数（个）	职工人数（人）	直接销售人力（人）	中介销售人力（人）	保费规模（万元）
2003		42	10	0	501
2004	1	65	33	0	1582.45
2005	1	78	35	0	2437.04
2006	1	95	52	0	2589.78
2007	1	29	10	0	4540.4
2008	1	38	11	0	5782.69
2009	2	32	13	1	2537.77
2010	2	27	10	2	2855.02
2011	2	33	12	4	3442.28
2012	2	29	10	3	2870.32
2013	2	28	16	5	3840.13
2014	3	30	18	3	1632.81
2015	3	28	16	3	2010.99
2016	3	27	15	5	2575.64
2017	3	28	15	6	2621.61

第四节　平安财产保险股份有限公司大同中心支公司

中国平安财产保险是中国一家以保险为核心的，融证券、信托、银行、资产管理、企业年金等多元金融业务于一体的综合金融服务集团，公司成立于 1988 年 4 月 22 日，总部设在深圳。

2003 年 10 月 20 日，中国平安财产保险股份有限公司大同中心支公司（简称中国平安财险大同中支）成立。公司内设总经理室，在总经理室下设车险部、综合管理部、客服理赔部、直通业务分部、车商业务部、代理业务部、个人综合金融部、交通物流业务一分部、金融行业业务分部、责任险业务分部 10 个部门，2003 年 10 月后，内部科室调整为理赔部、营销部、人事行政部、财务部。在职员工 15 人（含未签订劳动合同人员 12 人）。

2006 年 11 月，公司增设综拓渠道、新渠道业务部。营销部更名为业务管理部，理赔部更名为客服理赔部。县域筹备成立大同县和左云两家四级机构，配备经理和综合内勤等。在职员工 45 人。

2009 年 9 月，增设车商业务部、直销渠道、银保渠道和代理业务部。财务部和人事行政部合并为综合管理部。同时筹备成立灵丘、浑源、阳高和矿区三家四级公司，配备经理和综合内勤等。在职员工 53 人。

2017 年 7 月，业务管理部更名为车险部，直销渠道更名为交通物流业务一分部，新渠道业务部更名为直通业务分部，综拓业务部更名为个人综合金融业务部，银行渠道更名为金融行业业务分部，并新设立责任险业务分部。在职职工人数 115 人，其中正式员工 106 人，劳务派遣人员 10 人。

（一）领导班子变动情况

表 18　　2003—2017 年平安财险大同中支历任负责人一览表

部门	姓名	职务	任职时间
行政	戴学斌	总经理	2003.10—2005.12
	白霄云	总经理	2006.11—2008.8
	李永升	总经理	2009.9—2017.7
	陈建明	总经理	2017.7—

（二）基本信息变动情况

表 19　　2003—2017 年平安财险大同中支历年分支机构基础信息统计表

年度	县级机构数（个）	职工人数（人）	直接销售人力（人）	中介销售人力（人）	保费规模（万元）
2003	0	3	2	1	10.2
2004	0	4	3	3	50.9
2005	0	8	7	5	120.6
2006	0	15	10	5	301.7
2007	0	19	13	8	597
2008	2	40	24	9	1013
2009	3	53	29	12	3547
2010	3	69	40	13	5711
2011	3	86	60	18	7389
2012	4	93	75	22	13021
2013	5	89	73	48	17154
2014	5	115	67	71	21489
2015	5	114	65	156	25487
2016	6	119	68	185	27155
2017	6	106	60	152	30154

第五节　天安财产保险股份有限公司大同中心支公司

天安财产保险股份有限公司成立于 1994 年 10 月，是由企业出资的按照现代企业制度和国际标准组建的股份制商业保险公司，总部设在上海浦东。

2005 年 1 月 10 日，天安财产保险股份有限公司大同中心支公司（简称天安财险大同中支）正式成立。成立初期设立总经理室，在总经理室下设综合管理部、计划财务部、业务管理部、理赔管理部共 4 个部门。

（一）领导班子变动情况

表 20　　2005—2017 年天安财险大同中支历任负责人一览表

部门	姓名	职务	任职时间
行政	杨卫东	副总经理（主持工作）	2005.1—2006.1
	陈世珍	总经理	2006.2—2007.10
	孙四虎	副总经理（主持工作）	2007.11—2008.1
	苟鹏	副总经理（主持工作）	2008.2—2009.1
	苗继军	副总经理（主持工作）	2009.2—2010.3
	冯学禹	副总经理（主持工作）	2010.4—2011.8
	杜孝	副总经理（主持工作）	2011.9—2015.9
	宋春海	副总经理（主持工作）	2015.10—2016.10
	李鹏飞	副总经理（主持工作）	2016.11—

（二）基本信息变动情况

表 21　　2005—2017 年天安财险大同中支历年分支机构基础信息统计表

年份	县级机构数（个）	职工人数（人）	直接销售人力（人）	中介销售人力（人）	保费规模（万元）
2005	0	4	4		816.24
2006	0	8	8		1740.63

续表 21

年份	县级机构数（个）	职工人数（人）	直接销售人力（人）	中介销售人力（人）	保费规模（万元）
2007	0	8	8		1640.99
2008	0	15	15		744.56
2009	0	18	18		1131.66
2010	0	18	18		1359.28
2011	0	26	26		1378.33
2012	0	26	26		1076.29
2013	0	28	28	51	1476.96
2014	0	30	30	82	1517.88
2015	0	29	29	108	1527.24
2016	0	19	19	114	968.38
2017	0	20	20	131	1072.71

第六节　中国大地财产保险股份有限公司大同中心支公司

中国大地财产保险股份有限公司是由中国再保险（集团）公司等 10 家境内外投资人于 2003 年 10 月 20 日共同投资成立，总部设在上海。

2005 年 9 月 16 日，中国大地财产保险股份有限公司大同营销服务部成立。营业场所：大同市平城区魏都大道益丰商务大厦五层 A1.A2.B 座。

2006 年 10 月 30 日，中国大地财产保险股份有限公司大同中心支公司（简称中国大地财险大同中支）成立。

2007 年 8 月 13 日，中国大地财险大同中支天镇营销服务部、中国大地财险北馨营销服务部成立。

2008 年 5 月 19 日，中国大地财险大同中支浑源营销服务部、左云营销服务部成立。

2010 年 8 月 20 日，中国大地财险大同中支大同市西城支公司批复筹建。

2015 年 5 月 26 日，中国大地财险大同中支天镇营销服务部改建为中国大地财险天镇支公司。

（一）领导班子变动情况

表 22　　2005—2017 年大地财险大同中支历任负责人一览表

<table>
<tr><th>部门</th><th>姓名</th><th>职务</th><th>任职时间</th></tr>
<tr><td rowspan="10">行政</td><td rowspan="2">王涛</td><td>经理</td><td>2005.9—2006.9</td></tr>
<tr><td>总经理</td><td>2006.10—2012.5</td></tr>
<tr><td rowspan="3">王军</td><td>副经理</td><td>2005.9—2006.9</td></tr>
<tr><td>副总经理</td><td>2006.10—2012.5</td></tr>
<tr><td>总经理</td><td>2012.6—</td></tr>
<tr><td rowspan="2">成建斌</td><td>副总经理</td><td>2010.7—2013.1</td></tr>
<tr><td>总经理助理</td><td>2013.2—2015.4</td></tr>
<tr><td rowspan="2">袁利美</td><td>总经理助理</td><td>2011.4—2011.11</td></tr>
<tr><td>副总经理</td><td>2011.12—</td></tr>
<tr><td>李忠</td><td>总经理助理</td><td>2017.3—</td></tr>
<tr><td rowspan="11">党委</td><td>王涛</td><td>党委书记</td><td>2006.12—2012.5</td></tr>
<tr><td rowspan="2">王军</td><td>党委副书记</td><td>2006.12—2012.5</td></tr>
<tr><td>支部书记</td><td>2012.6—</td></tr>
<tr><td rowspan="3">薛思民</td><td>党委委员</td><td>2006.12—2009.6</td></tr>
<tr><td>支部书记</td><td>2009.6—2012.6</td></tr>
<tr><td>支委、组织委员</td><td>2012.6—2016.11</td></tr>
<tr><td rowspan="2">袁利美</td><td>支委、组织委员</td><td>2009.6—2012.6</td></tr>
<tr><td>支委、组织委员</td><td>2016.12—</td></tr>
<tr><td>郑平</td><td>支委、宣传委员</td><td>2009.6—2012.6</td></tr>
<tr><td>鲁学林</td><td>支委、宣传委员</td><td>2012.6—2016.12</td></tr>
<tr><td>李忠</td><td>支委、宣传委员</td><td>2012.12—</td></tr>
<tr><td rowspan="2">纪委</td><td>王军</td><td>纪委书记</td><td>2007.5—2011.12</td></tr>
<tr><td>袁利美</td><td>分管经检工作</td><td>2011.12—</td></tr>
<tr><td>工会</td><td>鲁学林</td><td>工会主任</td><td>2008.1—</td></tr>
</table>

（二）分支机构负责人变动情况

表 23　　2007—2017 年大地财险大同分支机构历任负责人一览表

部门	姓名	机构名称	职务	任职时间
行政	袁利美	天镇营销部	负责人	2007.8—2015.5
	鲁学林	北馨营销部	负责人	2007.8—2012.6
	蔺姝娟	浑源营销部	负责人	2008.5—
	刘彪	左云营销部	负责人	2008.5—2014.9
	成建兵	西城支公司	负责人	2010.8—2012.8
	冯晓彬	北馨营销部	经理	2012.6—2017.2
	张斌	西城支公司	经理	2012.8—2015.1
	许晶	左云支公司	负责人	2014.9—2017.12
	李忠	西城支公司	经理	2015.1—2017.3
	高春峰	天镇支公司	经理	2015.5—
	李永宏	北馨营销部	经理	2017.2—
	薛思民	西城支公司	经理	2017.3—
	王涛	左云营销部	经理	2017.12—

（三）基本信息变动情况

表 24　　2005—2017 年大地财险大同中支历年分支机构基础信息统计表

年份	县级机构数（个）	职工人数（人）	直接销售人力（人）	中介销售人力（人）	保费规模（万元）
2005		33	10	0	527
2006		49	18	0	3245
2007	2	66	33	0	4421
2008	4	70	33	0	4039
2009	4	75	40	0	4112

续表 24

年份	县级机构数（个）	职工人数（人）	直接销售人力（人）	中介销售人力（人）	保费规模（万元）
2010	5	71	41	0	5374
2011	5	77	47	0	5686
2012	5	71	38	0	5573
2013	5	74	42	0	6088
2014	5	74	42	0	6159.49
2015	5	86	56	0	6576.83
2016	5	96	63	0	7210.41
2017	5	96	61	0	7948.06

第七节　华安财产保险股份有限公司大同中心支公司

华安财产保险股份有限公司成立于 1996 年 10 月 18 日，总部设于深圳。

2007 年 2 月，华安财产保险股份有限公司大同中心支公司（简称华安财险大同中支）成立。2007 年进行百家门店联营，都市旺角营销部和锦旭华园营销部成立。地址：山西省大同市城区御河西路 3 号。

（一）领导班子变动情况

表 25　　2007—2017 年华安财险大同中支历任负责人一览表

部门	姓名	职务	任职时间
行政	王晓国	总经理	2007.2—2007.12
	杨友贵	总经理	2007.12—

（二）基本信息变动情况

表 26　　2007—2017 年华安财险大同中支历年分支机构基础信息统计表

年份	县级机构数（个）	职工人数（人）	直接销售人力（人）	中介销售人力（人）	保费规模（万元）
2007	0	11	3	0	57
2008	0	11	3	0	48
2009	0	11	3	0	565
2010	0	11	3	0	718
2011	0	11	3	0	1001
2012	0	11	3	0	698
2013	0	9	3	0	1062
2014	0	9	4	0	1182.3
2015	0	10	6	0	1394.81
2016	0	11	5	0	1421.42
2017	0	12	5	0	1345.7

第八节　太平财产保险有限公司大同中心支公司

中国太平保险公司于 1929 年 11 月 20 日始创于上海，由私营金城银行独资开设。1933 年金城银行邀集交通、大陆、中南、国华等银行参股。之后通过收购丰盛、安平中国天一等华商保险公司，开始集团化经营。1956 年移师海外，2001 年重新进入国内市场。中国太平保险是国有金融保险集团之下，总部设在香港。太平财产保险有限公司隶属中国太平保险集团有限责任公司，总部设在深圳。

2008 年 1 月 21 日，太平财产保险有限公司大同中心支公司（简称太平财险大同中支）成立。营业场所：大同市御河南路 5 号御鑫花都 14 号楼 16 号商铺。

（一）领导班子变化情况

表 27　　2008—2017 年太平财险大同中支历届负责人一览表

部门	姓名	职务	任职时间
行政	杨密	总经理	2008.1—2011.11
	张忠生	总经理	2011.11—2013.10
	李智海	总经理	2013.10—

（二）基本信息变动情况

表 28　　2008—2017 年太平财险大同中支历年分支机构基础信息统计表

年度	县级机构数（个）	职工人数（人）	直接销售人力（人）	中介销售人力（人）	保费规模（万元）
2008	0	6	0	0	270
2009	0	15	5	0	812
2010	0	34	27	0	780
2011	0	36	29	0	1308
2012	0	56	47	0	1607
2013	0	42	37	0	1700
2014	0	95	86	0	2701
2015	0	17	9	9	3329
2016	0	32	11	10	2826
2017	0	54	26	17	3395

第九节　永诚财产保险股份有限公司大同中心支公司

永诚财产保险股份有限公司是一家由国内大型电力企业集团和产业投资集团共同发起组建的全国性股份制财产保险公司。于2004年9月10日成立，总部设于上海，

2008年4月，永诚财产保险股份有限公司大同中心支公司（简称永诚财险大同中支）成立。成立初期，在总经理室下设置财务部、综合部、理赔部、承保部4个职能部门和一个销售团队，共计人数9人，其中4名内勤管理人员，5名销售人员。营业场所：山西省大同市城区益丰商务大厦B座6层。

2013年，原有职能部门不变，销售团队3个，内勤管理人员7人，销售人员25人，共有员工32人。

2016年，职能部门不变，销售团队4个，共有员工23人。

（一）领导班子变动情况

表29　　2008—2017年永诚财险大同中支历任负责人一览表

部门	姓名	职务	任职时间
行政	王伟	总经理	2008.4—2016.4
	张斌	总经理	2016.4—

（二）基本信息变动情况

表30　　2008—2017年永诚财险公司大同中支历年分支机构基础信息统计表

年份	县级机构数（个）	职工人数（人）	直接销售人力（人）	中介销售人力（人）	保费规模（万元）
2008	0	9	5	0	
2009	0	18	10	0	
2010	0	18	10	0	2609.1

续表 30

年份	县级机构数（个）	职工人数（人）	直接销售人力（人）	中介销售人力（人）	保费规模（万元）
2011	0	32	25	0	1766.58
2012	0	32	25	52	2128.7
2013	0	32	25	54	1440.91
2014	0	32	25	60	1398.88
2015	0	32	25	55	888.97
2016	0	23	16	60	1898.38
2017	0	23	16	75	3117.73

第十节　安邦财险山西分公司大同营销服务部

安邦保险是安邦保险集团股份有限公司的简称,是中国保险行业大型集团公司之一,于 2004 年 9 月 30 日成立，总部设在北京。

2008 年 5 月 9 日，安邦财产保险股份有限公司山西分公司大同营销服务部（简称安邦财险大同营销部 ）成立。成立初期，营销部设立经理室，经理室下设综合部、理赔部、车险事业部、非车险事业部 4 个职能部门，未下设子公司。公司编制 6 人，到 2017 年，公司编制 9 人。营业场所：大同市城区魏都大道 78 号富临宝城 A 座 16 层。

（一）领导班子变动情况

表 31　　2008—2017 年安邦财险大同营销部历任负责人一览表

部门	姓名	职务	任职时间
行政	牛进军	机构负责人	2008.12—2010.5
	屈曾郁	机构负责人	2010.9—2011.4
	刘燕君	机构负责人	2011.5—2017.4
	刘学勤	机构负责人	2012.4—2013.12
	王郡	机构负责人	2014.1—2014.12
	刘彩霞	机构负责人	2015.1—2016.6
	王郡	机构负责人	2016.7—2016.12
	田占敏	机构负责人	2016.12

（二）基本信息变动情况

表 32　　2008—2017 年安邦财险大同营销部历年分支机构基础信息统计表

年份	县级机构数（个）	职工人数（个）	直接销售人力（人）	中介销售人力（人）	保费规模（万元）
2008	0	5	1	0	
2009	0	8	2	0	
2010	0	12	5	0	754
2011	0	14	7	0	311.6
2012	0	15	10	0	241.64
2013	0	11	8	0	196.35
2014	0	12	9	0	407.58
2015	0	13	8	0	417.25
2016	0	11	8	0	452.49
2017	0	9	5	0	1127.87

第十一节　渤海财产保险股份有限公司大同中心支公司

渤海财产保险股份有限公司由天津国有骨干企业发起设立，于 2005 年 10 月 18 日成立，总部设于天津。

2008 年 7 月 15 日，渤海财产保险股份有限公司大同中心支公司成立。成立初期设总经理室，总经理室下设综合管理部、业务管理部、财务部、理赔部 4 个职能部门，员工 16 人。营业场所：大同市平城区益丰商务大厦 B 座 7 层。

2009 年 6 月，停业整顿。

2012年8月，重新整顿营业。中支总经理室下设业务管理部、财务部、理赔部、营销部。

2015 年，中支调整职能部门，设立业务管理部、财务部、理赔部、业务一部，无下设子公司。公司员工 8 人。

2017 年，公司重新调整职能部门，总经理室下设立综合管理部、销售管理部、客户服务部、车商业务部、业务部一部、业务部二部、业务部四部。全辖共有员工 16 人。

（一）领导班子变动情况

表 33　　2008—2017 年渤海财险大同中支负责人一览表

部门	姓名	职务	任职时间	备注
行政	赵永喜	副总经理	2008.7—2014.1	主持工作
	武冰峰	副总经理	2104.1—2017.3	主持工作
	孙贵存	总经理	2017.3—	

（二）基本信息变动情况

表 34　2008—2017 年渤海财险大同中支历年分支机构基础信息统计表

年份	县级机构数（个）	职工人数（人）	直接销售人力（人）	中介销售人力（人）	保费规模（万元）
2008	0	16	10	2	210.65
2009	0	3	0	0	45.09
2010	0	3	0	0	5.47
2011	0	3	0	2	90.11
2012	0	8	5	2	45.11
2013	0	8	5	2	306.27
2014	0	8	5	2	709.75
2015	0	8	5	2	772.51
2016	0	14	8	2	968.84
2017	0	16	10	2	1965.58

第十二节　阳光财产保险股份有限公司大同中心支公司

2005 年，阳光保险集团股份有限公司由中国石油化工集团公司、中国南方航空集团公司、中国铝业公司、中国外运长航集团有限公司、广东电力发展股份有限公司等国有大型企业集团发起组建，总部设在北京。阳光保险集团股份有限公司分设阳光财产保险股份有限公司、阳光人寿保险股份有限公司、阳光资产管理股份有限公司 3 个专业子公司。

2008 年 9 月 26 日，阳光财产保险股份有限公司大同中支公司（简称阳光保险大同中支）成立。成立初期，在总经理室下设综合管理部、业务管理部、客户服务部 3 个职能部门。营业场所：山西省大同市城区魏都大道 730 号益丰商务大厦 B 座 13 层、19 层。

2011 年 11 月，客服体系改革，客户部拆分为客户服务部和理赔服务部。

2012 年 3 月，中支增设网电管理部。

2017 年年底，中支总经理室下分设综合管理部、客户部、理赔服务部、综拓渠道、经代与银保渠道、直管渠道、车商渠道、客户回访中心 8 个部门，员工 16 人。

（一）领导班子变动情况

表 35　　2008—2017 年阳光财险大同中支历任负责人一览表

部门	姓名	职务	任职时间
行政	王晓同	总经理	2008.9—2013
	杨密	总经理	2013—

（二）基本信息变动情况

表 36　　2008—2017 年阳光财险大同中支历年分支机构基础信息统计表

年份	县级机构数（个）	职工人数（人）	直接销售人力（人）	中介销售人力（人）	保费规模（万元）
2008	0	5	5	0	145
2009	0	7	12	0	1109
2010	2	13	15	0	1061
2011	2	13	21	0	1675
2012	2	13	23	0	1258
2013	2	15	25	0	1886
2014	2	15	30	0	2158.03
2015	2	15	33	0	3022.79
2016	2	16	41	0	5789.34
2017	2	16	40	0	6867.29

第十三节　中国人寿财产保险股份有限公司大同市中心支公司

中国人寿财产保险股份有限公司系国务院同意、中国保监会批准、中国人寿保险（集团）公司及旗下中国人寿保险股份有限公司共同发起设立的全国性专业财产保险公司，于2006年12月30日成立，总部设北京。

2008年12月12日，中国人寿财产保险股份有限公司大同市中心支公司（简称国寿财险大同中支）成立。成立初期，国寿财险大同中支设立总经理室，在总经理室下设营销业务部、互动业务部、业管客服部、财务会计部、办公室。公司员工12人。办公地址：大同御河西路玉泉小区1号。

2009年9月，国寿财险矿区支公司、国寿财险南郊区支公司、国寿财险浑源县支公司、国寿财险灵丘县支公司、国寿财险左云县支公司成立。

2010年2月，国寿财险阳高县支公司、国寿财险天镇县支公司、国寿财险大同县支公司、国寿财险广灵县支公司成立。

2011年1月，国寿财险大同营销部分设重客/银保/非车险部。2月，国寿财险大同城区支公司、国寿财险大同开发区支公司成立。9月，国寿财险大同御东区支公司、国寿财险大同新荣区支公司成立。

2012年4月，国寿财险大同本部业管/客服部分设为业务处理中心和理赔/客服中心。9月，重客/银保/非车险部分设为重客/非车险部和银保部，重客/非车险部增设农险岗。12月，国寿财险大同塔山区支公司成立。

2013年1月，国寿财险大同营销部更名为渠道管理部。8月，国寿财险大同云冈区支公司成立。

2014年8月，国寿财险大同中支银保部更名为车商/银保部。9月，分设车商部。

2015年1月，国寿财险大同中支成立电销部；3月，重客/非车险部分设为重客/非车险部和农险部。8月，电销部更名为电子业务部；渠道管理部更名为销售管理部。10月，原重客/非车险部分设为重客/财产险部和责意险部，原重客/非车险部取消。

2016年9月，国寿财险大同中支电子业务部更名为创新电子业务部。

（一）领导班子变动情况

表 37 2008—2017 年中国人寿财险大同中支历任负责人一览表

部门	姓名	职务	任职时间
行政	麻秀文	总经理	2008.12—2010.5
	孟祥静	副总经理	2008.12—2017.1
	陈世珍	总经理	2010.5—2017.1
	张雁梅	总经理助理	2011.1—2013.1
		副总经理	2013.1—2016.12
	陈碧空	副总经理	2013.10—
	张忠	高级主管	2012.7—2017.5
		总经理助理	2017.5.12—
	杨东山	临时负责人	2017.1—2017.5
		总经理	2017.5.12—
	常永宏	高级主管	2017.5.12—
工会	孟祥静	工会主任	2009.8—2017.12
	张忠	工会主任	2017.12—

表 38 2008—2017 年中国人寿财险大同中支历任党委、纪委、团委领导班子

部门	姓名	职务	任职时间
党委	麻秀文	党委副书记	2008.12—2010.5
	孟祥静	党委委员	2008.12—2017.1
	陈世珍	党委书记	2010.5—2017.1
	张雁梅	党委委员	2011.4—2016.12
	陈碧空	党委委员	2011.10—
	杨东山	党委书记	2017.01—
	张忠	党委委员	2017.2—
纪委	孟祥静	纪委书记	2009.3—2017.9
	陈碧空	纪委书记	2017.9—
团委	赵敏	团委书记	2009.4—2011.5
	孙小梅	团委书记	2011.5—

（二）分支机构领导班子变动情况

表 39　2008—2017 年中国人寿财险大同中支分支机构历任负责人一览表

部门	姓名	机构	职务	任职时间
行政	李辉亮	南郊区支公司	负责人	2009.9—2010.9
	张忠	南郊区支公司	负责人	2010.9—2011.2
	高雁明	南郊区支公司	负责人	2011.2—
	黄建军	矿区支公司	负责人	2009.9—2011.5
	赵敏	矿区支公司	负责人	2011.5—2011.12
	杨永增	矿区支公司	负责人	2011.12—
	孙印川	灵丘县支公司	负责人	2009.9—2015.3
	范青明	灵丘县支公司	负责人	2015.3—
	孟亚军	浑源县支公司	负责人	2009.9—
	郭建军	左云县支公司	负责人	2009.9—2014.1
	施首清	左云县支公司	负责人	2014.1—2016.12
	马翀	左云县支公司	负责人	2016.12—
	郭安	天镇县支公司	负责人	2010.2—2014.7
	余彦平	天镇县支公司	负责人	2014.7—
	范青明	广灵县支公司	负责人	2010.2—2015.3
	刘明志	广灵县支公司	负责人	2015.3—
	常永宏	大同县支公司	负责人	2010.7—
	孙贵纯	阳高县支公司	负责人	2010.2—2013.2
	赵平	阳高县支公司	负责人	2013.2—2016.12
	李文章	阳高县支公司	负责人	2016.12—
	刘伟	御东区支公司	负责人	2011.9—2013.9
	洪超	御东区支公司	负责人	2013.9—
	王刚	新荣区支公司	负责人	2011.9—2015.11
	杨晓宇	新荣区支公司	负责人	2015.11—2017.9
	刘波	新荣区支公司	负责人	2017.9—
	王宇峰	开发区支公司	负责人	2011.2—
	张忠	城区支公司	负责人	2011.2—2015.1
	韩叶斌	城区支公司	负责人	2015.1—
	乔有锋	塔山区支公司	负责人	2012.10—2013.10
	袁利	塔山区支公司	负责人	2013.10—2017.9
	史海青	塔山区支公司	负责人	2017.9—
	尉永宏	云冈区支公司	负责人	2013.8—

（三）基本信息变动情况

表 40　　2008—2017 年国寿财险大同中支历年分支机构基础信息统计表

年份	县级机构数（个）	职工人数（人）	直接销售人力（人）	中介销售人力（人）	保费规模（万元）
2008	0	12	12	39	0
2009	5	12	12	30	5440
2010	9	25	99	374	12400
2011	13	68	210	881	23600
2012	14	74	430	1205	30032
2013	15	86	458	1232	34077
2014	15	98	419	1427	38122
2015	15	98	419	1553	38264
2016	15	181	419	2155	39696
2017	15	175	387	2542	23796

第十四节　华泰财产保险有限公司大同中心支公司

华泰保险集团股份有限公司是一家集财险、寿险、资产管理、基金管理于一体的综合性金融保险集团，前身是1996年成立的华泰财产保险股份有限公司，总部设在北京。

2012年2月9日，华泰财产保险有限公司大同中心支公司（简称华泰财险大同中支）成立。中支在总经理室下设行政人事部、财务部、业务管理部、理赔部、直销业务组、代理业务组6个职能部门，员工7人（含未签订劳动合同人员2人）。营业场所：大同市城区大庆路1号桐城怡景B座16层162、163室。

（一）领导班子变动情况

表41　　2012—2017年华泰财险大同中支历任负责人一览表

部门	姓名	职务	任职时间
行政	苟鹏	总经理	2012.2—

（二）基本信息变动情况

表42　　2012—2017年华泰财险大同中支历年分支机构基础信息统计表

年份	县级机构数（个）	职工人数（人）	直接销售人力（人）	中介销售人力（人）	保费规模（万元）
2012	0	5	4	17	426.92
2013	0	5	8	30	918.3
2014	0	5	5	29	1537.43
2015	0	5	2	20	1102.41
2016	0	5	1	25	1014.71
2017	0	5	1	11	1142.19

第十五节 中煤财产保险股份有限公司大同中心支公司

中煤财产保险股份有限公司是由山西煤炭工业社会保险事业局、中国中煤能源集团公司及山西省国有重点煤炭企业共15家单位发起成立，公司于2008年10月正式成立，总部设在山西太原。

2012年，中煤财产保险股份有限公司大同中心支公司（简称中煤财险大同中支）成立。中支设总经理室，总经理室下设综合部、业管部、理赔部3个职能部门。市区设御东业务部、车商业务部、城区业务部3个业务部门。

2013年7月4日，中煤财产保险股份有限公司天镇、大同县、左云支公司开始营业。

2014年8月27日，中煤财产保险股份有限公司阳高支公司成立。

2015年3月27日，中煤财产保险股份有限公司浑源支公司成立。

2015年6月18日，中煤财产保险股份有限公司灵丘支公司成立。

2015年12月14日，中煤财产保险股份有限公司新荣支公司成立。

（一）领导班子变动情况

表43　　2012—2017年中煤财险大同中支历任负责人一览表

<table>
<tr><th>部门</th><th>姓名</th><th>职务</th><th>任职时间</th></tr>
<tr><td rowspan="7">行政</td><td>麻秀文</td><td>总经理</td><td>2012.8—2016.2</td></tr>
<tr><td>王立新</td><td>副总经理</td><td>2013.9—2016.5</td></tr>
<tr><td>任有</td><td>总经理助理</td><td>2013.9—</td></tr>
<tr><td rowspan="2">孙贵存</td><td>总经理助理</td><td>2013.12—2015.2</td></tr>
<tr><td>副总经理</td><td>2015.2—2016.12</td></tr>
<tr><td rowspan="2">武志强</td><td>副总经理</td><td>2017.2—2017.11</td></tr>
<tr><td>总经理</td><td>2017.11—</td></tr>
</table>

（二）分支机构领导班子变动情况

表 44　　2012—2017 年中煤财险大同分支机构历任负责人一览表

<table>
<tr><th>部门</th><th>姓名</th><th>分支机构</th><th>职务</th><th>任职时间</th></tr>
<tr><td rowspan="8">行政</td><td>李全</td><td>天镇支公司</td><td>经理</td><td>2013.7—</td></tr>
<tr><td>杨文英</td><td>阳高支公司</td><td>经理</td><td>2013.12—</td></tr>
<tr><td>梁德元</td><td>大同支公司</td><td>经理</td><td>2014.9—</td></tr>
<tr><td>辛卫平</td><td>灵丘支公司</td><td>经理</td><td>2015.4—</td></tr>
<tr><td>张晶</td><td rowspan="2">左云支公司</td><td>经理</td><td>2015.9—2016.7</td></tr>
<tr><td>任树义</td><td>经理</td><td>2016.7—</td></tr>
<tr><td>邢志强</td><td>新荣支公司</td><td>经理助理</td><td>2016.5—</td></tr>
<tr><td>陈中华</td><td>浑源支公司</td><td>副经理</td><td>2016.6—</td></tr>
</table>

（三）基本信息变动情况

表 45　　2012—2017 年中煤财险大同中支历年分支机构基础信息统计表

年份	县级机构数（个）	职工人数（人）	直接销售人力（人）	中介销售人力（人）	保费规模（万元）
2013	3	13	13	149	7211.76
2014	4	28	28	395	12209.12
2015	7	35	35	916	11129.45
2016	7	30	30	961	4710.54
2017	7	30	30	995	3031.12

第十六节　信达财产保险股份有限公司大同中心支公司

信达财产保险股份有限公司是由中国信达资产管理股份有限公司作为主发起人，联合信达投资有限公司、北京东方信达资产经营总公司等13家大型、中型国有企业及部分优秀民营企业发起设立的全国性财产保险公司。于2009年8月31日成立，总部设在北京。

2013年1月，信达财产保险股份有限公司大同中心支公司（简称：信达财险大同中支）成立。成立初期，中支设立总经理室，总经理室下设综合管理部、业务管理部、客户服务部3个职能部门，配置综合管理岗、业务管岗、查勘定损岗、出单岗等基础岗位，中支员工从2013年的8人减少到2017年的6人。

（一）领导班子变动情况

表46　　2012—2017年信达财险大同中支历任负责人一览表

部门	姓名	职务	任职时间
行政	李胜芳	总经理	2012.12—2017.12
	李学勤	副总经理	2015.7—2017.12
		总经理	2017.12—

（二）基本信息变动情况

表47　　2015—2017年信达财险大同中支历年分支机构基础信息统计表

年份	县级机构数（个）	职工人数（人）	直接销售人力（人）	中介销售人力（人）	保费规模（万元）
2015	0	8	15		929
2016	0	5	18		2018
2017	0	6	12		2299

第十七节　安盛天平财产保险股份有限公司大同中心支公司

安盛天平财产保险股份有限公司由原天平汽车保险与安盛集团在华全资财产险子公司于2006年合并而设立，总部设在上海市陆家嘴金融区。

2013年9月20日，天平汽车保险股份有限公司大同中心支公司成立，为天平汽车保险股份有限公司下设的全资三级子公司。营业场所：大同市城区大庆路1号桐城怡景A座10层101到106室。

2014年4月1日，原天平汽车保险股份有限公司大同中心支公司更名为安盛天平财产保险股份有限公司大同中心支公司（以下简称安盛天平大同中支）。中支设立总经理室，总经理室下设综合管理部、财务部、业务管理部、理赔部、直销事业部、专代渠道业务部、车商渠道业务部7个职能部门，员工10人。2015年，撤销业务管理部、理赔部成立客户服务部。2017年，员工21人，销售人力2个渠道9人。

（一）领导班子变动情况

表48　　2013—2017年安盛天平财险大同中支历任负责人一览表

部门	姓名	职务	任职时间
行政	刘守旺	总经理	2013.10—
	刘彩霞	总经理助理	2016.11—

（二）基本信息变动情况

表49　　2013—2017年安盛财险大同中支历年分支机构基础信息统计表

年份	县级机构数（个）	职工人数（人）	直接销售人力（人）	中介销售人力（人）	保费规模（万元）
2013	0	10	3	0	115.75
2014	0	14	4	0	4367.13

续表 49

年份	县级机构数（个）	职工人数（人）	直接销售人力（人）	中介销售人力（人）	保费规模（万元）
2015	0	20	4	0	5857.99
2016	0	21	4	46	5947.1
2017	0	21	4	5	5143.6

第十八节　英大泰和财产保险股份有限公司大同中心支公司

英大泰和财产保险股份有限公司是一家全国性股份制财产保险公司。公司由国家电网公司资产管理有限公司等 31 家国有大型骨干企业于 2008 年 10 月 28 日成立，总部设在北京。

2014 年 1 月 6 日，英大泰和财产保险股份有限公司大同中心支公司（简称英大泰和财险大同中支）成立，为英大财险总公司的三级机构，中支设立总经理室，总经理室下设综合管理部、销售部、业务管理部 3 个职能部门。销售团队分设电网营销部、业务一部、业务二部、直销部 4 条销售渠道，市辖区内设有一家四级机构，即灵丘支公司。2017 年，管理人员 12 人，销售人员 55 人。

（一）领导班子变动情况

表 50　　2014—2017 年英大泰和财险大同中支历任负责人一览表

部门	姓名	职务	任职时间
行政	王晓同	总经理	2014.1—

（二）基本信息变动情况

表 51　2014—2017 年英英大泰和大同中支历年分支机构基础信息统计表

年份	县级机构数（个）	职工人数（人）	直接销售人力（人）	中介销售人力（人）	保费规模（万元）
2014	1	3	2	10	77.66
2015	1	3	2	12	113.59
2016	1	3	2	3	1438.43
2017	1	12	2	53	506.1

第十九节　中华联合财产保险股份有限公司大同市城区支公司

中华联合财产保险股份有限公司是 2006 年 12 月由中华联合保险控股股份有限公司发起设立的全国性财产保险公司。其前身是新疆生产建设兵团组建成立的新疆兵团保险公司，成立于 1986 年 7 月 15 日，是国有独资保险公司。2002 年 9 月 20 日，公司更名为中华联合财产保险公司。2004 年 9 月，经公司实行“一改三”的整体改制方案，成立“中华联合保险控股股份有限公司”，下设“中华联合财产保险股份有限公司”和“中华联合人寿保险股份有限公司”两家独立法人子公司。

2014 年 6 月，中华联合财产保险股份有限公司大同市城区支公司成立。成立初期，设立总经理室，总经理室下设综合管理部、理赔部、业务管理部、销售管理部、营业部 5 个部门。2016 年 4 月，理赔部更名为理赔客服部。2017 年 5 月，设立财务会计部，同时撤销销售管理部。

（一）领导班子变动情况

表 52　　2014—2017 年中华联合财险大同城区支公司历任负责人一览表

部门	姓名	职务	任职时间
行政	徐涛	负责人	2014.6—2015.11
	赵利斌	负责人	2014.4—
	王春钢	负责人	2015.1—
	赵东亮	负责人	2015.1—2016.4
党组织	赵利斌	支部书记	2014.4—
	王春钢	委员	2015.1—

（二）本信息变动情况

表 53　　2014—2017 年中华联合财险大同市城区支公司历年分支机构基础信息统计表

年份	县级机构数（个）	职工人数（人）	直接销售人力（人）	中介销售人力（人）	保费规模（万元）
2014		17	3	0	3294.55
2015	1	29	9	290	7341.93
2016	1	37	18	377	7915.78
2017	1	35	17	344	3955.62

第二十节　安诚财产保险股份有限公司大同南郊支公司

安诚财产保险股份有限公司是2006年12月成立的全国性财产保险公司，主要由地方国有大型企业、民营企业及世界著名金融企业韩国DB损害保险公司共同出资，总部设在重庆。

2015年9月，安诚财产保险股份有限公司大同南郊支公司成立。支公司设总经理室，总经理室下分设综合管理部、业务管理部、业务一部、业务二部、业务三部、业务四部6个职能部门。2016年，公司调整部门结构，设立综合管理部、业务管理部、营业一部、营业二部和非车险业务部。2015年公司员工12人，2017年公司员工17人。

（一）领导班子变动情况

表54　2015—2017年安诚财产保险大同南郊支公司历任负责人一览表

部门	姓名	职务	任职时间
行政	成建兵	负责人	2015.9—

（二）基本信息变动情况

表55　2015—2017年安诚财险大同南郊支公司历年分支机构基础信息统计表

年份	县级机构数（个）	职工人数（人）	直接销售人力（人）	中介销售人力（人）	保费规模（万元）
2015	0	12	6	0	520
2016	0	18	12	0	1513.78
2017	0	17	10	0	3485.6

第二十一节　紫金财产保险股份有限公司大同中心支公司

紫金财产保险股份有限公司是由江苏省属国有资本为主、优秀民营企业参与出资组建的全国性财产保险公司，于 2009 年 5 月 18 日成立，总部设在江苏省南京市。

2016 年 1 月 13 日，紫金财产保险股份有限公司大同中心支公司（简称紫金财险大同中支）成立。中支内设总经理室，总经理室下分设综合管理部、客服部、专代渠道部、车商部、直销业务一部，直销业务二部 6 个部门，员工共 12 人。

（一）领导班子变化情况

表 56　　2016—2017 年紫金财险大同中支历任负责人一览表

部门	姓名	职务	任职时间
行政	常铁峰	负责人	2016.8—

（二）基本信息变动情况

表 57　　2016—2017 年紫金财险大同中支历年分支机构基础信息统计表

年份	县级机构数（个）	职工人数（人）	直接销售人力（人）	中介销售人力（人）	保费规模（万元）
2016		12	4		1136.01
2017		12	5		1905.63

第二十二节　都邦财产保险股份有限公司大同中心支公司

都邦财产保险股份有限公司是2005年10月19日开业的全国性财产保险公司，注册地为吉林省吉林市，总部设在北京。

2016年8月1日，都邦财产保险股份有限公司大同中心支公司（简称都邦财险大同中心支公司成立）成立。都邦财险大同中心支公司设立总经理室，其下设综合管理部、业务管理部和客户服务部3个职能部门，其中业务管理部又分为业务一部和二部，综合管理部分为人事部和财务部，保险代理人46人。

2017年2月初，都邦财险大同中心支公司下设车管所营业部。年度代理人83人。

（一）领导班子变动情况

表58　　2016—2017年都邦财险大同中支历任负责人一览表

部门	姓名	职务	任职时间
行政	张烜	总经理	2016.8—

（二）基本信息变动情况

表59　　2016—2017年都邦财险大同中支历年分支机构基础信息统计表

年份	县级机构数（个）	职工人数（人）	直接销售人力（人）	中介销售人力（人）	保费规模（万元）
2016	0	10	10	15	1000
2017	0	8	8	15	1200

第四章 人寿保险公司

经营人寿保险、健康保险和意外伤害保险等人身保险业务的保险公司。从 1996 年实施产寿险分业经营、中国人民保险公司大同分公司产寿险公司分设开始，到 2017 年底先后入驻大同市区经营寿险业务的三级机构达到 16 家。

第一节　中国人寿保险股份有限公司大同分公司

1996年7月12日，中保人寿保险有限公司大同市分公司成立，办公地址设在大同市城区御河北路14号。公司设立总经理室，总经理室下设分公司办公室、计划财务部、人事教育部、业务一部、业务二部、监察审计部。分公司下设南城支公司、北城支公司、南郊支公司、矿务局支公司、新建路支公司、御河路支公司、左云县营业部、浑源县营业部。12月20日，人民银行批复同意机关设立6部1室，思想政治工作办公室设在人事教育部，同时成立分公司营业部、营销部。全辖138名员工，其中总经理室5名，中层干部37名。

1997年1月14日，中保人寿保险有限公司大同市分公司成立大同县代办所、阳高县代办所、天镇县代办所、广灵县代办所、灵丘县代办所、新荣区保险代办所。

1998年6月2日，根据山西省人民银行金融监督会议精神和市人民银行对保险代办所的管理建议及设置要求，大同分公司经理办公会议研究决定撤销云岗矿代办所等5家代办机构。营业部批准为正式机构。7月28日，市公司成立保卫科，科长由办公室主任张平生兼任。

1999年5月28日，中保人寿保险有限公司大同市分公司改为中国人寿保险公司大同市分公司。原中保人寿保险有限公司大同市分公司营业部改为中国人寿保险公司大同市分公司营业部。其余下设分支机构均进行相应更名。

2000年5月7日，根据省公司党建工作会议精神，经大同市分公司党委会议研究决定组建中国人寿保险公司大同市分公司委员会办公室和中国人寿保险公司大同市分公司委员会组织部两个党委工作机构。党委办公室与总经理室办公室实行一班人员两块牌子，组织部与人事部实行一班人员两块牌子。6月21日，中保人寿大同市分公司党委会议研究决定机关业务一部更名为业务管理部、业务二部更名为团体保险部、营销部更名为代理人管理部。7月，国寿大同分公司成立业务中心并开始试运行。8月，国寿大同分公司财务中心成立并开始试运行。

2001年12月28日，中国人寿保险公司大同县代办所保费达到设立正式机构标准，设立中国人寿保险公司大同县支公司。大同分公司按照对经营体系进行垂直管理要求，对内设营销机构和部分正式机构进行重新整合，撤销营销二部，撤销北城支公司内设的三个营销分部，两个机构合并，营销二部变为北城支公司营销职场，仍称北城支公司；撤销营销三部，变为矿务局支公司营销职场；阳高、天镇、大同、广灵、灵丘、新荣区代办所，拟报省公司申报保监办将以上县区审批为营销职场；保留市公司营销部的管理职能，对各营销职场进行垂直管理，其他经营机构不变。

2002年1月1日，市业务中心分设业务处理中心和客户服务中心。28日原营销二部、北城营销一分部、北城营销二部、北城营销三分部与北城支公司合并，成为北城支公司职场；原营销三部与矿务局支公司合并，成为矿务局支公司职场。8月8日，中国人寿保险公司大同市分公司更名为中国人寿保险公司大同分公司。8月20日，中国人寿保险公司大同市南郊区支公司更名为中国人寿保险公司大同市南郊支公司，中国人寿保险公司左云县营业部更名为中国人寿保险公司左云支公司，中国人寿保险公司浑源县营业部更名为中国人寿保险公司浑源县支公司。12月3日，中国人寿保险公司批准设立13个营销服务部，其中包括中国人寿保险公司大同分公司新建西路营销服务部、中国人寿保险公司大同市矿务局支公司向阳街营销服务部、中国人寿保险公司大同市矿务局支公司和平街营销服务部、中国人寿保险公司大同市御河路支公司御河南路营销服务部、中国人寿保险公司大同市南城支公司迎宾东街营销服务部、中国人寿保险公司大同分公司红卫里营销服务部、中国人寿保险公司大同市南郊支公司新旺乡营销服务部、中国人寿保险公司大同分公司灵丘县营销服务部、中国人寿保险公司大同分公司新荣区营销服务部、中国人寿保险公司大同分公司阳高县营销服务部、中国人寿保险公司大同分公司大同县营销服务部、中国人寿保险公司大同分公司广灵县营销服务部、中国人寿保险公司大同分公司天镇县营销服务部。

2003年3月15日，中国人寿保险公司大同分公司设立健康险部、兼业代理部两个部门。9月27日，中国人寿保险大同分公司更名为中国人寿保险股份有限公司大同分公司、中国人寿保险公司左云县支公司更名为中国人寿保险股份有限公司左云县支公司，其余分支机构均同时进行相应更名。

2005年1月24日，设立中国人寿股份有限公司大同市分公司向阳西街营销服务部、中国人寿股份有限公司大同市分公司操场城西街营销服务部、中国人寿股份有限公司大同市分公司御河路营销服务部、中国人寿股份有限公司大同市矿务局支公司云岗矿营销服务部、中国人寿股份有限公司大同市矿务局支公司煤峪口矿营销服务部。

2006年8月2日，中国人寿保险股份有限公司大同分公司成立中国人寿保险股份有限公司大同市分公司迎宾园营销服务部、中国人寿保险股份有限公司大同市南郊支公司口泉乡营销服务部、中国人寿保险股份有限公司大同市南郊支公司马军营乡营销服务部。

2008年4月29日，设立中国人寿保险股份有限公司大同分公司新开路营销服务部。

2015年2月16日，撤销中国人寿保险股份有限公司大同市矿务局支公司煤峪口矿营销服务部、中国人寿保险股份有限公司大同市矿务局支公司马脊梁矿营销服务部、中国人寿保险股份有限公司大同市矿务局支公司晋华宫矿营销服务部、中国人寿保险股份有限公司大同市矿务局支公司燕子山矿营销服务部、中国人寿保险股份有限公司大同市南郊支公司口泉乡营销服务部、中国人寿保险股份有限公司大同市南郊支公司马军营乡营销服务部、中国人寿保险股份有限公司左云县支公司店湾镇营销服务部、中国人寿保险股份有限公司左云县支公司马道头乡营销服务部共8个营销服务部。

（一）领导班子的变化情况

表60　　1996—2017年中国人寿大同分公司历任负责人一览表

部门	姓名	职务	任职时间	备注
行政	石宝镛	总经理	1996.7—1999.1	
		调研员	1999.1—2000.1	
	刘枫	副总经理	1996.7—1999.5	
		副总经理	1999.6—1999.8	主持工作
		总经理室主要负责人	1999.8—2000.4	主持工作
		总经理	2000.4—2005.11	
	司光耀	副总经理	1996.7—1999.6	
		调研员	1999.6—2001.6	
	高铁强	副总经理	1996.7—2001.6	
		总经理	2007.12—2010.11	
	王谦	副总经理	2000.4—2010.12	
	荆玉莲	总经理助理	1997.6—1999.6	
		总经理助理	1999.6—2001.6	副处级
		副总经理	2001.6—2005.11	
		调研员	2005.11—2010.11	

续表 60

部门	姓名	职务	任职时间	备注
行政	王志强	副总经理	2001.8—2011.8	
		调研员	2011.8—	
	郭促	副总经理	2007.12—2011.8	
		调研员	2011.08—	
	张仕双	总经理助理	2001.8—2011.8	
		调研员	2011.8—2014.9	
	柴京瑞	总经理助理	2002.1—2003.2	
		调研员	2003.2—2007.12	
	靳联虎	总经理	2005.11—2007.11	
	郭善宏	副总经理	2005.11—2009.8	
		副总经理	2010.12—2012.12	
		总经理	2013.1—2014.12	
	张鹏	副总经理	2005.12—2007.12	
	张平生	审计特派主任	2006.1—2007.11	其间外地挂职
		副总经理	2007.12—2015.5	
		调研员	2015.5—	
	贺启宗	总经理助理	2008.9—2011.9	
		调研员	2016.10—	
	周文军	总经理助理	2009.9—2012.12	
		副总经理	2013.1—2017.5	
		副总经理	2017.5—	主持工作
	王坚	副总经理	2011.10—2014.8	
	赵万明	总经理	2014.8—2017.5	
	李毅萱	总经理助理	2014—2016.10	
		副总经理	2016.10—	
	孙治国	总经理助理	2015.5—2016.12	
	李林	总经理助理	2016.12—2017.07	
	王晶	总经理助理	2017.9—	
	王瑞亮	总经理助理	2017.11—	

表61　　1996—2017年国寿大同分公司历任党委领导班子一览表

部门	姓名	职务	任职时间	备注
党委	石宝镛	党委书记	1996.7—1999.1	
	刘枫	党委委员	1997.7—1999.2	
		党委书记	1999.2—2005.9	
	司光耀	党委委员	1999.7—1999.6	
	高铁强	党委委员	1996.7—2001.6	
		党委书记	2007.12—2010.12	
	王谦	党委委员	1999.8—2010.11	
		副书记	2005.11—2010.11	
	荆玉莲	党委委员	2001.6—2005.11	
	王志强	党委委员	2001.8—2011.8	
	郭促	党委委员	2007.12—2011.8	
	张士双		2001.8—2006.11	总经理室成员
	柴京瑞		2001.7—2002.9	总经理室成员
	靳联虎	党委书记	2005.10—2007.11	
	郭善宏	党委委员	2005.10—2009.8	
		党委副书记	2010.12—2012.12	主持工作
		党委书记	2013.1—2014.8	
	张鹏	党委委员	2005.12—2007.12	
	张平生	党委委员	2007.12—2015.10	
	贺启宗	党委委员	2008.9—2011.9	
	周文军	党委委员	2011.8—2017.5	
		党委副书记	2017.5—	主持工作
	赵万明	党委书记	2014.8—2017.5	
	李毅萱	党委委员	2014—	
	王瑞亮	党委委员	2017.11—	

表 62　1996—2017 年中国人寿大同分公司纪检委班子及工会负责人一览表

部门	姓名	职务	任职时间	备注
纪检	王谦	纪检组长	1996.7—2010.12	
	贺启宗	纪委书记	2010.12—2011.8	
	王坚	纪委书记	2011.9—2015.1	
	陈勇	纪委书记	2015.1—2016.1	
	李毅萱	纪委副书记	2016.1—2016.11	主持工作
		纪委书记	2016.11—2017.5	
	崔斌	纪委副书记	2017.5—	主持工作
工会	刘枫	工会主任	1996.7—1999.1	
	荆玉莲	工会主任	1999.1—2001.8	
	郭促	工会主任	2001.8—2005.10	
		工会主任	2007.12—2010.12	
	郭善宏	工会主任	2005.10—2005.12	
	张鹏	工会主任	2005.10—2007.12	
	贺启宗	工会主任	2010.12—2011.9	
	王坚	工会主任	2011.11—2014.8	
	陈勇	工会主任	2015.1—2016.7	
	李毅萱	工会主任	2016.1—2017.5	
	崔斌	工会副主任	2017.5—	

（二）分支 机构领导班子的变化情况

表 63　　1996—2017 年中保人寿、国寿大同分公司分支机构历任负责人一览表

机构	姓名	职务	任职时间
营业部	马杰	经理	1997—1999
	冯慧欣	经理	1999—2001
	梁仁国	副经理	1999—2001
	王一平	代办所主任	1999—2001
		经理助理	2000—2002
	杨晓东	车站代办所主任	1999—2001
		经理助理	2000—2002
	段成立	负责人	2006—2007
	杜元存	经理	2006—2007
	段成立	经理	2007—2008
	王瑞亮	经理	2012—2016
	吕佳斌	经理	2017—
	李福平	副经理	2009—2011
	武彦君	经理助理	2009—2011
营销业务部	张仕双	负责人（正科）	1997—2000
	赵晓明	负责人（副科）	2000—2002
	郭善宏	营销一部负责人	1999—2001
	祁彪	营销二部负责人	1999—2001
	马英	营销三部负责人	1999—2001
	陶明生	营销三部负责人	2000—2002
	李月英	营销四部负责人	1999—2001
	梁仁国	营销四部负责人	2000—2002

续表 63

机构	姓名	职务	任职时间
南城	王继跃	经理	1996—1998
	冯慧欣	经理	1998—1999
	祁彪	副经理	1997—2002
	郭玉宝	经理	1999—2001
	金雁云	副经理	1999—2001
		负责人	2003—2005
	吴敏双	经理助理	1999—2001
	高士军	副经理	2001—2003
	白一波	副经理	2002—
	杨密	经理	2005—2007
	彭亮	副经理	2005—2007
	刘继东	经理	2007—2008
	白军维	经理	2009—2011
	马士杰	经理助理	2009—2011
北城	郭玉宝	经理	1996—1999
	马英	副经理	1996—1999
	祁彪	经理	2002—2006
	雷杰	副经理	1999—2001
	张宝仁	经理助理	1999—2001
	马杰	经理	2001—2002
	祁彪	经理	2002—2008
	杨晓东	经理	2006—2007
	张向军	副经理	2006—2007
	刘永	经理	2013—2013
	李培亮	经理	2014—2016
	力卫华	经理	2017—2017
	力卫华	副经理	2010—2011

续表 63

机构	姓名	职务	任职时间
新建路	王亚来	经理	1999—2001
	包鹏峰	副经理	1999—2001
	包鹏峰	经理	2001—2009
	刘近仁	副经理	1999—2001
	刘永	经理	2005—2007
	樊丽萍	副经理	2005—2007
	祁彪	经理	2007—2008
	白军维	经理	2013—2016
	李毅萱	经理	2017—2017
	刘永	经理	2006—2010
	石晋琳	副经理	2008—2010
	刘红	经理助理	2009—2011
御河路	柴京瑞	经理	1996—2001
	崔焕成	副经理	1996—1999
	吴世清	副经理	1999—2001
	赵晓明	经理助理	1999—2001
	吴世清	经理	2002—
	郭俊才	副经理	1997—2000
	马新强	副经理	2009—2010
	杨晓东	副经理	2001—2003
	杨晓东	经理	2005—2007
	祁彪	经理	2008—2011
	张向军	经理	2012—2013
	刘永	经理	2014—2016
	王瑞亮	经理	2017—2017
	高选	经理助理	2010—2011
	贾素敏	经理助理	2010—2011

续表 63

机构	姓名	职务	任职时间
矿务局	杨生敏	经理	1997—2000
	刘永	副经理	2001—2005
	李树峰	经理助理	2000—2002
	王瑞亮	副经理	2009—2011
	马英	经理	2005—2007
	白军维	副经理	2005—2008
	王晓英	副经理	2009—2017
	米义	副经理	2009—2013
	武成将	副经理	2014—2017
	孙治国	经理	2011—2011
	原刚	经理	2012—2017
南郊	金雁忠	经理	1999—2001
	郭彩兰	副经理	1999—2001
	郝先亮	经理助理	1999—2001
	闫军	经理助理	2000—2002
	边建军	经理	2002—
	原刚	经理	2009—2010
	刘永	经理	2011—2012
	杨晓东	经理	2013—2014
	郭彩兰	副经理	1996—2008
	胡彦文	副经理	2009—2009
	贾素敏	经理助理	2012—2012
	姚继军	副经理	2013—2013
	冯晓斌	副经理	2015—2017
	郭燕兰	经理助理	2009—2011
	李平	副经理	2009—2012
新荣	王翻鱼	代办所主任	1997—1999
	边建军	代办所主任	1999—2001
	雷杰	经理	2001—2003
	高士军	经理	2003—2007
	武成将	经理	2012—2012
	杨斌	经理	2013—2014
	马新强	经理	2015—2017
	张新明	副经理	2009—2017

续表 63

机构	姓名	职务	任职时间
天镇	李平	代办所主任	1999—2002
	逯和荣	代办所主任	2002—2004
	冯晓斌	经理	2009—2014
	李桂军	副经理	2009—2017
	李强	经理助理	2015—2015
	王鹏	经理助理	2016—2017
阳高	宋勇	代办所主任	1999—2002
	范文杰	经理	2009—2013
	胡彦文	经理	2014—2017
	陈海明	副经理	2009—2017
	杜素清	经理助理	2009—2011
大同县	杨密	代办所主任	1999—2001
	崔焕成	经理	2001—2002
	董世尹	代办所主任助理	2000—2002
	武成将	经理	2009—2011
	兰天龙	经理助理	2017—2017
	昝永胜	经理助理	2017—2016
	杜志春	经理	2012—2017
浑源	吴长舜	经理	1996—1999
	郭促	经理	1999—2001
	薄永恒	经理助理	1999—2001
		副经理	2000—2002
	马英	经理	2002—
	陈军甫	副经理	2002—
	雷杰	经理	2005—2007
	陈军甫	经理	2007—2008
	郭彩兰	经理	2008—2010
	马新强	副经理（主持）	2011—2013
	冯凯君	经理助理	2014—2014
	王鹏	经理助理	2015—2015
	石箫	经理助理	2017—2017
	陈军甫	经理	2009—2013
	力卫华	经理	2014—2016
	范文杰	经理	2017—2017

续表 63

机构	姓名	职务	任职时间
灵丘	祖兴元	代办所主任	1999—2001
	郭峰	主要负责人	2003—
	李毅萱	经理助理	2006—2009
	李毅萱	经理	2009—2013
	臧海东	经理助理	2014—2017
	燕鑫	副经理	2009—2017
广灵	王建明	代办所主任	1999—2001
	孙治国	经理	2009—2009
	王建明	经理	2009—2009
	杨希红	副经理	2010—2017
	胡彦文	经理	2010—2013
	范文杰	经理	2014—2017
	刘伟	副经理	2017—2017
左云	王志强	经理	1999—2001
	乔建国	经理助理	1999—2001
		负责人（副科）	2000—2002
		经理	2002—2012
	李懋	经理助理	2000—2002
		副经理	2002—
	李凤玲	副经理	2005—2007
	闫军	经理	2009—2009
	孙治国	经理	2010—2010
	刘杨波	经理助理	2006—2007
		经理	2009—2011
	梁有财	副经理	2009—2017
	杜元存	经理	2012—2012
	马新强	经理	2013—2014
	杨斌	经理	2015—2017
	王亚光	经理助理	2011—2011

（三）基本信息变动情况

表 64　　1996—2017 年国寿大同分公司历年分支机构基础信息统计表

年份	县级机构数（个）	职工人数（人）	直接销售人力（人）	中介销售人力（人）	保费规模（万元）	备注
1996	8	145	120		6264.69	架构人力
1997	14	160	300		10130	
1998	14	158	680		11718	
1999	15	160	500		13129.8	
2000	20	161	690		14623	
2001	20	158	1026		18848	
2002	16	309	1754		34024	
2003	16	157	3163	168	46810	
2004	16	289	3600	266	57576	
2005	16	414	1559		55707	
2006	16	371	1953		60048	
2007	16	266	2111		56140	
2008	16	282	1734		91854	
2009	16	376	1648		90815	
2010	16	356	1779		92372	
2011	16	338	1466		85038	
2012	16	276	2455		75359	
2013	16	282	1855		73017	
2014	16	285	1945		64524.77	
2015	16	282	2911		81790.38	1521（收展）
2016	16	290	3072		101117.82	1143（收展）
2017	16	297	3459		122478.29	1603（收展）

第二节　中国太平洋人寿保险股份有限公司大同中心支公司

中国太平洋保险公司于 1991 年 5 月 13 日成立，总部设在上海，是经中国人民银行批准设立的全国性股份制商业保险公司。

1998 年 7 月 25 日，中国太平洋人寿保险股份有限公司大同中心支公司（简称太平洋寿险大同中支）成立。成立初期，内部设立营销管理中心和综合管理部两个部门，员工 75 人，内勤人力 21 人，外勤人力 54 人。

2001 年，根据《中华人民共和国保险法》规定及相关监管要求，中国太平洋保险公司实施产寿险分业经营。2001 年 7 月，中国太平洋人寿保险股份有限公司大同中心支公司分设完成，内部设立个险业务部、团险业务部、医保部、中介部、客户服务部、业管部、财务部以及办公室 8 个部门。下设左云、广灵、灵丘、浑源、阳高等 5 个县级机构。

2002 年，医保部更名为健康险部；2004 年，中介部更名为银行保险部；2005 年，健康险部合并至团险业务部，业务管理部更名为营运部。

2005 年，实现省级财务集中。2009 年，实现人事省级集中、理赔省级集中、核保省级集中。

2017 年年末，公司内部设立个人业务部、服务营销部、顾问营销部、营销培训部、渠道业务部、营运部、财务会计部、行政人事部 8 个职能部门。下设左云支公司、广灵支公司、灵丘支公司、大同县支公司、阳高营销服务部、浑源营销服务部、矿区支公司、振华街支公司、红卫里支公司、新荣支公司、云岗营销服务部 11 个支公司，系统在册员工 121 人，销售队伍 3082 人。

（一）领导班子变动情况

表 65　　1998—2017 年太平洋人寿大同中支历任负责人一览表

部门	姓名	职务	任职期间	备注
行政	王继跃	总经理	1998.7—2009.7	
	杜改梅	副总经理	2008.1—	
	李泽	副总经理	2009.2—2013.1	
	王瑜	总经理助理	2009.2—2009.9	
	闫晋泰	副总经理	2009.3—2009.8	主持工作
		总经理	2009.8—2010.11	
	杨武	副总经理	2009.2—2011.1	
	李元华	总经理	2010.11—2013.1	
	师彬	总经理助理	2011.9—2013.3	
		副总经理	2013.4—	
	赵栋梁	总经理助理	2012.3—2013.10	
	吕雅东	副总经理	2013.5—2015.12	
	王晋军	总经理	2013.2—2016.5	
	程桂兰	总经理助理	2015.12—2018.3	
	郭丽军	总经理助理	2015.5—2017.5	
		副总经理	2017.5—	
	董铁军	总经理	2016.5—	
	穆强	总经理助理	2017.4—	
工会	杜改梅	工会主席	2013.5—	

（二）基本信息变动情况

表 66　　　　1998—2017 年太平洋人寿大同中支历年分支机构基础信息统计表

年份	县级机构数（个）	职工人数（人）	直接销售人力（人）	中介销售人力（人）	保险业务收入（万元）
1998		75	54		230.63
1999					1885.99
2000					131.51
2001					204.63
2002	7				16737.87
2003	9				28828.4
2004	9				30756.05
2005	9	94			42503.22
2006	9	108			44618.13
2007	10	114	17		49031.44
2008	10	115	21		42252.91
2009	10	111	16		32240.1
2010	11	113	14	1253	32697.4
2011	11	127	11	1425	36927.79
2012	11	122	9	1530	41657.33
2013	11	119	9	1844	46452.81
2014	11	114	13	1503	44252.21
2015	11	117	9	2109	50939.81
2016	11	115	10	2792	61154.99
2017	11	121	11	3071	71700.32

第三节　中国平安人寿保险股份有限公司大同中心支公司

中国平安保险公司于1988年4月22日成立，总部设在深圳。

2003年8月18日，中国平安人寿保险股份有限公司大同中心支公司（简称平安人寿大同中支）在大同成立，成立初期设立总经理室，下设销售管理部、销售区划部、培训部、运营部、人事行政室、财务室、营业区7个部室，其中销售管理部设销售管理室、区拓管理室；销售区划部设销售企划室、人力发展室；培训部设训练动作室、区拓培训室、训练管理室；运营部设客户服务室、运营管理室、运营督导室；营业区设营业一、二、三、四区。中支营业场所：大同市城区源茂街和永泰南路交叉口。

县级分支机构2005年为1个，2017年达到7个。销售人力从2004年的129人达到2017年的2925人。

（一）领导班子变化情况

表67　　2003—2017年平安寿险大同中支历任负责人一览表

部门	姓名	职务	任职时间
行政	李国亮	总经理	2003.8—2003.11
	赵水平	总经理	2003.11—2005.10
	王黎明	总经理	2005.10—2006.6
	闫旭岗	总经理	2006.7—2009.2
	杨仁付	总经理	2009.2—2013.2
	卫兵兵	总经理	2013.2—2016.2
	张密	总经理	2016.2—

（二）基本信息变动情况

表 68　　2003—2017 年平安人寿大同中支历年分支机构基础信息统计表

年份	县级机构数（个）	职工人数（人）	直接销售人力（人）	中介销售人力（人）	保费规模（万元）
2003	0	7	0	0	77.12
2004	0	10	129	0	397.18
2005	1	13	155	0	964.77
2006	1	14	256	0	2289.32
2007	1	15	412	0	3865.69
2008	1	21	800	0	7002.54
2009	1	23	1015	0	12688.76
2010	1	36	975	0	17496.13
2011	1	36	993	0	22034.43
2012	5	40	1157	0	23639.39
2013	5	43	1257	0	26536.52
2014	5	60	1082	0	31787.77
2015	7	60	1520	0	38643.5
2016	7	80	2021	0	47325.37
2017	7	95	2925	0	62217.48

第四节　泰康人寿保险有限责任公司山西大同中心支公司

泰康人寿保险有限责任公司成立于1996年，总部设在北京。

2005年1月24日，泰康人寿保险股份有限公司山西大同中心支公司（简称泰康人寿大同中支）成立。成立初期，中支设立总经理室，总经理室下分设培训部、营销部、银行保险部、计划财务部、公共资源部、运营部、续期收展部7个职能部门。营业场所：山西省大同市城区齿欣大厦14层。

2006年12月11日，泰康人寿有限责任公司左云营销服务部、泰康人寿有限责任公司浑源营销服务部成立。

2008年6月23日，泰康人寿保险有限责任公司阳高营销服务部成立。

2009年6月19日，泰康人寿保险有限责任公司大同矿区支公司成立。

2009年8月3日，泰康人寿保险有限责任公司大同矿区新高山营销服务部成立。

（一）领导班子变动情况

表69　　2004—2017年泰康人寿大同中支历任负责人一览表

部门	姓名	职务	任职时间
行政	林少雄	总经理	2004.10—2007.1
	王文阁	总经理	2007.1—2007.3
	李翔	总经理	2007.3—2007.7
	陈静	副总经理	2007.7—2008.7
	李军	总经理	2008.7—2009.7
	曲艳霞	总经理	2009.7—2009.10
	韩狄	总经理	2009.10—2010.6
	庞善林	总经理	2010.6—2013.7
	王欣喜	总经理	2013.7—2017.12
	唐长胜	总经理	2017.12—

（二）基本信息变动情况

表 70　2004—2017 年泰康人寿大同中支历年分支机构基础信息统计表

年份	县级机构数（个）	职工人数（人）	直接销售人力（人）	中介销售人力（人）	保费规模（万元）
2004			111		
2005	0	10	223	0	1910.40
2006	2	11	250	0	3690.40
2007	2	17	339	0	9640.80
2008	2	20	263	0	30065.84
2009	4	21	218	0	20785.31
2010	4	19	250	0	12618.48
2011	4	24	222	0	11025.14
2012	4	28	163	0	9684.48
2013	4	19	156	0	8506.87
2014	4	20	190	0	8214.10
2015	4	22	314	0	7129.28
2016	4	22	478	0	9200.79
2017	4	26	617	0	10404.20

第五节　新华人寿保险股份有限公司大同中心支公司

新华人寿保险股份有限公司经国务院同意、中国人民银行批准成立的全国性专业化大型寿险公司，于 1996 年 9 月 6 日成立，部门设在北京。

2005 年 1 月，新华人寿保险股份有限公司大同中心支公司成立。

（一）领导班子变动情况

表 71　　2005—2017 年新华人寿大同中支历任负责人一览表

部门	姓名	职务	任职时间
行政	荀涛	总经理	2005.1—2007.5
	陈宏毅	总经理	2007.6—2009.1
	孔凤梅	副总经理	2007.6—2008.6
	王勇刚	总经理	2009.2—2010.1
	班立军	总经理助理	2009.3—2010.10
		总经理	2014.8—2015.3
	王旺	总经理助理	2009.4—2010.1
	宋凯	总经理	2010.2—2013.6
	王晓燕	副总经理	2011.2—2014.8
	张爱国	总经理	2013.6—2014.8
	温晋生	总经理	2015.3—
	海建宇	总经理助理	2017.3—

（二）基本信息变动情况

表 72　　2005—2017 年新华人寿大同中支历年分支机构基础信息统计表

年份	县级机构（个）	职工人数（人）	直接销售人力（人）	中介销售人力（人）	保费规模（万元）
2005	1	13	0	215	8311.7
2006	1	16	0	234	11532.6
2007	1	20	0	216	8038.1
2008	2	30	0	229	8957.5
2009	2	20	0	511	3159.1
2010	3	76	0	703	9128.75
2011	3	49	0	702	12833.82
2012	3	61	0	500	16127.15
2013	3	56	0	273	13799.14
2014	3	41	0	266	13881.64
2015	3	49	0	310	9555.16
2016	3	53	0	505	5153.42
2017	3	48	0	532	2387.89

第六节　中国人民人寿保险股份有限公司大同中心支公司

2008 年 1 月 31 日，中国人民人寿保险股份有限公司大同中心支公司（简称人民人寿大同中支）成立。成立初期，中支设立总经理室，总经理室下设综合部、财务部、业务管理部、个险部、银保部、团险部、互动部、收展部 8 个职能部门，有管理员工 8 人。

2008 年 6 月 30 日，人民人寿城区营销服务部成立；10 月 29 日，人民人寿矿区营销服务部成立；同日，人民人寿南郊区营销服务部成立。

2009 年 3 月 16 日，人民人寿浑源县支公司、人民人寿左云支公司成立。

2011 年 1 月 28 日，人民人寿灵丘县支公司成立。

2013 年 12 月 19 日，人民人寿大同县支公司成立。

2017 年，市级机构 1 个、县（区）级机构 9 个，全辖员工达 57 人。

（一）领导班子变动情况

表 73　　2008—2017 年中国人民保险公司人寿大同中支历任负责人一览表

<table>
<tr><th>部门</th><th>姓名</th><th>职务</th><th>任职时间</th></tr>
<tr><td rowspan="5">行政</td><td>荀涛</td><td>总经理</td><td>2008—</td></tr>
<tr><td>麻生文</td><td>副总经理</td><td>2008.5—2008.8</td></tr>
<tr><td>牛进化</td><td>副总经理</td><td>2009.4—2012.12</td></tr>
<tr><td>景浡曦</td><td>销售总监</td><td>2013.1—2017.10</td></tr>
<tr><td>罗劲韬</td><td>副总经理</td><td>2013.1—</td></tr>
<tr><td rowspan="6">党委</td><td>荀涛</td><td>党委书记</td><td>2008—</td></tr>
<tr><td>麻生文</td><td>党委委员</td><td>2008.5—2008.8</td></tr>
<tr><td>牛进化</td><td>党委委员</td><td>2009.4—2012.12</td></tr>
<tr><td>景浡曦</td><td>党委委员</td><td>2013.1—2017.10</td></tr>
<tr><td rowspan="2">罗劲韬</td><td>党委委员</td><td>2013.1—</td></tr>
<tr><td>纪委书记</td><td>2013.2—</td></tr>
<tr><td rowspan="3">工会</td><td>牛进化</td><td>工会主席</td><td>2009.4—2012.12</td></tr>
<tr><td>景浡曦</td><td>工会主席</td><td>2013.1—2017.10</td></tr>
<tr><td>罗劲韬</td><td>工会主席</td><td>2017.10—</td></tr>
</table>

（二）基本信息变动情况

表 74　2008—2017 年中国人民保险公司人寿大同中支历年分支机构基础信息统计表

年度	县级机构数（个）	职工人数（人）	直接销售人力（人）	中介销售人力（人）	保费规模（万元）
2008	4	8	0	314	17815.56
2009	6	20	0	445	22203.08
2010	6	24	0	684	32717.59
2011	7	28	0	462	33502.73
2012	7	30	0	425	36536.22
2013	8	33	0	441	31620.2
2014	8	37	0	504	35968.97
2015	8	42	0	636	29654.6
2016	8	47	0	853	44012.33
2017	9	57	0	1086	38100.39

第七节　太平人寿保险有限公司大同中心支公司

中国太平保险公司 1929 年始创于上海，1956 年移师海外专营人寿险业务。太平人寿保险有限公司是中国太平保险集团旗下的专营人寿险业务公司，2001 年 12 月 5 日，恢复国内经营，总部设在上海。

2008 年 6 月 20 日，太平人寿保险有限公司大同中心支公司（简称太平人寿大同中支）成立。成立初期，太平人寿大同中支设立总经理室，总经理室下设个人业务部、教育培训部、银行保险部、保费部、人事教育部、财务部、运营服务部 7 个职能部门。在职员工 32 人。营业场所：大同市平城区魏都大道益丰大厦 1 号楼 A 单元。

2010 年 10 月，太平人寿大同矿区支公司成立。

2011 年 7 月，太平人寿大同御东支公司成立。

2013 年 6 月，太平人寿大同浑源支公司、太平人寿大同灵丘支公司成立。

2017 年，太平人寿市级机构 1 个，县（区）级机构 5 个，员工 845 人（含销售人力）。

（一）领导班子的变化

表 75　2008—2017 年太平寿险大同中支历任负责人一览表

部门	姓名	职务	任职时间
行政	张志红	总经理	2008.6—2008.10
	李哲峰	总经理	2008.10—2011.3
	潘景鸽	总经理	2011.3—2012.4
	高平	总经理	2012.4—2014.1
	赵国红	总经理	2014.1—2015.10
	郭嵘	总经理	2015.10—2017.7
	曹雷	总经理	2017.7—

（二）分支机构班子变动情况

表 76　2010—2017 年太平寿险大同中支分支机构历任负责人一览表

部门	姓名	分支机构	职务	任职时间
行政	尚勇	矿区支公司	经理	2010.10—2011.5
	王珏	矿区支公司	经理	2011.5—2012.6
	钱江胜	矿区支公司	经理	2012.6—2014.12
	高晋龙	矿区支公司	经理	2014.12—
	昝利斌	御东支公司	经理	2010.10—2012.11
	田青枝	御东支公司	经理	2012.11—2013.9
	王珏	御东支公司	经理	2013.9—2017.5
	张波	御东支公司	经理	2017.5—2017.9
	郭红玉	御东支公司	经理	2017.9—
	田青枝	浑源支公司	经理	2013.6—2013.12
	常诚	浑源支公司	经理	2013.12—2014.3
	李晶晶	浑源支公司	经理	2014.3—2015.2
	李铭玺	浑源支公司	经理	2015.2—2016.11

续表 76

部门	姓名	分支机构	职务	任职时间
行政	马彦	浑源支公司	经理	2016.11—
	白沈飞	灵丘支公司	经理	2013.6—2014.2
	高晋龙	灵丘支公司	经理	2014.2—2014.12
	钱江胜	灵丘支公司	经理	2014.12—2016.5
	马彦	灵丘支公司	经理	2016.5—2017.5
	郭晓龙	灵丘支公司	经理	2017.5—

（三）基本信息的变化

表 77　　2008—2017 年太平人寿大同中支历年分支机构基础信息统计表

年份	县级机构数（个）	职工人数（人）	直接销售人力（人）	中介销售人力（人）	保费规模（万元）
2008	1	106	16	90	2413.45
2009	1	126	18	108	4803.53
2010	2	150	20	130	8936.99
2011	3	148	25	123	9508.59
2012	3	192	30	162	8431.34
2013	5	243	34	209	9301.92
2014	5	324	37	287	11153.32
2015	5	707	37	670	16816.62
2016	5	771	40	731	16704.58
2017	5	845	40	805	21467.38

第八节　中国人民健康保险股份有限公司大同中心支公司

中国人民健康保险公司成立于 2005 年 4 月 8 日，由中国人民保险集团公司联合德国健康保险公司发起设立，总部设在北京。

2008 年 11 月，中国人民健康保险股份有限公司大同中心支公司（简称中国人民健康保险大同中支）成立。成立初期设立总经理室，总经理室下设综合财务部、运营管理 / 客户服务部、健康管理部、社会保险部、个体保险部、银行保险部、团体保险部、互动管理部共 8 个部门，合同制员工 30 余人，代理制人员 436 人。

（一）领导班子变动情况

表 78　　2008—2017 年中国人民健康保险大同中支历任负责人一表

部门	姓名	职务	任职时间
行政	杨育牛	总经理	2008.1—2013.5
	陈东	总经理	2013.5—2015.7
	陈建民	主要负责人	2015.10—

（二）基本信息变动情况

表 79　　2008—2017 年中国人民健康保险大同中支历年分支机构基础信息统计表

年份	县级机构数（个）	职工人数（人）	直接销售人力（人）	中介销售人力（人）	保费规模（万元）
2008		17	6	18	0.12
2009		18	12	96	1829.84
2010		25	13	63	3590.27
2011		24	7	49	1218.09
2012		50	12	50	4959.12

续表 79

年份	县级机构数（个）	职工人数（人）	直接销售人力（人）	中介销售人力（人）	保费规模（万元）
2013		50	9	32	6396.25
2014		50	8	53	10088.12
2015		32	7	210	12541.22
2016	1	30	10	314	14428.88
2017	1	15	14	554	8472.58

第九节　农银人寿保险股份有限公司大同中心支公司

农银人寿保险股份有限公司（简称农银人寿，原为嘉禾人寿保险股份有限公司）是由中国农业银行股份有限公司、北京中关村科学城建设股份有限公司、中国希格玛有限公司于 2005 年 12 月 19 日共同合作组建，公司总部位于北京。

农银人寿保险股份有限公司大同中心支公司前身是成立于 2008 年 11 月 13 日的嘉禾人寿保险股份有限公司大同中心支公司，该公司成立初期在总经理室下设立综合管理部、运营管理部、个人业务部、银行保险部、团体保险部 5 个相关职能部门。营业场所为大同市南关东北街 8 号。

2009 年 11 月 10 日，增设续期保费部。

2012 年 11 月 20 日，农业银行正式入股嘉禾人寿并持有其股份总额的 51%。

2013 年 1 月 13 日，嘉禾人寿保险股份有限公司大同中心支公司正式更名为农银人寿保险股份有限公司大同中心支公司（以下简称为农银人寿大同中心支公司）。2013 年 10 月，公司对原有部门名称做出更改，个险业务部更名为个险部，续期保费部更名为续期管理部。

2014 年 10 月 24 日，农银人寿保险股份有限公司大同市矿区支公司获批开业。

2017 年，市级机构 1 个，县级机构 1 个，公司员工 19 名，销售人力 80 人。

（一）领导班子变动情况

表 80　2008—2017 年农银人寿大同中支历任负责人一览表

部门	姓名	职务	任职时间
行政	刘中	总经理	2008.11—2009.7
	张建康	负责人	2009.7—2011.12
	陈学琴	负责人	2011.12—2014.11
	朱小滨	负责人	2014.11—2017.5
	齐瑞利	负责人	2017.5—
工会	杜琴南	工会主席	2015.12—
	张佳	女工委主任	2017.11—
	郭丽红	经费审查主任	2017.11—

（二）基本信息变动情况

表 81　2008—2017 年农银人寿大同中支历年分支机构基础信息统计表

年份	县级机构数（个）	职工人数（人）	直接销售人力	中介销售人力	保费规模（万元）
2008	0	17	4	126	918.92
2009	0	18	14	79	3120.37
2010	0	15	19	50	1788.26
2011	0	14	21	29	2476.9
2012	0	15	15	58	4368.68
2013	0	18	28	98	8018.83
2014	1	17	26	89	4555.33
2015	1	19	9	41	5225.36
2016	1	20	5	27	11705.92
2017	1	19	5	75	5797.06

第十节　合众人寿保险股份有限公司大同中心支公司

合众人寿保险股份有限公司是经中国保险监督管理委员会批准的一家综合性人寿保险公司。公司于2005年1月28日成立，总部设在湖北省武汉市。

2010年4月27日，合众人寿保险股份有限公司大同中心支公司（简称“合众人寿大同中支”）成立。成立初期，内设总经理室，总经理室下设人事行政部、财务部、营销部、营销培训部、银行代理部、运营部6个职能部室。员工12人，销售人力90人。营业场所地址：大同市城区帅府街18号帅府小区9号楼。

2011年1月13日，合众人寿大同矿区支公司成立，共有内勤人力3人，营销人力110人。

2016年11月17日，合众人寿大同浑源支公司成立，共有内勤人力3人，营销人力90人。

2017年，合众人寿大同中支开设县级分支机构2家，全辖在册员工16人，个人营销人力335人，银保销售人力6人。

（一）领导班子变动情况

表82　2010—2017年合众人寿大同中支历任负责人一览表

部门	姓名	职务	任职时间
行政	王瑜	负责人	2010.10—2013.6
	张军	负责人	2013.6—2014.5
	马鑫	负责人	2014.5—

（二）分支机构班子变动情况

表 83　　2010—2017 年合众人寿大同分支机构历任负责人一览表

部门	姓名	分支机构	职务	任职时间
行政	李尚	矿区支公司	负责人	2010.6—2011.3
	苏丽萍	矿区支公司	负责人	2011.3—2012.1
	霍进文	矿区支公司	负责人	2012.1—2015.7
	岳晓敏	矿区支公司	负责人	2015.7—2016.7
	冯雁鹏	矿区支公司	负责人	2016.7—
	王月华	浑源支公司	负责人	2016.11—2017.2
	杨泳	浑源支公司	负责人	2017.2—

（三）基本信息变动情况

表 84　　2011—2017 年合众人寿大同中支历年分支机构基础信息统计表

年份	县级机构数（个）	职工人数（人）	直接销售人力（人）	中介销售人力（人）	保费规模（万元）
2011	1	3	110	32	58.8
2012	1	2	110	14	28.6
2013	1	1	110	16	5.1
2014	1	1	110	5	18.4
2015	1	2	110	31	5.2
2016	2	16	90	80	49.6
2017	2	16	335	6	404.6

第十一节　国华人寿保险股份有限公司大同中心支公司

国华人寿保险股份有限公司是由中国保险监督管理委员会批准设立的全国性、股份制专业寿险公司，成立于2007年11月，总部位于上海。

2012年2月10日，国华人寿保险股份有限公司大同中心支公司（简称国华人寿大同中支）成立。成立初期，总经理室下设综合行政岗、银保部经理岗、运营主管岗、财务岗、银保督训岗。其中，内勤员工5人，外勤7人。

2017年，公司内勤6人，外勤31人。

（一）领导班子变动情况

表85　　2012—2017年国华人寿大同中支历任负责人一览表

部门	姓名	职务	任职时间
行政	管晋伟	总经理	2012.2—2017.9
	高岗	总经理	2017.10—

（二）基本信息变动情况

表86　　2012—2017年国华人寿大同中支历年分支机构基础信息统计表

年份	县级机构数（个）	职工人数（人）	直接销售人力（人）	中介销售人力（人）	保费规模（万元）
2012		12	7		2386
2013		19	6		1000
2014		22	16		18655.8
2015		30	24		73869.82
2016		35	29		44306.71
2017		37	31		78101.05

第十二节　民生人寿保险股份有限公司大同中心支公司

民生人寿保险股份有限公司由全国工商联牵头、21 家企业发起，于 2003 年 6 月 18 日正式成立，总部设在上海。

2012 年 12 月 28 日，民生人寿保险股份有限公司大同中心支公司（简称民生人寿大同中支）成立。成立初期，设总经理室，总经理室下设综合室、运营室、收展室、营销室、客服中心 5 个相关职能部门。营业场所：山西省大同市城区魏都大道 78 号富临宝城 A12 北区。

（一）领导班子变动情况

表 87　　2012—2017 年民生人寿大同中支历任负责人一览表

部门	姓名	职务	任职时间
行政	李军	负责人	2012.12—2014.12
	许凤	负责人	2014.12—2016.9
	庞有文	负责人	2016.9—

（二）基本信息变动情况

表 88　　2013—2018 年民生人寿大同中支历年分支机构基础信息统计表

年份	县级机构数（个）	职工人数（人）	直接销售人力（人）	中介销售人力（人）	保费规模（万元）
2013	0	22	0	110	387.37
2014	0	15	0	69	270.3
2015	0	10	0	78	222.6
2016	0	9	0	68	212.8
2017	0	9	0	114	301.4
2018	0	10	0	54	141.4

第十三节　安邦人寿保险股份有限公司大同中心支公司

安邦人寿保险股份有限公司是2010年6月经中国保险监督管理委员会批准设立的人身险公司，总部设在北京。

2016年3月18日，安邦人寿保险股份有限公司大同中心支公司（简称安邦人寿大同中支）成立。

（一）领导班子变动情况

表89　　2016—2017年安邦人寿大同中支历任负责人一览表

部门	姓名	职务	任职时间
行政	刘拴	总经理	2016.3—

（二）基本信息变动情况

表90　　2016—2017年安邦人寿大同中支历年分支机构基础信息统计表

年份	县级机构数（个）	职工人数（人）	直接销售人力（人）	中介销售人力（人）	保费规模（万元）
2016	0	8	6	0	1679
2017	0	12	9	0	23400

第十四节　工银安盛人寿保险有限公司大同中心支公司

2017 年 1 月 20 日，工银安盛人寿保险有限公司大同中心支公司（简称工银安盛人寿大同中支）成立。工银安盛人寿大同中支为工银安盛人寿保险有限公司的三级机构，成立初期，在总经理室下设个险业务部、银保业务部、运营客服部、综合部 4 个部门。2017 年，有内勤人员 6 人，外勤人员 27 人。其中银保外勤 17 人实行员工制，个险外勤 10 人实行代理制。

（一）领导班子变动情况

表 91　2017 年工银安盛人寿大同中支历任负责人一览表

部门	姓名	职务	任职时间
行政	赵少鹏	总经理	2017.1—

（二）基本信息变动情况

表 92　2017 年工银人寿大同中支分支机构基础信息统计表

年份	县级机构数（个）	职工人数（人）	直接销售人力（人）	中介销售人力（人）	保费规模（万元）
2017	0	6	10	17	5495.72

第十五节　幸福人寿保险股份有限公司大同中心支公司

幸福人寿保险股份有限公司是由中国信达资产管理公司、中国中旅（集团）公司、大同煤矿集团有限责任公司、奇瑞汽车股份有限公司、芜湖市建设投资有限公司、陕西煤化工集团有限公司等 15 家企业发起组建的全国性股份制人寿保险公司，2007 年 11 月 5 日成立，总部设在北京。

2017 年 7 月 27 日，幸福人寿保险股份有限公司大同中心支公司（以下简称幸福人寿大同中支）成立。幸福人寿大同中支是幸福人寿保险股份有限公司下设的三级机构，总经理室下设综合管理部 、运营管理部、个险营销部、银行保险部、团体 / 中介部 5 个职能部门，职工 37 人，营销人员 100 人。

（一）领导班子变动情况

表 93　　2016—2017 年幸福人寿大同中支历任负责人一览表

部门	姓名	职务	任职时间
行政	牛进华	总经理	2016.7—2017.1
	郭跃文	总经理	2017.7—
	傅德峰	总经理助理	2016.7—

（二）基本信息变动情况

表 94　　2017 年幸福人寿大同中支分支机构基础信息统计表

年份	县级机构数（个）	职工人数（人）	直接销售人力（人）	中介销售人力（人）	保费规模（万元）
2017	0	35		100	17960.7

第十六节　百年人寿保险股份有限公司大同中心支公司

百年人寿保险股份有限公司是由万达集团、融达投资、新光控股集团、大连一方地产、江西恒茂房地产、大连城市建设集团、科瑞集团、中国华建投资等股东共同出资构建，公司于2009年6月3日正式成立，总部设在大连。

2017年9月21日，百年人寿保险股份有限公司大同中心支公司（简称百年人寿大同中支）成立。百年人寿大同中支是百年人寿保险股份有限公司的三级机构。成立初期，设立总经理室，总经理室下设综合管理部、个人业务部、银行保险部3个职能部门，员工10人，当年个险渠道代理人141人，银行保险渠道代理人4人。营业场所：山西省大同市城区新开北路1号齿欣大厦。

（一）领导班子变动情况

表95　2017年百年人寿大同中支负责人一览表

部门	姓名	职务	任职时间
行政	刘子昂	总经理	2017.9—

（二）基本信息变动情况

表96　2017年百年人寿大同中支分支机构基础信息统计表

年份	县级机构数（个）	职工人数（人）	直接销售人力（人）	中介销售人力（人）	保费规模（万元）
2017	0	10	141	4	190.85

第五章 保险中介

保险中介是指介于保险经营机构之间或保险经营机构与投保人之间，专门从事保险业务咨询与销售、风险管理与安排、价值衡量与评估、损失鉴定与理算等中介服务活动，并从中依法获取佣金或手续费的单位或个人，保险中介是保险市场供需双方发展的产物，是保险市场精细化分工的结果。本章主要简述大同保险业市场保险中介机构的成立和分布情况。

第一节　大同祥和保险代理有限公司

2003 年 7 月 14 日，大同祥和保险代理有限公司成立。机构地址：大同市新建南路 46 号（市魏都大道总工会家属楼 2 单元 3 号）。

2005 年 4 月 26 日，大同祥和保险代理有限公司大庆路分公司成立。机构地址：大同市大庆路 16 号。

2007 年 4 月 23 日，大同祥和保险代理有限公司左云县分公司成立。机构地址：左云县云兴镇林河路（大路坡村祥和嘉园小区）。6 月 18 日，大同祥和保险代理有限公司迎宾路分公司成立。机构地址：大同市城区富临宝城 11 号楼 4 单元 102 室。

2015 年 11 月 5 日，大同祥和保险代理有限公司御东分公司成立。机构地址：大同市城区楼房巷 31 号楼 8 号商铺。大同祥和保险代理有限公司大同县分公司成立，机构地址：大同市大同县综合服务厂综合服务楼 1—2 层。12 月 21 日，大同祥和保险代理有限公司阳高分公司成立，机构地址：阳高县龙泉镇新建路北 242 号。

2016 年 2 月 2 日，大同祥和保险代理有限公司恒安分公司成立。机构地址：大同市矿区恒安新区二期十一站 122 号商铺。3 月 1 日，大同祥和保险代理有限公司燕子山分公司成立。机构地址：大同市左云县燕子山矿 4 号门楼一层。3 月 29 日，大同祥和保险代理有限公司魏都分公司成立。机构地址：大同市魏都新城 C 区 67 号 101 室。4 月 14 日，大同祥和保险代理有限公司御东恒盛分公司成立。机构地址：大同市云州街云州苑小区西门 09 号。6 月 14 日，大同祥和保险代理有限公司南城分公司成立。机构地址：大同市南三环柳港园 B 区 2 号楼 403 室。7 月 28 日，大同祥和保险代理有限公司汇翔分公司成立。机构地址：山西省阳高县龙府小区院内。8 月 16 日，大同祥和保险代理有限公司安益街分公司成立。机构地址：大同市城区安益北园综合楼 A 座三层。大同祥和保险代理有限公司御河南路分公司成立。机构地址：大同市城区御河南路柳泉里 3 号楼 3 单元 2 号。8 月 17 日，大同祥和保险代理有限公司阳光车城分公司成立。机构地址：大同市城区新建南路 688 号院内。

（一）领导班子变化情况

表 97　　2003—2017 年大同祥和保险代理有限公司历任负责人一览表

部门	姓名	职务	任职时间
行政	崔进忠	负责人	2003—2009
	成建国	负责人	2010—2015
	张晓莺	负责人	2016—2017

（二）基本信息变动情况

表 98　　2003—2017 年大同祥和保险代理有限公司基本信息一览表

年度	分支机构（个）	员工人数（人）	销售人力（人）	保费收入（万元）	代理费收入（万元）
2003	1	3	18	106	16.5
2004	1	3	21	305	46
2005	2	6	35	553	88
2006	3	8	38	769	118
2007	5	16	58	907	145
2008	5	15	57	1123	180
2009	5	16	58	1307	199
2010	5	16	55	1500	240
2011	5	16	56	2093	335
2012	5	16	58	2756	440
2013	5	16	58	3369	540
2014	5	16	59	4034	679
2015	5	16	57	4871	785
2016	9	23	83	5500	866
2017	16	37	108	5623	871

第二节　山西极盛保险代理有限公司

2003 年 8 月 6 日，山西极盛保险代理有限公司在大同挂牌成立。

2016 年 3 月 7 日，山西极盛保险代理有限公司灵丘分公司成立。机构地址：灵丘县唐河绿洲第四幢 2 层 08 号房。9 月 20 日，山西极盛保险代理有限公司御锦源营业部成立。机构地址：大同市御锦源社区服务中心北区一层 1 号房间。

2017 年 3 月 10 日，山西极盛保险代理有限公司北城营业部成立。机构地址：大同市御河西路东侧宜景大都府小区 4 号楼 8 号商铺。

第三节　山西东升保险代理有限公司

2003 年 8 月 21 日，山西东升保险代理有限公司在大同宣布开业。

2015 年 10 月 29 日，山西东升保险代理有限公司大同二电厂分公司成立。机构地址：山西省大同市城区交通苑小区 6 号商铺。山西东升保险代理有限公司大同龙园分公司。机构地址：山西省大同市城区金色水岸东门 24 号楼 A 商铺。山西东升保险代理有限公司大同南关分公司成立。机构地址：山西省大同市城区南关东街佳瑀小区 2-2-9。山西东升保险代理有限公司大同振兴街分公司成立。机构地址：山西省大同市城区振兴街 53-1 商铺。山西东升保险代理有限公司大同岳翠园分公司成立。机构地址：山西省大同市城区岳翠园 3 号商铺。山西东升保险代理有限公司大同迎泽街分公司成立。机构地址：山西省大同市城区迎泽街建设里 1 号楼 4-1 商铺。山西东升保险代理有限公司大同左云分公司成立。机构地址：山西省大同市左云县云兴镇东延路 8 号商铺。2015 年 12 月 11 日，山西东升保险代理有限公司大同庞大分公司成立。机构地址：山西省大同市南环路西延段（庞大国际汽配城 C1 栋 04 号）。山西东升保险代理有限公司大同棚户区分公司成立。机构地址：山西省大同市恒安新区十二站 43 号商铺。

2016 年 1 月 7 日，山西东升保险代理有限公司大同御东分公司成立。机构地址：山西省大同市御东学府丽园 D23 排 3 单元 2 号。12 日，山西东升保险代理有限公司大同县分公司成立。机构地址：山西省大同市大同县永业西街永业怡园 15 幢 3 单元 2 号商铺。13日，山西东升保险代理有限公司大同新开西路分公司成立。机构地址：山西省大同市城区新开西四路甲1号。2月2日，山西东升保险代理有限公司大同县倍加造分公司成立。机构地址：大同市大同县倍加造村东（大同县锦成机动车检测有限责任公司院内）。6月24日，山西东升保险代理有限公司大同魏都分公司成立。机构地址：大同市城区魏都大道（原建新南路）83号北楼1单元1号。10月17日，山西东升保险代理有限公司大同并州分公司成立。机构地址：大同市矿区安全路旧平房改造工程安全苑小区学56号商铺。山西东升保险代理有限公司广灵分公司成立。机构地址：大同市广灵县壶泉镇新建西街路南5号商铺。

（一）领导班子变动情况

表99　　2003—2017年山西东升保险代理有限公司历任负责人一览表

部门	姓名	职务	任职时间
行政	郑玉鸿	董事长	2003.9—2010.12
	崔进忠	董事长	2010.12—

（二）基本信息变动情况

表100　　2010—2017年山西东升保险代理有限公司基本信息一览表

年度	分支机构（个）	员工人数（人）	销售人力（人）	保费收入（万元）	代理费收入（万元）
2010	16	16	56	3253.6	320.56
2011	16	16	52	2928	310.63
2012	16	16	51	3953	450.36
2013	16	16	45	4630	480.32
2014	16	16	52	3020	310.5
2015	16	16	35	2980	330.6
2016	16	16	25	3102	350.6
2017	16	16	15	3837.78	890.08

第四节　山西铁联保险代理有限责任公司

2005 年 7 月 20 日，山西铁联保险代理有限责任公司在大同成立。机构地址：山西省大同市站北街 5 号。

第五节　大同祥瑞保险代理有限公司

2008 年 8 月 29 日，大同市祥瑞保险代理有限公司成立。机构地址：大同市大庆路 16 号车管所西院。

2016 年 1 月 5 日，大同市祥瑞保险代理有限公司阳高分公司成立。机构地址：阳高县新建路 133 号商住楼第二套。4 月 29 日，大同市祥瑞保险代理有限公司东城分公司成立。机构地址：大同市城区操场城东街 15 号。5 月 6 日，大同市祥瑞保险代理有限公司北城分公司成立。机构地址：大同市南郊区水泊寺乡马家小村。6 月 6 日，大同市祥瑞保险代理有限公司西城分公司成立。机构地址：大同市城区同泉路北侧天胜雅园小区 E6 号楼 1 层 1 单元 102 号。7 月 4 日，大同市祥瑞保险代理有限公司灵丘分公司成立。机构地址：灵丘县武灵镇王家庄永红社区双拥路 1001 号。7 月 6 日，大同市祥瑞保险代理有限公司南城分公司成立。机构地址：大同市城区清远西街熙诚小区综合楼住宅区 B 座 12 层 D1201 号。

表 101　　2003—2017 年大同保险专业代理机构信息一览表

机构名称	单位性质	成立时间	营业地址	联系人
大同市祥瑞保险代理有限公司	法人机构	2008.8.29	大同市大庆路 16 号车管所西院	李云玲
大同市祥瑞保险代理有限公司北城分公司	分支机构	2016.5.6	大同市南郊区水泊寺乡马家小村	藏伟
大同市祥瑞保险代理有限公司东城分公司	分支机构	2016.4.29	大同市城区操场城东街 15 号	刘凤兰
大同市祥瑞保险代理有限公司南城分公司	分支机构	2016.7.6	大同市城区清远西街熙诚小区综合楼住宅区 B 座 12 层 D1201 号	李海霞
大同市祥瑞保险代理有限公司西城分公司	分支机构	2016.6.6	大同市城区同泉路北侧天胜雅园小区 E6 号楼 1 层 1 单元 102 号	赵伟
大同市祥瑞保险代理有限公司灵丘分公司	分支机构	2016.7.4	灵丘县武灵镇王家庄永红社区双拥路 1001 号	李振华
大同市祥瑞保险代理有限公司阳高分公司	分支机构	2016.1.5	阳高县新建路 133 号商住楼第二套	李刚
大同祥和保险代理有限公司	法人机构	2003.7.14	大同市新建南路 46 号（市魏都大道总工会家属楼 2 单元 3 号）	何秀梅
大同祥和保险代理有限公司安益街分公司	分支机构	2016.8.16	大同市城区安益北园综合楼 A 座三层	李利平
大同祥和保险代理有限公司大庆路分公司	分支机构	2005.4.26	大同市大庆路 16 号	成建国
大同祥和保险代理有限公司迎宾路分公司	分支机构	2007.6.18	大同市城区富临宝城 11 号楼 4 单元 102 室	何秀梅
大同祥和保险代理有限公司南城分公司	分支机构	2016.6.14	大同市南三环柳港园 B 区 2 号楼 403 室	孙燕芳

续表 101

机构名称	单位性质	成立时间	营业地址	联系人
大同祥和保险代理有限公司魏都分公司	分支机构	2016.3.29	大同市魏都新城 C 区 67 号 101 室	胡斌
大同祥和保险代理有限公司阳光车城分公司	分支机构	2016.8.17	大同市城区新建南路 688 号院内	郑祥
大同祥和保险代理有限公司御东分公司	分支机构	2015.11.5	大同市城区楼房巷 31 号楼 8 号商铺	成建国
大同祥和保险代理有限公司御东恒盛分公司	分支机构	2016.4.14	大同市云州街云州苑小区西门 09 号	乔霞
大同祥和保险代理有限公司御河南路分公司	分支机构	2016.8.16	大同市城区御河南路柳泉里 3 号楼 3 单元 2 号	刘铁中
大同祥和保险代理有限公司恒安分公司	分支机构	2016.2.2	大同市矿区恒安新区二期十一站 122 号商铺	成建国
大同祥和保险代理有限公司阳高分公司	分支机构	2015.12.21	阳高县龙泉镇新建路北 242 号	刘兰
大同祥和保险代理有限公司汇翔分公司	分支机构	2016.7.28	山西省阳高县龙府小区院内	岳婧
大同祥和保险代理有限公司大同县分公司	分支机构	2015.11.5	大同市大同县综合服务厂综合服务楼 1–2 层	成建国
大同祥和保险代理有限公司燕子山分公司	分支机构	2016.3.1	大同市左云县燕子山矿 4 号门楼一层	成建国
大同祥和保险代理有限公司左云县分公司	分支机构	2007.4.23	左云县云兴镇林河路（大路坡村祥和嘉园小区）	何秀梅
山西东升保险代理有限公司	法人机构	2003.8.21	大同市大庆路机动车交易中心新建迎街门面房 2 号	崔进忠

续表 101

机构名称	单位性质	成立时间	营业地址	联系人
山西东升保险代理有限公司大同魏都分公司	分支机构	2016.6.24	大同市城区魏都大道（原建新南路）83 号北楼 1 单元 1 号	黄春慧
山西东升保险代理有限公司大同二电厂分公司	分支机构	2015.10.29	山西省大同市城区交通苑小区 6 号商铺	王航宇
山西东升保险代理有限公司大同龙园分公司	分支机构	2015.10.29	山西省大同市城区金色水岸东门 2.4 号楼 A 商铺	崔丽颖
山西东升保险代理有限公司大同南关分公司	分支机构	2015.10.29	山西省大同市城区南关东街佳瑀小区 2-2-9	唐丽
山西东升保险代理有限公司大同振兴街分公司	分支机构	2015.10.29	山西省大同市城区振兴街 53-1 商铺	李绍君
山西东升保险代理有限公司大同岳翠园分公司	分支机构	2015.10.29	山西省大同市城区岳翠园 3 号商铺	邵力玢
山西东升保险代理有限公司大同新开西路分公司	分支机构	2016.1.13	山西省大同市城区新开西四路甲 1 号	李平
山西东升保险代理有限公司大同迎泽街分公司	分支机构	2015.10.29	山西省大同市城区迎泽街建设里 1 号楼 4-1 商铺	白龙
山西东升保险代理有限公司大同御东分公司	分支机构	2016.1.7	山西省大同市御东学府丽园 D23 排 3 单元 2 号	韩冰
山西东升保险代理有限公司大同庞大分公司	分支机构	2015.12.11	山西省大同市南环路西延段（庞大国际汽配城 C1 栋 04 号）	武贵杰
山西东升保险代理有限公司大同棚户区分公司	分支机构	2015.12.11	山西省大同市恒安新区十二站 43 号商铺	崔艳芳
山西东升保险代理有限公司大同并州分公司	分支机构	2016.10.17	大同市矿区安全路旧平房改造工程安全苑小区学 56 号商铺	陈豪

续表 101

机构名称	单位性质	成立时间	营业地址	联系人
山西东升保险代理有限公司大同县倍加造分公司	分支机构	2016.2.2	大同市大同县倍加造村东（大同县锦成机动车检测有限责任公司院内）	何坤
山西东升保险代理有限公司大同县分公司	分支机构	2016.1.12	山西省大同市大同县永业西街永业怡园 15 幢 3 单元 2 号商铺	李佳丽
山西东升保险代理有限公司大同左云分公司	分支机构	2015.10.29	山西省大同市左云县云兴镇东延路 8 号商铺	崔丽娟
山西东升保险代理有限公司广灵分公司	分支机构	2016.10.17	大同市广灵县壶泉镇新建西街路南 5 号商铺	陈文库
山西极盛保险代理有限公司	法人机构	2003.8.6	大同市南郊区马军营乡西水磨村机动车检测中心西排南 3 间	赵祯
山西极盛保险代理有限公司御锦源营业部	分支机构	2016.9.20	大同市御锦源社区服务中心北区一层 1 号房间	安伟卿
山西极盛保险代理有限公司北城营业部	分支机构	2017.3.10	大同市御河西路东侧宜景大都府小区 4 号楼 8 号商铺	安伟卿
山西极盛保险代理有限公司灵丘分公司	分支机构	2016.3.7	灵丘县唐河绿洲第四幢 2 层 08 号房	殷海军
山西铁联保险代理有限责任公司	法人机构	2005.7.20	山西省大同市站北街 5 号	高祥凤

第六章　社团组织

社团组织是为了一定目的由一定人员组成的社会团体组织简称，它由一定的组织结构、团体使命和团体章程组成，需要报请主管部门审批、合法登记程序等完成相关流程而成立。大同保险业社团组织仅记述大同市保险行业协会，它是大同市商业保险机构自愿结成的保险行业非营利性社会团体组织，经原中国保险监督管理委员会山西监管局审核同意，于 2007 年 12 月 18 日在大同市民政局注册登记成立。

第一节 大同保险行业协会

大同市保险行业协会是大同市商业保险机构自愿结成的保险行业非营利性社会团体组织。

2007 年 12 月，大同保险行业协会成立，内设综合办公室。会员公司 13 家，其中财产公司 7 家，寿险公司 6 家。

2008 年，会员单位 28 家，其中财产保险公司 13 家，人寿保险公司 9 家，保险专业代理机构 6 家。

2009 年，大同行业协会秘书处内设：综合办公室、产险联络部、寿险联络部、中介联络部 4 个部门。会员单位 27 家，其中财产保险公司 13 家，寿险公司 9 家，保险中介 5 家。

2010 年，大同行业协会秘书处分设两个部门：业务联络部、综合办公室。

2011 年，经山西省保监局与山西省民政部协商，依据《关于山西省保险行业协会大同办事处等 8 个办事处设立的批复》精神，大同市保险行业协会撤销，成立山西省保险行业协会大同办事处。同年，大同保险公司 23 家，保险中介 7 家。

2013年,大同保险市场保险经营主体29家,其中财产保险公司17家,寿险公司12家。

2014 年，大同保险经营主体共有 31 家，其中财产险公司 19 家，人身险公司 12 家。

2015年,大同保险市场市级经营主体共有32家,财产险公司20家,人身险公司12家。

2017年,大同保险市场市级经营主体共有36家,财产险公司20家,人身险公司16家。

第二节　大同保险行业自律组织及协会历任领导

（一）大同保险行业自律委员会设立时间

表 102　　2007—2017 年大同保险行业协会内设专业委员会统计表

时间	委员会名称
2008.4	大同市保险行业财产险专业委员会
2008.4	大同市保险行业寿险专业委员会
2008.4	大同市保险行业中介专业委员会
2010.1	大同市保险行业协会经费审查委员会
2010.1	大同市保险行业协会工作考核委员会
2012.1	大同市保险行业自律工作委员会
2012.9	大同市保险纠纷人民调解委员会

（二）大同保险行业自律组织历任负责人

表 103　　2007—2017 年大同保险行业协会历任负责人一览表

<table>
<tr><th>部门</th><th>姓名</th><th>职务</th><th>任职时间</th><th>备注</th></tr>
<tr><td rowspan="13">行政</td><td>靳连虎</td><td>会长</td><td>2007.12—2008.11</td><td>大同保险行业协会</td></tr>
<tr><td>高铁强</td><td>会长</td><td>2008.11—2011.11</td><td>大同保险行业协会</td></tr>
<tr><td rowspan="3">郭善宏</td><td>会长</td><td>2011.1—2011.4</td><td>大同保险行业协会</td></tr>
<tr><td>会长</td><td>2012.1—2013.1</td><td>大同办事处</td></tr>
<tr><td>副会长</td><td>2013.1—2014.10</td><td>大同办事处</td></tr>
<tr><td rowspan="2">赵万民</td><td>副会长</td><td>2014.10—2016.10</td><td>大同办事处</td></tr>
<tr><td>副会长</td><td>2016.10—2017.6</td><td>大同市保险行业协会</td></tr>
<tr><td>周文军</td><td>副会长</td><td>2017.6—</td><td>大同市保险行业协会</td></tr>
<tr><td>张小平</td><td>副会长</td><td>2007.12—2008.5</td><td>大同市保险行业协会</td></tr>
<tr><td rowspan="3">薛雁翔</td><td>副会长</td><td>2008.5—2011.4</td><td>大同市保险行业协会</td></tr>
<tr><td>副会长</td><td>2011.4—2013.1</td><td>大同办事处</td></tr>
<tr><td>会长</td><td>2013.1—2014.2</td><td>大同办事处</td></tr>
</table>

续表 103

部门	姓名	职务	任职时间	备注
行政	王俊斌	会长	2014.2—2016.10	大同办事处
		会长	2016.10—	大同保险行业协会
	李宝日	副会长	2007.12—2011.4	大同保险行业协会
		副会长	2011.4—2012.1	大同办事处
	王正义	副会长	2012.1—2016.9	大同办事处
	郭俊旗	副会长	2016.9—2016.10	大同办事处
		副会长	2016.10—	大同保险行业协会
	陈世珍	副会长	2014.9—2016.10	大同办事处
		副会长	2016.10—	大同保险行业协会
	王涛	副会长	2007.12—2011.4	大同保险行业协会
		副会长	2011.4—2014.2	大同办事处
	王军	副会长	2014.2—2016.10	大同办事处
		副会长	2016.10—	大同保险行业协会
	王继跃	副会长	2007.12—2009.3	大同保险行业协会
	阎晋泰	副会长	2009.3—2011.1	大同保险行业协会
	李元华	副会长	2011.1—2013.3	大同办事处
	王晋军	副会长	2013.3—2016.10	大同办事处
	董铁军	副会长	2016.10—	大同市保险行业协会
	魏诚	副会长	2009.3—2011.4	大同市保险行业协会
		副会长	2011.4—2015.5	大同办事处
	魏天飞	副会长	2015.5—2016.10	大同办事处
		副会长	2016.10—	大同市保险行业协会
	李永生	副会长	2009.3—2011.4	大同市保险行业协会
		副会长	2011.4—2016.10	大同办事处
		副会长	2016.10—	大同市保险行业协会
	冯晋	副会长	2007.12—2011.4	大同市保险行业协会
		副会长	2011.4—2016.10	大同办事处
	侯建刚	副会长	2016.10—	大同市保险行业协会
	王者成	秘书长	2007.11—2011.4	大同市保险行业协会
		主任	2011.4—2013.6	大同办事处
	郭促	主任	2013.6—2016.10	大同办事处
		秘书长	2016.10—	大同市保险行业协会

第三篇

保险企业经营

企业经营是指企业管理者通过企业内部的生产、技术、经济活动与其外部的环境达成动态平衡的一系列有组织的谋划活动。从本质上来说，它是使企业的产品供给与产品需求实现动态平衡的谋划过程。从概念上讲，企业经营虽然是一种管理，但又有它特殊强调的内容，着重于全方位、宽领域、多层次、立体化的动态性谋划。保险企业的经营活动主要包括产品开发、销售、投保、承保、分保、防灾、理赔及资金运用等环节。在该篇内容里主要记述保险作为商品在保险市场销售中的主体谋划过程。民国元年（1912）以前，大同地区没有发现与保险机构相关的记载。民国元年，虽有永年、金星保险代理之记载，但具体开办业务不详。民国 24 年（1935），交通银行在大同恢复办事处并开始兼办太平保险各种业务。民国 29 年（1940）初，日本侵略者在大同设立伪晋北实业银行总行，在办理信用放款等金融业务的同时强制代办东洋保险公司业务。民国 31 年（1942），山西邮政管理局在南北同蒲铁路 20 余县邮政局内经营人寿保险业务。

20 世纪 50 年代，大同保险事业进入一个新的历史时期。从成立之初开办的火险、运输险两个险种开始，到 1958 年发展到包括人身险在内的 11 个险种。在城市主要开办有财产强制保险、火险、货物运输保险、运输工具保险等，在农村开办有牲畜保险、即试办养猪保险等。中国人民保险公司大同支公司以强制保险和行政命令为主、自愿保险为辅的展业方式，为保障劳动人民之福利，保护国家及社会财产，发展生产、繁荣经济发挥保险积极的作用。

1980 年，随着国内保险业务恢复，大同市保险市场首先开办企业财产保险。1983 年，开办人身保险。其后，保险产品逐步增多，保险市场进一步繁荣。1993 年，中国人民保险公司转换经营机制，积极推进企业化进程。1996 年，根据《中华人民共和国保险法》规定，中国人民保险公司大同分公司实施产险、寿险公司分业经营。同年，大同保险市场引入营销机制，保险业驶入快车道。到 20 世纪末，大同保险市场销售方式经历以产品为导向或者以销售为导向的直销方式、专职代办方式，进入以消费者为导向或者以市场为导向的营销方式、机构代理方式。保险产品更加丰富，服务领域更加广阔，保险成为人们日常生活的必要成本。

进入 21 世纪，大同保险市场保险机构增多，市场竞争日趋激烈，保险发展速度进一步加快，保险密度和保险深度进一步扩大，保险在国民经济中的作用日益凸显。到 2017 年年底，大同保险主体达到 38 家，其中财产保险 22 家、人寿保险 16 家；保险中介机构 5 家，在大同开办业务的中介机构 70 家以上。保险销售渠道有直销渠道、团险销售渠道、个人代理销售渠道、机构代理渠道、保险中介代理渠道、电话、网络销售渠道、交叉代理渠道、专属门店代理渠道等。经营理念经历单纯追求任务模式、重点追求规模模式、重视保险结构模式、追求保险业务价值模式。在险企的不断探索过程中，不仅实现大同险企自身的成长，而且在经济补偿、资金融通和社会管理功能方面也发挥较大的积极作用。

表 104 1997—2017 年大同保险市场保费收入及保险密度和深度一览表

年度	全部保费（万元）	财险（万元）	寿险（万元）	保险密度（元 / 人）	保险深度（%）
1997	23057	12789	10268	76	1.48
1998	25469	13150.2	12318.8	94	1.49
1999	27453.1	12323.3	15129.8	101	1.61
2000	30633.82	13511.62	17122.2	111.15	1.95
2001	37599	14235	23363	132.43	2.21
2002	67096	16322	50774	221.26	3.53
2003	95071	19355	75716	309.24	3.78
2004	114645	25402	89242	370.18	3.79
2005	141106	30253	110853	452.35	3.81
2006	160384	36628	123757	510.58	3.95
2007	180935	49993	130942	572.58	3.7
2008	261773	59721	202052	823.55	4.63
2009	262995	66856	196138	823.09	4.41
2010	304953	96748	208205	954.47	4.39
2011	328597	118695	209902	983.82	3.9
2012	342664	126717	215947	962.54	3.68
2013	372583	145072	227511	1103.98	3.85
2014	407252.92	164673.83	242579.09	1200.66	4.07
2015	492671.6	171673.32	320998.28	1446.31	4.68
2016	564078.12	191323.07	372755.05	1648.44	5.5
2017	664175.81	188906.38	475269.43	1987.12	5.92

表 105　　1997 年、2017 年大同保险市场主要保险指标对比情况一览表

保险指标	1997 年	2017 年
产险机构（个）	1	22
寿险机构（个）	1	16
产险保费（万元）	12789	188906.41
寿险保费（万元）	10286	475269.43
保险密度（元/人）	86	1987.12
保险深度（%）	1.48	5.92
产险密度（元/人）	48	548.76
产险深度（%）	0.82	1.68
寿险密度（元/人）	38	1380.64
寿险深度（%）	0.66	4.24

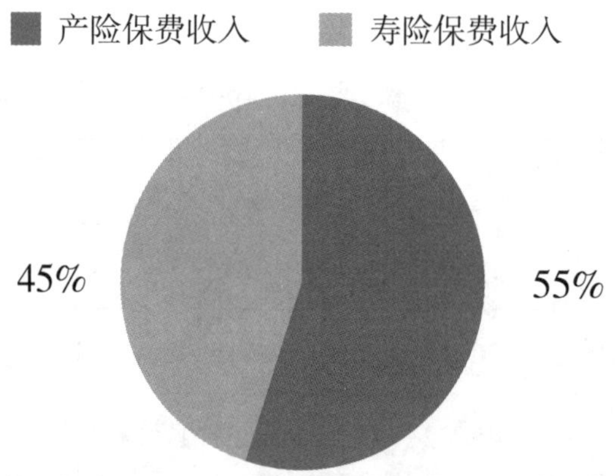

图 1　1997 年大同保险市场产险、寿险结构情况图

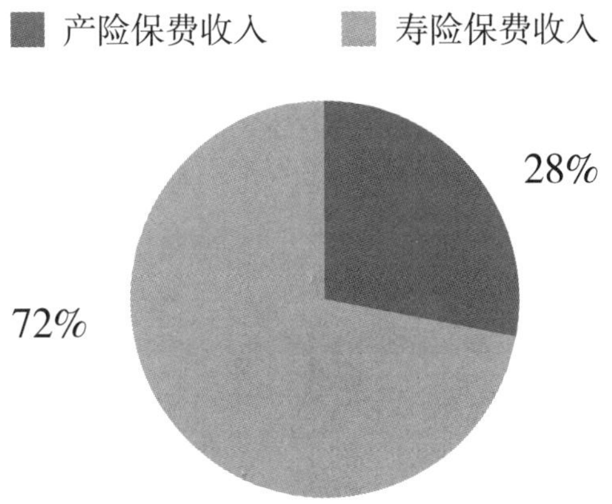

图 2 2017 年大同保险市场产险、寿险结构情况图

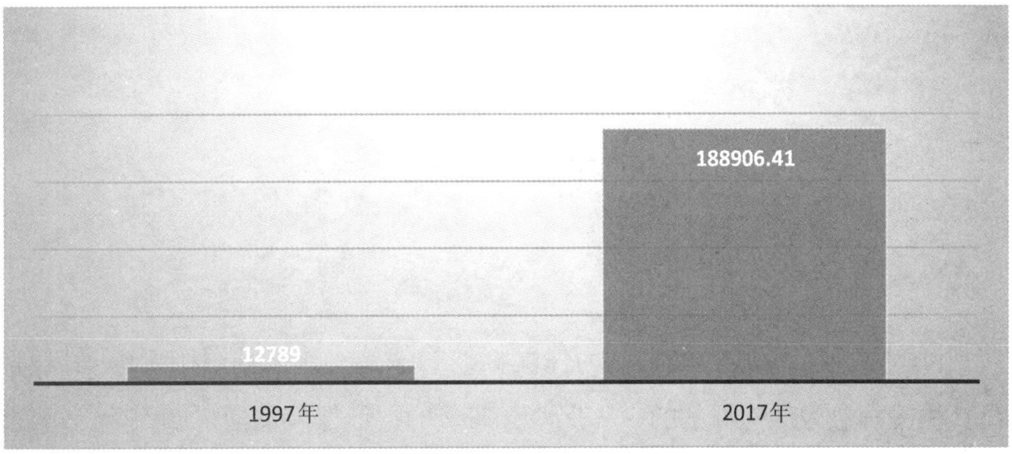

图 3 1997 年与 2017 年大同保险市场产险发展情况对比图（万元）

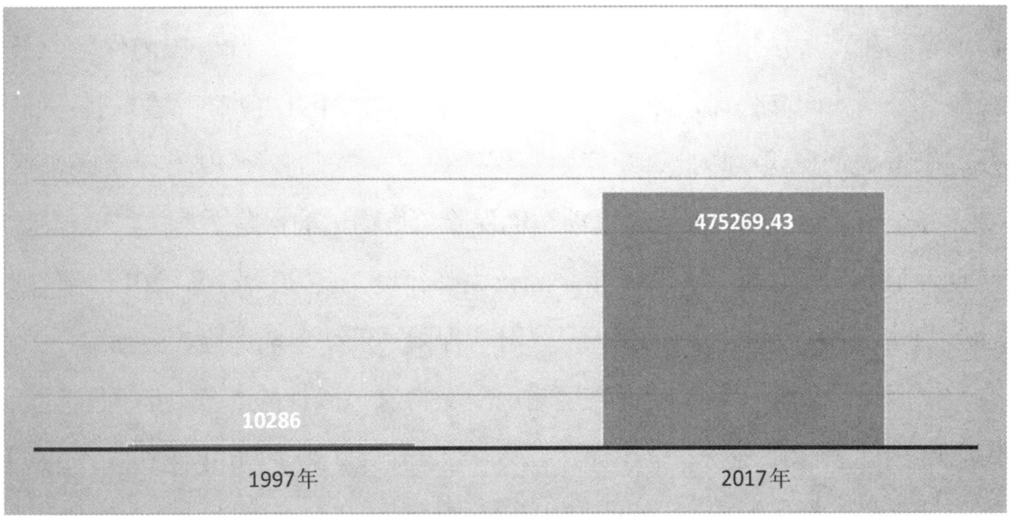

图 4 1997 年与 2017 年大同保险市场寿险发展情况对比图（万元）

第七章 财产保险

财产保险是以财产及其有关利益为保险标的的保险。狭义的财产保险是以有形的物质财富及其相关利益为保险标的的一种保险，广义的财产保险包括财产保险、责任保险、保证保险等。20 世纪 50 年代，大同保险市场先后开办强制企财保险、普通火险、运输保险、汽车保险、牲畜保险、大车保险、职工团体火险、简易火险等 8 类财产保险。其间，收取财产保险费 252.15 万元，支付赔款 126.41 万元。为应对各类自然灾害和意外事故造成的生命财产、生产生活损失发挥重要作用。20 世纪 80 年代，随着国内保险业务恢复，中国人民保险公司大同支公司首先开办企业财产保险，次年开办汽车及第三者责任保险，第三年开办家庭财产保险。以此，奠定财产保险发展的基础。至 1996 年年底，财产保险业务主要开办企财保险、家财保险、机动车辆保险、货物运输保险、其他财产保险 5 大类，全年保费收入 10645.6 万元，为 1981 年（经营完整年度）的 70 倍。至 2017 年，财产保险公司 22 家，开办险种：企业财产保险、家庭财产保险、机动车辆保险、交强险、工程保险、责任保险、信用保险、保证保险、货物运输保险、特殊风险保险、农业保险、健康险、意外险、其他险 14 大类保险业务，全年保费收入 18.89 亿元，为 1996 年保费收入的 17.74 倍，全年全市累计支付各类保险赔款及给付 24.49 亿元。

表 106　　1950—1958 年中国人民保险公司大同支公司保险经营情况统计表

年度	保费收入（万元）	产短险保费（万元）	赔款（给付）支出（万元）	赔款（给付）率（%）	备注
1950	38560.96	38560.96	70.78	0.18	剔除退保因素
1951	25543	25543	5019	19.65	剔除退保因素
1952	133856	133856	21273	15.89	剔除退保因素
1953	143142	143142	20489	14.31	剔除退保因素
1954	232229	232229	12324	5.31	剔除退保因素
1955	316701.29	316672.3	226370.99	71.48	剔除退保因素
1956	448504.45	448463.5	19406.75	4.33	剔除退保因素
1957	628431	628364	106405.7	16.93	剔除退保因素
1958	604933.11	604933.1	853720.67	141.13	剔除退保因素

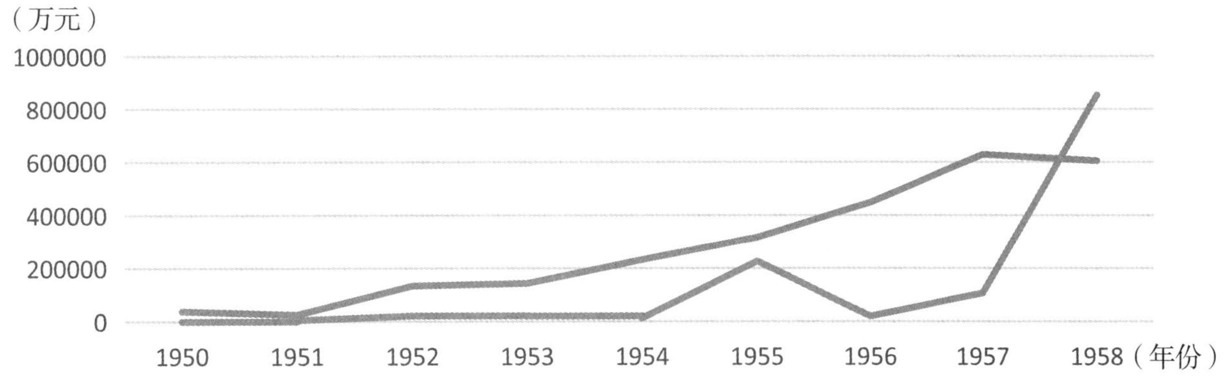

图 5　1950—1958 年中国人民保险公司大同支公司保险经营走势图

表 107　1980—1995 年中国人民保险公司大同市分支机构保险经营情况统计表

年度	保费收入（万元）	产短险保费（万元）	赔款（给付）支出（万元）	赔款（给付）支出率（%）
1980	2.8	2.8	0	0.00
1981	151.73	151.73	19.3	12.72
1982	213.37	213.37	108.84	51.01
1983	306.66	306.66	187.59	61.17
1984	525.73	525.73	476.59	90.65
1985	1285.1	1237.21	624.19	50.45
1986	1746.82	1249.99	611.68	48.93
1987	2727.65	1734.96	981.78	56.59
1988	3581.05	1933.16	1010.22	52.26
1989	4667.85	2776.15	1234.94	44.48
1990	8020.9	3271.1	1633.5	49.94
1991	9157.7	3541.7	4664.4	131.70
1992	16138.3	5025.9	9523.2	189.48
1993	17226.5	7991.5	3994.8	49.99
1994	12368.37	8639.48	3531.49	40.88
1995	14039.2	9900.52	6137.21	61.99

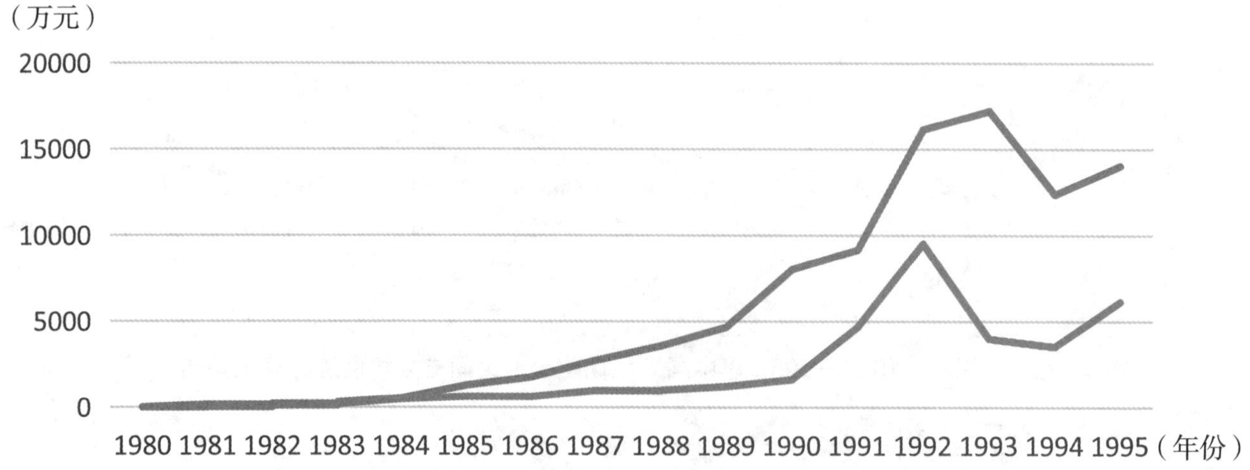

图 6　1980—1995 中国人民保险公司大同保险经营走势图

表 108　　1986—1992 年中国人民保险公司雁北中支保险经营情况统计表

年度	保费收入（万元）	产短险保费（万元）	赔款（给付）支出（万元）	赔款（给付）支出率（%）
1986	1114.52	1046.16	548.44	52.42
1987	1809.85	1386.31	1031.18	74.38
1988	2299.88	1543.2	1106.14	71.68
1989	2106.56	1445.55	1814.02	125.49
1990	2453.9	1701.4	733.3	43.10
1991	2950.4	2016	2577.8	127.87
1992	4810.6	2703.4	2463.4	91.12

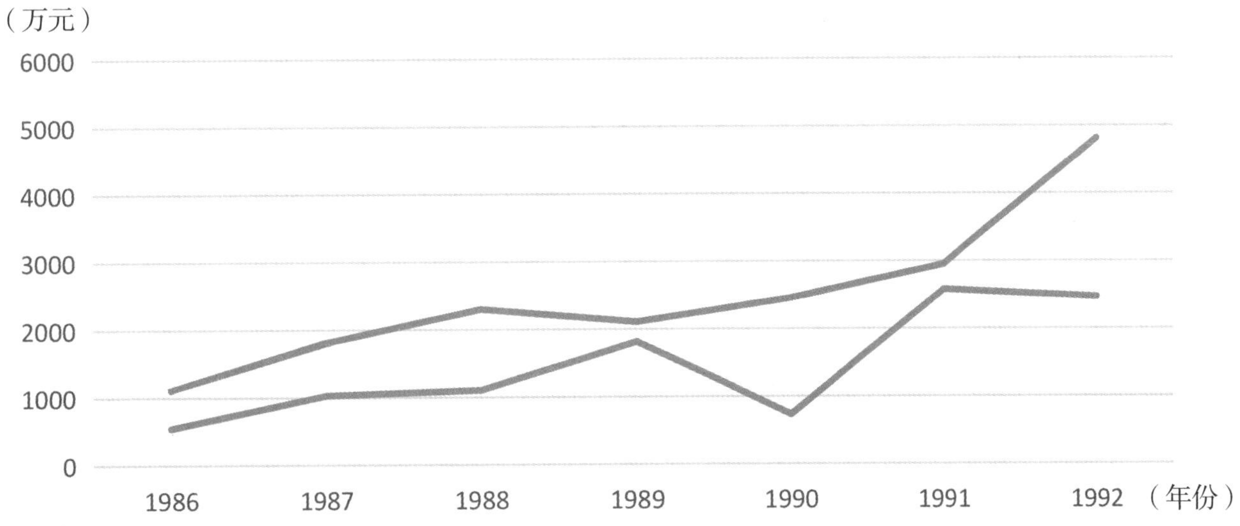

图 7　1986—1992 中国人民保险公司雁北保险经营走势图

第一节　企业财产保险

企业财产保险简称“企财险”，是财产保险的主要险种，它是以各类工商企业以及其他经济组织、机关事业单位等存放在一定地点、一定状态的固定资产、流动资产以及与企业经济利益相关的财产为主要保险对象的。

1950年12月1日，中国人民保险公司察哈尔省分公司大同支公司成立。各种保险业务从无到有、由点到面，并随着整体国民经济的恢复而迅速发展。1951年2月3日，中央人民政府政务院颁布《关于实行国家机关、国营企业、合作社财产及旅客强制保险的决定》，规定“国家机关、国营企业及合作社因保险而支出之费用，准予编入预算报销，或列入成本计算”。同时“指定中国人民保险公司为办理强制保险的法定机关”。同年4月24日，中央人民政府政务院财政经济委员会颁布《关于颁布财产强制保险条例的命令》，对中国人民保险公司拟定的《财产强制保险条例》等6个条例核定准予公布施行，中国人民保险公司大同支公司在当地党政部门支持下，有计划、有步骤地开展工作。全年强制保险承保154户，签单961份，收取保费2.37亿元（旧币），赔款支出8.7万元（旧币）。企业财产保险起源于火灾保险，因此，又把“企业险”称作“火险”，它包括普通火灾保险和公民财产保险两种。中国人民保险公司大同支公司开业之初，为了适应迅速发展的需要，按照总公司统一的普通火灾保险办法，扩大传统火灾保险责任范围，降低传统火险计提费率，增加传统火险理赔责任，火险业务快速推进。1951年私企火险承保886户，签单977份，收取保费6367.04万元（旧币）；公企火险签单193份，收取保费8599.96万元（旧币）。

1953年3月，中国人民保险公司第三次全国保险会议在北京召开，会议总结前期工作经验、成败得失，反省业务方针、政策和具体做法，提出1953年的工作精神是“整顿城市业务，停办农村业务，整顿机构，在巩固的基础上稳步前进”。对于城市业务，会议认为国家机关财产强制保险和基本建设工地强制保险因保费系由国家预算支付，要停办，对于其他国营企业（包括合作社）的强制保险，仍应积极办理，其他保险业务要按：对生产有无积极作用、群众是否需要与自愿、是否符合经济核算的三条原则，划分巩固、收缩、停办三类进行整顿。对于农村业务，决定立即停办当前并非迫切需要的保险业务。中国人民保险公司大同支公司以总部会议精神为指导，要求集中力量做好财产强制保险，并要以城市的工厂、仓库、房屋为主要对象，在贯彻保险自愿原则的前提下开展火灾保险业务。当年，中国人民保险公司大同支公司财产强制保险保费收入13.29亿元（旧币），退保34235.06万元（旧币），实际保费收入9.87亿元（旧币）。

1954年，中国人民保险公司大同支公司继续贯彻总公司第三次全国保险会议精神，坚持整顿城市业务，全面停办农村业务，稳步推动扎实业务。在强制保险业务方面，对190家单位进行保险和防灾专项检查，发现有少保、漏保和承保手续方面错误的，及时给予纠正；在自愿火险方面，重点抓业务质量管理，对原定保险合同进行检查和修订，减少账册不清与保险责任不明，克服对私营企业费率从低和缴费期从宽的迁就做法，明显提高承保质量。当年，强制保险超额完成3.48%，自愿火险超额完成4.8%。

1955年，中国人民保险公司大同支公司根据全国保险第三次工作会议提出的工作要求：停办部分国营企业强制保险业务，重点恢复农村保险业务，稳步推进城市保险业务。中国人民保险公司大同支公司自1955年起，停办铁路、粮食、邮电、地质、水利、交通6个系统的财产、铁路车辆和船舶强制保险。火险主要承保对象仍是各种形式的国家资本主义工商业、私有工商业、手工业合作社和手工业者的财产。当年强制保险同比增长38.28%。

第五次全国保险工作会议于1956年2月19日在北京召开，该会议是在全国农村合作化的高潮中召开的，当时全国农业合作化运动迅猛发展，出现整乡、整区实现农业合作化的现象，城镇中手工业、资本主义工商业的社会主义改造也进入高潮，手工业走上合作化的道路，资本主义工商业实行全行业的公私合营，对其财产实行全方位的强制保险成为该时期的主要任务。中国人民保险公司山西省分公司根据总公司下发的《关于手工业生产合作社及公私合营企业保险问题的通知》，对手工业生产合作社及公私合营企业的财产按照强制保险实施细则草案第一条办理，加入合作社的手工业和私营企业的火灾自愿保险由此转为财产强制保险。1956年强制保险同比增长31.24‰，1957年同比增长47.63%。

1958年，中国人民保险公司大同支公司根据全国保险会议关于城市业务要积极发展公民财产保险，继续办理国营企业财产保险的精神，按照山西省分公司修订后的《财产强制保险条例》，简化承保手续，扩大责任范围，继续对国营企业的财产办理强制保险，同时将定息的公私合营企业列入强保范围之内，并积极争取按账面实际价值承保，尽量保足保全。主要采取的措施：一是主动与保户联系，及时做好年、季、月续保换单工作；二是贯彻承保验险与保后检查方针，做到不少保，不漏保及正确厘定费率；三是新增单位与新增财产，做到及时办理保险手续；四是条例的局部修改，通过出面和会议方式宣传与解决有关问题，以便扩大保险影响；五是属于应保又可不保的财产，应具体宣传，任保户自由选择；六是不能及时保险的财产，为使保险责任不致中断，以合同协议等方式补救解决；七是在上年度保费规模基础上，适当增加保费规模，增长幅度为9.98%。同年12月，武汉全国财政会议正式作出决定：立即停办国内业务。

表 109　　1951—1957 年中国人民保险公司大同支公司强制保险、火险经营情况表

单位：元

年度	项目	经营
1951	保费	23446
	赔款	9
	赔付率（%）	0.04
1952	保费	80366
	赔款	11393
	赔付率（%）	14.18
1953	保费	94913
	赔款	9.64
	赔付率（%）	10.16
1954	保费	160185
	赔款	9119
	赔付率（%）	5.69
1955	保费	221508.16
	赔款	213717.26
	赔付率（%）	96.48

续表 109

年度	项目	经营
1956	保费	290698.88
	赔款	2004.06
	赔付率（%）	6.89
1957	保费	429158.06
	赔款	52725.96
	赔付率（%）	12.29

1980 年，山西省财政厅、中国人民银行山西省分行、中国农业银行山西省分行联合转发中国人民银行、财政部、中国农业银行《关于恢复办理企业财产保险的联合通知》（简称《通知》）。9 月 1 日，刚启动的中国人民保险公司大同支公司根据《通知》精神，按照中国人民保险公司总公司 1979 年 9 月 12 日颁发的《企业财产保险条款》开办企业财产保险业务。展业方式主要依靠中国人民银行和中国农业银行在当地的机构，结合信贷资金的投放，协同中国人民保险公司动员企业投保。从 9 月 1 日首份承保大同市色织厂开始到年底，全市共承保工商企业 4 户，保险金额 1113 万元，保费收入 2.8 万元。

1981 年 2 月 20 日，中国人民保险公司大同支公司在大同矿务局召开企业财产统保宣传动员会。3 月 1 日，大同矿务局部分企业财产按净值投保，收取保费 70 万元。9 月 16 日，中国人民保险公司山西省公司下发《关于降低企业财产保险费率的通知》，对工业企业按风险不同进行级别档次调整，由原定的五级档次改为六级，保险费率下降幅度达 20%—30%。11 月 3 日，中国人民保险公司山西省分公司下发《函复关于降低企业财产保险费率后统保优待的掌握》，对统保、防灾和续保作了统一规定。4 日，山西省人民政府以晋政发〔1981〕220 号《批转人民银行省分行关于发展我省保险事业的报告》，同意各级人民政府要加强对保险工作的领导，政府各级主管部门均须要求所属企业、机关、团体和事业单位积极参加保险。中国人民保险公司大同支公司企业财产保险在该基础上，逐步扩大服务领域。到年底，收取保费 124.7 万元，赔付支出 1.8 万元，简单赔付率为 1.44%。

1982 年，中国人民保险公司大同支公司对全年财产保险制订计划，重点对国家驻大同企业、雁北驻大同和大同市大型企业进行全部或大部承保。5月，中国人民保险公司山西省公司下发《关于以厅、局、公司为一个投保单位进行统保业务几个具体问题的处理意见》。7月，中国人民保险公司大同支公司在全市推行中国人民保险公司总公司颁发的新的《企业财产保险条款》，但保费进度始终落后时序进度。第三季度，中国人民保险公司大同支公司调整措施，深入实际，调查研究，开展业务分析活动，分片包干与银行信贷密切配合。到本年底，收取企财险保费134万元，同比增长7.13%。

1983年，中国人民保险公司大同支公司改进承保办法，开始在全市推广原值承保方式。6月8日，中国人民保险公司山西省公司下发《关于商业、供销系统财产保险附加盗窃险特约条款与费率》的通知，增加企财险责任范围。7月12日，与山西省财政厅联合下发《关于企业财产保险实行“无赔款续保优待办法”的通知》，并通过委托银行信贷部门代办保险业务。当年企财险保费收入174.3万元，赔款支出68.5万元，简单赔付率为39.3%。

1984年，国务院批转《中国人民保险公司关于加快我国保险事业的报告》，国内保险业进入良好的发展环境。中国人民保险公司大同中支抓住机遇，全面推动保险宣传。在企财险方面，突出《国营企业成本管理条例》的宣传，强调保险费可以列入成本的政策规定。不仅扩大企业险的承保面，又实现保全保足。使一些长期没有参加保险的企业参加保险，或由原来按净值投保的企业改为按原值投保，部分投保改为全部投保。当年收取保费221.6万元，同比增长27.14%。

1985年，中国人民保险公司山西省分公司与山西省工商局、个体劳动者协会联合转发中国人民保险公司总公司、国家工商管理局《关于大力开展个体工商户和合作经营组织保险业务的通知》，要求全省大力开办个体、工商业户和合作经营组织的保险业务，并对其投保按企财险条款和费率规章执行，2月份开始，正式在全省开办个体工商户财产保险。中国人民保险公司大同中支重视保险资源分析，全市2.4万户企事业单位选择重点企业，年底承保864户。6月，中国人民保险公司大同中支在雁北地区和大同市郊区试办乡镇煤矿财产保险附加煤矿工人意外伤害保险。半年时间，共承保煤矿155个，占可保资源的86.4%，其中左云县31个煤矿全部参加保险。当年，企财险保费收入308.7万元，同比增长39.3%。

1986年，中国人民保险公司山西省分公司与山西省财政厅联合下发《关于对我省地方国营企业全部实行财产保险的通知》，同时对保额在1000万元以上的企业建立防灾档案，配备防灾设备，对安全生产好的企业，返还无赔款优待并在费率方面给予优待。中国人民保险公司大同中支充分利用宽松的政策环境，提出企财险展业思路“西瓜要抓，芝麻也要捡”。当年，承保驻大同大型企业之一大同矿务局井下企财保险，签订曾经宣传多次之前未投保的大同水泥厂企财保险。当年，中国人民保险公司大同中支收取企财险保费597万元，同比增长93.4%。年初中国人民保险公司雁北中支根据雁北区自身特点，确定企财险当年的工作方针是抓企财小户与企财大户相结合，工作精神是“抓企财小户不怕麻烦、丢面子，抓企财大户不怕伤脸皮、碰钉子”“不怕单位穷，只要跑得勤”。工作重点和工作方向是按照1985年、1986年两个一号文件指出的积极发展农村保险事业的精神，针对雁北地区乡镇企业迅猛发展的实际，主动积极地为乡镇、村办煤矿开办企财险和井下矿工人身保险，为增强企业活力和承包责任制的兑现承担风险。同年9月，中国人民保险公司雁北中支会同雁北行署财政局联合转发省财政厅、省分公司《关于对我省地方国营企业全部实行财产保险的通知》，在全区打一场地方国营“企财险战役”，承保新客户287个（其中区直企业承保30个，承保面82%），收取保费181.2万元，取得“企财险战役”的大胜利。当年，中国人民保险公司雁北中支共收取企财险保费285.4万元，完成年度计划的139.22%。

1987年，中国人民保险公司大同中支继续巩固地方国营企业、乡镇企业以及驻雁同地区中央企业财产保险，拓展新的保险领域。开办古建筑、高档商品、贵重仪器附加盗窃保险。10月16日，中国人民保险公司山西保险分公司联合山西省化学工业厅下发《关于化工企业积极参加财产保险的联合通知》，通知指出：省地市县化工企业，都要将其全部财产向当地保险公司投保企业财产保险及相关规定。当年收取企业财产保险费938.1万元，同比增长57.1%。中国人民保险公司雁北中支年初工作会议之后，决定成立两个指导小组，领导带队，科室分片，深入基层，指导帮助。各县支对保费指标普遍进行不同形式的纵向分解，横向承包，落实到股，确定到人。其中，应县采用从承保到理赔一竿子插到底的承包形式，山阴采取逐季逐月保持进度的承包形式。当年，雁北中支企财险保费收入达401.4万元，同比增加40.64%。

1988年，国内大部分全民所有制企业实行承包制，并进入发展和完善阶段。为适应企业深化改革的需要，确保两权分离后国有资产的安全，中国人民保险公司山西省分公司会同山西省体改办、省经委联合下发关于承包、租赁企业参加保险的通知，要求企业的全部财产参加保险，并列入承包合同中。5月24日，中国人民保险公司省公司联合山西省农牧厅、公安厅、交通厅、农机局、电力局发出通知，要求各地积极开展麦场火灾险，确保麦收安全。当年，中国人民保险公司大同中支承保企业538户，收取保费986.2万元，同比增长5.1%；雁北中支承保企业1007户，收取保费443.8万元，同比增长10.56%。

1989年，中国人民保险公司大同中支根据总公司颁发的企财险新条款，大力推广固定资产按重置重建价值或按原值加成投保的办法，力争保全保足。经省公司同意，大同中支对大同矿务局15个煤矿及机电公司井下设备进行试保，承保金额13亿元，收取保费190.3万元。为扩大承保面，根据保户的不同需求，开设企业财产附加盗窃险、利润损失险。同时对投保以来未发生大赔案的大中型企业继续实行无赔款安全优待优惠政策；对一些产品对路效益好、有偿付能力的、只是暂时资金周转不开的企业，在不违反“十不贷”政策的前提下，给予短期借贷，以扶持企业正常生产经营。当年，企业财产保费收入1107.2万元，超额完成当年计划任务。雁北中支企财险思路：城市企财险业务求巩固发展，地方企财险业务求“一户多保”，农村企财险业务求保足保全。城市业务重点是对大、中企业继续在费率和无赔款优待方面采取适度优惠政策，地方企业重点要依靠当地政府支持，农村企业重点要重视承保质量。当年雁北中支收取企财险保费285.9万元。

1990年，根据国家调整产业结构的政策要求，中国人民保险公司山西省分公司对全省必保的150个大中型企业，逐户给予落实，全面提供保险服务。同时按照国家产业政策，对乡镇企业尽可能地提供急需的保险服务。中国人民保险公司大同中支根据省公司精神，把抓重点、强骨干、保全保足列为发展业务第一决策，中国人民保险公司大同各分支机构排队摸底，将大同37家中央企业全部承保，收取保费555.8万元，占全市企财险总收入的57.09%。中国人民保险公司雁北中支将企财险业务同其他两个险种（运工、家财）纳入该区重点业务管理，形成从计划、销售、承保和理赔各个环节的制度化、规范化、专业化和科学化。当年，中国人民保险公司雁北中支承保各类企业1093户，承保财险保额达到17.9亿元，比1986年承保保额1.4亿元增长11.79倍。

1991年，中国人民保险公司山西省分公司根据山西省煤炭业的实际情况，经中国人民银行山西省分行核准备案，推出《煤矿财产保险条款（试行）》及附加《成品煤自燃保险特约条款》。中国人民保险公司大同中支企财险业务继续“挖潜拓新”，中国人民保险公司大同中支关注重点支公司，如大同新平旺办事处。各支公司关注重点承保企业，在巩固的基础上求发展。当年中国人民保险公司大同中支收取企财险保费收入

1570万元,同比增长16.2%。中国人民保险公司雁北中支企财险主要贯彻省体改办、经委、财政、国有资产管理局和省保险公司联合下发的文件精神，着重解决保全保足、加成承保和按期续保的问题，特别是对5个必保企业及时提供保险服务。当年，雁北中支企财险保费收入486.9万元。

1992年，中国人民保险公司山西省分公司制定《为进一步搞好国有大中型企业提供保险配套服务的若干意见》，内容包括保全保足、费率优惠、分期付费、无赔款优待、增强防灾能力、帮助企业贷款、为企业推销产品等，以优质服务参与竞争。同时通过加强网点建设，实行新险种开发奖励政策，大力发展分散性业务，扩大保险的服务领域。中国人民保险公司大同中支在企财业务销售管理上遵循中支提出的“六字”战略，在“早”和“争”上下功夫，在“新”和“活”上做文章，在“实”上见落实，在“和”上观效果。当年收取保费2265.6万元，同比增长44.3%。中国人民保险公司雁北中支提出：业务发展的重点，业务发展的重心，业务主攻的方向。做好城市大、中型企业保险服务是重点，拓展分散性业务是重心，保全保足乡镇企业是主攻方向。当年，雁北中支收取企业财险保费421.62万元。

1993年1月，大同市人民政府转发《关于进一步加强保险工作的意见》。7月6日，雁北、大同中支合并为中国人民保险公司大同市分公司。上半年大同、雁北两家中支明确业务重点，制定实施方案，全员动员、层层分解，各项业务包括企财业务均完成突击月预订目标。两家合并后，在企财险业务上攻坚克难，有的放矢。如大同矿务局在经营刚刚回暖的状况下，及时制定保险方案，人保大同市分公司收取企财险保费876.4万元；在大同二电厂准备放弃续保合同的情况下，公司又拿出多个承保方案，使保单实现续约；恢复国内业务以来一直未参加保险的市邮电局、自来水公司、雁同电力三个公司，终于在人保大同市分公司多次努力公关下，收取保费50万元。地市合并当年，中国人民保险公司大同分公司收取企财险保费2222.9万元，同比下降1.88%。

1994年，中国人民保险公司山西省分公司经人民银行批准在全省开办财产保险一切险，承保由于自然灾害造成的损失，也承保由于意外以及员工操作不当所造成的损失。3月8日，中国人民保险公司大同市分公司制定企业财产保险工作原则，坚持巩固、挖潜、扩新。要抓好大、中型骨干企业续保，要重点在“三新”（新险种、新领域、新保户）、“三户”（小户、散户、个体工商户）上有进展，在大力开展新险种上求新突破。当年，中国人民保险公司大同市分公司企财险保费收入2210万元，同比下降0.58%。

表 110　1980—1994 年中国人民保险公司大同、雁北支公司企财险保费收入统计表

年度	大同中支保费收入（万元）	雁北中支保费收入（万元）
1980	2.8	
1981	124.7	
1982	134	
1983	174.3	
1984	221.6	
1985	308.7	
1986	597	285.4
1987	938.1	401.4
1988	986.2	443.8
1989	1107.2	285.9
1990	973.55	
1991	1570	486.9
1992	2265.6	421.63
1993	2222.9	
1994	2210	

1995 年，中国人民保险公司市大同分公司企财险业务贯彻年初战略思想，经过首季“开门红”动员，半年“时间过半任务达 60%”的会战，四季度“提前完成任务”的收官战役，当年完成计划任务的 106%。其中财产险保费收入 2435.4 万元，同比增长 10.2%。

1996 年，中国人民保险公司大同分公司完成机构改革，根据《中华人民共和国保险法》规定，实现产、寿险分业经营。分业之后的中保财险大同市分公司围绕稳定思想、排除干扰、恪尽职守基础工作这一中心，提出“十个到位”和“六个服务”的要求，企财险业务稳定发展。12 月 1 日，中保财险大同市分公司按照总公司新颁布的《财产保险基本险》《财产保险综合险》条款及其《财产保险基本险附加险条款》等 13 个附加险条款（次年 2 月后执行）及时开展学习和宣导。新条款发生较大的变化，将原企业财产保险条款细分为财产保险基本险和财产保险综合险两个条款，并从保险

标的范围、保险责任、责任免除、保险金额和保险价值、赔偿处理、被保险人义务6个方面进行详细的解释，对粗放单一的条款进行初步细化。主要特点是剔除地震责任和费率的调整，中保财险大同分公司按照省分公司建议，在市场上主要向客户推荐保障范围较大的《财产保险综合险》条款承保新业务，新产品短时间就得到市场认可。当年，中保财险大同分公司企业财产险保费收入1.06亿元。

1997年，席卷亚洲各国的金融风暴历时4个多月，对亚洲各国和各个产业都造成重大影响。中保财险大同分公司在外部经济环境并不宽松的状况下，树立全新的发展理念，始终坚持速度与效益相统一的经营原则，深化改革、调整结构。在业务发展上，按照“抓大促小，分类指导”的方针，重点向市区和经济条件好的县区转移；在人力资源配置上，向业务第一线倾斜；在险种结构上，大力培育新的经济增长点；在服务方位上，把业务发展和服务的重点向效益好、有后劲的国有大型、中型企业倾斜。据统计，大同矿务局、大同第二发电厂、大同热电厂、山西化工厂、大同机电厂和大同自来水公司等单位的企业财产保险有效可保资源占全市的80%以上。中保财险大同分公司经过多次沟通、协商、交流、谈判等数次公关解决投保中间的问题，中保财险市、区、所三级公司从领导到销售人员，目标一致，众志成城，五上北京、南下上海，走访9个部门，召开49次业务洽谈会议，取得满意效果：大同二电厂在华北电力已经统保的情况下单独投保中保财险；大同矿务局在财务困难的情况下，首次交纳保险费550万元；山西化工厂在产品销售滞后，资金周转压力较大的背景下，贷款交纳保费46万元；大同热电厂、自来水公司等单位在巩固原有业务之外，又扩大投保范围。当年，中保财险大同分公司企业财产保险保费收入1.27亿元。

1998年，中保财险大同分公司在企财险经营上，抓大保户、大企业，重点做好巩固老阵地、老保户的工作。在大同矿务局承保上突出“勤”和“情”字，市公司领导率先垂范，牺牲休息时间，进矿山，入棚户，苦口婆心，动员说服，在大同矿务局16个矿井半数停产、20%职工转岗情况下，收取企财险保费1300万元；在其他单位如山西省化工厂、新大钢铁股份有限公司、大同一电厂、大同自来水公司、大同邮电局等单位，中保财险用“专”和“诚”字巩固合作关系；从新承保的大同ABC中外合资铸造公司、大南煤站、煤经处三大保户收取113万元，中保财险凭借“早”和“细”字，扩大业务增长点。抓大公司、大单位，重点做好矿务局、南城、北城、新建路、南郊和御河路6个支公司，实行“两个转移和一个放开”，即把业务发展的思路重点转移到市区和经济条件较好的县（郊）区，把谋发展、求效益的重点转移到市场繁荣的市区，放开对地处偏僻地区的困难县（郊）区，不增任务，关注利润，从政策上引导这些公司自食其力，鼓励、帮助、提高创收能力。当年收取企财险保费2883.5万元。当年，太平洋保险公司大同中支开始进入大同保险市场，积极拓展业务，开拓服务领域，在企财险市场初露锋芒。先后承保大同市第三人民医院大型医用设备企业财产综合险、大同新华书店企业财产综合险、大同市云岗啤酒集团企业财产保险等。

1999年，东南亚各国还没有从金融风暴的眩晕中清醒过来，中国的表现让人充满期待，在各项刺激经济的措施逐渐发挥作用的黎明前，还有一段黑夜需要忍耐。作为大同支柱产业的煤炭行业大多关井压产，全市各类煤矿关井300多座，限产达1587万吨，产值直接下降达19.75亿元，加上外欠资金35亿元，直接影响大同经济发展。铁路、公路货物运输，其他轻重工业均受到很大影响。居民购买力虽然在不断调整，但内需拉动仍显不足，大同经济形势还没有走出低谷。大同保险业面对当时形势，力争主动。中保财险大同分公司根据省分公司提出“求生存，求发展，上人均，增效益”的业务拓展精神，强化管理，深化改革，抓续保业务，抓重点公司，抓新业务增长点。当年，企财险保费收入达2685.6万元，完成年度计划的89.52%，赔款支出1893.3万元，赔付率达70.5%。太平洋财险大同中支继续开拓市场，承保领域不断扩大，承保山西三九同达药业有限公司企业财产基本险，收取保费1万元；承保大同市同振药业，收取保费3.3万元；大同市同领药业企业财产综合险，收取保费1.4万元；云岗焦化厂投保企业财产综合险，收取保费2.4万元。年内企财险保费实现74.8万元。

2000年，大同市委、市政府提出以调整经济结构为中心的经济战略，制定搞好国有大中型企业的一系列政策，确定全市生产总值的增长比例、固定资产投资和社会消费的零售额增长，为保险的发展创造良好的宏观环境。中国人民保险公司大同分公司在体制上抓好两项改革，一是全面推行以减员增效为重点的三项制度改革，干部实行聘任制、员工实行同岗同酬、分配重点考核“贡献度”；二是实行联企联户责任制，即经理室承包大户、重点户，员工承包小户、分散户，建立直销、代理、营销等多种方式立体展业制度。当年，企财险保费收入2841.6万元。太平洋财险大同中支丰富财产险产品，扩大市场需求，承保大同市矿务局非煤企业的财产保险，收取保费95.68万元；以企业财产综合险和机器设备损坏险承保大同吉利活性炭厂、大同树脂厂，使机器损坏保险成为公司企财险重要产品。

表 111　　1995—2000 年大同市企财险业务经营情况表

年度	保费收入（万元）	赔款支出（万元）	赔付率（%）
1995	2435.4	1562.4	64.2
1996	2688.2	1736.1	64.6
1997	2760	1809	65.54
1998	2913.1	2008	68.93
1999	2759.3	1936.9	70.2
2000	3009.02	2131.07	70.82

2001 年，大同保险业迎来新千年的第一缕曙光。中国人民保险公司财险大同分公司首先紧紧守住大同大中型企业主阵地，建立和完善保费在 10 万元以上的大企业、大客户台账和客户经理责任制，顺利完成同煤集团、大同一电厂、大同二电厂、山西化工厂、山西机车厂、自来水公司等大客户的新保和续保工作。其次，注重信息公关，积极稳妥地做好非国有经济，包括各种形式的集体经济、个体经济、私营经济的承保工作。与上年同期相比，增加客户 135 户，个体工商户同比增加 108 户。再次加强同相关部门的联系，及时掌握保险项目信息，加大对飞机场、水煤浆等大型项目的公关力度，并取得阶段性突破。当年，在克服和消化一些不良因素的情况之下，仍然达到预期目标，收取企财险保费 1344 万元。太平洋财险大同中支加大续期业务与新保业务的考核力度，建立与邮政、银行等企业的合作关系，实施多渠道、广代理策略，实现低成本扩张。当年，企财险保费收入 184 万元。

2002 年，大同市委、市政府把经济工作的重点转移到民营企业、带动县域经济发展上，明确提出“3122”规划（10 个工业潜力产品项目、10 个农业产业龙头企业、10 个旅游景点项目、20 个高新技术产业化项目、20 个资源及加工项目）。中国人民保险公司财险继续巩固三项制度改革成果，完善大项目公关机制，创新销售队伍管理办法，在企财险续期业务和新增业务上取得较好成绩。当年，企财险保费收入达 1603.9 万元。太平洋财险大同中支与大同矿务局深度合作，收取保费 143.94 万元，成为公司承担保额最大、交纳保费最多的客户，走出一条开办企财保险的新路。

2003 年，中国人民保险公司财险大同市分公司在企财险方面的主要策略：一是抓好“黄金客户”公关工作，对于大业务、大客户、大项目，总经理室成员进一步责任到人，并同基层一道走访慰问，共同攻关，确保承保的主动权；二是进一步细分客户，剔除多年赔付率居高不下的承保标的；三是积极地、大力地进行业务结构的调整，重视分散性业务。当年，企财险保费收入 1118 万元。太平洋财险大同中支根据总公司《关于 2003 年业务结构调整的指导意见》，积极利用费用杠杆作用，促进业务发展，承保山西大同热电有限公司的财产综合险业务和机器损坏险业务，年合计保费为 25 万元。同年 6 月，永安财险大同中支进入大同保险市场，将企业财产目标市场确立为工矿企业、商场以及私营企业。10 月，平安财险大同中支以企业财产损失保险开始在大同保险市场承办企业财产保险服务。

2004 年，中国人民保险公司财险大同市分公司积极实行差异化费用率，制定严格考核办法，营造非车险发展的政策环境。同时，加大产品开发和推广力度，挖掘非车险新的业务增长点。当年，企财险保费达 1328 万元，同比增长 18.6%。太平洋财险大同中支实施费用倾斜政策，企财险业务收到明显效果，当年承保大同市地方税务局财产综合险，收取保费 8.9 万元；承保山西省灵丘县锰业有限公司财产综合险业务，收取保费 6.33 万元；承保灵丘县水泥厂财产综合保险、大同市第三人民医院财产综合险、阿拉宾度（大同）生物制药有限公司等。

2005 年，中国人民保险公司财险大同市分公司通过完善大客户资料信息，规范招标、投标流程，建立承保大项目的信心、决心、办法和实力。发展大型商业保险业务是当年中国人民保险公司财险一个显著的特点。在国家重点工程项目——大同二电厂二期工程企财险激烈的竞争中，南城支公司经理赵利斌赴北京、跑省城，与国电电力大同发电有限责任公司进行多次接触和谈判，凭借中国人民保险公司财险实力和信誉，赢得竞争主动权，收取企财险保费 236 万元。此外，同煤集团、国电电力有限责任公司、山西大同热电有限责任公司、山西合成橡胶有限责任公司等大项目也顺利实现续保。在年末岁首，公司经多方努力，承保大同铁路分局万通集团乾安燃油开发有限公司财产险及附加机损险，签单保费 151 万元。太平洋财险大同中支围绕提高公司整体销售能力下功夫，在大项目、大企业、大业务上发力，先后承保大同鹊山精煤有限公司财产综合险，收取保费合计 5.53 万元。大同水泥股份有限公司财产综合险，收取保费 8.24 万元。承保企业财产保险的企业还有大同市国家税务局、大同市卫华药业有限责任公司、大同市新江南酒店有限责任公司、山西省煤炭运销总公司大同分公司、大同市第二汽车贸易中心、中国兵器工业集团第七零研究所等，收取企业综合财产保险费均在数万元以上。同年1月，天安财险大同中支入驻大同，并开始营业。10月，大地财险大同中支入驻大同，首年即以企业财产损失保险承保3家企业，收取保费5.8万元。

2006年，中国人民保险公司财险大同市分公司把“立足长远、统筹安排、集中突破、全面提升”作为非车险发展思路，充分利用中国人民保险公司财险山西省确立的“重大项目年”有利时机，整合力量、加大投入，力争在大项目上再有所突破。太平洋财险扩大企业财产险拓展领域，加深同大型、中型及小型企业合作，成为非车险的主打险种，年内承保大同同星抗生素有限责任公司、中国人民银行大同市中心支行、大同市华昌化工有限公司、浑源县粮食直属库等。承保大同所有银行运输现金途中的风险即现金保险，收取保险费4.2万元。

2007年，中国人民保险公司财险大同市分公司根据中国人民保险公司山西省分公司下发的《大型商业风险保险展业启动基金管理办法》《2007年度财产保险异地业务竞回业务奖励办法》《大型商业风险业务管理办法》《大客户档案管理制度》等一系列文件精神，以大型商业风险业务为主导，以建立“大服务”格局为基础，以加强业务知识学习、培养一批专业化的营销队伍为根本，使企财险业务健康发展。当年中国人民保险公司财险大同市分公司企财险业务收取保费达2367.76万元。太平洋财险大同中支建立新的企业保险合作伙伴关系，主要有大同新高山能源有限公司、大同市永和美食城、大同市云威矿药有限责任公司、大同卡尔本碳素有限公司、山西大唐国际云冈热电有限公司、大同市五洲大酒店有限责任公司、阿拉宾度同领（大同）药业有限公司等。同年，华安财险大同中支进入大同保险市场。

2008年，中国人民保险公司财险大同市分公司给予非车险业务资源整合、费用倾斜的激励政策，大力支持业务发展。针对企财险业务的发展，中国人民保险公司大同分公司的做法是：一是巩固存续业务，建立存续业务续保负责制和客户关系维护责任制，对存续业务提早介入，提早防范，将续保率纳入部门考核体系，进行跟踪考核，减少存续业务的丢失；二是加大新领域的拓展力度，重点是推广中小企业财产险业务，通过开展个体工商户保险业务的竞赛活动，拓宽保险覆盖面。太平洋财险大同中支将企财险产品延伸到装饰领域，与大同市金牛建筑装饰有限责任公司建立合作关系，以抵押财产方式投保财产综合保险，收取保费6.12万元。1月，太平财险大同中支开始营业，并以财产保险基本险、财产综合险、财产一切险开办业务。同月，永诚保险大同中支进入大同保险市场。5 月，安邦财险大同营销部进入大同保险市场。7 月，渤海财险大同中支进入大同保险市场。9 月，阳光财险大同中支进入大同保险市场。

2009 年，中国人民保险公司财险大同市分公司在巩固存续业务的同时，加大拓展新业务的力度。年内，中国人民保险公司财险市分公司总经理室及矿务局支公司经理室通过长时间跟踪，加强公关，独家承保同煤集团塔山煤矿企财险，收取保费 486 万元。左云支公司、城关营销服务部通过不懈努力，承保大同地煤集团的四座大型煤矿、同煤集团青磁窑煤矿的财产险，保费收入 300 万元。经济开发区营销部成功承保晶海达实业公司企财综合险，收取保费 123 万元。太平洋财险大同中支不断拓展企业险领域，将企业财产保险延伸到各个行业，年内，与大同市天福金银珠宝行有限责任公司签订保险合同，承保该单位财产综合险，收取保费 6.68 万元；与大同市凤临阁实业有限责任公司合作，承保该企业财产综合保险，收取保费 12 万元；与山西振东泰盛制药有限公司合作，承保该企业财产综合保险，收取保费 8.47 万元；与大同市泰泽房地产开发有限责任公司合作，承保该公司财产综合险，收取保费 8.1 万元。分别为金银珠宝行业、传统饮食行业、新型制药行业和房地产行业提供保险保障服务。太平财险根据市场需求，开发系列产品，主要销售“贷无忧”财产综合险、“商无忧”财产综合险，两款产品主要对企业财产、现金、员工、营业场所公众安全等方面风险提供保障，投保手续简单，方便销售人员拓展，在市场上较受欢迎。国寿财险大同中支充分利用个人代理业务渠道、重客渠道、银保渠道对大中型的企业、党政机关、事业单位、个体工商户等进行产品介绍与推广，发挥和挖掘渠道潜能，当年收取企财险保费近 100 万元。

2010 年，中国人民保险公司财险大同市分公司企财险在巩固续期业务中寻找新突破，一方面通过采取跟踪区域几个重点工程、重大项目进展情况的方式，提早介入，了解动态，相互沟通，如期续保；另一方面积极关注中小企业，增强做好中小企业保险服务的责任感和大局意识，做到抓大不放小，“鱼和熊掌兼得”。太平洋财险大同中支以抓好大项目拓展为目标，以提高承保质量为前提，以落实领导班子大项目责任制为措施，以做好大企业、大客户的日常维护和沟通为基础，新业务和续期业务均实现良好效果。当年阳光财险推出《财产基本险条款（2009 版）》《财产综合险条款（2009 版）》《财产一切险条款（2009 版）》《机器损坏保险（2009 版）》《现金保险（2009 版）》，实现企业财产保险市场零的突破，收取企财险保费 1.04 万元。

表 112　　2001—2010 年大同市企财险业务经营情况表

年度	保费收入（万元）	赔款支出（万元）	赔付率（%）
2001	1528	1140	74.61
2002	1814	1109	61.14
2003	1270	712	56.06
2004	1611	1420	88.14
2005	2489	634	25.47
2006	3012	1494	49.60
2007	2945	1706	57.93
2008	2855	1700	59.54
2009	3445	1526	44.30
2010	3186	1717	53.89

2011 年，中国人民保险公司财险大同市分公司主动将服务融入经济社会发展大环境中，非车险发展全力挖掘空间。在续期业务上，紧盯目标，积极跟进，同煤集团、国电公司、乾安石化、塔山煤矿、大唐热电、灵丘锰业，大同铁路等大型企业都如期续保。在拓展新业务方面，中国人民保险公司财险大同市分公司实践“保险进园区”战略，南城支公司竞回山西柴油机厂财产险，分公司营业部承保大同威奇达药业企财险。太平洋财险大同中支企财保险承保范围延伸到各个行业，年内先后承保大同云冈旅游实业有限责任公司、美高大酒店、大同能源有限责任公司塔山煤矿电厂（参与）。

2012 年，中国人民保险公司财险大同市分公司非车险发展思路是“巩固内涵，发展外延，织网布局”。企财险的具体战略是抓大拓中促小，密切跟踪大同市工业园区，发展中小企业，填空白、找盲点，抓竞回，切实把前期丢失的业务找回来。市、县（区）两级公司按照公司的部署，抓巩固续期业务，抓新领域开拓，尽职尽责，同煤集团、国电公司、塔山煤矿、大唐热电、大同铁路、中煤进出口集团等大型企业业务如期续保。矿务局支公司、南城支公司、北城支公司顶住方方面面的压力，夺得竞争优势。太平洋财险大同中支首次与中国华电集团有限责任公司合作，由总公司牵头共同承保该单位的一揽子业务，保费 5 万元。同年 11 月，中煤财险大同中支在大同开始承办企业财产保险，公司凭借煤炭行业主管部门、地域关系和自身专业化优势，首先开办与煤炭行业密切相关风险和煤矿客户广泛需求的煤矿财产基本险、财产综合险、财产一切险、机器损坏保险等11个险种，收取企财险保费达80.11万元，赔款支出78.55万元，赔付率达98.05%。

2013年，中国人民保险公司财险大同市分公司提出非车险业务积极贯彻“立足当地，拓展外延，织网布局”的策略，各支公司积极贯彻落实，因势利导，同煤集团、国电公司、塔山煤矿、大唐热电、大同铁路、中煤进出口集团等大型企业业务成功续转。同年，中国人民保险公司财险大同市分公司在巩固阵地的同时积极谋求新的突破点，提高蓝海市场拓展方向，重视开辟新的领域，如矿务局支公司，要深入挖掘同煤集团下属的三级公司潜力，乘势而上，扩大承保面。太平洋财险大同中支根据总、分公司的要求，积极推出I09中、小企业项目，向大同市所有的中小企业推广该险种，通过与山西三一晋湘有限责任公司签订合作协议，承保该单位销售的工程机械设备综合保险，收取保费22万元；与太原煤气化股份有限公司签订保险合同，为该单位下属煤矿投保财产综合险，收取保费278.56万元。中煤财险大同中支推出煤矿财产损失保险和职业安全守护保险，至此企业财产保险产品达到13种。收取企财险保费79.67万元，赔付支出70.02万元，赔付率达87.89%。

2014年，国务院颁布《关于加快发展现代保险服务业的若干意见》，明确之后较长一段时期保险业发展的总体要求、重点任务和政策措施。山西省人民政府印发《关于加快发展现代保险服务业的实施意见》，为山西保险业发展明确政策支撑、发展路径、生态环境。新“国十条”“省十条”像是在保险业界刮过的一缕春风，沐浴着大同保险业的仁人志士。中国人民保险公司财险大同市分公司紧紧抓住这一发展契机，敏锐地捕捉发展机遇，早谋划，早介入，重点在老保户、老业务、老阵地上求巩固，在新产品、新渠道、新领域上形成突破。在企财险业务发展上，一是确保大业务、大项目顺利续转，像同煤集团财产险、中煤进出口招标业务等，都先期公关，掌握主动权；二是在中小企业财产险、工程设备综合保险等新领域全面突破。太平洋财险大同中支继续巩固续期业务，不断拓展新领域。山西仟源制药股份有限公司、国投大同能源有限责任公司、山西海晟房地产开发公司等企业先后以财产一切险续保成功；同煤集团下属企业、宁武芦芽山国际酒店有限公司、太原煤气化股份有限公司、大同市保安服务总公司等以企业综合保险续保成功；新承保大同市南郊区温州天雅国际商贸城有限公司财产保险，成功中标山西张泽电力股份有限公司的招标业务，保费规模42.67万元。

中煤财险大同中支根据总省公司规定，及时推出煤矿企业财产保险专用条款，对井上、井下财产分别使用不同费率承保，使投保企业更加灵活选择保险项目和转嫁风险。信达财险大同中支年初推出财产综合险、财产一切险及机器损坏险，收取保费 0.97 万元。中华联合财险大同城区支公司重视分散性业务，以中小型企业为突破，承保 205 家中小企业客户，收取保费 4.41 万元。

2015 年是“十二五”的收官之年，大同市加快经济转型，新材料、新能源、新技术产业升级，同时加快推进县域经济建设和城乡一体化进程，为发展提供较大空间。中国人民保险公司财险大同市分公司企财险业务做法是：确保重点客户续保业务稳定，并做好客户资源“二次开发”，深度挖掘现有资源。矿务局支公司深入拓展同煤集团转型升级项目，成功承保同煤建材公司机器损坏险业务，新建南路营销部成功竞回东信商务公司财产综合险。太平洋财险大同中支企财险稳中求进，续期业务收到满意效果，仅同煤集团下属企业的财产险，年累计保费收取 340 万元，山西仟源制药股份有限公司、山西海晟房地产开发公司、大同金泰金银珠宝有限公司等如期续保成功。

2016 年，中国人民保险公司财险大同市分公司把握机遇，构筑非车险发展新局面，推行“分散业务渠道化、渠道业务规模化、规模业务专业化”的经营思路，巩固原有阵地，同煤集团等大项目存量业务如期续转，夯实企财险经营基础。同时，开拓新领域、新项目、新险种，密切跟踪大同市及周边地区的建设项目，在企财险等大项目上做文章，承保全省首单光伏项目财产一切险业务，开辟出新领域。太平洋财险大同中支实现企财保险续保业务预期，同时成功中标中车大同电力机车有限公司的财产险项目，收取保费 27.23 万元。同年 1 月，紫金财险大同中支开始进入大同企业财产保险市场，当年收取保费 0.15 万元。

2017 年，中央突出供给侧结构性改革，转方式、调结构，稳中求进，为公司发展提供经济保障。省、市政府推进金融振兴，同时加快推进县域经济建设和城乡一体化进程，为公司提供发展空间。中国人民保险公司财险大同市分公司围绕“布局、精细、严实、激活”四个关键词，坚持巩固、确保存量业务如期续转，继续密切跟踪大项目。同煤集团、大同二电厂等重点客户及项目不仅续保业务保持稳定，而且“二次开发”取得成效。太平洋财险大同中支企业险实现如期转保，新中标中车集团首台（套）重大技术装备综合保险，跟单比例 30%，当年首次签单 410.99 万元。

表 113　　2011—2017 年大同市企财险业务经营情况表

年度	保费收入（万元）	赔款支出（万元）	赔付率（%）
2011	4377	4448	101.62
2012	5070	2079	41.01
2013	5001	2905	58.09
2014	6477.3	3618.55	55.87
2015	4801.97	1060.66	22.09
2016	4565.82	2367.8	51.86
2017	4725	2052.25	43.43

表 114　　2017 年大同市各财险公司企财险保费收入及市场份额表

单位	保费收入（万元）	份额（%）
人保	2638.97	55.76
太保	535.05	11.31
永安	8.82	0.19
平安	617.64	13.05
大地	33.99	0.72
天安	1.88	0.04
华安	9.08	0.19
太平	3.7	0.08
永诚	3.2	0.07
安邦	0	0
渤海	0.97	0.02
国寿财	489.02	10.34
阳光	4.9	0.1
华泰	32.21	0.68
中煤	43.78	0.93
信达	0	0
安盛天平	0	0
英大	0	0
中华联合	299.13	6.32
安诚	9.28	0.2
紫金	0	0
都邦	0	0
合计	4731.62	1

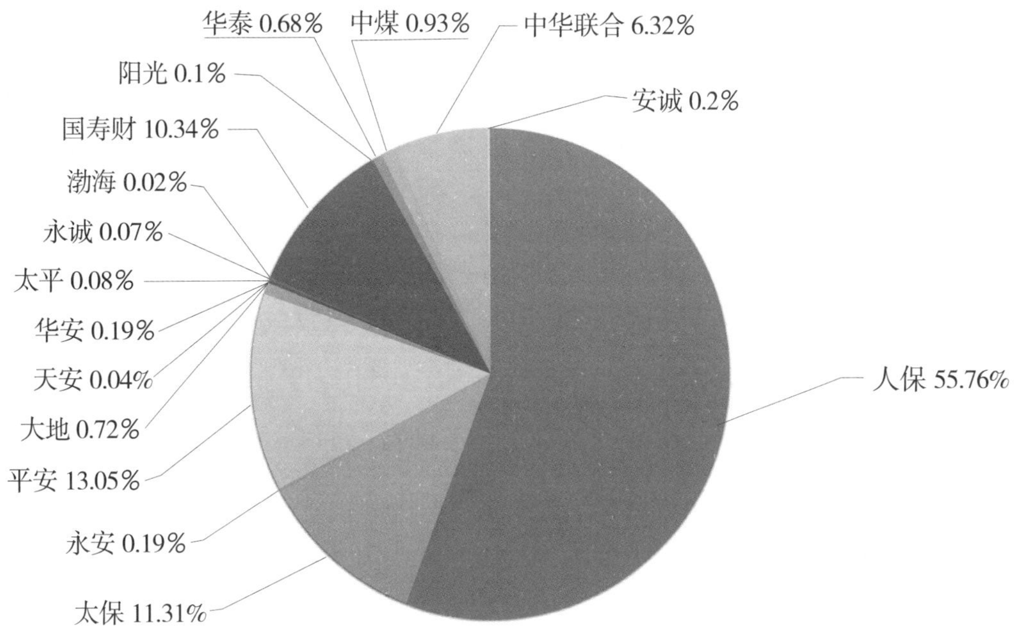

图 8　2017 年大同市财险公司企财保险市场份额图

第二节　家庭财产保险

家庭财产保险简称“家财险”，是指以城乡居民家庭财产为主要保险标的的一种保险。其形式包括普通家庭财产保险、家庭财产两全保险、家庭财产附加保险及后期开办的投资保障型家庭财产保险。20 世纪 50 年代人保大同支公司就开始办理普通家财险业务，主要以火灾自愿保险、职工团体火灾保险和简易火灾保险形式出现。

1951 年，中国人民保险公司总公司推出《职工团体火灾保险办法》和《简易火灾保险》两种产品，职工团体火灾保险以厂矿、企业、机关团体的职工为对象，采用团体方式投保；简易火灾保险以一般城市居民、手工业者、小商小贩为对象，采用个别投保方式。这两种保险办法同西方通用条款相比费率较低，保障较大，手续简便，均受到职工和居民认可。1951 年下半年，大同支公司在市场销售，当年职工团体火险承保 403 人，占全市所有职工人数的 3.6%，收取保费 745.48 万元（旧币），发生赔案 7 起，支付赔款 53 万元（旧币）。

1952 年，继续推行两款火险产品，当年职工团体火险收取保费 925 万元（旧币），支付赔款 211 万元（旧币），赔付率为 22.81%。简易火险收取保费 809 万元（旧币），未发生赔付。

1953 年，职工团体火险、简易火险在整顿城市业务中中止办理。家庭财产保险仍以自愿私房火险办理。

1954 年，中国人民保险公司大同大同支公司以自愿私房火险办法开展家庭财产保险，当年承保 776 户，保险金额达 89.89 亿元（旧币），收取保费 3747 万元（旧币）。

1955 年初，中国人民保险公司大同支公司以 1954 年度承保情况为基础，重视承保质量，重点掌握经济繁荣地区、环境优越地区，贯彻自愿原则，力争同比业务与上年持平。

1956 年，全国农业合作化运动发展迅速，上上下下要求保险工作配合合作化和手工业化的呼声很高，以至在第五次全国保险工作会议上提出保险工作任务是把业务重点转向农村，积极地有计划有步骤地开展农村保险业务，为逐步实行法定保险创造条件。中国人民保险公司大同支公司在农村中积极开展以农业合作社财产和农民个人财产为对象的农村财产保险，但收效甚微。

1957 年，经总公司核准，中国人民保险公司山西省分公司推出以火灾自愿保险附加洪水责任承保居民的房屋保险新办法。

1958 年，根据总公司制定的《公民财产保险办法》，将原以普通火险承保的居民财产和房屋逐步转为按公民财产办法承保。该办法中增加洪水、雹灾责任，保险金额由投保人按照财产实际价值自行确定。同年底，业务停办。

1981 年，中国人民保险公司山西省分公司在太原召开全省业务座谈会，研究家财险条款和业务开办方法。12 月 15 日，与山西省公安厅、总工会联合下发《关于开展家庭财产保险及附加盗窃险的联合通知》，要求各地公安部门和工会组织协助保险公司搞好这项社会福利工作；工会组织要配合保险公司广泛宣传参加保险的意义和好处；公安部门在被保险财产发生盗窃后，要认真做好现场勘查工作，实事求是为被保险人提供书面证明。公司制定《家庭财产保险及附加盗窃保险单位集体投保的办法》，每个职工的保险金额均定为 1000 元，收取保险费 1 元，如附加盗窃保险，每年每千元保险金额再加收保险费 2 元。当年，重点是宣传和承保前期的准备工作，未进行相关保单签发。

1982 年 1 月 15 日，中国人民保险公司山西省保险公司实施发送《家庭财产保险费率规章》的函，明确告知本保险费率，均按保险期限一年，保险金额每千元收取保险费 1.5 元，附加盗窃保险，每年每千元保险金额另加收保险费 2 元。凡集体投保，可以享受费率优惠。5 月 22 日，总公司下发《家庭财产保险座谈会纪要》，总结和交流两年全国的经验教训。5月29日，中国人民保险公司山西省公司下发《关于家财险单位集体投保办法的补充规定》，对操作实务、承保地域、保额确定和保险理赔作了进一步规定。当年，中国人民保险公司大同支公司承保538户，收取保费1613元。

1983年，中国人民保险公司大同支公司执行总公司新修订的《家庭财产保险条款》及《家庭财产保险附加盗窃险条款》，6月4日，中国人民保险公司山西省分公司转发总公司《家庭财产两全保险条款》《家庭财产两全保险的规定》的通知，大同支公司积极试办，当年承保户数3654户，收取保险费1.1万元。

1984年，中国人民保险公司大同支公司大力发展农村保险业务，广开代办网点，疏通协作关系，依靠党政支持，凭借银行网络，中国人民保险公司大同支公司家财险业务开始由城市扩展到农村。当年 承保家财险客户1542户，收取保费6000元。

1985年，为贯彻中共中央、国务院关于进一步活跃农村经济，积极兴办农村保险事业的精神，中国人民保险公司系统加快在全省农村开办家财险业务的步伐。3月，转发总公司《关于当前农村保险业务应注意的几个问题》，提出要大力发展农村保险业务，进一步提高家财险的承保面。1月13日，左云上张家坟将全村企业财产、机动车辆和家庭财产全部投保。当年，中国人民保险公司大同中支承保5185户，收取保险费3.1万元。

1986年1月1日，中共中央、国务院发出《关于1986年农村工作的部署》（简称中央一号文件）。中国人民保险公司大同中支贯彻落实中央一号文件关于“积极发展农村各种保险事业”的精神，结合实际，狠抓以家财险为基础的各类保险。各支公司以家财险引路，一险带多险，实现许多乡、村统保的状况，其中新荣区实现以区（县）为单位的家财险统保。收取保费53万元。7月，中国人民保险公司雁北中支在全区十三个县展开家财统保工作，首先取得地、县各级领导和有关部门的支持，各县召开乡镇长会议，在推广左云家财统保经验的同时，经济富裕的怀仁和经济相对薄弱的广灵有了突破，实现统保。其中，广灵县支公司对全县农村家财险实行保费提留预交的办法，农村的家财险由乡镇统一组织，各村从集体公益金、民政救灾或当年提留款中预先收取，以村收费，以乡统保，超前一年，保证连续。当年，大同中支承保家财险保户360149户，收取家财险保费58.47万元。雁北中支承保420231户，收取家财险保费52万元。

1987年1月6日到12日，全国保险工作会议在北京举行，大会提出1987年保险工作要求，明确业务上的重点。城市业务要抓好三个重点险种，农村业务要抓好包括农民家财保险在内的五个险种。2月，中国人民保险公司大同中支召开全市经理会议，贯彻落实“省保”精神，分解任务，确定机关组织五个工作组，指导、分析、帮助基层拓展业务。3 月初，中国人民保险公司雁北中支召开全区保险会议，传达、学习、讨论省保会议精神，确定抓管理，促展业为主攻方向，提出各项业务平均增长 25% 的奋斗目标。30 日，中国人民保险公司大同中支制定当年家财销售思路：积极依靠公安部门代办，重点发展大单位统保，注重分大类定额、定值，积极推动家财保险和两全保险。8 月 17 日，人保大同中支机关实行分片包干制度。当年，人保大同中支承保家财险客户 200223 户，收取保费 56.4 万元。人保雁北中支收取家财保险费 39.2 万元。

1988 年，中国人民保险公司山西省分公司配合公安部门社会治安的综合管理，大力开展城市家财险业务，并要求各级公司争取保一般险或保“两全”险，中国人民保险公司大同中支当年仍以一般家财险为主推险种。当年，家财保险承保客户 124916 户，收取保险费 49.5 万元，同比下降 12.23%。

1989 年，根据家财险点多面广的特点，中国人民保险公司大同各分支机构在普及城市家财险的同时，巩固发展农村家财险。4 月，中国人民保险公司大同南郊支公司在南郊区开展家财险及附加盗窃定额保险，成绩显著，其销售方式在大同推广。中国人民保险公司雁北中支在企财业务上做三个方面工作。一是重视承保质量，扩大承保面，提出当年的目标是力求城镇普及，农村巩固，城镇承保面达到 60%—80%，农村达到 40%—60%。二是在农村市场的办法是依靠县、乡政府支持，以点带面，逐步推进。或者采取广灵县支提取预交的做法，由乡镇代办，实行统保。在城镇市场，积极开办家财两全保险，家财单项保险。三是要加强城乡各种形式的代理网点，方便居民和村民办理各种保险业务。当年中国人民保险公司大同中支承保家庭财产保险 176819 户，收取保费 49.5 万元。中国人民保险公司雁北中支收取家财险 43.6 万元，家财两全储金 9.2 万元。

1990 年，中国人民保险公司大同中支开办新的“家庭财产两全保险”，该保险以被保险人向保险公司所交纳保险储金的定期利息作为保险费，保险期限为一年，保险期满时，无论在保险有效期限内是否发生赔偿，原来交纳的保险储金均如数退回被保险人；如到期被保险人不办理退保，保险人未提出是否续保意见，保险单自动续转下一年，最长续转期总计为 10 年；总续转期满后，若被保险人继续投保，需另办承保手续。该“家庭财产两全保险”在全市开办以来，受到群众的普遍欢迎。10 月，中国人民保险公司大同中支在“服务月”活动中作出“家财险发生被盗案件不再等三个月，只要保户提供单证齐全，符合赔案实务要求，可以不受时间限制，各支公司可及时结案支付的承诺”。当年家财险承保 146712 户，收取保费 84.4 万元。

1991 年，中国人民保险公司山西省分公司制定重点突破“两储”险的业务发展方针，开展“家庭财产保险月活动”，同时印发《关于开展长效还本家财保险月活动的安排意见》和《关于大力发展产险储金的几点意见》。中国人民保险公司大同中支充分利用政策优势，积极贯彻落实。当年承保家财险67528户，收取保费72.7万元。产险储金达316.4万元，同比增长116%。中国人民保险公司雁北中支以“长效家财险”等为主攻方向，在怀仁、左云比较富裕的乡镇抓好长效家财统保的典型，在浑源较贫困乡镇抓好农村长效统保的典型。当年，中国人民保险公司雁北中支家财保险保费收入40.4万元。产险储金达到198.9万元。

1992年，中国人民保险公司山西分公司开展“长效还本家财险突击月活动”，中国人民保险公司大同中支以“研究不过夜，安排不隔天”的精神，制定销售策略，组织实施销售，中支领导包片，基层领导带头，当月收取家财险储金100万元。

1993年，中国人民保险公司大同分公司倾斜奖励政策，领导实行分片包点，开展突击月活动，当年家庭财产保险在全市城镇居民家庭中的普及率达到33%以上，在城区中达到80%以上。当年，承保家财险100066户，收取保费达178.9万元，产险储金达2736.6万元。

1994年7月，国务院下发《关于深化城镇住房制度改革》的决定，决定指出：建立与社会主义市场经济体制相适应的新的城镇住房制度，实现住房商品化、社会化，推进公有住房出售，逐步完成住房私有化进程。决定为保险公司发展家财险提供巨大空间。中国人民保险公司大同分公司在1990年、1991年连续两次“大阳地震”之后，坚持家财险的巩固和拓展，平稳发展。当年收取家庭财产保险保费190.9万元，同比增长6.3%。

1995年，中国人民保险公司大同分公司在“按照实际，分类指导，统筹兼顾，平等竞争，人人出力，责利挂钩”发展思路的指导下，规模业务抓效益，效益业务上规模，狠抓城区、城镇家财险承保面的提升，农村承保的拓展和统保。家庭财产保险保费205.68万元，同比增长6.1%；

1996年，中保财险大同分公司开办家庭财产综合保险，家庭财产综合保险责任范围较大，附加险种齐全，客户选择性较强，可以满足市场不同需求。

1997年1月，中保财险山西省分公司印发《中保财产保险有限公司山西省分公司关于大力开展〈家庭财产定额还本保险〉活动的实施意见》的紧急通知，通知提出五点要求：一是统一思想，提高认识；二是抓住契机，抓出成效；三是优质服务，树立形象；四是全辖动员，全员出击；五是增强效益观念，严格储金管理。中保财险大同根据省分公司要求，立即行动，认真贯彻，开展培训、宣传和拓展活动，

1998 年，中保财险大同分公司开办家庭住房定额还本保险，每份保额 5000 元，储金 400 元。12 月，中保财险开始学习和研究由省分公司转发的《关于印发个人抵押贷款房屋保险条款和个人购置住房抵押贷款保证保险条款及条款解释等件的通知》的通知。

1999 年 7 月，中保财险大同分公司在全市开展家财险突击月活动，活动月在组织、方案、目标、任务分解、信息交流、活动评估方面进行充分准备和管理，活动开始上旬收取保费达 40 万元。个别支公司如新建路支公司、御河路支公司积极开拓新思想，调整险种结构，在小险种、分散性险种和效益性险种作文章，下功夫，特别在家财险拓展上收到较好效果。当年，中保大同家财险保费收入达 230.6 万元，完成年度计划的 100.2%，家财险赔款支出 94.4 万元，简单赔付率 40.94%。太平洋财险根据城镇住房制度改革的背景，面向抵押贷款购房及拥有产权的房屋所有者目标市场，开发《个人住房保险条款》。

2000 年，中国人民保险公司财险大同分公司在年度工作指出：家财险要积极稳妥地开展住房保险，大同市有 100 多万名城市居民，要通过多种渠道，开展家财险的代理和营销工作，市公司将给予手续费和费用的支持；家财储金，一定要注意使用“关门条款”，预定费率要随银行利率的调整而调整，防止利差损失。全市各级支公司以此为业务发展思路，认真贯彻落实。当年，全市家财险保费收入 238.53 万元。太平洋财险大同中支重点推出《安居综合保险》条款，《安居综合保险》险种多样化，分为 A、B、C、D 四款，可以满足不同客户需求。公司在销售方式、推动项目、险种管理、激励机制、操作流程等方面都做了详细规定，首款家庭财产保险产品在互联网上实现销售突破。

表 115　　1995—2000 年大同家财保险市场总体业务经营情况表

年度	保费收入（万元）	赔付率（%）
1995	205.7	66.31
1996	220	28.09
1997	271	31.73
1998	176	46.59
1999	230.9	41.10
2000	238.53	24.16

2001年，中国人民保险公司财险大同分公司在家财险业务发展中，重点突出抓好营销和突击活动。在公司下达任务时，充分做好“一揽子”保险，做好“大险”与“小险”的搭配，注重摸索和总结营销经验。为了营造氛围，赢得声势，各级公司加大宣传力度，做到人人头上有指标，个个肩上有任务，机关所有正式职工和临时工在6月分别完成1000元和500元的“金锁家财险”任务，全辖收取保费71万元。11月，根据省分公司精神，中国人民保险公司财险大同分公司开展大规模的家财险突击活动，为了支持和鼓励突击活动的开展并取得成效，中国人民保险公司财险大同分公司总经理室研究决定，采取费用倾斜政策，拿出50万元进行活动奖励，取得一定效果。12月18日，中国人民保险公司财险大同分公司组织召开“金牛投资保障型家庭财产保险”启动新闻发布会，各支公司员工走上街头，进行宣传，当年收取家财险保费256.9万元，完成年度计划的102.76%。

2002年，中国人民保险公司财险大同分公司一方面继续销售传统家财保险产品，一方面积极推广“金牛投资保障型家庭财产保险”；一方面坚持分散性业务的持久销售，一方面开展全员的突击活动。太平洋财险大同中支开始进军家庭财险保险市场，以销售储蓄式家庭财产保险业务即安居理财险为主销售产品，当年收取保费收入0.76万元。

2003年，中国人民保险公司财险大同市分公司对家财险的销售策略：一是提高对“金牛”保险意义和作用的认识，增强发展“金牛”保险的主动性和积极性；二是继续推广“金锁系列家财险”“个人抵押房屋保险”“住房贷款保证保险”。争取使家财险发展为规模性效益性险种。太平洋财险大同中支针对家财保险市场对保险产品的不同需求，特别是产品的灵活性、多样性、自由搭配性、组合性需求推出《房屋保险条款》《安居自组式家庭财产综合保险》产品，以满足市场多层次需求，安居理财险业务销售面进一步扩大，年销售储蓄金额达88.8万元。

2005年，中国人民保险公司财险大同市分公司针对非车险增长滞后于车险和其他地域，采取如下措施和方法：一是实行差异化费用率，制定严格考核办法，营造非车险发展的政策环境；二是加大产品开发和推广力度，挖掘非车险新的业务增长点；三是围绕地方经济发展重点，服务地方经济。太平洋财险细分客户市场，明确目标市场，在保险产品上下功夫，推出《个人抵押贷款房屋综合保险条款》《燃气用户综合保险》，丰富家财险系列产品，当年收取保费实现大幅度增长。天安财险大同中支、大地家财大同中支进入大同家财保险市场。大地财险以“大地家财组合保险（JLA）”产品在市场销售，该保单采用定额卡单方式承保，保费88—288元，保额30万—100万元。

2006 年，中国人民保险公司大同分公司在全市推广“金牛第三代投资保障型 3 年期家庭财产保险”和“金牛第三代投资保障型 5 年期家庭财产保险”（每份投资金额 5000 元，保险金额 25000 元，年收益率 3.42%，保险期限为 3 年、5 年两个档次。其特点：一是收益免税，投保人所获投资收益免交利息税；二是利率联动收益随息涨，投资收益不怕一万就怕万一，银行利率联动，随银行利率的上调而同幅上涨）。

2007 年 9 月，中国人民保险公司财险大同市分公司开办“家财一卡通”，以卡片方式，方便客户投保，保额分别为 1 万元、2 万元、7.75 万元、15.5 万元四个档次。同年，针对农村居民的房屋及室内附属设施、室内财产，推出“和谐家园”家庭财产保险及附加大牲畜盗抢保险人。

2008 年，中国人民保险公司财险大同市分公司整合资源，针对家财险等分散性险种的特殊性，将给予更多的费用支持，加大扶持力度。太平财险大同中支进入大同家财险市场。

2009 年，《中华人民共和国保险法》正式实施，大同各家保险公司产品进行适当修订，多数公司以新产品进入市场。中国人民保险公司财险大同市分公司开展家财险等险种的竞赛活动，通过激励机制，有效发展分散性业务，扩大分散性业务的规模，达到抓大不放小、夯实业务结构的目的。太平洋财险重视开发销售渠道产能，针对寿险代理产险业务专门推出一款全新家财险产品：小康之家家庭财产综合保险、太平洋安福家庭保障（精英版）。中国人寿财险大同中支通过公司个代渠道、银保渠道、互动渠道对小区物业、企事业单位、小区住户等进行产品介绍与推广，当年收取保费创历史新高。

2010 年，中国人民保险公司财险大同市分公司创新思路，全力推动分散性业务发展。积极开展进社区、进农村、进企业送产品上门的“三进入”活动，通过直销和散单团做，打开家财险营销局面。利用邮政、电信网通、银行、4S 店的渠道实行捆绑销售、打包销售的办法，推动小险种发展。如御河路支公司介入新农村建设，统保南郊区东河村 533 户村民的家庭财产保险，保费 5.33 万元。第三季度，市公司提出要加大与民政、财政、农业等职能部门的联系，在做好风险防范工作的基础上，大力开办政府参与、有地方特色的涉农产品，推广采空区农房保险、家财险产品，推广“三晋平安”等综合治理保险产品。

2011 年，中国人民保险公司财险大同市分公司家财险业务继续开展进社区、进农村、进企业“三进入”活动，送产品上门，通过直销和散单团做，全面打开营销新局面。矿务局和新建路支公司的家财险等都营销成功，收获成果。

2012年，中国人民保险公司财险大同市分公司为充分借助政府保民生、惠民生的有利时机，积极推动农房保险。中国人民保险公司财险浑源县支公司认真贯彻中国人民保险公司山西省分公司制定的《农房统保业务推进方案》，以农村“两属两户”农房统一保险为切入点，在村镇统保业务基础之上，实现县级农户农房险的统保，在全市农房保险统保业务上走在前列，成为全省系统的亮点。太平洋财险创新发展个人、家庭类产品，在助力公司“以客户需求为导向”战略转型背景下，推出“全能卫士”产品。“全能卫士”属客户定制化产品，采用“标准化、模块化、可组合化”设计，可按照不同客户群体进行组合销售，至此，太平洋财险大同中支家财险产品推出9款主险产品和46款附加险产品。

2013年，中国人民保险公司财险大同市分公司家财险发展思路：一是利用激励政策，增添发展活力；二是要底数清，方法明，从管理层到普通员工，注重点滴抓、抓点滴，确保每一个散单，每一笔临单业务顺利承保；三是要继续充分利用国家政策，扩大政策性农房保险覆盖广度，创造家财险发展的新亮点。太平洋财险大同中支首次推出“安居稳盈”投资型家财险，在原有普通家财险的基础上，有了新的亮点。中煤财险大同中支为适应市场发展的需求，推出家庭财产保险、个人贷款抵押房屋保险。

2014年，中国人民保险公司财险大同市分公司提出，要充分利用国家政策，扩大政策性农房保险覆盖广度，创造家财险发展的新亮点。各支公司变销售产品为营销客户，注重团险优势结合个人人脉，凭借渠道平台精准满足客户需求。中华联合财险大同城区支公司以居民住宅安全以及室内财物安全为目标市场，推出家庭财产保险。当年收取保费1.32万元。

2015年1月，中国人民保险公司财险大同市分公司大力开展非车险业务竞赛活动，认真组织开展家财险竞赛活动，全员行动，收获成效，保费收入121万元，超额完成全年任务。

2016年，中国人民保险公司财险大同市分公司紧抓住宅地震巨灾保险落地时机，主动对接政府，争取区域统保。中华联合财险大同城区支公司在第二季度开展家财险业务竞赛，收取保费4.12万元。

2017年，中国人民保险公司财险大同市分公司全员发动，加快分散性业务发展，重点突破家财险。年初，在全市开展“金猴闹春/再续辉煌”家财险竞赛活动。

表 116　2017 年大同家财险市场各公司保费及市场份额一览表

单位	保费收入（万元）	市场份额（%）
人保	176.09	66.68
太保	0.47	0.18
永安	1.03	0.39
平安	42.68	16.16
大地	3.34	1.26
天安	0.06	0.02
华安	6.14	2.32
太平	0.19	0.07
永诚	2.26	0.86
安邦	0.01	0
渤海	0.06	0.02
国寿财	24.51	9.28
阳光	0	0
华泰	0.97	0.37
中煤	1.73	0.65
信达	0	0
安盛	0	0
英大	0	0
中华联合	4.1	1.55
安诚	0.15	0.06
紫金	0.16	0.06
都邦	0.18	0.07
合计	264.13	100.00

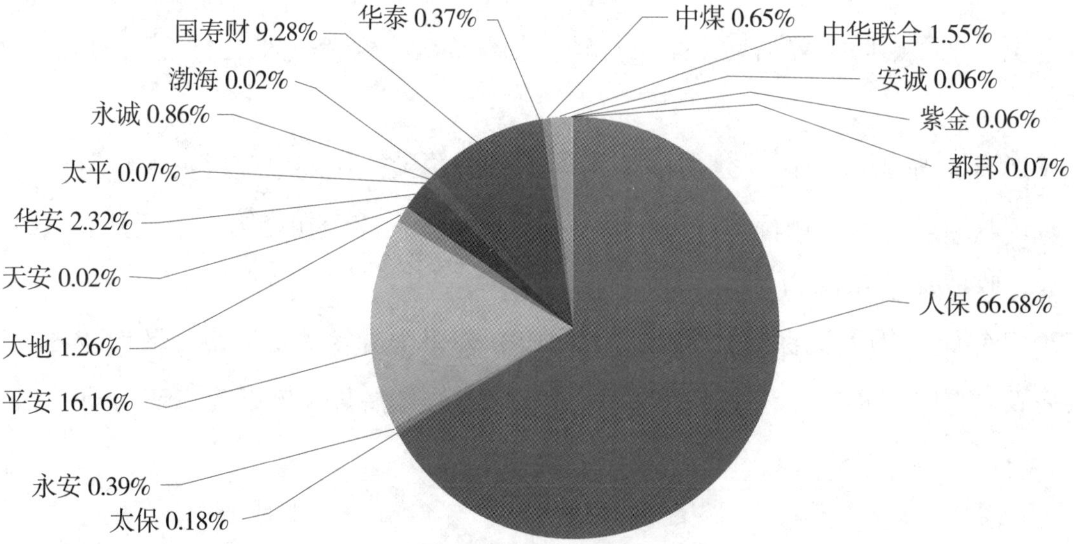

图 9　2017 年大同市家财险市场各公司保费及市场份额图

第三节　机动车辆保险

机动车辆保险是以机动车辆本身及其相关利益为保险标的的一种不定值财产保险。机动车辆保险一般包括基本保险和附加险两部分，基本险一般指车辆损失险和第三者责任险。大同从20世纪50年代开始就开办机动车辆保险，主要险种有汽车工具保险、公众安全责任保险、大车保险、铁路车辆强制保险等。70年代国内保险业务恢复后，车险业务迅速发展起来，承保对象由汽车到拖拉机、摩托车，承保范围由公务用车到营运车辆、私家车。因此，1983年以后，将“汽车保险”更名为“机动车辆保险”。业务规模由小到大，一跃成为财产险公司的第一大险种。

1952年，中国人民保险公司大同支公司根据总公司颁发的《汽车保险条款》，试办汽车车辆损失险和公众安全责任险，服务对象是地方国营交通运输部门和国营厂矿配备汽车以及私营工商业自愿投保的汽车。同时根据中央人民政务院颁发的《铁路车辆强制保险条例》规定，对大同铁路局所属的铁路车辆，实行铁路车辆强制保险。6月，试办大车保险。当年汽车保险收取保费3753元，赔款支付669元，简单赔付率17.83%；大车保险保费收入2298元，赔款支付136元，简单赔付率5.92%。

1953年，随着农村业务的停办和城市业务的整顿，中国人民保险公司大同支公司对汽车公众安全责任险采取限制发展的措施。第三季度，对农村业务中的大车险，一律予以停办，自愿退保者可以退保，不愿退保者到期不再续保。截至年底，汽车保险保费收入9788元，大车保险保费收入241元。

1954年，中国人民保险公司大同支公司认真调查，摸清底数，除行政部门保费不能列支外，企业单位汽车全部投保车辆损失保险和附加公众责任保险。当年承保汽车157辆，收取保费33995元，赔款支付1248元，简单赔付率为3.67%。

1955年，我国进入第一个五年计划的第三年，大同经济增长显著，运输车辆也快速增加，当年汽车保险保费收入62252.31元，同比增长83.12%。同年，根据第四次全国保险会议决定，停办铁路车辆强制保险。

1956年，中国人民保险公司大同中支汽车保险保费收入82997.79元，赔款支付14801元，简单赔付率达17.83%。

1957年，中国人民保险公司大同支公司根据总公司“稳一年”的精神，在重点办好强制险、稳步办好牲畜险的同时，提出要有计划地办理汽车保险等险种。当年，汽车保险保费收入 71261.63 元，赔款支付 29688.56 元，简单赔付率 41.66%，保费收入占总保费收入 11.34%。

1958 年，国内经济强行增速，各地出现大办工业的热潮。大同工业化建设加快，农业生产任务繁重。运输任务不断扩大，汽车用量明显增加，8 月以后，随着人民公社化，农村生产资料归集体所有。10 月，西安财贸会议提出保险新认识。12 月，武汉全国财政会议决定：立即停办国内保险业务。中国人民保险公司大同支公司停办汽车保险业务，当年保费收入 95870 元，同比增长 35.70%。

1981 年，国内保险业务恢复后，中国人民保险公司大同支公司开办车险业务。首先对 80 年全市机动车辆使用情况、发生交通事故情况以及造成的直接经济损失进行调查和分析，中国人民保险公司大同支公司根据自身实际，提出初步计划：试办汽车保险及第三者责任保险，承保 500 辆，保费收入 10 万元。使用条款为总公司颁发的《国内汽车保险条款》和《费率表》，条款包括车辆损失险、附加第三者责任险和单保第三者责任险。车辆损失险的保险责任增加隧道坍塌、空中飞行物体或陨石坠落和全车失窃在三个月以上。被保险机动车为公有车辆则按账面原值承保，为私有车辆保险则双方协商按实际价值承保。8 月 10 日，中国人民保险公司山西省分公司和山西省公安厅、交通厅联合下发《关于积极开展我省汽车保险的联合通知》。同月，中国人民保险公司总公司下发《城镇居民私有机动车辆保险暂行办法》。9 月 2 日，中国人民保险公司山西省分公司转发总公司《关于配合公安部门办理摩托车保险的通知》。10 月，中国人民保险公司总公司下发《全国汽车保险运输保险专业座谈会纪要》，交流展业和理赔工作经验。当年，中国人民保险公司大同支公司承保汽车 749 辆，收取保费 20.3 万元，赔款支出 300 元，简单赔付率 0.15%。

1982 年，中国人民保险公司山西省分公司下发《关于汽车续保时无赔款安全奖励的规定》，大同支公司车辆续保业务运行顺利。7 月，中国人民保险公司大同支公司积极开展业务分析，深入厂矿宣传动员，在大同矿务局领导支持下，一次承保汽车 685 辆，收取保费 19.98 万元。当年，汽车保险收取保费 68.3 万元，赔款支出 13.3 万元，简单赔付率为 19.47%。

1983 年 1 月，中国人民保险公司大同支公司制订汽车及第三者责任保险年度工作计划：承保汽车 2293 车辆，计划保费收入 75.9 万元，同比增长 10.4%。6 月 3 日，中国人民保险公司山西省分公司与省交通厅联合下发《关于开展私有机动车辆保险业务的联合通知》。10月，中国人民保险公司总公司下发《自行车专项保险条款》，12月1日，根据国家经委会和交通部《关于改进公路运输管理的通知》及省政府《关于允许农村社队、个体农户或联产户从事汽车、拖拉机营业性运输的通知》的精神，山西省经委、交通厅下发《关于山西省公路运输管理办法》，其中第六条明确规定：凡申请从事营业运输的城乡个体或联户，须在中国人民保险公司投保第三者责任险、旅客意外伤害险和货运险。对此，中国人民保险公司山西省分公司与省交通厅商妥，在尚未设立保险机构的县，该项业务由交通监理所、站代理承办。当年，中国人民保险公司大同支公司“大险种不放松，小险种抓得紧”，大的运输车辆，小的自行车均开展保险承办，收取保费107.3万元，完成计划的141.37%。

1984年，为了打开保险局面，中国人民保险公司大同中支加大宣传力度，营氛围、造声势，收到良好效果。天镇县运输公司有运输车辆20多辆，在参加保险与否问题上一直犹豫徘徊，听到宣传信息，了解保险知识后，主动上门将公司21台车辆全部参加机动车辆保险。同年，中国人民保险公司大同中支根据中国人民保险公司山西省分公司与山西省经委、交通厅、公安厅、工商局联合下发《关于城乡个人或联户购置机动车船和拖拉机经营运输实行第三者责任保险的联合通知》精神，要求城乡个人或联户购置经营的机动车船和拖拉机必须投保第三者责任险。当年中国人民保险公司大同中支收取汽车保险123万元，赔款支出188.2万元，简单赔付率达153%。

1985年，山西省对各种机动车辆自3月10日起一律实行第三者责任法定保险，并制定《山西省第三者责任法定保险实施办法》。办法明确规定，凡国家机关、人民团体、企业、事业等有车单位必须在中国人民保险公司办理机动车第三者责任保险，其保险费支出按国务院颁布的《国营企业管理成本条例》和财政部有关规定办理；凡城乡个体或联户的机动车辆和集体单位的各种机动车辆（包括拖拉机）都必须向中国人民保险公司办理机动车辆第三者责任保险，从事客运的还必须办理旅客意外伤害保险，才能办理工商登记；对于无保险证明者，公安车管、交通管理、农机监理部门不发给车牌证，工商行政管理部门不发给营业执照。6月18日，中国人民银行山西省分行明确规定，拖拉机必须在中国人民保险公司办理法定保险，其他任何单位均不得办理。鉴于有些区域没有设立保险机构，10月20日，中国人民保险公司山西省分公司与山西省农机局联合下发《关于由农机监理站代理拖拉机保险业务的联合通知》，明确规定可由当地农机监理部门为保险公司代理拖拉机保险业务。为配合以上政策的贯彻执行，全省机动车辆保险及第三者责任保险的车辆开始携挂铝制保险牌，并随车带机动车辆保险证。当年，中国人民保险公司大同中支收取机动车辆保险费 624.6 万元，赔付支出 358.4 万元，简单赔付率为 57.38%。

1986 年，全省机动车辆第三者法定保险得到全面落实，并向广度和深度发展。中国人民保险公司大同中支在保足保全上下功夫，在理赔管理制度上做文章，充分利用大同市交通大队年检年查和路检路查的良好机会，主动争取交通、农机其他部门密切配合和全力支持，当年汽车承保面达到 100%，拖拉机承保面达到 90%，全年收取机动车辆保费 900.1 万元，赔款支出 621.4 万元，简单赔付率达 69.4%。中国人民保险公司雁北中支为贯彻《山西省第三者责任法定保险实施办法》文件精神到实处，会同公安、监理、农机联合行文，并成立专门的路查路检组织，在主要交通道路设关布卡，昼夜值班，使全区汽车及第三责任保险承保面达 99.6%。当年，机动车辆及第三者责任保险保费收入 481.3 万元，完成计划任务的 129.38%。

1987 年，中国人民保险公司总公司将车险条款、费率的制订和修改权下放给省公司自行掌握，省公司对现行条款进行修改，颁发新的省颁《机动车辆保险条款》，实行浮动费率和差别费率。当年，中国人民保险公司大同中支在部分驻同单位车辆撤走，20 世纪 70 年代购置车辆报废的不利条件下，紧盯新增车辆，密切渠道沟通。当年汽车承保面为 96.08%，拖拉机承保面为 70.57%。8 月，中国人民保险公司雁北中支主动与地区公安、石油、农机局取得联系，下发不参加保险限制供油的文件。经过调查统计，当年雁北全区新增汽车 1491 辆，拖拉机 204 辆，雁北中支在巩固续保车辆的同时，对新增车辆及时承保。当年，收取机动车辆保费 522.2 万元，赔付支出 458.49 万元，简单赔付率达 87.8%。

1988 年，中国人民保险公司大同中支采用原有险种，坚持既往思路，维护上年保户，关注新增车辆，重视漏保车辆，坚持“新旧并重”“拾遗补阙”。当年，收取机动车辆保费 1195.1 万元，同比增长 15.61%。中国人民保险公司雁北中支在上年工作思路基础上，提出机动车辆保险要“求质量，上水平，增效益”。当年，收取机动车辆保费 609.4 万元，同比增长 16.7%；赔付支出 515.19 万元，简单赔付率为 84.54%，赔付率同比下降 3.26 个百分点。

1989 年，中国人民保险公司大同中支使用总公司调整后的《国内汽车保险条款》——“1989 版条款”。新版条款保留原有的车损险与三者险两大险种，车损险保额以重置价值确定。该次调整最大的变动是：保险责任范围进一步扩大，保险费率根据车辆使用性质、车辆种类不同进行细化。同年 2 月，总公司、公安部、农业部联合下发《关于实施拖拉机第三者责任法定保险的通知》，明确规定凡机关、团体、企事业单位、集体、个体、联户专门从事运输和既从事农田作业又从事运输的拖拉机都必须向中国人民保险公司投保“拖拉机第三者责任法定保险”。当年，省公司还针对铁路机车特点研发省颁《铁路机车车辆保险试行条款》，对铁路机车在行驶或停放中遇到火灾、爆炸、雷电、洪水、地震、地陷、崖崩、隧道坍塌、空中运行物体坠落、碰撞、倾覆、脱轨等自然灾害和意外事故造成的损失，保险公司进行赔偿。中国人民保险公司大同中支充分利用宽松的展业环境，采取“保足汽车，抓住摩托，扩大拖拉机和货运险承保面，发挥车管所保险代办所拾零堵漏作用”，当年，收取机动车辆保险费达2169.9万元，同比增长81.57%，赔款支出1160万元，简单赔付率为53.46%。中国人民保险公司雁北中支重点在提高承保质量的前提下，进一步扩大承保面，对单位用车要按重置价承保，保全保足；对私人汽车，要坚持在验车后按成数承保；对拖拉机要审验合格承保。各种车辆努力做到“一车多保”。当年，中国人民保险公司雁北中支机动车辆保费收入782.8万元，简单赔付率为51.42%，保费收入同比增长28.45%，赔付率同比下降33.12个百分点。

表117　1982—1989年中国人民保险公司大同市场运输工具及责任保险经营情况统计表

年度	保险费（万元）	赔款支出（万元）	赔付率（%）	备注
1982	68.4	35.2	51.46	
1983	103.7	91.7	88.43	
1984	264.1	228.9	86.67	
1985	734.4	429.6	58.50	
1986	1050.1	745.3	70.97	含雁北
1987	1186.6	1007.1	84.87	含雁北
1988	1375.7	1055	76.69	含雁北
1989	2170.3	1090.6	50.25	含雁北

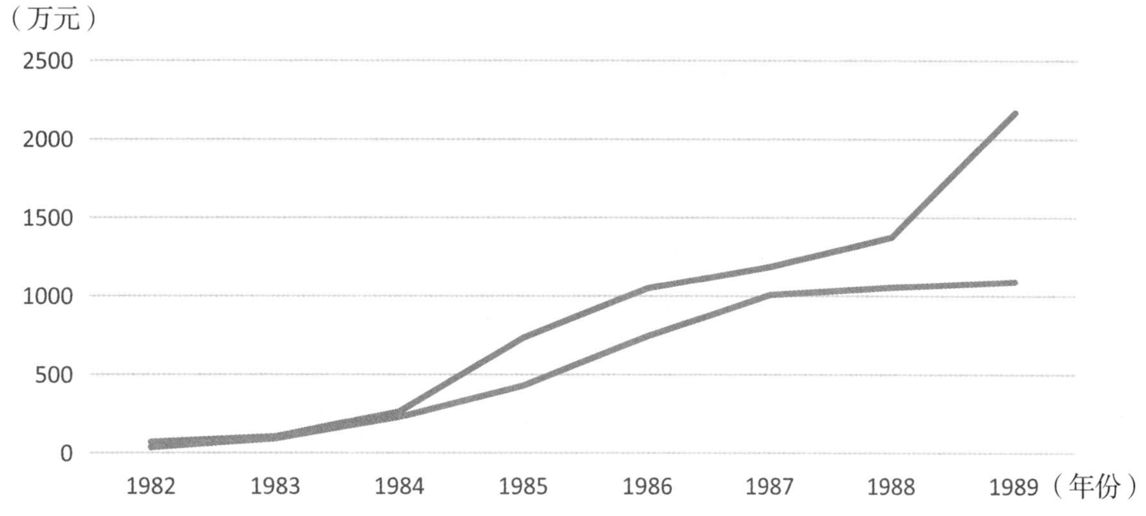

图10　1982—1989年大同保险市场运输工具保险经营走势图

1990 年，根据国务院下发的《国务院批转城乡建设环境保护部关于改革城市公共交通工作的通知》，以及建设部、公安部、国家旅游局联合下发的《关于印发城市出租汽车管理暂行办法》精神，山西省建设厅、公安厅等多部门联合下发《山西省城市出租汽车管理暂行办法》，明确出租汽车经营者需向保险部门投保第三者责任保险。中国人民保险公司大同中支注重利用执法杠杆，密切与相关部门配合，机动车辆保险成为大同保险第一险种，占当年产短险保费的 50.01%。中国人民保险公司雁北中支将机动车辆业务纳入制度化、规范化、专业化和科学化轨道，保费收入、综合赔付、实现利润三项指标均呈现良好势头。当年，收取机动车辆保费 933.2 万元，简单赔付率 40.26%。保费收入同比增长 19.21%，简单赔付率下降 11.16%。

1991 年，中国人民保险公司山西省分公司与山西省公安厅交警总队，在全省范围内集中开展以交通安全和机动车辆保险为主要内容的路查路检活动，重点检查无牌无证、各种违章行驶的车辆和凡参加运输的汽车、拖拉机、摩托车没有办理第三者责任法定保险和车损险等漏保脱保车辆，推动中国人民保险公司大同机动车辆保险业务的发展。当年，中国人民保险公司大同中支机动车辆保费收入 2889.5 万元，同比增长 9.35%。中国人民保险公司雁北中支在机动车辆保险上重点解决三个问题：一是公有车辆的定额承保问题；二是私有车辆的脱保问题；三是拖拉机保险业务滑坡问题。当年，雁北中支机动车辆保险保费收入 1036.8 万元，简单赔付率为 71.16%，保费收入同比增长 11.1%，赔付率同比增加 30.9%。

1992 年，中国人民保险公司大同中支坚持巩固、注重拓新、维护关系、拾遗补阙，当年机动车辆保费收入 3625.7 万元，同比增长 25.48%。

1993 年，大同各种机动车辆配置增加，自然增长率超过 10%。中国人民保险公司大同分公司一手抓车辆续保，一手抓新增车辆承保和丰富附加险种，机动车辆保险继续保持着第一险种的地位和作用，当年，收取机动车辆保费 3975.1 万元。

1995 年，经中国人民银行批准，中国人民保险公司总公司研发出盗抢险等 8 个车险附加险，并修订 89 版条款，修订后的《机动车保险条款》对车辆的保险价值按新车购置价确定，车损险的保额按投保时保险价值或实际价值确定，保险金额不得超过保险价值。中国人民保险公司大同分公司全面贯彻落实新条款、新费率，完善管理考核制度，并着手建立核保人制度。当年，中国人民保险公司大同分公司机动车辆保费 5866.5 万元，同比增长 20.1%。

1996 年，中国人民保险公司大同分公司实行机构改革，分产寿险专业经营。中保财险大同分公司把转机建制和强化监管作为业务发展的重要前提，市分公司和各支公司进一步建立和完善业务管理、内部控制和岗位责任制等各项规章制度。在机动车辆业务发展中，中国人民保险公司财险大同分公司根据中国人民银行印发的《关于修订〈机动车辆保险条款〉部分内容的通知》精神，以修改后的《机动车辆保险条款》开展业务。以中保财险山西省分公司与省交管局联合下发《关于适用简易程序处理轻微一般道路事故的暂行规定》《关于加强查缉交通肇事逃逸案件工作的有关问题的通知》《关于进一步加强公安交通管理部门与中保财产保险公司协作配合的通知》《关于联合搞好交通安全宣传月的通知》等文件为依据，加强与交警部门合作，推动机动车辆保险业务发展。其间，中保财险山西 省分公司先后制定和下发《关于机动车辆保险业务若干明确问题》《机动车辆承保理赔权限管理办法》《机动车辆一次性定损管理办法》，对机动车辆承保理赔事务和其他问题进行明确规定。同年，为使高速公路路产设施得到保障，使发生在高速公路上的交通事故及时解决，妥善处理，中保财险省分公司推出《高速公路路产设施机动车辆第三者特别责任保险条款》，将肇事车辆碰、压、划、挂等造成高速公路上的路标、栏杆、路面、桥梁等路产损失列为保险责任范围。

1997年，大同市公安、交警、保险、税务、工商、征费等部门联合办公一条龙服务格局，由于多种因素的影响，为自身管理的需要而打破。中保财险大同分公司面对这一状况及时调整工作思路，首先继续和公安交警等部门签订保险协议，建立和搞好协作关系，积极主动地将业务窗口转移到全市86个交安委和运管、控办、销售、银行等部门，起到“异曲同工”的作用。同年，中保财险大同分公司试办汽车分期付款售车保险。

1998年，中保财险大同分公司针对机动车辆保险下滑的趋势，采取三条办法：一是搞好交警、运管、征费等部门的合作关系，充分发挥延伸到交安委、汽贸等86个业务窗口的代理作用；二是加大路检路查工作力度，抽调有关业务人员，配合交警部门，针对漏保车辆、在道路上进行检查，发现一辆，补办一辆，仅在9月、10月两个月的时间，收取保费66万元；三是开办“不计免赔险”等几个附加险，促进业务提升。到11月底统计，全市承保22673辆，较上年同期减少429辆。与此同时，中保财险大同分公司以创名优工程为突破口，不断改进服务质量，持续强化规范管理，控制理赔权限，采取集中定损，组成理赔定损中心，实行总值班制度，勘查率70%。

1999年，中国保监会在行业中颁发《新机动车保险条款与费率》，为了配合新条款的执行，修订《机动车辆保险条款解释》，并开始使用统一监制的“机动车辆保险单证”。年初，大同全市共有5吨以上货车19740辆，小型轿车34260辆，共计54000辆，年内报停24905辆，报废422辆，可承保车辆减少。由于新条款、新费率的执行，桑塔纳、捷达等一类合资改为按国产车辆收费，每辆车按车损险基本保费减收较多，续转车辆保费减少，但中保财险大同分公司深挖潜力，有效地调整险种结构，虽然承保车辆有所下降，但承保车辆车均保费有所增加，平均每辆车保费增长3267元，同比增长216元，其中附加险同比增长7个百分点。同年，在"求生存、求发展、上人均、增效益"原则指导下，中保财险大同分公司紧盯"两个现场"，首先紧盯承保现场，努力做到验险承保，根据实际价值承保；其次盯住事故现场，第一现场勘查率达到95%以上。实行"快车道"服务，加强24小时值班，公开报案电话，业务二部在报价、定损、核赔、防盗抢四个环节加强管理，实行分离监督，对于加快理赔，提高理赔质量起了积极作用。全年收取保费7848.4万元，完成年度计划的80.91%，赔款支出4530.7万元，赔付率达57.7%。机动车保险仍占领主要地位。同年，大同保险业开始执行中国人民银行《关于严禁保险公司支付"无赔款退费"的紧急通知》、中国保监会《关于重申机动车辆保险市场管理有关规定的通知》《关于保险公司采取违规手段参与政府采购保险竞标的紧急通知》等规定，促进保险市场运行规范。

2000年，中保财险大同分公司提出，重振大同雄风，主要是机动车辆险业务要恢复主导地位。主要采取措施：一是提高机动车辆险的承保面，加强同交警、车管、货运部门的联系，确保中国人民保险公司在大同保险市场的主导地位；二是提高附加险在保费中的比重，努力提高车均保费。既要提高车均保费，又要增加承保数量，坚决扼制出现承保数量的负增长。太平洋财险大同中支组织业务人员采取多种形式，学习条款和费率的通俗解释，同时结合新的机动车辆保险条款及费率解释，梳理以往下发的文件规章制度以及各类宣传资料，凡与现行条款不符的，及时变更杜绝条款切换漏洞。当年，大同保险市场机动车辆保费收入实现9189.25万元，赔付支出5309.9万元，简单赔付率为57.78%。

表118　　1996—2000年大同市机动车辆保险经营情况表

年度	保费收入（万元）	赔付支出（万元）	赔付率（%）
1996	7281.8	3818.5	52.44
1997	9102	4559.4	50.09
1998	8849.4	5461.6	61.72
1999	8211.5	4724.5	57.54
2000	9189.25	5309.9	57.78

2001年，中保财险大同分公司在机动车辆保险方面主要采取七项措施：一是抓住大户、大车队的公关工作，顺利完成续转业务；二是继续巩固同银行的协作关系，注重做好消费贷款保证保险，年初委派一名总经理助理同工行、农行、建行、中行、商业银行签订代理协议，发展情况良好；三是针对机动车辆整治超载出现的新情况、新问题，及时制定对策，加大大吨位车辆和公有小汽车的承保力度，增加附加险的比例，保证车险业务顺利发展；四是积极发展汽车消费贷款保证保险；五是集中精力做好车管所代办所的工作，成效明显；六是在车险的理赔上，实行赔案全责发生制，按季度核算利润，并与费用、工资挂钩；七是“95518”专线服务电话发挥明显的调控、监督、计划、统计等职能，在总经理决策上提供可靠的数据依据。当年，中保财险大同分公司承保车辆28253台，净增保费1888.7万元，同比增长22.3%；附加险保费收入2375.7万元，同比增长18.7%，车辆保险全年保费收入1.04亿元，完成年度计划的112.91%，同比增长22.2%。

2002年，中保财险大同分公司在机动车辆保险方面主要思路和做法是紧紧围绕增强市场竞争力开展工作，加快发展速度，最大限度地争夺市场；继续加大附加险的发展力度，提高第三者险的限额，促进业务发展；继续抓好汽车消费贷款保证保险，严格履行手续，从严控制风险，从源头上抓住机动车辆业务发展的新亮点；加快车险结案速度，努力解决保费规模大结案率低的问题，要开展优质文明服务，夯实业务管理基础；继续抓好网上核保，电脑理赔工作，严格落实车险管理的有关规定，控制赔付率，提高业务质量，确保业务健康发展，不断提高经济效益。同年3月，中国保险监督管理委员会下发《关于改革机动车辆保险条款管理办法有关问题的通知》，拟定从条款、费率、监制单证、精算和监管等五个方面改革现行车险条款费率管理办法，并适时在全国范围内实施。8月，中国保监会又下发《关于改革机动车辆保险条款费率管理制度的通知》，国内各家经营机动车辆的保险公司开始实施自主性车险条款费率。中国人民保险公司财险大同分公司在总公司、省公司统一部署下，做了精心的准备和应对，完成市场调研和员工培训、宣传发动等大量复杂工作，选择条款组合方式和费率执行类别，为车险业务发展“抓住先机、顺利起步、平稳过渡”创造前提条件。

2003年，车险费率市场化改革在全国范围内开始实施，大同车险业务市场的稳定和发展经受严峻的考验，面对经营中不确定性因素的增多，费率走低的趋势，承保利润逐渐下降状况，保险市场的非理性竞争行为有可能趋于激烈，有序竞争的规范市场在短期内还难以形成。大同保险同业认真研判，深入实际，选择适合的保险产品组合和费率执行类别，基本实现平稳过渡和顺利起步。中国人民保险公司财险大同分公司把发展作为第一要务，集中精力应对车改挑战，主要采取三条措施：一是坚持“早抓快上”，“早培训、早宣传、早调研、早决策、早落实”，分阶段目标，主动迅速，逐一实现；二是加快业务结构战略性调整，在车险受到重大冲击的形势下，高度重视结构问题，要求凡是考核险种、骨干险种都要完成计划任务，要对业务实行分类指导，差异化管理，对效益性险种实行政策倾斜，促进效益险种的发展和业务结构的优化；三是充分协调和完善“三个中心”职能作用，为车险以及其他业务发展发挥强大支撑作用。太平洋财险大同中支根据省分公司向太原保监办申请上报《有关机动车辆综合险费率调整》批复精神，将私人生活用车第三者责任险固定保费下调、行政生产用车车损险及第三者责任险基本保费和费率下调、营业租赁车辆车损险基本保费和费率上调，使机动车辆综合险费率更贴近市场需求。永安财险大同中支将机动车辆保险作为龙头业务，凭借个人销售渠道稳定分散业务、依托汽车4S店、车商代理、车队等建立合作关系，拓展大块业务，通过中介代理公司渠道收取代理业务等展业方式，进入大同机动车辆保险市场。当年，大同机动车辆保险市场实现保险1.57亿元，净增2873万元，同比增长22.35%。

2004年，中保财险大同分公司重点调整车险内部结构，一是调整产品结构。公司根据不同客户、不同险种、不同区域进行调整，重点是解决车损险尤其是大型货车的车损险赔付率居高不下的问题，提高附加险比重，配合国家《中华人民共和国道路交通安全法》的实施，加强机动车第三者责任法定保险相关产品的推广，坚决调整亏损业务。二是调整车险费率结构。车险费率进行较大调整，各支公司认真执行费率调整有关政策，提高车险盈利能力，保证车险业务的健康发展。三是公司开始执行中国人民保险公司总公司修订后的《家庭自用汽车损失保险条款》《非营业用汽车损失保险条款》《营业用汽车损失保险条款》等3个车损险条款及部分附加险条款。修订后条款在费率结构中引入更多的从人因素，并引入了车型系数，区别对待高风险客户和低风险客户，加大费率的差异化程度，根据客户风险确定其保费负担，低风险客户将成为该次产品改造的最终受益者。当年，中国人民保险公司财险大同市分公司机动车辆保险保费收入1.93亿元，同比增速37.25%。太平洋财险大同中支根据《关于实施机动车第三者责任强制保险有关工作的紧急通知》的要求，对机动车辆保险的费率进行调整，并对相关的机动车辆保险条款作了特别修订。

2005年，大同地方经济正处于一个快速发展期和上升期。以煤炭、电力为基础的能源结构不会改变，能源原材料价格仍将在较高的价位运行，这将对大同保险业车险业务产生强大的促进作用。中国人民保险公司财险大同市分公司首先继续深化车险内部结构调整，强化车险业务管理，优化车险内部结构，提高车险业务盈利能力，实现车险由规模型向规模效益型的转变。其次紧紧抓住实施新车损险费率的重要契机，严格执行新车损条款，加强宣传力度，协调同业公司，努力营造有利的新产品推广环境。再次是积极应对《机动车第三者责任强制保险条例》，体现“不盈利、不亏损”的原则，把业务提前做大。最后严格落实总公司《车险业务监控分析的指导意见》，严格监控，实行月度车险业务监控分析和数据分析，强化监督。要严格按照“从人原则”，细分客户，细分车型，加强配件价格控制和平抑，整合事故车辆修理协作网的功能，限制承保高风险险种，规范手续费支出、实行差异化手续费政策，三者险不支付手续费，要向附加险倾斜，降低车险业务经营成本，提高车险的盈利水平。同年1月，天安财险大同中支进入大同机动车辆保险市场。9月，大地财险大同中支进入大同机动车辆保险市场。

2006年3月，国务院通过《机动车交通事故责任强制保险条例》，对机动车交通事故强制保险的基本概念、经营主体、经营原则、责任限额、条款费率、强制投保和承保、垫付和赔偿以及监督管理问题进行明确。根据条例的规定，中国保监会同国家公安、卫生、农业主管部门制定强制保险的具体责任限额，中国保险行业协会组织各财产保险公司的产品开发和精算的骨干力量，制定《机动车交通事故责任强制保险条款》和机动车交通事故责任强制保险费率方案，在交强险经营管理方面，实行条款、费率、手续费比例和实务的“四统一”，并于7月1日起正式实施。山西保监局与省政府法制办、办公厅、交管局、卫生厅、农机局等部门就商业三者保险与交强险衔接问题、交强险路查路检、赔付标准等问题开展沟通、协商，并达成一致意见。大同各保险主体借助交强险实施之机，采取有力措施，不断推动机动车保险业务发展。中国人民保险公司财险大同市分公司车险业务发展中，主要采取下列措施：一是按照总公司单险种考核要求，对车险关键业务指标和监控数据指标进行量化考核，促进规模扩张、成本控制和车险效益的进一步提高；二是按照总公司将推出更具市场适应性的车险新条款，加大宣传和公关力度，确保新版车险产品的贯彻落实；三是加大力度，巩固和发展“黄金客户”和“优质客户”群，注重家用车客户群的业务发展，建立全方位的展业攻势，不断扩大承保面；四是运用新开发的农用车费率，积极争取与农机监理部门合作，进一步加快拖拉机险的发展步伐，同时继续抓好摩托车业务，发挥拾遗补阙作用；五是充分利用科技手段，及时通报信息，促进业务发展；六是密切关注强制三者险实施，充分利用交强险宣传之机，不仅要确保公司车险经营的平稳，更要积极拓展新的领域；七是加强对所有车险的盈利情况进行测算，为主导险种的发展提供理论数据支持，做到经营状况心中有数。太平洋财险大同中支积极做好交强险实施和车险新产品的新旧切换工作。主要采取如下措施：一是切实抓好培训工作，在积极参加总公司、分公司组织培训的基础上，公司组织 3 次全公司范围内的集中培训；二是调配增加人员充实到重要岗位；三是改进营业场所，对营业柜台进行重新改建和布置，设置交强险专用窗口；四是增加相关设备，更新管理系统。五是推出“神行车保”机动车综合保险产品，新的商业险产品从客户利益出发，将车上人员责任险、全车盗抢险设计为可单独投保的基本险，也扩大车辆损失险、第三者责任险等基本险的保险责任。伴随着《机动车交通事故责任强制保险条例》的实施，平安财险大同中支以承办交强险业务悄然进入大同车险市场。

2007 年，中国人民保险公司财险大同市分公司在车险业务上，重点实行保源集中度较高的机关、企业、车队和 4S 店等中介代理的展业承保工作。在展业过程中，提出在内部竞争上，按照“四项原则”，确保中国人民保险公司整体利益，确保市场份额不降；在外部竞争上，依据两个原则：一是一致对外原则，二是先入为主原则。在目标市场上，不断增强创新意识，寻找新的业务增长点，加强与农机和交警部门的联系，有力推进农用车、摩托车、拖拉机业务发展。在提高服务水平上，继续深化“理赔无忧—车险快捷”服务，理赔无忧二日核赔通过率90%。平安财险大同中支开始引进保险电话销售、网络销售，出台新渠道费率，通过更加先进、便捷、高效的方式推动机动车辆保险销售。同年 3 月，华安财险大同中支进入大同机动车辆保险市场。

2008 年，中国人民保险公司财险大同市分公司在车险业务方面，为了有效应对交强险政策调整，确保交强险业务平稳发展。第一，公司上下加大公关展业力度，提高交强险市场占有率，扩大业务规模，将政策调整给业务发展带来的影响降到最低。深化推进 4S 店业务专管专营，确保市场主动权。各个公司建立 4S 店业务考核制度，成立 4S 店专业服务团队，明确目标，严格考核。第二，建立对竞回的车队、招标、统保业务和 50 辆以上竞回车辆奖励机制。第三，市分公司设置车险事业部，改革业务管理流程，将理赔管理和操作职能划归事业部，实现销售、承保、理赔、服务全流程管理。公司赋予了事业部业务管理权以及一定的财务资源配置权、人力资源配置权，成为总经理室授权领导下的业务发展管理中心、资源配置中心和产品利润单元，对辖内车险业务经营发展发挥重要作用。同年 1 月，太平财险大同中支以销售“机动车商业保险（08 条款）”进入大同机动车辆保险市场。5 月，安邦财险大同营销服务部通过个人代理渠道、专业代理渠道、兼业代理渠道销售进入大同机动车辆保险市场，进行机动车辆保险销售。7 月，渤海财险大同中支进入大同机动车辆保险市场。9 月，阳光财险大同中支进入大同机动车辆保险市场。12月，国寿财险大同中支通过公司个代渠道、银保渠道、互动渠道、重客渠道、车商渠道、创电渠道进入大同机动车辆保险市场。至此，大同机动车辆保险市场有12家主体销售产品，形成多家竞争的市场格局。

2009年3月，中国人民保险公司财险山西省分公司在次贷危机引发的金融危机使全球实体经济受到冲击进一步扩大经济形势下召开全省车险工作会议，会议分析全省车险当前面临的形势和存在的问题，并对2009年车险工作做了全面、细致的安排和部署。中国人民保险公司财险大同市分公司认真贯彻会议精神，确立大同财险发展思路：要以均衡发展为抓手，实现各区域与各机构之间的均衡发展，直销、营销与中介代理之间的均衡发展，存量与增量之间的均衡发展，中心城市与农村市场之间的均衡发展，传统销售渠道与以4S店/车行为代表的新兴渠道之间的均衡发展，以此奠定盈利能力提升的基石。公司围绕车险业务发展思路，重点实施以下几项工作。一是通过摸底调查，专项调研，了解市场动态，掌握市场信息，设立专人，对社会车辆拥有量、新车销售量、同业公司的销售模式进行摸底研究，制定有针对性的销售策略。二是定期分析车险监控指标和承保流量，及时发现业务流程中的问题和不足，科学调整承保政策，适应市场走向，做到灵活应对。三是加强存续业务的动态管理，加大考核力度，严格落实续保责任制，做到守土有责。四是加强代理渠道建设，巩固与汽车销售商的合作，从源头提高新车业务占有率，全年共与27家4S店签署合作协议，保费收入达1500多万元，做到巩固与发展并重。五是利用公司机构、人员、品牌等优势，加大交强险的承保覆盖面积，做到以小促大，确保市场份额。全年，交强险签单8.5万多笔，较上年增长400笔单，保费收入1亿多元，有效地拉动商业险的增长。六是开展各种业务竞赛活动，努力挖掘销售潜能，全年竞回业务6000多万元，营造你超我赶，勇夺第一的氛围。太平洋财险大同中支建立投保交强险即时生效制度，方便投保人购买交强险。履行不得以任何理由拒保或变相拒保摩托车、拖拉机交强险，不得向投保人强制搭售商业保险合同或提出其他附加条件，解决拖拉机投保难问题，确保拖拉机交强险真正发挥支农惠农的作用。推动交强险制度平稳运行。当年收取保费3950万元，同比增长6.79%。太平财险系统调整机动车保险条款，以太平财产保险有限公司机动车商业保险（2009版）、太平财产保险有限公司摩托车商业保险（2009版）、《太平财产保险有限公司拖拉机商业保险》（2009版）进行销售，同比下降10.63%。

2010年，车险市场处境艰难，发展乏力。中国人民保险公司财险大同市分公司始终抓住车险这个业务“龙头”，毫不放松。重点采取以下措施。一是搞好市场调研，及时捕捉行业动态，了解市场发展趋势，强化宣导力度，加快发展步伐。总经理、分管领导时时关注，产品线具体指导。二是挖掘区域内有效资源，打好竞回[①]业务争夺战，为业务增长做出积极贡献。三是盯紧市场，不遗余力捕捉新业务。四是深入推进4S店专管专营，并通过4S店业务平台，积极竞回同业公司续保业务，努力提升市场份额，赢得更大的话语权。五是积极推进电销业务，利用电台、报刊等新闻媒体加大宣传力度，收到良好效果。平安财险大同中支推出机动车辆涉水行驶损失险，丰富机动车辆保险产品。永诚财险大同中支分别以机动车第三者责任保险、家庭自用汽车损失保险、非营业用汽车损失保险、营业用汽车损失保险、特种车保险、机动车车上人员责任保险、机动车盗抢保险和机动车交通事故责任强制保险（交强险）进入大同机动车辆保险市场，保费收入达到2567万元。

表119　　2001—2010年大同市机动车辆保险经营情况表

年度	保费收入（万元）	赔付支出（万元）	赔付率（%）
2001	11336	5730	50.55
2002	12857	7141	55.54
2003	15730	7693	48.91
2004	22413	9437	42.11
2005	25475	11715	45.99
2006	30516	12202	39.99
2007	41748	17816	42.68
2008	52653	26486	50.3
2009	59071	28017	47.43
2010	87715	40063	45.67

①竞回业务：指多家保险企业对一家有意向投保的企业、单位或者一项工程，通过公司宣传，产品展示，风险评估，出具保险规划书，投保对象通过选择，决定最后的中标机构。保险业内将在多家竞争中签发的保险合同，收取保险费的一类业务称作竞回业务。

2011年，中国人民保险公司财险大同市分公司年初工作会议提出车险工作思路是：抓好基础工作，抓好细节管理，有效应对不利因素，抓续保、抓新增、抓竞回，确保市场份额稳中有升。要继续加大与4S店的合作力度，完善合作方式，扩大合作范围。按照该思路，大同分公司在基础工作和细节管理上，以省公司出台的《车险业务发展“三率”考核评价办法》《电销网销推动方案》《深化车险专管专营实施方案》为依托，整合承保、理赔、财务、人力等资源。在4S店合作方面，公司狠抓车商公关业务，先后建立合作关系的4S店达到32家。在销售管理上，公司注重传统业务，狠抓团队建设，向市场要业务，与同业争份额，市场份额稳定在50%左右。太平洋财险大同中支严格按照有关法律、法规的要求，遵循“及时、准确、公平、透明”的原则，建立健全交强险财务核算、外部审计和信息披露制度，自觉接受社会监督。平安财险大同中支增加倒车镜、车灯单独损坏险和代步车费用险等险种，不断丰富机动车辆保险产品，满足市场多种需求。太平财险大同中支使用电话营销专用机动车商业保险条款，启用新的销售渠道。

2012年年初，中国人民保险公司财险大同市分公司强调，车险业务要实施“一轴两翼”的策略：即以传统骨干业务为主轴，以“三率”考核为基准，巩固存量，拓展增量、提升份额。“两翼”：一翼是做大做强电网销售，力争全年突破1个亿元；一翼是大力发展4S店自家车业务。围绕这一策略，中国人民保险公司财险大同市分公司进行有效整合资源，稳存量，抓拓展，重点发展车商业务。天镇支公司两年时间跨入2600万元以上大公司，第一年增速110%，第二年增速22%。市公司直属营销部，勇于创新，不断探索、从组建开始就经受各种压力，全年仅车险保费就收入4000多万元。华泰财险大同中支、中煤保险大同中支进入大同机动车辆保险市场，销售产品主要是机动车第三者责任保险、家庭自用汽车损失保险、非营业用汽车损失保险等10种产品，华泰商车险首年保费收入379.98万元，赔款支出33.2万元，简单赔付率为8.78%。中煤车险收入271.51万元，其中交强险收入150.49万元。

2013年，中国人民保险公司财险大同市分公司积极贯彻“一轴两翼”策略，深抓市场调研，努力整合资源，较好地稳固存量，特别是车商业务和电（网）销业务，增长快，幅度大，有效地扼制竞争对手，全年车险保费收入近4.82亿元，增幅达1.86%。信达财险大同中支开始涉足大同机动车辆保险市场，首年收取机动车辆险保费379万元。安盛天平财险大同中支与中介公司合作，开展车险业务，实现保费232.22万元，其中交强险保费147.87万元，商业险保费84.35万元。

2014年，中国人民保险公司财险大同市分公司在车险业务方面思路有以下几方面。一要围绕加速、提质、增效要求，继续推进车险“一把手”工程，完善车险“一把手”工程的管理办法、措施，加强点线领导，资源全面调动，落脚跨越见效。二要着力提升车险续保率，完善续保管理体系，依托“天网工程”和数据分析平台，精确分类，分层推进，实施续保全流程动态管控，建立优质业务续保考核机制，确保商业车险续保率达到 70% 以上。三要在自家车发展上重点突破，坚持渠道拓展和分散性业务相结合，确保自家车增速与行业同步或超出，争取增量市场第一。电（网）销业务要把工作重点放在提高呼入呼出业务占比上，广泛开展“车电连呼”和电销“进单位、进社区、进学校”等活动，有效挖掘电（网）销业务的增长点。四要强力推进车商渠道专管专营，以单店产能和店内份额提升为重点，巩固大型车商和经销商战略合作，加大城市市场车商资源整合，深化示范点创建。五要细化完善业务分类，增强风险识别能力。六要实行折扣率和手续费联动，准确评估，严格控制高折扣、高成本、高赔付业务。七要不断完善销售费用差异化配置方案，有效提高优质业务占比。八要切实解决好车险的内部竞争问题，坚决克服“兄弟打架，浪费成本”的现象，坚决禁止增加折扣，抬高手续费的违规做法。车险部要尽快出台办法，从 2014 年做起，自觉规范内部竞争行为。九要强化车险产品线与理赔线的互动，着力解决车险案均赔款持续上升和出险 1—2 次商业车险客户续保率偏低的问题，提高车险的盈利水平，实现与车险保费规模匹配的利润贡献度。根据当年工作思路，主要采取以下措施：一是整合车商业务，将 57 家小车 4S 店，4 家大车经销商划归到 3 个基层机构专管专营，使发展更加规范、更加理性，更具竞争力；二是积极推行杭州流程系统，深化运作，大力提升 4S 店业务的产能和店内份额占比；三是注重渠道建设，大力发展车商、电商、网销、银保、代理、经纪、互动等渠道业务，扩大业务来源。英大财险大同中支、中华联合财险大同城区支公司以车险业务为主打业务，重点在车险业务市场开辟市场，英大财险大同中支当年收取保费 194.99 万元，赔款支出 33.68 万元，综合赔付率 36.94%；中华联合大同城区收取保费 1184.76 万元。

2015 年，中国人民保险公司财险大同市分公司在车险业务方面工作目标确立为：实施车险翻身工程。为实现这一目标，重点采取以下办法。一是继续推进车险“一把手”工程，加强领导靠前指挥，解决焦点难点问题，铲平一切障碍，使基层顺手舒心；两级公司要锁定目标客户，死盯主要对手，寸土必争，确保政策落地到位。二是强化车商源头管控，确保业务同比提升 10 百分点。三是强化电销呼入呼出管理，确保直通车业务突破 1000 万元。四是加强脱保业务管理，力争竞回。五是提升优质业务续保率，确保优质优配，重点加强自家车续保管理，全年续保率要达到 66% 以上，保全保足率达 55% 以上。六是完善绩效考核体系，开展各类竞赛活动，有效帮助和指导基层。七是发挥联席会议作用，针对性解决问题。八是以资源差异化配置为重点，充分授权，提高基层销售积极性。九是车险部要灵活使用“一单一策”政策，用好管理权限，加快反应速度。十是严格及时足额兑现，各支公司不得随意延迟或克扣员工费用。安诚财险大同南郊支公司（挂靠省分公司业务五部）主营机动车辆保险，首年保费收入 520 万元，赔款金额 0.63 万元。

2016 年，中国人民保险公司财险大同市分公司车险业务主要措施有以五个方面。一是放大优势，取长补短，开创车险发展新格局。以“对标市场、效益第一”为中心，以“夯实基础、提速增效”为目标，以“建好机构、强化队伍”为抓手，以“资源配置、调整结构”为重点，以“严格兑现、信息真实”为切入，以“创新渠道、拓宽领域”为补充，导入使用“目标设定—路径规划—资源配置—监控反馈—考核评价”五位一体闭环工作方法，推动车险健康发展。充分发挥车险发展委员会的领导协调作用，各级各部门各尽其责，协同配合，严格考核激励，推动车险快速发展。二是按照“四个严禁”和“对标市场、确保效率”的原则，实施差异化的费用配置政策，动态调整，重点突破自家车、新车、交强险等优质业务。团体客户实行经理责任制，对标市场，精准投放资源，一对一服务，稳固续保，积极竞回，做到“续转新”并重，最大限度支持基层业务发展，确保有利的市场主导地位。三是按照“四个到位”要求，推进续转保团队建设，强化续保过程管控，实施二段式营销，提高续保率稳步提升。加强渠道建设，构建多点支撑、多轮驱动的销售格局，重点布局车商和电商渠道，专代、经代、银保渠道协同发展，有效突破，不断提升销售产能。四是积极开办车贷险等新兴业务，大力推动“i 保养项目”①，开辟车险蓝海市场，使其成为新的增长点，助推业务攀高上升。五是加强队伍建设，提高素质，为提升销售能力提供支撑，促进车险可持续发展。当年，收取车险保费 5.22 亿元，同比增长 1161.84 万元，增速 2.28%。太平洋财险大同中支推行全系统一使用《2014 版商业车险示范条款》，新条款与旧条款相比，具有结构合理、层次清晰、表述准确和用语规范的特征，彻底解决“高保低赔”带来的争议，明确“先行赔付后代位求偿”的理赔处理方式，当年收取车险保费 8532 万元；安诚财险大同南郊支公司各项工作步入正轨，成立新的业务部门，注入新鲜血液，全年保费收入 1542.6 万元，占大同市车险市场份额的 0.93%。紫金财险大同中支首年进入大同机动车辆保险市场，收取交强险保费 646 万元，商业险保费收入 690 万元。都邦财险大同中支秉承总公司建设“特色都邦”的经营理念，以车险为主打业务，实现保费近 1000 万元。

①i 保养项目：2014 年 5 月 5 日，腾讯在北京召开的“全球移动互联网大会”（GMIC）上发布腾讯路宝 APP+ 路宝盒子，并携手中国人保、壳牌两家巨头共同宣布成立了“i 车生活平台”，为车主提供“一站式”的汽车生活服务。

2017 年，中国人民保险公司财险大同市分公司树立“大车险”观念，充分发挥车险发展委员会职能，准确把握“商车二次费改”趋势，积极应对市场乱象治理，各司其职，协同配合，紧盯新车、自家车重点，开创车险发展新格局。实施差异化的费用配置政策，动态调整，促进保费充足率和优质业务占比提升；按照“四个到位”要求，加强续保过程管控，提升续转保率；加强渠道建设，构建多点支撑、多轮驱动的销售格局，对于车商和电商渠道重点布局，对于专业代理、经纪代理、银保渠道投入资源，有效突破，提升产能；不断加强队伍建设，提高素质，为提升销售能力提供支撑；落实团体业务政策，对标市场，精准投放资源，有效应对同业竞争；不定期开展车险业务竞赛活动，激发内生活力，取得很好实效；加大宣传力度，常态化开展“三进入”活动，成效显著；开展自家车客户体验活动，全面提升客户黏性；开展车险团单业务新保、竞回专项活动，自家车业务续保率、占比率有效提升，车险全年跑赢市场，有效巩固市场地位。太平洋财险大同中支对车险条款实行二次费改，对车险定价的自主核保系数和渠道系数做进一步放开，在市场规定费率之内根据风险评估做更大的差异化定价浮动，实现规范市场，进一步向消费者让利，让消费者可以花费更低的成本获取更多的保障，进一步刺激消费者的购买意愿，让车险产品发挥更大的社会保障职能，当年机动车辆保险保费收入 6646.81 万元，交强险保费收入 2238.35 万元，较上年净增 354.16 万元，市场份额也略有提升。安诚财险大同南郊支公司根据山西分公司的发展规划，公司启动 10 吨以上营业性货车的业务，使得公司的机动车辆保险业务再次腾飞，全年保费收入达到 3246.32 万元，同比增长 126.92%，占大同地区车险市场份额的 2.08%。

表 120　2011—2017 年大同市机动车辆保险经营情况表

年度	保费收入（万元）	赔付支出（万元）	赔付率（%）
2011	105363	47579	45.16
2012	112387	61126	54.39
2013	130050	91949	70.7
2014	144171.99	80832.54	56.07
2015	151532.4	89080.98	58.79
2016	166523.32	88852.38	53.36
2017	155919.57	106201.58	68.11

表 121　　2017 年大同市机动车辆保险各公司保费收入及市场份额情况表

单位	保费收入（万元）	市场份额（%）
人保	52023.30	33.35
太保	8885.16	5.70
永安	2466.04	1.58
平安	28321.13	18.15
大地	7576.52	4.86
天安	957.23	0.61
华安	1203.76	0.77
太平	3277.60	2.10
永诚	3114.75	2.00
安邦	1096.45	0.70
渤海	1844.61	1.18
国寿财	19020.11	12.19
阳光	4298.44	2.76
华泰	1085.04	0.70
中煤	2153.63	1.38
信达	2325.38	1.49
安盛天平	5118.02	3.28
英大	1484.29	0.95
中华联合	3438.13	2.20
安诚	3246.32	2.08
紫金	2009.99	1.29
都邦	1053.34	0.68
合计	155999.24	100.00

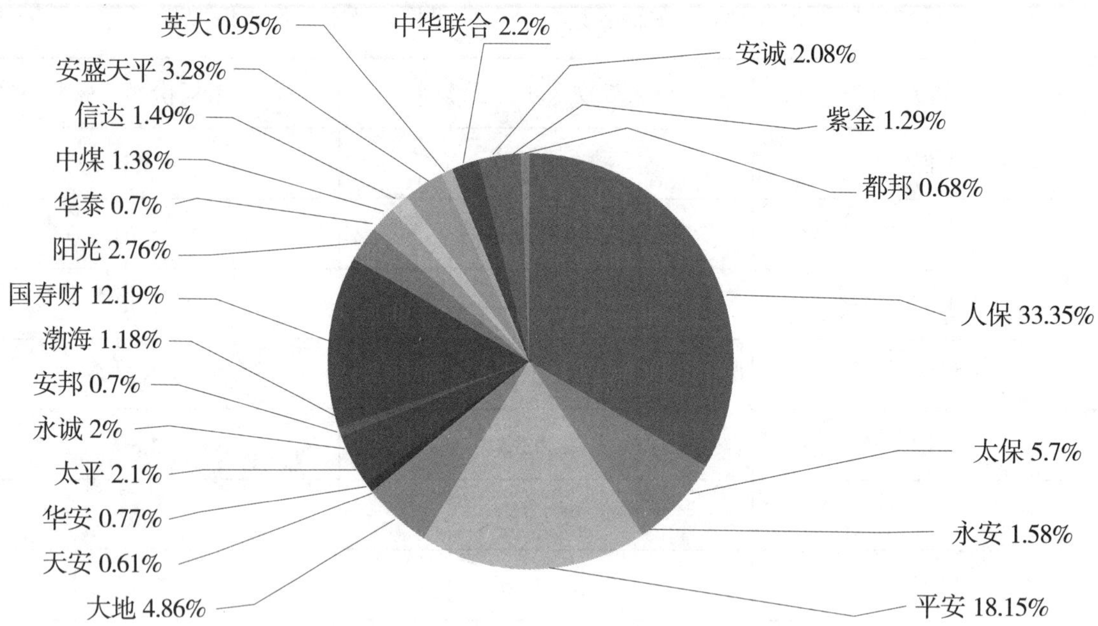

图 11　2017 年大同市机动车辆保险各公司保费收入及市场份额图

第四节　货物运输保险

货物运输保险简称“货运险”，起源于海上保险，俗称“水险”。它是以各种运输的货物为保险标的，当运输货物过程中因自然灾害或意外事故造成损失时，保险人承担经济赔偿责任的一种财产保险。根据货物流动性的特点以及业务适用范围，一般将货物运输保险划分为涉外货物运输保险和国内货物运输保险。

1951 年，中国人民保险公司大同支公司根据总公司颁分的《中国人民保险公司运输保险条款》和《中国人民保险公司运输保险费率》，以国营企业、资本主义工商业和交通运输部门的货物为对象开展业务。货物按财产的全值投保，在货物受损时，按已遭受损失的财产价值，给予足额赔偿。在开办初期，大同的货运险主要依靠火车和其他运输部门，主要手段是宣传动员，主要推动方式是专人负责，主要的承保方式是逐一签单。当年签发保单 193 份，收取保费 599.65 万元（旧币）。

1952 年，中国人民保险公司大同支公司继续组织专人办理货运险业务。下半年，在业务较多的部门建立代理处，并和多家“经常输出物质”的公司签订代理业务合同。当年收取保费 4495 万元（旧币），赔款支付 84 万元，简单赔付率为 1.87%。

1953 年，中国人民保险公司大同支公司以整顿为中心工作，停办运输牲畜死亡保险和货物运输附加破碎渗漏险。城市货运险在上一年的基础上，扩大代理处建设范围，广泛订立运输合同，全面掌握全市运输情况，并在承保手续上进行简化、优化，主要是采取预约保险合同的投保方法，即投保单位与中国人民保险公司事先商定投保范围，用合同的形式确定下来，投保单位根据合同规定的投保范围交纳保险费，中国人民保险公司根据这个范围承担保险责任。当年收取保险费 9368 元，赔款支付 32 元，简单赔付率 0.34%。

1954 年，中国人民保险公司大同支公司继续贯彻第三次全保会议精神，整顿城市业务并稳定发展，在货物运输保险拓展上同保户订立合同成为主要销售方式和特点，当年，中国人民保险公司大同支公司重视业务质量管理，对原订立合同进行检查和修订，减少账册不清、责任不明等问题，提高承保质量，扩大承保面积。年度统计在市区内签订不同内容的合同 23 份，在雁北县区签订合同 25 份。收取保费 18191 元，赔款支付 1445 元，简单赔付率为 7.94%。

1955—1956 年，我国经济建设和社会主义改造事业进一步发展，大同及雁北各县经济繁荣，工农业产品的输出不仅在种类上、数量上有所增加，有些产品还将直接输出国外。在承保险种上，有些客户要求投保货物破碎险等。中国人民保险公司大同支公司根据业务类型，在承办业务上，对输出商品较多自愿投保单位签订统保合同；对于部分产品和不经常输出产品的单位订立预约合同；对于其他单位争取建立代理关系。1955 年收取保费 17763.87 元，赔款支付 312.67 元，简单赔付率 1.76%。

1956 年，保费收入 19841.53 元，赔款支付 25.76 元，简单赔付率为 0.13%。

1957 年，中国人民保险公司大同支公司为满足一些单位的客观要求，根据总公司修改运输保险条款规定和业务处理办法，适当降低费率，扩大保障范围，受到客户的欢迎。当年收取保费 11073.25 元，赔付支出 92.05 元，简单赔付率 0.83%。

1958 年，中国人民保险公司大同支公司继续巩固原有预约、统保和代理户的货物运输保险业务，积极开辟新的业务，由于运输险费率调整后降低 65%，当年保费同比减少 57% 左右。12 月，执行武汉全国财政会议决定，国内业务停止办理。

1984 年，中国人民保险公司大同中支重点着手货物运输保险的开办，所用条款为总公司 1979 年颁发的《国内货物运输保险条款》和《国内货物运输保险基本费率表》。该条款以各种不同的运输工具确定保险责任为：火灾、爆炸、雷电、冰雹、暴风、暴雨、洪水、海啸、地震、地陷、崖崩；船舶搁浅、触礁、倾覆、沉没或遭到码头坍塌所造成的损失以及应分摊的共同海损费用和救助费用；车辆倾覆、出轨，隧道坍塌或人力、畜力的失足；飞机倾覆、坠落、失踪及遭遇恶劣气候或其他危难事故时发生的抛弃行为和因施救、保护所支出的费用以及发生上述事故或灾害时，遭受盗窃或在纷乱中所造成的损失，均负赔偿责任。8月中旬，中国人民保险公司大同中支与北京路局大同铁路分局、矿务局、煤炭运销等物资集中生产和销售单位联合召开铁路代办货物运输保险会议。签订托运、承运、保险三方投保协议，学习保险合同条款内容，掌握实务手续和结算方法，确定展业时间和代办网点。9月8日，中国人民保险公司大同中支召开货运保险会议，组织培训代办业务人员，大同铁路分局下属的37个站（段）70名代办员参加培训。开办3个多月，承保货物运输保险3290户，收取保费5.3万元，占第四季度保费结构的7.9%。

1985年8月，中国人民保险公司山西省分公司与北京铁路局商定从11月1日起委托铁路部门在全省开办快件包裹运输保险。

1986年3月1日起，在全省开办货物运输综合保险，并明确货运险承保责任起讫时限为凡属发运的大宗货物合同单位，保险责任特别约定可为站至仓；一般单位，尤其是私人发运的货物只负责站至站。外贸单位的运输物资，凡属于国际联办的不再办理国内货物运输保险，但发运单位应提供报关单和价格条件必须是CIF（Cost Insurance And Feight到岸价格）价。当年，中国人民保险公司雁北中支灵丘支公司率先开办货运保险，收取货运保险费3.4万元。

1987年2月，中国人民保险公司大同中支与大同铁路分局联合召开铁路货物运输保险座谈会，会议总结两年来分局代办货物运输保险业务情况，并就大同市、雁北和忻州地区的货运业务划分问题与铁路分局进行协商。6月，铁道部北京路局、中国人民保险公司北京分公司、天津分公司、河北分公司和山西分公司联合下发《铁路货物运输实行保险与负责运输相结合的补偿制度的规定》的通知，通知明确铁路货物运输保险仍按照《中国人民保险公司国内水路、铁路货物运输保险条款》及有关规定执行，铁路分局、段、站与当地保险公司应继续积极加强配合，积极动员托运人投保货物运输保险，国家规定必须保险的货物，托运人应在托运时投保货物运输保险，对不投保货物运输保险的，承运人可不受理。当年中国人民保险公司大同中支计划120万元。中国人民保险公司雁北中支14个支公司，有9个支公司开办货运保险，共收取货运险保费38.1万元，简单赔付率2.1%。

1988年4月，中国人民保险公司山西各中支公司在办理进口货物运输保险时，开始特约承保进口货物免税保险。5月，针对货物运输保险保险标的流动性特点，经常出现异地出险索赔的现象，为及时认真地做好货物出险后的理赔工作，中国人民保险公司山西省分公司根据总公司《中国人民保险公司国内货物运输保险代查勘、代理赔工作实施办法》，建立国内货运险代查勘、代理赔工作制度，并从5月20日开始在全省开展国内货运险代查勘、代理赔的“双代”工作。当年，中国人民保险公司大同中支收取货物运输保险保费136万元。中国人民保险公司雁北中支收取货运保险60万元，简单赔付率为11%。

1989年，根据总公司〔1989〕保城货字第002号文件精神，中国人民保险公司大同中支深入挖掘货运险资源，扩大铁路三级站的代办点，全面推行邮包保险。当年中国人民保险公司大同中支收入244.28万元。中国人民保险公司雁北中支认为，货物运输保险的潜力很大，要进一步协调保险同承运部门的关系，完善负责运输和保险相结合的补偿办法，积极开办公路、铁路的零担货运、自办和预约业务，使之有更大的发展。当年，中国人民保险公司雁北中支收取货运险保费50.9万元，简单赔付率为49.12%。

1990年9月，《中华人民共和国铁路法》颁布实施，保价和保险并行。中国人民保险公司大同中支积极采取应对措施，一方面与铁路部门保持联系，争取铁路部门的配合，相互支持，共同发展；另一方面，通过厂矿和大企业，大力开展预约或代办保险。根据总公司关于加强专业化、规范化管理的要求，由分散经营转为规模经营，实行集中化管理。同年，中国人民保险公司山西分公司制定《公路货物运输保险条款》及实务手续，加强与交通运输部门和货运量大的商业、煤炭、供销部门的联系，推进公路货运险业务的发展。同时，省公司出台《关于国内外业务划分及涉外保险业务代办的意见》，明确出口货物运输保险要严格按照省公司、经贸厅、铁路分局《关于出口货物国内段运输保险问题的联合通知》精神执行，进口汽车的公路货运险应随同进口车辆保证期保险一并办理，保险期限一年，次年由分公司涉外营业部提前一个月提供承保清单，车辆所在地重新办理国内业务。涉外业务根据总公司规定，由各省分公司统一经营全国统一核算，为方便保户，各公司在接到涉外营业部所保货物的出险通知后，要视同本公司自身业务一样对待，认真搞好代勘代赔工作。中国人民保险公司大同中支在省公司帮助下，重点解决货运险费用倒挂问题和铁路代办有劳无酬问题，积极扩大承保范围，在保全保足上下功夫，当年承办货运业务90792笔，收取保费375.7万元，增长率为53.8%。

1991年，铁路部门开办的保价运输业务，从起步到全面推开，与中国人民保险公司开办的货运险业务形成明显的竞争态势，全省的铁路货运险保费收入大幅下降。中国人民保险公司大同中支与大同铁路分局各站段座谈讨论，寻找解决途径，取得铁路支持，共同开发市场。使80%以上的货物运输参加货物运输保险，6月，中国人民保险公司大同大北街办事处与雁北汽车运输公司货运零担站签订代办公路货运保险协议书。当年10月底统计，铁路货物运输保险保费收入384.7万元。完成年计划的101.28%。中国人民保险公司雁北中支会同大同铁路分局走访大同、怀仁、天镇、阳高、灵丘、右玉等 6 个火车站，登门宣传，调查资源，协商探讨，疏通渠道。当年，收取货运险保费 65.4 万元。

1992 年，大同铁路分局保价运输业务进展较快，对险企货运保险形成一定程度的冲击。中国人民保险公司大同中支为赢得市场主动，积极开拓公路等其他货运渠道。当年，大同营业部与大同市交警大队联合办理“公路货运险”，弥补部分铁路货运险缺口。

1996 年，中保财险大同市分公司根据山西省分公司针对山西经济特点制定的《货运险定额保险办法》，在大同保险市场推出“货运险定额保险”产品。

1997 年，中保财险大同市分公司成立货物运输险部，专业化管理、专业化销售、业务发展迅速，截至 11 月底，仅货物运输部收入保费 155.1 万元，完成年计划的 100.28%。

1998 年，中保财险大同分公司、中国太平洋保险公司大同分公司在大同铁路保险市场形成竞争态势，经过多方协商、沟通、谅解取得较为满意解决。中保财险大同分公司承办全部货运险业务。同年，为满足市场日益增长的需要，中保山西省分公司在全省推广“旅客行李包裹定额保险”“小轿车随车行李物品定额保险”“邮包保险”“煤、焦、铁公路运输专项定额保险”“公路货物运输（拖拉机、农用机）定额保险”“蔬菜、果品一次性公路运输定额保险”“公路货物运输（当日、当次）定额保险”等 7 个货运险新产品，丰富大同保险货运保险产品，并产生良好的效果。

1999 年，为扭转和改善进出口货运险受东南亚金融危机和外贸体制变化导致下滑态势，中国人民保险公司财险山西省分公司出台《关于积极推动我省进出口货运险业务发展的实施意见》，明确各级公司要积极做好进出口货运险业务的展业工作。各地（市）所联系的进出口货运险业务均由省分公司国际营业部统一签单，所收保费的 70% 归基层，30% 归省分公司国际部。承保业务的相关理赔事项由联系业务的地（市）、县公司与国际部共同研究，具体手续由国际部办理，赔款由双方按照比例支付。同年，中国人民保险公司财险大同分公司年初指出“企财险、机动车险和货运险是名牌险种，在这些险种上挖掘潜力，发挥优势，能起到支撑作用”，货运险在全市大部分单位开办，1999 年“货运险力争消灭空白点”。

2000 年，中国人民保险公司财险大同分公司提出，货用险要开拓思路，加大预约保险比例，扩大代理范围，如外贸公司可以代理货运保险，大型商场、大型市场也应该尝试。要做好机动车辆单车货运和小汽车的行李承保工作，尤其是要抓好公路货运险 7 个新条款的推广使用，努力扩大货运险规模。太平洋财险大同中支，承办山西柴油机厂的国内陆路货物运输保险，成为太平洋财险在大同保险市场开办的第一笔货物运输保险业务。

表 122　**1996—2000 年大同市货运保险经营情况表**

年度	保费收入（万元）	赔付支出（万元）	赔付率（%）
1996	415.6	79.8	19.20
1997	467	50	10.71
1998	556	67	12.05
1999	585.5	46.7	7.98
2000	624	54	8.65

2001 年，中国人民保险公司财险大同分公司在货运险方面，一是继续发展铁路货运险，妥善处理同铁路“保价”的关系，把基础工作做到每一个站段；二是努力推广应用新险种，搞好同铁路、公路的“联动保险”；三是积极同交通、运管部门联系，发展货运险业务；四是加大对大型企业、大型商场、大型工程项目的公关，取得预约保险的新突破。在上述发展思路指导下，中国人民保险公司财险大同分公司货运险取得良好效果，新推出小汽车行李保险保费收入达 30 万元，预约保险费收入 50 万元，实现零的突破。当年，货运险保费收入 463.5 万元。太平洋财险重视开拓新业务市场，以进出口水险业务分别承办左云宏泰运输公司和平朔煤炭工业公司的货物运输。

2002 年，中国人民保险公司财险大同分公司货运险方面在抓续保业务、抓新险种，抓新领域，在预约险业务突破的同时，开始同商检、海关部门的联系与公关。

2003 年，中国人民保险公司大同财险认真贯彻省分公司各项规定，把激励政策落实到业务一线，提高货运险的万元保费工资含量，重奖有突出贡献的人员，调动积极因素。紧紧抓住省、市出口贸易规模快速扩大，公路、铁路货运快速发展的有利时机，巩固现有业务，努力拓展进出口货运业务公路货运保险和公路定额保险。加强对外贸、商检、海关等部门公关力度，重视从源头上抓住保源，落实上下联动，保费合理分摊，发挥多个积极性的发展思路。

2004 年，平安财险大同中支以销售公路承运人定额责任保险、进口货运险和出口货运险产品进入大同货运保险市场。

2005 年，中国人民保险公司财险大同市分公司实行差异化费用率，制定严格考核办法，营造非车险发展的政策环境。年内，天安财险大同中支进入大同货运保险市场。大地财险大同中支首年以国内公路货运保险（YDG）产品，成功签约 4 份货运险保单，实现零的突破。

2007 年，中国人民保险公司财险大同市分公司积极建立内部的专业化的服务团队，以产品划分团队性质，加强业务知识学习，通过锻炼，培养一批专业化的营销队伍。

2008 年，中国人民保险公司财险大同市分公司针对家财险、货运险和意外险业务的特殊性，实行费用倾斜政策，公司对分散性业务效益高业务将给予更多的费用支持，加大扶持力度。各基层公司结合自身特点，因地制宜、因势利导，抓好非车险业务发展。

2009 年，中国人民保险公司财险大同市分公司货运险产品线在巩固存量的基础上，努力扩大规模。矿务局支公司承保大同煤业公司煤炭经销部国内铁路货运险，保费收入 120 万元；城区营销服务部承保太铁分局铁路货运险，保费收入 75.53 万元。新建路支公司承保货箱公司国内铁路货运险，保费收入 62.21 万元。同时，进一步拓展货运险电子商务业务和网络直销业务的承保面。国寿财险大同中支进入大同货物运输保险市场，收取保费 0.39 万元。

2010 年，中国人民保险公司财险大同市分公司紧紧盯住铁路货运险这个关键点，确保业务平稳发展。首先密切与铁路部门的联系，加大公关力度，把工作深化到每个站段，取得他们的帮助与支持，达到减少“保价”，增加“保险”的目的。其次以新条款为契机，推动公路货运险快速发展。第三加大对销售人员的培训、宣导力度，引导他们关注单车定额货运险，争取做到打包销售，积极拓展货运险业务发展空间。

表 123　**2001—2010 年大同市货运保险经营情况表**

年度	保费收入（万元）	赔付支出（万元）	赔付率（%）
2001	465	18	3.87
2002	507	35	6.90
2003	485	35	7.22
2004	419	13	3.10
2005	434	35	8.06
2006	460	1	0.22
2007	570	8	1.40
2008	321	1	0.31
2009	279	29	10.39
2010	470	18	3.83

2012年，中煤财险大同中支开办货物运输保险，主要销售产品：国内水路、陆路货物运输保险、国内公路运输物流货物定额保险和海洋运输货物保险（ICC条款）4种。

2013年，中国人民保险公司财险大同市分公司货运险在公路货运、现代物流、货运代理等渠道寻求突破，深入渗透。提升分散性公路定额货运险、小轿车行李物品定额货运险的规模与比重。当年，永安财险大同中支进入大同货运保险市场，收取保费0.7万元。

2014年，中国人民保险公司财险大同市分公司充分发挥“铁货险”主渠道支撑作用，努力提升分散型业务的占比，提升“随车行”业务增长，深度介入物流运输各环节，通过拓展新兴渠道，培植分散性业务新增长点。大地财险大同中支推出随车行李物品损失保险（YEJ），主要责任为保险合同中载明的机动车辆封闭车厢及后备箱内部存放的随车行李物品，以及经保险人书面同意并在保险单上载明的该车上其他财产。中煤财险大同中支新开办货运险3种：即陆上运输货物保险、铁路货物运输保险、海洋出口货运险。

2015年，中国人民保险公司财险大同市分公司主要采取巩固铁路货运险，拓展公路货运险，积极开展随车行等业务专项竞赛活动。

2016年，中国人民保险公司财险大同市分公司按照铁路站点示意图及企业市场地图，加强与铁路相关站段、重点企业的联系沟通，捍卫铁路货运险和大客户资源，巩固铁货险固有业务。积极拓展物流前端领域，加大物流企业、物流园区公关力度，提升客户保有量。大力发展随车行和随人行的“两随”业务。中国人民保险公司财险大同分公司当年收取货运险保费569.76万元

2017年，中国人民保险公司财险大同市分公司，继续加强与铁路相关站段、重点企业联系，巩固铁路货运险资源；积极拓展物流前端领域，加强物流企业公关；开展“多一句关怀、送一份保单”随车行竞赛活动，大力发展“两随”业务，稳固货运险阵地。

表124　　2011—2017年大同市货运保险经营情况表

年度	保费收入（万元）	赔付支出（万元）	赔付率（%）
2011	719	7	0.97
2012	954	114	11.95
2013	780	64	8.21
2014	768.55	244.91	31.87
2015	798.47	90.62	11.35
2016	780.97	86.37	11.06
2017	1048.62	181.33	17.29

表 125　　2017 年大同市各保险公司货运保险保费及市场份额表

单位	保费收入（万元）	市场份额（%）
人保	776.1	74.06
太保	5.79	0.55
永安	0.8	0.08
平安	224.73	21.44
大地	2.61	0.25
天安	0.04	0.00
华安	0.36	0.03
太平	16.74	1.60
永诚	0	0
安邦	0	0
渤海	0	0
国寿财	19.01	1.81
阳光	0	0
华泰	0	0
中煤	0	0
信达	0	0
安盛天平	0	0
英大	0	0
中华联合	1.9	0.18
安诚	0	0
紫金	0	0
都邦	0	0
合计	1048.08	100.00

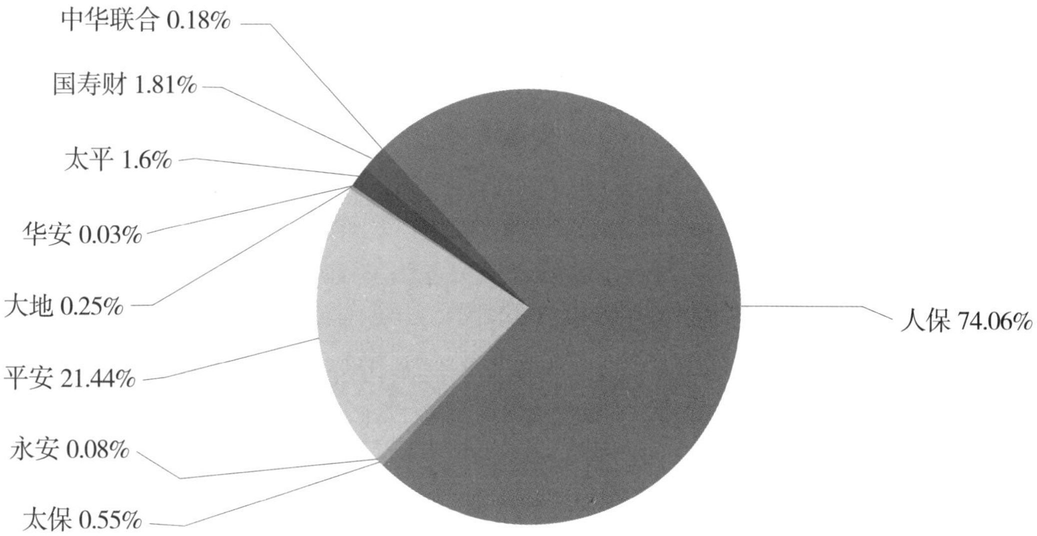

图 12　2017 年大同市各保险公司货运保险保费及市场份额图

第五节　工程保险

工程保险是以各种工程项目为主要承保对象的保险，传统的工程保险以建筑或安装工程中的各种财产和第三者的经济赔偿责任为保险标的的保险。主要产品包括建筑工程一切险、安装工程一切险、建筑安装工程一切险等基础险种及其附加险种。同时还包括随后衍生的铁路、地铁、矿井、电力等具有特定保险标的的建筑、安装工程险。

1998 年，中保财险大同分公司坚持以业务发展为中心，把握业务发展的支撑点。认真开展抓大险种、大保户、大公司，促进业务发展。年内，大同矿务局、大同化工厂等数十家大型国有企业均以企财险如期续保，中国人民保险公司大同分公司通过多次沟通、协商和研讨，以建筑工程一切险承保大同 ABC 中外合资铸造公司建筑险业务。

2000 年，中国人民保险公司财险大同分公司强调险种结构的调整，强调非煤企业承保领域的拓展，重点指出要重视工程责任保险等其他险种的开辟。

2001 年，中国人民保险公司财险大同分公司加强同相关部门联系，及时掌握工程项目信息，加大对大同机场、水煤浆、大同二电厂二期等大项目的公关力度，力争在承保上有新突破，并由市公司总经理室和部室负责人成立公关组织，认真分工，认真分析，责任明确，为开办工程保险奠定各项基础工作。

2002 年，中国人民保险公司财险大同分公司大项目公关成效显著，运行机制得到完善。在多方努力下，大同煤电集团、大同二电厂大项目在承保上取得重大成绩。当年，中国人民保险公司财险大同分公司工程保险，全年收取保费 334.5 万元。

2003 年，中国人民保险公司财险大同市分公司在工程险业务上加大公关力度，努力在新开工的大项目承保方面取得突破,大力推广以载明责任为主的建筑安装工程保险，拓展业务领域。工程险实现 51.93 万元。

2004 年，中国人民保险公司财险大同市分公司调整车险与非车险结构，大力发展效益好、前景广的非车险业务。工程保险业务强调市分公司与支公司的加强协调配合，及时掌握信息，优势互补，形成正向合力，重点在公关展业力度，继续建立大项目、大保户责任制。当年，工程保险保费实现 76 万元。永安财险大同中支承保石家庄至太原高速公路段工程保险，工期 3 年，保费 200 万元。平安财险大同中支以销售建筑工程一切险、安装工程一切险进入大同工程保险市场。

2005 年，中国人民保险公司财险大同市分公司为了促进业务快速发展，公司推行积极的激励机制，倾斜费用政策，面对市场，敢于竞争，勇于竞争，在“新建石太铁路客运专线”工程险的承保竞标中，大北街营销部积极公关，通过竞标，最终签下 1200 多万元保费的工程险保单。太平洋财险大同中支承保大同市城市发展投资公司和大同市万泉孤山水库工程有限公司的建筑工程一切险，保费 144.3 万元。

2006 年，中国人民保险公司财险大同市分公司大力推进和落实客户经理制，依托行业、渠道及主干险种打包销售方式，实现对相关行业、渠道和重点客户的“一站式”服务，强化专业化营销力量，拓展中介渠道，在巩固传统险种已有的渠道业务基础上，重点培育和拓展建设工程质量险等，做好煤炭、化工、电力、建安工程等高风险行业的分保业务。当年，收取工程险保费 1084.15 万元。

2007 年，中国人民保险公司财险大同市分公司在大项目承保上取得了显著成效，也积累经验。年初，分公司提出，产品线部门要重点做好信息收集工作，上下密切配合，积极发展大型商业保险品牌战略，清楚了解工程保险的竞争状况，了解工程保险等财产险市场份额的形势，提出整合资源，费用倾斜的扶持政策。当年，中国人民保险公司财险工程保险出现下滑。

2008 年，中国人民保险公司财险大同市分公司上下联动，统一对外公关、对内协调，形成“统筹规划、统一协调、上下联动、协同作战”的工作机制，发挥公司在大项目的整体优势；设立大项目展业基金，不断调动开展大项目的积极性；加大各类人才的培养力度，在系统内组建大项目营销团队，解决展业力量不足的问题。要继续落实大型商业保险目标责任制考核办法，实行“一把手”工程，明确责任，严格奖惩。公司独家承保同煤集团大唐热电公司和国电大同二电厂三期工程等大项目，在大型商业保险领域的主导地位上得到有效巩固。大地财险大同中支首次开办安装工程一切险（GGE），签订一份保单，收取保费合计65.93万元。阳光财险大同中支进军大同工程保险市场，首年收取工程保险费48.04万元。

2009年，中国人民保险公司财险大同市分公司继续执行“统筹规划、统一协调、上下联动、协同作战”的工作机制，加强与建设局的沟通工作，在工程险上继续寻找大的商机，扩大建筑工程系列保险战果。北城支公司独家承包“引黄入晋”工程北干线墙框堡水库的建工一切险承保大同市“安居工程”的建筑工程一切险，收取保费80多万元；大地财险大同中支签订建筑工程保险单12份，收取保费保费95.58万元。国寿财险大同中支通过重客渠道、个人代理渠道进入大同工程保险市场。大同保险市场工程保险实现保费1502万元。

2010年，大同市政府在加快转型发展、推进基础设施建设方面，加大政策力度，一些大项目建设方兴未艾，像“大天”“大浑”“浑广”高速公路建设项目已经准备就绪。中国人民保险公司财险大同市分公司成立大项目领导组，深化内容，落实责任，形成合力，紧紧抓住良机，既要紧盯新建项目，又要完善在建项目的二次承保工作。产品线面对面指导基层工作，与基层协同展业，特别是在大项目、大业务展业中，效果尤为明显。“大呼”“大天”“大浑”“浑广”高速等大项目及后续工程都顺利承保。太平洋财险大同中支积极行动、紧盯目标、发挥险企优势、协调多方配合，承保同源高速公路路基桥隧工程第三合同段和同源高速公路路基桥隧工程第四合同段的建筑工程一切险，收取保费75.21万元；与北京众望保险经纪有限公司签订合作协议，承保该保险经纪公司负责招标的部分建筑工程一切险，收取保费114.91万元；与大同市御东建设工程管理有限公司签订合作协议，承保该单位承揽的城中村改造项目的建筑工程一切险，收取保费130万元。国寿财险大同中支承保工程保险，收取保费达919.69万元，创下国寿财险大同中支历史纪录。

2011年，中国人民保险公司财险大同市分公司工程险业务的重点是牢牢抓住大项目，像“大张”高速客运、“北京—新疆”高速公路（大同段）、“王庄堡—大营”高速公路的开工，“大天”“大浑”“浑广”高速公路的续建工程，大同客运东站的开工建设等，要发挥市公司专家团队的既有优势，深化内容，落实责任，形成合力，确保承保权或主承保权。由于措施到位，发展有力，大项目、大业务力度大，效果好。“大呼”“三浙”“大天”“大浑”“浑广”“山平”高速等重点工程顺利承保。太平洋财险大同中支以服务重大客户为目标，以拓展新领域为方向，与大同市御东建设工程管理有限公司签订保险合作协议，承保该公司承揽城中村改造项目的建筑工程一切险，收取保费 157.15 万元；承保山西威奇达药业和阿拉宾度新工业园区新建工程，承保安装工程一切险和财产一切险，收取保费 102.47 万元；承保山西国临煤层气开发有限公司的临县—柳林—临汾煤层气输气管道工程的安装工程一切险，收取保费 102 万元。

2012 年，中国人民保险公司财险大同市分公司采取积极的进取策略，抢占增量市场这篇大文章，以增量保份额，以份额求发展，紧盯大企业、大项目，焦点业务。创新竞争手段，采取“一司一策、一险一策”工作，发挥优势，逐单落实。当年，大项目、大业务在巩固中延伸，工程险艰难挺进。当年，工程险保费实现 570.27 万元。中煤财险大同中支根据《山西省人民政府办公厅关于开展煤矿安全集中整治专项行动的通知》指出，“全省煤炭资源整合、煤矿企业兼并重组工作已基本完成，为加快推进整合重组煤矿的改造建设，根据省政府主要领导指示，决定在全省开展煤矿安全集中整治专项行动”的精神，充分利用矿井改造建设之契机，开始承办矿井建设工程保险，收取保费 22.17 万元。当年，大同保险市场工程保险保费实现 753 万元。

2013 年，中国人民保险公司财险大同市分公司在工程险业务发展上基本原则为：拓展思路，上下联动，及时切入，注重培育，寻求突破、延伸链条、多渠道、广覆盖、下深功，成为支撑。太平洋财险大同中支继续开拓大项目工程保险，与山西三一晋湘有限责任公司签订合作协议，承保该单位销售的工程机械设备综合保险，收取保费 22 万元。当年，大同保险市场工程保险保费实现 231 万元。

2014 年，中国人民保险公司财险大同市分公司专人盯紧基础设施建设、产业结构调整、大型技术改造项目，确保区域内重点工程主承保。当年，工程保险保费收入 82.8 万元，赔款支出 162.25 万元，简单赔付率达到 195.95%。

2015 年，中国人民保险公司财险大同市分公司上下联动，落实项目清单，拓展工程险业务。营业部首席承保晋蒙黄河大桥建工一切险和建筑施工人员意外险，其中建筑工程保险保费收入达 98 万元。

2016 年，中国人民保险公司财险大同市分公司密切跟踪大项目，尤其是关注大同至原平高铁项目建设等区域内工程建设情况，上下联动，力争突破。当年，各支公司在工程险等大项目上做文章，中国人民保险公司财险阳高支公司承保阳高堡子湾水库工程险、中国人民保险公司财险灵丘支公司承保灵丘门头峪水库建工一切险，成为 2016 年一个亮点。紫金财险大同中支试办工程保险，签订1份保险合同，收取保费2万元。当年，大同保险市场工程保险保费收入达到266.95万元。

2017年，中国人民保险公司财险大同市分公司以新兴商业非车险发展为重点，以专营机构、专业团队建设为支撑，以市场份额提升为落脚，完善保险市场地图，积极对接政府需求，建立政策清单，递交专项保险建议书，继续密切跟踪大项目，上下联动，收获成效，稳固阵地。当年，大同保险市场工程保险保费收入174.61万元，赔款支出941.66万元。

表126　　2009—2017年大同保险市场工程保险保费统计表

年度	保费收入（万元）
2009	1502
2010	2583
2011	2394
2012	753
2013	231
2014	—
2015	—
2016	266.95
2017	174.61

第六节　责任保险

责任保险是以被保险人的民事损害赔偿责任或经过特别约定的合同责任作为保险对象的保险，其承保标的是责任风险。责任保险的主要险种包括公众责任保险、产品责任保险、雇主责任保险和职业责任保险四大类。大同市责任保险始于20世纪50年代的汽车第三者公众责任保险，该险种当时虽附属于汽车保险，但严格意义上讲按保险标的不同划分属公众责任保险的范畴。直到2017年年底，该险种依然存在，并更名为机动车辆第三者责任险，成为机动车辆保险项下的主要险种之一。1980年恢复国内保险业务初期，人保大同支公司首先开办公众责任险，但并未独立开办，而是作为企业财产保险的附加险种，其业务统计在企业财产保险项下。真正意义上的责任保险始于1988年，中国人民保险公司大同中支试办产品责任保险、产品信誉保险，在保险市场产品需求之上有了进一步拓展。

1988年，中国人民保险公司大同中支在巩固原有险种的基础之上，积极拓宽服务领域，开办新险种，使保险业务的深度和广度有了新的进展。该年，试办产品责任保险、产品信誉保险，在保险市场产品需求之上有了进一步的扩大。

1989年，中国人民保险公司大同中支全市财产资源的承保面逐渐提升，已经达到81.25%以上，在这种情况之下，各支公司都在新险种开办上下功夫，全辖新险种有所增加，达到55个，其中包括产品责任保险等9个新险种，当年新险种增收保费50万元。

1996年7月，中国人民保险公司系统进行体制改革，实行产寿险分业经营。分业后，产品还不十分丰富，主要销售的企财、家财、机动车辆和两业保险覆盖面较大，市场产品系列较为狭窄，新的保险领域和新的保险需求亟须开发。11月，中保财险山西省分公司认为雇主责任保险、公众责任保险与产品责任保险，在全国已形成较大规模，经济效益也较好，在山西具有较大的市场潜力和广阔的发展空间，经过反复论证下发《关于在全省开展雇主责任保险、公众责任保险和产品责任保险的通知》，大同保险市场责任保险成为新业务增长点。当年收取保费2009.91万元。

1997年，中保财险大同分公司根据省分公司下发的开办三个条款通知，主动进行资源调查，根据社会需要把责任保险作为财产险业务的主要险种之一，并对全市人员进行业务培训和实务培训，对社会利用相关媒介进行宣传，为三个责任保险的开办奠定一定的销售基础。当年，收取保险费 2325.38 万元。

1998 年，中保财险大同分公司研究市场对策，挖掘市场潜力，既抱西瓜又捡芝麻，努力抓好新险种的开发，新开办的产品责任保险、公众责任保险和雇主责任保险等取得较为满意成绩，当年责任保险保费收入 312.6 万元。太平洋财险率先开办产品责任保险和雇主责任保险，首年以产品责任保险承保大同市云岗啤酒集团，以雇主责任保险承保大同唯一一家出口货车配件的制造企业——ABC 铸造有限公司。

1999 年 5 月，中国人民保险公司财险山西省分公司印发《关于转发总公司印发的〈中国人民保险公司供电责任保险〉〈中国人民保险公司餐饮场所责任保险条款〉及其附件的通知》。7 月，又印发《关于转发〈中国人民保险公司雇主责任保险条款〉和〈中国人民保险公司公众责任保险条款〉及其附件的通知》，新下发的条款与旧条款相比变动较大，内容更加完善，保障更加充分，措辞更加严谨，销售更加有力。8 月，为稳定推进责任保险，健康经营责任保险业务，中国人民保险公司财险山西省分公司以及《关于责任保险的若干补充规定》，对雇主责任保险的承保对象逐步由"井下雇员"转变为"井上雇员"对案件所应提供的证明及医疗费用赔偿原则作明确规定。当年，中国人民保险公司财险大同分公司责任保险保费收入 385.2 万元，完成年度计划的 116.74%，同比增长 116.2%，赔付支出 113 万元，赔付率为 29.3%。

2000 年，中国人民保险公司财险大同分公司提出，责任保险要调整结构，做好非煤业的承保，要重视工程责任保险和产品责任保险的市场开拓。

2001 年，中国人民保险公司财险大同分公司责任保险业务提早行动，同教委、旅游公司、各大医院、供电部门取得联系，各支公司积极挖掘校（园）方责任保险、旅行社责任保险、供电责任保险、医疗责任保险、公证员责任保险、物业责任保险等险种潜力。针对大同宾馆多、饭店多、商场多的特点，认真调查，广泛公关。南城支公司率先在大同市第一人民医院、第二人民医院、第三人民医院、第五人民医院和第六人民医院开办医疗责任保险，共收取责任险保费 23.9 万元。同年，责任险开办较好的支公司左云、浑源、完成当年计划任务。北城支公司已为 27 家旅行社办理旅游责任保险，收取保费 22 万元。

2002 年，中国人民保险公司财险大同分公司加大分散险种的公关力度，寻求新的更大的发展空间。对于责任保险等，实行新的营销方式，开展劳动竞赛，采取鼓励办法，实行制度考核等。

2003 年，中国人民保险公司财险大同市分公司责任保险业务理念是：正确处理发展责任险与"两险"的关系。在继续调整结构、降低赔付率的前提下，继续大力推广校园方、律师、会计师、建筑工程设计、供电、医疗责任等责任保险，巩固旅行社责任险阵地。同时要开辟新产品，挖掘新领域，努力实现责任保险业务的适度增长，同年，中国人民保险公司财险大同市分公司责任保险保费收入 519.8 万元。太平洋财险承保大同旅行社责任险业务，收取保费 8.7 万元。大同保险市场责任保险保费达到 541 万元，赔款支出 296 万元，简单赔付率为 54.71%。

2004 年，中国人民保险公司财险大同市分公司在责任险经营中，坚决剔除高赔付的井下雇主责任险，使责任险的经济效益明显提高。平安财险大同中支开办责任保险产品主要有公众责任保险、产品责任保险、雇主责任保险、律师责任险、会计师责任险、供电责任险、雇员忠诚险、旅行社责任险和特种设备责任险共计 9 种产品。当年，平安财险责任保险实现 130 万元。

2005 年，中国人民保险公司财险大同市分公司借助总公司“按需定产、按渠道开发”的原则，积极改造企财险产品，开发火灾公众责任险机遇，聚精会神实施新产品的推广；抓住省保监局推广公众责任险的有利时机，依托良好的法律环境和公众不断增强的保险意识，加强与消防、卫生、司法、建筑工程等行业联系，拓展公众责任险领域，不断增强区域性产品的市场拓展能力。同业财产保险公司将责任保险作为竞争重要战场，倾力拓展，奋力争雄。当年，大同保险市场责任险保费实现 431 万元，赔款支出 214 万元，简单赔付率为 49.65%。

2006 年，国务院正式发布《关于加快发展现代保险服务业的若干意见》中指出：“大力发展责任保险，健全安全生产保障和突发事件应急机制。”大同各保险主体充分把握保险“国十条”颁布契机，迅速拓展责任保险市场。中国人民保险公司财险大同市分公司在巩固承运人责任险、银行、邮电等已有的渠道业务基础之上，重点培育和拓展建设工程质量险、校园方责任险、火灾公众责任险、物流货运责任险等渠道业务。大地财险大同中支开始办理责任保险，当年，以责任组合保险签订一份保险合同，收取保费 130 元。

2007 年，中国人民保险公司财险大同市分公司整合人才优势，提供特色服务，组建责任险等专业化销售团队。公司密切与政府相关部门联系，煤矿安全生产领域保险得到有效推广；深化与运管部门的合作，进一步扩大承运人责任险的覆盖面；广泛与市消防部门合作，开展“百日竞赛”活动，进行联合考核，火灾公众责任险得到长足发展。同年，中国人民保险公司财险大同分公司责任险同比增加 1500 多万元，有力地拉动整体业务的快速发展。太平洋财险大同中支与中国人民保险公司财险大同分公司共同承保大同市内所有煤矿的雇主责任险，保费收入 101.12 万元；大地财险大同中支开办承运人责任保险，签单 11 份，收取保费 2.03 万元；开办雇主责任保险签单 1 份，收取保费 0.75 万元。

2008 年，中国人民保险公司财险大同市分公司把与政府的合作和服务地方经济建设作为拓展业务的切入点和突破口，使得煤矿安全生产责任保险得到继续有效推广；深化与运管部门的合作，进一步扩大承运人责任险的覆盖面；与市消防部门密切合作，火灾公众责任险得到长足发展；与大同市永和美食城签订公众责任险保险等合同，收取保费 3.71 万元；与大同市灵曦汽车客运有限责任公司签订承运人责任险，收取保费 1.46 万元。与大同卡尔本碳素有限公司签订公众责任险等合同，收取保费合计 6.87 万元。大地财险大同中支销售道路危险货物承运人责任保险 6 单，保费 1.02 万元。太平财险大同中支以品类齐全满足多种需求的特色进入大同责任保险市场，首年责任保险收取保费 1 万元。

2009 年，中国人民保险公司财险大同市分公司提出：与政府相关部门的联系，力争在旅游、建筑、教育、卫生等领域的保险业务不断取得新进展；抢抓时机，深化煤矿安全生产责任险、火灾公众责任险和承运人责任险的发展，不断提高保险覆盖面，扩大发展成果。中国人民保险公司财险大同市分公司在巩固续期业务同时，重视拓展新的领域，责任险领地不断扩张，当年，中国人民保险公司财险新建路支公司承保云冈石窟景区的旅游责任险，中国人民保险公司财险南郊支公司开办吊装责任险。太平洋财险大同中支与阳高县新阳出租汽车有限责任公司签订合作协议，承保该单位所有出租车辆的道路客运承运人责任险；与浑源县佳龙城乡公交客运有限责任公司签订合作协议，承保该单位所有公交车辆的车险和承运人责任险，收取保费 30.95 万元。国寿财险大同中支进入大同保险市场，首年收取保费达 81.8 万元。

2010 年 1 月，山西省旅游局组织召开全省旅游保险工作会议，按照《关于开展 2010 年度旅行社责任保险统保示范项目的通知》精神，全省旅行社责任险统保工作在旅游行业顺利启动。中国人民保险公司财险大同市分公司借助中国人民保险公司与旅行社签约的契机，加快旅行社责任保险业务的发展，力争实现规模突破。年内，中国人民保险公司财险大同营业部承保大同凯宇运业有限公司承运人责任保险。中国人民保险公司财险城区营销服务部创新展业，承保桐城小区停车场责任险，收取保费 6000 元。太平洋财险继续扩大承运人责任保险市场，并积极开办校方责任保险，年内，太平洋财险与天镇县通达汽车出租有限公司签订保险合作协议，承保该单位所有出租车道路客运承运人责任险和机车险，收取保费 31.49 万元；承保校（园）方责任险统保项目中大同煤炭职业技术学院和山西大同大学的保险，收取保费 18.74 万元。

表 127　　2001—2010 年大同市责任保险经营情况表

年度	保费收入（万元）	赔付支出（万元）	赔付率（%）
2001	481	198	41.16
2002	478	304	63.60
2003	541	296	54.71
2004	366	186	50.82
2005	431	214	49.65
2006	1021	289	28.31
2007	2821	1300	46.08
2008	1423	876	61.56
2009	1288	892	69.25
2010	1155	562	48.66

2011 年，中国人民保险公司财险大同市分公司上下联动，确保旅行社责任险、医疗责任险、校园方责任险、承运人责任险、安全生产责任险深化与提升。中国人民保险公司财险振华南街营销服务部积极探索特种设备责任保险的承保与开拓，实现全市出租车辆气瓶特种设备责任保险。8 月，山西省环保厅与山西保监局联合下发《关于试行环境污染责任保险工作的通知》《山西省环境污染责任保险实施方案》，确定由中国人民保险公司财险山西省分公司具体实施，并将煤炭开采、化工、非煤矿山采选、冶金、焦化、电力、医药和建材等行业的 82 家企业，作为首批试点。同时鼓励和支持未列入试点名单的企业积极参加环境污染责任保险。中国人民保险公司财险大同市分公司积极响应，精心部署，首批环境污染责任保险试点单位承保率达 100%。太平洋财险继续扩大责任险领域，承保大同市云威烟花爆竹销售燃放有限责任公司的公众责任险等，收取保费 6 万元。参与共保国投大同能源有限责任公司塔山煤矿电厂的财产一切险、机器损坏险、雇主责任险，收取总保费 86.24 万元。

2012 年，中国人民保险公司财险大同市分公司按照“巩固内涵，发展外延，织网布局”思路，保存量，扩增量，在巩固续期业务的同时，统保全市 24 所二乙级以上医院医疗责任险，收取责任险保费 560 万元。太平洋财险中支与华润雪花啤酒（大同）有限公司 / 华润雪花啤酒（中国）投资有限公司取得合作，承保该单位的产品责任险，收取保费 2.85 万元。中煤财险大同中支首年开办公众责任保险、产品责任保险、雇主责任保险等共计 11 种产品，依托行业优势、地域优势和专业优势，煤矿安全生产责任保险、山西省煤矿安全生产责任服务保险、安全生产责任保险、非煤矿山安全生产责任险成为公司特色险种，构成比例达到责任险 79% 以上。开办首年收取责任保险费达 128.91 万元，赔付率达 73.62%。

2013 年，中国人民保险公司财险大同市分公司上下联动，深化提升，巩固环境污染责任险、高危行业安全生产责任险、校园方责任险、旅行社责任险、火灾公众责任险、承运人责任险等领域的先发优势，不断挖掘客户潜力。在火灾公众责任险方面，同大同市消防支队联系，得到认可；在校园方责任险方面，同教委沟通联系，得到支持；在医疗责任险方面，在统保全市 24 所二级以上医院医疗责任险之后。新承保 4 家民营医院，医责险新增保费 165 万元；第一批环境责任险续保率 100%，高于全省平均水平近 30 个百分点。太平洋财险大同中支与大同市古都汽车旅游有限公司签订合作协议，为该单位下属车辆承保承运人责任险，收取保费 8.7 万元。永安财险大同中支开办责任保险产品有校园方责任保险、公众责任保险、雇主责任保险，当年，收取保费为 0.98 万元。信达财险大同中支开办公众责任保险以及其他责任保险产品，首年承保公众责任保险 1 份，收取保费 0.8 万元，签约其他责任保险 7 份，收取保险费 1.47 万元。

2014 年，中国人民保险公司财险大同市分公司责任险业务的工作思路：抓住全省加快发展责任保险有利时机，深度参与社会管理，加大环境污染、高危行业安全生产、食品安全生产、养老机构和自然灾害公众责任保险落地力度。组建专营团队，深化交通、教育、卫生、消防、旅游等渠道合作，扩大保障，持续攀升。年内，中国人民保险公司财险大同市分公司，开办大同养老机构责任保险，承保市内 23 所养老服务机构，保费收入达 27.51 万元。中国人民保险公司财险北城支公司续转大同市二乙级以上医院医疗责任险，收取保费 869 万元，同比增加 208 万元，增幅达 31.47%。太平洋财险在责任险方面细分市场，在车辆承运人责任险市场继续深度挖掘，与大同市灵曦汽车客运有限责任公司继续签订合作协议，为该单位下属车辆承办承运人责任险，年保费规模达 57.26 万元；与大同市龙途旅游汽车有限公司继续签订合作协议，为该单位下属车辆承办承运人责任险，年保费规模达 29.81 万元；拓展阳高市城市公共交通有限公司的公交车承运人责任险，年保费达到 21 万元；与清徐县通达出租汽车有限责任公司合作，承保该单位 50 台出租车的承运人责任险，收取保费 3.63 万元；与大同市城区方路汽车租赁部等 21 家营运货车租赁公司取得合作，销售营运货车雇主责任险，年保费收入约 100 万元。年内，太平洋财险大同中支与晋商银行股份有限公司大同分行取得合作意向，承保该单位公众责任险等，收取保费 4.34 万元。大地财险大同中支深度开发责任保险产品，不断向各个行业渗透，先后开办客运承运人责任险、雇主责任保险、道路危险货物承运人责任保险、公共营业场所火灾责任，在取得成功续保并不断拓展之机，又开办电梯责任保险，收取保费 0.36 万元；开办公众责任保险，收取保费 0.53 万元；开办校方责任保险，收取保费 0.08 万元。中华联合财险大同城区支公司重点承保大同市平城区环卫处全体环卫工的雇主责任险，当年收取保费 0.72 万元。

2015 年，在国务院印发的《关于加快发展现代保险服务业的若干意见》指导下，大同保险业抓住机遇，统筹安排，规范实施，因势利导。责任保险业务市场发展平稳，为教育、卫生、医疗、司法、食品、环境、煤业、林业、运输、旅游等领域提供各种责任风险保障。中国人民保险公司财险大同市分公司狠抓、抓好责任保险项目落地，培育新的增长点工程，中国人民保险公司财险北城支公司成功续保全市医疗责任险，保费突破千万元。太平洋财险与大同市龙途旅游汽车有限公司继续签订合作协议，为该单位下属车辆承保承运人责任险，年保费规模达 34.96 万元；拓展阳高县城市公共交通有限公司的公交车承运人责任险，年保费 5.39 万元；与大同市城区方路汽车租赁部等 13 家营运货车租赁公司取得合作，销售营运货车雇主责任险，年保费约 21.45 万元；成功中标大同华润燃气有限公司的道路危险货物承运人责任险项目。大地财险大同中支开办诉讼财产保全责任保险，收取保费 0.07 万元；开办监护人责任保险，收取保费 0.04 万元。较大程度地丰富大地财险责任保险的大家族。英大财险大同中支陆续开展责任保险业务，首年收取保费达 2.07 万元。

2016 年，中国人民保险公司财险大同市分公司多措并举，保持支柱险种重巩固，扶持新兴险种上规模，挖掘新领域求突破。全市“煤安险”“环责险”“校责险”等行业性业务持续向好，在医疗责任保险业务如期续保之时，深入挖掘二级以下医疗机构医责险，取得突破；在中国人民保险公司财险天镇支公司统保全县农村小额意外险之时，同时开办全县教职员工校园方责任险。太平洋财险在承运人责任保险市场不断巩固并继续延伸，续期业务如期实现续转，新的领域仍在扩张。与大同市龙途旅游汽车有限公司继续签订合作协议，为该单位下属车辆承保承运人责任险，年保费规模达 39.08 万元。安诚财产大同南郊支公司开办个人居家责任险、驾驶人责任保险、诉讼保全责任保险，首年责任保险保费收入达 2.1 万元。紫金财险大同中支进入大同责任保险市场，首年保费收入 0.1 万元。

2017 年，中国人民保险公司财险大同市分公司把“坚持巩固提升传统法人客户、政府渠道产能与大力发展分散性业务并重”作为业务发展思路，在确保存量业务如期续转前提下，继续开辟新领域，加大对环境污染责任险、医疗责任险、食品安全责任险、诉讼保全保险的深度开发。太平洋财险大同中支继续保持承运人责任保险优势和拓展力度，与大同市公共交通有限责任公司取得合作，承保市内公交车的承运人责任险等业务，总保费规模达 200 万元。中国人民保险公司财险大同市分公司为扶贫攻坚结对人员提供责任险保障。在统保全市二乙级以上医院医责险基础上，扩大服务范围，延伸至部分民营医院、社区医院，拓展服务领域。中国人民保险公司财险大同市分公司重视强化专业团队服务和渠道融合，在巩固医院责任保险同时，拓展新兴业务，承保一家医院的执业医师责任险和医务人员意外险项目，巩固提升传统渠道，实现渠道有效融合。大地财险大同中支在责任保险大家族中又添新成员，开办环境污染责任保险，收取保费 0.24 万元。安诚财险大同南郊根据上年责任险的经营情况，开展有针对性的责任险业务知识培训，深入分析责任险市场，尝试多渠道销售，责任险保费收入达到 6.1 万元，同比增长 190.48%。紫金财险责任保险保费收入 6.26 万元，同比增长 60 多倍。

表 128　　2011—2017 年大同市责任保险经营情况表

年度	保费收入（万元）	赔付支出（万元）	赔付率（%）
2011	2343	1370	58.47
2012	2491	780	31.31
2013	4123	1652	40.07
2014	3703.41	1385.68	37.42
2015	3582.67	1360.51	37.97
2016	4164.93	1504	36.11
2017	5169.86	2042.52	39.51

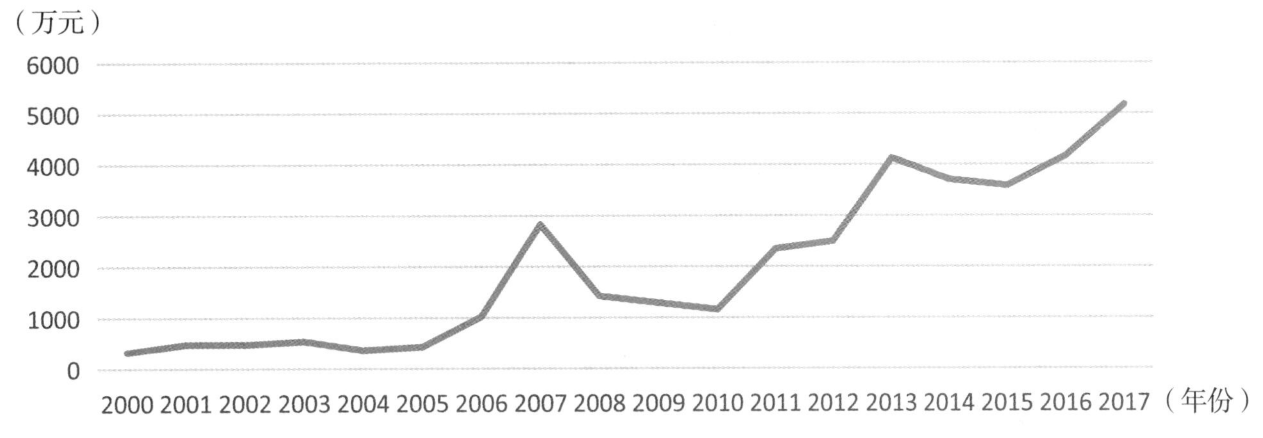

图 13　2000—2017 年大同市责任保险走势图

表 129　　2017 年大同市各公司责任保险保费及市场份额一览表

单位	保费收入（万元）	市场份额（%）
人保	2325.38	45.00
太保	706.26	13.67
永安	17.32	0.34
平安	696.37	13.48
大地	10.94	0.21
天安	7.49	0.14
华安	68.13	1.32
太平	1.25	0.02
永诚	10.54	0.20
安邦	2.5	0.05
渤海	22.94	0.44
国寿财	895.43	17.33
阳光	27.54	0.53
华泰	2.72	0.05
中煤	299.5	5.80
信达	5.15	0.10
安盛天平	0	0
英大	1.07	0.02
中华联合	37.16	0.72
安诚	5.78	0.11
紫金	6.26	0.12
都邦	17.94	0.35
合计	5167.67	100.00

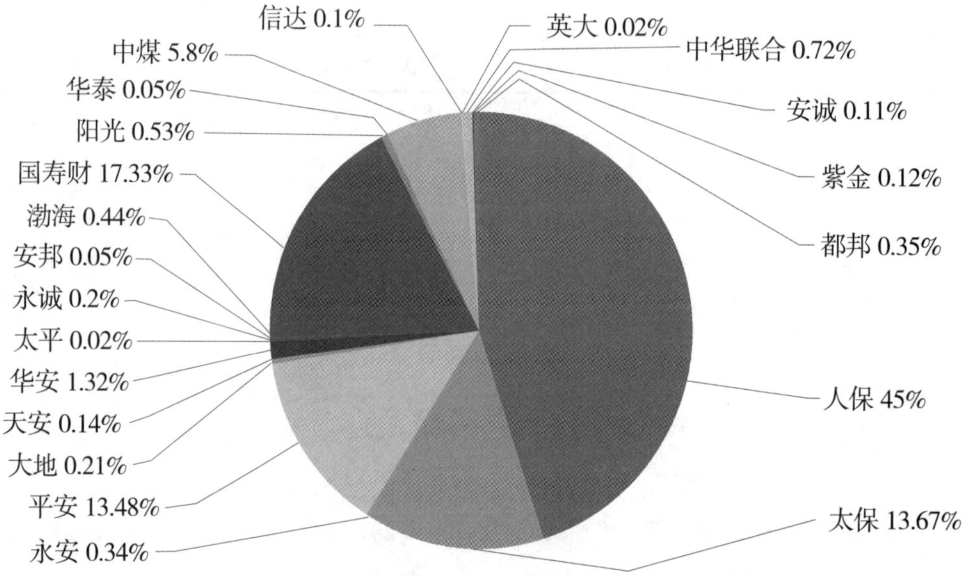

图 14　2017 年大同市各公司责任保险保费及市场份额图

第七节　信用、保证保险

信用、保证保险是由保险人为被保证人向权利人提供担保的保险。当被保证人的作为或不作为致使权利人遭受经济损失时，保险人负经济赔偿责任。信用保证保险包括信用保险和保证保险。前者是权利人作为投保人直接向保险人投保，由保险人担保被保证人的信用，后者指保证人根据权利人的要求，向保险人投保，要保险人担保自己的行为。大同市开办的信用保险包括出口信用保险和一般商业信用保险。保证保险包括汽车消费贷款保证保险（以下简称车贷险）、个人住房信贷保证保险（以下简称房贷险）、信誉保险、雇员忠诚保险、产品质量保证保险以及小微企业或个人贷款保证保险等。

1988 年，中国人民保险公司大同中支在巩固原有险种的基础上，积极拓宽服务领域，开办新险种，使保险业务的深度和广度有了新的进展，年内，开办 5 个新险种，由上年的 50 种增加到 55 种。在原有企业财产保险大家庭中又增添产品信誉保险（产品质量保险），当年公司承保企业达 538 家。

1999 年，中保财险大同分公司紧盯市场，谋求业务发展的支撑点和新的增长点。在“三大险”上挖潜力，在新险种上求开发。年内，中国人民保险公司财险大同分公司开办产品质量险、变压器保险、个人住房贷款保险、个人贷款购车保险、信用卡保险等，虽然承保面积不大，收取保费不多，但为公司发展新险种提供一定经验。

2001 年，中国人民保险公司财险大同分公司继续巩固同银行的协作关系，重视消费贷款保证保险业务的开展，年初委派总经理助理同工行、农行、中行、建行、商业银行签订了代理协议，取得良好效果。当年，收取保费 145.3 万元。

2002 年，机动车辆消费贷款保证保险既是业务发展的新亮点，也存在着较大的风险隐患。中国人民保险公司财险大同分公司按照省分公司确立的“门敞开、高门槛”的指导原则和“积极、稳妥、适度发展”的指导思想，根据省分公司下发的《机动车辆消费贷款保证保险业务经营办法》精神，明确开办机动车辆消费贷款保证保险业务的 10 项纪律和管理模式，建立严格的责任追究制度和行之有效的绩效考核奖惩兑现办法，使业务发展和管理有章可循。

2003 年，中国人民保险公司财险大同市分公司按照省分公司发展保证保险业务要求，重视个人抵押贷款房屋保险和住房贷款保证保险，力争早日形成规模性效益性险种。在车贷业务发展中，落实《机动车辆消费贷款保证保险业务经营办法》，实行专人负责、专项考核、全程服务、全程监控、统一出单、专业化管理，切实做好风险防范工作。要坚持有所为，有所不为的原则，淘汰一批信誉差、规模小的经销商，发展一批信誉好、规模大的合作伙伴，促进业务健康发展。同时，根据省公司关于清理整顿车贷业务的精神，通过实行专职清收以及同法院、公安等部门的大力配合，逾期贷款清收工作取得良好的效果，截至年底，已清收回逾期贷款 96 笔，催收逾期贷款金额 189.63 万元，扣回抵押车辆 9 台，逾期贷款与未了责任的比例控制在 1% 的范围内。

2004 年，中国人民保险公司财险大同市分公司车贷清收工作在有关领导和工作人员的努力下，加强领导，通过各种渠道、采取多种措施，使清收工作取得了明显成效，全市逾期率控制在省公司要求的范围内。

2005 年，中国人民保险公司财险大同市分公司严格控制应收保费，加紧车贷清收工作。主要采取措施：第一，要高度重视，加强领导，充实力量；第二，继续认真开展还贷情况、逾期辆数和金额情况、经销商挪用、垫付情况的调查，做到对风险心中有数；第三，开展建立区域联动机制，加强异地逾期车辆清收协作，加强与银行、司法等相关部门的沟通与合作，取得他们的支持；第四、将继续把车贷清收工作纳入《业绩合同》和《综合业绩考核办法》，修改和完善考核奖励办法，加大对车贷清收奖惩力度。

2007 年 5 月，太平洋财险大同中支与工行合作，办理个人抵押贷款房屋综合保险。

2009 年，中国人民保险公司财险大同市分公司设立专门机构，开办车贷险业务，抢占市场源头，扩大经营规模。

2010 年，中国人民保险公司财险大同市分公司积极扩大车贷险业务规模，开办小轿车及部分营业货车的车贷险业务。平安财险大同中支开办信用保险，主要销售产品为国内贸易特定合同信用险和国内贸易新保险。

2012 年 12 月，太平洋财险大同中支与山西海晟房地产开发有限公司签订合作协议，为该单位在银行抵押的“财富官邸”住宅楼投保财产综合险，保费 10 万元。

2013 年，中煤财险大同中支开办个人贷款抵押房屋保险，以销售“房贷险”产品进入大同信用保证保险市场。

2014 年，中国人民保险公司财险大同市分公司在信用保证保险业务指出：分公司准备着手组建专营团队，深化交通、教育、卫生、消防、旅游等渠道合作，扩大保障，持续攀升。积极借鉴系统先进经验，在风险可控的前提下，采取扩张的市场策略实现信用保证险业务高速发展。

2016 年，中国人民保险公司财险大同市分公司积极开办车贷险业务，大力推动 i 保养项目（中国人民保险公司财险、腾讯路宝和嘉实多推出“i 车生活平台”首款产品），开辟车险蓝海市场，使其成为新的增长点，助推业务攀高上升。阳光财险大同中支以销售个人贷款保证保险业务进入大同信用保证保险市场。

2017 年，中国人民保险公司财险大同市分公司在业务发展上，坚持巩固提升传统法人客户、政府渠道产能与大力发展分散性业务并重的发展思路，以新兴商业非车险发展为重点，以专营机构、专业团队建设为支撑，以市场份额提升为落脚，完善保源市场地图，大力发展小微企业贷款保证保险。

表 130　　2003—2017 年大同市信用保证保险经营情况表

年度	保费收入（万元）	赔款支出（万元）	赔付率（%）
2003	1	0	0.00
2004	4	0	0.00
2005	8	0	0.00
2006	1	28	2800.00
2007	24	1	4.17
2008	7	0	0.00
2009	11	0	0.00
2010	7	0	0.00
2011	124	33	26.61
2012	104	3	2.88
2013	181	241	133.15
2014	1451.67	613.57	42.27
2015	2085.89	363.52	17.43
2016	1886.89	60.39	3.20
2017	2523.5	448.36	17.77

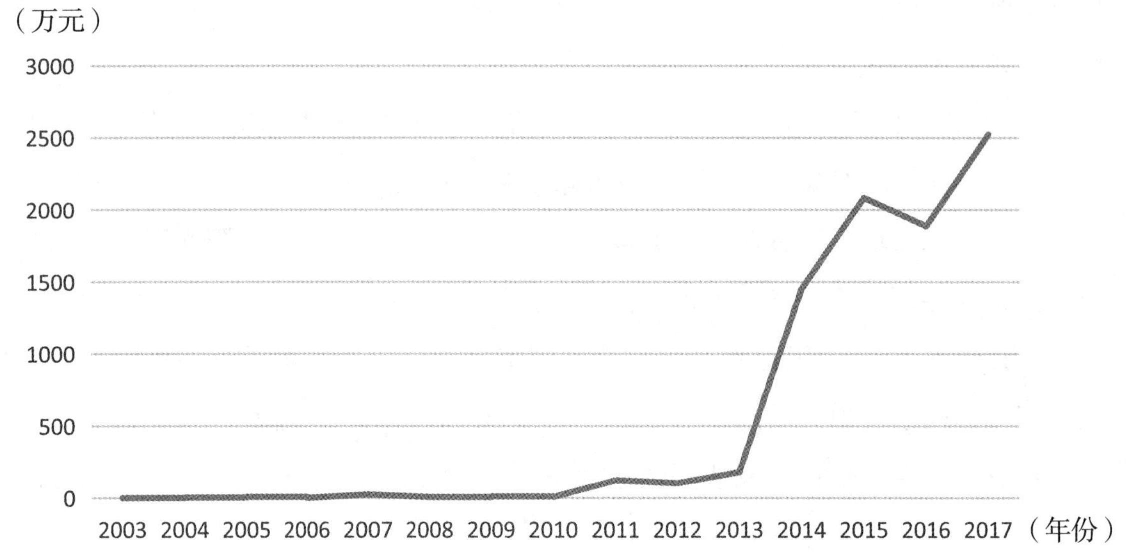

图 15　2003—2017 年大同信用保险业务发展趋势图

表 131　2017 年大同市信用保证保险保费及市场份额一览表

单位	保费收入（万元）	市场份额（%）	备注
人保	123.62	4.90	
平安	4.9	0.19	
阳光	2394.98	94.91	
合计	2523.5	100.00	

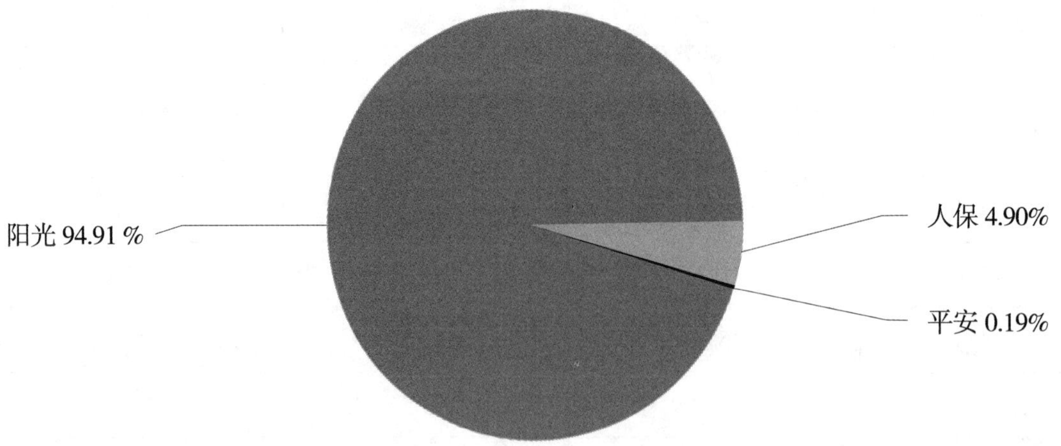

图 16　2017 年大同市信用保证保险市场份额图

第八节　农业保险

农业保险又称“两业保险”，是指农业生产经营过程中，对种植业和养殖业因自然灾害或意外事故蒙受损失，由保险人给予经济补偿的一种险种。

1951 年，中国人民保险公司农业保险的方针是“保障农业生产安全、促进农业生产发展”。中国人民保险公司大同支公司以该方针为指导思想，在农村保险业务的推广过程中，决定从牲畜保险开始。首先讲明政策，贯彻业务精神，强调国家利益和个人好处，把开明的、进步的、积极的大户承保，继之以宣传、推动全面。如中国人民保险公司大同支公司具体首选当地矿井拉煤牲畜、农村长途运输牲畜作为突破口，带动全面。当年承保牲畜 2423 头，占当时所有满足保险条件的 82%，收取保费 10331.27 万元（旧币）死亡赔付 55 头，赔款金额 4758.2 万元（旧币），简单赔付率 46.06%。当年退保 141 头，退保费 496.63 万元（旧币）。

1952 年，中国人民保险公司大同支公司一是通过广泛宣传和实际案例教育，广大农民不仅对牲畜保险有了进一步的认识，有不少农民群众主动找保险公司投保；二是中国人民保险公司大同支公司加强调研工作，广泛收集资料，了解保险资源，确实数字，编成手册，为业务发展提供服务；三是委托兽医，对投保牲畜进行健康检查。四是依靠当地党政领导，依托当地干群关系等。当年收取保费 1.61 亿元（旧币）赔付支出 8312 万元，简单赔付率达 51.58%。

1953 年，中国人民保险公司大同支公司通过两年开办牲畜保险的经验，认为已经取得较为成熟的承办经验，牲畜险市场需求迫切，计划承保面扩大到满足条件的 90% 以上。年内试办猪羊保险，保费预计收入 3300 万元（旧币）。3 月，中国人民保险公司第三次全国保险会议在北京举行，会议根据“整理城市业务，停办农村业务，整顿机构，在巩固的基础上稳步前进”的精神，遵照中央指示，为在农村纠正“五多”，集中力量搞好农业生产，给农民以休养生息的机会，决定立即停办当前并非迫切需要的农村业务。中国人民保险公司山西省分公司于 6 月下旬召开全省第三次保险工作会议，研究讨论中央停办农村保险的方针政策，布置了牲畜保险的停办工作。规定牲畜保险停止承办新业务，到期业务不再续保，所有未到期业务，全部办理退保，个别农民坚决不愿退保的，可以持续到期满终止。当年收取保费 981 元，赔款支付 5016 元，简单赔付率达 511.32%。

1955年，中国人民保险公司总公司根据第四次全国保险工作会议精神和《农村保险工作四年总结》，确立1955年“重点恢复办理牲畜自愿保险业务”。中国人民保险公司大同支公司对恢复农村牲畜保险进行调查研究，并初步拟定农村保险的发展规划。

1956年，全省保险工作的重点转向农村，在调查研究，积极准备，选择重点的基础上，本着先行试点，再行推广的原则，大同支公司积极、稳步地开展农村牲畜保险业务。当年，收取保费32239.54元，赔款支付1169.44　元，简单赔付率为3.63%。

1957年，中国人民保险公司大同支公司首先充分利用合作社的各种会议主动宣传保险业务；其次开展专业学习，提高县区保险小组业务人员的专业技能。当年，收取保费98488.96元，赔款支付23883.88元，简单赔付率24.25%。

1958年1月，中国人民保险公司召开第六次全国保险会议，进一步明确保险要加强生产观点、政治观点、群众观点，以及保险工作为生产服务、为群众服务，会议决定：农村要积极办理牲畜保险，扩大办理养猪保险，重点试办农作物保险。中国人民保险公司大同支公司按照毛泽东主席指示“愿保就保，不愿保就不保”的自愿保险方针，积极行动，认真规划，提出当年承保目标是19300头牲畜。具体执行办法：一是能接受也已经保险者，但认识不足，投保条件选择不当、保额高低不一，应进行正确巩固；二是虽已保险，但因遭灾或其他原因不愿续保者可以不保；三是对主观上有要求或经过宣传解释愿意参加保险的社队，可以发展；四是利用各种方式宣传保险的基本原理、业务政策与条款内容，使农民群众认识到保险好处，对保险产生兴趣，以致接受投保；五是为通过保险，补偿因牲畜死亡而遭受的损失和对生产上的影响，促进农业生产“大跃进”，必须积极争取，为完成承保任务而努力。4月，制定《保险支公司养猪自愿保险办法》，先后在大同马军营、平旺、马辛庄3个农业社试办养猪保险，承保311头猪，收取保费891元。6月，重新修订养猪自愿保险办法，试办5个乡，30个农业社，承保675头猪，收取保费1492.68元。10月，全市（专区）普遍实现人民公社。12月，中国人民保险公司大同支公司全面停办保险业务。

20世纪80年代，国内保险业务恢复后，为支持农村商品经济发展，满足广大农村特别是“两户一体”对保险的需求，中国人民保险公司山西省分公司与山西省农业银行联合下发通知，专业户、重点户的畜禽保险业务可委托各农业银行（营业所、信用社）代理。1983年，中国人民保险公司山西省分公司印发《牲畜保险条款》《奶牛保险条款》《生猪保险条款》，并先后在省内作了开办前的试办。12月12日，省公司在五台县组织召开由各支公司主管业务的经理或负责人参加的全省畜禽保险工作座谈会。为全省全面开展农业保险业务做了充分准备。1984 年 6 月 10 日，山西省农业银行、中国人民保险公司山西省分公司联合下发《关于县及县以下的农村保险业务委托农行信用社代办的通知》，省农行系统全面代理农村保险业务。6 月 30 日，山西省农行和中国人民保险公司山西省保险分公司联合召开全省农村保险工作会议，对进一步发展农村保险业务问题进行认真研究。第四季度，雁同地区有保险业务的农村代办所 284 个，占同期农村保险业务的 87.8%。当年，农村业务收入 113.6 万元，完成年度计划的 234%。

1985 年，为贯彻中共中央、国务院关于进一步活跃农村经济，积极兴办农村保险事业的精神，中国人民保险公司大同中支加快开办农村保险的步伐。在巩固三大险种（当时把企财险、机动车辆险、人身保险称为三大险种）的基础上，试办一些新的险种，其中养殖业保险初见成效，当年承保牲畜 1452 头。其中，朔县支公司在养殖业走在前列，1985 年承保奶牛 440 头，收取保险费 3.5 万元。

1986 年，中共中央、国务院《关于 1986 年农村工作的部署》中再次强调："应积极发展农村各项保险事业。" 中国人民保险公司大同中支主动改变传统销售方式，积极探索农业保险的新路子，在销售技巧上，由单一型向综合型发展；"销售一把抓，回来再分家"，在销售推动上，以点带面，从分散开始到统保促成。中国人民保险公司大同南郊支公司在马军营 22 个乡开展养殖业保险及其他险种，半月突出活动收取综合保费 4.5 万元。其后，附近雁儿崖、峰子涧两个乡成为全保乡。中国人民保险公司雁北中支按照一九八五、一九八六两个一号文件精神，试办农业保险。灵丘县支公司为配合县委和县政府建设养羊、养兔基地县工作，解除养殖户忧虑，及时开办养羊、养兔养殖保险业务，承保羊 281 只，兔 3350 只。此外，在灵丘狼牙沟、下关两个乡进行养牛定额保险。阳高县支公司试办"香瓜""西瓜"种植保险，其他几个县支公司也进行"两业"的试办。当年，中国人民保险公司雁北中支收取农业险保费 5 万元，赔款支出 93 万元，赔付率 186%。

1987 年，中央 5 号文件指出："发展农村社会保障事业，有条件的可试办合作保险。"根据该精神，4 月，中国人民保险公司大同南郊支公司、新荣支公司积极探索农村合作保险的新路子，采取定额投保、限额赔付的办法，保费由乡、村两级分别从工补农款中支出 30%，个人出 40%。先在小南头、赵家小村和马军营三个乡试办蔬菜、西瓜、地膜覆盖、牲畜、奶牛、油料作物等 6 个险种，负责冰雹、风暴和暴雨三大责任保险，当年收取保费 18.8 万元，完成年计划 188.16%。中国人民保险公司雁北中支各支公司积极配合当地党政中心工作，因地制宜地开辟新的"两业"保险。大同县支公司为当地开办黄花保险；灵丘县支公司开办食用菌木耳保险；天镇开办小麦保险等。特别是为配合全区地膜覆盖栽培玉米新型技术推广，全区应县、朔县、怀仁、阳高、天镇等开展地膜覆盖栽培玉米保险，全区共承保81571亩，收取保费10万元。山阴、应县两支公司还与当地县信用联社试办合作保险，采取二八分保的办法，开办农作物和奶牛保险，对农村合作保险进行有益探索。当年，中国人民保险公司雁北中支收取农业保险保费30.8万元，赔付率为229.55%。

1988年，中国人民保险公司大同中支为落实中发〔1987〕5号文件精神，从3月开始，在南郊区和新荣区扩大试办农业合作保险，为农村多层次经济提供保险服务。该尝试，引起社会各界关注，中央电视台、新华社、《中国保险》杂志、《山西金融》杂志、《山西日报》等媒体作了刊播，总公司在全国农险会议上进行经验交流。中国人民保险公司雁北中支积极探索农业保险的新路子，他们遵循取之于民、用之于民的原则，打破传统做法，采取“政府组织，农民互助，保险代理，以县统保，以乡签单，以收定支，限额赔付，节余积累”的办法，在应县进行农作物互助保险的试点。当年，共承保39个乡，129个自然村，3万多农户的264790亩农作物，收取保费42.23万元，支付赔款30.43万元，赔付率72.3%，并在全国第五次农业保险会议上进行交流。当年，雁北中支收取农业保险保费51.7万元，简单赔付率为132.3%。

1989年，中国人民保险公司大同中支按照第五次全国农业保险会议提出的“同舟共济，防赔结合，积极探索，稳步发展”的十六字方针，巩固和发展南郊支公司的农作物保险试点。同年，中国人民保险公司大同中支进一步完善南郊、新荣两郊区合作保险方案，实行与区乡政府“三七”分保，受到当地农民的欢迎和两郊区政府的好评。浑源县开办农村基层干部综合保险，含家庭财产、人身、农作物、树木、牲畜等保险。中国人民保险公司雁北中支根据农险“十六字方针”，和省公司关于“稳步扩大种植业保险，积极探索养殖业保险”的精神，在完善应县农作物互助保险代办的基础上，走政府、保险、农民共担风险互助合作的路子，积极稳妥地在各县部分乡镇进行“两业”互助合作保险试点，不断摸索和积累经验，为农业保险寻求更加有效的办法。当年，雁北中支收取农险保费3.2万元，赔付率达253.13%。

表 132　　1984—1989 年中国人民保险公司大同农业保险经营情况统计表

年度	农业险保费（万元）	种植业保费（万元）	养殖业保费（万元）	赔付支出（万元）	赔付率（%）	备注
1984	0.1	0	0.1	0	0.00	
1985	6.3	0	6.3	1.5	23.81	
1986	2.3	0.1	2.1	0.1	4.35	
1987	20.5	12.7	1.8	18.4	89.76	当时统计
1988	56.6	31.4	—	39.4	69.61	当时统计
1989	6.9	34.5	—	21.2	307.25	当时统计

1990 年，中国人民保险公司大同中支、雁北中支探索农业互助合用保险的新路子，为农村家庭联产承包责任制提供配套服务。根据中国人民保险公司山西省分公司推行的抗灾救灾保险基金制度，采取“三项措施，四项倾斜政策”。三项措施：一是在指导思想上把发展农业保险工作摆在突出的位置；二是具体经营以县为单位，单独建账，独立核算，由保险公司代管，专款专用，亦可用于地方支农资金的短期拆借；三是把农业保险纳入地方党政机关的工作范围，并作为对县级保险公司的专项考核指标，引入承包责任制的合同中。四项倾斜政策：一是保险公司在经营中义务代办，不提取管理费，并无偿提供人力、物力和各种单证；二是在全省调拨 300 万元的防灾费，作为重灾县（区）的超赔补贴，确保因大灾而遭受损失农民的经济利益，减轻地方政府因救灾而增加的财政负担；三是拨出 50 万元防灾费，购置防灾设施，帮助参加保险的县区提高防灾抗灾能力，把自然灾害可能造成的损失控制在最低范围内，体现“预防为主，防赔结合”方针；四是对积极开办防灾抗灾保险，并对做出贡献的部门和个人给予表彰奖励。中国人民保险公司大同“两区”公司结合本地实际，制订具体销售办法，保费来源以个人交纳为主，集体代交为辅，开办的农业保险稳步发展，取得一定的社会效益。6 月，中国人民保险公司大同南郊支公司在 7 个乡镇 36 个自然村开展种植业保险，共承保瓜菜、粮油作物 1.8 万亩，收取保费 32 万元。中国人民保险公司雁北中支为多种经营和经济作物提供配套服务，大同县支公司承保黄花 7000 多亩、灵丘支公司承保烟叶 10000 亩、阳高承保的蔬菜、西（香）瓜保险，为大同、雁北两地农业保险的探索向前推进一步。

表 133　　1986—1990 年中国人民保险公司雁北农业保险经营情况统计表

年度	农业保险保费（万元）	赔款支出（万元）	赔付率（%）
1986	50	93	186.00
1987	30.8	70.7	229.55
1988	51.7	68.4	132.30
1989	3.2	8.1	253.13
1990	0	0	—

1991 年，中国人民保险公司大同中支、雁北中支在上年试办农业保险的基础上，继续以全市的商品粮基地为服务重点，为省政府确定的高产攻关重点工程项目和吨粮田、双千田提供保险服务。年初省公司先行拿出 300 万元专款，用于支持农业防灾设施和农业大灾后的超赔补贴。同时以县为单位，对承保面达到 50% 或 70% 以上的，分别给予实收农业保费基金的 3% 或 5% 的资助。对积极开办农业保险，管理好，效益高，做出贡献的有功人员给予表彰奖励。当年，中国人民保险公司雁北中支在农业险业务发展上主要安排包含以下几个方面一是继续巩固和完善应县农作物保险这一典型作法；二是为全区两个种植基地县和两个养殖基地县搞好保险配套服务。即做好天镇县 7 万亩小麦、右玉县 40 万亩燕麦种植保险（含抗病胡麻、地膜栽培玉米、脱毒山药等）；做好阳高瘦型肉猪、左云关头养殖保险；三是为多种经营和经济作物搞好配套保险服务。到年底，中国人民保险公司雁北中支共承保 13 类农作物 184 万亩，覆盖面为上年的 9 倍，在右玉、应县、天镇等某地县初步形成集中调剂资金，集中补偿损失的区域性规模效益，为之后发展“两业”保险，建立农业保险基金制度奠定了基础。

1992 年，中国人民保险公司大同中支、雁北中支农业保险坚持走为地方政府代办的路子，根据《中共中央关于进一步加强农业和农村工作的决定》精神，遵循“积极发展农村保险事业，扩大险种范围，鼓励农民和集体投保。在各级政府的支持下，建立多层次、相互联系的农村专项保险基金，逐步建立农村灾害补偿制度”的改革完善方向。按照中国人民保险公司山西省分公司在农业保险上提出 4 点措施：一是试行分保机制，中国人民保险公司分入30%的农业保险基金，地方政府留70%，中国人民保险公司和地方政府风险共担，同舟共济；二是保险资金的筹集要体现国家、集体、个人共担原则，推广介休、晋城等地做法，采取当地财政补50%，乡镇补30%，农民个人20%的办法；三是扩大承保面，实行区域性规模经营；四是政策扶持和业务指导。中国人民保险公司雁北中支以积极开拓农村服务领域，将发展“两业”保险作为重点工作，将抓基地、扩统保、推普及和搞农村切块试点县（左云、怀仁），建保险先进县（右玉）作为主战场，采取“一倾斜三配套”措施，第一，提出做好天镇（小麦）、灵丘（烟叶）、大同（黄花）、左云（羊）、阳高（猪）5个商品粮和副食品基地县的保险服务工作。第二，在农作物保险上要有新的突破，即在巩固右玉、应县农作物统保的同时，扩大浑源、左云的农作物承保面，使全区达到4个统保县。第三，怀仁、广灵、阳高等县的农作物保险也要大面积推开。第四，搞好右玉燕麦片和应县糖厂从原料收购到生产销售的一条龙保险服务。细致的安排，精心的实施，取得满意的收获，仅上半年统计，农作物统筹县由上年2个发展到1992年的4个；全区承保各类农作物总面积扩大到258万亩，比上年增加74万亩；筹集保险基金达到243万元，比上年增加93万元。

1993年，中国人民保险公司大同分公司根据当地党政和广大农民群众的需求，坚持为农业生产和农村经济发展提供服务，继续巩固和完善农业保险与地方“三七”分保的办法，鼓励各地积累农业风险基金，激励各地坚持开办农业保险。

1994年，中国人民保险公司大同分公司按照总公司对开办农业保险的要求和省分公司“实事求是，剔除水分”的精神，调整业务经营规模，种植业保险业务规模大幅收缩。3月，中国人民保险公司大同分公司提出农业险的工作思路：提倡自办、控制代办、奖扶结合、择优选择，单独立账，分别核算。当年，中国人民保险公司大同分公司收取农业险保费21.43万元。

1995年，中国人民保险公司大同分公司根据总公司关于经营农业保险“不赔不赚，略有节余”的原则，改变农业保险经营方式，停办与地方政府合办、代办的农业保险业务，并对风险较大的自营业务予以剔除。当年中国人民保险公司大同分公司收取“两业”险保费25.76万元，同比增长20.2%。

1996年，中国人民保险公司进行体制改革，实行产、寿险分业经营。中保财险大同分公司根据省分公司农业保险业务的指导思想：以服务为主，适度试办。

1997年，中保财险大同分公司根据全国农业保险工作会议提出的“以效益为中心，积极稳妥，适度发展农业保险”的指示精神，按照省分公司农业保险发展意见，在农业保险经营上以强化管控为主，规范承保模式，对区域性麦场火灾保险、森林火灾保险、烟叶种植保险、玉米种植保险、蔬菜大棚保险条款进行改良和完善，从源头上防范风险。重点为当地粮、棉、油等产品的稳定增长提供风险保障，为烟叶种植生产提供风险保障，为养殖业的发展提供风险保障，为科技兴农项目提供风险保障。

1998 年，中保财险大同分公司在全市主要开办粮食作物、经济作物、蔬菜等收获期保险，林木火灾保险、麦场火灾保险，收取保费 63.2 万元，储金余额达到 1771.3 万元。

2007 年，大同市扎实推进新农村建设。以“农业发展和农民增收”为目标，加快“四个推进”建设（加快推进城镇化建设，加快推进生态畜牧经济区建设，加快推进农业产业化进程，加快推进“两区”开发项目建设），为拓展县域保险提供机会。当年，中国人民保险公司财险大同市分公司农业险保费收入 289 万元，赔付支出 0.37 万元，简单赔付率 0.13%。

2008 年，山西省财政厅印发《山西省养殖业保险保费补贴管理暂行办法》，明确奶牛保险保费补贴办法：每头奶牛保险金额 400 元，保费为 280 元，中央财政补贴 30%，地方财政补贴 30%。1 岁以下和 7 岁以上的奶牛不予补贴。地方财政负担部分，省、市、县（市、区）按照 4∶3∶3 比例分担。中国人民保险公司财险大同市分公司加快农业保险发展，当年主要原则和布局：积极推广农险业务，努力探索农险发展的新模式。南郊支公司、阳高县支公司、天镇县支公司、大同县支公司、灵丘县支公司大力发展农业保险，推动整体业务的发展。按照“项目带动，步步为营，逐步突破”的工作思路，上下配合，延伸农村保险服务网络，实现低成本扩张，扩大政策性农险规模，做好能繁母猪新增及续保工作，做到“应保尽保”，推进农村保险示范县创建活动。当年，中国人民保险公司财险大同市分公司农业险保费收入 940 万元，赔付支出 266 万元，简单赔付率 28.30%。

2009 年，为了贯彻落实《中共中央、国务院关于 2009 年促进农业稳定发展农民持续增收的若干意见》，中国人民保险公司财险大同市分公司积极按照省分公司的工作部署，深入拓展农村保险市场，提高服务新农村建设能力，开展农村保险示范县创建活动。具体做法是：在产品开发上，要针对农村保险业务分散、服务面宽的特点和农民多样化的保险需求，积极开发推广价格低廉、保障适度、覆盖面广的保险产品；在产品推广上，采取试点经营，适时推广的办法，确定一两个县，选择一两个农作物品种作为农业保险的试点，争取财政支持；在发展模式上，可采取政府补贴、委托代办、超赔兜底等多种模式，开展农村保险。在继续做好奶牛、能繁母猪保险工作的同时，开办油料作物、育肥猪等新政策性农业保险。当年，中国人民保险公司财险大同市分公司农业保险保费收入 632 万元，赔付支出 825 万元，简单赔付率 130.54%。

2010年，根据财政部《关于2010年度中央财政农业保险保费补贴工作有关事项的通知》，小麦、玉米保险被列入财政保费补贴试点范围。山西省财政厅制定《山西省2010年种植业保险保费补贴试点实施方案》。玉米每亩保险金额260元，保险费为18.2元；小麦每亩保险金额为300元，保险费为15元，补贴比例为中央40%、省25%、市10%、县10%、农户15%。中国人民保险公司财险大同市分公司坚持以"补贴性农险为主，商业保险为辅""政府引导，市场运作"的原则，努力发展有效益的农业保险业务，不断扩大农村市场阵地。当年，中国人民保险公司财险大同分公司充分利用省公司搭建平台，积极向政府汇报，全力推进政策性玉米种植险试点启动工作，收获很好的效果。当年，中国人民保险公司财险大同分公司农业保险保费收入1167万元，赔付支出1502万元，简单赔付率128.71%。

2011年，为加强"三农"保险业务基础服务，全力推动"三农"保险业务快速健康发展，中国人民保险公司财险大同市分公司提出农业险工作原则：把握政策机遇，密切政府合作，扩大政治优势，严控承保质量，基本实现盈亏平衡。为全面贯彻国家强农、惠农、保费补贴政策，落实财政部、保监会等有关部委关于农业保险各项管理规定，中国人民保险公司财险大同市分公司开始执行由省分公司制定的《农业保险"四到户、两公开"实施细则》。当年，农业险保费收入突破1亿元，同比增速63%，业务占比提升5个百分点。

2012年，中国人民保险公司财险大同市分公司共承保200万亩玉米，占全市播种面积的91%。其中，阳高支公司成为第一家农险破千万元公司。国寿财险天镇县支、国寿财险灵丘县支、国寿财险大同县支以种植业（玉米）产品进入大同农业保险市场。当年，大同保险市场农业保险保费收入实现4435万元，赔付支出1943万元，简单赔付率43.81%。

2013年3月，《农业保险条例》正式实施，标志着我国农业保险业务发展进入有法可依的阶段。10月，山西省人民政府办公厅印发《山西省2013年"三农"保险实施方案》，明确小麦、玉米、能繁母猪、牛奶、森林保险在全省范围试点，同时提出积极试点地方特色和政策性"三农"保险补贴品种。中国人民保险公司财险大同市分公司提出：农业险业务要紧紧抓住这一有利契机，主动联系各级财政和农林部门，确保政策性森林火灾保险实现承保，并通过"三农"服务网点寻求新的突破。年内，中国人民保险公司财险大同市分公司全年共承保玉米种植险191万亩，占全市播种面积的83%。农房险、育肥猪、仁用杏、森林火灾险已经开办和正在试点，为之后发展农村市场提供基础。国寿财险大同中支全辖县支全部实现农业保险的拓展，收取保费达872.65万元。当年，大同保险市场农业保险保费收入实现4506万元，赔付支出3035万元，简单赔付率67.35%。

2014 年 1 月，山西省财政厅、山西省林业厅、山西保监局联合印发《关于加快推进政策性农业保险工作有关事项的通知》，提出要建立多层次政策性农业保险体系，鼓励市县发展地方特色的农业保险保费补贴品种。中国人民保险公司财险大同市分公司农业保险具体思路是：一是积极应对竞争主体的挑战，班子“一把手”要亲自挂帅，专人负责，摸清预算底子，及早动手，抢占先机，特别是对政策性种植业保险和政策性森林保险要组织得力，准备到位，全力维系 90% 以上的承保局面。二是紧抓政府统筹城乡发展和推进生态农业的机遇，积极扩大设施蔬菜大棚、育肥猪、仁用杏等特色保险领域，实现“一县一品”。三要严控风险，确保政策性养殖业保险健康发展，时刻强化合规风险管控，严格依法合规经营。四是凡是涉农单位要全部“消灭险种空白点”。上半年，中国人民保险公司财险大同市分公司农险发展势头喜人，承保玉米种植险 138.5 万亩，承保奶牛 7200 头，承保能繁母猪 9000 头，统保了四个县区及三个国有林场的 288 万亩森林，政策性农险业务成为新的增长点。阳高支公司在竞争中取胜，玉米种植险同比实现正增长。广灵支公司在竞争中夺标，与县、乡两级政府加强沟通，获得农险业务独家承保权。天镇支公司积极应对竞争，守住了阵地。国寿财险大同中支正式成立农险部，农业保险的管理与拓展更加专业化，当年收取保费 1327.65 万元，其中国寿财险南郊县支首开养殖业保险，收取保费 5.12 万元。中煤财险大同中支进入大同农险市场，当年收取保费 178.25 万元。

2015 年，中国人民保险公司财险大同市分公司实施“六大工程”之一是实施财政支持型非车险覆盖突进工程，农业保险两级公司要积极联动，进一步密切与政府及相关部门的关系，玉米种植险要确保已划定承保区域的稳定；养殖险和地方特色产品要积极扩大规模，培育新的突破点；森林保险要提高服务功能，巩固阵地；当年，农业保险出现新亮点：人保财险南郊支公司扩大承保覆盖面，政策性奶牛保险同比增加 40 万元。人保财险阳高支公司创新开办羊养殖保险，承保专业合作社种羊，新增保费收入 30 多万元。人保财险浑源支公司、广灵支公司、大同支公司、阳高支公司立足地域，开办特色险种，相继承保当地仁用杏、黄花种植保险，农险发展取得新突破。中煤财险大同中支农业保险继续良好发展，业务规模达到 473.09 万元，同比增长 158.31%。

2016 年，中国人民保险公司财险大同市分公司农险业务提前动手，早安排，扩大承保覆盖面，发展肉牛、育肥猪、小杂粮、羊养殖、西瓜、黄花、蔬菜大棚保险等特色农险业务，大同县还开办黄花价格指数保险，被总公司列入农网创新试验基地建设名录。开展“找猪行动”，扩大养殖险业务。借助“县域长青”行动计划，开展“谷雨”行动，加大涉农区县农村网点建设力度，县县开花，提升农网保费获取能力，稳固市场份额。天镇支公司积极拓展市场，与当地财政和畜牧部门密切沟通，承保中地实业公司的奶牛项目，为稳定政策性业务优势做出突出贡献。大同县支公司积极与政府和财政沟通，取得县委县政府支持，扩大黄花种植险覆盖面，为开展特色农业保险作出表率。太平洋财险大同中支正式开办农业保险，主要开办险种为森林保险、玉米种植保险。为方便当地农民及时了解保险，在辖区内可承办农业保险的太平洋财险浑源支公司建立了“三农”服务站，配备专业人员为农户服务。当年，累计承保土地 2.92 万亩，农业险保费收入 56.68 万元。国寿财险大同中支独家承保地方政策性大棚保险。

2017 年，中国人民保险公司财险大同市分公司确定农业险发展路径：主动应对竞争新态势，更加积极主动对接政府，密切关注对手动态，强化系统应对，全力拼抢政策性种植险业务，确保份额不减，大力拓展特色农险业务，扩大黄花、马铃薯、小杂粮保险覆盖面，形成新的稳定增长点，稳步提升市场份额。当年，中国人民保险公司财险大同市分公司农业保险扩大开办小杂粮、育肥牛、地方特色险种等业务，拓展新领域，扩大覆盖面。全年农险保费收入 3067.15 万元，同比增加 179.56 万元。太平洋财险大同中支为继续支持农业保险发展和持续推动为农服务工作，在承保面积较大的灵丘县设立农险服务站。同时左云支公司取得承保森林保险的机构资格，当年出单 103.99 万元，种植业保险累计保费 114.96 万元。国寿财险大同中支农险规模首次突破 2000 万元。

表 134　　2006—2017 年大同市农业保险经营情况表

年度	保费收入（万元）	赔付支出（万元）	赔付率（%）
2006	456	0	0.00
2007	289	37	12.80
2008	940	266	28.30
2009	632	825	130.54
2010	1167	1502	128.71
2011	2852	945	33.13
2012	4435	1943	43.81
2013	4506	3035	67.35
2014	5041.81	1727.3	34.26
2015	4669.59	4573.36	97.94
2016	5397.07	3524.07	65.30
2017	6644.53	507.52	20.69

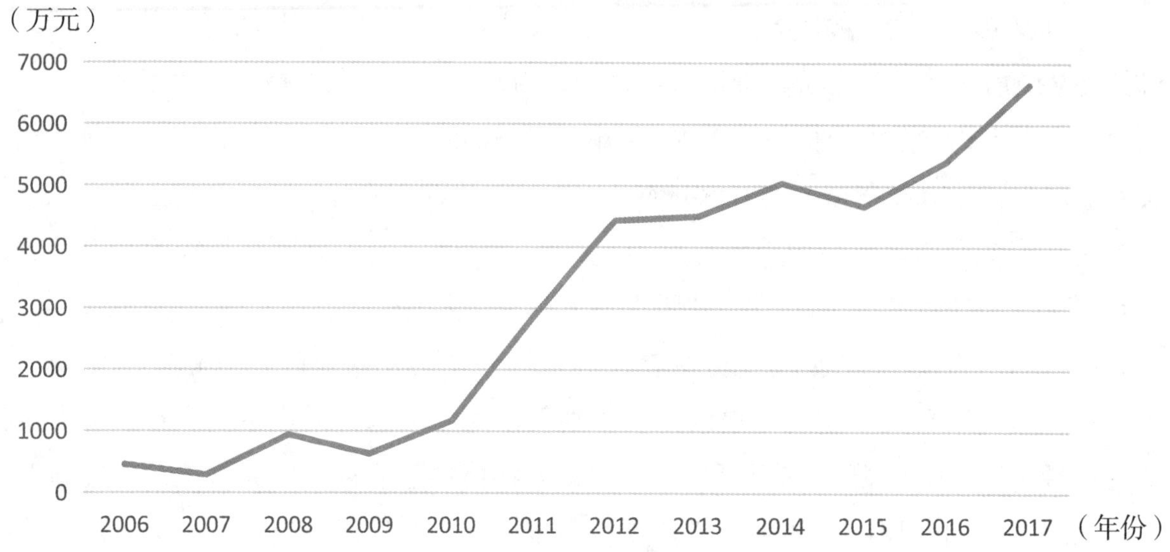

图 17　2006—2017 年大同农业保险趋势图

表 135　　2017 年大同市农业保险保费收入及市场份额表

单位	保费收入（万元）	市场份额（%）
人保	3067.13	46.16
太保	218.96	3.30
中煤	675.73	10.17
国寿财	2682.71	40.37
合计	6644.53	100.00

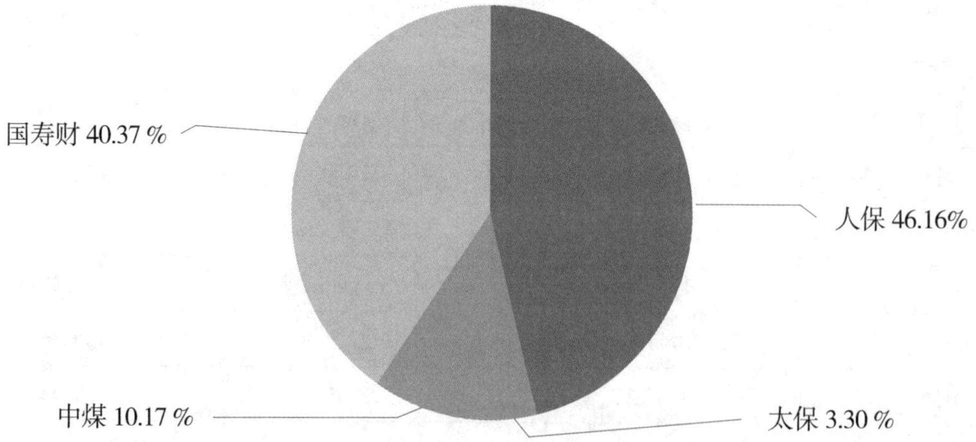

图 18　2017 年大同市农业保险保费收入及市场份额图

第八章 人身保险

人身保险是以人的生命或身体为保险标的的一种保险，保险人根据投保人的要求，通过签订保险合同，向被保险人收取一定的保险费。当被保险人的生命或身体发生保险事故或保险期满时，依照保险合同的规定，由保险人向被保险人或受益人给付保险金的保险形式。人身保险包括人寿保险、意外伤害保险和健康保险。大同的人身保险业务始于20世纪50年代，当时的中国人民保险公司大同支公司主要开展铁路、公路旅客意外伤害强制保险，并开办简易身保险、团体人身保险业务，但发展规模较小，开办时间较短，对社会的影响力较弱。1980年，国内财产保险业务首先恢复，人身保险业务也将步入恢复的起始阶段。1983年5月，中国人民保险公司大同支公司制定开办人身保险业务的意见，同年11月，开办团体人身意外伤害保险业务。

第一节　传统性寿险

人寿保险是以被保险人的寿命为保险标的，且以被保险人生存或死亡为给付保险金条件的人身保险。人寿保险可以简称“寿险”，通常划分为生存保险、死亡保险和两全保险，其中年金保险是一种特殊的生存保险。生存保险是指以被保险人在规定的期限内生存作为给付保险金条件的保险。在面市的保险产品中，生存保险一般不单独设立，往往与其他险种结合开办销售。死亡保险一般根据保险期限不同划分为定期死亡保险和终身死亡保险。定期死亡保险是指被保险人在固定年限的保险期限内，以被保险人死亡为给付保险金条件的人寿保险；终身死亡保险是以被保险人死亡为给付保险金条件，且保险期限为终身的人寿保险。 两全保险是指被保险人在保险期间内，以被保险人死亡或生存为给付保险金条件的人寿保险。两全保险又称“生死合险”“混合保险”等。

一、传统寿险

1953 年，中国人民保险公司大同支公司开始试办简易人身保险（以下简称简身险）。简身险是中国人民保险公司 1951 年推出的寿险产品，属于自愿保险业务。当时主要保险对象是企业、事业、机关单位职工，城市中的手工业者、小商、小贩、搬运工人和其他个体劳动者以及他们的家属。凡实足年龄为 14—60 岁者，不分性别，均可作为被保险人投保。保险期限分为 10 年、15 年和 20 年三种。保险费不分年龄和保期，统一为每一保险单每月 5000 元（旧币）。保险金额以人民币 1000 万元（旧币）为限。在保险有效期间，被保险人生存至保险期满时，给付保险金额全数；如中途因疾病、意外伤害而致身故，按照约定的保险金额给付全部保险金。如致伤残，可按伤残程度给付全部或部分保险金，并享受免缴以后全部或部分保险费的权利。由于合同复杂、交费期长，以及公司认识和推动措施不力等因素，1951—1952 年，中国人民保险公司大同支公司并未开办。1953 年，中国人民保险公司大同支公司根据省公司要求决定试办简易人身保险，经过支公司全体员工统一认识，深入学习，广泛宣传，简身险终于实现零的突破，签单 9 份，收取保费 9.5 亿万元（旧币）。7 月，中国人民保险公司总公司在全国部署整顿城市保险业务，中国人民保险公司大同支公司根据要求，简身险业务遵循“整理巩固并不得向农村扩展”的方针。8 月 8 日，总公司又下发《关于整理人身保险业务的补充指示》，要求“一九五三年简易人身保险工作重点，应以维持整个原有业务为主，未办的地区暂不开办新业务，已办的地区大力整顿”。自此，中国人民保险公司大同支公司本着“整顿收缩”的精神，对于开办的简身险，本着整理收缩的精神停止接受新业务，后期简身险业务虽有签单，但没有较大的发展。1955年到1957年，分别收取保费29元、41元和67元。1958年，随着国内保险业务的停办，大同简身险业务按照规定进行退保处理。

1983年5月，中国人民保险公司山西省分公司下发《关于开办人身保险的意见》，《意见》指出：“简易人身保险具有补偿和储蓄两重特点，是有很大的发展潜力。根据我省情况，今年主要做些展业准备和培训工作，争取在一个省辖市试点。”

1986年，中国人民保险公司大同中支全市承保简易人身保险78人，440份，承保满期保险金额59.9万元，当年收取保费0.4万元。

1987年，大同市人民政府办公厅以同政办字〔1987〕67号文件发出通知，要求各级政府各部门和企事业单位积极组织职工参加简易人身保险。产品执行总公司1987年3月修订后的简易人身保险条款［以下简称简身险（1987版）］。该条款是在1983年由总公司制定，经过1986年6月、9月和1987年3月三次修改和完善，条款文字表述更加严谨、缜密。修改主要内容：一是将条款中被保险人因疾病所致的死亡给付，进行限制，即“被保险人自保险单生效之日起180天后，因疾病死亡，给付保险金额全数”；二是对除外责任的规定更加详细严谨，明确被保险人因疾病所致的残废属于除外责任，并将被保险人自保险单生效之日起180天之内因疾病死亡列为除外责任，且对各种除外责任情形发生后的具体处理办法进行明确，使业务的可操作性更强；三是重新约定被保险人因意外伤害事件所造成的身体残废，按照总公司1986年1月22日下发的“人身意外伤害残废给付标准”执行；四是增加保险费交付方式，除月交外，也可以按季、半年或年交付，还可以预交多年保险费或一次交清全部保险费，保险人对预交一年以上保险费的给予减收保险费的优待；五是调整各年期的满期保险金额，并将每一被保险人总保险金额由3000元提高为5000元；六是对伤残免缴条文进行修改，保留“被保险人因意外伤害事件造成残废给付的保险金数额超过保险金50%的，从给付保险金之日起的次月起，免交保险费”的条文，废止原条款的半数免交条文。文件下发后，中国人民保险公司大同中支3个月内收取简身险保费146.7万元。同月，大同铁路分局发出通知，要求所属站段2万多名职工积极参加简易人身保险，每人不少于2份，通知下发后一个多月时间，收取保费30万元。中国人民保险公司雁北中支从中支到县支，从领导到普通员工，实行定份数、定时间、定销售单位的“三定一包”办法，到年底全辖承保 38171 人，收取简身险保费 96.8 万元。

1988 年，国家继续执行“双紧”政策，在财政上贯彻治理整顿，调整支出结构策略；在货币信贷政策方面，再次执行紧缩货币政策，调高对专业银行的存贷款利率、回收再贷款等，人民银行储蓄存款利率继续上升。中国人民保险公司储蓄性产品，特别是简易人身保险受到冲击，出现较多失效保单、退保保单现象。1 月，中国人民保险公司总公司下发《关于简易人身保险五年期业务有关规定的通知》，规定简易人身保险五年期业务一次性交清 60 元保费，除了可按原定的满期保险金额 72 元办理外，也可以选择满期保额 62 元、疾病死亡保险金额 100 元和意外伤害死亡及残废保险金额 800 元的保险责任，提高简身险的保险保障程度。12 月，为了应对中国人民银行提高城乡居民储蓄存款利率对长期人身险业务的影响，根据中国人民保险公司总公司的有关文件精神，省分公司下发《关于调整人身保险储蓄型险种预定利率的通知》。中保大同新平旺办事处根据煤矿特点和资金情况，简化简身险手续，缩短承保年期，报备上级公司同意后与 3 个煤矿签订三年期简身险定额单项给付协议书，当年收取保费 41 万元。中国人民保险公司大同中支采取全辖销售简身险奖券方式，收入保费 137.4 万元，有效地遏制简身险的滑坡。1988 年 2 月，中国人民保险公司山西省分公司设计山西省独生子女及少儿安康、婚嫁金保险。该保险的保险责任简洁明了，在保险合同有效的前提下，被保险人生存到 22 周岁可以一次性领取婚嫁金，同时还享有 1000 元的意外伤害残废或死亡保险责任。当发生被保险人在保险有效期间健在，而投保人身故的情形时，保险公司免收剩余的保险费，仍负约定的保险责任。保险费的交付方式可以月交也可以一次交清（趸交），缴费时间的长短由投保人根据自身的经济能力，选择缴费至被保险人年满 14 周岁、18 周岁或 22 周岁。产品下发的同时，省分公司积极疏通渠道，与山西省计划生育委员会、山西省计划生育协会联合下发《关于开办独生子女及少儿安康婚嫁金保险的通知》（晋计生委字〔1988〕12 号）。文件下发后，中国人民保险公司大同中支抓紧时间与当地计划生育部门取得联系，以各种形式，大张旗鼓地进行宣传活动，但收效甚微。中国人民保险公司雁北中支全力主攻简身险，一是实行“任务分解，小突击，大会战”的方法；二是实行“有奖简身险”销售方法；三是不失时机、见缝插针的方法。当年承保简身险人数达 107137 人，承保 64.3277 万份，收入简身险保费 377.5 万元，同比增长 289.98%。

1989 年 1 月，中国人民保险公司大同中支推出《商品购买者人寿保险试行办法》，该产品主要由生存保险附加死亡保险组成。条款规定：凡在投保方购货且贷款达到

1000元以上的买方均可作为被保险人。由投保方为其向保险公司投保人寿保险，并由保险人签发保险证。主要承保责任是：被保险人从保险证签发的次月五日起到第二十六年满期时，可凭保险证领取与购货款相同保险金。如被保险人从保险证签发的次月五日起到满期时的二十六年期间不幸身故，保险公司可根据被保险人指定受益人的要求，按承保年期限的长短支付相应的保险金，如受益人要求延期到第二十六年期满时领取，同样可得到与货款相同的保险金。产品推出后，大同三环公司首先投保，当年收取保费4.8万元。6月，中国人民保险公司山西省分公司推出山西省团体人寿保险条款（试行）（以下简称团寿险）。该产品保险期限一年或三年，保险费每人每份为40元，按份投保一次交清。该产品属于“两全”性质的保险，被保险人因疾病发生死亡或因意外伤害造成死亡或残废，保险公司给付全部或部分保险金。若被保险人生存到保险期满，保险公司支付满期保险金每份40元。该产品的推出对稳定普通寿险业务的发展起到积极作用。当年，中国人民保险公司雁北中支仍以长身险业务为主攻方向，重点要抓好简身险，提出城市展业与农村展业并举，并要逐步扩大个人交费比重；要在春节、传统庙会等时机，开展有奖简身险；积极与银行协商，对简身险储金采取保值措施，以稳定保户续保。当年，雁北中支收取保费565.28万元，同比增长49.74%。

1990年1月，中国人民保险公司大同市中心支公司自行设计开发《子女教育、婚嫁保险》（大同版），同省公司颁布《山西省独生子女及少儿安康、婚嫁金保险》的主要区别是大同版增加助学金保险责任的给付。助学金金额为月交保费五元者，每年享受助学金一百五十元，月交保费十元以上（含十元）者，每年享受助学金三百元；当被保险人在保险有效期内考上高等院校属于本科生的，每月交费五元者，每年可领取助学金一百五十元，每年交费十元以上（含十元）者，每年可领取助学金三百元，直至毕业或保险期满为止。当年中国人民保险公司大同调整险种结构，巩固简身险，发展子教险。其中，大同版子教险承保4684份，首年保费收入达16.67万元。

中国人民保险公司雁北中支设计并开发“美满婚姻雁北保险”，投保对象是依照我国婚姻法结成的夫妻，保险期限是10年、20年、30年、40年、50年五个档次，保险责任是保险期满可领取条款规定的保险金，条款还规定当被保险人在保险期满后未领取保险金，凡逾期一个档次（10年）可按相应的年期领取保险金。领取保险金后，责任即行终止。3月，中国人民保险公司山西省分公司针对各地市开办的美满婚姻纪念保险条款设计不够严谨、满期给付金额不一致、预定利率较高且无法及时应对银行利率调整等诸多问题，设计并下发《山西省金婚纪念保险条款（试行）》。并在条款“第七条”

明确规定“本保险各年期的满期领取金额随银行利率的变动而调整”。该条款下发各地市后，各地自行设计的美满婚姻类的条款、办法停止使用。当年，中国人民保险公司雁北中支以“美满婚姻雁北保险”产品，承保1216份，收取保费0.6万元。

1991年，中国人民保险公司雁北中支坚持人身系列保险的发展方向，调整险种结构，完善保险保障职能，全面拓展领域，主导市场发展方略。在普通寿险方面，保持传统业务，持续推动简易人身保险、子女教育婚嫁金保险和团体人寿保险。人身保险业务占总保费业务达到37.86%，团寿险占普通人寿保险36%以上。

1992年，中国人民保险公司雁北中支坚持和巩固人身保险市场阵地，全方位扩大人身险服务领域。紧紧抓住国家加快社会保障制度改革的机遇，加强同地区行署各个部门的联系和沟通，不断促进保险业务的发展。中国人民保险公司灵丘支公司保险公司以简易人身保险为特色，经过几年艰苦努力，成为普通寿险的支柱产品，基本实现商业系统、邮电系统、电力系统、铁路系统的全面覆盖。当年，简身险保费收入30万元。

1993年3月，受人民银行储蓄存款利率连续调整的影响，中国人民保险公司山西省分公司下发《关于调整团体人寿保险保险金额及管理费的通知》。中国人民保险公司大同分公司根据要求，及时调整管理费用和产品保险金额。其中，保险金额调整为一年期储金40元，保险金额200元；三年期储金40元，保险金额300元。7月，为了适应机关、团体、企事业单位和社会团体职工对人身保险的需要，中国人民保险公司大同分公司试办福寿安康保险。根据省分公司《关于印发新修订的福寿安康保险条款（试行）的通知》，对产品进行调整和修订，主要变动如下：一是增加伤残免交保费的责任；二是将满期保额、疾病保额、意外伤害保额由原来统一的1∶5∶10，修改为季交费保额比为1∶4∶8，年交费保额比为1∶5∶10、趸交费保额比为1∶10∶15，比原来条款更具吸引力；三是新条款要求只能在城市集体投保且承保面要占单位80%以上，不办理个人投保；四是取消转保优待。9月，为促进计划生育工作进行，保障独生子女及少年儿童的健康成长，中国人民保险公司山西省分公司下发《中国人民保险公司山西省分公司独生子女及少儿两全保险条款》，该产品规定父母或其他监护人所在单位可以集体为年龄在1周岁至13周岁子女投保，保险金额和保险费按份数计算，每份保险费不分年龄和期限，每月2.5元，每份保险金额根据投保时被保险人年龄确定，但保险总金额以3000元为限。保险费设定参考当时山西省独生子女父母享受奖励费，每月父母一方奖励2.5元，到14周岁为止。保险期限的确定同样也遵循该规定。

1994年1月，中国人民保险公司山西省分公司转发《中国人民保险公司关于开办团体定期保险业务的通知》，推出“团体定期保险”业务产品。8月，中国人民保险公司山西省分公司根据人民银行利率调整，对子女婚嫁金等储蓄性长期保险业务的利差返还办法进行精算规定。

1995年2月，为了更好满足人身保险市场的需求，给保户提供更加方便、更加优质的保险服务，中国人民保险公司山西省分公司推出“福寿安康保险定额保单”产品，该产品以现行银行高利率为基础设计，承保手续简便，保险单签章之后即为有价凭证。每张福寿安康保险定额保单的保险费固定为100元，投保时一次交清，保险期限分为1年、3年和5年。每份保单划分为满期保险金额、疾病死亡保险金额和意外伤害保险金额。满期保险金额为100元、疾病死亡保险金额为500元，意外伤害保险金额由承保年期和从事职业而确定。3月，根据人民银行储蓄存款利率的变动，中国人民保险公司山西省分公司对团体人寿保险的保险金额进行调整，在原保险储金保持不变的情况下，一年期保险金额调整为400元，三年期保险金额调整为500元。5月，中国人民保险公司山西省分公司召开全省人身保险工作座谈会，明确指出：继续抓好简易人身保险、子女婚嫁金保险等一批老险种的展业工作，简易人身保险等两全性质的保险要重点发展以死、残保障水平较高的趸交保险费业务；子女婚嫁金保险属于个人交费的分散性业务，由于深受群众欢迎，要顺势推广。

1996年，中国人民保险公司进行机构改革实行产、寿险分业经营。成立伊始，中保人寿大同分公司继续沿用传统销售方式，即宣传动员、登门拜访、蹲点包片、渠道代理、突击活动、劳动竞赛、政府支持、红头文件、部门联系、联合行动、能人效应、人海战术等，销售的主要寿险产品仍为中国人民保险公司时期的简易人身保险、子女婚嫁金保险、福寿安康保险和团体人寿保险等产品。当年，中保寿险大同分公司实现人身险保费大突破、返还性人寿险业务等5个方面的大突破。其中，返还性人寿险业务保费收入4893.75万元，完成年度计划的100.3%。在普通寿险销售过程中，矿务局劳动服务公司一次交费480万元，购买福寿安康保险，成为当年寿险业务第一大单。8月，中保人寿推出“88型鸿利终身保险”“99鸿福终身保险”条款。9月，推出“66鸿运保险（A型、B型）”等5个条款，为个人代理人销售提供专门产品。10月，中保人寿大同分公司引进个人代理人营销方式，并开始推动三款专属产品，短短3个月时间，保费收入近百万元，彰显个人营销方式的生命力和发展潜力，也彰显3个产品在市场的认知度和信誉度。年内，由于人民银行的利率调整，中保人寿山西省分公司再次调整团寿险保险金额，在储蓄金额不变的情况下，1 年期和 3 年期的保险金额分别调整为 150 元和 300 元。

1997 年 1 月，中保人寿山西省分公司推出自行设计开发的地方险种“幸福安康人寿保险”和“97 幸福系列 A、B、C”等适应个人投保的新产品，其中除 97 终身幸福系列（C）为意外伤害和养老保险责任组合外，其他三款产品均包含意外伤害保险责任、子女教育责任、子女婚嫁金责任和养老保险责任等。5 月，中保人寿总公司根据人民银行利率水平和寿险精算结果，对简易人身保险和福寿安康保险条款进行修订，推出简易人身保险（97 版）和福寿安康保险（97 版），并同时推出子女教育婚嫁备用金保险（97 版）。简易人身保险（97 版）条款约定的保险费交付方式只有年交和趸交两种，交费标准由月交费 1 元调整为年交费或趸交费 100 元，更加适应当时市场需要。意外伤害身故保险金额为保单载明金额的 2 倍，保险的保障作用更加明显。子女教育婚嫁备用金保险（97 版）条款的保险责任包括小学、初中、高中、大学以及婚嫁金、生活安定金等 6 个项目，投保人可以根据自己的需要选择其中一项或多项投保。保险费的交付方式有月交、季交、半年交、年交和趸交 5 种。保险费交费时间的长短可由投保人根据所选保险责任和自身经济状况选择交费至被保险人 5 周岁、11 周岁、14 周岁、17 周岁、21 周岁等，产品设计更加人性化。9 月，中保人寿大同分公司组织参与由省分公司组织开展的直销长期人身险业务“百日竞赛夺先进活动”。10 月 23 日，中国人民银行两次下调存贷款利率。11 月 10 日，中国人民银行下发《关于调整保险公司保费预定利率的紧急通知》，通知规定“人寿保险业务的保费预定利率上下限调整为年复利 4% 至 6.5%”“各经营人寿保险业务的保险公司应立即对人寿保险业务的预定利率按以上规定进行调整，自 1997 年 12 月 1 日起新签发的保单必须符合以上规定”。为贯彻中国人民银行的通知精神，中保人寿总公司下发通知，要求从 1997 年 12 月 1 日起，停办所有预定利率超过年复利 6.5% 以上的产品。产品预定利率政策的变化，激发保险市场的需求，山西地方版独生子女及少儿安康保险、幸福安康人寿保险、97 终身幸福系列保险特别是个人代理人营销产品如：88 鸿利终身保险、99 鸿福终身保险 、66 鸿运保险（A 型、B 型）产品出现从未刮过的“抢购潮”。12 月 1 日，高利率产品停办后，根据总公司《关于下发调整后的七个营销险种和六个直销险种的费率表等的通知》精神，推出 99 鸿福（97 版）、88 鸿利（97 版）、66 鸿运 A（97 版）和 66 鸿运 B（97 版）等新产品，新产品除费率、现金价值以及同预定利率相关要素外进行重新修改，保险责任没有发生任何改变。

表 136　　1988—1997 年大同保险市场地方性险种一览表

产品	销售日期	终止日期	备注
山西省独生子女及少儿安康、婚嫁金保险条款	1988.1	1997.11	
中国人民保险公司大同市中心支公司独生子女教育、婚嫁保险条款	1990.1	1997.12	大同中支发布
山西省少年儿童养老金保险试行办法	1988.2	1997.12	
儿童保险条款	1992.8	1997.12	大同中支发布
独生子女及少儿两全保险条款	1992.6	1997.11	
爱子女年金保险条款	1990.8	1997.11	
“97”终身幸福系列保险（A）	1997.1	1997.12	
“97”终身幸福系列保险（B）	1997.1	1997.12	
“97”终身幸福系列保险（C）	1997.1	1997.12	
幸福安康人寿保险	1997.1	1997.12	
“幸福贺卡”保险	1994.1	1997.11	
山西省金婚纪念保险条款（试行）	1990.3	1997.12	
美满婚姻雁北保险（金婚纪念保险）	1990.11	1997.11	雁北中支发布
山西省义务兵养老金综合保险条款	1990.3	1997.12	
残疾人养老金综合保险	1991.4	1993.1	
人身意外伤害满期还本保险（试行）条款	1992.9	1997.12	
商品购买者人寿保险试行办法	1989.1	1990.12	
山西省团体人寿保险条款（暂行）	1989.6	1997.12	
山西省人寿保险附加住院医疗保险条款（试行）	1995.1	1999.6	

1998 年 10 月，中保人寿受中国人民银行存贷款利率调整的影响，再一次对销售产品进行修订，推出预定利率为 5% 的利差返还型普通寿险产品。所谓利差返还就是在合同有效期内的每一保单年度末，如果保单年度的“银行二年定期储蓄存款利率”大于计算保险费的预定利率（5%），公司以二者之差乘以期中保单现金价值，计算保单利差，并以抵交保险费或者储存生息的方式返还给投保人。年内，中保大同分公司根据省分公司安排部署，开展“韭菜基地”工程建设大会战，主要目的是转变和改善“团体业务大于分散性业务，一年期业务大于中长期业务，趸交费业务大于期交费业务”的状况，具体指标：1. 到 9 月底实现保费收入完成年计划的 95% 以上；2. 期交费业务占长险总保费收入 40%；3. 新单期交费业务占总保费的 10% 以上，原定新单期交费业务占总保费 27% 的指标不变；4. 一年期业务比重和给付率指标控制在规定内。经过竞赛活动，全市直销普通人寿保险期交费收入 607.4 万元，占同期直销寿险总保费 10.5%，竞赛比较好的支公司有大同县营业所为 34.8%，灵丘县营业所 38.4%，新建路支公司 20.1%。当年，大同市场人寿保险保费收入 1.02 亿万元，同比增长 24.96%，占总保费 82.6%。大同人寿市场份额 94.27%，太平洋市场份额 5.73%。

1999 年 6 月 10 日，受人民银行利率调整影响，中国保监会下发《关于调整寿险保单预定利率的紧急通知》，规定寿险保单的预定利率不得超过年复利 2.5%，并不得附加利差返还条款。为此，中国人寿、太平洋保险陆续推出符合监管要求的 1999 版产品。14 日，中保人寿山西省分公司转发《直销寿险走“农村之路”的实践与思考》的通知，全省开始学习借鉴襄汾县“农村之路”经验，稳妥地开辟农村寿险市场，实现直销寿险业务的持续、稳定、健康发展。24 日，中国人寿系统推出 13 个 1999 版新产品。7 月 17 日，为尽快度过市场“适应期”，确立公司新商品在市场上的品牌优势，塑造公司在社会上的崭新形象。中国人寿大同市分公司积极组织实施省分公司制定的《收获在今秋，厚礼献国庆》99 新商品推动方案。8 月 23 日，中国人寿系统再次推出 18 个新产品。其中，许多险种是纯保障型的，其最大优势是价格低、保障高。同时增加很多附加功能，而且相互间组合性很强，较好地满足不同层次的保险需求。27 日，中国人寿大同市分公司投入《贯彻总公司“绿满神州”劳动竞赛方案的实施方案》活动。当年，大同保险市场人寿保险保费收入 1.29 亿元，同比增长 26.51%，占总保费收入 85.08%。中国人寿市场份额 85.35%，太平洋市场份额 14.65%。

2000 年，中国人寿大同市分公司提出，人寿保险业务是公司的主体规模业务，占公司总体业务的 80% 以上，要实现稳步发展战略。当年借助于中国人寿系统 5 个新产品面市机会，进行大规模的宣传活动和促销活动。通过营销渠道、代理渠道和直销渠道的综合发力，人寿保险业务实现平稳提升。当年，大同保险市场人寿保险业务保费收入1.51亿万元，同比增长10.76%，占市场总保费收入88.38%。中国人寿大同市分公司市场份额84.35%，太平洋大同支公司市场份额15.65%。

2001年，太平洋保险系统实行产、寿险分业经营，改组后的中国太平洋人寿保险股份有限公司大同中心支公司专营各种人身保险业务。在组织结构上按照销售渠道设置，划分个险业务、团体业务和中介业务协同发展；在业务发展战略上坚持“以个人寿险业务为龙头”，带动其他业务全面发展。当年，主要以少儿乐两全保险A、B、C款以及老来福终身寿险（9906）、太平盛世·长泰安康两全保险、子女教育保险（9906）等主要产品，实现保费3621万元，同比增长52.93%，占总保费收入80.16%。当年，中国人寿大同市分公司业务组织机构职能划分由产品性质划分转变为按市场客户划分。即由业务一部（寿险拓展）、业务二部（意外险、短期健康险拓展）、营销部（个人代理业务拓展）设置为个人代理人渠道和团体业务渠道，业务的发展主要由这两个渠道推动。当年，大同保险市场普通人寿保险保费收入1.83亿元，同比增长20.91%，占同期市场总保费收入78.32%。中国人寿市场份额80.21%，太平洋人寿市场份额19.79%。

2002年，中国人寿大同市分公司推行管理与展业分离，理顺组织结构，对全市个险机构、团险队伍进行有效整合，在各个基层内部普遍设立营销部、团险拓展部和客户服务部。由营销部和团险拓展部负责各项业务的推动。当年，大同保险市场普通人寿保险保费收入1.90亿元，同比增长4.06%，占当年总保费收入37.51%，同比下降42.7个百分点。中国人寿大同市分公司市场份额46.70%，太平洋人寿大同中支市场份额53.30%。

2003年，平安人寿大同中支进入大同保险市场，主要通过个人代理渠道销售两全保险类：如平安福寿两全保险（9906）、平安永利两全保险（1999）；子教类如：子女教育保险（A/B）（1999）；定期保险类：如平安幸福定期保险（A）（1999）等人寿保险产品。当年，大同保险市场人寿保险业务保费收入1.65亿元，同比下降13.62%，占当年总保费收入21.73%，同比下降15.78个百分点。而同期分红保险连续两年平均增长幅度为808.88%，第一年同比增长幅度39.03倍；第二年同比增长106.34%。当年，分红保险保费收入达到5.47亿元，占同期总保费为72.22%，远高于传统人寿保险业务贡献度。当年，在传统人寿保险市场中，中国人寿大同分公司市场份额59.95%，太平洋人寿大同中支市场份额39.92%，平安人寿大同中支市场份额0.13%。

2004 年，大同保险市场普通人寿保险保费收入 1.66 亿元，同比增长 0.73%，占当年总保费收入 18.67%，同比下降 3.06 个百分点。在大同保险市场分红保险、万能保险销售正酣时，始于 2001 年普通寿险却“门前冷落”，形成明显的此消彼长现象，普通寿险在总规模贡献度明显降低。甚至整体规模都出现较大落差，增长幅度明显变缓甚至出现负增长。

2005 年，新华人寿大同中支、泰康人寿大同中支进入大同保险市场，销售主体的增多，未能改变大同保险市场普通人寿保险状况与格局。当年，普通人寿保险保费收入 1.99 亿元，同比增长 20.05%，占当年各类保险总保费 18.08%，同比下降 0.59 个百分点。普通寿险除规模增大之外，未能与其他新型产品一样保持较高增长速度，普通人寿保险在总保费贡献度继续下滑。

2006 年，大同保险市场普通寿险保费收入 2.20 亿元，同比增长 10.78%，占总保费收入 17.89%，同比下降 0.19 个百分点。当年，中国人寿大同分公司贯彻“积极均衡、整合转型、创新超越”，个险业务渠道突出期交保费业务，中介渠道重在支撑业务规模大梁，团险渠道主要实行全年全员全方位战略，普通寿险产品随着产品交费方式、销售渠道策略发展。当年普通人寿险保费收入 1.36 亿元，同比增长 13.15%，保费贡献度 22.65%，对大同普通寿险的增长和总体保费的贡献度起到拉动作用。

2007 年，大同保险市场普通人寿保险保费收入 1.77 亿元，同比增长 19.38%，占同期总保费收入 13.87%。传统人寿保险业务保费收入、保费贡献度双双下降。当年，中国人寿大同分公司在优化业务上，重视期交费业务提升，重视团寿险提升，期交费同比提升 2 个百分点；团寿险保费贡献度 10.7%，在业务规模上形成重要支撑；趸交业务占到 44%，同比下降 9 个百分点。在优化过程中，普通寿险业务保费收入 1.06 亿元，同比下降 22.15%。太平洋人寿大同中支在传统人寿保险产品上，不断丰富，以适应不同层次需求，在销产品销售较好的两全类如“鸿运人生两全保险”等达到 7 种。当年传统人寿保险保费收入 6951 万元，同比下降 13.42%。两个市场份额占比较大的公司业务下滑拉动整体传统人寿险的下浮。

2008 年，大同保险市场普通人寿保险保费收入 2.13 亿元，同比增长 20.38%，低于同期总保费增长幅度 37.88 个百分点；占同期总保费 10.55%，同比下降 3.32 个百分点。在险种构成中低于分红保险贡献度（分红保险占比 66.54%）、万能保险贡献度（万能保险 19.47%），位列第三。当年，中国人民保险公司人寿大同中支、嘉禾人寿大同中支、太平人寿大同中支、中国人民保险公司健康大同中支在大同开业，除中国人民保险公司健康没有收取保费之外，其他三家公司均以销售新型保险产品为主，其中中国人民保险公司人寿新型保险产品保费收入占同期总保费99.69%、嘉禾人寿新型保险产品保费收入占同期总保费96.95%、太平人寿新型保险产品保费收入占同期总保费99.05%。

2009年，中国保监会下发《关于加快业务结构调整进一步发挥保险保障功能的指导意见》的通知，通知明确指出：各保险公司在产品开发、培训、销售和管理等各个工作环节，积极采取措施，有效配置资源，加大力度发展风险保障型人身保险产品，主要包括意外伤害保险、健康保险、养老年金保险、定期寿险和有效保额不低于10倍期交保险费或2倍趸交保险费的终身寿险、两全保险。中国人寿贯彻上级会议精神，“抓增长不动摇、增效益不懈怠、保均衡不折腾”，以结构调整保稳健，以县域做强保均衡，业务结构调整有所改善；太平洋人寿立足全年的整体布局，宏观调控为主，积极推广以小康之家·小博士少儿两全保险，如意安康两全保险，少儿乐两全保险A、B、C款，传统人寿保险销售形成规模；中国人民保险公司寿险开办中国人民保险公司寿险金色朝阳少儿定期寿险（A款）、中国人民保险公司寿险福如意定期寿险（A款）等产品，传统人寿保险销售市场反应较好；太平人寿在销7款产品，有5款普通寿险产品，基本满足市场需求；泰康人寿大同中支坚持普通寿险产品销售策略，紧跟总分公司步伐，传统人寿保险产品推广力度较大。当年，大同保险市场传统人寿保险同比实现正增长的公司有中国人寿同比增长2.31%、中国人民保险公司人寿同比增长371.43%、太平人寿同比增长500%、平安人寿同比增长50%、泰康人寿同比增长5%，嘉禾人寿实现零的突破，传统人寿保险当年保费收入4万元。

2010年，中国人寿大同分公司继续贯彻省分公司“上半年干着算，下半年算着干，四季度重点算着干”的业务发展思路，坚持“在发展中调整，在调整中加快发展”，传统人寿保险在调整过程中起伏。太平洋人寿以效益和预算为先导，深入推进核心业务的发展，传统业务重点推广如意安康两全保险、小康之家·小博士少儿两全保险、宝宝安康两全保险产品，传统人寿保险保费收入9061.87万元。新华人寿以吉星高照A款、吉星高照B款、吉星高照C款、福如东海A为主销产品，传统普通人寿保费收入33万元。中国人民保险公司人寿推出中国人民保险公司寿险学生平安定期寿险（A款）、中国人民保险公司寿险独生子女两全保险产品，传统人寿保险保费收入43万元。当年，大同保险市场传统人寿保险保费收入2.09亿元，占同期总保费收入10.09%，同比增长−42.24%。开办各种人寿保险业务10个公司中，中国人民保险公司人寿同比增长30.30%，新华人寿、太平人寿保持上一年规模，中国人寿、太平洋人寿、平安人寿、泰康人寿、嘉禾人寿同比均出现不同程度负增长。合众人寿、中国人民保险公司健康没有开办传统人寿保险业务。

2011年，平安人寿不断根据市场需求升级更新销售产品，经过条款通俗化改革、条款定义标准化改革、新保险法规范化改革，传统人寿保险产品不断优化，其中幸福定期保险成为平安人寿发展最具有代表性的产品。新华人寿《吉祥至尊》面市，借助新产品面市，带动传统人寿保险发展。泰康人寿主要将传统人寿保险作为附加险种销售，签约合同基本保持上年度水平。中国人民保险公司人寿推出中国人民保险公司寿险精心优选定期寿险传统寿险产品，以其保费低、保障高为特点，面向高端客户销售进展顺利。当年，大同保险市场传统人寿保险业务保费收入2.02亿元，同比增长-3.08%，占同期总保费9.74%，同比下降0.35个百分点。其中，平安人寿、新华人寿、太平人寿和中国人民保险公司人寿保持正增长，增长幅度分别为206.25%、18.18%、16.67%和16.28%。中国人寿、太平洋人寿、泰康人寿、嘉禾人寿出现负增长，增长幅度分别为-3.42%、-3.49%、-11.39%、-100%。中国人民保险公司健康保险公司、合众人寿未开办传统人寿保险业务。

2012年，大同保险市场传统人寿保险保费收入2.06亿元，同比增长2.08%，略低于同期总保费增长幅度0.34个百分点；传统人寿保险占同期总保费9.71%，同比下降0.03百分点，低于全省平均水平2.85个百分点，低于全国平均水平0.03个百分点。实现保持和增长的主要公司有中国人寿、平安人寿、新华人寿等。中国人寿大同分公司根据系统战略，积极实施从规模驱动型向价值驱动型的转变，进一步优化业务结构，推动风险保障性和长期储蓄型产品发展，传统人寿保险业务在调整中随着业务发展策略升降。平安人寿调整销售理念优化销售产品，主张和倡导保险回归保险保障本源，当年推出平安附加安盈人生定期寿险、平安附加无忧豁免保险费定期寿险（A）、平安附加豁免保险费定期寿险（A，2012）等3款附加形式的传统人寿保险产品。新华人寿继续响应并贯彻保监会调整业务结构的精神，在业务调整过程中，传统业务得到稳步推进。3家人寿公司当年分别实现同比正增长3.27%、267.35%和48.72%。

2013年8月，中国保监会发布的《关于普通型人身保险费率政策改革有关事项的通知》，普通型人身保险（包括人寿险、健康险和意外伤害险）费率改革启动，长达14年的人身险2.5%预定利率上限从此成为历史。新华人寿保险率先借道银保渠道推出年预定利率为3.5%的新产品，平安人寿保险预定利率达4%的终身寿险产品随之面市，多数大险企迅速加入费率市场化的竞争中来。费率政策出台，刺激保险市场传统人寿保险的发展，当年，大同保险市场传统人寿保险业务保费收入 2.83 亿元，同比增长 37.12%，占同期总保费 12.68%，传统人寿保险保费收入同比增长、传统人寿保险占同期总保费收入均出现拐点，开始上扬。

2014 年，大同保险市场传统人寿保险保费收入 8.12 亿元，同比增长 187.04%，占同期总保费收入 33.48%，较上年同期占比提升 20.8 个百分点。其中，传统人寿保险新单保费收入增长 4.97 亿元，较上年同期增长 2.49 倍。当年，继保监会普通型人身保险费率政策实施之后，中国人寿的国寿鑫丰新两全保险产品面市、太平洋人寿的吉祥宝系列两全保险产品更新、中国人民保险公司人寿保险的鑫利年金保险 A、B 款进入市场、合众人寿的至盈长红两全保险开始销售。国华人寿通过多渠道代理以及专业代理保险业务，首年实现传统保费收入 8566.4 万元，市场份额为 10.63%，位列全市第三，仅次于中国人民保险公司人寿、中国人寿。年内同比增长幅度较大的公司有合众人寿增长 54.04 倍、泰康人寿增长 35.11 倍、太平人寿增长 23.33 倍、中国人民保险公司人寿 3.56 倍、农银人寿 3.31 倍、民生人寿 1.46 倍、新华人寿 1.44 倍，实现正增长公司有中国人寿 84.67%、太平洋人寿 4.78%、平安人寿 93.32%。

2015 年，大同保险市场传统人寿保险保费收入 14.99 亿元，同比增长 84.54%，占同期总保费收入 46.69%，较上年同期提升 13.22 个百分点。其中，新单保费收入 7.55 亿元，较上年同期增长 51.82%。当年，大同保险市场有 13 家人寿保险公司，开办传统人寿保险的公司 11 家，实现同比正增长的公司为中国人寿、太平洋人寿、平安人寿、太平人寿、农银人寿、国华人寿、民生人寿 7 家公司，出现负增长的有新华人寿、泰康人寿、中国人民保险公司人寿和合众人寿 4 家公司。增长幅度前三位为民生人寿、国华人寿和农银人寿，市场份额前三位为国华人寿 47.41%、中国人寿 22.71%、中国人民保险公司人寿 14.26%。国华人寿大同中支同销售渠道精诚合作，大力推动业务上规模，产品创品牌，经过精心策划，全员努力，年初开始销售 2 周时间，保费规模达到 3.2 亿元，创下国华开业 4 年以来最高纪录。当年以国华泰山系列产品、国华畅行无忧两全保险产品为代表的传统人寿保险保费收入达到 7.11 亿元，占同期总保费收入 96.19%。中国人寿大同分公司落实“强化对标、聚焦突破”，努力争创在各项业务上优势地位，当年传统人寿保险保费收入 3.40 亿元，占同期总保险费收入 41.61%。中国人民保险公司人寿大同中支围绕“稳增长、重价值、强基础”九字方针，重视传统人寿保险的发展，当年收取保费 2.14 亿元，占同期总保费收入 74.24%。

2016 年，大同保险市场传统人寿保险保费收入 18.56 亿元，同比增长 23.81%，占同期总保费收入49.82%，较上年同期提升3.13个百分点。增长速度较快位于前三位是农银人寿同比增长167.12倍、合众人寿同比增长129.46倍和太平洋人寿同比增长1.6倍。当年，农银人寿大同中支依托农行资金实力、经营网络、金融服务和社会信誉，为客户提供高品质的保险保障服务，传统人寿保险主要销售农银团体一年定期寿险、农银附加岁岁平安定期寿险、农银爱永远定期寿险和农银爱自由两全保险，当年保费收入实现10045万元，占同期总保费85.82%。合众人寿大同中支强化分支机构的经营意识，重视中介代理渠道的密切合作，当年收取传统人寿保险保费2.11亿元，占同期总保费收入90.95%。太平洋人寿大同中支通过积极挖掘内涵业务价值、提升服务创新、推广科技应用成果来不断改善客户体验，以其丰富的传统人寿产品，如少儿乐两全保险系列、太平盛世—长泰安康系列、步步高系列保险、太平盛世系列保险等，收取保费1.59亿元，占同期总保费收入26.06%。当年幸福人寿大同中支、安邦人寿大同中支初入大同保险市场，传统人寿保险保费收入分别为772.46万元和343万元。

2017年，中国人寿大同保险市场传统人寿保险保费收入25.46亿元，较上年度保费收入净增6.91亿元，相当于2013年全市普通寿险保费总和的2.5倍，同比增长37.21%。占同期总保费收入的53.57%，较上年度提升3.76个百分点，较传统人寿保险贡献度最低的2012年度提升43.87个百分点。大同保险市场有人寿保险公司16家，开办传统人寿保险业务16家（中国人民保险公司健康大同中支仅于2008年开办），当年保持正增长的公司有安邦人寿增长51.39倍、幸福人寿增长21.56倍、民生人寿增长1.21倍、太平人寿增长87.79%、平安人寿增长85.65%、国华人寿增长76.90%、中国人寿增长26.35%7家。出现负增长的公司：太平洋人寿负增长30.92%、新华人寿负增长36.70%、泰康人寿负增长16.16%、中国人民保险公司人寿负增长25.91%、农银人寿负增长64.54%、合众人寿负增长22.72%等6家。百年人寿、工银人寿当年进入大同保险市场，传统人寿保险保费收入分别为144.65万元、2786.26万元。传统人寿保险占同期总保费比值较高是安邦人寿99.99%、国华人寿99.71%、幸福人寿97.92%，传统人寿保险占同期总保费比值较低是泰康人寿19.97%、新华人寿18.05%、太平洋人寿15.35%。市场份额较大的公司有国华人寿30.58%、中国人寿23.75%、中国人民保险公司人寿10.45%、安邦人寿7.06%、幸福人寿6.84%。全市全年推出的普通寿险新产品80多款，在售产品达到千余款。

表137　2016年大同保险市场新上市普通寿险产品一览表

机构	产品	属性
太平洋人寿	安行宝两全保险（2.0）	一般人寿保险
平安人寿	平安福16	一般人寿保险
	平安福至尊版	一般人寿保险
	少儿平安福	一般人寿保险
	少儿平安福尊	一般人寿保险
	金鑫利	一般人寿保险
	金鑫盛	一般人寿保险
中国人民保险公司人寿	中国人民保险公司寿险鑫鼎两全保险（B款）	人寿保险
	中国人民保险公司寿险鑫鼎年金保险（C款）	人寿保险
	中国人民保险公司寿险康乐年华两全保险（B款）	人寿保险
	中国人民保险公司寿险鑫鼎年金保险（D款）	人寿保险
	中国人民保险公司寿险母婴安康定期寿险（B款）	人寿保险
	中国人民保险公司寿险金色童年两全保险	人寿保险
太平人寿	太平附加金无忧重大疾病保险	传统
	太平欣悦一世年金保险	传统
	太平福禄倍至终身重大疾病保险	传统
	太平福禄倍至B款重大疾病保险	传统
	太平附加福禄倍至B款两全保险	传统
	太平附加真爱定期意外伤害保险	传统
	太平附加福利全佑重大疾病保险	传统
	太平康裕医疗保险	传统
	太平百万行无忧两全保险	传统
	太平附加百万行无忧意外伤害保险	传统
	太平爱运动意外伤害保险	传统
	太平附加普泰一生重大疾病保险	传统

续表 137

机构	产品	属性
太平人寿	太平福临岁祐终身重大疾病保险	传统
	太平稳得赢 B 款两全保险	传统
	太平财富稳盈年金保险	传统
	太平财富稳盈两全保险	传统
	太平普泰一生养老年金保险	传统
	太平吉祥符两全保险	传统
	太平福运金生两全保险	传统
	太平 i 无忧防癌疾病保险	传统
	太平安孕无忧母婴定期寿险	传统
	太平安孕无忧母婴特定疾病保险	传统
	太平 i 无忧防癌疾病保险	传统
	太平乐享太平 B 款两全保险	传统
	太平附加乐享太平 B 款意外伤害保险	传统
	太平福运金生 B 款年金保险	传统
	太平吉福康爱 B 款两全保险	传统
	太平附加吉福康爱 B 款重大疾病保险	传统
农银人寿	农银爱立方二代两全保险	两全保险
	农银爱自由两全保险	两全保险
国华人寿	国华泰山 5 号年金保险	一般人寿保险
	国华鑫意宝年金保险	一般人寿保险
民生人寿	民生附加如意康伴两全保险	两全保险
	民生如意畅行两全保险	两全保险
安邦人寿	安邦长寿稳赢 1 号两全保险	一般人寿保险
幸福人寿	幸福宏利人生两全保险	一般人寿保险
	幸福财富尊享年金保险	一般人寿保险

表 138　　2017 年大同保险市场新上市普通寿险产品一览表

机构	产品	属性
中国人寿	防癌险优享版	人寿保险
	福瑞安康	人寿保险
	康宁少儿	人寿保险
	康爱 e 生恶性肿瘤保险	人寿保险
	国寿 E 术贴	人寿保险
	康宁定期优享版	人寿保险
太平洋人寿	附加安行宝两全保险（2.0 家庭增强版）	一般人寿保险
平安人寿	平安福 18	一般人寿保险
	平安福 17	一般人寿保险
	平安福至尊 18	一般人寿保险
	少儿平安福 17	一般人寿保险
	少儿福至尊 17	一般人寿保险
	鑫祥 17	一般人寿保险
	金鑫盛 17	一般人寿保险
	鑫盛 17	一般人寿保险
	安鑫保	一般人寿保险
	保宝乐	一般人寿保险
新华人寿	附加豁免保费定寿（A 款）	一般人寿保险
中国人民保险公司人寿	中国人民保险公司寿险鑫泰两全保险（B 款）	人寿保险
	中国人民保险公司寿险鑫泰年金保险（C 款）	人寿保险
	中国人民保险公司寿险鑫盛两全保险（C 款）	人寿保险
	中国人民保险公司寿险鑫泰年金保险（D 款）	人寿保险
	中国人民保险公司寿险幸福保年金保险（B 款）	人寿保险
	中国人民保险公司寿险惠民保小额定期寿险	人寿保险
	中国人民保险公司寿险康乐年华两全保险（C 款）	人寿保险
太平人寿	太平附加福利金佑重大疾病保险	传统
	太平福禄倍佑重大疾病保险	传统
	太平附加福利关爱重大疾病保险	传统
	太平乐享无忧终身重大疾病保险	传统
	太平医无忧医疗保险	传统
	太平爱无忧综合意外伤害保险	传统

续表 138

机构	产品	属性
太平人寿	太平附加悦享无忧重大疾病保险	传统
	太平信守一生 2017 年金保险	传统
	太平超 e 保医疗保险	传统
	太平成长无忧终身重大疾病保险	传统
	太平财富一号年金保险	传统
	太平转换年金保险	传统
	太平福禄康逸终身重大疾病保险	传统
	太平乐驾游私家车意外伤害保险	传统
	太平乐飞翔航空意外伤害保险	传统
	太平附加美好安康重大疾病保险	传统
	太平隽福重大疾病保险	传统
	太平附加隽福两全保险	传统
	太平隽富年金保险	传统
	太平美好安康两全保险	传统
	太平美好金生终身寿险	传统
	太平金生永泰年金保险	传统
	太平隽泰年金保险	传统
	太平康悦医疗保险	传统
	太平附加乐宝贝重大疾病保险	传统
	太平爱相伴意外伤害保险	传统
	太平关爱今生两全保险	传统
	太平附加关爱今生重大疾病保险	传统
	太平爱相随意外伤害保险	传统
	太平 E 宝无忧两全保险	传统
	太平附加 E 宝无忧少儿重大疾病保险	传统
	太平百万行无忧两全保险	传统
	太平附加百万行无忧意外伤害保险	传统
	太平爱宝贝综合意外伤害保险	传统
	太平爱爸妈骨折综合意外伤害保险	传统
	太平安逸畅行综合意外伤害保险	传统
	太平福享金生年金保险	传统
国华人寿	国华泰山 10 号年金保险	一般人寿保险
	国华泰山鑫辰年金保险	一般人寿保险
	国华鑫意宝年金保险（A 款）	一般人寿保险

续表 138

机构	产品	属性
安邦人寿	安邦汇赢 1 号年金保险（A 款）	一般人寿保险
	安邦汇赢 2 号年金保险（A 款）	一般人寿保险
	安邦汇赢 5 号年金保险（A 款）	一般人寿保险
	安邦岁丰 10 号年金保险	一般人寿保险
幸福人寿	幸福财富悠享年金保险	一般人寿保险
	幸福喜乐年金保险	一般人寿保险
	幸福养老年金保险	一般人寿保险
	幸福附加豁免保险费定期寿险（B 款）	一般人寿保险

表 139　　1997—2017 年人寿保险占年度总保费情况表

年度	人寿保险保费（万元）	年度总保费（万元）	人寿保险占总保费比值（%）
1997	8142	10268	79.29
1998	10174.6	12318.8	82.59
1999	12872	15129.9	85.08
2000	15133.7	17122.2	88.39
2001	20889	23363	89.41
2002	38340	50774	75.51
2003	72392	75716	95.61
2004	84711	88729	95.47
2005	108837	110001	98.94
2006	119522	122817	97.32
2007	122604	127664	96.04
2008	195149	202053	96.58
2009	187999	193837	96.99
2010	196911	206653	95.29
2011	195517	207569	94.19
2012	196594	212584	92.48
2013	202351	223052	90.72
2014	215384.08	242579.09	88.79
2015	280061.9	320998.28	87.25
2016	326321.56	372755.05	87.54
2017	417510.47	475269.43	87.85

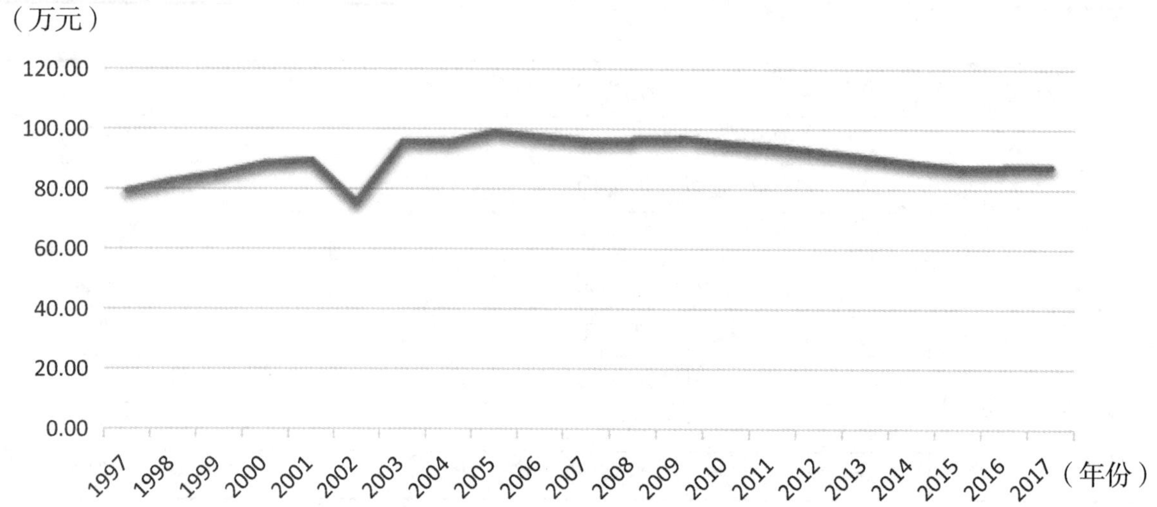

图 19　1997—2017 年人寿保险占总保费比例趋势图

表 140　1997—2017 年普通人寿险经营情况表

年度	普通人寿保险保费（万元）	人寿保险保费（万元）	普通寿险占人寿险比值（%）
1997	8142	8142	100.00
1998	10174.6	10174.6	100.00
1999	12872	12872	100.00
2000	15133.7	15133.7	100.00
2001	14678	20889	70.27
2002	19043	38340	49.67
2003	16450	72392	22.72
2004	16570	84711	19.56
2005	19891	108837	18.28
2006	21967	119522	18.38
2007	17709	122604	14.44
2008	21320	195149	10.92
2009	21577	187999	11.48
2010	20856	196911	10.59
2011	20213	195517	10.34

续表 140

年度	普通人寿保险保费（万元）	人寿保险保费（万元）	普通寿险占人寿险比值（%）
2012	20633	196594	10.50
2013	28293	202351	13.98
2014	81211.52	215384.08	37.71
2015	149875.46	280061.9	53.52
2016	191113.5	326321.56	58.57
2017	254599.9	417510.47	60.98

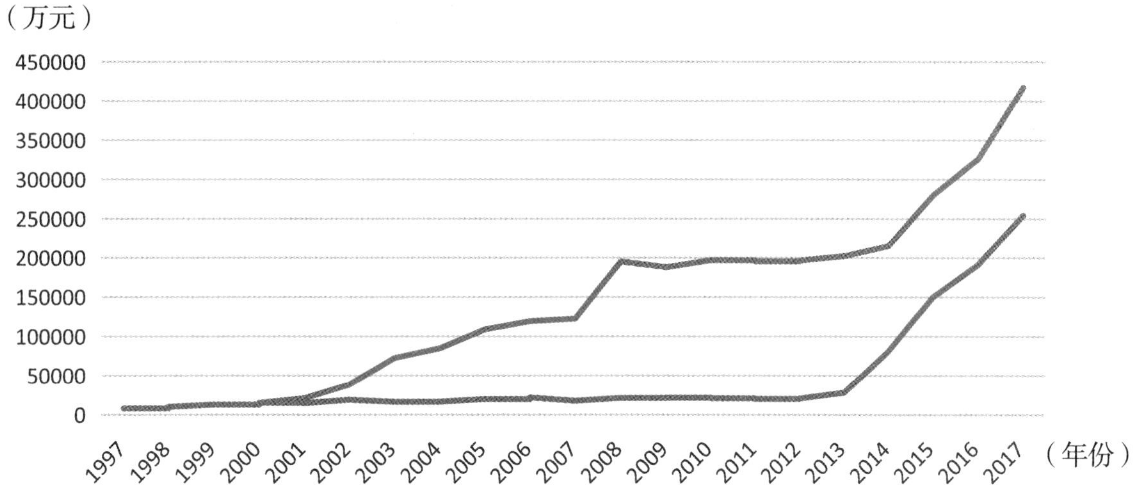

图 20　1997—2017 普通人寿险、人寿保险增长曲线图

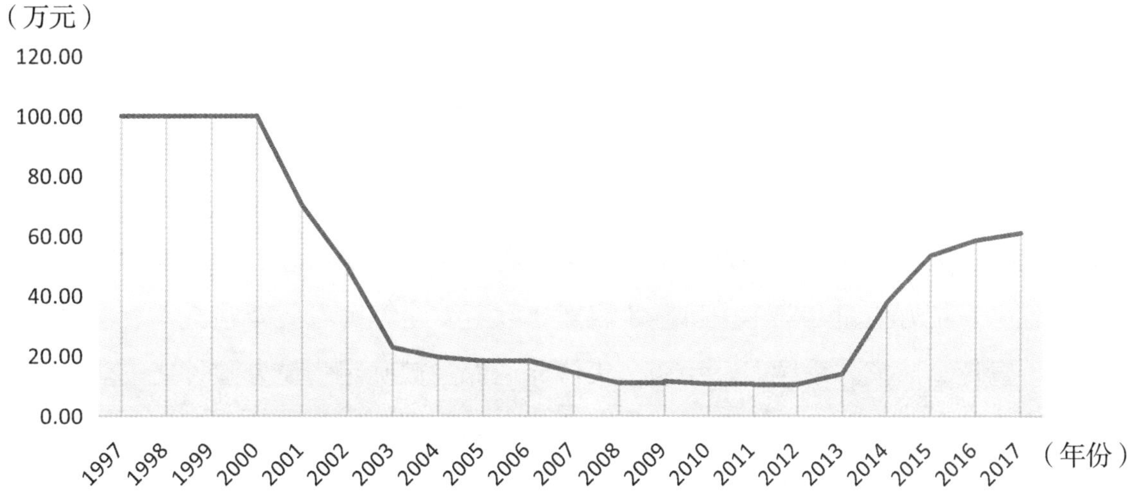

图 21　1997—2017 年普通人寿保险占寿险比例趋势图

二、年金保险

年金保险是指投保人向保险人依约缴付保险费，保险人从约定日期起，定期（按年或月）向被保险人支付一定金额保险金，直至被保险人死亡或一定时期终了。20 世纪 80 年代，中国人民保险公司大同中支以集体养老保险开辟了养老年金类保险市场，并尝试开展“两统”业务，随后开办了各种不同投保对象的个人养老保险业务。如中国人民保险公司南郊支公司开办的农民个人养老保险、“三老”干部（老党员、老模范、老干部）养老保险、民办教师养老保险、中国人民保险公司大同中支南郊支公司、中国人民保险公司雁北中支左云支公司开办残疾人养老保险等。进入 90 年代，年金类产品不断丰富，中国人民保险公司大同中支、中国人民保险公司雁北中支先后上市义务兵养老保险、少年儿童养老保险、爱子女年金保险、“97”终身幸福系列保险、计划生育夫妇养老保险、变额养老保险，对保险责任或者年金领取方式进行多种需求的改善，满足多种市场的需求。90 年代后期，受央行储蓄存款利率影响以及保监局关于人身保险条款管理办法规定，中保人寿保险公司停办预定利率较高的险种以及地方性长期保险产品，推出在央行规定的预定利率、费用率范围内的新产品，其中中国人寿年金保险产品主要有个人养老金保险、国寿养老金还本保险、国寿松鹤养老保险、国寿松柏养老保险、团体年金保险等 5 款产品，太平洋人寿推出太平盛世长寿养老保险（A）。进入 21 世纪，随着大同保险市场主体增多，产品更加丰富，在承保对象、交费方式、保障项目、领取式样上进行多种改进和创新，并同新型类保险产品进行有机结合，成为市场上个人或者团体销售的重要门类产品，并随着社会养老保障体系的建立和完善，与社会基本养老保险、企业年金保险共同组成国民养老体系的三大支柱。

1985 年，中国人民保险公司大同中支在企业管理理念上，针对过去一段时期或者一部分管理干部中存在的“重城市业务轻农村业务、重大险种轻小险种、重展业轻理赔和管理工作，重人才使用和轻人才培养”的“四重四轻”现象，提出要变“四重四轻”为“四个并举”。在销售策略上狠抓“四个三”，即抓好三个“拳头险种”（企财险、机动车辆险、人身保险），办好三个“试点险种”（乡镇煤矿险、养殖业险、集体职工养老保险），把好质量“三个关口”（自查、互查、全辖财经纪律检查），用好“三项费用”（宣传、防灾、手续）。年初，集体养老保险被确定为试办险种之一。中国人民保险公司大同中支业务部、中国人民保险公司大同新平旺支公司按照年初工作部署，多次向大同矿务局宣传，并积极沟通和协商，终于在 7 月取得进展。中国人民保险公司大同平旺办事处以《城镇集体经济组织职工养老保险试行办法》（总颁 1983 年版）为大同矿务局集体企业公司职工承保养老保险，缴费标准按每人每月缴纳保险费 7.5 元，承保职工为 11709 名，当年签单首年收取保费 35.4 万元。

1986 年，中国人民保险公司雁北中支巩固扩大旧险种，支持开办新险种。3 月，浑源支公司依据本县传统手工业发达，集体企业较多，试办“老年养老金保险”，为 7 个单位 2020 名职工一定程度上解除后顾之忧。9 月，山西省人民政府以晋政发〔1986〕72 号发布《山西省城镇集体所有制企业、事业单位职工养老保险暂行办法》（简称集体统筹）。要求全省城市、县城、建制镇及工矿区的集体所有制企业、事业单位（简称城镇集体单位）为本单位职工（临时工除外，下同）办理养老保险。养老保险费根据“以支定收、略有结余”的原则，由当地保险公司按照职工工资总额的 15%—18% 的标准，按月向城镇集体单位筹集，以市、县为单位，统一提取，统一使用。10 月，由山西省商业厅、财政厅、中国工商银行山西省分行、中国人民保险公司山西省分公司联合研究拟定的《山西省商业系统退休基金统筹试行办法》（以下简称商业统筹）开始下发各地市执行。对全省实行国家规定退休制度的省商业系统所属全民和归口集体企业中的固定职工、合同制职工，实行退休基金统筹，由省商业厅和省保险公司统一组织实施，各市、县保险公司、办事处为退休基金统筹的经办单位。中国人民保险公司大同中支积极行动，迅速开展“集体统筹”和“商业统筹”（以下简称为“两统”业务）宣传、动员、联系和商讨，召开专业会议，会签实施文件，中国人民保险公司大同中支“两统”业务有序开展。10 月 25 日，根据山西省人民政府晋政发〔1986〕72 号和大同市人民政府同政发〔1986〕67 号文件精神，原大同市社会劳动保险公司承办的城镇集体企业职工养老保险业务由中国人民保险公司大同市分公司按《山西省城镇集体所有制企业、事业单位职工养老保险暂行办法》办理。该次划转涉及省营企业、市（区）营企业、机关团体、事业单位、雁北部队共 909 个单位 23791 人，划转保险基金 176 万元。当年，全市商业统筹全部完成，共统筹 173 个单位 28236 名职工，收取保险统筹基金 83.1 万元。集体统筹已有 68573 名职工参加保险，收取保费 413.3 万元。第四季度，中国人民保险公司雁北中支打了本年度的第三个战役即“两个统筹”战役。战役前，中国人民保险公司雁北中支向行署有关领导作了汇报，取得行署的支持，并成立行署分管财贸副专员担任主任委员的城镇集体企业养老管理委员会和由财委主任担任组长的商业退休职工统筹领导组，各县相继成立相应的组织。10 月中旬，在浑源举办“两统”培训班，学习从摸底、测算，从计算方法到收取保费的一整套核算手续，到年底，全区 13 个县全部实现商业统筹保险，收取“商统”保费 27.3 万元。城镇集体养老金统筹采取以县统筹和以系统统筹两种方法，共收取“集统”保费 40.9 万元。

1987 年，中国人民保险公司大同中支工作安排指出，人身保险业务要继续巩固发展“两统”，积极开办各种储蓄型人身险，其中本年度“商统”业务由市公司办理。9 月，中国人民保险公司大同南郊支公司在鸦儿崖乡办理 277 人个人养老保险，收取保费 31 万元，其中官窑村全村 16 周岁至 60 周岁 152 名农民，全部办理养老金保险，收取趸交保费 22 万元。12 月底，山西省乡镇企业管理局和中国人民保险公司山西省分公司联合发出《关于在全省乡镇企业开办职工养老金保险的通知》（晋乡财字〔1987〕第 190 号，晋保人身字〔1987〕第 24 号），要求全省经济基础较好的乡（镇）办企业和经济状况较稳定的村办企业，都要在 1988 年 6 月底以前到当地保险公司采用《个人养老金保险试行办法》办理养老金保险手续。凡参加养老金保险的企业，可“在税前按利润总额提取 5%—10%，用于职工参加养老保险”。具体缴费标准可根据企业的经济条件自行决定，但每人每月的保险费缴纳标准不得低于 5 元。当年，全市参加养老金保险和各类人身保险的人数累计达 27.3 万人。

1988 年，中国人民保险公司大同中支在大同市政府支持下，重新测算“两统”，在规定范围内合理调整筹集比例。在人身险业务发展过程中，中国人民保险公司大同中支在城镇进一步扩大城镇集体企事业单位的养老统筹和商业系统职工养老统筹的承保面，在农村大力开展乡镇企业职工、“三老”干部、民办教师以及广大农民群众的养老保险业务。4 月，山西省工商行政管理局、山西省个体劳动者协会和中国人民保险公司山西省分公司联合下发《关于开办个体工商户人身保险和养老金保险的通知》，要求全省各地从事雇工经营、收入稳定的个体工商户要积极参加养老金保险。全省各级公司落实省公司的工作部署，开办各类养老保险业务。

当年，中国人民保险公司大同中支已统筹 564 个企业 37.4 万名职工参加保险，年给付 7245 名退休职工 669.3 万元养老保险金。12 月，中国人民保险公司山西省分公司按照总公司的相关规定精神，下发《关于调整人身保险储蓄型险种预定利率的通知》（晋保人身字〔1988〕12 号），通知指出：1988 年 9 月 1 日和 1989 年 2 月 1 日，中国人民银行两次调整民存款利率，为了保护被保险人的利益，采取在提高保险金额的同时实行利差返还的办法。具体规定：1988 年 9 月 1 日以前承保，1988 年 9 月 1 日以后领取的保单，领取金额实行调整保额加利差返还办法执行；1988 年 9 月 1 日起承保的“城镇集体经济组织职工养老金保险”（原集体养老保险）和“个人养老金保险”的“月领金额”，按照预定利率 8.8% 计算；城镇集体经济组织职工养老金保险丧葬费为由 200 元提高到 500 元。当年，中国人民保险公司雁北中支积极开展养老金保险，主要方法是依靠党政部门的支持疏通展业渠道。其中，朔县神头镇为 450 名乡镇企业干部和 20 多名农村干部办理个人养老金保险，收入保费 18 万元。全区其他支公司都在有条件的乡镇和企业开展这项业务。当年个人养老金保险收入 61.6 万元，同比增长 409.09%。

1989 年，经过人民银行两次提高存贷款利率，开展保值储蓄等货币政策，给中国人民保险公司长期性储蓄性人身险带来较大影响，中国人民保险公司大同中支各分支机构积极采取相应措施，大力宣传利率调整和利差返还办法，在巩固发展传统的个人养老金保险、集体养老金保险及“两统”业务的同时，把新险种和分散性业务作为展业的一个重点。中国人民保险公司大同中支自己设计经省公司批准开办“私营企业职工集体养老保险”等，当年新人身险种增收保费 50 万元。中国人民保险公司雁北中支在巩固“两统”同时，重点拓展个人养老金保险，展业对象是乡镇企业干部职工和个体工商户，富裕地方扩展到乡镇干部、村干部、民办教师等。当年，个人养老金收入 32 万元，同比下降 48.05%。

1990 年 3 月，中国人民保险公司山西省公司设计《山西省义务兵养老金综合保险条款》并下发各地市。5 月，大同市红旗酒家 137 人全部参加个人养老金保险，收取保费 6.44 万元。7 月，省公司又设计下发《山西省少年儿童养老金保险试行办法》，拓展少儿养老险市场，至此中国人民保险公司养老年金类产品较为丰富，能够满足不同年龄个体或人群的不同需求。根据中国人民保险公司大同中支人身险销售战略：巩固简身险，大力发展工业统筹、子女教育、个人养老金和各种群众欢迎的人寿保险业务。当年，工业集体统筹业务收入同比增长 20.6%，达到 898.7 万元；个人养老金收入 157.1 万元。这些新的业务开拓充分弥补部分商业统筹的移出和其他储蓄型险种的退保。当年，中国人民保险公司大同中支人身险业务总体收入达到 1825.2 万元，同比增长 13.01%。

1991 年 1 月，中国人民保险公司山西省分公司对《山西省少年儿金保险试行办法》进行升级改造，推出“爱子女年金保险”。改造后，缴费标准调整为每份 50 元；同时保险增加了意外伤害保障，即被保险人年满 13 周岁前，每一保险年度每份负担 1000 元的意外伤害保险责任。2 月 1 日山西省少年儿童养老金保险试行办法停办。6 月 25 日，中国人民保险公司山西省分公司下发《关于加快在我省农村推行计划生育夫妇养老保险的通知》（晋保发〔1991〕37 号），要求全省各级保险公司要积极争取当地党政的支持，与地方计生委紧密合作，借鉴太原南郊的做法，掀起计划生育夫妇养老保险的高潮。雁北地区左云县支公司还开办残疾人养老金综合保险。商业养老金类保险的覆盖人群进一步扩大，分散性业务迅速发展。

1992 年 1 月，中国人民保险公司山西省分公司与中共山西省委组织部、农工部联合下发《关于在全省开展农村干部养老保险工作的通知》，要求各地分批分期为村干部办理养老金保险，养老保险费从县、乡、村以及村干部本人等多种渠道筹集，并规定月领养老金标准“一般不低于50元”。3月，又与省乡镇企业总公司在1987年联合下发《关于在全省乡镇企业开办职工养老金保险的通知》的基础上，再次联合下发《关于进一步做好乡镇企业职工养老保险工作的通知》（晋乡财〔1992〕第19号，晋保人身字〔1992〕第1号）。这一系列文件的出台，有力地支持全省农村养老保险业务的发展。1992年中国人民保险公司大同中支公司策略，即“六字”战略。超全省水平，赶全国步伐。如在“早”字战略上，在民政部门准备试办农村养老保险时，中国人民保险公司大同南郊、新荣两支公司以抓农村养老保险为突破口，抢占主阵地，村干部养老保险承保达80%；劳动部门准备开展养老保险时，中国人民保险公司大同中支各机构“工业统筹”再掀新高；在“新”字战略上，主要表现在新增机构和新产品上，当年新增代办所11个，新增代办员33名，保费收入达30万元以上代办所有5个，200万元以上代办所3个。新开办险种5个，如义务兵养老综合保险、残疾人养老保险等，其中当年新险种收取保费150万元；中国人民保险公司大同中支在重视“口子”业务同时，同样关注分散性业务发展，当年，爱子女年金保险在全市普遍开展，深受城乡居民的欢迎，成为销售最广的分散性养老年金类业务。

1993年下半年，随着国家退休养老制度的逐步恢复和实施，社会保险和商业保险的业务划分进一步明晰，中国人民保险公司山西省分公司开始主动向劳动部门移交经办多年的“两统”业务，并在农村逐步停办与民政社会保险交叉的一部分养老金业务。在“两统”业务移交的同时，中国人民保险公司山西省分公司坚持稳步发展个人养老金保险、爱子女年金保险以及各种计划生育夫妇养老保险等分散性养老保险业务。

1995年2月，中国人民保险公司山西省分公司设计推出幸福贺卡保险。该条款规定凡年龄在1周岁至17周岁的婴幼儿及少年儿童均可参加。保险费采取趸交方式，趸交标准分100元、200元和300元三种。保险责任分为升学祝贺金、新婚祝贺金和养老金，由投保人或被保险人根据自己的实际情况进行选择。该产品既有爱子女年金保险交费金额适中、交费方式简便的特点，又可以满足早日享受保险保障的愿望，可以协助家长为其子女积累一笔升学、结婚、养老费用。3月，中国人民保险公司总公司设计的“养老金还本保险”开始在大同销售。养老金还本保险与个人养老金相比，增加保险费交付期间被保险人的意外伤害身故保险责任，体现保险的保障功能，同时当被保险人在养老金领取期内身故时，可以返还所交保险费本金，满足客户保本的期望。全年养老保险类业务的保费收入和占比均较上年有较大幅度的增加。

1996年，中国人民保险公司大同分公司实行产寿险分业经营。中保大同分公司承接原中国人民保险公司时期开办的各种人身保险业务，其中年金保险主要产品总颁险种主要有城镇集体经济组织职工养老金保险、个人养老金保险、养老金还本保险。省颁险种主要有：爱子女年金保险、山西省义务兵养老金综合保险、残疾人养老综合保险等。年内，总公司下发鸿寿养老年金保险，省公司下发变额养老年金保险等产品，中保人寿大同分公司营业部承保变额养老金5份，收取保费近6万元。当年，中保人寿大同分公司年金类险种保费收入840万元。

1997年1月，中保人寿山西省分公司推出幸福安康人寿系列保险和97终身幸福系列A、B、C四种产品，每种产品均包含有年金保险责任，一经面市，深受保险员工推崇和客户青睐，短时成为热销产品。5月，为解决系统传统险种老化、直销险种及团险业务险种短缺的问题，中保人寿根据调整险种结构，优化业务结构的总体思想，完成部分险种的改造和开发。至此，个人养老金保险、养老还本保险、鸿寿养老金以新的条款、费率以及现金价值面市。当年，中保人寿大同分公司年金类保险保费收入达到794.7万元，完成年度计划的99.33%。占同期总保费8.14%。

1998年，根据中国人民银行关于银行存贷款利率和保险险种利率调整要求，中保人寿对有关险种进行修订，并在年中颁布实施。大同保险市场先后面市的年金类产品有个人养老保险、养老金还本保险、鸿寿养老金保险等。当年，中保人寿大同分公司采取分片蹲点的办法，深入基层开展工作，在矿务局攻难关，抓大户，经过多次协商、联系、宣传、动员，以个人养老金条款承保大同矿务局劳动服务公司，收取保费500万元。

1999年6月，中国人寿根据保险产品监管要求，停办1998版产品并下发1999版新产品，其中年金类产品主要包括国寿个人养老金保险、国寿养老金还本保险、国寿松柏养老金保险、国寿松鹤养老金保险、团体年金保险等。11月，为禁止“长险短做”业务现象，中国人寿大同分公司根据山西省分公司下发《关于停办国寿个人养老金保险趸缴业务的紧急通知》，及时停办该项业务。为实现年初公司保费计划，中国大同分公司提出打好三个战役，在普通寿险战役方面，公司配合国家社会保障制度改革，大力发展企业补充养老保险。中保御河路支公司积极行动，为5家私营企业2800名员工办理养老金保险，收取保险费113万元，大胆探索补充社会保障新途径。截至11月底，全市年金险新单保费收入543万元。

2000年7月，中国人寿推出国寿金色夕阳养老金保险（A）。8月，中国人寿对原国寿个人养老年金保险（99版）进行修订，并更名为国寿养老年金保险。并从2000年9月1日起开始执行，同时原国寿个人养老年金保险（99版）停办。国寿养老年金保险因现金价值较其他年金产品较高，比较受到投保人偏爱，上市之后销售较好。10月，中国人寿山西省分公司转发总公司《关于推荐上海分公司运用产品组合方式销售团体年金保险做法的通知》的通知，国寿大同市分公司团险部组织条线进行学习和推广，以促进团体年金保险业务成为新的业务增长点。

2001 年，大同保险市场企业补充年金保险业务取得新突破。大同铁路分局是大型国有企业，员工多、分布广、经营好、效益高，企业储蓄结余充裕，大同众多金融单位都在关注并设计呈递各种融资方案。中国人寿大同分公司在年初就将铁路分局确立为主攻对象，在省公司的领导之下，精心设计投保方案，经过双方高层多次商谈、反复修改投保方案、客户代表集中提问，公司业务现场解答以及到公司业务大厅系统观摩、产品年度分红演示，历经半年多的艰苦谈判，全省系统第一大单终于落户国寿大同，12 月 14 日，双方正式签订参加保险协议书，以国寿永泰团体年金保险（分红型）条款承保，收取保费 4604.7 万元。太平洋人寿大同中支开始销售员工团体年金保险（万能型），当年收取保费 459.1 万元。

2002 年，中国人寿大同分公司在承保大同铁路分局年金保险之后，继续深度公关，深度开发，全市新闻媒体相继报道，由铁路报社印发 2.5 万份总经理答记者问，下发到铁路沿线，散发到车间班组，铁路电视台专题报道滚动播放，提升中国人寿的品牌，新年伊始，大同铁路分局 5 个单位和 10 多位职工在自己年金账户进行二次供款，收取年金险保费 700 多万元。当年，大同国寿团险渠道选择企业作为目标市场，不断拓展，大单业务捷报频传，团体年金类保费收入 2094 万元。

2003 年 2 月，大同保险市场分红保险、万能保险的销售如火如荼，新上市的年金类产品同样附加分红职能，并将产品养老保障、投资理财、企业年金有机结合成为销售卖点，中国人寿大同分公司以国寿永泰团体年金保险成功签下年度全辖区第一大单，收取保费 820 万元。

2004 年，中国人寿大同分公司在全面调研的基础上，充实加强团险大客户的资源管理，对已经承保的客户建立相应客户承保档案和客户资料档案。重点做好中央直属企业和省市确定的 69 个较大企业的销售工作，成立公关领导小组；创新销售策略和销售手段，统一制作保险计划书；加强部门协调，强化售后服务，凭借大同铁路分局团单大单的“龙头”效应，经过长时间的艰苦公关与洽谈，运用一系列的对比、测算、风险评估等，承保大齿集团企业年金业务，以国泰永泰团体年金保险产品，一单收取保费 200 万元。

2005 年，中国人寿大同分公司加快企业年金保险的拓展力度，主要采取以下几个方面的工作：一是以市场分析和调研为基础，健全专有大客户信息平台，实施专人对大客户、重点客户进行联系，保持联系渠道畅通；二是充分借助各方面的积极因素，拉长业务销售链，提供优惠政策，整合队伍力量，组织精干人员，成立关键客户销售队伍，形成对重点企业的竞争优势；三是创新销售方式，达到开拓销售渠道，挖掘客户资源，持续搞好业务推动，确保团体寿险业务达成目标；四是全面推行员工福利计划，在大同煤炭、电力、电信、金融、医药五大行业大客户业务发展思路的基础上，分批进行业务拓展，实施员福计划，满足不同需求；五是加快企业年金业务发展的步伐，探索被征地农民的养老保险工作。当年，仅团体年金业务就突破1000万元。

2006年，太平洋人寿大同中支与同煤集团朔州矿业公司签订《企业年金保险协议书》。标志着太平洋大同中支在开拓企业年金险方面取得突破性的进展。平安养老保险有限公司开始在山西开发企业年金保险业务，5月10日与大同自来水公司达成企业年金合作协议，收取年金险保费380万元，成为平安养老保险在大同保险市场上企业年金第一单。9月8日，又与中国北车集团大同电力机车有限责任公司签订5000多名员工的企业年金合作协议，成为年内大同辖区内参与职工最多的一项企业年金计划。

2007年，中国人寿大同分公司重视队伍建设、重视市场开拓，加快企业年金保险的推动和发展，市分公司总经理室成员亲自带头公关，加强与其单位高管的协调沟通，取得显著效果，成功签年金保险6000多万元，强有力支撑起公司业务规模。

2008年，中国人寿大同分公司认真落实国寿山西省分公司提出的“创造最好规模，创造最优效益”的发展要求，加强对大、中、小企业的公关力度，努力做好企业的员福计划，实现险企与其他企业的协同发展，取得双赢。加强与当地政府的联系沟通，在政策性业务发展取得新的突破，扩大服务领域。启动失地农民养老“三放心”工程：让县区政府放心、让乡政府放心、让老百姓放心，为业务发展创造更好的环境。当年，实现年金类保险4000多万元。

2009年1月，中国人寿国寿松鹤养老保险和国寿松柏养老保险停办。

2010年，国寿福禄满堂养老年金保险（分红型）、太平洋群英团体年金保险（分红型）、平安逸享人生养老年金保险（万能型），新华人寿的尊享人生年金保险（分红型）和泰康财富人生终身年金保险（分红型）开始进入大同市场。各个产品均集综合理财功能和年金形式于一体。国寿福禄满堂养老年金保险（分红型）、太平洋群英团体年金保险（分红型）在年金领取上增加客户年金领取方式的选择性，平安逸享人生养老年金保险（万能型），突出万能保险和年金保险融合后领取年金数额的可调整性，新华人寿的尊享人生年金保险（分红型）突出金账户功能和投保人豁免保费功能，泰康人寿销售的泰康财富人生终身年金保险（分红型）突出产品责任覆盖面较大，主要有一次性领取选择权、持续保险金给付、特别保险金给付、投保人意外身故豁免保险费、投保人意外高残豁免保险费、生存保险金给付、身故保险金给付、祝寿保险金给付等，这些产品一经面市，成为当时公司保费收入的主要来源。

2012 年 8 月，中国人寿大同分公司在业务发展上抓渠道维护、抓转型发展、抓核心业务，促进整体业务发展，也促进年金险业务的增长，在团体年金发展上，不断积累新的法人客户，大力推广法人客户员工综合福利“一揽子”业务销售，在客户数量和业务规模上取得突破。泰康人寿大同中支推出泰康幸福有约保险产品，“幸福有约”计划是一款高端养老年金产品，交费起点为 200 万元人民币，分为趸交和十年期交两种，消费者可以根据自己的需求，选择在 65 岁或 70 岁时开始按月领取年金，该产品成为市场满意产品之一。

2014 年，泰康人寿畅赢人生年金保险开始进入大同保险市场销售。泰康人寿的泰康畅赢人生年金保险（分红型）和附加险泰康附加积极稳健定期寿险（万能型）组成，突出教育及养老功能，延长生存金保证领取时间，同时将分红险和万能险进行组合，年金、分红自动进入万能账户月复利生息，实现资金安全性、流动性、收益性的完美结合，规划功能更突出，应用更灵活，有效帮助客户完成教育、婚嫁、养老等人生目标。当年业绩走势明显，累计规模保费达 3744.83 万元。

2015 年，泰康人寿大同中支紧跟省分公司战略部署，随着泰康人寿新产品鑫享人生年金保险（分红型）上市，鑫享人生首买实现热销。鑫享人生年金保险产品特色是生存金即交即领，养老金年年递增，祝寿金为累计保费，长寿金继续领取到 99 岁。并且固定年金及每年红利均自动进入万能账户增值，实现了资金安全性、流动性、收益性的完美结合，有效的帮助客户完成教育、婚嫁、养老、传承等人生目标。当年，鑫享人生年金保险规模保费达 802.52 万元。

2016 年，中国人寿大同分公司持续落实员福计划，持续加大老龄人群重点业务的拓展。

2017 年，农银人寿大同中支面市产品中年金产品较多，尤以农银稳得福 B 款养老年金保险因其具有交费期短，利益明确，固定返还，又具保单贷款的优势，在当年实现保费收入 601.50 万元。幸福人寿大同中支个险渠道以幸福财富尊享年金保险等为主打险种，银保渠道以幸福财富稳赢 A 款年金保险等为主打险种，通过能力配合，当年实现保费规模 1.74 亿元，年金类产品保费收入占大部分比例。工银人寿大同中支、百年人寿大同中支当年进入大同保险市场，工银人寿推出长期人寿保险 7 个产品，其中有一款为工银安盛鑫丰年产品，属于年金类产品。百年人寿大同中支以百年众赢一号年金保险产品开始销售，首单生效日期为 9 月 22 日，保费收入 2 万元，开业仅百天，百年众赢一号年金保险承保 47 件，收取保费达到 149.1 万元。

表 141 2016—2017 年大同保险市场部分新上市年金类保险产品一览表

年度	机构	产品	属性
2016	图表	农银金太阳 B 款养老年金保险	年金保险
		农银爱鑫宝年金保险	年金保险
	民生人寿	民生汇鑫 B 款年金保险（投资连结型）	年金保险
		民生附加富贵赢家典藏版年金保险（万能型）	年金保险
		民生附加续灵通年金保险（万能型）	年金保险
		民生富贵鑫瑞年金保险	年金保险
		民生 U+ 教育定投年金保险（万能型）	年金保险
	工银人寿	工银安盛人寿鑫丰年年金保险	年金险
		工银安盛人寿财富赢家两全保险	年金险
		工银安盛人寿鑫如意二号终身寿险	年金险
2017	农银人寿	农银稳得福 B 款养老年金保险	年金保险
		农银爱相随年金保险	年金保险
		农银爱成长年金保险	年金保险
		农银财富世享年金保险	年金保险
	民生人寿	民生富贵鑫盈年金保险（分红型）	年金保险
		民生富贵鑫禧年金保险	年金保险
		民生集财宝年金保险（B 款）	年金保险
		民生集财宝年金保险（C 款）	年金保险
		民生金彩双赢年金保险 C 款（万能型）	（其他）年金保险
	工银人寿	工银安盛鑫如意六号终身寿险	年金险
		财富赢年年金保险	年金险
		鑫年华保险产品计划	年金险

第二节　非传统性寿险

一、分红保险

分红保险是保险公司将其实际经营成果优于定价假设的盈余部分，按一定比例向保单持有人进行分配的人寿保险。2001 年，大同保险市场开始销售分红保险，2002 年迅速热销，保费规模迅速扩大，在人寿险保费占比迅速增长，成为许多人寿保险公司扩大份额、占领阵地的利器与法宝。2005 年，大同保险主体开始重视保险内涵价值发展，主动调整保险结构。2007 年，分红保险占人寿保险比重出现第一个低谷。2009 年，大同保险业界主动回归保险保障本质，进一步加强防范风险，把销售风险保障型业务和长期储蓄型业务为寿险核心业务，到 2017 年底，分红保险产品占人寿保险保费比重为 37.88%，较 2011 年历史最高值下降 51 个百分点，基本实现当时比较理想的险种结构水平。

2001 年 8 月，为保证分红保险业务健康、有序地开展，中国人寿大同分公司根据关于转发总公司《关于转发保监会〈关于印发寿险公司分支机构新型产品开办条件验收指引的通知〉的通知》的通知，加快实施新型产品开办准备工作。第一，成立“分红保险及团体年金保险试点工作领导小组”，负责对全市分红保险开展准备工作的组织领导及协调工作。在领导小组下设“分红保险及团体年金保险试点工作小组”，分别负责销售管理、教育培训、业务管理、财务管理、宣传策划、信息技术管理等工作。第二，制定开展分红保险的推广方案和培训计划。第三，个险、团险、业务中心、财务中心、信息中心等严格按照验收标准，制定对标方案、实施对标方案。第四，严格按照公司制定的方案逐步落实。第五，将分红保险要求的资料及时报备。8 月 24 日，为保证保单清理工作的真实、完整、准确，保证“95519”客服专线高起点、高标准、高效率，保证分红保险的顺利开展，国寿大同市分公司开始接受由省分公司组织抽调有关业务、电脑专业人员组成四个检查验收小组的验收工作。通过“听”“看”“查”“谈”“帮”，完成对《保单清理工作检查验收标准》规定内容及标准、“95519”客服专线考核验收办法规定内容和标准以及分红保险验收办法和内容三个专题的验收。9 月 5 日完成验收工作，国寿大同市分公司取得省分公司准予销售分红保险的认可，不久之后，又通过保监会驻太原特派办开办分红保险的现场验收和保监会驻太原特派办的抽查验收，取得开办分红保险销售资格。10 月 15 日，国寿省分公司针对大同市分公司下发关于开办国寿千禧理财保险（分红型）、国寿团体年金保险（补充养老型）的通知，通知指出：“经总公司、保监会批准，并经保监会驻太原特派办验收，同意我公司在大同市开办国寿千禧理财两全保险（分红型）、国寿团体年金保险（补充养老型），现将这两个产品的条款、费率及业务管理实施细则下发给你们，请遵照执行。”11 月 2 日，国寿大同市分公司经总公司批准、保监会批复、太原保监办备案，同意开办国寿千禧理财两全保险（分红型）（第二版）。12 月 15 日，省分公司下发文件，经总公司同意、保监会批复、太原保监办验收并备案，同意国寿大同市等 4 个市级分公司开办国寿鸿福相伴两全保险（分红型）、国寿鸿寿年金保险（分红型）、国寿鸿泰两全保险（分红型）、国寿鸿运少儿两全保险（分红型）、国寿鸿盛终身保险（分红型）、国寿鸿祥两全保险（分红型）和国寿永泰团体年金保险（分红型）等 7 个产品。同年，太平洋人寿获准在大同保险市场销售，销售的主要产品为太平盛世·长虹两全保险（分红型）。至此，中国人寿和太平洋在大同开辟分红保险市场，当年收取分红保险保费 5746 万元，占大同各类人身保险总保费 24.59%，其中中国人寿收入 5651 万元，分红保险市场份额为 98.35，太平洋人寿收入 95 万元，分红保险市场份额为 1.65%。

2002 年，根据国寿山西省分公司要求，国寿大同市分公司抓住国寿鸿泰两全保险（分红型）热销的机遇，制定“赚大钱过大年，鸿泰红大同”的销售企划案，热卖红泰。2 月份，销售国寿鸿泰两全保险（分红型）1.8 亿元。其中 5 个县级支公司销售超过 1000 万元。在实现首季开门红之后，国寿大同市分公司强化对国寿鸿运少儿两全保险（分红型）等 7 个分红保险的培训与宣传，加强国寿永泰团体年金保险（分红型）等产品在大同铁路 47 个营业单位的拓展。重视兼业代理业务渠道的开辟，在邮政、工行分别举办分红保险产品说明会及本系统业务竞赛活动，分公司选派省高级讲师到会宣传指导、答疑解惑、并派业务部门指导小组上门为邮政、工行部门进行业务督导和业务推动，使兼业代理业务落到实处。通过多措并举、多路并进，国寿大同分红保险业务又上新台阶。当年收取保费达 2.32 亿元，同比增长 310.67%。太平洋人寿丰富分红险销售产品，借助于银邮代理渠道推出太平盛世·长虹两全保险、太平盛世·状元红两全保险、红利来两全保险 A 款（分红型）和红利来两全保险 D 款（分红型），收取保费 5930 万元，同比增长 61.42 倍。年内，大同分红保险保费收入 2.91 亿元，同比增长 407.08%，占当年人身保险总保费 57.39%，较 2001 年增加 32.8 个百分点。

2003 年，国寿大同分公司围绕市场目标，积极开展“春蕾战役”“八、九联动”和“期交风暴”形式多样的业务竞赛和业务促销活动。组织全辖区主管组训和营销员近 2400

人参加鸿鑫、鸿宇、鸿祥、鸿盛 4 个分红险种的培训班，利用红利派发和业务推动开展产品宣传，在《大同日报》刊载 4 个新险种专版，在城乡较多街道制作多条墙体广告，为分红产品及其他保险产品营造良好的社会环境。太平洋人寿推出红利来两全保险 D 款（分红型）产品，平安人寿大同中支以平安鸿利终身保险（分红型）进入大同市场，收取保费 34 万元。至此，大同分红保险市场形成“3 家分晋”格局。

2004 年，中国人寿大同分公司紧紧围绕市场目标和总体工作思路，全辖员工努力开拓，积极开展“龙虎争霸”创亿元奇迹，“乘股改东风、创期交新高”、“团队挑战攀越期交顶峰”、鸿鑫期交“三个一”工程、“千名精英达标”、“学奥运精神，向国庆献礼，狂飙大行动”等形式多样的业务竞赛和促销活动，调动全员的积极性和创造性。同年，中国人寿山西省分公司推出适合银行（邮政）柜面直接通销售的“国寿鸿泰两全保险（分红型 2003 版）定额保险单”，供未开通“银保通”的银邮兼业代理网点使用。“鸿泰两全保险（分红型 2003 版）定额保险单”均为趸交业务，保险期限为 5 年，分为 1000 元、5000 元、10000 元、20000 元和 50000 元 5 种面额，便于宣导，便于销售。年内，中国人寿大同分公司注重团体分红保险市场的拓展，以永泰团体年金保险（分红型）产品，承保大齿集团年金保险，收取保费 200 万元。平安人寿大同中支按照总、省分公司相关银行代理业务“控规模，转期交”的经营方针，分红保险业务在调整中发展。当年，大同保险分红产品收取保费 6.82 亿元，同比增长 21.83%，占人寿保险 80.45%，占总保费 76.81%。分红保险在大同保险公司保费构成中占据“龙头”地位。

2005 年，中国人寿山西省分公司《团体保险销售人员管理基本法（暂行）》和《团体销售人员基本法实施细则》的出台，标志着公司销售渠道三大体系形成，即个人代理人销售体系、中介代理人销售体系和团体保险业务代理销售体系。国寿大同分公司个险业务发展的基本策略是：一个月限时限量上鸿裕（分红型产品）保费冲规模，十一个月一心一意抓期交增效益。就险种的销售策略来讲，一月上鸿裕，全年拼鸿鑫，“三康”、英才、千禧等跟进，新单、卡单业务捆绑销售，实现客户、公司、员工共赢。兼业代理业务渠道要充分发挥对业务规模的支撑作用，在产品上重点加强鸿丰（分红型产品）产品的销售，确保市场主导地位。同时积极推动卡单业务上柜台试点和康裕、鸿禧、裕鑫三个风险型新产品的期交业务销售。团体业务销售思路是在上规模，保效益基础上，奋力拓展团寿险大客户市场，团体分红保险基本保持上年度水平，收取保费 742 万元。太平洋保险围绕“夯实基础管理、推动组织发展、重点培养干部、建立标准团队”的经营思路，在个险渠道产品上又推出小康之家·金玉满堂两全保险，分红保险产品进一步丰富。

当年，大同分红保险市场又新添2家公司，即新华人寿大同中支以吉庆有余两全保险（A款）（分红型）和美满安康两全保险（分红型）进入市场；泰康人寿大同中支以《千里马两全保险（分红型）B款》进入市场。年底，中国人寿、太平洋人寿、平安人寿、新华人寿、泰康人寿分红保险所占份额分别为48.54%、39.39%、3.44%、10.02%、1.71%，大同分红保险形成“五子夺莲”的格局。

2006年，中国人寿回归国内A股市场，申购资金突破8000亿元，创造A股发行新纪录，被业内外称之为“王者归来”；中国人寿偿付能力额度由去年2.53倍提升到3.5倍，备受社会和业界关注；资金运用有了较大突破，全年投资收益率高达6.2%，为年内分红保险的销售奠定良好的氛围，取得满意效果。推动如国寿美满人生年金保险（分红型）、国寿美满一生年金保险（分红型）、国寿鸿寿年金保险（分红型）等分红险期交保费产品的大发展，当年，收取分红保险4.46亿元，同比增长7.45%，占人寿保险业务76.64%，占总保费74.33%。

2007年，中国股票复苏已成事实，上证指数自2000点之后，一路高歌，在万众期盼、万众瞩目之下，上证指数一跃突破5000点，中国资本市场进入历史繁荣时期。大同保险万能保险市场进入第七个年头，鏖战犹酣；分红保险市场热销七年，金鼓连天。证券市场、银行理财、保险理财市场的交叉性、共融性、流通性决定它们之间的竞争，保险市场内部储蓄产品、分红产品、万能产品甚至投连产品相互影响，必然导致其中产品上下波动起伏甚至相互冲突。当年，大同保险市场分红产品保费收入达6.2亿元，同比下滑33.51%。占人寿保险50.57%，占总保险48.57%。

2008年，美国爆发的金融危机，对全球经济产生重大影响，中国沪深股市出现大震荡，资本市场出现持续低迷。分红保险市场由于分红保险产品特有的避免“利率波动和通货膨胀”给客户和公司双方带来风险特性，分红产品受到市场青睐。另一方面，在央行的系列紧缩政策之下，银行信贷高速增长的势头得以减缓，较多银行谋求在代理人寿保险业务等中介业务上有所突破，为保险公司凭借银邮中介代理渠道推动和发展分红保险业务创造较大空间。当年，中国人民保险公司寿险大同中支、嘉禾人寿大同中支、太平人寿大同中支加入大同分红保险市场，形成“八仙过海，各显神通”的格局。当年大同分红保险收取保险费13.44亿元，同比增长116.82%，占人寿保险68.89%，占总保费66.54%。在保费构成中仍占有优势地位。

2009年，保险业多年快速增长，业内普遍存在着期交业务与趸交业务、长期交费型业务与短期交费型业务、保障型业务与投资型业务结构比例的不协调、不科学现象与矛盾，对保险的持续发展和经营效益存在一定隐患与风险，亟待调整、优化与改善。为了解决在经营管理方面存在的矛盾，引导保险业向保险本业回归，中国保监会采取一系列应对措施，从保费确认制度、分支机构监管、营销员体制改革等多方面引导寿险业主动进行结构调整，回归保障本质，防范风险，以风险保障型业务和长期储蓄型业务为寿险核心业务。中国人寿大同分公司根据省分公司部署，以国寿鸿丰两全保险（分红型）、国寿鸿富两全保险（分红型）、国寿美满一生两全保险（分红型）和国寿安享一生两全保险（分红型）作为主销产品，在业务发展中加大调整力度。平安人寿在保障型分红险产品体系建设上，从2001年平安鸿盛终身寿险面市，经过条款表述通俗化、条款概念规范化、产品功能市场化和差异化的改造，重视内涵价值的创新，满足客户高保障的需要。嘉禾人寿根据客户的需求附加珍爱一生终身重大疾病保险，使得客户获得更全面的保障，附加险涵盖44种大病，使客户获得更精准的保险保障服务，上市之初就获得客户的偏爱。其他人寿保险公司从战略层面和战术策划上进行保险结构调整。当年，分红保险保费收入15.05亿元，占人寿保险84.62%，占总保费77.65%。

2010年1月，中国保险监督管理委员会和中国银行业监督管理委员会联合印发《关于加强银行代理寿险业务结构调整促进银行代理寿险业务健康发展的通知》，明确指出："银行业和寿险业在一定程度上实现优势互补、互利共赢，满足客户多样化的保险需求。但是随着银行代理寿险业务的快速发展，业务结构不合理、长期储蓄和保险保障功能发挥不充分等问题日益突出。""加强银行代理寿险业务结构调整、促进银行代理寿险业务健康发展，是落实科学发展观的具体体现，对于寿险业实现防风险、调结构、稳增长的战略目标和银行业实现多元化经营，防范信誉风险，维护经营稳定，具有重要意义。"3月，为进一步规范商业银行代理保险业务，保护客户的合法权益，促进代理保险业务规范健康有序发展，银监会下发《关于进一步加强商业银行代理保险业务合规销售与风险管理的通知》。10月，为贯彻落实银监局、保监局两个文件精神，进一步规范银行邮政代理保险业务，防范风险，净化市场，切实保护客户合法权益，山西保监局、银监局联合下发《关于进一步规范银邮代理保险业务的通知》，规范合作关系，代理关系，建立稳健的经营机制。经历金融危机的洗礼，通过实施煤炭资源整合，大同经济明显回升向好，大同寿险市场日益成熟理性，优化业务结构成为同业大部分公司的基本战略定位。年内，中国人寿大同分公司在规范中介代理渠道同时，加大对大中城市的支持力度，不断丰富"福禄"系列产品体系，积极实施险种结构的调整，主动面对激烈的市场竞争，踊跃销售"国寿福禄双喜两全保险（分红型）""国寿福禄尊享两全保险（分红型）""国寿福禄呈祥两全保险（分红型）"三款分红保险产品。太平洋人寿大同中支通过新产品创新与面市，在销售发展中优化产品结构，推出《鸿鑫人生两全保险》

（分红型）、红利丰两全保险（分红型）、红福宝两全保险（分红型）。平安人寿通过“平安富贵人生”升级换代推出平安金裕人生两全保险，提高保额返还比例，满足客户高返还需求。嘉禾人寿主要销售嘉禾岁岁如意两全保险（分红型）和嘉禾双子星年年分红理财计划等17款分红产品，实现业务的快速提升。当年，大同分红保险产品收取保费17.45亿元，同比增长9.73%，占人寿保险保费88.63%，占总保费84.45%，分红产品对市场扩张贡献度达到历史最高点；同比增长较快的公司是新华人寿、太平人寿，分别达到148.66和93.14%；占人寿保险较大份额是合众人寿、太平人寿，分别达到100%和99.93%，占人寿保险份额较少的是太平洋人寿，占比为77.02%；占总保费较大份额是合众人寿、中国人民保险公司人寿，占比分别是99.59%和99.27%，占比较小的是太平洋人寿，占比为68.39%。

2011年，中国保监会出台保险业发展的重要指导文件——《中国保险业发展“十二五”规划纲要》，纲要重点强调两点：一是对行业速度的关注全面让位于对质量和结构的重视；二是进一步扩大保险业投资渠道。大同人寿保险市场已发展成为10家主体公司的大市场，经过多年“冲规模、占市场、抢份额、拼成本、比关系、赛谋略”的行业竞争，进入转型的关键时点，在政策法规、销售渠道、市场利率、资本市场等多方面遭遇多重调整，整个保险行业在经历前几年的快速发展后，转入保险业的低潮年。当年，大同分红保险保费收入17.39亿元，同比下降0.35%，占人寿保险保费收入88.94%，占当年总保费收入83.78%。10家公司正增长6家，负增长4家，增长幅度最大是嘉禾人寿，同比增长幅度为48.28%，下降幅度较大是中国人寿大同分公司，同比幅度为下降11%。

2012年，中央经济工作会议指出，推动2012年经济社会发展，要突出把握好稳中求进的工作总基调。大同保险公司主体紧紧把握稳中求进，进中求好的工作基调，主动根据市场需求，自身经营的需要，拓展业务发展。中国人寿积极贯彻总公司“稳中求进、奋力拓展”的精神，有效回馈新老客户，借助公司柜面优势探索新型销售模式，推出由总公司创新开发的“国寿鑫泰两全保险（分红型）”，由柜面直销；为适应市场需求，丰富团体年金类产品，上市由总公司开发的“国寿金泰团体年金保险（分红型）”。其他9家人身保险公司，主动进行产品更新或创新，激发渠道销售热情，促进分红产品市场繁荣。当年，大同分红保险保费收入17.45亿元，同比增长0.34%，占人寿保险保费88.76%，达到2010年水平，占总保费收入82.08%。太平洋人寿、新华人寿、农银人寿、合众人寿、中国人民保险公司健康5家公司实现正增长，中国人寿、中国人民保险公司人寿、太平人寿、平安人寿、泰康人寿5家公司出现负增长，国华人寿大同中支进入大同分红保险市场，首年收取保费 2386 万元。中国人寿分红保险市场份额最大为 32.56%，同比下降 6.15 个百分点。

2013 年，大同保险业分红保险两次销售高峰发售的十年期、五年期产品到期，保险公司集体向客户派发保单红利面临一场“大考”，迎来一次“检阅”。6 年之前的 2007 年，中国保险行业的投资收益达到 12.2%，创下历史新高。次年，保险业销售借助于上年度投资理财收益较高的信息，销售顺风顺水，创下销售波峰。而投资收益在 2008 年落入低谷，2009 年短暂恢复，但之后再震荡下跌。2013 年，5 年期保单满期保险业向客户递交“答卷”。红利派发低于心理预期，引发大量退保现象发生。据统计资料显示，退保保费占当年保费收入从 2009 年的 6.33% 逐年增加，到 2013 年占比达到 16.77%。退保保单的频发，导致保险纠纷增多，极大程度地伤害销售队伍，特别是银保队伍。保险行业痛定思痛，分红保险业务推动将更加审慎、理性和科学。平安人寿司庆之际，公司将产品升级换代，上市尊越人生产品，人性化的设计满足客户需求，顺应市场的发展，实现年年返还。农银人寿推出的《金色人生年金保险（分红型）》因其充足的养老功效得到客户的青睐。推出的《农银稳得福两全保险（分红型）》产品，弥补期交短期型产品的空缺，丰富期交型产品的类型。 其他各人寿保险公司在保监会启动普通型人身保险费率改革政策之后，加大业务结构的调整，因保障程度较高，交费期限较长，保险期限较长的产品递次充斥市场。 当年，大同分红保险产品保费收入 17.23 亿元，同比增长 –1.24%，占人寿保险保费收入 85.17%，占总保费收入 77.26%。大同 12 家人寿保险公司，保持正增长公司是太保人寿、太平人寿、平安人寿、农银人寿 4 家公司，出现负增长公司是中国人寿、中国人民保险公司人寿、新华人寿、泰康人寿、合众人寿、国华人寿、中国人民保险公司健康 7 家公司，民生人寿首年进入大同分红保险市场，收取保费 544 万元。当年，大同保险市场退保金额达到 3.74 亿元，占同期保费收入 16.77%。

2014 年，中国人寿大同分公司销售产品由以理财产品为主向丰富保障产品、促进产品多样化转变，增长方式要由以首年保费推动向续期保费拉动增长转变。平安理财产品再次迈上新平台，开门红理财产品由主险附加聚财宝账户构成，助力客户财富二次增值。2014 年产品为财富尊崇及尊御人生。当年，全市非传统性寿险保费收入达到 13.42 亿元，占当年总保费 55.31%。

2015 年，随着新“国十条”的颁布和实施，“省十条”的出台和落实，“市十条”下发和践行，大同保险业步入“第二个春天”。平安人寿 2015 年产品为财富尊耀及尊宏人生。当年，平安人寿非传统性寿险保费达到 1.44 亿元，占总保费 65.18%。

2016 年，中国人民银行利率进入下行区间，保险产品因“收益高、有保底”的特点，大幅提升相对其他金融理财产品的竞争力，分红类产品大幅提升，当年，全市分红产品占总保费 40.79%。

2017 年，大同分红保险市场有主体达到 14 家，中国人寿大同分公司保费收入达到 4.03 亿元、太平洋人寿大同中支收入 5.13 亿元、平安人寿大同中支收入 1.96 亿元、新华人寿大同中支收入 8882.12 万元。全市有 8 家公司保费超过千万元，其中分红保险产品保费占比达到 37.88%。

表 142　　2016—2017 年大同保险市场新上市分红保险产品一览表

年度	机构	产品	属性
2016	中国人寿	鑫福年年	分红保险
		鑫福一生	分红保险
	太平洋人寿	金佑人生（典藏版）重大疾病保险	分红险
		利赢年年金保险（分红型）（B 款）	分红险
	平安人寿	财富天赢	分红保险
		赢越人生	分红保险
	泰康人寿	泰康鑫瑞人生两全保险（分红型）	分红保险
	中国人民保险公司人寿	中国人民保险公司寿险鑫享至尊年金保险（分红型）	分红保险
		中国人民保险公司寿险附加福寿生活养老年金保险（分红型）	分红保险
		中国人民保险公司寿险智赢生活年金保险（分红型）	分红保险
		中国人民保险公司寿险美好赢家年金保险（分红型）	分红保险
	太平人寿	太平金无忧终身寿险（分红型）	分红
		太平盛世金尊两全保险（分红型）	分红
		太平福利全佑终身寿险（分红型）	分红
		太平卓越臻享终身年金保险（分红型）	分红
		太平盛世智成长终身年金保险（分红型）	分红
		太平盛世慧年华终身年金保险（分红型）	分红
	农银人寿	农银稳得福两全保险（分红型）	分红保险
	工银人寿	工银安盛财富宝七号两全保险（分红型）	分红险
2017	中国人寿	鑫福赢家	分红保险
		鸿福至尊	分红保险
		鑫禧宝年金保险	分红保险

续表 142

年度	机构	产品	属性
2017	太平洋人寿	金佑人生终身寿险（分红型）A 款（2017 款）	分红险
		东方红·财富升年金保险（分红型）	分红险
		附加少年智教育金两全保险（分红型）2017 版	分红险
		利赢年年金保险（分红型）C 款	分红险
		聚宝盆年金保险	分红险
	平安人寿	财富天玺少儿	分红保险
		财富天玺成人	分红保险
		玺赢人生少儿	分红保险
		玺赢人生成人	分红保险
		玺越人生少儿	分红保险
		玺越人生成人	分红保险
		赢聚一生	分红保险
		鑫利 17 Ⅱ	分红保险
		金鑫利 17 Ⅱ	分红保险
		鑫利 17	分红保险
		金鑫利 17	分红保险
	泰康人寿	泰康鑫福年金保险（分红型）	分红保险
	太平人寿	太平福利金佑终身寿险（分红型）	分红
		太平附加福禄倍佑两全保险（分红型）	分红
		太平福利关爱终身寿险（分红型）	分红
		太平盛世金尊 2017 终身年金保险（分红型）	分红
		太平悦享无忧终身寿险（分红型）	分红
		太平悦享金生 2017 养老年金保险（分红型）	分红
		太平卓越至尊终身年金保险（分红型）	分红
		太平盛世金彩终身年金保险（分红型）	分红
		太平盛世恒通终身年金保险（分红型）	分红
		太平美好人生年金保险（分红型）	分红
		太平隽裕终身寿险（分红型）	分红
		太平金生永利年金保险（分红型）	分红
		太平金生永福年金保险（分红型）	分红
		太平卓越至尊终身年金保险（分红型）	分红
		太平乐宝贝教育年金保险（分红型）	分红
	中国人民保险公司健康	康利人生两全保险（分红型）	分红险
		福满人生两全保险（分红型）	分红险
	农银人寿	农银金至尊两全保险（分红型）	分红保险
		农银金牡丹两全保险（分红型 C 款 2013）	分红保险

表 143　2001—2017 年大同分红保险保费及占人寿保险比值一览表

年度	分红保险保费（万元）	人寿保险保费（万元）	分红保险占人寿保险比值（%）
2001	5746	20889	27.51
2002	29137	38340	76.00
2003	55942	72392	77.28
2004	68142	84711	80.44
2005	85571	108837	78.62
2006	93270	119522	78.04
2007	62012	122604	50.58
2008	134454	195149	68.90
2009	150424	187999	80.01
2010	174515	196911	88.63
2011	173901	195517	88.94
2012	174494	196594	88.76
2013	172333	202351	85.17
2014	119802.55	215384.08	55.62
2015	125169.54	280061.9	44.69
2016	133098.44	326321.56	40.79
2017	158160.38	417510.47	37.88

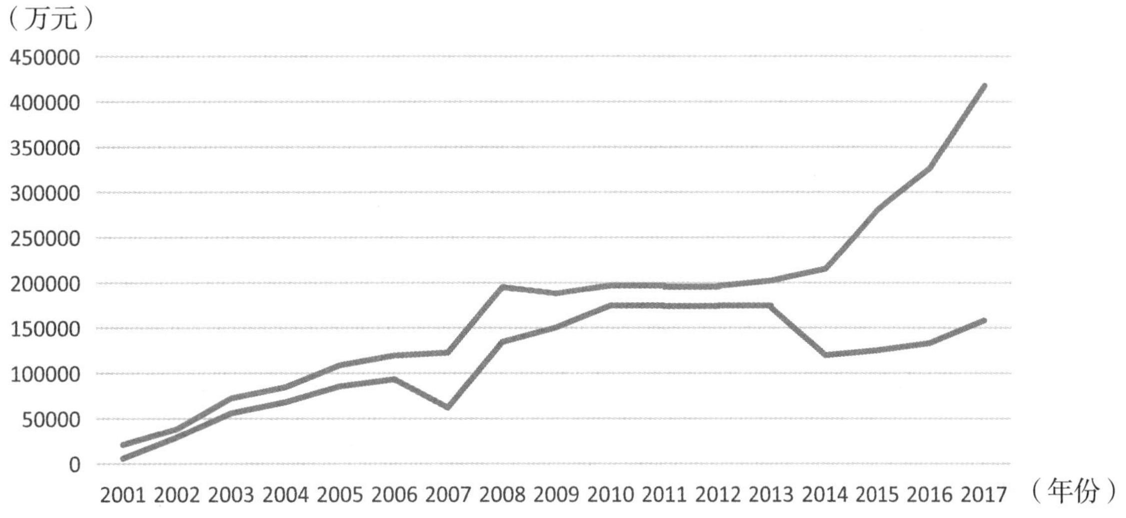

图 22　2001—2017 年大同分红保险保费收入趋势图

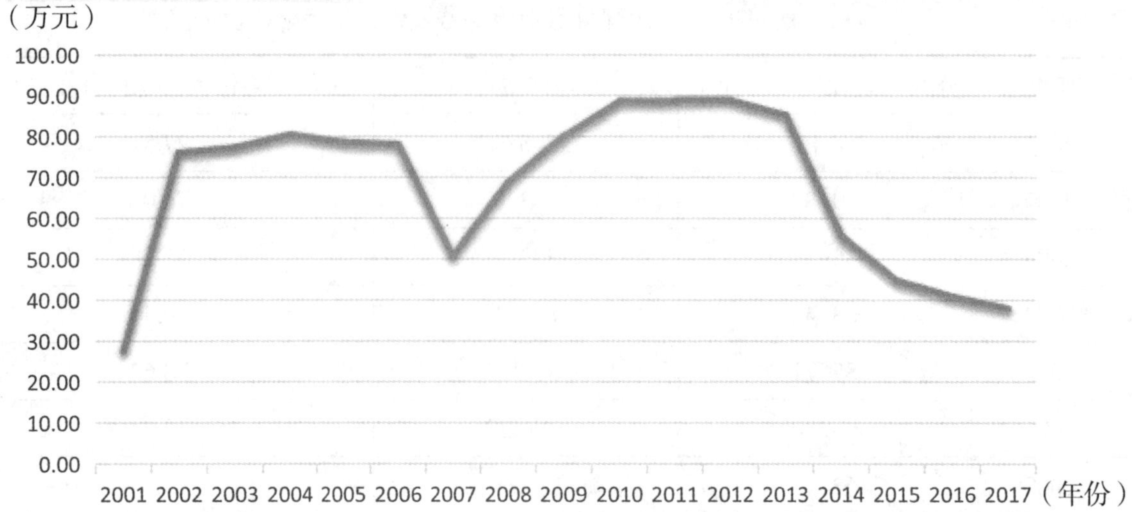

图 23　2001—2017 年大同分红保险占人寿保险比例趋势图

二、投连保险

投资连结保险是具有保险保障功能并至少在一个投资账户拥有一定资产价值，而不保证最低收益的人身保险。它是人寿保险与投资基金相结合的利率非保证型寿险产品，与传统的利率保证型寿险产品的根本区别是将投资选择权和投资风险同时转移给客户。同其他寿险产品一样，投资连结保险可以划分为面对个人销售的个人投资连结保险以及面对团体销售的团体投资连结保险，其中个人投资连结保险的销售在大同保险市场占主流。2008 年，投资连续保险在大同保险市场由平安人寿率先推出，2009 年略有增长，以后逐年下降，2012—2013 年跌入低俗。2015 年，大同投连保险保费收入达到历史最高水平，但占人寿保险保费水平 0.0142%，以后又逐渐下降，到 2017 年，全市仅收入 2.14 万元。

2008 年，平安人寿大同中支通过银保代理渠道，将平安聚富步步高投资连结保险首先推向大同保险市场，当年收取保费 35 万元，占当年总保费收入的 0.5%。

2009 年 5 月，中国保监会下发《关于规范人身保险公司产品开发设计行为的通知》，主要精神是规范保险公司产品开发设计行为，切实发挥人身保险产品的保险保障功能，回归保险本源，防范经营风险。大同险企按照保监会精神，主动引导销售队伍回归风险保障型产品的销售，投连保险销售进展平缓。当年，平安人寿投连保险总保费收入 37 万元，同比增长 5.71%，低于同期寿险保费同比增长速度 78.12 个百分点，低于总保费同比增长速度 75.63 个百分点。

2010 年，根据财政部《企业会计准则第 25 号——原保险合同》和《保险合同相关会计处理规定》对于既含有保险风险又含有其他风险的合同，保险人应当分别视情况进行处理。保险风险部分应确定为原保险合同，其他风险部分不应确定为原保险合同，保险人不能将保险风险部分和其他风险部分进行分拆的，应当进行重大保险风险测试，并根据不同情况进行会计处理。根据该规定，投资连结保险产品保险费收入需要公司进行重新确认和计量。当年，在新会计准则规定下，平安人寿大同中支投连保险保费收入 3 万元。

2011 年，在销售世纪才俊投资连结保险、聚富年年投资连结保险产品过程中，为规范投连保险销售行为，进一步防范销售风险，提高投连保险的契约品质，平安人寿下发《关于规范投连险销售的通知》，强化销售新型保险产品行为。当年，平安人寿收取投连保险保费 2 万元，同比下降 33.33%；新华人寿进入大同投连保险市场，收取保费 1 万元。

2012 年，平安人寿大同中支更新销售产品，推出平安聚富步步高两全保险、平安世纪才俊终身寿险（投资连结型，2012 版）和平安聚富年年终身寿险（投资连结型，2012 版）3 款投资连结新产品。当年收取投连保险保费 2 万元，保持与上年同步。

2013 年，平安人寿大同中支继续推动投连保险，当年收取保费 2.16 万元，同比增长 8%。

2014 年，泰康人寿大同中支依托银行保险渠道，以泰康赢家理财投资连结保险、和泰康赢家理财 B 款终身寿险（投资连结型），进入大同投资连结保险市场，成为第二家销售投连保险的公司。当年收取保费 14.51 万元。平安人寿继续销售投连产品，收取投连 2 万元，同比下降 7.41%。

2015 年，大同投连保险市场发展缓慢甚至萎缩，平安人寿大同中支收取保费 1.71 万元，同比下降 14.50%。泰康人寿大同中支收取保费 38.15 万元，基本保持上年水平。

三、万能保险

万能保险是具有保险保障功能并设立有单独保单账户，且保单账户价值提供最低收益保证的人身保险。其主要特点是公司为每一保单设立账户，单独确定保单账户结算利率、风险保费和各项费用支出，定期结算保单价值，保险利益直接与保单价值一种保险产品。2001 年，大同保险市场开始由太平洋人寿销售万能保险产品，当年收取保费占总保费 10% 以上，迅速成为大同险企看好的业务增长点。2007 年，大同 5 家人寿保险公司，除中国人寿之外，其余 4 家均开办万能保险。2008 年，大同保险市场万能保险占人寿保险比值达到最高值，以后逐年呈振荡式下降，在 2017 年，万能保险占人寿比值为 0.52%，较历史上最高值下降 19.64 个百分点。

2001 年，大同保险市场开始销售万能保险产品。太平洋人寿大同中支推出的员工团体年金保险（万能型）首先面市，当年收取保费 459.1 万元，占团险业务总保费 29%，占公司总保费 10.17%。太平洋万能保险首推成功，险企迅速看到万能险市场商机，万能保险成为新的业务增长点。

2002 年，太平洋人寿大同中支在取得团体万能保险销售成果之后，继续推进万能保险市场销售力度，迅速推出满足个人需求的太平盛世长发两全保险（万能型）业务。当年收取保费 5130.8 万元，占寿险保费比之为 31.97%，占总保费之比为 30.72%。太平洋大同推出的万能保险一时成为业界令人羡慕、令人鼓舞的销售业绩高峰。

2003 年，太平洋人寿大同中支调整险种结构，加大分红保险销售的力度，一时间万能保险发展受到冷落，当年万能保险保费收入达 577.2 万元，同比下降 88.75%。

2004 年，太平洋人寿大同中支万能保险产品销售继续放缓，年度收入保费 148.1 万元，其中个险渠道收入 48.5 万元，同比减少 429.1 万元，同比减少 90%。同年，平安人寿大同中支进入大同万能保险市场，以平安智富人生终身寿险（简称智富 A/B）面市，以产品首年保费金额不低于 2000 元规定销售。

2005 年，一方面，国内保险资金开闸实现直接入市，对险企新型理财市场产生较大冲击作用；另一方面外部资本市场投资回报率开始走高，万能保险业务发展又出现势头良好。5 月，泰康人寿大同中支通过银行保险渠道，推出泰康放心理财终身寿险（万能型）产品。12 月，泰康卓越财富终身寿险（万能型）又通过个险渠道在大同万能险市场面市。年内泰康人寿大同中支收取万能保险保费达 395 万元。占当年人寿险业务 21%，占公司总保费 20.68%；平安人寿大同中支万能险保费收入 536 万元，占人寿险保费收入 63.13%，占总保费收入 55.54%。太平洋人寿大同中支万能保险保费收入 256.2 万元，占人寿险保费 6.37%，占公司总保费 6.02%。

2006 年，中国资本市场发展取得突破性进展，部分长期影响资本市场发展的深层次矛盾和结构性问题解决，资本市场基础性制度建设得到加强，资本市场迎来了良好的发展局面。A 股市场从持续长达 5 年的漫漫熊市中走出来，迎来由熊转牛的历史性拐点，再现历史辉煌。新型万能保险产品在保险市场逐渐取得认可之后，也逐渐为营销员接受和青睐，许多人寿险公司通过产品说明会模式渗透市场，渐入佳境。太平洋人寿大同中支万能保险保费收入 556.4 万元，同比增长 117.17%；平安人寿大同中支万能保险保费收入 1253 万元，同比增长 133.77%；泰康人寿大同中支万能保险保费收入 2474 万元，同比增长 526.33%。其中，平安人寿万能保险保费占人寿保险保费 59.78%，占总保费 54.74%；泰康人寿大同中支万能保险保费占人寿险保费 69.11，占总保费 67.05%。

2007 年，中国股市震荡上扬，整体表现出牛市行情。大同保险万能市场进入新高。

太平洋人寿大同中支金丰利两全保险（万能型）上市销售；平安人寿大同中支停售平安智富人生终身寿险产品，及时推出平安智盈人生终身寿险产品，以最低首年保费金额不低于4000元销售；泰康人寿大同中支又推出放心理财经典版终身寿险（万能型）和放心理财财富版终身寿险（万能型），以产品说明会形式销售小额万能保险产品，拓展万能保险市场中低端客户。大同万能保险市场四家公司业绩如下：太平洋人寿收入3.02亿元，同比增长5328.11%，占人寿险保费66.42%，占总保费61.60%；平安人寿收入2191万元，同比增长74.86%，占人寿险保险60.96%，占总保费56.67%；新华人寿收入1861万元，增长1861万元，占人寿保险20.71%，占总保费20.71%；泰康人寿收入8328万元，同比增长236.62%，占人寿险保费87.36%，占总保费86.38%。

2008年，美国次贷危机在反复中终于演变成世界性的金融危机，世界各国经济增速普遍下滑，中国资本市场经历全球金融危机的洗礼，股票市场延续上年末的下行走势到2008年11月份开始回暖。在险企新型产品保险市场受到较强震荡，大同万能保险销售开始进入相对冷静时期。同年，中国人民保险公司人寿、嘉禾人寿、太平人寿开始涉足大同保险万能市场，大同万能保险市场由2007年4家增加到2008年7家。泰康人寿大同中支顺应市场需求，适时上市泰康卓越财富B款终身寿险(万能型)，产品以其灵活、多能为卖点，获得市场的广泛认可，创造公司历史销售纪录，万能险保费收入1.15亿元，同比增长37.64%。中国人民保险公司人寿首次面市，收取保费1.31亿元（个险渠道420万元，团体收入1.27亿元），占当年万能保险市场33.36%，在大同万能保险市场规模第一。太平洋人寿大同中支开始主动调整业务发展方向，重视业务内涵价值，积极引导中介代理业务由万能保险向分红保险转变，当年万能险保费收入1.02亿元，同比下降66.07%。

2009年，根据财政部《企业会计准则第25号——原保险合同》和《保险合同相关会计处理规定》，首先，万能型保险产品等含有投资部分的新型保险产品保费将按照新的财务准则确认和统计，许多公司进行产品转型。其次，伴随着A股市场的下跌，以及国内外严峻的经济形势，国内保险理财市场从疯狂回归理性。除平安人寿同比增长115.69%之外，其余5家公司均不同程度同比下降，中国人民保险公司人寿、太平洋人寿、泰康人寿、太平人寿同比下降超过83%以上。

2010年，大同保险主体继续调整险种结构，万能保险市场继续降温。当年，大同万能保险市场万能保险保费收入1537万元，同比下降87.19%。除新华人寿大同中支少量销售万能保险之外（万能保险收入1万元），太平人寿大同中支停止销售万能保险，其余太平洋人寿、平安人寿、泰康人寿、嘉禾人寿均同比下降幅度达到84%以上。

2011年，大同万能保险市场进入冷静时期，全年收取保费1400万元，同比下降8.91%。年内，平安人寿认真分析市场需求，适时完善产品形态，及时停止平安智盈人生终身寿险产品销售，推出交费期至少为10年的平安智胜人生终身寿险产品。平安人寿大同中支根据总公司万能保险产品销售规定，在大同保险市场进行销售，收取万能保险保费1133万元，同比下降6.13%，但同一时期，在大同万能保险市场占有较大份额，占大同万能保险市场的80.93%。

2012年，大同万能保险市场总体保费收入达到1465万元，同比增长4.64%，出现市场复苏趋势。保持正增长的公司主要是平安人寿、农银人寿、中国人民保险公司人寿和新华人寿。

2013年，大同万能保险市场总体保费收入1689万元，同比增长15.29%，其中平安人寿大同中支保费收入1487万元，同比增长22.29%，在市场整体上起到拉动作用。其余3家公司：太平洋人寿、中国人民保险公司人寿、农银人寿在保持上年业务水平走势上波动。

2014年，大同万能保险市场在平缓运行之中，出现新的生机与繁荣，年内，新华人寿重新步入市场，泰康人寿保费收入1236.55万元，农银人寿保费收入28万元，均以去年同期成倍的速度增长。中国人民保险公司健康大同中支、合众人寿大同中支、国华人寿大同中支3家公司又初入市场，其中国华人寿大同中支以国华创富1号终身寿险（万能型）、国华创富2号终身寿险（万能型）、国华智多宝终身寿险（万能型）（B账户）及国华创富人生终身寿险（万能型）等10多款万能保险产品，强势推出，当年收取万能险保费1.00亿元，占当年万能保险市场份额76.93%，并拉动全市万能保险成倍增长。

2015年2月，为进一步发挥市场在保险资源配置中的决定性作用，建立符合社会主义市场经济规律的人身保险费率形成机制，推动保险公司经营管理和保险监管的创新，切实保护保险消费者合法权益，促进人身保险业持续稳定健康发展，中国保监会印发《关于万能型人身保险费率政策改革有关事项的通知》，各人寿保险公司在销售过程中，对万能保险产品进行修改与完善。平安人寿不断开发产品品质，强化产品市场的针对性和适应性，在保监会新规定印发之后，推出平安智悦人生终身寿险（万能型）和平安智能星终身寿险（万能型）两款产品，巩固万能保险平台，更好地满足客户的多种需求。年内，收取万能险保费1751.32万元，同比增长3.48%，实现从2011年到2015年连续5年正增长的业绩。同年，平安人寿、泰康人寿、国华人寿3家公司仍为大同万能保险三强，占据市场份额98.87%。

2016年，大同保险市场开办万能保险业务的人寿保险公司7家，万能保险总体保费继续下降，占人寿保险保费比值继续下降。在开办的 7 家人寿保险公司中平安人寿市场份额占比最高，达 91.05%，当年收取万能险保费 1931.62 万元，占总保费比重为 6.42%，泰康占比 1.4%，国华停止销售万能保险，其余 4 家公司保费下降也十分明显，其中新华、合众当年万能保险保费不足万元。

2017 年，大同保险市场经营万能保险业务的人身保险公司 9 家。平安人寿大同中支万能保险平稳发展，全年实现保费收入 2013.96 万元。占全市保费收入 93.29%。泰康人寿占比 5%，其余太平洋人寿大同中支、新华人寿大同中支、 农银人寿大同中支、中国人民保险公司人寿大同中支、合众人寿大同中支占比较小，不足 2%，在大同万能保险市场上形成单极化形态。

表 144　　2016—2017 年大同保险市场新上市万能保险产品一览表

年度	机构	产品	属性
2016	太平洋人寿	附加财富管家年金保险（万能型）（2016 版）	万能保险
	新华人寿	尊贵人生年金保险	万能保险
	中国人民保险公司人寿	中国人民保险公司寿险发展一号两全保险（万能型）	万能保险
		中国人民保险公司寿险附加品质生活年金保险（万能型）（C 款）	万能保险
		中国人民保险公司寿险惠众个人税收优惠型健康保险（万能型）（A 款）	万能保险
		中国人民保险公司寿险惠众个人税收优惠型健康保险（万能型）（B 款）	万能保险
	太平人寿	太平个人税收优惠型健康保险 A 款（万能型）	万能
		太平个人税收优惠型健康保险 B 款（万能型）	万能
		太平个人税收优惠型健康保险 A 款（万能型）	万能
		太平个人税收优惠型健康保险 B 款（万能型）	万能
	中国人民保险公司健康	个人税收优惠型健康保险（万能型）（A 款）	万能险
		爱健康个人税收优惠型健康保险（万能型）（A 款）	万能险
		农民工团体护理保险（万能型）	万能险
		健康一生个人护理保险（万能型）	万能险
	农银人寿	农银附加财富宝终身寿险（万能型）	万能型
		农银宝一号两全保险（万能型）	万能型

续表 144

年度	机构	产品	属性
2016	国华人寿	国华财富赢家两全保险（万能型）（2015）	万能保险
	安邦人寿	安邦盛世 2 号终身寿险（万能型）	万能保险
		安邦盛世 9 号两全保险（万能型）	万能保险
	幸福人寿	幸福招福宝年金保险	万能保险
2017	太平洋人寿	附加财富赢家年金保险（万能型）（2017 版）	万能保险
	平安人寿	智悦人生Ⅱ	万能保险
		智悦人生 17	万能保险
		智能星Ⅱ	万能保险
		智能星 17	万能保险
	新华人寿	惠添宝	万能保险
		福享金生 A 款	万能保险
		新华盛世赢家 + 附加随意领白金版	万能保险
	中国人民保险公司人寿	中国人民保险公司寿险附加聚福两全保险（万能型）（A 款）	万能保险
		中国人民保险公司寿险富贵一生终身寿险（万能型）	万能保险
	太平人寿	太平富贵金账户年金保险（万能型）	万能
		太平富贵钻账户年金保险（万能型）	万能
		太平富贵金账户 2017 年金保险（万能型）	万能
		太平富贵钻账户 2017 年金保险（万能型）	万能
		太平富贵金账户 2017 年金保险（万能型）	万能
		太平富贵金账户年金保险（万能型）	万能
	中国人民保险公司健康	爱健康个人税收优惠型健康保险（万能型）（A1 款）	万能险
		爱健康个人税收优惠型健康保险（万能型）（B1 款）	万能险
	国华人寿	国华创富人生 2 号两全保险（万能型）（2017）	万能保险
	安邦人寿	安邦畅盈两全保险（万能型）（A 款）	万能保险
		安邦畅盈两全保险（万能型）（B 款）	万能保险
		安邦东风 5 号两全保险（万能型）	万能保险
		安邦盈泰 5 号年金保险（万能险）	万能保险

表 145　　2008—2017 年万能保险保费及占人寿保险比例一览表

年度	万能保险保费（万元）	人寿险保费（万元）	万能保险占人寿保险比值（%）
2008	39341	195149	20.16
2009	12097	187999	6.43
2010	1537	196911	0.78
2011	1400	195517	0.72
2012	1465	196594	0.75
2013	1689	202351	0.83
2014	13070.63	215384.08	6.07
2015	4977.06	280061.9	1.78
2016	2107.62	326321.56	0.65
2017	2167.48	417510.47	0.52

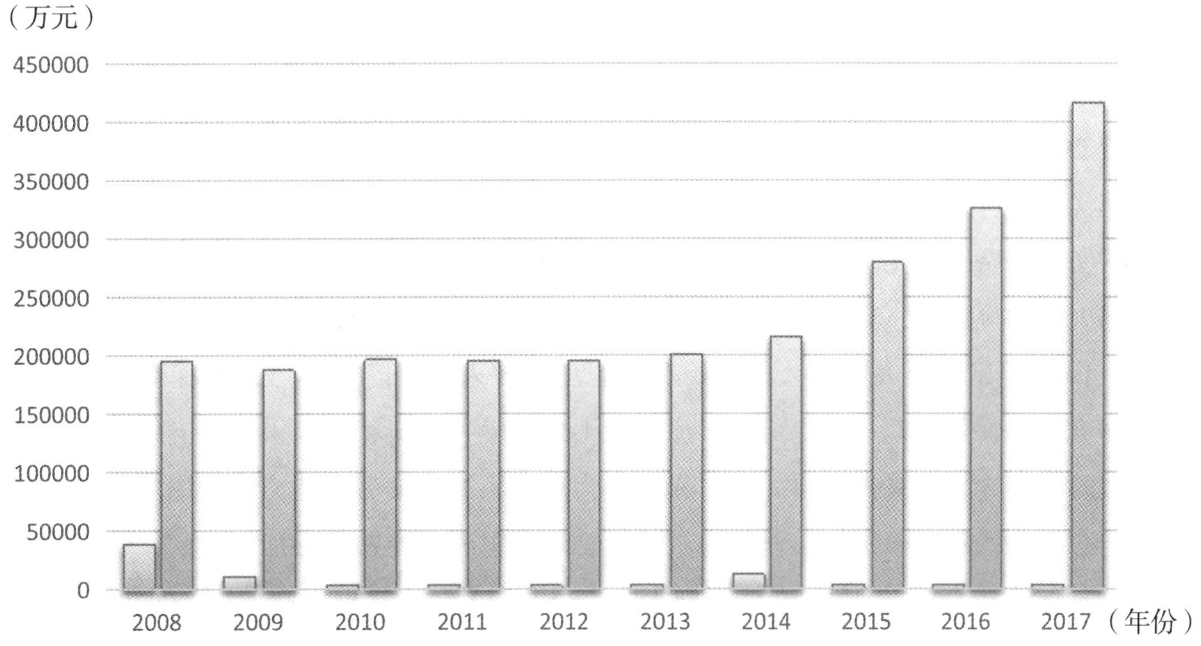

图 24　2008—2017 年万能保险与人寿保险对比图

第三节 意外伤害保险（含保户储金）

人身意外伤害保险以人的身体为保险标的，当被保险人遭受意外伤害造成死亡或身体残疾时，保险人按保险合同约定给付保险金的保险。人身意外伤害保险的保险期限通常是一年或一年以内，即俗称的短期险，它既可以是独立的保险产品，也可以作为人寿保险的附加险。

1951 年 2 月 3 日，中央人民政府政务院作出《关于实行国家机关、国营企业、合作社财产强制保险及旅客强制保险决定》，规定："国家机关、国营企业及合作社因保险而支出之费用，准予预算报销，或列入成本计算。" 4 月 24 日，中央人民政府政务院财政经济委员会发出《关于颁布财产强制保险等条例命令》，其中包括轮船、铁路和飞机旅客意外伤害强制保险条例。在推行强制保险工作中，中国人民保险公司大同支公司按照总公司提出的"重点掌握，全面推行"原则，抓试点，抓典型，再推广。7 月 1 日，铁路旅客意外伤害强制保险正式实行。强制保险条例规定：每一旅客的保险金额不分座位等次，不分全票、半票或免票，一律为人民币 1500 万元（旧币）。凡是旅客由于意外事故受了伤害需要治疗时，中国人民保险公司在 1500 万元（旧币）的数额以内给付医疗费用，如果旅客由于意外伤害造成永久丧失劳动能力，除给付保额内医疗费用外，对死亡或永久完全丧失劳动力，给付保险金 1500 万元（旧币）；对丧失部分劳动能力，按照比例给付保险金。该项业务由铁路客运部门代旅客投保。保险费包括于票价之内，一律按基本票价 2% 收费，由铁路客运部门代为收取，以车票为据，不另签发保险凭证。每月终了制作代办收付月报表，由当地铁路局汇转中国人民保险公司分支机构进行收支结算事宜。并按实收保费一定比例提取代办手续费。铁路旅客意外伤害强制保险作为总公司业务，中国人民保险公司分支机构在账务处理上属代收代付性质，通过内部往来划总公司。

1952 年，人保大同支公司开始试办职工团体人身保险。团体人身保险是一种按照集体方式投保的定期一年保险，参加保险不分年龄和健康状况，采用相同的保险费率。在保险期间内，如果被保险人死亡或者因为意外事故丧失劳动能力或者因为意外伤害住院治疗，由国家保险机构给付保险金或者意外伤害医疗津贴。参加保险前，明确告知客户这种保险费率低，手续简单，可视为中小企业福利。当年推出后，收取保费 11492 元。

1953 年年初，中国人民保险公司大同支公司调整职工团体人身保险最低保额，改变收费办法，扩大承保范围，业务开始出现转机。2 月 23 日，中国人民保险公司山西分公司经与国营山西省运输公司商洽拟订《公路旅客意外伤害保险办法》，并经山西省人民政府批准，呈请总公司备案。为了让人民群众了解即将实施的公路旅客意外伤害保险，2月25日至3月1日，山西省人民政府在《山西日报》上连续刊登关于举办公路旅客意外伤害保险的布告。同时全省所辖各重要市镇车站、交通要道及群众聚集场所也张贴省政府布告。3月1日，山西省公路旅客意外伤害强制保险在全省统一执行。该保险系援用《铁路旅客意外伤害强制保险条例》办理的一种地方性强制保险。由中国人民保险公司山西分公司统一经营管理，各有关保险公司与所在地运输公司按月办理结算手续，并编制"公路旅客意外伤害保险收支月报表"上报省公司，由省公司汇总上报总公司。当年，中国人民保险公司大同中支收取旅客强制保险费9449元。7月，根据中国人民保险公司系统"整理城市业务，停办农村业务"的精神，"团体人身险（包括建筑工人意外伤害险）及简易人身险暂不发展"。中国人民保险公司大同支公司根据相关精神制定相应的退保处理办法。9月21日和12月1日，中国人民保险公司总公司针对山西省分公司在"整理城市业务及今后方针任务"文件中涉及团体人身保险业务整理方针提出两次更正要求:"团体人身保险退保，只限于农村业务（包括机构撤销地区）""设有机构城市内的团体人身保险业务，除保户自动要求退保或满期不愿续保者外，仍应继续办理，你处规定一律保到期满为止不再续保一点希予更正"。12月12日，中国人民保险公司山西省公司将城市团体人身保险业务的整理办法改为"除保户自动要求退保或满期不愿续保者外，自一九五四年起仍继续办理该项业务"。当年，中国人民保险公司大同支公司团身险保费收取8594元。

1954年，人身保险业务以整顿为主。团体人身险则对投保人数、承保年龄、续保作较为严格的规定和限制，因此，中国人民保险公司大同支公司团身险多数停办，只有旅客意外伤害保险尚正常经营。当年收取保费8231元，同比下降12.89%。

1955年，中国人民保险公司总公司对铁路、轮船及飞机三种旅客强制保险儿童旅客的保险金额进行调整：购买全票者，其保险金额与成年旅客相同为1500万元（旧币）；购买半票或其他折扣票者，其保险金额为750万元（旧币）；免票者，死亡时不给付保险金，只在100万元（旧币）限额以内补助埋葬费；残废或丧失身体机能时，则比照购买半票儿童办理，即在750万元（旧币）限额内，按规定给付残废保险金；对于因意外伤害需要给付医疗津贴时，无论全票、半票或其他折扣票及免票，均在1500万元（旧币）限度以内，按照实际支付数额负责。山西省公路旅客意外伤害保险中儿童旅客保险的相关规定也比照上述规定作修订。该年度，各种旅客意外伤害强制保险的收支不再向总公司结算，划归山西省分公司入账。同时山西省公路旅客意外伤害保险亦列入强制保险进行统计。当年收取保险费 5976.61 元，同比下降 27.27%。

1956 年，保险费收入 13559.55 元。

1957 年，保险费收入 13009.94 元。

1958 年 12 月，山西省委和山西省人民委员会决定全面停办保险业务。所有旅客意外伤害强制保险业务全部划归铁路、民航及交通运输部门接办。

1959 年 3 月 27 日，中国人民保险公司山西公司分别与太原铁路局、山西省民用航空局及山西省交通厅办理业务移交手续。

1983 年 5 月，中国人民保险公司山西省分公司下发《关于开办人身保险意见》的通知，总的要求：积极开办团体人身保险、团体人身意外伤害险、定点试办养老年金保险。具体还指出：大同市支公司应在煤矿系统矿工调查摸底的基础上，先行开办，原有的十五个支公司也应搞一些调查研究，只要客观有要求，有力量，条件比较成熟，也可以积极开办。调查对象，主要是煤矿、建筑部门等危险性较大的单位；调查内容是单位历年出险情况，支付伤残、死亡、抚恤费用，参加保险需要支付的保险费等。中国人民保险公司大同中支积极响应，在年度工作安排中明确提出：团体人身保险和团体人身意外伤害保险，计划上半年在矿务局重点试办，取得经验逐步推广。全年计划承保 1000 人，保费计划收入 1.4 万元。11 月，经过中国人民保险公司大同矿务局支公司积极宣传和动员，承保大同矿务局煤峪口矿井下职工 1030 人，收取团体人身意外伤害保险保费 10473 元。

1984 年 6 月，中国人民保险公司总公司下发的《关于团体人身保险、团体人身意外伤害保险调整费率的通知》，中国人民保险公司山西省分公司遵照执行并开发“附加意外伤害医疗保险”产品。调整后团体人身意外伤害保险三个工种档次的费率由原来的 3‰、6‰和 10.2‰分别调整为 2‰、4‰和 7‰；团体人身保险的费率也大幅度降低。

1985 年 5 月，山西省人民政府发布《山西省人民政府关于加强交通安全管理的通告》（以下简称《通告》）。《通告》第六条要求：“……所有参加运输的汽车、拖拉机、船舶都必须在中国人民保险公司办理第三者责任保险，从事货运的还要办理货物运输保险，从事客运的必须办理旅客意外伤害保险。”为了贯彻落实《通告》精神，中国人民保险公司山西省分公司和山西省交通厅联合下发《关于恢复办理“公路旅客意外伤害保险”的通知》，决定从 9 月 1 日起，在全省恢复办理公路旅客意外伤害保险。具体业务经办执行中国人民保险公司总公司 1982 年下发的《公路旅客意外伤害保险条款》。8 月，中国人民保险公司山西省分公司制定下发《中国人民保险公司山西省分公司私营客运旅客意外伤害保险条款》，专门为从事客运业务的客运联户和个体户提供保险服务。该条款与总公司制定的公路旅客意外伤害保险条款一样，具有法定性质，属强制保险。9 月底，中国人民保险公司山西省分公司制定下发《中国人民保险公司山西省分公司学生团体平安保险试行条款》。10月，山西省“自用汽车乘车人员意外伤害保险试行办法”开始在全省施行。以汽车座位数或大客车定员数为准确定投保人数。保险金额最低为3000元，最高为5000元。年内，中国人民保险公司山西省分公司还向各地市转发总公司颁发的人身意外伤害满期还本保险条款，制定下发《中国人民保险公司山西省分公司旅游者人身意外伤害保险暂行办法》等意外伤害保险产品，中国人民保险公司大同中支从7月下旬开始认真调研乡镇煤矿经营状况，生产运行和管理水平，吸取前期经验，以团体人身意外伤害保险承保矿务局职工14022名，收取保费38.9万元。

1986年，团体意外伤害保险在大同普遍开展，服务领域不断扩大。市、县、乡各级政府相关部门纷纷出台政策支持机关企事业单位、厂矿、农村、学校、社会团体等参加各种意外伤害保险。如中国人民保险公司大同南郊支公司充分利用政府会议、计划会议、经济分析会议、金融会议宣传保险，利用一险带多险展业方式，在马军营乡22个村开办业务，其中团体意外伤害保险承保对象涉及学生平安保险、建筑工人、司助人员、乡镇煤矿，活动半月，收取保费4.5万元。年内，中国人民保险公司山西省分公司先后将哈尔滨市保险公司的“住宿旅客人身安全保险条款（试行）”和晋中地区中支的“中国体育运动会人员团体人身意外伤害保险试行条款”和“母婴安康保险”转发全省，供各地（市）开展业务时参考。当年，全市承保乡镇煤矿职工团体人身意外伤害保险达17021名，占总职工人数44.71%，保险金额达7279万元。

1987年4月，中国人民保险公司雁北地区应县支公司试办学龄前儿童防疫合同保险。中国人民保险公司大同北城分理处同大同市妇幼医院（大同市第一人民医院）签约办理“流产”“引产”“母婴安康保险”业务。当年中国人民保险公司大同、雁北在意外伤害保险承保上基本做法是紧抓续保，扩大新保、适当增加保额的方法。既提高保险保障，又提高公司收入，更增加抗风险能力。当年国营、集体、乡镇、村煤矿的职工团意险保额普遍从1000—2000元增加到5000—10000元。如中国人民保险公司雁北当年意外伤害保险收入357.3万元，较上年同期增长近33.33%。

1988年1月，中国人民保险公司大同北城分理处开办“外地来同包工人员团体人身意外伤害保险”，对新生群体给予保险服务。4月，中国人民保险公司山西省分公司与省工商局、个体劳动者协会联合下发《关于开办个体工商户人身保险和养老金保险的通知》，要求“凡从事雇工经营关系到人身健康、生命安全等行业的个体工商户、个人合伙和私人企业，必须向保险公司投保人身意外伤害保险……”4月21日，山西省分公司发文将学生团体平安保险的保额提高到3000元。并且针对给付率很低的短期团体意外险客户，制定程度不等的续保优待保额办法。9 月，根据总公司的意见，又将团意险每一被保险人的最高保额提高到 20000 元，以满足客户的保险需求。

1989 年 1 月，中国人民保险公司大同、雁北中支开始销售厂长（经理）意外伤害保险，是山西省首款具有连带被保险人责任的意外险。该保险除负责被保险人本人因意外事故导致的身故和残废责任外，还承担因对被保险人的恶意报复行为所导致的其家属的死亡责任，为当年参与经营体制改革的厂长经理们提供保险保障。4 月 1 日，雁北中支浑源支公司开办农村基层干部综合保险（含人身意外伤害保险）。5 月 1 日，全省开办飞机旅客意外伤害保险。当年，中国人民保险公司大同中支新险种保费收入 50 万元。雁北中支主要狠抓学生平安保险和乡镇煤矿职工和司助人员意外伤害保险，同年收取保费 254.8 万元。

1990 年，中国人民保险公司山西省分公司对团意险业务的保额、费率进行适当调整。一是将非高危行业团体意外伤害保险的保额由原最高每人人民币 20000 元提高到 50000 元，附加意外伤害医疗保险的最高保险金额提高到 10000 元；二是将小煤矿、烟花爆竹生产等高危险及极高危险行业（工种）的团体意外伤害险每一被保险人的最高保额限制在人民币 10000 元以内，其附加意外医疗险的最高保险金额限制在每人人民币 5000 元。对于安全设施较差的乡办、村办煤矿的团体意外伤害保险费率提高到 13‰以上；三是将附加意外伤害医疗保险三个工种档次对应的费率由原 1‰、2‰、3‰，分别提高为 3‰、5‰、7‰；四是调整原“出国人员意外伤害保险”的责任范围，增加“附加医疗费保险”责任。年内，中国人民保险公司山西省分公司还与省城乡建设环境保护厅联合下发《关于全省城市出租车经营者参加保险有关问题的通知》，开拓出租车行业的司机意外伤害保险、乘客意外伤害保险及其附加医疗保险业务；与中国人民银行山西省分行以及工、农、中、建四大银行联合发出《关于为全省金融职员办理人身意外伤害保险的通知》，保障金融职工的人身安全。当年，大同中支产短险收入 3541.7 万元，同比增长 8.27%；雁北中支产短险收入 1701.48 万元，同比增长 19.72%。其中，意外伤害保险保费收入 295.3 万元，同比增长 15.89%。

1991 年 1 月，中国人民保险公司山西省分公司决定，为全省 3020 名保险职工投保金融职工意外伤害保险，每人人均保险金额 1 万元，保险期限 1 年，期满续保，持续至退休或调出中国人民保险公司系统为止。8 月 8 日，省公司制定下发《计划生育手术平安保险试行办法》，为响应计划生育号召的育龄夫妇提供保险服务，推动山西省计划生育工作的顺利开展。8 月 28 日，总公司发文向全国各省、市转发山西省的《计划生育手术平安保险试行办法》。要求各地参照此办法并结合当地实际情况，进一步开办好计划生育保险等人身保险，努力扩大人身保险的服务领域。该保险办法也成为以后一段时期内山西省计划生育系列保险的重要组成部分。新产品的开办和新保险服务领域的扩展，推动全省人身保险业务的发展。当年中国人民保险公司大同中支短期意外伤害保险收入263.93万元。中国人民保险公司雁北中支在意外伤害险销售过程中提出继续巩固团意险、司助险，拓宽中小学生平安保险，推广厂长（经理）、农村干部、金融职员、计划生育系列保险。提出解决保费增速要求和保险资源短缺矛盾，重要方法和经验就是开办新险种、扩大承保面和保足保全。如浑源、怀仁开办金融职员很有成效，怀仁、应县、广灵开办节育手术突破明显，应县学生平安保险承保面达90%以上，保额达到险种规定上限，因而保费收入增长迅速，效益突出。

1992年5月，中国人民保险公司山西省分公司遵照总公司的指示，再次提高短期人身保险产品的最高保险金额，规定除各种医疗保险、学生（幼儿）平安保险、团体人身保险和高危险行业的短期人身保险之外，其余的短期人身保险业务（包括储金）的最高保险金额可以提高到10万元。年内，中国人民保险公司大同中支开办“执法干警平安保险”，受到公安、金融、税务部门的大力支持。

1993年3月2日，中国人民保险公司山西省分公司会同山西省旅游局下发《关于在全省开办住宿旅客安全保险的联合通知》。从4月1日开始，全省各宾馆、饭店开始办理住宿旅客安全保险。使用中国人民保险公司山西省分公司印发的《住宿旅客安全保险条款（试行）》。省公司印制定额为一元的“住宿旅客安全保险凭证（代收据）”，方便展业。

1994年5月3日，中国人民保险公司山西省分公司下发《考生平安综合保险试行办法》，为参加大、中专考试的考生提供保险服务。

1995年7月底，经报请总公司批准，中国人民保险公司山西省分公司再次提高县营以下煤矿（含县营）意外伤害保险及附加险的费率，规定意外伤害保险（主险）费率为12‰—14‰，附加意外伤害医疗保险（附加险）费率为13‰—16‰。短期人身保险业务持续健康发展，人保大同中支当年收取保费892.62万元，占产短险比重为9.02%。

1996年，中国人民保险公司进行体制改革，实行产、寿险分业经营。9月25日，中保人寿山西省分公司在阳泉召开分业后第一次全省意外险工作会议，安排部署全省近期意外险业务发展管理工作。10月初，中保人寿大同分公司进行传达和落实，立即在全市系统拉开“人身意外伤害保险业务突击月”活动的序幕。召开动员大会，鼓舞员工士气，制定并下发具体实施方案。突击活动重点销售产品是由省公司设计印刷的“岁岁平安综合保险”和“全家福平安保险”两种意外伤害定额保险产品（后统称为卡折式保单），即“两单”业务。中保机关干部全员参与销售，收取“两单”保费 16.48 万元，完成下达任务 137.33%。中保人寿左云支公司深入上张家坟说服动员，该村 80 户村民全部办理“全家福平安保险”，“16 —65 岁”成年人每人购买两份“岁岁平安综合保险”，收取“两单”保费 1.36 万元。中保人寿南城、北城与银行建立委托代办业务，采取以贷促保的形式，分别收取“两单”保险保费 30 万元和 20 万元。中保人寿御河支公司以人均保费 3.11 万元完成“两单”销售任务。年内，中保人寿矿务局支公司狠抓学生平安保险业务，借大同矿务局召开中小学校长会议之机，经过宣传交流，承保 77 所学校，收取学生平安保险保费 70 万元。中保人寿左云支公司利用新闻媒体广泛开展《筑起第二希望工程》宣传活动，为销售学生平安保险奠定基础，全年承保学生平安保险及附加险 25 万元。当年，中保人寿大同分公司按照省分公司工作安排，取得分业之后短期人身保险业务佳绩，收取保费 1126.2 万元，完成年度计划任务的 100.01%。

1997 年，中保人寿大同分公司按照省分公司的安排和部署，把意外险业务发展作为公司发展的重要任务，在巩固老业务的同时，加大新的领域拓展。1 月，推出幸福之神驾员保险、祥和之友乘员保险和平安之旅游乘客保险 3 款意外伤害保险。8 月，家庭幸福保险、境内旅游人身意外伤害保险、出境人员意外伤害保险面市，丰富大同意外伤害保险产品。同一时间，组织全市各基层公司参与由省分公司在全辖开展的大规模学生平安保险攻坚战活动。年内，中保人寿左云县营业部与县交警队密切合作，为全县司助人员办理意外伤害保险；北城支公司努力开拓新领域，为城区居民开办液化气意外伤害保险；新建路支公司细分市场，主攻烧炉岗位人员，开办锅炉工人意外险；御河路支公司与市妇联配合行动，为全市 40 万名妇女办理妇女安康保险；浑源支公司因地制宜，开办景区旅游保险。中保人寿大同分公司注重学生平安保险的巩固和挖掘，先后与大同市教委、城区教育局下发文件并召开会议，为开办学生平安保险奠定政策基础。当年，全市意外伤害保险收取保费 1862 万元，完成年度计划 102.59%，同比增长 65.33%，占当年总保费 18.38%。

1998 年，中保人寿大同市分公司指出：意外险是骨干、拳头和吃饭险种，要打好意外险战役。年内，中保人寿大同分公司紧紧抓住驾员险、乘员险、矿工险、学生险和煤意险 6 大意外险支柱险种，以优质服务水准，灵活的展业手段，全力拓宽承保面，开辟新险种，圆满完成意外险任务。当年，太平洋大同支公司开始通过个险渠道销售意外伤害保险，收取意外险保费 14.7 万元。中保人寿大同分公司收取意外伤害保险保费 1965 万元，同比增长 5.53%，占总保费 16.77%，同比下降 1.61 个百分点。

1999 年，中国人寿大同分公司根据省分公司意外险工作思路，实现“一优、二增、三发展”的工作目标。所谓“一优”，指的是优化险种结构，提高经济效益。即意外险是效益险种比重实现最优化。“二增”分别是指增强服务意识与增大管理力度，以便强化市场开发的深度与广度，提高意外险业务的承保与给付水平，改善公司形象，降低综合给付率。“三发展”是指1999年意外险业务的发展策略，即大力发展效益性险种，巩固发展原有规模性险种，探索发展健康险业务。1月，中国人寿山西省分公司下发《人身意外综合保险条款》（吉祥卡），为开拓新业务增长点丰富销售产品。7月，为了保证学生险业务的经营效益，废止《山西省中、小学生和幼儿园儿童住院医疗保险办法（试行）》及《学生、幼儿康健综合保险单》，全面执行学生险总颁条款。8月，中国人寿大同分公司根据省分公司安排，按照保监会《关于规范“中小学生平安保险”代办业务有关问题的通知》的要求，坚持自愿投保原则，开展“为了明天”学生系列保险宣传周活动，效果显著。9月，中国人寿山西省分公司核定下发国寿团体人身意外伤害保险、国寿出境人员意外伤害保险、国寿计划生育意外伤害保险、国寿学生幼儿平安保险及其附加险、国寿辉煌人身保险等5个1999版短期意外险产品的费率。明确附加意外伤害保险等6个附加险计提佣金的相关规定。进一步提高煤矿工人投保团意险及附加意外伤害医疗保险费率，县营以上煤矿费率调整为7‰和10‰，县营以下（含）的主，调整为14‰和16‰。10月，中国人寿山西省分公司下文明确附加指定交通工具乘客意外伤害保险1999版新单业务费用率为17%。当年，中国人寿大同分公司收取意外伤害险保费2001.8万元，同比增长1.87%，占总保费15.25%，同比下降1.52个百分点。太平洋保险大同支公司收取保费101.4万元，同比增长589.80%，占总保费5%。

2000年7月，中国人寿大同分公司根据省分公司《关于意外险实行单险种考核奖励的通知》，对学生险和驾员险实行单险种考核。8月，中国人寿与市教委下发《关于进一步加强学生安全教育，重视学生人身保险工作的通知》，在政策上理顺强制保险与自愿保险的界线。9月10日，中国人寿大同分公司捐赠教委10万元兴学助教基金。13日，印发参加学生保险征询意见卡8万份，对自愿保险的学生开展承保业务。20日，为了提高市场竞争力，促进意外险业务健康有序发展，中国人寿大同分公司开始执行省分公司下发的《关于对意外险费率实行浮动的通知》文件精神，在办理意外险业务时，可根据需要，在晋国寿意外〔1999〕6号文规定费率上浮动±30%。年内，中国人寿重点落实五项工作，一是请示省分公司，设计国寿辉煌人身保险、国寿岁岁平安保险、国寿全家福保险、国寿幸福康健保险、国寿母婴安康保险等五种定额保单，并从市分公司开始全员销售。二是开展有奖销售岁岁平安定额保单。三是抓住学生开学契机，全力以赴突击学生险业务。并采取将学生、幼儿平安保险、国寿附加意外伤害医疗保险、附加住院医疗保险等条款组合成“学生幼儿健康综合保险”进行销售。四是成立矿工险帮促组、学生险帮促组等，有针对性地分赴各单位解决展业中的困难和问题。五是重点抓好矿工意外伤害保险工作。六是抓好驾员保险的零单和定额保单的销售工作。七是继续开拓旅游保险。八是利用建工单位年度审验时机，推进建工保险的拓展。九是抓好团身险和团意险工作。十是抓好煤气保险业务。当年，中国人寿大同分公司收取意外伤害保险保费1766万元，同比下降13.35%，占总保费12.07%%，同比下降3.18个百分点。太平洋支公司收取保费113.39万元，同比增长10.57%，占总保费4.53%。

2001年，中国人寿大同分公司在意外险业务发展上，首先是保证学平险、驾员险、乘员险、建工险四大效益险种规模基础上有所拓展。重点采取五项措施。一是趁学校开学时机，拾遗补阙，对未办理学生保险的学校加强联系，加紧动员，实现承保目的。二是积极推广国寿御河路支公司办理驾员险的经验，办事驾员保险赠送方言小品磁带。三是全员销售辉煌人生、岁岁平安、全家福、幸福康健、母婴安康五种定额保单，特别推广营销员在销售寿险保单中搭配销售定额保单的做法。四是开展和强化零散险种的销售业务。五是与有关系的单位建立合作关系，保持双赢。如在员工无偿献血过程中，为献血者办理“全家福保险”。在订阅《大同日报》送“全家福保险”。六是在各级政府支持下，大力发展协保员代理意外伤害保险，积极探索银行、邮政、乡村代理意外伤害保险的路子。年内，中国人寿矿务局支公司继续坚持对大同煤矿集团井下工人意外伤害保险的宣传、交流、商讨和论证工作，并始终把此项工作作为头等大事来抓，在同煤集团永定庄发生瓦斯爆炸之后，矿务局支公司参考周边煤矿的井下工人承保做法，适时为同煤集团设计了井下职工保险建议书，采取“先入为主，封闭运行”的策略和“团体作战，团体公关”的方法，经过艰苦谈判，反复磋商，终于促成了这一意外伤害保险大单，取得了历史性的突破，收取保险费187.5万元，成为中国人寿分业以来最大一笔意外险保费。当年，大同保险市场意外伤害保险收入2179万元，同比增长15.94%，占总保费9.3%。国寿系统收取意外伤害保险保费2028万元，同比增长14.84%，占总保费10.76%，同比下降1.11个百分点。太平洋人寿收取意外险保费151万元，同比增长33.17%，占总保费3.32%，同比下降1.21个百分点。

2002年4月，中国人寿大同分公司认真贯彻落实省分公司在全辖系统开展的“会战三晋”意外险竞赛活动精神，在全市范围开展“奋战60天，冲刺600万”意外险竞赛活动，活动期间，以师生幼儿团体太平安康保险（学平险）、团体人身意外伤害保险、建筑工程团体意外伤害保险、建筑施工人员人身意外伤害（B款）等险种为主。5月17日，御河路支公司率先签下大单，收取意外伤害保险保费66.73万元。矿务局支公司成功续保同煤集团井下职工意外伤害保险，收取保费187.5万元。“会战三晋”取得较好佳绩。

8月，根据中国人寿保险山西省分公司《关于下发学生险业务推动方案的通知》精神，为了确保中国人寿学生险优势地位，让中国人寿“绿荫”覆盖每一所校园，在全市系统开展“绿荫关爱”学生险业务推动活动。9月，根据中国人寿山西省分公司关于下发《“国庆”黄金周全员销售意外险定额保单企划案》的通知，中国人寿大同分公司认真贯彻落实，部署“全员抢抓黄金周，国庆佳节夺丰收”意外险定额保单竞赛活动，从组织安排，目标任务、指导思想，推荐险种等，经过“抓好思想发动”“抓好组织企划”“抓好服务重点”“抓好全员参战”“抓好业务质量”等五项措施，收到明显效果。当年，大同保险市场意外伤害保险保费收入1668万元，同比增长 –23.45%，占总保费3.28%。中国人寿大同分公司收取意外伤害保险保费1548万元，同比下降23.67%，占总保费4.55%，同比下降6.21%。太平洋人寿大同中支收入120万元，同比下降20.53%。

2003年1月，《中华人民共和国保险法》经过相应修改，重新公布，并正式实施。根据第九十二条第二款“经营财产保险业务的保险公司经保险监督管理机构核定，可以经营短期健康保险业务和意外伤害保险业务”的规定，财产保险公司可以经营上述业务。中国人民保险公司财险大同市分公司开始销售团意险、学生平安保险、机动车驾乘人员意外伤害险，建工意外险、旅游意外险等传统意外险产品，当年收取保费526.53万元，占财产险总保费2.96%，占大同意外险市场24.33%。4月，平安人寿大同中支开办意外伤害保险，主要销售平安建筑工程团体意外伤害保险、平安团体意外伤害保险、平安旅行平安意外伤害保险（2003）、航空旅客意外伤害保险（行业指导性条款）、平安交通团体意外伤害保险、学生团体平安保险6款产品。7月，中国人寿大同分公司组织参与由省分公司制定的《卡折式定额保单推动方案》促销活动。8月10日，中国人寿大同矿务局支公司积极参与同煤集团公司举办的以“实施安全生产法、人人事事保安全”为主题的安全生产宣传咨询月活动，为正常续保签单打下坚实基础，收取保费260万元。11日，为了满足客户对意外伤害保险不断变化的需求，中国人寿山西省分公司在原有短期保险产品的基础上改造开发《国寿安心意外伤害保险（A型）》等十个短期保险产品，其主要特点：增加无赔款优待，鼓励投保人自觉进行续保；其次是将意外伤残和死亡责任分开，在死亡保险条款中增加疾病死亡责任，更加贴近广大群众利益。28日，中国人寿大同分公司以极短期人身意外伤害保险承保大同云冈旅游节开幕、闭幕式两大活动。年内，大同保险市场中国人民保险公司财险大同市分公司、太平洋财险大同中支、平安财险大同中支、永安财险大同中支、中国人寿大同分公司、太平洋人寿大同中支、平安人寿大同中支等7家销售意外伤害保险产品，形成“战国七雄”竞争格局。3家公司市场份额占比较大为中国人民保险公司财险23.02%、中国人寿60.31%、太平洋人寿11.29%，其他4家公司份额占比为6.38%。

2004 年，中国人寿大同分公司年初提出意外伤害保险业务目标是：在巩固原有阵地的基础上加大发展力度，遏制市场份额下滑的局面，保证公司的利润水平。采取工作思路是：学生险业务要从提升保额，提高件均保费入手，在上规模求效益上下功夫；旅游和交通运输等意外险要积极拓展空白区域，开辟新业务增长点；煤矿井下职工意外伤害保险，要规范承保，证件和人数要满足最低核保要求；在销售方式上，要切实落实全员销售意外险的工作，做到人人头上有指标，要与工资、佣金相挂钩。要积极推广意外险与健康险及其他产品的多样化组合销售方式，满足不同客户的需求，实现小险种大市场效应。当年，中国人寿大同分公司收取意外伤害保险保费 795 万元，同比下降 42.31%。中国人民保险公司财险大同市分公司引进和学习 AIG 在意外险和短期健康险的产品开发、承保、理赔、营销等方面的先进经验，紧紧抓住机遇，确保意外险保持较高拓展力度。当年收取保费 358 万元，同比下降 32.01%.

2005 年，中国人寿大同分公司提出意外伤害保险业务重点工作：第一，抓好同煤集团公司井下煤意险续保工作，确保煤意险如期到位。第二，大力拓展乘客意外险，开辟驾乘人员保险新市场，并通过各种渠道实现目标市场。第三，加大卡折式定额保单的销售力度，通过全员捆绑销售、组合销售、中介销售，力争达到卡折式定额保费既定目标。第四，加大与政府部门和各学校之间的横向联系，力拓学平险，力争学平险保费突破历年最高水平。当年收取意外伤害保险保费达 892 万元，同比增长 12.2%。遏制了从 2002 年之后连续 3 年的负增长态势。泰康人寿大同中支以个人意外伤害保险开始进入市场，当年收取保费 3 万元。年内，大同险企开办意外伤害保险的财产保险公司达到 6 家，新进入意外险市场是天安财险大同中支、大地财险大同中支。各财产险公司把意外伤害保险作为重要保险资源，通过政策支持、指标考核，销售促成，意外伤害保险在财险公司险种结构上占重要比重。当年大同财产险公司收取意外险保费 841 万元，同比增长 69.9%，占总保费 2.70%，保费规模仅次于机动车辆保险、企业财产保险，位居第三。

2006 年，大同险企意外险业务保费收入达到 1939.97 万元。其中，人寿保险公司实现意外险保费 1011 万元，同比增长 –17.94%，占总保费 0.82%。财产保险公司实现保费 928.97 万元，同比增长 10.46%，占总保费 2.44%。财产公司意外险份额达 47.89%。年内，中国人民保险公司财险积极进行产品改造，不断创新，提高产品的适销性，并开展积极引导、有效激励等政策，收取意外险 455.97 万元，同比增长 –18.65%。大地财险将展业重点放在团体人身意外伤害保险、学生险和旅游保险方面，收效明显。团体人身意外伤害签单 14 份、大地状元乐学生、幼儿意外伤害保险 21 份、大地欢乐游意外伤害保险 124 份，此外，通过大地意外组合伤害保险（二代）签收 304 份。中国人寿坚持“全年全员全方位”发展战略，积极倡导“一人一单一卡”销售方式，加强与大客户、大企业的沟通。收取意外伤害保险636万元。泰康人寿大同中支坚持意外险组合销售和搭配销售，意外险保费收入逐年攀升。同年，中国人民保险公司财险大同市分公司组织全市系统积极参与了由山西省分公司组织开展的“灿烂明天——保险进校园”学生幼儿保险业务竞赛活动；太平洋财险大同中支组织全辖参与山西省分公司组织开展的“竞群雄，赢天下”春夏人意险业务竞赛活动；大地财险大同中支组织市县基层机构参与山西省分公司组织开展的“大地争春”“龙腾大地”等意外险竞赛活动，对于促进意外伤害保险的发展发挥重要作用。

2007年，中国人民保险公司财险大同市中支根据意外险业务的特殊性，公司将给予更多的费用支持，加大扶持力度。实现保费640万元，扭转上年负增长局面，同比增长40.36%。平安财险大同中支推出众多新产品，如平安借款人意外伤害保险、平安意外伤害骨折护理综合保险以及平安境外留学或工作意外伤害保险，通过丰富销售产品，不断扩大市场渗透。当年收入意外险保费93万元，同比增长144.74%。永安财险大同中支从2004年意外伤害产品面市，推出产品日渐丰富，覆盖领域日益扩大，实现连续三年快速增长。当年，意外险保费达106万元，从2005年开始连续三年分别同比增长为24倍、2.52倍、1.04倍。天安保险大同中支积极响应地方政府号召，紧贴民生关注焦点，加快推进工伤保险工作，当年收取意外险保费61万元。大地财险大同中支在“夯实基础， 强力创新，深入挖掘意外险发展潜力”的指导思想下，加强全系统人身险业务组织建设、队伍建设、渠道建设、制度建设和执行力建设，实施做大做强战略，大力支持、扶持创新，制定和出台《人身险大项目基金管理办法》，支持人身险大项目业务开展。当年收取意外险保费116万元，保持上年水平，稍有增长。中国人寿大同分公司继续倡导“一人一单一卡”销售方式，坚持“全年、全员、全方位”销售布局，积极实施“大客户、大企业”发展策略，在学生险市场、团体工伤补充保险市场上要有所作为。当年，收取意外险保费574万元，同比下滑9.75%。大同保险业紧紧围绕当地经济建设，服务小微企业发展，积极提供保险特色服务，带有企业特色的小额贷款人、借款人意外伤害保障产品开始在大同市场面市，大地财险小额信贷意外伤害保险、国寿小额贷款借款人意外伤害保险、平安人寿借款人意外伤害保险，太平洋在传统意外伤害保险产品基础上推出安贷宝借款人意外伤害保险，借助于农信社渠道，销售“安贷保”，取得一定突破。太平洋人寿当年收取意外险保费412万元，同比增长20.12%。

2008年，大同意外伤害保险业务实现保费2476万元，同比增长8.17%，低于全省平均水平 0.78 个百分点。财产险公司调整统计口径，将原意外伤害保险业务中意外伤害医疗保险业务部分调整到健康险业务统计范围，导致意外伤害保险保费统计数额减少，当年统计收取意外险保费 802 万元，同比下降 32.03%。人寿保险公司意外险保费收入 1674 万元，同比增长 50.94%。高于全省平均增速 28.81 个百分点。中国人民保险公司财险大同市分公司通过开展意外险、学幼险等竞赛活动，大力发展意外险，并积极着手组建专业营销团队，探索发展新模式。天安财险大同中支根据省分公司规定，将采取差异化的业务管理政策，即根据赔付率制订费率浮动范围，对优质业务配备优惠费率，劣质业务严格控制承保条件，不断提升业务品质。太平财险大同中支意外伤害保险面市产品种类较多，主险 43 个，附加险 74 个，通过登录公司官网产品出单平台，由客户根据所购买的保险卡卡号和密码进行投保信息录入和确认的全新投保模式，极大地丰富个人意外险产品，大大提升客户的自助体验和信息收集的准确，当年收取意外险保费 14 万元。永诚财险大同中支、渤海财险大同中支首年开办意外伤害保险，通过销售个人意外险等产品，分别收取保费 29 万元、3 万元。中国人寿大同分公司提出意外险要实施翻番计划，重点实施两个超越（定点超越和定标超越）、抢占四大阵地（学生险、团意险、建工险、公路旅客意外险）、开辟六个新领域（旅游险、小额贷款保险、驾乘人员险、工伤补充保险、行政事业单位人员意外伤害保险、航空意外伤害保险）。通过目标引领、渠道公关、政策扶持、专业指导、团队合作、信息管理等，不断提升市场竞争力。当年收取意外险保费 965 万元，同比增长 68.12%，占总保费 1.05%。太平洋人寿大同中支在省分公司提出的围绕“确保存量业务，推进渠道业务，挖掘潜力业务”的意外险发展思想，重点拓展“安贷宝”“乘意险”“建工险”业务，全年实现意外伤害保险保费 523 万元，同比增长 26.94%。泰康人寿大同中支在关注个险渠道销售意外险的同时，重视团体意外伤害保险业务的开发，当年团体业务有了新进展，收取团意险保费 109 万元。

2009 年，中国人民保险公司财险大同市分公司加大对各级城建管理部门和农村信用合作社的公关力度，促进建筑工人意外伤害保险和借款人意外伤害保险的发展。中国人民保险公司财险大北街营销部未雨绸缪、有的放矢，竞回了团体人身意外伤害险，收入保费 755 万元；中国人民保险公司财险天镇支公司、左云支公司、大同支公司借助与农信社的合作关系，积极开办小额人身意外伤害保险。此外中国人民保险公司财险大同市分公司充分利用三季度学幼险发展的有利时机，开展学幼险竞赛活动，进一步扩大学幼险覆盖面。当年，收取意外险保费 1108 万元，同比增长 209.50%。平安财险大同中支新开办平安港澳台自行意外伤害保险等系列保险，填补港澳台出行客户无专项保险之空白。意外险当年收取保费达100万元，同比增长194.12%。天安财险大同中支以“合规、效益”为中心，严格贯彻、落实总公司《2009年人身险核保实务规程》，团体类业务重点了解投保企业的职业风险，个人类业务重点防范道德风险，效益险种上规模，小险种上求发展，当年收取保费114万元，同比增长21.8倍。年内，国寿财险大同中支团体人身意外伤害保险和团体人身意外伤害保险建筑施工保险销售业绩良好，首年收取保费117万元，占当年财险公司意外险份额6.81%，在13家销售意外险财险公司位列第2。阳光财险大同中支主推借款人意外伤害保险和阳光交通工具意外伤害保险，首年收取保费2万元。泰康人寿大同中支为了丰富产品结构，满足客户多样化保障需求，完善客户保障，意外伤害保险一直以来主要是在险种组合时搭配销售，2009年在分红型产品吆喝声热火朝天的同时，意外伤害保险的销售数量也随之攀升，全年收取保费210万元，同比增长87.5%。中国人民保险公司健康大同中支以中国人民保险公司健康福佑专家人身意外团体意外伤害保险、中国人民保险公司健康福佑专家交通工具团体意外伤害保险等首年销售意外险业务，获得收取保费109万元佳绩，占当年人寿保险公司意外险份额5.6%，位列第四。当年，人寿保险公司中除中国人寿略有下降，其余8家全部一线飘红，实现保费增长。

2010年1月，为规范人身保险意外伤害保险市场秩序，保护投保人和被保险人的合法权益，促进人身意外伤害保险业务健康发展，中国保监会制定印发的《人身意外伤害保险业务经营标准》正式实施。大同保险市场经营意外伤害保险业务的险企达到23家，其中财产保险公司13家，人寿险公司10家。大同意外伤害保险保费收入3409万元，同比下降8.36%。其中财险公司收入保费1065万元，同比下降38%，占当年总保费1.08%。在财产九大类险种位列第六，同比下降3位，落后于机动车辆保险、企业财产保险、责任保险、工程保险和农业保险。下降幅度较大公司为大地财险、中国人民保险公司财险、永诚财险，下降幅度分别达到81.25%、75.09%和25.64%。人寿保险公司保费收入2344万元，同比增长17.08%，占当年总保费1.13%。增长幅度较大的公司为新华人寿、嘉禾人寿、中国人民保险公司健康，分别是628.57%、135.56%和33.94%。年内，中国人民保险公司财险大同市分公司意外健康险重点组织开展学幼险竞赛活动，加快推进建筑工人意外险市场的开拓，加快推进小额人身意外伤害保险发展。中国人民保险公司财险振华南街服务部发挥优势，签单唐河水电站建工意外险，收取保费9.68万元。太平洋财险大同中支紧紧抓住地方基础建设投入，建筑市场的蓬勃发展之机，加大建筑工程职工意外险的快速发展，将意外险打造成为意外险种第二大支柱业务，当年收取意外险保费123万元，同比增长12.84%。平安财险大同中支新推出紧急救援服务、平安航空意外伤害保险等航空旅游意外保险及附加各种保险，对境外产品进行全面的升级补充，当年收取意外伤害险保费 308 万元，同比增加 208%。天安财险大同中支从销售天地行交通意外伤害保险开始，在旅游业、职业经理人、学校师生、建筑工程、煤矿产业、医疗麻醉、公安执法、航空旅游、出国人员、假日出游、工伤补充等各个行业、各种职业开展意外伤害保险业务，当年收取保费 120 万元，同比增长 5.26%。国寿财险自上年新《中华人民共和国保险法》实施之后，针对新《中华人民共和国保险法》中涉及意外伤害保险产品中合同当事人之间权利义务关系的部分，通过条款框架形式对相关险种条款表述进行行业规范，对 11 个产品进行更新面市，先后开发上市 12 个新产品，涉及手术麻醉、学校师生、家用燃气、借款贷款、出租房屋、特定场所和自然灾害等，当年，收取保费 129 万元，同比增长 10.26%。新华人寿大同中支坚持同个险产品组合销售方式，销售意外伤害保险。农银人寿大同中支一直突出意外险“保障范围宽、收费标准低”的特点，作为公司主打产品推动意外保险，中国人民保险公司健康大同中支继续通过健康福佑专家人身意外团体意外伤害保险、健康守护专家意外医疗（推广版）团体医疗保险等产品在传统领域深度挖掘，均取得满意业绩，三家公司分别实现意外险业务的快速增长。

2011 年，大同保险主体达到 23 家，除安邦财险大同营销部外，其余财产、人寿保险公司均开办人身意外伤害保险业务。当年，大同保险市场意外伤害业务收入保费 5354 万元，同比增长 56.70%，其中财险保险公司收入 1663 万元，同比增长 56.15%，占财险总保费 1.37%，在各大险种中占比增加，但位列保持不变，仍位于机动车辆险、企业财产险、责任保险和农业保险之后。人寿保险公司收入 3679 万元，同比增加 56.95%，占当年总保费收入 1.77%。中国人民保险公司财险继续以传统销售渠道为主体，以新增渠道、新辟领域为两翼的销售模式，以城区为主战场，同时积极开展进社区、进农村、进企业“三进入”活动，当年收取意外险保费 286 万元，同比增加 3.62%。大地财险继续销售矿工团意险、团体人身意外险、司乘人员意外险、建筑工程意外险，并在煤矿、企业、驾乘和建筑等传统行业领域开拓，收取保费 65 万元，同比增长，441.67%。国寿财险发挥销售渠道作用，加强个人代理渠道、重点客户渠道、互动渠道和中介渠道的销售管理，取得良好业绩，当年，收取意外险保费 744 万元，同比增长 476.74%。中国人寿大同分公司出台相关激励推动政策，鼓励支公司和团险渠道及所有销售人员提供大业务、大市场的相关信息和线索，充分利用公司渠道优势、队伍优势、市场优势及品牌优势，进行强势公关、重点公关。继续推行大项目业务开发责任制，建立科学的管理体制和严密的追踪体制，加大对建工险、学生险、小额信贷保险等重点项目的公关力度，确保专项公关活动取得好的成效。当年中国人寿大同分公司收取意外伤害保险费 2074 万元，同比增长 91.85%，在全省国寿系统中团险短期险和意外险完成比例均居第一位。同年，大同保险市场主体进一步贯彻落实保监会《关于进一步扩大农村小额人身保险试点的通知》精神，探索小额保险与国务院扶贫办村级互助扶贫基金相结合的新型扶贫模式。国寿大同分公司推出国寿农村小额扶贫贷款借款人意外伤害保险和国寿农村小额全家福意外伤害保险、中国人民保险公司寿险大同中支开办中国人民保险公司寿险农村小额团体意外伤害保险和中国人民保险公司寿险农村小额意外伤害保险。太平洋大同中支将“安贷宝”推向农村保险市场等，在通过提供金融保险服务的同时实现自身价值的发展。

2012 年，大同保险市场意外伤害保险业务保费收入 4479 万元，占总保费的 1.3%，同比下降 16.34%。其中，财险公司意外险收入 1671 万元，同比增长 0.48%，占总保费 1.28%，在各大类险种占比略有下降，位列第六。人寿公司意外险保费收入 2808 万元，占总保费 1.32%，同比下降 0.45 个百分点。大同市场产、寿险公司意外险保费收入份额为 37.31% 和 62.69%。年内，中国人民保险公司财险大同市分公司按照“巩固内涵，发展外延，织网布局”思路，一方面，充分利用中小学开学之际，抢抓机遇，扩大承保面；另一方面，继续在团体意外险销售领域，努力扩大效果。当年，意外险保费收入 393 万元，同比增长 37.41%，占总保费 0.65%。大地财险大同中支依托系统与农信社签订全面合作协议，以农信社及工、农、中、建等银行渠道为主、积极拓展邮政储蓄银行、地方性商业银行、小额贷款公司、担保公司等中小金融机构渠道，扩大借款人意外险保源。依靠科技信息技术为支撑，大力推广旅游观光景点游客意外伤害保险等极短期意外险业务。当年意外险保费收入 120 万元，同比增长 84.61%，占总保费 2.15%。国寿财险大同中支深入落实“围绕双增目标、实施六个提升、推进二次创业、实现赶超进位”的工作思路，发挥多渠道协同作用，抓重点领域，抓重要险种，在传统团意险上保全保足。当年收取意外险保费 856 万元，同比增长 15.05%，占总保费 2.85%。中国人寿大同分公司始终坚持“政保合作与分散业务齐头并进”的工作思路，充分利用各种有利政策导向，加大政保合作力度，取得实质性突破，成功承保全市城镇职工意外伤害补充保险，保费收入达千万元以上，率先在全省实现政保合作的新突破，成为全省系统团险渠道发展的亮点。太平洋人寿大同中支建筑工程（B）施工人员团体意外伤害保险、学生幼儿短期意外伤害保险（学平险）安贷宝借款人意外伤害保险为当年业务主要来源。泰康人寿大同中支销售产品无论是综合保障计划设计，还是综合卡单组合，充分凸显意外伤害保险的高额保障功能，持续坚持销售其他产品的搭配方式。中国人民保险公司健康大同中支仍然选择团体业务作为主阵地，健康福佑专家人身意外团体意外伤害保险、健康守护专家意外医疗（推广版）团体医疗保险和谐盛世社保补充团体意外伤害保险等取得良好业绩。

2013 年，全市意外伤害保险保费收入 7009 万元，同比增长 56.49%，意外险占产寿险总保费 1.88%，同比提高 0.58 个百分点。其中，财产险公司意外险收入 3037 万元，同比增长 81.84%，占财产险公司总保费 2.03%，在九大类财产保险中超过短期健康保险，位列第五。增幅较大的财产险公司主要是平安财险、天安财险、国寿财险和永安财险，加上首年销售意外险的财产公司华安财险、安邦财险、信达财险和中煤财险 4 家公司，构成增长幅度提升的重要结构因素。年内，永安财险大同中支推出激活卡类保险产品，该产品由客户自助购买并自主网络激活，具备灵活、方便等特点，较好地满足市场多样化的保障需求。永安意外险激活卡共有四大类九款产品，分别为个人意外类五款：永安龙行天下卡、永安假日无忧卡、永安畅行如意卡、永安和谐人生卡 A 款、和谐人生卡 B 款；驾车类两款：永安驾车安心卡 A 款、驾车安心卡 B 款；学平险类一款：学生平安保险卡；全家保险类一款：永安全家福保险卡。永安当年收取意外险保费 129 万元，同比增长 51.76%，激活卡发挥重要支撑作用。 中国人寿大同中支抓住政策机遇，加强同政府部门合作，成功承保全市城镇职工意外补充保险，保费收入近千万元，率先在全省实现政保合作的新突破。同时大力拓展小额信贷保险业务，通过沟通公关，在原有合作渠道的基础上，同农村商业银行的合作实现突破，小额信贷保险达到 132 万元，再创新高，逐步在竞争中取得主动。11 月，为规范山西省人身意外伤害保险市场秩序，促进人身意外伤害保险业务健康稳定发展，山西保险行业协会印发《山西省人身意外伤害保险业务自律公约（2013 版）》，在单证管理、出单管理、销售管理、监督检查及违约处分提出规范自律行业标准。

2014 年，中国人民保险公司财险大同市分公司重点发展学幼险、驾意险、农村小额意外险、旅意险等分散性效益型险种，夯实盈利基础。牢牢抓住政策机遇，积极同政府及相关部门沟通，建立良好的合作关系，全市城镇职工意外险取得突破性进展，新建路等九家支公司均成功续收，保费收入达 778 万元，总量实现翻番。

2015 年，中国人寿借助“国十条”“省十条”创造的难得发展机遇，进一步加强政策性业务公关，城镇职工意外险力争实现“调责提费”目标，老龄险、计生险力争突破百万。新建路意外险保费 1025 万元，占到全市总量的 56%，为团险渠道发展做出贡献。

2016 年，中国人民保险公司财险重点发展个体工商户、驾意险、农村小额意外险、旅意险、借意险、随车行、随人行等效益型险种，提高分散性业务增量占比。天镇支公司统保全县农村小额意外险和全县教职员工校园方责任险。针锋相对，有效应对，成功竞回阳高堡子湾水库工程险、同煤集团劳模人员意外险、中国人寿坚决贯彻“大短险”的发展要求，打造三个“千万”板块。（一）城镇职工意外险力争达 2000 万元，重点在调责增费、降低赔付率等方面下功夫，快速提升创费能力。（二）新农小业务达千万元。借力新农合大病保险中标契机，乘势而上，强力拓展三县两区新农小业务，并逐步辐射至其他县区，打造千万规模保费；（三）学生险千万元：将城区学生险市场作为攻坚重点，集中优势资源强势公关，加快拓展城区市场。与此同时，要全力拓展口子及重点业务。持续落实员福计划，推进“第一书记”保险和全市公安干警意外险，持续加大计生险、老龄险、小额信贷险等重点业务拓展力度，迅速扩大业务规模。当年，国寿大同分公司全年城镇职工意外险及团体补充医疗保险累计收取1851万元，同比增长83%。

2017年，中国人民保险公司财险大同市分公司强调驾意险、随车行、农村小额意外险、借款人意外险等分散性效益险种，务必加快速度，防范风险，保证质量。扶贫保险与地方政府积极沟通，天镇、浑源、大同三家支公司先后承保贫困人口意外险和医疗保险业务，受到政府好评。承保部分县区农村建档立卡人员意外险业务，医务人员意外险项目，巩固提升传统渠道，实现渠道有效融合。全年学生险完成840万元，同比增长23%；城镇职工意外险1290万元，同比增长56%；全市所有县区均承保扶贫保险，两年保费合计778万元，小额保险及员福业务总量突破200万元，分别完成267万元、280万元，同比增长25%、34%。

表146　　2016—2017年大同保险市场新上市意外伤害保险产品一览表

年度	机构	产品	属性
2016	中国人民保险公司人寿	中国人民保险公司寿险附加康乐生活意外伤害定期寿险	意外伤害保险
		中国人民保险公司寿险附加康乐年华意外伤害保险（B款）	意外伤害保险
	中国人民保险公司健康	惠心无忧综合意外伤害保险	意外险
		手术安康团体意外伤害保险	意外险
	民生人寿	民生附加如意畅行意外伤害保险	意外伤害保险
	工银人寿	工银安盛人寿如意贷借款人意外伤害保险	意外险
	幸福人寿	幸福附加祥福宝意外伤害保险	意外伤害保险
2017	平安人寿	百万任我行17	意外伤害保险
	泰康人寿	全能保2017	意外伤害保险 & 健康保险
	中国人民保险公司人寿	中国人民保险公司寿险附加长期意外伤害保险（B款）	意外伤害保险
		中国人民保险公司寿险附加康乐年华意外伤害保险（C款）	意外伤害保险

续表 146

年度	机构	产品	属性
2017	民生人寿	民生附加交通工具意外伤害保险 2017	意外伤害保险
		民生康禧驾乘意外伤害保险 2017	意外伤害保险
		民生附加金生无忧意外伤害保险	意外伤害保险
	工银人寿	工银安盛人寿 e+ 安行航空意外伤害保险	意外险
		工银安盛人寿 e+ 安行客运列出意外伤害保险	意外险
		工银安盛人寿无忧综合意外保障计划	意外险
		工银安盛人寿百万保驾绿盾版两全保险	意外险
		安行天下意外保险产品计划（A 款）	意外险
		安行天下意外保险产品计划（B 款）	意外险
		安行天下意外保险产品计划（C 款）	意外险
		安行天下意外保险产品计划（D 款）	意外险
	幸福人寿	幸福附加意外伤害门急诊医疗保险	意外伤害保险

表 147　　1997—2017 年大同寿险公司意外伤害保险经营情况统计表

年度	意外伤害险保费（万元）	年度总保费（万元）	意外伤害保险占总保费比重（%）
1997	1862	10268	18.13
1998	1979.7	12318.8	16.07
1999	2103.2	15129.9	13.90
2000	1879.39	17122.2	10.98
2001	2179	23363	9.33
2002	1668	50774	3.29
2003	1637	75716	2.16
2004	1126	88729	1.27

续表 147

年度	意外伤害险保费（万元）	年度总保费（万元）	意外伤害保险占总保费比重（%）
2005	1232	110001	1.12
2006	1011	122817	0.82
2007	1109	127664	0.87
2008	1674	202053	0.83
2009	2056	193837	1.06
2010	2344	206653	1.13
2011	3679	207569	1.77
2012	2808	212584	1.32
2013	3972	223052	1.78
2014	3983.09	242579.09	1.64
2015	4050.37	320998.28	1.26
2016	4407.47	372755.05	1.18
2017	5977.92	475269.43	1.26

表 148　　2004—2017 年大同财险公司意外伤害保险经营情况表

年度	保费收入（万元）	占总保费比值（%）	给付支出（万元）	给付率（%）
2004	495	1.95	108	21.82
2005	841	2.78	124	14.74
2006	473	1.29	126	26.64
2007	1180	2.36	367	31.10
2008	802	1.34	300	37.41
2009	1718	2.57	542	31.55
2010	1065	1.10	787	73.90
2011	1663	1.40	478	28.74
2012	1671	1.32	908	54.34

续表 148

年度	保费收入（万元）	占总保费比值（%）	给付支出（万元）	给付率（%）
2013	3073	2.12	1630	53.04
2014	3044.86	1.85	2159.89	70.94
2015	2490.57	1.45	1076.44	43.22
2016	2664.05	1.39	726.77	27.28
2017	3071.25	1.63	1083.06	35.26

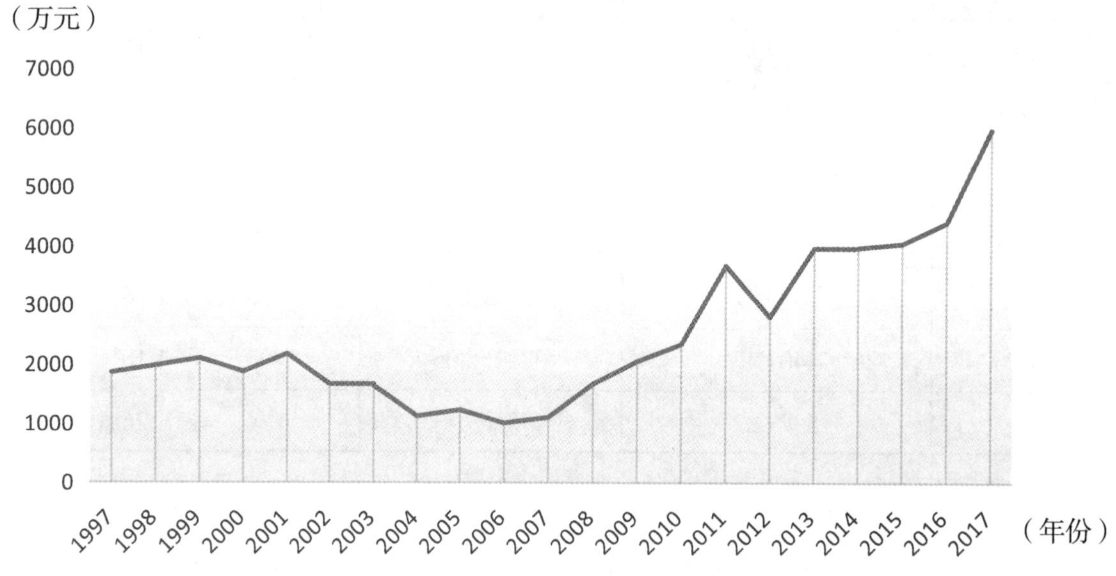

图 25　1997—2017 年大同寿险公司意外伤害险保费收入趋势图

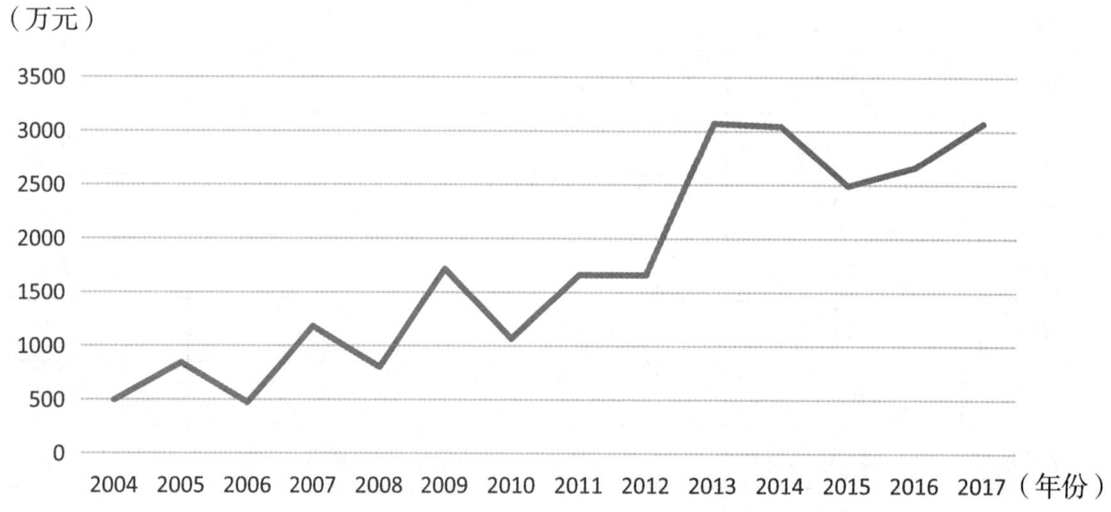

图 26　2004—2017 年大同财险公司意外伤害保险保费收入趋势图

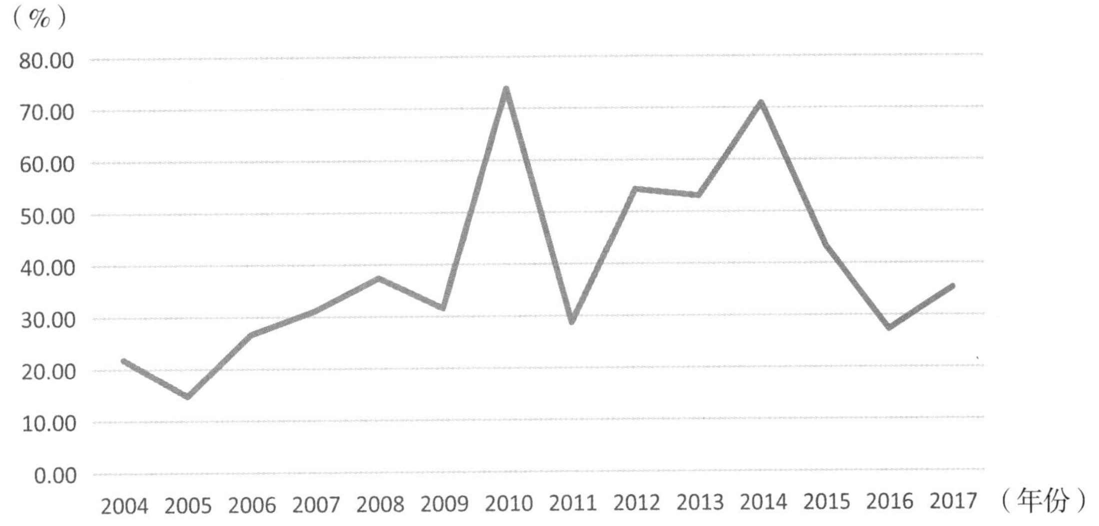

图 27 2004—2017 大同财险公司意外伤害保险给付趋势图

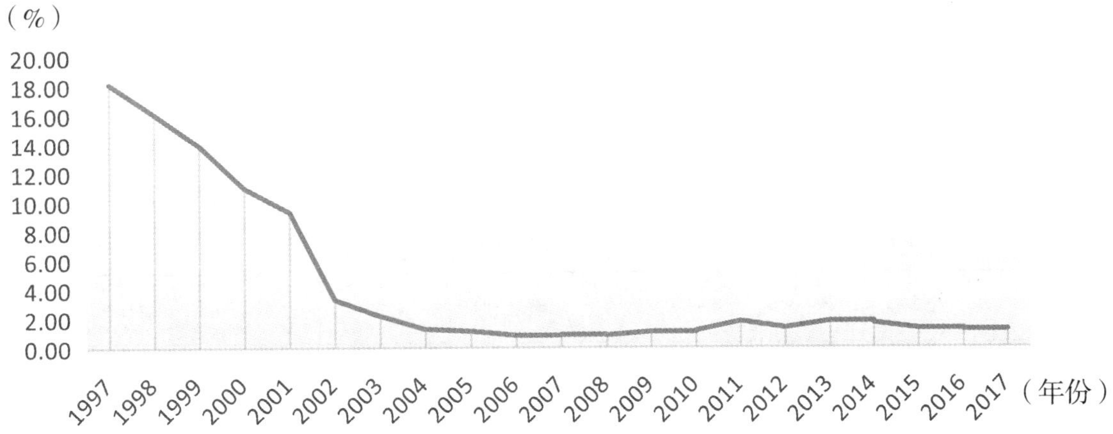

图 28 1997—2017 年大同寿险公司意外伤害保险占总保费之比图

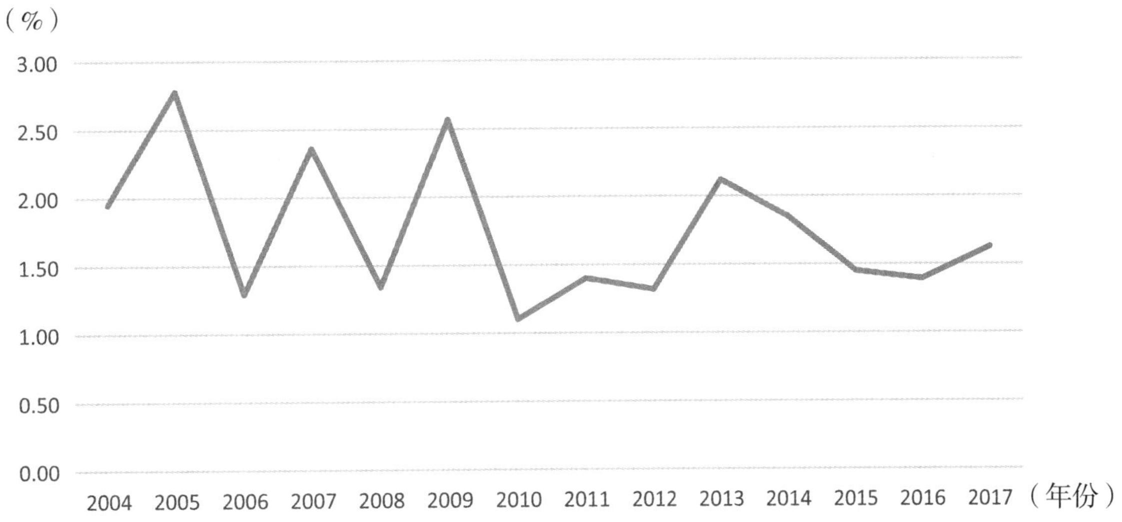

图 29 2004—2017 年大同财险公司意外伤害保险占总保费之比图

表 149　2017 年大同市财险公司意外伤害保险市场份额表

单位	保费收入（万元）	市场份额（%）
人保	1105.26	31.94
太保	161.56	4.67
永安	121.00	3.50
平安	494.34	14.28
大地	301.47	8.71
天安	54.94	1.59
华安	56.27	1.63
太平	94.38	2.73
永诚	1.85	0.05
安邦	5.96	0.17
渤海	97.18	2.81
国寿财	562.09	16.24
阳光	139.23	4.02
华泰	20.22	0.58
中煤	34.18	0.99
信达	–30.80	–0.89
安盛天平	25.58	0.74
英大	22.66	0.65
中华联合	148.65	4.29
安诚	26.98	0.78
紫金	0.03	0.00
都邦	18.11	0.52
合计	3461.14	100.00

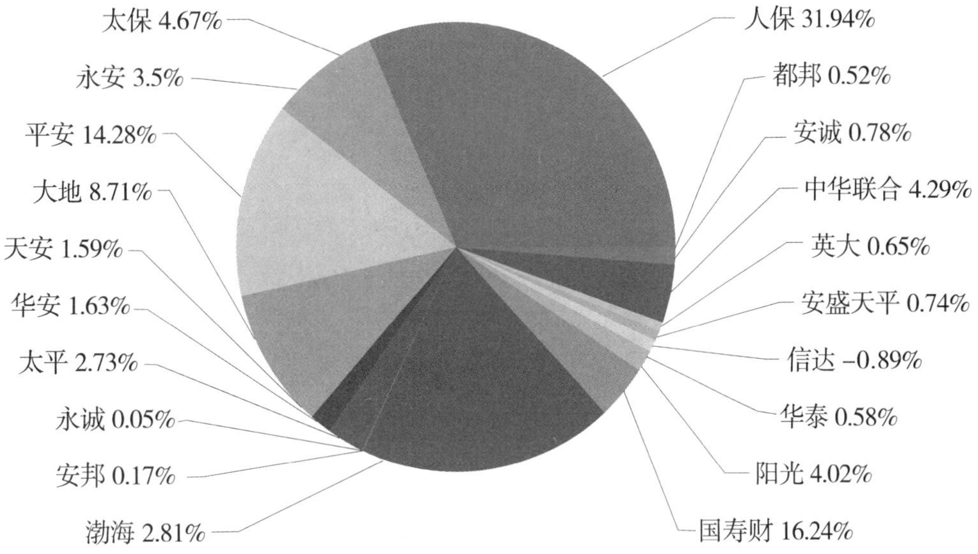

图 30　2017 年大同财险公司意外伤害保险市场份额图

第四节　健康保险

健康保险是保险人通过疾病保险、医疗保险、失能收入损失保险和护理保险等方式对因健康原因导致的损失给付保险金的保险。健康保险根据保险责任，一般划分为医疗保险、疾病保险、收入保障保险和长期护理保险。在保险公司经营中，一般按照保险期限划分为长期健康保险和短期健康保险。短期健康保险是指保险期限在一年及一年以下且不含有保证续保条款的健康保险；长期健康保险是指保险期限超过一年或者保险期限虽不超过一年，但含有保证续保条款的健康保险。

1984 年 6 月，中国人民保险公司大同中支根据中国人民保险公司山西省分公司《关于团体人身保险、团体意外伤害保险调整费率的通知》，以及随文下发的团体人身保险、团体人身意外伤害保险附加意外伤害医疗保险条款，开始试办附加意外伤害医疗保险（以下简称附加险）业务。该附加险为一年期健康保险产品，主要保险责任是承担被保险人在保险有效期内，发生团体人身意外伤害保险规定的保险责任范围内意外事故所支出的医疗费用。其保险费根据被保险人所从事的职业，按其所从事行业（工种）或工作性质的职业危险程度划分三个档次，机关团体、事业单位、一般工商企业单位为一档，从事建筑、冶炼等十多个工种为第二档，从事井下煤矿、海上钻探等工种划为第三档，对应保险费率分别为每人每年1‰、2‰、3‰，同时规定附加险承保限额。按照统计口径，附加险保险费收入统计在短期人身保险业务收入中。

1985年，中国人民保险公司大同中支团体人身及意外伤害保险承保15395人，收取保险费45万元，其中附加险保费占有一定份额。

1986年，中国人民保险公司大同中支、中国人民保险公司雁北中支根据省分公司《关于附加意外伤害医疗保险金额及给付保险金的补充规定的通知》，明确被保险人投保基本险和附加险后，享有两个保险金额。即基本险的保险金额和附加险的保险金额，两个保险金额可以相等，也可以不等，由投保人在投保时约定。基本险的保险金额用于对被保险人的伤残死亡给付，附加险的保险金额用于对被保险人的医疗费给付，二者分别使用，不能相互调剂。在治疗期间，保险公司对被保险人负责：误工费用、交通费用、住宿费用、陪侍费用、医疗费用。但各项按照相关规定给付总计以不超过附加意外伤害医疗保险的保险金额为限。

1987年4月，中国人民保险公司大同北城分理处与大同妇幼医院签订协议，办理计划生育系列保险，主要开办流产、引产手术安全保险及母婴安康保险业务。5月，中国人民保险公司大同城区办事处与大同第三人民医院签订代办母婴安康保险合同，年内收入保险费近2万元。

1991年，中国人民保险公司雁北中支坚持人身系列保险的发展方向，调整险种结构，全面拓展领域。坚持长险和短险并举，在全区城乡逐步推开三个系列的人身保险：一是养老系列保险，包括残疾人养老保险；二是妇女生育手术安全、妇女结扎手术安全、母婴安康等计划生育系列保险；三是团体人身、团体人身意外伤害及其附加意外医疗保险等。当年中国人民保险公司雁北中支业务收入突破1000万元，占到整个保险业务收入的37.86%，其中健康保险占有一定比重。

1992年，中国人民保险公司大同中支面对快速发展的保险市场，认为医疗保险既是一个很有发展前景和具有巨大空间的广阔市场，同时也是一个发展难度较大，不确定因素较多的市场，但是，开办医疗保险是必然的、无疑的和正确的。经过反复研究，大同中支采取“展得开也收得住”的方法，首先从城区和矿区范围160多所中小学生住院医疗保险开始，按照中国人民保险公司山西省分公司印发的《山西省中、小学生和幼儿园儿童住院医疗保险办法（试行）》，办法确定保险金额每人人民币2万元，保险费根据不同投保对象，分别确定，一般规定中学生8元、小学生10元、幼儿园儿童12元，若年度保险金总给付额超过本年度保费总收入10%，下一年度保险费标准即可调高1元。办法规定就医医院级别要求、规定负责补偿责任、不予补偿范围以及核保规定和实务手续等。当年收取保费110万元。在城区和南郊区试办公费医疗保险，采用《山西省人寿保险附加住院医疗保险条款（试行）》，条款规定保险费采用年交形式，投保时一次交清；保险储金，投保时一次交清，存期1年，满期归还本金。保费数额按照投保年龄大小，分五个档次交付。如一个单位全体人员统一投保，可以不分年龄档次，一律按年交保险费35元或储金500元投保本附加险。住院费用补偿办法主要是规定补偿累计总数不能超过人民币3000元，规定医疗补偿类型、补偿支付比例、对应主险保费最低标准、计算补偿办法和住院特殊规定等。两个试行办法的开展，使全市健康保险有了新突破。同年，中国人民保险公司大同中支与计生委联合下文，开办计划生育系列保险，并委托各级计生委代办。中国人民保险公司南城办事处与市残疾人联合会签署文件，开办残疾人养老保险。中国人民保险公司雁北中支采用"借船下海"策略，开展地、县妇联工作人员代办保险业务，代办业务主要有人身、财产七个险种，包括计生系列保险，取得显著成绩。

1996年，中国人民保险公司进行体制改革，实行产、寿险分业经营。中保人寿大同分公司的短期健康险业务仍然沿用原中国人民保险公司时期的产品。如中保矿务局支公司、左云县支开办学生险及住院医疗保险均以附加医疗保险形式，销售健康保险产品。当年，中保人寿大同健康险保费收入近100万元（同主险一起统计）。9月，为促进个人代理业务的发展，中保总公司设计并下发附加意外伤害医疗保险特约及附加豁免保险费特约等健康保险产品，一定程度上带动和促进主险的销售。12月，中保人寿丰富销售产品，开发并下发重大疾病终身保险、重大疾病定期保险和附加住院医疗日额给付保险特约条款，一经面市，便形成热销，给客户留下深刻印象，成为健康保险产品的代名词。

1997年12月，中保人寿大同分公司根据中保人寿保险有限公司《关于下发调整后的七个营销险种和六个直销险种的费率表的通知》规定，立即按照调整后的费率开办。涉及的健康保险产品主要是：重大疾病终身保险、重大疾病定期保险两个产品。当年，健康险保费收入264万元，占公司总保费收入2.61%。

1998年10月，中保人寿调整产品预定利率，推出新的健康保险产品：重大疾病终身保险条款（98版 利差返还型）、重大疾病定期保险条款（98版 利差返还型）、附加意外伤害医疗保险特约条款、附加豁免保险费特约条款。大同保险健康保险保费收入164.5万元，其中中保人寿大同分公司健康保险保费收入161万元，太平洋保险大同支公司个人业务健康保险保费收入 3.5 万元。

1999 年 6 月 10 日，中国人寿因产品预定利率因素停办重大疾病终身保险条款（98 版 利差返还型）、重大疾病定期保险条款（98 版 利差返还型）两个健康险产品和其他产品。之后到 8 月，中国人寿总公司先后两批共开发推出新险种 31 个，主要长期健康产品有康宁定期保险条款、康宁终身保险条款，短期健康产品主要有附加残疾保险条款、附加意外伤害医疗保险条款、附加意外伤害生活津贴保险条款、附加住院医疗保险条款、附加住院医疗生活津贴保险条款。中国人寿“两康”产品一经面市，半年时间就承保 820 多份，保费收入达到 131.7 万元。中国人寿“两康”健康系列产品自 1999 年上市以来虽经过几次改造和升级，但一直畅销不衰。7 月，中国人寿大同分公司根据国寿省分公司《关于调整部分短期人身保险费率的通知》精神，对县营以下煤矿（含县营）意外伤害保险及附加险的费率进行调整。其中，人寿保险附加住院医疗保险的费率提高至 30‰—40‰。

2000 年 9 月，中国人寿下发“国寿医疗急救保险”等 14 个短期险条款。10 月，国寿省分公司转发总公司《关于下发〈职工团体补充医疗保险条款〉的通知》和《关于开办职工团体补充医疗保险业务有关问题的通知》的通知。通知明确指出：山西省城镇基本医疗保险已全面启动，各分公司可以根据当地的实际情况，结合条款的基本精神、业务发展的需要和风险控制能力，综合考虑如何参与该项工作。太平洋保险大同支公司，经过向大同市政府和大同市医改领导组汇报、沟通、商讨和论证，取得政府和医改领导组的支持，建立与大同市社会保险管理中心合作关系，于 11 月 30 日率先独家承保大同市《城镇职工大额医疗费用保险》，为全市 66 万名城镇职工提供大额医疗费用保障。当年，大同保险市场健康保险产品收入 109.11 万元，同比下降 29.42%，占总保费 0.64%。

2001 年 1 月，国寿省分公司转发总公司《关于下发〈国寿计划生育妇幼幸福健康保险条款〉的通知》的通知，丰富健康保险产品。9 月，国寿省分公司下发《关于开办“国寿团体医疗保险”业务的通知》，明确规定：目前只能承保符合《个人代理人保障制度》第三条中所指各职级个人代理人员。10 月，国寿省分公司转发总公司《关于推动健康保险业务发展的指导意见》的通知，明确指出“占领职工团体补充医疗保险市场就是占领团体业务市场”。当年，大同健康保险市场实现保费 297 万元，其中团体健康保险占比 57.23%。

2002 年，中国人寿大同分公司健康保险的元年。1 月 15 日，国寿山西省分公司转发总公司《关于印发〈中国人寿保险公司 2001 年健康保险工作会议纪要〉的通知》

的通知，明确指出：随着医改的不断深入，商业补充医疗保险的市场需求急剧增加，社会各界对此十分关注，同业公司已将战略重点转向这一市场，各级公司必须正确认识市场形势，增强紧迫感，在强化管理的基础上做好健康保险业务的推动工作。31日，国寿大同分公司将健康险业务、团体新单业务、意外险业务并列规划，制定业务发展具体思路。3月，中国人寿根据省分公司《关于成立客户服务部、健康保险部的通知》，设立大同分公司健康保险部，并明确管理职能和管理关系。4月，国寿大同分公司根据省分公司《关于设立健康保险专岗的通知》要求，在团体业务部内设立健康保险专岗，并选配专人具体负责健康保险业务的日常工作。5月24日，国寿山西省分公司对意外险、健康险业务指标考核办法进行调整，重点强调严禁把健康险业务纳入意外险核算。28日，按照国寿省分公司健康险部要求，建立起系统规范的健康险业务数据报告制度。8月，国寿大同分公司开始执行《团体健康保险（费用报销型）实务管理办法》。9月，国寿大同分公司根据省分公司关于下发《二〇〇二年健康险业务达标竞赛方案》的通知，积极组织参与健康险业务达标竞赛活动。11月，国寿省分公司印发《中国人寿保险山西省分公司2002年健康保险工作会议纪要》的通知，重新诠释了对发展健康保险的认识和意义，确立健康保险在保险市场的地位和作用，明确之后一段时期全省系统健康保险发展的基调，制定近期全省系统健康保险业务发展的工作思路和主要措施。当年，大同保险健康险业务达到926万元，同比增长211.78%，占总保费1.82%。

2003年4月，中国人寿大同分公司根据总公司《关于加快健康保险业务发展的意见》认真组织落实，做好业务指标分解，细化具体推动步骤。根据《关于在“非典”防疫期间做好健康保险业务宣传及推动工作的紧急通知》精神，主动将健康保险宣传纳入公司总体宣传规划之中，此期间将国寿人文关怀、品牌形象、保险产品系统地通过各种媒体进行广泛深入的介绍和报道。5月10日，为响应政府号召，切实保障广大人民群众的身体健康和生命安全，中国人寿大同分公司推出《国寿团体传染性非典型肺炎疾病保险》及《国寿附加传染性非典型肺炎住院津贴保险》两款保险产品。12日，中国人寿大同分公司积极组织全辖系统参与由省分公司制定的《众志成城抗“非典” 中国人寿送真情业务推动企划案》，经过近50天的努力，取得较好的成绩，同时也涌现出不少销售精英。太平洋人寿加大与政府部门的合作渗透力度，加大补充医疗保险业务拓展力度，提高理赔结案率，不断提高综合服务水平。当年，大同保险市场健康险业务得到快速发展，财产保险公司在经过充分酝酿、法律准许、监管核准之后，登堂入市，并取得佳绩。

平安人寿当年入驻大同保险市场，就开始销售各种类型的保险产品，包括健康类业务。当年，由于财产公司健康保险和意外伤害一起统计，计入意外险类，仅大同保险市场人寿保险三家公司健康险保费收入达到1686万元，同比增长82.07%，占总保费2.22%，同比增加0.35个百分点。

2004年，中国人寿大同分公司在发展健康保险业务上按照积极稳健的原则，努力实现规模效益。紧紧围绕省分公司下达的《健康险工作指引》开展工作。在市场战略上，以全市国有大型企业和富裕的县区作为目标市场，确保要害区域的不丢失；以优势行业和优质企业为市场目标，争夺高端团体客户；以农村合作医疗保险的试点作为新领域，做到先入为主。在产品战略上，进一步加大主险业务的拓展力度，以补充医疗保险为主打险种，努力扩大承保面，争创规模效益；以“健康伴侣”等卡折式业务为重点险种，带动其他业务发展；积极争取生命绿荫疾病的开办权，丰富个险健康业务的产品，满足客户的旺盛需求。在上述发展思路指导下，经过长期艰苦努力，经过历次辛苦商讨，中国人寿先后承保城区、南郊、新荣区、大同县、左云、浑源、天镇、广灵、灵丘县职工团体补充医疗保险。当年6月25日，成功承保大同铁路分局53463名职工团体补充医疗保险，一次性收取保费294.05万元，成为大同国寿当年最大一笔健康险大单。同年，山西省新型农村合作医疗制度开始实施，首先选择全省15个县进行试点工作。试点目标是积极探索新型农村合作医疗制度的筹资模式、管理体制和运行机制，为实现“到2010年新型农村合作医疗制度要基本覆盖农村居民”的总目标积累经验。中国人寿左云支公司抓住机遇，积极落实省保监局在“山西省农村医疗保险业务发展座谈会”提出的“加快农村新型合作医疗保险发展速度，建立适应山西农村的健康保险发展模式”要求，正式与左云县新型农村合作医疗管理机构签署合作方案，参与新型农村合作医疗的管理工作，实现“保险服务“三农”，保险走进农村”，真正为当地农民办了件好事、实事。省政府、省保监局高度重视，副省长王昕，省保监局领导、省公司总经理赵立业等到左云农村合作医疗保险公司考察，并作重要指示。当年，大同保险市场经营健康保险业务的公司7家。其中，财产保险公司有4家，主要经营短期健康保险；人寿公司3家。收取健康保险保费2891万元，同比增长71.47%，占总保费3.26%，同比增长1.04个百分点。

2005年，中国人寿大同分公司坚持健康保险健康发展的指导思想，认真贯彻落实“积极、冷静、精心、服务”的八字经营方针，坚持十项原则。即一、只签订一年期协议原则；二、一年期以上业务必须采取强有力灵活措施的原则；三、争取提高一定交费标准的原则；四是争取提高起付线标准的原则；五是绝对经营自主的原则；六是只承保新业务的原则；七是大力发展基金型业务的原则；八是坚持效益好的保费增长，效益差的保费下降的原则；九是全面排查、全方位监控、划定危险地带、确定黑名单的原则；十是建立全省系统职工团体补充医疗保险高技术理赔系统，力求上网申报制度，强化业务审批的原则。并在此基础上实现六大转变。即一是经营粗放侥幸盈利型向科学经营型转变，注重数据分析；二是保费规模快速扩张向稳健发展转变，注重效益优先；三是险种结构由短期为主，向长短结合转变，注重均衡发展；四是业务管理由粗放向精细转变，注重专业管理；五是队伍销售由单纯展业型向理财知识型转变，注重公司利益；六是服务方式由事后理赔向事前延伸服务转变，注重公司形象。左云县是山西省、大同市合作医疗的“试点”，在上年度新型农村合作医疗大病保险责任终止后，从2005年1月1日起，农村合作医疗资金分配调整为医疗统筹资金12.5元，医疗保险资金8元，家庭门诊资金8元，保险资金1.5元，风险资金1元。中国人寿承保起付线为1万元，在支付段10001—80000元费用额按80%报销。当年，大同保险人寿保险公司有5家开办健康保险业务，平安人寿大同中支推出平安附加鸿祥提前给付重大疾病保险、平安附加鸿盛提前给付重大疾病保险等多款附加险形式的重大疾病保险产品，将附加重大疾病保险作为与分红保险、万能保险等新型寿险产品组合销售，兼顾投资理财保值增值功能和疾病死亡风险保障功能，满足了客户多层次的保险需求。当年平安人寿收取健康险保费111万元。新华人寿主要以健康天使重大疾病保险面市，收取健康保险保费35万元。泰康人寿以世纪泰康个人住院医疗保险、泰康重大疾病定期保险等较丰富产品面市，收取健康险保费27万元。

2006年，中国人寿总公司对职工团体补充医疗保险和团体补充医疗保险（A型）2款短期团体补充医疗保险产品进行修订，将条款文体、条款名称、投保范围、交费方式、责任免除、赔付比例、保险金额等内容进行修订和完善。将“团体补充医疗保险（A型）”改为“国寿团体补充医疗保险（A型）”，“职工团体补充医疗保险”改为“国寿团体补充医疗保险（B型）”。并规定“自条款下发之日起，首次承保和续期的短期团体补充医疗保险业务，一律采用新条款，不得与政府签订一年期以上的长期协议”。当年收取健康险保费1177万元，同比下降6.36万元。太平洋人寿大同中支以城镇职工补充医疗保险（大额医疗）、妇女团体健康保险A款、附加学生幼儿短期住院医疗保险、附加团体意外伤害医疗保险为主，积极拓展业务，当年实现健康险保费746万元，同比增长14.59%。新华人寿先后于6月、10月、12月推出成长阳光A、福家伴侣、健康福星增额终身重大疾病保险。11月，“健康天使”退出市场。新面市的健康福星增额终身重大疾病保险，有四个显著特点：一是“雪中送炭”，32种重疾包含了绝大多数高发常见的重大病种，保障全面；二是“水涨船高”，快速增值的健康基金，健康账户资金充足，为幸福家庭保驾护航；三是“高枕无忧”，保额每年稳健递增，在拥有终身健康保障的同时体现身体尊严；四是“锦上添花”，灵活选择的养老功能，66岁后可灵活转换养老年金，一份投资两种选择，为晚年生活锦上添花。借助产品更替，新华大力宣传新产品，缩短产品上市的冷静期，当年收取健康险保费101万元，同比增长188.57%。同年9月1日，中国保险监督管理委员制定的《健康保险管理办法》正式施行。

2007年，大同保险市场开办健康保险的财产公司有中国人民保险公司财险大同市分公司、平安财险大同中支。中国人民保险公司财险与美国国际集团（AIG）合作开发的短期意外健康保险产品——“众安康”和“乐安康”，该产品为被保险人在遭遇意外事故或疾病时提供便捷，周全的保险保障服务，其最大特点在于它改变了传统意外健康保险产品的费用报销形式，通过津贴补助形式，直接向被保险人给付现金的医疗保险。当年，中国人民保险公司财险大同市分公司首年短期健康保险保费收入32万元。平安财险大同中支以学生团体附加意外伤害医疗保险等传统意外险附加医疗保险面市，先后推出团体重大疾病、女性安康团体疾病、住院团体医疗等既具有市场普适性又具有目标市场明确的健康保险产品。当年收取健康险保费18万元，同比增长63.63%。中国人寿大同分公司健康险坚持“效益至上”的承保原则，积极加强与政府及有关部门的协调配合，为业务发展创造良好环境。当年短期健康险保费实现925.4万元，同比增加160万元，增长20.8%。太平洋人寿中支健康险以妇女团体健康保险A款、附加学生幼儿短期住院医疗保险、附加团体意外伤害医疗保险为主，通过目标市场的细分和市场的深度挖掘，实现当年健康险保费206.64万元。泰康人寿加大产品开发力度，以泰康健康人生两全保险、泰康附加健康人生定期重大疾病保险进入大同保险市场，以“其低廉的价格和高额的保障”为特点，赢得了市场的青睐。当年健康保险保费收入75万元，同比增长2.7%。同年4月，中国保险行业协会推出我国第一个重大疾病保险和行业规范性操作指南《重大疾病保险的疾病定义使用规范》并要求从8月1日后市场销售的所有重疾险产品必须遵守新的统一定义。为保护消费者权益，“使用规范”突出在六个方面进行规范：一是对重疾险产品中业务量较大的成年人最常见的25种疾病的表述进行统一和规范；二是对重疾险产品涉及的保险术语制定行业标准；三是对重疾险的相关除外责任进行规范；四是对重疾险条款和配套宣传材料中所列疾病的排列顺序提出规范性要求；五是对重疾险宣传材料中的疾病名称进行规范；六是明确要求使用统一的重疾定义后，保险期间主要为成年人阶段的保险产品，若以“重大疾病保险”命名，其保障范围必须包括25种疾病中发生率最高的6种疾病：恶性肿瘤——不包括部分早期恶性肿瘤，急性心肌梗死，脑卒中后遗症——永久性的功能障碍，重大器官移植术或造血干细胞移植术——须异体移植手术，冠状动脉搭桥术——须开胸手术，终末期肾病——须透析治疗或肾脏移植手术。当年，大同健康险业务在规范中发展，全年实现保费4752万元，各种给付1979万元。

2008年，大同保险主体达到22家，财产保险公司13家，开办并收取健康保险业务保费的公司有中国人民保险公司财险、平安财险、天安财险和大地财险4家公司，4家财险公司保费达到270万元，同比增长4.4倍，占全市财产保险总保费的0.45%，位于财产保险九大类第七，列于机动车辆保险、企财保险、责任保险、农业保险、意外伤害保险和货物运输保险之后。中国人民保险公司人寿大同中支、太平人寿大同中支、中国人民保险公司健康大同中支和嘉禾人寿大同中支进驻大同，开始承办各种人身保险业务。除中国人民保险公司健康之外，人寿险8家公司收取健康险保费达5229万元，同比增长22.98%，占人寿保险公司总保费2.59%。中国人民保险公司财险大同市分公司将社保补充医疗、新农合纳入考核计划，并提出尽快形成区域性统保或至少在一两个县先行突破，进一步扩大健康险业务的范围。当年收取健康险保费107万元，同比增长234.38%。大地财险与全球知名保险服务商GBG（Global Benefits Group）公司联手，推出被称为“国内市场上首款全面的、与国际接轨的”健康保险产品——“大地全球医疗保险”，大地财险大同中支凭借新产品面市之机，努力开拓高端客户领域以及传统领域市场，当年收取健康险保费138万元，拉动健康保险业务的增长。当年新进入健康保险市场的中国人民保险公司寿险大同中支以《中国人民保险公司寿险团体补充医疗保险（管理型）（B/C款）》《中国人民保险公司寿险社保补充团体医疗保险等附加健康保险》为主的形式推动业务发展；太平人寿大同中支充分利用中介代理渠道销售健康保险产品；嘉禾人寿大同中支为满足客户保险需求，扩大保险服务领域，开展健康保险业务。

2009年，大同保险市场健康保险业务保费收入达到8286万元，同比增长50.68%，高出全省平均水平23.11个百分点。其中，财产保险公司健康保险收入584万元，同比增长 116.30%，在九大类财产保险中位列第七。全市开展健康保险业务且产生保费的财产公司有中国人民保险公司财险、太平洋财险、平安财险、天安财险、大地财险、阳光财险等 6 家。中国人民保险公司财险大同市分公司抓住大同市政府加大社会保障投入时机，成立专项小组和攻坚团队，加强联系，占领补充医疗保险市场，中国人民保险公司南郊支公司统保了全区社保补充医疗保险，收取保费 112 万多元；中国人民保险公司新开南路营销服务部成功竞回矿区的社会医疗补充保险业务，收取保费 77 万多元。两个支公司均拉动了中国人民保险公司健康保险业务的发展。太平洋财险大同中支开始将健康保险、意外险单独核算、分别考核，首年收取健康险保费 45 万元。人寿保险公司健康保险保费收入 7702 万元，同比增长 47.29%，占人寿险公司总保费 3.97%，同比增长 1.38 个百分点。中国人民保险公司健康大同中支落实“抢抓医改新机遇，实现公司新突破”的工作要求，加强与大同市政府及劳动保障部门的沟通力度，多次向政府及相关部门汇报中国人民保险公司系统参与社会保障体系建设的经验与做法。组织相关人员赴广东湛江等社保补充业务先进单位学习取经，最终同大同市医疗保险管理中心正式签署《大同市城镇居民补充医疗保险合作协议》，协议期限为 5 年。当年，收取健康保险费 1721 万元，拉动了大同保险健康险业务的发展。

2010 年，大同保险市场健康保险业务保费收入达到 7885 万元，同比增长 –4.84%。其中，财产公司健康险保费收入 487 万元，同比下降 16.61%。财产保险公司中，中国人民保险公司财险大同市分公司、太平洋财险大同中支发生正增长，其余 4 家公司均发生下滑，造成财产公司健康险业务整体下滑。人寿保险公司收取健康险保费 7398 万元，同比下降 3.95%。人寿保险公司中，太平洋人寿、平安人寿、新华人寿、泰康人寿、中国人民保险公司寿险、嘉禾人寿、太平人寿、合众人寿保持正增长，中国人寿、中国人民保险公司健康出现同比下滑，分别为 11.57% 和 30.68%，导致人寿险公司总体健康险业务同比下降。当年，中国人寿大同分公司健康险认真执行健康险经营“十道防火墙”和“三十条实施细则”，所有开办的业务要坚持“三不做”：不做赔钱业务，不做没把握的业务，不做带风险隐患的业务。在管理模式上，借鉴保定的管理经验，实行团补业务单独运作，单独经营，通过管理管出效益，管出水平，实现健康险业务健康发展。中国人民保险公司健康保险大同中支自总公司 2010 年 5 月提出在全系统推广“湛江模式”以来，公司推广工作取得非常显著的成效，连续两年保费突破 1000 万元，在人寿保险公司中保险贡献度分别为 22.34% 和 16.13%。

2011 年，大同保险市场健康业务保费收入 9042 万元，同比增长 14.67%。其中，财产保险公司收入健康保险670万元，同比增长37.58%，占总保险费的0.55%，保费规模位于九大类财产保险第八，仅高于信用保证保险。在财产保险公司中，中国人民保险公司财产大同分公司梳理销售目标，落实展业责任，实现业务发展与客户需求的无缝对接，健康险保费收入599万元，同比增长49.75%，拉动整体健康险业务的提升。人寿保险公司健康保险保费收入8372万元，同比增长13.17%，占总保费收入4.03%。人寿保险经营健康保险的10家公司中，有7家实现正增长。中国人寿大同分公司坚持“大业务与分散业务”“新业务与续期业务”同步抓，并专门出台激励推动政策，实现健康险保费2062万元，同比增长27.42%；太平洋人寿大同中支以妇女团体健康保险A款等传统医疗保险以及学生住院、建筑工种等领域深度开发、平安人寿销售产品根据客户有无社保情况，设置不同交费数额，让有社保客户实现低交费，社保报销剩余额二次报销；无社保客户建立自身医疗保障体系。均实现同比正增长，分别为增长8.96%、95.57%。中国人民保险公司健康大同中支同大同市劳动和社会保障局向全市各县区人力资源和社会保障局、医保中心及有关单位下发《关于深化与中国人民保险公司健康公司在医保领域合作促进我市医保事业改革发展的指导意见》的文件，明确公司在医疗保险管理服务中的职责，将充分利用公司在医疗保险领域先进的管理技术和经验，推进大同医疗保险事业科学发展。该文件明确提出从2012年1月起，由大同中支承保大同市城镇职工大额医疗保险。当年，健康保险保费收入973万元，保费规模在寿险10家公司中位列第四。

2012年，大同保险市场健康保险业务保费收入1.49亿元，首次突破亿元大关，同比增长64.51%。其中，财产保险公司保费收入1692万元，同比增长152.54%，占财产公司总保费收入1.30%。保费规模位列财产9大类险种第五，较上年前进了三位。人寿保险公司健康保险保费收入1.32亿元，首次突破亿元大关，同比增长57.47%，占寿险公司总保费6.20%，同比增长1.17个百分点。中国人民保险公司财险大同市分公司学习省分公司转发总公司《关于深入学习国务院〈“十二五”期间深化医药卫生体制改革规划暨实施方案〉的通知》，和省分公司“健康险专项发展领导小组”意见，大力发展健康险业务，实现保费1471万元，同比增长145.58%。平安财险大同中支新推出平安境外旅行附加紧急医疗救援（B/C款）、平安健康医疗救援服务（A/B款）、平安团体重大疾病保险（境外），当年健康保险保费收入实现165万元，同比增长近20倍。中国人寿大同分公司坚持“政保合作与分散业务齐头并进”的工作思路，成功承保全市城镇职工意外伤害补充保险，保费收入达千万元以上，率先在全省系统实现政保合作的新突破，当年健康险保费达到 3293 万元，同比增长 59.70%。新华人寿大同中支重视法人渠道业务、大项目业务的开拓，收取健康保险保费 578 万元，同比增长 358.73%。中国人民保险公司健康大同中支继续深入推广“湛江模式”，与大同市医疗保险管理中心签订《大同市城镇职工大额补充医疗保险协议书》，承保大同市城镇职工大额补充医疗保险项目，使城镇居民、城镇职工补充医疗保险实现全覆盖。当年收取健康保险保费 3441 万元，同比增长 253.65%。

2013 年 8 月，为进一步完善城乡居民医疗保障制度，建立健全多层次医疗保障体系，山西保监局与山西省发展改革委、卫生厅、财政厅、人社厅、民政厅等六部门联合下发《山西省建立和完善城乡居民大病保险工作实施方案》，方案明确保障对象在保险统筹年度内发生的医疗费用支付，经城镇居民医保、新农合按规定支付后需个人负担的合规医疗费用可由大病保险资金按规定支付，起付标准为 1 万元，最高支付限额为 40 万元。大同保险主体根据自身经营原则和思路，顺应地方改革需要，积极参与地方多层次医疗保障体系建立。中国人民保险公司财险山西省分公司向省保监局递交《关于中国人民财产保险股份有限公司山西省分公司积极参与大病保险的报告》，表达中国人民保险公司财险山西省系统承办新型农村合作医疗大病保险的意愿。中国人寿大同分公司强调继续抓好职工补充意外医疗保险，积极探索与拓展大病保险及新农合业务，在做大规模、做优效益上做文章，实现“两个效益”。中国人民保险公司健康大同中支在山西省六个部门联合下文关于城乡居民大病保险政策出台后，全身心地投入履行社会责任，保障民生建设的大背景中，经过多次商讨，赢得大同煤矿集团有限责任公司的认可，达成合作协议，承保大同煤矿集团有限责任公司员工补充医疗保险。同年也实现大同城镇职工及城镇居民大病保险项目续保签约。当年，大同保险市场健康保险保费收入 1.81 亿元，同比增长 21.78%。其中，人寿保险 12 家公司全部实现正增长。新进入大同保险市场的国华人寿大同中支通过工行、农行、中行、建行、邮政银行、华夏银行、兴业银行、晋商银行等中介代理渠道推动健康保险业务，首年收取健康险保费 200 万元；民生人寿大同中支主打销售民生附加额外给付重大疾病保险，首年收取健康险保费 91 万元。

2014 年，大同保险市场健康保险业务保费收入 2.42 亿元，同比增长 33.36%。大同保险市场中国人民保险公司大同中支从 1984 年以附加意外伤害医疗保险形式开始涉足健康保险业务，保费规模突破亿元大关经过 28 年；从主动试办附加住院医疗保险开始计算，保费规模突破亿元大关经过 20 年；从以主险形式算起开办健康业务，保费规模突破第一个亿元大关经过10年，而突破第二个亿元大关，仅用2年。当年，中国人民保险公司财险大同市分公司把握居民收入稳步提高和政府加大保障民生力度的机遇，创新销售模式，加大险种联合和渠道协同，巩固大病补充医疗保险主导地位，拓展城镇职工、居民补充医疗保险。当年，收取健康险保费915万元，同比下滑29.51%，但市场份额68.65%，位列全市第一。平安财险大同中支借助于新产品平安个人孕妇健康保险、平安特定甲型流感综合保险、平安个人怀孕津贴保险面市之机，加大推动力度，收取健康保险120.62万元，同比增长10倍多，同比增幅当年第一，市场份额进入财产公司第二位。国寿财险大同中支当年以附加险形式，首年销售健康保险产品，保费收入105.07万元，开局取得佳绩。中国人寿大同分公司尝试组建以服务职工补充保险和新农合意外补充保险为主的一支新队伍，以服务养队伍，逐步培养展业能力。同时各支公司根据自身及当地经济发展特色，积极参与政保业务开展，继续拓宽政保业务发展空间。当年健康险保费收入达到4690.04万元，同比增长42.42%。中国人民保险公司健康大同中支推出北肿防癌管家个人疾病保险（A款）和附加北肿防癌管家个人护理保险（A款），是中国人民保险公司健康与北京大学肿瘤医院深度合作、联合开发的新一代防癌保险产品，集专属医疗服务、特色健康管理、周全保障计划和诊疗全程守护于一体，为客户提供权威诊疗服务和专业保险保障，当年面市，深受客户青睐。对于社保业务，中国人民保险公司健康进行“大病医疗保险”责任变更和调整，即被保险人在保险年度内发生的住院医疗费用，经城镇居民医疗保险按规定支付后，累计超过城镇居民大病保险起付标准1万元以上至最高支付限额40万元以内合规的个人自付医疗费用，按照新的标准支付。当年中国人民保险公司健康大同中支健康险保费收入达到9380.41万元，同比增长79.52%，在人寿保险公司健康险市场份额达到56.07%，位列人寿保险公司第一。从城镇居民补充医疗保险项目启动以来，中国人民保险公司健康大同中支累计覆盖参保居民180.72万人，累计提供风险保障4023.2亿元，累计报销补偿12756人次。

2015年，大同保险健康险业务保费规模达到3.94亿元，同比增长63.01%。其中财产保险公司健康险保费收入2495.84万元，同比增长163.73%，占财险公司总保费1.45%，驻大同财产保险公司20家，先后开办健康保险业务的公司有9家，当年收取健康险保费的仅有6家，集中在中国人民保险公司财险、太平洋财险、平安财险、天安财险、大地财险和中华联合财险。人寿保险公司健康险保费收入3.69亿元，同比增长58.90%，占人寿险公司保费收入11.49%。在大同保险市场12家人寿保险公司中，中国人寿大同分公司、中国人民保险公司健康大同中支保费收入突破亿元大关，保费收入分别实现 1.30 亿元、1.19 亿元。太保人寿大同中支、平安人寿大同中支、新华人寿大同中支健康险业务保费收入突破千万大关，分别为 4894.12 万元、3866.49 万元和 1578.61 万元。5 家公司市场份额占比达到 95.58%。中国人民保险公司财险大同市分公司落实大病保险相关政策，对接卫生局、劳动局和医保中心，得到政府和相关部门的大力支持，6 月份中标全市城镇居民大病保险项目。中国人寿大同分公司全力抢抓发展机遇，充分利用公司的品牌优势、资源优势和机构优势，积极公关大病保险业务，在做大规模、做优效益上做文章。当年成功中标全市城镇职工和新农合大病保险服务项目，累计收取保费 8100 万元，承保人数达 125 万。中国人民保险公司健康大同中支贯彻总公司下发《关于进一步加强城乡居民大病保险业务依法合规经营的通知》，经营健康保险业务，按照“病前健康管理、病中诊疗监控、病后赔付核查”三位一体的医疗风险管控模式，实现健康保险业务健康发展。

同年 11 月，为满足人民群众多样化健康保障需求，提升医疗保障服务效率和医疗卫生治理能力现代化水平，山西省人民政府办公厅先后出台《关于加快发展商业健康保险的实施意见》《关于全面实施城乡居民大病保险的实施意见》，确定基本原则和主要目标；拟定了资金来源、筹资标准和统筹层次；明确保障对象、保障范围和保障水平；指定由省人力资源社会保障、卫生计生、财政、保险监管部门共同制定大病保险的筹资、支付范围、最低支付比例以及就医、结算管理等基本政策；还特别指出对商业保险机构承办大病保险的保费收入，按现行规定免征营业税，免征保险业务监管费；在 2015 年至 2018 年，试行免征保险保障金。招标采购代理机构不得收取中标服务费、履约保证金等增加大病保险成本费用的支出项目。政府一系列惠民政策，为保险主体开办健康保险，提供保险服务奠定良好的发展空间。

2016 年，中共中央、国务院印发《“健康中国 2030”规划纲要》，纲要指出：健全以基本医疗保障为主体、其他多种形式补充保险和商业健康保险为补充的多层次医疗保障体系。进一步健全重特大疾病医疗保障机制，加强基本医保、城乡居民大病保险、商业健康保险与医疗救助等的有效衔接。大同保险业主体积极参与，密切配合社会多层次医疗保障体系建设，勇于探索、主动践行社会保险与商业保险的互补和衔接。年内，大同保险市场健康险保费收入达到 4.65 亿元，同比增长 18.02%。其中，财产保险公司健康险保费 4451.3 万元，同比增长 78.35%。人寿保险公司健康险保费收入 42025.95 万元，同比增长 13.94%。中国人民保险公司财险大同市分公司密切沟通政府，改善承保条件，提升理赔服务，科学理性经营，成功续保全市城镇居民大病保险和新农合大病保险业务，保费分别增加 167 万元和 246 万元，稳固市场地位。在多家竞争同煤医保项目中，中国人民保险公司财险悉心准备承保方案，多方展现公司实力，以国企品牌、实力雄厚脱颖而出，又成功竞回同煤集团企业补充医疗保险，保费收入 1200 余万元。年内，中国人民保险公司财险大同市分公司健康保险保费收入 4.20 亿元，市场份额 93.05%，位列财产公司第一。中国人寿大同分公司凭借品牌优势、网络优势和专业优势，实现城镇职工保险规模大提升，扶贫保险全面拓展。除阳高、新荣外，大同市其他县区均已实现统保。年内中国人寿健康保险保费收入 1.60 亿元，市场份额 38.16%，位列人寿公司第一。

2017 年，大同保险主体紧紧抓住“健全以基本医疗保障为主体、其他多种形式补充保险和商业健康保险为补充的多层次医疗保障体系”的发展机遇，大力发展健康险业务。大同财产保险公司 22 家，先后开办过健康保险业务的公司 16 家，年内收取健康险保费的公司 13 家。大同人寿保险公司 16 家，除安邦人寿大同中支之外，开办健康保险业务的公司达 15 家，大同保险市场经营健康险业务的险企达 28 家。年内，大同保险市场健康险保费收入总计 6.333 亿元，同比增长 36.13%。从 2002 年大同保险业以主险业务承办健康险业务开始计算，到 2017 年，16 年来健康险业务，保持平均年增长 18.41% 的幅度增长。财险保险公司保费收入 8908.6 万元，同比增长 100.13%，保费贡献度 4.71%，保费规模位列 9 大类财产险中第三（机动车辆和交强险分别统计，农业保险未参与统计），达到历史最高水平。人寿保险公司健康险保费收入达 5.44 亿元，同比增长 29.35%，贡献度 11.44%。中国人民保险公司财险大同市分公司在政策性业务发展上，抢抓政策机遇，创新开展工作，一是做好大病保险工作，独家承保居民及新农合大病保险，新增保费 1055 万元；二是做好后期理赔服务工作，让政府放心，让客户满意，加大社保业务客户二次开发力度，带动商业健康险发展。全年实现健康险保费 8924.65 万元，同比增长 103.94%。中国人寿大同分公司全力抢抓发展机遇，充分利用公司的品牌优势、资源优势和机构优势，积极公关，在做大规模、做优效益上做文章。落实“机构对机构、平台对平台、渠道对渠道”对标管理责任，实现了全市所有县区均承保扶贫保险。年内健康险保费收入 1.95 亿元，同比增长 21.58%。

表 150　　2016—2017 年大同保险市场新上市健康保险产品一览表

年度	机构	产品	属性
2016	太平洋人寿	金诺人生终身寿险（分红型）（A 款）	健康险
		少儿超能宝两全保险	健康险
	泰康人寿	泰康健康尊享医疗保险	健康保险
		甜蜜人生	健康保险
		健康百分百	健康保险
	新华人寿	健康无忧青少年 A	健康保险
		健康无忧青少年 B	健康保险
		健康无忧青少年 C	健康保险
		健康无忧 A	健康保险
		健康无忧 A	健康保险
		健康无忧 A	健康保险
	中国人民保险公司人寿	中国人民保险公司寿险附加母婴安康疾病保险	健康保险
		中国人民保险公司寿险附加金色童年重大疾病保险	健康保险
	中国人民保险公司健康	预防接种异常反应团体疾病保险	健康险
		预防接种异常反应个人护理保险	健康险
		健康守望补充医疗保险（B 款）	健康险
		和谐盛世团体护理保险	健康险
		健康天使个人重大疾病保险	健康险
		关爱一生特定恶性肿瘤个人疾病保险	健康变
		福利双全个人护理保险（B 款）	健康险
		康乐尊享个人重大疾病保险	健康险
		美满尊享个人护理保险	健康险
		团体管理式补充医疗保险（A 款）	健康险
	农银人寿	农银附加同悦重大疾病保险	重大疾病保险
		农银附加同康防癌疾病保险	重大疾病保险
		农银附加爱立方二代重大疾病保险	重大疾病保险
	民生人寿	民生 U+ 女性特定疾病保险	疾病保险
		民生附加如意康伴豁免保费防癌疾病保险	疾病保险
		民生茁壮成长少儿重大疾病保险	疾病保险
		民生如意康伴防癌疾病保险	疾病保险

续表 150

年度	机构	产品	属性
2017	工银人寿	工银安盛人寿附加御安心重大疾病保险	健康险
		工银安盛人寿附加住院津贴医疗保险	医疗险
		工银安盛人寿附加意外伤害医疗保险（B 款）	医疗险
		工银安盛人寿附加住院费用医疗保险	医疗险
	幸福人寿	幸福人生终身重大疾病保险	健康保险
		幸福附加贵福宝重大疾病保险	健康保险
		幸福安享幸福恶性肿瘤疾病保险	健康保险
	太平洋人寿	爱无忧两全保险（2.0 版）	健康险
		金诺人生重大疾病保险 A 款（2017 款）	健康险
		少儿超能宝两全保险（2.0 版）	健康险
		银发安康恶性肿瘤疾病保险（B 款）	健康险
		乐享百万医疗保险（H2017A）	健康险
	泰康人寿	泰康健康尊享 B 款医疗保险	健康保险
		泰康全心全意保障计划	健康保险
	中国人民保险公司人寿	中国人民保险公司寿险至尊守护医疗保险	健康保险
		中国人民保险公司寿险附加富贵一生重大疾病保险	健康保险
		中国人民保险公司寿险无忧人生重大疾病保险	健康保险
	中国人民保险公司健康	手术安康并发症团体疾病保险	健康险
		康鑫乐享个人护理保险	健康险
		健康金福重大疾病保险（C 款）	健康险
	农银人寿	农银附加爱成长重大疾病保险	重大疾病保险
		农银附加爱成长长期医疗保险	医疗保险
		农银爱康宝重大疾病保险	重大疾病保险
	民生人寿	民生 e 生无忧费用补偿医疗保险	医疗保险
		民生附加提前给付男性重大疾病保险 2017	疾病保险
		民生附加提前给付女性重大疾病保险 2017	疾病保险
		民生附加金生无忧提前给付重大疾病保险	疾病保险
	工银人寿	工银安盛御立方五号保险产品计划	健康险
		御满 e 生医疗保险	医疗险

表 151　　1997—2017 年大同寿险公司健康险保费收入统计表

年度	健康保险保费收入（万元）	年度总保费（万元）	占总保费比值（%）
1997	264	10268	2.57
1998	164.5	12318.8	1.34
1999	154.6	15129.9	1.02
2000	109.11	17122.2	0.64
2001	297	23363	1.27
2002	926	50774	1.82
2003	1686	75716	2.23
2004	2891	88729	3.26
2005	2080	110001	1.89
2006	2288	122817	1.86
2007	4252	127664	3.33
2008	5229	202053	2.59
2009	7702	193837	3.97
2010	7398	206653	3.58
2011	2401	207569	1.16
2012	13183	212584	6.20
2013	15015	223052	6.73
2014	23212.57	242579.09	9.57
2015	36885.35	320998.28	11.49
2016	42085.95	372755.05	11.29
2017	54361.58	475269.43	11.44

表 152　　2004—2017 年大同财险公司短期健康险经营状况表

年度	保费收入（万元）	占总保费比值（%）	给付支出（万元）	给付率（%）
2004	18	0.07	15	83.33
2005	12	0.04	2	16.67
2006	11	0.03	0	0.00
2007	50	0.10	8	16.00
2008	270	0.45	190	70.37
2009	584	0.87	260	44.52
2010	487	0.50	281	57.70
2011	670	0.56	50	7.46
2012	1692	1.34	472	27.90
2013	1385	0.95	965	69.68
2014	946.35	0.57	860.83	90.96
2015	2495.84	1.45	862.41	34.55
2016	4451.3	2.33	2565.04	57.62
2017	8908.6	4.72	5762.26	64.68

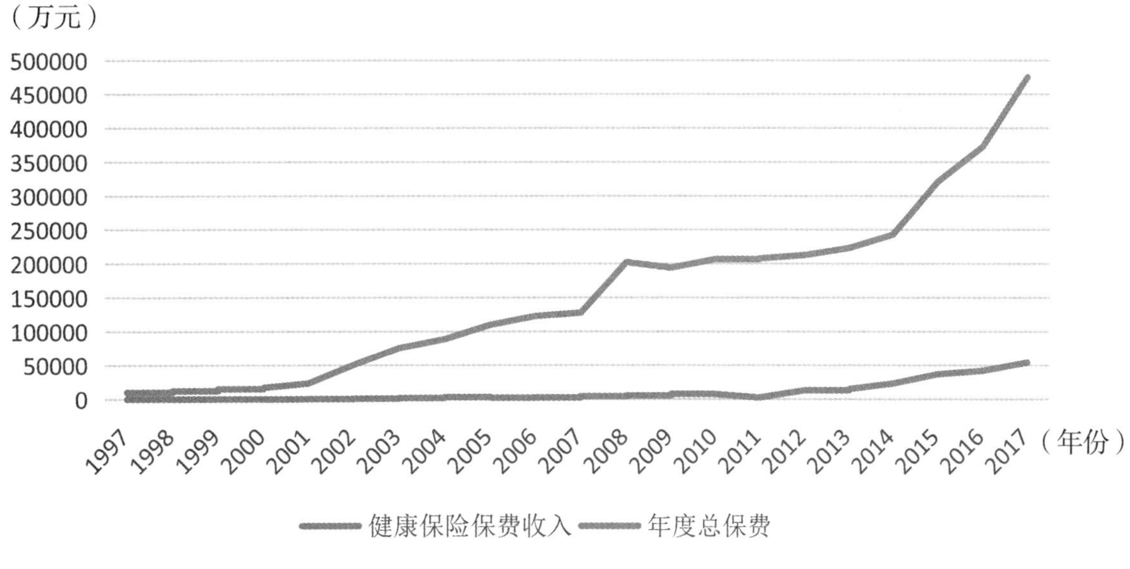

图 31　1997—2017 年大同寿险公司健康保险保费收入趋势图

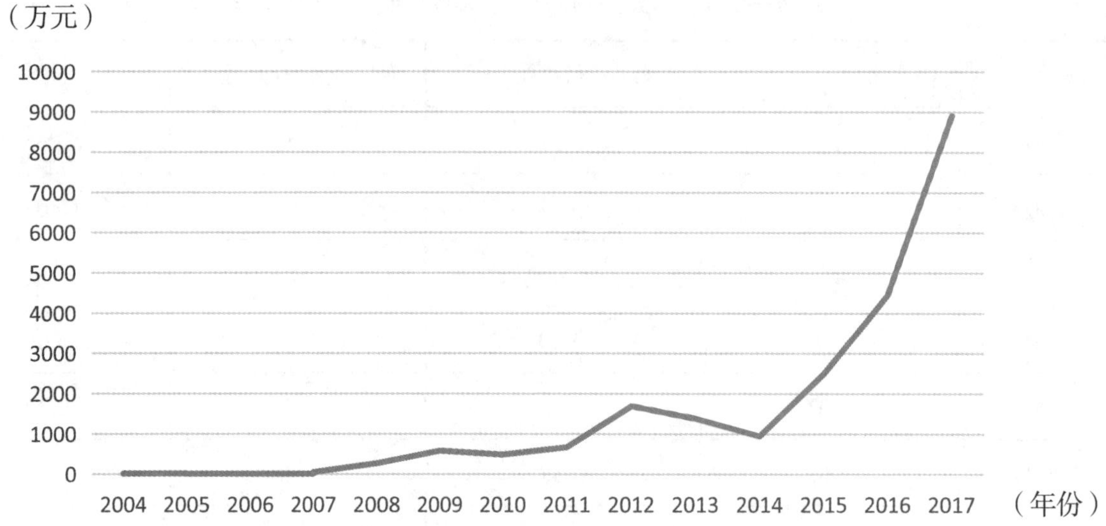

图 32　2004—2017 年大同财险公司短期健康保险保费收入趋势图

表 153　　2017 年大同市财险公司短期健康险市场份额一览表

单位	保费收入（万元）	市场份额（%）
人保	8580.05	96.31
太保	53.35	0.60
永安	0.00	0.00
平安	110.98	1.25
大地	19.19	0.22
天安	51.14	0.57
华安	0.00	0.00
太平	0.95	0.01
永诚	7.35	0.08
安邦	1.23	0.01
渤海	0.00	0.00
国寿财	57.23	0.64
阳光	0.00	0.00
华泰	1.04	0.01
中煤	0.00	0.00
信达	0.00	0.00
安盛天平	0.00	0.00
英大	0.00	0.00
中华联合	19.13	0.21
安诚	0.00	0.00
紫金	0.01	0.00
都邦	6.94	0.08
合计	8908.59	100.00

第九章 保险中介业务

保险中介是介于保险机构之间或保险机构与投保人之间，专门为保险交易双方提供保险销售、业务咨询、风险管理、投保方案安排、风险评估、损失鉴定与理算、代理查勘及理赔服务，并从中依法获取佣金或服务费的个人和单位。这里主要记述保险中介销售业务的发生与发展。

第一节 专业代理保险业务

专业代理人是根据保险公司委托，专门从事保险代理业务的单位。

2003 年 7 月 14 日，大同祥和保险代理有限公司成立，在大同保险市场上设立专业保险代理人，实现了历史性突破。8 月 6 日，山西极盛保险代理有限公司在大同挂牌成立。21 日，山西东升保险代理有限公司在大同宣布开业。当年，平安财险大同中支与大同市永盛保险代理有限公司签订代理协议，收取车险业务保费 1.07 万元。

2004 年，平安财险大同中支与大同市永盛保险代理有限公司建立代理业务关系，收取车险业务保费 1.15 万元。

2005 年 4 月 26 日，大同祥和保险代理有限公司大庆路分公司成立，大同祥和代理有限公司开始设立分支机构。7 月 20 日，山西铁联保险代理有限责任公司在大同成立。当年，太平洋财险大同保险中支同大同市诚信保险代理有限公司建立代理关系，收取机动车辆保费 35.49 万元。平安财险大同中支同山西德昌保险代理有限公司、山西省邮政保险代理有限公司、山西宝信保险代理有限公司建立代理关系，收取机动车辆保费 46.18 万元。

2006 年，太平洋财险继续同大同市诚信保险代理有限公司合作，收取保险费 6.48 万元。平安财险大同中支重视多渠道经营，在强化直销渠道、个人代理渠道的同时，重视机构代理业务。当年，与大同祥和保险代理有限公司、山西省邮政保险代理有限公司、大同市真诚阳光保险代理有限责任公司、山西宝信保险代理有限公司、大同市信通保险代理有限公司、大同市永盛保险代理有限公司建立代理关系，共收取保费 287.78 万元。

2007 年 4 月 23 日，大同祥和保险代理有限公司在左云县设立分支机构，即大同祥和保险代理有限公司左云县分公司。6 月 18 日，大同祥和保险代理有限公司在城区设立第二个分支机构，即大同祥和保险代理有限公司迎宾路分公司成立。平安财险大同中支与大同祥和保险代理有限公司合作，收取机动车辆保费 625.17 万元；与大同市信通保险代理有限公司合作，收取机动车辆保费 21.1 万元；与大同市真诚阳光保险代理有限责任公司合作，收取机动车辆保费 0.82 万元；与山西省邮政保险代理有限公司合作，收取机动车辆保费 0.63 万元。

2008 年 8 月 29 日，大同市祥瑞保险代理有限公司成立。当年，平安财险大同中支与大同祥和保险代理有限公司合作，收取机动车辆保费 634.08 万元；与山西成禧保险代理有限责任公司合作，收取机动车辆保费 370.22 万元。太平产险大同中支与保险代理公司合作并签订《保险专业代理合作协议》，具体合作险种包括：财产保险基本险、财产保险综合险、机器损坏险、航意险、 私家车保险、公务车保险、特种车保险、交通意外伤害保险、乘坐交通工具意外伤害保险等 17 种险种。当年，代理渠道收取保费 760.78 万元，占同期总保费的 91.29%。

2009 年，平安财险大同中支持续维护代理渠道关系，不断建立新的代理渠道。当年，大同祥和保险代理有限公司收取机动车辆保费 687.68 万元，山西成禧保险代理有限责任公司收取机动车辆保费 303.08 万元，大同市永盛保险代理有限公司收取保费 3.86 万元，山西泰华保险代理有限公司收取保费 14.06 万元。平安财险通过专业代理渠道收取保费 1008.68 万元。

2010 年，平安财险大同中支合作出单的专业代理公司有大同祥和保险代理有限公司，收取代理保费 290.85 万元；山西铁联保险代理有限责任公司，收取代理保费 20.5 万元。山西成禧保险代理有限责任公司，收取代理保费 928.87 万元；山西泰华保险代理有限公司，收取代理保费 2.61 万元。

2011 年，平安财险大同中支实行多渠道发展，继续扩大代理渠道的拓展潜能，签约保险中介发挥的作用继续凸显。山西成禧保险代理有限责任公司收取保费 301.47 万元，山西现代保险代理有限公司收取保费 565.0 万元，山西东升保险代理有限公司收取保费 358.41 万元，山西铁联保险代理有限责任公司收取保费 48.66 万元，大同市真诚阳光保险代理有限责任公司收取保费 43.79 万元，大同市信通保险代理有限公司收取保费 16.72 万元，大同祥和保险代理有限公司收取保费 22.26 万元。当年，专业代理公司收取保费 1356.31 万元，占同期总保费的 0.41%。

2012 年，平安财险大同中支签约专业代理公司有 20 多家，发生保费收入有 9 家。山西现代保险代理有限公司收取保费 593.58 万元，大同市祥瑞保险代理有限公司收取保费 131.91 万元，大同市真诚阳光保险代理有限责任公司收取保费 40.63 万元，山西东升保险代理有限公司收取保费 85.11 万元，世捷开元保险代理有限公司山西分公司收取保费 42.57 万元，山西铁联保险代理有限责任公司收取保费 37.79 万元，山西成禧保险代理有限责任公司收取保费 97.22 万元，大同祥和保险代理有限公司收取保费 3 万元，山西宏洋保险代理有限公司收取保费 1.44 万元。当年 ，平安财险大同中支借助于代理公司收取保费 992.62 万元，占同期总保费的 8.28%。

2013 年，大同市祥瑞保险代理有限公司收取保费 155.69 万元，山西成禧保险代理有限责任公司收取保费 60.52 万元，山西现代保险代理有限公司收取保费 313.54 万元。世捷开元保险代理有限公司山西分公司收取保费 41.4 万元，山西东升保险代理有限公司收取保费 33.23 万元，山西铁联保险代理有限责任公司收取保费 28.59 万元。当年，平安财险专业代理渠道收取保费 632.97 万元，占同期总保费比为 4.57%。

2014 年，大同市祥瑞保险代理有限公司收取保费 158.06 万元，山西现代保险代理有限公司收取保费 33.53 万元，山西铁联保险代理有限责任公司收取保费 3.28 万元，山西东升保险代理有限公司收取保费 3.07 万元，大同市信通保险代理有限公司收取保费 0.53 万元。

2015 年 10 月，山西东升保险代理有限公司先后设立 7 家支公司。11 月，大同祥和保险代理有限公司先后设立 5 家分支机构。大同市祥瑞保险代理有限公司收取保费 157.86 万元，山西现代保险代理有限公司收取保费 5.21 万元，

2016 年，大同保险市场保险专业代理公司进入繁荣和扩张阶段。当年，大同市祥瑞保险代理有限公司成立 6 家支公司，大同祥和保险代理有限公司成立 9 家分支机构，山西东升保险代理有限公司成立 7 家分支机构，山西极盛保险代理有限公司成立 2 家分支机构。大同市祥瑞保险代理有限公司收取保费 65.31 万元，山西现代保险代理有限公司收取保费 18.58 万元，山西铁联保险代理有限责任公司收取保费 0.92 万元。

2017 年，山西极盛保险代理设立分支机构，山西极盛保险代理有限公司北城营业部成立。大同市祥瑞保险代理有限公司收取保费 109.72 万元，山西美联盛航保险代理有限公司收取保费 83.31 万元，浙江腾保保险代理有限公司山西分公司收取保费 4.97 万元，平安创展保险销售服务有限公司山西分公司收取保费 4.28 万元，山西宇鹏金通保险代理有限公司大同北都分公司 4.41 万元。山西东海源保险代理有限责任公司收取保费 2.5 万元，太平财险大同中支保险专业代理渠道收取保费 1572.98 万元，占同期总保费的 46.34%。

第二节 专职代办与兼业代理保险业务

兼业代理人根据保险公司的委托，在从事自身业务的同时，指定专人为保险公司代办保险业务的单位。

一、财产保险公司

1983年，在“多渠道、广代理”的方针指导下，中保大同支公司从建立农业银行、农村信用社代办机构开始，代办网点覆盖城乡。

1984年，中国人民保险公司大同中支根据中国人民保险公司山西省分公司和农行山西省分行联合下发《关于县及县以下农村保险业务委托农行和信用社代办的通知》精神，开始在大同市农行系统、交通监理部门设置兼业代理网点。充分利用其机构分布密集、人员众多和信贷优势，突破农村保险关口，经过检查督导、督促帮助、总结经验、解决问题，雁同地区发展起284个保险代办网点，当年收取代理保费79.6万元，占同期农村保险费收入的87.8%。8月中旬，中国人民保险公司大同中支与大同铁路分局、大同矿务局、煤炭运销等物资生产和销售单位联合召开铁路代办货物运输保险会议，签订托运、承运、保险三方投保协议，确定展业和代办网点。3个月时间，承保3290户，收取代理保险费5.3万元，占中国人民保险公司大同中支四季度保费的7.9%。

1985年，中国人民保险公司大同中支确立“多渠道、广代理”发展思路，加强与有关单位工行、农行、农机、煤炭和交通监理部门密切配合，共同发展。当年组建保险代办网点294个，其中兼职代办员291名、专职代办员19名，代办网点呈雨后春笋式发展。

1990年，中国人民保险公司雁北中支重视组织机构管理和销售网络布局，全区县支机构从1985年的6个发展到13个，专职保险干部达到178人，共设代办网点285个，招聘专兼职代办员340人。

1991年，中国人民保险公司大同中支加强保险代理业务管理，认真解剖花园屯乡信用社代理业务各种规章制度和代办程序，并对24个代理网点进行重点业务质量检查，根据省公司代理业务相关制度，下发“大同市保险公司保险代办网点管理实施办法”，共五章十四条，包括试用期制度、担保人制度、安全保障制度、分配制度和考查考核制度等。

1992年，中国人民保险公司大同中支在网点建设方面，坚持快办和慎办相结合的原则，做到需要一个发展一个、成熟一个设立一个。当年，新增专职代办所11个，新增代办员33名。保费收入达到300万元以上代办所有5个，达到200万元以上代办所有3个，达到100万元以上代办所3个。其他车管所代理处、矿务局云冈代办所、南郊城关代办所、鸦儿崖乡代办所、大北街花园代办所、城区西花园代办所都发挥短、平、快作用，全年代理保费收入达到1000万元。当年，与大同市计生委联合下文开办计划生育系列保险，并委托计生委代办，收取保费25万元。中支营业部、南城办事处与大同民航合作，委托办理“飞机旅客意外伤害保险”，取得一定效果。中国人民保险公司雁北中支为解决保险服务网点严重不足的突出问题，把网点建设作为一项重要任务来抓，制定实施规划，认真选人、选点，积极向人民银行申请，新建26个保险服务所，分布于全区城镇和中心乡镇、重点厂矿，实现县县有点。当年6月底，正式开业有应县城关镇、大临河乡、浑源县的大仁庄、青磁窑乡、天镇县的城关镇等5个所。其他各点均具备开业条件，其中仅应县城关镇服务所收取代办费32万元。全区县、乡、镇建立187个“三八”保险代办所，代办业务广泛，涵盖人身、财产等7个险种，在地方党政部门支持下，全区妇联代办业务上半年收入的130万元。

1997年，中保财险大同分公司在代办机构的设置上进行调整，经过人民银行大同分行核准，将原有48个专职代办机构撤销2个，除县、区13个外，其他33个全部安置在市区和近郊的“关口要冲”处，发挥“天时、地利和人和”优势，当年统计，保费收入占总保费的88.6%。

1998年6月，中国太平洋保险公司大同支公司与大同铁路建立合作代理关系，并以大同保险代办组开始办理保险业务。

1999年，大同各个保险公司落实中国人民银行《保险代理人管理暂行规定》，中保大同产、寿两家分公司根据中保两家省分公司对专职代理机构进行清理整顿的精神，对原有专职代办所予以转型，将符合相关规定的转为保险营销服务部，代办人员转为个人代理人。各公司不再设立专职代办所。

2000年，中国人民保险公司财险大同分公司加强代办所的管理工作，建立代办人员考核台账，统一代办所财务制度，加强对代办人员财务工作进行培训，提高代办所的销售、服务和防范风险的能力。

2001年，中国人民保险公司财险大同分公司按照保监会规定的兼业代理业务只能在一家公司办理业务原则，加大工作力度，开始在全市系统学习中国人民保险公司北城支公司开办铁路兼业代理业务的经验。并要求在组织、人员、责任上“三落实”，规定保费达到100万元以上的客户可由保费所属支公司帮助建立相应的兼业代理机构。到年底，兼业代理机构已发展到94家，16家在申报中。

2003年，太平洋财险大同中支设立中介部，开始对中介业务进行条线化管理。

2004年，中国人民保险公司财险大同市分公司与92家专业代理机构、62家兼业代理机构建立代理业务关系，营销工作得到有效扩展。太平洋财险大同中支继续拓宽销售渠道，发展与中介机构的合作，开拓效益业务。

2006年，太平洋财险大同中支开启B2B（Business-to-Business）远程出单模式，提高工作效率，促进销售能力的提升。

2007年，太平洋财险大同中支在保险中介业务管理上继续改革创新，在总公司的支持下积极推行“银宝通”系统，实现保险系统与银行系统的对接，进一步深化双方的合作关系，有效地提升银行代理业务的发展水平 。

2008年，中国人民保险公司财险大同市分公司在渠道建设方面，坚持“规范操作，相互信赖，长期合作，互惠互利”的基本原则，有目的、有目标、有重点地拓展和延伸中介销售渠道。主要采取的措施：一是加强各产品部门的协调与沟通，强化保险产品与渠道拓展的整体协调，实现产品与渠道的统一，为渠道拓展提供技术支持和服务保障。二是充分利用公安交通管理系统行业优势，加快公安系统站点远程出单点的铺设速度，鼓励、引导基层公司积极与各区县交警大队密切合作，重点是农村集镇站点的铺设。三是继续巩固和发展与各商业银行的合作关系，力争在规模、产品推广、发展方向上有所突破。力争获得与农村信用合作社的全面合作，借助农村信用合作社的农村网络优势，全面推进公司向农村服务站点的延伸。平安财险大同中支在大同设立车行渠道，正式拉开车商渠道专业化经营的序幕。大地财险大同中支建立兼业代理渠道，主要是与银行、汽车销售公司以及寿险公司合作。

2009年，中国人民保险公司财险大同市分公司加强代理渠道建设，巩固与汽车销售商的合作，从源头提高新车业务占有率，全年共与27家4S店签署合作协议，做到巩固与发展并重，当年，代理渠道保费收入1500多万元。太平洋财险大同中支按照总公司的统一部署，完成“P09集中渠道系统”的导入和切换，与业务、财务系统全面对接，全面提升中介管理模式水平。中介机构各项工作开始迈入精细化管理的轨道，开启公司中介系统化管理时代。

2010年，中国人民保险公司财险大同市分公司充分利用邮政、电信网通、银行、4S店的渠道实行捆绑销售、打包销售的办法，推动小险种发展。同时，密切与铁路部门的联系，加大公关力度，把工作深化到每个站段，推动公路货运险快速发展；借助中国人民保险公司与旅行社签约的契机，加大对专业旅行社、旅游景点等单位旅意险、旅行社责任险渠道的拓展力度，全面提升旅游意外险业务的销售能力。太平洋财险大同中支进行系统整合，对各渠道主管、专员进行聘任，使渠道业务步入专业化、精细化条线管理的轨道。平安财险大同中支车行渠道通过完善渠道基本法，对销售架构、薪酬体系等方面进行调整，年度保费规模取得了跨越式增长。国寿财险大同中支与大同市山威紧急救援科技研发服务有限公司签订保险代理协议。

2011 年，中国人民保险公司财险大同市分公司对 4S 店等汽车经销商业务实行 “专管专营”，实现多渠道渗透、多领域深入、全方位占领。国寿财险大同中支分别与大同祥和保险代理有限公司 、山西成禧保险代理有限责任公司签订保险代理协议。

2012 年，太平洋财险大同中支根据《山西分公司渠道建设管理暂行办法》，为强化渠道队伍建设，提高业务拓展能力，明确银保等渠道的队伍组建原则、标准及人员级别设置、考核等内容，巩固和加强渠道销售队伍建设，为推动业务增长奠定基础。华泰财险大同中支与 3 家专业保险代理公司合作，实现保费收入 40.11 万元。

2013 年 10 月，国寿财险大同中支与圣源祥保险代理有限公司山西分公司签订保险代理协议。华泰财险研究、借鉴美国、欧洲、日本等发达国家保险市场经验，引进独具华泰特色的商业模式，建立华泰 EA（Exclusive Agent）专属代理人经营销售模式。EA 模式明确规定 EA 与保险公司之间是专属代理关系，即代理人仅代理一家保险公司的保险业务。每个代理人以门店为中心，在保险公司的全方位支持下，独立开展业务并对经营成果负责，且代理人的经营成果可按其价值进行转让，是一种支持金融创业和永续经营的模式。同年，华泰财险大同中支在大同矿区建立大同市矿区和轩华泰保险专属代理店，实现保险费 217.88 万元。同年，华泰财险与另外 2 家专业保险代理机构合作，实现保费收入 239.63 万元。安盛财险大同中支开始与大同保险中介、4S 店合作，当年实现保费 232.22 万元。

2014 年，中国人民保险公司财险大同市分公司强力推进车商渠道专管专营，以单店产能和店内份额提升为重点，巩固大型车商和经销商战略合作，加大城市市场车商资源整合，深化示范点创建。非车险组建专营团队，深化交通、教育、卫生、消防、旅游等渠道合作，扩大保障，持续攀升。华泰财险大同中支与 1 家专业保险代理机构合作，实现保费收入 5.99 万元。同年，中煤财险大同中支与大同市山威道路救援清障有限责任公司建立合作代理关系。

2015 年，太平洋财险大同中支银保渠道积极推进创新性险种“个人账户损失保险”及“财富 U 保”产品。

2016年，中国人民保险公司财险大同市分公司加强渠道建设，构建多点支撑、多轮驱动的销售格局。对于车商等实施重点布局，对于银保渠道实施资源投入，积极开办车贷险等新兴业务，大力推动i保养项目，开辟车险蓝海市场，使其成为新的增长点，助推业务攀高上升。国寿财险大同中支与山西宇鹏金通保险代理有限公司大同分公司签订保险代理协议。

2017年，中国人民保险公司财险大同市分公司继续加强渠道建设，强化协同发展。华泰财险大同中支华泰EA专属代理人达到17家，当年保费收入达到1154.71万元。阳光财险大同中支与5家保险专业代理公司签订保险代理协议，实现保费收入1886.67万元。中华联合财险大同城区支公司建立合作关系的专业代理公司有5家、兼业代理公司有6家。

二、人寿保险公司

2002年，中国人寿大同分公司重视兼业代理的重要作用，积极与农行、中行、建行联系办理审批兼业代理手续。对已经建立代理关系的工行、邮政分别举办分红保险产品说明会及系统业务竞赛活动，选派系统高级讲师到会宣讲指导、答疑，派业务部门指导小组上门为邮政、工行部门进行业务督导和业务推动，把兼业代理业务落到实处，当年，保险中介代理业务保费收入达到2000万元。太平洋人寿大同中支中介部专门负责银行、邮政渠道兼业代理工作的推动与开展，先后同市工行、农行、中行、建行、邮政银行建立代理渠道，并坚持规范经营、稳健发展。当年实现代理渠道保费达1000多万元。

2003年，中国人寿兼业代理专管员队伍建设成效显著，专管人员人数168人，管理兼业代理网点300个。当年，国寿大同分公司以分红产品为主销产品，实现保费收入1.90亿元，同比增长400%，业务规模和增速均位列全省系统第一。平安人寿大同中支坚持“规范经营、品质优先、积极转型、持续发展”的经营方针，并从9月开始，根据平安人寿集团要求，实施“控规模，转期交”的发展战略，明确利润为导向、重点销售期交产品，主动缩减银保渠道保费规模。当年，平安人寿大同中支推出银保专属产品平安千禧年两全保险（分红型，E款）。

2004年，中国人寿大同分公司和大同市建行、大同市邮政局、大同市中行、大同市工行各代理网点有重点地开展各项业务竞赛活动，并把手续费倾斜业务一线，直接与柜员挂钩，激发代理机构和柜员的工作热情。同国寿建立并出单的网点占到网点总数的70.8%，人均产能达到10.3万元，网均产能达到112.8万元，中介代理渠道保费收入达到27934万元，同比增长46.66%。平安人寿大同中支银保渠道首推银保万能产品稳赢一生I代。

2005年，中国人寿大同分公司充分发挥兼业代理渠道对业务规模的支撑作用，进一步加深与银邮代理单位的合作层次，建立与相关代理银行、邮政合作伙伴的战略联盟，形成利益共享机制。特别重视鸿丰产品的销售，确保市场主导地位。积极推动卡单业务上柜台试点和康裕两全、鸿禧年金、裕鑫年金三个风险型产品的期交销售。当年，中介保费收入2.62亿元，完成计划任务的113.82%，同比增长–6.21%。平安人寿大同中支推出银保万能产品稳赢一生II代产品。

2006年，中国人寿大同分公司中介渠道，先后开通银保通、邮保通业务，通过精心维护合作渠道，协调各方面的关系，为业务发展搭建起广阔的销售平台，全年保费收入近3亿元，同比增长14.5%，完成保费收入绝对额居全省系统首位，创造保险中介业务最高水平，有力支撑起公司业务规模大梁。太平洋人寿中介代理渠道坚持稳中求进、效益为先的方针，先后与工商银行、农业银行、中国银行、建设银行、邮政银行建立284个代办网点，当年实现保费2.96亿元，占同期总保费的66.32%。平安人寿银保渠道推出银保万能产品金玉满堂及两全险金管家、金乐章等新产品。新华人寿大同中支银保渠道开始实施趸交业务向期缴业务的转变。

2007年，太平洋人寿调整结构，中国人寿大同分公司加快中介代理队伍建设步伐，制定《中介业务销售人员管理办法》《绩效考核方案》，通过管理制度的建立和竞争机制的引进，逐渐打造一支专业化的客户经理队伍。银保专管团队逐渐扩充，突破30人，代理网点覆盖实现扩张，分别在工商银行、农业银行、中国银行、建设银行、邮政银行建立网点201个，当年，银邮中介业务保费收入2.48亿元。太平洋人寿大同中支银保渠道紧跟上级公司步伐，落实“又好又快发展”的指导思想，应对市场变化，完善经营机制，加强基础建设，提升市场地位。整合代理网点到201个，当年，银保渠道保费达到2.90亿元，同比增长–1.99%，占同期总保费的59.15%。

2008年，中国人寿大同分公司中介渠道出台《客户经理、理财经理管理办法》，推进队伍规范化管理，组织客户经理培训、新人岗前培训及代资考培训，从年初有业绩30个网点发展到年底220个有业绩网点，客户经理队伍达到134人。实行分渠道公关策略，对工行实施全点竞争策略，与农行建立深层次合作，对邮政系统采取全面开发战略，对建行实施全点介入的发展策略，业务取得显著效果。年内，银保趸交业务达到5.56亿元，同比增长125%。银保期交费业务保费收入1066万元，同比增加926万元。太平洋人寿大同中支银保渠道坚持科学的人力增员，强化团队建设与基础管理，不断提升主渠道的控制力，继续调整网点合理分布，当年网点整合到146个，实现保费2.17亿元，占同期总保费的51.28%。平安人寿大同中支推出银保分红险一生无忧与投连险聚富步步高。太平人寿大同中支与工行、农行、邮政签订代办协议，并开始代办各种人身保险业务，当年银邮渠道收取保费 1942 万元，其中期交规模保费达成 626.5 万元、趸交规模保费达成 1315.5 万元。中国人民保险公司健康大同中支在成立之初，主要着力于队伍的建设及兼业网点开拓上，先后与中国工商银行大同分行、中国银行大同分行、中国农业银行大同分行签署业务合作协议。嘉禾人寿进入大同保险市场，并开始筹建银保代理队伍，建立代理合作伙伴关系。

2009 年，中国人寿大同分公司加强银保代理队伍建设管理和银保队伍活动量管理，大力推广“511”工作模式，不断加大业务技能培训力度，努力提升队伍销售能力。年内，共有银行邮政客户经理 112 名，理财经理 60 名，职场经理 11 人，建成了御河路、矿务局两个精品客户经理团队及市公司理财中心、矿务局两个理财精品团队。年内，银保规模保费收入 5.55 亿元，市场份额 52.44%，同比增长 2.6 个百分点。太平洋人寿大同中支银保渠道强化队伍建设，通过科学合理的增员并根据人员的综合能力，实现人员与渠道的合理匹配，打造金牌团队。银保中介代理网点调整为 121 个，实现保费 9523 万元，其中期交保费 2568.77 万元、趸交保费 6954.23 万元，期交、趸交之比为 1∶2.7，渠道保费占同期总保费之比为 29.54%。太平人寿大同中支银保渠道新增建行渠道，主要代理健康医疗保险、少儿教育保险、意外伤害保险以及投资分红保险。当年银保期交规模保费达成 1681.5 万元，趸交规模保费达成 1612.4 万元，总规模保费达成 3293.9 万元。中国人民保险公司健康大同中支推出健康人生个人护理保险（万能型，B 款）、健康人生个人护理保险（万能型、C 款）、健康人生个人护理保险（万能型、D 款）等几款产品，突出三个保单年度后退保和部分领取不收取任何手续费且现金价值较高，更加具有灵活性的特点面向市场，成为公司保费规模最大的一款产品。当年银保渠道共实现保费 989.56 万元。

2010 年，中国人寿大同分公司积极与各代理渠道高层进行沟通联系，在合作上达成了共识，双方通过签订专销活动协议、制定专销方案、召开行长座谈会、联合召开启动大会等方式，加快业务冲刺。同时，公司切实加大渠道自身的管理力度，通过召开基层经理、分管经理特别例会等方式，科学安排部署，不断强化目标追踪管控，确保业务平稳较快发展。当年，银保规模保费 5.3 亿元，市场份额 43.23%。太平洋人寿大同中支银保专管员团队销售人力达到 50 人，代理网点达到 152 个，中介保费收入实现 9740.27 万元，其中期交保费与趸交保费之比为 1∶0.98，银邮渠道规模保费占同期总保费的 28.83%。太平人寿合作渠道主要为工行、建行、邮政、农行，主推产品为太平盈盛两全保险 C 款、太平盈盛两全保险 D 款，当年，银保期交规模保费达成 3112 万元，趸交规模保费达成 4616.5 万元，总规模保费 7728.5 万元，总规模同比增长 134.6%。合众人寿大同中支进入大同市场，首先与工商银行、农业银行建立代理关系，首年实现保费 2044.3 万元。

2011 年，中国人寿大同分公司始终坚持夯实渠道发展基础和“抓重点渠道、重点网点和重点区域”相结合，确保市场优势和业务的均衡发展。一是强化渠道维护。市、县两级公司与市行局、支行局高层建立长期的沟通渠道，努力维护好渠道关系，为业务平稳发展创造良好环境。二是走专业化经营之路。3 月份对城区银保资源进行整合，成立理财中心和御河路银保专业公司，理财经理由 20 人上升到 70 人。三是坚持抓重点渠道。针对竞争较为被动的公司网点，多次召开会议进行专项研究，通过争取渠道高层支持、加大费用支持、狠抓网点追踪等方式，重新夺回市场主导地位。四是坚持抓重点公司。御河路、矿务局、南郊三家公司作为扬头公司，左云、灵丘、天镇作为第二梯队，分类抓，抓重点，效果显著。年内，银保首年总保费收入 4.23 亿元，市场份额 43%。其中，银保首年业务及银保期交三项业务完成进度均居全省第五位。太平洋人寿大同中支银邮渠道银保专管员 54 人，代理网点调整到 88 个，当年实现保费 1.06 亿元，其中期交保费与趸交保费之比为 1.13∶1，实现期交保费超越趸交保费规模。当年银邮渠道规模保费占同期总保费的 28.66%。平安人寿大同中支银保东道推出银保两全险金富贵、金宝盆 II、金至尊及年金型富裕一生。借助于 65 家代办网点，实现保费 826.3 万元。太平人寿代理保险业务产品新增：财富成长系列［太平财富成长一号两全保险（分红型）、太平财富成长二号两全保险（分红型）、太平财富成长三号两全保险（分红型）］。当年实现期交规模保费达成 1291.6 万元，趸交规模保费达成 3797.7 万元，总规模保费 5089.3 万元，保费总规模同比增长 –34.15%。中国人民保险公司健康大同中支以可附加长期护理保险责任的《康利人生两全保险（分红型）》作为主推产品，当年实现保费收入共 1445.5 万元。合众人寿在上年度基础之上，建立和开辟新的代理渠道，同建设银行、邮政储蓄银行建立代理关系，全市设立银邮代理网点 50 个，全年实现银邮代理保费 1071 万元。

2012 年，中国人寿大同分公司银保渠道始终坚持“分级经营、深度开发客户资源”的工作思路，大力开发银行柜面客户、银行存量客户及已承保银邮客户，切实做好客户资源的精细化管理和经营。在代理渠道合作中，通过开展网点专销活动、签订战略合作协议等方式，巩固合作关系，确保银行代理渠道优势。同时大力推广网沙、黄金搭档等网外经营模式，不断提升网点竞争力，逐步拓宽了银邮渠道发展的新的增长点。年内，银保首年总保费收入 2.8 亿元，市场份额 32.2 %。太平洋人寿大同中支抓基础管理，大力开展增员活动，提高增员质量。加强合规经营和规范培训，银保专管员 65 人，代理网点达到 106 人，实现保费 1.21 亿元，占同期总保费的 29.11%。太平人寿大同中支银保渠道继续走专业化发展道路，全面推广三赢工程项目ITS，（即电话邀约、大堂经理、柜员联合营销、网点小型沙龙三结合）营销模式。银保期交规模保费达成469.9万元，趸交规模保费达成1678.6万元，总规模保费2148.5万元。国华人寿大同中支先后与农业银行、工商银行建立代理业务关系，当年银邮代理业务占同期总保费之比高达98.74%。

2013年，中国人寿大同分公司银保渠道通过强化银邮高层公关，建立更加稳固的合作关系，确保销售渠道畅通和代理优势。强化对邮政、工行等重点渠道、产能高的重要网点及期交专销网点进行追踪，努力提升网点出单率。为加快期交业务发展，从9月开始连续组织7场“黄金风暴”产说会，共收取期交保费150万元，有力支持全年业务的发展。年内，银保首年新单保费完成2.43亿元，完成年度预算的70%，银保期交完成2100万元，完成年度预算的71%，两项业务达成比例均居全省系统第五位。太平洋人寿大同分支根据公司“条线化经营、专业化推动、差异化投入、标准化评估”的经营思想，顺应银保市场转型趋势，不断优化投入产出比，追求银保业务价值增长，银保专管员为35人，代理网点16个，实现保费1.21亿元，占同期总保费的26.10%。太平人寿新增产品太平稳得赢两全保险（分红型），新产品保费收入406万元。通过三赢工程项目（电话邀约、大堂经理、柜员联合营销、网点小型沙龙三结合营销模式）和主题营销项目（以财富管理、健康管理、养老体验等为主题的沙龙营销活动）的推动，代理渠道实现规模保费742.9万元。中国人民保险健康抓住人身产品费率改革契机，推出高现金价值的福利双全个人护理保险产品，作为银保渠道主推产品，当年，银保渠道实现保费收入3795.14万元。合众人寿大同中支在销售策略上以趸交为主，抢夺市场份额，在渠道拓展上主攻邮政，辅助工行渠道，当年实现规模保费1.06亿元。

2014年，中国人寿大同分公司银保渠道在销售团队上，严格执行《销售队伍管理办法》，进一步完善了激励考核机制，全市银邮渠道客户经理达84人，保险规划师146人，成功实现规划师翻番目标。在代理业务拓展上，加强项目运作的专业化管理和项目运作专业化能力的提升，全年累计召开网沙100余场，采摘会、转保以及高端客户说明会30余场，有力推动期交业务发展。年内，银保首年期交保费收入803.6万元，市场份额44.7%。太平洋人寿大同中支银邮渠道从营销对象、营销主体、营销模式、营销质量上求创新、求转型、求升级，从差异化、特色化、专属化、个性化服务上积极突破。当年银保专管员12人，银邮代理网点为16个，实现保费7226.16万元，占同期总保费的16.33%。平安人寿大同中支银保渠道推出平安爱无忧恶性肿瘤疾病保险，中介渠道代理产品更加丰富，年内通过2个建设银行代理网点，实现中介渠道保费99.59万元。国华人寿大同中支主抓重点代理渠道，重点维护邮政代理关系，当年仅邮政渠道出单366份，保费收入达1065万元。

2015年，中国人寿大同分公司银邮渠道通过集中开展4次增员活动，累计办理入司321人，壮大规划师队伍。年内，银邮渠道网点为57个，银保首年业务保费收入7119.2万元，市场份额14%；首年期交保费收入274.4万元，市场份额为38%。太平洋人寿大同中支积极推进银保转型，逐步实现由零售向批发、前台向后台、个人向法人的转变。整合系统资源，大力发展与个险、产险的交叉业务，实现平台共享。当年，银保专管员3人，渠道客经专员107人，代理网点13个，实现保费8.79万元，占同期总保费的0.02%。平安人寿银保渠道推出平安福稳盈年金保险、平安福无忧年金保险、平安爱心随行两全保险、平安附加爱无忧特定疾病保险、平安盈无忧两全保险、平安附加盈无忧两全保险，中介渠道产品更加丰富，适应群体更加多元，借助于中行、建行等4个代理网点，实现保费46.11万元。

2016年，中国人寿大同分公司银保渠道借助《中国人寿保险股份有限公司保险规划师管理办法》推广契机，顺利实现规划师全员套转，全年规划师队伍128人，代理网点24个，实现保费343.4万元。太平洋人寿大同中支全面开展产寿联动、个法联动，加强渠道间的交互协作，实现产品渠道化、渠道精细化、创新标准化的业务发展格局。渠道客经专员141人，代理网点6个，实现银邮渠道保费3324.73万元，其中期交保费规模是同期趸交保费规模160.55倍，代理渠道保费收入占同期总保费的5.44%。幸福人寿大同中支首年入驻大同保险市场，大力开辟中介渠道，积极发展中介网点，先后在建设银行建立34个网点、工商银行33个网点、中国银行11个，为公司规模保费收入增长打下坚实的基础，当年实现保费834.66万元，占同期总保费比87.37%。

2017年，中国人寿大同分公司银保渠道签约规划师326人，季均有效人力167人，总经理及以上主管18人。出单网点59个，实现保费1.03亿元。太平洋人寿渠道客经部撤销，原渠道客户经营职能统一归入顾问营销部，团险业务部与银行保险部合并，成立渠道业务部，顾问营销业务人员1047人，重点对92家网点进行有针对性追踪与服务，实现以期交为主的代理业务1385.81万元，占同期总保费规模的1.93%。在平安人寿大同中支与银行渠道合作过程中，形成以民生、建行、交行三大主力渠道，工行、农行、中行、中信、平安为辅助渠道的全面经营模式，全市中介代理网点达到10个，实现保费669.21万元。幸福人寿大同中支继续“开疆拓土”，不断扩大代办网点，建设银行增至44个，工商银行增至38个，中国银行增至51个，农业银行设立15个。网点同比增加89.74%，实现保费收入1.74亿元，占同期总保费收入97.10%。工银安盛人寿大同中支开设工行中介渠道，当年总保费收入1.23亿元，银保渠道收入1.23亿元，占同期总保费的99.63%。

第三节　个人代理保险业务

个人代理人正式称谓是保险营销员，是指取得保险监督管理机关颁发的资格证书，为保险公司销售保险产品提供相关服务，并收取手续费或者佣金的个人。

一、财险保险公司

1996年，中保财险大同分公司提出：在人事改革上，按照集团公司的指示精神，加紧建设好基本队伍、代办队伍和营销队伍，按照总量控制、改善结构、提高素质的原则，把好人员进出关。

1997—2000年，中保财险大同浑源支公司开始从社会招聘营销人员，建立营销队伍，开展保险代理业务；中保财险大同南城、北城支公司实行正式员工转制，培养营销骨干，不断适量吸收社会人员，逐渐壮大营销队伍。

2001年，中国人民保险公司财险大同分公司重点探索营销工作，6月，委派市公司总稽核周培明和北城支公司经理张生富赴山东临沂、潍坊学习营销工作经验；总经理王者成带领相关人员先后参加13个县支公司晨会，明确营销工作的设想；全市各公司借鉴中国人民保险公司财险大同浑源经验或者中国人民保险公司财险南、北城经验，正式推行营销代理机制。当年，代理人员发展到301人，同比增加180人。

2004年，中国人民保险公司财险大同市分公司狠抓营销工作，转变观念，把组建具有特色的营销队伍作为开辟展业渠道的重要手段。公司借鉴先进的保险营销经验，扩大营销机构，设点布面，大力扶持，积极发展。全市共设立营销服务部13个，围绕营销活动内容，公司先后开展分散性业务突击月活动、“精英在行动——鲲鹏展翅”营销活动、以“灿烂阳光”为主题的学幼险营销活动和年末开展的“合家欢乐”定额礼仪保单营销活动。在“合家欢乐”定额礼仪保单营销活动举办的半个月时间，收取保费125万元，涌现出一些具有影响力的营销“精英”，为营销工作的深入开展起到示范作用。

2005年，中国人民保险公司财险大同市分公司在营销渠道管理方面，按照公司标准，要用好、用足代理手续费，加大对营销队伍建设支持力度，做到政策扶持到位；各支公司建立领导责任制，“一把手”亲自抓，分管领导具体抓，及时研究和解决个代营销发展中出现的新问题，及时总结经验进行推广，做到组织保障要到位；各支公司切实加强对个代营销的机构人员、业务、财务、薪酬待遇、培训等各个方面的规范管理，做到制度落实要到位。太平洋财险大同中支开始由公司职员自发在社会上进行招聘，带领这些人员进行展业，公司当时没有对这些人员进行相关考核和管理，这种现象延续了一定时间。

2006年，中国人民保险公司财险大同市分公司把这一年定为“营销发展年”，这一年，主要是“解决一个问题，完成三大任务”。一个问题是解决好认识和观念问题，三大任务是制定科学的实施方案、打造“5853”工程①、加强渠道建设和创新营销手段。当年，营销机构得到扩展，网点布局更趋合理，员工队伍得到扩大，活力不断显现。

2007年，中国人民保险公司财险大同市分公司非车险业务利用现有营销队伍和渠道优势，开辟新的渠道，拓展新市场，积极开展业务竞赛，开展突击月活动，以活动推动营销队伍建设，以活动带动分散性业务的发展。同时，积极尝试建立内部的专业化的服务团队，以产品划分团队性质，加强业务知识学习，通过锻炼，培养一批专业化的营销队伍。当年，全市拥有各类个人代理营销团队65个，个人代理营销员1129人，同比增加833人，个人代理达到营销业务规模2.78亿元，占总保费的81%。

2008年，中国人民保险公司财险大同市分公司认真落实《个人代理人实行多种管理机制的若干意见》等配套制度，全面实施直销、营销混编管理，为广大员工和营销员的成长和发展提供更广阔的空间。在营销队伍建设方面，深化代理制保险营销员改革，完善佣金分配制度；重视提升营销人员综合素质和销售技能，完善营销员培训教育体系；加强《保险营销员保险代理合同》管理、个代管理系统数据信息管理、保险营销员个人档案管理，逐步夯实营销人员基础管理。在业务发展上，积极推进“大营销”战略，继续探索组建专业营销团险，探索业务发展新模式，开展各种营销团队竞赛活动，如“精英在行动之百团争霸”营销精英竞赛活动等。当年，中国人民保险公司财险大同市分公司有8个团队分别进入总、省公司先进行列，24名营销员成为省级“销售精英”。全市拥有各类个代营销团队65个，个代营销员1197人，系统有效人数882人，全市营销渠道保费收入2.8亿元，占同期总保费的70%。太平洋财险大同中支随着销售人员的增多，开始由中介部门对业务人员推荐来的人员基础情况进行审核，同意后与公司签署相关协议，接受公司的岗前培训教育，培训合格并入业务部门，由推荐人带领

①工程解释：人保财险大同分公司提出努力建设5个保费规模1000万元以上的营销团队，8个保费规模800万元以上的营销团队，5个保费规模500万元以上的营销团队，3个保费规模200万元以上的营销团队。

进行展业，形成“太平洋式”个人代理队伍。

2009年，中国人民保险公司财险大同市分公司营销渠道在管理和销售方面又续佳绩。在销售能力建设管理上，实行全员销售，两级公司全体员工分别被编入22个大团队的94个营销小团队。在业务销售上，城关营销服务部通过多方公关，承保大同地煤集团的四座大型煤矿财产险，保费收入300多万元；经济开发区营销部成功承保大同市晶海达实业有限公司的企业财产综合险，收入保费123万元。大北街营销部竞回了团体人身意外伤害险，保费收入755万元；新开南路营销服务部成功竞回矿区的社会医疗补充保险业务，收取保费77多万元；城区营销服务部承保了太原铁路局检察处大同支队的国内铁路货运险业务，保费收入75.53万元；承保大同市“安居工程”的建筑工程一切险，收取保费80多万元；此外，各县支营销团险也显现新的活力。太平洋财险实行集中渠道系统管理，将代理人员的资质、协议、佣金等方面纳入管理系统，建立营销员信息档案，开始鼓励各机构招聘营销员，组建扩建营销团队，开展营销培训，不断强化营销团队素质和展业能力。

2010年，太平洋财险大同中支设立代理人管理岗，建立个人代理人管理部门。并严格按照太平洋财险山西分公司出台的《中国太平洋财产保险股份有限公司山西分公司营销员管理暂行办法》《中国太平洋财产保险股份有限公司山西分公司营销员继续教育工作指引（试行）》进行规范化、系统化管理。

2012年，华泰财险大同中支开始发展个人代理业务，首批招募营销员17人，代理业务主要为分公司业务经营范围在销产品。首年保费收入172.63万元。

2013年，太平洋财险大同中支按照分公司制定的《山西分公司代理人管理办法实施细则》从资质、招聘、协议、解聘、培训、风险等方面进行规范管理，个人代理人队伍的业务素质和销售技能不断提升。华泰财险大同中支个人代理人29人，当年实现保费339.83万元，同比增长96.85%。

2014年，中华联合财险大同城区支公司建司之初，立即着手建立个人代理队伍，当年签订个人代理人协议人数达到87人。

2015年，中国人民保险公司财险大同市分公司制定下发《销售队伍增人增效及提升产能实施方案》，进一步完善全市销售团队业绩考核办法，引进优秀销售人才，对全市销售团队业绩大排名，强化销售团队建设。实施新增人员保护期、优秀新增人员纳编、团队业绩费用奖励、基本利益保障多种激励举措，有效地壮大基层销售队伍，全市个代渠道有效增员50人，新增保费364.45万元，为提升销售产能发挥积极的作用。英大财险入驻大同保险市场，开业之初首先与4家专业代理机构建立合作关系，当年收入保费215.11万元。

2016年，紫金财险大同中支进入大同保险市场，开业之初，先后与东升保险代理有限公司、祥瑞保险代理有限公司、圣源祥保险代理有限公司建立合作关系。当年，实现保费992.4万元。

2017年，中国人民保险公司财险大同市分公司分批次对所有县区支公司进行职场改造，协助完成优秀营销员纳编和岗位薪酬优化用工转换工作。大地财险大同中支强化营销员内控管理，完善营销员基础管理工作，对营销员的产能及日常管理情况进行梳理，解聘一批不符合要求、存在风险隐患的营销员。年底，大同中心支公司共拥有在册代理人323名，个人代理渠道成为公司业务的主渠道。中华联合财险大同城区支公司个人代理人队伍签订代理协议人数330人。

二、人寿保险公司

1996年10月，中保人寿大同分公司开启和发展个人代理人销售机制，招收首批保险营销员，建立新型个人代理人销售渠道，经过保险基础知识、保险产品、保险销售技能的培训，中保人寿首批营销专属产品88鸿利终身保险和99鸿福终身保险面市，当年，实现个人营销签单保费突破100万元。

1997年1月，中保人寿大同分公司按照总公司、省分公司的安排与部署，在全市实施“霹雳行动”寿险营销业务竞赛活动。活动之前，大同分公司在1996年12月13日上午举行会议，参加会议的有总经理石宝镛、副总经理刘枫、副总经理司光耀以及营销部、办公室、业务一部负责人、县区代办所负责人，会议提出销售目标、成立“霹雳行动”活动指挥部和办公室、制订“霹雳行动”计划、确定活动时间。计划主要内容有以下几方面：一是宣传工作安排，主要包括墙体标语；《大同日报》新年致辞；大同电视台专访；御河路宣传一条街；《大同科技报》《大同晚报》《家庭时报》活动与产品介绍；矿务局、左云、大同西门外广场咨询活动。二是资料和信息安排。三是任务分解。四是指挥部责任分工。活动从1月1日开始到2月15日结束，圆满完成“霹雳行动”活动下达的任务。年内，中保系统66鸿运保险A型、66鸿运保险B型、鸿寿养老金保险、重大疾病终身保险、重大疾病定期保险以及附加住院医疗日额给付特约保险等个人营销产品面市。11月，中国人民银行下发人寿保险产品预定利率调整政策通知，激发营销员的销售热情与销售动力，引发客户的购买动机与从众心态，仅11月下旬10多天的时间，全市营销保费突破300万元，日营销保费收入达到30万元，创历史最高纪录。截至年底，个人代理渠道保费收入1829万元，完成年度计划的182%。

1998年，中保人寿大同分公司重视个人代理队伍建设，大力推动营销业务的发展，一是在个险机构和队伍上，广布点，多增员，在市区增设网点3个，在基层开办营销业务网点3处，全市新增营销员380多名，一大批下岗职工成为营销市场的佼佼者；二是在机制上，多考核、重奖励，完善营销管理办法，用科学合理的佣金制度调动营销员积极性，年内有两名营销员获东南亚旅游的殊荣；三是搞竞赛，多突击，开展“营销百日大会战”“万名保户大回访”“全员总动员，实现双过半”“中保之光”等竞赛活动，星光璀璨、业绩喜人。中保大同营销员雷秀梅在“中保之光”活动中被省公司授予“1998年度优秀营销业务主管”荣誉称号，中保大同营销员王兵新、刘月茹、鲁霞被授予“1998年度营销展业能手”荣誉称号，中保大同营销员张中华、李建勇、赵丽英、赵玲玲被授予“1998年度优秀营销业务员”荣誉称号，中保大同营销员乔玉兰获得“续保高手”荣誉称号，中保大同营销员刘月茹、谭秀珍、赵丽英获得“续保能手”荣誉称号，中保大同营销员雷秀梅获得“优秀主管”荣誉称号，中保大同个险营销部经理张仕双获得“优秀管理干部”荣誉称号。年内，中保大同分公司个险渠道营销保费收入3597.2万元，净增1768.2万元，同比增长96.68%。

1999年6月，按照保监会《关于调整寿险保单预定利率的紧急通知》的要求，中保人寿大同分公司开始销售1999版个险营销产品。为尽快打开新产品销售市场，中保人寿大同分公司积极参与由总公司组织实施的“绿满神州”劳动竞赛活动。进入第三季度，为扭转新产品拓展中遇到的困境，抢先占领新商品市场，中国人寿大同分公司积极参与由省分公司组织开展的以“收获在金秋，厚礼献国庆”为主题的新单业务竞赛活动，大同分公司营销部取得“收获在金秋、厚礼献国庆”竞赛活动先进单位二等奖，大同个险营销员王秀兵、候宝军获得展业精英称号，大同个险营销员乔玉兰、冯菊梅、刘浪天、王雅丽、张秀敏获得展业明星称号。

2000年2月，中国人寿大同分公司加强个险营销管理，在组织结构上，对200人以上的营销一部实行剥离重组，成立新营销一部和营销直属部。对御河路支公司、新建路支公司、大同县、阳高县、浑源县、市公司营业部、南郊区支公司营销职场进行扩展，精简管理机构，压缩机关管理人员，充实业务一线队伍。在业务拓展上，上半年举办“购世纪保单，中龙年大奖”销售活动；8月在雁北礼堂召开规模空前的“闪电行动”千人誓师大会，掀起销售新单高潮；第四季度组织实施由省分公司制定的龙年千禧、再铸辉煌营销业务竞赛活动等。在学习培训上，从 9 月 10 日开始，在大同文瀛湖邮电培训中心举办百名营销精英为期 3 天的集中培训，从增员面谈、新人育成、团险建设、保险理念等方面进行学习，促进营销精英在保险理论和销售技艺上的提升。当年，个险业务保费收入 1.23 亿元，占总保费收入的 84.34%。

2001 年，中国人寿大同分公司大力发展个险营销业务，狠抓基础管理。在增员方式上，采取大规模的增员，注重全方位增员。在编员工、代理人均有明确增员任务，在编员工按时间累积增员，个人代理人实行 1+1 增员；营销主管实行“先将后兵”法，在提升架构的基础上，快速填充增员数目；年内，全市提升组经理 52 人，分处经理 34 人，处经理 24 人，分部经理 18 人，全市营销人员 1700 多人。在培训方式上，注重新人模式化培训，年内举办 13 期培训班，转正率达 43%。在推行“两个规范”管理上，由个险部牵头，组织培训职级在组训以上人员 2 期 328 人。通过业务员增员卡、销售卡规范业务员整个销售过程与行为。由团体业务部牵头，在矿务局举办有 83 名保险分部经理参与的为期 1 周的全封闭式培训。为全市迅速推开永泰团体年金保险（分红型）和千禧理财分红型保险，由公司多个部门组织的分红保险培训班 7 期，参加营销人员 751 人。年内，在全省重点市县业务推动战略中，大同市分公司营销部保费增幅全省第一，大同市分公司营业部个险首年保费增幅全省第一，全年全市个险营销寿险保费收入 8688.77 万元，其中新单保费收入 3931.33 万元，新单承保 18334 件，均比上年同期翻了一番。太平洋保险大同中支产、寿险分业经营后，太平洋人寿大同中支引进营销员机制，执行总公司《营销员基本法》，狠抓个人业务发展，在建队伍、打基础、求发展的进程中稳步前进，顺利实现向寿险专业化经营的平稳过渡。当年，个险渠道实现保费 2604 万元。

2002 年，中国人寿大同保险公司加强对营销队伍各个方面的管理，在制度上执行山西保监局制定下发的《山西省保险代理从业人员管理暂行办法》，在从业资格、执业管理等方面提出新的要求，不断提高代理人资格考试通过率和留存率，不断提高业务素质和销售技能，借助于“一法两规”（个人代理人基本法，营销主管管理规范和个人代理人管理规范）的推行，实现个险营销业务的快速推进。在组织结构上，实行管理与展业分离，对个险、团险队伍进行整合，实行垂直管理和专业化经营，分公司将原营销二部、北城一、二、三分部并入北城支公司，将原营销三部并入矿务局支公司。各基层公司内部设立营销部等，接受市公司代理人管理部等管理。在业务推动上，根据省分公司要求，年初，抓住鸿泰热销的机遇，实施“赚大钱过大年，鸿泰红大同”的销售活动，仅 2 月份一个月，全市销售鸿泰保险 1.8 亿元。第二季度，为促进业务稳定持续发展，在全市开展声势浩大的“金戈铁马驰云中”业务竞赛活动，通过加强宣导、营造声势；目标管理、层层落实；找准卖点，落实规范；以及坚持“五会”[①]、提升业绩；加大增员、提升架构；信息传递、创造氛围等八项措施推动活动开展，收取新单4626件，实现保费1837万元，超过方案设定目标167万元。7月，召开全辖范围的“决胜801”[②]千人誓师动员大会，组成8对对抗赛对子，通过相应的奖励考核办法，实现期交保费500万元的佳绩。

2003年，大同保险市场人寿保险主体达到3家，全市个险营销业务保费收入682.82万元，占同期保费收入的90.18%。中国人寿大同分公司加大队伍建设力度，将培养提高代理人队伍业务素质和文化理念作为日常管理工作的一项重要内容，使“增员培训就是生产力”的经营理念深入人心。年内，全辖个人代理人数3163人，较上年净增1409人，持证人数1500人，占全市营销人力的50%。当年，个险营销保费收入436.16万元，占同期总保费收入的93.17%。太平洋人寿大同中支坚持“经营目标不动摇、业务结构战略性调整不动摇、两核集中不动摇”的信念，进一步提升体能和产能，变收展员为客户服务专员，突出抓好个人传统期交业务的拓展，营销人力得到平稳发展，队伍进一步夯实。当年，个险营销保费收入2.46亿元，占同期保费收入的85.36%。平安人寿首次进入市场，通过首次个人代理人招聘、销售技能培训、综合素质的训练，建立最初的个险销售团险，首年个险营销保费收入56万元，占同期总保费收入的72.72%.

2004年，中国人寿大同分公司稳步落实2003版个人代理人管理办法，全面落实营销三大策略（增员和培训、访量的追求和管理制度的执行，即增员培训就是发展生产力，访量的追求就是坚持与突破，管理就是严肃的爱），运用五大汇报稳步推行“两个规范”管理，向增员、培训要效果要产能，采用分职场经营办法，提升主管组训经营能力，规范创业说明会，创新产品说明会，推动个险营销工作全面发展。通过不间断的增员活动、利用主管增员、团险增员、业务人员增员及内勤增员，特别是经过第4季度的“猎英行动”，公司增员有较大突破，全市个险营销总人数3200人，增员人数创历史纪录。在业务发展上，按照“一个月上规模，十一个月调结构”的策略，通过全辖组织开展“龙虎争霸”赛，第一、二战役，达成新单保费1.02亿元，创下大同国寿20天销售亿元的纪录。通过团险比拼、攀越期交顶峰，“五一”热卖活动，鸿鑫“三个一”工程，学奥

①五会：在营销会议管理中，一般将主管早会、早会、二次早会、夕会、经营分析会（周或月）称作五会。

②“801”解释：国寿大同分公司将所属17个销售单位组成8对对抗赛对子，余下一家分公司营业部单独设立销售指标，以此策划，实现阶段总体销售目标。

运狂飙大行动，“鸿鑫照我去战斗”五大期交业务竞赛活动，新单全年达成4544万元，比上年同期净增一倍，实现期交保费业务翻番。太平洋人寿大同中支按照“突破人力瓶颈、强化内务管理、全面提升绩效”的思路，积极推进标准化团队建设，改善团队结构，沉淀优秀精英，提升业务产能。当年大同中支销售人力达到70人。个险渠道保费收入2.79亿元，占同期总保费90.74%。平安人寿个险销售划分为区拓系列和营销系列，营销是以新客户开发为主业，区拓是以区域为服务范围，负责范围内的孤儿保单服务，当年两系列人力129人。个险营销保费收入317万元，占同期总保费的79.85%。

2005年，中国人寿大同分公司继续加强代资考工作管理，切实提升持证率水平，积极稳步推广“金鼎工程”项目，培育精英意识，打造高绩效团险，开拓高端客户市场。当年，个险渠道实现保费5.38亿元，市场份额50.95%。太平洋人寿大同中支紧紧围绕“夯实基础管理、推动组织发展、重点培养干部、建立标准团队”的经营思路进行发展，分红类产品在个险渠道产品中的占比逐渐上升。当年，个险渠道达成保费4.02亿元，市场份额38.06%。平安人寿坚持个险队伍的制度化管理，在增员过程中引入礼贤测试系统（一种职业性向测试方法），把好增员入口关。当年个险渠道实现保费849万元，市场份额0.8%。泰康人寿大同中支突出销售队伍管理基本法中坚持“恒久利益”原则，鼓励高绩效的个人销售和高绩效的团队经营。发展之初，个险人力225人。当年收取保费1881万元，市场份额1.78%。新华人寿进入大同保险市场，按照“重点发展个人业务”的渠道策略，运用营销规律，把握工作节奏，优化产品体系，强化督导训练，坚持“业绩、增员”两手抓。当年，实现保费8880万元，市场份额8.41%。

2006年，中国人寿大同分公司实施年度增员计划，并在第4季度开展主题增员活动，新增人力达到1223名，成功留存810名。在业务拓展上，大力发展期交业务，实现首月、首季开门红，并通过举办销售技能提升培训班等形式，迅速掀起销售高潮，当年个险渠道实现保费5.71亿元，市场份额48.51%。太平洋人寿通过增员、培训，不断提高有效人力的比重，促进业务的发展；个险业务实行短期意外险与长期新保业务的捆绑式销售考核，有效促进业务平台快速发展。根据全方位的激励制度，积极推动有效人力的提升。在团队建设中，做好营销经理与行政经理的切换工作，为团队发展夯实了人才队伍。当年个险渠道实现保费4.29亿元，市场份额36.41%。平安人寿在增员上加强礼贤业务员甄选测试（LASS）规范性管理，加强新人层级培训与后续教育，加强营销员职业道德教育。当年个险渠道实现保费2096万元，市场份额1.78%。泰康人寿提倡组织发展，鼓励绩优、强化增员与辅导、注重业务品质，销售人力253人，强化队伍业务素质，当年实现保费

3580万元，市场份额3.04%。

2007年，中国人寿大同分公司积极推广《2006年代理人基本法》，严格执行《代理人管理办法》《组训管理办法》，进一步健全完善培训体系，通过加大培训力度，增强实战演练，强化培训效果，实现和提升销售技能。当年，个险渠道实现保费4.83亿元，市场份额41.70%。太平洋人寿大同中支个险渠道施行新的销售模式和营销管理模式，运用客户庆生会等创新服务手段，帮助实现业务平台的快速提升和人力平台的稳步发展，促进队伍和业务质量稳步提升。当年，个险渠道实现保费4.55亿元，市场份额39.22%。平安人寿强化落实个险新人上岗工作，认真执行《关于落实新人上岗工作和严禁"带单上岗"的通知》，妥善解决业务员在销售和增员中遇到的业务纠纷，建设品质优良的销售团队，维护公司、客户及业务人员的正当权益，促进个险业务健康发展。当年，个险条线保费实现3594万元，市场份额3.10%。

2008年，中国人寿个险渠道努力保持业务发展的持续性和平稳性，在时间安排上，首季力争达成规模任务的50%，为全年业务结构调整赢得时间。在队伍发展上，公司先后出台《提升架构打造三百组经理，夯实基础有效增员一千人》《"成功创富一帮一"活动》等增员方案，成功组织业务员"1+1"增员及"主管一带一、精英一帮一"活动，全年共增员1436人。在销售策略上，一是以创新流程为着力点（选才流程、销售流程、服务流程），促进业务快速提升；二是以企划方案为激励点，促进业务结构的优化；三是以高频率、高质量的说明会为拉动点，促进访量和业绩的快速提升，全年举办350多场说明会；四是以"两鸿"满期转保为契机，拓展新的业务增长点；五是以达标考核为推动点，确保自然保费总量提升；六是以尝试互动业务为切入点，促进个险业务组合型销售发展。在县域保险发展上，出台《县域保险发展实施意见》《"星火燎原"推动方案》等多项推动方案和激励政策，大力实施县域网点"三三"发展策略，积极推行"一村一增员"和"驻村业务员"制度，并成功探索出建立《村民保险档案》的展业模式，成为全省系统的典型经验，全市组建完成38个网点，农网持证人力达560人，较2007年增加480人，累计实现期交保费520万元，同比增长490万元。全年个险渠道共收取保费8.53亿元，市场份额53.11%。太平洋人寿个险渠道以"夯实基础，铸造品牌"为目标，以"基本法"为导向，以提升有效人力和绩优人力占比为抓手，以积极推进区拓队伍成长、加大营销干部培养力度为保障，稳步提升队伍销售能力。当年，个险条线实现保费3.84亿元，市场份额23.94%。平安人寿重视销售团险日常管理和基础管理，认真执行《关于要求机构梳理各项管理制度的通知》《个人寿险业务人员品质管理办法（2008版）》，增员、销售、服务、考核要求规范。个险条线队伍管理和销售管理更加坚实。当年，个险条线保费实现 6598 万元，市场份额 4.11%。新华人寿致力建立基本管理、活动量管理、团队管理相结合的三维基础管理体系，从而使基础管理能力大幅提升。当年，个险条线实现保费 1.02 亿元，市场份额 6.35%。太平人寿大同中支进入大同市场，首先推出太平福寿连连两全保险（分红型）、太平福禄双至终身寿险（分红型）、和太平一诺千金终身寿险（分红型）。当年个险条线实现保费 1768 万元，市场份额 1.10%。中国人民保险公司健康大同中支通过重点招募团队核心主管力量，举办精英主管封闭培训班，首批共招募 262 人，组建 3 个营销服务部。嘉禾人寿大同中支首年建立了 50 人的个险销售队伍，为下步展业奠定人力基础。

2009 年，中国人寿大同分公司在个险销售队伍增员上，相继出台《强抓队伍建设打造精品职场——网点建设达标工作指引》《独立区部管理办法》《强力启动"晋升工程"乘势打造 100 个独立区部》，以及将 4 月份定位为"增员月"，在全辖倡导"增员是责任"的理念，增员形成常态化。依靠"成功创富，金玉满堂"企划方案，通过搭建"国寿大讲堂""创富大学堂""门派大争霸"三大平台及深入开展"客户大回访"、业务员"升学晋升"及业务竞赛三大活动，迅速扩充队伍，全年共增员 1127 人，持证人力 1680 人，举绩人力 1020 人。在销售策略上，通过企划宣导、士气激励、政策引导、技能培训，特别是通过《关于规范"个人专场说明会"运作指导意见》《具体操作流程》出台，保证近 200 场说明会的高效运作；快速引进"神奇高效产说会"运作模式，成功解决业务员"客户难邀、邀了难签、签了难收"的困惑；采取争夺霸王旗、争夺王旗的竞标办法，组织公司之间开展竞赛活动，个险业务销售不断掀起新热潮。当年个险条线实现保费 8.68 亿元，市场份额 48.82%。太平洋人寿大同个险渠道以标准化团队建设、强化培训和城区业务发展为突破口，全力推动四级机构晋级达标工作，以分类推动为手段促进核心业务快速发展。当年，个险条线保费收入达到 2.14 亿元，市场份额 12.04%。平安人寿大同中支个险条线严格新人培训流程，重视部门之间的衔接，规范创业说明会举办，实现保费收入 1.21 亿元，市场份额 6.82%。中国人民保险公司人寿大同中支推出"和谐人生终生寿险"产品，以交费灵活、个人账户随时支取，既可作医疗，也可以养老的理财险方式，作为销售话术，深受客户欢迎。当年个险条线保费收入 2.14 亿元，市场份额 12.04%。中国人民保险公司健康大同中支主打健康特色险种，即"成长无忧日常看护个人护理保险""医诊无忧日常看护个人护理保险"以及中国人民保险公司健康第一款万能型险种"健康宝个人护理保险（万能型）"，首年规模保费收入达到 170.78 万元。

2010年，中国人寿大同分公司将个险渠道作为提升公司实力的重要抓手，在业务发展中，始终坚持“早、快、细”三字要求。从企划方案的制定宣导、召开启动会激励士气及开展全员销售培训等多项工作，都在很短时间内高质量部署完成。当年，个险条线保费收入达到8.94亿元，市场份额45.48%。太平洋人寿大同中支围绕总公司“可持续性价值增长”的发展战略，坚持人力健康增长、举绩有效改善和产能持续提升的策略，以人力增长为抓手，实现人力规模突破，带动核心业务增长；以四项基础管理为核心，常抓不懈，提升销售能力；以积极产品策略为强大动力，优化业务结构，科学发展，稳健经营，实现业务、队伍又快又好发展。当年，个险营销员达到1138人，续收客服专员49人，形成分工明确、专业协作、结构逐渐合理的销售队伍体系。当年，个险渠道保费达到2.90亿元，市场份额14.76%。平安人寿重视业务团队主管管理技能和水平提升，重视销售过程销售行为的规范，坚持团队自主经营，当年个险条线保费收入8034万元，市场份额4.09%。新华人寿贯穿“持续有效组织发展”和“健康人力策略”经营主线，强力拉升人力规模，包括实动人力、绩优人力等在内的各项核心人力指标较上年同期均实现大幅增长。当年，个险条线保费收入1.26亿元，市场份额6.43%。嘉禾人寿大同中支以绩优、晋升为主线推动组织成长，主要采取四项政策：一是搭建钻石俱乐部，二是设立新人超额奖，三是建立晋升主管组织发展基金，四是壮大标准组营运基金。当年，嘉禾人寿大同中支个险销售人力新增44人，实现保费1631万元，市场份额0.83%。

2011年，中国人寿大同分公司个险渠道根据市场形势变化、客户需求及公司发展需要，以季度为推动周期，精心企划，准确把握需求热点，制定可行的销售策略。成功组织世园会、营销15周年庆典、遵义会师、西柏坡旅游等激励活动，以红色文化为主线，调动全员销售热情。组建百人精英团队，鼓励广大精英放宽眼界，走出大同，以小交会的运作模式，寻找开发新的高端客户。季均综合举绩人力达1036人，最高的第二季度达到1128人。当年，个险条线实现保费8.07亿元，市场份额41.31%。太平洋人寿大同中支个险业务重点关注活动率及健康人力指标，有效改善既往绩优凸显、整体偏弱的局面，提高队伍的整体素质，巩固团队。当年，个险营销队伍为1306人，续收客服专人员46人，个险渠道实现保费为3.30亿元，市场份额16.89%。泰康人寿大同中支严格基本法考核，加强团险业绩考核，销售人力231人，实现个险保费1.05亿元，市场份额5.38%。太平人寿大同中支以“太平康颐金生终身寿险（分红型）”面市，提供包括身故、全残、重大疾病、全面保障、生命关爱、满期祝寿金在内的6大保障产品，以产品竞争市场，当年个险条线实现保费9074万元，市场份额4.65%。

2012 年，中国人寿大同分公司个险渠道始终坚持“以队伍建设促进业务发展”的工作思路，以基本法经营为核心，通过强基础，抓举绩，做大了队伍规模。全市个险渠道对新人及未举绩人力、主管、精英进行分类追踪，确保举绩率的提升。在第三季度的雷霆行动中，个险渠道季均举绩人力达 1100 人，创近年来最高水平；以抓培训、抓国寿 E 家推广，抓销售模式创新，提升销售技能。全市个险渠道通过荣誉体系的建立，完善精英的职涯规划，并通过加强技能培训，提高精英的专业化服务水平。通过多次宣导推广和反复培训，国寿 E 家已成为销售支持必不可少的工具，既提高队伍销售能力，又塑造良好的专业形象。通过运作个品会，把“一对多”的拜访，规范为个品会模式，实现客户积累、增员和业务发展“三位一体”的展业模式。当年，个险条线保费实现 6.96 亿元，市场份额 36.00%。太平洋人寿大同中支个险条线围绕总公司“以客户需求为导向”的战略转型主线，深入落实“两个聚焦”和“两个围绕”，全力推进公司价值可持续增长，当年，全市拥有个险营销队伍 1246 人，区拓服务专员 149 人，续收客服专人员 56 人，实现个险保费 3.73 亿元，市场份额 19.32%。泰康人寿个险条线由全员增员向“核心人力”（主管）增员转变，建立师徒制增员关系，进一步强化部组经营，推出“精英代理人”制度，旨在从销售、承保、保全、理赔各环节为精英代理人提供更便捷、差异化、可升级的全流程运营服务，销售人力 172 人，实现保费收入 9047 万元，市场份额 4.68%。太平人寿提出以流程运作、制式运作、体系运作，建立标准的工作流程。比如，产说会的运作，分为会前、会中、会后三个环节，会前客户名单的搜集，会中各个环节中人员的角色分配、会后的客户回访与总结，整个产说会系统化、流程化、制式化，提高工作效率，实现个险业务保费 8250 万元，市场份额 4.27%。

2013 年，中国人寿大同分公司个险渠道通过运作个品会，把“一对多”的拜访，规范为个品会模式，实现客户积累、增员和业务发展“三位一体”的展业模式，推动业务发展。举办小交会 312 场、黄金风暴 112 场、升级办理会 151 场。实现个人代理业务 66765 万元，市场份额 33.59%。太平洋人寿大同中支个险条线继续深入贯彻落实“两个聚焦”和“两个围绕”的经营思路，紧紧围绕总公司“以客户需求为导向”的战略转型主线，坚持条线化经营、专业化推动、差异化投入、标准化评估，明确工作目标，着力推进基础管理工作的有效实施，抓举绩，保增量，提产能。个险队伍进一步发展，全市个险营销队伍 1582 人，区拓服务专员 135 人，续收客服专人员 79 人。当年个险业务保费收入达 4.18 亿元，市场份额 21.04%。平安人寿调整业务人员待遇及考核规定，使其更加科学合理，在增员途径和方法上，开始执行《平安新动力业务员甄选系统（E—

PASS）管理办法》，提升队伍新生力量。当年个险业务保费收入 1.17 亿元，市场份额 5.87%。新华人寿以队伍建设为核心，以制度经营为根本，以工具使用、团队活动为保障，夯实基础管理。一是稳步推进绩优平台建设，让持续绩优成为一种追求；二是形成以“季度经营节奏、月度节点节奏统一、业务政策统一、督导追踪动作统一”为核心的统一的运作节奏；三是强化工具的使用，以工具为载体进行增员。个险队伍基本素质和销售技能得到保证。当年，个险业务保费收入 2.31 亿元，市场份额 11.61%。中国人民保险公司人寿主销产品《惠民理财两全保险（分红型）A 款》，太平人寿以产品为依托，借助产品说明会、创业说明会实现业绩、人力双丰收。分别实现个险业务保费 2.8 亿元和 9016 万元；市场份额分别为 14.09% 和 4.54%。

2014 年，中国人寿大同分公司个险渠道始终坚持“以队伍建设役业务发展”的工作思路，以基本法经营为核心，以组经理晋升和主管夯实为抓手，通过搭建体疗会、利益派送会、积分会等销售平台，快速推动业务发展，提升管理队伍的专业经营能力。全年累计举办积分会 412 场、黄金风暴 200 场、利益派送会 263 场。注重发展节奏的掌控以及骨干结构的优化和稳定，注重业务和团队发展量质并进，注重业务指标和人力指标的协调发展，注重培训产业链、产品营销链的有机协调推进。将产品推动与基本法有效结合，进一步发挥基本法牵引和导向作用，强化业务主管队伍自主经营建设，实现队伍裂变和业务增长。当年，个险渠道保费实现 6.25 亿元，市场份额为 26.75%。太平洋人寿大同中支个险渠道注重发展节奏的掌控以及骨干结构的优化和稳定，注重业务和团队发展量质并进，注重业务指标和人力指标的协调发展，注重培训产业链、产品营销链的有机协调推进。将产品推动与基本法有效结合，进一步发挥基本法牵引和导向作用，强化业务主管队伍自主经营建设，实现队伍裂变和业务增长。当年，个险营销队伍 1132 人，区拓服务专员 200 人，续收客服专人员 142 人，渠道实现保费 4.19 亿元，市场份额 18.0%。泰康人寿大同中支个险条线狠抓队伍建设，阶段推进：即四五扩军、七八铸军、年底强军，为公司人力的迅速发展奠定基础。年底，销售人力达到 264 人，保费实现 1.02 亿元，市场份额 4.37%。

2015 年，中国人寿大同分公司个险渠道牢牢把握总省公司队伍建设战投政策的支持，始终坚持集中增员与常态增员相结合，借助新人留存平台、主管晋升平台的搭建和“三体”创建工作的开展。持证人力 3677 人，新增人力 2560 人，在管理机制上以推进《个险营销区部管理办法》为契机，个险全面实施扁平化管理，全辖 19 个职场实行独立经营，取得显著成效。当年，个险渠道实现保费 7.28 亿元，市场份额 23.77%。太平洋人寿大同中支以基本法为核心，建立组织晋升的可持续发展体系；以“准主管工程”为核心，以常态增员为抓手，深化推动四级机构达标工作；持续推进增员工作，扩充组织架构，积极建设绩优体系、营造绩优文化、落实绩优追踪。积极推动区域经营，推进组织发展；通过追踪渠道经营指标实现年度经营目标。平安人寿继续强化队伍基础建设，在加强新人入司、精英留存上做文章。当年，个险营销队伍 1423 人，区拓服务专员 401 人，续收客服专员 161 人，实现个险业务保费 4.88 亿元，市场份额 15.95%。

2016 年，中国人寿大同分公司个险渠道牢牢把握总省公司队伍建设战役政策支持，借力“331”（业务发展、队伍建设、基础管理；城区发展、两乡发展、收展发展；综合管理和人员管理）改革和标准推进，坚持集中增员与常态增员相结合，从根本上突破队伍建设的瓶颈，新增人力 5748 人，T3 人力 4070 人。个险首年期交突破 2 亿元，总量达 2.16 亿元。当年，个险条线实现保费 6.73 亿元，市场份额 37.33%。太平洋人寿大同中支个险渠道积极推动机构晋级与组织发展，通过行政引导，强化营业部经理“新五项修炼”落地，深入改进激励方式，增强从业人员归属感和团队凝聚力，进一步打造绩优团队。当年，个险营销队伍 1552 人，区拓服务专员 887 人，续收客服专员 200 人，实现个险业务保费 5.69 亿元，市场份额 31.54%。幸福人寿大同中支 7 月筹建个人代理人队伍，当月人力 61 人。当年个险渠道实现保费 94.12 万元。

2017 年，中国人寿大同分公司个险渠道紧紧围绕“三位一体”核心思路，加速推进三大战略、“761”周单元经营、区部改革等工作，通过实施“常态 + 项目”增员体系，实现队伍快速发展，新增人力 4955 人，个险业务总量再创新高，个险首年期交达成 2.5 亿元，同比增长 15.5%。全年实现保费 8.86 亿元，市场份额 37.34%。太平洋人寿大同中支以基础管理推动团队建设，以客户经营推动产能提升，以机构达标推动标团建设，以架构增员推动人力发展。实施差异化资源投入策略，加速机构发展，力争在业务、人力实现跨越；加强人才储备与梯队建设，不断提升工作技能；进一步强化行销支持，借助新技术应用，搭建与客户交流的桥梁，不断提升公司品牌建设。个险营销业务人员 1772 人，服务营销业务人员 239 人，顾问营销业务人员 1047 人，实现个险业务保费 6.93 亿元，市场份额 29.22%。平安人寿大同中支以个人代理人业务为经营发展重点，按照职能划分为营销和区拓两个系列，在推行《平安新动力业务员甄选系统（E—PASS）管理办法》以来，代理队伍不断发展壮大，到年底个险队伍人力 2925 人，其中区域拓展队伍人力 571 人，当年实现个险业务保费 3.79 亿元，市场份额 15.97% 。农银人寿启动“鱼跃龙门”项目，为在职人员提供快速晋升机会和打造高级管理层。当年个险渠道实现保费 447.06 万元，市场份额 0.19%。

第四节 团险渠道业务

2001年，中国人寿大同分公司调整部分机构，业务二部更名团体业务部。2002年，中国人寿大同分公司实行机构改革，正式设立团体业务部，分设综合业务管理岗、兼业代理业务拓展岗和团体业务拓展岗，各基层公司分别设立团体业务拓展部。市公司团险部主要执行全市团体业务管理和指导团体业务的销售，基层公司在市团险业务部指导下，开展团体业务的销售。太平洋人寿大同中支实现产、寿险分业管理，市本部设立团体业务部。两公司团体销售队伍主要特点是由员工制形式的人员组成的直销队伍。

2005年，中国保险监督管理委员会下发“保险公司营销员可以销售团体保险产品”的规定，大同保险市场中国人寿开始建立代理团险业务的销售队伍。太平洋人寿组织架构逐渐完善，将健康险部合并入团险业务部，管理和销售职能更加适应市场。泰康人寿大同中支设立团体保险部，主要根据总、分公司的发展战略和年度经营目标，负责员福业务的管理、分解和销售。年内，中国人寿大同分公司团体业务保费收入1881万元，太平洋人寿团体业务保费收入1305万元。

2006年，大同保险市场有5家人寿保险公司，开办团体人寿保险业务的公司仅为中国人寿大同分公司、太平洋人寿大同中支。国寿大同分公司团险业务坚持“全年全员全方位”发展策略，积极倡导“一人一单一卡”销售，加强与大客户、大企业沟通，成功实现团寿险保费1166万元。太平洋人寿大同中支团险条线坚持“稳中求进，效益经营”经营方针，进一步挖掘老客户，寻求新的发展机遇。当年收取保费701万元。

2007年，中国人寿大同分公司严格按照《团险销售人员管理办法》，强化队伍管理，强化自我学习、自我加压的竞争意识，增强队伍的紧迫感和危机感。在首季业务取得较好开局的基础上，根据基层队伍状况、市场优势等条件，每个基层公司确定两至三个重点公关单位，市分公司总经理室亲自带头公关，加强与其单位高管的协调沟通，取得显著效果，强有力支撑起公司业务规模。当年，团体人寿保费收入6034万元，同比增长417.49%。太平洋人寿大同中支团险条线坚持渠道为主，整合费用，追求业务价值，转变效益观念，推动业务健康发展。当年团险条线实现保费收入532万元，同比增长–24.11%。年内，新华人寿大同中支、泰康开办团体人寿保险业务，分别实现保费收入1万元、108万元。

2008 年，中国人寿大同分公司在团险团队建设上，重视人员的甄选工作，团险队伍由 30 人增加到 63 人，为业务发展奠定基础。在销售策略上坚持实施高层公关策略，建立业务竞争奖励机制，当年实现保费收入 3911 万元，同比增长 -35.18%。太平洋人寿大同中支团险业务继续坚持以效益为中心的经营思想，进一步调整险种结构，夯实基础，大力发展法人客户，通过不断的培训学习，提高业务人员的综合素质。实现保费 452 万元，同比增长 -15.03%。泰康人寿大同中支首次开办团体人寿保险，实现保费 1.29 亿元，中国人民保险公司人寿大同中支开始开办团体人寿保险业务，收取保费 17316 万元。

2009 年，大同保险市场开办团体业务的寿险公司达到 6 家，全市团体保险业务保费收入达到 1.01 亿元，占同期总保费 5.22%。市场份额较大的公司有泰康人寿占比 79.26%、中国人寿 12.14%、中国人民保险公司人寿 7.84%。中国人寿大同分公司针对团险队伍建设相对滞后进行专门研究和探讨，分析其中的原因和困境，给予一定倾斜政策，加大聘用力度，尽快提高团险队伍的规模，提升拓展业务的技能。当年，团体业务保费收入 1229 万元，同比增长 -68.58%。太平洋人寿大同中支团险条线细化分解任务目标，提高业务承保率，普及电子出单的覆盖面，同时积极开拓新保业务。当年团体业务保费收入 8 万元，同比增长 -98.23%。

2010 年，大同保险市场团体业务开办公司 3 家，分别为中国人寿大同分公司、太平洋人寿大同中支、中国人民保险公司人寿大同中支。团体业务保费收入 325 万元，同比增长 -96.79%，占同期总保费 0.16%，同比下降 5.06 个百分点。中国人寿大同分公司团险渠道逐步建立协调公关机制，重点开拓短险市场，全力组织“工伤补充保险、建工险、学生险、卡折业务、小额信贷保险和年金险”六大攻坚战，启动总经理、分管副总、团险部经理及各支公司经理四级责任公关项目工程，加强对团险队伍的聘用和技能考核，努力实现开发大市场、公关大项目，追求大效益的目标。当年，团体业务保费收入 276 万元，同比增长 -77.54%。太平洋人寿大同中支团险条线制定三年发展规划，大力发展重点险种业务项目，利用基本法的考核，达到整合队伍的目的，逐年淘汰产能低、能动性差的业务员，打造一支精兵强将为主力的队伍。当年，团险团队业务人员 16 人。团体业务保费收入 200 万元，同比增长 -75%。。

2011 年，大同保险市场团体业务开办公司 3 家，分别为中国人寿大同分公司、太平洋人寿大同中支、新华人寿大同中支。团体业务保费收入 244 万元，同比增长 -24.92%%，占同期总保费 0.12%，同比下降个 0.04 百分点，跌入历年来最低谷。中国人寿大同分公司团险渠道在队伍建设上严格按照《团险销售人员管理办法》的要求，进入系统人员达到76人，进一步规范队伍管理。在学习培训上，落实《三大渠道发展指导意见》，举办培训班，不断提升岗位基本素质和基本技能。在业务拓展上始终坚持以效益为中心，坚持“大业务与分散业务”“新业务与续期业务”同步抓，并专门出台激励推动政策，充分利用公司市场优势、资源优势及品牌优势，展开大单公关，并取得重大突破，首季就超额达成全年任务，成为全省发展的典型和表率。学生险大力推行50元以上的加费销售策略，取得较好的效果，逐步扩大业务规模，成为全省唯一学平险实现正增长的公司，进一步提升公司的创费能力。当年，团体业务保费241万元，同比增长-12.68%。太平洋人寿大同中支增长-50%。

2012年，大同保险市场开办团体业务公司增至5家，保险费收入达到3290万元，同比增长12.48倍，占同期总保费1.55%，同比增加1.43个百分点。中国人寿大同分公司团险渠道始终坚持“政保合作与分散业务齐头并进”的工作思路，充分利用各种有利政策导向，加大政保合作力度，取得实质性突破，成功承保全市城镇职工意外伤害补充保险，保费收入达千万元以上，率先在全省系统实现政保合作的新突破，成为全省系统团险渠道发展的亮点。实现团体业务保费1257万元，同比增长4.22倍。太平洋人寿大同中支团险条线对员工管理引入竞争机制，实行差异化的目标管理，团险销售业务人员达到14人，当年团体业务保费1万元，同比零增长。中国人民保险公司人寿大同中支重点开拓法人大客户业务，开展农村小额业务，实现团体保费2030万元，是拉动团体业务正增长重要原因。当年，新华人寿大同中支、泰康人寿大同中支开办团体人寿保险业务，分别实现保费2万元、1万元。

2013年，大同保险市场开办团体业务的寿险公司2家，一家为中国人寿大同分公司，另一家为中国人民保险公司人寿大同中支。中国人寿大同分公司在团险队伍发展上，城区专业化公司设立四个拓展团队，分别负责城镇职工意外伤害保险、对公寿险、法人客户等专项业务的公关及服务，市公司给予专项费用予以支持，力争在分散性业务上取得更大进展，进一步夯实发展基础。在业务拓展上，紧紧抓住政策机遇，加强同政府部门合作，成功承保全市城镇职工意外补充保险，保费收入近千万元。同时大力拓展小额信贷保险业务，通过沟通公关，在原有合作渠道的基础上，同农村商业银行的合作实现突破，小额信贷保险达到132万元，再创新高。当年，团体人寿保险保费收入1457万元，同比增长15.91%。中国人民保险公司人寿大同中支重视开拓法人客户大客户业务和小额保险小团单业务，当年实现团体业务2127万元。

2014 年，大同保险市场人寿保险公司 12 家，有 9 家公司开办团体人寿保险业务。当年团体人寿险保费收入 9832.57 万元，同比增长 174.35%，占同期总保费 4.05%。中国人寿大同分公司团险渠道在队伍建设上以整合现有队伍为主，以老带新，稳步推进。尝试组建以服务职工补充保险和新农合意外补充保险为主的一支新队伍，以服务养队伍，逐步培养展业能力，培育一支新的团险销售队伍，努力探索出一条适合团险队伍发展的切实有效的办法，为团险业务增量增效打下了坚实基础。在业务拓展上切实狠抓城镇职工补充意外险保费的续收工作，同时积极公关和配合新农合参合农民意外险试点工作，取得突破。条件较好的公司选择好的政保业务，继续拓宽政保业务发展空间。团体短期险分散性业务为渠道重点考核的内容，通过签订全员绩效合同，充分调动全员的积极性。当年，团险渠道重点开展六项工作：一是及早公关，加大学平险的开拓力度；二是做好常态化经营，确保小额信贷达成持续稳定增长；三是积极推进老龄险，年内有所突破；四是加大计生险公关力度，积极推广国寿天镇支公司的经验，2014 年全市有所突破；五是多措并举，多渠道拓展，其他各类分散性业务全面开花结果；六是设专人负责，全力以赴抓法人客户，实现年金计划目标。当年， 中国人寿大同分公司实现团体人寿险保费 2255.32 万元，同比增长 54.80%；太平洋人寿大同中支团险条线实现保费 2352.66 万元；中国人民保险公司健康大同中支实现保费 4370.7 万元，3 家公司团体业务保费收入占同期团体业务保费收入 91.32%。

2015 年，大同保险市场开办团体业务的人寿保险公司 8 家，保费规模达到 1.49 亿元，同比增长 51.90%，占同期总保费 4.65%，同比增长 0.6 个百分点。中国人寿大同分公司团险渠道建成标准化拓展团队 31 个，销售人员 130 人，成功实现队伍翻番目标。其中，国寿新建路支公司大胆创新，在组织结构上分设 4 个独立拓展团队和新组建 1 个大学生团队，突出重点区域公关，各司其职，有效提升渠道的专业经营能力。通过一年来运行，团险自我经营、主动发展的意愿明显增强，初步形成公司以发展为中心，以激励为核心的新型经营管理体系格局。全市团险渠道在业务上牢牢抓住政策机遇，积极同政府及相关部门沟通，建立良好的合作关系，全市城镇职工意外险取得突破性进展，新建路等 9 家支公司均成功续收，保费收入达 778 万元，总量实现翻番。太平洋人寿大同中支团险条线继续巩固传统领域的非健险支柱业务，同时积极向互联网等领域探索业务创新，充分利用宏观政策，拓展税延养老等新型业务。年内，大同国寿团险渠道实现保费 9025.83 万元，同比增加 3 倍，太平洋人寿增长 –9.26%。

2016 年，中国人寿大同分公司团险渠道严格执行省公司 3S 管理标准［团险职场运作标准、团险业务拓展团队（团队主管）工作标准、团险销售人员工作标准］和销售人员 211（一日两次拜访、一日一次日志记录、一周一份计划书）工作模式，借助中小型法人客户的拓展，推进销售队伍大发展。同时通过职场建设、讲师选拔和拓展团队经理的培养，打造专业化的销售队伍，为团险业务大发展奠定人力基础。在销售策略上，坚决贯彻贯彻“大短险”的发展要求，打造三个“千万”板块。一是城镇职工意外险板块，重点是在调责增费、降低赔付率等方面下功夫，快速提升创费能力，年内城镇职工意外险及团体补充医疗保险累计收取 1851 万元，同比增长 83%。二是新农小业务板块。借力新农合大病保险中标契机，乘势而上，强力拓展三县两区新农小业务，并逐步辐射至其他县区，年内实现保费合计 643 万元。三是打造学生险板块，将城区学生险市场作为攻坚重点，集中优势资源强势公关，加快拓展城区市场。年内，打破城区市场 10 多年冰封局面，城区 37 所小学全部统保，收取保费 282 万元，全年学生险累计 683 万元，同比增长 68%。同时，团险渠道全力拓展口子及重点业务。持续落实员福计划，积极推进“第一书记”保险和全市公安干警意外险，持续加大计生险、老龄险、小额信贷险等重点业务拓展力度，迅速扩大业务规模。当年，团险业务保费规模实现 1.05 亿元，同比增长 16.72%。太平洋人寿大同中支团险条线巩固传统渠道业务阵地，推进渠道精细化管理，同时大力创新新兴渠道，持续开拓新产品。加强渠道间的融合协作，实现渠道资源的整合与共享。当年团险业务保费规模实现 890.36 万元。同比增长 –58.29%。

2017 年，大同保险市场开办团体人寿保险业务达到 10 家，实现团寿险保费 1.95 亿元，同比增长 0.61%，占同期总保费 4.11%。在个险渠道、银邮渠道、团险渠道和其他渠道四个渠道中，保费规模位列第三，次于个险渠道、银邮渠道。年内，中国人寿大同分公司团险渠道按照“大团险、大发展、大队伍”的定位，着力配齐配强条线管理人员，不断加大拓展队伍建设力度。年内团险销售人员达 183 人，有效人力 97 人，拓展组经理 18 人，兼职讲师 16 人，为后期业务持续发展奠定人力基础。团险项目公关取得新突破，全年学生险、城镇职工意外险、全市所有县区均承保扶贫保险、小额保险及员福业务总量均有所突破。年内实现团体业务保费 1.25 亿元，同比增长 19.09%。太平洋人寿大同中支团险业务部与银行保险部合并，成立渠道业务部，法人渠道业务人员 13 人，年内实现团险业务保费 979.34 万元，同比增长 9.99%，实现团体业务 4263.77 万元。

第十章 新兴渠道业务

新兴渠道业务主要是指公司直销渠道、保险中介渠道业务发展过程中，在21世纪新诞生的保险销售方式所形成的业务。主要有电话销售、网络销售和相互并联的产险、寿险、健康险、养老金险等公司之间的互动交叉销售。大同保险业互动业务诞生于2007年，主要在平安保险、太平洋保险、国寿保险之间发展较好。大同保险业电话销售诞生于2010年，随着电话销售队伍建立、产品到位、流程成熟，电话销售成为车险销售的重要渠道。网销诞生于2012年，在中国人民保险公司财险、太平洋财险等公司开展业务。

第一节　电话销售

电话销售（以下简称电销）是指以电话业务为主要手段，借助网络、传真、短信、邮寄等辅助方式，通过保险公司专用电话，以保险公司名义直接与客户联系，并运用公司自动化信息管理技术和专业化运行平台，完成保险产品的介绍、咨询、报价、要约与承诺等销售过程的业务。其主要流程：1. 客户呼入；2. 座席推荐投保方案并报价；3. 客户确认投保；4. 录入投保信息；5. 核保；6. 保险费收取；7. 出单；8. 送单。

2010 年，太平洋财险大同中支开办电网一体业务销售。

2011 年，太平洋财险大同中支开办继续拓展电销业务，建立呼入、呼出、转介绍、推介、网站、续保六个渠道，重点发展呼入和呼出渠道，通过交通台广播、进小区收集数据、广告投放等渠道全面收集车辆信息。

2012 年，国寿财险建立电销渠道，组建 23 人的营销队伍。

2013 年，太平洋财险大同中支加强对电销业务的分类指导，回归电销业务本质，分公司制定《电销业务区分办法》，对转介绍业务加以管理，进一步规范电销业务，提升业务价值和获客能力。同年，华安财险电话销售专线顺利开通。

2014 年 7 月，平安财险大同中支在平安财险矿区支公司开设电销业务。主要经营方式为：“集中销售 + 本地服务”的远程交易解决方案，电销队伍负责销售、出单，机构承担保单配送、客户服务等。同年，安盛财险大同中支开办电销业务。

2015 年，太平洋财险大同中支大力发展外呼业务，组建专业的二促团队，并建立以外包配送为主、自营配送为辅的配送体系。同年，国寿财险大同中支成立电销部，之后不久，更名为电子业务部。次年更名为创新电子业务部。

2016 年，太平洋财险大同中支调整电销业务结构，以外呼和续保业务为抓手，将电销发展成为公司的自主核心渠道，拉动车险板块业务增长。

2017 年，大地财险建立电销团队。国寿财险大同中支电销队伍 26 人。

第二节　网络销售

网络销售是保险企业随着信息技术的发展应运而产生的以互联网为工具的保险销售方式及行为（以下简称网销）。网销实质是利用 Internet 的技术和功能对客户进行售前、售中、售后各环节进行服务，最大限度地满足客户需求，以达到开拓市场、增加盈利的经营过程，它是直接市场营销的最新形式。目前承保流程：1. 客户选择险企并登录官网；2. 选择合适的保险产品；3. 输入客户信息并支付保费；4. 获取并验证电子保单。

2012 年，太平洋财险大同中支继续建立并发展网销业务，持续巩固和加强渠道销售队伍建设，深入贯彻落实《山西分公司渠道建设管理暂行办法》。开展渠道经营分析，设立渠道专刊平台、开展调研分析、强力助推各渠道建设朝着集约化、专业化管理体系发展。

2013 年，中国人民保险公司财险大同市分公司成立电子商务专营机构，电销业务渠道的建立对传统渠道起到补充作用。

2015 年，中国人民保险公司财险大同市分公司成立电子商务业务部，对接总部业务。按照总省公司业务部署，推进电网销转型发展，着力做好纯电销业务发展和引导未出险客户的关怀工作，将资源公司化。

2016 年，中国人民保险公司财险大同市分公司电子商务部根据总公司《地面电销服务团队建设指导意见》要求，刚性落实《山西省分公司加快地面电销服务团队建设步伐实施方案》，明晰团队定位、工作目标和“集中式管理、平台化运营”组织模式，实施集中统一的运营、管理、培训和考核。不断加大广告宣传，有效提升客户电话呼入量和官方网站访问量，为呼入业务、网站自助投保产能的提升创造条件。

2017 年，中国人民保险公司财险大同市分公司电子商务部根据总公司《地面电销服务团队建设指导意见（试行）》、省公司《山西省分公司加快地面电销服务团队建设步伐实施方案》工作部署及要求，重点实施地面团队建设转型工作、续保专员考核工作、《“中国人民保险公司 V 盟”微推广项目推进实施方案》《推进互联网 O2O 团购实施方案》的落实工作。

第三节　交叉销售

交叉销售业务是指互相关联的两个或者多个不同条线，利用自身的销售渠道销售其他条线的业务产品的销售方式。保险交叉销售是指产险、寿险、健康保险、养老金保险等集团公司、子公司之间相互代理销售保险产品的业务。交叉销售的本质是通过打破渠道壁垒，整合各类资源，为客户提供多样化的保险产品及服务，满足客户全方位、多层次的保障需求，实现持续改善客户体验，不断提升客户价值的一种销售模式。

2007 年 7 月，太平洋财险大同中支开始按照集团公司和产、寿险总公司组织部分公司进行的产、寿交叉销售业务模式、管理手段和销售技巧等方面总结出初步的经验进行先期尝试。

2008 年，太平洋财险大同中支按照集团公司董事长高国富推动交叉销售工作座谈会要求："交叉销售是一项通过资源整合和共享，投入少、产出多的重要工作，是公司贯彻落实科学发展观，转变发展方式，提升价值和效益的一个重要抓手，站在这样的高度看，交叉销售就不仅仅是一项具体的工作，更是追求内涵式的发展、实现价值持续提升的一项战略布局。"公司重点进行三项工作：一是建立组织机构，成立交叉销售工作领导小组，配备了兼职产险团队主管，兼职产险专员，为交叉销售业务的发展提供组织保障；二是制定工作制度，公司积极与寿险公司协商制定交叉销售工作方案、考核管理办法等管理制度，明确专员队伍的管理办法，以及整个交叉销售条线的考核机制，奠定坚实的制度基础；三是建立横向的协同机制，交叉销售是产、寿险公司紧密配合共同推进的一项工作，通过联席会议和日常沟通，对交叉销售工作进行协调和促进，推进业务稳步发展，重点发展个人营销团队销售以车险为主的个人产险产品。同年，国寿财险大同中支设立互动业务部。

2010 年，太平洋财险大同中支通过与太平洋人寿大同中支联合现场督导，强化交叉销售管理和考核制度的落实，采取交叉销售专员进驻寿险职场和为寿险申报兼业代理资格等措施，促进与寿险公司的合作的力度。

2011 年，太平洋财险大同中支与太平洋人寿大同中支不断创新工作机制和密切合作关系，交叉销售业务发展突飞猛进。同年，国寿财险大同中支建立互动渠道，并从 4 人团险起步，互动队伍逐年增大。

2014 年，太平洋财险大同中支交叉销售“寿代产”实行标准化和系统化。

2015 年，太平洋财险大同中支交叉销售渠道持续聚焦交叉销售三项重点指标：举绩率、续保率、人均产能，并将三项指标的达成情况全部纳入对交叉销售主管和专员的绩效考核中。

2017 年，大地财险大同中支建立互动业务团队。国寿财险互动团险人力达 38 人。

第四篇

保险企业管理

企业管理是对企业的生产经营活动进行计划、组织、指挥、协调和控制等一系列活动的总称。企业管理目的是尽可能利用企业的人力、物力、财力和信息等资源，提高工作效率，实现最好效果。保险企业管理主要从管理体制、运营管理、财务管理、单证管理、印章管理、信息管理、人力资源管理、销售队伍管理、档案管理、内部控制与风险管理 10 个部分记述。

第十一章 管理体制

管理体制是指管理系统的结构和组织形式，是规定企业在各个方面的管理范围、权限、职责、利益及其相互关系的准则。其核心是机构设置、领导隶属关系和管理权限划分的体系、方法和形式。保险企业是构成金融体系的重要组成部分，也是社会经济领域的重要组成部分，保险企业管理体制演变自然要受到当时政治、经济、法律、文化、社会、技术等环境的影响，也要受到保险自身发展规律的制约。中国人民保险公司财险大同市分公司、国寿大同分公司伴随着新中国的成长和发展，走过 70 多年的辉煌历程。其公司体制由形成发展到改革创新，反映出深刻的历史背景和明显的阶段性特点，既有前后连贯的路径依赖，又有自身探索的逻辑脉络。从 20 世纪 50 年代中国人民保险公司大同支公司初建，在国家计划经济体制下，支公司采取集中统一体制。20 世纪 80 年代恢复业务，中国人民保险公司大同中支基本上继承或沿袭中华人民共和国成立后期管理体制。1984 年，国务院批转《中国人民保险公司关于加快发展我国保险事业的报告》和总公司提出的《改革保险体制，加快发展我国保险事业》的文件，拉开了中国人民保险公司企业化改革的序幕。1985 年国务院颁布《保险管理暂行条例》，中国人民保险公司系统开始进行企业化改革，核心内容是放权让利。如 1985 年中国人民保险公司大同中支改革核算体制，增强内部活力。1993 年，中保大同分公司主动移交社会统筹保险，转换经营机制，推进企业化进程，实行“自主经营、自负盈亏、自我约束、自我发展”的建立现代化保险企业的改革。1996 年 7 月 23 日，中国人民保险公司进行机构体制改革，同年 7 月 30 日，中国人民保险公司大同分公司实施产、寿险公司分业经营。2001 年，中保太平洋体制改革，产、寿险分业经营。保险公司实施专业化经营的探索。2003 年 6 月，中国人寿保险公司重组改制，更名为中国人寿保险（集团）公司，并独家发起设立中国人寿保险股份有限公司；12 月，分别在纽约和香港上市。2007 年，中国人寿、中国平安保险、中国太平洋保险相继登陆 A 股市场。2009 年 9 月，中国人民保险集团公司成功改制为中国人民保险集团股份有限公司，实现从传统国有企业向现代国有控股金融保险集团的重大转变。2017 年年底，入驻大同保险公司达 38 家，其中财产保险公司 22 家，寿险公司 16 家。以集团化、多元化分业经营为基本模式，以股份有限公司为企业形式，以法人治理结构为主要特征，以“一级法人，授权经营”在大同设立的三级财险公司：中国人民保险公司财险大同市分公司、太平洋财险大同中支、平安财险大同中支、国寿财险大同中支、太平财险大同中支。在大同设立的四级机构有：安邦财险大同营销服务部。以上述特征设立的三级寿险公司：国寿大同分公司、太平洋寿险大同中支、平安寿险大同中支、中国人民保险公司寿险大同中支、太平寿险大同中支、中国人民保险公司健康大同中支、安邦寿险大同中支。以主要经营产短险业务为核心，以股份有限公司为形式，以公司治理为特征，以分级授权方式在大同设立三级机构：永安财险大同中支、天安财险大同中支、大地财险大同中支、华安财险大同中支、永诚财险大同中支、渤海财险大同中支、阳光财险大同中支、华泰财险大同中支、中煤财险大同中支、信达财险大同中支、英大财险大同中支、紫金财险大同中支、都邦财险大同中支。在大同设立的四级机构：中华联合财险大同市城区支公司、安诚财险大同南郊支公司。以上述特征经营寿险业务在大同设立的三级机构：泰康人寿大同中支、新华人寿大同中支、农银人寿大同中支、合众人寿大同中支、国华人寿大同中支、民生人寿大同中支、工银人寿大同中支、幸福人寿大同中支、百年人寿大同中支。以股份收购方式，对天平汽车保险股份有限公司股权收购（2018 年 11 月，安盛集团正式签署协议收购安盛天平剩余 50% 股权）成为外资控股有限责任公司，安盛天平财产保险大同中支成为外企控股的三级机构。

1950 年 12 月 1 日，中国人民保险公司察哈尔省分公司大同支公司成立。按照《中国人民保险公司组织条例》规定，中国人民保险公司大同支公司是全民所有制金融企业，公司设立经理室和两个小组，组织结构上属于直线制。主要经营财产保险和各种人身保险业务。行政上受大同人民银行领导，业务上受中国人民保险公司察哈尔省分公司领导。员工组织实行行政化管理方式，行政事业性工资待遇。年度保费主要由省级公司下达计划任务等。财务上是由总公司统收统付、统一核算、统一纳税、统负盈亏。展业方式是直销和代办两种方式，经营方式和业务发展手段上以强制保险和行政命令为主，自愿保险为辅。建立之初，中国人民保险公司大同支公司采用的是高度集中统一的管理体制。

1952 年 6 月，中国人民保险公司大同支公司从中国人民银行划归大同市财政局领导。12 月，察哈尔省撤销，中国人民保险公司大同支公司划归中国人民保险公司山西保险系统。

1958 年 1 月，第六次全国保险会议在北京召开，根据国务院《关于改进保险管理工作体制的规定》：除铁路、飞机、轮船旅客意外伤害的强制保险，国外保险业务，仍然由总公司统一经营外，其他各种业务交给省、自治区、直辖市自行经营；地方保险业务的种类、规模、工作步骤以及各种规章方法的制定，都由地方决定；同时还规定各级保险机构一律划归同级中国人民银行领导。7 月 1 日，大同市划归雁北专署领导，银行、保险等金融机构随之发生变动。

1959 年 1 月，中国人民保险山西省保险公司撤销，中国人民保险公司大同支公司根据指示，作机构撤销和清理事宜。

1980 年 9 月 1 日，按照山西省人民政府关于《批转人民银行省分行关于在我省恢复国内保险的请示报告》的精神，中国人民保险公司大同保险支公司成立并恢复业务。支公司为大同人民银行领导下的一个独立核算企业，受大同市人民银行和中国人民保险公司山西省分公司双重领导，业务上以省公司领导为主。

1981 年 1 月，支公司分设行政和业务两个部门，业务部负责业务拓展和业务理赔。12 月，支公司成立党支部，负责支公司各项工作。

1984 年 7 月 11 日，经中国人民银行山西省分行批准，中国人民保险公司大同支公司改建为中国人民保险公司大同中心支公司。8 月 2 日，组建 6 个县支公司和城区内 2 个办事处。9 月 8 日支公司、办事处正式成立。至此，中国人民保险公司大同中支在组织结构上同大同市地方政府行政层次序列相一致，为中国人民保险公司系统的三级公司，中支公司为处级单位，支公司、办事处为科局级单位，实行垂直领导系统，在干部管理上，实行系统领导与地方领导相结合，以系统领导为主。呈典型的“三级管理，一级经营”模式。同年，国务院批准《中国人民保险公司关于加快发展我国保险事业的报告》和总公司提出的《改革保险体制，加快发展我国保险事业》的文件，以“放权让利”为核心的改革促进保险体制改革，增加保险企业活力。一是减轻税负，增加企业自留利润；二是放宽对中国人民保险公司资金运用的限制。

1985 年，中国人民保险公司内部实行改革，一是改革核算体制，理顺内部关系。主要有以下几个方面。（1）实行国内保险业务总分公司间“三、七”分保办法。省公司按当年业务 30% 毛保费给总公司，自留 70%。（2）实行国内保险业务总分公司两级核算，自负盈亏的核算体制。（3）实行按国内业务、涉外业务、信用业务和寿险业务四类不同业务分险种核算体制。（4）实行调剂资金制度。二是下放业务管理权有以下几个方面。（1）下放业务经营自主权，除全国性法定保险和带储蓄性人身保险外，国内保险条款、费率自定，取消重大赔案报总公司审批之规定。（2）下放资金运用权，在保证不影响支付赔款的前提下，分公司尽量选择期限短、效益高的项目进行投资。（3）下放财务费用管理权。从 1985 年起，各公司在加强管理、节约费用、增加盈利、更多地积累资金的前提下，有权在总公司规定的标准和开支范围内自行掌握和使用。（4）下放干部管理权限。根据干部管理原则，总公司只对省级分公司领导干部进行考核、调职和奖惩，省级分公司对所属干部本着适当缩小管理范围的原则上自行管理。1 月 1 日，中国人民保险公司山西分公司根据这一精神，提出下放“四权”（劳动人事权、工资分配权、生产经营销售权和员工奖惩权），对市级实行以保费收入、赔付率、费用率和工作质量四项指标为考核内容的经济承包责任制。在财务运行上开始执行《财务管理权限试行办法》，以经营承包责任制为基础，下放费用、利润留成管理权限，实行资金限额管理。4 月 2 日，中国人民保险公司全省保险工作会议在太原召开，总结前段工作经验和教训，提出该年度工作思路，重点是下放“三权”，即业务经营权、财务管理权、干部管理权，下达年度经营承包责任制试行方案。

1986 年 4 月 15 日，中国人民银行山西省分行批复，同意大同中心支公司分设为大同市中心支公司和雁北地区中心支公司。6 月 16 日，中国人民保险公司雁北、大同中心支公司成立，中心支公司领导班子成立。中国人民保险公司雁北 13 个县支公司原统属中国人民保险公司大同中支领导，根据省公司组建中国人民保险公司雁北中支意见，7 月雁同过渡，8 月正式展业。8 月 11 日，中国人民保险公司大同调整中支本部职能部门，至此 . 中国人民保险公司雁北、大同中支组织结构均为职能直线制形式。

1988 年 3 月 18 日，中国人民保险公司山西省分公司、和市级（地区）中支公司在太原市签订 1988 年度承包经营责任制协议书，主要内容是“两包一挂”，即包业务收入，包利润，承保指标和利润留成同承包人奖金挂钩。23 日，中国人民保险公司山西省分公司下发《中国人民保险公司山西省分公司实行中支一级单位核算，自计盈亏的办法》，办法规定从 1988 年开始在全省保险系统实施。4 月 5 日，中国人民保险公司大同中支举行承包经营责任制签字仪式，党组书记、经理代表发包方与各支公司、办事处经理代表承包方签订承包合同。中国人民保险公司雁北中支在实行中支一级单位核算的同时，对县支公司和中支营业部实行“两包一挂”，并下放基层公司相应的业务经营权和奖惩权。有的基层单位把承包任务层层落实到股室和个人，实行承包任务，联奖金、联工资、联下乡差旅费的“一包 N 联”制；有的基层单位实行定任务、定时间、定质量、定人员、包险种、包单位与挂奖金、挂工资的“几定几包几挂”等多种形式的责任制。年初，中国人民保险公司山西省确定在雁北中支试行“中支经理负责制”，并于 9 月中旬正式实施，在省公司工作组直接领导和具体指导下，按照实施方案，经过民主测评、推荐、上级全面考察，由中国人民保险公司省公司聘任中支经理。由中支经理聘任中支副经理。根据党政分开原则，选举产生中支机关党总支书记、副书记，召开全系统首届工会会员职工代表大会，民主选举工会主席和副主席，组成中支管理委员会。在该基础上，中支对中层干部实行聘任制，对一般员工进行优化组合，将民主推荐、优胜劣汰机制引入企业管理之中。10 月 13 日，中国人民保险公司省分公司以晋保党组发〔1988〕8 号发文，自 1988 年 10 月 6 日起，撤销中共中国人民保险公司雁北地区中心支公司党组和党组纪检组，其工作任务分别移交经理室、党委会和监察科办理。至此，中国人民保险公司雁北中支形成党、政、工、团相互配合的经理负责新体制与新机制。

1989 年，中国人民保险公司雁北中支继续完善“包、定、联、挂”等形式的责任制和考核奖惩办法。制定行政、党务、职代会等方面《工作细则》，制定《经理任期目标责任制》《经理指挥系统》《经理决策程序》，理顺行政、党务、工会之间的关系，明确职责，完善科室的岗位职责和在部分县支公司推行经理负责制。对干部实行聘任制和任期目标责任制，对一般员工进行优化组合方式。选择经济条件较好的左云、怀仁两个支公司作试点，实行县支一级核算、自负盈亏管理方式，在改革上先行一步。

1990 年 6 月 1 日，雁北中支党组以雁保党组发〔1990〕1 号发出通知：中国人民保险公司山西省分公司党组 3 月 24 日会议研究决定，同意恢复中共雁北地区中心支公司党组，各项工作同时恢复。6 月 19 日，中国人民保险公司大同中支对过去两年在支公司试行的“两包一挂”进行补充和完善，实施为“两包三联一挂”，即包产短险保费收入，包利润指标；联“两业险”业务、联人险储金、联产险储金；承包指标的完成与否和奖惩挂钩。与中支职能部门各科室签订“两包一挂”承包协议，即包任务，包管理，与奖金挂钩。任务就是包全辖条线保费任务，包自身管理就是所要达到的目标，要出成绩，不发生各种责任问题。

1993年7月6日，中国人民保险公司大同中支和中国人民保险公司雁北中支合并组建中国人民保险公司大同市分公司。中国人民保险公司山西保险分公司以晋保党组发〔1993〕17号文件任命中国人民保险公司大同市分公司的党组书记、常务副书记和党组成员组成的党组班子和经理、常务副经理、副经理、总经济师组成的经理室以及纪检、工会等其他领导机构。7月29日，中国人民保险公司大同分公司召开的第一次党组会议，经过讨论决定，形成以党组书记负责全面工作、经理负责主持经理室工作的管理体制。8月3日，中国人民保险公司大同分公司召开党组会议，设立市本部职能科室和调整部分支公司经理班子成员。至此，中国人民保险公司大同市分公司形成党委、经理室领导下的职能直线结构形式。12月，根据国务院颁布的《关于金融体制改革的决定》要求，保险体制改革要坚持社会保险与商业保险分开经营原则，坚持政企分开，对保险业、证券业、信托业和银行业实行分业经营。中国人民保险公司大同分公司开始主动向劳动部门移交经办多年的“两统”业务。

1994年，中国人民保险公司系统开始执行一级核算、“授权经营”的方式，一级授权一级，层层实行经营承包责任制，并视经营成果与工资挂钩进行奖惩；内部分保执行成数分保和超赔分保相结合的经营机制，省、市两级公司向总公司分保国内业务的20%；政策性和商业性业务分开经营，分别核算，分账管理；在劳动、人事和分配制度上，继续执行基层公司领导任期聘任制，普通员工优化组合，新调人员试用制度。实行司员等级工作制，把增资部分与任务挂钩，充分调动广大干部的工作积极性。

1995年，《中华人民共和国保险法》出台，正式从法律上确定我国保险业分业经营原则。

1996年7月23日，中国人民保险公司进行机构体制改革。中国人民保险公司改组为中国人民保险（集团）公司，下设中保财产保险有限公司、中保人寿保险有限公司、中保再保险公司。7月30日，中国人民保险公司大同分公司实施产、寿险公司分设，至此，大同保险市场保险主体不断增加。

第一节　财产保险公司管理体制

1996 年，中保财产保险有限公司大同市分公司本部设置 6 个职能部门，全市设立 15 个分支机构，建立起一套直线职能制式的组织结构。

1997 年 7 月，中保财险大同分公司拉开三项制度改革的序幕。一是先从实施全员劳动合同制开始，通过宣传、准备和实施三个阶段，完成全司劳动合同签订工作；二是建立“按劳取酬，公平合理”的分配机制，推行“万元保费工资含量”“分配系数制”等办法分配制度改革；三是打破现行用人制度，基层员工可以竞聘市分公司机关各部门职务。机关员工实行竞聘上岗、双向选择，失去选择可以去基层代办展业、可以从事保险营销工作，公司保证最低工资限额，其余全部与保费收入和业务发展挂钩。

1999 年，中国人民保险公司财险大同分公司加快三项制度改革，一是在干部制度上，坚持党管干部的原则，加大考核力度，在实践中锻炼、培养和提高队伍素质；二是在分配制度上，基层支公司实行万元保费含工资量的分配办法，市公司机关实行工资与全辖业务进度挂钩的考核办法；三是在用工制度上，按照《中华人民共和国劳动法》和《劳动合同》，明确公司与员工的劳动关系，确立权利与义务关系。

2001 年，中国人民保险公司财险大同分公司为了实现业务拓展与实务管理的分离，展业与理赔的分离，查勘定损与理算赔款的分离，保费收入与支出的分离。实现资金集中、数据集中、查勘定损与理赔集中、核保核赔集中，经过前期外出学习，认真研究，反复商讨，精心筹划，“三个中心”即：承保中心、理赔 / 客服中心、财务中心于 10 月 1 日正式启动运行。三个中心的启动运行把标准化、集中性、统一性变成现实。

2002 年，中国人民保险公司财险大同分公司在销售方式上实行两种模式，一种是中国人民保险公司财险大同浑源支公司模式，销售队伍是从社会开始招聘营销代理人员，充实公司销售队伍；另一种是中国人民保险公司大同南郊、北城的营销模式，即正式在编员工转制，开展营销工作。太平洋财险大同中支成立，中支设立包括总经理室在内 5 个职能部室和 1 个营销部，形成职能制式的组织结构。随后，按照省分公司机构调整模式，成立业务管理部和客户服务部，业务理赔属于条线管理。

2003 年，太平洋系统上线“太保集中式两核系统”，实现系统核保核赔，“两核”业务实行条线管理模式。

2004年，中国人民保险公司财险大同市中支继续严格执行统一法人制度，严格《公司统一法人授权经营管理规定》和《授权书》，建立健全处罚制度和责任追究制度，及时处罚超越授权、未经授权的行为。

2005年，中国人民保险公司财险大同市分公司结合经营计划和考核办法，组织预算编制的各有关部门、各有关人员，着手编制2005年的预算，并将预算管理贯穿于全部管理流程、全部管理要素中，公司推行全面预算管理。

2006年，中国人民保险公司财险大同市分公司在规范财务制度，严肃财务纪律的基础上，对各支公司费用进度进行监控，合理规划，做到费用支出与业务发展进度相匹配，费用支出与薪酬分配比例相对等，在公司各个方面推行全面预算管理。

2007年，中国人民保险公司财险大同市分公司改善用人机制，如缴纳本部78名临时聘用工的养老、医疗费用等，通过人力派遣方式，解决规范用工问题；将业绩突出的30名高级营销人员纳入正式编制员工合同管理系统；选拔6名特别优秀营销员担任公司的经（副）理；设立市场开发小组，引进同业优秀人才，吸引同业人员加盟，多种形式的用人机制，推动公司销售架构和渠道的发展。

2008年，中国人民保险公司财险大同市分公司重视销售组织架构创新考核。每一基层机构，由支公司营销服务部副经理组成团队长，由其他业务骨干若干，组成特别团队，全市共组建72支1100人队伍。团队长统一在市公司考核，形成全市竞争态势，有力促进业务发展。

2009年，国寿财险大同中支在市本部设立营销业务部（包括重客及银邮）、互动业务部、业管部客服（包括承保及理赔）、财务会计部、办公室（设信息技术岗）5个职能部室基础之上，相继成立5个四级机构。即矿区支公司、南郊区支公司、浑源县支公司、灵丘县支公司、左云县支公司，形成直线职能制组织结构，其中财务会计部负责人由上一级公司任命。

2010年，中国人民保险公司财险大同市分公司实行全员营销，市、县两级公司全员分别编入23个大团队的94个营销分队，细化目标任务，实行全员营销。

2011年，太平洋财险大同中支按照总公司要求，实施理赔省级集中。太平洋财险山西省分公司成立4个理赔片区：太原片区、大同片区、晋城片区、运城片区，除查勘定损、理算缮制外，其他环节均做到全省集中。市级公司成立查勘管理科、核损报价科、人伤核损科、核赔理算科、非车险科，在全省范围内实施条线管理。

2012年，中国人民保险公司财险大同市分公司深度整合直销、个人代理、中介代理、经纪公司、交叉销售和电子商务等销售渠道，对4S店等汽车经销商业务实行“专管专营”。在销售网络构建中，建立城网、农网、电（销）网“三位一体”的立体销售网络体系。太平洋财险大同中支成立理赔科，理赔科职能开始从省市一体中逐步剥离。

2014年，中国人民保险公司财险大同市分公司整合车商业务，将57家小车4S店，4家大车经销商划归到3个基层机构专管专营，使发展更加规范、更加理性，更具竞争力。注重销售渠道建设，大力发展车商、电商、网销、银保、代理、经纪、互动等渠道业务，扩大业务来源。太平洋财险省分公司车险、非车险正式剥离，车险理赔部完成车险理赔省级集中，实现理赔人员的垂直管理，包括人员的准入、准出、编制、绩效考核、薪酬发放等。

2016年，中国人民保险公司财险大同市分公司设立和发挥车险发展委员会的领导作用，使用“目标设定—路径规划—资源配置—监控反馈—考核评价”五位一体闭环工作方法，协调市县（区）领导、产品线、经营单位、渠道和支持部门各尽其责，协同配合，考核激励，构建车险经营销售新格局，共同推动车险快速发展。

2017年，中国人民保险公司财险大同市分公司深入推进预算制管理，控制不合理不规范支出，进一步降低管理成本，将资源更多倾斜一线，支持业务发展，提高经营成效。

第二节　寿险保险公司管理体制

1996年7月，中国人民保险公司寿险大同分公司实行机构改革，分业经营。在机构设置上设立总经理室，总经理室下设办公室、人事教育部、计财部、业务一部、业务二部、监审部6个职能部门，组织结构呈直线职能式，业务按照产品属性划分两个部门，负责全市长期、短期险种的销售与管理指导。

1997年，国寿大同分公司重申继续执行领导任期目标责任制，按照干部管理权限，一级任一级；分业经营后建立新的用工制度，要求全员签订劳动合同，实行劳动合同用工制；分配制度要按照“效率优先、兼顾公平、总量控制、微观搞活”的原则。

1998年，中保人寿大同分公司实行经济目标责任制考核和精神文明建设百分制考核，经济目标中主要由保费收入、费用率、上缴资金、利润额等要素构成。精神文明建设主要环境规范、秩序规范、行为规范等二十项“软”任务指标组成。对外勤员工实行与业绩直接挂钩的保费含量工资制，对内勤员工实行工作任务量化考核，绩效挂钩奖勤罚懒。

2000年6月，根据总经理研究决定，市分公司机关业务一部更名为业务管理部，业务二部更名为团体业务部，营销业务部更名为代理人管理部。至此，国寿大同市分公司业务组织机构职能划分原则主要由产品性质划分转变为按市场客户划分。7月，国寿大同分公司业务中心开始试运行。8月，财务中心开始试运行，“两个中心”的运营，标志着国寿大同分公司开始实行“展管”分离运营模式。

2001年，国寿大同分公司实行分配制度改革，直销公司实行承包制，试行按保费收入逐月划分等级制，即按等级确定工资的百分比，达到哪级标准，按哪级工资发放。机关试行70%工资与业绩挂钩，30%工资与保费任务挂钩。

2003年9月，中国人寿保险有限公司大同分公司变更为中国人寿保险股份有限公司大同分公司，国寿大同进入股份管理时代。

2004年，国寿大同分公司提出机关部室建立以岗定薪、岗变薪变的基本工资制度；人事、用工按照公平、平等、竞争、择优的原则，进一步打破员工身份界限，不拘一格选用人才；实行营销机构管理体制改革，加快销售团险垂直化管理步伐，以“基本法”为前提，以“血缘关系”和“育成关系”为纽带，建立代理人组织与经营组织；实施团险销售体制改革，实行直销队伍任务认购承包办法，以责、权、利相结合，以公司、团险、个人利益相统一为原则，自主经营，自负盈亏，把经营权力下放给销售人员，实行费用、工资、任务承包经营，促进直销业务发展。

2005年11月，国寿山西省分公司实行系统改革，通过改革，逐步建立以市场和客户为导向的组织架构，理顺省、市（区）、县分支公司的工作职能，确立省分公司为运营和销售管理中心，市（区）、县为销售和服务中心；完善竞争机制，形成员工能进能出、能上能下、优秀人才脱颖而出、充满生机活力的用人制度；强化绩效管理，建立科学的绩效评价体系；改革收入分配制度，建立与市场经济发展相适应的薪酬激励体系；加大人才培养和开发力度，加强队伍建设，提高公司核心竞争力。国寿大同分公司改革之后，行政组织架构重组，总经理室设立总经理、运营副总经理、个险销售副总经理和团险、中介销售副总经理，设立综合办公室，将法律、文秘、行政后勤和工会职能合并；设立人力资源部，将人事和非销售员工教育培训职能合并；设立账务中心，实行市级集中管理。建立省公司垂直管理，统一领导的内部监察审计体制，设立审计特派员。销售组织重组，突出销售职能，设置三支销售渠道的管理职能部门，即个险、团险、中介代理业务销售部门，实行规模化、集约化经营。运营组织重组，市分公司分别设立业务处理中心，信息处理中心和客户服务中心，实行市级集中管理。

2011年7月，国寿大同分公司按照《中国人寿大同分公司深化经营管理体系改革方案》实施经营管理体系改革。新型管理体系基本理论是将公司分为收入单元、成本单元两个部分。其中，三大销售渠道作为收入单元，对本渠道保费收入和费用负责；业务管理、客户服务等其他行政支持部门作为成本单元，对本条线工作质量和费用控制负责。根据这一原理一、公司在组织结构、负责关系、授权范围、资源配置、核算体系改革如下：一是市分公司调整市本部及县（区）分支机构管理关系，使其由原来的销售者和业务处理者转变为单一的销售者，实现展管分离。二是调整销售和运营部门负责关系由对本级公司管理层负责为主转变为对上级公司对应的职能部门负责为主。在业务方面，采取纵向负责制，即职能部门对上级主管部门负责。在行政管理和党建方面，采取横向负责制，对本级公司管理层负责，总体上组织结构由直线职能式转变为矩阵式，改变负责关系。三是公司系统内无论是收入单元的负责人，还是成本单元的负责人都将是各自单位的经营者，要对本单位的经营状况负责，改变领导角色。四是资源配置方式由各级公司管理层统一配置为主转变为由上级公司渠道（部门）分配为主。基层公司销售渠道成本支出直接向上级公司渠道部门申请费用，由上级公司统筹分配，以加强预算控制，发挥预算管理作用，改变资源配置方式。五是实现销售单位和非销售单位的分类核算；实现个险、团险、银邮三大销售渠道的分渠道核算，同时，实现客服、业管、财务等非销售单位的成本核算；实现按产品核算，全面核算各种产品的盈利情况。二、建立完善的评价考核体系，可以准确评价考核经营单位和员工的业绩。三、建立分配形式与绩效考核结果直接挂钩的激励机制。四、建立科学的用人制度。第一，各级公司将实行以劳动生产率指标为核心的“编制控制，总额管理”的人员管理方式，根据各单位的劳动生产率指标逐一核算标准人员编制。第二，建立高管人员聘用提名制度。在建立健全后备干部管理制度基础上，采取“群众推荐，上级提名，组织考察，党委决定”的干部聘任模式，以提高各级公司班子的整体合力。第三，实行高管人员任期聘任制。实行与考核结果相挂钩的任期聘任制，原则上分公司“一把手”聘任合同一次签三年、副职一次签两年。期满根据考核结果，确定是否续签、续聘，以实现人员“能上能下”“能出能进”。第四，建立员工“双向选择”上岗制度。在员工岗位聘用上，实行员工选择主管和主管选择员工相结合，以实现“人岗匹配”和“提高绩效”的目标。当年改制后，机关本部由12个职能部门缩减为9个，城区分别设立个险、银保、团险专业公司，实行渠道专业化管理。全市助理以上干部由原来的63人减少到42人。在编人员由原先的359人精简为296人。员工系列确定9个职级，明确职级对应的薪酬标准，员工管理更加规范，工资待遇普遍提高。

2012年，国寿大同分公司根据省分公司《关于全面梳理系统分支机构五大职能模块、落实人岗匹配、优化公司人力资源配置的方案》精神，重点配齐优化个险、团险、银行保险三大销售渠道；全面梳理和调整销售模块、运营模块、行政模块、资源管理模块和风险管控模块人员配置比例，盘活、调整和充实客户服务条线人员；相应压缩行政模块、资源管理模块和风险管控模块人员编制比例。

2013年，国寿大同分公司继续深化体制改革，根据总公司《关于印发〈地市及以下分支机构岗位指标列表体系（2012版）〉的通知》的通知，开展一般管理类员工绩效管理工作，制定实施方案，方案主要包括：适用人员范围、绩效管理周期、绩效评估等级、绩效评估内容、绩效等级确定方式等。该项工作对公司各个岗位输出和输入，岗位配备、岗位产出、在全市乃至全省系统、全国系统的胜任有重要参考意义，对落实分配激励机制和用人机制有积极作用。

第十二章　运营管理

运营管理是指将生产要素投入转换为有形产品和无形服务的系统，通过创造效用而增加附加价值的过程。保险公司运营管理就是由生产、服务、控制构成运营服务三大职能管理，并由此延伸为承保（契约）管理、核保管理、保全管理、理赔、调查管理、收付费管理等各个具体工作职能的管理。通过承保和核保管理，建立保险契约，通过保全和收费保持契约的效力，通过调查和理赔实现契约的兑付。20世纪50年代，保险业刚刚起步，运营管理主要以便捷、简单、效用为特点，如较早开办的“强制保险”是在中国人民银行总行领导和部署下施行；“牲畜保险”理赔运用赔案实例进行宣传、当众宣布；“火灾保险”基本沿用旧中国使用的火灾保险办法；“公民财产保险”包括“职工团体火灾保险”和“简易火灾保险”，职工团体人身保险以及简易人身保险在某种意义上是作为中小企业福利而推出。上述产品设计大多是保险额度小，费率低；实务手续大多简单，省时省力，在承保、核保、保全、理赔和收付率上没有科室划分，核保也只有外勤的介绍询问和内勤的审核两个部分组成。运营管理均围绕“便捷、简单、效用”中心开展。20世纪80年代初，大同恢复国内保险业务，在运营管理上一方面承袭50年代做法；另一方面加快自我创新，产生左云支公司和南城支公司的业务管理上的全国和全省先进典型。产、寿险分业经营之后，大同各个险企先后成立“三个中心”（业务管理、财务管理、信息技术），本质上是“展管分离”的实行，运营管理在企业管理中逐步明确它自身的定位与职能，作为企业投入和产出的转换系统，在支撑销售、生产运营、防范风险、服务客户和创造价值等企业整体价值链上发挥巨大作用，逐步走上专业化、科学化、智能化的道路。

第一节 承保管理（契约管理）

承保是指保险人接受投保人的投保申请，并与投保人签订保险合同的过程。承保管理是保险合同管理的一个重要环节，并伴随着保险业产生和发展，经历由简单到复杂、由粗放到精细、由手工作业到信息化管理不断完善的过程。

一、财产保险业务

（一）企业财产保险管理

1951年，中国人民保险公司大同支公司在承保自愿火险业务上执行总公司制定的全国统一的普通火灾保险办法。新的办法在保险责任上同旧中国条款相比增加雷电、地震、地陷、崖崩、爆炸等保险责任，同时规定凡是发生灾害时投保人因抢救或保护保险财产所支出的合理费用也负责赔偿，增加盗窃损失责任。保险单和业务批单保单上加盖“中国人民保险公司”及“设立于北京”等二条章。保险费率执行华北区即总公司直辖区暂行费率表，费率根据建筑物等级、占用性质、周围环境等，分普通险、仓库险、露堆或罩棚险等7类，共33个档次，最低为1‰，最高为24‰。保险期限在1—8个月，每月收10%，9个月收85%，10个月收90%，11个月收95%，12个月收100%。在承保上，为控制风险，对所有新洽业务，先行调查勘验，后行承保。对勘验项目有改善之必要者，向保户提出建议，对建议拒不采纳者，暂予拒保。每日所签保单、批单之副本，查勘报告副本，于当日或次日付邮寄往总公司予以审核。承保最高限额为200亿元，溢额部分按《再保险办法》办妥手续后承保。同时实行每单最低保费人民币1万元。在对国家机关、国营企业、合作社财产的承保上执行《财产强制保险条例》的规定，费率较财产自愿火险低，责任范围大，主要是增加了洪水、匪盗抢窃责任。对财产火险业务费率一律给予优待，具体规定为：属于强保范围的县及县以上合作社，适用强制保险范围内的费率，给予10%的优待折扣；属于自愿保险范围内的县以下合作社，照自愿保险方式适用自愿火险费率，亦给予10%的费率优待折扣。为适应县以下供销社地区分散，货物品种多，流动性大的特点，采取通过县社统一投保，按期凭账结算的简化承保办法。同年，总公司为强化分公司责任起见，对火险业务的审核权限予以下放，具体规定：职工团体火险之审核工作，自4月26日起，集中于分公司处理，该项保单、清单及变动清单等副本，不再寄总、区分公司，各支公司及办事处签发者，寄至上级分公司，由该分公司详细复核。自愿火险业务，自7月1日起，保险单批单副本的审核工作，统由分公司集中处理，不必再寄总公司。

1952年，中国人民保险公司大同分公司对财产强制保险和自愿火险 以及县以下合作社本身财产的火险业务均按10%给予优待折扣。

1953年，中国人民保险公司大同支公司针对自愿火险业务交费中存在的问题，对自愿火险和简易火险实行自保单开始生效后七日内清缴保费，对团体职工火险以五日为限。

1954年，中国人民保险公司大同支公司根据山西省分公司对私营工商业投保自愿火险的保额管理规定，按以下情况严格执行：一是对所承保的私营工商业的财产，根据客户向税务局工商联所报的资金，进行一次重点查封，固定财产之保险金额，以不超过税务局认可的账面价值为限。原材料、商品以不超过实际成本为限；二是为所投保金额已达不超过税务局认可的账面价值，原材料、商品实际成本的七八成时，一般不再争取足额投保，如客户要求按上述标准，十足投保者，仍可接受。同时对强制保险的投保金额规定按核资账面价值确定，对流动资产最高保险额，由投保单位根据存货量的最高价值，适量估定。对逾龄折旧足额的固定资产不必再办理财产强制保险，但如企业单位自愿投保并能重估其价值的，仍可按财产强制保险办法承保。

1955年，中国人民保险公司大同支公司按照山西省分公司对强制保险的投保财产范围作了进一步的明确，规定凡不属于固定资产目录内的低值易耗品一律不保，对有些物品虽系低值但非易耗品，如投保单位要求投保，根据具体实际情况，可以承保。

1956年，中国人民保险公司大同支公司根据总公司与中华全国供销合作总社联合通知精神，取消全市供销社财产保险费率的九折优待政策。

1957年，中国人民保险公司大同支公司根据国务院六部委与中国人民保险公司总公司联合通知，对职工宿舍保险金额问题一律按承保当时的重置完全价值承保。

1958年，中国人民保险公司大同支公司在财产强制保险上执行总公司《财产强制保险业务简化办法》，增加了暴风、暴雨和雹灾责任，扩大财产强制保险的责任范围。对保险费率按单位上年度的平均费率作为投保的统一平均费率，简化投保手续。

1980年，国内业务恢复以后，中国人民保险公司大同支公司采用总公司颁发的《企业财产保险条款》和《费率表》办理企财险业务。保险条款内容是在20世纪50年代《火灾保险条款》和《财产强制保险条款》基础上修订的。保险财产范围有所扩大，特约承保财产增加首饰、稀有金属、牲畜、禽类和其他饲养动物；货币、有价证券、文件、账册、图表、技术资料、武器、弹药、堤堰、水闸、铁路、涵洞、土地、矿井、矿坑之地下建筑物、设备和物资，在运输中的物资和未收割的农产品等列为不保财产。保险责任增加冰雹、洪水、海啸、空中飞行物体或陨石的坠落等责任；因暴风、暴雨使房屋主要结构（墙、屋顶及屋架）倒塌所造成保险财产的损失，也负赔偿责任。保险金额规定，按会计账册上最近的账面价值确定，或由保险双方协议确定。保险费率规定，投保单位如投保其全部财产，则实行一个独立单位一个统一费率；如只投保部分财产，则根据其占用性质和危险程度厘定。费率分工业险（共分五级）、仓储险、普通险 3 类，共有 14 个费率档次。

1981 年 9 月 16 日，中国人民保险公司大同支公司根据山西省分公司“关于降低企业财产保险费率的通知”，对现行企业财产保险中工业险的费率档次进行调整，按照实际需要，降低后的工业险新费率在原来的一级与二级之间增加了一级，把原来的五级档次改为六级档次。为使业务开展有一定灵活性，对于一些较大企业保单，过往出险率较低、有重要承保价值的企业，报省公司同意后，可以在 10% 的限度内降低承保费率。该规定从当年 10 月 1 日起实施。

1982 年 5 月，中国人民保险公司大同支公司根据中国人民保险公司山西省分公司规定，凡是专业厅、局、公司同意将其所属企业的财产全部进行统保的，保险公司可以一个独立核算单位的占用性质，确保一个费率，签发保险凭证，按规定给予 10% 的统保费率优待。7 月，中国人民保险公司大同支公司执行总公司新颁发的《企业财产保险条款》。新条款扩大保险财产范围，将原不保财产武器、弹药改为可保财产；不保财产中的堤堰、水闸、铁路、道路、涵洞、桥梁和矿井、矿坑之地下建筑物、设备和物资改为特约财产。矿藏、森林、水产资源、收割后尚未入库有农作物和违章建筑以及正处于紧急、危险状态的财产列为不保财产。保险责任增加龙卷风、雪灾、冰凌、泥石流责任；凡供电、供水、供气设备因保险责任范围内的灾害事故遭受损坏引起停电、停水、停气造成机器设备和在产品及贮藏物品的损坏，也负赔偿责任。还将“天空飞行物体或陨石的坠落”改为“空中运行物体的坠落”。取消原来因暴风、暴雨使房屋的主要结构（墙、屋顶及屋架）倒塌所造成保险财产的损失，才负赔偿责任的限制。除外责任中取消有关电机、电器、电气设备因使用不当和超电压造成本身的损毁不负责任的规定，并列明因停工、停产的间接损失和财产本身缺陷或变质、霉烂、虫咬等损失为除外责任。保险金额改为按账面原值确定，流动资产按最近账面余额确定，不列入账面的财产由被保险人估价确定。

1983 年 7 月，中国人民保险公司大同支公司按照省财政厅、中国人民保险公司山西省分公司规定，凡参加“企业财产保险”的单位，在上一年保险期间内未发生赔款，续保时，按上年实收保险费的 8% 给予企业作为“无赔款续保优待”。虽发生赔款，但其赔款数不足实交保费的 8%，保险公司仍优待其差额部分。

1984 年，中国人民保险公司大同支公司执行省分公司规定，对煤堆自燃实行加费特约承保，按煤炭库存账面金额加费，费率分别为：坑上坑下财产全部投保的另加 1‰；单保坑上财产的另加 4‰；单保流动资产的另加 8‰。

1985 年 2 月，中国人民保险公司大同中支执行省分公司规定，在个体工商户财产的承保上，严格执行总公司与国家工商行政管理局下发的《关于大力开展个体工商业户和合作经营组织保险业务的通知》要求，仅对具有营业执照的个体工商户财产予以承保。

1986 年，中国人民保险公司大同中支按照中国人民保险公司山西省分公司要求，积极配合有关部门对参加保险的企业进行防灾检查，建立档案，对生产安全好的企业给予 10% 的无赔款优待返还，并在费率上给予 10% 的优待，对于一些防灾措施差，风险隐患多的企业，配合有关部门，令其制订限期转变计划。

1987 年，中国人民保险公司大同中支根据山西省分公司规定，对属于地方性业务的条款、费率制定与修改权限，归属于制订条款的市中支本部或县支公司，并要求对保费在万元以上或者保额在 500 万元以上及危险行业等重点单位建立防灾档案。

1988 年，中国人民保险公司大同中支在承保业务中，通过合理调整房屋建筑物的保额，剔除不保财产，对特约承保财产加以批注等方式，提高企财险的承保质量。同年，开始执行省分公司制定的《企业财产保险条款》和《乡镇煤矿财产保险条款》。

1989 年，中国人民保险公司大同中支学习总公司颁发的企财险新条款，积极推广新条款承保办法。其新条款主要变动内容：将特约财产增加了玉器、码头；不保财产增加矿井、矿坑；保险责任增加突发性滑坡；将地震改为破坏性地震，地陷改为地面突然下陷，取消海啸责任。保险金额改为固定资产按账面原值或按账面原值加成数或按重建重置价值投保，流动资产按最近 12 个月的平均账面余额投保，也可按最近账面余额投保。不列入账面的财产，由保险双方协商按实际价值投保。同年，根据煤矿企业的生产特点和不同需求制订出与其相适应的行业条款和附加条款，对坑下财产采取特约承保，加费附加瓦斯爆炸、冒顶塌方及 7.5‰的特灾费率。

1991 年，中国人民保险公司大同中支根据总公司《煤炭财产保险条款（试行）》《条款解释》《费率表（试行）》的相关要求，采用省分公司自行印制投保单和保险单，在国营煤矿、县以上集体煤矿先行试点。

1994 年，中国人民保险公司山西省分公司印发《关于调整、优化险种的意见》，对企财险及各种附加险的客户、责任进行调整，对个体企业承保进行费率调整，对保额进行限制规定。

1995 年，中国人民保险公司总公司颁布企财险新条款，改变原来条款 17 项责任捆在一起的“一揽子”保险办法，以火险（包括爆炸、雷击、空中运行物体坠落、“三停”

责任）为基本险，再附加若干保险责任。在费率上采取基本险一个费率或一个费率段，每个附加险确定一个费率的办法。中国人民保险公司山西省分公司在新条款出台前，制订特约条款，主要内容：一是对分期交费而产生的应收保费作出规定，即在交费金额达到保费三分之一时，保险责任开始生效，凡有应收保费的企业，在保险责任生效前，在以下两种赔付方式中选一种赔付方式：在发生赔款时按实收保费与应交纳保费的比例赔付；按短期费率计算保险期限，在有效期内全额赔付，超过保险期限保单则自动失效。二是对加成承保不再视为足额投保，赔付时按固定资产原值加成比例确定赔款，承保时在保单中注明。同年，对企财险提出优化和调整，一是对近三年赔付率超过60%的乡镇企业固定资产一律按原值承保，不实行按原值加成、重置价承保，不得加保附加险。为提高乡镇煤矿财产保险的承保质量，省公司制定下发《乡镇煤矿承保理赔管理办法》，明确规定承保乡镇煤矿必须具备五证，即采矿许可证、营业证、矿长培训证、矿长安全合格证及煤炭生产许可证，缺一不可。并规定已达到开采边界即将报废的矿井不能承保，井口在当地洪水水位线以下的煤矿，如没有较好的防洪设施也不能承保；承保的乡镇煤矿必须账务健全，不能选择投保，必须附有六种图纸，即井下设备位置图、井上井下工程对照图、采掘工程平面图、井上、井下配电系统示意图和井下电气设备布置图、井下避灾路线图、通风系统图；承保时保险标的必须按三级科目列明细，划清井上、井下财产。10月，总公司财产保险部印发《关于实施〈中华人民共和国保险法〉中若干问题的处理意见》的通知规定：一是现行条款如同保险法相悖，应提出修改意见，依条款制定者不同，报中国人民银行总行或当地人民银行。实务、单证的修改权限按条款制定单位修改。二是现行各项规章、制度、办法等中与保险法相悖的，由制定者修改。三是做好宣传工作。展业时，在投保单上加印条款和重要告知。如投保单上没有加印条款，应将条款贴在投保单上并加盖骑缝章。四是其他如索赔期限、特别约定、赔款协议、保险价值等一些事项规定。

1996年6月，中国人民银行下发1996版《财产保险基本险》和《财产保险综合险》条款，两个新条款同旧条款相比形式和内容发生一定的变化，基本险和综合险保险责任进行列举式划分，对保险标的范围、保险责任、责任免除、保险金额和保险价值、赔偿处理、被保险人义务六个方面进行详细的解释，从旧条款“一揽子”式进行细化等，新条款均将地震 原因造成保险标的损失列为责任免除。11月，中保财险大同分公司开始执行全省财产保险工作会议明确的若干问题规定，主要有新条款执行时间、新、旧条款衔接、乡镇煤矿费率、企业统保、阴雨与大雨规定以及分期缴费等问题进行确定。同年，为避免系统内部竞争，中保财险大同分公司按照中保山西省分公司印发的《财产保险承保理赔权限的规定》，明确不得跨行政区域交叉展业。

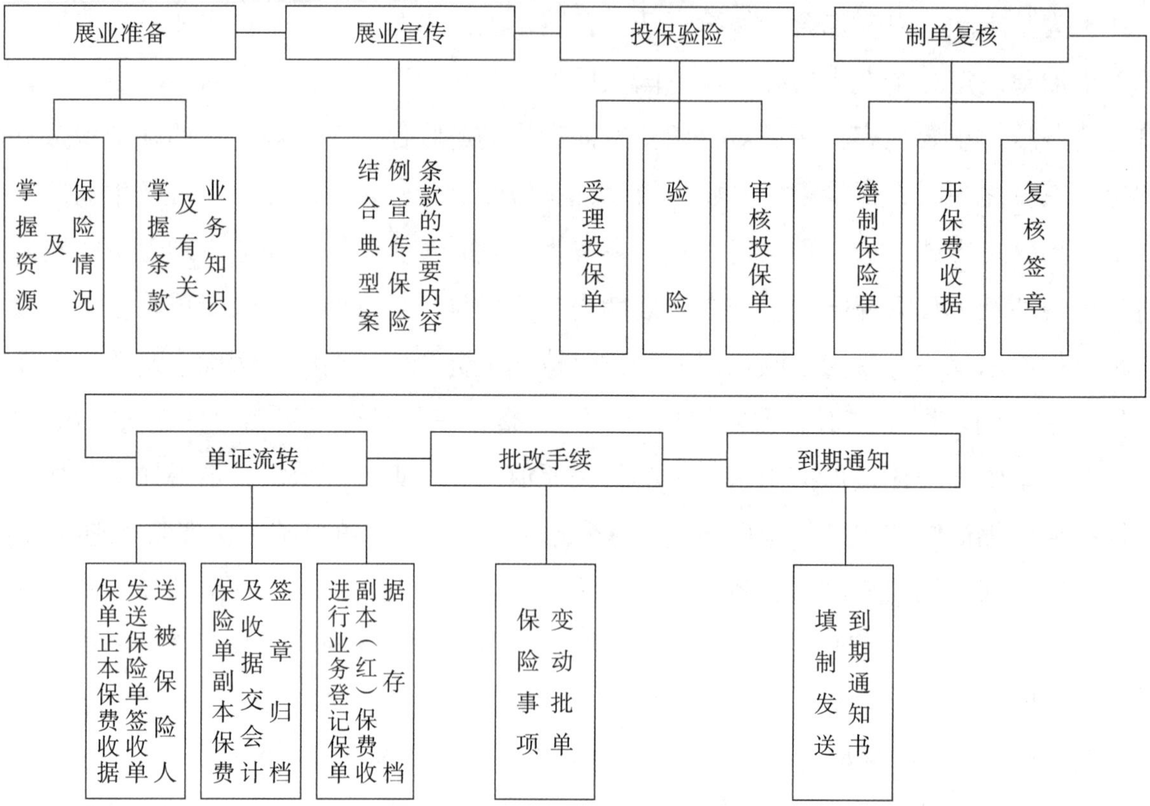

图 33　中保财产保险承保工作程序示意图

1997 年 1 月，中保财险大同分公司认真落实山西省分公司下发《财产保险实务规程》，并明确提出相关要求。八个环节是：展业准备、展业宣传、投保验险、缮制保单、复核签章、单证流转、批改手续和到期通知。同年，中保财险大同分公司实行核保人制度，设置核保岗，实行专人负责。

1998 年 4 月，中保财险大同分公司按照山西省分公司下发关于停止使用《乡镇煤矿财产保险条款（试行）》承保乡镇煤矿财产规定，改用 1991 年由中国人民保险公司总公司颁发的《煤矿财产保险条款（试行）》签单。同年，为推进规范化管理，把电子化引入业务管理之中，中保财险大同分公司开始使用由山西省分公司开发并上线的《企财险综合业务处理系统》承保软件，至年底，中保财险大同分公司企财险保单信息输入计算机系统达到 100%，电脑出单率达到 50%。太平洋财险大同中支开始承保企业财产保险，使用其总公司下发的核保政策，主要从企业类别、占用性质、涉危程度、财产类别几个方面进行风险评估，可选基本险或综合险，费率可以通过标的的风险、性质、危险程度分别厘定。

1999 年 1 月，中国人民保险公司财险大同分公司根据山西省分公司规定，对私营企业承保明确三条规定：一是查验标的，所有私营企业必须做到验标承保。二是规范签单手续，严格执行总分公司颁行的各项业务规程，每一张保单都要求保单要素齐全、项目填写规范；对无健全账目的私营企业，更应列出详细的财产清单、制作平面图。三是杜绝不切实际的超值承保。同年，中国人民保险公司大同分公司坚持推广《企财险业务处理系统》，电脑出单率达到100%。

2000年，为规范个体、私营企业承保，中国人民保险公司财险大同分公司认真落实山西省分公司印发《个体、私营企业保险的若干规定》，对具有营业执照的个体私营企业方能进行承保，承保时必须对标的进行现场检验和风险评估，承保标的必须按三级明细承保。太平洋财险大同中支实施“三集中”，即资金、业务和财务集中管理，对手工出单进行变革，实现电子系统出单，单证机打合同。

2001年，中国人民保险公司财险大同分公司认真落实山西省分公司制定的《全省大项目统括保单业务承保管理办法》，对财产险类每一危险单位保险金额超过15亿元人民币（或等值的其他货币）的业务，成立专业承保队伍，建立展业申报和立项制度。

2002年，中国人民保险公司财险大同分公司严格执行山西省分公司根据总公司《大型商业保险和统括保单业务管理暂行办法》，未经省公司授权，不得直接经营异地业务和统括保单业务。同年，根据总公司《企业财产保险扩展地震责任管理办法》，对客户如有扩展地震责任的需求时，及时将相关材料报省公司经总公司逐案审批后方可办理。

2003年，太平洋财险大同中支按照系统规定上线“太保集中式两核系统”，实现系统核保，分险种、分首席、一级、二级权限管理。业务管理部初审人员通过审核投保单，由出单人员录入并提交两核系统，核保核赔中心初审人员在系统内审核险种、折扣等要素通过后提交省分公司才能生成正式保单。

2004年，中国人民保险公司财险大同市分公司根据总公司制定的《大型商业保险业务暂行办法》和省分公司下发的《山西省分公司大型商业保险业务管理暂行办法的实施细则》规定。对保额在10亿元以上或保费在100万元以上的属地业务采用报备方式，保险金额和保费规模未达到报备标准的业务采用报告方式。海外业务和跨省业务须逐笔经省公司向总公司进行报批，跨省内部联保业务，须经省公司向总公司报备。

2005年，中国人民保险公司财险大同市分公司落实山西省分公司出台的《2005年大型商业保险业务目标责任制考核办法》规定，重点建设项目大型商业保险业务可异地展业，但异地展业须经省公司授权。

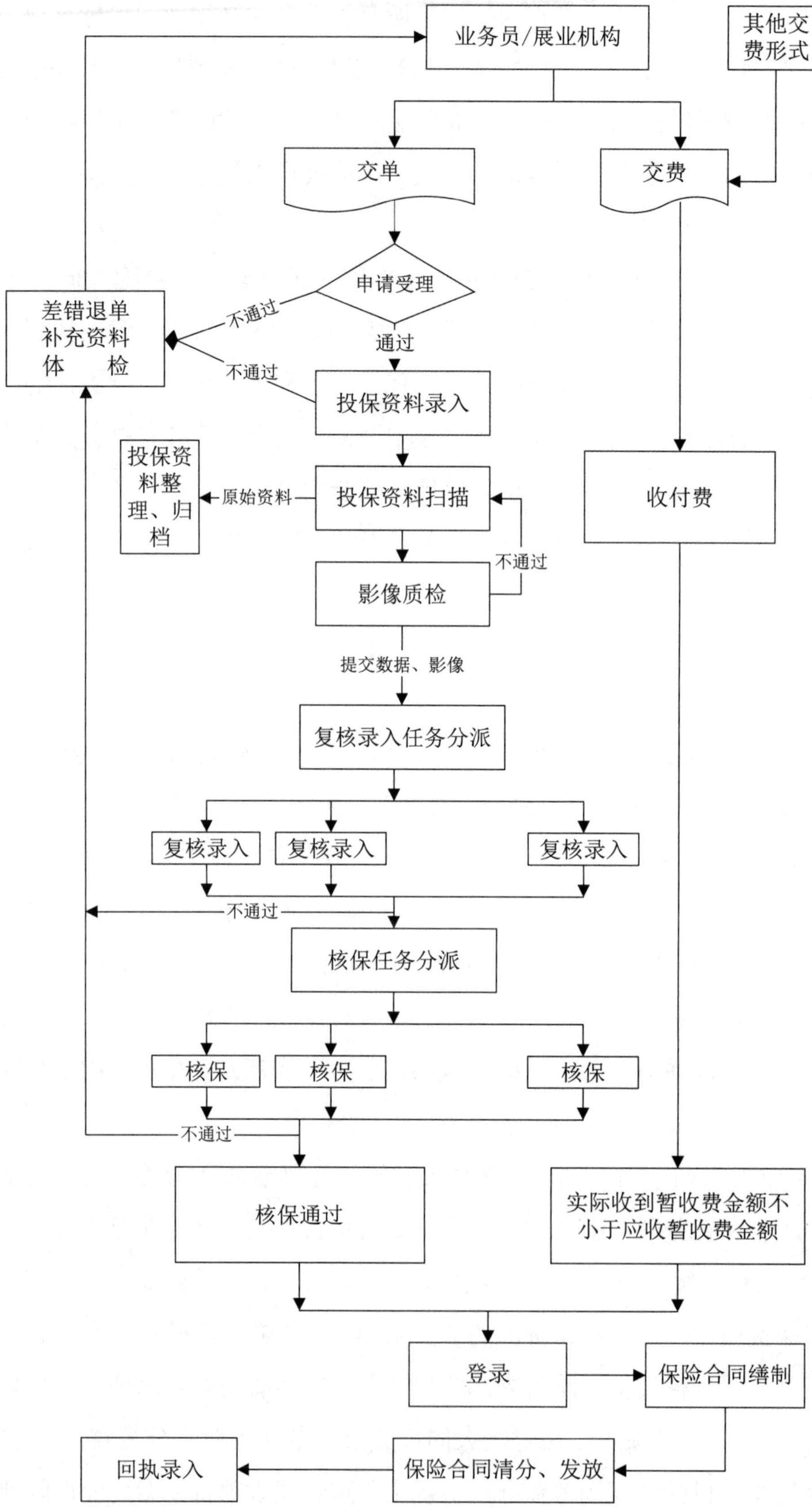

图 34 国寿 2005 年承保流程图

2007年，中国人民保险公司财险大同市分公司开始执行山西省分公司下发《关于严格执行纯风险损失率表有关问题的通知》规定，严格执行保监会纯风险损失率条款。同时开始实施省分公司制定的《大客户档案管理制度》，对重大企财险客户和工程险客户建立客户管理档案。平安财险大同中支开始引进保险电话销售、网络销售，出台新渠道费率承保业务。

2008年8月，为确保保险公司经营的业务财务基础数据真实可信、严格执行条款费率报批或备案制度、解决理赔难问题和保险公司主要控制制度的贯彻落实，中国保监会下发《关于进一步规范财产保险市场秩序工作方案》。太平洋财险大同中支开始认真落实太平洋系统制定的《财产险核保指引》。该指引适用于财产基本险、财产综合险、财产一切险、营业中断险、机器损坏险、现金综合险、家财险等财产保险。并且细分各险种，从条款的使用、核保的策略、行业风险、承保区域等多个方面进行规定，搭建财产险从核保到风险管控的业务管理规定雏形。

2009年，大同保险市场各财险公司开始严格执行山西省行业协会制定的《山西省财产险行业非车险自律公约》规定的承保使用条款、纯风险损失率、企财险最低费率及中介手续费最高比例。

2010年9月，山西保监局在充分调研的基础上，按照“先易后难、突出重点，总体规划、分类实施”的原则在全省辖区内产险公司全面推行非车险“见费出单”管理制度。该制度将所有非车险“见费出单”适用险种确定为除意外伤害保险、社保补充医疗保险、货运险以外的所有非车险业务，并根据险种、保费规模、业务类型等将非车险“见费出单”制度的适用类型分为系统控制“见费出单”、分期缴费系统控制“见费出单”、限期缴费系统控制“见费出单”和暂不实行“见费出单”管理等四种细分类型。根据细分类型，确定适用范围、操作标准等。同年，中国人民保险公司财险大同市分公司实行财产险所有险种（包含企财险业务）省公司统一集中核保，分步实施。并按照省分公司制定下发的《山西省分公司财产险承保操作指南》，对核保实行统一的规范性操作。对三年连续赔付率超过100%的客户，同一地点、同一出险原因在同一保险期限内累计出险5次以上且当年赔付率超过75%的客户，以及其他省市公司认定应列入总公司“黑名单”库的客户等列为禁止承保的业务范围。

2012年，中国人民保险公司财险大同市分公司开始执行山西省分公司规定，禁止承保保额未达1.5亿元且保费不达40万元以上的异地业务，若要承保须提前7个工作日将相关承保资料上报省公司。中煤财险大同中支开始执行《中煤财产保险股份有限公司财产险核保政策》。该核保政策包括三个部分：核保指引、核保权限、核保细则。核保指引部分将业务进行划分，分为鼓励发展业务、谨慎承保业务、控制承保业务和禁止承保业务四类，旨在使核保人员和业务单位能够更加明确业务拓展方向，在授权范围内按照风险程度区别承保业务。天安财险大同中支对于上年赔付率超过 60% 的续保共保业务承保时，要执行上报审批程序；对于异地业务原则上不鼓励、不支持、不提倡承保，但对于优质异地大项目，当地机构无资源的，可以实行异地出单；对不符合大型商业风险业务，须由当地机构出单。

2013 年，为加强承保管理工作，中国人民保险公司财险大同市分公司开始执行由山西省分公司下发的《规范财产险三代审批系统业务报批工作的通知》，三代审批系统业务报批工作提出要求为：产品线主要负责人必须配置省公司三级（含）以上审批权限，禁止出现同一人配置多个审批权限的现象。所有上报总公司财险部审核的业务必须签署分公司产品线意见并且通过分公司产品线主要负责人提交。对于总省两级重要客户的报批业务，分公司重要客户部在提交总公司前应横向会签分公司产品线部门意见，分公司产品线应出具明确规范的核保意见，分公司重要客户部应将产品线部门的会签意见作为附件一并上报总公司重要客户部。同年，太平洋财险大同中支对前期承保流程及考核办法进行整理、修订和完善工作。

2014 年，中国人民保险公司财险大同市中支开始执行由山西省分公司推出的“创业保”组合保险产品，规定承保的标的为住宿、餐饮、批改、零售、商务服务业五类行业企业。不得承保烟花爆竹、天然气、液化石油气等易燃易爆化学物品销售企业；不得承保古玩、文物、字画、珍宝等难以确定的珍贵财物销售企业；不得承保在风险密集场所经营的企业（主要包括小商品市场、家具市场、灯具市场、建材市场、百货市场、娱乐城等，在洪水区、蓄洪区、泄洪区、沿海沿河警戒水位以下或近 20 年洪水水位平均值以下地区的企业）。按照中国人民保险公司财险山西省分公司下发《关于规范企财险超权限业务风险控制工作的通知》精神，限制企财险扩展恐怖主义责任险、新保非自然划分危险单位和续保划分方式发生变化、自留额的增加、利损险扩展 CBI（Contingent Business Interruption）责任等业务承保权限，在超权限上报审批时，务必对拟承保标的进行实地验险，掌握第一手承保资料，充分利用财产险风险控制系统相关功能，形成客观、完整、准确的风险评估报告，上传至三代审批系统中报批。大地财险大同中支为强化续保管理业务，开始执行由大地财险省分公司下发的《财产险业务续保管理流程》，明确和完善续保业务跟踪认领，责任人及续保流程。国寿财险大同中支开始执行省分公司针对非车险应收管控下发的《关于进一步加强非车险应收保费管理办法》，明确应收业务的类型、操作流程及财务、业务、销售各部门的职责。

2015 年，中国人民保险公司财险大同市分公司按照山西省分公司下发《2015 年下半年财产险业务承保授权书》要求，全市系统严格执行授权书规定。同时按照中国人民保险公司财险山西省分公司下发的《房地产业企财险风险评估报告》规定，进一步明确承保前风险选择、承保后防灾防损的依据。大地财险大同中支开始执行省分公司下发的《关于诉讼财产险保全责任保险承保的通知》，明确诉讼险的承保管理，风险审核和投保资料的相关要求。中煤财险大同中支针对煤矿特色险种增加专业性的《煤矿客户风险等级评级与煤矿企业风险查勘标准》，按照相关要求开展风险查勘工作，并要求及时完成《煤矿客户风险等级评级表》和《煤矿企业风险查勘调查表》。

2016 年，中国人民保险公司财险大同市分公司制定并执行《2016 年出单员规范操作指引》，并于 3 月、4 月、5 月对市区所有公司以及新荣、广灵、灵丘进行规范操作指引检查。

2017 年，大同保险市场各财产保险公司主体针对山西保监局对各家保险公司备案产品进行抽查，发现“散、乱、差”现象突出，依据《中华人民共和国保险法》《财产保险公司保险产品开发指引》《财产保险公司保险条款和保险费率管理办法》《财产保险公司产品费率厘定指引》四项规定，进行全面整改，进一步提升承保险管理水平。

（二）机动车辆保险承保管理

1951 年，中国人民保险公司大同支公司按照总公司修订的汽车保险条款开办汽车车辆损失险与汽车公众责任险。车辆损失险的责任包括：碰撞、倾覆、失火、爆炸、自身发火、电闪与雷击、全车失窃、他人所施恶意行为等造成保险车辆的灭失或损坏。公众安全责任险保险责任为：凡因使用保险汽车，致使他人受伤或死亡，或使公有或他人所有财产受到损害，依法应由被保险人赔偿时，负赔偿责任。投保人可就以上两险种一并投保，也可选择其中一种投保。投保人投保时，翔实逐项填写保险公司印就之定式保单一式二份送交保险公司。保险公司接到投保单后，视必要派员实地验看或审核后同意承保时，即签发保险单，交付投保人作为保险凭证。投保人在收到保险单后，应即按规定费率，于规定期限内缴付保险费，由本保险公司制给保险费收据。同年 7 月，中国人民保险公司大同支公司执行总公司修正的汽车险费率及优待办法。修订后的优待办法规定：凡一次投保车辆总数满 11 辆至 50 辆者，保费优待折扣 5%；50 辆及以上者，折扣10%。并可实行分期付费，具体规定为：对保期不足一年但满半年以上者可分两期付费，第一期于投保时缴付全数的55%；第二期于后半数月份开始前缴付全数的45%。对保期为全年者可分四期缴付，第一期于投保时缴付全数的30%，第二期于第四个月开始前缴付全数的25%，第三期于第七个月开始前缴付全数的25%，第四期于第十个月开始前缴付全数的20%。对保险期限少于一年的，按短期费率执行。8月份以后，将洪水、地震、地陷、崖崩及匪盗抢窃责任，列入国家机关、国营企业等所投保的汽车自愿保险的责任范围，并可加免保险费。当年2月1日起汽车险最高承保限额车辆损失险执行人民币4亿元；公众安全责任险执行人民币2亿元。至11月份，总公司为进一步简化内部手续并便于各级机构大量争取汽车险业务，将原有汽车险限额制度予以取消。

1952年，中国人民保险公司大同中支按照总公司“为使汽车保险所获得的保障不致中断，并配合会计年度关系”的要求，对国家机关、国营企业等凡投保的汽车保险，保险期限满期日统一约定为12月31日。当年，中国人民保险公司大同支公司运输工具险实行每单最低保费规定，执行人民币5000元（本节中1952年以前，币值均为旧币）。

1953年，中国人民保险公司大同支公司针对自愿火险业务交费中存在的问题规定：运输工具险自责任开始后七日内清缴保费，大车险以10天为限。以上规定除特殊情况外，一般逾期者，不负赔偿责任。

1954年，中国人民保险公司大同支公司根据总公司规定，对汽车公众责任保险停办。

1956年，中国人民保险公司大同支公司执行总公司新修订的汽车险条款及费率规定。主要有：一是改汽车车辆损失险名称为汽车保险；二是将费率规章中以车辆数为优待标准的办法改为按投保单位的不同经济成分在费率上予以区别；三是降低费率，修订后的费率较现行费率降低1/4到1/3多；四是将保险到期终止日时刻由原来的正午12时改为午夜12时；五是取消特款中的“匪盗抢劫”责任；六是对私营汽车扩大洪水、地震、地陷或崖崩责任。同时执行新分期缴费规定，对国营企业及合作社的汽车险业务，比照财产强制保险按季或按月分期缴费；对于公私合营企业及私人的汽车险业务，按以下规定办理：一是保险期限不足一年，但在6个月以上者，分两期缴费。第一期于投保时缴付保险费全数的70%，第二期于半年开始前缴付保险费全数的30%。保险期限为全年者，分四期缴付，第一期于投保时缴付保险费全数的40%，第二期于第四个月开始前缴付保险费全数的40%，第三期于第七个月开始前缴付保险费全数的15%，第四期于第十个月开始前缴付保险费全数的15%。并规定不论何种企业，都应加贴《汽车分期缴付保险费条款》。

1981年9月，中国人民保险公司大同开始承办汽车及第三者责任保险。条款执行总公司1980年12月颁订的《国内汽车保险条款》和《费率表》。新条款的保险责任是车辆损失险增加隧道坍塌、空中飞行物体或陨石的坠落和全车失窃在三个月以上的责任。保险金额按被保险人会计账面价值或由保险双方协商确定。保险费率分为车辆损失险、附加第三者责任险和单保第三者责任险三种。并根据车辆种类和使用性质按各自规定的基本保险费和固定保险费分别订定。承保实务执行1981年7月总公司下发的《国内汽车保险实务手册》，主要由五个部分组成，一是填写投保单要求，要素要齐全，投保单位盖章为签发保单依据；二是核定费率注意不同情况；三是计算保费规定；四是缮制保单二个环节注意情况；五是注销或其他变更情况。

1982年9月，中国人民保险公司大同支公司执行省分公司关于汽车续保时无赔款安全奖励的规定：汽车保险条款第十一条规定："赔款总数如超过所交全部保费的80%，不再给予安全奖励。"一节应予以取消。续保时，如果被保险人投保车辆不止一辆，无赔款安全奖励分别按辆计算；凡是1982年1月1日以后承保的业务，10%无赔款安全奖励，不得在续保时退还给保户，或者司机本人，统改在续保时按未发生赔款车辆原缴保险费的百分之十，给予收费优惠。

1983年，中国人民保险公司大同支公司执行总公司颁发的《机动车辆保险条款》，停止原《国内汽车保险条款》的使用。新条款在保险责任上新增暴风、龙卷风、海啸等10种责任；将空中飞行物体或陨石的坠落改为空中运行物体的坠落；同时将第三者责任险的除外责任单独列明。保险金额明确公有车辆按账面原值，或由保险双方协商确定；私有车辆按投保时车辆实际价值的八成确定；取消免赔额和原条款赔偿总额超过全部保费的80%，不予安全奖励的规定。保险费率按《机动车辆保险费率表》执行。

1985年，根据《国务院批转中国人民保险公司关于加快发展我国保险事业的报告的通知》，实施机动车辆（包括拖拉机）第三者责任和船舶的法定保险，中国人民保险公司大同中支根据省分公司规定，对第三者法定保险不再实行优惠折扣。保险费依据机动车辆的种类，采取固定保险费的办法，按自用、营业、农业专用及农运兼用来收取。同时根据省分公司《关于机动车辆保险展业、理赔暂行补充规定的通知》精神，中国人民保险公司大同中支采取下列措施：一是私有国产车辆的保险金额，按国家规定的现行平价价格的八成承保，并明确赔付方法的计算；二是凡公有保险车辆，无论是按净值或估价确定的保险金额，发生保险事故时的部分损失，材料费有增值的，先扣除其增值部分，然后再根据条款第七章赔款处理的有关规定计算赔付；三是关于进口车辆的承保与理赔，公有车辆按购车发票确定保险金额，私有车辆按购车发票的八成确定保险金额。发生保险事故，根据特约条款进行赔付；四是被保险人严格履行其义务，对于不履行义务的，按条款第五章十六条规定处理；五是发生第三者责任险，被保险人按承保事故责任的大小自负一部分，全部责任者自负赔付金额的8%，主要责任者自负5%，同等责任自负2%；六是发生保险事故造成车辆损失的，要及时通知保险公司，待明确修理范围及项目，估算所需费用，与保险人商定后方可修理；七是机动车辆肇事造成车辆损失，保险公司应查勘定损，坚持“以修为主，能修不换”的原则；八是机动车辆所有权转让后，被保险人应携带交通管理部门办理的过户手续，到保险公司办理退保或车辆过户批改手续；九是车辆在外省发生事故，可根据全国机动车辆专业会议精神，委托当地保险公司协助查勘处理。

1986年，中国人民保险公司大同中支强化业务管理，在业务上突出五大方面，在机动车辆承保方面，制定“保足保全”的具体实施办法。

1987年，中国人民保险公司总公司将机动车辆保险条款、费率的制订和修改权下放给省公司自行掌握，中国人民保险公司山西省分公司及时对条款进行修改，并实行浮动费率和差别费率制，颁发新的省颁《机动车辆保险条款》。同时制订和完善业务质量标准和机动车辆意外伤害险若干规定。中国人民保险公司大同中支、中国人民保险公司雁北中支适时更换新产品，并执行新的相关实务，同时开始认真执行出险机动车辆百分率定责定损比例法，加强承保管理，提高承保质量。

1988年，中国人民保险公司大同中支、雁北中支严格执行《承保质量标准》，并组织开展自查和互查活动。对承保城区车辆、县区车辆要尽可能进行承保验险，对私有车辆、承包车辆、专业运输车队要实行成数承保，与保户风险共担。

1993年，中国人民保险公司大同分公司开始执行山西省分公司下发《关于加强机动车辆业务管理有关问题的通知》主要规定，对费率采取随行就市的办法做相应调整，上下幅度掌握在30%以内。

1995年，中国人民保险公司大同分公司组织学习并认真执行中国人民银行新修订《机动车辆保险条款》。人行新条款主要变化有以下几点：一是将失窃责任从主条款中剔除出来，重新制定《机动车辆保险附加盗窃险条款》；二是把第三者责任从无限额改为有限额；三是无赔款优待条件放宽，数额增大；四是费率表中将车辆使用性质改为营业和非营业两种，费率也有较大幅度的提高。同年，中国人民保险公司山西省分公司注重业务质量管理，专门制定《分险种核算办法》和《贯彻执行新条款的具体办法》及附加“特约条款”等，并要求全省系统各级公司严格执行新条款，不能更改条款，扩大保险责任，也不能随意变动费率。同时出台《对专业运输公司机动车辆承保理赔意见》，主要办法：一是改变安全返还的办法，凡是单位统保的车辆，只要赔付率达到一定的比例，就一律取消安全返还或者奖励；二是对不能一次性交清保费的单位，坚持权利与义务对等的原则或比例赔付，或终止保险责任；三是对已经承包给个人的专业运输公司的车辆要采用逐辆承保的办法；四是采用“四、六”或“三、七”分保协议的办法。

1996 年，为进一步提高车险业务规范化、科学化的管理水平，中保财险大同分公司根据山西省分公司出台《机动车辆保险业务若干明确的问题》要求，对机动车辆的承保主要规定：一是承保时应严格执行验车承保的规定，尤其是新投保、逾期续保车辆和过户车辆，必须履行验车承保手续，并在保单上注明验车人的姓名；二是损失险的保险金额可以按保险价值或实际价值确定，也可以由保险人与被保险人协商确定，但保险金额不得超过保险价值，超过部分无效，私有或个人承保的破旧车辆不得超过投保时的实际价值，同时第三者责任险要视情况确定限额，一般以 5 万元限额为宜；三是对高档车、“冷车”的承保应与被保险人协商，采取不足额承保的办法，并在保单上注明。

1997 年，中保财险大同分公司积极落实省分公司对机动车辆保险规划和规定：凡承保签单必须到现场验检，填写验车人姓名，做到保单填写字迹清晰，卷面整洁，费率准确，计算无误，把好承保质量关；主动调整业务结构，改善承保质量，降低出险率，在险种结构上，由只保第三者险、车损险和少数附加险，向大上附加险调整；在承保机动车辆类型上，由高风险的车型向风险低的车型调整，由只保汽车扩大到摩托车、拖拉机险上；在展业方式上，由单纯的机动车辆险调整扩大到汽车分期付款销售保险等。

1998 年，中保财险大同分公司积极采用由省分公司研发推广的《机动车辆保险业务处理系统》《保险车辆查询系统》《机动车辆报表汇总系统》管理软件，全年机动车辆承保上机处理量达到 100%。

2001 年，中保财险大同分公司承保，理赔 / 客户服务、财务三个中心成立，全市承保工作完成集中管理和运行工作。

2003 年，中国人民保险公司财险大同分公司按照山西省分公司要求，根据总公司设计制定的机动车辆保险条款费率改革方案，从 1 月 1 日起，统一使用 2003 版新条款第一种组合方式，即机动车第三者责任保险条款、家庭自用汽车损失保险条款、非营业用汽车损失保险条款、营业用汽车损失保险条款、特种车保险条款、摩托车、拖拉机保险条款。并严格按照省公司的授权范围经营业务，严格执行条款及费率方案。同年，中国人民保险公司大同分公司针对机动车辆消费贷款保证保险业务发展中存在的问题，按照中国人民保险公司省分公司出台的《机动车辆消费贷款保证保险业务经营管理办法》，进一步明确开办机动车辆消费贷款保证保险业务的10项纪律和管理模式，建立严格的责任追究制度和行之有效的绩效考核办法、奖惩兑现办法。在该基础上，对该险业务进行专项清理整顿，检查验收，规范管理，系统普遍实行专人、专项、专业化管理，有效地防范和化解风险。

2004年5月，太平洋财险大同中支开始执行山西省分公司按照总公司下发的《关于实施机动车第三者责任强制保险有关工作的紧急通知》的要求，对机动车辆保险的费率进行调整，对相关的机动车辆保险条款进行特别修订的规定。

2006年7月，中华人民共和国《机动车交通事故责任强制保险条例》开始实施。中国保险监督管理委员会下发《关于规范商业机动车辆保险条款费率管理的通知》，各财产保险公司积极推行产品创新，不断完善产品体系，确保实现商业机动车辆保险与交强险的顺利衔接。大同保险业各财产保险公司在培训、岗位设置、柜面建设、承保流程和运用系统进行充分准备和实施。

2009年，大同财险主体根据行业协会制定的《车险见费出单自律公约》，对机动车辆保险全面实施见费出单，其险种包括机动车交强险和商业机动车辆险。中国人民保险公司财险山西省分公司对车险实行精细化管理，制定下发《车险业务承保指引》《车险经营管理全面质量考核指标体系办法》。太平洋财险大同中支建立投保交强险即时生效制度，同时，积极履行不得以任何理由拒保或变相拒保摩托车、拖拉机交强险，不得向投保人强制搭售商业保险合同或提出其他附加条件。太平财险大同中支在核保系统中增加核保引擎设置，即在保（批）单录入提交后，根据核保引擎的规则设置，符合规则的自动核保通过，不符合的则转由人工核保。

2010年10月，山西行业协会车险信息共享平台正式上线，实现对各财产险公司承保和理赔关键环节信息共享的功能。11月，太平财险为解决数据差错，提升核保管理，完成远程监控，系统增加影像资料上传功能。

2011年，太平财险大同中支，进一步利用现代化的信息网络，在原有核心业务系统的基础上，同步引入车险报价投保自动化系统，其集合信息采集、精算定价、费率因子自动配置、核保前置、报价数据转投保等功能，与自动核保引擎、核心业务系统、行业车险平台有机连接，实时交互数据，内外网均可访问的系统，实现支持业务一线、理顺承保流程、快速自动核保功能。

2014年，中华联财险大同城区支公司开始承保机动车辆保险，主要承保管理执行三个文件：《大同城区公司异地车辆承保管理办法》《中华财险山西分公司大同城区公司机动车辆承保管理质检管理实施细则管理办法》《中华联合财产保险股份有限公司出单人员管理办法》。

2015年，中国人民保险公司财险山西省分公司根据市场情况制定2015版《车险核保指引》和《2015年车险销售费用差异化配置办法》。太平财险为适应新环境下的车险费用管理要求，将车险变动费用规则设置的科目进行调整，并按新费用模板进行梳理、导入，实现新费用模板的正式上线和系统的平稳过渡。

2016年1月，太平洋财险实施商业车险改革，旧的A、B、C三套车险条款废止，全国统一使用《2014版商业车险示范条款》。新条款与旧条款相比，具有结构合理、层次清晰、表述准确和用语规范的特征，一定程度克服"高保低赔"带来的争议。大地财险大同中支坚持将精细化管理工作贯穿于车险经营环节，公司推出"找、控、引"举措。将家庭自用车车型设置为A、B、C、D、E五个档，通过险种保额控制、费率折扣上浮等方式改善业务品质，提高盈利险种的承保能力。管控10T（T为单位千克）以上营业货车的占比，剔除了赔付情况较差的异地营业货车、特种车二等存量高成本业务；同时对优质业务实行政策倾斜，持续优化承保政策，夯实基础管理。

2017年7月，太平洋财险大同中支对车险条款实行二次费改，按照有关规定，主要针对车险定价的自主核保系数和渠道系数做进一步放开，承保公司可以针对消费者驾驶行为、违规记录、车辆零配件价格、维修成本等多种因素在市场规定费率之内根据风险评估做更大的差异化定价浮动，实现规范市场，进一步向消费者让利，让消费者可以花费更低的成本获取更多的保障。

（三）货物运输保险承保管理

1951年，中国人民保险公司大同支公司办理的货物运输保险有火车、汽车、畜力车货物运输保险和各种附加险。按照中国人民保险公司总公司颁发的特约条款和费率加保破碎险或渗漏险，并规定：凡加保破碎险或渗漏险的，应由保险公司在可能范围内先行检查其所保货物的包装情况是否妥善。费率应视货物的性质、易碎程度、包装优劣、运输工具、路程及装卸情况而定，主要分为两类：一是对铁桶装液体货物，木箱装的瓷器或西药等，每千元由2.5元—5.0元加收；二是蛋品、灯泡、玻璃器皿等，每件3.75元—7.5元加收。同年8月，为大力开展自愿运输保险业务，对公企单位全部运输物资以契约定全面投保运输险者，按自愿保险费率给予九折特价优待。为简化内部手续，根据总公司通知精神，对各种运输保险的保险单单底（保险单副本）及批单等，自 4 月份起，不再寄往总公司审核，审核工作由分公司直接办理。

1952 年，中国人民保险公司大同支公司执行总公司规定，对火车运输险附加偷窃及丢失险，费率按 1.5‰计算。将运输险每单最低保费由 5000 元降为（预约运输险及银行押款业务除外）2500 元（以上币值均为旧币）。对国内运输险保险期限按所保货物自运离本保险单载明的起运地储藏所时开始，包括中途转载及等候期间的责任，直至运到目的地之次日零时起十天为止。

1953 年，中国人民保险公司大同支公司根据全国第三次保险工作会议关于整理城市业务精神，严格破碎险的承保，对于蛋品运输一律停止接受附保破碎险，只以普通运输险为限；对新华书店寄递邮包已准予继续办理外，之后不再附加破碎险。对其他部分以及其他各级公司在未经分公司批准均不得办理。同年，中国人民保险公司大同支公司开始执行总公司规定的运输险统保业务，贯彻“起运地业务在起运地承保”的原则。

1954 年，中国人民保险公司大同支公司货物运输保险按下列规定执行：铁路运输物资只保危险品及易燃品；公路运输物资：大炭车运输全部、汽油车酒精车只保危险品及易燃品；大车马车只保危险品及易燃品；市内运输不保；破碎险原则上不保。

1955 年，中国人民保险公司大同支公司严格执行总公司对中国交通电工器材公司国内运输保险办法：一是凡航路运输的商品不分运输工具路途远近及商品性质均一律逐笔投保平安险；二是凡属铁路运输的交通商品不分路途远近均不投保平安险，但易燃品个别地区的特殊情况及新建铁路安全条件尚有不足者，仍可酌情办理保险；三是凡公路汽车运输的商品原则上一律投保平安险。关于破碎险原则上不予加保。

1957 年，中国人民保险公司大同支公司执行中国人民保险公司总公司调整后的国内运输保险办法，一是费率总体上较现行费率下降 60%；二是取消运输预约保险合约九折优待办法；三是扩大保险责任和承保物资对象；四是简化理赔手续，将破碎渗漏险物资损失理赔，由原来按途耗率计扣改为按相对免赔额或免赔率办法办理。

1984 年，中国人民保险公司大同中支开始承办货物运输保险，按照总公司和铁道部运输局《关于铁路代理货物运输保险业务的补充通知》规定：国内铁路货物运输保险基本费率，已由中国人民保险总公司将现行的四级省际费率调整简化为两级，即本省 0.2‰，外省 0.4‰。发货、到站虽跨及两省，但相距在 250 公里以内（包括 250 公里）的，按本省费率计收。货物运输变更到站，已收到的保险费不补不退；发送前取消托运，可以退保，已收到保险费全部退还投保人。

1988年，中国人民保险公司大同中支、雁北中支山西省分公司根据总公司关于货物运输保险承保费率规定，结合山西省实际情况，要求各地、市中支、铁路沿线支公司、办事处，从6月1日起，棉花铁路运输保险的综合险费率，一律按2‰执行。

1989年，中国人民保险公司大同中支根据总公司下发的《关于印发〈国内货物运输保险实务（试行）〉的通知》的相关精神和要求，开展学习和培训活动，对全市开展货运险的机构，无论国内货运险直接业务、代理业务、预约统保业务全部统一按照总公司承保实务手续执行。

1996年，中保财险大同分公司根据总公司制定的国内货物运输保险风险管理规定，分类执行：对直接业务（包含预约业务），无论数额、价值大小，都应贯彻先查验后承保的原则。对技术性要求高且价值在百万元以上的单项或工业机械设备，要有相应技术专家现场查验并出具检验报告。对代理业务，价值在50万元以上单件或成批易损货物，代理处应及时通知承保公司查验。对常运易损货物，包装不符合要求且又经常出险的、经过建议又未改进的，应根据其风险，实行差别费率或拒绝承保。对整车运输和船运价值在10万元以上的成批大宗鲜、活货或单件物品，必须做到严格承保查验，并在保单上注明特别约定条件，实行差别承保或拒绝承保。对金银、艺术作品等的承保，在风险评估后，视情况加贴补充条款，严格按内部费率承保，必要时要监装或派人押运。凡国家、部门有关规定有途耗的货物，承保时都应在保单上注明。

1998年，中保财险大同分公司积极采用由中国人民保险公司山西省分公司研究开发的《货运险业务报表汇总系统》《国内货运险业务处理系统》等应用软件，实现货运险承保业务100%上机处理。

2001年，中国人民保险公司财险大同分公司按照山西省分公司规定，市公司拥有进出口货运险业务经营权和进出口业务的承保签单权。同年，中国人民保险公司大同三个中心试运行，承保业务按照市级权限执行。

2002年，中国人民保险公司山西省分公司货运险新一代综合业务处理系统上线，货运险业务实现全流程电子化，中国人民保险公司大同分公司如期上线。

2003年，中国人民保险公司全省各地（市）公司均设立承保中心，省分公司调整承保实务手续和业务处理流程，重新统一授权。中国人民保险公司大同分公司，按照授权书授予的权限对拟承保业务进行统一核保。各基层公司在业务系统中录入投保单，市公司承保中心审核通过后，再由基层公司打印出具保险单。

2004年，中国人民保险公司财险大同市分公司按照山西省分公司编纂《承保管理手册》和开发的业务处理程序，将省颁条款业务纳入综合业务处理系统中，修改进出口货运险保单格式，调整系统的打印程序，实现进出口货运险业务在业务处理系统管理的职能。

2005年，中国人民保险公司财险大同市分公司实现对总颁国内公路货物运输定额保险、省颁公路定额保险、煤、焦、铁公路运输专项定额保险、小轿车随车行李物品定额保险产品自动核保功能。同年，中国人民保险公司财险大同市分公司按照省公司印发《关于涉外货运险业务使用新保单的通知》要求，涉外货运险业务必须通过业务综合处理系统处理，原保单统一作废。

2006年，中国人民保险公司财险大同市分公司推广E—CARGO（货运险电子商务系统），为客户打造一套基于Internet的开放式应用系统平台，实现货运险代理业务和预约业务在网上作业。

2007年，中国人民保险公司财险大同市分公司按照山西省分公司下发《货运险业务单证管理暂行规定》《货运险业务批退暂行规定》《货运险业务手册》，从承保管理、营销管理、电子商务、业务管理等几个方面进行梳理与规范。

2009年，国寿财险大同中支按照总公司《货运险业务管理规定》及《货运险承保政策》，遵循“集中管理、分级授权”的模式，对所有预约业务在业务处理系统中必须纳入预约业务处理；国内货运险业务不得倒签单；进出口货运险业务对于货物已经（或按推算应当已经）到达目的港或只剩1/3航程就会到达目的港的业务，原则上不允许出单承保；禁止承保贵金属、鲜活物、危险货物等。同时按照总公司《货运险业务指引》中风险评估、承保要求等标准，对起运日期与投保日期在同一时间内或间隔时间较近的，要仔细询问原因，对投保当天将要起运的保险货物，必须写明投保当天日期和时间；对已经起运的货物，须确认在投保之时没有出险；对整车运输的大宗货物一般要求投保人在投保同时须提供货运代理人或承运人的资信情况，查验运输工具是否适航、适行、适载；对于二手设备要求投保人提供有关技术监督部门出具的被保险标的的旧设备外观良好且能正常工作的证明，以区分原损或途残；对单件保额在100万元以上的货物运输，或单件保额在50万元以上的二手设备运输和旧设备转移地点等国内货运险，应认真审核评估货物实际价值后方可承保；对危险程度较高的大宗货物，要注意核实包装是否符合国家或承运部门规定的包装标准，必要时应到现场查验货物状态及包装是否符合规定要求，怕湿货物是否具备防雨防潮设备。

当年，国寿财险大同中支按照省公司安排，积极推广Cargo Online系统出单（货运险电子商务系统）。

2010年，中国人民保险公司财险山西省分公司货运险实行全省核保集中处理。省级核保集中后各市分公司、县支公司货运险业务只授予承保权而没有核保权。同年，中国人民保险公司财险山西省分公司下发《山西省分公司货物运输保险承保指南》《山西省货运险录单操作手册（2010版）》《货运险营销人员手册》。中国人民保险公司财险大同市分公司组织核保集中后的业务处理流程及权限分配等实务的学习与培训以付诸实施。国寿财险大同中支根据系统要求，实行非车险业务省级集中核保核赔规定，货运险核保核赔权限上收。

2012年，中国人民保险公司财险大同市分公司按照中国人民保险公司系统上线的船货险业务审批系统要求作业，实现审批系统对于授权业务的刚性管控。审批系统以《权责规范手册》规定的授权金额为判断基础，所有超权限的业务均需先通过审批系统上报，待审批通过后，方可对审批同意的审批单进行转投保单操作，由核保人员核保通过出具正式保单。

2014年，中国人民保险公司财险大同市分公司根据山西省分公司下发《关于明确货运险保费批退管控条件及操作流程的通知》，在全市明确批退管控条件和批退操作流程。转发总公司印发的《易流态化货物镍矿》《高风险货物商品车》《危险货物炸药类》《危险货物化学品》《鲜活货物活牲畜及动物》《鲜活货物水果类》《特殊价值货物金银、珠宝首饰类》《特殊价值货物艺术品》《特控风险拖驳业务》等货运险特控风险案例分析，为公司提升货运险风险识别能力、合理提供承保方案能力、业务拓展能力提供有价值的学习材料。

2015年，中国人民保险公司财险大同市分公司组织员工学习总公司印发的《商品车国内公路货运险业务承保指引》，分别从“承保前注意事项、承保条件注意事项及承保后风险防范”三个方面进行讨论，并在今后货运险风险防范上提出重要措施。

（四）农业保险承保管理

1951年，中国人民保险公司大同支公司将拉磨牲畜按运输牲畜费率予以承保，将牲畜承保年龄普遍提高五岁。同时与各地兽医（包括私人兽医）签订检查防疫合同，从实收保费内抽取3%作为酬劳费。同年，为保障农业生产，将洪水责任造成的损失包括在牲畜保险的责任范围内。为加强管理，对驮运牲畜，承保时烙印编号，以便死亡时能辨识其确已承保。对承保牲畜增加健康限制，对有病者不保，已染瘟疫及受伤害者不保，缺失劳动能力者不保。同年7月份以后，改变大包大揽管医治、管药费的办法，防治范围只负防疫注射与病伤诊断，而不负药费，药费由保户自负。为简化手续，取消农村牲畜打火印的办法，只进行编号。

1952 年，中国人民保险公司大同支公司根据总公司修订后的牲畜保险暂行办法，对局部残废赔偿办法不再执行；对已保牲畜到期正在生病或受伤害者，一律不予承保，已确定残废的牲畜应视其有无正常劳动力决定，同年 10 月以后，对续保牲畜按十成评价，八成承保；新保牲畜可按十成承保，但执行新费率。同年，在种植业保险责任中增加旱灾险种。

1953 年 3 月，中国人民保险公司大同支公司牲畜保险业务停办，对 1953 年已经承保的，全部退保，已收保费按退保时起计算退保保费（不足一个月的按一个月计算），坚决不愿退保者，可保到 1953 年年底，1954 年超出时间，说服群众退费。对未到期业务，凡农民尚未交保费者，一律视为自动退保。在退保之前发生的案件，必须按章办理赔偿。对遗留到 1954 年的业务，如有保额超过实值的，向保户说明道理，将保额减低到实际价值的八成。

1956—1958 年，中国人民保险公司山西分公司在山西省境内恢复开办牲畜保险，同时试办养猪保险。

1956 年，中国人民保险公司大同支公司根据总公司牲畜保险的有关规定和中国人民保险公司山西省分公司制定的符合山西省实际的《牲畜自愿保险办法》。在具体实施中明确规定如下：在投保人范围上以农业生产合作社为主、其他公民个人、机关、企业以及其他合作组织均可作为投保人；承保对象除了各种在规定年龄以内的役畜外，增加种畜和奶牛；保险责任更为明细，将地震、暴风、雹灾等自然灾害和意外事故所致的死亡及因此而造成的牲畜失踪列为保险赔偿范围之内；在保额的确定上规定可以投保人各种牲畜的账面价格按照规定的成数计算保险金额，并在承保成数上区别牲畜的不同年龄，确定不同的承保成数。为了促进投保人对牲畜的饲养管理，办法中增加对投保人在饲养管理上有显著成绩者，保险公司给予适当奖励的条文。同年，牲畜保险的防疫费用，按照所收保费的 10% 提取，并与兽医部门签订合同。为简化承保手续，对农业生产合作社及企业团体，采取每一投保单位发给一份保险单，并附加一份明细表，同时由投保单位在明细表上加盖图章以代替投保单，对每头牲畜不再另制凭票。

1958 年，山西省第六次保险会议上制定《养猪自愿保险办法（草案）》，并为适应各地要求，制订“两包”和“三包”的保险原则。“两包”即平时包防疫，死亡包赔偿，从保费收入中抽取 5%—10% 作为防疫补助费用，支出交县（市）畜牧指导委员会统一使用；“三包”即平时包防疫、疾病包治疗、死亡包赔偿，各类猪只的三包费，肉猪、种猪每头 3 元，优良种猪按保险金额的 7% 收取。

1984年，中国人民保险公司大同中支依据《牲畜保险条款》《奶牛保险条款》为蓝本，开始试办养殖业保险。主要经营原则：“收支平衡，以丰补歉，略有节余，以备大灾之年。”公司内部实行“单独经营、单独立账、结余存留，亏损拆借”的模式。

1985年，中国人民保险公司大同中支开始试办种植业保险。主要承保蔬菜大棚、西瓜、地膜覆盖，油料等农作物或经济作物，条款依据是“蔬菜大棚保险”“露地西瓜种植保险”等。

1987年，中国人民保险公司山西省分公司为加强业务管理，对《牲畜保险条款》和《奶牛保险条款》进行修订。中国人民保险公司大同中支根据两个条款修订内容，在养殖业务发展上执行如下规定：一是在保险责任不变的情况下，在保险期限中增加15天的观察期；二是按照养殖业险“四低四定”的原则，将承保成数由原来的七成降为六成以下；三是费率采取基本费率加浮动费率的办法。基本费率奶牛为7%；牲畜险费率执行如下浮动原则：各地可在基本费率的基础上，结合本地实际情况，赔付率低于50%时，下浮10%—30%；高于80%时，上浮10%—30%；但上浮比例必须上报中支公司审批。各地可制定附加条款和特约条款，但须审批报备。

1988年，中国人民保险公司大同中支在种植业的承保办法上采取保成本或以总产量的成数来承保，以满足农民简单再生产和基本生活水平需要；在承保方式上实行“三低一统”，即低保额、低保费、低保障；以乡（镇）签单，以县统保的办法。对采取“政府组织、保险代办”形式的，实行单独建账，独立核算。保险公司提取所收保费的10%—15%作为管理费。对于农业保险积累的资金实行专款专用，要在保证补偿的前提下，通过投资等扩大资金积累。

1990年，中国人民保险公司大同中支根据山西省分公司规定，对全市县（区）在农业保险上推行抗灾救灾保险基金制度，在经营上以县为单位，单独建账，独立核算，由保险公司代管，专款专用。

1992年，中国人民保险公司大同中支在种植业承保上采取以县为单位统保，以村分户划类计亩编造花名册的办法，办理投保手续。保险责任包括洪水、冰雹、霜冻、虫灾等灾害造成的损失。保险金额以保成本为主，以水地、旱地投入不同，限定最高保额，以亩为单位，小麦：水地120%、140元，旱地80%、100元；谷子、高粱、玉米：水地80%、100元，旱地50%、80元，蔬菜、棉花、烟叶：80%、100元。收费标准，粮食作物按5%收取，经济、蔬菜作物按8%收取。

1996年，中国人民保险公司大同分公司根据总公司关于经营农业保险“不赔不赚，略有节余”的原则，改变农业保险经营方式，停办合办、代办的农业保险业务，并对风险较大的业务予以剔除。

1997 年 1 月，中保财险大同分公司按照山西省分公司下发《小麦收获火灾保险条款》《小麦收获火灾储金还本保险条款》对前期内容修订版本执行，新版本主要修改内容为：变动后的条款对保险金额和保险储金本金未作统一规定，只说明保单规定为准。各地可根据本地情况确定，在保单中注明即可；将保险责任区域由原来仅限于碾打场上扩展至收割期间。3 月，中保财险大同分公司按照《农业保险业务系统管理办法》，严格执行重大业务承保向上级公司备案制度和条款管理制度。并明确规定市、县公司没有条款制定权，为适应某些业务的特殊需要，经办公司可采用“协议书”形式与被保险人签订保险合同，但须经上级公司批准后实施。

1998 年 3 月，中保财险农业保险部对农作物火灾保险业务工作下发通知：有关分公司可根据机械化收割的情况，把火灾责任扩展到田间收割期前若干天（最长不超过 30 天），把原麦场火灾险改成农作物收获期火灾保险，但应注意不要增加或附加其他保险责任。对烟叶保险业务提出六条管理意见，其中承保工作指出：提倡单一责任，注意验险承保；稳定保险金额，防止风险过于集中；科学厘定费率，适当提高费率标准；严格农险报备制度等。8 月，中保财险下发《关于不得搭配承保高风险农险业务》的通知，明确规定，今后不允许为承保财产险业务而搭配承保高风险农险业务，对于特殊情况，如保户要求必须承保高风险农险业务且从搭配与被搭配的业务总体看又似有经济可行性，必须事先报总公司审批。

2000 年，中国人民保险公司财险山西省分公司据总公司《关于财产保险条款备案问题的通知》及《中华人民共和国保险法》的有关规定，修订完善并下发《收获期农作物火灾保险条款》《塑料大棚种植蔬菜保险条款》《烟草种植保险条款》《玉米种植保险条款》《森林火灾保险条款》，在条款格式上统一采用总公司有关农业保险条款范本的格式；对各条款的索赔期限、争议处理等内容进行修改，使其符合有关法律的规定。同时，规定各地市公司农业保险业务条款必须由省公司统一制定，统一报保监委备案。

2001 年，中国人民保险公司财险山西省分公司要求基层公司在有条件且专业人员具备的地方，可适当开展适合本地特点且有把握性的险种，但除收获期农作物火灾保险外，其他险种必须经省公司批准，否则不许开办。

2007 年，中国人民保险公司财险山西省分公司作为山西省政策性农业保险的试点公司，逐步推进能繁母猪政策性保险。在承保上要求以县和乡（镇）政府组织，各级畜牧兽医部门验险把关。对提供符合条件的能繁母猪，以村、乡（镇）、养殖企业为单位统一投保，核实投保信息后缴纳自交保费承保。每头能繁母猪保险金额为1000元/头，保费60元/头。

2008年，中国人民保险公司财险山西省分公司执行总公司制定的《中国人民财产保险股份有限公司政策性能繁母猪保险实务管理规程（暂行）》。基本内容为：一是承保前的风险评估：对防疫制度及其实施程度的评估，主要是审核当地防疫机构、防疫制度是否健全，是否统一免疫程序，统一建立免疫台账，统一免疫标识，统一疫苗供应，统一免疫证管理，是否做到生猪免疫率达到100%；对饲养环境评估，主要是审核饲养场址是否属于国家划定的疫点、疫区、受威胁区，场内建筑物布局是否符合畜牧兽医部门的要求，是否建在非蓄洪行洪区，且在当地洪水水位线以上，舍内温度、湿度、通风、光照、饲养密度、有害气体的含量是否达标；对投保人资格及信誉评估，主要看投保人有无生猪饲养历史和生猪饲养经验，发现不诚实的投保人，要严格投保手续，投保单必须由畜主填写；对投保标的健康评估，主要是现场观察能繁母猪精神状态、营养、姿势、步样、皮毛、吃食饮水等情况，必要时要求兽医检查能繁母猪的体温、心跳、呼吸等生理指标。二是承保手续和承保条件：向当地畜牧兽医和防疫部门提取检疫证明，审核能繁母猪是否伤残，有无本保险责任范围内的疾病，是否按所在地县级畜牧防疫部门规定的免疫程序接种，记录是否齐全；检查由动物疫病预防机构统一佩戴的防疫标识，对于无佩戴规定标识或与标识不符的能繁母猪，一律免于承保；以畜牧兽医行政主管部门登记存档的能繁母猪信息为主要依据，审核投保的能繁母猪品种是否在当地饲养1年以上，是否在8月龄以上（含）4周岁以下。对于不符合《能繁母猪养殖保险条款》承保条件规定的，免予承保。三是运用公司“农保通”无线智能管理平台，实现能繁母猪保险“一头一单”的精细化管理。同年，根据总公司下发的《关于重申农业保险承保、理赔权限的通知》，明确各级公司的承保权限，对小麦收获期火灾保险的承保权限，临汾、运城分公司一张保单保额人民币3000万元以下，一张保单保额超过人民币3000万元的，必须报批，其他分公司及其他种植业保险须逐笔报批。对所有农业险的批减批退业务、超过相关规定时限的补录业务也须上报省公司审批。同时明确水果、蔬菜、园艺作物的种植业险一份保单保额人民币1000万元以下，除水果、蔬菜、园艺作物外的林木险、种植业险一份保单保额人民币3000万元以下，养殖业险中的家畜保险一份保单保额人民币600万元以下，家禽保险一份保单保额人民币400万元以下，超过以上各项每份保单保额限额，均须通过省公司核保。

2009年，中国人民保险公司大同分公司根据山西省分公司为进一步加强农险应收保费管理，实施农户自缴保费“见费出单”。同年，针对养殖业险赔付率居高不下严重亏损的局面，为切实改善业务经营状况，按照省公司《关于进一步强化养殖业保险风险管控的通知》，强化承保数据管理，认真采集信息，将承保数据信息全部录入农保通管理；实行无耳标不承保政策；严格按照畜龄条件承保，加强对畜龄的鉴定，对不足8个月或超过48个月畜龄的能繁母猪和1岁以下7岁以上的奶牛坚决不予承保；实行差异化管控策略；实行见费出单；细分客户建立“黑名单”制度。

2010年，中国人民保险公司财险大同市分公司根据山西省分公司与山西省畜牧兽医局联合下发《山西省关于开展能繁母猪保险及防疫工作的实施方案》精神，明确下一步的工作重点是：佩戴能繁母猪专用耳标、形成能繁母猪专用档案、交互专用档案信息、开展查勘防疫合作、实现信息资源共享。同时，根据总公司下发的《关于进一步落实12条刚性措施全面加强能繁母猪保险业务经营管控的意见》，进一步要求全市承保各环节要责任到人，严格承保条件和操作规范，对不符合要求的坚决不予承保，发现违规承保追究承办人责任；在能繁母猪、奶牛保单特别约定注明出险时没有佩戴耳标或出险后才佩戴耳标的不予赔付，保险责任范围内的疫病死亡，不进行无害化处理不予赔付。同年，中国人民保险公司财险大同市分公司按照省公司部署，正式实施农险核保省集中，采取自动核保和人工核保模式。同时启用能繁母猪专用档案管理系统，实现“标猪相符、保标相符”，从源头控制能繁母猪保险经营风险。为进一步健全和完善农险业务基层管理、职责定位、考核标准、人员管理等规章制度，按照省公司下发的《关于重申农险业务核保省集中相关规定》的通知，对承保指南、操作流程、权限划分和工作手册等承保实务进行进一步细化。同年，按照中国人民保险公司总公司印发的《农业保险八条禁令的通知》，对主要涉及农业保险宣传、承保、产品、保费、单证、理赔、费用等，重点对承保环节提出要求：严禁不验标承保或虚构标的及虚增承保数量；严禁产品使用报行不一等。

2011年，中国人民保险公司财险大同市分公司根据山西省分公司下发《农业保险“四到户、两公开”推进方案及实施细则》要求。在业务中实施“四到户、两公开”规定，即承保收费到户、凭证发放到户、损失确定到户、赔款支付到户，承保信息公开、理赔结果公开。

2012年，中国保险行业协会完善《农业保险承保指引》，重点对采用集体投保方式的，要明确投保人及投保组织者，由农业生产组织、村委会等单位，组织农户集体投保农业保险的投保单、保险单及分户清单上应有投保组织者名称，即“×××村民委员会”，并加盖公章。集体投保的投保人应是参与投保的全体农户，即“×××村×××等N户”，有多少户投保 N 就是多少。由系统根据分户清单自动累加起来，不得将投保组织等同于投保人。

2013 年，中国人民保险公司财险大同市分公司根据总公司制定的《农业保险客户回访管理暂行办法》组织实施，实施人员由市、县公司农险业务管理部门和“三农”保险基层服务站点人员组成，回访信息主要有客户是否知道投保农业保险，是否按规定缴纳农户应交的保险费，是否拿到保险单或保险凭证。

2015 年，中煤财险对农业保险核保权限进行划分，大同中支核保权限为四级、五级，对一般性业务进行日常核保操作，同系统省级分公司、总公司一起构成风险控制阶梯层级，对各种风险标的，通过多层把关、形成严格有序较为完善的核保工作机制。

2016 年，太平洋财险大同分公司浑源县支公司建立“三农”服务站，配备专业人员为农户服务，提升承保质量。

2017 年，太平洋财险大同分公司为加强农业保险发展，推动保险为农服务工作，在灵丘设立农业保险服务站。同年太平洋财险左云支公司取得承保森林保险的承保资格。

（五）责任保险承保管理

1997 年 1 月，中保财险大同分公司按照山西省分公司印发的《责任保险条款解释、理赔工作实务》进行具体宣传和具体实施。雇主责任保险由责任范围、赔偿额度、除外责任、保险费、赔款和其他 6 个大部分组成，其中明确规定雇主责任险在现阶段不得附加医疗保险。公众责任保险条款、产品责任保险由责任范围、除外责任和其他事项（赔偿处理、被保险人义务各总则）3 个部分组成，公众责任险和产品责任险在承保时，要与被保险人共同约定每次事故人身伤害每人赔偿限额，填写在投保单“特别约定栏”内，该限额最高为 2 万元。《公众责任保险费率表》增加每次事故赔偿限额 10 万元以下档，具体金额由保险双方协商确定。累计赔偿限额可选 10 万元档。每次事故赔偿限额 10 万以下档不加费，10 万元档即加费 1%。对承保各类街头广告牌公众责任险，使用《公众责任保险费率表》中从事有特别危险工作的单位费率。同年，中保财险大同分公司开办公众责任险、雇主责任险、乘客责任保险。承保实务按照省分公司 1996 年度制定的《公众责任保险实务》和《雇主责任实务》执行。《公众责任保险实务》分“保险适用范围”和“保单缮制”两个部分，在“保单缮制”部分中，规定保险单主要要素的填写要求，并对单位业务性质、保险期限、保险责任、责任限额、免赔额和保单编号进行详细要求与说明；在雇主责任保险实务中，突出指出保险费的计算方法，要求被保险人提供非生产、生产和特殊工种人员的人数，年平均工资收入，作为计算总保险费的依据。并规定保险费一般应在承保签单时一次交清，否则保单不能生效。保单在 100 万元及以下可以分期交费，但一年内最多可分为四期。

1998年1月，中保财险大同分公司根据山西省分公司制定的《责任保险若干补充规定》，明确从该年 2 月 1 日起承保的公众责任保险业务，在原条款意外事故定义中删除“包括火灾和爆炸”，同时在条款除外责任第四款第 2 项中增加“火灾和爆炸”，但可以特约承保该项责任（不另加保费），并在保单特别约定栏内注明。同时对医疗费用赔偿限额、雇主责任险伤残赔偿限额、雇主责任误工工资每人累计赔款限额等情况进行详细规定。8 月，中保财险大同分公司根据山西省分公司下发的《关于责任保险的若干补充规定》，对不同责任险进行再次补充规定。雇主责任险规定为：一是个体、个人承包、合伙承保、村办和乡镇办煤矿，承保时必须附采矿许可证、营业证、矿长培训证、矿长安全合格证和煤矿生产许可证复印件，上述五种证件应附在投保单后面装订成册。二是关于特别约定：凡条款或文件规定可以分期交费的，应在特别约定栏内约定以下事项：交付第一期保费后，保单开始生效；交费次数，每次交费的时间和金额；逾期未交费的，出险后按已交保费和保单总保费的比例赔偿。本条约定内容亦适用于其他责任保险。三是按人数承保的，约定承保人数，出险后按承保人数与出险时人数的比例赔付。四是人数较少，人员较固定的，可列明细承保。出险后按伤亡人员名单与承保明细核对，核对一致的方可赔偿，否则不赔偿。公众责任保险规定：一是承保服务行业必须查验营业证（执照）和消防合格证等证件；二是特别约定：应根据被保险人营业场所及业务性质的不同，约定不同的内容。如溜冰场，最常见的是摔伤，而摔伤不能认为全是意外。只有在突然停电、顶灯突然坠落等情况下摔伤，才能认为是本保险范围内的意外事故。因此，可约定：因突然停电、顶灯突然坠落等引起的摔伤等伤害，保险公司负责赔偿。产品责任保险规定：一是承保时必须附技术监督部门颁发的质量检验合格证明、生产厂的产品合格证和产品说明书等文件复印件；二是承保某种产品时，必须请被保险人印制保险卡或保险标志，随产品在销售时发放。保险卡内容有：保险卡编号、产品名称、规格型号和出厂编号、生产或销售时间、用户或消费者名称、生产或销售单位名称和电话、承保公司名称等。保险卡适用于价值较高、体积较大的产品。保险标志适用于价值较低、体积较小的产品。保险卡或保险标志由保险双方共同设计，保险公司审定，由保险公司保管，根据被保险人销售数量，按两个月左右的用量逐步定量发放。三是特别约定：应根据产品特点，约定相应内容。一般可约定以下内容：一是出险后，被保险人必须提供发票、保修卡、保险卡等单证；二是未经保险人同意，被保险人不得做与本保险有关的广告。保险终止后不得再做相关广告。9月，中国人民保险公司财险大同分公司执行省分公司下发的《关于调整公众责任险和产品责任险承保权限的通知》精神，对全市开办的两款责任保险的承保权限进行调整。

1999年，中国人民保险公司山西省分公司下发《关于转发〈中国人民保险公司雇主责任保险条款〉和〈中国人民保险公司责任保险条款〉及其附件的通知》，中国人民保险公司大同分公司根据中国人民保险公司省分公司通知精神，开始执行如下规定。一、凡个人承包和乡及乡以下经营的煤矿必须持有采矿许可证、营业证、矿长培训班证、矿长安全合格证和煤矿生产许可证方可承保。承保时必须将管理人员、井上和井下生产人员全部承保，且每人赔偿额最高只能按2万元确定。否则，不予承保。二、除上述规定限额以外，雇主责任保险每人赔偿限额最高为10万元；公众责任保险（含供电责任保险）每次事故每人赔偿限额最高为2万元。

2000年，中国人民保险公司大同分公司按照山西省分公司制定下发的《关于调整责任保险承保权限的通知》精神，对雇主责任保险的承保权限由按险种授权改为按企业性质分类授权。具体规定如下：一是管理正规的国有大中型企业及中外合资、合作和外商独资企业累计赔偿限额人民币1500万元；二是其他企业（包括个体、私营企业）累计赔偿限额人民币600万元。对供用电综合保险规定累计赔偿限额为人民币200万元。对旅行社责任保险累计赔偿限额由原人民币720万元调整为600万元。对律师职业责任保险要求逐笔报审。同年，为强化风险管理，中国人民保险公司财险大同分公司按照省分公司下发的《关于重申强化风险管理的若干规定》精神，对于“特别约定”进一步明确雇主责任险如按人员明细承保，应列明:“本保险按被保险人的职工花名册明细承保，出险后伤亡人员在承保明细表中的，方可赔偿，否则不予赔偿；如有需要扩展的责任，应列明：本保险附加×××条款。”对于分期付费明确规定“一张保单年交保费金额2万元以上的责任险可以实行分期交费”。

2001年，中国人民保险公司财险大同分公司按照省分公司下发的《关于加强煤矿雇主责任保险业务管理工作的紧急通知》要求，对政府要求关停的煤矿，坚决不允许承保，对已承保的应关停煤矿，要坚决退保；对已承保并且不属于关停范围内的煤矿，要牵头或配合有关部门进行安全生产检查。如发现事故隐患，必须立即发出整改通知书，其中必须写明“在煤矿达到正常生产状况并且政府有关部门发出恢复生产通知之前，暂停履行保险责任”。暂停期间的保险费可以按日退还投保人。

2004年，中国人民保险公司财险大同市分公司根据省分公司下发的《关于规范产品责任险承保管理的通知》精神，对产品责任险的承保提出如下要求：使用标准条款时，应加批“以索赔提出为基础条款”，严格限制承保“以事故发生为基础”的产品责任保险业务，对产品技术指标、性能、质量检测标准等不符合国家规定，未取得国家质量监督管理部门颁发的产品生产许可证的产品不得承保、禁止承保下列产品。硝化甘油或任何爆炸物、引信、弹匣、弹药、火药、军火或军需品、压力下气体或易挥发石油产品、航空器及零部件、船舶及零部件、石棉产品及容易发生爆炸或有毒的化学产品等、对出口到美国、加拿大地区以及司法管辖为世界范围的业务，应谨慎承保、坚持最低收费标准，每笔产品责任险业务最低收费为2万元人民币（国内业务）或者5000美元（出口业务）、新保业务不设追溯期，追溯期要以连续投保为前提条件，最长不超过三年。同年，按照中国人民保险公司财险山西省分公司制定的《承保风险管控办法（暂行）》规定，对雇主责任险明确要求：私人企业的董事、董事长以及个体工商户的法人及家属不能投保本保险；除统括保单外，不得承保异地业务；所有投保的单位必须提供雇员清单；对于个体工商户、夫妻店、合作经营组织、小型私营企业、承包经营企业不得实行分期付费。

2007年，为规范煤矿安全生产责任险业务的发展，中国人民保险公司财险大同市分公司按照山西省分公司下发的《关于煤矿安全生产责任险异地业务承保的通知》精神，执行按照属地原则承保本区域内煤矿安全生产责任险，不得跨区域承保。国寿财险大同中支根据省分公司责任险实行网上核保的部署，采取分级加授权的模式，中支本部设有核保二级C权限，省公司核保岗设有核保B权限，省公司业管部门领导设有核保二级A权限。

2008年，太平洋财险大同中支按照总公司承保部下发《非车险业务承保管理流程手册》规定，对责任险业务实施“集中管理、分级授权、控制风险”模式，通过精细化管理，提高承保质量和效率。

2009年，大同保险市场各财产保险公司主体对责任保险规范承保流程，实施“见费出单”。同年，为强化风险管理，中国人民保险公司财险大同市分公司根据总公司下发的《关于规范医疗责任保险经营管理的指导意见》精神，对医疗责任保险执行每人赔偿限额不高于30万元，累计赔偿限额不超过300万元的规定，同时要求各支公司严禁开具无累计赔偿限额的承保条件。国寿财险大同中支对责任保险按照总公司的核保政策，实施省级公司统一集中核保模式。太保财险大同中支根据省分公司转发总公司制定的《责任险核保指引》，对产品责任、雇主责任、公众责任、产品雇员忠诚保险，从行业分类、承保区域范围、管理水平、历年出险等情况，评估业务质量，完成责任险核保基础性管理工作。

2010年，太平洋财险大同中支按照省分公司转发总公司《2010年责任险信用保证险核保从人授权规则》，对公众责任险每次事故赔偿限额不超过300万元，产品责任险每次事故赔偿限额不超过200万元，雇主责任险承保人数不超过300人等，进行明确规定，凡超出上述规定权限保单，必须提交总公司审核。

2011年，中国人民保险公司财险大同市分公司根据山西省分公司下发的《2011年医疗责任保险经营指导意见》规定，每人赔偿限额不高于80万元，累计赔偿限额不高于320万元，严禁开具无累计赔偿限额的承保条件。

2012年，中国人民保险公司财险大同市分公司按照省分公司转发总公司《关于上收阀门类产品出口产品责任险业务承保权限的通知》要求，对投保产品包括阀门或管道类产品，司法管辖包括境外区域，累计责任限额大于1000万元人民币或等值外币业务须上报总公司核批。同时为避免保险人承担难以承受的巨灾性风险，根据总公司下发的《关于自然灾害公众责任保险业务控制责任限额的指导意见》，规定承保自然灾害公众责任险时应设定每次事故责任限额与累计责任险额，每次事故赔偿限额为每人赔偿限额的100倍，原则上最高不应超过1.5亿元。

2013年，为加强风险管控，中国人民保险公司财险大同市分公司根据山西省分公司统一要求，从4月1日起，除自动核保业务外，责任险、保证险核保、核批权限全部上交至省公司核保岗。太平洋财险大同中支根据总公司《关于调整非水险各险种核保差异化从人授权权限的通知》，明确派驻核保人员核保授权在各险种授权范围内进行核保，其中公众责任险授权在使用标准条款、司法管辖在中国境内、不涉及除商业成数分保、特约分保、非行业性统保、有关部门组织的招标统保情况下，核保权限为每次事故赔偿限额1000万元；产品责任险核保权限为非公司下发的禁止承保产品目录；非食品类产品责任险及公司此前少有经验的产品领域，特别是民用产品中的日用消费品等业务，核保权限为每次事故赔偿限额8000万元以内；雇主责任险除上述规定外，核保权限为承保人数小于1万人，每人赔偿限额89万元以内。平安财险大同中支根据省分公司将医疗责任保险列为重点控制险种，明确如下规定：一是统保业务应尽可能收集承保医院清单，主要包括医院等级、床位数量、科室设置、医护数量、住院人数、门诊人数、技术设备等以往连续3年的经营情况和缺失记录；二是统保业务应根据收集的相关信息、公司承保数据、外部了解的损失记录等综合拟定合理承保条件；三是常规业务单独承保三级医院，需要提供投保险人签字盖章确认以往三年赔付情况的投保书，对于亏损的续保业务必须改善承保条件，确保综合成本率低于100%。

2014年，平安财险大同中支执行省分公司重点控制雇主责任保险的规定，具体内容为：一是雇主责任保险 10 人以下团体业务，费率为一般情况的 2 倍。高风险行业必须严格按照定价模型报价；二是谨慎承保金属制品业、有色金属冶炼及压延加工业、纺织业、服装、鞋、帽制造业、塑料制品业、工艺品及其他制造业、造纸及纸制品业、木材加工及木、竹、藤、棕、草制品业、皮革、毛皮、羽毛（绒）及其制品业；三是对新保业务禁止扩展门急诊附加条款、疾病住院等健康险扩展条款，需要机构意外险人员确认报价并报机构核保部经理审批同意后方可扩展；四是高空作业雇主责任险仅限于被保险人所在地属于二级机构所辖地域范围内，以避免交叉。投保人数低于 30 人，如无财产险关联业务或统一渠道不予承保。财产险关联业务指财产险保费不低于 2 万元的业务。

2015 年，平安财险大同中支按照省分公司规定，严格各类责任保险政策。主要内容：一是对产品责任险规定，扩大出口产品责任险授权，非合约除外的产品，每次及累计限额提高 1300 万元，如有与原出品产品责任险权限表冲突，以高者为准；二是对水路客运承运人责任险规定：使用费率表时，避免使用累计限额调整因子和主观调整因子；三是对校方责任险规定：续保业务按目标 COR 预算报价；对新业务参考当地进行报价。大地财险大同中支按照山西省分公司下发的《关于下发诉讼财产保全责任保险承保实务材料的通知》规定，启用新的投保单及新的实务。

二、人身保险业务

（一）短期人身险承保管理

1952 年 11 月，中国人民保险公司大同支公司开始办理团体人身保险业务，承保出单相关规定执行总公司制定的《团体人身保险实务手册》。保险单由各承保公司自行签发。保险单主要内容：投保单位和承保单位名称、险种名称、保险要素（保险金额、保险费率和保险期限）、特别约定、签章日期、经（副）理签章、验单员签章等，其中特别约定为："后幅所载之一切条款批文特款暨双方签证之被保险人名单、被保险人异动通知单及投保人签具之投保单均为本保险之一部分，一律有效。"

1953 年 2 月，针对过去团体人身保险业务承保时对被保险人年龄及健康状况把控不严所带来的经营风险，中国人民保险公司总公司规定：对于新投保户，被保险人最高年龄为 60 岁，超过 60 岁者，必须进行身体检验，合格者亦可予以承保，以一年为限；对于处于病假期中或因病停止全部或部分工作者则不予承保。7 月，全国开始整理城市保险业务，山西省的团体人身保险和建筑工人意外伤害保险等业务处于整理之列，业务规模极度萎缩。

1954年至1958年，山西省除铁路、公路旅客意外伤害保险仍可以正常办理外，其余意外险业务已停办。

1983年，中国人民保险公司大同支公司恢复人身保险业务后，首先开办的是团体人身保险和团体人身意外伤害保险。承保管理办法与20世纪50年代的大致相同。投保时，投保单位填写投保单一份和全体被保险人名单一式两份，由保险外勤人员交属地保险公司内勤审核同意后，手工签发保险单。投保单上需要填写的内容包括：单位名称、单位地址、投保险种名称、投保人数、投保时间、总保险金额和总保险费、单位经办人等项目。“被保险人花名表”主要包括每一被保险人姓名、年龄、工种、保险金额、保险费等项目。保险公司签发的保险单分为正副本，一般一式两份（或三份），正本交投保单位，副本保险公司业务存档或流转到财务记账。除保险合同订立的必要内容外，保险单一般只有经办人与复核人签字，并加盖保险业务专用章。如单位负责全部保险费，保单上要注明“保险金额由投保单位领取”，而在保险单上不要再填写被保险人的受益人。

1985年6月，中国人民保险公司大同中支执行山西省人民政府发布《关于加强交通安全管理的通知》精神，恢复办理“公路旅客意外伤害保险”业务。承保办法是以汽车客运公司同中国人民保险公司分支机构签订协议书的形式，由汽车客运公司代旅客投保人身意外伤害保险，合同规定保险责任范围、收费办法、代理手续费率、安全防灾和事故处理。凡持票搭乘长途汽车的旅客，其投保手续由公路客运部门办理，再不另行签发其他保险凭证。7月，中国人民保险公司山西省分公司以“关于乡镇企业煤矿工人团体人身意外伤害保险有关问题的复函”，对乡镇煤矿工人团意险的承保做出两方面明确规定：一是针对乡镇煤矿人员变动较大，无法准确确定被保险人信息的情况，投保时可以不填写被保险人名单，以投保时当月的工资名册人数为准全部投保。保险公司出具保险单时要在保单上被保险人处注明“以投保时当月的工资名册人数为准”字样。二是对于采取不列花名册投保的乡镇煤矿，当发生保险责任范围内的伤亡时，如出险当月工资名册人数多于投保人数时，可以按照投保时人数与出险当月人数比例给付。这种承保办法解决当时乡镇煤矿承保的一大难题，促进业务的快速发展。8月，中国人民保险公司山西省分公司下发《关于人身险若干问题的通知》，允许基层公司对承保风险较低的意外险产品进行费率浮动，规定：“人身意外伤害保险的费率，如有的地区认为偏高，可根据本地区情况，掌握在20%幅度内下调，对有些比较危险的行业的费率可适当提高，上调幅度不限，凡需调整费率，须报省公司备案”。

1986年，中国人民保险公司大同中支开办学生团体平安保险，按照中国人民保险公司省公司的规定，在保险单证尚未印发前，各地可先用团体人身意外伤害保险单证代替，并加贴本条款。实务手续参照团体人身意外伤害保险办理。

1987 年 7 月，中国人民保险公司山西省分公司精简“团身、团意险”单证，缩小部分单证的幅面，并印发“团身、团意险”实务手续。在承保手续上，规定投保单和被保险人名单的填写要求，明确保险人与被保险人以协议形式签订的保险合同，不另填投保单。8 月，中国人民保险公司山西省分公司制定下发《团体人身险、团体人身意外伤害保险业务质量标准（试行）》（以下简称短险业务质量标准）（晋保人身字〔1987〕17 号）。短险业务质量标准对各种单证的填写、受益人的指定、保险费率的确定、短期费率的计算、保险费的缴付等内容进行详细规定；对承保单证的编号、整理装订、归档、登记等进行明确。山西省意外险业务的管理开始有统一的标准。

1990 年，中国人民保险公司山西省分公司遵循“既促进业务发展又严控承保风险”的原则，对意外险业务的保额和费率进行调整：一是将意外伤害保险基本险的最高保险金额提高到每人人民币 5 万元，但要求附加医疗险的最高保险金额控制在 1 万元以内；二是将小煤矿、烟花爆竹生产等高危险和极高危险行业（工种）的意外伤害基本险最高保险金额控制在每人人民币 1 万元以内，附加医疗险控制在每人人民币 5000 元以内；三是将乡办、村办煤矿的意外伤害基本险费率提高到 13‰以上；四是将附加意外伤害医疗保险的费率由 1‰、2‰、3‰分别提高为 3‰、5‰、7‰。

1992 年 3 月，为配合山西省医疗制度改革，巩固发展人身保险业务，增强公司竞争力，根据总公司医疗保险会议精神，中国人民保险公司山西省分公司制定《中、小学生和幼儿园儿童住院医疗保险条款》和《人寿保险附加住院医疗保险条款》及其实务手续。“实务手续”对个人投保医疗保险业务需提供的资料及审核药店进行明确规定：“凡个人投保人寿保险附加住院医疗保险（以下简称附加险），被保险人必须亲自到保险公司办理投保手续，不能由他人代办。投保时，必须携带被保险人身份证，本附加险所列某种人寿保险的有效保险单（证）以最近一期保险费收据凭证，缺少其中任何一项，不能办理承保手续。”“个人投保附加险，在签发保险单之前，核对身份证与保险证（单）的姓名、年龄以及身份证照片与被保险人是否相符”。同时规定，个人投保“人寿保险附加住院医疗保险”时，在保险单“特别约定”栏内填上被保险人的身份证号码，便于今后的查询和核对。这是人身保险业务承保中首次将居民身份证信息作为必填和必审要素。对于中、小学生和幼儿园儿童住院医疗保险，保险公司不接受个人投保。由所在学校或幼儿园统一办理投保手续，统一签发一张保险单由学校存档。同时“实务手续”中明确规定：凡患严重心脏病（包括先天性心脏病）、癌症、再生障碍性贫血、家族遗传型血液系统疾病、肝硬化等疾病或因其他慢性病不能正常学习者，不能投保中、小学生和幼儿园儿童住院医疗保险。凡是集体投保，由单位或所在学校、幼儿园统一办理投保手续，但必须同单位或学校、幼儿园的经办人员讲清楚投保条件，对于不符合投保条件的人不能承保。对于享受公费医疗或劳保医疗的国营企业、事业职工，达到公司主险规定相关要求，可以投保险加险，但对于患有癌症、精神病、癫痫、脑血管意外等条款所列十八种疾病不能投保附加险。同年，中国人民保险公司总部下发《关于提高短期人身保险金额的通知》，除各种医疗保险、学生（幼儿）平安保险、团体人身保险和高危险行业的短期人身保险之外，其余的短期人身保险业务（包括储金）的保险金额均可以提高到10万元。

1993年11月，中国人民保险公司山西省分公司转发总公司关于开办医疗保险业务应注意的几个问题，提出医疗保险必须有最高保险金额，保险合同属于经济合同，应遵循等价有偿，权利义务对等的原则，不能搞无限责任原则。

1995年，中国人民保险公司山西省分公司对部分短期人身保险费率进行调整，主要涉及县营以下煤矿意外伤害保险及附加险种、人寿保险附加住院医疗保险险种。

1996年，中国人民保险公司大同分公司产、寿险分业经营，中保人寿大同分公司对短期险业务的承保管理沿用原中国人民保险公司时期的办法。

1997年9月，中保人寿山西省分公司下发《意外伤害保险实务规程》，对意外伤害保险业务的单证管理、承保展业、单证填写等建立标准并提出具体要求，对核保、理赔案件审批权限作出统一规定。同年，中保人寿山西省分公司还制定下发《意外险定额保单管理办法》。

1999年1月，中保人寿山西省分公司下发《关于承保矿工意外险有关规定的通知》通知规定：一、凡规模在50人以下的乡镇个体煤矿一律不得承保煤矿工人意外险业务；二、凡“三证”不全、安全生产措施不规范的各类煤矿，不予承保；三、凡在以往保险年度内出事频繁，效益严重亏损的各类煤矿不予承保。7月，中国人寿山西省分公司下发《关于规范意外险业务有关问题的通知》，通知规定中主要内容：一是废止《山西省中、小学生和幼儿园儿童住院医疗保险办法（试行）》及学生、幼儿康健综合保险单，全面执行总颁条款；二是承保每一被保险人时，主险的保险金额不得低于3000元；三是附加意外伤害医疗保险金额不得超过主险保险金额（适用于所有意外险业务）；四是当每一被保险人主险和附加意外伤害医疗保险两项保险费计达到1800元时，才可承保附加住院医疗保险；五是签发保险单，所有意外险保单必须背附该险种的条款文本，不得以任何理由遗漏。年内，中国人寿山西省分公司核定下发“国寿团体人身意外伤害保险”等 23 款 1999 版短期险的营业费率。

2000 年 9 月，中国人寿大同市分公司执行省分公司制定的《关于对意外险业务费率实行浮动的通知》精神，费率浮动范围在 ±30% 以内的（含 30%），可先展业后报省公司团体保险处备案；费率浮动范围超过 ±30% 的，要报省公司团体保险处审核批准后，方可执行。

2001 年 12 月，中国人寿山西省分公司对煤矿工人意外伤害险业务进行重点整顿，要求各分支机构对煤矿“四证”（采矿许可证、煤炭生产许可证、营业执照、矿长资格证）不全且人数低于 50 人的小煤矿坚决不予承保。

2002 年 1 月，国寿大同市分公司根据省分公司《关于一年期（含）以下业务管理有关事宜的通知》精神，意外险和健康险业务的“条款管理、解释及新条款培训、实务管理、单证的管理及定额保单的审批、对基层公司的业务质量检查与指导”管理工作由团体业务部划归业务管理部承担。2 月，中国人寿山西省分公司下发《乡镇煤矿意外险业务的核保规定》，对乡镇煤矿投保意外险出台更加严格的核保办法。当乡镇煤矿提出意外险投保要约后，保险公司派专人进行实地调查，核实投保煤矿“四证”是否齐全、有效，煤矿的安全生产设施状况，煤矿人数是否达到 50 人，过去两年内是否发生过事故以及过去的投保、理赔等情况，形成调查报告，填写核保申报表（煤矿意外险），经市分公司签署核保意见后报省公司业务管理部审批同意后方可承保，否则不得承保。

2004 年 5 月 1 日，国寿大同分公司开始执行国寿山西省分公司下发的《关于调整个人寿险附加住院医疗保险承保规定的通知》规定：即从 5 月 1 日起，凡新保和申请复效附加住院医疗保险的保单一律按照新的承保规定和保险费率执行。该承保规定是省公司规定的最低标准，地市分公司可以根据各地市的赔付情况适当上调。17 日，省分公司在《关于提高国寿团体医疗保险承保质量的通知》中对投保要素进行明确规定，对投保单位要求是：投保单位的职工人数在 1000 人以上，且退休人员占比在 10% 以内，或者单件保费超过 10 万元的单位。不达上述条件之一，原则上不予承保；对承保方案的要求是：建议客户采用计划一和计划二的承保方案，以实现双赢；一般不向客户推荐计划三的承保方案（方案在条款后附录）。同时，承保方案中费率要按照条款规定，不得随意浮动；对交费方式要求是：该险种为一年期健康保险，保险费须由投保人在投保时一次性交清，不得分期交费；对于责任告知要求是在承保时要向客户如实告知保险责任、除外责任等相关事项，特别是外科手术费用表所含内容及责任要如实告知客户。

2005年1月，中国人寿山西省分公司制定下发《团体补充医疗保险类业务管理规定（试行）》，明确市、县两级公司在团体补充医疗保险类业务发展和管理中的权限，并规定团体补充医疗保险类业务在定价管理、协议管理、理赔服务等方面的操作流程和执行标准。4月，中国人寿大同分公司“职工团体补充医疗保险业务”全部实现CBPS系统实时处理。补充医疗保险类业务的管理更加规范。9月，国寿山西省分公司规定：“个人代理人销售的卡折保单，保单生效日应为保单签发日的72小时以后，即个人代理人必须在保单生效日前将保费交回公司，否则，一旦发生保险事故，由签单代理人负责。”11月，为提升全行业服务水平，规范人身保险合同的内容与格式，中国保险监督管理委员会印发《人身保险单标准化工作指引（试行）》，指引对人身保险公司在保险合同订立时，提供给投保人的装订成册的整套材料的制定工作进行标准化指导；对保单册两方面内容的制定工作进行指导：一是人身保险保单册的构成要件；二是人身保险条款。

2006年6月，中国人寿山西省分公司下发《关于调整煤意险业务承保规则的通知》，将以县为单位统保的煤矿意外险每一被保险人的最高保额提高到10万元，并要求对民营煤矿投保煤矿工人意外险的人数与其年产量相关联，按照生产许可证核定的生产能力所对应的最低人数标准全部投保意外险。8月，中国人寿下发《关于下发现行产品修订后条款的通知》，对公司发行销售的185个产品的条款内容进行部分修订，并已向保监会备案，修订后条款自本年7月1日正式启用。同年，中国人寿山西省分公司对地市级分公司的短期险核保权限进行调整，除了团体健康险医疗费用类业务的核保权限由单个被保险人的保险金额20万元下降为15万元外，其余类别的核保权限均有不同程度提高。

2007年6月，国寿总公司下发《关于印发〈中国人寿保险股份有限公司意外险报价管理办法〉的通知》。7月，根据《报价管理办法》，中国人寿山西省、市分公司团险销售部分别设立意外险报价管理岗，组成由团险销售部、业务管理部和其他相关岗位人员组成的意外险报价管理工作小组，负责本级权限内意外险产品的定价审批。具体权限为：以意外险总颁条款为准，费率浮动＜40%的，由市级报价小组核定审批，并报省公司团险销售部备案；费率浮动超过≥40%的，由市级报价小组填制《意外险报价审批表》，报省公司团险销售部审批。主要流程为：销售人员未经授权，只能按照条款规定的标准费率向客户报价。客户要求下浮的，经所在支公司或营业部单位负责人在本级公司权限内核准后，向客户报价，超出权限，填写定价审批件向上级公司申报。地市级分公司团险销售部受理后，应及时提出初审意见，并转业务管理部提出风险评估意见，在本级公司权限内如能形成处理意见则批复支公司或营业单位。若不能形成一致意见，应提交本级公司意外险报价管理工作小组研究，形成处理意见批复支公司或营业单位；超出权限的，由团险销售部填写报价审批件，向省级公司申报。激活卡是短险销售的新模式。它使意外险产品的购买与生效分离，给客户提供“平时购买、用时激活”的新型保险消费方式。11月，中国人寿大同分公司开始在大同市场销售激活卡定额保险单，先后推出“国寿和谐卡”“国寿牵手卡”“国寿相知卡A/B款”等产品。购买后，通过登录中国人寿官网或拨打中国人寿客户服务电话“95519”或向“95519”发送规定格式的短信等形式进行卡折激活，保险责任即可生效。

2008年，国寿山西分公司短险、健康险系统（SLBPS）上线后，各级公司操作权限发生变动。6月，省分公司将指定生效日审批权限下放至各分公司A柜面，具体如下：团补（指D87\D88\YF4\617\D70）业务规定：指定日期超过90天（含90天）书面扫描上报省公司业管中心，由省公司书面同意后，即可生效；学平险、团意险等以团单、清单汇缴件形式承保的业务规定：指定生效日不超过60天（不含60天）书面上报各市分公司，由A柜面分管契约的副经理书面同意后，即可生效。指定日期超过60天（含60天）书面上报省公司业管中心，由省公司书面同意后，即可生效。60天以上上报总公司；非团补业务以台账、卡折、个人汇缴件、险种组合、个单形式承保的业务规定：不允许向前指定生效日，向后指定生效日不得跨月；业务所有指定生效日不得跨6月30日及12月31日。

2009年1月，中国保险监督管理委员会下发《关于停止以撕票方式经营短期意外伤害保险的通知》。2月，山西保监局进行转发，并明确规定：各分公司应立即启动撕票方式经营短期意外保险的全面清理工作；各公司应积极与当地代理机构沟通，对通过电脑网络、电脑出单、购票时与座位号联系在一起的乘意险销售方式，应明确被保险人身份信息，包括身份证或签名，并将保单有关信息在合理的时间内输入公司核心业务系统。2月，国寿山西省分公司下发《关于调整优化部分业务的通知》。其中，对团体无清单业务投保规则进行调整。4月，又下发《关于规范撕票式短期意外伤害保险有关问题的通知》，明确规定“保单上必须包括被保险人身份信息，座位号等标识不能替代被保险人身份信息”。要求“保单有关信息必须在出单后15日之内如实进入公司核心业务系统”。10月26日，国寿开通“激活卡自助语音激活”功能，并在全系统推广。28日，国寿总公司印发《中国人寿保险股份有限公司卡折业务集中管理方案（试行）》，决定对全系统卡折业务实行集中管理，具体规定：卡折业务组合的卡折名称、组合产品、保险责任由总公司统一设计。各省级分公司必须采用总公司设计的卡折名称、组合产品、保险责任，不得擅自更改。业务管理：采用“简易投保单”模式处理的卡折业务，承保流程调整为“先投保，再出单”的模式，即：客户填写卡折简易投保单并将保费交给销售人员。销售人员将客户投保资料交至公司后，根据客户填写的卡折简易投保单，通过审核、核保处理，同意承保并收取保险费后向客户派发《保单生效确认函》，完成投保。11月15日，大同国寿实施推广激活卡利用自助语音功能进行自助激活 。30日，国寿总公司为贯彻执行保监会下发的《人身意外保险业务经营标准》，印发《中国人寿保险股份有限公司〈人身意外伤害保险行业经营标准〉出单管理工作实施细则》的通知，通知规定：各分公司应立即启动短期意外伤害保险出单模式的全面清理工作，必须实现系统联网电脑机打保单，严禁手工出单或脱机打印保单；对于随汽车票、火车票、公园票一起出售的公路旅客意外伤害保险，旅游景点旅客意外伤害保险等撕票式台账业务或卡折定额保单式业务，对于通过计生协、计生委、学校等销售的口子业务，对于中介机构、兼业代理机构销售的卡折业务以及分散型销售的卡折业务，各分公司应积极通过多种现代办公工具，明确投保人和被保险人身份信息实时完整录入或批量导入核心业务系统后出单；各分公司要严格审核团险无清单业务和档案清单业务，做好必要的监管沟通和审批手续；要严格审核各保险中介出单权限，防止未授权的保险中介机构使用出单端口出单。上述规定从次年1月1日起施行。

2011年3月，中国人寿下发《关于贯彻落实保监会未成年人承保规范的通知》，通知将未成年人死亡给付保险金限额全国统一调整为10万元，对如何计算未成年人死亡给付保险金限额作了明确规定，对公司承保等实务操作也提出具体要求，并要求从本年4月1日执行。5月，中国人寿根据保监会《人身意外伤害保险业务经营标准》《关于父母为其未成年子女投保以死亡为给付保险金条件的人身保险有关问题的通知》等各项监管规定，下发《规范短期学生儿童保险承保业务的若干管理规定》，一是业务定义及承保方式：承保的在校学生及幼儿园儿童的保险业务，通常采用《个人短险业务专用投保单》、卡折式投保单、激活卡或者采用汇交方式承保；二是业务承保的合规要求：1. 承保学生儿童保险在填写各种投保单时，姓名、性别、出生日期 / 年龄、证件号码 / 身份证号码均为必填项目。2. 如被保险人中含有未成年人，则应在相应投保单中对被保险人要求告知既往已经投保其他公司产品的死亡保额，并在“目前是否已经参加或正在申请中的其他保险公司包含人身保险责任的人身保险？如有，请告知已投保的有效身故保险金额总和为多少？（被保险人未满 18 周岁的未成年人时填写）”选项中完成相应告知内容填写。3. 业务受理人员试算投保是否超出保监会的限额要求，若超限额，应退回销售人员或客户，调整投保额度。此外，对汇交件方式承保、《致家长一封信》、投保资料的规范填写、承保业务的系统规范操作、保险单规格及管理、多年暂交费的业务处理注意事项提出具体规范要求。

2013 年 8 月，国寿山西省分公司下发《2013 年学生险业务承保、出单、理赔等相关问题及解决措施》，以问答形式，规范学生险业务管理问题。一、追溯生效日由团险部进行审批，不可以事后补录；二、办理汇交件保单，《致家长一封信》可以代替收集家长签名；三、在承保中学生的身份证号不能简化为出生日期。11 月，中国人寿印发《中国人寿保险股份有限公司短期险电子保单管理办法（试行）》，电子保单是国寿借助遵循公钥基础设施（PKI）体系的数字签名软件和企业数字证书为客户签发的具有公司签名的电子化保险合同，适用于一年期及以下短期险业务的电子保单应用。

2014 年 1 月 6 日，中国人寿印发《中国人寿保险股份有限公司电子化承保业务管理办法（试行）》，主要由总则、承保要约确认、客户信息采集、承保业务处理、后续保单服务、管理职责和附则组成。其中，电子化承保，是指通过国寿 e 家、互联网、电话、移动终端、嵌入式系统等销售渠道（又统称为电子化承保系统）实现客户投保信息采集、录入并完成投保出单的承保处理方式。29 日，国寿省分公司下发《关于全面推广学生险电子保单工作的通知》，提出“从即日起学生险原则上采用电子出单方式承保”。7 月 11 日，中国人寿下发《关于全面推广学生险电子保单应用的通知》，要求从下文之日起在全系统全面推广学生险电子保单。28 日，国寿山西省分公司进行转发，提出 2014 年学生险业务将全面应用电子保单，使用率 100%。

2015 年 5 月，国寿山西省分公司“e 门店”服务模式正式启用。“e 门店”由销售人员通过“e 门店”自助操作、自助被保人清单导入、自助修改错误数据，是一种利用现代科技的新型承保方式。适应学生险、小额信贷贷款人意外险、计划生育险、旅游意外险等。7 月，国寿山西省分公司下发《关于进一步明确使用团险条款承保小型团体业务相关事项的通知》，通知明确：一、团体保险的投保人数限制从 5 人降低为 3 人，并取消 75% 的限制，同时明确投保人可以是特定团体中的自然人；二、投保人为自然人，则需要提供投保人的身份证复印件，并在投保单上亲笔签字；三、开展小型团单业务时，其费率下浮比例不能超过 30%，费率下浮超过 30%（含）的小型团单业务需上报省公司团体业务部审批。

2016 年 1 月，国寿山西省分公司下发《关于从严管理短险契约质量的通知》，要求从该年起，团补类保单由省公司契约部复核，除团补类保单外所有团险、汇交件和短期个人投保单都集中在市分公司客服中心复核，契约逐单设定由市分公司客户服务中心复核岗位人员进行操作。

（二）长期性人身保险业务

1953 年，中国人民保险公司大同支公司开始承保简易人身保险。承保规定执行中国人民保险公司总公司下发的《简易人身保险实务手册》。主要有年龄规定：凡 16 周岁以上 65 周岁以下、身体健康、能正常劳动或工作的人，均可参加本保险。身体健康与否规定：因病不能正常工作、劳动或操作家务者，如发现被保险人体质过于衰弱或身患疾病或已残疾者，婉拒承保。职业规定：从事高风险职业者不予承保。7 月，中国人民保险公司总公司废止简易人身保险条款第八条职业过分危险限制或拒绝承保的规定。承保流程按照中国人民保险公司总公司下发的《简易人身保险实务手册》的规定执行。承保所用的单证均由总公司统一印刷下发，各支公司负责受理承办。投保单主要载有如下信息：投保人信息、受益人信息、投保险种信息、投保人告知信息、投保人承诺信息等五个部分。根据《简易人身保险实务手册》的要求，投保人在投保时，按格式投保单的填写要求依式填写。投保单作为保险契约的重要组成部分，须由投保人用毛笔或钢笔填写，所填各项内容均应真实准确，并亲自签名盖章。投保人递交投保单时，公司经办人员须观察投保人表上填写年龄与实际年龄是否相符，体格是否健康，询问投保人之前或现在是否患有疾病，并认真观察投保人有无疾病症状或患病体征，有无身体残废等；如投保人不能前来公司时，保险公司将派调查人前往观察，以决定可否承保。如发现被保险人体质过于羸弱或身患疾病或已残疾或从事危险职业，则婉拒承保。投保单填写完成后经投保人、介绍人亲自签字或盖章，由公司审核人员审核，审核同意送交经办单位主管人做出同意承保意见后，填制保险单及保费记录卡。保险单主要载有信息：被保险人信息、受益人信息、保险信息、保险条款、保险逐年退保金额表和批注信息栏等。保险费记录卡作为经办公司对各保险单内容项目的考证资料，同时用于业务部门记录保险单历年缴费情况。

1954 年起，山西省停止办理简身险新单业务，仅维持原有业务和受理外地转入的业务。

1985 年 3 月，中国人民保险公司大同中支恢复办理长期人身保险业务，试办“城镇集体组织职工养老金保险”。承保管理办法采用1983年中国人民保险公司总公司规定：投保人包括城镇集体经济组织职工、附属于全民所有制经济组织中的集体经济组织职工、全民所有制经济组织中的合同制职工、领取工商营业执照的个体劳动者。中国人民保险公司山西省分公司下发《个人养老金保险实务手续》，对于新单承保进行统一、标准和规范。新单承保分为三个环节，第一个环节是投保手续，第二个环节是承保手续，第三个环节是内部资料处理。投保环节核心是完成投保单的填写工作。投保人根据保险公司印制的投保单格式，如实填写投保人和被保险人信息；根据自己的经济情况和需要选定的开始领取养老金的年龄，正确填写投保信息；完毕后交保险公司相关人员审核。承保环节的核心是签发保险证。保险公司内勤人员认真审核投保单填写情况，审核无误，对投保单进行统一编号，并签发保险证与首次交费收据，保险证内容至少含有被保险人信息、交费信息、养老金开始领取信息及签发保单日期等。保险费收据三联，分别由财务、业务和投保人存执。内部资料处理的核心工作是整理与清分。主要包括建立收费卡、填制《开销售户登记簿》《缮制业务日报表》，然后按编号次序排列，长期保存，时常登载并查阅。

1986年3月，为适应简易人身保险业务发展的需要，中国人民保险公司山西省分公司下发《简易人身保险实务手续》。简易人身保险的承保手续同个人养老金承保实务上，增加团体投保的规定。在投保单填写上，如为团体投保，需要填写团体简易人身保险投保单和团体简易人身保险被保险人名单，团体简易人身保险投保单主要内容包含：投保单位信息，投保总人数、总份数、不同保险期限的人数和份数、生效日期等。团体人身保险被保险人名单主要内容个人信息、健康信息、保险信息和受益人信息等。投保单审核主要包含年龄情况、健康情况、投保限额、生效日期等。签发保险证主要根据投保内容，按保险年期统一编号使用。保险内部资料处理主要包括：建立分户卡，它是长期使用的账卡，需要专人管理；建立汇总卡，它是记录单位收费情况、人员增减变动的账卡；建立开销户登记簿，及时记录保单状态。内部资料要求投保单、保险单（证）、分户卡、汇总卡、开销户登记簿五者内容相符。

1987年2月，中国人民保险公司山西省分公司下发《子女教育、婚嫁保险实务手续》，将子女教育婚嫁保险类的承保手续明确为三个部分：投保手续、承保手续和整理清分手续。投保手续包含投保单的填写和公司员工的审核以及第一次保费交付；承保手续包含内勤人员审核、投保单编号、保险证缮制、开销户登记簿建立和收费卡（个人、汇总）建立；整理清分手续主要是对复核后各种凭证、资料进行整理清分。4月，中国人民保险公司大同中支在“关于加强经营管理意见和业务管理试行办法”中对承保签单、登簿建卡、整理清分、日结报表、查对账卡进行规定，重申实务手续要求做到单证（投保单、保险证）相符、证卡（保险证、分户卡）相符、总分（汇总卡、分户卡）相符、卡账（总卡、明细账）相符、账表（明细账、统计表）等五相符，并作为对支公司的考核要求。8月，中国人民保险公司山西下发《个人养老金保险业务质量标准》，提出承保单证要求，明确投保单、保险证、收费卡、开销户登记簿、四种单证要用钢笔填写，投保时同时建立。明确各种单证要求书写工整、数字准确，严格执行〔1985〕省公司下发的“个人养老保险实务手续”，要求单证编号、单证内容、记账时效、保单状态以及业务、财务、统计数字的核对准确无误。3月，中国人民保险公司总公司修订《简易人身保险条款》。主要内容：一是投保简易人身保险的基本条件，年龄规定在十六周岁至六十五周岁。二是身体健康条件，应具有能够从事正常劳动或工作能力，并列表描述四类已患疾病和已有伤残情况的承保规定。三是关于被保险人的户籍，应根据被保险人的正常户口，由当地保险公司承保，外省、市、县户口的不予承保。四是受限制公民权利的人，对正在羁押（拘留、逮捕）、劳教、判刑（管制、缓刑、劳改）以及被剥夺政治权利的人，一律不予承保；五是规定简易人身保险投保人是被保险本人或者是被保险人同意，由其配偶、直系亲属和有扶养关系的人作为投保人。8月，中国人民保险公司山西省下发《个人养老金保险业务质量标准》，对承保对象进行规定；（1）凡年龄在十六至六十周岁之间的城乡居民都可参加本保险，在此年龄以外的人要求投保，须认真计算，并报上级公司审查；（2）对所承保的被保险人身体状况、实足年龄要求严格审查，实足年龄必须和户口簿相一致，出现不相符的情况，按户口簿所登年龄计算给付；（3）被保险人可以在四个给付年龄中任选一年龄开始领取养老金，保险证上必须注明交费起止期和开始给付时间。

1988年，中国人民保险公司山西省分公司指出，简易人身保险意外伤害的费率低于团体人身意外伤害保险的费率，从经济效益和简身险满期给付角度考虑，对乡、村办煤矿工人应暂不办理简易人身保险业务。同年，中国人民保险公司山西省公司下发《简易人身保险业务质量标准（试行）》。

1989年，中国人民保险公司山西省分公司指出，对海上钻探、井下作业、烟花爆竹等危险行业投保简易人身保险的单位和个人，承保时应增收意外伤害保费。

1991年1月，中国人民保险公司山西省分公司下发《爱子女年金保险实务手续（暂行）》的通知，规定卡式保险业务的承保要求。“实务”明确提出：采用卡式保险证承保，可取消投保单、保险单、分户卡及开销户登记簿和保费收据等单证。为了方便销售，省公司设计印刷由“正本”和“存根”两部分组成的卡折式“爱子女年金保险证”。每张面额为 50 元。由保险公司外勤人员领取统一编号并加盖保险公司印章的保险证，在销售成功后将“正本”留交保户，当作保险单和保险费收取凭据。存根及保费交回公司由内勤据此凭据建立并登记“趸交养老金保险登记卡”和“个人养老金保险业务日报表”，建立业务、财务和统计对账机制。

1993 年 9 月，中国人民保险公司山西省分公司下发《关于下发〈中国人民保险公司山西省分公司独生子女及少儿两全保险条款〉及其实务手续的通知》，其承保实务包含三个总分：一是投保手续，重点是规范填写投保单；二是承保手续，重点包含投保单编号、缮制保险证（单）、建立开销户登记簿、建立收费卡和汇总卡；三是整理、清分手续，将各种资料、凭证整理和清分，规范存执。

1995 年 5 月，中国人民保险公司山西省分公司下发《关于印发养老金保险实务手续的通知》，将省公司原来下发的《个人养老金保险实务手续》《城镇集体经济组织职工养老金保险实务手续》进行修改、补充和完善，制定适应个人养老保险、城镇集体经济组织职工养老金保险、养老金还本保险、爱子女年金保险、义务兵养老金保险及幸福贺卡保险等。新的实务承保规定如下。一是投保手续。有五个环节，第一是选择投保哪种养老金保险；第二是配齐投保单、（团体）缴费清单（甲式）等单证，并由投保人规范填写；第三是要约格式要求；第四是对险种名称、受益人、团体缴费清单的要求；第五是审核和签章。二是承保手续。有三个环节，第一是投保单的编号；第二是缮制保险单证，不同险种，保险证不同；第三是缮制保险费收据。三是开户手续。有三个要求，第一是根据编号的投保单内容分别建立团体投保开销户登记簿、个人投保开销户登记簿；第二是适时登录保单状态；第三是定期检查。四是建立收费卡手续。有四个要求，第一是按被保险人建立收费卡；第二是注明保费是否有预交、补交情况；第三是每个单位建立一份汇总卡，每 50 份或 100 份个人分户卡建立一份汇总卡；第四是认真记录，妥善管理。五是建立趸交养老金保险登记簿，简化相关手续。六是复核、整理、清分、归档手续。复核重点是投保单、保险证（单）、分户卡、汇总卡、开销户簿五者内容相同，投保单、保险证（单）分户卡三号一致；整理、清分和归档是将投保单、保险单、交费清单、保险费收据有序、分类、妥善地装订和保管，以便方便登记与查阅。

1999 年 3 月，中国保监会下发《关于父母为其未成年子女投保死亡人身保险限额的通知》，规定：“父母为其未成年子女投保的人身保险，死亡保险金额总额不得超过人民币 5 万元。” 10 月，总公司下发《关于加强业务管理严格承保质量的通知》。

2000 年 1 月，国寿山西省分公司转发总公司《关于加强团体年金保险业务管理的通知》的通知，团体年金保险决不允许手工出单和手工管理。4月，转发总公司《关于下发〈寿险条款有关问题处理规定〉的通知》的通知。7月4日，国寿大同分公司业务中心实施方案得到省公司同意的批复。市业务中心设经理室、新契约组（核保）、客户服务组（保全）、核赔组、综合事务组、体检中心、收付费岗（财务中心派驻）、基层公司业务管理组等。新契约组设初审、录单、核保、清分配单、复核等岗位；客户服务组设续期收费、保单保全、咨询服务、精算等岗位；核赔组设接案、理算、复核等岗位；综合事务组设单证管理、档案管理、综合等岗位；基层业务管理组为业务中心的延伸部门，同城设初审岗，远程设初审、录单、续收费等岗位。市业务中心集业务处理和业务管理为一体，集中核保、集中保全、集中理赔、集中档案管理、集中单证管理等，实现核保和理赔分离、展业与管理的分离。中心统一使用CBPS综合业务处理系统。从承保到保全、理赔及单证管理等全部实行电脑化管理。11日，省分公司下发《关于印发〈中国人寿保险公司山西省分公司地市分公司业务中心实施方案〉和〈中国人寿保险公司山西省分公司地市分公司业务中心实施细则〉的通知》，提出“我山西业务中心实行统一模式，即‘同城集中处理，远程网上监控’。市区内（包括近距离的郊县支公司）业务全部由业务中心集中处理；非市区（指距业务中心较远的县支公司）实行电脑联网，受业务中心监控，根据业务中心指令或授权进行业务处理。”9月，国寿大同及其他公司执行保监会《关于规范人身保险经营行为有关问题的通知》的通知，凡有不符合文件精神的代签名的保单，均需向保户发送补签名通知，办理补签名手续；严格执行客户保障声明书制度，每一份保单均须有投保人、被保险人亲笔签名的“客户保障声明书”。10月，国寿山西省分公司下发《关于调整投保规则的通知》，对1999版及2000年新下发条款的投保规则做如下调整：一、对营销险种（主险）承保的最低保费标准调整；二、对以手续费支付的险种（老业务）承保的最低保费标准调整；三、对附加险业务投保规则的调整。

2001年5月，国寿山西省分公司下发《中国人寿保险山西省分公司分红保险业务管理规定实施细则》，其中一般业务管理规定指出：一、国寿千禧理财两全保险（分红型）条款已经保监会核准备案，在开办业务时，必须严格遵照执行，不得对条款文本、费率、现价等做任何形式的变动；二、在业务处理中要严格执行综合业务处理系统（CBPS）处理流程的规定，各项业务数据必须及时、准确、完整地录入计算机中；三、分红保险业务采取高度集中管理方式，初审、核保、出单等均集中在地市分公司业务中心。此外，对新开发的“国寿千禧理财两全保险（分红型）”如投保规则、核保权限等提出较为具体的管理办法。

2002年1月，国寿大同市分公司开始全面执行《寿险实务》及综合业务处理系统7.0

版（CBPS7.0）。新的《寿险实务》适用于个人寿险业务及其附加险业务实务，是公司承保、保全及其保险金给付的流水线。CBPS7.0 版程序在完善以前版本的基础上，结合《寿险实务》，基本实现业务处理的全面电子化。

2003 年 2 月，中国人寿总公司编制《老业务实务》手册，统一和规范 1997 年 12 月 1 日前开办的长期寿险业务的管理。4 月 4 日，国寿省分公司决定正式启用老业务计算机系统（OBPS）。15 日，中国人寿大同分公司实现 1997 年以前非营销总颁险种和地方性险种条款（含储金业务），并于 2002 年 12 月 31 日保险合同未终止的业务上机处理，老业务现代化管理迈出重要一步。10 月，因中国人寿股改上市，中国人寿对综合业务处理系统（CBPS）中的业务数据，按照 1998 版及以前业务和 1999 版及以后业务进行拆分，形成股份数据库和集团数据库。此后，所有新契约承保流程均在股份数据库中完成。

2004 年，按照山西保监局要求，中国人寿大同分公司开始实行投保前特别提示制度。该制度通过向投保人提供《投保前特别提示书》（内容由保监局拟定）的方式落实。目的是提示投保人关注保险销售人员的展业行为的规范性；提请投保人在听取销售人员介绍的同时，要全面阅读并理解保险条款；针对分红、投资型保险与传统保险产品的不同特性，还专门对分红收益的不确定性进行提示。《投保前特别提示书》经投保人和业务员签字后，作为客户投保资料的组成部分，和投保单一并存档管理，并将该项制度的执行纳入客户回访的内容。

2005 年 5 月，国寿大同分公司根据《中国人寿保险股份有限公司山西省分公司团体年金系统及实务推广试行方案》的要求，正式启用总公司开发的“团体年金业务处理系统（GBPS）”。按照中国人寿保险总公司“管理集中、服务前伸”的要求，团体年金保险业务处理系统采取省级逻辑集中模式运行，省、市两级分权限管理，各级授权处理的原则。契约的录入、复核及保险合同的打印均由市分公司业务处理中心负责。7 月，中国保监会下发《关于规范团体保险经营行为有关问题的通知》，通知规定，保险公司不得为以购买保险为目的组织起来的团体承保团体保险；投保人为其 5 人以上，且特定团体的参保成员应占符合参保条件成员总数的 75% 以上（含 75%）；保险公司应要求投保人名单，并提供有效证明，确认被保险人同意投保团体保险事宜；保险公司应向团体保险合同的被保险人签发保险凭证，注明团体保险合同的保障范围，以及被保险人在团体保险合同中享有的各项权利；保险公司可以对同一团体在不同省、自治区或直辖市的成员统一承保。投保人为法人的，只能由其法人所在地或核算单位所在地的保险公司签发保单；投保人为非法人的，只能由多数被保险人所在地的保险公司签发保单。8 月，国寿大同分公司开始实施《寿险实务（2005版）》和CBPSV8等业务系统。《寿险实务（2005版）》规定个人寿险业务的详细流程以及所有业务的单证、档案、印章管理制度。CBPSV8版在新契约操作重大变革如下：一是在承接新单阶段充分体现业务与财务两条线运作的新思想，即交单与交费相分离，业务收单，财务收费，从而满足一份投保单可以进行多次交费的业务需求。二是CBPSV8版通过影像系统与业务系统紧密结合，为后续核保及保单打印等业务环节提供影像和数据支持，在业务处理时通过调阅影像能够简化操作流程，实现无纸化办公。三是CBPSV8版在新单生成阶段实现“多主多附”的设想，满足连生保险的多被保险人等承保要求。CBPSV8版在核保操作重大变革如下：一是CBPSV8版核保子系统全部使用Windows操作界面，程序做得非常友好，便于操作员使用，易于上手。二是CBPSV8版核保子系统支持省级集中的处理模式，增加影像扫描、调阅功能，实行无纸化核保，减少物流环节，提高核保处理的时效性。三是CBPSV 8版将各种功能均设置成各种交易，部分交易还有约束值的设定，可以根据不同的角色要求进行不同的组合授权。四是CPSV8版核保子系统增加许多管理功能。如：优先顺序的定义管理、核保件脱落及删除管理、筛选规则定义管理等。五是完善增加部分核保处理功能，增强可操作性。CPSV8版核保流程如下：新契约录入业务处理系统后，首先经过自动核保系统，按照系统设定的自动核保规则进行筛选。通过筛选的为正常件系统自动通过，未通过筛选的为问题件进入人工核保。新契约正常件中对于无风险保额的核保件直接以标准体进入收付费和保险合同缮制，有风险保额的核保件则按照预先确定的体检、生调抽样调查比例随机进行抽体检、抽生调。9月，国寿山西省分公司下发《关于强化业务管理若干事项的通知》，对新单业务管理从投保单填写项目、客户信息、出单时效、卡折式、简易式和撕票式保单、团体险种承保注意事项以及合同专用章使用等提出具体明确要求。同年，太平洋寿险成立外包制单中心，大同中支通过影像扫描上传，外包公司审核、录单、印刷成品，邮寄、清分、送达、签收，完成出单全过程。

2006年10月，中国人寿山西省分公司下发《中国人寿保险股份有限公司山西分公司省级集中管理实施方案》，省级集中管理包括业务运营管理、财务运营管理、客户服务管理以及信息技术运营管理四个方面的内容，以组织机构重建、资源重组和制度重塑为手段，以提升服务、强化管理、降低成本、提高效率为重点，以提升公司的核心竞争力为最终目的。省级集中管理后，原省分公司业务管理部改为业务管理中心，设契约部、核保部、理赔部、保全部、代理部、柜面管理部和综合管理部等七个二级部。市分公司撤销业务处理中心和客户服务中心，设立A类柜面（对外称客户服务中心）。承担面对客户和销售人员的业务管理、财务收支、客户服务等职责。县（区）支公司设置 B 类柜面（对外称客户服务中心），负责实施本柜面职权范围内的业务处理和管理工作。省级业务集中初期新契约业务流程：A、B 柜面保单服务岗工作人员承接业务员或客户的个人寿险投保申请资料，审核通过后在核心业务系统中进行新单登记，并采用“先扫描后录入的方式”对投保资料进行扫描处理，经质检、识别后提交。省分公司业务处理中心契约部相关人员对照投保资料影像进行初始录入和复核录入。投保资料扫描从 CBPSV8 上线初期由市分公司在投保资料初始录入后进行，提前到新单登记后，可由县级机构 B 柜面直接完成。

2007 年 3 月，国寿山西省分公司下发《业务集中团体年金权限管理制度》，对各级柜面功能规定如下：基层服务柜面——主要面向客户，负责新契约，保全，理赔业务的申请资料初审、受理、登记、交接和处理结果的反馈；处理权限内保单业务。市分公司客户服务中心，主要面向基层，负责柜面交接业务的集中审核、系统处理、交接反馈。9 月，国寿总部下发《关于企业年金业务后台模式的通知》，进一步规范企业年金业务管理，明确企业年金业务后台运营管理模式，地市及县区柜面需负责企业年金业务的受理工作和客户柜面咨询、查询服务。

2009 年 10 月，大同保险业主体开始实施中国保监会《人身保险新型产品信息披露管理办法》。特别在承保过程中开始执行办法第六条第三款规定：向个人销售新型产品的，保险公司提供的投保单应当包含投保人确认栏，并由投保人抄录下列语句后签名:“本人已阅读保险条款、产品说明书和投保提示书，了解本产品的特点和保单利益的不确定性。”并以此作为投保资料审核的重要内容。

2011 年 7 月，国寿山西省分公司详细梳理现售产品的投保细则与实务规定，并编写《投保细则与实务规定》（2011 版）。该细则中囊括所有在售产品的投保细则以及最新的核保实务规定，可成为各级柜员柜面操作及各渠道销售人员展业的案头用书。12 月，国寿总部为了有效支持“国寿 e 家”项目在全系统的业务推广，制定下发《“国寿 e 家”电子化投保业务处理实务规则》。电子化投保业务流程一般包括客户投保、投保资料录入、投保信息确认、信息绑定上传、核保处理、收费处理、合同登录、投保资料审核、投保资料扫描、合同缮制与清分、回执核销等业务环节。年内，中国人寿山西省分公司个人寿险业务投保资料开始实行外包。国寿体制改革，建立矩阵式组织结构，客户服务中心对 B 柜面实行垂直化管理。太平寿险大同中支开始试点推出“立保通”电子投保系统，以无纸化、实时承保的方式，在探索电子化运营方式上向前推进一步。

2013年，太平寿险投保单版本进行更改，投保须知内容中增加“保单停效后2年内可恢复合同效力、溢交保费如何处理等内容”，投保人及被保险人声明与授权中增加“临时保障声明内容”。

2014年1月，国寿大同分公司根据省分公司转发总公司《关于印发〈中国人寿保险股份有限公司电子化承保业务管理办法（试行）〉的通知》的通知，明确电子化承保概念，在“国寿e家”、互联网、电话、移动终端、嵌入式系统等。销售渠道遵循《电子化承保业务管理办法》规定，实现客户投保信息采集、录入和出单作业。4月，国寿大同分公司积极落实总公司《关于落实监管要求进一步加强新单承保管理的通知》精神，对新单承保实务规则及单证使用要求，重点提出以下要求：一是加强客户信息真实性管理，加强承保环节客户信息审核力度，根据投保单填写规则，真实、完整、准确填写投保单，并由销售部门相关管理人员进行初审，交单后，业务管理部门应加大客户信息审核力度，对于不符合要求的业务及系统校验未通过的业务，不允许进行承保处理。二是严格履行承保流程及实务要求，根据监管要求提示客户仔细阅读投保须知及投保声明内容，并由投保人亲笔签名确认；对于银保沟道业务，应注意收集投保人平均年收入、家庭年收入信息，并根据保监会《通知》要求，对投保人进行明确提示，并告知由客户自愿承担保单利益不确定的风险；不满足《通知》要求的，严禁实时出单。7月，国寿山西省分公司下发《关于进一步规范汇交件业务承保流程的通知》，对汇交件的承保规则再次进行明确。同年，太平洋寿险推出“神行太保”移动展业支持平台，营销员只需携带装载系统的平板电脑与专用移动POS机，就能在与客户接触的过程中，完成公司形象传播、产品介绍、保单信息录入、收费并生效等各个承保环节，实现快速出单。太平人寿“立保通”投保系统升级，将核保短信验证+缴费短信验证合并为投保短信验证；增加“家庭投保单录入”“追溯投保”功能，放开承保额度至一定限额，实现“立保通”系统与“知识库系统”的对接应用。

2015年2月，国寿山西省分公司下发《关于加强银邮代理业务承保管理的通知》，通知要求销售人员（或银行柜员）应指导客户准确填写投保资料，及时完成资料交接，积极引导客户使用银行转账。同年，太平人寿大同中支实现微信电子回执核销作业。

2016年5月，国寿大同分公司根据省分公司下发的《关于全面推广微回执工作的通知》，积极宣导，快速推进，客户可通过登录公司官微（可扫描合同《客户服务指南》页的微信二维码加关注）扫描保单回执页上的投保单二维码或者登录e宝账App使用签收保单功能等两种方式签收保单。使用微回执功能后，客户无须再填写保单上的合同送达回执并交回公司柜面，方便销售人员的送达奔波，实现客户自主式的合同签收。10月，太平人寿“立保通”移动端App上线，并引入OCR（Optical Character Recognition，光学字符识别）识别、人脸识别等技术，实现客户即时投保且不需要回收任何资料的电子化服务。同年，太平洋寿险推出“太平洋寿险”App自助服务端，客户可以自行下载安装，实现自助投保。

2017年7月，国寿山西省分公司下发《山西省分公司国寿e店、e宝平台推广方案》，其中，国寿e店涵盖销售促成、客户经营、职场管理、渠道管理四大板块，包括获客、服务、销售、职场管理等方面内容。11月，国寿山西省分公司下发《山西省e柜暨移动柜面服务模式推广工作方案》的通知，其中“e柜”包括e掌柜、e柜通、e柜销、e柜拍、e快印等五大模块，e柜销主要功能是综合服务掌中宝。支持面对面销售、大堂经理介入销售、二维码入口式销售、社交分享式销售等四大销售场景，流程简单、管理简便，更加贴合柜面实际。大同国寿开展的“新一代”建设，承保管理步入“网上国寿、智慧国寿、数字国寿”时代。

第二节　核保管理

核保也称投保要约的审核，是指保险公司对被保险人或投保人进行危险选择和风险评估，并决定是否承保或以何种方式承保的过程，工作质量的高低将直接影响到保险公司的长期稳健经营。

20世纪50年代，中国人民保险公司大同支公司开展保险业务，核保的主要工作由外勤的介绍询问和内勤的审核两部分工作构成。核保工作主要内容是强制投保和自愿投保的方式、团体投保与个人投保的形式、保险费率的使用高低、保险金额限制幅度等，进入80年代，核保工作逐渐得到重视。如1981年，国内汽车保险实务规定，在核计保费时，车辆同时作不同用途者，如既作载客又作装货，既作自用又作营业用者，应按其中较高档费率计算。同时规定，投保单位如将所有汽车全部投保，或一次性投保超过二十辆者，按费率规章分别给予折扣。1983年，山西省财政厅、中国人民保险公司山西省分公司对企业财产承保规定，凡是参加企业财产保险的单位，在上一年保险期间内未发生赔款，下一年续保按上年实收保险费的百分之八给予企业作为“无赔款续保优待”；1987年，中国人民保险公司山西省分公司对《牲畜保险条款》和《奶牛保险条款》

进行修订。主要修订内容：一是在保险责任不变的情况下，在保险期限内增加 15 天的观察期；二是按照养殖业险“四低四定”的原则，将承保成数由原来的七成降为六成以下；三是费率采取基本费率加浮动费率的办法。基本费率奶牛为 7%。浮动原则：各地可在基本费率的基础上，结合本地实际情况，赔付率低于 50% 时，下浮 10%—30%；高于 80% 时，上浮 10%—30%；但上浮比例必须上报中支公司审批。1990 年，中国人民保险公司山西省分公司对意外险业务的保额和费率进行调整：一是将意外伤害保险基本险的最高保险金额提高到每人人民币 5 万元，但要求附加医疗险的最高保险金额控制在 1 万元以内；二是将小煤矿、烟花爆竹生产等高危险和极高危险行业（工种）的意外伤害基本险最高保险金额控制在每人人民币 1 万元以内，附加医疗险控制在每人人民币 5000 元以内；三是将乡办、村办煤矿的意外伤害基本险费率提高到 13‰以上；四是将附加意外伤害医疗保险的费率由 1‰、2‰、3‰，分别提高为 3‰、5‰、7‰。进入 20 世纪 90 年代后期，核保工作更加受到重视，1996 年下半年，随着财险和寿险业务的分业经营，核保工作步入专业化管理阶段。

2000 年 7 月，国寿省分公司下发《关于明确核保工作中有关问题的通知》，通知明确以下几个问题。一、关于核保权限的问题：一是县支公司只有初审权，不设核保岗位，只设立初审岗。需核保件（每一被保险人累计风险保额 6 万元以上、被保险人有不良健康告知）必须交地市分公司进行核保。二是地市分公司负责辖区内每一被保险人累计风险保额 30 万元以内（含 30 万元）保单的核保。超过 30 万元的保单，须上报省公司业务管理处。二、关于投保规则的问题：一是主险的投保规则，必须严格按照晋国寿发〔1999〕80 号文件中《中国人寿保险公司 1999 版新投保规则》规定执行；二是附加险的投保规则，必须严把核保关。三、各种问卷的填写的问题。四、实务操作中应注意的几个问题。

2001 年 6 月，中国人寿大同分公司开始执行总公司《核保手册》。该手册综合国寿系统自 1996 年以来的历次核保文件精神，并在此基础上进行修订。它包含核保的概念、核保的过程、核保评估因素、特殊人群承保规定以及体检规则、生存调查、职业加费等核保环节的要求及规定，《核保手册》的实施，标志着国寿大同分公司核保工作逐步迈入专业化、规范化的轨道。同时，国寿下发《关于〈核保手册〉补充说明》的通知。通知有五个部分：一是确定核保工作流程和更正儿童高血压标准；二是明确摩托车及助动车加费问题；三是规定体检费用的承担问题；四是制定单证及问卷使用一览表；五是明确附加险承保规则。

2003 年 1 月，国寿山西省分公司下发《国寿鸿瑞两全保险（分红型）核保规定》的通知，一是明确投保规则，规定可以投保附加险、介绍风险保额及计算方法。二是生存调查规定。三是事务核保规定，分别介绍不同档次要求提供的高保额问卷（A）、高保额问卷（B）、财务证明及其他各类问卷情况。四是体检规定。五是健康风险核保，可划分为无明显健康风险的保单、虽有健康风险但发生的概率不大、额外健康风险极高三种情况，可采取不同核保结果。六是职业风险核保，规定以 5 类以下（含 5 类）的标准体承保以及 5 类以上的拒保或延期承保。

2005 年 3 月 10 日，国寿大同分公司根据省分公司要求，开始执行《核保手册（2004 版）》。

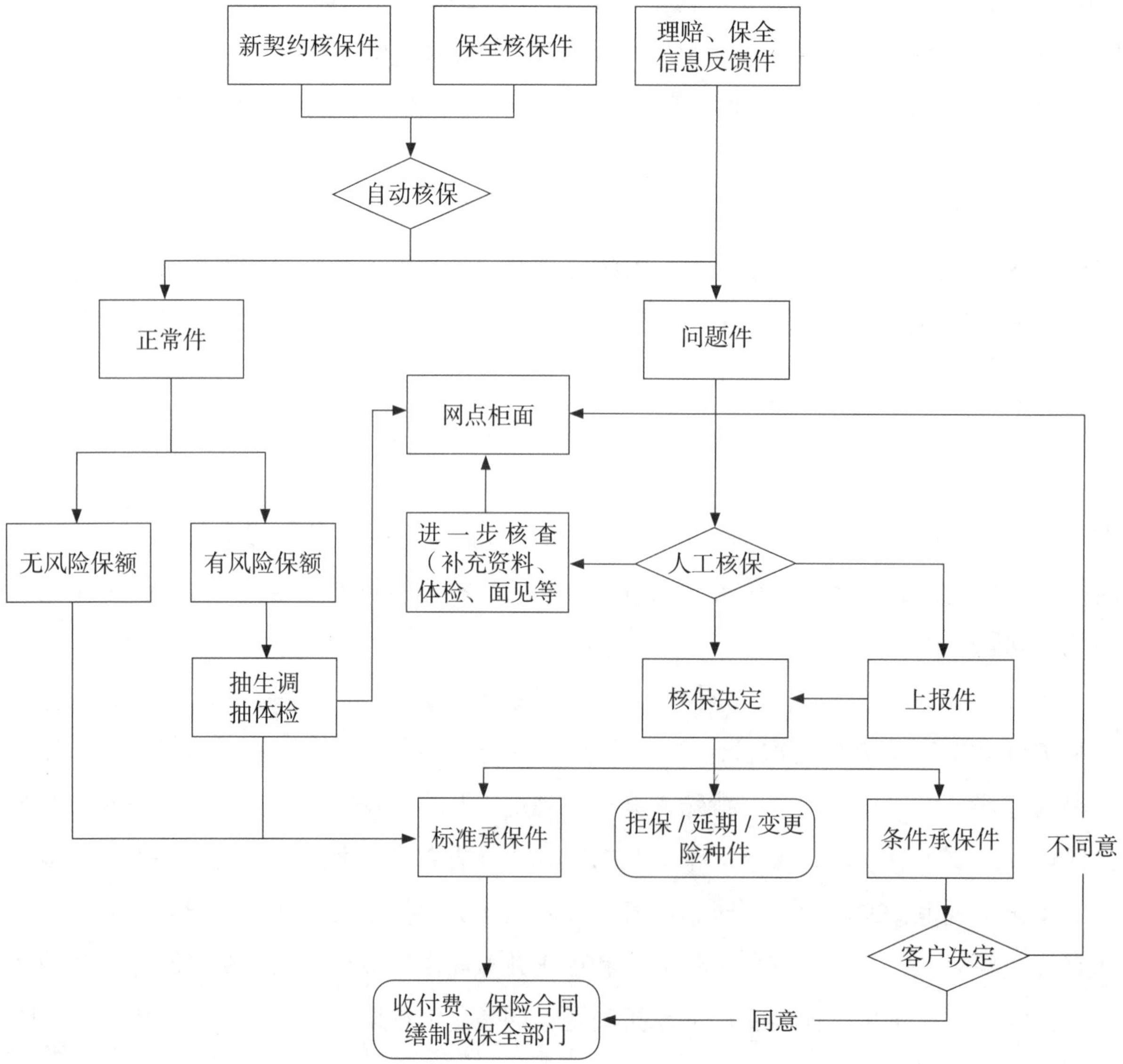

图 35　国寿 2005 年核保流程图

2008 年 4 月 1 日，国寿大同分公司根据国寿山西省分公司下发《关于启用核保手册（2008 版）的通知》要求，开始执行《核保手册（2008 版）》。该手册同时附有《投保细则及实务规定（2008 版）》、单证填写标样和职业分类表（2008 版）。

2009 年 6 月，国寿山西省分公司下发《关于调整补充核保通知》。调整补充主要涉及以下几个方面：第一部分是个险核保规则，主要包括体检规则、生调规则、银邮渠道险种补充核保规则、储蓄型险种核保规则和未成年人核保规则等；第二部分是高风险国家和地区承保规则，主要包括额外风险加费标准、个人业务承保规则和团体业务承保规则等。

2010 年 7 月，国寿总部印发《中国人寿保险股份有限公司核保核赔提调标准（2010 版）》的通知，将工作中提调动作的主观性过强、过分依赖个体经验、对同类风险判断缺乏统一标准等进行分析，制定全辖统一的提调标准。其中，核保生存调查分为必调件、抽查件和存疑件三种情况，每一种情况都进行列举式描述。平安人寿大同中支随着系统“移动展业模式（MIT）”的上线，业务员只需携带笔记本电脑、EPOS 等专用设备，直接面对客户展业，实现简单、低碳、方便、快捷的自动化销售平台，从而在一次拜访中“一站式”完成多种金融产品销售和服务等多种业务环节的作业，无须多次往返于客户与单位之间。

2012 年 4 月，农银人寿大同中支承保时实行投保人关键信息强制录入制度，在业务核心系统中设置投保人关键信息完整性控制功能，凡在投保资料录入时，如投保人关键信息不完整，系统自动核保提示不予通过，只有补齐关键信息之后，系统才接受通过。5 月，国寿山西省分公司为支持业务推动，下发《国寿康宁终身重大疾病保险等两款产品核保实务要点的通知》，从产品属性、累计保额、体检、调查、财务资料等方面进行规定，并明确核保支持政策。12 月，下发《关于加强 2013 年“开门红”期间核保服务支持的通知》，主要明确相关产品核保规则调整、销售渠道宣导要求、畅通大单业务绿色服务通道等。

2013 年 1 月，为规范核保调查作业流程，加强专业指导，切实提升全系统核保调查工作的标准化、规范化水平，国寿总部下发《核保调查作业指引（试行）》。“指引”是国寿系统第一个针对核保专业指引草案，在“指引”中，核保调查包括核保生存调查、陪体检和核保调取病历三种情况，“指引”对每一类调查进行详细说明和要求。2 月，民生人寿上线电子化投保模式，民生人寿大同中支全力推进“民 E 天下”电子投保系统，快速取代原承保过程初审、录入、复核、核保、收费环节手工作业，实现通过在 E 行销系统快速承保签单变革。

2014年4月，国寿大同分公司根据省分公司要求，开始执行新版《核保实务》。新版实务涉及大量优化服务内容与风险控制规则，整合和优化部分面向客户的核保单证。实务实施期间，国寿大同重视系统功能与规则实施的衔接，新、旧实务规则执行的衔接，新、旧核保单证使用的衔接。

2015年，平安人寿大同中支掌上宝出单方式上线，通过销售人员手机安装出单系统“口袋E”，实现无纸化全程出单及电子签名功能。9月，民生人寿大同中支微回执上线，实现客户随时、随地和随心地完成对保单的签收操作。

2017年9月，国寿总公司下发《关于调整核保地区分类与地区差异化核保规则的通知》，通知根据前期重疾指数、保费规模等因素，将核保地区分类由三类地区调整为五类地区，并同时下发地区差异化核保规则，体现在体检规则、生存调查规则和财务核保规则，对常规体检项目以及抽检项目也进行再次明确。

第三节　保全管理

保全是指保险合同保全，一般是指保险公司为了维持人身保险合同的持续有效，根据保险合同条款约定及客户要求而提供的一系列服务。广义的保全自人寿保险契约成立时起至终止时，凡在保险期间内发生的一切事物都可称为保全。狭义的保全仅仅包括契约内容的各种变更、保单错误的更正以及保险金和退保金的给付。而财产保全、诉讼保全责任保险不在本节记述范围之内。本节记述的保全管理，仅记述契约生效之后，保险公司根据投保人要求在符合相关法律前提下对保险合同内容的维持、变更、补充、完善、兑现和终止等狭义保全行为或服务。

1952年，大同支公司开始试办职工团体人身保险，保全内容基本仅限于投保单位投保人数、保费与保额的变化，并规定双方签证的“被保险人名单及被保险人异动通知单”为合同重要组成部分。

1953年，中国人民保险公司大同支公司根据省公司要求决定试办简易人身保险，根据条款规定，投保人在保险期间可以分期缴付保费、如保单失效可在宽限期内复效，可以退保、可以借款等。

1985年，中国人民保险公司大同中支开展“城镇集体经济组织职工养老金保险”

业务，在条款中，明确告诉投保人在保单生效以后，可随着经济能力的变化或根据实际需要，办理增加或减少、全体或部分被保险人交付保险费标准。保险费必须按月缴付，逾期未交的，本保险责任终止。如经办部门同意逾期补交者，补交时应按月加收逾期利息。但以不超过自停交保险费之月起一足年以内为限。投保单位如经主管部门批准关、停、并、转时，其保险关系可随被保险人的调迁而转移，保险责任继续有效。

1987年，中国人民保险公司大同中支开办简易人身保险业务，根据1987版简身险条款规定，投保人在保单持有期间的权利和义务以及特殊情况的处理。被保人如果在规定期间没有交付保险费，保险单就失去效力，保险公司不负给付保险金责任；在保险单失效后两年内，如果被保险人身体健康并能正常劳动和正常工作，可以申请复效，在经保险人同意并由投保人补交失效期间的保险费和利息后，保险单恢复效力；投保人交付保险费两周年以上，并且保险期已满两周年的，如有急需，可以凭保险单向保险人申请借款。借款金额不得超过规定退保金的90%，借款期限最长不超过6个月，借款利息在借款到期时一并归还。交付保险费一周年以上，并且保险期已满一周年的，投保人（被保险人）如果不愿意继续保险，可向保险人申请退保，保险人按规定给付退保金。8月，中国人民保险公司山西省分公司印发“人身保险业务质量标准”，标准规定在保险有效期内，因发生加保、退保以及给付或受益人变更等情况时，要根据被保险人的申请，用批单加以批注贴在原保险单后面，作为保险单的组成部分。在“个人养老金保险业务质量标准”中，规定预交、补交保险费的计算和实务处理方法；规定保险单保留、退保的处理办法；规定投保人在交费标准和交费方式的变更，和被保险人在保险期内保险单的转移。

1988年，中国人民保险公司下发《关于调整人身保险各险种预定利率有关规定的通知》，对简易人身保险等险种提出规定。简易人身保险部分：一、1988年9月1日起承保的简易人身保险业务，保险金额的提高有三种形式，可由投保人自行选择投保。二、对1988年9月1日前承保的简易人身保险业务的处理办法。简易人身保险月交保险费，满期保险金额不变，用增加的利息部分提高疾病死亡、意外伤害保险金额。三、退保金的给付，1988年9月1日前承保的业务发生退保时，按原退保金额给付。9月1日起承保的业务发生退保时，按新的规定给付。四、借款利率，1988年9月1日以后的借款利率，由原规定月息七厘调整为月息九厘。集体养老金部分：一是1988年9月1日起承保的城镇集体经济组织职工养老保险的年金执行新规定；二是1988年9月1日前承保的业务的处理办法，在发生养老金给付时，要按不同时期的不同预定利率分段计算给付金额。

三是趸交保险费即期月领的预定利率由年利 6% 调整为年复利 7.5%。四是养老保险死亡丧葬费由原定的 200 元提高到 500 元。个人养老金部分：一是 1988 年 9 月 1 日起承保的个人养老金保险的年领金额按新规定；二是 1988 年 9 月 1 日前承保的业务的处理办法，在发生养老金给付时，要按不同时期的不同预定利率分段计算给付金额；三是个人养老金保险趸交保险费即期月领的预定利率不变；四是个人养老金保险死亡退保金额的计算方法按新规定。同年，省分公司对地方性险种也进行新规定。

1989 年，中国人民保险公司下发《关于补充调整人身保险各险种预定利率有关规定的通知》。其中，对简易人身保险的规定是：1.1988 年 9 月 1 日前承保的月交保险费，除按 305 号文的规定执行外，还可以选择以下两种方式（无论选择哪种方式，都要在保单上注明）：（1）疾病死亡、意外伤害保险金额不变，提高满期保险金额；（2）疾病死亡、意外伤害、满期保险金额全部提高。2.1988 年 9 月 1 日前承保的趸交保险费的保单，分段计算提高疾病死亡、意外伤害、满期保险金额。3.1988 年 9 月 1 日后承保的趸交保险费的保单，按新规定执行。4. 按〔1987〕保人身字第 027 号文规定执行的保单，满期保险金额由原来的 62 元提高到 68 元。5. 以上各项规定的保单在发生退保时，均按原退保金额给付。集体养老金保险规定：1. 利率调整后，月交费不满十年一次性给付养老金额；2. 趸交保险费即期领取养老金额按新规定；3. 趸交保险费延期领取养老金额按新规定；4. 趸交保险费退保金给付的计算，仍按〔1988〕保人身字第 016 号文执行，但利率有变化。年期不同，使用的利率不同。个人养老金规定：1. 个人养老金保险趸交即期月领的预定利率为年复利 7.5%，趸交延期月领的预定利率为年复利 8.8%；2. 趸交保费退保金给付的计算，仍按〔1988〕保人身字第 016 号文执行，但利率有变化。利率使用同交费年期、生存退保、死亡退保相关。省分公司对地方性险种依据总公司的方法进行新的规定。

1991 年 1 月，中国人民保险公司山西省分公司下发《关于印发〈爱子女年金保险条款〉的通知》，在通知中规定，爱子女年金保险的生存退保及死亡退保的退保金计算办法，按个人养老金保险趸交保费退保金的计算办法执行。

1993 年，中国人民银行二次调整储蓄存款利率，其调高后的数值接近历史最高水平，为此，省分公司对银行利率调整后有关人身保险业务问题的对策进行布置。9 月，下发《关于银行利率调高后有关人身保险业务问题的通知》，通知决定公司采取利差返还办法和调整意外伤害保额等办法进行解决和处理，对于以生存保险为主的长期性险种，如子女教育婚嫁金保险、各类养老金保险，利差返还随满期保险金或增加年金给付形式给付；对于两全类保险如简易人身保险可以提调意外伤害保险保额；对于人身意外伤害还本保险类用列表形式重新计算费率和保额。

1994 年 8 月，中国人民保险公司山西省分公司下发《关于银行利率调整后子女婚嫁金保险、各类养老金保险利差返还办法的通知》。对于子女婚嫁金保险利差返还金额的计算规定：一是每张保单各年利差返还金额记入分户卡批注栏，在保单满期之日一并给付；二是生存退保保单不给付利差返还金额；三是被保险人在当年死亡的保单，利差返还金额在给付死亡保险金时一并给付。对于养老类保险利差返还金额的计算规定为：一是养老类保险包含集体养老金保险、个人养老金保险、爱子女年金保险、义务兵养老金保险（养老金部分）。二是领取期前保单，每年利差返还金额在养老金领取期开始一并给付。三是已开始领取的保单，每年利差返还在当年末给付。在领取期内保险责任终止的保单，当年的利差返还金额不给付。四是交费期内生存退保的保单，不给付利差返还金额。五是交费期内死亡退保的保单，将至死亡之时已结存的利差返还金额，在给付退保金时一并给付。

1995 年 5 月，中国人民保险公司山西省分公司下发《关于印发养老金保险实务手续的通知》，在实务中明确第二次及以后的交费手续、改变交费办法、交费标准或变更收益人的手续、补交保险费手续、保险关系的转移手续、保留和退保手续以及养老金给付手续。明确意外伤害给付、利差返还、保单挂失补发以及其他保全服务的处理办法和规定。

1996 年，中国人民保险公司下发《关于印发 88 鸿利终身保险、99 鸿福终身保险期限十年交费及趸交费业务费率、责任准备金、现金价值的通知》中有关 88 鸿利终身保险的规定。规定 88 鸿利终身保险趸交费业务应取消原条款第六条的 3、4 两款，并于保险单上另特别约定如下：在本保险合同期内：1. 自本保险合同生效之日起 10 年内，被保险人发生保险责任范围内的死亡或身体高度残疾，本公司无息返还所交付的保险费。2. 被保险人于本合同生效满 10 年生存时，本公司无息返还所交付的保险费。

1998 年 1 月，国寿山西省分公司就新条款相关问题通过《晋保寿人寿函》进行明确规定。主要内容：1.1997 年 12 月 1 日前承保的续交费业务，按 8.8 的月利率补交利息，1997 年 12 月 1 日起承保的续交费业务，按 6.5% 的月利率补交利息。2. 投保一年以内，投保人提出退保时，按毛保费扣除管理费后给付退保金，各险种管理费按条款设计规定。3. 关于简易人身保险，180 天定残，可以参照旧条款的解释；简身险趸交保费没有免交保费责任，发生意外伤残后不退保费。4. 子女婚嫁金保险保险金额表是保额宣传保费表，投保人要求以保费定保额时可进行换算；垫交保费后投保人要求退保时，按垫交前的现金价值表退还；交费期内被保险人自杀，退还投保人现金价值。

1999 年 3 月，为方便展业，山西省分公司编制了 1998 版子女教育婚嫁备用金保险年交 100 元、月交 5 元、10 元、20 元、30 元、50 元的保险金额表，以及简易人身保险月交 5 元、10 元、20 元、30 元、50 元的保险金额表。12 月，中保人寿大同市分公司开始执行山西省分公司下发的《“99 鸿福终身保险”生存保险金返还实务》的相关规定。

2000 年 8 月，国寿山西省分公司下发《关于转发总公司〈中国人寿保险公司保险关系转移实务暂行规定〉的通知》的通知，通知对保单转移进行明确规定：属省颁险种的保单，由于险种开办范围的局限性，一般只限在省内办理转移，特殊情况需要办理省外转移的，报省公司业管处；属各地市分公司自定险种或自行引进的险种的保单，一般不予办理转移，要与客户协商，耐心解释，或做退保处理，或继续留在本地；对没有按照总公司开办、停办时间要求办理的总颁险种以及没有按照总公司条款规定或核保条件承保的总颁险种的转移件一般不予办理转移手续，特殊情况上报省公司业管处。保单责任准备金的计算方法，按照总公司《人寿险条款有关问题处理规定》的通知中的有关规定计算。

2001 年 1 月，国寿山西省分公司下发《关于保单转移有关问题的补充通知》，对责任准备金计算、附加险等进行补充规定。2 月，国寿省分公司下文，明确部分条款中几个规定：一是关于部分条款复效补收利息问题；二是关于保单复效两年内自杀有关问题；三是关于 99 鸿福终身保险现金价值计算问题；四是关于 99 鸿福终身保险条款中“保险单所列明保险金额释义问题”。6 月，国寿山西省分公司转发《关于部分 1999 版险种权益转换有关问题的通知》，通知中第四条规定：“转换原则及转换实务参见《寿险条款有关问题的处理规定》以及总公司 2001 年下发的《保全手册》。”11 月，国寿大同市分公司客服中心设置统括业务岗位，开始承担国寿北京分公司等承保的跨区域团体业务的保单服务。

2002 年 3 月，国寿山西省分公司转发总部《关于规范保险合同代服务操作与管理的通知》，国寿大同市分公司在市分公司客户服务中心保全部设立了代服务岗位，指定专人负责，并就代服务实施条件、信息传递方式、签单公司和代服务公司工作职责及注意事项、代服务台账、代服务的费用问题、异地代服务的问题、代服务样章、代服务的正确观念进行学习和培训。8 月，为了实现全部寿险业务实行计算机实时动态管理，提高老业务管理和客户服务水平，为实施集中管理和准确评估公司负债打好基础，国寿山西省分公司下发《山西省分公司老业务清理及规范管理实施方案》，国寿大同市分公司成立领导和工作小组，制定实施方案，遵循“尊重历史，实事求是，分步进行，逐渐完善，协同作战，明确责任”的思路，按照“清理险种、清理业务、问题处理、单证清理、档案集中、数据转换、数据维护”的步骤，采取“分步骤推进，分险种落实，分阶段检查”的办法，拉开了老业务规范管理的序幕。

2003年5月，国寿山西省分公司下发《中国人寿保险公司山西省分公司银行质押贷款业务管理暂行办法》，提出应该在操作过程中注意的几个问题：一是操作过程中所需单证问题；二是贷款成功后对权益转让书中所提出的中止保单各项相关权益问题；三是对于有办理过挂失或遗失补发的保险合同，在质押贷款上机操作管理前不予办理质押贷款的问题；四是其他如防范风险、法律程序、险种范围与地域范围等问题。8月，国寿山西省分公司下发《关于进一步明确转保、退保有关问题的通知》，明确关于旧版业务退保、转保享有的优惠政策。9月，国寿山西省分公司下发《关于规范保全处理审批权限的通知》，对于个单业务，第一类保全项目：保险合同内容变更（涉及保费、保额批改）、辖外保险关系转移、可转换权益、保险合同补换发，按照涉及风险保额大小划分档次，按照相应档次，分别由地市分公司客服中心保全主管、中心经理、分管总经理审批。第二类保全项目：保险合同解除及生存给付类，按给付金额大小划分档次，按照相应档次，分别由地市分公司客服中心经理、地市分公司分管总经理审批。第三类保全项目：养老年金给付，按领取方式和领取金额多少划分档次，按照相应档次，分别由地市分公司客服中心经理、地市分公司分管总经理审批。第四类保全项目，借款（还款）、质押贷款，按涉及金额多少划分档次，按照相应档次，分别由地市分公司客服中心经理、地市分公司分管总经理审批。对于团单业务，按照保全项目涉及收付费金额多少划分档次，按照相应档次，分别由地市分公司客服中心保全主管、地市分公司客服中心经理、地市分公司分管总经理审批。对于疑难保全问题，应由地市分公司分管总经理或客服中心经理主持召开会议，集体研究决定，并形成会议记录。难以决断的书面报省公司客服部。11月，为全面提高业务系统数据质量，满足业务处理、客户服务、省级集中等工作的需要，根据总、省公司要求，国寿大同分公司开始实施业务综合处理系统（CBPS）中管理的数据清理工作。

2004年4月8日，国寿山西省分公司下发《中国人寿保险股份有限公司山西省分公司客户服务柜面管理办法（试行）》的通知，指出柜面管理的发展方向是采用柜员制管理，实现“一站式”服务。国寿大同分公司根据办法要求，研究职场建设、设备配置、机构组织、岗位设置等。其间，基层设为外柜，受理客户契约、保全以及理赔申请；市公司中心设立内柜，处理基层传递的各种契约、保单以及理赔业务。27日，国寿山西省分公司下发《关于客户服务柜面建设有关问题的通知》，对前期下发的《关于下发中国人寿保险股份有限公司山西省分公司客户服务柜面管理办法（试行）的通知》中柜面建设及涉及岗位调整等工作暂时停止，国寿大同转发该文件精神，对业务处理流程进行再次梳理。

2005 年 6 月，国寿大同分公司执行新的《保全手册（2005 版）》，新手册扩大内容涵盖范围，调整实务章节结构，突出业务处理规定，增加新保全项目内容，同业务处理系统（CBPS）结合得更加紧密。9 月，国寿山西省分公司下发《关于强化业务管理若干事项的通知》，对保全业务管理的具体要求有以下几个方面：一、认真审核各项保全事项申请人、办理人的身份证件和申请资料，防范伪造客户证件恶意退保、冒领生存金等业务风险。其中，对一些如退保及各种给付金额在 1 万及以上等 7 项保全业务不能接受委托办理。提出委托保全业务应保证逐单进行回访。二、团体寿险的满期生存给付和退保金，一律通过银行转账支付给原投保单位，不得向投保单位支付现金，更不得向个人支付现金或银行储蓄存单。三、各市分公司要进一步细化保全业务的权限管理制度，防范业务风险。在办理条款理解存在争议、业务系统无法实现的合法利益、涉及大额付费、非正常解约的保全业务时必须经省公司业务管理部审批。四、要重点加强对保单质押贷款业务的管理。泰康人寿大同中支采用两个系统完成客户保单服务，个险业务通过 CSC 系统直接完成，人工打印或通过 CSC 批处理命令生成批单；银保业务通过 BAS 系统完成。

2006 年 12 月，国寿山西省分公司省级业务组织结构集中完成，适时下发《中国人寿保险股份有限公司山西省分公司省级业务集中保全权限管理制度》，管理制度制定管理原则、授权规定及流程，超权限业务上报审批流程、业务管理效能考评及违规处罚等，按照业务类别、审批额度等分别规定省公司保全部、A、B 柜面的业务处理权限。

2007 年 9 月，国寿总公司下发《关于调整优化业务管理部分实务的通知》，通知简化部分核赔、保全申请手续。其中，保全部分主要涉及保全业务申请书提交、团体业务年金领取手续、超权限上报批件、委托代办业务等，进一步提升业务处理时效，体现了以客户为中心的服务理念。12 月，国寿大同分公司根据省分公司下发《关于保全资料全部进行扫描的通知》，为简化业务操作流程，减少纸质资料的流转，提高工作效率，全面按照规定流程实施保全资料在影像系统中扫描作业。同年，泰康人寿大同中支开拓保单质押贷款业务，为适应业务发展需要，保全受理系统进行更新换代，由前期操作较为复杂的 CSC 系统转换为相对简单的 FE 前端系统受理模式。

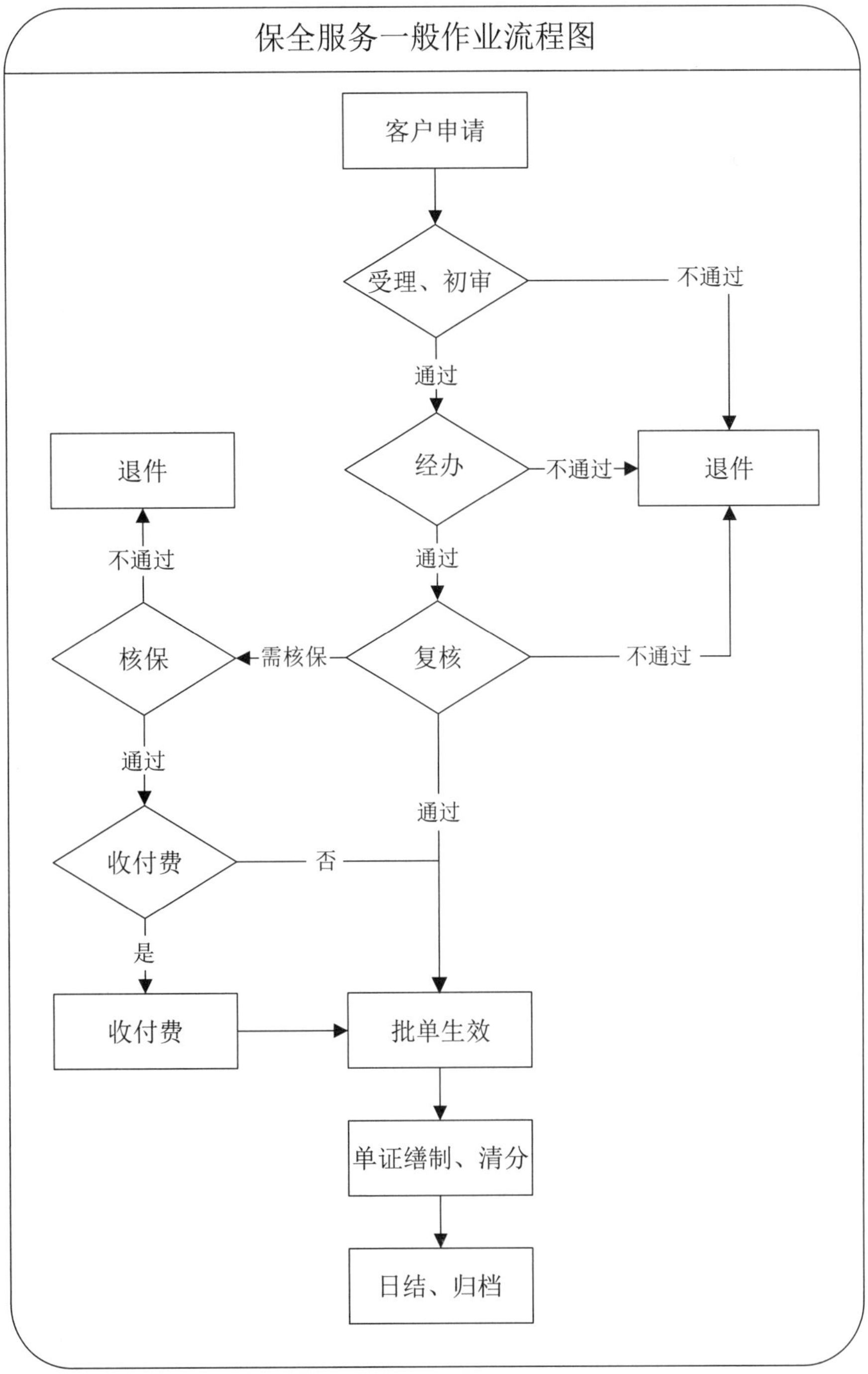

图 36 国寿 2005 年保全流程图

2008 年 12 月，国寿山西省分公司下发《关于保全业务委托办理相关业务事项的通知》，通知重点强调严禁委托办理的保全业务如变更投保人等 8 项保全服务事宜；强调所有可以委托办理保全件必须确保全部进行回访，确保委托的真实性；强调操作流程的细化和保全资料的完整归档。

2009 年 7 月，国寿山西省分公司下发《关于省级集中管理平台推广上线的通知》，通知下发后，大同分公司客服中心执行保全初审操作，保全审核操作由省公司业务中心完成。8 月，国寿山西省分公司下发《关于规范保全业务上报审批资料及流程的通知》，调整和梳理了保全业务上报审批流程，规范上报审批资料要件等。11 月，国寿大同分公司开始推广“保全免填单整合平台”服务。客户无须书面填写保全申请书，只通过口述业务办理需求、提供相关资料、根据需要在便笺纸上填写关键信息（如保险合同号、身份证号、客户号等）的方式，公司柜面人员就可以完成客户提出的保全服务。12 月，国寿大同分公司根据山西省分公司转发的《关于下发〈国寿鹤卡替代保险合同办理保全业务推广实施方案〉的通知》精神，成立 A 柜面牵头，销售部门配合的推广小组，认真宣导，稳步推动。

2010 年 4 月，国寿山西省分公司下发《关于进一步加强保全业务精细化 的通知》，在《通知》中，重点加强五个方面的管理，一是优化保全业务省级集中项目；二是细化保全业务上报流程及审批资料管理；三是强化借款和借款催还业务管理；四是规范保全委托代办业务管理；五是加强对失效保单的回访和追踪管理。同年，泰康人寿大同中支保全业务借助于总公司系统创新举措，在更加规范 BPM 整合系统上线之时，积极推广运用，为客户提供“足不出户”的保单服务，实现保全业务进入 E 化网络自助服务模式时代。

2011 年 6 月， 国寿大同分公司开始推广新的《保全实务》。同年，泰康人寿大同中支在新生活广场搭建电话、电脑自助服务平台，全面推广泰康在线“E 站到家”客户自助服务平台，为客户保单服务拓宽服务渠道。

2012 年 8 月，国寿大同分公司根据省公司下发的《关于对全省各级柜面保全（含代理）人员进行工号权限清理的通知》，在全辖区开展全面清理和统一作业人员工号工作，保证操作人员在核心系统中工号唯一，实现全系统保全统一作业平台适时上线。

2013 年，泰康人寿致力于搭建电子化信息平台，不断完善代理人 MSS 代办保全功能，第三季度，微信保单服务平台上线，借用“互联网 +”的模式，实现客户随时保单查询的高效便捷服务。太平人寿大同中支推出网上营业厅及与中国工商银行推出的联名卡服务。网上营业厅可办理：网上保单信息查询、网上缴纳保费等其他项目保单服务；联名卡可办理保单贷款、保单还款、贷款查询等。民生人寿大同中支开辟多渠道为客户提供保单服务途径，即公司柜面、95596 客服电话、民生官网保全及微信公众号民生保险微管家等，方便客户的不同需求。

2014 年 4 月，为提升保全作业效能，实现立等可取服务，国寿总部开发“保全风险识别系统”。该系统综合考虑客户亲办、委托代办、付款方式、转账账户、销售人员、密码认证等风险因素，将保全作业划分为不同类别和风险等级，实现自动化的业务处理和流转，提高保全服务时效，增强保全风险管控能力。5月，国寿山西省分公司下发《关于推广立等可取服务模式的通知》，国寿大同分公司制定推广实施方案，确立工作目标、制定实施行事历、成立领导工作组织、明确工作职责，上下沟通，横向联系，按时实现项目的推广和上线，使36项股份保全服务项目临柜办理时效缩短至5分钟之内；集团保全统一平台支持的业务达成立等可取服务。10月，国寿大同分公司根据省分公司《关于启动e宝账系统上线推广工作的通知》，精心组织，认真宣导，积极推广，稳步实施，年底，e宝账保全服务已实现的功能为11个项目，分别为客户联系信息变更（不含手机号）、保单信息变更（包括垫交方式变更、交费频次变更、红利领取方式变更、交费账户授权、变更和终止）、垫交还款、保单借款及还款等。初步建立线下服务支撑体系，一定程度上缓解柜面作业压力。同年，太平人寿下发新保全业务规则汇编，对前期保全规则进行梳理和补充。

2015年3月，国寿大同分公司按照省分公司印发《2015年上半年“农村客户集中服务活动”工作方案》的通知精神，在灵丘等县区开展创新服务活动，活动具体内容是由市、县柜面员工携带办公设备深入个险农网营销服务部现场办理各种保全业务，尤其是收费业务的银行转账授权、国寿e宝账最高权限设置等，尽可能地方便客户办理保单许多事宜，减少客户舟车劳顿。太平人寿下发《关于明确部分保全项目规则及业务管理的通知》，对保单挂失及冻结规则的适用范围及普通复效保全项目的业务管理进行明确。同期，下发《关于保全退费转入其他保单规则调整的通知》，从反洗钱和内控合规制度上提出严格要求。4月，国寿大同分公司根据总公司《关于调整公司保单借款利率有关事项的通知》精神，从4月20日起，启动差异化借款利率机制。11月，国寿大同分公司根据《山西省分公司柜面通服务系统推广工作实施方案》，详细布置，积极宣导，多方沟通，强化培训，稳步实施，扎实推进，实现全国任意服务网点对寿险股份公司任意机构个人长险保单业务“通查询、通受理、通处理、通收付”的四通服务目标，化解了跨省异地代服务矛盾，支持本地业务顺畅处理，为新一代综合业务处理平台的构建奠定基础。19日，国寿大同分公司根据省分公司《关于优化部分保全（含代理）业务的通知》，对部分保全业务手续如：客户信息变更提供资料、委托代办业务、变更投保人提供资料等，减少部分提交资料，进行流程和手续的优化。

2016年5月，国寿大同分公司根据总部《关于调整复效补交保费利率等保单服务利率有关事项的通知》，从15日起，调整复效补交保费和保费垫交还款年利率、对保单借款基准年利率、保单借款差异化机制、生存金累积生息年利率、红利累积生息年利率和红利延迟派发年利率维持不变。10 月，大同保险市场各主体根据保监会《中国保监会关于进一步完善人身保险精算制度有关事项的通知》第四条“保险公司提供保单贷款服务的，保单贷款比例不得高于保单现金价值或账户价值的 80%”的要求，加强对保单借款比例的控制及管理，一般规定为除条款另有约定，保单借款比例不得超过保单当时的现金价值或账户价值扣除欠交保险费、借款及利息后余额的 80%。同年，民生人寿大同中支借助总公司系统创新，推广宣导电子化保全项目，使保全业务进入 E 化网络自助服务模式时代。

2017 年 7 月，国寿大同分公司按照省分公司《山西省分公司国寿 e 店、e 宝平台推广方案》组织实施推广，国寿 e 店、e 宝两个平台聚合了公司经营管理主要内容，国寿 e 宝保单基本信息查询、保单借还款、生存金领取、短期险续保、理赔报案等 39 项服务功能，基本涵盖 70% 的柜面保单服务项目；国寿 e 店投放保单借款、保单还款、生存金领取、满期金领取、客户联系信息变更、授权转账变更、理赔服务 7 项服务功能。推广期间，许多管理人员、销售人员、客户体验了国寿互联网服务的高效与便捷。19 日，国寿山西省分公司下发《关于优化保单服务部分实务的通知》，通知优化项目主要有一是优化保单借款服务手续，主要是拓展线上业务范围，放开 e 宝、e 店等线上渠道借款办理额度；简化线下办理资料手续；优化相关业务规则。二是简化原申请资格人死亡情况下相关业务办理手续，解决特殊情况下保全服务痛点等。同年，太平人寿大同中支开通微信公众号“中国太平 95589”保全服务功能，客户可以通过公众号办理简单的保全业务，极大地方便了广大客户。

第四节　理赔管理

保险理赔是指保险公司专业理赔人员对保险赔案进行定责、定损、理算和审核，确认赔案是否应该赔付、应该怎样赔付或应该怎样拒赔的业务行为。保险理赔是保险经营的一个重要环节。大同保险业自开业以来，理赔在模式上由“销售理赔一体”到“展管分离”，由手工分散操作，到网上集中处理，由单一渠道申请索赔，到多种手段处理，逐步厘清和合理解决保险理赔同“促销售、防风险、守合同、增效益、重服务”的关系。进入 21 世纪后，随着管理理念的提升，保险理赔管理走上新的阶段。

一、财产保险业务

20世纪50年代，中国人民保险公司大同支公司本着“为生产服务，为群众保险服务”的方针，遵循“主动、迅速、准确、合理”的理赔原则，处理各种理赔案件，在公司内部由“一人多岗”“一组多能”的“销售理赔一体”的业务组，经过设立防灾理赔股，再恢复发展到业务股。业务组内、业务股内都区分内、外勤岗位，内部设专职理赔人员，所有赔案公司进行自主理赔，理赔工作始终是保险公司重要工作内容之一。1980年，恢复国内保险业务后，中国人民保险公司大同保险公司认真贯彻“为政治服务、为工农业生产服务、为城乡人民服务”的方针，继续执行“主动、迅速、准确、合理”的理赔原则，实行承保、理赔“一条龙”服务。80年代至90年代初，对所有出险案件按照基层公司业务科受理报案—查勘定损—立案—询价—资料收集—赔款计算—审批—支付赔款—结案归档等环节，严格理赔程序，保证理赔案件处理的规范性和准确性。1998年以后，大同保险市场主体增多，保险市场进一步扩大，业务实现快速发展。各保险主体为了强化理赔管理，逐步推行保赔分离，理赔集中的管理模式，先后成立理赔或客户服务中心，专职负责各险种的理赔案件处理。2000年以后，各保险主体开始准备保赔分离，赔案由市级、省级以及总公司统一管理，成立职能相近的客服中心、理赔管理部或理赔事业部，并设立理赔服务专线电话。所有报案通过客户服务专线统一受理，统一调度，实现全国性或区域性的集中处理。对出险案件按照专线接报案—调度—查勘—立案—定损—核损—报价—资料收集—理算—核赔——支付赔款—结案—归档等环节处理。同时，随着管理理念、科学技术在保险业界的应用，理赔条线的组织建设、制度建设、队伍建设、资源配置以及服务能力日渐完善、人性与合理，理赔案件处理的专业化水平日益提高，保险理赔逐步走上了规范化、制度化、专业化的道路。

（一）企业财产保险理赔管理

1951年，中国人民保险公司大同支公司在承保自愿火险业务上执行总公司制定的全国统一的普通火灾保险办法。赔偿处理原则为：以保险财产遭受损失时所在地的市价为计算标准，以不超过保险金额为限，如市价超过保险金额，被保险人应按比例分担损失。保险财产项目不止一项时，则分别按照保险规定处理。在财产强制保险上，执行《财产强制保险条例》规定的赔偿原则，即：所保财产全部损失时，赔款按保险金额十足赔偿。如系部分损失，应按损失程度比例赔偿之。所保财产遭受部分损失之损余，应按当地市价折归投保单位，保险公司应于赔款中将该项损余之价值扣除。并规定出险案件的处理程序为：投保单位于发生保险责任范围内的灾害或事故时，应立即或在至迟不超过5天之内通知签发保险凭证之保险公司。保险公司于接获发生灾害或事故之通知后，应立即办理查勘手续，并立即会同投保单位估定损失之数额。保险公司对于一切之赔偿，应于收到各项证件后，15日内核定是否赔偿或赔偿数额，并于达成协议或经当地政府裁决之五日内实行赔付，逾期每延迟一日，应加付滞赔金2‰。当年，启用了新的火险保单，其中对于匪特纵火赔案，不视为军事行动，予以受理；对火险（包括职工团火险）赔款超过保额半数的保单，其余额仍作有效至原单之满期日为止。根据总公司全国简化手续会议的决定，对财产强制保险的理赔自11月1日起按如下规定执行：一是对财产、船舶、铁路车辆强制保险均应按实际价值足额投保，所有按账面价值或核定资金价值投保而与实际价值不符者，出险后，均以实际价值与保险金额比例分摊；二是对有些强保单位的建筑物如以重建价值投保者，出险后可照重建价值赔付，超过重建价值部分可以退费；三是对财产、船舶、铁路车辆强制保险及火险、车辆、船舶险等的局部损失赔款，其修理费用不必扣除折旧；四是为简化手续，对赔疑案件呈报办法，由过去的逐级审核改为上一级审核。同年，对保险施救费用负担按以下规定执行：一是自愿保险，如实值超过保险金额，应按照实际价值与保险金额的比例分摊；二是强制保险，其实际价值可以核定资金金额为依据，投保单位系按核定资金价值投保，自可全额赔付，如保额低于实际价值，仍应按比例分摊。

1954年，中国人民保险公司总公司对施救抢救费用提出新的掌握原则，其主要内容是：关于施救抢救保险财产所支出的费用，如确属直接用于施救保险财产所支出的抢救搬运费、整理费用、使用灭火机而消耗的药液费用等，无论大小均可按章负责。事后如含有教育意义为鼓励抢救热情可赠送奖励的费用，施救抢救报酬以及施救工具的损毁均可在施救费用项下负责；唯投保单位为招待抢救人员的酒、烟、饭、茶等费用都不属于直接抢救费用，不予负责；但参加义务抢救人员，党政决定由受损单位供给膳食的费用；施救抢救人员饮酒取暖的费用以及类中性质的费用支出可不受此限。此外，投保单位职工在抢救保险财产遭遇意外灾害而支出的医疗费用，为鼓励爱护国家财产的热情，可根据当地党政的意见酌情补助，但对于享有劳保及公费医疗的受伤人员因其他已得保障不予补助。至于受伤人员在休养期间的工资，该费用系属于投保单位的行政支出，不应由保险公司负责。同时针对简易火险及团体火险的保额上普遍存在少保现象，出险后，施救费用很难辨清是否用于保险财产，规定简易火险及团体火险的保险财产实际损失加之施救费用的赔偿数额，最高以不超过一个保险金额为限。

1955 年，中国人民保险公司大同支公司执行山西省公司理赔规定，为简化手续，加快赔案处理速度，规定洪水损案赔款权限：一是市支公司的赔款核定权限为 4000 元；二是各县支公司、营业所的赔款核定权限为 2000 元。超过者须报上级公司核定。

1980 年，随着企业财产保险业务的恢复，中国人民保险公司大同支公司按照总公司颁发的新的《企业财产保险条款》处理各类赔案，具体为：保险财产遭受损失时，根据财产的实际损失，按实际价值计算赔款（含施救费用），最高赔偿额不超过保险金额。索赔期限为两年。同时按照总公司《关于企业财产保险洪水责任范围及抢救费用支付标准的暂行办法》，执行洪水责任范围及抢救费用支付标准，并要求各地在处理洪水赔案时，要在总原则的基础上结合当地具体情况，慎重掌握。

1981 年，中国人民保险公司大同支公司根据上半年火灾发生情况提出，企业承保时要宣传和揭示企业（1）固定资产按净值投保，逾龄财产未参加保险，受损后不能获得经济补偿。投保时应考虑财产的使用价值。（2）只保固定资产，未保定额流动资产，仍然存在较大风险。应该合理安排风险转移财务计划。同年，中国人民保险公司大同中支理赔管理执行由总公司批转的《四川省分公司关于处理洪水损案几个问题的掌握意见》，明确了就洪水责任范围、赔款计算、施救整理费用、统一掌握理赔标准。

1982 年，中国人民保险公司大同支公司执行总公司修改后的《企业财产保险条款》中对赔偿处理的规定，全部损失按账面确定保险金额的财产，按保险金额赔偿；部分损失：一是对按账面原值确定保额的固定资产以及按照账面余额确定保险金额的流动资产，按当时的实际损失金额赔偿；二是对按照账面净值确定保险金额的财产，根据保险金额和账面原值比例赔偿；三是估价投保的财产，根据实际损失赔偿，并按损失当时的实际价值计赔。如果保险金额低于实际价值时，则按保险金额和实际价值比例赔偿。施救费用赔偿与财产的赔偿分别计算，最高数额以不超过保险金额为限。索赔期限由两年改为一年。8 月，中国人民保险公司总公司寄发新企财险“按损失时账面理赔”特款，手续简单、便于执行。主要内容：承保时可以约定：本保单承保被保险人最近一期资金平衡表上所列的全部应保财产。固定资产按账面原值承保，流动资产按照账面平均余额承保，在保险的有效期内，不再办理增减保险金额的批改手续，如果发生保险责任范围的损失，损失当时的账面金额即为保险金额。同年，中国人民保险公司大同中支在企财险赔案中摸索出三种做法：着火区全损法、煤堆隔离计损法和火区定点测损法。处理理赔做到三个结合：一是与防灾防损检查结合；二是与宣传保险业务结合；三是与展业和帮助保户解决实际困难结合。

1983 年，中国人民保险公司大同分公司执行总公司下发的《关于企业财产保险理赔工作若干问题的补充规定》，规定的原则为：以现行条款的原则规定为主要依据，保证保险契约的严肃性，又要顾及具体情况，具体分析，实事求是，认真处理，做到原则性与灵活性相结合，在原则指导下讲究灵活。同时明确：暴风暴雨、“三停”①、火灾、爆炸、直接损失与间接损失的责任范围的概念；足额、未足额投保的理赔；货到未入账或已下账未发货的理赔；保险商品转移存放地点后的理赔；以进货价（或成本价）投保，损余物资按销售价（或出厂价）出售的残值计算；房屋按原值投保，发生全损，残值接近保额的理赔；积压消减残次商品物资的承保与理赔；蓄洪区与行洪区保险财产因分洪受损的承保与理赔；施救和整理费用的范围，包括抢救费与预防费的界限、本单位职工参加施救整理的人工费用、洪灾后清除淤泥的费用、房屋全损后清理现场的费用、房屋全损后地基价值的理赔、抢救人员的奖励费用。当年中国人民保险公司山西省系统执行赔案审理及核赔权限制度，对省辖市支公司每笔 3 万元以上，地辖市支公司 1 万元以上的赔案都要报省公司审核批准。同年，中国人民保险公司大同支公司提出：坚决克服重展业、轻理赔的观念；成立专门理赔组；调整理赔权限。

1984 年，中国人民保险公司大同中支按照省分公司转发总公司《关于保险业务损余物资在国内外处理的暂行规定》，在理赔中执行规定对损余物资的概念、处理原则、保管和账户处理以及国外业务损余物资的明确说明。

1986 年，中国人民保险公司山西省分公司根据总公司下发的《企业财产保险业务质量检查（考核）标准》，结合辖内实际情况，对理赔部分制订如下考核标准：查勘必须到现场，并要写出详细的查勘报告；取证要求可靠；损余物资处理要及时、合理；施救费用要合理；赔案单证要齐全；预付赔款要控制在估损金额的 50% 以内；对向第三者追偿的案件要抓紧，通过各有关部门进行追偿；疑难案件、特殊案件和拒赔案件必须据情翔实报请省公司批准后执行；结案时间要迅速；通融赔款，案案要有结果；赔案要专案装订立卷。同年，中国人民保险公司雁北中支提出，在理赔中坚持“双人勘查，二人定损”。严把两关，一是严把实务手续关，办理一笔业务，从签章到收费，从交费到

① “三停”：指火灾及灾害事故保险中，被保险人的供电、供水、供气设备因保险事故遭受损坏引起停电、停水、停气，以致造成被保险人的机器设备、在产品和贮藏物品的损坏或报废。

归档，要严格检查，各司其职；二是严把赔案的审批手续关，分档审批，层层把关，使赔案做到案案认真，件件妥当。

1987年，为进一步提高理赔质量，推进企财险业务的经营管理，中国人民保险公司山西省分公司对全省范围内的企财险业务进行一次检查，对理赔方面出现的诸如查勘报告不详细，部分案件没有现场照片和出险证明，损失清单，损失估算书填写不具体，施救费用不详细等问题进行通报。同年，大同中支在理赔管理上，建立送审制度，即报案、勘察、缮制、复核、办事处审批、中支公司审批、省分公司审批、付款、归档等。案件处理完毕，装订后加盖骑缝章，一案一档。

1988年，中国人民保险公司大同中支、雁北中支按照中国人民保险公司山西省分公司安排，在管辖范围内开展全面、细致、严格的资料大检查活动。理赔工作检查内容包括：理赔方针执行情况；报案登记簿、出险通知书、编号项目和出险情况填写是否清楚、齐全；现场查勘质量；证明材料是否规范、原始材料是否齐全；估损定损是否准确；调查报告、损失计算书是否准确；疑难、拒赔、通融案件依据是否充分；是否建立损余物资登记簿；赔案管理是否到位等。

1989年，中国人民保险公司大同中支、雁北中支执行中国人民保险公司总公司修改企财险条款的赔款方式，即对固定资产按新条款规定的不同承保方式承保的，其全部损失按保险金额赔偿，受损财产保额高于重置重建价值时，赔偿金额不超过重置重建价；部分损失按实际损失计赔。对流动资产全部损失按出险当时的账面余额计赔，部分损失按实际损失计赔。对不列入账面的财产，全部损失按保险金额赔偿，部分损失按实际损失计赔（含施救费用）。对施救费用的赔偿，根据不同的投保方式，按实际支出或比例计算赔偿金额。

1990年，中国人民保险公司大同中支、雁北中支开始执行总公司制订并下发的《企业财产保险实务手续》，其中理赔部分包括：受理案件、现场查勘、责任审核、核定损失、损余处理、赔款计算、赔付结案7大部分，各部分内容均有不同程度的修改与完善。

1991年，为加强业务的规范化管理，进一步提高企财险业务管理水平，中国人民保险公司大同中支、雁北中支按照山西省分公司出台的《关于企财险规范化管理验收标准》，对赔款计算书、索赔申请书、保单副本抄件、现场查勘报告、理赔报告、赔款申请书等单证作了具体规范，并要求对理赔案卷做档案管理。

1993年，随着新会计制度的执行，为适应企财险业务承保财产的科目变动或调整，中国人民保险公司大同分公司按照山西省分公司下发《企业财产保险承保附表》及

《新旧科目对照表》，明确理赔要本着“怎么保怎么赔”，按原科目承保的，仍按以前方法定损理赔；按新承保科目承保的，根据新科目核算内容定损理赔。

1994 年，中国人民保险公司大同分公司在坚持两级双人查勘定损，三级会审和赔案传递管理制度的基础上，对理赔权限、免赔、通融等规定进行了适当收紧，企财险 8 万元以上的赔案报市公司经理办公会议研究，并请纪检、监察干部参加，集体会审行文批复；对于保额不足的标的，出险后要坚持按比例赔付，对通融赔付，一律报市公司审批。

1995 年，中国人民保险公司大同分公司执行由山西省分公司制定并下发《乡镇煤矿承保理赔管理办法》，规定火灾、爆炸、突发性透水均属责任事故，如果在保期内发生上述事故，应由矿方自负赔款金额的 10%—30%。为了使被保险人主动配合保险公司向第三者追偿，本着既有利于煤矿恢复生产，又兼顾企业的自身效益的精神，先予赔偿 50%，同时须将向第三者追偿的相应权利转让给本公司。赔偿后保险公司须有专人负责追偿。

1996 年，中国人民保险公司山西省分公司下发《企业财产保险单险种考核办法》，对赔付率、赔案差错率等建立考核规定。出台《财产保险承保理赔权限的规定》，规定指出：一、各公司展业、承保的地域划分应服从大局，遵循属地原则，各公司之间不得跨行政区域交叉展业承保。二、认真做好投保标的保前风险评估、重大保险标的的承保审批工作。三、认真做好出险标的的出险检验、核损、重大赔案的审批工作。四、正式提起诉讼的保险赔案在诉讼前，需由地级分公司及时将有关资料报省公司备案，再由省公司报总公司备案，上级公司认为必要时可介入，指导诉讼案的处理。五、规定地级分公司财产险各险种承保、理赔权限。六、上报和批复时间规定：（一）对地市公司报批的赔案，在省公司审批权限内的，并在收到符合要求的材料后，一般应于 7 个工作日批复；（二）外币业务中未达到或超过核赔权的但因分保摊赔需要上报单证的案件，仍需按各险种原有规定严格执行；（三）对地级公司理赔权限以上赔案的预付赔款，超过拟赔金额 30%，或者预付额达地级公司理赔权限金额的，须报经省公司审批。

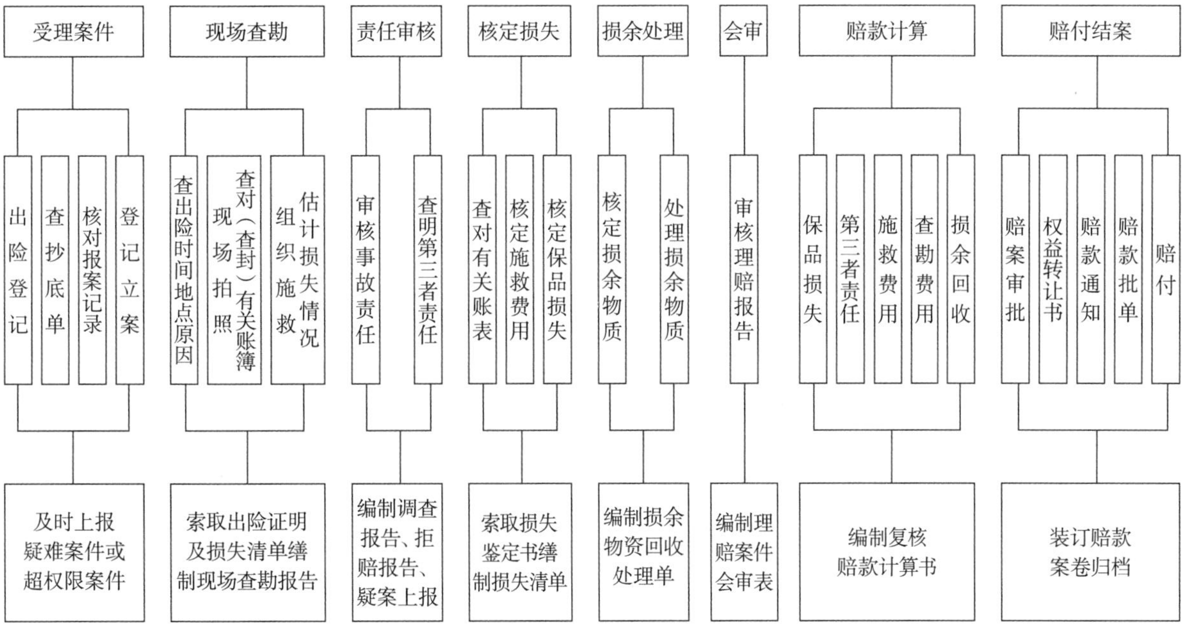

图 37　中保财产保险理赔工作示意图

1997 年 1 月，中保财险山西省分公司制定并出台的《财产保险实务规程》。规程在受理案件、现场查勘、责任审核、损失核定、损余处理、赔款计算、赔付结案 7 个环节中提出相关规则和要求。5 月，中保山西省分公司下发《关于财产保险“洪水责任”保险的若干规定》，要求严格执行《中保财产保险有限公司关于承保理赔权限的规定》《关于重申赔案报批、报备规定的通知》以及分公司承保理赔等文件规定，特别是要严格控制预借赔款的比例，抓好重大赔案的处理工作。

1998 年，中保财险大同分公司非车险承保、理赔一体化应用系统上线，进入了承保理赔电子化作业时代。

1999 年 2 月，中保财险山西省分公司转发总公司《关于在对私营企业承保和理赔工作中应注意的几个问题》中强调：现场查勘应对保险财产进行细致的清点核实，及时制作现场查勘记录，详细记载受损失财产的状况、数量和损失程度，并现场交保户签字盖章；重视证据保全，在现场查勘的同时，应同意注意收集和保留有关书面证据和实物证据，否则清理现场后证据灭失，无法重新取得。如果双方就保险赔款出现争议，将会给理赔工作造成极大被动。6 月 21 日，中保山西省分公司下发《企财险“防风险、创效益”活动实施方案》，将赔付率、结案率、核赔制度的建设和执行、有无越权理赔、理赔单证上机等理赔关键指标，列为重要评估项目。22 日，转发总公司《处理大面积水灾查勘、理赔的若干规定》的通知，对组织领导、查勘定损、保险赔偿以及其他问题提出明确要求。在组织领导方面要重视专业人员的参与和信息的沟通；在查勘定损方面要重视查勘理赔程序、查勘现场、查对账册、查勘记录、核定损失、组织纪律、查勘设备和理赔权限等；在保险赔偿方面要重视保险费是否缴纳、交费方式等。11 月，太平洋险大同中支理赔管理实现由手工管理到电子计算管理。

2000 年，太平洋财险大同中支理赔报案启用全国统一服务热线 95500。

2001 年，中国人民保险公司大同分公司设立理赔 / 客户服务中心，负责同城范围内支公司理赔集中管理，对县区支公司实行授权理赔管理。同年，中国人民保险公司财险大同分公司制定一系列理赔管理制度，主要包括：市分公司理赔人员廉洁从业制度、市分公司理赔工作保密制度、市分公司理赔查勘定损设备管理制度、市分公司理赔查勘定损车辆管理制度、市分公司理赔中心物品管理制度、市分公司理赔损余物资管理制度、市分公司理赔中心查勘定损值班制度、市分公司重大灾害理赔管理制度、市分公司重大灾害事故理赔预案、市分公司防灾防损工作规划、市分公司防洪涝减灾工作预案、市分公司重大赔案审核制度、市分公司重大赔案上报制度、市分公司理赔疑难案件会审（商）制度、市分公司理赔查勘服装管理办法、市分公司理赔信息反馈制度、市分公司报（立）案信息清理制度、市分公司查勘定损制度、市分公司理赔核损工作制度、市分公司理赔定损复查制度、市分公司理赔案件复查制度、市分公司理赔人员交流制度、市分公司理赔人员培训制度、市分公司理赔质量、工作效率分析制度、市分公司理赔通赔案件管理制度、市分公司理赔授权县支公司管理制度、市分公司理赔中心首问负责制度、市分公司理赔拆解定损中心管理办法、市分公司理赔报价工作管理制度、市分公司理赔医疗审核制度、市分公司理赔机动车伤人案件跟踪调查制度、市分公司理赔医疗审核（跟踪）办法、市分公司理赔投诉、纠纷、疑难案件处理制度，健全并完善理赔管理制度，进一步将中国人民保险公司大同理赔管理规范化、标准化和制度化。

2004 年，中国人民保险公司财险大同市分公司开始执行省分公司下发的《预付赔款管理暂行办法》，该办法对预付赔款的条件、理赔权限、工作流程等做出明确规定，使大同市预付赔款的管理职责明确、有章可循。

2005 年，中国人民保险公司财险大同市分公司执行由省分公司编印的《理赔实务大全》分册——《非车险理赔实务实施细则》。主要包括是财产险、工程险、责任保险、家庭财产保险、意外伤害保险、货物运输保险、农业保险等非车险理赔实务实施细则。

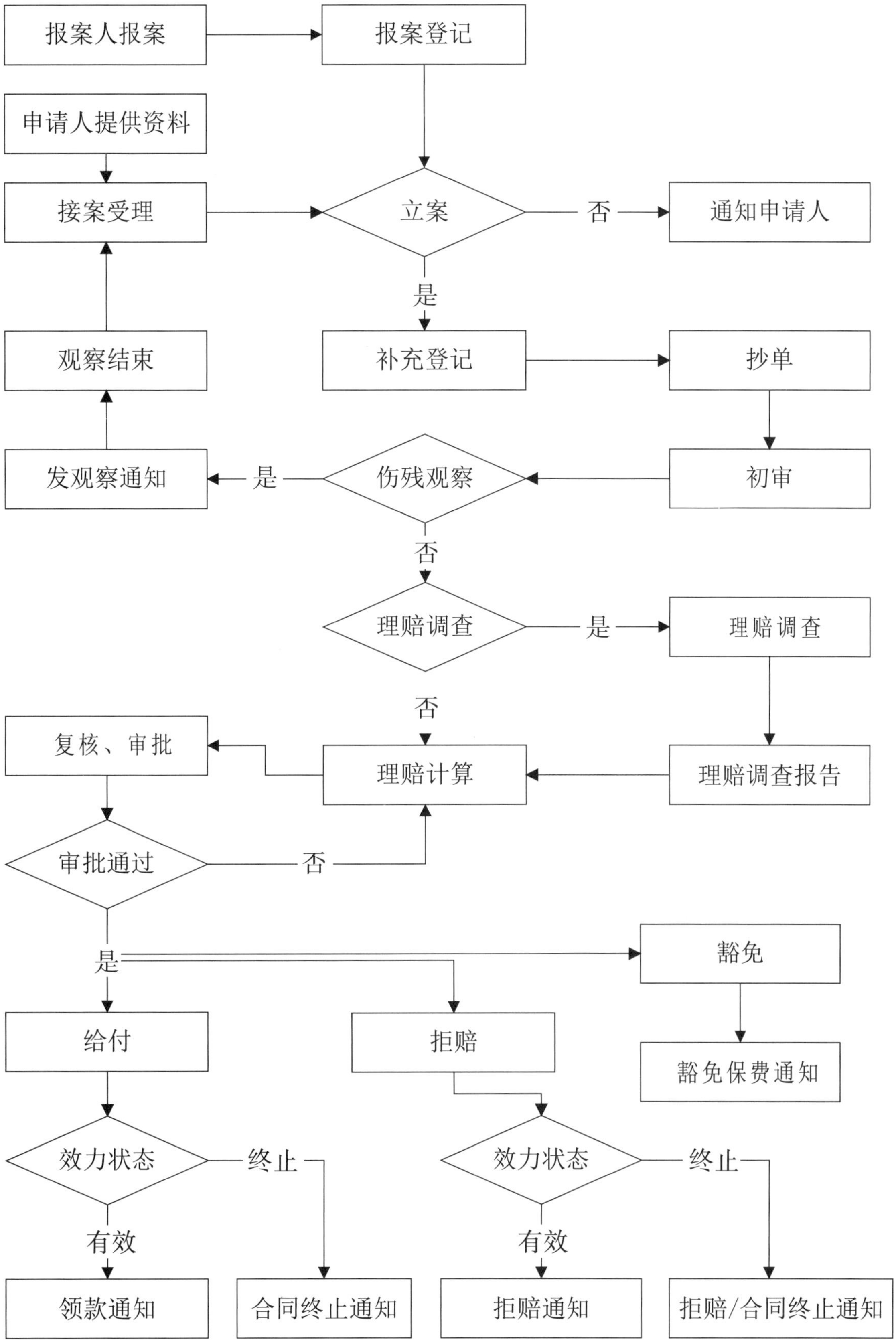

图 38　国寿 2005 年理赔流程图

2007 年，中国人民保险公司财险大同市分公司按照山西省分公司编印的《各类保险理赔案例范本及填写标准和说明》要求，从接案到归档所有环节，积极推广标准模板，提升公司理赔管理水平。

2008 年，太平洋财险大同中支在理赔业务上开始执行《理赔标准管理流程（SOP）手册（2008 版）》。

2009 年，根据中国人民保险公司财险总部理赔省级集中实施方案的要求，设立省公司核损核赔中心，中国人民保险公司财险大同市分公司财险按省公司授权操作与管理。同年，中国人民保险公司财险总部印发《中国人民财产保险股份有限公司核赔手册（2009 版）》，主要由四个部分构成，第一部分包括核赔概述、意义、职责与原则、核赔流程；第二部分为各险种核赔要点；第三部分为相关制度规定索引；第四部分为相关法律、法规、司法解释索引。“核赔手册”成为中国人民保险公司系统理赔工作人员的指南与准则。

2010 年，中国人民保险公司财险大同市分公司理赔条线实行“三师九员”制（核赔师分为三级划分即高级、中级、助理级核赔师，定位为中高端专业技术人才，是公司理赔队伍的核心力量。理赔员分为九员，是理赔大量基础工作的具体承担者），所有理赔岗位员工通过专业技能考试合格后持证上岗。各环节审核权限按照技术序列级别进行业务分级授权，对于超越本级权限的提交上一级进行审核，本级权限人员对下一级权限内案件进行抽检。同年，中国人民保险公司财险大同市分公司按照省分公司《关于成立全省财产险大型统保项目专项理赔代理服务组的通知》，成立专项项目服务小组，主要负责对“事故现场进行查勘拍照；记录受损材料及设备的数量；按规定向客户收集相关索赔资料；将资料邮寄到统保业务承保公司”等项工作。按照省分公司相关要求，制定《大同分公司“地震等重大自然灾害或重大火灾、生产、交通安全等事故灾害突发事件”理赔处理实施预案》，对重大突发事件和自然灾害的应急处理进行周密部署。同年，中国人民保险公司大同分公司执行《中国人民财产保险股份有限公司非车险理赔实务（2010 版）》。

2011 年，中国人民保险公司财险大同市分公司根据中国人民保险公司总、省公司理赔事业部改革方案的要求，初步形成较为完善的理赔垂直管理体系，实现“垂直管控、纵向考核、专业领先、服务一流”的理赔事业部改革目标。

2012 年 5 月，中国人民保险公司山西省分公司印发《中国人民保险公司财险山西省分公司大客户、统保业务理赔服务管理办法（暂行）》《中国人民保险公司财险山西省分公司联共保业务赔款摊回、划付管理办法（暂行）》。中国人民保险公司财险大同市分公司根据两个“管理办法”精神，对公司承保大客户、联共保业务的理赔工作进行制度化规范。

同年，中国人民保险公司财险大同市分公司理赔中心分内设理赔管理分部、车险理赔分部、人伤理赔分部，在县区支公司设立理赔分部，实行授权制度管理方式。

2013年，中国人民保险公司财险山西省分公司印发《关于强化非车险重大赔案省集中管控的实施办法》，对于非车险重大赔案理赔权限进行上收，由省公司集中管控。

2014年，中国人民保险公司财险山西省分公司加强理赔管理，在制度建立方面，下发《关于规范“工程机械保险”有关理赔的通知》《关于纠正非车险案件授权矿务局处理的通知》《关于规范新发生联共保业务代付赔款摊回的通知》等制度规范；在理赔服务方面，下发《关于为“中国联通山西分公司”提供优质理赔服务实施办法》《关于加强非车险理赔与产品线互动的通知》等服务制度；在提升理赔质量上，下发《非车险理赔分部理赔质量考核办法（2014修订版）》《理赔业务质量检查实施方案》等重要措施。中国人民保险公司财险大同市分公司按照相关制度和要求，在理赔管理上进行深入的对照梳理和深度整改。12月，太平洋财险山西分公司实行车险、非车险正式剥离，车险理赔部完成车险理赔省级集中，实现理赔人员的垂直管理。非车险理赔进行省市剥离，从省公司剥离的非车险理赔专员归大同理赔科管理。中支推出无纸化办公，所有非车险理赔超万元案件均采用系统影像上报中支审核，案卷不再邮寄。

2015年，中国人民保险公司财险市大同分公司非车险理赔业务按照省公司制定的《非车险及农险理赔分部理赔质量考核办法（2015版）》执行。太平洋财险大同中支非理赔险业务按照《中国太平洋财产保险股份有限公司非车险未决赔案管理办法》执行。

（二）机动车辆保险理赔管理

1951—1958年，大同支公司在汽车保险的赔偿处理上执行条款规定，如市价低于保额，按灭失或损失的数额赔付，并以市价为限；市价高于保额，则按保额对市价的比例计算赔偿金额。对案件的处理程序为：投保单位在发生保险责任范围内的灾害或事故后，应立即或不超过5天之期限内，先以电话或电报通知最近之保险公司，再以书面正式通知。保险公司在接到通知后，立即办理查勘手续，并会同损失单位估定损失数额。在收到所有证件后，于15日内核定是否赔偿或赔偿金额，并于达成协议后五日内实行赔付。

1981年，中国人民保险公司大同开办汽车保险及第三者责任保险，理赔管理办法执行总公司于12月份新颁订的《国内汽车保险条款》和《国内汽车保险实务》。赔偿处理共有七个部分：（1）登记；（2）审核保险责任；（3）查勘；（4）赔款计算；（5）缮制赔款估算书；（6）清分改送、支付及登记；（7）归档。在核赔计算中规定：

车辆损失险按原值投保的按原值赔但重置价值低于原值的按重置价值赔偿。按净值或估价投保的均按第一危险责任赔偿。如果一次赔偿等于保险金额全数，保险单即行注销。如果一次赔偿不足保险金额全数，原保险单继续有效，并按原来保险金额负责。施救和修理费用按合理的实际支出赔付。第三者责任保险：在保险有效期内，多次发生属于保险责任范围内的第三者经济赔偿责任每次均按政府有关机关判定应由被保险汽车赔偿的数额一次性结案。一切善后事宜均由投保人自行处理。车辆损失险如一次赔款超过保险金额全数而又兼保第三者责任险时：（1）如果该车已经修复，保险单只批改注销车辆损失险部分，第三者责任险继续有效；（2）如果该车辆已经灭失、报废，保险单全部注销并按日退还未到期的第三者责任险保费。“实务”同时规定第三者责任的追偿、无赔款安全奖励等。11 月，中国人民保险公司总公司下发《全国汽车保险运输保险专业座谈会纪要》，统一保额确定和赔偿原则问题。由于固定资产的折旧制度不健全以及物价因素，各单位账面价值低于实际价值，如按净值承保，保额不足，如损失后更换新部件，就会产生增值问题，纪要提出，承保时要尽可能争取按原值确定保险金额。对于少数坚持要按净值投保保户，如果保额严重不足，在发生局部损失经修理以后明显增值的，在赔偿时应将其增值部分扣除。对于第三者责任保险，原则上应以交通监理部门肇事赔偿的惯例，通过协商，合理解决。既要照顾受害人的实际利益，又要防止保险以后无原则地提高赔偿标准。

1982 年，中国人民保险公司大同支公司严格执行省分公司下发《关于汽车续保时无赔款安全奖励的规定》，明确 1982 年 1 月 1 日以后承保的业务，10% 的无赔款安全奖励在续保时给予收费优惠。

1983 年，中国人民保险公司大同支公司执行总公司新颁布的《机动车辆保险条款》，赔偿处理改为：“全部损失时，按保额赔偿，但不超过重置价值；部分损失时，按账面原值确定保额的，根据实际损失赔偿；按账面净值确定保额的，根据保额与原值比例赔偿”；按照估价确定保额的，根据保额与重置价值的比例确定赔偿；私有车辆按承保成数赔偿。索赔期限由两年改为一年。同时，出台《加强赔案审核及核定权限的规定》，要求各级公司理赔时一定要“重合同、守信用”，以事实为依据，以条款为准绳。对于一般拒赔案件，要先经承保公司领导批准后再行拒赔。但当被保险人对拒赔处理决定提出意见时，要将全卷报省公司审核。全省系统按照核赔权限的规定，建立分、支公司两级分工负责审批制。

1985 年，中国人民保险公司大同中支转发中国人民保险公司山西省分公司制定的

《关于加强机动车辆保险管理，降低机动车辆赔付率的几点意见》，明确规定：对酒后驾驶、无证驾驶造成第三者责任损失和肇事逃逸案件，保险公司不予赔付；对因“三超”（超载、超宽、超长）造成的车损和第三者责任损失的，增加免赔额或拒绝赔付；机动车出租、转让、变更用途未到保险公司办理批改手续的，不予赔付。同时转发《关于机动车辆保险展业、理赔暂行补充规定的通知》，通知规定：一是私有国产车辆的保险金额，按国家规定的现行平价价格的八成承保，并明确赔付方法的计算。二是凡公有保险车辆，不论是按净值或估价确定的保险金额，发生保险事故时的部分损失，材料费有增值的，先扣除其增值的部分，然后再根据条款第七章赔款处理的有关规定计算赔付。三是关于进口车辆的承保与理赔，公有车辆按购车发票确定保险金额，私有车辆按购车发票的八成确定保险金额。发生保险事故，根据特约条款进行赔付。四是被保险人严格履行其义务，对于不履行的，按条款第五章十六条规定处理。五是发生第三者责任险，被保险人按承保事故责任的大小自负一部分，全部责任者自负赔付金额的8%，主要责任者自负5%，同等责任自负2%。六是发生保险事故造成车辆损失的，要及时通知保险公司，待明确修理范围及项目，估算所需费用，与保险人商定后方可修理。七是机动车辆肇事造成车辆损失，保险公司应查勘定损，坚持“以修为主，能修不换”的原则。八是机动车辆所有权转让后，被保险人应携带交通管理部门办理的过户手续，到保险公司办理退保或车辆过户批改手续。九是车辆在外省发生事故，可根据全国机动车辆专业会议精神，委托当地保险公司协助查勘处理。

1986年，中国人民保险公司山西省分公司制定《保险车辆出险定损技术手册》并印发全省执行，其中对定责定损运用百分率比例法，有效地解决核定赔款的困难。同时印发《关于开展加强机动车辆保险业务质量大检查的通知》，检查的主要内容：一是现场查勘；二是按照保险条款定责定损，严格审查原始单据；三是严格履行核赔权限；四是损余的处理；五是追偿；六是赔款案卷各项单证须有效、齐全，并专案装订整齐，妥善保存；七是处理赔案的理赔人员必须严格遵守纪律、秉公办事，不得搞人情赔款和以赔谋私的不正之风，任何部门和个人不得接受各种名目的回扣费用。

1987年，中国人民保险公司山西省分公司对机动车辆保险条款进行修改，实行浮动费率和差别费率，颁发新的省颁《机动车辆保险条款》。同时省公司下发通知，要求各级公司进一步执行出险机动车辆百分率定责定损比例法，加强管理，降低不合理赔付。同年，中国人民保险公司大同中支加强调研，随着汽车维修厂数量的增加和地域范围的扩展，以及客户要求，中支取消特约修理厂，改为招标修理的办法。

1988 年，中国人民保险公司雁北中支狠抓机动车辆的理赔质量，积极参与交通事故定责，对肇事车辆实行定损失、定质量、定工时、定期限的“四定”招标修理，增设车辆肇事现场勘查示意图，并采取下发和张贴理赔通知单的方法，增加理赔透明度，让单位和群众检举揭发理赔假案，同时从各个环节上堵塞漏洞，采取“内勤把住外勤关，股长把住内勤关，财务把住复核关，审计把住监督关，经理把住审批关”把“五关”措施。同年，大同县支公司与 5 家运输大户签订安全运输合同，以上一年赔款为基数，每降低 1 万元赔款，奖励股室 100 元，当年汽车肇事事故明显下降。

1989 年，中国人民保险公司山西省分公司改进业务管理。一是严格审批权限，坚持把好双人勘查定损关，对所有事故，要求做到两人以上到现场查勘，共同定损。分公司对 2 万元以上的汽车赔案、5000 元以上的拖拉机险赔案集中统一审批。对未做到两人以上查勘定损的赔案，分公司和中支均不予审批。二是对保险车辆实行招标修理。各地将过去单纯定点修理逐步转变为定点招标修理，通过修理厂家相互竞争，缩短修理期限，提高修理质量，平抑修理价格，减少不合理的费用支出。三是各级公司对保险车辆残值严格按条款规定作价，正确处理，以冲减赔款。同年，中国人民保险公司山西省分公司下发《关于对机动车辆保险实行免赔的规定》，规定从 4 月 1 日起，对各种车辆依据不同的情形，实行不同程度的免赔。1989 年，中国人民保险公司雁北中支以降低机动车辆的赔付率为重点，加强综合治理，主要措施：一是对肇事车辆设计赔付档次，按比例赔付；二是对第三责任险，实行限额赔付或超额赔附加费的方法；三是严格把好理赔关，严格执行双人勘查现场，集体研究定损的把关制度；四是对肇事车辆采用招标的办法，择优选厂修理；五是加强理赔透明度；六是积极创造条件，妥善解决汽车零部件的不合理差价问题。

1990 年，中国人民保险公司山西省分公司制定《机动车辆承保理赔若干规定》。该规定进一步明确保额、保费的确定方式，规范查勘费、看尸费、吊车费、拖车费、人工施救费、伤者住院的营养费、残者生活补偿费、伤残者护理费、医疗费中的自费项目、第三者责任险伤残就医路费及其直系亲属或代理人的误工费等赔偿费用的标准。同时，为避免与被保险人在理赔时产生不必要的法律纠纷，要求各级公司在办理机动车辆保险业务手续时必须在保险单正本后附贴《中国人民保险公司山西省分公司机动车辆免赔规定》并加盖骑缝章。同年，省分公司把积极参与防灾防损作为降低事故率的措施之一，采取对机动车辆较多的单位逐年建立防灾档案，将购车时间、牌照号码、安全行驶、大修时间、“三保”时间、出险时间、赔款金额、驾驶员、单位负责人等逐笔填入防灾档案中。中国人民保险公司大同中支重申在理赔上坚持双级双人勘查，四级审核审批。残值的处理、送修的车辆和一次性定损处理，要认真坚持按权限审批的制度。特别是机动车辆如一次性处理有利于降低赔付率，须经支办经理、主任和主管科室批示，凡未经批准，擅自做主处理的，中支将视为不合格赔案。理赔权限继续执行前期规定，机动车辆1000元以上赔案报中支后，首先由主管科室承包人将1000元以上的私有车辆赔案和1万元以下的公有车辆赔案受分管经理委托负责审核把关，但审批签字手续仍由分管理经理履行。

1992年，国务院颁发的《道路交通事故处理办法》自1月1日起全面实施。为此，中国人民保险公司总公司与公安部联合下发《关于贯彻实施〈道路交通事故处理办法〉有关保险问题的通知》，通知明确逃逸案件由中国人民保险公司预付伤者抢救期间的医药费、死者的丧葬费，并有权向肇事者及其所在单位或机动车所有人追偿。同年，中国人民保险公司山西省分公司下发《中国人民保险公司山西省分公司关于机动车第三者责任险人身损害补偿的若干规定》，对人身损害的赔偿项目、赔偿标准的计算做了详细规定。同时，中国人民保险公司山西省分公司对理赔从业人员的选用上要求，一般须具有10年以上的驾驶技术，并参加过车险理赔培训班合格结业。对现场查勘上要求，凡是在本地区的交通事故都要进行现场查勘；对在外地肇事发生的重点损失案件及疑难案件，及时赶赴现场，以杜绝假案、骗赔案件的发生。在定损上要求，坚持保险公司、修理厂及车主三方定工时、定价值、定材料。对于追查归还被盗的保险机动车辆执行中国人民保险公司总公司与公安部联合下发的《关于追查归还被盗保险机动车辆的通知》，通知明确规定一是各级公安机关和保险公司要通力协作，充分发挥各自的职能作用，打防结合，遏制机动车被盗案件的上升势头；二是保险车辆失窃后，保险公司应立即通知公安机关。一经公安机关查获，应依法收缴并返还保险公司。

1993年，中国人民保险公司山西省分公司下发《车辆互碰赔案处理暂行规定》，制定“车辆互碰规定”实施细则，并在大同等五地先行实行。同时要求地市公司切实贯彻落实互碰规定， 要认真做好互碰赔案的业务统计，包括赔案数量、赔款金额、结案天数。

1994年，中国人民保险公司大同中支根据山西省分公司要求，从1月1日起开始执行《机动车辆保险特约条款》，在对赔案的处理上坚持以责扣赔和保额不足比例分摊，并特别约定：进口机动车辆的保险金额按实际价值确定，出险后在保险金额内按实际损失赔付；依据《道路交通事故处理办法》，对因超高、超长、超宽、超载、超速行驶、疲劳驾驶、肇事逃逸者，不予赔偿；被保险人及其允许的驾驶员，违反规则造成的经济损失，被保险人自负一定的经济损失。同年，针对承保车辆失窃现象日益严重的问题，总公司与公安部刑侦局召开“加强打击盗抢机动车犯罪活动座谈会议”，成立“中国人民保险公司财产保险事务协作中心”，并下发《关于正确对待车辆失窃保险责任问题的通知》，中国人民保险公司山西省分公司据此在各地市积极筹备成立分中心，与全国联网，密切合作，以利追回失窃车辆，并通过特别约定对失窃车辆采用不同的免赔金额。同时，根据总公司与公安部联合下发的《关于加强被盗抢机动车辆追查归还工作的补充通知》，加强被盗抢保险车辆的侦破工作及被盗抢保险机动车辆的返还工作，并对追回被盗抢保险机动车辆的有功单位和个人给予奖励。当年随着汽车数量的增加和事故的增多，对零配件的需求也不断增长，根据总公司发布的《关于开展进口汽车零配件报价工作的通知》，中国人民保险公司山西省分公司规定在处理车辆赔案时开始实行询价制度，要求各地市在处理进口汽车事故时，必须到总公司“汽车零配件报价中心”询价，询价后要做一次性定损处理。

1995 年，中国人民保险公司大同分公司执行中国人民银行下发的新的《机动车辆保险条款》，“条款”规定：全部损失，按保险金额计算赔付，但保险金额高于实际价值时，以不超过出险当时的实际价值计算赔偿；部分损失，按投保时新车购置价确定保险金额的车辆，按实际修理费用计算赔付，保险金额低于新车购置价的车辆，按保险金额与出险当时新车购置价的比例计算赔偿修理费用。以上车辆损失赔偿以不超过保险金额为限。如果保险车辆按全部损失计算赔偿或部分损失一次赔款等于保险金额时，车辆损失险的保险责任即行终止。同时，参照《机动车辆保险条款》绝对免赔率的规定，经省人行批准省内部分财险公司就被盗车辆的免赔率问题达成的“机动车辆保险特别约定”。对保险车辆全车被盗抢或被抢窃的各类情况制定不同的绝对免赔率，即被抢劫和在车库内被盗抢的车辆免赔 20%，其他情况（指乱停、乱放或停放在安全措施不落实的地方）下丢失的车辆免赔 30%。同年，中国人民保险公司大同分公司成立机动车辆配件报价中心和失窃车辆追查中心。

1996 年，中保财险大同分公司开始推行询报价制，正式上线单机版的汽车零部件报价系统，汽车零部件的询报价实现数据共享、分级管理、程序化操作。同年，中保财险山西省分公司制定《汽车配件询报价管理办法》，并先后搜集 40 多种常见车型，4568 种零配件的价格和 326 种车型整车购置价，极大地方便系统理赔管理人员正确掌握汽车零部件价格，正确定损。

1997年，中保财险山西省分公司根据“信息共享、分级管理、报供结合、合理定损”的原则，制定《汽车零部件报价管理办法实施细则》以及《汽车零部件报价实务》，前者主要内容包括总则、职责、询报价范围、询报价程序和要求；后者主要内容为零部件供应程序和要求等。同年，中国人民保险公司财险大同分公司在理赔管理上积极推广临汾中支广侯马支公司“三分离一监督”理赔运行的经验。“三分离”指查勘、定损、理算三个环节相互分离，相对独立、互不影响、互不干扰，同时又相互制约；“一监督”指加大内部稽核的力度、统一标准、降低不合理赔付。年底，中国人民保险公司总公司下发开发程序和模板，山西开发成功，中国人民保险公司财险大同分公司承保、理赔一体化上线运行。

1998年，中保财险山西省分公司下发《关于贯彻总公司机动车辆险创名优工程方案的实施细则》和《一九九八年机动车辆险创名优工程考核办法》，重点是加强以下几个方面的管理：事故索赔须知、结案速度、车辆修理厂、事故处理难题、理赔工作纪律、车辆零部件价格、定损与理算分离等。下发《机动车辆简易赔案快速理赔办法》，明确简易赔案的适用范围、查勘认定、理赔程序及要求。同年，中国人民保险公司财险山西省分公司下发《关于成立山西分公司机动车辆保险定损中心》的通知。明确定损中心的职责、定损范围、定损形式、理赔权限。制定《贯彻总公司机动车辆集中定损管理暂行办法的实施细则》。细则提出管理目标、机构设置、范围和权限、工作形式及操作程序。

1999年，中国人民保险公司财险大同分公司根据省分公司下发《关于对已追回盗抢保险车辆进行清理整顿的通知》，对1997年以来流失车辆情况、公安部门追缴返还车辆情况进行清理整顿。积极筹建全国统一保险服务电话，筹建大同分公司集中定损中心。

2000年，中国人民保险公司财险大同分公司服务热线“95518”开通。“95518”是总公司在全国建立统一的“中国人民保险公司服务专线电话”。热线开通时总公司规定：分公司全辖范围内所有报案全部通过“95518”专线直接报案且一案一报，如代客户报案的应在10分钟内向“95518”转报案，“95518”专线职场外的任何其他场所都不允许设置具有录入报案信息权限的“95518”座席终端。

2001年，中国人民保险公司财险总公司开发“事故车辆定损系统”软件，该软件对实现车辆保险“个性化”费率，事故车辆自动定损具有重要意义。中国人民保险公司财险大同分公司为了配合总公司车险业务信息网的建立及“事故车辆定损系统”的推广使用，积极组织定损、报价人员赴省参加学习和培训。同年，国家经贸、纪委、公安部和环保局联合下发《关于调整汽车报废标准若干规定的通知》和《农用运输车报废标准》的通知，对汽车、农用车辆按照座位、用途、年限、燃料、配置等确定新的报废标准。中国人民保险公司财险大同分公司根据总公司规定：按照原车辆报废标准确定实际价值的保单，在保险期限内发生事故，应按保单中确定的保险金额计算赔偿；保险车辆实际价值按新报废标准的，按四部委的文件执行。

2002 年，中国人民保险公司财险大同分公司实现由总公司统一开发应用的车险承保、理赔一体化应用系统正式上线运行。

2003 年，《中华人民共和国道路交通安全法》正式颁布，对道路交通事故处理产生重要影响。中国人民保险公司财险山西省分公司适时制定《伤残人员医疗跟踪服务实施办法》，办法规定凡涉及人员伤亡以及医疗费用的赔案，需要有医疗专业人员审核或介入。同年，中国人民保险公司总公司在山西开展机动车辆保险“异地出险、就地理赔”网络清算系统试点工作，中国人民保险公司财险大同分公司积极参与，并按照省分公司要求，遵循流程，执行规则，收集数据，汇报成果。为规范机动车辆消费贷款保证保险的理赔工作，中国人民保险公司财险山西省分公司下发《机动车辆消费贷款保证保险实务规程》，其理赔流程如下：接受报案—查抄底单—调查、协助催讨、清收—确定保险责任、立案—协助被保险人实现担保权—抵（质）押物的处置—缮制赔款计算书—核赔—支付赔款、结案登记和清分—理赔案卷管理—追偿—所购车辆发生全损后的赔偿处理。

2004 年，中国人民保险公司财险山西省分公司制定并下发《预付赔款管理暂行办法》。该办法对预付赔款的条件、理赔权限、工作流程等做出了明确规定，使大同预付赔款的管理职责明确、有章可循。下发《防盗抢车辆理赔管理办法》。明确规定车险被盗抢后的理赔环节、权限、工作流程、权益转让、车辆追回等具体工作。转发总公司印发的《关于建立保险事故车辆推荐修理厂网络的通知》，对建立推荐修理厂网络工作进行了总体安排和部署。同时，对推荐修理厂网络制定具体《实施细则》，对建立推荐修理厂网络的实施步骤、建立推荐修理厂网络的要求、保险事故车辆推荐送修的工作流程等作了详细规定和要求。

2005 年，中国人民保险公司财险大同市分公司根据省分公司制定的《理赔质量年活动方案实施细则》和《关于开展金牌服务工程——“理赔无忧”服务承诺活动的通知》，积极与当地汽车配件供应商联系并达成初步合作协议，为解决汽车配件“报供结合”问题进行了积极探索。太平洋财险大同中支“车险集中理赔系统”全面上线，车辆信息通过承保系统直接转入理赔系统，信息更加准确，风险点管控更加严格，估损单、查勘报告、计算书、综合报告书全部在系统中完成。

2006年，随着国务院颁布的《机动车交通事故责任强制保险条例》正式实施，中国人民保险公司财险大同市分公司开始执行由总部制定的强制险理赔流程和实务，采用总部开发的强制险理赔程序，实现了业务顺利衔接。同年，中国人民保险公司财险大同市分公司根据省分公司下发的《关于进一步做好“小额赔款支付窗口”工作的通知》，在理赔中心设立“小额赔款支付窗口”，对5000元以下的赔款直接支付。根据《小额赔案快速处理办法（试行）》，对符合办法的设立条件如“出险原因清楚，保险责任明，损失项目明确，可以在现场一次性进行核定，且损失金额在5000元以内；本车及第三者受损车辆属‘事故车辆定损系统’涵盖车型等”条件的小额赔案，实行快速处理即“一站式”服务。为了加强车险理赔管理，准确核定保险事故车辆损失，增强保险事故车辆定损的透明度，为客户提供优质、快捷、方便的拆解定损服务，中国人民保险公司财险山西省分公司制定《保险事故车辆拆解定损规程》，规程规定：在机动车的拆解定损过程中，必须由被保险人、修理厂、该司定损员三方共同来参与拆解定损的全过程，以能确定损失为限，不能肆意扩大拆解范围。三方签字确认赔款金额，如被保险人不选择推荐修理厂修理的，任何人不能进行阻拦，要积极与客户进行沟通，说明所发生修理费用超出赔款金额的部分，只能由被保险人自行承担，且被保险人应以书面形式签订确认书。

2007年，中国人民保险公司财险总部制定《交强险理赔管理操作指导意见》，主要内容包括：基本原则、强化报立案管理、提高查勘定损工作质量、规范赔偿处理、简化结案和归档、加强对交强险理赔数据的统计分析。中国人民保险公司财险大同市分公司按照《指导意见》的各项内容，提出新的交强险理赔管理办法和考核办法。根据省分公司制定的《车险核损管理暂行办法实施细则》，要求市公司理赔部门必须按照省公司转授权书和重大损案报损的规定进行办理，配齐核赔人员和核赔设备，对符合条件的赔案，必须进行核损，对不属于核损范围的其他车损案进行5%抽样核定。同年，大地财险实现全国通赔，同时开通“赔案在线查询”系统，为客户提供特色服务。太平财险大同中支车险流程增加调度、人伤查勘、医疗核损、查勘审核、立案审核、影像资料收集、特殊案件处理功能。

2008年，大同保险业各公司按照中国保险行业协会下发的《交强险承保、理赔实务规程（2008版）》和《交强险互碰赔偿处理规则（2008版）》，对于“无责财产赔付简化处理机制”“满限额提前结案处理机制”“无保险赔偿”等理赔处理机制，按照实务规定的适用条件操作，严格控制赔付风险。根据中国人民保险公司山西省分公司下发的《关于做好“保险事故车辆推荐修理厂”“保险事故车辆拆解定损点”相关工作的通知》，中国人民保险公司财险大同市分公司对“保险事故车辆推荐修理厂”和“保险事故车辆拆解定损点”资源进行认真的整合，并在理赔工作实践中采用上述两种模式。同年，中国人民保险公司财险山西省分公司制定《山西省分公司车险事业部深化改革实施方案》，完成省、市分公司车险事业部组织架构的调整。并对 一定金额或一定条件以上核损、核赔权限进行集中，初步实现理赔后台业务操作和关键风险控制点的省级集中，实现全省新车险理赔系统上线运行。

2009 年，中国人民保险公司财险大同市分公司开始执行省分公司制定的《2009 年车险理赔实务（2009）版》、《交强险承保理赔实务（2009 版）》和《车险核赔标准化作业指标书》，使车险核赔工作科学化、规范化、标准化。按照省分公司《车险理赔授权管理实施细则》，对全市系统核损、核赔权限进行调整并实施差异化管理，在省分公司支持下，完成远程定损网点的建立和硬件安装调试，实现远程定损点的开通运行工作。根据中国保监会《关于防范车险理赔环节风险的通知》，中国人民保险公司财险大同市分公司开始要求支付赔款采用非现金支付方式，并必须确认银行账户为合法的赔款领取人。太平财险实行“两核”权限省级集中。同时在理赔业务处理过程中，增加面见被保险人制度，要求在事故现场查勘、受损车辆定损和接收赔案资料这三个环节中至少履行一次与被保险人面见的手续。

2010 年，中国人民保险公司财险大同市分公司开始执行由省分公司印发的《车险理赔标准化手册》。手册分 6 个部分，第一部分为理赔形象标准。第二部分为理赔服务标准。第三部分为理赔流程标准。第四部分为理赔操作标准。第五部分为车险理赔辅流程标准。第六部分为通赔。六个部分将成为全市理赔条线服务和考评的纲领。同年，中国人民保险公司大同财险分公司按照总公司下发的《关于全面做好杭州流程控制系统上线前各项准备工作的通知》，认真宣导，悉心准备，实现车险理赔的短信接触全程化、查勘（定损）调度的全程监控、3G 手机移动查勘、重要客户服务、事故车辆送修、S 店合作评价、服务品质管理等七大功能。同时全市以履行客户服务承诺制为重点，积极推行新“理赔无忧”工程，落实“一小时通知赔付”“一张纸理赔”“四海通行”等服务承诺等。

2011 年 11 月，太平洋财险实现理赔省级集中，在山西省建立 4 个理赔片区，大同为其中一个片区。除查勘定损、理算缮制外，其他环节均做到全省集中。12 月，太平洋财险大同分公司采用新的科学技术，使用 3G 移动视频设备进行查勘定损。

2012 年，中国人民保险公司财险大同市分公司深入贯彻保监会综合治理“理赔难”

和“加强改进车险理赔服务质量”精神，学习省分公司制定的《加强和改进车险理赔服务质量工作方案》《理赔服务“四度”领先专项竞赛活动实施细则》《综合治理“理赔难”工作方案》等，制订全市实施细则，开展专项整治活动，全力破解理赔难题。转发由省分公司制定的《大客户、统保业务理赔服务管理办法》《理赔监督评价办法实施细则》，并提出执行大客户、统括业务理赔服务的实施意见和各理赔环节、理赔人员在理赔服务过程中应该注意的事项。太平财险大同中支开始推行查勘、定损自动审核系统，通过授权查勘定损人员“一张纸”案件处理权限，实现小额案件的快速处理。同时，执行太平总部《太平财产保险有限公司车险车物重大赔案管理规定》，提高车物重大赔案立案准确性和及时性。

2013 年，中国人民保险公司财险大同市分公司根据省分公司《关于组织进行全省推荐合作修理厂评定工作的通知》，对大同综合修理厂进行推荐评审。为加强理赔队伍建设，促进理赔人员技能提升，强化理赔成本管控，中国人民保险公司财险大同市分公司根据《中国人民保险公司财险山西省分公司理赔线人员末位淘汰实施办法》，推进实施，严格考核，增强了理赔线人员的竞争意识与危机意识。同年，根据中国人民保险公司财险山西省分公司要求，中国人民保险公司财险大同市分公司停止非合作修理厂（4S 店除外）的“直赔”服务。太平财险大同中支车险理赔自动理算功能正式上线。

2014 年，中国人民保险公司财险大同市分公司大力实施《车险降赔付工程》六条刚性举措，即：严格控制车险报立案环节的道德风险，实现报立案数量的合理回归；狠抓车险人伤案件管控，强化事前跟踪，确保人伤案件均赔款大幅下降；严格车损大、要案定损，规范操作流程，遏制车损大、要案利益漏损；落实“管客户”向“管修理厂”的转变，降低保险事故车辆修理成本支出；规范追偿流程，加大稽查反欺诈工作力度，打击虚假骗赔案件；理赔部门每月向车险部、基层公司反馈异常赔付信息，完善承保政策，遏制不良业务涌入。太平财险大同中支“E 直通”上线，通过技术创新，推行多元服务，实现集远程理赔模式、协勘模式、客户自助模式于一体的理赔服务。中煤财险大同中支“车险核心业务系统”小额案件自动核价核损上线，对于符合规则的案件，系统可以自动审核通过，案件直接到达资料收集状态，资料齐全后提交核赔完成结案。安诚财险大同南郊支公司实行“365 天 ×24 小时”接报案、查勘定损服务。

2015 年，中国人民保险公司财险大同市分公司继续实施“车险降赔付工程”，深入推行车险降赔付七项刚性举措，重点在上年六条刚性举措上增加对家庭自备车划痕险理赔管控，遏制划痕险持续高赔付；增加了大力推广“低碳修复”的应用，通过技术手段达到减损降赔等措施。太平洋财险大同中支根据省分公司制定的《山西分公司车险查勘定损规范》以及其他管理要求，在理赔查勘方面对查勘时限、服务礼仪、操作流程作了进一步规范要求；在理赔管理方面推出“核赔前置”机制，即在公司受理报案后，核赔员即介入全程跟踪，指导查勘员完成案件处理；在理赔服务方面推出“指尖理赔”。即用手机移动端代替电脑 PC 端，提升理赔速度和服务质量。太平财险利用先进 IT 科技，3G/4G 互联网技术，实现“E 理赔”（通过 PAD 实现理赔资料传输完成理赔处理过程）、互联网理赔（通过应用移动互联网技术以及微信、“E 直通”等在线沟通工具传输理赔信息，完成理赔全流程，实现客户零接触快速理赔的作业模式）。

2016 年 7 月，太平洋财险大同中支推出理赔专属品牌“太好赔”，提升客户理赔体验，打造太保服务形象。

2017 年，太平洋财险大同中支向社会公众公布 19 项创新服务，主要包括：“一交钥匙、全程包办”的金钥匙理赔服务、车险微信自助理赔服务、“专线咨询、专员服务、专人理赔、专车代步”的女性车主专属服务、“一纸委托、全程包办”的人伤无忧服务等一系列内容，促进理赔管理和服务水平的提升。

（三）货物运输保险理赔管理

1951 年，中国人民保险公司大同支公司开办货物运输保险，各种实务执行总公司规定，对货物运输保险险单中的匪特纵火案予以赔偿，并对运输险赔案一律免扣途耗。

1952 年，中国人民保险公司大同支公司根据总公司指示，在运输保险金额与理算办法上执行如下规定：一是凡保户按目的地成本投保者，应认为已足额投保，出险后之救护费用，可不予分摊；二是保额不足目的地成本者，就认为投保不足额，救护费用应比例分摊，其保额超过目的地币值者，认为是超额保险，对超过部分不予负责；三是运输物资中途出险，发生后续费用，不论是否将运费投保在内，都应负责，该项费用可合并在救护费用内处理，如保额不足目的地成本的，应比例分摊。如出险时未缴运费，根据运送契约可以免缴者，亦应扣除。运输物资中途出险，就地处理赔款时，可根据出险地的成本或币值为理算标准。

1954 年，中国人民保险公司大同支公司处理规定：对运输物资保险出险后，因原地无法处理，而必须回起运地加工、修理或配换所支出的费用或损失，过去均由公司负责赔付，现改为按一次运程为限，按固定损失赔付，不再负责包修包运。

1956 年，根据交通部规定，由于承运机构责任造成货物的损失，同时又属于保险责任范围以内的事故时，应由承运机构对货物损失负赔偿责任。中国人民保险公司大同支执行差额给付原则，即只负责赔偿承运机构赔偿不足的差额，或先由本公司赔偿货物的损失后，再向承运机构追偿。

1957 年 6 月，中国人民保险公司大同支公司货物运输险执行相对免赔规定，即在保险凭证有效期内，所保物资发生损失时，按每件或全部物资计算，其损失已经达到 5 元或总额的 2% 时，本公司即负全部损失的赔偿责任。

1984 年，中国人民保险公司大同中支恢复货物运输保险，执行按照总公司下发的《关于出口散装、袋装货物短量损失理赔掌握问题》规定，执行对散装货物若条款扩展包括超过免赔额的短量，有短即赔。

1987 年，中国人民保险公司大同中支根据国务院批准的铁道部发布的《铁路运输合同实施细则》及国务院批转的《关于加快发展我国保险事业的报告》精神，执行总公司与铁道部联合制定的《铁路货物运输实行保险与负责运输相结合的补偿制度的规定》、与交通部联合颁发的《水路货物运输实行保险与负责运输相结合的补偿制度的规定》，投保货物运输险的货物，由承运人责任所造成的损失，由承运人在限额内按照实际损失负责赔偿，超过限额的部分在保险金额内补偿；不属于承运人责任而属于保险责任范围内的损失，由保险公司按照实际损失，在保险金额内予以赔偿。

1988 年，中国人民保险公司山西省分公司按照总公司下发的《关于切实加强货物运输保险业务代查勘代理赔工作的通知》和《国内货物运输保险代查勘、代理赔工作实施办法》，对代查勘、代理赔案件的处理，当赔款结案后，按照下列办法处理：一是代查勘代理赔的各市应立即将原始单据寄送承保公司；二是一律不予扣除各类货物的途耗；三是各分公司要及时妥善协调代查勘代理赔中的纠纷；四是凡陆运货物损失 5 万元以上，水运 10 万元以上必须报总公司备案。

1989 年，中国人民保险公司大同中支按照总公司《国内货运险代查勘代理赔实施办法》运行，调整代赔案件的核批权限暂定为：1000 元以下的代赔案，由县支核批；1000 元至 2000 元的由中支核批；超过 2000 元报省公司审批。

1990 年，中国人民保险公司山西省分公司制定并下发《山西省货物运输保险代理赔工作质量竞赛考核办法》，全省分两级公司，按差错情况分别积分排名。

1992 年，根据总公司对核赔费和追偿手续费用的规定，在缮制业务赔款计算书时，加 2% 和 15% 的核赔费和追偿手续费，并计入赔款总额。

1993 年，中国人民保险公司大同中支在货运险“双代”工作中，执行省分公司转发的《国内货物运输保险代查勘代理赔工作实施办法（修改稿）》规定：一是对损失金额不足 3000 元的赔案，可不征求承保公司的意见，立即全权代为赔付；二是代赔公司每处理一笔代查、代赔案，可向承保公司收取代查勘费 200 元；三是在每一笔代查、代赔案的代查费中，分公司按 50% 的比例提取费用（其中含代总公司提取 5% 代查勘费）。

1995 年，中国人民保险公司大同分公司根据最高人民检察院颁布的《关于审理铁路运输损害赔偿案件若干问题的解释》的相关内容处理各类铁路货运险赔案。同年，中国人民保险公司大同分公司根据省分公司转发总公司下发的《关于严格在时效期限内提起诉讼或仲裁的紧急通知》，对有关船舶保险、货物运输保险的理赔、追偿，严格依照《中华人民共和国海商法》关于时效的规定办理，及时提起诉讼或仲裁。

1996 年，中保财险大同分公司按照山西省分公司制定下发《国内航空、铁路货运险代查勘、代理赔工作实施办法》，对全辖县（区）支公司的“双代”清算工作提出具体要求。同年，为确保“双代”工作的规范化，提高清算工作质量和效率，中保财险大同分公司转发省分公司制定的《国内货物运输险考核评比办法》和《国内货运险代查勘、代理赔考核评比办法》，其中对案卷的装订、单证的完整性、赔案上报时限等做了具体的考核评分标准。

2001 年，中国人民保险公司财险山西省分公司为促进货运险“双代”赔案主动、及时、准确、合理地赔偿处理，针对预约业务的出险报案问题、代理赔问题、单证流转问题，下发《关于对货运险预约业务“代查勘、代理赔”问题的通知》，中国人民保险公司财险大同分公司就接受报案、代理赔问题、单证流转等环节进行了明确，并配套出台实施办法和实施细则。

2002 年，为规范“双代”工作，根据总公司下发的《国内货物运输保险代查勘代理赔工作实施办法》和《实施细则》，明确规定：在出险地基层公司的“双代”工作中，查勘报告要尽可能详细、真实，计算书要正确，案卷流转时基层公司要自留存档备查单证，其他的要装订成案卷报出险地分公司审核。出险地分公司的“双代”工作中，出险地必须对赔案认真审核，审核完毕后在代理赔清算管理系统中进行数据录入，汇成上报数据，打印登记。

2005 年，中国人民保险公司财险山西省分公司在总公司理赔实务的基础上，编印《理赔实务大全》分册——非车险理赔实务实施细则。其中，对货运险业务明确规定要按照查勘定损工作流程实施定损理赔，即公司专线服务电话接到报案后，及时与县级支公司联系，查勘定损员双人到事故现场，会同客户及相关部门采取必要、合理的施救措施，减少保险货物的损失，确定货物损失的范围、数量、程度，取得客户（被保险人或其委托人）对货物损失程度的认可。指导客户正确填写《出险通知书》，查勘人员在规定的时间内将查勘情况详细反馈给专线服务电话，及时移交查勘资料，按核赔权限进行理赔。

（四）责任保险理赔管理

1981年7月，中国人民保险公司大同支公司按照中国人民保险公司总公司寄发《国内汽车保险实务》，在第三章规定：一、车辆损失险加保第三者责任险或单保第三责任险的保险责任范围，审核肇事报告所列出险原因如系在承保范围以内者，应即进行理赔手续。二、属于第三者责任险责任范围部分应请投保人和公安人员对撞伤人员尽快抢救，为了便于早日进行查勘，各区办、县支在接到出险通知后，可相互委托肇事所在地的区、县保险公司代为查勘。三、在保险有效期内，多次发生属于保险责任范围内的第三者经济赔偿责任每次均按照政府有关机关判定应由被保险汽车赔偿的数额一次赔偿结案。10月，全国汽车保险运输保险专业座谈会纪要对“第三者”作出解释和规定：凡搭载在保险汽车上的人和物都不赔；保险汽车以外的人和物都可按第三者责任予以赔偿。对第三者责任险赔偿金额的规定：现行国内汽车保险的第三者责任险没有保险金额，发生赔偿时，原则上应以交通监理部门肇事赔偿的惯例，通过协商，合理解决。总的精神是既要照顾受害人的实际利益，又要防止保险以后无原则地提高赔偿标准。

1997年1月，中保财险大同分公司按照山西省分公司下发的《关于印发责任保险条款解释、理赔工作实务的通知》（以下简称《通知》）要求，组织业务学习，强化业务素质，对《通知》规定责任险案件的受理、现场查勘、责任审核、核定损失、损余处理、赔款计算、赔付结案、单证管理八个环节，认真贯彻，严格执行。对《通知》附录的《职业病范围》进行常识性培训。在责任险理赔案件中开始使用由省分公司制定的《责任保险理赔单证》和《责任保险理赔单证使用说明》。10月，中国人民保险公司财险山西省分公司下发《责任保险残疾赔偿标准（试行）》的通知，该通知规定：本“赔偿标准”自文到之日起执行，原《雇主责任险赔偿金额表》同时废止；本“赔偿标准”适用于各类责任险因意外事故和职业病引起的永久性残疾。

1998年2月，中保财险山西省分公司根据责任险业务开办以来出现的问题，制定《责任保险若干补充规定》，对以下问题作出规定：一是从本月起承保的公众责任保险业务，原条款意外事故定义中删除“包括火灾和爆炸”，同时条款除外责任增加“火灾和爆炸”，但是，可以特约承保该项责任（不另加保费），并在保单特别约定栏内注明。二是关于医疗费用赔偿限额：雇主责任险医疗费每人累计赔偿限额为相应伤残赔偿限额的60%。公众责任险和产品责任险每次事故医疗费每人赔偿限额为每次事故人身伤亡（害）每人赔偿限额的60%。三是因意外受伤或患职业病被确诊为永久性残疾后又死亡的，只要尚未结案，均按死亡赔偿限额赔付。四是雇主责任险伤残赔偿限额为一个保期内的累计赔偿限额。五是对于意外受伤或患职业病经医治后死亡的，无论是否发生医疗费，均按其死亡赔偿限额赔偿。六是雇主责任险误工工资每人累计赔偿限额为伤残赔偿限额的8%。七是医疗费赔偿限额、误工工资赔偿限额必须在保单特别约定栏内注明。八是小型（营业面积100平方米左右）娱乐、餐饮、商业、修理等企业可以按固定赔偿限额、固定保费的办法承保公众责任险。固定累计赔偿限额2万元（其中医药费累计赔偿限额8000元），不约定每次赔偿限额，固定保费230元。财产损失相对免赔额100元，条款、保单不变。九是产品质量保险（含产品信誉保险和商品信誉保险）地市公司和省公司核赔权暂定为3万元。十是公众责任保险增加每次事故人身伤亡和财产损失赔偿限额，经保险公司协商确定后，填写在保单特别约定栏内。8月，中国人民保险公司财险山西分公司下发《关于责任保险的若干补充规定》，该规定在理赔工作中要求：一、有人员死亡赔案，除《责任保险理赔工作实务》的规定外，都必须索取死亡者户口注销证明；二、有人员死亡的赔案，必须立即索要死者身份证复印件、上月工资表、本月考勤表，并照相留存；三、死亡人数较多的赔案，必须索取联合事故调查报告和法医鉴定；四、凡在康复中心、高档病房等住院，其医疗费可比照普通医院或病房的医疗费标准赔偿。

1999年4月，中国人民保险公司财险大同分公司按照山西省分公司下发的《财产保险业务若干补充规定》，在责任险业务理赔上执行如下规定：一是由于保险事故造成被保险人雇员（含公众责任险、产品责任险中的第三者）死亡或永久性残疾，被保险人索赔时，必须提供该雇员的身份证复印件或正规的户口证明，或能证明其真实身份的其他证明。二是保险赔案结案时，如果伤、残者需再次手术或继续治疗的，凭县级以上医院证明和诊断建议书可予以赔偿。手术费用的赔偿，按其首次住院期间费用的50%计算，最高不得超过2000元；继续治疗费用的赔偿，按其首次住院期间费用的10%计算，最高不超过1000元。三是在就近、规模较大、技术力量较强的厂矿和部队医院就医的医疗费用，可视同在县级及县级以上医院就医赔偿。8月，按照省分公司转发《中国人民保险公司雇主责任保险》和《中国人民保险公众责任保险条款》及其附件的通知，中国人民保险公司财险大同分公司责任保险理赔主要执行下列规定：

一是责任保险理赔工作实务；二是1998年中国人民保险公司财险山西省分公司印发的《责任保险若干补充规定》第8、9条规定；三是责任保险理赔单证及使用说明；四是雇主责任保险每人赔偿限额最高为10万元，公众责任保险（含供电责任保险）每次事故每人赔偿限额最高为2万元；五是雇主责任保险和公众责任保险的残疾确定以受害人出院时的医疗诊断书为准。

2001年，中国人民保险公司财险大同分公司根据山西分公司制定下发的《特殊企业财产保险管理暂行办法实施细则》的要求。对相关理赔细则明确规定：对一些集体、个体、私营企业财务不健全，管理不规范的特殊企业，根据案情复杂情况，对有关当事人进行询问，掌握出险时间、地点、原因，了解保险标的的损失情况、保险标的的结存情况等，对有关情况进行调查核实。保险人与被保险人达成损失赔偿协议后，按赔偿金额的20%范围内实行绝对免赔额。同年，根据总公司下发的《旅行社责任保险条款》及其实务，中国人民保险公司山西省分公司转发并制定《关于做好旅行社责任保险工作有关事宜的紧急通知》，根据该通知，中国人民保险公司财险大同分公司在对待旅行社责任保险的理赔上，无论是由哪家公司承保或承保与否，接到报案后都要及时与承保公司联系，并本着“及时、准确、合理”的原则查勘和理赔。对旅行社责任险代理赔代查勘的问题，在省分公司新办法未出台前，参照车险代理赔代查勘办法执行。

2002年，中国人民保险公司财险大同分公司根据山西省分公司规定，为扭转责任险特别是雇主责任险连年亏损的局面，对采矿等行业的雇主责任险费率、保险责任做了适当调整，即按不同行业、按上年度赔付率的不同，保费上浮程度不同；将除外责任“被保险人的重大过失”扩展为附加保险责任。同时提出进一步加强雇主责任保险经营管理的措施：一是要严格计算续保企业上年赔付率；二是续保时要认真填写《雇主责任保险续保业务上一保险年度赔付率核定表》；三是附加责任保险必须在保单中注明。

2003年，中国人民保险公司财险大同分公司实现由总公司统一开发的非车险承保、理赔一体化应用系统上线运行。

2004年，中国人民保险公司财险全市系统所有非车险报案统一以市分公司为中心的“95518”受理，所有县（区、市）支公司业务处理系统的报案口一律关闭，未经“95518”受理的赔案，一律不得进行赔付处理。全市理赔业务执行总公司制定的企财险、货运险、责任险等12个险种的理赔实务和《理赔工作管理暂行规定》。同时按照省分公司要求，建立了理赔业务分析制度，并利用外部资源对赔案进行定损或理算，提高理赔效率和质量。

2005年，中国人民保险公司财险大同市分公司开始执行由总公司编印的《理赔实务大全》分册——《非车险理赔实务实施细则》。

2007 年，中国人民保险公司财险山西省分公司为规范煤矿安全生产责任险的理赔工作，下发《关于做好煤矿安全生产责任险赔偿处理的通知》，中国人民保险公司财险大同市分公司按文件规定执行：损失金额高于或等于赔偿限额的，按赔偿限额赔偿；低于赔偿限额的，在赔偿限额内据实赔偿。赔偿金额应按受害人实际情况，根据最高人民法院《关于审理人身损害赔偿案件适用法律若干问题的解释》的规定，在赔偿限额内逐项计算赔偿。同年，为规范理赔案件的制作，中国人民保险公司财险山西省分公司编印《各类保险理赔案例范本及填写标准和说明》，其中中册部分包括企财险、工程险、货运险、责任险等险种。每个险类包括两部分内容，一部分是理赔案例范本及填写标准和说明；另一部分是本理赔案例未涉及单证填写标准和说明。该标准下发后，中国人民保险公司财险大同市分公司以省公司范本为标准，立即组织学习，集中培训，对一些理赔案卷管理上存在的薄弱环节进行整改与完善。

2008 年，中国人民保险公司财险大同市分公司按照省分公司下发的《关于做好责任险、信用险、意外险和健康险理赔工作的通知》和《关于规范报立案制度的通知》精神，为提高理赔工作水平，规范理赔业务管理，统一理赔管理报案制度，执行下列规定：一是赔款案卷应当严格按照标准赔案（范本）制作；二是涉及死亡的意外险和健康险赔案必须有《索赔申请书》、《理赔事项授权委托书》、被保险人名单、继承人代表的书面材料和亲笔签名；三是所有估损金额超过授权权限的案件，必须及时以电子版面形式上报省分公司，提供资料内容至少包括《重大损案通知书》、简单的案情简介、负责该案件的联系人名单和电话。

2009 年，中国人民保险公司财险大同市分公司按照山西省分公司为及时应对重大突发事故制定的《责任信用产品线信息和重大事故上报制度》《关于进一步明确责任险重大事故上报制度及应急预案的通知》精神，从严要求，谨防懈怠，绷紧风险管理之弦，明确重大事故标准、报送内容、相关要求、突发事件应急预案的组织管理、应急处理、预案启动工作等。同年，根据总公司下发的《关于进一步强化未决赔案关键环节管控的通知》和《关于做好责任险未决赔案清理工作的通知》，在全市范围内开展未决赔案清理工作。

2010 年，中国人民保险公司财险大同市分公司为强化理赔管理，严格执行总公司下发的《非车险理赔实务》和新上线的新非车险理赔系统。

2011 年，中国人民保险公司财险大同市分公司开始执行总公司下发的《医疗责任保险理赔指导意见》。新的指导意见主要包括总则、理赔模式、理赔管控、医疗纠纷调解合作机制、理赔流程、附则等内容。永诚财险大同分公司开始执行由省分公司制定的《非车险大面积灾害理赔应急预案》，该预案建立了快速应急处理机制。同年，太保财险山西分公司实现非车险理赔省级集中，在山西省建立4个理赔片区，大同成为其中一个理赔片区。

2012年，永诚财险大同中支落实山西分公司出台《运营系列技术人员评聘实施细则》，核赔人员进行全面培训与考试，实行持证上岗，有效期为3年，每年对资格进行年审。同年，出台《非车险两核管理考核办法》，对理赔部分的报案时效、立案率、当期结案率、结案周期、估损偏差率制定严格的考核标准。

2013年，中国人民保险公司财险大同市分公司根据省分公司为强化过程管理、提升理赔质量制定的《非车险省公司核赔案件赔案质量评价办法》以及建立《非车险万元以下案件处理情况通报》机制要求，大同分公司在理赔案件管理方面，定措施、严把关、重细节，讲责任，实现理赔案件管理水平的提升；在通报机制方面，认真关注各项考核监控指标、案件处理、理赔风险数据、重大案件处理、招标业务处理以及省公司核损核赔中心非车险核损核赔组、各经营机构等多维度非车险理赔质量指标体系，建立定期通报机制。

2014年，中国人民保险公司财险山西省分公司加强制度建设，强化理赔管理，先后出台许多理赔管理制度。如《关于规范医疗责任保险理赔工作的通知》《关于加强健康险之补充医疗保险理赔管控的通知》《非车险理赔分部理赔质量考核办法》《理赔业务质量检查实施方案》《关于强化非车险报案处理的通知》等。中国人民保险公司财险大同市分公司根据省分公司对理赔管理要求，对医疗责任保险理赔工作包括其他非车险理赔工作的整体要求，进行制度梳理，对标核查，并对非车险未解决案件、理赔风险数据进行清理，及时解决制度性及发现的其他问题。

2015年，中国人民保险公司财险大同市分公司按照省分公司下发《非车险及农险理赔分部理赔质量考核办法（2015版）》精神，认真研究考核指标，及时调整工作重点，集思广益，部署安排。太保财险大同中支按照山西分公司对核赔与查勘脱节问题意见和要求，推出核赔前置机制。即在受理报案后，核赔员即介入全程跟踪，指导查勘员完成案件处理。同时要求，每案必查，严格按照操作流程进行理赔操作，随时保持对案件的跟踪和必要的回访。

（五）农业保险理赔管理

1951 年，中国人民保险公司大同支公司将拉煤牲畜、农村长途运输牲畜作为突破口开展牲畜保险业务。按照《牲畜保险暂行办法》，对死亡牲畜及永久丧失劳动能力牲畜的赔偿规定为：保险金额减去死畜或残畜变价八成所余差额作为赔偿金额。同时规定其死畜或残畜须在保险公司评定价格后折归保户自行处理，不得先行处理。对承保牲畜中途死亡，畜主申请赔款，规定在取得相关证明并在卡片上写明死亡原因，经查勘核准后，即可向保险公司办理领款手续。同时规定所保牲畜患病时，须到指定防治机构医治，否则医治费用由保户自行负担。

1956 年，中国人民保险公司大同支公司根据总公司、省公司有关牲畜保险的相关规定，当被保险牲畜死亡时，除了市价不变或市价上涨一律按照保险金额赔偿外，如果市价低于保险金额时，必须按照市价赔偿。对中途死亡牲畜，要求派员实地查勘，并详细填写出险案件处理单，作为赔款的主要依据。

1958 年，中国人民保险公司山西省分公司在“六保”会议上制定《养猪自愿保险（草案）》，在赔偿处理上规定：肉猪、种猪，发生死亡时，根据猪只尸体毛重，按照当地收购肉牌价七成赔付，优良种猪按照保险金额赔付。

1988 年，中国人民保险公司山西省分公司为了保障农业保险的稳定经营，在赔偿处理上，实行以县为单位限额赔付的办法，最高限额为实收保险费的 80%，出现巨灾最高赔付 100%。中国人民保险公司雁北中支提出办理农业保险原则“政府组织、农民互助、保险代理、以县统保、以乡签单、以收定支，限额赔付、节余积累”。种植业要实行差额理赔，避免出现大赔大丰收现象发生；养殖业要实行低保额低赔付，坚持保额与市价挂钩，死亡率与赔付率挂钩原则。

1989 年，为更好地指导基层掌握理赔标准，省公司印发《农作物生长阶段赔付数额表》，下发至各基层公司用于理赔参照。

1992 年，中国人民保险公司山西省分公司遵照总公司农业保险应坚持“以防为主，防补结合”的原则，在全省 31 个小麦生产基地、14 个玉米生产基地和 6 个棉花生产基地开办种植业保险。对发生保险责任范围内的灾害损失，按保险金额与收获量之间的差额，视本地筹集资金收入情况，综合平衡进行补贴。如损失额在所筹资金范围内时，保险公司与地方农业保险基金会分别在各自分保的资金额度内给予补偿。发生大灾不够赔付时，保险公司将给予大灾补贴，当灾害损失达到当年筹集资金的 100%—200% 时，保险公司另给予分入保险50%的倾斜补贴；当灾害损失达到当年所筹资金20%以上时，保险公司将再给予分入保费50%的倾斜补贴。如当年灾害小，补偿少，除扣除补偿和分入保费部分的10%作为业务费用外，其余分入保费按无赔款安全优待返还给当地，作为农业风险基金。

1996年，对于小麦火灾保险的赔偿处理，采取每公斤单价按照国家当年平均收购价格计算。

1997年4月，中国人民保险公司山西省分公司根据全国农业保险工作会议提出的"以效益为中心，积极稳妥，适度发展农业保险"的指示精神，结合省内实际，出台《关于下发〈一九九七年农业保险发展意见〉的通知》，制订农业保险赔案报批权限，对种植业险估损在10万元（包括10万元）以上、养殖业险估损在5万元（包括5万元）以上的赔案，出险后要上报省分公司财产险处，并报省分公司核批。5月，转发《中保财产保险有限公司农业保险业务系统管理办法》，在理赔管理中提出建立分种植业、养殖业、疑难案件分级审批和查勘原则。

1998年，中保财险大同分公司种植业保险执行农作物收获价值与限额标准相差的歉收价值作为理赔原则；对养殖业险实施赔付时扣残值的办法，赔偿金额最高不超过保险标的实际价值的70%。

1999年，中国人民保险公司财险大同分公司执行限定免赔率或免赔额的办法。对种植业保险赔付时采取限定相应的免赔率或免赔额的措施，以控制风险。对风险较高的业务，在签订保险协议的同时签订防灾协议。

2000年，中国人民保险公司财险山西省分公司下发《收获期农作物火灾保险等四个险种条款及其解释的通知》，内容包括收获期农作物火灾保险、塑料大棚蔬菜种植保险、玉米种植保险、烟草种植保险等四个险种的条款及条款解释，其中对保险对象、保险责任、责任免除、保险期间、赔偿处理、争议处理等均做了明确规定及解释，中国人民保险公司财险大同分公司在农业保险理赔上作为重要依据执行。

2002年，中国人民保险公司财险大同分公司在全市县（区）转发了省分公司下发的《关于转发〈中国人民保险公司林木火灾保险条款〉等五个农业保险条款及其附件的通知》，积极推广林木火灾保险、奶牛保险及附加险、农作物雹灾保险及附加险、农作物火灾保险、苗木保险等四个险种的条款及其附件，其中对保险对象、保险责任、责任免除、保险期间、赔偿处理、争议处理等均做了明确规定及解释。

2003年，中国人民保险公司财险大同分公司农险理赔继续采取"适度发展，注重效益，防范风险”的经营策略。种植业保险出险后，实地调查受灾村、乡（镇）或县签单单位的实有面积与保险面积是否相符，据此确定赔付比例。查勘定损时，鉴于农作物受损后具有恢复和再生的特点，损失程度根据预计最终收获时的产量进行确定。对于养殖业保险的赔偿，如肉牛保险，只对发生保险责任范围内的事故导致的保险肉牛的死亡负责赔偿。奶牛疾病责任保险，只对奶牛因难产造成子宫破裂或穿孔大出血而死亡的奶牛负责赔偿。

2007年4月，中国人民保险集团股份有限公司印发《关于贯彻落实中央一号文件精神加快发展农村保险的实施意见》，该意见提出三种典型的农险经营模式：即政府补贴，委托代办，超赔兜底模式；政府补贴，商业运作，赔付封顶模式；政府主导，企业扶持，自主经营模式。中国人民保险公司财险大同市分公司根据总、省分公司制定的《关于2007年农业保险业务发展指导意见》，因地制宜，大胆创新，不失时机地抢先占领农村保险业务阵地，成为名副其实的农业保险承保大公司。同年，按照中国保监会《关于建立生猪保险体系促进生猪生产发展的紧急通知》以及总公司出台的《政策性能繁母猪保险实务管理规程（暂行）》，中国人民保险公司财险大同市分公司积极实施山西作为推动能繁母猪保险试点单位的部署，在理赔管理上，建立健全各项规章制度：一是建立市、县（区）理赔服务网，确保能繁母猪保险理赔的快速联动；二是依靠政府，建立与畜牧兽医站、防疫等职能部门合作关系，在理赔环节及防灾防损中，充分发挥当地政府、防疫部门和畜牧兽医站技术人员的作用；三是能繁母猪的理赔操作、赔案缮制工作由承保的县（区）支公司完成，市分公司要组织对赔案的定期检查，及时发现理赔中存在的问题；四是密切关注疫情，定期上报情况；五是做好理赔宣传工作，满足各级政府及时了解理赔工作情况，增强和扩大公司社会影响力。

2008年1月，中国人民保险公司财险大同市分公司落实总公司下发的《关于做好因灾冻死能繁母猪理赔工作的意见的通知》，迅速处理能繁母猪因冻死亡的各项理赔工作。10日，根据中国保监会发布的《关于进一步加强能繁母猪保险工作有关要求的紧急通知》，中国人民保险公司财险大同市分公司要求各县（区）一是要切实做好能繁母猪保险与生猪疫病扑杀政策的衔接工作；二是要加强内控管理，提高服务水平，明确理赔时限，并在主要营业场所公示，坚决杜绝惜赔、少赔、拖延不赔等侵害农民利益的行为；三是要做好能繁母猪保险抗灾抢险工作，要及时查勘定损、简化理赔手续，提高理赔服务质量，处理好能繁母猪因冻死亡的各项理赔工作，做好关系农民切身利益的能繁母猪保险服务；四是要进一步加强宣传工作，确保宣传实效，要通过农民喜闻乐见的方式和通俗易懂的语言文字，仔细讲解能繁母猪保险的保险责任、保费构成、理赔程序等，特别是要让投保户了解政府扑杀补贴和保险赔偿的新政策及相关程序。同年，中国人民保险公司总公司下发《关于严格规范政策性农业保险业务管理的通知》，要求各级公司严格执行理赔规则，严格遵守公司“六条禁令”。山西保监局、山西省财政厅、山西省农业厅联合发布《关于切实做好政策性养殖业保险工作的通知》，要求各市分公司迅速贯彻落实文件精神，加强与财政、畜牧兽医部门沟通合作，迅速启动政策性奶牛保险业务，做好新增能繁母猪保险及续保工作，促进政策性养殖保险稳步、健康、持续发展。中国保监会下发《关于加强政策性农业保险各项政策措施落实工作的通知》，要求各保险公司全力抓好政策性能繁母猪保险业务承保、理赔、财务核算、数据统计、内控管理等各个环节风险管控的落实工作。中国人民保险公司财险大同市分公司根据上述文件精神，按照省分公司《关于对政策性农业保险业务检查的紧急通知》，积极开展了农业保险自查工作，在理赔上重点关注时效性和有效性，切实保障农业保险健康规范发展。同年，中国人民保险公司山西省分公司印发《关于重申农业保险承保、理赔权限的通知》，重申农险理赔权限：种植业每次保险事故赔款人民币 10 万元以下，养殖业每案赔款人民币 10 万元以下。

2009 年，中国人民保险公司财险山西省分公司根据总公司下发的《关于加强能繁母猪及生猪保险理赔风险防范的紧急通知》，提出具体要求：一是各市公司要将此通知精神贯彻到每个开办能繁母猪和奶牛保险业务的县（区）支公司，要组织理赔中心和县（区）支公司查勘、定损人员认真学习，严格遵照执行；二是鉴于全省农业保险赔付较高的实际，各公司要严格理赔程序，防止跑、冒、滴、漏。所有案件查勘人员必须到第一现场，并采取收集耳标、割耳或尾巴等措施，对保户提供的标的（能繁母猪、奶牛）死亡证明，要有诊断治疗经过、死亡原因、对尸体的处理意见，并由具备资格的兽医师签字确认；三是聘请具有政府畜牧兽医部门颁发行医资格证书的兽医师，一起参与查勘定损，一起监督对死亡标的（能繁母猪、奶牛）的无害化处理，防止不当获利，避免道德风险的发生。印发《关于进一步强化养殖业保险风险管控的通知》，在理赔方面，制定多项措施，包括建立“黑名单”制度、建立农险理赔专家协作网、强化现场查勘力度、坚持查验免疫台账、严格核实死亡证明、严格执行无害化处理、非病死因适当扣残、实行公示奖励制度、实行每日动态监控、完善赔款支付手续、规范农险赔案单证的使用、加强理赔与产品线互动、核保核赔权限动态调控、加大检查处罚问责力度、加强目标督导考核要求等。同年，中国人民保险公司总公司印发《农业保险承保理赔指引》，该指引对农险理赔的关注重点、实务操作的关键点、使用理赔单证、赔案缮制与装订及防灾防损等内容做了翔实的规定要求，中国人民保险公司财险大同市分公司组织员工，作了系统学习与培训，并在岗位配置、员工技能、制度执行、流程遵循和责任追究方面提出了具体实施意见。

2010年，中国人民保险公司财险大同市分公司在农业保险理赔管理实践中，严格执行总公司《关于进一步落实12条刚性措施全面加强能繁母猪保险业务经营管控的意见的通知》，要求理赔条线做到“三到位”即现场查勘到位、无害化处理到位、赔款发放到户；“三不赔”即能繁母猪出险没有佩戴耳标的不予赔付、因病死亡的不做无害化处理的不予赔付、补栏母猪未及时补办保险的不予赔付；“四项要求”即现场查勘100%、无害化处理100%、张榜公示100%、赔款到户100%。同年，中国人民保险公司财险大同市分公司认真落实农业部疫控中心与中国人民保险公司财险总公司《能繁母猪保险及防疫工作》专题会议精神，按照省分公司与省畜牧兽医局联合下发的《关于开展能繁母猪保险及防疫工作的实施方案》，针对该方案中分析的能繁母猪保险发展中在理赔方面存在的突出问题，即赔付率和出险率较高、耳标佩戴率低、死亡鉴定把关不严、无害化处理不规范等问题，中国人民保险公司财险大同市分公司、大同市畜牧兽医局开始在理赔方面联合开展查勘防疫工作，并明确规定对于没有佩戴专用耳标、没有按规定进行强制免疫及无害化处理的能繁母猪一律不予赔付。同年，为进一步加强农业保险依法合规经营和规范管理，中国人民保险公司总公司印发《关于进一步加强农业保险依法合规经营的通知》，要求各分公司要高度重视。中国人民保险公司财险大同市分公司充分认识农业保险依法合规经营的重要性和紧迫性，要求各县（区）支公司，严格按照“五公开，三到户”（惠农政策公开、承保情况公开、理赔结果公开、服务标准公开、监管政策公开；承保到户、定损到户、理赔到户。）标准，及中国人民保险公司总公司提出的十项依法合规经营管控要求，确保农业保险理赔业务健康发展。

2011年，中国人民保险公司财险大同市分公司为进一步提升能繁母猪专用耳标佩戴率，根据省公司印发《关于对能繁母猪专标佩戴工作进行全面彻底检查的通知》，在全市组织开展一次对辖内专用耳标佩戴情况的逐户排查，并明确排查结果将作为对农险理赔质量考评的重要参考依据。同年，中国人民保险公司财险大同市分公司转发总公司《关于进一步规范农险理赔处理的通知》，在通知中指出近年来农险理赔中存在的突出问题，并提出总体要求：一是切实提高合规意识，加大赔案检查力度，加强各级农险理赔人员合规意识和业务技能，加强赔案核查，严肃问责；二是要强化关键环节管控，全面提升理赔质量；三是在付款环节要求严格落实“四到户、两公开”，积极推行“零现金支付”，并通过公示回访等措施确保赔款到户。中国人民保险公司财险山西省分公司同时提出要求：一是要加强查勘定损管理；二是各级分支机构，要紧紧依靠当地政府相关部门以及聘请农业专家进行损失数量确定和损失程度鉴定，由专家出具详细的鉴定报告，说明鉴定的过程、依据和结论，并在鉴定报告上签字；三是种植险、个案估损金额超过 50 万元的养殖险赔案，在提交核赔时，必须在理赔报告中说明赔款支付方式、确保赔款到户的措施，并在赔案中附加定损及赔款明细清单；四是加强付款管理；五是种植险赔款支付后一个月内，各地市级分公司应组织对受灾农户进行一定比例的电话回访或上门回访。每个村回访不少于 5 个农户，回访记录应存档备查。

2012 年 2 月，中国保监会下发《关于加强农业保险理赔管理工作的通知》，该通知从报案查勘、数据质量、定损规范、赔案结果、赔案时效、理赔机制、配套措施、服务能力、协调沟通以及监督检查等对农业保险理赔工作提出高水准要求。5 月，中国保监会下发《关于做好 2012 年农业保险工作的通知》，11 月，国务院颁布《农业保险条例》，分别对农业保险发展提出明确要求，对提升农业保险服务能力、风险防控能力、产品创新能力以及规范经营提出新要求，对促进大同农业保险健康发展指明努力方向。

2013 年，中国人民保险公司财险山西省分公司印发《关于进一步强化农险理赔合规管控的紧急通知》，中国人民保险公司财险大同市分公司严格按照省公司的紧急通知，加强非车险大要案管理，积极应对农险大面积灾害。同时，积极配合，努力推进非车险大要案查勘定损省集中处理，配合和引入外部专家、公估机构进行专业定损、核查，严把赔案质量关。

2014 年 10 月，为积极落实国务院办公厅《关于建立病死畜禽无害化处理机制的意见》，中国人民保险公司总公司出台《关于贯彻落实国务院有关文件精神积极配合做好无害化处理工作的紧急通知》，中国人民保险公司财险大同市分公司按照上级公司安排部署，在全市开展了养殖险无害化处理工作排查，要求各县（区）支公司、办事处务必深刻认识到病死畜禽无害化处理工作的重要性，再次强调“对病死畜禽无害化处理是保险理赔的前提条件，不能确认无害化处理的，保险机构不予赔偿”。并要求各县（区）支公司、办事处对所辖养殖户发放《病死畜禽无害化处理告知书》，与农险查勘定损人员签订合规承诺书，确保理赔处理依法合规。同年，中国人民保险公司相继下发《应对种植业保险大灾理赔实施办法》《关于进一步加强养殖业险理赔管控的通知》《关于印发养殖业险理赔操作规范的通知》《关于印发养殖业险理赔标准规范的通知》等制度规范。为中国人民保险公司财险大同市分公司农业保险建立系统理赔管理制度，优化理赔流程、规范理赔操作等奠定了重要的思想理论基础。

2015 年，中国人民保险公司财险大同市分公司根据山西省分公司制定的《非车险及农险理赔分部理赔质量考核办法（2015 版）》。狠抓非车险移动查勘定损系统农险程序操作应用，努力提升养殖险理赔处理速度和效率。根据省分公司出台的《关于进一步规范农险合规管控紧急通知》等制度以及总公司《关于贯彻最新监管政策确保农险大灾理赔依法合规的通知》，中国人民保险公司财险大同市分公司认真贯彻上级公司要求，严格执行制度规范，在农业险理赔方面，重点要求做好接报案、查勘定损、大户理赔、公示回访等关键环节的理赔操作。同年，中国人民保险公司财险大同市分公司按照省分公司印发的《山西省分公司农业保险理赔回访实施细则》，组织学习，积极落实，明确农险理赔的回访工作原则、对象、内容、方式、组织管理等内容，按照细则相关规定要求，建立回访台账，形成回访制度。同年，中国人民保险公司财险大同市分公司按照省公司印发的《关于强化农险理算市集中与农险核赔省集中的通知》建立的农险理赔管理体制和优化农险理赔运营机制，实行“农险理算市集中”“农险核赔省集中”的理赔工作模式。

二、人身保险业务

人身保险需求的多样性和变动性，决定人身保险产品的多样化特点。产品的多样性，决定具体给付条件的不同。20 世纪 50 年代，人身保险业务的理赔案件实行手工缮制流转，分级授权审批，销售理赔一体的模式，主要理赔原则是“主动、迅速，准确、合理”，主要依据保险条款给付责任和“行业标准”。1996 年产险、寿险分业经营以后，随着保险业务规模增大，保险公司组织架构改革，主要理赔特点是系统内部理赔权限的不同程度集中以及销售与理赔的分离。随着保险市场主体增多、市场竞争加剧，保险主体突出了服务质量与理赔时效的优化和改善。特别是“创新驱动发展”战略以后，伴随着管理理念的创新，科学技术的应用创新，传统理赔业务各个环节均发生革命性的变化，在生产技术上如手机 App、网络终端、公司公众号、客户微信、销售支持系统、小视频、影像传输等的应用，在理赔管理理念如：查勘前置、“零时效”、“智能理赔”、“睿运营”等提出，大同保险业理赔业务进入新的发展时期。

20 世纪 50 年代，中国人民保险公司大同支公司仅开办铁路旅客意外伤害强制保险、公路旅客意外伤害保险及少量的团意险和简身险等人身保险业务。人身险的理赔业务由保险和分支单位业务组的内勤人员手工处理。

1951年7月1日，中国人民保险公司大同支公司开办铁路旅客意外伤害强制保险。按照《铁路旅客意外伤害强制保险条例》中关于“医疗津贴及保险金之给付”的规定，申请理赔或给付。11月，为强化理赔效率，减少时间浪费，总公司下发《为铁路车辆强制保险及旅客意外伤害强制保险出事后规定处理办法》。规定：“旅客意外伤害强制保险出事后，如仅支付医疗、棺殓、葬埋或其他必需的急救费用，应由出事地交通机构垫付，月终由各交通机构（铁路管理局）与所在地之本公司分支机构办理结算。如构成残废或死亡的赔款，应由出事地之本公司分支机构（无论其是否原签证机构）核付赔款。”

1952年，大同支公司开始试办职工团体人身保险。

1953年3月，山西省开始办理公路旅客意外伤害保险，其理赔处理办法比照铁路旅客意外伤害强制保险执行。6月，中国人民保险公司总公司颁发修订后的“赔款案件处理办法”（总公司1952年9月20日曾颁发过赔款案件处理办法）。该办法对申请人身保险理赔所需提供的证明资料进行进一步明确：对于申请医药津贴及残疾给付的，须由医疗机构或治疗医师出具证明或单据；申请死亡给付的，须由医疗机构、行政机构、公安机构或治疗医师出具证明（只要其中任何一种即可）。同时应新办法要求，人身险出险案件发生后，各经办公司开始对出险案件填写“出险/已付案件登记单”。月终送计划部门，用于编制各种报表。9月，中国人民保险公司山西省分公司根据总公司的指示，将“殴斗”案件作为除外责任处理。同时规定：团体人身保险发生因意外伤害所致之残废（包括丧失身体机能），如到180天尚不能确定其残废程度者即以最后诊断的情况为准，确定其残废程度，予以给付结案。10月，中国人民保险公司总公司制定下《人身险意外伤害残废给付百分率表草案》（以下简称百分率表），要求各公司在核定人身险意外伤害残废及丧失身体机能给付时作为内部参考。该“百分率表”将人身伤残划分为头部、面部五官、颈项、胸部、腹部、泌尿器官生殖器官、脊骨和脊髓、骨盆和肢体9大项，每一项又列举出若干伤害程度或伤害后果表象，分别对应不同的给付比例。山西公司转发全省各机构并遵照执行。为人身保险伤残给付的核定提供方便。1953年后，因清理整顿城市业务，山西省开办的人身险业务仅剩铁路、公路旅客意外伤害保险。

1956年，中国人民保险公司山西省分公司针对各支公司在赔案处理办法及各种理赔单据填制使用上存在的问题，对理赔案件的处理办法进行修订，要求铁路、公路旅客意外伤害强制保险的出险案件，使用“旅客意外伤害强制保险旅客遇险报告表（一式二份）”，并规定填写规则和报送流程。

1983年，中国人民保险公司大同支公司恢复办理人身保险业务。并于11月、12月在大同矿务局试办井下工人团体意外伤害保险。按照理赔实务：当被保险人发生保险责任范围内的死亡或残废申请理赔时，由被保险人或其受益人按照条款规定提供“给付保险金申请书”、单位证明及其他相关资料，向业务承办保险公司申请保险金给付。保险公司的业务内勤人员受理后，经过审核资料、缮制案件、手工理算，并依据上级公司核定的理赔权限经公司经理（或分管经理）审批后，由财务支付赔款。

1984 年，中国人民保险公司山西省分公司在“团体人身保险”“团体人身意外伤害保险”附加意外伤害医疗保险条款中规定：一是对于每次事故只负责 5 元以上的部分。在保险期间内医疗费给付累计总数以不超过保险金额为界；二是被保险人向保险公司申请医疗给付时须提供意外伤害事故证明以及县以上（包括县）医院诊断书和医疗、医药费收据。

1985 年 2 月，中国人民保险公司山西省分公司寄发“人身意外伤害满期还本保险条款”，继续使用 1982 年下发的“团体人身保险条款”“团体人身意外伤害保险条款”中的“保险金额给付表”。“保险金额给付表”是由“原因、保险事件、给付数额和给付后保险效力”四种要素组成。其中，“ 原因”分为疾病和意外伤害；“保险事件”分为死亡、失明、残废、四肢手指（足趾）不同程度缺失，身体不同部分伤残等；“给付数额”是同保险事件对应的百分数；“给付后的保险效力”是保险合同是发生给付后是否继续有效。7 月 8 日，中国人民保险公司山西省分公司规定“乡镇企业煤矿工人团体意外伤害保险如果未以被保险人名单承保，而以工资名册承保，当发生保险责任范围内的伤亡时，如当月工资名册人数，多于投保人数，可以按投保时人数与当月人数比例给付”。28 日，中国人民保险公司山西省分公司转发总公司《人身保险伤残给付标准百元率》，要求各公司在进行人身保险理赔给付时参照办理。该“百元率”与 1953 年 10 月中国人民保险公司总公司下发的《人身险意外伤害残废给付百分率表草案》所列举的伤残类别和给付标准完全一致。9 月，中国人民保险公司大同中支成立人身保险科，同中支保险业务科分设，人身险业务步入专业化管理。10 月，中国人民保险公司山西省分公司下发《关于人身保险赔案报告制度的通知》。该通知规定：重大案件及时报告，一般案件事后报告。对于在一次灾害事故发生死亡 3 人或重伤 10 人以上者，均属重大赔案。各地发生重大案件时，务必在 24 小时内，用电话或电报向省分公司报告。内容包括事故发生的时间、地点、出险原因、死伤人数、保险金额、估计给付金额等。重大案件结案后，要将案件副本一式两份，“人身保险出险案件报告单”一式两份，报省分公司。一般案件处理完毕，须填“人身保险出险案件报告单”一式两份，报省公司。

1986年2月，中国人民保险公司山西省分公司转发了总公司制定的《人身保险意外伤害残废给付标准试行办法》（以下简称伤残标准试行办法）及《人身保险意外伤害残废给付标准试行办法说明》，取代1985年下发的伤残给付“百元率”，供各公司在理赔处理中参照执行。“伤残标准试行办法”包括84种伤残项目，涵盖了人的精神系统、神经系统、视觉、听觉、嗅觉、口腔、胸腹部脏器、躯干、肌肤、上肢及下肢等。给付比例最高100%、最低5%。“试行办法说明”详细描述每一种残废程度的具体表象或医学评判指标，具有较强的可操作性。6—7月间，又先后下发《关于公路旅客意外伤害保险给付保险金的补充规定的通知》和《关于附加意外伤害医疗保险金额及给付保险金的补充规定的通知》，对公路旅客意外伤害保险、团体人身保险、团体人身意外伤害保险及附加意外伤害医疗保险的保险金给付做了规定，明确被保险人因遭受意外伤害治疗期间的医疗费、伙食补助费、误工费、护理费、交通费等费用的给付原则和给付标准。

1987年4月，中国人民保险公司大同中支人身保险科关于加强经营管理意见和业务管理意见试行办法指出，人身险的各种给付包括伤残、死亡、医疗费、满期保险金、退保金、养老金等的给付，必须有申请、有证明依据、调查报告、计算给付、复核审批，各种内容都要清楚、准确、合理，并及时按规定给付客户，建立档案，并做好给付记录。

1988年4月，中国人民保险公司山西省分公司决定对于在续保时不减少保额和保费，且保险期内给付率≤10%的短期人身险保单给予增加保额的优待，具体规定为：保险期内无事故给付的，续保时增加50%的优待保额；保险期内给付率≤5%的，续保时增加40%的优待保额。保险期内给付率≤10%的，续保时增加30%的优待保额。连续三年无事故的，续保时可以增加80%的优待保额。增加优待保额后，总保额不可超过各险种的最高保额限制。同年，中国人民保险公司雁北中支广灵县支公司认真研究国外人身险伤残给付标准，研制“广灵县学生保险给付图示及验证报告”图表，将人身图示计算方法用于学生险理赔给付业务。

1990年1月，中国人民保险公司山西省分公司为了降低近年短期人身保险给付率逐年上升，下发《关于降低短期人身保险给付率的若干意见》，主要涉及理赔管理意见是：一、因意外事故造成伤残，在未确定残疾程度前，不得给付或预付保险金；二、为了统一全省的医疗给付，对附加意外伤害医疗保险、公路旅客意外伤害保险及其他含医疗给付的险种，发生责任范围内的医疗事故需给付医疗费用时，只能给付医疗、医药费和住院的床位费，其他费用，如被保险人及陪护人员的误工工资、陪护费、住宿费、生活补助费和转院交通费等暂停给付。

1992 年 3 月，中国人民保险公司山西省分公司印发《中、小学生和幼儿园儿童住院医疗保险条款》《人寿保险附加住院医疗保险条款》《山西省住院医疗保险实务手续》。中国人民保险公司大同中支为配合大同医疗制度改革，开始尝试开办住院医疗保险。为了严把补偿质量关，解决好医疗保险的服务问题，中国人民保险公司大同中支严格要求开办单位严格按照省公司提出三点要求：一是要确立定点医院，选择医疗设备较齐全、水平较高、管理较好、能与公司积极合作的医院，用合作管理协议书的形式确定下来，不断强化管理，以维护双方权益；二是设置专人（驻院管理员），具体负责被保险人入院、出院的登记，核实被保险人住院的真伪，剔除非保险责任的费用（如应自费的部分）；三是建立复核制度。初审之后，一定要把好复核关。选调或聘请具备一定医学知识并品德优良的干部充实到医疗保险工作中来，此外也可以聘请医务专家协助该项工作。

1993 年 2 月，中国人民保险公司总公司印发《人身保险意外伤害残疾给付标准修订办法》，并同时废止 1986 年下发的《人身保险意外伤害残废给付标准试行办法》，修订办法分为两部分，第一部分是“人身保险意外伤害残疾给付标准”，第二部分是“残疾名称医学含义的解释与界定”。该修订办法在原《试行办法》的基础上增加泌尿和其他两大项目，伤残程度鉴定项目由原来的 84 种增加为 240 种，分类更加细致。从此，修订办法成为中国人民保险公司大同中支医疗伤残给付的唯一鉴定标准。

1994 年 1 月，中国人民银行批复《关于学生幼儿住院医疗保险条款的批复》，保险金额和保险责任规定：一、合理的费用指一般医务公认的标准检查治疗费用，不包括超前的高精尖检查项目，也不包括正在实验和研究的医疗手段、检测方法、用药和治疗等。二、计算给付采用分级累进、比例给付方法。三、被保险人同时投保平安保险附加意外伤害医疗保险时，如因意外伤害致住院医疗，先满足平安保险附加意外伤害医疗保险的保额，剩余部分按学生、幼儿住院医疗保险的保额分级累进，比例给付。四、住院费根据卫生和物价部门制定的标准，按不同等级医院的普通病床的收费标准给付。五、各级保险公司应本着加强管理和方便群众的原则，在各市、县指定定点医院，允许被保险人在定点医院附近选择住院。急诊病人不受定点医院限制。专科门诊治疗只限于保险公司指定的具备条件的血液专科门诊和肾移植专科门诊的治疗。六、转院治疗仅限于受定点医院条件限制的疑难重症患者。

1997 年，中保人寿大同分公司执行两个实务，即《团体保险实务管理办法》《人寿保险实务管理办法》。在理赔业务管理上理赔程序定义如下：一是投保人、被保险人、受益人等应于知悉被保险人发生保险责任范围内的保险事故后立即通知保险公司，并提出保险金给付申请；二是核赔人员接到报案后，应做好登记，并调阅有关资料进行审核，提出是否立案受理的初步意见；三是对已受理的给付案件，指导申请人应按条款规定的期限提出给付申请，并提供与给付有关的证明材料；四是核赔人员做好调查工作；五是对于属于保险责任，在达成保险金给付协议后，完成给付手续。

1999年1月，中保人寿大同分公司个人代理业务根据省分公司的分级核保、核赔规定，将个人营销业务的核赔权限调整为县支营销分部≤3万元，地市营销部≤10万元。意外险理赔业务按照省分公司下发的《关于统一医疗检查费用给付标准的通知》规定，凡意外伤害保险条款及附加险条款中有意外伤害医疗保险责任和住院医疗保险责任的，每人每次检查费用最多给付200元，检查费用包括各种化验费、病理检验费、照透费、B彩超费、心脑电图费、CT费、ECT费和磁共振费等费用。3月，根据省分公司决定，自1999年3月1日起正式启用中国人民银行总行制定的《人身保险残疾程度与保险金给付比例表》。该表适用于各项意外险业务，其未尽事宜仍沿用《人身保险意外伤害残疾给付标准修订办法》的有关规定作为补充。

2000年5月，国寿大同市分公司在住院医疗保险理赔业务上开始执行由总公司业管部下发的《关于〈各类疾病住院医疗最高给付日数表〉中有关问题请示的批复》。8月，国寿山西省分公司重视理赔风险的管控，针对理赔发现的相关问题，建立重大疑难案件审定制度，并同时下发《关于规范个人寿险业务理赔工作几个问题的通知》，该通知规定如下。一是理赔权限问题，规定地市公司的理赔权限为：死亡保险金10万元及其以下、伤残保险金5万元及其以下的案件；医疗保险金3万元及其以下的案件；豁免未到期保险费累计1万元及其以下的案件。凡超限额的给付案件及疑难案件，均上报省公司业管处及省公司“重大疑难案件审定委员会”。二是关于上报案件的要求，规定对于需报省公司审批的案件应由各地市业管部（业务中心）上报省公司业管处；上报案卷人资料内容要求符合现行实务标准；上报案卷一式两份，一份为原件、一份为复印件，审批后原件返上报公司，复印件留省公司存档；大额给付案件备案要求在地市分公司业务中心给付权限内，凡死亡保险一次性给付金额超过5万元的给付案件，均应于给付案件结束日的次日，填制《重大给付案件备案表》报省公司业管处备案。三是关于领款处理，规定领款人身份无法确认的（如指定受益人死亡，保险金无法确定归属的；没有指定受益人的），应由公证、司法等部门确定本保单的受益人后，该份保险金才能支付；领款人领款时应出具的材料需要符合现行实务要求。四是关于给付的规定，对于被保险人同时投保多份医疗保险的（如同时投保附加意外伤害医疗保险和附加住院医疗保险），理赔时应遵循三个原则：有利于被保险人的原则，即按能确定的最大赔款给付；补偿原则，不可重复给付，即总的给付金额不得超过被保险人实际支出的金额；不惜赔不滥赔的原则，即严格审核，严格把关，凡不符合当地社会保险部门规定的《基本医疗保险药品目录》和《基本医疗保险诊疗项目》的药品和诊疗项目不得给付；采用分割单给付的，如使用医疗费复印件进行赔付，采用分割单的，应在保险金额及条款规定的比例范围内，对被保险人实际支出的医疗费与单位报销的差额部分进行给付。五是建立给付交接制度。六是及时做电脑处理。七是做好理赔统计分析工作。八是理赔单证的使用规定。

2001 年 7 月，国寿总公司业务管理部历时一年多编写完成的《理赔手册》正式下发，国寿省分公司就《理赔手册》执行提出详细要求，一是各分公司要严格执行《理赔手册》及《理赔手册使用补充说明》中的规定，不得擅自修改或制定实施细则；二是《理赔手册》主要是适用于长期性人身保险业务理赔工作，若同以往下发的文件规定有冲突，一律以《理赔手册》为准；三是《理赔手册》及《理赔手册使用补充说明》自 8 月 1 日起执行，各分公司在执行过程中遇到的问题，请及时向省公司业务管理部反映。国寿大同市分公司根据上级公司要求和理赔业务需要，开展有计划、有组织、有重点的培训工作。11 月，国寿大同市分公司按照省分公司下发的《中国人寿保险公司山西省分公司定点医院管理办法》要求，同大同市第五人民医院等定点医院签订合作协议，明确具体职责与双方的权利、义务，并指定由市分公司业务管理部负责联系与沟通。

2002 年 8 月，国寿大同市分公司执行由总公司下发的《团体健康保险（费用报销型）实务管理办法》。根据业务类型和索赔方式，主要有三种处理模式：逐单立案处理、批次集中处理、简易赔案处理。同年，平安寿险通过国际 ISO 9001 认证，建立完善的核赔控制体系，平安大同中支以此为基础，构建系统统一的核赔业务流程和作业标准。

2003 年 2 月，为进一步防范理赔风险，杜绝虚假赔案，维护双方当事人的合法权益，提高各级公司理赔管理水平，国寿山西省分公司在征求部分地市分公司意见的基础上，制定《寿险理赔案卷标样（暂行）》和《短险理赔案卷标样（暂行）》，并要求从当年 2 月 1 日开始执行。国寿大同分公司针对两个理赔标样，就卷内单证使用说明、案卷中印章说明、事故证明说明、上报案件说明、一个被保险人多份保险的案卷整理说明、各类事故需提供的文件和资料以及案卷应包含的资料、装订顺序等进行学习和培训。

2004 年 1 月，为做好团体补充医疗保险业务，充分与当地基本医疗保险衔接，国寿大同分公司根据省分公司下发的《关于加强团体补充医疗保险类业务管理的通知》要求，指定团险部（健康险部）专人负责补充医疗保险的服务和协调工作，客服中心确定补充医疗保险理赔专岗，并向销售部门、基本医疗保险大厅等相关单位明确赔案要素和索赔须知等。2月，根据省分公司下发的《中国人寿保险股份有限公司山西省分公司理赔服务质量量化考核细则（试行）》的通知，安排和部署当年大同分公司理赔管理计划和重点工作。6月，国寿山西省分公司印发《中国人寿保险股份有限公司山西分公司理赔争议案件管理规定》的通知，对理赔争议案件概念、分类、报备、处理、统计与分析提出规定和要求。8月，国寿大同分公司按照省分公司下发《中国人寿保险股份有限公司代查勘/理赔管理办法》的通知要求，明确省内代查勘的目的，执行省内代查勘的费用标准和查勘时限要求、强化两级客服经理责任、保持委托方与受托方之间的信息沟通，提升代查勘服务水平。9月，国寿大同分公司按照省分公司《中国人寿保险股份有限公司理赔时效与评估管理办法（试行）》的要求，组织全市理赔人员集中培训，按照"授权内标准理赔件、超权限上报审批件、预付件"三个类型划定理赔时长，制定并上报《中国人寿保险股份有限公司大同分公司理赔时效评估细则和实施方案》，用以评价自身理赔工作和理赔时效，提升理赔管理水平。同年，国寿大同分公司开始执行由总公司编修下发的《理赔手册（2004版）》。

2005年4月，国寿大同分公司按照省分公司下发的《关于调整职工团体补充医疗保险理赔案件审批权限的通知》要求，执行差化理赔授权管理，调整职工团体补充医疗保险理赔案件审批权限，给付金额为10万元以下案件由市公司部门、分管副总分给付额度审批，给付金额在10万元以上（含10万元）理赔案件上报省分公司审批。6月，为了真实反映公司经营绩效，满足业务管理、财务考核及风险防范的需求，国寿大同分公司根据省分公司在《关于推广使用"短险理赔数据管理系统"的通知》提出的要求，从7月1日开始，全面启用"短险理赔数据管理系统"，同时，对于财务付费日期在2005年1月1日以后2005年7月1日以前的所有短险理赔案件（以财务报表为准）进行定期限补录。12月，国寿大同分公司按照省分公司《关于开展理赔给付案件和年金给付客户大回访工作的通知》要求，根据给付金额多少、是否留存客户电话开展全市理赔给付案件和年金给付不同方式的客户大回访活动。同年，平安人寿进行受理流程优化，核赔核心业务集中，理赔业务统一由后援中心完成。

2006年2月，国寿大同分公司为切实落实《关于进一步加强业务管理提高风险管控水平的通知》精神，推动"三比""三实""三高"活动（比管理、比服务、比业绩；讲实话、干实事、求实绩；高效率、高素质、高绩效）为核心内容的"诚信建设、合规经营”主题活动，加强“两核”业务管理，重申按照《法人授权书》处理业务，重视理赔质量管理，强调理赔时效分析，坚持按照《中国人寿保险股份有限公司大同分公司理赔时效评估细则和实施方案》对理赔条线进行考核。

2007年6月，国寿大同分公司按照省分公司下发的《关于规范理赔查勘管理的通知》，从6月1日起，凡发生预估赔付金额超过市分公司理赔权限的案件，及时（报案后24小时内）上报省公司业务管理中心理赔部。同年，泰康人寿理赔核心业务处理系统上线，理赔案件总公司集中审核。

2008年1月，国寿大同分公司开始执行由省分公司印发的《中国人寿保险股份有限公司山西省分公司理赔调查运作管理办法》，办法由总则、调查分类管理、理赔调查流程、查勘费的管理、理赔举报奖励、理赔调查统计和分析、附则7个部分构成。实施后，公司逐月对本辖区内调查案件情况、查勘费发生情况、调查人员工作情况进行统计分析并报上级公司进行评价。5月，为了进一步加强理赔专业支持体系建设，总结分享全系统理赔人员对特殊案件的处理经验，提升系统理赔人员的专业水平，国寿大同分公司积极推广和应用总公司开发的《理赔信息库》，实现理赔条线理赔管理水平的提升。6月，国寿总公司在征询公司医学顾问委员会专家和相关部门的意见基础上，拟定了《保险理赔医学问题指引》，省公司及时进行了转发，其中涉及肿瘤医学诊断、心血管疾病、外科疾病、内科疾病、其他综合类疾病5大类33个医学理赔问题，国寿大同分公司尽快制订学习计划，尽快组织培训，尽快用于理赔工作之中。12月，为进一步提高全市系统理赔管理和服务水平，建立科学规范的理赔案件管理模式，市公司组织理赔人员认真学习、深入研究省分公司下发的《中国人寿保险股份有限公司山西省分公司理赔案卷标样（试行版）》，决定从下一年度1月1日严格按照省分公司制定的理赔案卷标样制作理赔案件。

2009年3月，国寿总公司在征询公司医学顾问委员会专家和相关部门的意见基础上拟定《中国人寿理赔医学问题指引（二）》，其中涉及肿瘤类医学问题、内科医学、外科类医学问题、综合类医学问题4大类16个医学理赔问题。4月，为充分发挥考核工作的积极引导作用，国寿大同分公司下发《中国人寿大同分公司2009年度业务管理质量考核办法》，理赔业务主要通过月度考核和年度考核两类指标，一是简易流程案件理赔时效。二是理赔处理质量的8个指标即：理赔受理资料的完整性；是否按照规定流程办理；是否严格遵守核赔权限；理赔结论是否正确；给付方式是否合规；在计算机上因操作错误而导致删除赔案的案件；失效的保单没有提前上报的案件；案卷缮制是否符合相关要求。8月，为提升赔案时效，优化理赔流程，国寿大同分公司执行新的理赔查勘规定：对于含投保人死亡豁免保费责任的险种，交费期内被保险人身故的；投保交费期届满且已足额交费，身故风险保额在 3 万元以下（含）的被保险人身故赔案；对于保险责任中有一年内疾病死亡无息退还所交保险费的险种（如新简易人身保险、瑞鑫两全保险等），被保险人在一年内疾病死亡的案件无须流转系统调查。11 月，加快小额短期险理赔案件的处理时效，省公司将小额赔付即时给付案件的适用金额由 1000 元提高为 2000 元，即客户申请资料齐全、责任明确、无须调查且客户申请金额（发生金额）在 2000 元以下（含）的短期险理赔案件，可以采取简易流程即时给付。同年，泰康人寿大同中支开通网络报案功能。

2010 年 2 月，国寿总公司制定下发《保险理赔医学问题指引（三）》，该指引经过总公司医学顾问委员会专家论证编制，其中涉及心血管类、肿瘤类、内科、外科类及综合类医学问题共 5 大类 19 个医学理赔问题，为系统理赔人员解决疑难案件提供有效指导。3 月，泰康人寿推出理赔自动审核功能。7 月 5 日，国寿山西省分公司转发《关于下发〈业务管理社稷及流程优化细则〉的通知》的通知，对理赔提出规定：确立赔案处理采取“权限内双人处理”原则，简易流程可以由一人处理和审批，超权限赔案实行“两级审批”制度，短期险超权限案件由 B 柜面作为受理机构，直接上报省公司，不再经过 A 柜面。同时，泰康人寿进一步优化系统及流程，集中上收立案权限，各分支机构只进行索赔录入及调查与问题件的处理工作。8 月 12 日，为切实防范公司内部控制风险，进一步严格理赔案件管理，不断强化理赔调查环节，严格理赔工作纪律，国寿山西省分公司下发《关于切实强化理赔环节风险管控的通知》，重申如下规定：一、确保理赔资料的真实、准确是理赔调查的底线；二、严肃、准确、全面地撰写调查报告是理赔工作的基础；三、员工违规违纪处理规定是理赔工作不能逾越的红线。23 日，国寿山西省分公司转发总公司《中国人寿保险股份有限公司核保核赔提调标准（2010 版）》，破解各级公司提调动作的主观性过强、过分依赖个体经验，对同类风险的判断缺乏统一标准的问题。

2011 年 4 月，为适应深化经营管理体系改革和展管分离要求，进一步优化业务管理作业流程，提高作业效率，根据《山西省分公司业务管理省级集中优化实施细则》，国寿大同分公司制定《中国人寿大同分公司理赔调查业务省级集中管理实施细则》，成立项目组织领导，确立理赔，调查业务省级集中优化工作的主要目的，提出理赔调查业务管理集中优化的关键项目，制定集中优化过程中可能出现的问题及应对措施，提出具体工作要求。形成“长期险案件全部集中到省级公司处理；短期险（包括批次理赔类案件）实现市级公司集中处理”和“整合市、县两级客服中心调查队伍，实现同城城区调查管理集中”的新格局。7 月，国寿大同分公司进行新《理赔实务》及调查管理办法的推广和应用。11月，国寿大同分公司执行总公司下发《关于“两年不可抗辩”规则理赔适用的指引》规定：一、对于恶意不履行如实告知义务，且该恶意隐瞒事项与两年后的事故有直接因果关系，明显有欺诈行为的，经省公司重大疑难案件审定委员会、法律事务人员和外聘法律顾问审议决定，可以拒付并解除合同；二、事故发生于合同成立两年后，若客户申请的事故在合同成立前已发生过，公司可拒付并解除合同；若未如实告知事项与保险事故非同一事项的，应约定给付；三、事故发生于合同成立两年内，报案时间在两年内，投保人有未如实告知情形，按现有理赔规则处理；报案时间或理赔完成时间在两年外，仍应遵循现有理赔规则，特殊案件具体分析处理。同年，泰康人寿大同中支推出“健保通”直付式理赔，即通过医院费用结算系统与公司理赔系统的对接，实现客户医疗消费信息的实时共享。

2012年5月，国寿大同分公司根据总公司《关于调整理赔残疾标准的通知》，开始执行新的规定：一是同等级类推规则，即鉴定属于《职工工伤与职业病致残等级》或《道路交通事故受伤人员伤残评定》中的1—7级伤残，按照《人身保险残疾程度与保险金给付比例表》对应等级的比例给付；二是最低标准规则，即鉴定属于《职工工伤与职业病致残等级》或《道路交通事故受伤人员伤残评定》中的8—10级伤残，给付比例为5%。规定指出若因工伤或交通事故以外原因导致的意外伤害事故，则依据《人身保险残疾程度与保险金给付比例表》执行。6月，国寿大同分公司在多种媒体和场合，发布中国人寿八项服务承诺，即“规范经营、多样保障、诚信销售、便捷服务、用心倾听、快速响应、主动理赔、严格保密”。在理赔业务上实行“主动理赔服务、快速理赔服务、异地理赔服务”机制。同年，泰康人寿大同中支新增报案渠道，业务员可通过泰康人寿销售支持系统MSS业务系统为客户进行报案，促进代理人的自主管理与客户经营。

2013年4月10日，国寿大同分公司执照省分公司《关于转发总公司〈“H7N9禽流感”理赔服务指引〉的通知》要求，一是开通市、县两级专项理赔“绿色通道”；二是提供主动理赔、异地理赔、预付赔款服务；三是指定专人负责案件跟踪及投诉处理。19日，为进一步优化业务管理作业流程，充分发挥省级业务集中管理的规模效应，实现长期寿险业务两级流转审批，国寿大同分公司根据省分公司制定的《下发关于开展长期寿险理赔案件审批优化工作的通知》要求，对优化范围、目标以及推广方式进行详细安排，并对相关准备工作做出部署，进一步优化了理赔业务处理流程。6月，中国人寿总公司开发的“理赔统一作业平台”在山西上线，国寿大同分公司同时实现系统运行。新开发的理赔平台以系统整合、流程优化为设计理念，实现CBPS8.SLBPS、UBPS、OBPS

和 NBPS 等核心系统理赔功能的整合，至此大同国寿的理赔工作结束了不同险种分散处理的历史，实现以客户为中心整合报案管理、短信通知、快速理赔等功能。7 月，国寿大同分公司根据总公司下发《关于实行理赔延滞息制度的通知》，决定自当月 1 日起在全系统实行理赔延滞息制度。9 月，为加强意外险理赔调查作业指导，切实提升全系统理赔调查工作的标准化、规范化及专业水平，国寿总公司制定《意外险理赔调查作业指引》。该指引主要内容是：基本概念、意外险调查流程、意外险调查分类指引三个部分，其中意外险调查分类指引中重点介绍了道路交通事故、非道路交通事故、煤气中毒、毒蛇中毒、食物中毒、服毒、吸毒事故、低处坠落或平面摔倒致死致残事故、高坠事故、溺水死亡、火灾事故、谋杀事故、触电事故、失踪、共同灾难、不明原因死亡案件的调查等概念、专业知识及调查实务。国寿大同分公司根据省分公司要求，高度重视、认真组织市内理赔人员加强学习，熟练掌握，快速应用于理赔调查实践之中。12 月，国寿大同分公司执行总公司印发的《中国人寿理赔医学指引》。同年，泰康人寿大同中支微信自助理赔功能上线。太平人寿大同中支《理赔免审核项目》上线。

2014 年 1 月，国寿大同分公司开始执行由中国保监会授权中国保险行业协会制定的《人身保险伤残评定标准》。该行标总体原则为“接轨社会标准、扩大保障范围、涵盖轻微残疾”，相比“人行标准”（1998 年由中国人民银行颁布的《人身保险残疾程度与保险金给付比例表》），主要有 4 个特点，即等级增加、项目扩充、量化表述、提升兼容。“等级增加”是等级增至 10 个伤残等级共 281 项，特别是新增加 8—10 级的轻度伤残保障有 100 余项；“项目扩充”是指项目新扩充内部器官缺失、智力障碍、烧伤等；“量化表述”是以定量描述为主，操作性更强；“提升兼容”是指与“工标”“道标”等国标兼容性良好，但并未完全覆盖。8 月，国寿山西省分公司制定《中国人寿保险股份有限公司山西省分公司重大灾情理赔应急管理办法（试行）》，要求无论灾情级别和类型，均应包括下列基本服务：主动寻找客户、多渠道受理报案、简化费用报销申请资料、免费补发保险单、取消定点医院限制、提供预付赔款服务。根据灾情级别和类型，采取特定服务举措：一般服务举措是取消社保给付范围限制、取消伤残观察期、延长宽限期、放宽保单生效条件、延长保险责任期限等。10 月，中国人寿大同分公司按照山西省分公司部署启动理赔全流程影像作业模式。客服前台、县支柜面人员通过即时采集、事后采集与批量采集三种模式，将理赔案卷资料全部影像信息、扫描至影像系统传输，实现理赔任务全流程影像驱动、调阅和处理，全面提升服务效率、降低运营成本。同年，太平洋寿险大同中支开始执行总部制定的《中国太平洋人寿保险股份有限公司人身保险理赔规程》。

2015 年 4 月，国寿大同分公司根据山西省分公司《关于全面推广智能理赔的通知》要求，成立由分管运营工作的副总经理为组长的领导小组和客服经理为组长的工作小组，制定本公司的推广实施细则，明确推广目标、进度和职责，领导小组和工作小组上下配合，严格按照例行要求推进项目落实，通过宣导、培训、设置、梳理、演练、总结等环节，到 11 月中旬，完成智能理赔的推广任务，实现非批次医疗费用报销类赔案，全部采用智能理赔进行处理。7 月，为推进保障型业务发展，国寿总部开发防癌疾病保险、康复金重大疾病保险，并同时推出《 康复金理赔操作手册》，为基层理赔做好理赔处理奠定基础。9 月，为保障公安民警保险理赔案件的顺畅处理，国寿大同分公司客服中心积极组织全辖相关岗位人员认真学习，并切实掌握总公司业务管理部下发的《全国公安民警保险理赔作业指引二》的内容，立即予以执行。10 月，国寿山西省业务管理部、团体业务管理部下发《关于开设全省“新农小”业务承保理赔绿色通道的通知》，国寿大同分公司在“新农小”业务理赔方面按照省分公司两个管理部门规定，合理简化死亡资料的认定和法定继承人与出险人关系的认定，提升理赔时效性。

2016 年 1 月，国寿大同分公司按照省分公司《关于贯彻落实〈保险小额理赔服务指引（试行）的通知》要求，高度重视保险小额理赔服务工作，将其纳入日常客户服务的重点来抓。理赔条线员工认真研读，深入领会《服务指引》和《执行实务》内容，确保保险小额理赔 5 个自然日内结案比例不低于 80%，且平均索赔支付周期不得超过 5 个自然日。5 月，国寿山西省分公司转发总公司《关于智能理赔系统优化功能上线相关事宜的通知》，根据省公司要求，国寿大同分公司在客服中心建立联系人制度，负责公司内“白名单”保单或险种和医疗机构信息日常申请及维护工作；建立后督检查机制，高度重视理赔数据录入的完整性和准确性，及时反馈理赔录入质量。8 月，国寿大同分公司根据省公司《转发〈中国保监会关于进一步规范保险理赔服务有关事项的通知〉的通知》要求，决定组织公司开展不合理证明资料问题自查整改活动，成立领导和工作小组，制订实施细则，按计划推进，10 月底完成，并以《关于大同分公司理赔服务工作的报告》上报省分公司。

2017 年 5 月，为提供远程、高效和便捷的理赔服务，国寿大同分公司下发《关于下发“快 e 赔”理赔服务推广实施细则的通知》，从组织保障、推广方式、指定专人，全员服务和建立后督机制几个方面，逐步推进项目的贯彻落实。6 月，为进一步缩短理赔时效，国寿大同分公司下发《关于进一步规范大病理赔案件流转时效的通知》，针对理赔四个关键环节提出要求，一是对各县支公司案件受理人员案件流转的时效要求；二是对理算组理算人员案件流转的时效要求；三是对调查组调查人员案件流转的时效要求；四是对给付转账时效的要求。9月，国寿大同分公司下发《大同分公司提升理赔服务工作实施细则》，明确实施目标、成立领导组织、制定工作举措，提出具体工作要求。11月，国寿“新一代运营核心系统主体功能平台”建成并在全国上线推广，这是国寿深入践行“以客户为中心的服务体系”的重要一步，也是国寿全面开启“睿运营”时代征程的关键一步。为确保新一代运营核心系统能按计划全面推广，确保新旧系统实现顺利转换，国寿大同分公司按照省分公司下发的《山西省分公司新一代运营核心系统整体推广方案》的通知，成立新一代运营系统上线推广领导小组，制订实施细则，重点安排如下工作：一是细化培训工作安排，按进度开展本公司相关人员的实战演练，确保所有人员上机完成通关操作。对于公司确定的试点推广单位，将邀请省分公司来现场指导和操作培训。二是开展多样化方式培训。采用市分公司相关作业人员、信息人员集中现场培训，其他人员视频培训相结合的方式，运用PPT、微信公众号、小视频等手段，适时制作推广、培训、宣传材料，利用碎片化时间向系统使用人员推介新一代系统功能和操作指引，确保作业人员尽快进入角色，顺利实现新老系统过渡。三是指定客服中心和信息人员作为核心系统推广工作联系人，负责跟踪、汇总各平台推广情况、反馈遇到的问题以及需求优化建议、报送周报、提交总结等。12月，国寿大同分公司按照省分公司《关于全省系统推广新一代理赔平台（一期）的通知》要求，重点安排做好如下工作：一是在市内各机构生产库实际作业，以验证各项初始化工作的正确性和完整性；二是在辖内集中转培训与通关演练工作的基础上，继续做好辖内岗位人员的日常操作辅导工作，确保全部理赔人员熟悉并掌握新一代理赔平台的基本操作、作业流程和功能优势，快速适应新系统、新流程；三是指定客户服务中心理赔部负责责任设定、三大目录、医疗机构基础数据管理、理赔后督等日常管理工作。四是针对“新一代理赔平台推广工作”要强化和建立问题反馈机制、协调机制和工作汇报机制。同年底，国寿大同实现新一代理赔平台处理理赔案量占原短险系统处理批次理赔业务的50%以上。同年，太平人寿推出四大创新课题解决理赔服务四大难题，即“先理赔后审核，理赔并不难”“移动理赔，随时随地，理赔服务无限制”“实时到账，理赔给付‘零时效’”“代理人差异化理赔授权，服务延伸到代理人”。农银人寿大同中支、民生人寿大同中支等多家保险公司积极推进理赔服务电子化进程，先后有“农银微理赔”“民生保险微管家”平台上线，实现了方便、快捷、满意的理赔服务。

第五节　收付费管理

收付费是指保险业务经营过程中，收付人员通过现金、支票、汇票、银行代收、自动转账等形式，实现保险费、保险金等业务收付的行为，并为会计核算提供基础数据。它是保险合同成立、保持合同有效以及保险公司、客户履行权利义务的基础环节，是保险实务流程的重要组成部分。

20 世纪 50 年代初，中国人民保险公司大同支公司开始办理各种保险业务，保险费的收取和保险金的给付均为手工操作。各种代理保险机构如铁路旅客意外伤害强制保险，在旅客购票时代旅客投保并收取保险费，每月向委托保险公司报送《各种代办收付月报表》办理收付结算事宜。单位投保如财产强制保险（物质定期保险）、团体人身保险均在签订合同时，约定保险费交付方式和交费频率，按照约定方式，定期报送被保险人异动通知单及约定的保费。其他自愿保险如普通火灾保险，均根据合同约定按时缴纳保费。保费收据一般为三联，一联客户留存，一联业务登记、一联财务记账。

1981 年，中国人民保险公司大同支公司按照总公司《企业财产实务手续》《国内汽车保险实务》要求，规范处理流程。如国内汽车保险费收取经过填写投保单、核定费率、计算费率三个环节后，正式缮制保险费收据。根据投保单上相关内容，填写保费收据和付款委托书，由投保单位凭此缴纳保险费。经过复核费率和保费计算有无错误、保险费收据上数字与保单上保费数字有无错误，无误后或发现错误改正后在收据上签盖保险公司业务章，登录、清分、发送，财务部门入账后，副本保存在业务部门，作为统计基础资料。付款时，会计部门根据业务部门制作的“赔款估算书”，缮制赔款收据一式二份，投保人或其负责代表人在收据上签名盖章后，一份还保险公司财务部门存证，一份投保人收存。赔款支付后，业务部门根据财务部门退回的“赔款估算书”在资料卡上登记赔款日期与赔款金额，并制作赔款批单一式三份，分别贴附于保单正本、副本和投保单上。

1986 年，中国人民保险公司大同中支开办了简易人身保险业务。由于简易人身保险期限较长，保费收取管理要求严格。它涉及“五种收费凭证”“三种交费方法”“五项内容相符”。“五种收费凭证”：交费凭证簿、单位代交保费凭证、代扣代交保费“甲式”清单、代扣代交保费“简式”清单和同城托收无承付结算凭证。“三种交费方法”：一是个别散户，用交费凭证簿，第一个月的保费签单承保后现场收讫，以后每月保险费应由投保人主动向保险公司缴纳；二是单位集体投保户，集体投保，单位汇交保险费用单位代扣保费凭证及代交保费“甲式”或“简式”清单一式二联，连同保险费向保险公司办理手续；三是保险公司通过银行转账结算方式收取保险费。交费单位填制“委托银行付款凭证”或开立转账支票送交银行转入保险公司账户。也可以采用“托收无承付结算方式”，保险公司根据单位递交的交费清单，开立“同城托收无承付结算凭证”委托银行转账。“五项内容相符”：投保单保险单以及根据承保客户相关信息建立的分户卡、汇总卡、财务账等包括收付信息在内相互一致。同年，中国人民保险公司大同、雁北中支开办集体统筹和商业统筹保险。集体统筹养老保险费通过开户银行，用“同城托收无承付”方式结算；养老金通过开户银行以“付款委托书”方式结算。商业退休基金的上缴与拨付主要是退休基金采取差额交拨的办法，企业按退休基金筹集额度提取的退休基金与本单位按统筹内容计算需要支付的固定性退休费用相比，多余部分上缴统筹经办单位（保险公司），不足的部分由统筹经办单位专项拨付。划入统筹范围的企业，每月初填报“退休基金差额结算表”一式三份，经上级财务部门审核无误后加盖公章，于当月 10 日前送交本市、县保险公司。保险公司审核无误后，于当月 20 日前，将应收交的退休基金通过银行用“同城托收无承付”方式进行结算，银行按规定收取手续费，将应下拨的退休基金通过银行以“付款委托书”方式进行结算，并附“退休基金差额结算表”一份，逾期不报的由保险公司按上月应担数额收缴，经审核无误再将实际支付额如数拨付。

1987 年，中国人民保险公司山西省分公司寄发《子女教育、婚嫁保险实务手续》，详细规范“子教险”收付费作业流程。交费方式可以按月交费，也可以按季、半年、年交，按季交的必须在季中交费，按半年交的不得晚于第三个月，按年交的不得晚于保险年度的第六个月，但保险期限开始的第一个月的保险费必须在签单承保时缴纳。要及时登载收费卡，必须做到每日每人所交保费卡登记数据相符，每月累计保费数与会计账相符。普通交费的客户由内勤人员填写保费收据一式三联，送交复核员复核后，将保险费及保费收据一式三联交财务人员，财务人员清点保险费和审查凭证无误后加盖收款章和经手人名章，一联保费收据记账，一联收据交投保人，一联收据返回业务内勤作记卡凭证。单位代扣代交保费的客户，第一个月的保费除在承保时当即收取外，还应填写交费清单一式三份，在第二次以后的交费时则要填写“简式”清单一式三份，代扣代交单位自存一份，其余两份连同保费或通过银行作为托收保费凭证的附件交保险公司。投保人在保险有效期内身故，被保险人或其监护人填写免交保费申请，经主管审批后，在保险证、收费卡“批注”栏内注明免交原因、日期及免交金额并盖章，在汇交卡、免交卡内注明。“子教险”的给付分为死亡保险金给付、意外伤残及医疗费给付、教育金给付和婚嫁金给付。婚嫁金给付流程如下：1. 被保险人生存至保险期满，其保险费已交满给定年月，应由被保险人持保险证、身份证到保险公司填写领取保险金申请书，申请办理领取满期婚嫁金；2. 内勤人员根据申请书及保险证抽出收费卡，核定保险金额，并填写领款收据一式三联，送主管人员审批，转财会盖章；3. 给付后收回保险证，建立满期给付卡，并将已批注的收费卡、保险证等合订成册；4. 投保单加盖“满期给付已结案”及年月日、印章，各种单证妥善保管。

1991 年，中国人民保险公司大同、雁北中支开展“爱子女年金保险”业务，按照中国人民保险公司山西省分公司管理规定，“爱子女年金保险”采用卡式保险证承保，卡式保险证可以取代投保单、保险单、分户卡及开销户登记簿和保费收据等单证。该保险业务收取保费流程是：业务外勤将一天的保费收入及保险证存根交业务内勤复核后登记“趸交养老金保险登记卡”，当天营业结束后，业务内勤根据保险费收入及保险证存根填写加盖有“爱子女年金保险”字样的“个人养老金保险业务日报表”一式三联，一联交财务部门，财务部门据此记账；二联交统计部门填制报表；三联业务留存，当日收取的保费交财务部门及时存入银行。当发生意外伤害给付时，按照“人身意外伤害保险”实务规定执行，有关单证加盖“爱子女年金保险字样”，并在“趸交养老金保险登记卡”上登记给付情况。发生年金给付，可采用“个人养老金保险的给付”实务处理。

1996 年，中保人寿大同分公司根据总公司财务管理有关规定，在财务管理部门设专门的收付费岗，向所属的营销服务部派驻收费员，专门收取由个人代理人代收的和客户亲自缴纳的保险费。要求所有保险费必须当日存入向上级公司备案的在指定银行开设的保费收入账户。除上级有特别规定外，原则上所有保费定期全部上划上级公司指定账户。

1997 年，中保人寿大同分公司根据省分公司制定的《财会工作质量考核评比与奖励办法》，进一步完善收付费管理制度，强化对收支付工作中的安全保卫措施，对保费收入及时存入银行和上划上级公司时效进行确定，同时加强检查和考核的力度。

2000 年 7 月，国寿大同分公司制定《中国人寿保险公司大同市分公司财务中心实施方案》《中国人寿保险公司大同市分公司计财部岗位职责》，以及“同城集中处理，远程网上监控”的模式，对收付费岗位的设立和业务建立了新的流转模式。

2001 年，中国人寿山西省分公司财务中心成立，加强对收付费工作管理。国寿大同市分公司按照省财务中心要求，强化对收支两条线执行情况的落实执行，强化对保费资金收入逐级上划和费用逐级下拨时效进行界定，要求各县（区）支公司决不允许发生保费活期存款之外的保费运用。同时强调保费收管和送存必须实行双人和专车，以确保保费安全。太平洋人寿大同中支加强资金管理要求，持续执行“收支两条线”资金管理模式，收入全额上划，支出按上中下旬逐级申请审批。

2002 年，国寿大同市分公司开始全面执行《寿险实务》及综合业务处理系统 7.0 版（CBPS7.0），对收付费概念及流程进行全新变革。规定收付费业务包括现金、支票、汇票、银行代收、自动转账等形式，要求收付费在遵循相关财务规章制度的前提下，根据业务产生的应收费、应付费信息，进行具体的收付费操作，并真实地记录收付费信息。要求建立收付费对账机制，一是通过收付费操作时的初审、录入、确认对每一工作日的日清日结处理建立自我复核机制；二是通过对银行资金到账情况的勾兑确认以及收付人员传来的收付明细报表、数据和凭证的再审核建立对收付费的事后监督机制；三是通过对应收费、应付费的实际收付情况进行跟踪检查，建立起对收付的督促机制。

2003 年，国寿大同分公司按照省分公司转发总公司《关于加强公司内部管理预防重大案件发生的通知》的通知要求，严格收付费现金管理工作，鼓励和支持各县（区）支办实行银行代理收取保费和代理支付各种保险金活动。对于已经采用银行代理收取保险费的单位，尽力扩大银行代收费的范围，积极引导客户到公司柜面或银行网点缴纳保险费和领取保险金，最大限度地减少业务员接触现金保费的概率；对于一次保费收入（包括趸交、期交）在 3 万元及以上的保单，禁止代理人直接向客户收取现金；由代理人陪同客户到公司柜面或指导客户通过银行转账方式缴纳保险费；要加强保费发票的管理严格执行年初省公司对发票的入库、领用、核销建立一系列规章制度。同年，根据国寿山西省分公司规定，针对中国人寿进行重组改革，集团公司与股份公司进行实质性分离，自 7 月 1 日起分别设立股份公司、集团公司两套财务系统，对保费收入资金进行区分，每日上缴到不同的账户，实行分别管理。

2004 年，为加强分红保险业务的管理，国寿大同分公司根据山西省分公司规定，对分红类保险业务保险费收入进行集中管理，统一运用的原则，设立专门的分红险保费专门账户，及时将收到分红保险保费收入扣除管理费后的净保费全额上划至省公司。同时严格执行集团公司保费和股份公司保费分户管理，杜绝串户和相互抵用。

2005 年，国寿大同分公司按照省分公司要求，严格要求县（区）支公司坚持收支两条线的管理原则，坚持银行开户审批制，坚持保费收入集中管理和授权审批使用，网上保费资金运行安全确认等，进一步加强对系统保费资金划拨，禁止分红账户与普通账户资金串户现象发生，及时核对各支公司与市公司之间资金往来余额，确保保费资金安全和上划效率。同年，太平洋人寿大同中支实行“零现金收付”项目。

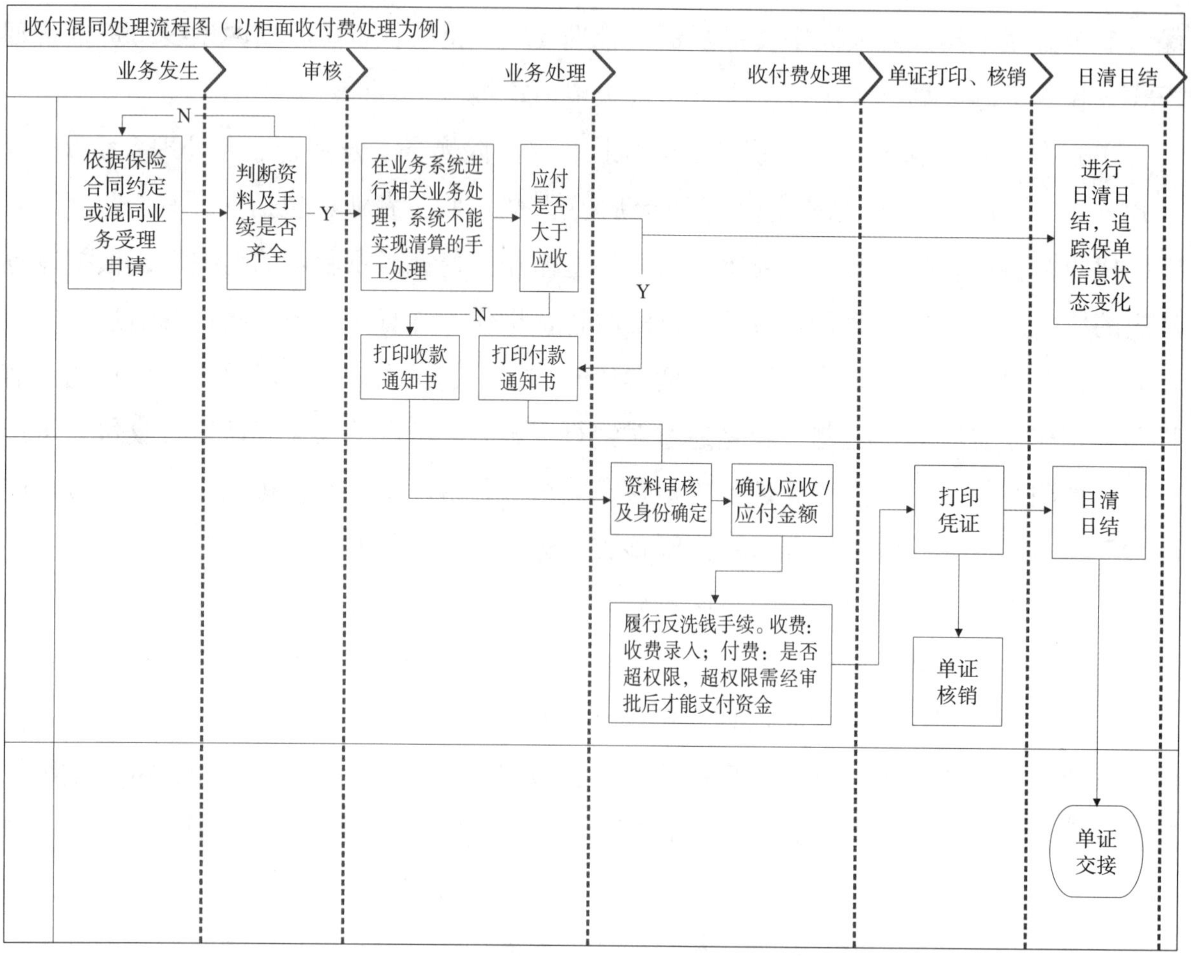

图 39　国寿 2012 年收付费流程图

2006 年 9 月，为规范保费收取管理，强化现金收费、转账收费、POS 收费、支票收费、银保通收费等环节的风险管控，泰康总公司制定并下发“保费收取财务交接流程”，进一步统一和规范泰康人寿大同中支保费收付管理水平。

2007 年，为进一步优化业务、财务的协同运作，确保收付费环节业务、财务数据的真实准确，促进财务资金安全、高效运转，国寿大同分公司根据总公司制定的《收付费管理办法》要求，业务、收付费、财务之间是“相互关联、互为因循”的关系。业务部门应对业务系统产生的应收应付信息的正确性、完整性负责，收付费应对收付费操作和实际收付信息确认的准确性、完整性负责，财务部门应对收付费的资金实收实付状况进行正确性、合规性审核。要建立业务部门与财务部门对收付费工作的跟踪核对、差错纠错和事后监督机制，保障收付费工作及时、准确、合规。同年，泰康人寿大同中支按照山西分公司制定的《泰康人寿山西分公司支票使用管理办法》。梳理支票的具体管理流程，进一步强化资金管理，规范支票银行购买、出纳保管、出纳签发和经办人交接的详细工作流程。

2008年4月，国寿山西省公司召开“零收据、零现金”工作研讨会，全省系统财务、业务、信息、客服等条线、部门负责人及相关人员为“零收据、零现金”的推广进行协商，制定具体实施方案。11月，国寿大同分公司、太平洋人寿大同中支、平安人寿等大同保险主体开始执行中国保监会下发的《关于加强人身保险收付费相关环节风险管理的通知》，通知规定如下：保险公司在营业场所内可现金收付费；保险公司在营业场所外通过保险公司员工、保险营销员收取现金保费，依照保险合同单次金额不超过人民币1000元的；保险公司委托保险代理机构在保险代理机构营业场所内现金收付费；保险代理机构、保险代理业务人员和保险营销员不得接受投保人委托代交保险费、代领退保金，不得接受被保险人或受益人委托代领保险金；保险公司要建立健全收付费管理制度，确保收付费环节的资金安全。现金收付费要对投保人、被保险人或受益人的身份进行识别，确保收付费主体合格。非现金收付费要核对投保人、被保险人或受益人的账户信息，确保在非现金收付费流程中资金不受保险公司员工、保险营销员、保险代理业务人员等个人控制。要严格执行财务制度，切实加强财务会计管理。要完善信息系统，为收付费管理提供技术支持。

2009年7月，中国人寿股份山西省分公司财务管理中心成立了收付费小组，负责全省的批量代收付工作，正式开始批量代收付业务，陆续开通多渠道银行转账方式。同年，国寿大同分公司同中国银行大同市分行、中国工商银行大同市分行合作，在CBPS系统通过银行批量代收方式实现保单收费作业。大地财险大同中支开始执行“见费出单”。太平财险大同中支开始实行“零现金”支付。

2010年2月，国寿山西省分公司下发《关于进一步落实集团公司收付费检查整改要求的通知》，通知规定收付费要点，收费规定如下：一、收费时应本着“先收款后录入”的原则，严禁在未收讫资金前做收费确认；二、系统支持的收费方式主要有现金、银行缴款单、支（汇）票、POS机收费、银行转账等五种方式，收付费岗位人员应严格按照实际的收付方式录入系统，不得弄虚作假，严禁将现金收付行为以非现金方式录入系统；三、根据保监会及公司规定，除单笔合同金额千元以下的保费外，营销员或公司员工任何时候不得收取保险费或将收取的保险费存入个人账户，不得直接携带客户银行卡缴费，不得为客户代缴保费；四、柜面收费岗人员在收到现金保费时，要对缴费人进行身份识别，缴款人必须是投保人本人方可进行现金缴费。收付费岗人员在进行身份识别时，需取得客户亲笔签名的现金交易确认书。付费规定如下：一、付费时应本着“先录入后付款”的原则，严禁实际支付款项后不做付费确认；二、根据保监会及公司规定，营销员或公司员工任何时候不得替代客户领取各类保险金，无论金额大小；三、柜面收付费人员在收付费时要注意核对领款人的主体资格，领款人必须要与业务部门出具的领款通知书的领款人一致，要通过核对有效身份证差别是否为客人本人，严禁营销员或公司员工以任何形式接受委托代客户领取保险金款项；四、付款收据凭证应由电脑打印，严禁手工填开付款收据。收款收据凭证应加盖付款、复核、主管等的名章，并由领款人签字确认。收付费岗位人员管理规定调整如下：A、B柜面收付费人员由市分公司财务部负责管理和监督。涉及收付费有关的处罚规定按照《中国人寿保险股份有限公司营销员违规行为处理规定》和《中国人寿保险股份公司员工违规违纪处理暂行规定》执行。集团业务收付费管理必须与股份公司同质管理。12月，国寿大同分公司按照省分公司要求，正式全面开通工行、农行、中行的银行转账批量代付业务。太平洋人寿大同中支批量代扣代付业务在开通工行、农行、建行、邮政渠道之后又开通了中行、交行等银行渠道。泰康人寿大同中支制定“续期收费工作流程”。

2012年2月，为进一步防范资金风险，有效发挥收付费人员、财务人员共同管理收付费资金的职能作用，国寿山西省分公司下发《关于加强收付费资金管理工作的通知》，重新明确收付费资金管理人员及职责，重申严格执行“收支两条线”的纪律，再次强调防范收付费资金风险的处罚措施。3月，泰康人寿大同中支资金管理系统上线，现金管理、银行账户管理、收付费管理全部纳入资金系统管理，提高资金管理时效。6月，太平财险大同中支根据总部下发的《关于集中支付业务性支出的通知》，业务性支出款项全面实行资金的集中支付（使用快钱支付）。8月，泰康人寿完成业务收款流程的优化、业务系统的改造、第三方支付渠道的引进、关键功能的测试与模拟等方面的工作。11月，国寿山西省分公司制定下发《中国人寿保险股份有限公司山西省分公司收付费管理试点工作实施细则》，国寿大同分公司进行宣导与学习，对收付费工作本身再次定位，对收付费岗位设置重新说明，对收付费岗位职责重新明确，对收付费业务考核的重点进行调整。

2013年3月，国寿大同分公司按照国寿省分公司《2013年银行转账收付费推动方案》，认真学习，广泛宣导，利用多种形式，积极推动非现金收付费工作进一步提升。12月，泰康人寿个险和银保业务实现支付业务系统集中管理，提高个险和银保业务的处理时效。同年，国寿大同分公司按照国寿山西省分公司制定的《收付费管理考核办法》，对公司柜面收付费权限、收付费流程、柜面日清日结等常规性工作进行合规性、规范性、准确性的梳理和自查工作。

2014年，国寿总公司连续下发《关于开展综合柜员制日常作业后督平台推广运行的通知》《中国人寿保险股份有限公司业务收付类印章管理实施细则》和《关于印发〈收付费实务手册〉的通知》，其中《关于开展综合柜员制日常作业后督平台推广运行的通知》的附件为："收付费系统影像用户操作手册"和"综合柜员制下收付费后督核查指引"系列文件。国寿大同分公司按照当年上级公司系列文件要求、按照操作指引，规范柜面收付费各个环节，履行柜面收付各项要求，对收付费影像采集、冲正影像采集、发票补打影像采集、实收付查询影像采集和日清日结影像采集均进行规范要求，实现运营模式调整和新技术、新手段在收付费业务中的运用。泰康人寿山西省分公司连续下发《关于规范分公司柜面收费的通知》和《关于"网银支付失败、进账不明款项"的处理通知》，泰康人寿大同中支根据上级公司收付费相关要求，对1000元以下的保监局许可的代收费情况以及其他收费形式做出明确规范要求；对"网银支付失败数据"，也做出具体可操作规定。

2015年3月23日，泰康人寿山西省分公司下发《关于规范电子支付操作的通知》，进一步规范了全省系统企业网上银行、资金系统、CSC、FAP等等系统口令、网银盾操作和管理内容。30日，泰康人寿大同中支按照山西省分公司下发的《关于规范使用普通POS的通知》，严禁非投保人及其保单相关人员代刷卡操作，规范机构非实名POS管理。7月，按照省分公司《关于进一步明确财务柜面缴费规定的通知》以及保监会和总公司财务相关规定，大力推进借记卡缴费。对公司内外勤人员保单全部通过系统转账处理，对现金缴款单缴纳保费方式，要求必须由投保人现金缴费至公司对公业务户，通过"银保验证"的方式，杜绝业务员代收费情况。12月，为持续强化系统各级公司业务收付行为的规范化管理，国寿总部下发《关于进一步加强公司业务收付费管理的补充通知》，通知进一步强调以下几个方面：一是要统一思想，严格落实各项收付费管理制度；二是要加强管理，不断提升收付费重点环节管控力度；三是规范操作，严控POS机收费环节各类风险；四是要加强协作、严密监控收付费管理中存在的风险隐患。国寿大同分公司根据自身管理特点，认真梳理重点风险，细化各项操作流程，重点在柜面收付费方面、银行批量转账方面、接口业务方面、日清日结方面、权限管理方面、收付费单证及印章管理方面进行规范性的培训。同年，国寿总部下发《关于实施事后监督审核机制暨推广事后监督审核平台（一期）的通知》，其中文件附件为:“收付费影像操作指引”和“收付费影像优化用户操作手册”，成为国寿大同分公司收付费作业的标尺。

2016 年 7 月，为支持业务发展和维护客户关系，针对增值税发票管理，国寿省分公司连续下发《关于团险业务提前打印收款收据的通知》《关于团险特殊业务发票开具的通知》，国寿大同分公司认真学习上述两个文件精神，深刻领会，准确理解，严格按照通知精神，在操作过程中精确把握适应条件和使用范围，严防操作风险发生。

2017 年，国寿大同分公司按照省分公司制定的《山西省分公司国寿 e 店、e 宝平台推广方案》所确立的推广目标，即“确保销售人员人人要用、人人会用 e 店、e 宝，同时，销售人员和柜面人员要人人会教客户用 e 宝”。个险、团险、银保和运营四个条线分别按照省分公司相应条线制定的“推广实施细则”开展全方位宣导和应用。随着 e 店、e 宝推广上线，保单收付费进入更加方便、快捷、自如的“自我管理”新时代。英大财险大同中支开通二维码支付功能，手机 App 上线，支持网上快捷支付。

第十三章　财务管理

财务管理是组织企业财务活动，处理企业财务关系的一项经济管理活动。保险财务反映的是保险企业经营过程和成果，对保险企业战略制定与实施具有重要作用。大同保险业主体的财务管理体系和运营是随着国家相关制度和保险体制的变化而变化。20世纪50年代，中国人民保险公司系统执行总公司的会计制度，采用权责发生制，借贷记账法，会计手段为手工操作。国内保险业务恢复以后的80年代到90年代，中国人民保险公司系统采用复式记账法，会计核算体系根据总公司的相关规定按不同类业务分别核算、分级管理，在会计手段上开始探索电算化。进入21世纪以后，随着管理技术的提高，随着管理理念的发展，随着保险主体的多元化，保险信息技术、保险会计准则、保险预算规则、保险信息披露等各个方面向规范化、国际化、科学化迈进。

第一节　财务组织管理

一、财务组织结构

1950 年 12 月 1 日，中国人民保险公司察哈尔省分公司大同支公司成立，支公司内设业务组和会计组。

1981 年 7 月，中国人民保险公司大同支公司内设计划财务科。

1984 年 2 月，中国人民保险公司颁布《中国人民保险公司会计制度》，会计科目分设一般会计和监管会计。

1985 年 11 月，中国人民保险公司大同中支计划财务科分为财务科、计划科。

1989 年，中国人民保险公司大同中支、中国人民保险公司雁北中支根据《中国人民保险公司会计制度》规定，会计人员工作岗位一般分为：会计主管、出纳、财产物资核算、工资核算、成本费用核算、收入利润核算、资金核算、往来结算、总账报表、稽核等。中国人民保险公司大同中支、雁北中支除会计主管外，多数为一人多岗或一岗多人。全市（地区）县（区）支机构都设置财务部门，且由专业会计人员担任以上岗位。县（区）级以下机构财务工作由上级对口部门指导管理。

1991 年 10 月，中国人民保险公司总公司印发《中国人民保险公司会计基础工作规范》，明确各单位应根据《中华人民共和国会计法》和会计制度的规定，单独设置会计机构，配备会计人员，并指定会计主管人员。会计人员必须按规定领取“会计证”，无“会计证”者（见习生除外）不得上岗。中国人民保险公司大同中支、雁北中支积极执行《会计基础规范》，对不适合岗位要求人员，进行妥善调整。

1996 年 3 月，中保人寿大同分公司关于机关部室设置通知“中保人寿保险有限公司大同市分公司计划财务部”正式成立。负责组织全市的会计核算、财务管理、统计分析等工作。

2000 年 7 月，中保人寿大同分公司根据省公司《财务中心实施办法》，实行财务市级集中，对基层公司实行派驻会计制度，市公司成立市财务管理中心。

2001 年，中国人民保险公司财险大同分公司成立财务中心，设置主任岗、会计岗、综合岗。按三个中心要求，县级以下财务核算工作逐步上收到地市一级管理。

2005年，泰康人寿大同中支设立计划财务部，分设预算管理、核算管理、资金管理、单证管理和财务管理五个板块。大地财险大同中支设立财务部，划分财务经理岗、财务会计岗、财务管理岗、税务岗、单证岗五个岗位由三人兼岗工作。

2008年10月，中保大同分公司根据总公司制定《会计基础工作规范》，要求各级分支机构应按照上级财会部门要求设立财会部门，设置相应岗位，配备相应人员。县支公司应当设置出纳岗位和财务主管岗位（或类似职能岗位）。不单独设立财会部门的各类营业网点至少应当明确承担出纳岗位职责的会计人员，该会计人员直接接受支公司财会部门的领导和监督。各级分支机构财会部门各岗位会计人员须具备从事相应岗位工作的任职资格，各岗位会计人员须取得会计从业资格证书；应具有必备的专业知识和专业技能，熟悉国家的有关法律、法规、规章、会计准则和公司的会计制度、财务制度；须按财政部门规定定期参加后续教育及办理年检；重要财会岗位必须是公司正式员工。永诚保险大同中支成立财务部。11月，嘉禾人寿大同中支执行计划财务部负责人委派制管理，财务人员由省分公司计划财务部直接委派。中心支公司在综合管理部下设两个财务岗位，分别为会计核算岗和出纳岗，实行“统一领导、集中管理、逐级授权、损益集中”的财务管理体制。

2011年，中国人民保险公司省分公司财务共享服务中心成立，上收地市及下辖分支机构的财务具体业务工作。明确市级分公司设置经理岗、财务管理岗、资产管理岗、预算管理岗、财务单证管理岗、出纳岗。区县支公司设置财务主管岗。为加强财务管理，防范风险，大同分公司对全辖财务人员实行统一集中管理，并制定相应的考核办法，对日常财务工作进行考核。

2013年3月，中国人民保险公司总公司下发财会部岗位手册，对省、市、县三级财会部各岗位职责及工作标准进行明确。省分公司对各岗位职责及人员数量进行再次明确。6月为进一步加强市、县两级财务队伍建设，省分公司制定下发《关于进一步加强市县公司财务队伍建设管理的通知》，明确区县支公司财务管理岗可采取专岗、兼岗、派驻等方式，有条件的市分公司可由市分公司财会部人员直接担任。保费规模3000万元以上的区县支公司可设置财务管理岗1人；同一县域（含市区）只有一家经营机构的区县支公司可设置财务管理岗1人；同一县域（含市区）有两家或以上经营机构的区县支公司原则上不单独设置财务管理岗，采取兼岗方式，具体兼任数量、兼岗人员归属机构由市分公司根据实际情况确定；条件成熟的市分公司，可由市分公司财会部人员直接担任区县支公司财务管理岗，具体兼任数量由市分公司根据实际情况确定。中国人民保险公司大同分公司对一些业务量小或者财务力量薄弱的支公司优先指派由市公司人员进行兼岗，弥补专业财务人员的不足，有效地提高工作效率与质量，保证业务的一致性，加强合规管理，防范风险。

2014 年，中华联合财险大同城区支公司，综合管理部设立财务岗。

2015 年 9 月，安诚财险大同南郊支公司成立，根据上级公司三级机构配置，公司没有设立单独的财务部门，财务岗设置在综合管理部，设出纳岗 1 名，受分公司计财部和本公司的双重管理。

2016 以来，中国人民保险公司大同分公司基本上保持内设单独的财务会计部，有财务管理岗、预算管理岗、资金结算岗、税务岗、固定资产管理岗、区县机构财务管理岗。大同分公司在财务岗位管理上，严格按照《中国人民财产保险股份有限公司会计基础工作规范》之规定，区县机构财务人员由市分公司财会部直接管理，人员的调整必须经过市公司财会部的同意，根据会计业务需要配备持有会计证的会计人员。未取得会计证的人员，不得从事财务岗位工作。

2017 年，中华联合财险大同城区支公司设立财务部，配置财务部经理和出纳。经理兼职会计初审岗、核算、税务、预算等，出纳岗兼部门报账员等事务。工银安盛大同中支成立，公司只设置财务岗，接受省分公司财务部经理和中支总经理双重管理和领导。幸福人寿大同中支成立，在综合管理部配置财务事务岗。主要承担财务管理、统计管理、单证管理、采购管理、分支机构财务会计检查指导工作。

二、财务权限分配

1950 年，中国人民保险公司大同支公司会计组主要负责：员工工资发放、清产核资、物品保管、保费收取、各种支付、资金上划、办理纳税等。

1954 年，会计主要负责：掌握预算开支制度，为国家节约、积累货币；配合业务部门组织与监督保费按时收取。

1980 年 9 月，中国人民保险公司大同市保险支公司正式成立并对外办公。1981 年 1 月，公司内设业务办公室、行政办公室。1982 年 6 月，公司设立：人秘科、计财科、业务科和理赔科。其中，计财科负责计划、财务、统计等相关工作。

1985 年 11 月，中国人民保险公司大同中支计划财务科分设财务科、计划科，财务科仅负责财会相关工作，计划统计相关职责划归计划科。

1996 年 7 月，根据《中华人民共和国保险法》关于财产险和人身险分业经营的要求，中国人民保险公司改组为中国人民保险（集团）公司，下设中保财产保险有限公司、中保人寿保险有限公司、中保再保险有限公司。中保大同市分公司设立计财科，各支公司相应设置计财科。计财科负责系统财务核算、财务管理和计划统计、再保险工作。主要职责包括编制年度综合计划草案，报上级批准后下达，并检查督促和调控计划目标的实现；制定系统的会计制度和各项财务管理办法，并组织实施；制定统计制度，解释统计指标，确定统计计算口径；指导、监督、检查、管理系统的计划财务工作；为领导决策提供准确数据和建议；负责系统的财务预算、决算和往来账务的清算工作，汇总、编报各种会计报表；负责机关行政会计工作。

2000年，中保人寿大同分公司成立财务管理中心，基本职能：一是集中会计核算，基层公司的派驻会计负责对本公司的收入、支出定期进行收集、整理，报送至复核会计处。市分公司复核会计汇集、审核基层公司整理报送的会计资料，据以编制会计凭证，登记账簿，编制会计报表。基层公司不再设置独立的凭证、账簿、报表体系；二是集中账务管理，主要包含：集中资金管理、集中印章管理、集中资产管理、集中费用管理、集中税收管理、集中会计单证管理。

2001年，根据《中国人民保险公司三个中心运行方案》精神，中国人民保险公司大同市分公司建设“三个中心”，作为分公司业务、财务集中统一的实物处理和风险监控平台，包括承保中心、理赔/客户服务中心和财务中心。财务中心对全市财务基础工作进行集中操作管理，初步实现上收一级的模式。

2005年，大地财险大同中支财务部细化职能，财务经理主要是制定、安排、落实公司财务工作规划和年度工作计划等相关工作；单证岗主要是落实上级公司单证管理相关制度要求，规范所辖机构单证管理等相关工作；财务会计岗主要是负责编制审核会计凭证、账簿、报表、分析报告等相关工作；财务管理岗主要负责网银查询、核对账户、整理会计档案等相关工作；税务岗主要负责税务相关的工作。

2008年，永诚保险大同中支财务部制订工作职责，主要财务制度执行、预算编制、统计数据、管理单证、费用报销和制作凭证。嘉禾人寿大同中支财务人员以本机构及下辖机构的财务管理为重点，保障公司各项资产的安全完整，集中统一地调配资金，及时分析公司经营状况及财务状况，合理控制经营支出，高质量完成会计核算工作。

2011年11月8日，人保财险山西省分公司财务共享服务中心正式成立，逐步实现全省会计核算集中。各地市分公司财会部履行出纳职能，主要负责将收到的支票存入当地银行；履行财务单证管理职能，负责保费原始凭证的归档与保管，与省级财务共享服务中心的凭证传递；履行预算与分析职能，负责地市分公司与所属支公司的预算编制、控制与分析等工作；履行资产管理职能，主要对固定资产实物管理部门录入系统的固定资产卡片进行审核，对固定资产预算进行分配与执行监控；履行税务申报的职能。人保财险大同市分公司财务中心变更为财务会计部，原有支公司的部分财务职能将被分解，分别上收到省级财务共享服务中心或地市分公司财会部，或转移到出单中心及其分支机构，或转移到支公司综合岗。

2013 年，中国人民保险公司总公司下发财会部岗位手册，对省、市、县三级财会部各岗位职责及工作标准进行明确。市级分公司财会部负责贯彻落实财务各项法律法规和规章制度，制定实施细则，宣导、解释公司的各项财务相关规定；配合省公司实施财务发展战略和财务规划；根据公司重大财务事项报告制度及时向省公司报告重大财务事项；组织协调编制区域内预算，分解、下达省公司制定的各主要经营指标预算，负责对市分公司经营计划执行情况进行动态监控，及时提出完成年度经营预算的对策，保证公司业务发展与稳定经营；在年度预算目标内统筹协调销售费用资源配置，负责对基础运营费用的配置、审核和监控，向区县支公司下达各项预算指标，定期向本级产品线部门提供全辖销售费用使用情况，完成区县支公司销售费用清算，指导、监控区县支公司销售费用及时、快速兑现；制定市分公司经营绩效考核办法，负责对区县支公司年度经营完成情况进行考核，对年度预算完成情况进行评估；定期对市分公司及所辖支公司进行财务分析，撰写经营情况和管理情况分析报告及各类专题财务分析报告，对市分公司经营决策提出有价值建议；在省公司统一管理下，落实、实施区域内财务管理、预算管理、资产管理、资金管理、税务管理和财务单证管理，严格控制和防范财务风险，对区县支公司财务工作进行指导与监督；负责与出单（分）中心衔接与保费相关流程，处理收付费系统相关操作，履行相关事项的审批职责，收取需财务盖章存入银行的支票，收取银行汇票并承兑，交接保费发票存根联；负责与省公司财务共享服务中心对接事项；负责区域内银行账户及相关印鉴的日常管理和使用，银行回单或类似银行凭据的领取、装订与保管；负责督促支公司及时开展过渡性科目的清理与催收；负责应收票据备查簿的登记、核对与管理；负责保费发票的购买、入库、发放、核销、系统登记等工作；定期对所辖区县支公司开展财务巡查工作，积极配合好内外部审计、监管机构及其他与财会、税收有关的外部检查工作；负责对市分公司及所辖区县支公司会计人员的岗位确定、资格审查、业务培训、绩效考核、日常管理等工作，按要求积极参加总、省分公司财会部组织的各类培训和学习活动，提高员工技能，提升财务执行力和风险控制力，增强财务服务能力；组织完成总、省分公司财会部下达的各项任务。区县支公司财务管理岗负责贯彻落实财务各项法律法规和规章制度，宣导、解释公司的各项财务相关规定；根据公司重大财务事项报告制度及时向市分公司报告重大财务事项；编制支公司预算，负责对支公司经营计划执行情况进行动态监控，及时提出完成年度经营预算的对策，保证分支机构业务发展与稳定经营；负责按照市分公司销售费用清算结果，协助经理室完成对销售团队、个人的费用兑现，监控销售费用使用情况，向经理室提交销售费用配置及兑现执行情况报告；落实市分公司经营绩效考核办法，对年度预算完成情况进行评估；定期对支公司进行财务分析，撰写经营情况和管理情况分析报告及各类专题财务分析报告，对支公司业务发展和经营决策提出有价值建议；严格控制财务风险，按上级财务组织要求实施财务管理、预算管理、固定资产和资金管理；负责支公司费用初审、单据收集工作；负责尚未集中银行账户的日常使用和管理；积极配合好内外部审计检查、监管机构及其他与财会、税收有关的外部检查工作；根据税务机构相关要求，负责所在支公司保费发票的、入库、发放、核销、系统登记等工作；按要求积极参加上级财会部门组织的各类培训和学习活动；对所在支公司非财会人员进行合规知识、财务基础知识的宣导和讲解；组织完成省、市分公司财会部下达的各项任务。

2014 年，中华联合财险大同城区支公司按照上级公司财务要求，主要从会计核算规范、往来款管理、业财数据核对、统计报送、固定资产财务管理五方面开展工作。

2017 年，工银安盛大同中支在大同营业，设立财务岗位，根据设立初期规定，负责机构预算编制、资金管理、协助审计、税务申报以及重要单证与印鉴。

三、财务核算管理

1950—1958 年，中国人民保险公司系统实行总公司和省分公司两级管理，总公司统一计算的核算体制。省分公司定期向总公司报送报表、财务分析、收支余额在年终决算时由总公司统一核算，统一分配利润。中国人民保险公司大同支公司财务根据省公司管理要求，汇总全市经营情况，上报省分公司。

1981 年，中国人民保险公司系统根据保险业务需要集中运用资金的特点，实行“总、省两级核算，三级管理”。账务核算采用借贷记账法，会计核算采用并表的办法，业务会计报表基本齐备，县（区）各支机构都是附属会计核算单位。

1982 年 10 月，根据中国人民保险公司总公司总经理办公会议议定，有条件的市分分司、支公司可以实行独立核算。12 月，随着省会太原市支公司被批准实行独立核算单位后，大同支公司也逐步转换为独立核算模式，为公司精细化经营管理奠定基础。

1984 年 2 月，中国人民保险公司大同中支根据总公司颁布《中国人民保险公司会计制度》，在核算体制上按照不同性质的保险业务，按国内财产险、涉外财产险、出口信用险和人寿保险业务分别单独核算，分别确定会计核算体制。

1988 年，中国人民保险公司大同市中支、中国人民保险公司雁北中支实行“中支一级单位核算、自计盈亏”的办法。

1989 年，中国人民保险公司大同中支、中国人民保险公司雁北中支开始执行总公司重新颁布的《中国人民保险公司会计制度》，主要内容：一是实行统一计划、分户经营、以收抵支、按盈提奖的财务管理体制。突出财务计划的作用，利用定额进行财务计划的编制，用以评价企业财务活动。二是实行“统一领导，分级管理”的原则。会计制度由总公司统一制定，各级保险公司都必须严格遵照执行，各级公司不得自行变更或修订制度，但可将执行中发现的问题，及时反映给总公司，由总公司负责修订。三是按照不同性质的保险业务，分别确定会计核算体制，如按国内财产险、涉外财产险、出口信用险和人寿保险业务分别单独核算。四是会计恒等式采用“资金平衡理论”，即“资金占用总额 = 资金来源总额”。五是会计科目分为资产类、负债类、资产负债共同类和损益类。设置国内、涉外、信用、寿险四套会计科目，分别核算不同险种的业务。六是记账方法允许从资金收付记账法、借贷记账法中任选一种。七是在货币计价上国内业务（包括财产险与寿险业务）以人民币为记账符号；涉外财产险、信用险业务则采用外币分账制，直接以原币入账，年终时将外币业务损益按决算日牌价折算为人民币核算。

1992 年，中国人民保险公司大同中支、中国人民保险公司雁北中支执行总公司下发的《关于印发〈会计制度〉修改补充规定的通知》以及《有价证券暂行办法》和《定期存单管理暂行办法》，加强对有价证券和定期存单的管理，确保资金安全，避免经济损失。

1993 年 7 月，中国人民保险公司大同分公司开始执行财政部颁布的《保险企业会计制度》。新会计制度首次确立资产、负债、所有者权益、收入、费用和利润会计要素体系，规范会计核算的基本前提和基本原则，提高企业财务核算的真实性和准确性；在核算体制上将非人身险业务与人身险业务分别进行会计核算，即分别建账、分别核算损益提高险种效益；建立资本金制度，实行资本保全原则，改革资金管理办法，取消专款专用制度，促进企业提高资金运用效益；采用与市场经济体制相适应的“资产 = 负债 + 所有者权益”的会计恒等式，明确产权关系；采用国际通用的借贷记账法和国际通行的会计报表体系。

1996 年，中保财险系统采取“一级法人、四级核算”的核算模式，总、省、市、县都设立核算账簿，基层公司配置会计和出纳，每个机构均独立出具报表。中保人寿系统实行“一级核算，分级管理，逐级考核”的核算体制。

1998年12月，财政部对原制度《保险企业会计制度》进行修改，颁布《保险公司会计制度》。1999年，中保财险大同分公司开始执行总公司根据财政部颁布新会计制度新修订的《中国人民保险公司会计制度》。其主要内容一是重新确定保险业务的分类，并实行按险种分类核算。二是完善保险业务损益结算办法。除长期工程险、再保险业务按业务年度结算损益外，其他各类保险应按会计年度结算损益。三是增加确认保费收入的原则。四是增加存出资本保证金和提取保险保障基金的会计处理。保险公司成立后，应按其注册资本总额的2%提取保证金，存入保险监督管理部门指定的银行，除保险公司清算时用于清偿债务外，不得动用。为了保障被保险人的利益，支持保险公司稳健经营，保险公司应当对财产保险、意外伤害保险和短期健康保险按当年自留保费的1%提取保险保障基金。五是调整贷款和股权投资业务的会计处理。取消除保户质押贷款以外的其他各类贷款业务的会计处理，取消股票投资及其他股权投资业务的会计处理。六是增加抵债物资的会计处理，修改长期待摊费用的会计处理。制度将原“递延资产”科目改为“长期待摊费用”科目。七是规范会计报表体系。将原“损益表”名称改为“利润表”，并对各报表的指标项目作了相应调整；用现金流量表取代财务状况变动表，确立现金流量表在保险财务报表中的至尊地位。

1999年，中保人寿大同市分公司根据总公司《分类分级授权经营指标考核办法》，实行一级法人制度，强化财务管理，明确省、市、县各级公司之间的责、权、利关系，加强风险控制，提高经济效益，按照一级法人制度和一级核算体系，在县支公司设立财务科，按上级公司核算要求对本单位及下属的保险代办所等机构进行会计核算，编制会计报表，向上级公司报告。

2000年，中国人寿大同分公司根据总公司省分公司要求实行“一级核算、分级管理、逐级考核”的管理模式。根据《会计核算办法》，按照总公司对会计科目的规定严格核算管理，实行财务报表系统化、规范化和科学化。对公司经营的保险业务分险种进行分类核算，对保费收入、保险准备金等核算办法分别做了详细的规定。7月，国寿大同市分公司财务中心成立，实现会计核算集中管理模式。县、区支公司定期将所发生的原始凭证报送到财务中心，由财务中心审核后编制记账凭证，进行财务处理。

2001年，中国人民保险公司财险大同分公司根据《中国人民保险公司三个中心运行方案》要求，市分公司分别成立“三个中心（承保、理赔、财务）”，完成了核算操作从县支公司到市公司的集中，初步建设成为公司承保、理赔、财务的实务处理和风险监控平台。

2003年，中国人寿股份山西省分公司实现“会计核算与财务管理系统”全省逻辑集中。为保证财务管理系统（CLAF系统）安全、高效运行，确保全省会计核算数据的准确、有效和系统维护的严肃性与严密性，国寿大同分公司严格按照省分公司制定的《会计核算与财务管理系统操作规范》，严格权限管理，严格系统操作程序，实行关键步骤专人管理，确保核算的真实、准确、科学和严谨。太平洋财险大同中支按照总公司下发的ABB预算标准流程及费用预算编制，实行全面预算管理，主要包括利润预算、业务预算、费用成本预算、资金预算。一般采取"先自上而下，后自下而上，再自上而下"的编制程序，按照预算管理的内容编制。平安财险大同中支按照总公司制定的《中国平安财产保险股份有限公司会计制度》进行会计核算，实施会计核算电算化工作同手工会计核算同步运行。

2004年，中国人民保险公司财险大同市分公司开始执行总公司印发的《中国人民财产保险股份有限公司会计制度（暂行）》。该会计制度以财政部颁布的《金融企业会计制度》为基础，借鉴国际会计惯例，分别对六个会计要素以及有关金融业务和财务会计报告作出全面系统的规定。一是实现会计要素的重新界定以及相关的确认和计量，更加全面、严谨、规范，使其反映的会计信息更加符合事实。二是将实质重于形式的原则纳入新制度，要求"企业应当按照交易或事项的经济实质进行会计核算，而不应当按照它们的法律形式作为会计核算的依据"，体现对经济实质的尊重，能够保证会计核算信息与客观经济事实相符。三是在某些会计原则和会计处理方法上实现与国际会计惯例相协调。如各项准备金的提取、短期投资期末计价采用成本与市价孰低法等。四是谨慎性原则体现更充分。如将虚拟资产排除在资产负债表之外，明确规定开办费不得列入资产，待处理财产损溢在期末结账前处理完毕；要求计提资产减值准备，包括坏账准备、短期投资跌价准备、长期投资减值准备、固定资产减值准备、无形资产减值准备、在建工程减值准备、抵债资产减值准备等。五是明确新业务和疑难问题的处理方法。所得税的会计处理采用纳税影响《中华人民共和国会计法》，并对或有事项、会计调整、关联方关系以及交易、证券投资基金等都做出了明确的规定。六是在资产负债表、利润表、现金流量表和利润分配表的基础上增加了所有者权益变动表。对会计报表附注进行了详细、严密地规范，提高财务会计报告的信息含量和可理解性。

2005年，国寿大同市分公司按照山西省分公司进一步加强财务管理的要求，财务核算应当以实际发生的经济业务为依据，按照国家统一会计制度和公司规定的会计处理方法执行，确保会计凭证、会计账簿、会计报表和其他会计资料必须符合国家统一会计制度和总公司规定，不得伪造、变造凭证和账簿，不得设账外账，不得报送虚假会计报表。

2006年，中国人民保险公司财险大同市分公司根据财政部和保监会的统一要求，公司全面执行新的《企业会计准则》，全面推行财务中心"一本账"核算模式，对所有支公司级（含办事处）核算单位均设定（UU）专项，通过（UU）专项完成对支公司的核算、管理与考核。国寿大同分公司根据体制改革方案设立财务中心，负责所辖县（区）支公司、营销服务部和市分公司本部等机构的财务核算工作，按规定要求规定时间编制会计报表，向上级公司报告。县支公司及下属机构不再负责会计核算工作。

2007年，中国人民保险公司财险大同市分公司开始执行总公司下发《中国人民财产保险股份有限公司会计制度（2007）》，新会计制度按照财政部与保监会已发布的准则指南规定格式编制法定报表和附注，同时，设计一整套内部分析报表，以兼顾外部监管和内部管理需求。内部分析表既包括按原香港口径报表改造而来的内部报表、分险种损益表，也包括反映各重要科目、费用以及关键指标情况的分析报表，形成较为完整和清晰的体系。此次修订对公司核算口径进行了合并统一，省及以下分公司不再产生香港口径报表，改为由总公司根据需要生成。为了与公司对外披露口径有效衔接，递延保单获取成本摊销问题将在预算编制和考核调整时予以充分考虑。

2008年，中国人民保险公司财险大同市分公司按照总公司制定的《中国人民财产保险股份有限公司会计基础工作规范（2008）》，从会计工作的实务标准入手，统一各级分支机构在会计核算、会计机构和人员、会计交接和会计档案管理等主要会计基础工作的标准，提高财会工作质量。全面构建基础财务制度体系，防范财务风险。太平人寿大同中支按照总公司要求，实施三级机构集中核算管理，减少支公司的资金沉淀，提高资金运用率。中国人民保险公司健康大同中支制定的《中国人民保险公司健康会计核算办法》，在其核算单位权限内进行账务处理，生成会计报表。

2009年3月，太平人寿大同中支根据太平人寿省分公司规定，集中核算作业方式正式取代分级核算作业方式，省分公司财务岗位人员统一对全省各级机构的核算账套进行集中核算作业，中支公司财务人员只承担财务核算基础资料初审职能工作。4月，太平人寿大同中支执行由太平财险总公司下发的《太平保险有限公司分渠道、分险种核算办法》，实现分渠道、分险种的财务核算管理方式，满足了分渠道经营管理的要求，合理反映了各渠道的经营状况，客观评价各渠道的经营业绩，核算管理向精细化迈出了重要一步。同年，中国人寿大同分公司根据总公司下发的会计实务，进一步明确会计核算是以货币为计量单位，对经济活动进行确认、计量、记录和报告，提供真实、完整、相关的会计信息，满足内部管理和外部监管的需要。会计核算工作包括填制会计凭证、登记会计账簿和编制财务报告三个环节。并组织实施对本公司日常会计核算和监督、编制各类会计报表和财务报告等。

2010年10月，为进一步加强财务风险管控，规范资金集中支付，根据《关于山西省分公司资金集中支付实施意见的批复》，中国人民保险公司财险大同市分公司执行全省资金集中支付，为财务共享服务中心建设奠定了扎实基础。合众人寿大同中支核算办法开始按照总公司《合众人寿保险股份有限公司会计核算办法》执行。11 月，中国人民保险公司财险大同市分公司执行全省会计核算全面集中。中国人民保险公司财险大同市分公司通过强化经营管理与操作的分离，确保独立、制衡和有效管控，实现保障会计质量、提升财务价值、支持财务转型的目标。

2011 年，平安财险大同中支财务实行集中管理模式，即财务核算统一由分公司集中处理，各地市仅设立财务管理岗，采用报账制，强化财务风险管理。

2012 年，太平洋财险大同中支上线预算系统辅助管理系统，通过系统设置科目和前中后台预算额度控制，相比手工管控更加便捷有效，预算系统干预手段更进一步提升。

2013 年，中国人民保险公司财险大同市分公司执行总公司新制定《中国人民财产保险股份有限公司会计制度（2013）》，简称《会计制度》。该《会计制度》一是明确保单获取成本包括手续费支出、营业税金及附加、保险保障基金、监管费、交强险救助基金、分保费用支出、摊回分保费用和区县级支公司人员工资。保单获取成本率由准备金系统根据逐单进行计算。二是已发生未报案未决赔款准备金主要依据精算计算结果得到。理赔费用准备金包括直接理赔费用准备金和间接理赔费用准备金。三是对原保险合同下赔款支出各项目核算内容及要求进行细化明确。四是明确联共保业务、交叉销售、财政支持型农险业务、法院强制划款案件、再保险相关业务等会计处理要求。同年，中国人民保险公司财险总公司下发《中国人民财产保险股份有限公司多维度核算实施办法》，明确分险种归属和分摊原则。下发《中国人民财产保险股份有限公司会计基础工作规范（2013）》。修订涵盖会计机构和会计人员、会计核算的一般规范与实务规范、会计档案管理、会计监督等会计基础各方面工作，实务规范涉及资金、资产、业务收付、费用、税金、其他业务收支和营业外收支等会计日常操作的全流程。同年，国寿大同分公司按照山西省分公司关于城乡居民大病保险业务的会计核算与财务管理工作要求，根据总公司城乡居民大病保险会计核算办法，以单个协议为单位进行核算大病保险业务。单独归集保费收入、赔付支出、经营管理费用；单独报告具体大病保险协议的利润表、费用明细表等。以确保该项业务的经营质量。太平人寿大同中支执行总公司下发的《太平人寿保险有限公司省级分公司集中核算管理暂行办法》，统一规范中支账务在省级分公司的集中处理规定。民生人寿大同中支在财务核算管理上开始执行总公司制定的《民生人寿保险股份有限公司会计核算办法》。

2014 年，太平洋财险大同中支预算系统和核算系统对接，两个系统通过科目和额度进行相互预算管控，全面预算管理水平更加提高。太平财险大同中支根据上级公司规定，细化险种核算，将非车险业务中的农业险及大病医疗保险分离出来，单独核算。

2015年，中国人民保险公司财险总公司在原有多维度核算办法的基础上进行完善，制定下发《中国人民财产保险股份有限公司多维度核算实施办法（2015）》。一是对原保险类项目下的赔付支出及费用类项目表述进一步明确，直接理赔费用属于赔付支出，不属于费用类项目；二是增加基本与辅助核算维度的概念，并对使用及范围进行明确；三是补充专属费用的分类及其概念；四是明确费用类项目的概念，不包括直接理赔费用；五是删除直接理赔费用，专属费用归集要求中增加管理费用；六是新增大病保险及不明显适用多维度核算办法分摊业务的处理规则；七是新增长期限险种保险业务的分摊规则。

第二节　财务信息技术管理

1950年12月，中国人民保险公司大同会计组实行手工记账方式，主要建立账簿、表报、履行会计职责、掌握开支标准，厘清会计程序，完成决算。

1953年，中国人民保险公司大同支公司建立会计和业务沟通渠道，定期核对账户机制。

1981年，中国人民保险公司大同支公司恢复业务，公司成立以后，会计记账采用手工记账方法，手工录入记账凭证、记载日记账、明细账、总账以及报表。

1989年，中国人民保险公司大同中支、雁北中支根据总公司《转发财政部关于会计核算软件管理的几项规定（试行）的说明通知》，开始探索实施会计电算化工作，核算软件由总公司统一开发研究。

1990年1月，中国人民保险公司大同中支、中国人民保险公司雁北中支开始执行新的《会计制度》，原实行的会计报表汇总程序停止使用。7月，中国人民保险公司总公司下发《关于使用新计算机程序汇总会计报表的通知》，中国人民保险公司大同中支、中国人民保险公司雁北中支根据要求，执行报表汇总新程序。

1998年，中保财险山西省分公司开始实行会计电算化，研发出了财会系统，包括账务管理系统、出纳管理系统、固定资产管理系统、报表管理系统四个模块，满足会计核算电算化、会计报表自动化、财务管理电脑化、数据传输网络化的基本要求。6月，省分公司下发《财会软件使用手册》，中保财险大同分公司在财务运营管理上开始使用财会软件，实施财务电算化管理工作。

2000年1月，中国人民保险公司财险大同市分公司根据上级要求，全辖会计核算单位彻底脱离手工记账，全面实现会计电算化。3月，中国人民保险公司财险大同市分公司财务员工参加“中国人民保险公司山西分公司收付费管理软件推广培训会”，会后，在全市开始推行财务中心运行模式及收付费软件运行工作。

2001年，中国人民保险公司山西省分公司下发《关于对全省会计数据集中及下发新版财会软件的通知》文件。12月，中国人民保险公司财险大同市分公司正式启动新财会软件系统。

2005年，平安财险大同中支预算录入方式为桌面应用集成器（ADI）报表填写，各维度数据填列完整后上报总部通过总账系统统一导入使用。泰康人寿大同中支使用“用友财务软件”对中支公司业务及各类总账业务进行核算处理。

2006年，平安人寿大同中支结束前期主要为手工录入凭证导入预算形式的智数据虚拟化管理系统（CDS系统），上线EPS系统。新的系统从年初预算编制、审核、上报类应用、预算追加、调整类应用、预测类应用进行系统优化，大大减少手工录入出错的概率。泰康人寿大同中支企业管理解决方案软件（以下简称SAP）预算管理系统上线，实现预算签批和费用报销对接。

2007年6月，国寿山西省分公司财务条线实行省级集中管理，市级分公司财务实行报账制。各市分公司按实收付业务、费用报销、手工录入等分类收集、整理、汇总各基层公司原始资料统一报送到省公司集中核算与管理。

2008年1月，太平人寿大同中支使用用友NC会计电算化核算系统进行财务会计核算。10月，中支正式切换为Oracle财务管理系统，为后期精细化核算管理和集中作业提供基础系统准备工作。

2009年6月，太平财险大同中支上线“数据仓库”系统，太平财险系统完成统一的数据统计和分析平台，辅助财务系统进行数据校验和统计工作。8月，太平财险大同中支Oracle总账系统的ADI日记账导入功能上线，实现会计科目核算的系统导入操作，屏蔽人工在总账系统的操作功能，确保核算结果的准确性、客观性。同年，中国人寿大同分公司数据信息化管理SAP企业核心组件（SAP—ECC）系统上线。SAP—ECC财务信息系统功能的应用有财务会计和管理会计两大模块。财务会计模块包括：总账管理、应付管理、资产管理、网上报销、税务管理、资金管理、预算管理等模块；管理会计模块包括标准成本的有效控制与分析、科学的费用分摊和盈利模式分析。平安财险大同中支预算系统上线，实现二、三级机构预算自主录入功能，优化了预算导入流程。

2010年1月，平安财险大同中支采用Oracle财务系统全面取消财务人员手工录入凭证权限。Oracle系统实现与公司业务系统的自动关联。保费、赔款等由业务系统产生的数据自动导入 Oracle 财务系统，实现财务系统对公司业务数据的自动归集，提高数据处理的效率，确保业务财务数据的真实性。12 月，中国人民保险公司财险山西省分公司下发《关于实现省公司资金集中支付的通知》，全面实现资金省集中支付。20 日，上线资金管理系统，并制定资金《省集中支付操作手册》及省资金集中支付相关支付业务报送的表格，指导全系统顺利开展省级资金集中支付工作及总公司资金管理系统上线的通畅运行。取消市级分公司财务资金的支付权限，上收到省级公司集中管理。

2011 年 5 月，平安人寿大同中支电子报销系统集中上线，三级机构报销单全部在系统审批。8 月，对 1 期电子报销系统进行优化，提升系统运行的快速性和安全性。平安人寿大同中支"财务在线"系统上线，预算签批和报销签批完全实现电子化。

2012 年 8 月，中国人民保险公司财险大同市分公司新一代财务系统 SAP 系统在山西省分公司正式上线，作为支持公司未来财务转型的重要基础性工具，对于公司财务管理工作的提升至关重要。新系统运用地市级以下公司仅授予查询权限，其他操作权限由省级公司集中完成。平安财险大同中支应用领先的预算系统，实现编制、管控、分析、预警等多功能系统自动化作业。平安人寿大同中支财务系统保费认领功能上线，实现业务员自助认领保费。传统的保费确认模式，银行流水多，确认保费时效滞后，财务人员工作量大。保费认领平台上线后，系统与银行进账关联，业务员通过系统实现自动认领保费，财务人员通过系统确认保费收入。该功能的上线使"见费出单"政策嵌入公司系统，保证公司的合规经营，同时提高保费收入入账的时效，大幅减轻相关人员的工作量。

2013 年 3 月，中国人民保险公司财险大同市分公司上线新收付费系统。新收付费系统不仅满足财务和业务对新的发展要求，同时适应公司与大客户总对总的集中结算、总部出单等集中收款模式及全国、区域集中支付模式，进一步提升财务共享服务中心对支付及时性和财务核算的效率，更好地服务于网上支付、移动支付、第三方支付等新兴支付工具对于公司收付款操作中提出的新挑战。平安人寿大同分公司新预算系统上线，从根本上解放手工操作，全部实现系统化作业。

2014 年，平安集团财务部推出了财务报销系统"财酷"，一款专门针对内勤报销差旅费系统。平安人寿大同分公司适时上线运行。

2016 年 5 月，为了配合"营改增"顺利实施，根据《中国人民保险公司财险"营改增"过渡期方案》，中国人民保险公司财险大同市分公司税控系统顺利上线。

2017 年 3 月，中国人民保险公司财险大同市分公司增值税管理系统成功测试上线。实现基层业务前端在业务和税控系统的对接模式下完成发票的开具。进一步强化增值税发票相关风险管控能力。

第三节　财务信息披露管理

财务会计是企业经营情况记录的主要方式，其重要作用是能够以统一的语言向企业相关信息需求者提供一致的、客观的信息，一类是对外部主体所披露，一类是向企业内部披露。企业在未上市之前，如 20 世纪 50 年代到 20 世纪末，公司财务信息披露根据当时会计制度要求，通过财务报表、财务报告进行信息披露。

1984 年 2 月，中国人民保险公司总公司颁布《中国人民保险公司会计制度》，按照会计制度，主要财务报表包括资产负债表、损益计算表及费用明细表、专用基金明细表、固定资产表、利润分配及税款解缴情况表等。

1998 年，中国人民保险公司大同分公司执行总公司新修订的《中国人民保险公司会计制度》。将原“资产损益表”名称改为“利润表”，并对各报表的指标项目作了相应调整；用“现金流量表”取代财务状况变动表（资金表）。

2001 年 10 月，国寿大同分公司为配合业务 CBPS7.0 版的运行，实现业务、财务数据共享，CLAF 会计核算系统功能也作了相应的调整，在原有会计报表种类的基础上包括资产负债表（总表）、资产负债表（普通寿险）、利润总表、普通寿险利润表、意外险利润表，增加分红保险、万能保险、投资联结保险和补充养老保险（分红险）内部报表各一套。

2004 年，中国人民保险公司大同分公司执行总公司印发的《中国人民财产保险股份有限公司会计制度（暂行）》，在原来提供的资产负债表、利润表、现金流量表和利润分配表的基础上增加了所有者权益变动表，对会计报表附注进行详细、严密的规范，提高财务会计报告的信息含量和可理解性。

2007 年，财政部发布新会计准则，并于 1 月 1 日起在上市公司中执行，新会计准则体系基本实现与国际财务报告准则的趋同。同年，中国人民保险公司总公司制定并下发《中国人民财产保险股份有限公司会计制度（2007）》。主要内容：（1）对公司核算口径进行合并统一，省及以下分公司不再产生香港口径报表，改为由总公司根据需要生成。为与公司对外披露口径有效衔接，递延保单获取成本摊销问题将在预算编制和考核调整时予以充分考虑。（2）鼓励在地市级分公司实行财务中心“一本账”核算模式。（3）取消“转回未到期责任准备金”“转回保费不足准备金”“转回长期责任准备金”三个一级科目，新制度下损益类准备金相关科目均反映为各项准备金的当期提取差额。

增设“提取分保未决赔款准备金”“提取分保未到期责任准备金”两个一级科目，以更好地体现分保损益。（4）未到期责任准备金的提取改为首先计算确认资产负债表下未了责任余额，再根据上期转回差额提取的方法，取消“分保长期责任准备金”“长期责任准备金”“提取长期责任准备金”等一级科目。（5）设置应付赔款一级科目，更为详细地区分未付款赔案以及其他未决赔案，准确核算公司应承担的赔付责任，减小未决赔款准备金的波动性。（6）理赔费用全部计入赔付支出，明确界定理赔费用含义为理赔部门发生的费用。（7）将承保费用和管理费用设置为一级科目，按照职工薪酬、财产相关费用、业务相关费用、外部监管费用、中介费用和办公费用六大类设置明细科目。取消“应付工资”“应付福利费”一级科目，改为在“应付职工薪酬”下设置二级科目进行核算。（8）对长期股权投资、投资性房地产、资产减值、非货币性交换、所得税、外币业务等非保险业务重要项目核算做了改变。（9）按照财政部与保监会已发布的准则指南规定的格式编制法定报表和附注，同时根据新制度和公司管理要求设计一整套内部分析报表，以兼顾外部监管和内部管理需求。内部分析表既包括按原香港口径报表改造而来的内部报表、分险种损益表，也包括反映各重要科目、费用以及关键指标情况的分析报表，形成较为完整和清晰的体系。

2008 年 8 月 7 日，财政部印发《企业会计准则解释第 2 号》，要求境内外上市保险公司对同一交易事项采用相同的会计政策和会计估计进行确认、计量和报告。

2009 年，中国保监会印发《关于保险业实施〈企业会计准则解释第 2 号〉有关事项的通知》，对《企业会计准则解释第 2 号》总体实施要求进行明确，保费收入的确认和计量引入重大风险测试和分拆处理；保单获取成本不递延，计入当期损益；采用新的基于最佳估计原则下的准备金评估标准。随着《企业会计准则解释第 2 号》的实施及公司新业务的变化，2011 年总公司修订并下发《中国人民财产保险股份有限公司会计制度（2011）》，主要内容：（1）明确保险混合合同分拆与重大保险风险测试；（2）增加未到期责任准备金和未决赔款准备金的计算公式；（3）对直接理赔费用各个明细费用项目列支范围进行明确规定，包括公估费、专家费、律师费与诉讼费、检验费。同时增加拒赔案件和零赔款案件所发生的直接理赔费用、打假奖励费用、通赔代理费用以及代位追偿款的核算规定；（4）对某些特殊的保险业务的会计处理进行明确规定，包括保险交叉销售业务、电话营销专用产品业务、政策性农业保险业务、法院强制划款案件，以及保险卡业务、联保、共保业务、赠予业务、代赔案件；（5）对某些特殊的再保险业务的会计处理进行明确规定，包括当期结清的分入业务和系统内分保业务；（6）为与企业会计准则体系保持一致，并保证会计制度能够覆盖所有的会计科目与经济事项，增加金融工具、其他长期资产、股份支付、所有者权益、其他业务收支及营业外收支、政府补助、资产负债表日后事项、合并财务报表、分部报告内容。为了不断夯实会计基础工作，提高会计基础工作质量，逐步实现会计基础工作的规范性和合规性，总公司制定下发《中国人民财产保险股份有限公司会计基础工作规范（2008）》，从会计工作的实务标准入手，对各项会计基础工作进行系统、科学并有针对性和操作性的规定。统一各级分支机构在会计核算、会计机构和人员、会计交接和会计档案管理等主要会计基础工作的标准，提高财会工作质量。全面构建基础财务制度体系，防范财务风险。

2013年，为满足公司经营管理需要和对外披露要求，准确核算公司分机构、分险种、分渠道、分客户群等经营维度的损益情况，根据中国保险监督管理委员会（以下简称中国保监会）《保险公司费用分摊指引》（保监发〔2006〕90号）（以下简称《分摊指引》）的要求和公司《会计制度》相关规定，总公司研究并制定下发《中国人民财产保险股份有限公司多维度核算实施办法》（中国人民保险公司财险发〔2013〕6号），明确分险种归属和分摊原则。为适应新一代财务系统全面上线后的财务核算要求，总公司对《会计制度（2011版）》的会计科目和部分业务账务处理要求进行修订，制订《中国人民财产保险股份有限公司会计制度（2013）》（中国人民保险公司财险发〔2013〕402号）。（1）明确保单获取成本包括手续费支出、营业税金及附加、保险保障基金、监管费、交强险救助基金、分保费用支出、摊回分保费用和区县级支公司人员工资。保单获取成本率由准备金系统根据逐单进行计算。（2）已发生未报案未决赔款准备金主要依据精算计算结果得到。理赔费用准备金包括直接理赔费用准备金和间接理赔费用准备金。（3）对原保险合同下赔款支出各项目核算内容及要求进行细化明确。（4）明确了联共保业务、交叉销售、财政支持型农险业务、法院强制划款案件、再保险相关业务等会计处理要求。2013年，为进一步推进会计基础工作标准化、规范化，提高财会工作质量，总公司结合新一代财务系统功能、财务共享服务中心流程，对《中国人民财产保险股份有限公司会计基础工作规范（2008）》进行全面修订，出台并下发《中国人民财产保险股份有限公司会计基础工作规范（2013）》（中国人民保险公司财险发〔2013〕418号）。该次修订涵盖会计机构和会计人员、会计核算的一般规范与实务规范、会计档案管理、会计监督等会计基础各方面工作，实务规范涉及资金、资产、业务收付、费用、税金、其他业务收支和营业外收支等会计日常操作的全流程，旨在规范财务人员会计处理标准，提高财会工作质量。作为公司基础财务制度体系的重要组成部分，旨在从防范财务风险角度出发，明确各级分支机构在会计基础工作方面的最低要求，在统一会计实务标准的基础上有效控制并降低各项操作风险。

2015 年，为满足公司经营管理需求和对外披露要求，进一步提升公司会计核算和经营分析能力，同时适应政策性业务的特殊处理需求，总公司在原有多维度核算办法的基础上进行完善，于 2015 年 11 月研究制定并下发《中国人民财产保险股份有限公司多维度核算实施办法（2015）》。主要内容：（1）对原保险类项目下的赔付支出及费用类项目表述进一步明确，直接理赔费用属于赔付支出，不属于费用类项目。（2）增加基本与辅助核算维度的概念，并对使用及范围进行明确；（3）补充专属费用的分类及其概念；（4）明确费用类项目的概念，不包括直接理赔费用；（5）删除直接理赔费用，专属费用归集要求中增加管理费用；（6）新增大病保险及不明显适用多维度核算办法分摊业务的处理规则；（7）新增长期险种保险业务的分摊规则。

2016 年，人保财险总公司完成《中国人民财产保险股份有限公司会计基础工作规范（修订版）》的修订。公司内部新出台《中国人民财产保险股份有限公司业务收付管理规定（2015）》《中国人民财产保险股份有限公司资金管理办法（2015 版）》《中国人民财产保险股份有限公司财务印章管理办法》《中国人民财产保险股份有限公司电子会计档案管理暂行办法》等。依据新规定、新办法，对涉及《会计基础工作规范》的相关内容进行更新。它适应财会工作的新变化。同时开展会计档案电子化管理试点工作、实施电子发票试点工作。手续费支付流程进一步优化，明确审核要求，提高支付效率。有必要在保证合规、规范列支的基础上，进一步明晰费用科目的列支范围和渠道，细化报销审核所需材料，明确最低要求。

第四节　财务预算体系

财务预算就是公司将实施企业目标的方案、措施货币化、指标化进而使其成为可分解、可操作、可监测的数量化管理过程。

1950 年，中国人民保险公司大同支公司按照人民银行系统的会计制度执行。1952 年，按照中国人民保险公司总公司颁发的保险公司会计制度，采用权责发生制，借贷记账法。1953 年执行中国人民保险公司总公司颁发的《财务工作暂行办法》和《会计制度及财务管理暂行办法》。1957 年，按重新修订后的《会计制度》执行。

1980年，国内保险业务恢复以后，中国人民保险公司大同支公司根据总公司制定的《中国人民保险公司会计制度（讨论稿）》，执行“国内业务和国外业务的账务、报表均分开，国内业务的资金平衡表和损益表参照当前国外业务做法，账务核算采用借贷记账法。”由“收付记账法”改为“权责发生制”。凡债权、债务关系一经发生，无论有无实际收付行为，均应记账，已明确表示本公司资产、负债的实际状况；根据复式簿记原理，采用借、贷记账法，以科目为主，凡资产的增加，负债的减少，损失的发生，计入借方；资产的减少，负债的增加，利益的发生，计入贷方。大同支公司根据总公司体制，实行“总、省两级核算，三级管理”，即总公司、省分公司是独立会计核算单位，市、县机构都是附属会计核算单位，其业务收付和经营成果由省分公司采用“并表不并账”的方式汇总反映，代办处和县以下的机构可采用并表（或并账）的方式汇总反映。

1981年，中国人民保险公司大同支公司根据省分公司规定，对国内业务会计报表做了局部修改。资金来源类增加“保户储金”“防灾费结余”“宣传费结余”三个科目，资金运用类增加“代付外地赔款”“结余留成运用”两个科目。9月，为加强费用管理，逐步推行企业经济核算制度，市公司按照上级要求费用预算要在年度财务收支计划的基础上编制，同时对审批的程序、时间进行明确，加强费用管理、逐步推行企业经济核算制度。

1982年，中国人民保险公司大同支公司根据总公司“关于会计科目中有关问题的复函”，取消资产类“代付外地赔款”科目，原科目中的有关资金活动并入“应收及暂付款”中核算，该科目可下设“代付外地赔款”二级科目。

1985年，为正确执行国家发展保险事业的方针和政策，建立我国的经济补偿制度，合理组织和分配保险资金，加强计划管理和经济核算，中国人民保险公司大同中支制定《中国人民保险公司计划管理工作（试行）制度》，从综合考核计划进度、分析计划执行情况、研究业务发展规律等方面开展计划管理工作，发挥全体干部和职工的积极性和创造性。

1986年，中国人民保险公司总公司下发《关于“一九八五年度会计决算工作若干规定”的通知》，在“税款”科目下，增设“城市维护建设税”二级科目，并分别在三大业务内明细核算。

1987年5月，中国人民保险公司总公司根据财政部颁布的《国营金融、保险企业成本管理实施细则》及《国营企业成本条例》，出台《中国人民保险公司成本管理实施办法（试行）》（以下简称《实施办法》，中国人民保险公司大同中支根据《实施办法》，在资产类增设低值易耗品、代办往来、国内分保往来科目；在损益支出类“业务费”项下增设查勘费、诉讼费、律师费、取暖费、房租费17项明细科目，取消外事费、资料费、检验费明细科目，并将“业务费”项下“电子计算机费用”改为“电子机具运转费”“防灾费”改为“防灾（保户）费”“企业管理费”项下“交通费”改为“车船燃料费”，另外增设“固定资产修理费”“兑换损失”科目，取消“理赔追偿费用”“工资及附加”“提存人身险给付准备金”科目；在损益收入类增设“兑换收益”科目，取消“转回前期人身险给付准备金”“兑现损益”科目。会计报表内容根据会计科目变动做了相应修改。

1988年，中国人民保险公司大同中支、中国人民保险公司雁北中支执行山西省分公司规定，实行“中支一级单位核算、自计盈亏”的办法。

1989年，中国人民保险公司大同中支、中国人民保险公司雁北中支按照国内、涉及两业核定综合费用率，储蓄性人身险业务实行费用包干的办法制订费用计划。

1990年，中国人民保险公司大同中支实行按30%固定赔付率计算利润留成的办法，原在寿险精算费用中列支的奖金、福利改在利润留成中列支，相应提高利润留成比例。利润留成比例改为：发展基金62%、福利基金20%、奖励基金18%。系统教育经费仍按各公司利润留成的3%计算，并用发展基金上缴总公司。

1991年，为加强金融、保险企业财务管理，调动增收节支的积极性，财政部对部分省市的金融、保险企业进行综合费用率包干试点，实行“指标包干、超支自补、节余分成”的原则，核定年度的综合费用率指标。

1992年，在财政部〔1991〕财商字第388号文中财政部进一步明确保险系统一九九一至一九九二年按滚动的前三年平均利润作为基数，用基数留成办法计提利润留成，其中业务发展基金50%，福利基金为28%，奖励基金为22%。总公司为不影响各分公司增收节支的积极性，制定《中国人民保险公司一九九一至一九九二年利润留成及超收分成分配办法》，利润留成仍按30%固定赔付率计算利润留成，但各分公司不得提前预支超收分成资金，统一由总公司掌握分配。

1994—1995年，中国人民保险公司大同分公司根据总公司印发《中国人民保险公司资金运用业务会计核算规定（实行）》《关于做好金融保险企业一九九四年度会计决算编审工作的通知》《关于做好1994年会计决算编报工作的通知》三个文件，从会计核算的基本规定、会计科目及使用说明、会计报表、企业各项收入、支出以及汇兑损益、对外投资等进行规范处理，并增设“所得税”“以前年度损益调整”两个一级科目。同年，根据中国人民保险公司省分公司对各地市公司实行经营目标责任制，下达了保费收入、利润、费用率、上缴资金、新增固定资产购建规模等指标，并进行严格的考核，为年度预算提出具体要求。

1996年，中保财险大同分公司、中保人寿大同分公司实行专业化经营，沿袭上年经营目标责任制管理方法，继续按照保费收入、费用率、利润额、给付率、贷款清收率、上缴资金等六项指标考核情况进行全面预算，分解并进行综合考核。

1997年，中保财险大同分公司、中保人寿大同分公司均进入分业以后第一个完整的经营年度，财务预算均在和省分公司签订目标责任状下进行再计划再分解。

1998年，中保人寿山西省分公司下发《一九九八年经营目标责任制考核办法》，中保人寿大同分公司根据省分公司的考核办法，制订适合大同分公司的考核办法，重点是突出效益中心，建立绩效考核体系，加大考核力度。

1999年5月，中保人寿山西省分公司根据总公司在全系统实施分类分级授权经营指标考核，逐步由目标责任考核向经营绩效考核转变，由财务收支计划控制向财务预算制管理转变，由事后管理向事前管理转变。制定并下发《1999年经营状况考核办法》（以下简称《考核办法》），《考核办法》突出体现效益为先的原则，重点考核利润率、资金收益率、准备金有效资产率、预算费用率和首年保费收入计划完成率五项指标，区分不同类别和级别，授予相应的权力。中保大同分公司根据总公司经营思想和省分公司的《考核办法》，制订符合大同实际经营状况考核办法。

2000年，中保财险大同分公司严格执行省分公司为贯彻总公司实行费用率指标管理的要求而下发的《关于严格控制费用指标的通知》，并要求全市各级公司严格控制费用支出，做好费用结构调整。

2002年，中国人寿大同市分公司全面推行财务预算管理制，加大预算执行力度和绩效考核力度，为业务发展和经营管理水平的提高搭建良好的基础平台。

2003年，中国人寿大同市分公司根据省分公司有关规定，成立市分公司预算决策委员会、预算执行委员会和预算管理部门，在全市系统实行全面预算管理，其中包括：收入预算、业务支出预算、佣金支出预算、管理费用支出预算、利润预算、资金预算、其他指标预算等，严格执行预算管理，通过预算管理，提高公司经营管理的水平。太平洋人寿大同中支实行“全面预算管理办法”，实行预算管理委员会负责制，中支公司负责本司及下辖机构全面预算的编制、汇总、分析和日常监控。平安财险大同中支采用全成本管理，根据总部年度预算目标及分公司年度规划分科目进行预算编制，并制定分科目预算分解规则进行三级机构预算测算及下达。

2004年，中国人寿大同分公司根据总、省公司全面预算管理办法，对市公司业务收入、业务支出、准备金、营业费用、利润、资本性支出、现金流量、资产投资、所有者权益、偿付能力、新业务价值等全部纳入预算目标管理，每项预算均按照《中国会计准则》和《公司上市地会计准则》的不同要求进行编制。按照“一个月上规模，十一个月调结构”的总体发展思路，积极发挥预算管理的导向作用和费用政策的杠杆作用，保持业务的稳步增长，较好实现各项预算指标。太平洋财险大同中支，严格实行全面预算管理，建立分机构、分条线、分渠道、分部门的费用管控模型，随时监控各预算主体的费用状况与支出水平，建立费用预警机制，加大对各主体预算考核的力度。

2005年11月，中国人寿大同分公司根据总公司《关于中国人寿保险股份有限公司全面预算管理办法的通知》，成立预算管理委员会。其中，预算管理主要包括投资收入、保费收入、业务支出、费用支出、资本性支出、准备金提转等。预算政策分收入预算和支出预算两部分。收入预算包括：普通寿险保费收入、分红险保费收入、意外险保费收入、健康险保费收入等。支出预算包括两大类：业务支出和费用支出。业务支出包括：退保支出、满期给付、赔款支出、年金给付、死亡伤残医疗给付等。费用支出包括直接销售成本、员工薪酬、销售费用、运营费用、资产费用、办公行政费用、其他费用支出。太平洋财险大同中支，严格执行全面预算管理，加强成本监督核算，全面实施P07网上报销程序。 并依据《山西分公司预算盈利模型指引》实施基准费用率、浮动费用率和超额费用率三个层次的费用考核模式。泰康人寿大同中支根据总部规定实行财务预算全面管理机制，预算分配原则上采取自上而下和自下而上相结合的、以成本控制为起点的全面预算管理模式，严格按分公司年初对各业务系列核定的预算及时反馈预算执行情况，按照对中支预算管理根据实际需求和固定标准下拨相结合的预算管理模式，对固定费用按定额预算标准下拨，变动费用按业务达成弹性控制下拨。

2006年，为严格成本管理，压缩费用开支，中国人民保险公司财险大同市分公司根据总公司下达《关于2006年省地两级分公司本部费用预算管理有关要求的通知》，对市公司本部费用各县（区）支办进行了严格的管控，加大资源分配向一线倾斜的力度，提高管理效率。中国人寿大同分公司遵循“上半年干着算，下半年算着干，四季度重点算着干”的总要求，在全年目标预算中注重规模效益、结构效益、经营效益和局部效益的统一，坚持效益险种上规模，规模业务求效益，放弃明亏业务，慎重介入高风险业务，主动争取优质业务。太平洋财险大同中支严格执行年度费用管理办法，加强成本费用监督核算工作。根据《中国太平洋人寿保险股份有限公司山西分公司费用支出管理办法》，对除固定资产采购以外的所有费用支出进行规范，规定费用支出部门必须严格按照总、分公司全面预算管理的要求，严格执行费用支出事前预算审批制度，按一般预算和项目预算分别进行。

2007 年 1 月，中国人寿大同分公司执行总公司《全面预算管理办法》，规范公司预算管理，发挥预算管理杠杆作用。11 月，中国人寿大同分公司适应会计准则变化、业务创新对预算政策的要求，加强公司的预算管理，根据会计准则对部分会计科目、计算办法、费用预算等项目进行调整，以准确评价公司的经营绩效。同年，中国人民保险公司财险大同市分公司全面推行费用预算管理，合理控制固定成本，切实发挥预算管理在配置企业资源、整合经营活动中的积极作用，降低公司经营成本，提高经济效益。

2008 年，为提高管理精细化水平、优化资源配置、推动业务发展，保证公司整体经营目标的实现，中国人民保险公司财险大同市分公司制定印发《中国人民财产保险股份有限公司大同市分公司全面预算管理暂行办法实施细则》，旨在通过预算编制、执行、监控、分析、考核与激励等一系列活动，监控公司年度各项经营目标的实现。中国人寿大同分公司根据总公司新的财务管理制度， 实行全面预算管理制度明确预算管理的内容包括业务收入预算、业务支出预算、准备金预算、费用预算、利润预算、资本投资预算、现金流量预算、资产投资预算、所有者权益预算等各项预算。预算管理流程包括预算编制、预算执行、预算控制和预算考核四个基本环节。平安财险大同中支将成本进行分类预算和管理，划分为三分成本，即赔付成本、运营成本、获取成本。在分科目预算的基础上进行各成本预算划分并制定分解规则进行三级机构预算编制。太平人寿大同中支以总部反馈单位数据作为编制依据，大部分资产费用和经营费用将采用“标准费用”形式编制，业务费用则结合业务计划及其他相关驱动因素进行编制。中国人民保险公司健康大同中支执行总公司全面预算管理办法，按照“自下而上”与“自上而下”相结合的方式，全员参与和全程参与的管理方法，各个责任主体、每位员工都要明确工作目标和任务，做到职责清晰、责任明确，严格按照预算执行。

2009 年，中国人民保险公司财险大同分公司制定《本部费用预算管理暂行办法》《本部差旅费管理办法》，并修订《本部费用开支审批制度》，大力推进本部费用预算管理，厉行节约，从严从紧控制、压缩办公行政经费，并提出具体措施指引。平安财险大同中支按照总部规定，细化成本，执行四分成本管控，即管理成本、运营成本、赔付成本、销售成本。按照四条管理线要求，即营销条线、运营条线、市场条线、共同资源条线，建立四条线成本垂直对应管理关系，逐步形成各条线对直线成本负责的成本管理方式。各科目预算归属至各成本后进行三级机构预算分解及下达。通过对各条线成本细分，控制可控成本，提升运营、管理效率，最终建立各条线的成本领先优势。太平财险大同中支执照总公司规定，引入全面预算管理概念，重在全员参与、全方位管理、全过程控制的综合性、系统性、管理活动。结合边际贡献率、边际贡献额、边际贡献覆盖率三个核心预算贡献类指标开始在预算编制中全面应用。太平人寿大同中支按照总公司规定，开展定期预算差异分析工作，以此来促进预算执行和控制的效能。

2010 年，中国人寿大同分公司根据山西省分公司会计考核办法，为保证财务预算质量，提高财务经营管理水平，对全市财务预算情况进行考核调整。考核内容包括：预算及时性、预算完整性、预算准确性和预算系统建设等。通过考核进一步完善全省系统财务预算管理体系，使预算管理工作迈入科学化、制度化发展轨道。合众人寿大同中支执行后援固定额度、前线固定额度与费用点数结合的预算管理制度。

2011 年，中国人民保险公司财险大同市分公司制定出台《机关费用报销管理办法》，加强对费用成本的管控，实行固定费用预算管理，调整费用结构、合理增加一线费用投入，在全辖不断推行预算管理，为推动公司转型发展做出有益尝试。中国人寿大同分公司根据总公司《预算管理审计规定》，开展预算编制、控制、执行及考核情况的自查自纠活动。太平洋财险大同中支执行全面预算管理制度，根据“条块结合，以条为主”的预算管控模式，承担包括机构业务开展费用、日常办公费用、水电物业费用和其他计入渠道的实际费用支出。平安财险大同中支根据总部规定，成本划分逐渐细化，进一步明确费用归属，从四分到五分，将客服人力及客服管理成本从运营成本中分出，将客服宣传广告、客服节专项及增值服务从销售成本中分出，单独划分客服成本，形成五分成本格局，五分成本即管理成本、运营成本、客服成本、赔付成本、销售成本。

2012 年，人保财险大同市分公司上线费用报销系统，预算动支和报销按成本性态分为固定、理赔、变动费用后，进一步区分为机关费用、理赔费用与销售费用，分类进行预算管理。通过预算系统、报销系统等工具的使用，从流程上强化费用过程管控。中国人寿大同分公司根据山西省分公司预算管理体系和预算管理流程，进一步提高资源配置的科学性，在财务预算中实施费用向首年业务倾斜，资源向基层和销售领域倾斜的政策，加强成本分析，强化成本分类管控，优化支出结构，变“花的”为“发的”，运用预算管理，提升公司经营水平。太平财险大同中支执行总公司下发《太平财产保险有限公司全面预算管理办法》，更加细化组织体系、编制流程、编制内容、预算调整、预算控制与考核等内容。

2013 年，为提高销售费用资源配置效率，集中有限资源投入市场竞争，突出效益险种、效益产品、重点区域、重点业务发展导向，引导公司回归理性经营逻辑，逐步提升优质业务获取能力，提升市县公司算账意识和能力，加强费用预算管理，中国人民保险公司财险大同市分公司下发《2013年销售费用差异化配置方案》，实质性推进销售费用差异化配置，真正使机关固定费用和理赔费用实现年初预算、过程调整、全年可控的运行模式。合众人寿大同中支开始严格按照《合众人寿保险股份有限公司预算管理办法》，遵循“先动支、后使用、再报销”的原则，各项费用的分摊必须符合公司规定和实际情况，不得人为调剂。民生人寿大同中支负责人参与省分公司组成的预算执行管理工作组，按照省分公司对中支采取分业务条线、分项目实行全面预算管理机制执行。

2014年，中国人民保险公司财险大同市分公司在总结和评价上年费用预算管理和销售费用差异化配置落地实施工作的基础上，下发《2014年销售费用差异化配置方案》，实施过程中加大理念宣导和工作推进，学习其他地市实际差异化的管理，加强费用分类预算管理，推进销售费用差异化配置落地工作，增强费用投放的精准度，切实提高成本管控水平。太平人寿大同中支贯彻总公司理念，实现固定费用与业务费用的管理分离，业务费用采用变动费用的管理模式，将费用投入与产出达成进行配比管理。

2015年，人保财险大同分公司积极推进全面预算管理，逐步完善费用分类管控体系，不断提高费用资源配置效率，建立固定费用、间接理赔费用预算使用、调整、监控分析、考核评级闭环管理模式；实施销售费用清算与预算的全面对接，不断提高销售费用管理水平。下发《2015年度销售费用差异化配置方案》有效解决销售费用与市场不对接问题，有效解决销售费用兑现不畅问题，有效解决销售费用使用效能低下问题。该方案由销售费用差异化配置方案和动态调整办法组成，差异化配置方案重点解决销售费用合理配置、规范使用问题，明晰各部门、各层级职责。动态调整办法重点解决资源向优质业务、优秀区域流动的问题，提高资源配置效率。平安财险大同中支根据总部改革预算制度，采用费用率授权制，通过人力费用率及经营费用率进行预算编制，不受额度限制，区分人力费用、日常费用、激励费、客服费用、两项基金、销售费用分别编制并汇总总体费用率，提升机构自主预算控制能力。

2016年，中国人民保险公司财险大同市分公司下发《2016年度销售费用差异化配置方案》，在尽可能增大费用投入总量的基础上，在坚持优质优价差异配置、分散性业务对标市场原则不变，销售费用刚性兑现落地、严禁拖欠不变，管理者行为有效监督、规范约束不变的前提下，转变配置思路，改进配置方式，增大市分公司销售费用差异化配置自主权，着力在有效激发管理层和员工积极性、释放活力上进行政策调整。

2017年，中国人民保险公司财险大同市分公司细化销售费用管理的模式，由业务部门根据市场情况做好市对县前端配置，县支公司做好“县对人”后期清算，确保费用配置贴近市场，费用兑现及时准确。运用好销售费用系统，促动业务发展。幸福人寿大同中支根据公司总体战略目标的要求，将中支公司经营活动纳入预算管理，通过全员参与、全过程控制和全面评价考核等管理手段进行预算。预算编报及审批遵循上下结合、分级编制、逐级汇总、逐级审批的原则。预算编制内容包括：经营预算，资本预算和现金流量预算。编制的一般方法可以根据不同的预算项目分别采用固定预算、弹性预算、滚动预算、零基预算、概率预算等方法进行编制。

第五节　财务绩效评价体系

1981—1985 年，中国人民保险公司大同中支为搞好企业管理，加强经济核算和财务管理工作，由业务部门提供有关业务计划作为计算依据，由财会部门汇总编制下达各项业务计划。年底由财会部门根据年初计划考评县支公司业务情况。

1985 年，中国人民保险公司大同中支制定《中国人民保险公司计划管理工作（试行）制度》，从综合考核计划进度、分析计划执行情况、研究业务发展规律等方面开展计划管理工作。

1994—1995 年，为深化内部改革，促进经营机制的转换，增强分公司的自我约束能力，提高各公司业务质量和经济效益，中国人民保险公司省公司对地市实行经营目标责任制，下达保费收入、利润、费用率、上缴资金、新增固定资产购建规模等指标，并进行严格的考核，中国人民保险公司大同分公司根据省分公司规定逐级分解指标，下达各项指标至县（区）机构，年底对标进行考核。

2003 年，中国人民保险公司股改上市以后，中国人民保险公司大同分公司按照年初制定年度绩效考核办法，以省分公司下达经营指标，在全市县（区）机构分解，严格按指标考核办法兑现。

2006 年，国寿大同分公司制定经营绩效考核指标，主要有以下内容：1. 期交首年保费；2. 意外险保费；3. 中介代理保费；4. 团体寿险保费，以每完成 100 万元为一个节点；5. 总保费；6. 周转金限额；7. 有效增员指标；8. 期交业务续保率；9. 短险（包括短期意外险和短期健康险）赔付率。考核结果运用于人事，并作为制度管理、人才管理的基础。

2007 年，在年度绩效考核办法基础上，为积极应对市场竞争日趋激烈形势，把握市场动向，争取业务发展主动，中国人民保险公司财险大同市分公司按季度制定下发业务发展考核办法，按季度下达任务并考核。四季度考核办法即全年考核办法对基层公司经营情况进行整体考核。

2008 年，在年度绩效考核、季度业务发展考核办法基础上，为努力实现“保效益”目标，确保超额完成全年各项经营指标，中国人民保险公司财险大同市分公司四季度制定《车险“保效益”奖励办法》。旨在提升车险盈利水平，监控公司年度各项经营目标的实现。

2009 年，中国人民保险公司财险大同市分公司考核体系基本与省保持相对一致，考核指标中对费用指标进行调整，将工资从费用指标中剥离出来，单独下达和考核，采取“统一率 + 级差”模式，对于不包含工资的可用费用，与产品线费用差异化配置相衔接。

2011 年，鉴于以前年度的分公司经营绩效考核办法将对组织的经营绩效评价和资源配置混在一起，根据经营绩效考核结果来配置费用资源，更多地将费用资源作为奖优罚劣的手段，而没有过多关注费用发生的动因，导致资源配置效率不高，考核结果难以兑现。为理顺公司绩效管理体系，纠正原有绩效考核办法的不足，更好地发挥考核办法“指挥棒”的作用，充分体现考核办法的激励效果，总公司对公司绩效管理体系进行重新审视和认真梳理，将对组织的绩效评价和对个人的绩效评价分开，将绩效评价与财务资源配置分开，对于费用资源配置，不再通过考核方式进行管理，取消费用资源与利润直接挂钩方式，而是通过预算管理来实现费用成本的管控。中国人民保险公司财险大同市公司制定下发《经营绩效分类评价办法》《超额利润奖励办法》，保费收入、实收保费、应收保费、利润等经营指标细化至分险种下达，给产品线和基层公司层层分解。首次将绩效评价结果直接与基层负责人绩效工资挂钩。

2012 年以来，为充分调动支公司完成年度经营目标的积极性，发挥考核政策的激励约束作用，引导各支公司树立正确经营理念，确保公司核心价值稳定增长，中国人民保险公司财险大同市分公司制定《主要经营指标分类评级办法》《超额利润奖励办法》将考核与评价相结合，将指标考核与结果运用相结合，保费收入类经营指标继续细化分解至渠道。主要从以下方面进行考核评价。1. 经济效益类指标：（1）评价口径利润。（2）费用率。（3）赔付率。（4）综合成本率。2. 业务发展类指标：（1）实收保费计划完成率。（2）保费增速与市场增速差距。（3）保费增速。（4）市场份额。3. 资产质量类指标：应收保费率。4. 客户服务类指标：商业车险续保率。

2012 年，中国人民保险公司财险大同市分公司按照当年制定的《经营绩效考核办法》《超额利润奖励办法》对基层公司实行考核兑现。

第六节　财务税务管理

我国现行的保险税制于1983年后逐步建立起来，1983—1987年，保险公司按5%向地方财政缴纳营业税，1986年7月1日起，根据国务院国发〔1986〕50号文件和财政部〔1986〕财税字第120号文件的规定，教育费附加以营业税的税额为计征依据，教育费附加率为1%，缴纳营业税的公司均一并缴纳教育费附加。1987年以前，公司营业税主要以保费收入账面余额进行缴纳，在1987年11月，关于中国人民保险公司缴纳营业税问题，财政部税务总局以〔1984〕财税一字第216号和〔1986〕财税营字第003号通知作了明确规定："保险公司经营的保险业务，按实收保费计算征收营业税""保险业务计税公式中的保费收入应为'保费收入'的贷方实际发生额，而不是'保费收入'的余额。因此，对保险公司的无赔款奖励支出，在计算征收营业税的，不予剔除"。

1987年，根据财政部《关于专业银行、保险公司企业化试点有关财务问题的通知》（〔1987〕财商字第62号）除营业税就地缴纳，保险公司国内保险业务应交所得税、调节税，自一九八七年起半数留交地方财政外，其余收入应一律按规定的比例上交中央财政，地方不得截留。

1990年，财政部《关于你公司试行利润留成和增长利润分成办法的函》（〔1990〕财商字第104号）中明确，保险公司所得税税率保持55%不变。

1990年，财政部《关于你公司试行利润留成和增长利润分成办法的函》（〔1990〕财商字第104号）中明确，保险公司所得税税率保持55%不变。

1993年，山西省地方税务局下发《关于实行"分税制"财政体制后有关预算管理、税款征收及收入对账等具体问题的通知》（晋税计发〔1993〕第55号），明确公司营业税由省级分公司统一汇总缴纳。

1994年，根据财政部、国家税务总局下发的《关于金融、保险企业有关所得税问题的通知》，从一九九四年一月一日起"八五"后两年内，中国人民保险公司所得税税率为55%。《中华人民共和国营业税暂行条例》颁布实施，金融保险业营业税率提高至8%。从2001年起，金融保险业营业税税率每年下调1个百分点，分3年将金融保险业的营业税税率从原来的8%降低到5%，从2003年起，我国保险业的营业税率降为5%，终于与其他服务业适用的普遍税率看齐。

1996 年，财政部、国家税务总局再次下发《关于金融、保险企业有关企业所得税问题的通知》（财税字〔1996〕038 号），就 1996—1997 年金融、保险企业所得税问题进行补充通知，明确中国人民保险（集团）公司的所得税税率执行 33%，另外再按应纳税所得额上缴财政 22% 的利润。

2007 年 3 月 16 日，第十届全国人民代表大会第五次会议通过《中华人民共和国企业所得税法》，自 2008 年 1 月 1 日起实施新的企业所得税法，一般企业的所得税税率为 25%，由此财产保险公司企业所得税税率由原来的 33% 下降到 25%。

2011 年 2 月 1 日起，城市维护建设税实行差别比例税率，根据纳税人所在地区共分三档，市区 7%、县城、镇 5%、其他 1%。教育费附加的征收比例为 3%，地方教育费附加按实际缴纳“三税”税额的 2% 缴纳。

2011 年 3 月，增值税改革及立法被纳入我国的“十二五”规划同时，国务院也于 2011 年初提出要逐步扩大增值税征税范围，相应调减营业税等税收收入，从制度上解决税收政策不统一问题。保险业“营改增”作为我国流转税制改革的一部分，关系到保险业税收政策、征税方式的变化，对保险业参与者及保险产品消费者都会产生较大影响，涉及行业税收体系的完善，也对国民经济平稳健康发展产生深远的影响。

2016 年，随着营改增工作的全面推进，人保财险大同市分公司正式列入“营改增”范围，由原来的营业税改为增值税，根据山西省国家税务总局晋国税函〔2016〕90 号，改革前缴纳营业税属省级固定收入的，改革后营改收入级次为“省 100%”，公司增值税由中国人民财产保险股份有限公司山西省公司汇缴。“营改增”后，总公司财会部在财务系统中新增增值税相关会计科目，以符合新税制核算要求。

2017 年 12 月，为加强税收征收管理，保障国家税收收入，做好代征税款工作，车船税代收代缴工作由一直以来的市级代收省级代缴，交由地市一级代收代缴，人保财险大同市分公司积极响应，按月按时全面开展船税申报工作，为当地税收管理工作尽到应尽的责任。

第十四章　信息技术管理

信息技术管理本质就是应用现代信息技术实施对管理中计划、组织、领导和控制全过程的影响。随着互联网技术、计算机技术的不断进步，给企业的管理、生产带来了深刻的变革，特别是对于提升企业管理效率、运营效能更是毋庸置疑。大同保险业的信息化建设起步于20世纪80年代后期，且以文字处理和数字处理作为开端，以保险业务统计开始尝试通用软件处理。90年代始于单一险种承保程序开发，逐步实现了综合业务处理系统应用，以及其他辅助系统如OA、财务系统、代理人管理系统相继应用等，构建起保险计算机网络和保险应用系统的基础框架。20世纪初期，随着平安保险、中国人民保险公司集团、中国人寿等保险公司数据的全国、全省、全市不同程度的集中，各家保险公司数据大集中成为公司信息化建设的主旋律，整合后期凸显了科技在保险业的深度和广度的运用，如客户终端查询系统、移动理赔系统、保险行销系统、各种E店、云服务平台、保险公司微信公众号等，借助IT为代表的现代科技手段已融入保险业管理的各个层面。2010年以后，信息技术已经完全渗透至保险业的经营、管理甚至决策各个环节，成为公司经营管理企业战略的重要组成部分，其水平与能力成为企业核心竞争力和企业综合实力的重要标志之一。

第一节　信息组织管理体系

信息组织机构管理体系记录大同保险业信息技术管理组织结构和信息技术管理制度在保险业界中的产生与发展、信息技术在保险业经营中的地位和其他部门的相互关系以及信息技术环境与制度等变迁过程。

1988 年，中国人民保险公司山西省分公司在太原举办首次全省计算机基础知识培训班，中国人民保险公司大同、雁北分别派员参加培训。受训人员隶属中支办公室，这些人员日后成为中国人民保险公司大同、雁北中支系统的计算机专业人才，并成为公司计算机推广应用的基础骨干。

1993 年 4 月，为了保证新配设备的顺利使用，中国人民保险公司大同、雁北中支参加了中国人民保险公司山西省分公司在太原举办的高档计算机培训班，进一步提升信息技术人员的专业技术支持水平。7 月，中国人民保险公司大同、雁北中支合并组建中国人民保险公司大同分公司，计算机专业人员 2 名，隶属于分公司办公室。

1996 年，中国人民保险公司产、寿分业经营，中保寿险大同分公司设立信息技术岗，人员隶属于中保人寿大同分公司办公室管理。

1999 年 7 月，国寿大同市分公司财务、办公室计算机人员参加由省分公司在太原举办新会计核算办法与财务管理办法及计算机软件的要求培训会议。10 月，国寿山西省公司认为迄今山西省县以上机构已基本配齐计算机设备，有专人进行操作，地市级分公司配有技术人员，初步形成一支计算机专业技术队伍，这对于业务的规范、统一、科学化管理，以及业务发展发挥了重大作用。为此，省公司决定，分批在地市分公司设立信息技术部，全面负责地区的信息技术工作。12 月，国寿大同市分公司信息技术部成立，设副经理主持工作，配备专职技术人员 1 名。

2000 年 5 月，国寿大同市分公司制定《计算机运行管理制度》，该制度由“主机房管理制度”“运行管理制度”“数据安全管理制度”“设备维护制度”“网络管理制度”“动力维护管理制度”“备件、耗材管理制度”“设备管理制度”“信息技术部岗位职责”。其中，信息技术部职责包含部门、经理和日常工作职责。

2001 年 7 月，中国人寿大同市分公司根据《关于实施全省数据集中有关技术问题的通知》，信息技术部开展对在 CBPS 系统处理中有无违规操作的情况、业务、财务主机非正常情况进行清理，以便留出足够硬盘空间做数据集中，并坚持定期做数据备份，为全省系统的业务数据集中做基础性工作。

2003年，中国人民保险公司财险大同市分公司设立信息技术部。

2004年12月，中国人民保险公司财险大同市分公司开始执行省分公司下发的《数据集中管理规范》，该规范包括数据集中的日常管理和上报制度，进一步提高系统数据的及时性、准确性和完整性。

2005年12月，中国人寿大同分公司根据国寿山西省分公司制定的《中国人寿保险股份有限公司山西省分支机构岗位设置方案》和关于《分支机构岗位设置方案》中部分内容补正的通知，在市公司本部设立信息技术部，主要负责公司信息中心的建设及管理，应用系统的运行、维护和管理，为公司经营管理提供有效的技术服务。部门设立：系统维护岗、应用支持岗。大地财险大同中支按照上级相关规定，在中支及四级机构职场内设置机房，归属中支综合部，配兼职IT员工1名，负责公司三、四级机构信息设备和网络安全日常维护，操作按照《中国大地财产保险股份有限公司计算机机房管理规定》和《中国大地财产保险股份有限公司网络与安全建设管理规定》执行。

2006年6月，中国人民保险公司财险大同市分公司根据总公司下发的《中国人民财产保险股份有限公司信息系统运行维护工作规范》，对全市硬件系统和软件系统的一系列操作流程进行规范。10月，中国人寿大同分公司根据《中国人寿保险股份有限公司山西分公司省级集中管理实施方案》和大同分公司工作实际，在大同分公司设置信息技术部，设部门经理1名，下设设备管理岗和应用管理岗，县支公司不设信息技术部和信息技术岗。同年，天安财险大同中支开始执行《天安保险股份有限公司统计信息工作实施细则》。

2007年1月，为了提高应用系统和日常维护的质量，确保应用系统对公司业务运行的支撑和保障水平，中国人寿大同分公司根据总公司制定印发的《中国人寿保险有限公司应用系统职责矩阵》的通知，以及省分公司的安排部署，无论是信息技术管理部门还是信息技术系统使用部门，认真学习和深入领会“职责矩阵”意义，严格执行“职责矩阵”规范和原则，确保“职责矩阵”在公司贯彻落实。3月，中国人寿大同分公司开始执行总公司制定下发的《关于印发〈中国人寿保险股份有限公司信息技术管理制度V1.1〉的通知》。主要内容是在V1.0基础之上，补充《静态参数表管理规定》《系统上线和数据转换管理规定》《程序升级跟踪管理规定》等新制度；补充《基础平台配置基线》《应用系统批处理手册》《备份数据分类和日常备份策略》《应用系统岗位权限对照表》《静态参数表标准》等标准与操作规范；同时对这部分细节内容进行更新、修改和完善。4 月，为全面贯彻中国人寿总公司年度信息技术工作会议精神，确保系统信息技术工作目标有效落实，中国人寿大同分公司信息技术部，根据山西省分公司制定下发的《2007 年信息技术工作实施方案》《信息技术工作考核办法》认真组织学习，结合自身工作，严格贯彻落实。主要工作是对全市信息技术工作的指导与管理，应用系统和网络的日常运维、保障基础平台的安全运行，及时完成各项工作的编写上报，着重围绕四个方面（基础建设与系统安全、系统推广、精细化管理和业务支持）18 项任务（运维体系建设、防病毒体系建设等）35 项具体（任务细化）工作展开。同年，中国人民保险公司财险大同市分公司根据省分公司下发的《中国人民财产保险股份有限公司山西省分公司 2007 年数据质量管理实施方案》和《中国人民财产保险股份有限公司山西省分公司数据质量责任追究制度》，调整全市考核标准。

2008 年 12 月，中国人民保险公司财险大同市分公司根据省分公司下发的《数据日清日结工作制度》，对日清日结的各个环节作出具体要求和规定，加强了数据质量管理，提升业务管控能力。同年，太平人寿大同中支设立信息技术管理岗，隶属于运营服务部，负责日常信息技术管理工作。

2011 年 5 月，中国人寿大同分公司根据山西省分公司《山西省分公司深化经营管理体系改革人力资源管理实施细则》和《中国人寿山西省分公司深化经营管理体系改革总体方案》，大同分公司机构建制信息技术部不再单独设置，其信息技术支持与服务职能与岗位并入综合管理部。同年，天安财险大同中支实施《重要信息系统突发事件应急预案（试行）》，明确网络、数据应急管理机制，及时应对和处置突发事件。

2017 年 5 月，中国人寿大同分公司根据省分公司《关于市公司信息技术人员划归客户服务中心管理的通知》，为了加强“科技国寿”，进一步促进信息技术人员发挥贴近销售，贴近柜面的优势，更好地服务客户和基层一线，经省公司总经理室研究，决定将市公司信息技术人员的管理职责调整至客户服务中心，涉及信息技术岗位的员工与工作，均由市级公司分管运营总统筹管理。至此，大同分公司按照省分公司决定，调整信息技术岗位和人员至客户服务中心。

第二节　信息技术应用

信息技术应用是大同保险业充分利用电子计算机与网络通信等现代信息技术的一场保险业革命，它直接导致传统保险业的管理方式转变，深刻影响着销售活动、运营活动、财务活动、后援和服务活动，可以说信息技术已经成为保险企业提高竞争力的重要手段，或者说是企业竞争力的重要标志，甚至信息技术本身就是企业竞争力的重要组成部分。

1987 年，中国人民保险公司总公司为提高业务数据的准确性和完整性，开始在系统内部推广统计、会计报表汇总系统，开启大同保险业首用计算机进行数据处理的先河。

1989 年，中国人民保险公司大同中支，中国人民保险公司雁北中支开始使用总公司推广的通用统计系统。

1992 年，中国人民保险公司大同中支开始试用由省公司组织开发的机动车辆业务处理系统、企财险业务处理系统、独生子女业务处理系统、个人养老业务处理系统、长效家财业务处理系统、爱子女年金业务处理系统。

1994 年，为进一步推动保险业务处理电子化工作，中国人民保险公司大同分公司按照省分公司安排和要求，积极推广机动车辆保险、个人养老金保险、爱子女年金保险、独生子女婚嫁金保险 4 个险种计算机处理软件。

1996 年，为完善数据统计分析功能，提高工作效率，中保财险大同分公司开始推广和使用由总公司开发的新版通用统计系统和会计记账系统。为克服手工计算长期性寿险责任准备金的各种弊端，解决一年一度长期性寿险责任准备金计提真实性、准确性和烦琐性工作，提高计算效率，中保人寿大同分公司开始引入由总公司开发的“保单状态库”管理系统，该系统是对公司承保长期性险种保单进行相对动态的责任准备金计算管理系统，对公司承保的所有保单，根据保单险种、承保时间、交费方式、交费期间、保单状态甚至被保险人状况，适时（一般为一年）进行记录和维护，重点是收费记录、给付记录、有效与否、中止与否、终止与否等，保持每份保单在计提责任准备金时为“现时状态”。以此实现保单责任准备金的计提的科学性和准确性。

1997 年，大同保险业开启计算机处理保险业务的时代。中保财险大同市分公司开始推广由省分公司基于总公司开发的“综合业务处理系统”平台的机动车业务系统和企财险业务处理系统。中保人寿大同分公司个人代理业务结束手工管理保单方式，积极推广由总公司委托四川省分公司开发的营销业务处理程序，该程序较好地支撑中保人寿大同个人营销业务的拓展与管理。

1998 年，中保财险大同分公司实现机动车辆保险、企业财产保险和货物运输保险三大险种 100% 上机承保处理，“会计记账系统”上线推广使用。中保人寿总公司完成了综合业务处理系统（CBPS）的研发。CBPS 系统采用两层的 C/S 结构，客户端用 Informix4GL 和 PowerBuilder 开发，分别适用于字符界面的客户端和基于 Windows 平台的图形客户端，服务器端则是 Informix 数据库管理系统，系统运行在开放的 Unix 平台上。CBPS 系统在功能上，既适应新险种出单，又保证老保单补录，既具备客户管理，新契约录入、核保等功能，又具备保全、各种给付、理赔、责任准备金计算、统计、营销员管理等功能，涵盖了契约、核保、保全、理赔、收付费等整个运营流程。总公司完成 CBPS 开发之后，又连续对 CBPS 进行 3 次升级开发，相继推出 CBPS2 版、CBPS3 版和 CBPS4 版。中保人寿大同分公司根据省公司要求，完成数据从四川数据库到 CBPS 数据库的移植。从 CBPS2.0 开始，实现全市统一程序，统一规范、统一应用。太平洋财险大同中支上线车险承保业务系统。

1999 年，中国人民保险公司财险大同分公司实现机动车辆保险、企业财产保险和货物运输保险三大险种理赔业务以及相关统计分析业务的电子计算机处理。

2000 年 9 月，中国人寿大同分公司正式推广由山西省分公司为全省财务系统联网运行搭建的《财务辅助账》平台处理账务系统，使计算机信息技术进入大同分公司财务管理。同年，中国人民保险公司财险大同分公司机动车辆核保核赔系统、办公自动化系统、“95518”专线电话服务系统上线。太平洋财险大同中支全面启用新版综合统计系统，实现业务与财务系统无缝对接。

2001 年 3 月，国寿大同市分公司开始推广办公自动化系统（OA 系统），该系统由文书档案自动化信息管理系统、日常办公系统、信息服务系统 3 大部分组成。4 月，国寿山西省分公司在太原南海饭店举办办公自动化推广培训班之后，全省系统开始安装调试 OA 系统。5 月，OA 系统开始在全省国寿系统运行。7 月，国寿山西省分公司正式启动收发文模块、电子邮件模块，实现全省系统“无纸化”办公。同年，中国人民保险公司财险大同新一代财产综合业务处理系统、收付费系统和机动车辆定损系统上线，三季度实现全市业务、财务市级集中处理。中国人寿大同分公司开始实行全市各县（区）财务数据逻辑和物理集中，尝试运行会计核算及账务管理系统（CLAF）。太平洋人寿大同中支办公自动化程度初具规模，局域网络基本形成。

2002年4月，国寿大同市分公司实现CBPS7.04版的升级。10月，国寿大同市分公司信息技术部与业务中心、客户服务中心联系，完成新版保单状态库1.0版业务准备工作，顺利实现系统升级。12月，完成《短险实务》及CBPS7.10版程序测试及升级工作，实现了2003年1月全面执行新实务、新程序的预期。同年，中国人寿山西省分公司系统实现所有数据库的逻辑集中工作。中国人民保险公司财险大同分公司新一代综合业务处理系统升级成功，在原有险种即企业财产、机动车辆和货物运输基础之上，增加家财保险、农业保险等，实现开办险种全部实行电子化管理。

2003年4月初，国寿大同分公司通过8个多月对1997年12月1日前非营销总颁险种和地方性险种条款（含储金业务）且于2002年12月31日保险合同未终止的业务的彻底清理核对，基本完成业务、财务及计算机初始信息的补录工作，按照省分公司《关于做好老业务上机管理工作的意见》安排，业务系统准时上线，并执行“统一部署、明确职责、全面推行，分步实施、分库管理、保证质量、密切协作、严抓落实”的原则，CBPS系统和老业务处理系统即OBPS系统分库运行。15日，国寿大同分公司启用新航意险条款和新航意险保单，业务中心、客服中心登录省公司数据库进行远程操作，利用公司网络系统进行电脑出单，开始实行航意险计算机管理。11月，为全面提高业务系统数据质量，满足业务处理、客户服务、省级集中等工作的需要，根据总公司、省公司要求，国寿大同分公司决定对全系统的业务数据进行清理，主要以总颁险种为主，所有在CBPS系统中管理的数据。同年，国寿大同分公司及时宣导、充分利用国寿省公司内部网络开通的信息技术论坛、客户服务支持系统、分红保险产品利益演示系统、综合查询系统等四个网站平台，为大同销售、运营、科技以及客户提供许多保险便利与服务。同年，中国人民保险公司财险大同市分公司及时升级新一代机动车辆保险业务处理系统，实现车险业务“异地出险，就地理赔”。

2004年3月，国寿大同保险公司为了维护业务处理系统的严肃性与严密性，做好cbpsv8推广的前期准备工作，对业务系统（picc1.picc2.picc3）权限进行彻底清理，做到对业务系统数据进行维护的用户各用一个ID。7月16日，国寿大同分公司相关人员参加省公司举办的中国人寿统计信息系统推广培训班。8月6日，参加省分公司举办中介业务处理系统（ABPS1.0）版培训班。之后，两个系统进入运行阶段。同年，中国人民保险公司财险大同市分公司根据省分公司部署实现省级业务集中处理。太平洋人寿大同中支运行OA无纸办公系统、中支网站系统、内勤培训网络考试系统。

2005年1月至3月，国寿大同分公司配合省分公司开展年金业务处理系统财务接口试运行工作。5 月，为提升年金业务的服务与管理水平，增强公司整体竞争能力，总公司开发年金业务处理系统，经过测试，进入整体试运行阶段及推广阶段。6 月，为加强个人代理人销售风险防范工作，实现个人代理人督察工作的事后查处和事前防范有机结合，国寿大同分公司积极参与培训，认真学习，充分落实各项准备工作，使个人代理人风险预警系统（ARPS 系统）得到及时推广。6 月，为了真实反映公司经营绩效，满足业务管理、财务考核及风险防范的需求，省公司业务管理部在信息技术部和吕梁分公司信息技术部的大力支持下，成功开发“短险理赔数据管理系统”，经过反复测试，跟踪运行分析，对理赔管理分析效果良好。7 月，国寿大同分公司开展“短险理赔数据管理系统”推广运用，实施短险理赔报案登记、结案登记和付费登记操作。10 月，国寿大同分公司根据省分公司团体年金数据转换要求，完成对原有系统中年金业务数据（YF1.YF2.YF3.YF5）保单信息的完整性、账户余额的准确性、红利的准确性逐单检查确认，实现数据转换。12 月，为加强代理业务管理，实现留存业务全部上机并使用总颁系统，满足保险监管部门有关留存业务“业务、财务数据一致性”的管理要求，保证业务和财务系统使用接口程序，并尽可能完善系统功能，优化系统操作，防范化解经营风险，国寿大同分公司根据总、省公司执行方案，实施核心系统和财务接口的本地测试，完成系统升级，实现 OBPS2.0 版全面上线。同年，泰康人寿大同中支根据上级公司要求启用了网络会议系统，使得中支与省分公司之间跨越了时间和地域的限制，视听联系变得相对自由和频繁。

2006 年 7 月，国寿山西省分公司 CallCenter 呼叫中心的上线工作，9 月 28 日，实现财务系统 CLAF5.4 版向 CLAF6.0 版的升级上线工作，满足 404 内部合规控制对公司财务管理的要求。10 月，国寿山西省公司业管部、信息技术部共同研究开发《中国人寿保险有限公司山西省分公司问题上报系统》平台，主要解决数据修改流转及管理问题，实现基层和业务条线方便、快捷、科学的业务处理运行。同年，太平洋财险大同中支保险中介上线 B2B 系统，开启远程出单方式。平安财险大同中支开通视频会议终端设备，实现省市视频通畅运行。泰康人寿大同中支网络会议系统升级为卫星会议，CSC 衍生系统 FE 系统上线，公司承保、理赔和保全等操作升级至可视化界面，E—HR 系统上线，公司人力资源管理步入信息化系统化。

2007 年 7 月，国寿大同分公司为短险、健康险系统如期上线，成立系统操作体验组、信息技术体验组，对活动内容进行全面体验。8 月，国寿大同分公司为打印系统 2.0 版本（PMS2.0）正常升级运行，信息技术部及时进行系统升级，体验 PMS2.0 版打印系统的运行环境，检查 PMS2.0 版打印系统的模块功能，并保留 1.0 版的格式，为下一步全面启动新的版本做好准备工作。同年，太平洋财险大同中支开通“银宝通”业务系统，实现保险与银行业务对接。平安人寿大同中支业务系统升级（ELIS—POS 系统），公司组建后援作业中心，保全项目可选择逐单受理和批次受理两种模式，核保、保全作业的集中大大提高保全作业时效，由此保全受理进入标准化流程。天安财险大同中支实现由“金算盘”财务系统切换升级为 SAP 管理系统。

2008 年，中国人民保险公司财险大同市分公司上线和谐三晋（ETV）险种的业务处理程序、4S 店信息查询系统和新车辆理赔系统。国寿大同分公司由业务、财务、信息以及其他业务部门对激活卡系统（ACBPS）体验运行，为正式开办运行奠定基础。泰康人寿大同中支“行动巨人”（保险行销系统）上线，填补了产品利益演示软件的空白，成为业务员展业有力的利器。

2009 年 2 月，中国人民保险公司财险大同市分公司车险见费出单系统正式上线。国寿大同信息技术部根据省公司为总公司开发柜面综合管理系统（简称 CCMS）制定实施方案，充分掌握和了解全市柜面的基本情况，柜员的基本信息，流动情况和工作业绩，努力完成上线前的基础性工作。4 月，中国人民保险公司财险大同市分公司开通远程定损系统，对车辆业务实施远程定损，并正式实施客户实名制和新承保流程。国寿大同分公司信息技术部根据山西省分公司实施邮件系统（MALL）省级集中管理要求，完成相关人员信息收集、ID 的收集等基础工作。6 月，国寿总公司为加强对桌面计算机终端的管理，保护国寿系统计算机终端信息安全，努力提高所属员工的计算机终端使用安全意识，定期进行安全知识培训。启动运行“桌面管理系统（LANDEST）”。国寿大同分公司认真执行总部下发的办理办法，负责使用 LANDEST 的软件分发功能、漏洞修补功能、软件禁用功能，并按要求逐月上报全市桌面管理运行情况。7 月，国寿大同分公司信息技部组织相关部门学习总公司制定的《信息系统分类及名称编码表（2009）》，该标准规范现有系统的中英文名称、英文简称和系统编码，并在该基础上根据系统的功能对现有系统进行分类，形成 13 大类，明确各大类名称。对信息系统的研发与管理，特别是对于运营部门甚至销售部门的员工对公司开发运行的核心系统、辅助系统的认识和使用都有重要意义。12 月 29 日，国寿大同分公司完成印章管理系统上线推广工作，实现全省印章统一集中管理。同年，太平洋财险大同中支承保系统见费出单成功上线。太平人寿大同中支增配电脑设备，办公自动化程度初具规模，局域网络基本形成。天安财险大同中支实现 VISDA 数据报表系统升级国 BW 报表系统。国寿财险大同中支全面启动“GPS 项目”，实现 GPS 调度、手机查勘，有效提升理赔服务时效和客户服务满意度。

2010年3月，中国人寿山西省分公司无线终端（POS机）销售系统出单测试成功。实现意外险出单系统与核心业务系统实时对接，保单信息内容实时完整记录在保险公司核心业务系统；意外险出单系统与单证管理系统无缝对接。4月，国寿大同分公司为配合省分公司VOIP项目推广上线，由办公室、信息技术部、联通运营商统一协定具体布线方案，工程实施等进入具体实施阶段。到6月25日，市公司、市营业厅和16个县区分公司，98部电话上线。30日，省公司业务管理中心从《历史业务档案影像化管理工作第一阶段档案清理工作实施方案》到《关于启动历史业务档案影像化处理项目的通知》，国寿从1983年到2010年6月30日的全省系统寿险业务档案影像化、业务实物档案省公司集中管理结束。7月，中国人民保险公司财险大同市分公司实现由省分公司信息技术部积极参与省行业协会组织建设与开发的车险信息平台上线运行。10月，国寿大同分公司成立由信息技术部、财务管理中心、人力资源部人员组成的工作小组。为了配合总公司SAP资产管理模块全面上线，实现IT资产管理系统数据与SAP资产管理模块的数据共享，组织实施IT资产管理系统数据梳理工作，以及提供数据梳理过程中财务原始凭证和组织机构和人员相关信息等基础工作，确保SAP系统准时上线。同年，中国人民保险公司财险大同市分公司在中国人民保险公司系统完成对非车险“一点通”改造后及时上线新非车险理赔系统。太平洋财险大同中支在太平洋系统完成非车险业务系统（CIBS）的改造，实现非车险业务见费出单功能。泰康人寿大同中支ELU客服系统及财务SAP系统上线运行，使运营及财务的系统更加完善。

2011年6月，平安财险大同中支推行产险ECSS系统，即团体E行销系统，E化行销打通了销售各环节，提供“一站式”服务，推动团体作业模式有效运行，实现销售支持的简单、方便、好用，成为业务人员展业的利器。7月，国寿大同分公司根据上级公司要求，完成2008—2011年法律类案件的历史数据补录工作，实现“法律类案件报送管理系统”上线。同年，泰康人寿大同中支远程会议系统提升为高清会议系统，使得会议的质量和稳定性方面得到提高。合众人寿大同中支视频会议系统上线，实现视频覆盖营销服务职场。

2012年3月，中国人民保险公司财险大同市分公司推广由总公司开发的4A平台项目，打造公司信息安全门户，建立统一的应用系统用户账号管理、身份认证、授权管理和审计管理平台。4A平台集成OA、费用报销、数据修正等16个应用系统登录门户，只需一次登录就可以访问若干获得授权的所有应用系统。11月，国寿大同分公司按照国寿山西省分公司制定的“保全统一作业平台系统推广工作方案”，由客服中心牵头，信息部门、综合管理部门参与，认真规划系统的推广和组织实施工作，并对工作进行分解。

信息技术主要负责作业平台系统上线所涉及终端服务器、通信服务等各类系统参数配置、安排新型电子化设备的安装与调试、及时解答及处理上线前期遇到的系统问题并负责新型电子化设备出现问题后与产商的联系和调换。经过多个部门相互配合，12 月保全统一作业平台系统（CSBPS）圆满上线。同年，太平洋财险大同中支开始推行险 3G 移动视频查勘系统。3G 移动视频查勘系统是集成任务调度、照片拍摄、无线上传、通话录音等功能的电子化技术，是将通信网络技术与理赔流程优化结合的信息化产物，利用信息化无线网络跨区域采集影像资料，实现前台查勘定损，后台录入核损，简化查勘定损创新技术。太平洋人寿大同中支、太平人寿大同中支结合现代 3G 与 IT 技术手段，分别在业内开展运行“神行太保”移动展业平台和“立保通”移动展业平台，使客户足不出户就可以完成投保业务。泰康人寿大同中支销售支持系统（MSS 系统）正式上线，“互联网 + 保险”初见端倪，系统的在线投保、在线利益演示等功能成为可能。推广 3G 理赔、3G 投保等移动业务处理模式，使得业务处理的效率方面得到较大的提升。合众人寿大同中支对问题管理系统（URTracker）进行优化，更名为 IT 服务管理平台，使用户更加方便在系统中提交问题故障，提高工作效率。

2013 年 3 月，中国人民保险公司财险大同市分公司上线新佣金系统和收付费系统。7 月，中国人民保险公司财险大同市分公司上线车贷险三代系统。9 月，平安人寿大同中支上线《平安新动力业务员甄选系统（E—PASS）管理办法》，全面启用平安新动力业务员甄选系统（E—PASS）。11 月，中国人寿“运营服务支持系统（ODS 系统）”历时 1 年，经历指标梳理、基层调研、制定规划、撰写需求、需求分析、集中开发、数据验证、测试验收、试运行、数据部署 10 个阶段，于 2013 年 11 月 30 日正式发版上线。实现“集中、统一、规范、标准”的业管数据集市，确保统计信息的有效利用；实现多样化的固定报表、多维分析、多粒度下钻、多维度聚合等统计分析功能，并支持覆盖三级机构的大数量级用户并发访问支持；建立总部集中的数据架构与运维机制，提供高质量、稳定性强的数据基础。同年，泰康人寿山西系统架设微信公众平台，推广“微信理赔”“飞常保”“一分钱保险”“调查问卷”等一系列的微信服务。天安财险大同中支实现公司核心业务系统的更新换代，“天财动力”核心业务系统上线并投入使用。国寿财险大同中支上线销售管理系统，充分发挥移动互联网的特点，面向广大销售人员，实现客户自主管理、产品询报价、信息推送等核心功能，同时上线“人寿移动视频”“国寿掌上保险”（2013 年）等一系列面向一线人员和客户的手机客户端，初步形成具有中国人寿财险特色的移动应用系列。

2014 年，中国人寿业务规模的持续增长，客户对于保单服务需求逐步提升，公司保全业务量始终保持着较快增长。各级运营管理条线承受着巨大的保全服务压力和风险防控压力。一是大量的保全业务使柜面业务受理不堪重负，客户身份及业务资料真实性风险多依靠人工判断，易形成风险识别“盲区”；二是高风险业务全部上收人工审核，审核人员数量不足的矛盾日益凸显，制约业务集中后管理效能的充分发挥；三是超权限业务通过逐级人工审核来规避风险，业务处理链路长、环节多，影响保全服务时效。为提升保全作业效能，实现立等可取服务，总部加快系统自动化作业功能建设步伐，开发保全风险识别系统。构建受理与处理相分离的系统作业模式。形成低风险低权限业务一次处理，高权限业务二次集中处理，高风险业务增加审核环节，改变过去一种标准操作模式，实现差异化的作业。4 月，经过国寿系统信息条线、业管条线及其他条线、部门配合，实现系统上线。8 月，国寿“营销员信用评估系统”在大同上线，该系统通过科学的指标，对营销员的业务质量、行为规范等进行评估，计算出营销员的信用等级，按照不同的信用等级实施不同的管理措施。9 月，国寿“e 宝账”在大同上线。“e 宝账”是国寿历时两年的努力与酝酿推出的面向客户提供全自助式寿险保单管理与服务功能的产品，包含网页和手机 App 两个版本。只需选择移动版或网页版一种即可进行注册，注册成功的用户在两个版本上都可以登录使用。“e 宝账”提供的服务功能包括公共服务、查询服务、交费服务、保全服务、理赔服务、柜面 e 服务等 6 大类 49 项服务功能。11 月，国寿集团业务新系统上线，该系统在新版集团中新增合同类型变更—团单转汇交、合同类型变更—团单转个单、汇交件信息变更功能、汇缴件批量退保、客户批量处理功能、团转汇查询功能、应付年金挂起 / 解挂功能、利率维护、系统补录功能、系统修正功能；完善合同复效功能详细设计—汇缴件批量复效、合同补换发功能—汇缴件补换发和生存金给付指定功能。在保全受理台完善交费方式变更、年金领取方式变更功能、客户（被保险人）资料变更功能、合同终止功能、合同复效功能详细设计—个单复效、合同补换发功能、保单借款功能、垫交还款功能、生存给付功能、年金递增领取、特殊分段领取批作业功能、辖外转移功能；新增年金给付指定功能、生存金受益人指定功能、清退保险功能和批单打印模板调整。在理赔受理台也完善理赔的相应功能。同年，中国人民保险公司财险大同市分公司完成多个新系统上线工作，主要有新准备金系统、新再保系统、人伤定损工具、非车移动查勘系统、电子印章系统、人员评价系统。太平洋人寿“神行太保”升级版上线，大同中支提高移动承保效率，实现客户电子签名、现场填单、实时扫描、现时拍照，承保完成后瞬间电话回访等；拓宽移动保全应用功能，提供客户信息变更、保单复效、失效保单退保、受益人变更、垫缴还款、保单质押贷款申请和续贷以及客户认证等功能；完善公司的OA公文邮件管理系统、UC即时通信系统，基本上实现无纸化办公，改进了作业模式，节约成本。平安人寿大同中支根据《关于〈E增员平台〉使用规范的工作通知》，通过电子化方式支持队伍增员运作各环节，实现资料的大幅简化和流程优化。泰康人寿大同中支积极配合上级公司信息技术开发和运用，大力推广微信公众平台，实现信息发布管理和查询综合数据；配合总分公司对业务员考勤管理，实现考勤服务器进行点位升级；实时上线绿通系统、增员活动量系统，单证回销数据抄报、保单状态跟踪等系统。

2015年4月1日，国寿山西省分公司下发《2015年智能理赔推广实施方案》，采取"试点运行、分步推广"策略，经过基础数据信息设置、推广培训学习、梳理保单责任和问题收集反馈，进入试点运行，试点推广阶段，经过外包商选择、衔接和管理，以及医疗规则和医疗数据完善，进入全辖推广阶段，实现上线。10月，国寿总公司进一步落实"以客户为中心"的服务理念，在梳理完善现有跨省异地服务流程的基础上，完成柜面通服务系统的开发和试点工作。国寿大同分公司精心准备，周密部署，认真宣导、广泛培训，确保每位柜员都安装并熟悉使用云桌面和Windows2012版业务操作，确保临柜服务受理规则统一，确保客户在公司任意网点享有无差别愉快体验，确保对非承保省账户的收付费支持（开办时仅支持中国工商银行）。11月20日，中国人寿系统实现"通查询、通受理、通处理、通收付"阶段目标。同年，中国人民保险公司财险大同市分公司上线理算工厂、基于客户视图的营销管理系统、出单运营管理系统以及二代定报价系统。上线由省分公司移植推荐的"车险续保平台"和"微报表"平台，采用由省分公司搭建的分析系统数据库和省分公司开发的快报系统。平安人寿增加App终端保全模块，衍生金管家及口袋E渠道，保全无纸化时代来临。泰康人寿大同中支上线客户个性化管理平台、精准营销平台等系统，重点开展基于微信平台的开发。

2016年5月，国寿大同分公司"国寿智能理赔系统"优化功能上线，系统上线后，增加智能处理、医疗机构管理、安全账户等。6月，民生人寿大同中支保全业务进入E化网络自助服务模式。9月，民生人寿大同中支上线了生存金领取保全业务。10月，国寿大同分公司积极推广"云服务平台"，该服务是继公司网点、国寿E家、"e宝账"、电话等四种客户服务方式外又一个创新服务方式，通过云服务平台建立，使柜面前伸成为现实。同年，合众人寿大同中支在合规工作管理平台——反洗钱常用报表模板中新增大额和可疑交易明细表、可疑交易甄别工作记录查询、可疑交易甄别工作时效查询，为开展反洗钱日常的可疑交易甄别时效及甄别报告质量的查询提供技术保障。

2017 年 4 月，农银人寿大同中支“农银微理赔”、民生人寿大同中支“民生保险微管家”全流程上线，两家理赔服务系统全面升级，为客户提供“拍一拍，点一点，理赔款轻松到账”的便捷服务。12 月，国寿《山西省分公司新一代理赔平台（一期）推广工作方案》实施，国寿大同分公司参加省分公司组织的新一代理赔平台初始化配置培训与通关演练，并验证各项初始化工作的正确性和完整性，强化辖内岗位人员的日常操作辅导工作，通过新旧系统并行的方式平稳过渡，为全市推广工作的顺利开展奠定基础，实现年底新一代理赔平台统一上线。

第三节　信息设备与网络安全维护管理

网络攻防技术是对立存在而且相互促进，大同保险业网络安全从数据备份、杀毒软件、防火墙运用、安全路由器、安全网关等开始，向高端设备配置、身份认证、密钥管理、建立网络信息安全体系管理一路迈进。

1988 年，中国人民保险公司山西省分公司为中国人民保险公司大同、雁北中支各配置 IBM PC XT286 一台。

1989 年，中国人民保险公司大同中支、中国人民保险公司雁北中支开通省地（市）两级机构无线电台通信网。

1992 年，中国人民保险公司山西省分公司根据业务的不断发展，信息技术需求的不断扩大，于年底为大同、雁北中支配置优利高档计算机 U6035 各一台，为中国人民保险公司大同城区办事处配置 U6015 一台。

1995 年，中国人民保险公司大同中支、中国人民保险公司雁北中支利用调制解调器计算机硬件，通过直拨电话线路开通了同省分公司数据通信网络，实现报表数据快速传输。

1996 年，大同保险业信息技术体系发展处于初步阶段，计算机业务处理终端和电脑 PC 机运用仅限于个人代理业务和较少几个部门，对网络数据安全的管理仅限于数据硬盘和软盘的备份和防火、防盗等。

1997 年，大同保险业主体继续加快网络建设步伐。11 月，中保财险大同分公司公用分组交换网（X.25 网），接入省公司，实现省、市网络通信。

1998 年 10 月，中保人寿大同分公司按照《金融机构计算机信息系统安全保护工作暂行规定》要求，实行“谁主管、谁负责、预防为主、综合治理、人员防范和技术防范相结合”原则，实施系统安全保护工作。11 月，国寿山西省分公司对未配机的县支公司、营业部配备计算机，该机已装 Sco Unix Open Server 5.0.4，主要用于“业务综合处理系统”、“保单状态库”、财务软件、统计软件。中保财险大同市分公司机关本部配置 PC 机 2 台，矿务局、南郊、左云、南城、北城各 1 台，同时配置其他附属配套设备。

1999 年 1 月，中保人寿大同分公司全市建立 DDN 数据专线，首次实现全市联网，同年，全市数据实现逻辑集中。中保财险大同分公司完成县级支公司三级网及其机关局域网建设，地县采用速度为 19.2Kbps 的 X.25 公共分组交换网，地市与省公司二级网由 19.2Kbps 的 X.25 升级为 64K 帧中继。5 月，国寿大同分公司根据省公司要求，面对“计算机 2000 年问题（以下简称 Y2K 问题）”，按照国务院及人总行，保监委关于解决“Y2K”问题的通知精神，把解决 Y2K 问题列为当前风险监管的头等大事，当作一项严肃的政治任务来抓，市分公司成立“一把手”、分管领导、电脑人员和业务人员参与的领导小组、实施小组，实施小组根据实际情况制定解决和应急方案。中国人民保险公司财险大同分公司为解决 Y2K 问题，按照“逐系统、逐平台、逐险种、逐指标”的要求。完成多次测试，并及时将结果上报省公司电脑处，化解 Y2K 问题。同年，中国人民保险公司财险大同分公司开始执行《电脑管理制度与岗位职责》，使计算机安全管理步入制度化、规范化和科学化轨道。

2000 年 7 月，中国人寿大同分公司开始执行由省分公司制定下发的《中国人寿保险公司山西省分公司网络管理制度》，从网络设备运行环境、维护规范、网址的分配、安全密码的设置以及防火、防盗事故等方面进行规范，保证网络安全。同年，中国人民保险公司财险大同分公司开通全部县（区）支办三级网络，全面完成省—地市—县三级广域网建设，基本形成“上下贯通、横向互连”的较完整的网络体系。

2001 年 2 月，国寿大同市分公司开始执行《中国人寿保险公司山西省分公司计算机设备与网络管理》规定。3 月，国寿省分公司下发《数据备份管理办法（试行）》，国寿大同市分公司根据办法，确立公司“一把手”为第一责任人，同时进一步明确信息技术部各位员工责任，并将数据存放地点、数据备份责任名单报省公司备案。同年，中国人民保险公司财险大同分公司地市至区三级广域网由 X.25 分组交换网升级为 DDN 专线，办公软件安装 PC Norton 网络版防病毒软件。

2002 年 8 月，国寿大同分公司信息技术人员参加由国寿山西省分公司信息技术处牵头和市分公司信息技术部参与成立应用系统维护小组。分别为 CBPS 维护小组、CLAF 系统维护小组、AMIS 系统维护小组，主要目的是保证应用系统数据准确，及时解决业务处理过程发生各类问题，为公司决策提供准确有效数据。主要职责是运行指导、系统维护、综合管理、系统测试、操作培训、技术推广、数据备份技术人员上岗资格考试等。11 月，为切实加强全系统信息网络保密管理工作，确保全市信息网络的安全，国寿大同分公司对涉密信息网络保密管理状况进行一次专项检查。同年，实现所有数据库从县支公司到市分公司的逻辑集中工作。

2003 年，国寿大同分公司根据省公司与中国网通集团山西省通信公司签订的《省内数字电路租用协议》《数字数据电路租用协议》，立即与网通公司联系，申请光纤接入以及网络扩容的有关事宜，完成网络系统改造和扩容工作。

2004 年，中国人民保险公司财险大同市分公司实施全系统市—县三级网络升级为 2M SDH 专线。泰康人寿山西分公司筹备建设大同机房及网络，并制定《分公司信息安全制度》用于保证公司内部信息安全，制定《分公司信息流程制度》用于公司内部流程规范，制定《分公司软件程序开发制度》用于分公司软件研发管理，制定《分公司网络安全制度》用于保证分公司网络安全规范等。

2005 年，中国人民保险公司财险大同市分公司实现利用 VPN 技术通过互联网接入公司内部网进行业务处理。

2006 年，国寿总公司印发《中国人寿保险股份有限公司员工信息安全守则》，国寿大同分公司组织学习，按照“个人计算机操作安全”“移动存储介质使用安全”“个人计算机上网安全”“病毒防护”“账号口令安全”等规范要求安全操作，并从发布之日起，由信息技术部门对所辖计算机给予不定期检查，指导员工进行安全设置。泰康人寿大同中支积极建设使用新一代会议视频系统，完成 EPO、VPN、OA 信息安全架构的重新评估和规划，以及新 EPO 的上线。

2007 年，国寿大同分公司按照山西省分公司业务集中团体年金权限管理制度，分配年金险业务操作时权限，维护系统安全性。同年，中国人民保险公司财险大同市保险公司根据省分公司上线 McAfee 防病毒系统。泰康人寿大同中支对新机房 UPS 大容量电池更新升级，确保机房服务器在断电以后能够持续运行。

2008 年，中国人民保险公司财险大同市分公司到省分公司的电路增加到 3 条，物理带宽达到 6M。合众人寿大同中支部署 WSUS（Windows Server Update Service）更新系统补丁服务器，设置 Mcafee8.5.0 设置防病毒策略。

2009年6月，中国人民保险公司财险大同市分公司执行省分公司下发的《信息安全管理制度（试行）》，对设备管理、网络安全管理、人员安全管理、系统安全等信息技术的各个方面提出规范要求。10月，根据保监会《关于开展2009年保险业信息系统安全检查工作的通知》的通知，国寿大同根据省公司的方案，认真领会通知精神，开展自查，发现问题，主动整改，形成报告上报省分公司。11月，国寿总公司下发《应用系统配置标准（2009）》和《网络设备配置标准（2009）》，进一步规范应用系统和网络设备的相关配置，提高系统使用的科学性和合理性，总公司在原有《应用系统配置标准（试行）》和《网络设备配置标准V1.0》的基础上，制定《应用系统配置标准（2009）》和《网络设备配置标准（2009）》，对综合业务处理系统八版在内的38个应用系统的配置予以了统一和规范。国寿大同分公司按照省分公司提出的“业务优先原则、规范性原则、实用性原则”，对所辖范围现有电子化设备配置进行摸底和检查，及时进行调整，尽量保证电子化设备符合“两个配置标准”要求。同年，中国人民保险公司财险大同市分公司桌面管理系统、员工身份认证及权限管理系统（CA认证系统）上线，强化各个应用系统用户管理及网上信息安全。平安人寿大同中支开始接受外部机构的等级保护测评检查并建立计算机安全应急系统，制定详细的应急方案，定期检查、维护应急的设施、设备和系统，确保其处于适用状态。

2010年，合众人寿大同中支按照总公司规定，制定应急预案，演练应急处理，检验应急队伍的工作效果，保证公司各个系统平稳运行。

2011年，中国人民保险公司财险大同市分公司网络升级，省—市网络升级为两条8M MSTP电路，市—县网络升级改造为4M MSTP电路。国寿大同分公司根据总、省公司要求，认真做好公司员工网络安全管理工作，规定员工不得在互联网、博客、微博等网络平台上发表、讨论、传播影响社会和谐与稳定的言论，对于违背国家时政方针的话题及含有相关暗示的内容，涉及非法、色情以及危害国家安全的言论内容，涉及员工及营销伙伴个人隐私的内容，可能给国家造成不良影响的内容，要做到不看、不信、不传，切实维护好公司的互联网形象。信息技术部门是公司责任部门，要强化内外网站及论坛的网络安全管理，做好相关监测工作。国寿财险大同中支执行总部制定的《信息技术安全执行标准操作指南》，开展人员权限梳理，对离职、调动人员的权限进行回收。

2012年5月，中国人寿大同按照总公司制定的《2012年信息安全工作指引》和省分公司“2012年信息安全重点工作目标”，严格防范各类信息安全风险，继续提升公司信息安全防范能力，逐一落实安全重点工作。10月，国寿总公司印发《系统权限管理办法（试行）》等4项制度，国寿大同分公司根据4项制度要求，对《系统权限管理办法（试行）》《办公门户管理办法（试行）》《电子邮件系统管理办法》《应用系统运维管理办法》认真对照学习，对该制度相悖的进行调整、修改与纠正。同年，泰康人寿大同中支加强网络基础建设，开通至山西分公司专线一条，使公司网络更加畅通。国寿财险大同中支根据上级公司要求，完善的UPS电源维护、检修制度，机房管理制度、对因特网的管理实行内外网逻辑隔离，签订员工岗位保密协议，推动软件正版化管理。

2013年11月，国寿大同分公司按照省公司关于“用户组织与权限管理系统（UOA系统）”操作要求，经过用户填写《权限资格申请表》（申请表中的工号必须与ERP中的工号保持一致）、通过工单平台报送相关部门审批增加新账号、经过信息技术部门上机相关作业，完成在ERP系统中工号新增等基础性工作，保证ERP系统中岗位、手机号码的完整准确性，实现UOA系统准时上线。12月，国寿省分公司转发《信息安全管理办法》，按照管理办法，国寿大同分公司对全市系统信息安全工作进行检查，确保系统信息网络安全运行。国寿财险大同中支根据省分公司要求，开展数据真实性安全大检查，配合业务部门重新对各系统人员权限进行梳理，对于离岗、离职人员完成各类权限清理，整理关键岗位名单，统一实行密钥管理。

2014年，泰康人寿大同中支根据分公司要求，对网络进行合理优化和调整，升级改造分公司到中心支公司骨干网络，在中支现有一条专线基础上，新增一条备线，实现双线热备，进一步提高网络稳定性。为了增加客户体验和方便业务员对网络的需求，大同中支新生活广场分别新增一套互联网无线设备，实现新生活广场无线网络全覆盖。

2015年，中国人民保险公司财险大同市分公司实现省到市20M（兆比特每秒）专线改造，扩容专线带宽，加快业务数据传输速率，提高业务系统的安全运行。泰康人寿大同中支进一步完善主要系统的权限管理，特别是下载和复制权限管理，系统中增加查询轨迹记录功能，提高公司信息安全管理水平，加强灾备建设，所有服务器实行备份管理。

第十五章　人力资源管理

人力资源管理是指对人力资源的取得、开发、保持和利用等方面所进行的计划、组织、指挥、协调和控制的活动。是解决组织中人与人关系的调整、人与事的匹配以及充分开发人力资源，挖掘人的潜力，调动人的生产积极性，提高工作效率，实现组织目标的方法、工具和技术总称。大同保险业从20世纪50年代兴起，中国人民保险公司大同支公司就十分重视人事工作的管理，如1951年支公司对“没有培养前途与实不堪造就的干部，均给予洗刷、开除处分”。1953年，支公司工作计划草案中记载，为了适应业务发展的需要，规划保险机构的建设，拟定在农村建立保险委员会在市区建立普通代办所；计划增加干部员工，申请通过上级分配和在当地通过劳动部门两个渠道吸收。1954年，为加强业务学习和培养干部，制定《一九五四年业务学习制度》等。20世纪80年代，大同恢复国内保险业务，中国人民保险公司大同支公司按照当时管理体制，实行高度统一的人事管理模式。1985年，随着国有企业“放权让利”政策出台，中国人民保险公司大同中支根据山西省分公司改革方案，实行劳动人事权、工资分配权、生产经营销售权和员工奖惩权自行管理。1988年，随着经营责任承包制度在保险业界应用，人事制度也将进入与之相适应改革。1996年，根据中华人民共和国保险法规定，产、寿险分业经营，中国人民保险公司大同分公司分设财产、人寿保险专业化公司，在人事、用工、分配“三项制度”改革上，全面实行干部聘任制、职工劳动合同制、个人基本工资以外收入与工作业绩、工作质量、工作效益挂钩的分配制度。2003年以后，随着中国人民保险公司、中国人寿保险公司实行股份制度改革，人力资源管理进入新的时期。

第一节　人力资源规划与职业生涯管理

人力资源规划是组织分析自己在环境变化中的人力资源的供需状况，制定必要的政策和措施，以确保在需要的时候和需要的岗位上获得各种人才，以使组织得到长期利益。职业生涯管理可以分为组织职业生涯管理和自我职业生涯管理。前者是指组织为了实现发展，采取系列方法来开发运用员工的潜力并帮助员工获得自我实现。后者是组织帮助员工制定职业生涯规划和帮助员工职业生涯发展的一系列活动。20世纪50年代，中国人民保险公司大同支公司在“人”的管理上重在“用”、次在“育”、少有“备”，公司人员需求更多地服从于计划经济体制下人事制度，人员计划仅仅是从保险专业或金融专业角度甚至是从数量角度进行调配，有时更由上级或人事部门直接分配等。20世纪80年代，大同保险业恢复国内保险业务，人事制度虽保持着计划体制下传统的惯性作用，但开始重视保险组织结构和岗位设置，重视员工的知识结构和学业背景与岗位匹配，重视企业未来发展和员工发展方向，进入20世纪90年代后期，大同保险业开始有计划地吸引和引导员工的发展方向，逐步建立人员的配备、补充、使用、培训、发展和薪酬计划。

1996年，中保财险大同分公司提出，逐步造就一支敬业爱岗、作风过硬、精通业务、素质高强的干部职工队伍，进一步树立行业新风，塑造公司良好形象。

1997年3月，中保集团公司就人事管理方面指出：一是要通过规范、科学的考核、筛选制度，积极引进具有现代商业保险知识基础和相应操作能力，具有创新精神和敬业精神的高素质人才，确保公司管理层次和发展水平的提高；二是建立起上岗培训、岗位培训、海内外交流学习等多层次的培训体系，发挥现有国内外培训机构作用，在全员培训的基础上，加强重要岗位、业务骨干的培训；三是要建立科学的人事考核和激励制度，实施任人唯贤的干部任用制度；四是调整人员结构，严格控制人员问题；五是加强领导班子建设，做好班子的充实和调整，加快优秀青年干部的培养和选拔。在集团公司精神指导下，中保大同分公司制定人事方面“三定”方案，并逐步进行实施。

1999年4月，国寿大同分公司根据省分公司要求，在人力资源配备和补充中，为确保公司具有一支高素质的职工队伍，今后对新入司人员学历要求如下：计算机专业人员必须具备本科以上学历，其他专业人员必须具备大专以上学历（包括职工子女、招聘及调入人员），经考试考核合格后方可录用；对于接收的复员退伍军人原则上要求具备大专以上学历。达不到大专以上学历的，给予最多四年的脱产学习时间，取得学历经考试考核合格后，签订正式劳动合同。四年内未取得学历或考核不合格者，不予签订劳动合同，档案转入人才交流市场，自谋职业。

2000年，中国人民保险公司财险大同分公司遵照《中国人民保险公司山西省分公司系统机构体制改革实施方案》，在进行全市劳动人事制度改革中，推进干部年轻化进程，处级领导干部最高提职年龄为男50岁、女45岁；科级领导干部的最高提职年龄为男45岁、女40岁；要大力选拔和培训35岁左右的处级干部，逐步增加30岁的科级领导干部的比例，改善干部队伍结构。

2001年，中国人寿大同市分公司根据《中国人寿保险公司山西省分公司“十五”计划》精神，确立在“十五”期间对地市县公司领导及机关和部室的领导实行公开选拔、竞争上岗的聘任制；对一般员工实行双向、择优聘用制。实行聘期责任目标制、岗位责任制和年度述职办法。建立完善管理人员谈话制度、个人报告重大事项制度、回避制度、任期经济责任审计制度和班子内部监督制度，建立不胜任现职领导人退职制度。逐步改善领导班子知识、专业、年龄结构，形成合理的梯次。建立后备干部人才库。有计划、有组织地推进各级公司之间的干部交流和公司内部的岗位轮换，形成管理人员能上能下的机制。彻底打破员工和公司的固定关系，以劳动合同为核心，建立起无固定期限、中长期期限、短期聘用和临时聘用相结合的新型用工机制，取消正式员工、聘用员工、临时员工的界限，真正做到择优录用、同工同酬。大力推进按需设岗、按岗聘用、定岗定员、竞争上岗、减员增效的岗位管理制度。制定岗位考核标准体系和考核办法，形成员工能进能出的机制。

2002年，国寿大同市分公司根据《中国人寿保险公司山西省分公司2002年度人事组织工作要点》，在经营班子配备上规划是合理调整领导班子的年龄结构、知识结构和专业结构，加大培养选拔优秀年轻干部的力度，不拘一格大胆任用品质优秀、知识层次高、业务能力强、工作业绩突出的年轻干部。使公司的干部队伍形成良性循环的梯次配置。同时认真开展后备干部的培养、选拔工作，贯彻动态管理、备用结合的原则，及时调整充实后备干部队伍，现职班子成员与后备人员的比例达到1∶1。在人才战略规划上，大力实施人才高地战略，解放思想广纳贤才，建立竞争性的良性用人机制。新增员工均须大学本科以上学历，重点引进保险、精算、电脑、法律、营销企划等专业人才。根据需要打破旧的人事制度，通过考核和考察在系统内、代理人队伍和人才机构中招收专业人才充实到适当岗位，形成人才的良性互动。

2003年，国寿系统明确市级分公司领导人员学历和任职年限要求：一般应具备大学专科以上学历，中级以上专业技术职务任职资格，身体健康。由副职提拔为正职的一般要在副职岗位上工作二年以上，提拔担任副职的一般要在下一级正职岗位上工作二年以上；领导班子年龄结构：要逐步形成合理的年龄结构。现班子中男年满55岁、女年满50岁的人员一般不再进新班子，新提拔的正职原则上不超过50岁，提拔担任其他领导职务的原则上不超过45岁，班子中至少有一名40岁以下的领导人员。

2005年12月，国寿山西省分公司下发《中国人寿保险股份有限公司山西省分支机构岗位设置方案》，主要内容包括：行政组织重组、机构设置和人员编制、省分公司与市分公司部门管控交互界面、人员优化配置、实施步骤和有关要求。包括作为市级分公司的组织机构管理系统图、市级本部部门划分，各部门岗位配置、工作说明书等内容。国寿大同分公司根据市级组织架构和各部门工作分析，下达办公室、人力资源部、业务处理中心、信息技术部、客服中心、个险销售部、团队销售部、中介代理部、监察部、健康保险部等岗位配置和人员配置规划。

2006年8月，中国人寿保险股份有限公司下发《关于实施员工职业素质提升工程的指导意见》，提出重点培养员工的学习能力、实践能力和创新能力，从战略高度解决员工素质与公司发展不相适应的矛盾，实施员工职业素质提升工程，从自主学习、组织培训、交流锻炼和培养辅导等方面入手，作为员工职业生涯发展和提拔使用的必要前提。要建立制度化的在职自主学习机制、规范化的岗位培训机制、科学化的交流锻炼机制、专业化的培训辅导机制，并通过组织保障、政策保障、经费保障和宣传舆论保障等，确保该举措贯彻与落实。

2007年12月，针对中国人寿大同分公司存在着在编员工、聘用员工、临时工等多种形式并存的状况，同一个岗位存在有不同身份的员工，不同身份的员工又有着不同用工的管理方式和多样化的分配制度。国寿大同分公司在员工聘用上，执行省分公司要求，规划主要原则：从人才的市场化理念出发，坚持以人为本，坚持公平和谐与市场竞争相结合，积极创造和谐的用工环境，为全面整合人力资源，提高队伍管理水平打下良好的基础。着眼于以组织设计原则来规范岗位名称，明确岗位职责和岗位人员的配置数量、配置要求。通过岗位调查、岗位分析、岗位评估，编制岗位说明书等形式，逐步形成录用甄选、岗位聘用、培训提高、薪酬确定和绩效考核等有效的管理平台，将合适的人力资源配置到合适的岗位。同年，泰康人寿大同中支对为加强人才储备，推出“专员培养计划”：从年龄、学历、心态、形象、敬业和工作范围提出培养计划。

2010年，合众人寿大同中支在大同成立并营业，为推动公司健康有序的发展，为公司发展提供有力的人才，大同中支根据《合众人寿潜质人才指导管理办法》《合众人寿保险股份有限公司员工轮岗管理办法》《合众人寿保险股份有限公司招聘管理制度》《合众人寿干部管理制度》《合众人寿保险股份有限公司培训管理制度》，中支重视人力资源规划，严格制度办事，努力夯实队伍发展的基础。

2011 年 4 月，国寿大同分公司根据《中国人寿保险股份有限公司山西省分公司分支机构一般员工岗位选配的指导意见》精神，由人力资源部同其他相关部门对全辖系统用工情况进行全面的清查和梳理，充分掌握人员数量、结构、层次等基本情况，根据总、省公司设定的组织架构及岗位设置方案，结合市分公司核定的用工编制及各条线编制比例，规划全辖各单位所属机构部门、岗位及编制情况，以及员工聘用条件。同年，太平洋人寿大同中支制订学历提升计划，按照计划要求，就目前没有达到岗位要求学历的人员进行统计，并督促上报高起专、专升本的学习。平安人寿大同中支在招聘人员过程中，坚持执行总公司下发的《关于对新人上岗资料中虚假学历的管控通知》，明确各三级机构、营业区上岗资料中学历证明的要求及管控办法。

2012 年 8 月，国寿山西省分公司下发《中国人寿保险股份有限公司山西省分公司分支机构岗位管理实施细则》，为建立符合现代企业制度要求的人力资源管理体系，国寿大同分公司根据工作性质与特点以及职责不同，将工作岗位划分为经营决策类、一般管理类、专业技术类、销售类、业务类和事务类。对各类岗位，根据工作难易程度、责任轻重和所需任职资格条件等，分别设定不同的层级，建立不同的岗位序列。对各类岗位进行层级发展计划，如专业技术类中财务专业，一般分为助理财务分析师、财务分析师、高级财务分析师；如管理类岗位可设立资深主管（2011 年深化经营管理体系改革启动前省公司已批准的）、市场调研员、市场信息员、部门经理（副经理）、主管、主办、经办、协办等层级；对各层级比例计划，如由主办聘任为主管的，应符合《岗位说明书》中明确的学历要求，年龄原则上不超过 40 周岁，身体健康，具有一定的金融保险工作经历和管理经验，在工作中担当骨干角色，主管职数原则上不超过一般员工总数的 10%；主办职数原则上不超过一般员工总数的 20%；经办职数原则上不超过一般员工总数的 20%。对各岗位学历、年龄要求，如县支公司经营决策类岗位聘任的学历和年龄条件为一般员工提聘到经营决策类岗位的，须具备大学本科以上学历，年龄原则上不超过 40 周岁。现任经营决策类岗副职提聘为正职的，原则上男年龄不超过 45 周岁，女原则上年龄不超过 40 周岁。国华人寿大同中支重视员工职业生涯管理，并将员工发展规划和公司战略规划融为一体，提出员工职业生涯管理十项修炼，从员工参与业务发展方向的分析、明确自身发展需求，通过加强职业生涯开发与人力资源系统之间关系，树立敬业和学习观念，强调胜任能力培养，实现从平凡到优秀，从优秀到卓越。

2013 年 1 月，国寿山西省分公司下发《中国人寿保险股份有限公司山西省分公司人力资源“十二五”发展规划》。总体规划：建立涵盖组织架构、班子建设、员工管理、绩效激励、薪酬福利、党建党务以及离退休人员管理等方面，科学高效、管控有力的人力资源管理制度体系。用人机制规划：一、建立健全以后备干部库为基础的各级班子成员聘用提名制度，完善“民主推荐，上级提名，组织考察，党委决定”的干部选拔任用程序。二、建立竞争性选人用人机制。三、在建立人才竞争和用人双选制度的前提下，建立直接主管对员工的“否决机制”，通过对员工的绩效考核，淘汰绩效不佳人员，并建立对绩效不佳人员的常态化、制度化调整机制；选用干部规划：坚持从基层一线选拔后备干部，把基层一线经验作为后备干部的必备条件，做到干部到基层培养、干部在基层成长、干部从基层选拔；薪酬发放规划：一、以建立新型经营管理体系为契机，实现全市系统员工薪酬结构的统一，逐步实施销售管理人员实行绩效薪酬制，绩效工资与销售业绩直接挂钩，上不封顶，多劳多得；非销售管理人员实行目标薪酬制，绩效工资与个人绩效考核结果直接挂钩。二、根据市场薪酬水平确定关键岗位人员薪酬标准，强化绩效优先的薪酬分配机制，推动薪酬水平与行政级别脱钩，根据岗位价值确定薪酬内部差异；建立工资正常增长机制，把握好成本管控与员工收入提升之间的关系，在业务发展的同时稳步提高员工收入；加大薪酬向基层和销售一线的倾斜力度，进一步规范收入分配秩序，充分体现薪酬的外部竞争性和内部公平性。三、逐步实施同级销售管理岗位目标薪酬高于非销售管理岗位,下级公司班子成员目标薪酬高于上级公司同职级人员的政策。销售管理人员的目标薪酬原则上高于同级非销售管理人员 10%—20%，市公司基准薪酬不超过下级公司平均基准薪酬的 1.15 倍和 1.1 倍的薪酬政策；人员配备规划：在“十二五”期间，销售管理类人员占系统用工总数 35% 以上，风险管控类人员占比 2%—2.5%，行政支持及事务处理人员占比小于 10%；员工学历规划：市公司本部大学本科以上学历占员工比例不低于 60%，县支公司大学专科学历以上占比不低于 85%，市公司班子本科以上人员占比不低于 75%，县公司班子本科以上人员占比不低于 65%；薪酬福利规划：严格控制人力成本支出，一般万元标保工资率不超过 50%，市、县公司基准薪酬控制在 1∶1 比例之内。2 月，国寿省分公司发文，对全省系统建立县支公司领导班子后备干部队伍提出实施办法，在办法中建立后备干部队伍原则，明确后备干部应需条件，规划了后备干部队伍的数量和结构，设计后备干部选拔流程，提出推荐后备干部具体问题，确定后备干部的考察方式，突出后备干部的教育培养，强化后备干部的严格管理等。

2015 年，平安人寿大同中支严格执行系统《加强业务人员学历管控》的规定，明确新人上岗资料中学历证明的要求，提出相应的管控措施，以及相关责任人的处理办法。

第二节　员工的招聘与配置

人力资源招聘，就是通过各种信息途径吸引应聘者，并从中选拔、录用企业所需人员的过程。人员的配置就是在适当的时间，把适当的人选安排在适当的工作岗位上，充分发挥人的主观能动性，使得人尽其才、事得其人、人事相宜。大同保险业从20世纪50年代实行计划经济体制下干部分配形式，经过20世纪80年代恢复保险业的员工“双轨机制”，体制内实行分配员工和体制外招聘代办员的形式，成为解决保险业快速发展的重要途径。1988年以后，大同保险业主体增多，伴随财寿险分业经营和保险企业的股份制改革，竞争性的同业人才引进机制和面向社会校园招聘机制成为保证保险人力健康发展的主要渠道。

20世纪50年代初期，大同保险业以大同人民银行保险组名称办理，创立时期保险组成员隶属人民银行。1950年12月1日，中国人民保险公司大同支公司组建，公司员工15名。1951年，由上级公司调派保险干部14名，银行调来干部11名，本地吸收干部14名，勤杂工人1名，均按当时干部人事配置。公司在经历1952年大同行政区划变更，1953年整顿农村保险市场，1955年停办部分国营业务和重点恢复农村业务，中国人民保险公司大同支公司人员编制，始终按照省编制委员会决定，当地人事部门同意，按用人计划配置，享受国家干部行政级别工资。

1980年9月，中国人民保险公司大同保险支公司成立，管理体制基本沿袭20世纪50年代的总、分、支公司垂直领导形式，工作人员从人民银行划分出来6人，不足人员由支公司按劳动指标计划报大同人民银行和上级公司，以便得到及时的补充或有计划地吸收大、中专学生以及遴选曾经从事过保险工作的骨干归队。

1981年4月，中国人民保险公司由行政建制改为专业公司，实行独立核算，中国人民保险公司大同支公司接受省分公司和同级人民银行双重领导，在人员编制紧张的状况之下，大同市人民银行高度重视，新派遣9名员工，充实中国人民保险公司大同支公司保险队伍。

1982年，中国人民保险公司大同支公司按照省分公司《关于你司一九八二年新增人员指标的通知》精神，积极同当地支行联系，按省人事局与分行的联合增人文件批复，按照具体要求条件，及时吸收新调入干部6名，参加保险行业。

1983年，中国人民保险公司大同支公司根据业务发展需要，制订用人计划并报送市人民银行和省分公司，经过市人民银行和省分公司，审查同意，新增职工7名，扩大了中国人民保险公司大同支公司干部队伍。

1984年7月，中国人民保险公司大同支公司升格为中国人民保险公司大同中心支公司。10月，在雁北地区阳高、灵丘、应县、怀仁、大同市城区、新平旺六个支公司两个办事处着手筹建，10月底，新筹建的支公司、办事处领导机构组建完成，新任职的经（副）理多数来自人民银行、农业银行，其他员工多数也从人行、农行调派，少数社会其他行业人员经过推荐、层层把关，严格审查，也成为保险队伍来源的一小支流。

1985年2月，中国人民保险公司大同中支开始筹建天镇、广灵、山阴、大同、平鲁、右玉县支公司和新荣区办事处，在当地党政和工商行、农行的大力协助下，5月初，实现挂牌营业，保险机构得到进一步健全，保险队伍得到进一步扩大。11月，山西省人事局、中国人民保险公司山西省分公司联合发文，批准大同中支在社会上公开择优吸收高中毕业的知识青年，通过一系列宣传、申请、考试、审查等程序，大同中支招干19名。

1986年4月，中国人民银行山西省分行批复，同意中国人民保险公司大同中心支公司分设为中国人民保险公司大同市中心支公司和雁北地区中心支公司。6月，中国人民保险公司大同中支、中国人民保险公司雁北中支机构分设完成。在中国人民保险公司雁北中支筹建过程中，在雁北行署、雁北财委、雁北人行、中国人民保险公司大同中支等的积极领导与支持下，经过筹备组两个多月的工作需求分析、组织结构划分、岗位配置设计、干部商调、人员甄选、专业需求等环节，一个以银行、保险为主，兼容党政、财政、财贸、农业、畜牧、统计、煤矿、高等学校及中等专业学校应届毕业生等来自五湖四海的人员凝结成为一个新的中支集合体，同原雁北地区13个县级支公司新组建的中支营业部组成了雁北地区保险业务阵容强壮管理、拓展队伍。

1987年，中国人民保险公司大同中支、中国人民保险公司雁北中支保险业务发展迅速，具有机构新、人员新、业务新的特点。7月，为支持人民军队精简整编工作，安置军队转业干部，充实扩大保险队伍，中国人民保险公司大同中支、中国人民保险公司雁北中支根据《关于一九八七年省保险系统接收安置军转干部的通知》精神，主动与当地政府军转部门联系，大同中支接收3名，雁北中支接收3名。8月，为尽快发展队伍，根据中国人民保险公司山西省分公司《关于做好八七届保险专业毕业生分配工作的通知》精神，按照中国人民保险公司山西省分公司毕业生分配“哪来哪去”

的原则，坚持一个县只分配一个毕业生，特别奇缺的县支公司可考虑多分配一个的做法，根据省分公司下发的按考入学校原籍地市造册的毕业生名单，中支制订需求毕业生分配计划，由省分公司汇总报送山西省银行学校，山西省银行学校报送山西省计委审定下达派遣计划。当年，中国人民保险公司大同中支接收山西省银行学校毕业生5人、山西财会学校1人，中国人民保险公司雁北中支接收山西省银行学校10人，山西粮食学校1人。

1988年9月，中国人民保险公司雁北中支积极试行经理负责制，由中国人民保险公司山西省分公司聘任中支经理，由中支经理聘任中支副经理和部门经（副）理，根据党政分开原则，选举中支机关党总支书记、副书记，召开系统工会即职工代表大会，民主选举工会主席和副主席，组成中支管理委员会。中支对中层干部实行聘任制，让原中层干部和一般干部在同一起跑线上竞争，优胜劣汰。科室一般干部进行优化组合。

1989年，中国人民保险公司雁北中支进行人事制度改革，重点实行干部聘用制、任期目标制和交流制等各种形式的任用制度。对县支公司经理、副经理和股长、副股长两个层次的干部普遍实行聘任制和任期目标制，对一般干部实行优化组合。坚持把竞争机制引进干部任用制度中，鼓励干部积极竞聘，通过民主推荐，民意测验，全面考核的方法聘用干部。

1990年，中国人民保险公司大同中支实行干部试聘交流制度和重要岗位定期轮换制。干部任命继续推行公开竞聘、民主测评、建立试聘期，增强透明度，对各级班子及科室进行上下左右合理交流。理赔人员继续推行在不影响正常运转的前提下，定期进行岗位轮换。

1996年6月，中国人民保险公司产、寿险公司分业经营，人力资源部门的职能也逐步从人事管理向人力资源开发与管理转变，从领导干部开始实施聘任制、交流制、试用期制、目标责任制等；而对一般干部则实行聘任制、合同制、双向选择、优化组合、工效挂钩等，并实行了人员分流定位。

1998年5月，国寿山西省分公司发文《关于从在干部岗位上工作的工人中聘用干部的通知》，国寿大同分公司根据通知精神，结合公司干部岗位缺失情况，按照要求流程，一定程度上解决部分支公司缺编问题。

2000年10月，国寿大同分公司根据《中国人寿保险公司山西省分公司系统机构体制改革实施方案》，在员工配置上执行如下规定。一是实行竞争上岗、择优聘用的人事劳动用工制度。对部室负责人实行竞聘上岗，一般管理人员实行双向选择，择优聘用。对落聘人员集中进行培训，培训期半年，培训期满仍未聘用的，解除劳动合同。二是在编的干部职工如因病不能坚持正常工作或不适应工作需要的，经组织批准实行内部退养，具体按省分公司相关规定执行，内部退养人员不占机关编制。三是本着精减管理人员，充实加强业务一线的原则进行人员分流，对不服从公司安排的按劳动合同的有关规定处理。四是因机构撤并、调整富余的人员，可跨县安排，个人愿意的可向代理人转制。

2005 年，中国人寿大同分公司领导班子的配置由省分公司根据组织架构重组后职数要求，经民主测评、民主推荐、民主考察考核后，统筹配置。市分公司和部门经（副）理和县（区）支公司经（副）理的配置，根据确定的职数、按照岗位任职条件，通过组织选拔和竞争上岗等方式择优聘用。各分公司员工的配置，根据省公司下发的《各分支机构岗位设置方案》精神，按照岗位说明书中任职条件和省分公司批复的编制数进行配置。对于在编员工按照岗位任职条件，可通过考试、考核、竞争上岗和双向选择等方式进行聘用，签订劳动合同。对于非在编的员工，要按照岗位任职条件（工作满 3 年，且表现优秀的，学历可适当放宽至大专，今后县支机构新进人员需要具备大专以上学历），进行全面清理。符合岗位任职条件的，可通过考试、考核、竞争上岗、双向选择等方式，由市分公司进行聘用，分批签订聘用劳动合同，进行安排，并报省分公司备案，其薪酬待遇可参考当地的薪酬标准适当提高。对行政后勤服务岗位的非在编员工，可以实行劳务派遣的社会化用工管理方式。

2007 年 3 月，中国人寿大同分公司根据省分公司《关于招聘员工的通知》精神，决定在全市招聘部分大学毕业生，该次招聘完全按照通知要求，明确了招聘条件，确定招聘范围，公开录用办法，严格按照省分公司规定的招聘名额分配实施。8 月，国寿山西省分公司下发《关于做好 2007 年新聘大学生、研究生报到工作的通知》，大同分公司根据通知精神，实行试用期和见习期制度，按招聘需要配置工作岗位。同年，太平洋人寿大同中支按照相关员工招聘管理办法和程序，第一次面向社会公开招聘 8 名大学本科生入司工作。

2008 年，农银人寿大同中支（嘉禾人寿）筹建，公开招聘指导原则，即支持公司战略、录用原则、亲属回避原则和遵纪守法；招聘员工的基本条件为认同公司文化、年龄条件、法律意识、学历条件、身体条件，详细规定公司 B 类干部任职资格、公司 C 类任职资格的学历、年龄、专业以及工作经验等；公开校园招聘的院校条件、学历条件、专业条件，外语条件、年龄条件和招聘禁止等，并成为后期基本规范。

2009 年 6 月，国寿大同分公司制定下发《关于严格招聘大学生培养、使用和管理的通知》，对大学生的培养、使用和管理提出意见，重点对大学生在基层锻炼、岗位配置、职业生涯、锻炼时间等提出规定和要求。

2011 年 7 月，国寿大同分公司根据省分公司制定的《中国人寿山西省分公司深化经营管理体系改革总体方案》，制定《中国人寿大同分公司深化经营管理体系改革方案》以及随文附件《中国人寿保险股份有限公司大同分公司优化人力资源配置的实施意见》均得到省公司批复并实施。9 月国寿大同分公司下发《关于〈中国人寿保险股份有限公司大同分公司优化人力资源配置的实施意见〉及〈岗位职责〉有关问题的解读》等，在人力资源配置中主要程序：一是确定岗位编制，市分公司对所辖单位用工情况进行全面的清查和梳理，充分掌握人员数量、结构、层次等基本情况，根据总公司设定的组织架构及岗位设置方案，结合省分公司核定的用工编制及各条线编制比例，确定本单位所属机构部门、岗位及编制；二是考核上岗，按照总公司深化经营管理体制改革方案要求和核定的编制及岗位任职条件，采取综合素质测试、专项技能考核、民主测评、对口主管评价相结合的方式进行考核，综合素质测试占 30%权重、专业技能考核占 25% 权重、民主测评占 25%权重、对口主管评价占 20%权重。根据考核结果，在核定编制人数内进行岗位竞聘双选；三是落选员工安置，符合内部转岗条件的人员实施内部转岗，不符合内部转岗条件的落选人员进行为期半年的待岗培训，待岗期间除参加培训外，还需在所在公司安置临时岗位工作，薪酬按照原基本工资的 80% 发放，不发绩效工资。半年后再进行考核考评，不合格的根据国家和公司有关规定解除或终止劳动合同。自此以后，国寿大同分公司建立以市场和客户为导向的组织架构，实行员工能进能出、能上能下的用人机制，规范劳动用工，减员增效、理顺分配关系的人力资源管理体系。同年，太平洋大同中支在大同大学进行讲师招聘工作，录取讲师 4 人，9 月份到岗投入工作。

2015 年，安诚财险大同南郊支公司通过市场化方式选聘优秀人才 5 人，同业引进优秀员工 9 人，通过校园招聘 3 人。

2016 年，太平人寿大同中支向社会公开招聘员工，录用原则为“公开招聘，严格筛选，择优录用”。具体招聘条件必须符合学历条件、年龄条件、法律意识、道德评价、敬业乐群以及与岗位相适应的专业经验、技能及知识。

第三节　教育与培训管理

员工的教育和培训是组织为了实现自身和员工个人的发展目标，有计划地对全体工作人员进行培养和训练，使之提高与工作相关的知识、技艺、能力以及态度等素质，以适应并胜任职位工作。保险公司员工培训是伴随着保险业务开办而开展的，培训的形式和内容，都打着时代的烙印。

1951 年，中国人民保险公司大同支公司在工作总结今后工作计划第九条提出："有步骤地组织与领导干部，业务学习，深入钻研，使每一个干部在最短期内，会做一项固定工作。"

1953 年，中国人民保险公司大同支公司总结工作认为，在停办农村业务和整顿城市业务工作中，广大员工受到深刻的政治教育，为下一步业务稳定发展奠定了基础。但也存在许多不足，主要是没有深刻理解各项政策，或者理解不够到位。为此，支公司提出应在上级公司及当地党政领导下，有计划、有步骤地组织干部进行学习，掌握方针政策，满足当地经济建设保险需要；在理赔业务上，存在着少数数据不清、案情复杂的个别案件，由于业务知识和理赔技术导致赔案延期。因此，理赔员工，要加强学习，注重培训，提高业务水平，正确及时做好理赔工作；会计工作出现保户往来欠费与登记不符、房产折旧同前察哈尔分公司规定有误等，说明公司在掌握会计制度上有缺陷和不足，因此，会计部门员工要加强学习，刻苦钻研，以熟带生，搞好培训，提高岗位业务水平，使会计工作跟上业务发展的需要。

1954 年，中国人民保险公司大同支公司为加强业务学习提高和培养干部，制定《一九五四年业务学习制度》，同时为了解决学习兴趣、系统学习问题，支公司坚持执行学习制度，并有领导、有组织、有步骤按照学习计划进行；对于新入职干部，开展以老带新，包教包学的办法；对于入职时间、岗位不同的员工，可以采用互教互学、互相帮助、达到共同提高的办法。

1955 年，中国人民保险公司大同支公司在工作安排"加强政治思想领导，提高干部业务政策水平"中指出：一是要加强学习过渡时期总路线、总任务和党史的学习，并充分运用到实际工作中；二是要加强业务政策学习，坚持每周二上午的业务学习时间，学习保险相关章则、保险条例和苏联保险的先进经验。

1957年，中国人民保险公司大同支公司针对兼办县的5个小组业务水平较薄弱，工作经验欠缺的情况，从第二季度初抽调股长级干部5人，业务比较熟悉的干部1人共计6人，分赴5个县小组，进行业务帮助和辅导检查工作，历时2个多月，深入33个农业社指导承保牲畜保险，解决保险小组业务技术问题和承保手续问题。

1980年8月，大同人民银行作为全省试点单位准备从事保险业务的员工，参加由省行在山西太原市组织的全省保险业务培训班，历时5天，主要培训内容为企业财产险条款、保险费计算和财产险实务。

1981年1月，中国人民银行组织编写并印发《各类专业骨干和新入行职工培训教学方案》，对保险系统干部培训和新入职员工培训的时间、课程设置、时间分配、教学方法等方面做了明确要求。同年，中国人民保险公司大同支公司先后两次派员参加全省保险系统在太原组织的2月份首期业务培训班和8月份第二期培训班，培训时间均达到40天。

1982年3月，中国人民保险公司大同支公司派员参加在太原举办的全省系统第三期业务培训班。

1983年4月，中国人民保险公司大同支公司派员参加在太原举办的全省系统第四期业务培训班。

1984年2月，中国人民保险公司大同中支派员参加在太原举办的全系统第五期业务培训班。同年，中国人民银行总行首次开展高等院校保险干部专修科的招生录取工作，合作院校有南开大学、辽宁大学及四川财经学院，中国人民保险公司大同中支有1名，被辽宁大学录取。

1985年，中国人民保险公司总公司继续委托南开大学、武汉大学、辽宁大学、四川财经学院举办二年制干部专修班，为做好保险专修科统考前的复习工作，与省农行协商，对预选合格人员统一参加省农行在运城地区农行干校举办的专修科统考前复习培训班，中国人民保险公司浑源支公司1人被录取。同年，中国人民保险公司大同中支举办5次培训班，有18名干部赴山西银行学校短期学习，14人进入金融函授中专班学习。

1986年，中国人民保险公司山西省分公司根据全国企业厂长经理"进行一次国家统考"的精神和中国人民保险公司总公司职工教育部的安排，组织第一批县支经理统考。中国人民保险公司雁北中支面对任务重、人员少的实际情况，努力克服各种困难，积极参与统考培训，科学合理地安排工作、积极妥善地调整人员，做到保费任务和统考培训两不误，全辖13个县支公司，第一次培训抽调出11名县支经（副）理参加培训统考，既保证保费任务超额完成，也保证参训人员的安心学习，体现中支领导对于组织学习的重视、决心和意识。

1987 年 1 月，为提高政治素质，业务素质，提高分析能力、解决问题能力和经营管理能力，中国人民保险公司大同中支、中国人民保险公司雁北中支根据省分公司《关于一九八六年县支经理培训统考的情况通报及一九八七年县支经理培训统考的安排意见》，大同中支 2 名，雁北中支 6 名参加山西保险系统县支经理统考培训。4 月，为全面贯彻 1987 年山西省保险工作会议精神，加强经营管理，深化保险改革，中国人民保险公司大同中支、中国人民保险公司雁北中支两个中支主持工作的经理以及其分支机构经理参加由省分公司在昔阳县大寨旅行社举办的“全省保险系统经营管理学习班”学习和培训，主要内容是推动“双增双节”（增产节约和增收节支），促进经验交流。学习班分为两个阶段，第一个阶段主要是提高认识、统一思想，在理论上明确经营管理的重要性和急迫性；第二个阶段是交流经验，相互切磋、共同探讨，探索一条保险系统加强经营管理的路子。在学习班第二阶段，中国人民保险公司大同中支计划科作了题为“发挥计划的龙头作用，为领导决策提供科学依据”的经验介绍，雁北中支左云县支作了坚持承保前勘查，承保时审查，承保后检查的“三查”制度经验介绍。7 月，中国人民保险公司大同中支、中国人民保险公司雁北中支为保险队伍充实力量，增添活力，使军队转业干部尽快了解掌握保险行业的基本方针、政策、工作性质和任务，熟悉保险专业知识，根据中国人民保险公司山西省分公司《关于举办军队转业干部培训班的通知》，大同中支 2 名、雁北中支 3 名军转干部，参加省分公司在山西保险干校组织的培训班，经过 40 多天的学习，本着“干什么学什么，缺什么补什么”的原则，完成保险概论、危险管理、再保险以及财产保险、人身保险、机动车辆保险、农业保险、保险会计等相关课程学习，为保险工作的开展奠定理论基础。

1988 年，山西省高等教育自学考试设置金融专业科目，中国人民保险公司大同中支、中国人民保险公司雁北中支许多员工开始报考。

1989 年，中国人民保险公司总公司所属中国保险管理干部学院及中国人民保险公司总公司委托南开大学、武汉大学继续招收二年制保险干部专修科。当年，中国人民保险公司大同中支、中国人民保险公司雁北中支有 2 名员工被中国保险管理干部学院录取。

1999 年 3 月 2 日，国寿大同分公司执行省分公司转发总公司《关于下发〈关于聘请“社会力量”进行营销培训的管理规定〉的通知》精神，在认真贯彻公司的各项经营制度，合理控制费用前提下，为落实公司教育训练规划，重视并引入社会力量进行营销队伍的培训。7 月，国寿大同分公司财务中心、信息技术中心等参加省公司举办的新的会计核算办法、财务管理办法及计算机软件培训班的培训。10 月，国寿大同分公司按照省分公司下发的《关于加强营销培训管理的通知》，在培训周期、支付费用、培训地点、培训数量等方面加强管理，明确提出引入“社会力量”培训的原则和条件，要求各级单位量力而行，严格管理，健康发展，把握投入与产出的适当比例，逐步完善公司营销初、中、高级培训体系。同年，国寿大同分公司、各县（区）支办、营销服务部举办“祥和定期保险”等13个新险种、国寿“福瑞两全保险”等18个险种和《国寿99鸿福两全保险》和《国寿金色夕阳养老金保险（A）》两个条款的培训。

2000年，国寿大同市分公司重视岗位培训工作，从2月份开始，前后配员参加省分公司举办的个人代理人“两个规范”管理推广试点培训班、寿险营销增员培训班、团体业务新产品培训班、新险种实务管理培训班、业务统计软件培训班等，并在市公司举办不同人数、多种形式的传承培训。同年市分公司、基层单位开展“国寿关爱生命女性疾病保险（A）、（B）”新产品的上市培训。

2001年3月，国寿大同市分公司选派8名组训骨干参加由山西省分公司举办的全省“两个规范”强化培训班学习。7月，国寿大同分公司从岗位条件、年龄条件、学历水平、从业时间、敬业表现、身体条件、组训资历等，甄选8名符合上述条件者，参加由山西国寿举办全省组训提高班培训学习。10月，国寿大同分公司业务处理中心经理、客户服务中心经理、核保主管、核赔主管、保全主管、“95519”主管参加省分公司举办的为期一周的《寿险实务》和CBPS7版培训；财务中心收付费人员、CBPS系统维护人员、财务中心经理、财务主管、收付费岗主管、CLAF系统维护人员参加省分公司举办的为期2天的CLAF4.0版系统培训；电脑中心人员参加省分公司举办的为期5天的业务、财务两个系统的安装、维护和电脑网络系统等培训。

2002年5月，国寿大同市分公司执行省分司下发的关于转发《中国人寿保险公司教育培训纲要》的通知。11月，国寿大同市分公司根据省分公司《关于对部分专业技术人员进行世界贸易组织、保险业世贸规则及国际惯例基础知识培训的通知》，有3名高级专业技术职务任职资格的人员进行世界贸易组织、保险业世贸规则及国际惯例基础知识培训。培训教材为《国际化竞争——WTO带来的机遇与挑战》《保险业的世贸规则及国际惯例》。培训方式以自学为主，培训时间至2003年9月为自学阶段，2003年10月总公司将统一组织考试。

2003年，国寿大同分公司根据省分公司《关于印发〈中国人寿保险公司山西省分公司领导人员管理暂行办法〉的通知》，对领导班子培训规定如下。一是领导人员的培训要坚持理论联系实际的原则；学以致用、讲求实效的原则；脱产培训与在职培训相结合的原则。二是领导人员的培训包括政治理论培训和专业知识培训。政治理论培训主要进行马克思列宁主义、毛泽东思想、邓小平理论和党的路线、方针、政策的培训，尤其是要加强对“三个代表”重要思想的学习和理解；专业知识培训主要进行经营管理和市场开拓方面的新知识、新技术以及金融保险经营策略、领导科学等专项知识的培训。

2005 年，国寿大同分公司积极参加省分公司组织的各种培训班。1 月，业务管理中心核保部参加省公司举办的《核保手册》培训；3 月，业务管理中心、团体业务部骨干参加省分公司组织的团体年金业务处理系统推广应用培训；4 月 14 日、22 日，全市管理员工参加总公司组织的新产品培训视频会议； 6 月，业务管理中心理赔部、信息技术人员参加省分公司组织的短险理赔数据管理系统操作视频培训；7 月，业务管理中心参加省分公司举办的 CBPS8 培训班、《理赔手册》（2004 版）培训班、万能业务系统培训班；8 月 12 日，业务管理中心参加省公司举办的 CBPSV8 培训班；8 月 19 日，扩大培训范围，运营条线全体员工参加省公司举办的全省系统 CBPSV8 推广及培训视频会议；11 月 17 日，市业务管理中心核保部参加省公司举办核保培训班，业务中心理赔部参加省公司举办的 2005 年理赔主管培训班。29 日，业务管理中心、财务中心全体参加省分公司组织的 OBPS2.0 版及财务接口推广上线工作动员暨相关培训视频会议；12 月，市分公司办公室、业务、财务等相关部室人员参加省分公司组织的关于统计信息报送暨业绩信息管理人员培训班。同年，平安人寿大同分公司内勤参加省分公司组织的“新人强化培训”，形式主要是半封闭式的讲座、视频学习、互相交流等。

2006 年 2 月，国寿大同分公司新进入公司的大学毕业生参加由山西省分公司在成都保险学校举办的首期员工岗位培训班学习，重点内容是走近国寿、职业生涯。8 月，国寿部分县（区）支办、营销部经理赴长沙保险干部学院第二期支公司经理培训班学习，重点内容是企业经营、队伍管理和法律内容。10 月，国寿大同分公司工会干部在太原晋祠宾馆参加省分公司举办的工会干部培训班学习，主要内容是《中华人民共和国工会法》和工会知识。同年，平安人寿大同中支执行平安员工培训规划，对新人根据入司时间长短进行“强化”培训，补充技能和调整心态，同时邀请部门长自行制作分享课件，每月为全体内勤举办讲座，召集全体内勤共同学习，对于特殊群体，如 ABC 类干部[①]，举办封闭式培训，进行军事化管理，提升管理技能。

2007 年 1 月，国寿大同分公司业务管理部参加由总公司业务管理部房海燕总经理在视频会议上进行的“整合资源，创新实践，服务于公司跨越式发展”的专题培训，重

①平安 ABC 类干部解释：平安集团下属的分公司中干部职级，A 类指正、副总经理职级，B 类指部门经理，C 类指主任职级。

点是业务管理的定位、融合转型工作举措、困境与出路三个方面。3月，国寿大同分公司参加省公司举办的《扫描操作指南》和《中国人寿打印管理系统操作手册》视频培训，重点内容是新单影像扫描流程、保全影像扫描流程和打印基本操作方法。4月，国寿大同分公司团体业务条线骨干赴省分公司参加"国寿农村干部团体养老年金保险(分红型)"等三款新产品的培训，参加对象主要为团险销售人员、兼职讲师、销售助理和团险销售相关管理人员等。主要内容是新产品的开发背景、产品介绍和卖点分析、新产品的实务管理办法、新产品会计核算及财务管理规定、利益测算模型、新产品的目标市场定位、销售策略和销售话术以及销售支持工具的介绍与使用等。同年，平安人寿大同中支执行平安新人培训规划，新人入司当天进行入司培训，3个月至半年时进行强化培训，一年后进行职业化培训；对新入职9名员工首次开始"鹏飞计划"培养；首次开始进行"新C培训"，对该年度新晋升的C类进行管理技能和心态调整方面的培训。

2008年3月，国寿大同分公司中介代理部、业务管理部及其相关岗位员工；各县支公司中介代理部、业务管理部及其相关岗位员工，通过视频参加由省分公司举办的瑞丰两全保险(万能型)培训，培训主要内容是省公司业务中心核保部作万能险产品介绍、省公司业务中心契约部作投保单规范填写介绍、省公司业务中心保全部作万能险保全实务介绍、省公司业务中心理赔部作万能险理赔实务介绍。9月，为了充分体现国寿"以客户为中心"的经营战略，实现"国寿1+N""亲和 品质 尊贵"的品牌形象，国寿大同分公司制定并下发《大同分公司"国寿1+N"培训宣导方案》的通知，通过计划、组织、有效率地培训与宣导和运用，将"国寿1+N"打造成中国保险服务的第一联想。10月，为规范培训工作，形成省分公司重宏观业务培训指导与支援，市分公司实为具体重点参与落实，基层公司侧重满足日常培训需求的三个层次协调机制，国寿大同分公司制定《中国人寿保险股份有限公司大同分公司柜面培训制度（试行）》，该制度由总则、培训的组织与实施、各级公司培训职责、培训内容、培训类型、培训效果评估、培训档案、执行日期8个部分组成。同年，平安人寿大同中支开始执行总公司新的员工培训规划，新培训规划分6个部分，即层级培养、潜才培养、专项人才培养、公开课、直线专业系列培养、网络课程培训。层级培养是根据员工入司时间长短、晋升干部层级，划分为新人入司培训、新人NEO(走进平安)培训、新人成长驿站、新人回炉培训、D类员工培训、C迈向团险主管（新C培训）、中层干部研修班、新任干部等若干板块；潜质人才培养是根据每年公司确定的潜质人才划分两类，D类潜质人才培训和C类潜质人才培训。专项人才培养划分为"鹏飞计划"人员培养、"鹏飞计划"回炉培养、兼职讲师与课程开发、新人指导人培训、辅导专员养成培训、兼职培训督导培训、UP计划人员培养等。

公开课划分为公开班——B 类、公开班——C 类、公开班——D 类、公开班——运营督导专员（原保全员）、公开班—银保专管员等。直线专业系列培养划分为岗位 A/B 角计划、直线专业系列培训等。每个部分都规划参加人员、参训时间、培训内容、培训目的、培训形式、培训讲师和培训要求等，使培训管理更加规范、科学和有效。泰康人寿建立企业大学网络学习课程，分别为企业管理类、公共通用类、专业类、培训类这 4 个方面共计 369 门学习课程，向所有员工开放，泰康人寿大同中支根据分公司制定的学习管理委员会，一是设立学习委员，担负中支员工学习组织工作；二是将企业大学的课程学习作为员工年终考核项目之一。该举为推动泰康大同中支网络学习的效果发挥重要作用。

2009 年 1 月，关于下发《中国人寿保险股份有限公司大同分公司 2009 年反洗钱培训计划》的通知，通知指出，可以择机请公安、检察及法院部门的专家进行授课，提高客户身份识别和甄别可疑交易能力，为反洗钱调查提供有价值的线索。2 月，为了进一步满足销售人员对业务管理相关知识和相关实务的培训需求，搭建销售前台和管理服务后台的良好信息反馈渠道，国寿大同分公司制定并下发《大同分公司“送培训进职场”工作管理办法》。办法由“送培训进职场”工作管理要求和“送培训进职场”工作档案留存管理要求两个部分组成。“工作管理要求”确立了培训进职场是柜面一项日常工作；“档案留存”明确培训计划、课件制作、课程评估、资料留存、其他事项以及评估问卷等作业要求。4 月 2 日，为提高公司员工保险专业知识水平，建立规范的员工培训制度，国寿大同分公司根据《中国人寿保险股份有限公司山西省员工保险知识培训实施方案的通知》，制定和印发《中国人寿保险股份有限公司大同分公司员工保险知识培训实施方案》，该方案由培训目的、培训对象、培训课程、教材及课时要求、时间安排、培训及考试、组织实施等七个部分及《员工保险知识培训考试题库》组成，至此，该方案成为国寿大同分公司培训管理遵循的基本规范。27 日，为了提高培训效率，规范培训课件管理，国寿大同分公司下发《关于开展培训课件优化管理工作的意见》。10 月，国寿大同分公司在机关本部设立培训部。

2010 年 1 月，“泰康与你共成长”新员工培训体系在山西分公司正式上线。新员工培训体系，通过在线学习、集中面授、在岗指导三个模块，帮助新员工快速融入泰康、实现角色转变、提升岗位技能，真正成为泰康人、保险人和职业人。当年，泰康人寿大同中支有 6 人先后参加培训。2 月，国寿大同分公司下发《关于大同分公司 2010 年度培训计划及经费预算情况的报告》。5 月，国寿大同分公司为夯实内部控制基础建设，提高公司员工贯彻执行《内部控制执行手册》的自觉性，制定和下发《关于下发大同分公司2010年内控标准执行培训工作计划的通知》，提出培训覆盖率达到100%的目标，以及制定课件、培训效果、追踪检查、考核考试、承诺履行、现场检查、电话访谈等相关措施。12月，关于大同分公司教育培训工作有关数据的报告。同年，泰康人寿大同中支有6人先后参加山西分公司举办四期专员培养计划培训。

2011年，太平洋财险大同中支根据山西省分公司印发的《员工外派培训管理实施细则》要求，积极鼓励员工按照规定要求参加学历（学位）教育、职业资格等外派培训，切实发挥在职教育培训工作对公司可持续价值增长与员工职业生涯发展的支持作用。

2012年，为进一步发挥企业大学网络平台实用效能，泰康人寿大同中支组织员工积极参与山西分公司开办的企业大学网络学习活动，多个部门保持持续良好的学习氛围。

2013年，太平洋人寿大同中支根据内勤人员学历提升计划，为了使员工的学历能够在全司范围内得到有效的提升，8月初与大同市成人高考函授站取得联系，组织招生报名工作，高起专报名人数3人，专升本报名人数11人，报名人员都参加对口升学考试。

2014年5月，为了贯彻落实全省卫生计生工作会议和全省计生协工作会议精神，加强村级计生服务员扎扎实实为群众办实事的思想，提升村级计生服务员综合素质，提高为计划生育家庭服务能力，维护计生家庭保险保障权益，国寿大同分公司制定并下发《关于开展村级计生服务员保险知识培训工作的通知》，通知确立培训目的、明确培训对象，拟定培训方式，制定培训内容，列出培训时间，实行资格认证，提出具体要求。

2015年4月，为贯彻反洗钱法律法规，切实履行反洗钱义务，国寿大同分公司根据《中国人寿保险股份有限公司反洗钱管理办法》，制定并下发《中国人寿保险股份有限公司大同分公司2015年反洗钱培训计划》，明确培训目标，确定培训对象，审定培训内容，拟定培训方式，计划培训次数和时间安排，提出培训工作具体要求。6月，为大力加强大病保险队伍建设，全面提升专职人员队伍的综合素质，国寿大同分公司制定并下发《城镇居民职工大病保险专职工作人员培训管理办法》。8月，为实现公司发展战略，加强国寿大同分公司新型农合大病保险办公人员队伍建设，全面提升大病保险办公人员队伍的综合素质、专业水平和市场应变能力，国寿大同分公司制定并下发《大同市新型农村合作医疗办公人员岗位培训管理办法》。9月，为保证公司健康可持续发展，安诚财险大同南郊支公司制订《安诚保险大同南郊支公司员工培训管理规定》，对在职员工岗前、岗位、业务知识和国家法律法规培训进行详细的规定。同年，平安人寿内勤培训管理平台升级，在原六大板块基础之上，新增知鸟移动端课程学习平台，通过手机知鸟App实现移动终端的线上课程学习，为内勤人才培养工作奠定坚实的基础。

第四节 绩效管理与薪酬管理

绩效管理是指收集、分析、评价和传递考核对象在工作岗位上的工作行为表现和工作结果方面的信息情况的过程。

薪酬管理是组织为员工提供的生活保障，是对员工服务和贡献的补偿和奖励，是对员工价值的认同和需要的满足，更是把组织的战略目标转化为具体的行动方案以及支持员工实施行动的管理实践。20世纪50年代，中国人民保险公司大同支公司在计划经济体制下，实行双重领导，行政上受当地人行领导，业务上受中国人民保险公司省分公司领导，员工组织实行行政化管理方式，行政事业性工资待遇。20世纪80年代恢复国内保险业务，对员工的管理，沿袭行政人员甚至银行行员管理办法，采取较为普遍沿用的德、能、勤、绩综合考核，薪酬制度基本沿袭银行模式。80年代后期，公司实行责任承包制度，90年代实行经营目标责任制，随着保险主体增多，各家主体为提高市场竞争能力，最大限度地激发生产动力，建立科学合理的绩效考评体系和薪酬分配体系势在必行。大同保险业和主体内部绩效管理和薪酬管理伴随着主体保险经营体系改革而探索前行。

1987年，中保财险大同中支建立健全考勤制度，对严守纪律的个人给予表扬，该奖则奖；对于自由涣散的严肃批评，该罚则罚。

1988年，中保财险大同中支、雁北中支实行责任承包制度。支公司、办事处经理和中支经理签订“两包一挂”协议，明确保费收取任务，实现利润指标留存利润比例。支公司和办事处也以承包协议形式，从支公司经理到支公司股室负责人，从股室负责人到业务人员，层层承包，以承包协议考核，评价完成承包情况，按评价完成情况给予薪酬发放。

1989年，中国人民保险公司大同中支、雁北中支继续对县（区）支公司（办事处）实行业务收入、计划完成率、利润增长率与利润留成挂钩的“两包一挂”指标承包经营责任制，完善提高“包、定、联、挂”等形式的责任制和考核奖罚办法，以充分调动职工的积极性。

1990年，中国人民保险公司大同中支、雁北中支对和县（区）支公司实行“两包三联一挂”承包经营责任制，并把领导班子建设、思想政治工作、职工队伍建设、廉政建设、业务质量、优质服务、财经纪律纳入承包责任制进行考核，由单纯的奖励承包组成员改为奖励全体职工。

1991年，中国人民保险公司大同中支通过定编、定员、定岗的“三定”工作，利用和实行工资总额的控制，提高全员劳动生产率；根据《企事业单位评聘专业技术职务若干问题的暂行规定》，和总公司相关实施意见，对系统专业技术职务的评聘工作步入正常化。

1992年，中国人民保险公司雁北中支对各支公司内部分配制度进行了新的改革，普遍把职工的资金、浮动工资、代办手续费、下乡补助捆在一起，与职工个人的工作实绩和贡献挂钩，认真考核，严格奖惩。其中，中支营业部将职工20%的基本工资和全部资金捆在一起，同分解落实到人头的全年保费任务挂钩，按月进度考核兑现，其他支公司基本进行捆绑比例不同的改革分配形式。

1993年，中国人民保险公司大同分公司基层普遍实行内部分配制度的改革，把工资、资金、下乡补助、福利待遇捆在一起，推动劳效挂钩。其中，南郊区支公司打破原有人员结构，进行优化组合，分配向一线倾斜，行政人员资金平均低于一线展业员工的30%。广灵县支公司采取“一分、三定、四挂”（一分是分片承保；三定是分片定人员、定任务、定时间；四挂是任务与资金、下乡补助、福利待遇、工资挂钩）；其他县（区）支公司同样也实行不同挂钩比例的经营责任制。

1994年，中国人民保险公司大同分公司进行劳动、人事、分配“三项制度”改革，在劳动制度上，继续执行对基层公司领导实行聘任制，对一般员工实行优化组合，对新调入、分配的职工实行试用期制。创造条件对市中层干部和县（区）支公司领导进行上下交流，县（区）之间领导进行横向交流。在分配制度上，借助全辖实行司员等级工作制机会，把资质职级同任务挂钩，最大限度地调动职工工作积极性。

1995年，中国人民保险公司大同分公司完善经理负责制，通过“经营目标责任状”对各支公司进行考评。市公司根据当年市场目标、上年度保费规模、支（办）公司销售能力、基层展业环境等多项因素，对年度目标认真研究，科学分解，同全部支（办）公司签订目标责任状。责任状所载的考核主要指标为保费收入、费用率、新增固定资产购建规模，上缴资金和利润等，按不同权重构成目标责任状，责任状采取百分制，年终根据各支（办）公司完成情况进行评价打分，并按得分多少进行奖惩。

2000年，太平洋人寿大同中支执行“人事用工及劳动分配制度”，一是建立健全内勤人员工作“细化、量化考核办法”；二是开展逐月评定“最佳、最差”内勤工作人员活动，提高服务质量。

2001年，中国人寿大同市分公司根据“十五”计划，对公司主要经营者有步骤地试行年薪制，对管理人员实行与市场价位相符的岗位工资制，对有突出贡献的专业技术人才实行奖励制度，对一线业务人员实行与业绩挂钩的绩效工资。对全员试行风险抵押金办法。拉开收入档次，提高收入分配透明度，形成员工收入能增能减的机制。同年，太平洋人寿大同中支建立《2001 年经营责任制考核办法》《部门工作职责》《个人岗位责任制》为主要内容的各项规章制度以及相关的考核实施细则，初步完成了定员、定岗、定责“三定”任务。并稳步实行劳动工资体制改革，对一级部门经理实行年薪制，对部分员工进行行员套级。

2002 年，国寿大同市分公司根据《中国人寿保险公司山西省分公司 2002 年经营目标绩效考核办法》，实现地市公司全员收入与经营目标完成状况紧密挂钩的绩效收入分配政策。地市公司根据省公司确定的工资总额制定相应的经营目标绩效考核办法，取消档案工资分配办法，档案工资在职工晋级、政策性调资时要做相应调整，不作为实际分配依据。其中，经营性目标可以划分为财务性指标 9 项，非财务性指标 1 项。同年，太平洋人寿大同中支引入竞争机制，实行“全员竞聘上岗”，完成“定岗、定人、定责、定薪”四定任务，建立、健全、完善 11 个一级部门、13 个二级部门和 72 个岗位的“工作职责”“岗位责任制”以及“考核办法”，实现人事制度改革的尝试。

2003 年，国寿大同分公司根据《中国人寿保险公司山西省分公司 2003 年经营目标与绩效分配考核办法》，实行季度考核与年度考核的双重考核机制，坚持宏观调控与微观控制相结合，实时掌控整体业务和管理工作的动态发展；按照责权利相统一，效益优先，兼顾公平的原则，确立公司与全员利益分配机制。绩效评价指标分为两类指标，一类指标共 10 项并与同上年度相同，即 9 项财务类指标，1 项非财务类指标。二类考核指标为 20 项，分别为保费收入性指标 4 项、资本类 1 项、费用类指标 11 项、其他指标 4 项。工资总额采取基本预算与浮动预算相结合的总量控制办法。基本预算按公司实有人数核定每人每月按一个标准值执行（内退人员实际发放时仍按人事部门确定的内退人员工资标准执行），浮动预算根据季度经营目标考核结果与职工工资占可用费用之比确定。同年，太平洋人寿大同中支完善首位激励、末位淘汰、优胜劣汰的用人机制的改革，实行定员、定岗、定职、定薪，激发调动广大干部、员工的积极性。

2004 年，国寿大同分公司根据《中国人寿保险股份有限公司山西省分公司 2004 年经营目标与绩效分配考核办法》，以财务预算指标为基础，以经营效益为中心的整体经营状况，制定经营目标考核指标体系；坚持相对稳定的财务政策，继续实行季度考核与年度考核的双重考核机制；按照责、权、利相结合，效益优先、兼顾公平的原则确立公司与全员利益分配机制。绩效评价指标为保费收入类指标 4 项、财务类 5 项、代理人管理类 1 项为一类评价指标；11 项费用类指标、1 项保费收入指标、1 项资金类指标共 13 项为二类评价指标。一类指标按照不同权重，构成百分考核。二类考核指标纳入年度考评范围只减分，不加分。实行工资总额与可用费用挂钩提成、与利润额挂钩提成的绩效分配办法。

2005 年，国寿大同分公司根据《中国人寿保险股份有限公司山西省分公司 2005 年经营目标与绩效分配考核办法》，在全市县（区）支办、营业部、营销公司确定经营目标指标体系，经营目标指标体系包括首年标准保费、风险型保费及投资型管理费收入、寿险及长期健康险首年期交保费、可用费用增长率 、周转金限额、个险退保及失效率、短期险利润、营业费用总额、可用佣金、团险综合退保率等十项一类考核指标和营业外支出、其他应收款、营业费用 / 办公行政类费用等二类考核指标。一类考核指标考核标准及方法，根据十项考核指标对公司经营发展和效益的重要度，分别确定不同的分值实行百分制考核。

2007 年，太平洋人寿先后出台《2007 年度经营责任制考核办法》《2007 年度管理人员薪资及福利待遇考核办法》《县级机构负责人考核办法实施细则》《2007 年团险基本法实施细则》《银行保险系列人员执行标准的规定》《客户服务专员晋升、考核办法》《客户服务专员服务品质管理办法》。

太平洋人寿大同中支根据上述规定对内勤管理人员、团险业务员、银行保险银管员、服务专员、县级机构负责人进行相应考核，并作为薪酬分配的计算基础。

2008 年，农银人寿（嘉禾人寿）大同中支建立以关键绩效指标考核（KPI 考核）为主的 360 度考核方法，结果导向为主、行为导向为辅。组织和个人绩效考核依据被考核者不同管理层级（岗位）采用不同考核周期和考核关系。薪酬分配按照总公司制定薪酬体系，一方面需体现岗位价值不同、岗位贡献差异对薪酬的影响。另一方面需体现员工能力素质差异、贡献差异对薪酬的影响，员工个人薪酬等级由员工的工龄、经验、学历、能力、绩效等因素综合确定。

2011 年，国寿大同分公司根据省分公司《2011 年度经营目标与绩效考核办法》，按照经营目标考核指标体系评价经营绩效，评价指标包括四个部分，分别是销售指标 13 项、经营管理及效益指标 5 项、风险管控指标 2 项和专项激励指标 6 项。评估绩效采用加权平均法，考核结果将作为市分公司领导班子成员绩效考核的重要依据。

2012 年 8 月，国寿大同分公司为做好新型经营管理体系建立工作，根据省分公司制定和印发的《中国人寿保险股份有限公司山西省分公司分支机构岗位、薪酬、绩效管理实施细则》的通知，认真学习、组织落实、统一部署、扎实推进，完成全市系统人员的全面梳理，并按照《中国人寿保险股份有限公司山西省分公司分支机构岗位管理实施细则》，将各市分公司岗位划分为经营决策类、一般管理类、专业技术类、销售类、业务类和事务类。对各类岗位，根据工作难易程度、责任轻重和所需任职资格条件等，分别设定不同的层级，建立了不同的岗位序列。为提高公司生产率和竞争力，实现公司企业战略，根据《中国人寿保险股份有限公司山西省分公司分支机构绩效管理实施细则》，确立客观公正、绩效导向、层层负责和持续沟通的绩效管理原则。建立制订绩效计划、签订绩效合同、实施绩效辅导、组织绩效考核和绩效管理流程。经营决策类岗位绩效管理考核评估对象为市级分公司、县支公司、城区专业化支公司经理室成员，主要负责人考核指标为所在公司的经营指标和职能指标，其他高管人员考核的指标为按照所分管工作进行划分，评估方法为根据各项指标得分及权重计算绩效得分的综合评价法，评估等级为优秀、良好、合格、待改进和不合格五个等级，考核结果填入《绩效反馈与辅导记录表》《个人绩效考核情况登记表》，由上级公司人力资源部归入被评估者档案，作为绩效结果应用的重要依据。一般管理类、专业技术类、业务类岗位绩效管理，主要经过业绩目标合同审定与订立、绩效辅导和绩效评估几个环节，考核指标主要包括工作业绩、工作能力与工作态度三部分组成的综合评价法，评价方法按照三类指标加权计算，工作业绩指标中的定量考核指标，绩效考评时由员工依据个人业绩合同（目标），根据实际达成情况，按照既定的计分规则计算得分，并由上两级主管进行审定；工作能力和工作态度类指标，一般员工由员工自评后，上两级主管评分确定，年度考核结果分为优秀、良好、合格、待改进、不合格五个档次，按照一定范围内排名确定考核结果，考核结果填入《员工绩效考核情况登记表》，归入员工个人档案。为了建立科学、合理、人性的薪酬分配体系，国寿大同分公司根据省分公司制定下发的《中国人寿保险股份有限公司山西省分公司分支机构薪酬管理实施细则》，建立以岗位为基础、以绩效为导向、以市场为参考，具有竞争性与激励性的薪酬激励体系，从 2012 年开始，基本工资总额和绩效工资总额不再混用，分别预算和考核。基本工资总额用于保障员工队伍稳定，保证基本生活所需，按照“编制控制、总额管理”的原则，实行“定员外增人不增工资，定员内减人不减工资”的做法；绩效工资总额功能是体现激励性，促进公司业务发展，按照“上不封顶、下不保底”的原则。公司员工薪酬由基本工资、绩效工资、福利、中长期激励等几部分组成，基本工资是员工的固定收入，用于保障员工的基本生活，属刚性支出，基本工资按月发放；绩效工资与经营业绩、绩效考核结果等情况挂钩，由员工本人基准薪酬、薪点值、绩效权重、考核的优秀与否等多个要素决定。

2014 年，国寿大同分公司根据山西省分公司制定并下发的《中国人寿保险股份有限公司山西省分公司分支机构薪酬管理操作手册》规定，员工薪酬预算包括：基本工资预算、绩效工资预算、员工福利预算和其他员工薪酬预算四部分。基本工资总额用于保障员工队伍稳定，保证员工基本生活所需，预算实行“定员外增人不增工资，定员内减人不减工资”，旨在用工资总额调控用工问题，达到减员增效的目的。绩效工资预算是指绩效工资总额和新单费用挂钩。员工福利预算应充分体现福利普惠制的性质。其他员工薪酬预算是社会保险（基本养老保险、基本医疗保险、失业保险、工伤保险、生育保险）、企业年金、工会经费、辞退福利等。绩效工资来源于新单创费能力，员工按月、按季、按年进行绩效考核，考核与新单保费预算、绩效挂钩指标和员工岗位关键业绩指标以及个人年度绩效考核结果挂钩。英大财险大同中支为全面完成公司各项经营目标，促使公司各项绩效考核工作落到实处，公司实行全员绩效考核制度，即季度绩效考核和年度绩效考核。两种考核分 A、B、C、D 四个等级，不同绩效考核等级，对应不同积分，考核积分将应用于员工薪档调整、岗位调整、职位晋升、评优评先、职称评定、教育培训、劳动合同管理等方面。薪酬管理是以岗位绩效工资制度为基础，与岗位价值、绩效贡献、能力素质三个要素相挂钩，与公司经营特点相适应的差异化薪酬分配制度体系。

2015 年 2 月，国寿大同分公司执行《山西省分公司市级分公司高管人员 2015 年绩效管理方案》，用于市级分公司高管人员实行绩效考核。考核周期为 2015 年，在年度内分别进行季度考核、年中考核和年度考核。绩效考核等级为 A+、A、B+、B、C、D 等六个等级，绩效考核内容总经理为所在公司的经营指标和所分管工作职能指标；其他高管人员考核内容为所分管工作的职能考核指标。绩效考核按照条线排名情况和得分情况确定，绩效考核情况结果应用于绩效工资支付和在岗层级的调整。9 月，安诚财险大同南郊支公司根据总、分公司绩效薪酬管理规定，制定《安诚保险大同南郊支公司绩效薪酬管理办法》，对员工进行绩效考核。员工薪酬根据公司当年销售人力成本预算确定，由基本工资、岗位工资和福利费三部分组成。员工薪酬按照年任务、月考核、季补差的办法进行考核。绩效考核评价优劣，与团险、部门正常使用、部门负责人正常使用相关。

2017 年 1 月，国寿大同分公司为顺利实现 2017 年度各项经营指标，提升公司综合实力，巩固市场地位，根据省分公司《中国人寿股份有限公司山西省分公司 2017 年度市公司经营指标绩效考核办法》，认真学习，深入研究，针对绩效考核的经营性指标及其权重、专项指标及其分值和竞争力系数，确立年度工作重点。强化对于年度非人员经营管理费用预算控制，强化对于个险市场对标差异化考核，确保公司取得满意绩效。3月，为促进2017年全市绩效管理工作健康有序开展，发挥绩效管理激励作用，国寿大同分公司制定并下发《中国人寿保险股份有限公司大同分公司县支公司经理室成员2017年管理实施方案》。方案适用范围为全市分支机构县支公司经理室成员，即综合性县支公司经理、副经理、经理助理。绩效考核周期为2017年整年，在考核周期分阶段进行月度考核、季度考核和年度考核，各阶段考核占有一定计算比例。考核等级为A+、A、B+、B、C、C+、D等七个等级。综合性支公司负责人考核内容为各险种保费预算及与个险队伍指标挂钩，主要指标为经营性指标9项和职能性指标1项，县支其余经理室成员为分管的个险、银保和团险保费预算指标、人力指标和其他新型渠道销售指标。考核结果用于在岗层级调整、奖励基金的发放和绩效工资的支付。12月，中国人民保险公司人寿大同中支人事改革结束，建立新的薪酬分配体系，通过岗位五要素，即劳动责任、劳动技能、劳动心理、劳动强度和劳动结果评价，建立一种系统地评议每一岗位的新制度。

第十六章　销售团队管理

销售团队管理是企业为了达到预期销售目标，企业销售管理部门在销售产品过程中，对销售团队队伍建设、制度建设、教育培训、绩效考核、薪酬分配、文化建设、行为监察等进行的管理行为。保险销售渠道有多种分类方式，根据有无中间环节，一般将保险产品销售渠道（团队）划分为：直销销售渠道和间接销售渠道；直接销售渠道包括法人业务方式即传统直销方式和新兴营销方式（包括：电视营销、电话营销和网络营销）。间接销售渠道包括：个人代理人销售渠道、机构代理销售渠道、交叉代理销售渠道等。20 世纪 50 年代，大同保险业仅一家中国人民保险公司大同支公司开办业务，主要销售渠道为直接销售渠道，辅之以兼业代理形式。直销渠道行销方式为落实国家强制保险、深度的政府参与，以及不同系统、部门的命令、分派、动员等，开展的分散性业务或自愿性业务占比较小。20 世纪 80 年代中国人民保险公司恢复停办 20 多年的保险业务，国内市场逐步形成高度垄断格局，恢复保险业务初期，人保大同支公司仍以销售团体险种为主，分散性业务和自愿性业务受到重视，销售方式是沿袭 50 年代公司员工直销制。1996 年 10 月，中保人寿大同分公司引进个人代理人营销方式，该种新型销售渠道像一粒饱满种子撒入肥沃的土壤中，迅速发展成为保险销售的主渠道，并被后期入驻的产、寿险公司相继采用和普及，甚至有“得营销者得天下”“得队伍者得天下”之行业观念。2002 年及以后，机构代理、电话销售、网络销售、EA 直销等新型渠道不断出现和运用，使大同保险业步入繁荣阶段。

第一节　直销业务团队管理和团体销售团队管理

直销业务团队是保险公司通过自己在编或雇用的员工开拓市场，将公司的产品和服务直接送达消费者的集体。20世纪50年代，中国人民保险公司大同支公司成立，公司在机构设置上分成业务小组和会计小组，业务小组又划分外勤与内勤，外勤人员就是保险公司早期销售产品的主要渠道。销售队伍和支公司其他员工均实行高度集中统一的行政化管理机制，以"德、能、勤、绩"为考核标准，以服从上级命令为职责、以完成任务为己任，以强制保险和行政命令或变相行政命令的展业方式为主，自愿保险为辅。20世纪80年代，中保大同支公司恢复业务，销售工作主要由业务科组织推动，销售队伍基本沿袭传统方式管理。1988年，国内全民所有制小型企业积极试行租赁、承包经营机制，全民所有制大中型企业实行多种形式的经营责任制，中国人民保险公司山西省分公司下发《实行中支一级单位核算，自计盈亏的办法》，中国人民保险公司大同中支积极推广"经理负责制"，对中层干部实行聘任制，对一般员工进行优化组合，将民主推荐、优胜劣汰机制引入企业管理之中。1996年7月，中国人民保险公司大同分公司根据《中华人民共和国保险法》规定，产、寿险分业经营原则，拆分成中保财险大同分公司和中保寿险大同分公司，分业后的中保大同产、寿险公司，在销售队伍管理上，仍保留传统直销队伍为主导模式。1996年第4季度，中保人寿大同分公司引进了个人代理人销售机制，在大同保险业界产生个人新型代理销售队伍，个人代理队伍的蓬勃发展，激发公司对直销队伍管理的思变。1998年1月，中国太平洋保险大同中支入驻大同，大同保险市场独家办理保险业的格局被打破，公司传统经营思路、直销展业方式、直销队伍管理模式受到挑战，各个公司的直销队伍管理在飞速发展的保险业市场中探索前行。

1998年，中保人寿大同分公司提出，建设一支高素质的寿险干部队伍要做好三个方面工作：一是搞好领导班子建设，重要的是根据业务发展的需要提拔、任用、配备和交流；二是直销队伍是展业的主力军，要发挥其带头作用，给予其相应地位，提高其展业技能；三是破除论资排辈观念的束缚，建立新的考核标准，在业务发展和市场中培育人才队伍。

1999年3月，为了适应人寿保险业务发展的需要，规范寿险直销业务代办员的行为，中保人寿大同市分公司制定并下发《中国人寿保险公司大同市分公司代办员管理办法（试行）》的通知，办法由总则、资格、聘用、管理、展业范围、执业守则、考核、酬金、福利和附则10部分组成。在管理部分中明确：市分公司业务一部为全市寿险直销代办员的监督管理部门，负责制定代办员管理办法、培训计划、规章制度、奖励办法，检查监督各支公司、营业部、营业所代办员的组织、管理工作。各支公司要设置代办员管理部，管理部下设若干个分部；管理部、分部主任在业绩突出、具有组织领导能力的代办员中选拔。展业范围为在聘用公司的授权范围内办理保险业务，主要销售直销业务的个险产品。

2000年6月21日，中国人寿大同分公司设立团体业务部，面对团体客户市场，突出专业水平，探索建立和扩大团险团队销售队伍。10月，中国人寿大同保险分公司在直销队伍管理和展业上探索新路。在业务促进会之后从专业角度出发，组成矿工险帮促组、学生险帮促组、团寿险帮促组、新单业务促进组，有针对性地分赴相应单位帮助业务推动，起到明显效果。

2001年，中国人寿大同分公司决定建立专业化直销队伍，将市区内五个支公司的团意险业务划归南城和御河两个支公司承保经营；市区内小学、幼儿园、建工险、航意险、旅游险业务划归南城支公司，中学、职高、高校划归御河路支公司，市区驾员险由御河路办理，其他续保业务的企事业单位、机关、厂矿等归属不变。

2002年，中国人寿大同分公司为理顺直销团队，实行垂直化管理和专业化经营模式，在组织结构上将原营销二部、北城一、二、三分部并入北城支公司，将原营销三部并入矿务局支公司。整合以后各支公司的营销团队和直销团队，分别接受市公司代理人管理部、团体业务部的管理、指导、监督和检查。

2004年，中国人寿大同分公司尝试直销新路径，提出要通过内部员工转岗、对外招聘等途径，充实销售队伍，实行“项目经理制”，机动灵活地组合“战时公关小组”，通过人力资源整合提升团险队伍的战斗力。要加强团队销售人员的培训，提高销售技巧，探索运用团险销售创新模式，提高促成率。要积极推行任务认购承包制，在团队销售队伍中发挥所有队员积极作用。

2005年7月7日，中国保险监督管理委员会下发《关于规范团体保险经营行为有关问题的通知》规定，“保险公司营销员可以销售团体保险产品”，禁锢多年的壁垒一时间打破，营销员销售团体业务行为合法化。10月，中国人寿山西保险分公司印发《团体保险销售人员管理基本法（暂行）》和《团体销售人员基本法实施细则》的通知，在基本法中提出在全省各分公司构建团体销售队伍规范的管理体系，基本法主要包括总则、销售组织体系、销售人员职级和职责、销售人员的录用和管理、销售人员的考核、销售人员的工资待遇及福利、劳资合同管理和开始执行时间八个部分组成。在《实施细则》中，从人员录用、业绩考核指标、地区划分、见习业务员的基本工资、绩效工资标准、考勤与休假六个方面提出具体要求，中国人寿大同分公司高度重视，由团险部门结合大同实际，提出具体落实方案，团险销售团队规划发展开始启航。

2007 年 7 月，中国人寿山西省分公司出台加快团险销售队伍发展政策，要求各分公司建立团险销售人员的招聘、选拔、培训、薪酬和业绩考核机制，抓紧充实和科学配置团险销售人员，整合团险销售队伍组织架构，促进团险队伍专业化发展。一是团险建设目标，原则上每个县支公司团险销售人员应达到 3—5 人，业务较大的公司达到 5—8 人,人员标准配置参考人均团险折算保费 300 万元以上。二是团险销售人员的待遇，招聘录用的团险销售人员，纳入员工管理，与公司签订一年期劳动合同事项劳务合同；签订劳动合同或劳务合同的团险销售人员，其基本工资原则上要高于当地同业人员工资水平；国寿山西省分公司按照《团体保险销售人员管理基本法（暂行）》中地区划分，实行专项费用支持；本规定下发前在岗团险人员按照《团体保险销售人员管理基本法（暂行）》的规定，可以重新进行签订合同，纳入团险销售人员管理体系。三是确保队伍发展成效，各市、县建立明确的考核标准，并坚持按照标准行事。

2010 年 12 月，为加快团险市场由公司侧重展业向统筹市场拓展和注重客户服务的转变，满足团体客户不断增长的服务需求，中国人寿总公司提出设立专职团体客户服务专员，逐步形成销售拓展和服务分离的业务模式，在提升销售人员展业效率的同时，为客户提供优质的专业化服务。建立专职团体客户服务专员工作目标有两个，主要内容：（一）建立一支高学历、高素质、高稳定性的团险客户服务专员队伍，为团体大客户提供高附加值服务；（二）建立起有利于优秀人才脱颖而出的选拔聘用机制，完善人才培养机制，为团险渠道储备人才。提出专职团体客户服务职责界定和职责定位，提出建立团体客户服务专员年度考核指标，即工作量、工作质量、客户满意度、销售满意度、客户续保率等。

2012 年 7 月，国寿山西省分公司提出在山西系统内建设团体客户服务队伍，并下发《（试行）》及推广实施方案。国寿大同分公司严格执行《团体客户服务管理办法》，努力构建客户服务队伍，积极推广团体客户标准，增强队伍市场拓展能力。在销售团队上将国寿城区专业化公司设立四个拓展团队，分别负责城镇职工意外伤害保险、对公寿险、法人客户等专项业务的公关及服务，市公司给予专项费用予以支持，在分散性业务上取得较大进展。

2014 年，国寿大同分公司建设以整合现有队伍为主，以老带新，稳步推进。努力尝试组建以服务职工补充保险和新农合意外补充保险为主的一支新队伍，以服务养队伍，逐步培养展业能力，培育一支新的团险销售队伍，努力探索出一条适合团险队伍发展的切实有效的办法，为团险业务增量增效打下坚实基础。为解决人力成本较高难题，保持队伍稳定性较强的优势，促进直销队伍发展，中煤财产大同中支出台《销售团队建设管理办法》，遵循“人性化管理、规范化要求、专业化经营”，对销售人员和销售团险进行按照分类标准进行考核，一定程度保持直销队伍的发展态势。中华联财险大同中支开始执行《中华联合财产保险股份有限公司山西分公司销售渠道基本管理办法》，从建立直销队伍之初，就实施制度化、规范化管理队伍。

2015 年 6 月，国寿团险部下发《中国人寿团险销售队伍 3S 管理标准（2015 版试行）》并开展推广工作的通知，总部指出，为落实总裁室对全系统团险销售队伍进行精细化管理，提升专业水平，着眼长远储备销售人才，提出 3S 管理标准即：团险职场运作标准、团险业务拓展团队（团队主管）工作标准与团险销售人员工作标准。销售团险 3S 管理分为准备阶段和推广阶段，国寿大同分公司从 10 月开始按照省分公司《2015—2016 年团险“3S 管理标准推广暨队伍大练兵活动方案——星火计划”》着手推广。11 月，国寿山西省分公司印发《中国人寿保险股份有限公司山西省分公司团险客户服务队伍管理细则及服务规范》，其主要目的是为适应市场竞争，满足客户不断增长的保险服务需求，提高客户的满意度与忠诚度，实现客户资源深度开发，落实公司关于团险渠道由侧重展业向统筹市场拓展和注重客户服务转变的指导思想。《管理细则和服务规范》由总则、服务客户及分类、客服人员的组织和客户服务内容、客户服务标准、定期拜访机制、服务考核、荣誉激励、附则等 8 部分构成。国寿大同分公司重视并认真执行团险销售队伍的管理，引导队伍由侧重展业模式向统筹市场拓展与注重客户服务并重模式转变，当年，团险建成标准化拓展团队 31 个，成功实现队伍翻番目标。

2016 年 1 月，国寿山西省分公司下发 2016 年《团险渠道销售队伍建设工作要点》，要求各级分公司牢固树立“队伍驱动发展”理念，坚持“扩量提质”发展策略不动摇，强化队伍的制度管理和基础管理。在总体思路与主要目标中提出，要落实 3S 管理目标，突出周单元经营，以共建共享的智慧 4H（四航：团险新人起航、业务骨干远航、团险主管领航、兼业讲师导航）为抓手，打造一支“结构优良、数量充实、产能领先、管理专业”的团险销售队伍；主要目标重点提出队伍良好构成，应由销售人力、拓展团险、主管数量、讲师队伍、培训深度、3S 达标情况、法人客户数量作为重要参数。在工作要点中提出（一）统一思想，坚持队伍驱动发展战略。（二）深化布局，快速有效壮大销售队伍。坚持与市场容量和发展潜能相匹配、与业务发展规模和速度相匹配、与客户和分销渠道相匹配。一方面要在城区和县域放量扩张小额发展队伍、小微企业拓展队伍和职团开拓拓展队伍；另一方面要实施精英策略，在城区建设素质高、专业能力强的大中型团体客户和大中型渠道业务的专业拓展队伍。（三）突出重点，集中破解队伍质态难题。一是狠抓新人育成和转化；二是加速主管队伍培育；三是加快兼职讲师队伍建设；四是大力推广经验萃取技术；五是建立健全经验萃取成果与队伍教育训练的共建共享常态机制。（四）全员练兵，全面推进3S标准落地。（五）专业经营，激发个体自主发展动力。（六）创新求实，完善升级队伍管理平台。（七）统筹谋划，理顺队伍发展五大关系。一是处理好大局与自身的关系；二是处理好创新与传承的关系；三是增量与存量的关系；四是过程与结果的关系；五是处理好发展与合规的关系。2月4日，国寿山西省分公司下发《2016团险销售队伍建设推动方案》，目的是夯实团险代理制队伍基础，为当年团险突破发展奠定人力基础。26日，下发《“团险智慧4H（航）”——销售队伍技能提升纲要》，以建立一套分级管理、分类实施、覆盖全员的非制式教育培训课程。12月21日，国寿山西省分公司印发《2017年团险“夯实人力、扩量提质”销售队伍建设推动方案》，要求以拓展组经理为核心，以有效人力达标为抓手，分城区、县支稳步落实。国寿大同分公司要求严格执行省公司3S管理标准，推进销售主管“354”工作模式（每月一会两计划、每周三练两陪访、每日一会一批一追一训）与销售人员211工作模式（一日二次拜访、一日一次日志记录、一周一次计划书）的落地，借助中小型法人客户的拓展，推进销售队伍大发展；通过职场建设、讲师选拔和拓展团队经理的培养，打造专业化的销售队伍。当年，全市新增见习大学生18人，销售人员73人，建成9个团险标准化星级职场，完善队伍组织架构。

2017年1月，国寿山西省分公司印发《2017年山西省分公司综合拓展队伍建设实施方案》，目的是为落实2017年大短险发展战略，有效整合团险渠道专业优势和个险、银保渠道营销优势，建立公司短期险业务协同、融通发展机制。团险综合拓展队伍是在团险渠道建立的，由代理制“综拓专员”组成的，专门负责为个险、银保渠道短险业务发展提供销售支持的一支队伍，是落实大短险战略、实现销售渠道融通、业务突破的关键力量，是团险渠道综合性营销骨干培育的重要平台。实施方案确立综拓队伍建设目标，设计综拓队伍管理架构，制定综拓队伍的职责和工作标准，明确综拓队伍培训要求，拟定综拓专员委托报酬及其省、市、县（区）比例分摊，建立综拓专员考核标准，提出相关工作要求等。国寿大同分公司根据实施方案精神，提出团险要按照“大团险、大发展、大队伍”的定位，重视渠道资源的有效整合，突出渠道间的互动沟通，重点配齐配强条线管理人员，不断加大综拓队伍建设力度。

第二节　个人代理人团队管理

个人代理人销售团队一般特指由个人代理人所组成的销售团队。这一机制于1992年在上海友邦人寿保险公司登陆，1996年10月，中保人寿大同分公司启动和发展个人代理人销售机制，建立新型个人代理人销售渠道，决定成立“营销部”。并先后在中保大同营销部、中保左云支公司、中保南郊支公司、中保浑源支公司先行推动，随后在全市普及。这些率先被业界称谓的“营销员”，成为后期个人代理人销售队伍的主要骨干和发展基础，也逐渐成为被社会认可的一种新的职业。

一、销售组织结构体系与制度体系

销售组织结构主要指险企中承担保险市场拓展与保险产品销售的各级部门和各种资源的排列组合形式，包括部门设置、人员配置以及相互关系等。

1996年10月，中保大同分公司成立个人业务代理部，主要对个人代理队伍组建和个人代理业务销售进行专门管理。12月，中保山西出台《个人代理营销管理暂行规定》和《个人代理营销业务财务管理和会计核算办法》，成为营销初期重要管理文件。个人代理人层级设为8个等级：见习代理员、代理员、高级代理员、见习代理主任、代理主任、高级代理主任、代理经理助理、代理经理。

1997年6月4日，中保人寿大同市分公司根据山西省分公司制定的《个人代理营销管理规定实施细则》，明确个人代理营销的组织机构，规定市分公司个人代理营销实行五级管理，即营销业务部、营销业务分部、营销业务支部、营销业务分支部、营销业务组。在营销业务部设立管理科、契约科、培训科和直属营业务分部。营销业务分部设立营销员管理、契约、客户服务岗位。同时明确个人代理营销人员统称为营销员。营销员分业务经理和高级业务员两大系列。业务经理系列分14级，即见习业务员、业务员、准见习业务主任、见习业务主任、业务主任三级、业务主任二级、业务主任一级、高级业务主任三级、高级业务主任二级、高级业务主任一级、业务经理助理、业务经理三级、业务经理二级、业务经理一级。高级业务员系列分8级，即见习业务员，业务员，高级业务员六级、五级、四级、三级、二级、一级。同时规定详细的业务经理和高级业务晋升办法和新人底薪及每一职级享受的岗位津贴和直接管理津贴以及养老保险缴纳标准和福利等。

1998年6月，中保人寿大同分公司制定营销管理模式“统一核保、统一出单、统一理赔、统一业务员招聘、统一奖励办法”。设立市分公司营销业务部，负责全市营销业务的统一协调管理；设立营销一、二、三部，承担业务推动。其中，营销业务部分设综合管理科、业务科和财务科；营销分部分设管理岗、组训岗、客户服务岗。8月，中国人民保险公司大同市分公司出台《大同市分公司营销业务经营管理办法》，办法规定营销业务部下设营销业务分部，营销业务分部下设营销区和营销组。营销业务部内设综合管理科、业务科、财务科；营销业务分部内设管理岗、组训岗和客户服务岗。县（区）支公司设立营销业务分部，市分公司营销业务部对其实行辐射式管理模式，即对其业务和人员培训进行管理，出单、核保、理赔等管理权限集中在市分公司营销部。12月，中保人寿山西省分公司根据山西省个人代理营销业务发展的实际情况，配合总公司对个人代理人计算机管理工作顺利开展，在总公司制定新版《个人代理营销管理办法》的基础上，制定并下发《中国人寿保险山西省分公司个人代理人管理办法（暂行）》该办法对营销员中业务主任和业务员的等级、考核指标、营销组织架构等问题都做了些许调整，同时明确规定业务员必须考取中国人民银行的“保险代理人资格证书”和拿到本公司颁发的“保险代理人展业证书”后，持证上岗，方可展业。中国人寿大同市分公司根据上述规定，积极着手实施，以促进大同个人代理人营销业务的发展。

1999年1月，中保人寿大同市分公司根据山西省分公司下文明确规定：地、市营销部作为所辖营销业务、队伍的主管部门，在业务、队伍管理上直接受省公司代理处管理与指导，并对所辖县区营销分部实行对口管理，履行经营、管理双重职能。3月，国寿大同市分公司根据山西省分公司下发《个人代理人管理办法》，充分发挥各级营销主管对所辖营销员管理的作用，使他们有效利用计划的制订、组织实施、激励、评估与控制以及时间管理、活动管理、目标管理等管理手段与管理工具，增强团队凝聚力，提高队伍战斗力。

2000年4月，泰康人寿大同中支开始执行公司第一版《营销员管理规定（修订版）》。按照该基本法，代理人级别设定为三阶九级，即一阶（业务员阶）：包括学员（PA）、见习业务员（TA）、业务员（SA），二阶（业务主任阶）：见习业务主任（TAS）、业务主任（AS）、高级业务主任（SAS），三阶（业务经理阶）：见习业务经理（AUM）、业务经理（UM）、高级业务经理（AM），级别共设为九级，未设定个人销售序列。

2001年4月，国寿大同市分公司按照省分公司制定的“五大会报”制度，即主管早会、早会、二次早会、组务会和经营策划会要求，在全市实施管理。7月，国寿山西省分公司制定《中国人寿保险公司山西省分公司个人代理人管理办法实施方案》，对旧办法的个代理人职级进行套改：原主管系列各职级称谓为：预备主任、见习主任、主任、高级主任、经理五级、直接套改新办法对应的组经理、分处经理、处经理、分部经理和部经理。原业务员系列称谓为见习业务员、业务员、高级业务员、特级业务员、直接套改新办法对应的业务员、业务主任、业务经理、高级业务经理；新旧办法职级套改时，对各职级人员进行分类，确定或维系血缘，逐步靠近 AMIS 系统中的“根”。要求本着“谁增员谁管理，谁增员谁育成，谁增员谁定着”的原则，维持现有血缘关系，对公司招募的个人代理人，采取双向选择的分配办法，确定各职级代理人之间的关系。各职级个人代理人享受待遇。

表 154　　2001 年国寿大同市分公司个人代理人薪酬体系

项目名称	业务员	业务主任	业务经理	高级业务经理	组经理	分处经理	处经理	分部经理	部经理	各职级比较
佣金	✓	✓	✓	✓	✓	✓	✓	✓	✓	业务员比例不同
个人展业年奖	✓	✓	✓	✓	✓	✓	✓	✓	✓	比例不同
个人持续率奖		✓	✓	✓	✓	✓	✓	✓	✓	比例不同
新人津贴	✓									仅业务员有
推荐新人奖		✓	✓	✓						金额或比例相同
管理津贴					✓	✓	✓	✓	✓	比例相同
育成津贴							✓	✓	✓	比例相同
主管月奖					✓	✓	✓	✓	✓	比例相同

2002 年 2 月，为加强个人代理人制度管理，国寿大同市分公司按照上级公司相继出台《孤儿保单处理暂行办法》《代理人违规行为处理暂行办法》《代理人督查制度》，以及《中国人寿保险公司山西省分公司营销服务部（销售）垂直管理办法》的通知，具体进行如下措施：一、组织层级，市分公司设立个人代理人管理部，为所辖个人代理人管理工作的主管部门，接受上级公司个人代理人管理部门的指导、监督；市分公司现有团队及县区支公司营销服务部均为市分公司个人代理人管理部所辖，并按自然顺序依次排列。二、员工转制：现市分公司营销服务部所属团队由各团队主管管理；县区支公司营销服务部原则上由现任团队主管管理，若团队主管为正式职工，需按主管、业务员、保全员或者组训进行转制。三、个人代理人管理部下设：代理人管理岗、代理人培训岗、销售企划管理岗、组训管理岗、业务督查岗和综合岗。四、各岗位职责和其他要求。11 月，国寿大同市分公司开始执行《中国人寿保险公司山西省分公司个人代理人管理办法（监管版）》。

2003年8月，中国人寿大同分公司按照山西省分公司制定并下发的《中国人寿保险公司山西省分公司个人代理人管理办法（2003版）》，在组织架构上按照下列层次设置：市分公司或县支公司营销服务部为个人代理人人员管理的基本单位，依次下设营销部、营销分部、营销处、营销分处和营销组，分别由部经理、分部经理、处经理、分处经理和组经理履行管理职责。

2005年1月，面对保险市场和销售队伍的不断变化，中国人寿大同分公司根据山西省分公司对《个人代理人管理办法（2003版）》的部分条款修订，开始执行调整业务主任晋升组经理的条件、组经理的维持条件两个条款内容。畅通个人代理人及主管的晋级和晋升渠道，积极鼓励个人代理人增员、争做主管，做大团队，提升业绩，拓宽自己在公司的职涯规划，推动公司整体业务发展。同年，为加强风险管理，引导和约束个人代理人从业行为，提升个人代理人的信用品质，国寿大同分公司开始执行《中国人寿保险股份有限公司个人代理人信用品质管理办法》。办法主要由总则、考评对象与时间、考评方法与内容、级别管理、级别待遇、风险提示和附则7部分组成。其中，考评内容为绩效、业务质量、行为规范、其他四大类。行为规范内容来源通过客户（来电、来访、来信、网上）投诉、“95519”受理、业务管理、理赔、代理人督察系统等渠道反馈，行为规范考评内容由一票否决和扣分权重不同的24类行为构成。销售人员信用品质级别从高到低划分为AAA、AA、A、B、C五个档次。信用级别待遇依照级别不同，在业务处理与客户服务方面、个人代理人管理方面存在一定差异。同年，泰康人寿大同中支开始执行2005年基本法，2005版基本法的主要设计思想是维持“恒久利益”原则不变前提下，倡导直辖组经营，鼓励高绩效的个人销售和高绩效的团队经营。

2006年1月，国寿大同分公司根据山西省分公司制定并下发的《中国人寿保险股份有限公司山西省分公司个人代理人信用评价系统推广方案》，开始对个人代理人纳入信用评价及考核系统管理。同年，国寿大同分公司认真学习和研究《中国人寿保险股份有限公司保险营销员管理办法（2006版）》文件精神，修改前期执行内容相悖的部分。同时根据省公司、总公司指示，加强个人代理人人才队伍建设，开始打破身份界限，从个人代理人队伍中选出符合条件的代理人内控参加公司管理岗位的竞聘。7月，泰康人寿大同中支开始实施2006版基本法，该基本法基于组织利益为基础重点调整成为组织育成型特色，显著特点一是管理利益巨大，高绩效高回报；二是增设育成利益，且利益可以叠加。同年，平安人寿大同中支开始执行总公司制定的《个人寿险业务人员基本管理办法（2006版）》，重点实施业务人员品质管理。

2007 年 11 月，国寿大同分公司执行由省分公司根据几年来的管理经验制定并下发的《中国人寿保险股份有限公司山西省分公司保险营销员管理办法（2007 版）》，其营销员组织架构仍规定为营销部、营销分部、营销处、营销分处和营销组等营销团队，其管理仍由部经理、分部经理、处经理、分处经理和组经理履行管理职责。营销员仍分为业务系列和主管系列，并在满足一定条件后可以相互转化。

2008 年，平安人寿大同中支执行新的《个人寿险业务人员品质管理办法（2008 版）》，主要变化如下：一、取消警告、记过处分，统一采用扣分制；二、主任、部经理负有管理责任，辖下业务员（及其本人）发生违规行为，应扣除管理津贴或经理津贴相应比例金额；三、本办法根据保险代理合同约定，代理人违反义务及主管管理责任，公司享有责任追偿权。中国人民保险公司人寿大同中支根据其基本法规定，个险渠道销售结构主要分为两大部分：一是个人发展序列；二是组织发展序列。销售组织关系主要有隶属关系、增员推荐关系、育成关系。

2009 年，为加强销售领域风险管理，引导和约束保险营销员从业行为，提升保险营销员的信用品质，中国人寿大同分公司开始宣导并推广《中国人寿保险股份有限公司保险营销员信用品质管理办法（试行）》。办法主要由总则、保险营销员信用品质管理机构及职责、信用评估对象与时间、评估方法与内容、级别管理、评估结果应用、风险提示、信用评估信息采集及信用评估工作流程、营销员信用信息披露和附则十部分组成。其中，营销员信用评估的内容分为基本性向风险评估、业绩评估、服务质量评估、行为规范评估、其他评估等五大类。级别划分为 AAA、AA、A、B、C 五级。销售人员依据信用品质级别不同，在保险营销员管理、业务处理、客户服务、单证管理、公司互联网网站支持方面存在一定差异。太平洋财险大同中支实施营销员集中渠道管理系统，主要从资质、协议、佣金等方面对代理人进行系统化管理，并将营销员全部纳入系统管理，建立营销员档案和营销员信息录入、协议签订、关系建立等体系。平安人寿大同中支执行《个人寿险业务人员品质管理办法（2009 版）》，对《品质管理罚则》中细则、扣分标准进行增删或修订，对营销系列主管品质管理责任进行调整，且主管管理责任扣款不得低于辖下业务员扣款额度，增加自聘人员违反规定，其聘用人须承担的责任。泰康人寿大同中支开始执行省分公司制定并下发的《泰康人寿山西分公司品质管理条例实施细则（暂行）》，重点对代签名、不如实告知、骗取保险金、挪用保费等品质问题进行相关惩处。

2010 年 5 月，国寿总公司规划建立一批“营销精英工作室”，国寿山西省分公司同时计划在全省系统创建 100 个精英工作室，国寿大同分公司积极行动，努力打造专业化的保险理财队伍及高品质的客户服务体系，开拓高端客户市场。7 月，中国人寿大同分公司执行《中国人寿保险股份有限公司保险营销员管理办法（B 版）》新版组织架构是市分公司设立的保险营销员管理部门，为保险营销员管理工作的职能部门，接受上级公司保险营销员管理部门的指导监督。市分公司或县支公司营销服务部为保险营销员管理的基本单位，依次下设营销区、营销处和营销组。分别由区经理职级、处经理职级和组经理职级主管履行管理职责。营销团队的称谓为公司营销服务部名称 + 营销团队名称。保险营销员分为两个系列，即业务系列，包括业务员、业务主任、业务经理、高级业务经理四级；主管系列，包括组经理、处经理、区经理三级主管。组经理级主管分设组经理、高级组经理和资深组经理三档；处经理级主管分设处经理、高级处经理和资深处经理三档；区经理级主管分设区经理和高级区经理两档。在一定条件下，业务系列和主管系列之间可以相互转换。营销主管管理品质考核系数包括会议培训参与率、举绩状况、综合持续率、有效增员等指标等。同年，太平洋财险大同中支执行省分公司下发的《中国太平洋财产保险股份有限公司山西分公司营销员管理暂行办法》《中国太平洋财产保险股份有限公司山西分公司营销员继续教育工作指引（试行）》，对营销员的资质管理、协议管理、培训管理进一步规范。泰康人寿大同中支开始执行执行《泰康人寿个险收展代理人管理办法（2010 版）》和《泰康人寿个险续期保费代理人管理办法（2010 版）》，新版基本法强化部组体能，引导团队自主经营；新版收展基本法有利于加强收展队伍组织管理，有利于促进收展队伍组织壮大，有利于提升收展队伍业绩规模递进。

2011 年，为提升公司业务品质，规范业务人员的销售品质管理，平安人寿大同中支执行总公司下发的《个人寿险业务人员基本管理办法（2011 版）》《品质案件处理流程管理办法》《业务品质评议委员会运作办法（2011 版）》。为了实现走农村包围城市路线，中国人民保险公司人寿大同中支根据《山西省分公司“三农”保险服务人员基本管理办法》，销售层级分为农网专员、农网主任、农网讲师、农网总监。销售组织以乡镇为单位，进行业务拓展。

2012 年，国寿大同分公司开始执行由省分公司制定并实施的《中国人寿保险股份有限公司山西省分公司营销员品质管理考核办法（2012 版）》。该办法主要由品质管理考核内容、品质考核系数区间、考核方式、主管管理品质考核、业务管理品质考核系统品质管理系数的录入五个部分组成。泰康人寿大同中支开始执行 2012 年泰康总公司营销部制定的《营销员管理规定》《泰康人寿保险公司基本法》和《泰康人寿山西分公司品质管理条例实施细则》。基本法主要调整重点内容为全员增员转向“核心人力”（主管）增员，建立师徒制增员关系，进一步强化部组经营；细则重点对于品质差的个人代理人（继续率差），从基本法利益和考核方面实行制度性、经济性奖罚。

2013 年 5 月，为了加强对保险营销员进行统一、规范、科学的管理，中国人寿大同分公司积极推广总公司制定的《保险营销员管理办法》，在组织架构上市公司下设分支机构（市、县公司营销服务部或支公司）为保险营销员管理的基本单位，依次下设营销区、营销处和营销组。分别由区经理职级、处经理职级和组经理职级主管履行管理职责。营销团队的称谓为：支公司或营销服务部名称 + 营销团队名称。保险营销员分为业务系列和主管系列。业务系列包括业务员、业务主任、业务经理、高级业务经理四级。主管系列包括组经理、处经理、区经理三级。组经理级主管分设组经理、高级组经理和资深组经理三档；处经理级主管分设处经理、高级处经理和资深处经理三档；区经理级主管分设区经理和高级区经理两档。在一定条件下，业务系列和主管系列之间可以按照一定程序相互转换。营销员品质管理包括新人品质管理、业务品质管理和主管管理品质管理。新人品质考评内容包括新人会议培训参与率、月拜访活动量等；业务品质考评内容包括会议培训参与率、综合持续率等；主管管理品质考评内容包括本人会议培训参与率、直辖组会议培训参与率、直辖团队举绩状况、主管职责履行情况等。同年，为加强营销团队日常管理和基础建设，进一步规范营销员品质管理，建立营销队伍良好行为规范，10 月，为加强营销团队日常管理和基础建设，进一步规范营销员品质管理，建立营销队伍良好行为规范，国寿大同分公司开始执行《中国人寿保险股份有限公司山西省分公司保险营销员品质管理办法（2013 版）》。办法由总则、管理品质考核、业务品质考核、新人品质考核、营销员参会、解约专项考核和附则 7 部分组成。其中，在总则部分明确业务经理、高级业务经理和各级主管品质考核系数同其直接津贴、责任津贴相关。同年，太平洋财险大同中支执行省分公司制定的《山西分公司代理人管理办法实施细则》，对营销员资质、招聘、协议、解聘、培训、风险等方面进行规范管理，强化内控管理手段，营销员管理工作更进一步标准化、制度化和科学化。平安人寿大同中支开始执行总公司下发的《个人寿险业务人员品质管理办法（2013 版）》。中煤财险大同中支建立个人代理营销机制，制定《个人代理营销员管理办法（试行）》，根据办法，个人代理营销员分为营销客户经理序列、营销团队主管序列。

2014 年，中国人民保险公司人寿大同中支随着公司基本法的调整，销售队伍对接“城网建设营销员基础管理办法”，组织体系分为总监、部经理、主任、业务员、见习业务员 5 个层级，实现城市队伍的构建基础。为了进一步规范个代营销团队管理，有效落实各项政策举措，促进个代营销正规化建设，确保团队达成各阶段业绩目标，中煤保险大同中支制定《个代营销团队管理（暂行）办法》，明确营销团队等级确定标准，团队资源配置规则，晨（夕）会管理规定，营销团队组织管理及薪酬体系等。

2015年，中国人寿大同分公司积极推广并实施《中国人寿保险有限公司保险营销员管理办法》。根据新的基本法，市分公司营销管理部为保险营销员管理工作的职能部门，并接受省分公司保险营销员管理部门的指导监督。各县（区）、营销服务部为保险营销员管理的基本单位，依次下设营销区、营销处和营销组。分别由区域总监职级、处经理职级和组经理职级主管履行管理职能。营销团险的称谓为支公司或营销服务部名称+营销团险名称。保险营销员分为两个系列，一个是业务系列：包括业务员、业务主任、业务经管、高级业务经理；一个是主管系列：包括组经理、处经理、区域总监三级，分别管理营销组、营销处和营销区。组经理主管分设组经理、高级组经理各资深组经理三档；处经理主管分设处经理、高级处经理和资深处经理三档；区域总监主管分设区域总监和高级区域总监。在一定条件下，业务系列和主管系列之间可以相互转换。营销员品质管理包括新人品质管理、业务品质管理和主管管理品质管理。新人品质考评内容包括新人会议培训参与率、月拜访活动量；业务品质考评内容包括会议培训参与率、综合持续率等；主管管理考评内容包括本人会议培训参与率、直辖组会议培训参与率、直辖团队举绩状况、主管职责履行情况等。平安人寿大同中支开始执行《个人寿险业务人员品质管理办法（2015版）》，其重点调整内容为嘉奖、罚则部分。

2016年，大地财险大同中支根据总公司制定的《中国大地财产保险股份有限公司传统渠道1+N基本管理办法》，管理直销/个代渠道销售团险，拓展分散性个人业务。中国人民保险公司人寿大同中支根据总公司《营销员管理基本办法（B类）》，销售队伍分行销系列和组织发展系列。行销系列职级有见习客户经理、客户经理、高级客户经理、资深客户经理、行销总监。组织发展系列职级有见习客户经理、客户经理、主任、高级主任、部经理、高级部经理、区总监、高级区总监。

二、销售组织流入流出

销售组织流入流出指险企销售团队为实现销售目标，提高销售团队能力，通过一定方式，按照一定程序，招聘、录用、解聘队员的行为。大同保险业从1996年引入营销机制开始，“增员”一直成为稳定队伍、发展队伍、壮大队伍的关键，甚至成为保险企业做大做强、做优做久的命脉。大同保险业从集体招聘增员，经历1+1增员、同业增员、指标增员、常态＋项目增员，等等，在增员理念和增员方式上不断探索，不断创新，在增员的路途上跋涉。

1996年10月，中国人民保险公司大同分公司决定引进保险营销机制，筹建营销队伍。招募方式为公司公开招募，主要是媒体刊登招募广告、员工推荐、个人代理人推荐、客户推荐等，通过公司考核、履行必要的手续、提供经济担保书、缴纳保证金后录用。12月，中保山西省分公司下发《个人代理营销管理暂行规定》，对个人代理人的招聘管理、录用管理、业务管理、离司管理原则和流程进行明确规定。据当年参与首次招募营销员管理人员回忆，招募那段时间，公司五楼会议室人来人往，前来咨询者络绎不绝，登记报名的摩肩接踵，人头攒动。经过认真筛选，当年招聘录用的营销员120多人，经常出勤业务员96人。

1999年3月，中国人寿大同分公司根据省分公司营销管理意见，在个人代理人队伍上强调首先要把好人员入口关，把个人素质较高，有培养和发展前途的人增进来；在增员的方式上要以1+1增员为主，尽量减少公司广告增员，努力降低增员成本；在稳定队伍上下功夫，以避免队伍的大进大出，导致业务的大起大落。8月，中国人民保险公司大同分公司根据省分公司相关精神，积极鼓励直销代办员转制为营销员，并就转制后的相关规定明确说明。7月，中国人寿总公司下发《中国人寿保险公司有关个人代理人离司规定》和《中国人寿保险公司个人代理人档案管理规定》规定中，要求个人代理人无论何种原因离司，必须由个人代理人认真填写《个人代理人离司物品缴销单》，营销经理签字确认，并同由营销经理签发《解约通知书》和《个人代理人辞去委托通知书》。

2001年，为贯彻落实中国人寿山西省保险工作会议提出的“大营销、大队伍、大培训、大服务、大市场、大发展”的指导思想，进一步拓展市场，壮大营销队伍，中国人寿大同市分公司根据省分公司制定的《“群英荟萃”增员活动企划案》，全面分析自身实际情况和市场状况，制定并下发《中国人寿大同市分公司“群英荟萃”增员活动企划实施方案》，方案确立活动目标和活动时间，拟定增员方法和流程，明确活动奖罚措施，预定公司行动策略，下达增员任务数量，提出具体要求。

2003年8月，国寿大同分公司执行由山西省分公司制定印发的《山西省分公司办法（2003版）》规定，个人代理人录用的基本条件应注意：年龄条件、学历条件、身体条件、资格条件与禁止条件。录用人员必须提供相关材料，主要为个人代理人登记表、本人最高学历证明原件和复印件、身份证原件和复印件、保险代理人资格证书等。录用程序必须经过：初审、岗前培训、培训考试、提供担保、缴纳保证金、签订《个人代理中国人民保险公司险代理合同书》、核发展业证书、建立个人档案等相关环节。12 月，国寿大同分公司积极参与省分公司制定并组织实施的“乘股改东风，与国寿同行”万人增员大行动活动，历时一个月，完成增员计划的 109.42%。

2005 年 2 月，国寿大同分公司根据省分公司制定并实施的《中国人寿保险股份有限公司山西省分公司 2005“鱼跃龙门聚英才”增员、持证实施方案》精神，迅速组织落实，成立领导组织，制定实施细则，明确活动目标，锁定活动时间，拟定奖励项目，推出辅助工具，提出重点要求等。重点在增员辅助工具的应用上，由讲师或组训进行针对性的培训，帮助代理人掌握工具的内容及相应使用技巧重点，提升代理人增员业务素质。平安人寿大同中支按照《关于推广礼贤业务人员甄选系统相关事项的通知》，按照“礼贤测试”相关规定进行招聘。

2006 年，平安人寿大同中支按照平安总部制定的《关于加强礼贤业务员甄选测试（LASS）规范的通知》，规定每一名准增员对象在成为平安保险公司的业务员之前，必须参加甄选测试，并达到公司规定的录用分数线，否则不得被招揽为公司业务员。

2007 年，国寿大同分公司根据省分公司制定并实施的基本法规，对营销人员的录用条件进行明确，主要有年龄条件、学历条件、道德、身体和公民条件、资质条件、禁止录用条件等。同时明确录用程序及各个环节主要工作。主要程序：增员主管初审、公司审核、岗前培训、培训考试、提供担保、签订代理合同、核发展业证书、建立档案等。为强化落实个险新人上岗工作，确保新人享有各项待遇和福利保障，平安人寿大同中支开始执行《关于落实新人上岗工作和严禁“带单上岗”的通知》，机构应严格执行基本法的有关规定，即通过岗前培训的新人及时办理上岗手续。

2008 年，为进一步夯实队伍基础，壮大营销团险，国寿大同根据省分公司《2008 年“增员风暴”活动方案》的要求，制定《中国人寿大同分公司 2008 年“增员风暴”活动方案》，方案确立活动主题、明确活动时间、拟定活动目标、制定奖罚措施、规范活动步骤、成立领导组织、提出具体要求等。该方案突出在奖罚措施方面，奖罚力度较大，涉及范围较广，主要在新增人力、主管晋升、独立职场独立经营、增设营销网点、农村增员、直接增员已持证代理人资格证书的社会人员、寿险经理人推荐等 7 个方面建立奖罚措施。

2009 年，为了夯实个险队伍基础，扩充人力规模，提升主管经营能力，国寿大同分公司制定并实施了“育树成林，拓展组织”，即《大同分公司第四季度个险业务增员项目企划方案》的通知。方案明确企划思路、拟定企划时间、选定企划对象、策划实施方案、提供企划工具，建立企划组织、提出企划要求等。在方案中，详细地划分企划组织，主要有项目领导小组，下设项目办公室、项目督查小组、项目技术小组、项目信息小组和项目运行小组等。为进一步规范新人入司前的甄选面谈流程以及离职面谈工作，以真正达到人力健康、快速发展的目的，平安人寿大同中支开始执行总部下发的《关于加强落实新人入司工作的通知》《关于规范个险人员入司与离职手续的相关通知》《关于控制营销25岁以下低龄人员入司占比的通知》。

2010年4月，国寿大同分公司下发主题为《“打造组经理，拓展新组织”企划方案》：即增员招募。“方案（一）”确立企划目的、规定企划时间、选定企划对象、规范招募流程、提出企划要求。“方案（一）”突出招募流程，详细介绍“门诊式”增员招募流程具体环节和步骤。“企划方案（二）”：即培育新员。“方案（二）”突出企划时间分为三个阶段，主要为新员培训期、新员培育期和新员举绩转正期。“企划方案（三）”：即组经理晋升。“方案（三）”主要突出“组经理联盟”成员待遇。7月，国寿大同分公司制定并实施主题为“强化组织发展，打造精品团险”：即《大同分公司2010年三季度个险增员企划方案》，方案突出增员策略，重点要求采用信息化、标准化的甄选流程，筛选出符合标准的准增员对象，提高新人质量、提升新人留存率，降低营销人员的流失率，促使营销团队健康发展，提升人力资源电子化管理力度，展示企业科技实力。9月，国寿大同分公司制定《大同分公司2010年三季度个险增员企划方案》。10月，国寿大同分公司制定《大同分公司第四季度个险增员企划案》。同年，为提高销售队伍素质，扩大销售队伍编制，采取有史以来最为充沛的费用倾斜政策和奖励优惠政策。

2011年2月，为了抢抓总颁2010版基本法上线的良机，深度挖掘新版基本法亮点，激发全员发展组织的热情，详尽寻求新旧基本法接轨的利益点，把握机遇迅速壮大营销队伍，国寿大同分公司制定并实施“借力新版基本法，助推千人大增员”，即《大同分公司2011年一、二季度增员企划方案》，该方案划定企划时间，提出企划思路，确立活动目标，拟定奖励办法，成立领导组织、提出企划要求。方案突出部分为“企划思路”，主要在分析新旧基本法异同，对比新旧法产生利益，清晰主要利益回报，明确增员突破激励点基础之上，指出实现增员的具体思路和具体路径。5月，国寿大同分公司投入由省分公司制定并实施的《中国人寿保险股份有限公司山西省分公司“常态增员体系”2011年推广实施方案》活动之中，并取得良好成绩。同年，平安人寿大同中支开始严格执行总公司下发《关于规范代理人资格证管理的通知》的规定，严格代理人资格证审查，必须持有资格证方可办理签约手续，完善资格证录入系统管控。

2012年4月，国寿大同分公司为扩充直辖组，做大做强团险，实现更广阔的发展空间，制定并下发《壮大直辖组织,自主经营团险,大同分公司主管增员方案》。方案确定企划目标、明确活动时间、拟定激励措施、分解目标任务、提出具体措施等，方案突出激励措施，针对基层公司层面，设立培养津贴、签约奖励、举绩人力等奖项；针对新人层面，设立成功签约、新人津贴等奖项；针对主管层面，设立直接团险发展、达标组经理、直接组做强、主管晋升、农村主管特别津贴等奖项。四季度实施“龙腾行动”增员方案 。

2013 年 7 月，为适应新版收展队伍基本法，扩充收展队伍，夯实团队架构，打造“高起点、高素质、高绩效”的“三高”团队，国寿大同分公司制定并实施“万人大业，雷霆行动”——《收展团队第 3 季度大增员活动方案》，方案高扬企划主题，强化组织活动，突出活动目标，拟定活动时间，辅助工具支持，详细激励政策，明确主要策略，提出具体要求等，方案突出活动时间次序，阶段清晰，主要安排有宣导培训期、渲染造势期、强势启动期、全市路演启动期、放量拜访期、增员风暴期、全力冲刺期、辅导考证期等。方案也突出主要策略，包括两个部分，在拓宽入口关方面，陈述意愿与观念、面谈与规划、宣传与造势、追踪与拜访、训练与技能、邀请与会议等；在把好出口关方面陈述创新流程、吸引新人、主管跟进、因势促成、培训承接、顺利通关等。

2014 年 3 月，国寿大同分公司积极组织参与省分公司制定并实施的《2014 年二季度个险渠道“鑫光大道”增员方案》活动。7 月，国寿大同分公司根据省公司《个险三季度增员方案》的通知，组织实施大同分公司三季度增员活动。9 月，为广纳贤才、固本强基，更快、更好地扩充营销队伍，保持团队可持续健康发展，提高市场综合竞争力，国寿大同分公司特制定“龙腾计划”增员企划方案，即《中国人寿大同分公司“龙腾计划”增员企划方案》。方案核心部分为竞赛奖励的设置，主要包括机构首战奖、个人争先奖、单位增员奖、单位对抗奖、新人专项财务补贴计划等。同年，平安人寿大同中支根据《关于 2014 版保险代理合同征订重签和担保书（外）征订的通知》，对 2014 版《保险代理合同书》内容进行修订，安排保险代理合同书签订工作。

2015 年，国寿大同分公司个人代理人销售队伍坚持日常增员和集中增员相结合，坚持执行新基本法规定的“人员招募”基本条件，借助新人留存平台、主管晋升平台的搭建和“三体”（标准体、健康体、优质体）创建工作的开展，从根本上突破队伍建设的瓶颈。当年，新增人力 2560 人，月均增员率 6.7%。2016 年，新增人力 5748 人，月均增员率 11.43%。为进一步提升招聘销售人员素质，提高销售人员留存率，平安人寿大同中支开始执行《关于高留存人员发展模式试点的通知》相关规定。

2017年，国寿大同分公司在个险销售队伍管理上紧紧围绕“三位一体”（业务管理、队伍管理、基础管理）核心思路，加速推进“三大战略”（个险“双领先”、大中城市战略和县域发展战略）、“761”周单元经营（每周在服务点七天综合服务、每天获取六个客户名单、每周一成交）、区部改革等工作，通过实施“常态＋项目”增员体系，实现队伍快速发展。当年，新增人力4955人，月均增员率8.95%。

三、销售组织薪酬设计

销售组强薪酬设计指为保证和促进销售团队人员销售动力而由组织提供合理的薪酬分配制度。个人代理人是指根据保险人委托，向保险人收取代理手续费，并在保险人授权的范围内代为办理保险业务的个人。其收入为代办业务所收取保费提取的佣金。佣金分为直接佣金和附加佣金两部分。直接佣金由各分支公司支付给各业务代理人员；附加佣金主要用于个人代理营销业务各级管理人员的津贴和业务代理人员的福利费（福利保障包括养老金和医疗保险等）以及个人营销业务人员的培训及奖励等。

1997年4月21日，中保人寿山西省分公司规定个人代理人佣金管理的暂行办法（佣金发放标准），办法规定全省个人代理人佣金发放标准为两档，第一档是地、市分公司营销部，正式营销员为总公司规定标准的75%，见习营销员为正式营销员标准的70%；第二档是各县支公司营销部，正式营销员为总公司标准的62.5%，见习营销员亦为正式营销员标准的70%。6月4日，在《个人代理营销管理规定实施细则》中，详细规定业务经理和高级业务晋升办法和新人底薪及每一职级享受的岗位津贴和直接管理津贴以及养老保险缴纳标准和福利等。12月，根据山西省地方税务局晋地税字〔1997〕第63号文件规定，明确寿险营销员佣金收入征收个人所得税，征收比例同“工资、薪金”所得项目征收比例。

1999年1月，中保山西省分公司下发营销〔1998〕版各险种兑付营销员直接佣金的标准，并规定市级分公司可根据本地实际情况，以不突破该标准自行制定。中保大同分公司按文件所载标准执行。3月，省公司以晋保寿发〔1998〕103号《关于加强佣金管理支出的通知》加以明确，在实际运作中要严格遵照执行，坚决杜绝将营销佣金挪作他用。地、市分公司不许再对附加佣金进行截留，要足额下到营销部。同时规定，各营销部附加佣金的使用情况要加强管理与控制，决不允许出现支出倒挂。

2002年1月，为加强对佣金支出的管理，促进营销业务的发展，中国人寿大同市分公司根据省分公司制定并下发的《中国人寿保险公司山西省分公司营销佣金管理办法》，对代理人支付的直接佣金，严格按照规定比例、规定职级支付。对附加佣金只能用于营销人员的培训、奖励、福利、津贴等开支，禁止超范围支付。

2003年8月，国寿省公司下发《中国人寿山西省分公司个人代理人管理办法（2003版）》，该办法明确规定：个人代理人与被代理公司之间是业务代理关系，不存在劳动关系；各级公司设立的个人业务部为个人代理人管理工作的职能部门，接受公司或上级公司相关部门的指导和监督；被录用人员应向公司交存本人的“代理人资格证书”、缴纳1000元保证金、签订《个人代理中国人民保险公司险代理合同书》；计酬办法除个人应得的佣金外，根据本月FYC（First Year Commission的缩写，即营销人员销售的保单于第一保单年度可直接计提的佣金）计发展业绩津贴、新人津贴，并设立增员奖励、推荐新人奖等，各级主管根据所管理人员的FYC计发管理津贴、育成津贴等鼓励发展业务，壮大队伍。

2005年1月，国寿大同分公司根据省分公司关于对《个人代理人管理办法（2003版）》部分条款修订的通知，及时按照要求，对业务主任晋升组经理的条件、组经理的维持条件进行调整，相应引起根据本月FYC计发展业津贴、新人津贴，并设立各种奖励发生相应变化。

2007年，国寿大同分公司根据营销员基本法，各级营销人员待遇如下：新人和业务待遇为佣金、新人津贴、新人留存奖、增员奖励；业务主任待遇为佣金、增员奖励、增员定着奖、季度奖金、管理津贴、责任津贴、培育组经理奖、职务津贴、培育津贴；处经理待遇为佣金、增员奖励、增员定着奖、季度资金、管理津贴、责任津贴、职务津贴、培育津贴；分部经理待遇为佣金、增员奖励、增员定着奖、季度资金、管理津贴、责任津贴、职务津贴、培育津贴；部经理待遇为佣金、增员奖励、增员定着奖、季度资金、管理津贴、责任津贴、职务津贴、培育津贴、增部津贴等。

2010年，中国人寿大同分公司根据新的营销员基本法，营销人员享受的委托报酬有佣金、新人津贴、潜力新人奖、推荐新人奖、伯乐奖、展业津贴；各档组经理享受的委托报酬为佣金、推荐新人奖、伯乐奖、直辖组津贴、培育组津贴、绩优组经理奖、培育组经理奖；各档处经理享受的委托报酬为：佣金、推荐新人奖、伯乐奖、直辖组津贴、培育组津贴、培育组经理奖、培育处津贴、辅导津贴、责任津贴；各档责任津贴为佣金、推荐新人奖、伯乐奖、直辖组津贴、培育组津贴、培育组经理奖、培育处津贴、培育区津贴、直辖区津贴、责任津贴。平安人寿大同中支开始根据《关于调整〈个人寿险业务人员基本管理办法〉有关内容的通知》，为鼓励新晋升业务主任稳固基础、持续发展，不断提高管理技能和水平，执行基本法新增新主任政策支持。

2012 年 8 月，国寿大同分公司根据总公司核定的个险渠道短期险直接销售成本，按照总公司 2010 版营销员管理办法推广要求，省分公司拟定：短期险佣金纳入基本法考核基数，营销员销售的短期险佣金，全额计入营销员基本法考核的 FYC，并根据基本法规定折算新单件数；短期险佣金不再纳入基本法津贴计算基数，营销员销售的短期险佣金，不再作为各级主管与业务伙伴各项基本法律津贴计算基数的 FYC。

2013 年 4 月，国寿大同分公司积极推广总公司《保险营销员管理办法（2013 版）》，委托薪酬主要包含：佣金、新人津贴、潜力新人奖、推荐新人奖、伯乐奖和展业津贴六部分。各层级经理享受的委托报酬依照层级不同，分别享有直辖津贴、培育津贴、经理奖、主管特别津贴以及责任津贴等。同年，平安人寿大同中支开始执行《关于〈个人寿险业务人员基本管理办法〉中待遇及考核相关规定调整的通知》和《展业外勤增员奖励作业规定（2013 版）》。对《个人寿险业务人员基本管理办法》中待遇及考核相关规定进行调整。主要调整内容如下：调整增员增才奖；调整综合开拓计入佣金考核规则；调整总监四大福利保障等。对“展业外勤增员奖励”原规定进行修订，取消增才奖、育成奖，增加增员奖。

2015 年，中国人寿大同分公司积极推广并执行新修订的 2015 版基本法。各级业务系列人员享受的委托报酬主要是佣金、新人津贴、潜力新人奖、推荐新人奖、伯乐奖、展业奖等；各档组经理享受的委托报酬主要是：佣金、推荐新人奖、伯乐奖、直辖组津贴、培育组津贴、绩优组经理奖、新主管特别津贴、培育组经理奖；各档处理经理享受的委托报酬主要是佣金、推荐新人奖、伯乐奖、直辖组津贴、培育组津贴、培育组经理奖、处经理直辖津贴、培育处津贴、责任津贴；各档区域总监享受的委托报酬主要是佣金、推荐新人奖、伯乐奖、直辖组津贴、培育组津贴、培育组经理奖、培育处津贴、培育区津贴、直辖区津贴、责任津贴、团险进步奖。所有委托报酬及各项津贴、奖项均按一定规则计提。

2016 年，中国人民保险公司人寿大同中支根据《中国人民人寿保险股份有限公司营销员管理基本办法（2016 版 B 类）》，销售人员薪酬待遇按基本法规定代理人职级划分，行销系列的待遇有：新人训练津贴、初年度佣金、续年度佣金、持续率奖金、增员津贴、展业津贴、高绩效奖金；管理序列待遇分为：初年度佣金、续年度佣金、持续率奖金、增员津贴、组管理津贴、部管理津贴、组育成津贴、部育成津贴、区管理津贴、区育成津贴。

四、销售组织辅导管理

销售组织辅导管理是险企为提高销售组织销售能力而提供的职业教育和职业培训制度和活动。个险销售队伍的培训是同个险销售队伍建立同时产生，培训是队伍建设和管理一项重要内容。1996 年第四季度，中国人寿大同分公司就建立保险代理人教育培训制度，对招募的代理人进行上岗培训，培训内容主要包括职业教育、销售技能、业务产品等。

1997 年—1998 年，中保人寿大同分公司有计划、有步骤地对个人代理人进行分期、分批进行应试培训和衔接教育培训，培训时间一般为 7—12 天，参训人数和培训批次依据当期市内、县（区）新招募的人数、推动产品以及企划活动而定。

1999 年 1 月，中国人寿大同分公司严格遵循总公司下发的营销教育培训大纲，认真制定本辖区营销教育培训方案，并及时报省公司。根据市分公司培训计划，认真落实初、中级教育培训与衔接教育，做到人员、内容、时间、效果四落实。无论哪一系列、哪一级别的营销员，也无论其考核指标完成再好，对于未完成晋升前培训计划的，都不能晋升。3 月，为适应营销队伍专业化、规范化管理的需要，建立一支专业化、制度化、规范化的组训队伍，国寿大同分公司开始执行《中国人寿保险山西省分公司寿险营销组训队伍建设与管理办法（暂行）》。

2000 年 1 月，国寿山西省分公司在全省选拔营销优秀讲师，大同分公司推荐 2 名参与省公司的选拔。5 月，国寿中国人民保险公司大同市分公司由分管个险营销的副总经理、营销部经理带队，20 名营销主管、组训人员参加由省分公司组织、台湾国泰人寿保险公司 4 位资深讲师讲授的“营销增员培训班”。

2001 年 3 月，为了加强对代理人销售队伍科学、有效、规范的管理与督导，进一步提升营销人员生产力水平和专业素质，国寿大同市分公司 8 名优秀主管和组训参加由省分公司举办的“两个规范”强化培训班。

2002 年 11 月，下发《中国人寿保险公司山西省分公司个人代理人管理办法（监管版）》的通知严格执行有关法律、法规，加强对个人代理人展业行为的管理和违规人员的处罚，对公司个人代理人管理工作进行检查。

2003 年 11 月，中国人寿山西省分公司印发《中国人寿保险山西省分公司营销服务部管理细则（暂行）》，在团队人员管理上规定：1.A 类营销服务部的负责人应严格执行《代理人基本法》的规定，按照血缘关系自然产生，由同级公司与其签订聘用协议书。各级公司不得以任何理由、任何形式进行行政干涉。如果发生按照血缘关系自然产生的负责人不具备监管机关要求的任职条件或该负责人离司、辞职等情况，应由上级主管部门委派组训人员担任该营销服务部负责人，待有新的合适人选产生再改由其担任。若被委派的组训人员愿意转为主管系列，可报备省公司个人业务部审核同意后，直接转为主管系列。2. 对行政任命的现任 A 类营销服务部负责人，如该同志长期以来从事营销管理工作，经验丰富，能够被所带团队认可，可暂时维持现状，待有成熟人选育成后再行更换。否则，应尽快按血缘关系重新产生负责人或由上级主管部门委派主训担任负责人。3.B、C 类营销服务部的负责人可由上级公司直接任命。4. 营销服务部变更负责人，地市公司必须向省公司提交有关变更申请材料。经省公司审核同意并向保监办备案后，方可变更。

2005 年 7 月，国寿大同分公司一是为响应保监会开展保险“诚信年”活动的号召，也是为落实《中国人寿保险股份有限公司销售人员诚信建设活动实施方案》，更是坚持保险诚信经营理念，开展个险、团队、中介销售渠道全面诚信建设活动。8 月，为增强组训人员对公司、组训事业及营销团队的忠诚和热爱，在组训队伍中开展“组训人员誓词”活动，该誓词由总公司制定，内容为我是中国人寿组训，我宣誓：忠诚国寿公司，遵守公司制度，严守公司纪律，保守公司秘密，维护公司品牌，弘扬企业文化。热爱组训事业，履行岗位职责，提升专业技能，组织业务推动，落实教育训练，服务营销团队。国寿的光荣，就是我的光荣；国寿的成功，就是我的成功。只要国寿在，我就有前途，只要有我在，国寿一定强。

2006 年，平安人寿大同中支开始执行总部印发的《关于执行保监会〈保险营销员管理办法〉的通知》，严格按照总公司要求执行新人层级培训与后续教育，加强营销员职业道德教育。

2007 年，平安人寿大同中支根据总公司制定下发的《业务品质评议委员会运作办法》，规范业务品质评议委员会运作程序、思路和方法。

2008 年，国寿大同分公司坚持对个险销售队伍进行日常性培训的同时，组织大单客户邀约促成培训、业务精英技能提升培训、主管组训晋级培训等各类培训 31 期，参训人员达 7000 多人次，开办 9 期新人模式化培训，参训人数 819 人，举办农村网点负责人及农村营销员培训班各 1 期，参训人数达 134 人，大力提升队伍销售技能，满足业务发展的需要。平安人寿大同中支开始执行总公司制定的《个人寿险业务人员早夕会管理办法（2008 版）》规定：即业务人员应按公司规定按时参加早夕会，在业务早夕会遵循总公司下发的《营业部早夕会管理指引》。太平人寿大同中支根据销售人员不同层级设立培训体系，培训内容包括：新人岗前培训，新人 135 培训，新人衔接培训，新人转正培训，准业务经理培训，业务经理晋升培训，准高级经理培训，高级经理晋升培训，高级经理研修等。

2009年，国寿大同分公司在个险销售上狠抓培训工作，举行各种形式的培训活动。举办个险销售启动培训，重点培训当年个险年度销售方案，其中激励培训举办25场；举办销售技术培训，重点对销售产品、销售流程进行培训，当年共举办45期，有3120多名代理人参训；举办“个人专场说明会”培训，实现近200场说明会；举办“神奇高效产说会”培训，重点攻克销售过程中“客户难邀、邀了难签、签了难收”的困惑；举办增员技能培训班，在公司4月份的“增员月”活动中，坚持以“增员是责任”的理念，组织基层经理、主管、组训三个体系人员，进行多期封闭式增员技能培训，快速提升公司管理水平和经营团队能力，全年共增员1127人，考取资格证732人，为激活营销队伍增添了新的活力，实现业务推动和增员工作齐头并进的好局面；举办分层分级培训班，将现有队伍划分为532人群，实行分层分级培训，对优质营销员进行荣誉体系的激励，并重新整合建立精英俱乐部，充分激发精英的销售潜能；举办农网专岗培训，加强农村网点管理，各公司个险销售部定期下乡培训，市公司县域部每月召开一次例会，当年农网实际人力达到300人；举办代资考培训，市公司每月举办一次代资考培训及代理人资格考试，提高新人通关率，不断充实和扩大代理人队伍。

2011年，国寿大同分公司重建培训中心，加强培训工作。当年共举办18期制式培训，内容涵盖个险新人职前教育培训、晋级签约培训以及扬帆起航培训，累计参训人数达730人。为了加强销售人员会议管理，平安人寿大同中支开始执行《关于规范业务员因病（事）不参会行为的通知》的规定，规范因病（事）请假流程。

2012年，国寿大同分公司狠抓全员培训，特别是营销队伍技能提升培训，重点加强产品销售话术、E家使用、个品会运作等内容的再培训，强化“两营”训练，提升队伍的销售技能，塑造良好的专业形象。强化基本法培训，使主管能够真正理解和掌握基本法的价值所在，提升主管的履职能力。当年，个险举办各类培训班85期，较好地完成全年培训计划，其中新人育成体系培训班42期，参训人数累计近4000人次，为业务发展提供有力支持。

2013年，国寿大同分公司根据《中国人寿保险股份有限公司保险营销员管理办法》，进一步调整和明确营销员之间的培育关系，即营销员培育关系有三种类型：培育组、培育处和培育区。培育组关系包括直接培育组、间接培育组和多重培育组，直接培育组是指各级主管直辖组中培育出新的组经理；培育处关系包括直接培育处、间接培育处和多重培育处，直接培育处是指处经理级或区经理级主管的直辖处中培育出新的处经理；培育区关系包括直接培育区、间接培育区，直接培育区是指区经理级主管直辖区中培育出新的区经理。

五、销售组织督察管理

销售组织督察管理是指险企为保证销售组织行为规范而制定或实施的各种制度和活动。

1998年5月，中国人民保险公司大同分公司严格按照《保险代理人管理规定(试行)》的有关要求，认真实行保险代理人、代办员、营销员签订保险代理合同和发放“展业证书”的工作，强化人民银行对保险代理人的监管和维护保险市场秩序的规定要求。12月，中国人寿大同市公司确立个人代理管理部门为对个人代理人销售督察的实际管理机构，并开始按照中保山西省分公司下发《个人代理人管理办法》，对个人代理人销售行为进行监督管理。

1999年3月，中国人民保险公司大同分公司充分利用《个人代理人管理办法》（暂行）和《营销组训管理办法》（暂行）两个办法的实施，对现有代理人员进行一次全面清理整顿，对那些缺乏职业道德，展业行为不规范，甚至有严重违规、违纪的人员，无论其个人业绩如何，进行积极主动、认真细致地清理。6月，国寿大同分公司根据省分公司制定的《个人代理人督察制度》，在个人代理部设置专门的岗位，界定对个人代理人违规行为进行监督、检查和处理。7月，国寿省公司组成由稽核处牵头，计财处、代理业务处参加的联合稽核小组对全省部分地市公司的营销部进行营销业务管理稽核，同时制定《中国人寿保险公司山西省分公司个人代理业务管理稽核方案》，为规范开展营销业务管理奠定基础。

2002年2月，国寿大同市分公司根据总公司、省分公司《代理人督察制度》和《实施细则》在个人代理管理部专门设置业务督察岗，主要负责制定并组织实施全辖个人代理人督察办法。6月，根据省公司制定《中国人寿保险公司客户投诉个人代理人查处暂行办法》，进一步规范个人代理人业务行为。11月，中国人寿山西省分公司下发监管版《中国人寿保险公司山西省分公司个人代理人管理办法》，重点从法律、法规上规范个人代理人的展业行为及对违规的处罚行为。

2003年，国寿大同分公司根据总公司《个人代理人违规行为相关责任人责任追究制度》，在全市系统通过多种形式开展对个人代理人展业行为规范的教育活动，要求在展业过程中保持法律意识，熟悉销售流程，坚持诚实守信，杜绝各种不规范、不文明和违法行为。

2005年3月，为进一步加强个人代理人销售风险防范工作，实现个人代理人督察工作的事后查处和事前防范有机结合，国寿大同分公司认真执行《中国人寿保险股份有限公司山西省分公司个人代理人风险预警系统推广方案》,多个部门相互配合,齐抓共管,按时上线运行。7月，为进一步加强对保险营销员的管理，规范保险营销员的展业行为，提升保险营销员的服务水平，倡导诚信文化，强化社会公众对保险营销员的监督作用，国寿大同分公司执行晋保监发27号通知，实行挂牌服务。

2008年，国寿山西省分公司成立销售督察部，该部的主要职责是对个人代理人及其他销售人员的销售行为进行监督，对销售过程中的违规违法行为进行认定和处理，并对销售人员销售过程中可能出现的违规行为进行预警。市级公司仍然执行从前市级公司组织机构设置规定，在监察部设立销售督察专岗，接受省分公司监察部专业指导。

2009年1月，中国人寿山西省分公司根据总公司下发的《中国人寿保险股份有限公司销售督察人员工作手册》，进一步规范销售督察的工作流程，明确各岗位的职责范围，保证销售监察工作有序、高效、规范地开展。

2010年，国寿山西省分公司完成风险预警电话回访省级集中工作，实施由省公司对全省系统销售过程中销售人员销售行为的电话回访机制。国寿大同分公司也实现对销售由投诉监督、事后监督到线上监督、同步监督的跨越。

2012年1月，为进一步适应行业监管要求，规范营销员销售行为，中国人寿大同分公司开始执行由总公司制定并印发的《保险营销员违规行为处理规定》。11月21日，中国人寿山西省分公司转发保监会《关于印发〈人身保险销售误导行为认定〉的通知》，中国人寿大同分公司为了规范对人身保险销售误导行为，明确执法标准，有效惩处销售误导行为，切实维护投保人、被保险人或者受益人的合法权益，根据省公司转发通知的要求，高度重视，积极组织相关部门专题学习，广泛开展宣导工作，将核心内容纳入日常销售人员培训课程，将重点警示张贴职场墙壁，为贯彻落实奠定基础氛围。27日，中国人寿山西省分公司转发中国保监会印发的《人身保险业综合治理销售误导评价办法（试行）》，国寿大同分公司为规范人身保险销售行为，防范和治理人身保险销售误导问题，切实保护保险消费者合法权益，科学、合理、客观地评价并披露综合治理销售误导工作的效果，根据省公司转发文件时提出的要求，中国人寿大同分公司积极组织，深入宣导，从各个管理层面，努力提高销售队伍诚信合规意识，提高公司在社会的行业形象。29日，中国人寿山西省分公司转发中国保监会印发的《人身保险公司销售误导责任追究指导意见》的通知，中国人寿大同分公司根据通知要求，及时组织学习，组织宣导工作。

2013 年 1 月，为了加强销售督察工作，提高销售督察工作质量，切实发挥风险预警系统和信用评价系统作用，中国人寿大同分公司认真学习《中国人寿保险股份有限公司山西省分公司 2013 年销售督察工作考核办法》，研究考核办法考核内容，并针对考核内容，通过多种形式如晨会、培训等同销售人员进行沟通。3 月，中国人寿大同分公司根据省分公司制定下发的《2013 年销售督察工作的要点》，主要抓好两个方面工作。在坚守底线方面，主要采取措施是持续开展综合治理销售误导、切实加强风险隐患排查和通报、做好应急处理等；在固基强体方面，主要采取措施是抓好销售队伍诚信文化教育、加强预警电访基础管理、延伸风险监测评估覆盖范围、推广新版信用评估系统等。6 月，中国人寿大同分公司根据省分公司转发总公司《保险销售从业人员监管办法》的通知要求，在公司全体员工和销售人员中组织学习，并根据转发文件提出的要求，从 7 月 1 日开始实施。

2014 年 4 月，中国人寿大同分公司开始在销售职场宣导《中国人寿保险股份有限公司销售人员违规处理规定》，并要求销售人员认真学习，贯彻落实，在销售过程中坚持规范销售行为，严格履行代理合同规定的权利与义务，杜绝各种违法和误导销售行为。

2016 年，国寿大同分公司根据省分公司关于印发《山西省分公司整治和规范保险销售行为专项自查工作方案》的通知，于 7 月在全市开展违规销售行为专项自查工作。首先确立了专项自查工作的主要排查内容，即“买保险送礼品”“买商品送保险”、“私设机构网点”及其他违法违规行为。其次采取积极措施，主要是确定组织保障、开展宣导学习、加强督导检查、突出工作重点、提出具体要求等。

2017 年 9 月，为规范销售行为，维护保险消费者合法权益，促进行业持续健康发展，国寿大同分公司根据省分公司《关于落实保监会〈保险销售行为可回溯管理办法〉相关工作的通知》要求，采取如下措施：高度重视，加强领导，深入开展渠道宣导，销售人员培训，确保组织到位；提前部署，确保执行，“双录”（同步录音、录像）工作由渠道牵头负责，确保 10 月 20 日前完成条线管理人员及销售人员的培训工作；积极沟通，协调推进，客户服务中心和销售渠道保持密切沟通，配合沟通完成对销售人员的培训宣导工作。11 月 1 日，国寿大同分公司开始实施《保险销售行为可回溯管理办法》。

第三节 机构代理团队管理

保险代理机构有专业代理机构和兼业代理机构，根据保险公司的委托，专门从事保险代理业务的单位为专业代理机构；在从事自身业务的同时，指定专人为保险公司代办保险业务的单位为兼业代理机构。20 世纪 50 年代开始，中国人民保险公司大同支公司就开始尝试保险代办渠道的开辟与维护，筹划保险网点的建立与布局，建立起来的代理网点为保险业务的宣传和开拓起到较强辐射作用，为保险客户提供十分便捷与周到的服务。20 世纪 80 年代，中国人民保险公司恢复中断 20 多年的国内保险业务，大同保险业同全国一样又一次苏醒，并尽快驶入快车道，市场需求旺盛，规模增长迅猛，保险管理者深感直销队伍无论数量或质量都难以同庞大的保险业务相匹配，因此，沿袭传统路径，开辟代理渠道成为当时保险公司破解难题的最佳解法。1983 年，在“多渠道、广代理”的方针指导下，中保大同支公司从建立农业银行、农村信用社代办机构开始，代办网点覆盖城乡。如 1985 年统计，当年组建保险代办网点 294 个，其中兼业代办员 291 名，专职代办员 19 名，代办网点呈雨后春笋式发展。1992 年，中国人民银行颁布《保险代理机构管理办法》，随着金融监管政策出台，内部管理规范约束，兼业代理业务减少，兼业代办形式逐渐萎缩，专职代办形式有较大发展。如 1994 年年底统计，中保大同分公司代办所达 49 个，员工人数 242 人，年保费突破 5800 多万元，其间较大的中保大同北城办事处车站代办所 9 人、花园代办所 8 人、中保大同城区办事处城区代办所 16 人、城关代办所 5 人，中保南郊支公司口泉代办所 17 人，年度保费收入均突破 370 万元以上；开办较早的中保广灵城关代办所 3 人，年度保费在 3 万元以上，均有力地缓解保险公司人力不足的忧患与困境，保持和促进了保险业快速发展。1995 年 10 月 1 日，《中华人民共和国保险法》开始实施，根据规定：“保险代理人、保险经纪人应当具备金融监督管理部门规定的资格条件，并取得金融监督管理部门颁发的经营保险代理业务许可证或者经纪业务许可证，向工商行政管理机关办理登记，领取营业执照，并缴存保证金或者投保职业责任保险。”保险代办网点从法律上受到监管和规范。1996 年 2 月 2 日，中国人民银行发布的《保险代理人管理暂行规定》，1997 年 11 月 30 日又发布《保险代理人管理规定（试行）》，新的《保险代理人管理规定》从代理人资格、专业代理人、兼业代理人、个人代理人、执业管理、保险代理合同、罚则和附则多个方面提出具体规则和要求，大同保险专业代理机构、兼业代理机构步入整顿阶段，随着监管体系的出台，随着公司制度完善，保险代理人管理体系逐渐走向成熟。

一、机构代理的制度体系

大同保险业兼业代理业务起步较早，一路走来，步履蹒跚。1983年8月9日，山西省农业银行和中国人民保险公司省分公司联合发出通知，决定县以下农村保险业务委托农村银行和信用社代办。8月下旬，中国人民保险公司大同支公司与大同市交通监理所签订机动车辆代理合约，全市设立13个机动车辆监理站为保险代理处。10月，设立大同南郊、新荣两个区26个农村信用社为保险代办处。1984年6月，山西省农业银行、中国人民保险公司山西省保险公司联合下发《关于县及县以下的农村保险业务委托农行信用社代办的通知》，山西省农行系统全面代理农村保险业务。8月中旬，中国人民保险公司大同中支与铁路分局、矿务局、煤炭运销等物资集中生产和销售单位联合召开了铁路代办货物运输保险会议。9月，中国人民保险公司大同保险分公司根据总公司和铁道部货运局《关于开展铁路运输保险业务的联合通知》，在大同铁路下属的37个站、段设立代办机构。1985年10月，山西省农机局、中国人民保险公司山西省分公司联合通知，由各地市农机监理站代理拖拉机保险业务。当年，中国人民保险公司大同保险分公司组建保险代办网点294个，兼职代办员达291名，成为一支重要的销售队伍。1987年，中国人民保险公司大同北城分理处和大同市妇幼医院签订办理流产、引产及母婴安康保险业务。1988年，中国人民保险公司山西省分公司设计开发山西省独生子女及少儿安康婚嫁金保险，为了促进业务的快速发展，中国人民保险公司山西省分公司与山西省计划生育委员会、计划生育协会联合发文，在全省大力发展山西省独生子女婚嫁金及少儿安康保险等业务。各级计划生育协会可为保险公司代理销售产品，保险公司按照代理机构所收保费的1%支付代理手续费。年内，中国人民保险公司山西省分公司又与山西省工商行政管理局、山西省个体劳动者协会联合下发《关于开办个体工商户人身保险和养老金保险的通知》（晋保发〔1988〕18号）。文件明确："各级个体劳动者协会可为保险公司代办适合个体劳动者需要的各种人身保险业务，并与保险公司签订代办合同，办理展业宣传，收取保险费等工作。"要求"各级保险公司应对代办保险业务的个体劳动者协会进行业务培训和辅导，讲解保险的有关规章和业务手续，提供有关单证和保险宣传材料，按合同规定给付代理手续费"。规定代办的产品为中国人民保险公司山西省分公司制定的《团体人身意外伤害保险条款》和《个人养老金保险试行办法》。1992年，中国人民保险公司雁北地区中心支公司和雁北妇联办事处先后多次召开联席会议，对开办妇联代办保险业务的一些问题进行认真研究。当年，先后在雁北所辖区、县、乡（镇）三级妇联组织相继办起187个“三八”保险代办所，实现了乡乡有所的目标，代办人身、财产等7个保险产品。

1996年，中国人民保险公司山西省分公司实行产寿险分业经营，在进行人员、业务划分的同时，对保险兼业代理机构也进行分割。年内，中保人寿山西省分公司以晋保发〔1996〕86号文件下发《关于开办铁路旅客意外补充保险的通知》，决定在北京铁路局大同分局和临汾铁路分局开展铁路旅客意外伤害补充保险。文件下发后，大同铁路局率先行动，于9月18日与中保人寿山西省分公司联合下发《关于开展旅客附加保险业务工作的联合通知》，并签订补充协议，确定由大同铁路分局所属站、段代理中保人寿铁路旅客意外伤害保险业务。大同铁路分局及所属站、段成为中保人寿较早的代理保险机构。

1997年4月22日，中国建设银行与中保人寿保险总公司达成保险代理协议，正式签订《保险代理协议》。双方同时商定：中国建设银行及其分支机构只为中保人寿保险公司及其分支机构代理人寿保险业务，不为其他保险公司代理人寿保险业务。当年，中保人寿大同分公司专职代办所达到28个。

1998年6月，根据山西省人民银行金融监督会议精神和市人民银行对保险代办所的管理建议及设置要求，中保人寿大同分公司总经理办公会议研究决定撤销云岗矿代办所、计划生育代办所、大西街代办所、云岗村代办所、鹊儿山代办所，营业部已批准为正式机构，故从代办所序列撤出。

1999年5月，中国保险监督管理委员会、国寿总公司、国寿山西省分公司下发一系列关于加强保险兼业代理人管理有关问题的通知，就兼业代理资格、签订办法、合同文本都作了明确规定。除晋国寿发〔1999〕114号文件经中国保监委审批通过的名单之外，各基层公司还要继续积极同符合规定的其他机构，如银行系统、外贸公司、旅游公司、民航售票机构等取得合作意向。准备好所需的相关资料和证明，做好“经营代理保险业务许可证”的申报工作。

2001年，国寿山西省分公司转发保监委太原特派办《关于加强保险兼业代理机构管理有关问题的通知》，主要内容是要求进一步建立和完善兼业代理规章制度，规范业务操作，并对保险单证实行严格的管理，最大限度地防范经营风险。要求各级公司要按照保监办的要求尽快设立独立代收保费账户，并实现账户的共同管理。

2002年3月，国寿山西省分公司下发《中国人寿保险公司山西省分公司兼业代理专管员管理暂行办法》的通知，为国寿兼业代理销售制定较为系统性的法规。

2003年5月，国寿山西省分公司转发中国保险监督管理委员会、中国人民银行《关于加强银行代理人身保险业务管理的通知》，提出“每单必访”“规范宣传资料”“如实告知”“投保人声明与授权”等相关要求。10月，国寿山西省分公司下发《中国人寿保险股份有限公司山西省分公司银行（邮政）保险专管员管理办法（试行）》，该办法适用于银行（邮政）保险专管员的选聘、录用、职责、待遇、考核、调配及日常管理。

2004年8月，国寿山西省分公司下发《中国人寿保险股份有限公司山西省分公司银保通业务实务（试行）》的通知，下达国寿总公司与中国工商银行总行联合开发的“银保通”系统将在全省推广，提出开通“银保通”注意的问题，明确“银保通”业务的实务，确立“银保通”单证管理标准、系统及问题处理办法。通知第一部分规定银行柜面处理实务；第二部分规定保险公司与银行往来实务；第三部分规定保险公司内部处理相关管理规定。建立银行保险兼业代理业务新型管理规范管理实务体系。

2005年，中国人寿山西省分公司与交通银行、农业银行、邮政等的“银（邮）保通”系统开始上线。

2008年，平安财险大同中支开始执行《中国平安财产保险股份有限公司山西分公司专兼业代理管理办法》，正式启动专业化渠道经营模式。

2009年8月，国寿大同保险公司根据运营管理中出现的问题和《关于从严实施银保通契约质量管理的通知》精神，为强化银邮柜面“银保通”业务投保质量，提出具体要求：一是投保单重要项目不得涂改，“银保通”系统录入必须与投保资料一致。二是建立“银保通”业务实务专项考核制度。10月，保监会制定的《人身保险新型产品信息披露管理办法》和《关于推进投保提示工作的通知》等新规开始正式施行。各人身险公司遵照监管要求，在承保前向投保人进行投保提示，引导投保人在投保单上填写真实完整的客户信息，并要求投保分红、投连、万能等新型寿险产品的客户，在投保单上的投保人确认栏抄录“本人已阅读保险条款、产品说明书和投保提示书，了解本产品的特点和保单利益的不确定性”的风险提示语句并签名。在承保后按规定时限对投保人进行回访。以确保客户了解所购买的保险产品，从源头上减少和杜绝销售误导行为的发生。

2010年1月，中国保监会下发《关于加强银行代理寿险业务结构调整促进银行代理寿险业务健康发展的通知》，再一次强调：一是要严格执行客户投保前的“投保特别提示”、投保中的“抄录风险提示语句”，以及承保后的电话回访等关键环节，以杜绝销售误导行为的发生；二是要求代理银行的保险销售人员必须通过保险代理从业人员资格考试，取得“保险代理从业人员资格证书”。同时规定：“省级分公司与省级分行签订保险兼业代理合同的，必须分别取得保险公司总公司和代理银行总行的授权；省级以下的保险公司、银行分支机构不得签订保险兼业代理合同。代理手续费要通过保险公司省级分公司对代理银行统一转账支付，……省级分公司以下的保险公司分支机构不得向银行支付手续费。”10月，山西保监局下发《关于进一步规范银邮代理保险业务的通知》，除要求执行以往的风险提示措施外，还要求“各银行邮政机构及其代理网点应在营业场所的营业窗口、保险理财专柜等显著位置张贴‘投保前风险提示书’对客户购买保险行为进行风险提示”。同时规定“自本通知下发之日起，各保险公司银保专管员（或银保客户经理）不得进入银行邮政机构及其代理网点营业场所销售或促销保险产品。各银行邮政机构也不得允许保险公司的银保销售人员进入自身营业场所销售或促销保险产品。保险产品的代理销售由代理银行邮政机构销售人员自行独立完成（设立理财专柜、理财室的除外）”。“保险公司与银行邮政代理网点设立理财专柜、理财室的，保险公司可以向银行派驻银保专管人员接受客户咨询，但要有明显标识（比如，××保险公司理财专柜）。银保专管员应佩戴标有保险公司名称的胸牌，并且着装要区别于银行邮政工作人员”。11月，银监会又下发《中国银监会关于进一步加强商业银行代理保险业务合规销售与风险管理的通知》，规定“商业银行不得允许保险公司人员派驻银行网点”，“商业银行每个网点原则上只能与不超过3家保险公司开展合作，销售合作公司的保险产品”。上述一系列文件的出台，彻底颠覆一直以来所形成的银行邮政兼业代理业务销售模式。对遏制银邮代理业务盲目扩张、减少销售误导行为的发生起到积极作用。中国人寿山西省公司在全辖推行“银保销售人员管理系统”（bmis系统），对银邮专管员实现电子化管理。

2011年9月，为贯彻落实中国保监会、中国银监会《关于印发〈商业银行代理保险业务监管指引〉的通知》（保监发〔2011〕10号）精神，进一步规范银行、邮政机构代理人身保险业务行为，山西保监局结合实际下发《关于加强银行邮政机构代理人身保险业务监管有关事项的通知》（晋保监发〔2011〕35号），要求各人身险公司及银行邮政等保险兼业代理机构，在开展银邮兼业代理业务时，要“实施保险销售明示制度。各银行、邮政机构在其营业网点的储蓄窗口、理财专柜（区）代理销售保险产品的，应当在储蓄窗口、理财专柜（区）的明显位置标明‘销售保险—明明白白保险，中途退保有损失’字样”。同时在强化代理资格管理、加强代理费用管理以及建立健全应急管理机制等方面提出具体要求。

2012年是山西省人身保险公司服务提升年。3月15日，山西省保监局召开“山西保险业提升服务质量大会”。把“综合治理寿险销售误导行为”作为近期一段时间内山西人身保险业提升服务质量的主要工作，同时制定下发《山西人身保险业综合治理销售误导工作方案》。

2013年9月，为贯彻“打造第二支营销队伍”的队伍发展战略，国寿大同分公司按照总、省分公司对理财经理队伍的职能职责重新定位，将“理财经理”更名为“保险规划师”。同年，在太平洋财险大同中支按照省分公司下发的《银保渠道工作方案及指导意见》，对银保渠道发展进行新的定位，确立后期银保渠道总体发展思路、指导思想、发展目标和销售目标。根据《山西分公司银保渠道工作职能及销售专员日常行为规范》，对银保渠道及专员在责、权、利等方面予以明确。为加强中介业务的管理，规范中介业务运营，中煤保险大同中支制定并实施《中煤财产保险股份有限公司中介业务管理暂行办法》，明确中介业务的管理机构为中煤保险大同中支的市场营销部，并组织实施对所属机构中介业务进行管理和指导，实施对中介业务真实性、合法性进行监督与检查。

2014年1月8日，针对近年来银行代理保险业务中存在的销售误导、违规经营等问题，特别是因存单变保单、产品销售不对路、产品介绍不全面、客户信息不真实等一系列问题所引发的客户投诉案件频发的情况，中国保监会、中国银监会再一次联合下发《关于进一步规范商业银行代理保险业务销售行为的通知》（以下简称《通知》），并决定从4月1日起，对银行代理销售保险业务提出更加详细、更加严格的要求：一是加强对弱势群体的保护，为老年人和低收入人群购买银邮代理保险产品设置“减速带”，要求保险公司对城乡低收入居民、投保人年龄超过65周岁或期交产品投保人年龄超过60周岁的，不得通过系统自动核保现场出单，应由保险公司人工核保；二是规定“商业银行代理销售的保险产品保险期间超过一年的，应在合同中约定15个自然日的犹豫期”，以避免一时冲动或盲目购买情况的发生；三是要求保险公司向投保人的手机发送包括保险公司名称、保险产品名称、保险期间、犹豫期起止时间、期交保费及频次、公司统一客服电话等内容的“提示短信”，并提示投保人仔细阅读保险合同条款。四是要求商业银行网点销售人员不得代投保人填写投保单。如投保人填写确有困难，可由销售人员代填，但必须经投保人进行书面授权或在录音或录像的情况下进行口头授权。书面授权文件、录音、录像等资料由商业银行交由保险公司进行归档管理。以保证投保过程反映消费者的真实意思表示。除此以外，《通知》还对银行代理保险业务的保险单册纸张尺寸、字体大小以及封面上必须包含的风险提示语及犹豫期提示语等内容，都进行详细规定。6月，为保证兼业代理业务的有序进行，中煤保险大同中支严格按照《中煤财产保险股份有限公司中介业务管理暂行办法》执行，加强应收保费的管理、代理人资质的管理、职业道德的管理和业务素质培训的管理。

2015年11月，国寿山西省分公司下发《总版客户经理基本法实施方案（2015）》的通知，从职级与职责、委托报酬、考核、星级网点津贴等进行指导。太平洋财险大同中支在险企银行合作、渠道产品创新、代理队伍建设和销售成本按控等方面开始执行由省分公司下发的《2015年银保渠道销售费用指导意见》《山西分公司银保渠道建设指引》《2016年银保渠道业务发展指导意见》。

2017年，中华联财险大同中支执行省分公司制定的《中华联合财产保险股份有限公司山西分公司代理渠道销售人员基本管理办法实施细则》，使中支代理团队管理更加规范化。

二、机构代理销售组织结构体系

大同保险业机构代理销售是保险销售的重要组成部分，20世纪50年代，中国人民保险公司大同支公司就重视代理业务的开办，如1953年，在许多农村建立保险委员会，在城区许多行业建立普通代理处，办理保险业务等。20世纪80年代，恢复国内保险业务初期，中国人民保险公司大同中支在全市广泛建立专、兼业代理机构，但是90年代初期，由于代理业务政策上的缺失、公司管理重心偏移、 内部治理欠规范，代理体系不成熟，仅仅有少数代理机构仍在办理业务，如铁路货运、公路旅客、医院健康保险、计划生育部门等，大多数代办点逐渐萎缩，90年代末期，中保人寿在各县支建立代办所，本质上仍是正式机构的延伸。大同保险代理在摸索中前进。

2001年，太平洋保险系统实施产、寿险分业经营，太平洋人寿大同中支成立，内部设立中介部，负责中支保险中介业务经营管理。

2002年3月，国寿山西省分公司下发《中国人寿保险公司山西省分公司兼业代理专管员管理暂行办法》的通知，通知规定：各级公司团体业务部门为兼业代理专管员的主管单位，负责专管员的业务培训、业绩考核、人员招聘、日常管理等项工作。专管员的职级分为6个级别，分别为见习专管员、专管员、专管主任、高级专管主任、专管经理、高级专管经理等。市分公司制定本地区6级专管员升、降级标准，县支公司团险部门按时进行考核，并报市分公司团险业务部审核和建档。9月，国寿大同保险分公司根据省分公司《关于设立银行（邮政）保险代理机构有关问题的通知》规定，设立银行（邮政）代理部，统一经营和管理所辖区、县的银行（邮政）保险业务，银行（邮政）代理部暂时与团险部合署办公，县（区）支公司银行保险业务由各支公司团险科管理，不再单设银行保险科。

2003 年 10 月，国寿山西省分公司下发《中国人寿保险股份有限公司山西省分公司银行（邮政）保险专管员管理办法（试行）》的通知，确立省分公司银行（邮政）代理部为省级代理业务及专管员管理的主管部门，负责制定全省银保专管员管理办法并对各地市的执行情况进行监控；地市分公司银行（邮政）代理部依照省公司的规定，负责全辖专管员的聘用、建档、考核、晋升及日常活动管理，并根据省公司制定的培训方案和教材组织实施培训工作；县级公司在地市公司的统一规划下，对本区域专管员进行日常管理。专管员职级确立为见习专管员到高级专管员 6 级，按具体考核标准和周期升降。同年，太平洋财险大同中支成立中介部，开始对中介业务进行条线化管理，主要承担管理职能是业务拓展职能。

2004 年 4 月 30 日，国寿山西省分公司代理业务部更名为“中介业务部”并从团险部分离出来，成为省分公司独立职能部门，银行邮政兼业代理业务的管理进一步加强。中介业务处从加强银保专管员管理入手，参照山西保监局《关于保险营销员持证上岗有关事项的通知》要求，开始在全省银邮专管员团队中逐步推行持证上岗。同年，太平洋人寿大同中支中介部更名为银行保险部。

2008 年 5 月，国寿山西省分公司为实现银邮代理业务的持续发展，制定《银行保险客户经理精品团队及理财经理团队建设实施方案》，加强对银保销售队伍建制、业务员素质和队伍管理等方面的管理。银保渠道的队伍体系由客户经理、理财经理、职场经理共同构成。客户经理、理财经理的主要职能是业务拓展，职场经理的职能是为队伍提供技术指导和后台服务。县级公司设银保部，下设客户经理分部、理财经理分部，各分部设经理、组训、讲师。银保队伍以团队为基本管理运作单位，团队的经理、组训、讲师以专职为主，以兼职为辅。理财经理分为业务系列和管理系列，业务系列分为 5 级：见习理财经理、初级理财经理、理财经理、高级理财经理、资深理财经理；管理系列为理财主管。同年，太平洋大同中支借监管单位清理整顿保险中介市场的契机，不断优化兼业代理机构的申报和审批管理工作，各项申报流程日趋规范和合理，新建立合作关系的中介机构逐渐增多。

2010 年 6 月，中国人寿山西省分公司下发《银行保险客户经理管理办法（2008 版）实施细则（试行）》，建立银行保险客户经理规范管理办法。银行保险客户经理包含销售系列的客户经理和管理系列的客户经理，后者又称作客户经理主管。其管理架构如下。

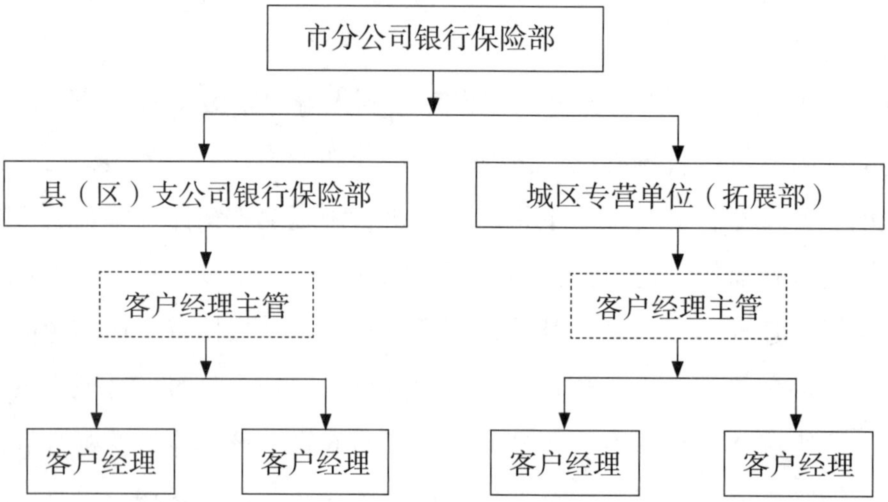

图 40　国寿银保组织结构图

销售系列分为 6 个职级：助理客户经理、初级客户经理、中级客户经理、高级客户经理、特级客户经理、资深客户经理；管理系列分 3 个职级：客户经理初级主管、客户主管、客户经理高级主管。销售系列和管理系列之间满足一定条件可以相互转换。同年，太平洋财险山西省分公司实施人力资源改革，对于中介业务实行专业化渠道管理，成立渠道部。大同市中支整合交叉销售、电话销售、银保、车商、经纪人和代理人等 6 个渠道，对各渠道主管、专员进行聘任，渠道业务步入专业化、精细化条线管理的轨道。

2011 年 8 月，国寿大同市分公司根据《中国人寿大同分公司深化经营管理体系改革方案》，按照市分公司所属城区要积极推进三大渠道的专业化经营，按照“专业化经营、扁平化管理、基于成本效益、结合行政区划”的原则设置城区架构。整合城区机构银保业务，保留御河路支公司为银保销售专业公司（E3 类），下辖团队按银保渠道销售人员管理办法管理。理财中心职能合并至市公司银行保险部，作为理财拓展团队由银行保险部统一管理。专业化支公司，除销售职能外的其他行政职能统一上收到市分公司。县支公司内设银行保险部。

2012 年，太平洋财险大同中支根据省分公司下发的《山西分公司渠道建设管理暂行办法》，进一步明确银保、车商、交叉等渠道的队伍组建原则、标准及人员级别设置、考核等内容。

2013 年，太平洋财险大同中支通过《山西分公司银保渠道工作职能及销售专员日常行为规范》的认真执行和具体实施，对银保渠道及专员在责、权等方面予以明确。通过《中介业务管理办法实施细则》的执行，对中介业务的资质管理、协议管理、销售及佣金的提取审核进一步规范。

2015 年，太平洋财险大同中支根据省分公司制定的《2015 年银保渠道销售费用指导意见》和《2016 年银保渠道业务发展指导意见》及《山西分公司银保渠道建设指引》，通过对银保发展方向进行重新定位，重点在合作银行，合作产品，队伍建设，成本管控和创新发展方式等方面进行重新的发展规划。

2016 年，国寿大同分公司根据《总版银行保险客户经理基本法实施细则》，调整客户经理职级如下：初级一级、二级，中级一级、二级，高级一级、二级，特级客户经理，资深客户经理 8 个级别。

三、机构代理销售组织流入流出

机构代理销售组织流入流出是保险机构建立的对代理机构人员进行宣传、联系、管理的组织团队队伍建设。

2002 年 3 月，国寿大同市分公司根据《中国人寿保险公司山西省分公司兼业代理专管员管理暂行办法》，制定当年度全市专管员聘用计划、应聘条件和聘用程序。聘用专管理员原则：一个专管员要负责 1—3 个支行或支局，至少承包 2—4 个兼业代理机构。聘用程序：县支公司（营业部）进行初审，地市分公司团体业务部统一时间组织考试和面试，合格后由地市分公司团体业务部门颁发《中国人寿保险公司兼业代理见习专管员展业证书》，纳入专管员管理。聘用条件要求年龄方面、学历方面、身体方面和其他方面等。

2003 年 10 月，国寿大同分公司执行新的银行（邮政）保险专管员队伍管理办法。选聘与录用原则为：专管员人数可根据业务发展需要和成本效益原则合理确定；专管员聘用条件为：身体条件、学历条件、从业经验、沟通能力、责任担当等；聘用程序为：初审、报备、审核、岗前培训、考试、签订合同、建档。

2008 年 5 月，国寿大同分公司按照国寿省分公司下发《银行保险客户经理精品团队及理财经理团队建设实施方案》，对全辖银保代理队伍进行建立与改造，银保渠道的队伍体系由客户经理、理财经理、职场经理共同构成。队伍构建目标是：各县支（区）客户经理队伍按签约网点 1∶2 的标准，配置客户经理。人员网点配置原则：全面竞争区域的市区、资源大县的网点，按照 1∶1 配备客户经理，实现驻点经营；半竞争区域的网点，按 1∶1 或 1∶2 配置人员；其他网点视情况配置，但以 1∶3 为限。理财经理队伍发展目标：以当年满期客户为切入点、以累积客户为基数、按每人服务 300—400 个客户为标准，配置理财经理。组建理财队伍的指导原则是，全面竞争区域的市区、资源大县、半竞争的市区公司应组建理财队伍。

2010 年 6 月，国寿山西省分公司制定客户经理系列招募和解约规定及流程。客户经理招募工作可以由县（区）支公司银行保险部或城区拓展部实施，报市分公司银行保险部统一组织备案；也由市分公司银行保险部协同人力资源部统一组织实施。客户经理主管的招募工作由县（区）支公司银行保险部或城区拓展部实施，报市分公司银行保险部审批；也可以由市分公司银行保险部协同人力资源部统一组织实施。招聘条件为：年龄、学历、资格、身体、知识等。招聘流程分为：申请、审核、面试、笔试、培训、体检签约等环节。明确签约程序和解约程序，以及不良记录禁止签约等。

2012 年 7 月，国寿省分公司制定《2012 年下半年银行保险理财经理队伍建设方案》，国寿大同分公司加强组织，精心安排，扎实推进，提出队伍人力倍增目标，到年底实现新增人力 60 人。主要采取措施是：制定落实方案，成立领导小组，确定小组职责，明确阶段目标，召开动员大会，通畅信息路径，实施督导检查，清晰重点难点，透明奖惩机制，强化专门培训，保证后援到位。9 月，山西省分公司银行保险 2012 年客户经理增员方案，国寿大同在落实客户经理增员方案中，重点突出省分公司的政策支持，即培训津贴、新人开单奖和新人推荐奖，两项增员活动均在年底取得良好效果。11 月，国寿大同分公司又进行《山西省分公司银行保险 2012 年“抓队伍 夯基础”增员方案》的实施工作。

2013 年 2 月，国寿山西省分公司启动《银保渠道 2013 年“春雷行动”理财经理组织发展专项活动方案》，国寿大同分公司借势春节前后增员的有利时机，借助省公司专项资金支持的有利时机，结合两支队伍《基本法》统一和推广的有利时机，强势开展全员参与的增员活动。

2014 年 6 月，国寿大同分公司积极参与实施《“百支千人，决胜主城”2014 年度保险规划师队伍建设暨新版基本法上线套转实施方案》，抢抓套改政策机遇，在“原队伍”的改造过渡和“新队伍”的增人留存同时，全面规范保险规划师队伍的管理体系。当年，客户经理 84 人，保险规划师 146 人，成功实现规划师翻番目标。

2015 年 3 月，国寿大同分公司组织实施由省分公司制定的《2015 银保渠道“抢建队伍，助力转型”保险规划师队伍发展企划方案》，严格按照“边强势增员、力建架构，边狠抓举绩、有效留存”的发展节奏，充分凭借省公司给予专项资源投入政策，努力创造标杆团队需要的多项条件，扎实推进银保规划师队伍建设，确保建设一个重点城区 + 三个重点大县、三个中县的“1+3+3”模式。当年，总计入司321人，壮大规划师队伍。

2016年2月，国寿大同分公司为银保业务转型发展提供有力支撑，为持续推动销售队伍的快速发展和素质提升，印发《大同分公司银保渠道2016扩量提质增员企划方案》，确立企划目标为：到2016年年底，全市实现保险规划师队伍签约人力不低于600人，达成组经理及以上主管50—100人。企划方案中明确落实时间，成立企划领导组织，提出具体思路，出台的各项激励措施等。

2017年2月，国寿大同分公司制定并下发《“魅力三月增员行，乐享魏都水上”，“三·八增员奖励企划方案”》，规定活动时间，制定活动口号，明确活动目标，预定激励措施，提出企划要求等。

四、机构代理销售组织薪酬设计

机构代理销售组织团险的薪酬设计依赖于团队职能，20世纪50年代，中国人民保险公司大同支公司建立的兼职代理处薪酬是按照代办业务经费补贴或手续费支付，80年代恢复保险业务之后，中国人民保险公司专职代办机构实际为保险机构的延伸，薪酬管理大部分按照员工形式分配；中国人民保险公司兼业代理机构按照代办业务手续费支付。2000年以后，各家保险机构招聘兼业代理销售保险业务专管员，主要职能进驻代理职场进行销售等活动，薪酬设计按照各公司管理办法，一般为基本工资附加销售业绩提成。2002年以后，随着专管员驻点职能改变，专管员称谓发生改变，多数保险公司开始根据其职能实行不同程度的底薪和各种津贴组成的薪酬机制。

2002年3月，按照《中国人寿保险公司山西省分公司兼业代理专管员管理暂行办法》规定，专管员的薪金报酬来源于所负责兼业代理机构的展业费用，包括试用期基本津贴和业绩工资两部分。试用期基本津贴数额和业绩工资标准由各地市分公司自行研究确定。在试用期间，本公司最多发给6个月的试用期基本津贴（因职级变更等原因成为见习专管员者除外），其业绩工资要按照标准业绩工资的50%计算。

2003年10月，国寿大同分公司执行新的银行（邮政）保险专管员队伍管理办法。专管员的薪金收入，包括基本工资、业绩工资两部分。见习专管员在试用期内可以享受不低于当地最低生活标准的基本工资，最高不超过500元。试用期结束后，各职级专管员的工资收入为固定部分与业绩工资之和。专管员在签约期间的销售行为和其他行为，影响专管员的奖惩。

2008年5月，国寿省分公司对银保队伍进行重组和改制，队伍体系分为：理财经理的收入包括底薪、绩效收入和其他收入。

底薪。底薪为收入的固定部分，参照省分公司相应职级底薪参考标准，见习期内须足额下发，转正后可结合其活动量管理、服务品质、业务品质等表现决定是否足额发放底薪，但浮动幅度应控制在30%以内；绩效收入：包括销售费用型产品、佣金型产品而产生的绩效收入；其他收入：各经营单位可根据当地市场竞争情况和实际收入水平，对理财经理发放适当的津贴和补助，如年功津贴、职级津贴，交通、通信、服装补助等。福利待遇：理财经理通过公司考试选拔录用后，公司将为理财经理个人发展提供完善的教育培训福利计划。

2010年6月，国寿省分公司对银保客户经理队伍薪酬进行规定，客户经理和客户经理主管委托报酬项目由基本报酬、绩效报酬、管理津贴（仅对客户经理主管）、保险保障4部分构成。其中，客户经理委托报酬影响因素有：日常行为规范、职级对应标准、客户经理报酬中与业绩挂钩的部分。客户经理主管报酬影响因素有：基本报酬标准、所辖团队网点新单业务和主管个人自营业务。

2015年，国寿大同分公司根据总公司《总版银行保险客户经理基本法实施方案》精神，客户经理委托报酬分为职级津贴、绩效报酬、推荐津贴组成。职级津贴按月度领取，客户经理根据上一月份职级考评结果，于次月领取职级津贴。绩效报酬分为首年佣金和续期佣金，首年佣金按照月度领取，客户经理按照上一月份实收保费，于次月领取首年佣金；续期佣金由期交险种和续期佣金提取比例确定。推荐津贴用以奖励主动增员的客户经理。在新人顺利通过考核期后，按照被推荐人员当月实收保费的2‰予以奖励，每月发放一次。

2016年，客户经理委托报酬分为职级津贴、绩效报酬、管理津贴、展业津贴和年终奖励，各项报酬均按月度发放。职级津贴按月度领取，非新签约的客户经理根据上一季度职级考评结果，于本季度按月领取职级津贴。绩效报酬分为首年佣金和续期佣金。首年佣金按照月度领取，客户经理根据上一月份实收保费（以实际保费为准，保费不进行折比），于本月领取首年佣金。续期佣金由期交险种和续期佣金提取比例确定。管理津贴对于有辅导、培训等管理团队能力的客户经理，公司给予管理津贴。展业津贴对于有渠道自主经营能力，并能主导其他客户经理共同开拓渠道、维护渠道的客户经理，公司给予业务发展、服务支持、网点维护或人力发展等支持补助。年终奖励在一个会计年度末，按照网点综合保费规模（M）（趸交保费按照5%折算，期交保费按照1:1折算），全省由高到低排序，对于达成星级标准且排名前100名的网点，省公司给予维护上述网点的客户经理年终奖励报酬。年终奖励于次年1月起发放，持续一个会计年度。

五、机构代理销售组织辅导管理

机构代理销售组织辅导管理主要记述相关学习、培训、演练的管理办法与机制。机构代理销售队伍的辅导管理伴随着队伍的产生而全面产生。

2003 年 5 月，国寿大同分公司按照中国保险监督管理委员会、中国人民银行《关于加强银行代理人身保险业务管理的通知》的通知，对全市专管员进行培训，重点针对相关法律法规、职业道德、业务知识和销售话术进行培训，强调销售产品的保险特性，不得夸大或变相夸大保险合同利益，不得有虚假、欺瞒或不正当竞争的表述。10月，国寿大同分公司执行《中国人寿保险股份有限公司山西省分公司银行（邮政）保险专管员管理办法（试行）》，规范专管员的培训管理和活动管理。将专管员培训体系分为心态培训、技能培训、管理培训三大部分。专管员培训模式分为标准化培训和专题培训。强化专管员的活动管理目的：一是建立良好的工作习惯，提高团队活动的一致性。二是加强沟通，提升服务，提高对银行（邮政）业务的分析和决策能力。强调专管员活动管理包括活动量管理工具的使用、主管签批与辅导以及会议经营。落实专管员活动量管理工具包括日拜访记录表、周计划表、客户管理手册和活动手册等四种工具使用以及客户管理手册包括代理网点业绩记录表和银行（邮政）机构资料卡的使用，促进专管辅导系统化、体系化。

2007 年，大同保险业界各寿险公司进一步强化对银邮代理专管员队伍的培训和管理，提高队伍素质。3月，中国人寿山西省分公司制定并下发《银行保险客户经理“大练兵”活动实施细则》。

2008 年 5 月，国寿大同市分公司将理财经理培训系统化、规范化、体系化。培训项目应包括岗前培训、衔接教育、在岗培训、晋升培训。岗前培训不少于 15 天课时。内容包括代理人资格考试、公司介绍、企业文化与制度宣导、保险产品学习、职业道德、相关法律法规、职业生涯规划、初级营销课程。衔接教育，培训课程不少于 30 课时。结合市场实践，针对工作流程的各环节进行专项培训。如话术训练、接触面谈、需求沟通、方案设计、保单促成等内容，重在培养其基本工作能力。在岗培训包括理财师专业教育课程、沟通及表达能力训练，在岗前培训、衔接教育基础上促使其熟练掌握工作技能，产生稳定业绩。要融培训于早会、夕会、业务竞赛等经营活动之中，注重专题培训，解决实际问题。晋升培训，主要内容为金融理财师认证培训、目的是全面提升其素质，符合高职级理财经理的工作要求。

2009年7月，国寿晋城分公司银保“511”工作模式，被国寿总公司在全国系统推广，7月，为提升银行保险网点经营能力和市场竞争实力，夯实发展基础，国寿山西省分公司举办全省系统银行保险管理干部、客户经理培训班。对全省系统县级机构银邮代理业务分管经理、团队主管、客户经理进行为期10天的“同时点、分批次、分地域”统一模式的培训。从强基固本“511”、快乐“511”、有效拜访流程、工作日志、活动日志、银行业务类型及客户识别内容等方面，对“511”工作模式进行深入传承。国寿大同分公司先后有120多人参加培训。这些参训人员又成为国寿大同推动晋城“511”工作模式的种子。

2014年6月，国寿大同分公司组织实施“山西省分公司保险规划师新人育成体系（2014版）组织实施方案”活动。新的育成体系为期2—3个月，先后经历创业说明会、职前教育、保险销售从业人员资格考试辅导、签约培训、金鹰起飞训练营、职场训练“八大关”、主管辅导培训六个阶段七个板块，为有发展意愿的新人提供发展前景、基础知识、商品服务、自我管理、技能技巧等培训训练。

第十七章　单证、印章和档案管理

单证和印章是构成契约的重要依据，是体现权能的主要凭证，是责任、信用的表现方式。档案是企业活动直接形成的历史记录，是一个企业各种管理的出发点和归宿点。单证、印章和档案的管理水平，往往体现一个企业的经营管理水平。

第一节　单证管理

单证管理是指保险公司对业务单证的印刷、入库、申请领取、发放、调拨、核销、销毁和结算等各环节进行规范操作的过程，以期达到避免浪费、安全使用有价单证和重要空白凭证，防范和化解经营风险的目的。

20 世纪 50 年代，中国人民保险公司大同支公司开始办理各种保险业务，开办过程中所需的各种单证、报表由总公司统一印制下发。80 年代，中国人民保险公司山西省分公司恢复业务后，对单证继续实行统一管理，计划供应的办法。1986 年，在单证管理方面提出要求，主要是要求单证管理人员的稳定，有条件的公司建议设立专职管理员，或在工作上以单证管理为主的兼职管理员。要求各地、市每个季度末提前 10 天将下季度的单证印刷计划上报省分公司主管处室。各地市除新险种的单证由各分公司各处室提出计划外，已经开办的险种和各种其他操作手续使用的单证应均由各中支认真填制计划，上报省分公司单证组统一安排付印。

1987 年，中国人民保险公司山西省分公司下发《印刷品管理制度》，对印刷品继续实行统一印刷、统一管理的办法。各中支所需单证、报表等全省基本险种的印刷品均由省分公司统一印刷，各中支公司不得自行印刷。地方性险种的印刷品，可以自行印刷，但应按统一格式、纸质要求印刷。印刷品计划每季度报一次，各中支必须提前一个月将下季度印刷品计划报分公司办公室。

1989 年，中国人民保险公司山西省分公司转发总公司制定的《企业财产保险实务手续》，对规范单证管理提出具体要求，单证印刷方面：企业财产保险投保单、保险单格式由总公司统一设计，各省分公司自行印刷，其他单证各分公司可根据实际需要自行设计、印刷。单证保管方面：投保单、保险单、明细表按保单号顺序装订成册，批改申请书、批单分别附在投保单和保险单上，带有号码的作废保险单加盖“作废”戳记，并连同副本一起按顺序号装订。理赔案卷：案件结论、决定在前，其他单证按赔案工作程序排列。保险单等重要空白单证实行专库专柜保管，建立重要空白单证登记簿，严格履行签收、发放和领用销号手续，做到笔笔有记录，并由经手人签章，实行专人保管，并按月清查未使用单证，做到账实相符。7 月，中国人民保险公司雁北中支在左云县支公司召开档案单证管理会议，决定全区要以《中华人民共和国档案法》和《档案工作条例》为准则，以总公司有关档案单证管理制度、规定、细则为依据，以左云县支公司档案单证管理工作程序为样本，做到房室落实、设备落实、人员落实、制度落实，单证管理要具有领用的计划性、供应的及时性、使用的节约性、管理的严密性、销毁的合法性。在全区实施左云支公司“一个经验，两个程序”。8月，中国人民保险公司雁北中支提出管理档案、单证的质量标准：综合方面主要是集中管理，做到专人、专柜、专室分类保管，制度健全、手续完备。空白单证管理主要是各类单证存放有序、整洁；各种单证以险种设柜，每种单证的分档架上有单证名称标志；按照要求，及时编报单证领用计划；各种单证应加编制带有公司号顺序；对保险费收据、保险单等重要凭证的领取、使用、作废有严格的手续；建有并较好地履行“空白单证保管簿”、领取、使用、作废单。10月，中国人民保险公司雁北中支全区档案单证管理达标，初步实现“三专、两统一、一集中”，“三专”就是专人、专柜、专室管理；“两统一”就是各种档案的立卷归档、统一装订程序、统一管理办法；“一集中”就是档案单证实行集中管理。同年，中国人民保险公司大同中支将业务单证划归档案室管理，档案室首先建立空白凭证登记簿，并在发出前将保单、批单、收据都打上本公司凭证专号和份数编号，进行登记。作废的交回销号，未经档案室编号的凭证一律无效。各业务口不得存放整箱单证，必须建立各种领用、发放、使用等六个登记簿和各种资料卡，使业务单证管理步入有序轨道。

1990年1月，中国人民保险公司山西省分公司开展档案质量大检查活动，借助此机会为全省各中支提供相互交流相互学习的机会，检查活动结束后，检查组就雁北中支档案管理建议：一是各级领导要树立加强档案管理的意识；二是制订当年档案管理达标计划；三是在中支成立综合档案室，配备专职人员管理，配置必要基础设施；四是加强档案普及培训。

1991年，中国人民保险公司雁北中支为实现全区会计工作达标升级，对全区日常业务使用的《机动车辆无赔款优待奖励批单》等14种单证，从1992年1月起，统一按规定的格式和尺寸印刷使用。

1995年，中国人民保险公司总公司下发《关于印发〈个人养老金定额保单办法〉的通知》附“个人养老金定额保险单业务管理规定”，一是个人养老金定额保险单为保单正联和存根联。二联中线处须有中国人民保险公司骑缝章。二是个人养老金定额保险单为有价凭证，各分、支公司须指定专人负责领用和日常保管。建立定额保单领用、发放使用记录。

1996年12月，中保人寿山西省分公司制定《保险单证实务管理办法》，该办法规定所有单证均由总公司和省分公司统一设计、统一印刷，各地市不得擅自更改、印制；各级公司单证均由办公室统一管理，建立单证库及货架，不得随意堆放单证；要建立健全单证管理制度，严格执行签收、发放领用手续；作废单证要加盖作废印记，并按号码顺序登记核销；凡由代理人所使用的业务单证，各级公司必须指定专人负责领用和核销登记，始终坚持“用完、核销、再领用”的原则。同年，中保人寿大同分公司开始执行。

1998 年，太平洋大同中支单证设计使用为一式两份，中间夹复写纸填写使用。各营业机构向中支营业部领取空白单证，签发完毕后按流水号装订后将底联交回中支营业部统一归档。

1999 年 9 月，国寿总公司团体业务部印发《关于下发一年期（含）以下保险业务单证标准式样的通知》的通知，统一系统团体业务展业需要的重要单证规格和模式。同年，国寿大同公司根据省分公司要求，对旧版单证进行清理，收回未使用的旧版单证，核销已用的单证，并要求各县（区）营业单位指定专门单证管理人员从事单证管理工作。太平洋财险，单证切换为电脑录入，机打模式。

2001 年，总公司为推广《寿险实务》及 CBPS7.0 版程序，完善保险合同内容，统一规范全系统业务单证，对个人寿险业务的全部单证进行了重新设计。新单证的内容、格式、用纸等方面和以前有了很大不同，并且 CBPS7.0 版程序不再支持原来老式投保单证的数据录入。CBPS7.0 版程序开始运行，必须全部换用新版单证，原有老式单证同时停止使用。国寿大同分公司为避免老式单证的浪费，根据省分公司要求，在 CBPS7.0 版程序升级使用之前，认真规划老式单证用量，对老式单证的征订印刷妥善控制，确保在 CBPS7.0 上线后不再使用老单证，并使老式单证销毁造成的损失控制在较小范围之内。

2002 年 11 月 1 日，国寿大同市分公司根据省分公司制定的《关于对业务单证进行专项清理的紧急通知》要求，开展对在承保、保全、理赔等业务处理过程中所使用的纸质格式化的空白表格，包括分业经营前以及分业经营后各个版本所使用的各种有价单证、重要空白单证、普通单证，重点是对各种有价单证（各类定额保单）、重要空白单证（保险单、投保单、批单）进行清理。19 日，国寿大同市分公司开始执行由山西省分公司印发的《业务单证管理办法（试行）》及《卡折式有价单证管理办法》两个管理规定。同年，平安财险山西分公司本部及下属地市三级机构均设立单证实物库及系统库，省分公司配置 1 名单证管理岗统筹管理，地市三级机构（大同中支）配置 1 名兼职单证管理岗，负责本机构单证收发管理工作。

2003 年，国寿大同分公司单证管理系统（VMS）上线运行，实现单证管理的信息技术化。同年 5 月，根据国寿山西省分公司印发的《重要业务单证管理稽核方案》，国寿大同分公司对 2002 年度全市系统重要业务单证的印刷、入库、申请领用、发放、调拨、核销、销毁和库存情况以及自 1996 年分业经营以来，已停止使用的有价单证、重要空白凭证［保险费收据、保险费预（暂）收据］的销毁情况进行稽核。9月，国寿山西省分公司组建4个检查组，赴全省各个市分公司就单证管理部门、管理细则、管理流程、定期盘点、上机管理、遗失处理以及撕票式业务、单证库设施、卡折式有价单证进行为期一周的大检查。同年，太平洋财险大同中支单证管理系统上线，单证全部由总公司统一印制并下发分支机构。所有作废空白单证全部按要求清理销毁，业务留存联按要求装订交接档案备案封存。单证管理步入正轨，建立和健全单证管理体系。建立逐级单证管理制度，配备不同级别、不同权限的单证管理岗位人员。

2004年12月，国寿大同分公司按照省分公司转发总公司的《中国人寿保险股份有限公司单证管理办法》，及时组织业务、财务相关人员认真学习，建立分公司单证管理体系。即在市公司层级配备专职地市级机构单证管理员（业务中心配置），其他部室配置或指定部门单证管理员，县（区）支办配备最高级部门单证管理员，其他使用单证人员为单证最终领用人。要求各级单证管理人员严格按照《单证管理办法》执行，了解单证划分、明确单证管理基本原则、熟悉单证管理流程以及印刷、入库、保管、发放、领用、使用、作废、缴回、销毁、归档、检查、追究、禁止等制度。同年，太平洋寿险大同中支单证管理系统（2003版）上线，把单证管理纳入系统化管理，实现重要空白单证在系统内通过手工录入进行核销。

2005年1月，泰康人寿大同中支建立单证管理体系，系统实行分级管理，自上而下的三级单证管理制度。即公司财务部门执行有价单证全程管理，分公司级单证岗维护机构财务单证管理员，机构财务单证管理岗维护业务部门单证管理员权限。

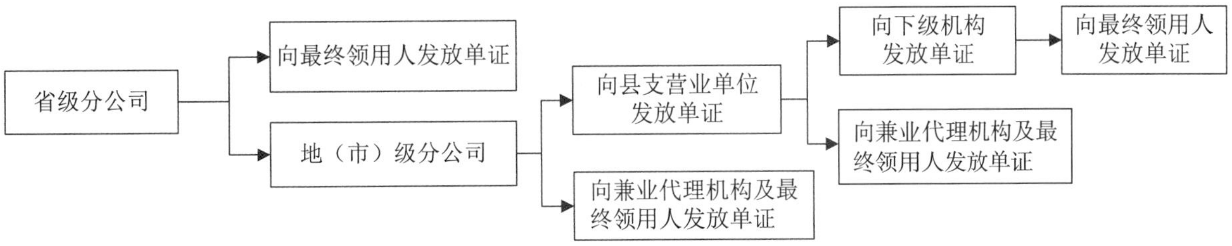

图41　国寿2009年单证领用发放流程图

2006年6月，国寿总部根据《转发保监会〈关于防范利用保险进行诈骗的通知〉的通知》和《关于加强对重要单证管理和回访工作的通知》文件的要求，对各类收款收据、保费发票和保险合同统一设计防伪标识，增加回访内容的重要提示。国寿大同分公司根据要求，及时制订单证衔接计划，妥善平稳过渡。11月，国寿大同开始执行由山西省分公司制定下发的《中国人寿保险股份有限公司山西省分公司单证管理办法实施细则》。中国人寿山西省分公司下发《中国人寿保险股份有限公司山西省分公司单证权限管理制度》文件，确定单证权限管理制度模式为省级公司—市级分公司—县级支公司三级。具体管理部门为省公司业务管理中心—市分公司A柜面—县级支公司B柜面。

2007年2月，为了进一步规范各级单证管理员在单证管理系统中相关管理权限和级别，真正做到单证管理人员与系统设置相一致，国寿大同分公司根据省分公司制定的《关于规范各级单证管理人员系统权限设置的通知》要求，重申四项要求：一是单证管理人员的配备要求；二是单证管理人员更换时交接工作；三是单证管理员的系统管理权限要求；四是现有单证管理权限的清理要求。7月，国寿山西省分公司下发《中国人寿保险股份有限公司山西省分公司单证管理铁律》，国寿大同分公司高度重视，及时将文件转发到各个县（区）支办，并要求在各种会议进行宣导，将“单证管理铁律”作为其中一项制度张贴上墙，要求各公司各级人员在单证管理与使用上，要严格维护“单证管理铁律”的权威性、严肃性和统一性。11月，泰康人寿大同中支按照总公司业务使用单证纳入系统管理的要求，上线了有价单证管理系统，构筑单证管理基本的财务—业务—财务循环理论，实现单证系统、公司财务系统和业务系统三大系统之间的无缝对接，使有价单证从征订、收货、领用、发放、回销、销毁、盘点等一系列动作的全程管理。12月，为实现“粗放式向精细化”的“管理与服务”模式的转变，国寿大同分公司根据山西省分公司转发由总部制定的《关于加强单证精细化管理工作的实施意见》的要求，结合自身农村网点及中介业务实际状况制订较为具体的单证使用实施细则，并将各县（区）支办单证管理质量纳入当年业务考核范围，并与绩效、奖惩挂钩。

2008年5月，国寿大同分公司根据省分公司《关于开展单证库及停用单证检查的通知》，积极配合由国寿晋中分公司组成的检查小组对大同17个机构为期10天左右的单证检查。8月，国寿大同分公司下发《关于落实山西省分公司单证检查管理实施细则的通知》，提出三项要求，一是要提高认识、统一思想，坚决克服“重保费、轻管理”的思想，防止单证管理“老大难”问题存在，给可持续发展上留下风险隐患。二是加强领导，明确责任，切实开展单证检查，制订相应整改计划和措施。三是严格管理，强化落实，主要重视四点即：要抓好单证管理员队伍建设工作；要严格按程序做好停用作废单证的销毁工作；要制定检查计划，做好现场检查及自查工作；要加强跟踪，及时通报。9月，泰康人寿山西省分公司制订《泰康人寿保险股份有限公司山西分公司有价单证管理办法（2008版）》，对单证实务操作和系统管理两个方面进行规划，对实物操作包括单证用户维护、征订、收发货、使用、回销与销毁和问责做出详尽的规定。同年，根据总公司的经营方针的改变，平安人寿将非有价单证的管理平移到分公司行政部进行管理，有价单证管理仍留在财务部门管理，且作为二级机构财务部门 KPI 指标考核的标准之一。太平财险大同中支开始执行《太平保险有价业务单证管理办法》。中国人民保险公司健康大同中支开始执行由其总部发布《单证管理暂行办法》，其主旨思想为“统一管理、分级负责、责任到人，有偿使用”。

2009 年 10 月，为进一步规范业务单证管理工作，有效提升各级公司风险管控能力，国寿大同分公司根据总公司《关于开展单证管理改革推广第一阶段工作的通知》和国寿山西省分公司《关于实施单证管理改革的通知》要求，下发《〈关于实施单证管理改革的通知〉的通知》，通知成立单证改革领导组和工作小组，阐述单证管理改革的重要性，准备单证管理改革的基础工作，提出实施单证改革的三个阶段工作。第一个阶段是单证改革培训和宣导阶段；第二个阶段是单证清理检查和移交阶段；第三个阶段是单证管理改革总结阶段。10 月 25 日，国寿大同经过三个阶段的工作，按照省分公司制定的《单证清理及交接实施方案》《单证检查及销毁实施方案》要求，完成单证管理改革工作，启用新的单证管理系统，业管中心将单证管理职能移交到综合办公室。11 月 9 日，形成《大同市分公司单证管理改革工作报告》报省分公司。10 月 13 日，国寿大同分公司转发《关于启用新版保险费发票单证的通知》，并进行旧版发票的清缴工作。12 月，国寿大同分公司开始执行《中国人寿保险股份有限公司单证管理办法 2009 版（试行）》。同年，平安人寿为加强有价单证管理将单证系统进行第一次优化，开始减少有价单证的种类，提倡无纸化办公。

2010 年 6 月，为有效推进 2010 年单证管理工作提升，确保新版管理办法落实到位，国寿大同分公司制定下发《中国人寿保险股份有限公司大同分公司 2010 年单证管理工作评估办法（试行）》，该办法内容包含总则、评估指标与方法和其他三个部分。在总则中介绍工作定位、评估范围、评估依据、评估周期与方法、评估权限等，在评估指标与方法中详细说明年度、半年、季度、月度评估指标含义、数据来源和评分方法；说明激活卡违规情况和销毁单证的管理含义、数据来源和评分方法等。10 月，平安财险实行单证省级集中管理，平安财险大同中支取消实物库及系统库，将单证管理权限全部集中至省分公司。11 月，平安财险大同中支实现无价单证纳入单证系统管理。同年，国寿大同分公司根据上级公司以及本公司实际情况，先后从 3 月 9 日开始到 8 月底，开展 5 次单证管理清理活动，主要有单证管理检查、单证管理专项清理工作、银邮单证清理工作、单证管理第二阶段自查自纠工作、卡折单证清查实施细则等清理活动，每次活动均成立领导组织和工作组织、明确工作依据、确定工作范围、说明工作内容与方法、制订实施步骤与实施细则、公布行事历，通报检查结果、提出整改建议，形成工作总结与报告等。

2011 年 2 月，国寿大同分公司开始执行由国寿总公司修订的《中国人寿保险股份有限公司单证管理责任追究实施细则》。3 月，国寿大同分公司完成“银保通”业务管理系统与单证管理系统的对接，实现银保业务单证的自动核销。4 月，为持续深入推进单证管理改革、强化单证风险防范措施，国寿大同分公司制定下发《中国人寿股份有限公司大同分公司 2011 年单证管理工作指导意见》，在指导意见中，提出单证管理工作指导意见，明确 2011 年度单证管理工作目标，制定 2011 年度单证管理工作原则，重点确立 2011 年度单证管理的主要工作：继续实施单证管理“零案”工程；继续开展多层次自查自纠工作；继续开展停用作废单证清查工作；继续加强单证档案管理工作。8 月，为响应国家税务总局简化税种、信息公开的发票管理思路，泰康人寿保险股份有限公司开发并上线了发票管理系统，实现公司发票管理系统与税务发票系统的对接、查询、透明以及风险可控的功能环境。9 月，泰康人寿保险股份有限公司实现发票系统打印和自动回销系统上线，发布发票系统二期操作流程。同时，泰康人寿山西分公司制定《关于发票系统上线后发票打印权限及规范操作的通知》，明确发票管理和开票人的操作权限规定，以及发票从领用、使用、回销的相应操作流程。11 月，太平财险修订下发《太平财产保险有限公司有价单证管理办法（2011 版）》，着重强调保管与使用分离、使用与印章分离的原则。

2012 年 7 月，国寿总部制定印发《保全实务》《理赔实务》，国寿山西省分公司按照两个实务要求，整合优化至 16 种，其中保全单证 12 种，理赔单证 4 种，国寿大同分公司开展“新版单证填写指引”的学习与培训。11 月，国寿大同分公司按照省分公司转发总公司《关于调整个人业务投保单证及实务规则的通知》的通知中提出要求，认真学习，积极宣导，深入开展“送培训进职场”活动，切实做好新旧单证切换的基础性工作。12 月，国寿大同分公司在全市范围采取“以旧换新”方式，清缴长期存放在银行、邮政等代理网点的银邮单证，为新单证使用和管理奠定规范化、精细化管理的基础。同年，平安人寿进行有价单证系统第二次优化，取消手工台账，系统自动回销，减轻单证管理员的工作量，实现有价单证管理的自动化。太平人寿大同中支开始执行《太平人寿保险有限公司有价单证管理办法（2012 版）》。

2013 年 1 月，国寿山西省分公司转发总公司《关于调整新版个人投保类单证启用时间的通知》的通知，根据通知，国寿大同分公司对个人投保类单证的启用时间进行调整。8 月，泰康人寿山西分公司发布《关于在山西分公司各中支机构实行收据类单证财务集中的通知》，泰康人寿大同分公司根据通知，理顺收据类单证在财务和业务条线中使用流程，避免收据类单证在业务部门长期持有以及临时性收入入账不及时的问题。

2014 年 4 月，国寿山西省分公司转发《关于落实监管要求进一步加强新单承保管理的通知》，以及根据保监会通知要求，国寿总公司制定的《落实监管要求新单承保实务规则及单证使用要求》，全面优化调整承保业务单证，主要调整单证内容：增加公司投保告知及客户投保声明项目、调整银保渠道销售业务犹豫期、增加信息收集项目、调整单证设计规格等；调整单证使用规则主要是银保渠道业务自 4 月 1 日起，商业银行代理销售的保险业务应统一切换使用新版承保单证，保险合同构件应包括《投保单（代理机构专用）》、《保险费自动转账付款授权书（代理机构专用）》、《保险单》（含保险合同专用章）、《保险合同封套》（含客户服务指南）、《人身保险投保提示书》、产品说明书、现金价值表、保险条款等。个险渠道业务调整个险业务投保单证，通知下发之日起替换旧版投保单，其他个险渠道业务单证及使用规则不变。国寿大同分公司根据上级公司要求，采取三项措施，一是加强宣导，组织培训；二是严把入口，加强审核；三是定期抽检，确保质量。8 月，泰康人寿大同分公司开始执行泰康人寿山西分公司制定的《关于加强分公司有价单证遗失管理的通知》的相关要求。

2015 年 12 月，国寿大同分公司按照国寿山西省分公司转发总公司《关于单证及印章审计发现问题的情况通报》的通知要求，针对在其他单位被审计发现的“离岗、离司单证管理员工号下单证未移交”“短期险单证管理混乱，易引发资金风险”“擅自截留单证”“重大单证大量手工核销或长期未核销”“非保险业务收款收据未纳入单证系统，且管理混乱”“未经省公司统一招标直接指定重要单证印刷厂商”“单证系统数据与单证实物不一致”“单证日常管理流程不规范”等带有特殊的或者普遍的问题，要给予正确和充分的认识，应该从中看到公司的影子。国寿大同分公司按照上级公司要求，认真学习通报，引以为戒，开展自查自纠，及时整改，严格要求单证使用部门和条线，积极配合办公室，从严流程，共同筑牢防范风险的堤坝。

2017 年 11 月，国寿大同分公司根据省公司下发的《关于进一步强化印章和单证风险防控的工作方案》的相关要求，在全辖开展印章与单证管理为期 10 天左右的专项检查。检查重点为单证印刷单位的合规性；保管、领用、发放、使用、回缴、核销的合规性，检查覆盖全市所有县（区）支办。同年，太平人寿山西省分公司修改公司有价、非有价单证管理办法，建立新的单证管理体系，主要包括：总则，部门职责，人员异动管理，系统管理，印刷及征订，发放、验收入库管理，库存管理，领用管理，回销管理，盘点管理，机构间调拨，成本管理，作废管理，遗失管理，销毁管理，罚则等内容。

第二节　印章管理

印章是企业身份和权力的象征，是企业行使职能、保障权力的工具，在企业运行中发挥着重要作用，具有一定的规范性和约束力。企业通过签订契约实现交换，通过签章达成缔约，无论企业内部行使职能还是外部从事交易活动，印章的身影总会出现在诸多环节之中。20 世纪 50 年代，中国人民保险公司大同支公司按照国家制定和出台的相关印章管理制度，按照中国人民保险公司察哈尔分公司下发的《支公司所需印章由分公司统一制发》精神，在公章字体、尺度、质料及制发上保持统一，如 1950 年 11 月 24 日，中国人民保险公司察哈尔省分公司“为指示支公司成立日期并将内部组织干部配备提出意见呈报由”，即文件落款使用长方形公章，公章镌刻阳文“中国人寿保险公司察哈尔分公司钤印”；1951 年 12 月 29 日，中国人民保险公司大同支公司口泉办事处“为呈报本处签发强制保险凭证使用冠字由”，文件落款使用长方形公章镌刻阳文“中国人寿保险公司口泉镇办事处钤印”章。在《大同市保险公司保密制度》第 8 条规定：凡对外公函、通知、请示、报告工作计划、总结等，必须事先经秘书股审查批准后，加盖公章、印信方能签发，任何人不得私自启用。各股股章及经理专章，除经理指定报表、支票专用外，不经领导批准，任何人不得随便签盖，否则以违犯本制度论，给予处分。1955 年以后，中国人民保险公司大同中支按照国家新的印章管理规定，对公章形状、字体、尺度、质料进行统一改变。20 世纪 80 年代，中国人民保险公司在大同恢复保险业务，行政事务类印章的规格、式样和制发，印章的名称、文字、字体和质料，印章的刻制、管理和缴销等管理按照 1979 年国务院颁发的《国务院关于国家行政机关和企业、事业单位印章的规定》执行，印章特别是业务印章的使用基本沿袭 50 年代管理办法。如 1985 年总公司下发的《个人养老金保险实务手续》的通知，在承保手续章节规定如下：一、对外勤人员或代办员送来的投保单，内勤人员要认真审核，审核无误后，对投保单进行编号；二、根据投保单内容签发保险证，保险证编号应与投保单的编号相符；三、内勤人员核对被保险人所交保险费后，填写《保险费收据》一式三联；四、上述单证由复核员复核无误后，将投保单、保险证加盖业务专用章和经办人名章；五、复核员将保险费及《保险费收据》交财会人员，财会人员核对无误后加盖收款章和经办人名单，留下保险费凭《保险费收据》记账，业务部门将加盖收款章的《保险费收据》一联连同保险证回执外勤人员或代办员转交给被保险人，存根联由内勤人员作为记卡的凭证。可见业务专用章和经办名章在业务处理环节终了或交付下个环节时运用之频繁。1996年7月以后，中国人民保险公司产、寿险分业经营以及后期产、寿险公司股份制改革，太平洋保险公司成立以及产、寿险分业经营，均带来印章管理制度的变化。进入21世纪，为促进业务快速发展，提高经营单位办事效率，电子印章进入各个公司印鉴管理系统，引起一次去印章技术革命。2008年5月，随着财政部会同证监会、审计署、银监会、保监会制定并出台的《企业内部控制基本规范》，印章管理的合规性、规范性、风险防范性成为制定印章管理体系的重要评价因素。

1996年，中保人寿保险有限公司大同市分公司成立，启用带有“中保人寿有限公司大同市分公司”字样的公章，分公司相关部门、县（区）支办相继启用相应印章。

1997年，中保人寿大同分公司为促进业务快速发展，方便县（区）支办经营单位灵活自主地开展个人营销业务，除党委、行政、财务、主要业务用章由市分公司按统一要求刻制定做之外，基层经营单位可根据本单位的业务发展状况、科股室设置情况以及特殊业务发展需要，经上级公司备案后刻制股室章、业务办理相关印章以及个人营销业务相关用章等。

1999年6月，国寿大同市分公司根据省分公司《关于各地、市分公司启用行政印章及财务专用章的通知》，启用新的行政印章及财务专用章，原有印章同时作废。并于7月底前上交省公司办公室档案室。

2000年7月，国寿大同市分公司加强内控制度研究，制定一系列管理制度，在《中国人寿保险公司大同市分公司机关工作制度》第四部分明确《印章管理制度》，确立印章管理部门、使用办法和印章安全保证。

2001年12月，太平洋财险大同中支开始执行由总公司制定的《中国太平洋财产保险股份有限公司印章管理办法(试行)》。该办法对实物印章和电子文件专用章有详细的规定。

2002年，中国人寿山西省公司下发《关于规范业务用章的通知》，主要明确业务用章的名称、业务用章的样式及规格、业务用章的使用范围、业务用章的刻制及管理，其中业务专用章和核保专用章要归中国人民保险公司保管，专人使用。各公司业务中心及客户服务中心要建立必要的管理制度，加强监管和检查力度，严禁超范围使用、超权限使用。

2003年9月，国寿山西省分公司下发《关于刻制下发印章有关事宜的通知》，随文以附件形式转发了总公司制定的《中国人寿保险股份有限公司业务印章管理办法》和《中国人寿保险股份有限公司财务类印章制作与使用说明》。在通知中明确地市级分公司使用公章的种类、新旧公章交接期间使用问题、保管问题和旧公章的回收问题；明确辖区下级机构印章的刻制与回收问题；明确下级机构各类印章刻制规格、材料、样式和授权等问题；明确印章启用时间及相关事项安排等。在管理办法中明确指出，业务印章是指公司在承保、保全、理赔、客户服务等环节使用的与保险合同的签订和执行有关的代表公司、具有法律效力的印章。该《管理办法》划分业务印章的类型，分别为“保险合同专用章”与“业务处理专用章（非订立新合同章）”两种；规定业务印章使用范围，什么业务类型用什么章；告知印章的规格、式样和刻制程序；制定“授权使用规定”和“使用保管规定”；最后提出印章管理“责任”条款。在使用说明中，定义财务印章的概念，划分财务印章的类型，界定财务用意的范围，规定财务印章的样式及规格等。10 月，国寿大同分公司行文，启用中国人寿保险股份有限公司新印章，并决定同时决定《业务印章管理办法》从 11 月 1 日正式实施。

2004 年 6 月，国寿大同分公司按照省分公司制定的《中国人寿山西省分公司内控制度执行情况自查方案》进行为期一个月三个阶段的内控制度包括单证和印鉴管理控制的自查自纠活动。其中，对印章内控制度的检查重点是业务印章的保管、使用、审批和登记是否严格按制度执行，因机构变更或名称变动导致的过期印章是否按照规定进行处理。同时印发《内部管理制度汇编》，在汇编中收集公司制定的《中国人寿保险股份有限公司大同分公司业务印章管理制度》，对印章管理原则、保管要求、使用程序、使用禁止等方面进行明确规定。

2005 年 3 月，国寿大同分公司根据省分公司转发总公司《关于印发〈中国人寿保险股份有限公司内部控制手册〉的通知》，系统认真地开展《内控手册》的学习和培训，开展严格遵循实务流程和严格遵循控制流程的业务规范活动，其中公司办公室条线和业务、财务条线分别强调遵循印章管理流程的重要性。5 月，国寿大同分公司开始执行《中国人寿保险股份有限公司印章管理办法》（国寿人险办发〔2005〕96 号）。8 月，国寿大同分公司开始推广《寿险实务（2005 版）》，同时开始执行《寿险实务（2005 版）》第九篇业务印章管理，主要包括业务印章的类型、样式、规格、授权使用、保管、责任等内容进行统一要求和规定。

2006年，平安人寿大同中支根据总公司管理办法开始实行总公司印章集中管理制度。

2007 年 3 月，为了规范各级公司各类印章的管理和使用，中国人寿大同分公司根据山西省分公司《中国人寿保险股份有限公司山西省分公司印章管理规定》的通知精神，提出要求：一是加强领导，明确责任；二是结合实际，建立规章制度；三是抓住问题，及时整改；四是加强对印章管理工作的检查指导。同时，根据上述管理规定，中国人寿大同分公司对系统印章种类及刻制办法、印章式样、印章的使用范围、印章的使用权限、印章的管理和印章的制法和缴销进行梳理和检查。同年，太平洋人寿大同中支上线OA系统，将各类印章的使用纳入电子化流程审批。

2008年4月，为规范各级公司各类印章的管理和使用，有效防范风险，根据国寿山西省分公司《关于印发〈中国人寿保险股份有限公司山西省分公司印章管理规定〉的通知》的有关精神和要求，国寿大同分公司制定《中国人寿保险股份有限公司大同分公司印章管理规定》，该规定由八个部分构成，主要由总则、印章的种类及刻制办法、印章式样、印章的使用范围、印章的使用权限、印章管理、印章的制发和缴销以及附则。“印章的使用权限”主要明确“机构负责人、印章管理人、印章使用人”的权责；“印章管理”主要突出“印章保管”“使用程序”和“印章登记”环节等。

2009年2月，国寿大同分公司根据山西省分公司《关于加强印章管理的通知》，在印章保管、印章刻制、印章领用、印章使用方面进行重新规定和规范。在印章保管方面，实行行政印章类上收一级集中管理，其他类印章本级集中管理；在印章刻制方面，用章单位提出申请，逐级上报至总公司，获得总公司批准后，由省公司统一刻制；在印章领用方面明确领用单位、移交人和保管人手续；在印章使用方面，明确印章管理部门、使用规定、使用流程等。7月，太平财险总公司下发《太平保险有限公司银行结算票据及财务印鉴管理办法》，重点规范银行预留印鉴的管理及使用，大同中支根据要求，进一步强调财务专用章与负责人名章必须由中国人民保险公司分管的重要原则。9月，太平财险制定并下发《太平财产保险有限公司印章管理办法（2009修订版）》（以下简称管理办法），大同中支根据《管理办法》在印章的刻制、保管、使用和销毁等环节进行学习和梳理，按照公司印章管理办法严格执行。

2010年6月，国寿山西省分公司转发由总公司制订的《中国人寿保险股份有限公司印章管理办法（2010）版》及相关细则的通知，随文下发《中国人寿山西省分公司印章清理工作方案》《中国人寿保险股份有限公司印章管理办法（2010）版》《中国人寿保险股份有限公司财务印章管理实施细则》《中国人寿保险股份有限公司业务印章管理实施细则》《中国人寿保险股份有限公司业务收付类印章管理实施细则》。国寿大同分公司根据上级公司通知要求，成立印章管理工作领导小组，明确工作责任，开展学习与培训，重点对财务、业务和业务收付费类印章进行深入细致的清查活动。7月，太平财险大同中支执行总公司下发《太平财产保险有限公司财务印章管理办法》，实行省级集中管理机制，即三、四级机构的财务专用章由省分公司财务会计部统一保管。9 月，太平洋财险总公司对前期《中国太平洋财产保险股份有限公司印章管理办法》进行修订下发，太平洋大同中支根据新的印章管理办法，对印章的使用、保管、刻制、颁发、销毁等环节程序进行再次梳理。同年，国寿大同分公司开始执行总公司制定下发的《中国人寿保险股份有限公司印章管理责任追究实施细则（2010）版》。

2011 年 1 月，国寿大同分公司开始执行由总公司修订并颁布的《内部控制执行手册（2011 版）》，重视新的印章控制流程，进一步明确：在印章刻制上遵循“总公司统一审批、省公司统一制作”的管理原则；在印章领用上实行“逐级领用、交接登记”管理制度；在印章保管上遵循“分级分类集中保管、双人保管、分段负责、建立健全印模信息、印章遗失声明报告”的管理原则；根据印章不同种类分别实行 “网上审批、远程用印、授权使用”的用印管理方式，以及刻制、领用、使用、保管、回缴必须做到手续完备、合规等。2 月，国寿大同分公司开始执行由国寿总公司修订并印发的《中国人寿保险股份有限公司印章管理责任追究实施细则》的通知。该细则由总则、一般违规行为管理责任追究、重大违规行为管理责任追究和附则组成。11 月，泰康人寿总公司下发《泰康人寿保险股份有限公司财务印章管理办法》，泰康人寿大同中支根据文件精神，建立财务印鉴管理责任制并填写财务印鉴管理责任书，在《财务印章管理责任书》上登记印章名称、印章管理负责人、印章保管人等信息，经印章管理负责人、保管人签字确认，并报送中支办公室，呈报上级机构办公室、总公司计划财务部备案。12 月，太平洋财险大同中支根据总公司新修订下发的《中国太平洋财产保险股份有限公司印章管理办法》，归口管理、职责明确、责任到人，规范使用，财务类印章由财务条线使用；行政类印章由中支综合管理部使用；业务类印章由承保、理赔、客服等业务条线使用；日常类印章（例如：骑缝章等）由归口业务条线使用。同年，平安财险积极推行印章集中管理模式，集团及各子公司将集中管理范围内的印章委托平安数据科技（深圳）有限公司印章作业组保管并按照相关管理制度使用。

2012 年 6 月，太平人寿大同中支执行总公司财务部印鉴管理规定及省分公司印章管理制度，中支及各支公司机构公章、办公室部门章、财务专用章由省分公司办公室、财务部集中管理。

2014 年 7 月 10 日，为防范化解业务印章管控风险，切实减轻柜面作业压力，国寿大同分公司根据省分公司《关于转发〈关于全面开展业务印章规范工作的通知〉的通知》，深入研究，反复商讨，制订切合实际的实施方案。一是印章管理目标；二是开展业务印章清理活动；三是加强日常用章管理；四是加强宣导与培训。15日，国寿大同分公司根据省分公司财务中心《关于收付费人员应配合清理上缴相关印章的通知》，及时完成收付费印章的清理及上缴工作。12月，太平财险大同中支根据总公司《关于开展2014年度印章清理检查工作的通知》的文件要求，分阶段开展实物印章和电子印章的管理检查工作，对印章管控体系建设及印章的刻制、颁发、使用及清收、销毁方面进行细致的检查，并针对存在的问题进行整改。同年，中华联合财险大同市城区按照总公司印章管理规定，各类印章统一由总公司管理。实物用印或电子用印均通过网络传输或邮寄方式实现用印作业。

2015年1月，国寿大同分公司开始执行国寿总公司制定的《中国人寿保险股份有限公司业务收付类印章管理实施细则》。3月，太平洋财险大同中支根据省分公司制定的《关于印发〈山西分公司2015年"三反五清"[①]专项治理行动实施方案〉的通知》精神，在全辖开展印章管理合规性检查，通过对印章申请、刻制、保管、使用、清收和销毁各个环节的检查，提高全辖风险防患意识。6月，泰康人寿大同中支根据省分公司精神，执行印章省级集中管理制度。同年，大地财险大同中支、民生人寿大同中支、安诚财险大同南郊支公司先后实行印章上一级机构管理。

2016年1月，为防范印章风险，保证印章管理制度规范执行，国寿大同分公司按照省分公司制定的《印章风险专项排查工作方案》《山西省分公司办公室条线印章管理风险排查方案》《关于开展财务及收付费类印章管理风险排查的通知》《关于全面开展业务印章清理回缴工作的通知》，开展为期2周的"印章风险专项排查"活动。活动目标：以"印章风险专项排查"为契机，突出预防为主的工作原则，堵塞印章管理漏洞，消除印章风险隐患。排查范围：县（区）支办及同级柜面，由市分公司办公室、财务管理中心、客户服务中心分别组织条线进行全面排查。客户服务中心负责业务类印章风险排查，主要包括"业务处理专用章（非订立新合同章）"和其他业务类辅助用章；财务管理中心负责财务印章和收付类印章风险排查，主要包括"财务专用章""财务人名章""收款专用章""付款专用章"和"发票专用章"；办公室负责除此之外的公司其他各类印章。

2017年11月，国寿大同分公司根据省公司下发的《关于进一步强化印章和单证风险防控的工作方案》的相关要求，对印章风险防范进行为期10天左右的自查自纠活动。同年，太平洋人寿大同中支"太保e办"正式上线，取代原OA系统，进一步优化、简化用印审批流程，使印章使用更加便捷、及时和合规。

---

①"三反五清"解释：反舞弊、反欺诈、反洗钱；清制度、清印章、清单证、清工号、清权限

第三节　档案管理

保险公司在保险业务活动中和管理工作中形成的有保存价值的各种文件、电报、单证、报表、账册、照片、录音、录像、软盘等不同形式或载体的文件材料。保险公司档案包括文书档案、保险档案、会计档案、审计档案、基建档案、声像档案等。20 世纪 50 年代，中国人民保险公司大同支公司开始办理各种保险业务，业务档案按照各险种实务管理规定，在业务部门保存。其他各种档案按照收文对象、发文单位保管。80 年代初，中国人民保险公司大同支公司恢复业务，各种档案管理参照 50 年代办法实行。90 年代初，中国人民保险公司开始和地方档案部门联系强调系统档案“达标”工作，2002 年，人保财险大同市分公司、国寿大同分公司等保险公司开始实施档案市级集中管理。2006 年，太平洋人寿大同中支等保险公司开始实施档案电子影像化处理。2009 年，中国人寿大同分公司开始实施档案省级集中模式，大同保险业档案管理迈入新的科学管理时代。

1984 年 12 月，中国人民保险公司总公司下发《关于印发〈中国人民保险公司档案工作条例〉等三个暂行办法的通知》，中国人民保险公司为国务院直属局级的经济实体，自 1984 年 1 月 1 日起，从人民银行分设出来，保险公司系统的文书档案工作自行管理。

1985 年，中国人民保险公司大同中支档案室根据省分公司拟定下发的《山西省分公司文书档案保管期限表》，对自行管理保险公司系统文书档案，分党组类、党务类、会议总结报告类、人事工作类、监察工作类、秘书工作类、工会及保卫工作类、行政管理类、计划统计类、财会类、保险宣传及研究类、保险业务共 12 类，按照保管期限永久、长期、短期三种期限实施分类管理。

1987 年，中国人民保险公司山西省分公司下发《关于认真学习和贯彻执行〈中华人民共和国档案法〉的通知》，通知要求各级公司，要对照《中华人民共和国档案法》，检查本单位、本部门公文或业务档案管理方面存在的问题。对 1980 年恢复国内业务以来的档案材料进行一次认真的清理，特别是重大赔案档案，要求资料齐全，1986 年度以前的文书资料全部归档立卷。

1988 年，中国人民保险公司总公司制定并印发《档案管理办法（试行）》《业务档案管理细则（试行）》《档案保管期限表（试行）》等三个文件，为中国人民保险公司系统档案管理建立规范。同年，中国人民保险公司大同中支按照省公司要求，以总公司三个文件为标准，开展对恢复业务以来的资料认真清理，并在大同市档案局档案管理检查中顺利达标。

1989 年 7 月，中国人民保险公司雁北中支下发《关于进一步加强全区保险系统档案单证管理的实施意见》的通知，介绍中国人民保险公司左云县支公司的“一个经验，两个程序”具体做法，提出档案管理要统一归档范围、统一装订顺序、统一归档程序、统一加编保管号码，统一成册入柜。奋战 30 天，力争达标。8 月，中国人民保险公司雁北中支下发档案单证管理标准，其中档案管理部分包括综合、承保、理赔、防灾、文书、计财等部分，每一部分根据业务内容不同，规定不同的标准要求，但基本涵盖按年分设、顺序装订、封面内容、起讫日期、总分号码以及移交表格等。

1990 年 3 月，中国人民保险公司大同中支、雁北中支按照中国人民保险公司山西省分公司在年初省保会议提出“档案工作要注重规范化和标准化，严格按照达标要求逐项落实，力争有更多的单位早日跨入达标的行列”的精神，分别提出档案达标的时间进度。同时，开始执行由总公司制定的《中国人民保险公司业务档案管理细则》。12 月，中国人民保险公司山西省分公司分三个小组，按照听取汇报、实地检查、多项内容、按标准打分的程序进行全省范围的档案管理规范检查。中国人民保险公司大同中支、雁北中支按照要求，在档案机构、档案人员、领导重视、计划安排、集中管理、档案制度、档案库房、档案装具、安全设施、卫生状况、案卷质量、档案保护、期限划分、归档时间、档案登记、检索工具、分类排列、七项材料、档案调阅、工作指导、全宗卷、档案鉴定、达标情况等 23 项目进行充分认真准备，迎接检查小组现场检查。

1991 年 2 月，中国人民保险公司雁北中支在关于批转梁仁国、薄国友《关于参加省公司档案检查情况的汇报》的通知中指出：根据省公司要求和人保雁北中支的实际情况，人保雁北中支档案工作在 1991 年底必须实现全部达标，要求达标的时间进度是：第一季度怀仁县支，上半年天镇、浑源、灵丘县支和营业部，第三季度大同、广灵县支，第四季度中支机关，并希望左云、怀仁、应县、天镇等单位加强完善提高，争取再上一个等级。12 月 10 日，为贯彻实施《中华人民共和国档案法》，切实加强档案工作的领导与管理，中国人民保险公司雁北中支成立市级公司综合档案室，配备专职负责人和档案管理人员，档案室隶属于中支经理办公室。同时，中国人民保险公司雁北中支成立档案管理领导组和档案鉴定销毁组。28 日，中国人民保险公司山西省分公司发文《关于抓紧实现全省保险系统档案“达标”的通知》，对大同等五个中支所辖机构实现“达标”给予表彰，对档案“达标”其他工作提出新要求。

1992 年，中国人民保险公司大同中支、中国人民保险公司雁北中支经过当地市、区（行政公署）、县（郊区）档案局验收，全部合格，达到省级标准。

1996 年 7 月，中保人寿大同市分公司成立档案管理领导组、综合档案室和档案鉴定销毁组。10 月，为提高管理水平和工作效率，使档案工作向制度化、规范化和科学化迈进，中保人寿大同市分公司按照《机关档案试行标准》和《山西省企业档案管理升级（定级）试行标准》的要求，开展近 1 个多月的自查工作，对公司所有档案资料进行重新分类、鉴定、立卷、归档。12 月，为了贯彻总公司颁布的《档案管理办法》准确及时实施，中保人寿大同分公司制定分管档案《副总经理岗位责任制》《综合档案室基本任务》《档案管理人员岗位责任制》《立卷归档制度》《档案库房管理制度》《档案保密制度》《查、借阅档案资料利用制度》《档案销毁制度》《档案管理办法》《档案整理步骤》和《中国人寿大同市分公司档案分类方案说明》等。年底，中保人寿大同分公司开始执行山西省分公司制定的《档案管理办法》。该办法规定，在开展各项工作和管理中形成的有保存价值的各种文件、电报、单证、报表、账册、照片、录音、录像、软盘等不同形式的载体纳入档案管理范畴。同时规定系统档案管理工作要接受同级地方档案行政管理部门和上级主管部门的指导和监督，档案整理应按照国家档案局要求规范执行。

1997 年 3 月，中保人寿大同分公司在《关于印发中保人寿保险有限公司大同市分公司一九九六年到二〇〇〇年发展规划的通知》中就档案管理工作提出：要按照现代化档案管理要求，扎扎实实，真抓实干，争取使全辖档案管理工作形成网络管理，五年内使全辖二十个机构全部达省级标准。市分公司、矿务局支公司、南城支公司晋升国家二级。8 月，中保人寿大同分公司派员参加了由省公司举办的首期档案培训班。同年，全辖系统开始学习和执行由集团公司制定和下发的《集团公司档案管理办法》《档案分类方案》《档案管理各项规章制度》《关于统一寿险系统内部档案装具及各种检索目录的要求和规定》。

1998 年 10 月，为完成中保寿险山西省分公司对档案达标升级提出的任务，为本公司业务发展提供职能服务，中保人寿大同市分公司下发《关于进一步加强档案管理工作的意见》，对全辖就档案管理中的环节与细节、清理与搜集、展业与管理以及奖励与处罚提出意见。12 月，中保人寿大同分公司成立档案管理领导组，负责全辖档案管理重大决策事宜。在同时《1998 年工作总结及 1999 年工作要点》指出：档案工作是一项记录历史、展现未来的重要工作，一定要下大力气，在年内市分公司、南郊区支公司、矿务局支公司晋升国家二级。

1999 年 3 月 16 日，中国人寿大同市分公司按照省分公司下发的《关于加强全省寿险系统档案管理工作的通知》要求，对档案管理人员的配备、档案管理标准、历史档案遗留、机构撤并等涉及档案管理问题进行学习，之后并就文件提到的问题举行相关会议研究，制定解决方案。19 日，中国人寿山西省分公司下发《关于收集 1998 年档案资料的通知》，国寿大同分公司按照要求，根据历年经验和办法，按发生年度、保管期限、机构、问题分类，收集 1998 年所形成的具有保存价值的收、发文件、会议资料、各处室工作总结、会议记录、重要便函、下级公司所需备案的文件资料等。其中，会计档案收集 1997 年所形成的报表、账簿、凭证。业务档案收集 1997 年形成的业务给付案、备案等。11 月，中保人寿大同分公司经过三年多的精心准备，正式向山西省、大同市档案局呈上报告《关于申报晋升国家二级档案管理企业的报告》。

2000 年 5 月，国寿大同市分公司根据总公司下发的《中国人寿保险公司文书档案整理规则》，要求全市各县（区）支办档案整理严格按照规则执行。对文书档案归档范围、整理原则、文件装订、质量要求都要按要求详细而规范，对档案封皮、规格、档案盒大小、盒上印刷字体规格、内容等要统一标准，使公司档案管理与地方档案局要求尽快接轨，迈入规范化管理渠道。

2001 年 1 月，中华人民共和国档案行业标准《归档文件整理规则》实施。该规则从范围、定义、整理原则、质量要求、整理方法和装盒提出了行业标准。9 月，国寿大同分公司积极参加由山西省分公司制定并下发的《中国人寿保险公司山西省分公司档案管理办法》（讨论稿）的讨论。

2002 年 2 月，国寿大同市分公司按照国寿山西省分公司转发《中国人寿保险公司稽核档案管理办法》的通知，将 2001 年以前年度的稽核档案按照《管理办法》重新进行整理归档。7 月，国寿大同市分公司按照省分公司转发总公司《关于印发〈中国人寿保险公司会计档案管理规定（试行）〉的通知》的通知，开始执行《中国人寿保险公司会计档案管理规定（试行）》。11 月，国寿大同分公司老业务清理工作已经接近结束，为搞好老业务档案接收和管理，对全市档案管理员工进行针对省公司制定的《老业务档案接收指导意见》及《老业务档案管理指导意见》的学习和培训，并制订较为具体的实施细则。

2003 年 2 月，国寿大同市分公司开始执行《中国人寿保险公司山西省分公司档案管理规章制度（试行）》。该《制度》由档案管理部门及管理人员负责《立卷归档制度》《档案查阅制度》《档案鉴定》《销毁制度》《档案统计制度》《档案保密制度》档案人员岗位责任制、档案利用制度、档案保管制度 9 个部分组成，其中《档案人员岗位责任制》《档案查阅制度》《档案保密制度》《档案保管制度》在档案室或档案人员办公室上墙悬挂。同时，为提高档案工作的质量，维护档案的完整与安全，充分发挥档案的作用，使之更好地为业务发展服务，国寿山西省分公司制定并下发《中国人寿保险公司山西省分公司档案管理办法（试行）》。该办法由总则、档案管理体制、任务、档案的管理、档案的利用、档案的鉴定和销毁、奖惩和附则 7 部分组成。国寿大同市分公司根据省分公司要求，加强对档案工作的领导与管理，并将档案工作视为加强经营管理的一项基础建设，作为考核其工作质量的标准之一。

2005 年，国寿大同分公司为加强公司会计档案管理，统一会计档案管理规范，根据总公司《会计档案管理工作规范》要求，会计档案管理应由公司财务部门和档案管理部门共同负责会计档案的工作指导、监督和检查。要求财务条线要不断完善会计档案的各项管理制度，对经营活动中所形成的会计凭证、会计账簿、财务报告等会计核算专业材料和会计软件及各种形式存储的会计数据等记录和反映公司经营管理活动的史料和凭证必须在档案管理部门确认标准的情况下按规定要求归集入档。同年，泰康人寿大同中支开始执行由泰康总公司下发的《泰康人寿保险股份公司业务实物档案管理办法》，包括业务档案管理机构和管理岗位职责、档案库房管理制度、档案保密制度、档案借阅制度、档案鉴定与销毁制度、各类业务档案归档制度、个人代理人业务档案管理办法、投诉档案管理办法、档案监督检查和统计制度等。

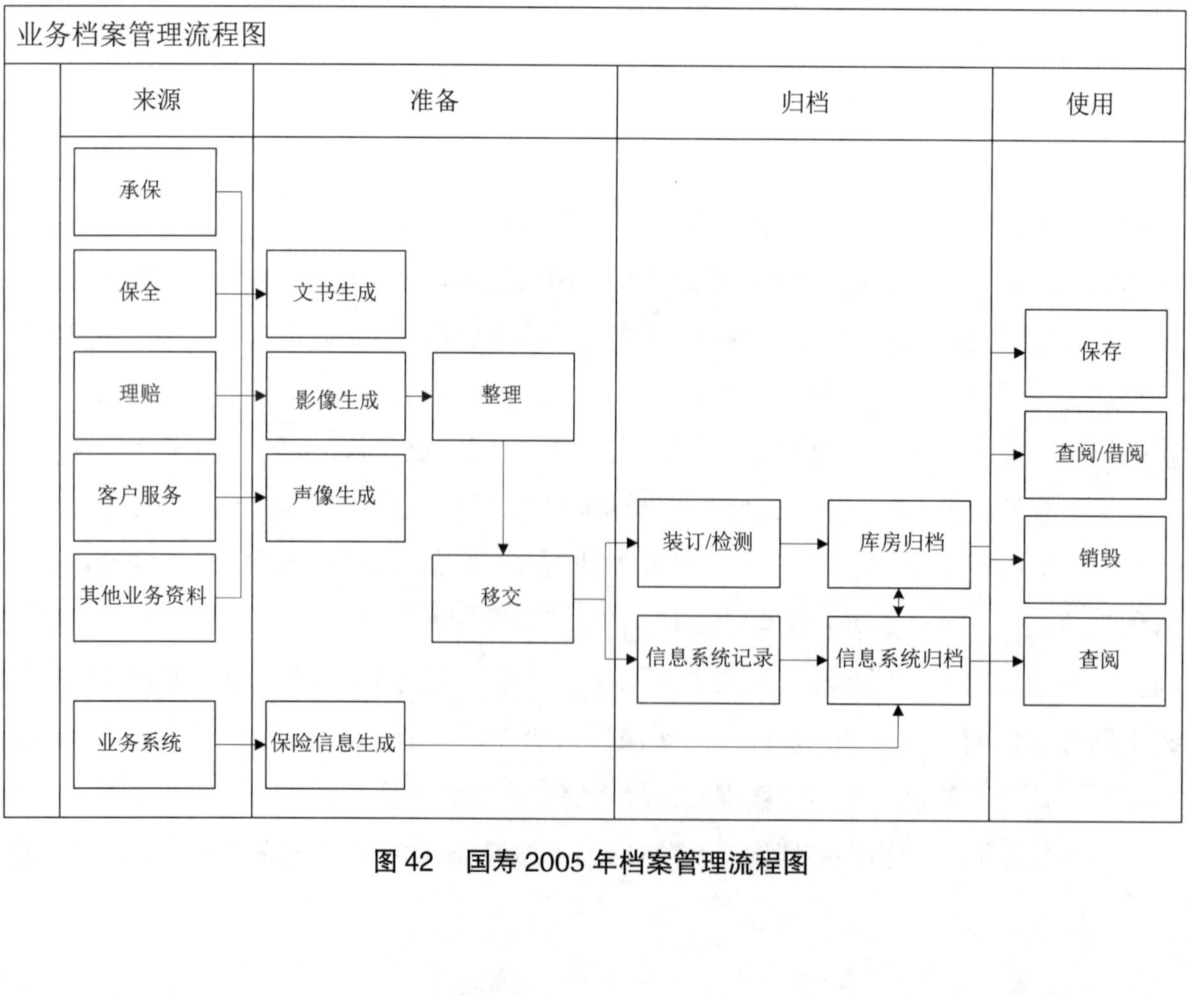

图 42　国寿 2005 年档案管理流程图

2006年8月，为推进业务档案电子化管理工作，太平洋人寿大同中支开始执行由总公司制定的《中国太平洋人寿保险股份有限公司业务档案管理规定（试行）》。泰康人寿大同中支进行所有档案电子扫描工程，实行档案影像化管理。12月，中国人民保险公司财险大同市分公司根据总公司下发的《关于开展保险业务档案鉴定和销毁工作的通知》以及省分公司要求，成立保险业务档案鉴定工作小组，制定销毁方案。

2007年5月，为确保年金领取人的真实性、领取金额的准确性，防止出现冒领、错领、被保险人死亡后一直领取等现象的发生，国寿大同分公司根据省分公司《关于对年金给付及生存给付客户建立影像档案和生存调查档案的通知》精神，在岗位落实、相关设备、建档范围、调查方法、档案质量等进行具体规范。6月，为加强档案管理工作，防范档案管理风险，有效地利用档案资料，中国人寿大同分公司根据省分公司下发的《关于在全省系统进行档案管理考评通知》精神，组织学习《中国人寿保险股份有限公司档案工作管理规定》《中国人寿保险有限公司山西省分公司系统档案管理考评标准》两个重要文件，重点强调要高度重视重要的文书档案、财务档案和业务档案，强调办公室要协调财务、业务等经常检查档案管理情况，同时开展自查自纠活动。7月，国寿大同分公司根据省分公司下发的《中国人寿保险股份有限公司山西省分公司留存业务档案管理办法》的通知，重点完成两项工作，一是在10月底前完成整改，其整改标准是：所有留存业务档案必须装订成册，不能散页管理，不能在原始档案基础上增删案卷资料，且每卷宗前须有本卷《档案卷内目录》；二是所有留存业务档案必须存放到市级分公司档案室，并要求集团公司留存业务档案和股份公司自有业务档案分柜或分架管理，业务档案管理的条件、设备、地点应与股份公司自有业务档案管理要求一致。

2008年1月，泰康人寿大同中支执行《泰康人寿山西分公司业务档案管理办法》，实行档案省级集中管理。4月，国寿大同分公司根据省分公司制定下发的《中国人寿保险股份有限公司山西省分公司历史业务档案影像化管理工作档案清理阶段工作实施方案》，拉开大同国寿档案清理工作序幕，一是成立历史档案清理项目领导组和工作组；二是制定《大同历史业务档案清理实施方案及细则》；三是选拔和招聘内部及外部档案清理操作人员；四是举办档案清理工作培训会议；五是配备清理档案的设备和清理工具；六是进行档案清理操作程序现场演练；七是明确工作要求和注意事项等，经过档案收集、分类整理、档案粘贴、加盖页码、录入目录、数据碰对、核对处理、问题处理、档案入盒、打印清单、总结报告、档案交接等环节，历时7个多月，完成股份业务档案和集团业务档案清理两个清理阶段的工作，并将清理后档案及时移交至外包商扫描。6月，为规范管理年金险领取业务，防范领取风险，国寿大同分公司下发《关于再次重申建立年金给付及生存给付客户影像档案的通知》。8 月，中国人民保险公司财险大同市分公司根据山西省分公司下发《关于转发总公司新 OA 系统档案管理手册的通知》，要求全市档案管理人员尽快掌握 OA 系统档案管理操作要领，为 OA 系统归档提供基础。10 月，中国人民保险公司财险大同市分公司根据总公司《关于印发〈中国人民财产保险股份有限公司文书档案管理规定（暂行）〉的通知》、山西省分公司办公室下发《关于印发〈中国人民财产保险股份有限公司山西省分公司文书档案管理实施细则(试行)〉的通知》和《中国人民财产保险股份有限公司山西省分公司文书档案管理实施细则（试行）》要求，从文书档案的归档范围、保管期限、管理、移交、利用等方面，对文书档案的管理进行规定，进一步规范全市档案管理的标准。

2009 年 4 月，为了有效解决历史业务档案的保存、查阅和有效使用，降低档案管理成本，规范档案集中管理，国寿大同分公司根据省分公司下发的《关于启动历史业务档案影像化处理项目的通知》，决定在全省系统启动历史业务档案影像扫描项目，对原有未实现影像化管理的寿险业务档案实施影像扫描工作。国寿大同分公司根据这一精神，成立领导组和项目工作组，明确各自的职责，确定业务处理范围，制定《大同分公司历史业务档案影像化处理项目实施细则》，并按照《实施细则》以及省分公司随文下发的《中国人寿保险股份有限公司山西省分公司历史业务档案清理实施方案》《中国人寿保险股份有限公司山西省分公司历史业务纸质交接验收实施方案》《中国人寿保险股份有限公司山西省分公司历史业务档案扫描实施方案》，尊重标准，规范作业，认真负责，积极推进，努力实现档案影像化处理项目工程的适时完成。12 月，国寿省分公司再次下发《关于启动留存历史业务档案清理工作的通知》，国寿大同分公司拉开全市集团留存业务档案的清理工作，按照“尊重历史”“加强协作”“及时报告”和“强化质量”的原则，本着“对历史负责，对公司负责”的态度，保持按时序进度推进，历时 6 个多月的时间，较好地完成留存历史业务档案清理工作。

2010 年 5 月，国寿大同分公司根据山西省分公司《关于上交股份 2009 年业务档案的通知》，开展对所有上交的业务档案扫描情况，进行影像扫描完整性和清晰度自查，自查重点为中介业务“银保通”契约档案，保全及理赔处理业务档案，自查之后，按照档案管理规范和要求，同省公司业管中心综合部、省公司文水档案库进行移交。7 月，国寿山西省分公司下发《关于清理上交集团业务档案、股份团体年金业务档案及其他后续业务档案的通知》，国寿大同分公司针对省分公司提出的问题和要求，认真学习，仔细对照，积极主动开展自查自纠，确保实物档案移交的准确性和完整性。8月，太平洋人寿大同中支执行总公司修订的《业务档案管理制度》。11月中旬，国寿大同分公司历史业务档案影像化项目已基本完成，根据省分公司下发的《关于对历史业务档案已导入影像进行抽查验收的通知》要求，成立由A柜面经理牵头的影像验收小组，按照验收方案，分别对“历史投保资料”“历史保全资料”“历史理赔资料”三种业务类型的影像进行验收，验收抽查比例不小于5%，经过抽取、数量分析、差异分析和结果原因分析等过程。撰写验收报告，并于12月5日连同《验收登记表》上报省分公司业务管理中心。

2011年1月，国寿大同分公司根据山西省分公司档案库在近期档案交接过程中提出《关于业务档案移交的注意事项和要求》归纳了七个方面的注意事项和要求，对档案盒脊上归档号、系统是否归档、归档号顺序、档案交接清单、档案类别清分、档案页码规则、档案其他规则等，结合档案相关规定和要求，制定《中国人寿保险股份有限公司大同分公司寿险业务档案移交管理办法》，规定从2010年1月1日起产生的一年期以上业务的投保资料、合同保全资料、理赔案件资料和其他业务资料，各业务归档都要遵循标准操作流程，环环相扣，相互负责，决不允许不合规档案进入下一环节。2月，为规范日常业务档案影像化处理，使影像应用并服务于业务处理流程，提高处理效率，切实降低成本，国寿山西省分公司制定并下发《中国人寿保险股份有限公司山西省分公司业务影像档案管理办法实施细则》，国寿大同分公司根据要求，从当年1月1日实施。该《实施细则》由三部分构成，第一章为总则，陈述“日常产生，及时扫描”的总处理原则和“以客户为中心，以保单服务为基础，以用户为主线”的总调用原则；界定适用范围。第二章是具体规定，主要包括业务档案影像化的含义及工作原则、扫描模式及适用范围、业务档案影像化标识建立及分类、业务档案的扫描内容及质检标准、日常业务影像化处理及归档流程、影像档案的归档、影像档案调用及查询、影像档案保管期限及销毁流程等。第三章是细则的施行日期及其他规定。6月，国寿大同分公司根据省分公司转发总公司《关于印发〈中国人寿保险股份有限公司档案工作要点〉的通知》的通知，要求全市要按照《档案工作要点》，切实加强市、县（区）支办和营销服务部三级机构的档案管理工作，收集整理好各类有保存价值的档案资料。主要包括重要档案和业务档案，对于重要档案主要包括：一是文书档案中的党（支）委会议记录、办公会议记录；资产管理文件资料及其他重要文件资料。二是基建档案中征用土地文件资料、产权资料、图纸等重要资料。三是租用房屋协议等资料。对于省级集中管理的业务档案、会计档案要做好上缴档案的类别、数量和登记。各类档案的查阅要严格按照查阅制度执行。8 月，国寿大同分公司按照省分公司转发总公司关于下发《业务影像档案工作指引》的要求，对辖内市、县（区）支办和营销服务部各柜面操作人员进行培训和宣导工作。同年，平安人寿大同中支执行由省分公司制定的《业务员档案管理办法》，明确业务员入司、离司档案的留存及存档的管理办法。

2012 年 9 月，国寿大同分公司按照省分公司下发的《关于开展业务档案移交、扫描自查工作的通知》精神，开展为期 2 个多月，上溯 2010 年 1 月 1 日下至 2012 年 9 月 15 日的业务档案归档、移交、扫描等业务处理的自查自纠整改活动，对各级管理干部和临柜员工进行一次合规作业的自我检查，自查自纠以及整改活动结束后，国寿大同分公司总结整个活动过程以及取得经验教训，以《关于大同分公司档案自查自纠工作汇报》报省分公司。11 月，国寿大同分公司开始执行总公司新修订并下发的《中国人寿保险股份有限公司档案工作管理规定》。新的《管理规定》在原《管理规定》基础上，进一步明确制度的适用范围、公司档案的定义与主要门类、档案部门与职能（业务）部门在档案工作中的职责等内容，细化规定档案整理、档案移交、档案保管、档案统计、档案利用、鉴定销毁及机构撤销或合并时档案的移交办法等工作要求。修订后的《管理规定》，在内容上与原《管理规定》无原则性冲突或抵触，对档案工作的规范性要求更加明确，符合公司改革发展对档案工作改革的要求。12 月，中国人民保险公司财险大同市分公司开始推广总公司开发的“档案信息管理系统”，该系统通过整合、集成等方式，实现对公司全门类档案（包括文书档案、业务档案、会计档案、声像档案、实物档案等九类档案）的收集、保管、统计、编研、鉴定、查询和借阅管理，可以有效提高档案管理工作效率。

2013 年 4 月，国寿大同分公司开始宣导并执行省分公司转发由监察部、人力资源和社会保障部、国家档案局联合印发的《档案管理违法违纪行为处分规定》。6 月，国寿大同分公司开始宣导并执行由总公司制定的《长险业务档案查（借）阅管理工作指引》。9 月，国寿大同分公司接受省分公司开展的档案制度执行情况、档案安全管理、档案管理人员配置三方面的检查。同年，中国人民保险公司人寿大同中支开始执行《中国人民保险公司寿险山西省分公司业务档案管理实务（2013 版）》，对保险合同生成及持续期间形成的原始纸质资料及电子资料实行统一领导、分级管理。中国人民保险公司财险山西省分公司负责全省业务档案的管理工作，实物档案集中存放在地市公司统一保管，定期送往省公司集中保管。

2014 年 5 月，国寿大同分公司按照省分公司《关于开展档案移交工作的通知》要求，认真分析市、县两级客服档案移交工作的运行情况，认真核查柜面日结系统与纸质档案归档对应情况，认真检查契约、保全和理赔等环节的粘贴、清分、打印和交接档案等流程履行现状，提出必须执行省公司规定的档案归档移交时间规定和质量规定，建立登记簿，开展及时性检查和通报机制。11月，根据国寿总公司档案管理改革部署，为适应业务发展和管理集中需要，不断提升档案专业化、集约化管理水平，国寿山西省分公司制定《中国人寿保险股份有限公司山西省分公司档案集中统一管理改革实施细则及工作计划》，《细则》由总体目标、组织领导、档案管理改革的工作任务、和其他事宜四部分构成。总体目标主要内容，从工作格局讲：长期险业务档案、会计档案、基建档案由省级集中统一管理；短期险业务档案由市级集中统一管理；文书档案、合同档案、实物档案等属地管理相结合的档案工作格局。管理模式为：业务档案、会计档案、基建档案将从专业条线自行管理或属地分散管理，转变为办公室条线集中统一管理。文书档案、合同档案、实物档案等保持属地管理模式不变。组织领导部分内容是成立档案管理改革工作领导小组和工作小组，明确职责，确定实施范围。档案管理改革的工作任务是提出四项任务，即落实档案管理职责，配齐配强档案工作人员、指导市公司开展短险业务档案及管理工作交接、新增基建档案的移交工作、开展档案管理省级集中改革自查整改工作、档案库房及相关设施检查等。国寿大同分公司按照省分公司的细则以及随文下发的《山西省短险业务档案交接工作指引》《业务档案查（借）阅管理工作指引》《山西省存量长险档案自查工作指引》《会计档案管理细则（试行）》《会计实务》《山西省增量长险业务档案上送工作指引》《山西省档案集中统一管理行事历》等，实行相应档案管理体系的改革。同年（11月25日），为提高档案管理水平，充分发挥电子档案的各项功能，太平人寿大同中支开始执行《太平人寿保险有限公司电子档案管理暂行规定》，该规定由总则、管理架构及岗位职责、电子档案格式规范、电子档案整理规范、岗位变更管理、调阅及销毁管理、安全管理和附则八部分组成。其中，在总则中界定电子档案的内涵和外延；提出“实体档案为主、电子档案为辅”的要求；确立公司电子档案实行总、分公司二级平台管理，遵循“统一管理”和“分级授权”的总体原则。

2015年5月，国寿大同分公司按照省分公司下发的《关于进一步规范业务档案整理移交工作的通知》要求，对业务档案的归档范围、业务档案的保管期限、归档业务资料的质量要求、业务档案的分类方案、业务档案的装盒要求进行再次明确规范，对档案移交时间、档案数量完整性、档案质量合规性以及档案的质检进行明确要求。7月，国寿大同分公司按照省分公司制定并下发的《关于短期险业务档案移交和鉴定销毁工作的通知》以及随文下发的"短险业务档案移交工作指引及相关附件"和"短险业务档案鉴定和销毁工作流程及相关附件"要求，在2015年8月15日前，将未到保管期限（2008年1月1日后形成）的短期险业务档案移交本公司综合管理部，于2015年12月20日前将2008年1月1日前形成的短期险业务档案进行销毁。9月，安诚财险大同南郊支公司根据总、分公司档案管理相关规定，制定《安诚保险大同南郊支公司档案管理实施细则》，实现业务档案的科学管理和有效利用。

2016年2月，国寿大同分公司根据总公司印发的《2016年档案管理工作指引》和《2016年档案管理考核评估办法》，重点开展以下工作：一是规范理赔档案归档操作；二是开展档案管理专项检查，包括制度执行情况、档案安全管理、人员配置情况等；三是建立健全档案管理制度体系，主要是归档标准、接收流程、声像影像、装订顺序、用纸标准和填写规定等；四是开展档案管理评估考核工作；五是提升档案服务利用水平；六是做好档案安全工作；七是档案知识普及工作。7月，太平洋人寿大同中支开始执行总公司《中国太平洋人寿保险股份有限公司业务档案实物文件管理办法》。

2017年，国寿大同分公司通过《关于大同分公司已到保管期限档案销毁的请示》，按照省分公司给予的批复指示和档案销毁流程，对大同分公司已到保管期限的股份承保、股份理赔档案进行销毁。

第十八章　内部控制与风险管理

内部控制是指保险公司各层级的机构和人员，依据各自的职责，采取适当措施，合理防范和有效控制经营管理中的各种风险，防止公司经营偏离发展战略和经营目标的过程。1996 年 12 月，财政部发布《独立审计具体准则第 9 号——内部控制与审计风险》是企业内部控制起步时期最早的制度规范。1997 年，中国人民银行发布《加强金融机构内部控制的指导原则》，这是金融系统最早的一部内部控制的行政法规。1999 年，中国保监会发布《保险公司内部控制制度建设指导原则》，要求各险企为防范经营风险而建立健全保险公司内部控制制度，促进保险公司进一步健康发展。2001 年至 2004 年，财政部相继从基本规范、货币资金、采购与付款、销售与收款、工程项目、担保、对外投资方面发布《内部会计控制规范》，这一系列制度是企业建立内部控制的指导，同时也是内部控制进行评价的标准。

第一节　内控合规管理

合规管理是保险公司通过设置合规管理部门或者合规岗位，制定和执行合规政策、制度，通过开展合规监测和合规培训等措施，预防、识别、评估、报告和应对合规风险的行为（目标）。合规管理是保险公司全面风险管理的一项核心内容，也是实施有效内部控制的一项基础性工作，对消除基础管理工作的风险隐患，加强防范风险能力，促进业务持续健康发展具有重要的作用。

2000年7月，国寿大同分公司按照上级要求，根据党的路线、方针、政策和工作需要，组织力量对公司组织建设、思想建设、作风建设、纪律建设、业务规范进行认真地回顾总结，对加强内控制度建设进行认真地研究、修订和完善，印制《国寿大同分公司内控合规汇编》，内容主要涉及“中心组学习制度”“委员会工作规则”“总经理室工作规则”“转变领导机关作风的意见”“干部、职工廉洁自律的规定”“建立系统基层党、团、妇、工会组织的意见”等班子建设问题六项制度，印制“公司远、中、近期发展、改革管理规划”以及在运营管理、营销服务、营销网络、计划财务、计算机运营、稽核审计、人力资源、单证档案等深化改革、加强管理问题十八项制度，为公司治理，合规经营在制度化建设上推进一步。

2002年，国寿大同分公司认真学习上级公司内控合规文件精神，努力践行合规要求，强化风险管理。1月，国寿大同分公司按照省分公司要求决定成立内部控制监督管理委员会。主要职能和任务是研究制定本级系统内部控制监督管理和防范风险的战略、方针和政策；研究制定本级系统内部控制监督管理工作的年度目标、重点和中、长期规划；对本级系统内部控制制度情况进行综合管理和评价，听取有关主管部门自身监督管理情况和内部监督部门工作情况汇报；对重大案件和严重违规违纪问题进行分析和对策性研究，并制定防范措施。国寿大同分公司按照省分公司要求，成立相应组织，明确责任、目标和具体实施细则。9月，国寿大同分公司根据国寿山西省分公司下发《中国人寿保险山西省分公司客户服务规范和内控管理办法》，在“服务环境、服务道德、服务仪表、服务态度、电话礼仪、服务技能、安全服务、售后服务、服务语言、客户回访”按照规范作业，在“出勤、例会、报表、培训、公示、见习、考核、限时服务”等按标准进行考核，并以此作为市、县各级客户服务中心运行的执行标准和考核标准。

2003 年 4 月，国寿大同分公司根据总公司《关于加强公司内部管理预防重大案件发生的通知》，认真学习总、省公司相关内控管理制度，在单证、印章、业务系统权限、客户回访、收付费、保费发票等方面进行合规性检查。7 月，国寿大同分公司根据山西保监局印发的《山西省 2003 年整顿和规范保险市场秩序工作实施方案》和国寿山西省分公司下发的《国寿山西省 2003 年整顿和规范经营实施方案》两个文件精神，在全系统认真细致地开展一次整顿和规范经营行为自查自纠工作。12 月，中国人寿保险股份有限公司分别在纽约和香港上市。根据美国国会《萨班斯—奥克斯利法案》对上市公司财务报告内部控制有效性和公司治理层、管理层责任的规定，中国人寿根据法案 404 条款，制作 404 遵循工作模板，在全系统开展 404 遵循工作的实施。

2004 年 6 月，国寿山西省分公司搜集整理各项规章制度，编写《内控制度汇编》并下发到市、县基层公司，在全省系统内形成统一、规范、适用性强的内控管理制度。30 日，国寿大同分公司为研究掌控政策风险、司法风险、信息披露风险、投资风险、业务操作风险和公关危机风险，成立“大同分公司风险控制管理委员会”。8 月，国寿大同分公司决定在全辖开展业务、财务自查、整改活动。 12 月，国寿大同分公司参加省分公司召开 404 项目启动和内部控制推广视频会议，标志着国寿大同分公司系统正式启动萨班斯法案第 404 条款遵循工作。

2005 年 3 月，“404 项目”在中国人寿全系统正式开展。国寿山西省分公司作为第二批试点单位，在河北分公司进行封闭培训和演练，国寿大同稽核部以及业管、财务分别派员参加。16 日，国寿大同分公司开始执行总公司制定并下发的《中国人寿保险股份有限公司内部控制手册》。4 月 5 日，国寿大同分公司组织员工认真学习深入研究省分公司转发《中国人寿保险股份有限公司 404 条款遵循性工作实施办法》精神。5 月 13 日，山西省分公司项目组开始正式运作。8 月，国寿大同分公司根据总公司下发的《404 条款遵循性工作实施办法》《业务风险控制指引》等相关文件，在全辖进行宣导和要求， 国寿大同分公司 404 条款遵循性工作走入实施阶段。11 月，国寿大同分公司根据省分公司下发的《关于开展 404 项目缺陷整改测试及验收工作的通知》，继续按照实施办法，积极接受省分公司的评估验收。

2006 年 1 月，中国保险监督管理委员会发布《寿险公司内部控制评价办法（试行）》，《办法》由总则、评价目标和原则、评价内容、评价方式、评价程序与方法、评分与评价结果利用、附则七部分组成，其中评价内容为控制环境、风险识别、控制活动（包括业务、财务、资金、信息技术、其他控制活动）、信息与沟通、监督 5 个方面。国寿大同分公司根据要求，实施内部控制活动，认真填写内部控制评估表、并向上级报告内部控制年度评估报告。3 月 31 日，中国人寿山西省分公司完成 404 遵循工作标准化流程模板，该模板共包含 9 大流程的 46 个子流程，列示出 400 余个风险点及相应的 1000 余个控制点。4 月 21 日，中国人寿山西省分公司制定并下发《2006 年 404 条款遵循工作总体工作计划》，计划分为 404 遵循工作准备、内部控制自我评估、管理层测试、外部审计师审计、缺陷整改、出具内部控制报告等六个阶段。9 月 22 日，国寿大同分公司组织学习《防范舞弊风险控制手册》。27 日，国寿大同分公司按照省分公司制定《中国人寿保险股份有限公司山西省分公司“内控合规月”整改方案》，开展“内控合规月”整改工作。

2007 年 3 月，国寿大同分公司根据保监会《寿险公司内部控制评价办法（试行）》、总公司《关于开展 2006 年度内部控制自我评估工作的通知》以及省分公司强调的风险管控要求，为全面了解公司内部控制的总体情况并满足保监会监管要求，市公司统一组织对 2006 年度系统内部控制情况进行评估。之后每年在 3 月之前对上年度的经营情况进行评估，并形成常态性工作。10 月，国寿大同分公司根据《关于在地市级分公司设立监察部（法律合规部）的通知》文件要求，市分公司设立监察部（法律合规部）。监察部（法律合规部）的工作职责涵盖内控合规、监察、销售督察三个部门的工作内容。内控合规部成立以后，职能在不断扩展，除 404 条款遵循工作外，还增加风险管理、合规管理、法律事务、反洗钱、关键岗位检查等方面工作。同年，泰康人寿大同中支根据《关于分公司设立内控合规管理部门（岗位）的通知》的规定，在中支设立内控合规联系人，具体负责本机构的合规管理工作。

2008 年 3 月，国寿大同分公司召开年度工作会议，分公司总经理高铁强与基层各个销售单位签订《合规经营责任书》，责任书主要内容包括 100% 推行单证管理的“十条铁律”、大力推行“零现金、零收据、零距离、零风险”即“四个零管理”等其他八个方面内容。4 月 28 日，国寿大同分公司召开内部控制标准推广启动会议，参会人员有总经理室成员、部门副科级以上干部、16 个基层单位经理和 404 协调员 62 人，主要内容学习《大同分公司开展内部控制标准推广工作方案》，此次会后全辖开始实施内部控制标准推广活动。同年，太平洋财险大同中支设立合规管理部，主要工作内容有三个方面，一是制定合规培训计划并实施培训；二是开展合规检查；三是根据检查情况，下发整改意见，并督导整改。太平洋人寿大同中支根据总公司制订的《中国太平洋人寿保险股份有限公司风险管理工作规定（试行）》，在全司范围内首次开展操作风险控制与自我评估工作。同年，农银人寿大同中支在综合部设立内控合规岗位，实行 A、B 岗制度，

A 岗负主要责任，B 岗负责 A 岗不在岗期间的工作。中支合规联络员由综合部经理担任，在省分公司内控合规部领导之下实施各项合规工作。

2009 年 6 月，国寿大同分公司为进一步提升系统员工内部控制理念，提高公司内部控制标准化水平，根据《中国人寿保险股份有限公司内部控制手册（2009 版）》规定，制定《大同分公司 2009 年内控标准执行及内控评估工作方案》。方案确立指导思想、明确工作目标，部署工作安排，提出工作要求。在工作安排中，划分宣导培训、标准执行、内控评估、考核评价、执行报告五个阶段。在不同的阶段中，详细分解各项工作任务，细化实施行事历，制定执行标准，建立信息沟通渠道等。8 月 13 日，省分公司下发《关于进一步做好内控标准执行工作的通知》，根据要求，大同分公司各职能部门再次确认前期已对控制措施进行梳理拆分任务，并填报《内控标准执行任务分解落实承诺书》，将影印件在 8 月 25 日前上报省公司对应各职能部门。

2010 年 3 月，国寿大同分公司开展“内控自查自纠整改月”活动，活动宗旨是大力营造县（区）支公司合规经营的氛围，促进基层公司员工诚实守信、依法合规经营意识的提高；集中时间和精力，对照制度查找问题，分析问题产生原因，确定问题整改方案，保证问题整改质量；要以“内控自查自纠整改月”活动为契机，培育标准执行文化，强化制度执行力，为 2010 年《内控手册》的推广落实，进一步推进县支公司内控评估工作奠定基础，使基层单位尽快满足外部审计的检查要求，实现合规达标；通过活动的开展，进一步建立健全问责制以夯实内控基础建设，促进公司业务持续稳定健康发展。活动以“查补漏洞、落实整改、强化执行、夯实基础”为主题，以“委托领款业务处理、单证管理、印章管理、系统权限管理、费用、资金（收付费）以及老业务管理”等七个方面为重点。4 月，国寿大同分公司为了深入贯彻落实 2010 年中国人寿内控与风险管理工作会议精神，切实提升风险防控能力，夯实基础管理，组织本部各条线管理员工认真学习省分公司制定并下发的《关于切实提高公司整体风险防控能力的三十条意见》，当月 7 日进行文件转发并提出学习要求。同时，根据《中国人寿保险股份有限公司内控与风险管理委员会章程》，按照市公司新领导分工情况，对市公司内控及风险管理委员会成员进行调整。6 月，为进一步规范风险预警系统排查方式、排查意见、排查内容，国寿大同分公司编制《风险预警系统运行考核办法》，将风险预警系统管理纳入考核范围。11 月，太平洋人寿大同中支在全辖开展操作风险控制与自我评估工作，评估工作小组成员通过访谈相关操作人员和业务人员、查阅相关文件、抽查样本等方法，从健全性、合理性和有效性三方面对风险点进行评价。同年，国寿大同分公司各个条线按照总、省公司相应部门的部署与安排，开展相应合规管理的深度检查和专项作业：如总公司销售督察部制定的《销售风险专项检查手册》；业管部制定的《关于针对保单借款和理赔作业中关键风险进行专项核查工作的通知》；省业管部制定的《关于借款催还和风险排查工作组开展上门回访的通知》；省财务部制定的《“零现金”工作风险防范管理办法》；市公司健康险部编制的“健康险风险管理专刊”和“2010 年健康险业务承保风险预警”等。

2011 年 1 月，国寿大同分公司根据国寿总公司根据财政部等五部委下发的《企业内部控制基本规范》及配套指引，以及中国保监会出台的《保险公司内部控制基本准则》，以及对先期下发的《内部控制执行手册（2010 版）》进行修订和完善，形成《内部控制执行手册（2011 版）》并下发各级分公司的要求，以条线、部门、岗位职责为依据，将“控制措施对照表”中的控制措施分解，做到人手一册，学习理解，遵规照做。2 月，国寿大同分公司下发《2011 年中国人寿大同分公司关于进一步强化内控管理工作的实施意见》，分别从人力资源、财务预算、运营管理、内控合规、固定资产以及集中采购提出控制要求。当月，太平洋人寿大同中支根据总公司修订并下发的《中国太平洋人寿保险股份有限公司全面风险管理工作规定》,进一步完善公司风险管理基本原则、组织架构、工作职责和管理流程等。3 月，国寿大同分公司积极参与省分公司制定的《山西省分公司 2011 年内控标准执行工作方案》的落实，在工作组织、计划制定、标准执行、质量检查和总结汇报方面进行具体研究，形成《中国人寿保险股份有限公司大同分公司 2011 年内控标准执行工作方案》。4 月 13 日，国寿大同分公司根据总公司内控标准执行工作方案要求，总经理室成员、职能部门员工、县支公司以及营销服务部非销售人员在公司指定网站进行签署《2011 年内控标准执行承诺书》，主要承诺：学习并严格遵守本岗位的相关所有控制要求；做好内控标准执行工作；如未能有效履行相关控制职责，造成严重不良后果的，承担相应责任。5 月，国寿大同分公司各层级员工积极投入山西省分公司组织开展的“学罗文 讲执行 做好内控标准工作”有奖征文活动，并有多位员工获奖。

2012 年 1 月，国寿大同分公司组织全辖开展学习“依法合规十严格”活动。2 月，为规范经营公司各项管理工作、规范公司合规经营评估工作，国寿大同分公司组织学习并转发《中国人寿保险股份有限公司合规经营评估办法》，要求各级管理者了解合规经营评估基本原则，清楚合规经营评估的范围、对象、内容和方法，知悉合规经营评估的组织实施过程、程序和需要交付的成果。5 月，太平洋人寿大同中支开展以公司风险事件库所列示风险事件为基础的年度风险和内控自查工作。8 月，国寿大同分公司根据国寿集团下发《中国人寿系统内部控制大纲（2012版）》提出的要求，认真组织学习，并按照《内控执行手册》开展各项合规工作。同年，太平洋财险大同中支开始执行《中国太平洋财产保险股份有限公司内部控制手册》，加强内控合规管理。华泰财险大同中支根据总公司下发的《合规政策》和《合规联系人管理办法》，进一步完善合规管理的组织体系，明确各部门、各公司应设置合规联系人岗位，并规定合规联系人的任职条件、职责、管理及考核。根据《合规风险事项报告管理办法》，进一步完善公司合规风险报告体系，规定合规风事项类型、报告路线、报告责任主体、报告时限以及报告档案管理等内容。根据《合规培训管理办法》，进一步规范公司合规培训工作，规定合规培训目的与原则、公司各部门、分支机构合规培训职责、培训内容、培训要求及培训检查与问责等内容。

2013年3月，中国人寿总部根据系统对《内部控制执行手册（2012版）》执行情况与反馈情况，进行修订、更新和完善，形成《内部控制执行手册（2013版）》，国寿大同分公司以《内部控制执行手册（2013版）》为基础，由公司合规部牵头，制定学习计划和实施方案，要求各部门在内控管理系统中对本条线内控手册中内控措施进行确认、分解，并利用内控管理系统统一设置自评模板开展内部控制自评工作。8月，太平洋人寿大同中支开展以可能导致发生司法案件、群体性事件以及其他损害保险消费者合法权益等系统性风险的业务环节、操作流程、内控管理等事项等为主要风险点的排查工作。同年，太平洋财险大同中支根据省分公司制定并下发的《中国太平洋财产保险股份有限公司山西分公司保险系统风险排查实施细则》，在系统开展各个条线的风险排查活动。

2014年3月，国寿大同分公司开始执行国寿总公司下发《内部控制执行手册（2014版）》。4月，根据国寿山西省分公司下发的《2014年内控标准执行方案》，以及总、省公司内控合规工作要求，由市公司内控合规部门牵头，开展组织宣导、制订细则、实施行动、内控自评等合规工作。

2015年1月，国寿大同分公司根据山西省分公司制定的《关于开展“两个加强、两个遏制”专项自查工作的通知》，精心组织，统筹安排，开展专项自查工作。2月，国寿大同分公司开始执行国寿总公司下发《内部控制执行手册（2015版）》。3月25日，国寿大同分公司组织实施由省分公司印发的《中国人寿保险股份有限公司山西省分公司2015年内控标准执行方案》。4月，国寿大同分公司下发《关于调整大同分公司内控与风险管理委员会工作组成成员的通知》，明确市公司内控与风险管理委员会组成和机构设置、明确市公司内控与风险管理委员会职责与议事规则。4月20日，国寿大同分公司根据《中国人寿保险股份有限公司关键岗位人员岗位轮换和强制休假管理办法》，对 2015 年达到关键岗位轮换条件的总人数 16 人，拟定在 6 月底完成轮换人数 7 人。6 月 1 日，国寿山西省分公司根据《中国人寿保险股份有限公司风险监测、预警及分级管理办法》的要求，对全省市级公司风险限额指标进行梳理，形成当年各个市分公司风险限额指标清单，一定程度上，形成市分公司风险预警及分级管理工作的十分重要的依据尺度。6 月 24 日，国寿省公司下发《2015 年内控评估工作方案》（以下简称方案），《方案》分为工作组织、内控评估工作安排、缺陷整改和质量检查四个部分，国寿大同分公司根据《方案》精神，被确定为省内控合规重点单位之一，对 19 项高风险、28 项中风险流程进行控制测试。国寿大同分公司根据《方案》安排，市分公司各部门进行积极认真的测试前准备工作。7 月 1 日，国寿大同分公司落实《关于山西省分公司开展 2015 年中期内控评估工作的通知》的精神，对系统非 IT 流程进行测试评估，评估期间为 2015 年 1 月 1 日至 2015 年 6 月 30 日，评估样本为评估期间发生业务。国寿大同分公司财务、业务、个险、团险、银保、办公室、客服等多部门参与，经过制订方案、样本抽取、流程测试、资料整理、底稿审核等过程，于当月底圆满结束。9 月，英大财险大同中心支公司设立反洗钱组织机构，开展反洗钱工作。11 月 1 日，国寿系统开始执行《中国人寿保险股份有限公司内部控制管理办法》（以下简称办法），该《办法》是对原办法的第四章、第五章和第六章进行合并、精简等调整而形成。同年，太平洋财险大同中支开始执行总公司印发的《中国太平洋财产保险股份有限公司整改工作管理办法》，该办法将工作流程及规范分为检查报告、整改计划、整改实施、整改完成四个阶段，并对监督管理做出了相应要求。根据《中国太平洋财产保险股份有限公司操作风险管理办法》的通知，对全市提出落实“偿二代”监管体系的风险管理的要求，进一步加强公司的操作风险管理。

2016 年 4 月，国寿总公司下发《中国人寿保险股份有限公司内部控制手册（2016 版）》。6 月，国寿省分公司下发《2016 年内部控制评估工作方案》，对全省内控评估工作进行安排部署。7 月，国寿大同分公司根据省分公司安排，对 1 月 1 日至 6 月 30 日区间数据抽样，8 月完成测试并录入内控管理系统，制订缺陷整改计划，10 月完成整改。10 月，国寿大同分公司根据《山西省分公司“两个加强、两个遏制”回头看问题整改工作方案》精神，制定大同分公司《“两个加强、两个遏制”回头看工作实施细则》，细则确立工作目标、成立领导组织、明确组织保障及其分工、拟定整改工作步骤、提出具体工作要求等。同年，太平洋财险大同中支根据总公司印发的《中国太平洋财产保险股份有限公司内控合规手册（2016版）》，深入推进“聚合力、出重拳、治顽疾”专项治理活动。紫金财险大同中支根据中国保监会《保险公司合规管理办法》规定及总公司《关于分支机构设置合规管理部的通知》的要求，决定在综合部合规管理岗，行使内控与风险等管理职能。安邦人寿大同中支在业务支持部设立合规管理岗，在中支各部门设立兼职合规管理员，形成内控合规队伍。幸福人寿大同中支在综合管理部设内部审计专岗，接受分公司和中支的双重领导，采用询问法、审核法、观察法、函证法、监盘法、分析性复核等方法，对本级各部门、各所属机构进行反洗钱审计、人身保险业务审计、内部控制评价、经济责任审计，后续审计等工作。

2017年6月，国寿大同分公司制定并下发《关于贯彻落实总公司5月25日会议精神及加强风险排查的工作方案》，同时，为了加强对风险管理工作的统一领导和管理，落实风险管理重大工作事项协调机制，调整大同分公司风险管理委员会成员。同年，太平洋人寿大同中支在组织年度风险排查过程中开始执行《中国太平洋人寿保险股份有限公司内部控制工作指引（2017版）》。平安人寿大同中支设置专项合规岗位，配备专人进行支公司合规的管理工作。

第二节　公司稽核审计管理

审计是资源所有者委托或者授权专职审查者，通过以会计资料为主要对象的检查，实现对经济活动的监督和鉴证。

稽核是金融机构内部专职机构和人员，依法对金融业内部的财务活动及其有关经济活动的真实性、合法性、安全性和效益性进行审查，评价经济责任，用以维护金融活动的正常秩序，促进金融业健康发展的独立性经济监督活动。

稽核与审计有着密切的联系，二者所固有的职能、采取的程序和方法均是相同的，共同承担着对金融机构的监督任务。

（一）稽核审计组织机构及管理体系

1982年，第五届全国人大第五次会议通过的《中华人民共和国宪法》明确规定，在我国实行审计监督制度。1987年2月11日，中国人民保险公司山西省分公司印发《中国人民保险公司山西省分公司内部审计工作实施细则》，明确了内部审计目标、机构、职责、权限、程序、方法、守则与奖惩，以及审计同有关部门的关系等。27 日，中国人民保险公司雁北中支根据《山西省分公司内部审计工作实施细则》第七条和第八条：“为独立行使审计权，保证审计任务的完成，省公司、中支公司设立审计机构，县支公司配备专职或兼职审计干部”，“中心支公司设立审计科，编制三到四人，县支公司设专职或兼职股级审计员至少一人”的规定，设立审计科，编制 2 人。8 月，中国人民保险公司大同中支设立审计科，编制 2 人。

1989 年，中国人民保险公司大同中支、中国人民保险公司雁北中支审计科与监察室合署办公，设立监察室 / 审计科，主管全市系统的审计监察工作。

1991 年，中国人民保险公司大同中支系统内部审计人员达到 14 人，其中专职审计人员 3 人，兼职审计人员 11 人。中国人民保险公司雁北中支内部审计人员达到 21 人，其中专职审计人员达到 3 人，兼职审计人员达到 18 人。

1996 年 7 月，中国人民保险公司大同分公司实行产、寿险分业经营，中保财险大同分公司审计科变更名为稽核科。中保人寿大同分公司内设监审部。

1998 年，太平洋财险大同中支设立稽核部，主要负责检查公司内部各项业务的经营管理情况。

2000 年 4 月，国寿山西省分公司转发《中国人寿保险公司稽核工作报告》、《中国人寿保险公司稽核工作规范》和《中国人寿保险公司经理任期经济责任稽核规定》，三份文件成为今后国寿系统稽核工作的标准性、规范性、指导性重要指南。7 月，国寿大同分公司印制《稽核工作的实施意见》，就稽核计划、稽核程序、稽核档案进行明确规定。

2003 年 7 月，国寿大同分公司根据中国内部审计协会印发的《内部审计人员岗位资格证书实施办法》和《内部审计人员后续教育实施办法》，积极组织相关人员认真学习，提高认识，为贯彻落实进一步做好准备工作。

2004 年，国寿山西省分公司建立特邀审计员制度，该制度是对公司系统现有审计队伍的补充，对增加审计工作深度和广度、提高审计工作质量、强化内部监控的一种手段。当年，国寿大同分公司监审部经理原刚同志选聘特邀审计员。

2005 年，国寿大同分公司根据省分公司制定印发的《中国人寿保险股份有限公司山西省分公司分支机构人力资源制度改革实施方案》的通知精神，实行机构体系改革，在市本部设立监审部，建立省公司垂直管理，统一领导的内部监察审计体制。其中，设立审计特派主任 1 名，其人事关系由省公司管理，组织关系由市公司代管。

2006年1月，根据2005年山西省分公司分支机构人力资源制度改革实施方案精神，市分公司监审部为省分公司垂直管理关系，市分公司张平生被任命为审计特派主任。

2007年，国寿大同分公司从市公司财务部在编员工中选聘高鸿飞为审计特派员，充实省公司审计队伍。

2008年1月，根据太平洋总公司的机构设置要求，太平洋财险大同中支稽核部变更为合规管理部，在原有职能的基础上增加保险调查人监督职能和反洗钱工作职能。10月，国寿大同分公司根据《关于在地市级分公司设立监察部（法律合规部）的通知》文件要求，在市分公司设立监察部（法律合规部），监察部（法律合规部）的工作职责涵盖省公司内控合规、监察、销售督察三个部门的工作内容。

2009年，中国人寿集团公司在全国设立多个区域审计中心，中国人寿山西省分公司的审计事项划归北京区域审计中心负责，省系统内控合规部仅负责审计协调工作。5月，因工作需要，市公司党委会议研究，拟调整省公司审计特派员高鸿飞回市公司工作，另派董世尹同志任省公司审计特派员。

2010年，太平洋财险大同中支合规管理部名称变更为法律合规部，在原有职能的基础上增加法律事务管理职能。

2011年1月，国寿大同分公司执行省分公司《关于严格执行县支公司经理“先审计、后离任”规定的通知》精神，坚决执行对县支公司“量入而出、自负盈亏、收支平衡、重奖节余”的管控要求和“新官理旧账”的原则，确定“先审计、后离任”的规定。并采取五项具体措施：一是审计需求要及时上报；二是审计工作要严肃认真；三是审计结果要签字确认；四是审计规定要坚决执行；五是审计问题要坚决整改。8月，国寿大同分公司根据《大同分公司深化经营管理体系改革人力资源管理实施细则》，在市本部设立监察部，岗位划分为纪委、内控合规、销售督察，并行使其三个方面的职能，承担纪检监察、内控、法律合规、销售督察、风险管理和反洗钱等工作职责。县支公司设置的综合部，承担同市公司监察部对接，完成相应的联系、沟通和协调。

（二）内部稽核审计活动

1950年12月，中国人民保险公司大同支公司保险监察工作伴随保险业务启动工作开始，当初虽未设置专门部门或专岗，但监察监督活动是根据业务中出现漏洞和不足进行修正、整改和完善，一定程度上达到较好的效果。1958年，国内保险工作停办。

1980年9月，中国人民保险公司大同支公司恢复国内保险业务。1981年到1985年，随着业务发展和机构升级，保险稽核与监督工作主要采取业务质量检查、经办公司自查和兄弟公司互查方式，如 1982 年中国人民保险公司大同支公司同朔县、忻县公司组织互查等，各种方式监督促进各项管理逐步走上正轨。

1986 年，中国人民保险公司大同中支加强制度管理，健全费用审批制度。重点对奖金发放、福利费的使用进行稽核监督，对各支办及汽车厂进行财经纪律大检查，发现问题，及时纠正。

1987 年 2 月，中国人民保险公司山西保险系统首次审计工作会议在太原召开，参加会议由各地市中支公司审计部门负责人，专职审计干部 23 人。会议明确 1987 年审计工作的重点：第一，查处弄虚作假、钻改革的空子，挖国家，为小团体和个人谋利的问题，维护国家利益；第二，制止和纠正乱摊派，乱集资和其他侵犯企业合法经济权益的问题，支持和促进企业搞活；第三，揭露和纠正官僚主义，大手大脚，造成国家资产严重损失和学杂费的问题，促进提高经济效益。根据会议要求，中国人民保险公司雁北中支审计 4 个县支公司、中国人民保险公司大同审计 3 个基层单位，审计主要项目：一、审计“费用”，审查代办手续费支出是否按规定合理使用，是否按实收保费支付，有无截留和反馈及违反现金管理制度等问题；审查防灾费、宣传费是否按规定计算提取，是否贯彻专款专用，有无挪作他用。二、审计理赔，重点是私人运输工具险。三、审计企业管理费，主要审查各项开支是否符合标准，有无浪费、审批手续是否完备，并通过各项费用、分析对比，找出升降原因，帮助总结经验教训，改进工作。提出系统开展试行常规审计及查处经济案件等。5 月，中国人民保险公司大同中支分成两级，先后对各支办进行全面的内部审计和财务大检查，在近 3 个月的审计检查中，审计组认真查问题，堵漏洞，重点是理赔、财务管理和“三费”开支，审计单位缺啥补啥、漏啥堵啥，抓紧补堵，达到遵守财经纪律的自觉性，为下一步全面审计奠定基础。也在同一时期，中国人民保险公司雁北中支按照省公司安排部署，完成审计任务。11 月，中国人民保险公司山西省分公司转发《中国人民保险公司关于开展财务收支审计的通知》的通知，中国人民保险公司大同中支、雁北中支根据通知精神，学习国务院 58 号文件，以市中支审计科为主，抽调部分县支专职（兼）审计员，重点审计部分县（区）支的财务收支情况，并将这次财务收支审计和税收、物价大检查工作作为第四季度的中心工作，审计结束后，对发现的问题，分析原因，提出意见，形成通报，实施整改，并将审计报告报送省分公司审计处。

1988 年，中国人民保险公司大同中支狠抓制度建设，强调纪律约束，在规范常规审计前提下，坚持按纪检、审计规矩办事，多次开展财经检查，在规范治理公司中形成

“人人守纪律，严格按规章办事的良好风气”。中国人民保险公司雁北中支充分发挥审计的监督作用，先后对右玉、阳高、灵丘等县进行就地审计，并开展效益、财务、重点后续等内部审计，坚持内审把关的经常化和制度化，针对问题，提出建议，督促整改。为促进全辖经营管理，提高业务质量和管理水平起到积极作用。

1989年，中国人民保险公司雁北中支提出当年审计工作重点是搞好投资效益、存款利息和各险种的效益审计及四级核算试点单位的财务评估审计。

1990年，中国人民保险公司大同中支在审计工作中，主要审计所辖公司固定资产投入、人身保险效益和基建资金三个必审项目，审计面达40%以上。

1992年，中国人民保险公司雁北中支开展保险投资效益审计，县支经理离任审计，承包经营兑现审计，理赔大案事前审计，以及广灵、应县、右玉三个代办所的业务收支审计，中支劳动服务公司、汽修厂的审计等。

1993年，中保大同分公司配合大同地方审计部门、大检办进行常规审计。市公司审计部门完成必审项目任务前提下，对中保新平旺办事处进行经理离任审计。提出建议，进行整改，堵塞漏洞，降低成本。

1994年，中国人民保险公司大同分公司制订当年审计工作计划：抓好省公司部署的五个必审项目，市内审计重点转到理赔质量审计和财务收支常规审计。

1995年，中国人民保险公司大同分公司充分发挥纪检、审计、监察部门作用，加强对各项管理工作的事前监督、事中监督、事后监督和全过程的监督检查工作，对下属和支公司、办事处不定期地进行承保质量和赔案的随机核查，进一步加大监督力度、审计力度，当年理赔案件核查面达到60%以上。

1999年7月，国寿山西省分公司由稽核处牵头，省计财处、代理业务处参加的联合稽核小组在国寿大同分公司进行“个人代理业务管理”稽核。9月，国寿大同分公司根据《中国人寿保险公司山西省分公司个人代理业务管理稽核方案》，结合自身实际，开展营销业务管理稽核。

2000年4月，国寿山西省分公司下发《2000年稽核工作要点》，确定年度稽核项目，提出稽核工作要求。国寿大同分公司收到文件后认真学习，贯彻落实，制定具体详细的年度稽核方案。同时，按照《中国人寿保险公司银行存款定期存单真实性稽核方案》的要求，在全市和支公司、营业部开始自查，市分公司作重点抽查，并为下一步省公司稽核做好充分准备。5月，国寿山西省分公司组织全省监审干部和有关财务人员37人，利用12天时间，采用交叉检查的方法，对所辖11个地、市公司的银行存款定期存单真实性情况进行全面稽核，稽核面达到100%。国寿大同公司积极配合，提供资料，认真听取稽核组提出的建议：抓基础，建立健全资金管理制度；抓学习，提高员工法制意识；强管理，强化制度的执行力。

2001年1月，国寿大同分公司贯彻总公司《关于在全系统认真开展业务和财务自查的通知》精神，公司成立由“一把手”担任组长，分管副总经理任副组长，财务、业管、个险、团险、监察部门负责人组成的领导小组，全面负责此次自查工作的组织领导，小组办公室设在监察部。该次自查活动以国家有关财经法规、方针政策和总公司有关规章制度为依据。坚持以保监会、总公司、省公司下发的有关文件精神以及总公司、省分公司制定的各种保险条款及实务规程等为指导，坚持实事求是、客观公正的原则，重点对财务管理方面如保险法规、财经纪律的执行情况、资产负债真实情况、财务收支项目合法性状况以及账外资金、“小金库”等，业务管理方面如个人代理人管理、赔（给）付管理、核保工作、团体年金保险、意外险业务、农村网点管理、中介业务等开展自查。在逐项逐条自查过程中，边查边纠，边发现、边整改，边统计、边报告，对于不能及时整改的问题请示、汇报，详细记录，等待给予回复解决方案。历时近1个月，圆满地完成稽核任务，并将自查情况总结报告与全辖未有“小金库”承诺一并上报省公司。5月，国寿大同分公司根据《中国人寿保险公司山西省分公司个人代理业务佣金使用和管理稽核方案》，对2000年度个人代理业务佣金使用和管理情况，在营销部、北城支公司、新建路支公司、左云、浑源等五个支公司进行稽核监察。

2002年2月，国寿大同分公司按照《中国人寿保险山西省分公司关于开展国寿福瑞两全保险等五个险种的退保金、满期给付、年金给付专项稽核的方案》精神，在全辖各个支公司对2001年度国寿福瑞两全保险、国寿个人养老金保险、国寿养老年金保险、团体年金保险、国寿团体年金保险（补充养老保险型）五个险种的退保金、满期给付、年金给付的真实性、准确性、合规性进行稽核。国寿大同分公司成立由稽核人员负责，业务、财务人员参加的稽核组，制定稽核实施方案及行动路线，于6月底前圆满完成稽核任务。

2003年3月，国寿大同分公司执行省分公司《重要业务单证管理稽核方案》，稽核面达到所辖公司的100%。每一个被稽核单位包括各个人代理人机构、团险业务和兼业代理销售网点，于5月将“大同分公司重要业务单证管理稽核工作报告”及其附表上报省分公司稽核部。6月，省分公司第二稽核小组来大同进行重要业务单证管理稽核。

2004年4月，国寿大同分公司根据《关于严肃经营纪律加强内部管理的通知》，对照总公司制定的禁令：一、严禁设立“小金库”及账外账；二、严禁贪污、挪用及违规运用保险资金；三、严禁伪造、编造、销毁会计凭证、会计账簿，使用不合法的原始凭证，编报虚假财务报表；四、严禁虚增、截留、坐支保费收入；五、严禁费用虚列及挂账；严禁扩大佣金开支范围、违规支付手续费；六、严禁违反现金及银行存款管理规定；七、严禁违反信息系统安全、保密管理规定；八、严禁固定资产挂账及擅自超规模购建；九、严禁违反规定制发、保管、使用公章或伪造、私刻、窃盖公章；十、严禁伪造、违规印制和使用有价单证及重要空白单证；十一、严禁误导、欺骗客户；十二、严禁违规承保、赔款和给付，严禁虚假赔案等"十二条禁令"，开展逐条逐项进行自查自纠工作。5月，国寿大同分公司根据总公司《关于对山西省分公司"龙虎争霸"业务竞赛活动的审计意见》精神，认真学习，深入领会，制定有效措施开展专项审计，对审计发现的记账科目偏差等，及时整改，形成审计报告及时报省分公司。12月3日，省公司审计组对大同国寿管理费用控制、短期险业务、核保核赔制度执行情况、印章管理、重要业务单证管理进行现场审计，重点抽查大同分公司本部及所辖左云支公司、御和路支公司、新建路支公司。大同分公司将整改情况于2月底前上报省公司审计办公室 。

2006年1月，国寿全国系统工作会议在北京召开，董事长杨超指出："要加大制度执行力度，通过开展制度执行力审计加强监督。"总经理吴焰指出："保持执行的严肃性，坚决防止随意变通，甚至越权，超权和问题发生。"为贯彻落实全国系统会议精神，增强公司系统各级公司制度的执行意识、执行力度，保证公司各项制度实施的严肃性和有效性，公司决定2006年继续组织开展制度执行力审计。该次制度执行力审计分三个层面进行。一是总公司组成审计组，选取部分省级和计划单列市分公司，对《集中采购管理办法（试行）》和《关于加强分公司法律事务专业化管理工作的通知》等进行抽查审计；二是各审计办公室组织对《员工行为守则》《资金管理办法》《个人代理中国人民保险公司证金管理暂行办法》3个全国必审内容进行审计；三是采取分片或自选方式，由各审计办公室确定1项其他制度进行审计。国寿大同分公司在做好迎接必审项目审计外，按照总、省公司要求，开展"健康险销售定价管理暂行办法"执行情况的审计。

2008年6月，国寿大同分公司根据中国人寿保险有限公司（山西省分公司）审议《关于对大同分公司经理经济责任审计的审计意见 》要求，审计主要从资金管理方面、财务管理和会计管理方面、业务方面、单证方面展开。之后，市分公司针对审计发现的问题进行整改，提出具体的措施，如对于资金方面，编制现金盘点表，坚持每日终了监控现金余额；针对会计科目使用不当，财务中心制订了学习计划，每月至少一次针对性的业务培训；针对借款未及时催还问题，客户部根据《保全手册》，定期生成《催还款清单》、送达《还款通知书》，规范进行借款催还工作，等等。11 月，国寿大同分公司根据省公司审计办公室《关于大同分公司的审计意见》的要求，着重开展《关于对大同分公司机动审计（A、B 柜面审计）的审计》，重点审计了柜面管理、收付费管理、单证管理。之后于 11 月 13 日到 11 月 30 日，市分公司就审计发现的问题，组织业务中心、财务中心、营业部以及北城支公司等部门进行整改、落实。

2009 年 4 月，国寿大同分公司提出对阳高县营销服务部经理李培亮、大同县营销服务部副经理董世尹进行离任审计。7 月，提出对左云支公司经理乔建国进行离任审计。

2010 年 5 月，为配合做好审计署对保险公司进行审计工作，国寿大同分公司制定并下发《大同分公司做好配合审计检查的工作方案》，主要有以下几条措施：一是建立领导组织，统筹和规划配合协调审计准备工作；二是明确各部门的职责；三是拟定配合审计工作的流程；四是提出具体的要求。

2011 年 1 月，根据山西省分公司审计需求，北京区域审计中心委托山西省公司，对国寿大同左云支公司经理闫军、广灵营销服务部经理孙治国任期经济责任和履行情况进行现场审计，审计从财务管理和会计核算方面、业务管理方面进行展开。4 月，中国人寿北京区域审计中心对国寿大同分公司总经理高铁强进行离任经理经济责任履行情况现场审计，审计从经济绩效及业务发展方面、队伍建设方面、财务管理方面、业务管理方面、内部控制及其他方面展开。之后国寿大同对审计提出的意见和建议进行整改，并以《关于对大同分公司原总经理高铁强离任经理经济责任履行情况现场审计的整改报告》报送北京区域中心。

2016 年 3 月，国寿大同分公司根据审计发现问题排查整改工作安排，对 2015 年 1 月 1 日—2015 年 10 月 31 日所有赔案数据共 3604 条，按涉及全市 13 家柜面进行划分，每个机构抽查 5 件，进行排查。经过县支柜面认真排查和市分公司汇总整改，对后期工作提出要求：一是坚决执行总、省分公司的监管要求；二是认真总结，不断地组织培训、学习，强化后督监管；三是提高每位员工从思想到技术层面的突破，做一个“听话照做”的员工。

2017 年 2 月，国寿大同分公司接受北京区域审计中心对中国人寿大同分公司总经理赵万明任职期间的经济责任履行情况现场审计，经过对审计提出的意见和建议进行确认和整改，于 7 月以《关于大同分公司总经理赵万明任期经济责任审计发现问题的整改报告》报送北京区域中心，完成总经理赵万明的离任审计项目。

第三节 公司防灾防损管理

保险公司防灾防损主要是保险企业对其所承保保险标的可能发生的各种风险进行识别、分析和处理，以防止灾害事故发生和减少灾害事故损失的工作。早在20世纪50年代中国人民保险公司大同支公司成立时起，就把防灾防损作为保险业务发展的一项重要工作，并始终贯彻“保防结合，以防为主”的方针，通过设置防灾组织机构、加强横向社会联系，积极参与和配合社会防灾防损部门工作，经常广泛性地进行防灾防损宣传、普及防灾防损知识和有关法律、法规知识，有重点地进行安全检查，发现隐患，及时消除，维护人民生命和财产安全，减少社会财富损失，减轻投保人经济负担，提高保险企业经营风险能力。

1951年，中国人民保险公司大同支公司根据防灾防损“保防结合，以防为主”的工作方针，公司与市消防队、公安局、工商局、电业局共同组织防火检查组，对投保单位进行三次大规模的检查，其中重点企业进行9次，共检查326家单位。经过检查，许多单位改善防火设备，如群利建药厂增加小水车；供销社及百货公司、石油公司增加消防器；大同面粉公司设立消防组织。年内，中国人民保险公司大同支公司委托市兽医站兽医师下乡43次，检查牲畜767头，并对于牲畜治疗费用给予7—8折优惠。

1953年，中国人民保险公司大同支公司计划对工商业集中与财产庞大的单位，有组织、有系统、有步骤地检查，并要求或建议这些企业设立防灾组织、配置防灾设备，树立防灾意识，掌握防灾技能，提高企业防灾能力。同年，中国人民保险公司大同中支配合市财委、市劳动局、公安局消防大队组织的季节性保安大检查，以提高各单位对防灾的重视并完善消防组织，配备、检查防火设备。对大同矿务局存煤场检查，找出煤炭自燃的原因并提出增设通风筒、定期测量温度以及温度升高时立即挖沟散热等。

1954年，中国人民保险公司大同支公司结合公安局、劳动局、财委会、农林局、工业局组织的防火检查，共12次120多家单位次。2月，由党政部门主持多个单位参加的700多人会议，中国人民保险公司大同支公司赠送市消防大队消防机动车一台。12月，又支助消防大队一大批消防设备。

1955年，中国人民保险公司大同支公司拟定配备2名防灾干部配合相关部门进行防灾检查；要求外勤干部加强防灾知识学习并加强展业和防灾结合；加强季节性防灾的宣传工作。

1957 年，中国人民保险公司大同支公司配合市有关部门进行防洪、防霉、防雨、防火等防灾检查，年内共检查 128 个单位次，提出书面建议 550 条，口头建议 217 条，大部分受检查单位能够及时改进，清理消防通道，书写“严禁烟火”，购置防火工具，检修设备，还有一些单位建立义务消防组织。8 月，中国人民保险公司大同支公司赠送市消防队消防水车 1 辆。

1958 年，中国人民保险公司大同支公司提出防灾防损工作方针是：普遍检查和专门检查相结合，承保展业与防灾防损相结合。同年，大同支公司同市相关部门按照年初提出的工作方针，开展认真积极的落实行动。

1981 年 4 月，中国人民保险公司大同支公司从业务人员中选配 3 名员工组成防灾理赔专业组进行日常工作。5 月，开展“安全活动月”，配合市一轻局、消防队以主管局为主开展安全检查，采取一听、二看、三议、四定方法，共查出大小隐患 122 项，各厂逐步解决 102 项。同月，配合消防大队联合举办放映“消防科技电影活动”，在中央、省营企业联合举办单位张贴海报专场演出 30 次，观看人数 23200 多人次。当年，市县（区）共印发“防止火灾”“严禁烟火”宣传标语各达 2 万多张，发送 15 个主管局 300 多个单位。6 月，中国人民保险公司山西省分公司下发《关于加强防灾宣传及检查工作的通知》文件，要求对于一些调上去的轻纺、手工企业场地小，设备旧，厂房老，安全条件差，生产用房紧张，出现生产挤生活、车间挤仓库、仓库挤马路、防火间距缩小，消防通道堵塞，仓库超量储存等，必须作为防灾检查重点；对于投保企业沿河工厂、仓库或低洼地区的单位，作为主要检查对象，发现隐患，督促改进，以求实效；对于物资大量集中的企业和生产、使用、储存易燃易爆物品的投保单位，应作为防灾检查的重点，特别是对棉花收购、运输、加工、储存的单位，更要做好平时的安全工作，彻底消除隐患，确保生产安全。

1982 年，中国人民保险公司大同支公司配合市安全部门进行 3 次防灾检查，检查 78 个单位，提出整改建议 102 条，采纳落实 67 条。9 月，中国人民保险公司山西省分公司下发《关于提取防灾补助费几项补充通知》，主要内容如下。一是防灾补助费目前限于在企业财产险及汽车险两种业务的毛保费收入中分别提取，提取比例仍为 2%，其中 1.7% 由分公司掌握，专款专用，0.3% 上交总公司作为全国性防灾防损用。二是由分公司掌握 1.7% 的企财险防灾补助费应分为两个部分，其中一半用于经常性的防灾补助；另一半作为特殊性防灾补助，专为预防特大灾害事故或其他特殊紧急需要之用，这两个部分不得挪用。各地拨付公安部门的消防补助费只能从上述经常性的防灾补助费用中提取。三是分公司掌握的汽车险防灾补助费，各支公司可在1981年度汽车险毛保费1.7%内提取，根据公安、交通部门的实际需要，提出可行计划报分公司，适当给予补助。同年，大同中支成立防灾理赔科。

1983年6月，中国人民保险公司总公司下发“企业财产保险防灾理赔工作总结”，在总结中介绍保险恢复以来的基本情况、取得的基本经验、存在的问题和今后工作意见。在总结防灾基本经验上主要概括为：一是做好防灾防损工作，确保国家财产安全；二是研究灾害发生规律，重视危险管理工作；三是有重点，合理地使用防灾费用；四是建立防灾检查档案等。在防灾工作上主要不足处是防灾理赔干部不能适应业务发展的需要，人员配置、专业知识同防灾任务不匹配；防灾工作不深入，没有放在应有的位置；上级对各地工作指导和交流做得不够。在今后防灾工作上主要指出如下：一是根据各地业务实际情况，可以设置防灾理赔专职机构，也可以与险种合并将展业、防理①结合一起做，但不管什么形式，防理工作需要加强，配备充实专职人员；二是加强业务培训，不断提高防灾人员的业务素质；三是防灾要与科研结合；四是加强组织交流。7月，中国人民保险公司大同支公司转发并执行中国人民保险公司山西省公司制定《防灾补助费提取和使用办法》，具体内容如下：一是国内业务的防灾补助费提取险种，只限于企业财产险和汽车及第三者责任险两项任务，其他险种暂不提取；二是提取和使用办法，各支公司平时所需防灾费，在规定用途和规定比例范围内，直接从“业务费—防灾费”出账，年终算总账；三是提用比例，总公司规定企财险为实收保费的2%，其中50%作为经常性的防灾救助费用，50%作为特殊性的防灾救助费。分公司明确：前一个50%由支公司掌握支用，后一个50%由分公司集中提存并掌握，汽车及第三者责任险为实收保费的1%，全由支公司掌握支用；四是使用范围，企财险部分各支公司掌握的经常性的防灾补助费用于平时防火、防洪、防暴雨等。

1985年1月，中国人民保险公司大同中支保险防灾座谈会在市政府会议厅召开，其间，针对大同市消防设备陈旧的状况，省公司向大同市赠送一辆价值12万元的大型“罗曼”泡沫消防车，以增强雁同地区的防灾力量。参加会议有中国人民保险公司省、市公司领导、大同市政府领导，以及大同制药厂、大同汽运二公司、大同矿务局等单位代表。

1986年，中国人民保险公司山西省分公司下发《关于开展加强机动车辆保险业务质量大检查的通知》，中国人民保险公司大同中支、雁北中支对防灾费的使用情况、防灾制

①防理：保险业界对“防灾防损、理赔给付”工作的简称。

度建设等情况进行认真自查工作。同年，省分公司转发山西经济委员会《关于加强雨季安全工作的紧急通知》，要求各地市分公司要抽专人、定职责、定规划、定措施，认真细致地对保户进行一次全面的防汛防灾检查，发现问题提出意见并督促有关单位做出应急抢救措施。转发山西省人民政府《关于开展冬季防火安全检查的通知》，要求各级分公司要指定专人抓好防灾防损工作，有计划有安排地进行防火检查，加强安全防范和风险管理，建立“防火档案”。中国人民保险公司大同中支联合市相关部门认真落实。中国人民保险公司雁北各县支把防灾防损当作主要工作来抓，朔县支公司对全县所有投保单位的厂矿企业、事业单位进行9次安全大检查，重点检查57个单位，召开4次消防大会，为有关单位提出16条合理化的消防建议。广灵、灵丘两县积极和气象、地震、广播部门建立预测、预报、播送制度，灵丘县还建立消防档案，有力促进防灾防损工作。

1987年，中国人民保险公司大同中支认真贯彻省公司下发的《关于加强防灾工作的几点意见》，在公司强化防灾专职干部，强化同市、县（区）的横向联系，并积极配合社会防灾管理部门防灾检查、齐抓共管。2月，中国人民保险公司山西省分公司和山西省公安厅联合下发《消防、保险安全工作责任书》的通知，目的是促进投保单位的消防安全工作，尽可能杜绝或减少火灾事故的发生，保障社会生产的顺利进行和人民生活的安定。责任书分两个部分，明确投保单位的职责和公安消防、保险部门的职责，责任书签订后，由公安消防和保险公司共同负责监督检查，责任书有效期为三年，期满后进行评估，并重新签订责任书。8月，中国人民保险公司雁北中支与地区交警队配合组成路查路检组，深入全区13个县进行机动车辆检查，用15天时间就查出违章行驶车辆745车辆，有效地减少机动车辆事故的发生。左云县支利用续保机会搞检查，对存在事故隐患而未到期的保户，与县消防队签发“整改意见书”，提出整改期限，明确责任范围。其他各县普遍建立防灾档案，并与消防部门签订“保险消防责任书”，初步形成齐抓共管、综合治理安全防灾网络。同年，中国人民保险公司大同中支会同公安局、消防队和安委会组织全市大规模的防火、防爆、防洪、防汛和防止其他自然灾害五项安全检查，受检单位124个，历时71天，发放防火标志牌1万多个，签订《消防与保险责任书》276份，建立防灾档案66份，发现隐患2287条，当场解决1270条，限期解决995条，请求上级解决32条。

1988年，中国人民保险公司大同中支，狠抓防灾组建设工作，对全市应建防灾档案签订责任书的300万元保额及以上或5000元保费及以上的157个单位，重点检查完毕99个，发现问题274件，当即整改232件，发整改建议书14份，特别检查承保煤堆18个。中国人民保险公司雁北中支业务一部牵头组织其他人员到广灵、灵丘、阳高、右玉等重灾区进行检查救灾和指导防汛防洪，全区共检查601个单位，查出隐患80多处，发出整改意见书35份，有效地促进保户的安全防灾工作。大同县支公司与五家运输大户签订安全运输合同，以上年度赔款为基础，每降低1万元奖励安全股100元，使汽车肇事事故有所下降。应县支公司从互助保险保费中支出36500元，修复部队退役的6门高炮，设置10个防雹点，在9月打出10枚防雹炮，使3个乡6万亩成熟农作物免遭雹灾，避免损失估算100多万元。

1989年4月15日，中国人民保险公司大同中支与市交警队联合召开座谈会，在全市开展安全竞赛，严格驾驶员考核活动。27日，召开“大同市交通安全生产现场经验交流会”。全市69个交通安委会负责人和各大厂矿及专业运输公司的领导参加会议，大同市分管市长刘三才亲临大会并作了讲话。8月，根据省公司决定，省、市两级分别成立防灾防损处（科）与经营管理处（科）一班人马、两块牌子。同年，中国人民保险公司大同中支坚持“以防为主，防赔结合”的防灾方针，走防灾社会化的道路。春季干燥，易燃易爆，组织防火大检查；秋夏雨多，抽调9名员工协助防汛；冬季路滑，公司与交通大队进行汽车安全检查。当年，共检查387个单位，发现隐患1006处，提出整改建议461条，当场解决545条，对107份防灾档案进行补充完善。中国人民保险公司雁北中支依靠公安、交警、煤炭、农机、气象等社会力量，搞好防灾防损的综合治理。健全防灾防损检查制度、完善消防保险安全责任制，重点搞好交通运输、煤炭生产、重大火灾的安全预防工作，推行左云县支机动车辆保险情况分析卡和企业财产保险情况分析卡，对机动车辆肇事单位及司机进行排队，对重点防灾单位和防灾项目建立档案，从承保开始就把风险点记录在案，经常定点检查，及时建议，督促整改，将风险防范形成科学管理。10月，在“天阳大”地震灾区面临余震、严寒等自然灾害和伤寒等传染疾病严重威胁时刻，雁北中支拨付45万元防灾费用，用于灾区购置防震活动教室和防治传染病药品，有力保障灾区中小学校的教学秩序，控制灾后疫病流行和蔓延。

1990年8月，中国人民保险公司大同中支组建“防汛指挥部门”，总指挥由一名副经理担任，副总指挥由相关部门经理担任。主要负责联系、部署、宣传、检查和落实防汛防洪工作。同年，中国人民保险公司大同中支为投保学校制作保健箱100多个，检修消防设施662个，为参加保险儿童体检1340人，慰问伤残后客户20多人。中国人民保险公司雁北中支积极支持、参与防灾综合治理，全区有322个单位达到省级“创安十条标准”，有432个单位建立健全消防、保险安全目标责任制。

1991年，中国人民保险公司雁北中支提出“用好用活防灾资金，搞好超前防灾服务”。

当年防灾工作主要四件事情：一是贯彻农业倾斜政策，把一部分防灾费用在农作物防灾的关键时刻；二是为必保企业解疑难、办实事，提供配套服务；三是在必保企业、煤炭行业、运输行业和中小学校开展安全无事故竞赛活动；四是搞好防灾检查，及时消除安全隐患，搞好防灾工作系列报道。

1992年，中国人民保险公司山西省分公司在农业保险上采取“以防为主，防补结合”的原则，各县经农业保险基金会批准可从代办业务中提取一定的防灾费用，用于购置有效的防虫、防雹、防霜冻、防洪水的防灾设施，提取额最高不超过分入资金的20%。中国人民保险公司雁北中支对重点煤炭企业怀仁峙峰山煤矿运用保险资助防灾费整改隐患项目进行跟踪调查服务；对全区风险较大需要重点加强防灾的56户纺织、化工企业进行调查摸底，为逐步实施防灾措施奠定基础；与地区公安处对上年度创安合格单位组织验收、表彰；与地区教育局联合表彰上年10个学生平安险先进学校和10个县教育局；加强与气象部门的咨询联系，开展企财险、机动车辆险事故数据库资料积累工作。

1993年7月，中国人民保险公司省分公司与省安委会、民政厅、广播电视厅在全省范围内联合举办“减灾保险”宣传周活动。中国人民保险公司大同市分公司积极配合宣传周活动，进行广泛的期前宣传工作。8月，中国人民保险公司大同市分公司转发山西省分公司印发的《关于印发〈山西省中国人民保险公司系统防震减灾工作实施方案〉的通知》，并成立分公司抗震救灾领导小组，以指导全市系统抗震救灾工作。

1994年，汛期之前，中国人民保险公司大同市分公司防灾科指导基层公司集中人力、物力、时间，对历年出险的保户进行重点检查，对分析发现的108条事故隐患的单位要求进行整改。同年，对大同县黄土坡煤矿综合调度楼及其周围的建筑物、公路、桥梁发生大面积塌陷事故，资助防灾费25万元。

1995年，中国人民保险公司山西省分公司制定下发《山西省分公司财产保险防灾防损工作规范》，对保险标的检验、建立被保险人防灾档案、掌握保险标的风险、防灾防损安全检查、防灾防损资料数据库和工作报告制度、防灾防损安全技术研究、开发和咨询服务、防灾防损宣传，防灾防损组织机构，防灾防损干部培训，防灾费的使用管理、防灾防损工作考核进行明确。同年，中国人民保险公司大同分公司进一步明确职责，公司“三防一保”工作由纪检、监察部门负责，防灾防损工作和社会治安综合治理，由防灾部门负责。

1996年9月，中保大同市分公司开始执行《关于执行保险标的灾情报告制度的通知》规定，主要内容为三个方面，一是凡公司承保的企事业单位发生重、特大意外灾害事故，必须在24小时内用电话或电传向上级公司报告，报告内容包括现场查勘的初步情况、估损情况、目前采取的应急措施等；二是发生大面积重、特大自然灾害事故时，应在灾害事故发生后48小时内，向上级公司报告，五日内做书面补充报告，报告内容包括受灾范围、程度、估损与施救情况等；三是各单位应建立灾情报告登记簿，登记簿内容应包括编号、报告日期、报告人、灾情简要情况等。

1997年5月，中保财险大同市分公司在全市系统开展“优质文明服务月”活动，推行“服务承诺制”，向社会公布监督电话，接受客户及社会各界的监督。全系统围绕“以文明优质服务促发展”为主题，推行防灾咨询服务、气象预警服务、特快服务等特色服务。

1998年，中保财险大同分公司明确要求，严格执行省分公司《关于防范风险的十条铁律》，市公司要求逢会必学，形成制度严格按规定执行，积极配合各检查部门，搞好检查工作。同年，中保财险大同市分公司将省分公司出台的《保险防灾防损政策法规选编》作为学习、培训和管理读本。

1999年，中保财险大同分公司加强防灾防损工作，重点搞好综合治理。主要是同公安、交警部门先后建立广泛的联系，做到车辆上牌、检车线、路检路查等重要环节上设置机构，定人员、积极宣传，认真检查；在内部做好“三防一保”工作，落实防范措施。同年，中保财险大同市分公司对种植业保险赔付时采取设定相应的免赔率或免赔额的措施，以控制风险。对风险较高的业务，在签订保险协议的同时签订防灾协议设定免赔率或免赔额。

2000年7月，中国人民保险公司财险大同分公司按照省分公司《关于进一步加强防灾安全检查工作的紧急通知要求》，及时进行文件的转发并提出具体要求：一是真正把防灾工作放在突出位置，列入公司的重要议事日程；二是积极配合社会有关部门开展针对性地防汛安全检查；三是严明纪律，责任到人；四是市公司组成检查组，定期进行检查支（区）办的落实情况；五是严格执行灾情上报制度。10月，中国人民保险公司财险大同分公司认真贯彻和落实省分公司下发的《关于做好今冬明春防火工作的通知》精神，力争实现五个到位：一是对防灾防火工作在思想上认识到位；二是切实加强防灾防火安全工作的组织领导到位；三是加大防灾检查和隐患整改的力度到位；四是广泛开展保险与消防宣传活动到位；五是重大灾情、按灾情报告制度的要求及时上报的落实到位。

2003年，中国人民保险公司财险大同市分公司根据省分公司规定，针对《建筑工人团体意外伤害保险》风险程度较高，建立被保险人名单申报制，了解和掌握用工高峰期，科学计算费率，加大核保管理、理赔管理、防灾防损工作力度。

2004年3月，中国人民保险公司财险大同市分公司严格执行中国保监会下发的《关于加强防灾防损工作的通知》要求，切实抓好防灾防损工作的落实。同年，中国人民保险公司财险大同市分公司加强防范风险管理，制定行之有效的措施：一是同大同市人民检察院、大同市公安局联合发出了“关于开展打击保险诈骗等犯罪活动的通知”震慑保险诈骗；二是在全市查勘定损车辆安装卫星定位系统，随时监控，随时检查。

2005 年，中国人民保险公司财险大同市分公司认真做好风险防范工作，防止“病从口入”。公司严格落实承保标的验险制度、设立风险评估专职人员、建立车险“黑灰名单”，禁止盲目接纳垃圾业务，主动放弃不良保费，以优质业务弥补欠缺。

2007 年，中国人民保险公司财险大同市分公司根据总公司《政策性能繁母猪保险实务管理规程（暂行）》和能繁母猪理赔管理规程，充分依靠当地政府，建立与当地畜牧兽医站等职能部门合作关系，在防灾防损中发挥积极作用。

2008 年 12 月，中国人民保险公司财险大同市分公司根据省分公司下发的《关于切实做好今冬明春防灾防损工作的通知》，重点采取了下列措施：一是高度重视、精心组织；二是周密部署、严格检查；三是突出重点、服务客户。

2009 年，中国人民保险公司财险大同市分公司强化质量意识，严格对拟承保项目的风险查验，规范验险承保流程，确保业务质量，各产品线严格执行核保制度，细分风险，制定差异化的核保政策，从源头上控制风险，实现防灾防损目的。

2013 年 6 月，中国人民保险公司财险大同市分公司根据省分公司《关于切实加强主汛期防灾防损工作的通知》要求，认真研究落实，积极采取行动，主要采取如下措施：一是高度重视、精心部署；二是完善防汛预案、健全评价体系；三是认真排查隐患、不留风险死角；四是按时上报损失、及时反馈灾情；五是召开联席会议、加强协同配合。

2014 年，中国人民保险公司财险大同市分司按照省公司印发的《关于防灾防损应用管理平台开展使用的通知》，开始使用防灾防损应用管理平台。太平洋财险大同中支成立由分公司科长骨干、各中支查勘骨干组成的车险理赔大灾预备队，负责突出事故应急处置和重大灾害的快处快赔。同时建立关于自然灾害、灾情警示、气象预警等日常事故预防要点的风险提示机制。

2015 年 12 月，中国人民保险公司财险大同市分公司在业务拓展上开始使用省分公司下发的《房地产业企财险风险评估报告》，为业务一线承保前风险选择、承保后防灾防损提供依据。同年，太平洋财险大同中支结合新一代车险理赔 M6 系统，针对车险出险客户，定期给予系统风险提示，重特大案件系统给予特殊标识，建立风险预警和重大案件快处快赔机制。同时，结合季节特点和历年赔付情况，每季度开展视频和现场等多形式防灾防损培训。

第四节　公司反洗钱管理

洗钱，现代含义是对其原始含义的假借，通常是指为隐瞒或掩饰犯罪收益的真实来源和性质，通过各种手段使其在形式上合法化的行为。

反洗钱是指为预防通过各种方式掩饰、隐瞒毒品犯罪、黑社会性质的组织犯罪、恐怖活动犯罪、走私犯罪、贪污贿赂犯罪、破坏金融管理秩序犯罪、金融诈骗犯罪等犯罪所得及其收益的来源和性质的洗钱活动，依照相关规定采取相关措施的行为。

2006年10月，第十届全国人大常委会第24次会议通过《中华人民共和国反洗钱法》，界定洗钱行为并明确反洗钱原则、反洗钱监督管理、金融机构反洗钱义务、反洗钱调查、反洗钱国际合作以及法律责任，为我国开展反洗钱工作奠定法律基础。

自2007年我国保险业开展反洗钱工作以来，在中国人民银行正确领导下，保险公司不断完善反洗钱内部控制体系、信息系统建设，为反洗钱工作深入推进奠定基础。

2007年10月18日，国寿大同分公司根据《关于在地市级分公司设立监察部的通知》要求，监察部（法律合规部）的工作职责涵盖省公司内控合规、监察、销售督察三个部门的工作内容。内控合规部成立以后，职能在不断扩展，除404条款遵循工作外，还增加风险管理、合规管理、法律事务、反洗钱、关键岗位检查等方面工作。

2008年3月，太平洋财险大同中支根据总公司下发的《中国太平洋财产保险股份有限公司反洗钱工作规程》，进一步规范全市在业务处理过程中客户身份识别、客户身份资料收集、客户交易记录、大额现金交易、可疑交易报告等管理程序和操作流程，同时开展对相关数据的统计、分析和报告工作。7月14日，国寿大同分公司进行多种形式的反洗钱宣传活动，积极参与人行系统组织开展的反洗钱宣传日活动。16日，国寿山西省分公司出台《中国人寿保险股份有限公司山西省分公司反洗钱工作指引》，国寿大同分公司借此进一步加强规范反洗钱作业流程。同时，根据总公司要求，将每年11月份定为国寿系统“反洗钱宣传月”。

2009年，太平人寿大同中支根据总公司印发的《太平人寿保险有限公司客户身份识别和客户身份资料及交易记录保存管理办法》，依托《太平反洗钱信息系统》，在承保、保全、理赔等环节严格履行客户身份识别、规范处理可疑交易及大额交易。

2010年5月，国寿大同分公司按照省分公司制定的《2010年反洗钱自查自纠工作方案》，秉承认真履行反洗钱法律义务的宗旨，遵循“问题暴露在内部、解决在基层”的原则，对发生在2009年4月1日—2010年5月31日范围的股份业务和集团代理业务，就客户洗钱风险划分、可疑交易识别报告、其他反洗钱基础工作三个方面开展自查自纠工作。

2011年1月，国寿总公司下发《关于进一步做好客户身份识别和客户身份资料及交易记录保存工作的通知》，国寿大同分公司根据要求，大力推广“零现金”，提高银行转账率，减少识别工作量；强化契约、保全、理赔、收付费等业务处理岗位履行反洗钱工作职责，做好客户身份识别工作；加强反洗钱职能部门，特别是业管、财务、信息、销售等部门宣导与培训，检查与考核工作，并将反洗钱规定的执行情况与绩效挂钩，形成较为完善的管理体制。同年，保监会下发《反洗钱工作管理办法》，国寿总公司下发《反洗钱审计暂行规定》《2011年反洗钱审计方案》，国寿大同根据反洗钱相关管理要求，对全市反洗钱计划和总结工作情况、反洗钱组织机构建立健全情况、反洗钱规章制度执行情况、客户身份识别情况、客户身份资料和交易信息保存情况、客户洗钱风险等级划分工作情况、大额交易和可疑交易识别和报告情况、反洗钱培训与宣传工作情况、反洗钱发现问题的整改情况以及反洗钱自查自纠工作情况等十项内容进行自检自查。

2012年5月，国寿大同分公司按照国寿山西省分公司下发的《2012年反洗钱自查自纠工作方案》的部署，成立反洗钱领导组和工作组，对2011年6月1日到2012年4月30日的股份公司业务和代理集团业务进行自查自纠。重点检查：代理协议反洗钱条款的签署情况、反洗钱机构、岗位和工作职责的设置情况、客户身份识别和客户身份资料及交易记录保存情况、客户洗钱风险等级划分情况、大额交易和可疑交易识别报告情况等，7月，国寿大同分公司对3家支公司进行复查。8月，国寿大同分公司对全市开展的自查自纠活动进行总结，并将报告报送省分公司。11月，国寿大同分公司根据总公司《关于开展反洗钱宣传活动的通知》精神，在全系统开展反洗钱主题宣传活动，普及反洗钱知识，提升系统人员、客户的反洗钱意识，在营业网点、职场悬挂宣传横幅、设置反洗钱宣传专柜、制作显示电子屏、组织员工开展反洗钱知识考试等，特别对各业务环节进行客户身份识别、客户资料及交易记录保存、大额交易和可疑交易报告三项反洗钱重要义务的履行情况进行“回头看”。同年7月，大地财险大同中支成立反洗钱小组，由中心支公司总经理担任反洗钱领导小组组长，主管反洗钱工作，综合部为反洗钱工作管理部门和协调部门，负责和协调中支及所辖四级机构反洗钱工作，主要负责督促反洗钱工作制度的落实。

2013年5月，国寿大同分公司按照省分公司《2013年反洗钱自查自纠工作方案》

要求，在公司反洗钱领导组指导下，对照反洗钱法律法规和监管规定，对2012年5月1日—2013年4月30日业务进行自查自纠，重点是五个方面：反洗钱风险管理政策、反洗钱内控机制及人员履职方面、客户尽职调查方面、客户身份资料和交易记录保存方面、大额交易和可疑交易报告方面、代理协议反洗钱条款的签署情况。月底活动结束后，公司进行了认真的总结，并将总结报告及时上报省分公司。9月，太平洋财险大同中支根据总公司下发《中国太平洋财产保险股份有限公司反洗钱保密工作规定》，建立健全公司反洗钱管理体系和内控制度，进一步履行反洗钱义务，增强反洗钱相关岗位人员的保密意识。开展2013年反洗钱管理办法的学习活动。

2014年6月，国寿大同分公司按照省分公司《2014年反洗钱自查自纠工作方案》精神，对2013年5月1日—2014年4月30日发生的业务进行反洗钱自查自纠活动。

2015年4月，国寿大同分公司按照省分公司下发的《关于开展2014年度及2015年一季度反洗钱工作风险排查工作的通知》的要求，对全市反洗钱组织机构建设、反洗钱内控制度、反洗钱三项义务、反洗钱培训和宣传等内容开展反洗钱排查活动。5月，对全市2014年5月1日—2015年4月30日发生的业务开展反洗钱客户身份识别及交易记录保存专项自查自纠活动。重点是股份业务和集团代理业务处理过程中涉及的新契约环节、保全环节、理赔环节等反洗钱信息资料的保存情况。8月，按照省分公司《2015年反洗钱宣传活动实施方案》的通知，国寿大同分公司精心布置，积极落实，在公司与客户接触的场所，如办公楼、营业网点、公司柜面等采用电子显示屏、悬挂宣传横幅，突出“保护自己，远离洗钱”的活动主题；客服条线、个险条线等条线利用晨会、夕会对员工开展反洗钱相关知识宣导；内控合规部邀请人民银行专业人员对市本部员工进行反洗钱知识讲座；活动期间许多员工和销售人员利用短信、微信甚至微博进行了反洗钱宣传。同月，太平洋财险大同中支根据集团公司下发修订后的《中国太平洋保险（集团）股份有限公司反洗钱管理办法》，进一步调整了市公司反洗钱管理体系和内部控制体系。

2016年1月，国寿总公司下发新版《中国人寿保险股份有限公司反洗钱工作管理办法》《中国人寿保险股份有限公司客户身份识别和客户身份资料及交易记录保存反洗钱工作管理规定》两个文件，3月，国寿大同按照两个文件相关配套课件，在各个条线开展了宣导和培训工作。同年，中国人民保险公司人寿大同中支根据总公司下发的《反洗钱工作操作指引（2016版）（修订版）》《反洗钱工作管理办法（2016年修订版）》《客户洗钱风险评估标准（2016修订版）》的规定，由综合部牵头，各部门配合，在全部业务过程中开展具体的反洗钱工作。合众人寿大同中支根据总公司下发的《合众人寿保险股份有限公司反洗钱客户风险分类管理规定（2016 版）》，对于高风险等级客户，每半年进行一次再评级。安邦人寿大同中支根据总、分公司下发的《反洗钱工作管理办法》中支成立了反洗钱工作领导组，并将人事部作为中支反洗钱工作主管部门，配备了合规管理与反洗钱专员，中支业务支持部设置了反洗钱辅助岗位，各部门配备了反洗钱兼职管理员，共同组成公司反洗钱网络，行使反洗钱职能。

2017 年 4 月，国寿大同分公司根据省公司《2017 年反洗钱自查自纠工作方案》通知，对人民银行反洗钱监管评估情况、关注重点和现场检查中暴露的主要问题，开展自查自纠活动。6 月，太平洋财险大同中支开始执行总公司下发的《中国太平洋财产保险股份有限公司大额和可疑交易管理办法》，进一步强化和规范了公司大额交易和可疑交易报告管理工作。7 月，国寿大同分公司按照省分公司制定的《山西省分公司 2017 反洗钱宣传方案》精神，成立反洗钱主题宣传活动领导小组，以“五统一四深入三评比”（统一宣传主题、统一宣传时间、统一宣传内容、统一宣传方式、统一宣传资料；四深入：深入学校、深入社区、深入企业、深入集镇；三评比：反洗钱业务情景剧评比、优秀征文评比、先进集体和先进个人评比）为目标，以“反洗钱法律法规、反洗钱基础知识、反洗钱案例及警示”为内容，通过各条线、部门配合，市公司、支公司联动，利用悬挂反洗钱宣传条幅、电子屏幕滚动、放置反洗钱宣传展架、张贴反洗钱海报等，将反洗钱宣传活动推向深入。8 月，太平人寿大同中支开展主题为《贯彻落实 3 号令 维护金融秩序》反洗钱宣传月活动，累计参与宣传人员 10 余人，开展活动 2 次，受众人数 2000 余人，发放宣传资料 500 余份。

第五篇

客户服务管理

客户服务主要体现了一种以客户满意为导向的价值观，它整合及管理在预先设定的最优成本——服务组合中的客户界面的所有要素。广义而言，任何能提高客户满意度的内容都属于客户服务的范围。保险公司的客户服务可以分为以产品开发、生产、销售和消费为内容的契约类服务和以保险咨询、风险评估、投保方案设计、风险防范管理、保险理财以及人文关怀为内容的非契约类服务，在本篇主要记述非契约类服务的发展状况。

第十九章 服务体系建设

服务体系是企业在经营过程中一系列与服务相关的服务宗旨、服务理念、服务制度、服务标准、服务流程以及服务组织等构成的有机整体。服务体系建设是保险企业恒常的一项工程。

第一节　服务体系建设的基本路径

20世纪50年代，中国人民保险公司大同支公司开展保险业务，作为经营风险的保险企业，主要是通过保险合同的形式为客户提供风险保障，当客户发生责任范围内的保险事故，承诺兑现是保险企业满足客户的最现实需求，而非契约服务仅仅是同承保、理赔密切相关的辅助性工作。20世纪80年代，根据“为生产服务、为群众服务和自愿原则，通过试点，逐步恢复国内保险”积极稳妥的方针，中国人民保险公司大同支公司恢复了保险业务，并充分利用保险形式，建立保险基金，以用来应对不幸事故、自然灾害等，用经济的方法参与社会管理，发挥着积极作用。20世纪90年代初，中国人民保险公司重视了网点建设，在许多行政区域或者经济繁荣区域增设机构，窗口形象得到关注，各级机构在正常拓展业务同时，加强了上门服务、文明礼貌、规范展业等措施。1995年，中国人民保险公司大同分公司积极开展由省分公司号召全辖一线窗口服务人员学习《保险服务敬语和服务忌语100句》活动。1996年，中保财产、中保人寿大同分公司成立，市级分公司行使管理职能，县级保险机构承担业务拓展和属地业务处理、服务职能，形成系统性专业性的保险服务体系。1998年以后，随着中国太平洋保险公司入驻大同，保险市场出现多家竞争性格局，保险企业普遍提高服务质量，保险服务内容成为保险企业核心竞争力的组成部分。2006年之后，中国保险市场全面开放，大同保险业企客户服务建设进入了新的阶段。

第二节　服务体系化进程

1999年，中国人民保险公司财险大同分公司开始执行省分公司制定下发的《员工行为准则》，从咨询、投保、核保、核赔直到赔款等环节有了明确的服务标准。

2000年，中国人民保险公司财险大同分公司客服代表统一使用《“95518”专线服务规范用语》，并执行《“95518”专线管理办法》，理顺专线工作流程，形成以“95518”为中心的全市统一的车险报案、立案、统一调度指挥和统一客户回访的制度体系。中国人寿大同分公司设立业务中心，负责寿险业务的承保、核保、合同缮制打印、保单保全、理赔处理以及业务单证和业务档案等的服务与管理。按照统一条款、统一实务、统一单证、统一标准的“四统一”要求，以电子化管理为依托，实现“同城集中处理，远程网上监控”的运作模式。太平洋财险大同中支成立客户服务部，建立健全客户咨询投诉等基础性服务体系。

2001 年 7 月，国寿大同分公司在业务中心设立客户服务部，开通“95519”客户服务专用电话。根据总公司实施方案设立三个目标。初期目标：要完成查询、咨询、投诉、挂失登记、理赔报案登记、客户回访等服务，实现“一站式”的服务模式，创建“95519”的服务品牌；能利用电脑程序记录有关信息，方便统计分析。中期目标：建立全系统 Call Center 系统，实现集电话、互联网于一体的、信息共享的多项服务和销售功能，深化“95519”优质服务品牌效应。中长期目标：建立全系统的客户关系管理（CRM）系统。同时，推行服务原则， 提出运作要求，制定咨询投诉、客户回访、后台支持与协调以及考勤、考核、激励、晋升和奖惩制度，通过非契约服务体系建立，树立公司良好形象，创建中国人寿优质服务品牌，增强公司的市场竞争能力。

2002 年，中国人寿大同市分公司业务中心分设业务处理中心和客户服务中心，客户服务中心下设综合部、保全部、理赔部和客户服务部。其中，客户服务部是以“95519”电话服务专线为基础上成立，另设立“咨询投诉部”、设置主管岗、“95519”客服专线电话接听岗（也称“95519”话务代表）、客户回访岗、二线支持岗、回访内勤岗、来访接待岗、信函处理岗、培训岗等岗位，承担公司非契约服务。9 月，国寿山西省分公司制定《中国人寿山西省分公司客户服务规范和内控管理办法（暂行）》，对服务环境、服务态度、服务技能、服务礼仪等做出详细规定，对保全、理赔等服务项目制定限时服务标准。

2003 年，中国人民保险公司财险大同市分公司组建客户服务中心，陆续出台客户服务后台支持协调制度、咨询投诉管理、客服人员管理等多项规章制度。

2004 年，中国人寿大同分公司根据省公司《中国人寿保险股份有限公司山西省分公司客户服务柜面管理办法（试行）》，对客户服务柜面的功能区域设置、职场建设标准以及各种标识的规格、色调、字体等规定进行组织实施；对客户服务人员的服务礼仪、行为规范提出详细的要求并进行组织培训与实施；同时根据《中国人寿保险股份有限公司山西省分公司客户服务柜面职场及人员基本考核办法（试行）》，从客户服务柜面职场建设、柜面服务标准和个人服务水平等三方面制定考核细则，进行重点考核，以提高客户服务柜面的服务水平和服务质量。5 月，根据《中国人寿保险股份有限公司山西省分公司咨询投诉管理办法》，尽快建立健全咨询投诉机构或岗位，组建疑难问题协调委员会，确定协调员、咨询投诉信访专员人选，确保贯彻办法的机构人员落实到位。坚持《投诉咨询管理办法》基本原则的基础上，结合本地区、本公司实际，认真制定管理办法实施细则，确保《办法》得到全面正确执行。加强贯彻执行办法的督促检查，确保内部流程畅通，努力实现“一站式”服务的工作目标。8月，国寿总公司下发《客户服务专用电话管理办法》《咨询投诉管理办法》《客户回访管理办法》《客户服务信息流转管理办法》《客户服务后台支持与协调制度》《客户服务部门员工工作守则》《客户服务部门员工保密制度》《客户服务部门员工培训大纲》《客户服务部门员工礼仪规范》《95519电话处理相关流程》《95519电话服务中心交接班及例会制度》《95519电话服务中心员工电话礼仪规范》《客户服务质量监督员管理办法》《95519电话服务中心考核办法》14个制度，形成客户服务运行完善机制。

2005年，中国人寿大同分公司设立客户服务疑难问题协调委员会，主要职责：一是对客户服务部门提交的疑难咨询投诉件进行讨论，提出结案处理意见，并监督处理意见的落实；二是对超过处理时限的咨询投诉件进行督办，对不按时处理的单位和部门予以通报；三是对公司咨询、投诉、回访等客户服务工作进行评价与考核。同年，中国人民保险公司大同分公司执行省分公司印发的《客户服务规范》，并在全辖范围内推出以服务为主题的“金牌服务工程”活动，以全员、全流程、全方位服务理念为指导，树立行业服务标杆，逐步塑造中国人民保险公司财险规范、标准、专业、周到的服务形象。

2006年，中国人寿大同分公司根据总公司《客户服务中心设计标准执行手册》和《客户服务中心职场管理规定》，制定标准化客户服务中心柜面建设，并按照省分公司要求，着手准备建设1个旗舰店3个标准门店。6月，山西省分公司初步出台《省级集中管理实施方案》，按照方案的精神，中国人寿山西省分公司开始逐步推行业务管理省级集中，原市、县两级机构的客户服务柜面对内分别称为A、B类柜面，对外统称为客户服务中心。A柜面前台设置保单服务岗、理赔岗、收付费岗和咨询引导岗，后台设综合处理岗、保全管理岗、后台理赔岗、单证管理岗、档案管理岗、调查岗、业务交接岗、合同缮制岗、合同复核岗、客户回访岗和客户服务岗。B柜面设综合处理岗、保单服务岗、理赔岗、单证档案岗、收付费岗、客户服务岗、客户回访岗和调查岗。A、B柜面人员编制由省公司根据保费规模、所辖机构数量及所服务的客户群体数量等因素综合核定。7月，中国人寿山西省分公司CallCenter呼叫中心上线，全辖“95519”呼入业务实现省级集中。

2007年7月，国寿大同分公司制定《VIP客户管理及附加值服务实施办法》，成立VIP服务项目领导组和工作小组。领导组职责是：负责VIP服务项目的领导工作，协调项目实施后日常运作中需要相关部门配合的工作，监督VIP项目实施进程，对VIP服务项目的实施和日常工作进行考核和评估。工作组职责：制定《VIP客户管理及附加值服务实施方案》，具体组织和协调VIP客户附加值服务项目的落实工作，定期向领导组汇报VIP项目执行情况。12月，中国人寿大同分公司制定《VIP俱乐部的组织管理办法》，明确VIP俱乐部组织架构及分工职责，规范与确保VIP俱乐部的日常运营，真正使VIP俱乐部成为促进公司与客户之间的沟通和交流的桥梁，成为树立公司品牌形象、创新服务内容、健全服务体系的窗口。俱乐部成立领导组，组织内划分活动策划、服务实施和系统与标准维护等。同年，中国人民保险公司财险大同市分公司按照《职场建设标准》，实行统一营业厅（室）内设施标准，张贴标准保单、投保单、出险通知书、损失清单样本，悬挂《职工道德规范准则》《保户须知》《保户索赔指南》《承诺服务内容》及保户监督栏等，员工如违反《服务承诺》内容，视情节给予责任人相应处罚。

2008年1月24日，国寿大同分公司制定《中国人寿保险股份有限公司大同分公司客户服务联席会议制度（试行）》，加强服务链条上各相关部门之间的沟通、协调。28日，重新成立大同分公司疑难问题协调委员会，明确各部门的工作职责，明确客户服务疑难问题处理时限。3月15日，国寿大同分公司向社会公布《中国人寿大同分公司客户服务十八项承诺》和监督电话。19日，总公司印发《中国人寿保险股份有限公司客户服务中心职场管理规定》附加《中国人寿保险有限公司客户服务中心职场环境管理规定》的通知，提出客户服务中心职场管理的指导原则、职场分类、布局、选址等要求；确立客服中心职场功能区设置管理、职场装修管理等。职场外环境管理需要重视标牌、门窗和外墙、标语、横幅、路面和停车场等内容；职场内环境管理需要重视职场陈列、招贴、灯光以及地面、墙面、天花、卫生状况等项内容；管理责任人须在每日营业前、业务高峰时期和营业后根据《中国人寿保险股份有限公司客户服务中心日常环境要素检查表》所规定要素进行现场巡视检查，并及时要求相关岗位人员进行整改等。25日，国寿大同分公司聘请八位来自市人大、市政府、市消费协会、《大同晚报》、《大同日报》的人员为我公司社会服务质量监督员。6月，太平人寿在大同成立，开业初始，根据总公司部署，努力构建“基础关怀服务、健康管理服务、品牌活动服务以及美好未来养老服务”全方面四大体系服务。7月，国寿大同分公司执行省公司进一步强化各项业务时效的考核机制。8月，依照省公司暗访管理办法，建立市分公司暗访机制。10月，中国人寿大同分公司下发《提高后援效能支持销售服务的管理规定》的通知，规定指出：市公司A柜、B柜是业务运营流程中最基本的功能单位，是公司和客户接触的前沿。该《规定》从责任内容、尊重客户、服务时效、信息沟通、实务流程、职场培训、风险控制、责任追究和考核标准九个方面提出规范柜面运营和服务的要求。当月，国寿山西推广“客户资源管理系统”，该系统由5个子系统构成：一是“权限设置”；二是“鹤卡发放”；三是报表统计查询（客户资源分析）；四是客户信息查询（普通、按生日、按积分）；五是信息维护功能。其中，特别是客户资源分析子系统，可以从客户类型、投保时间、地域、级别、积分、职业、投保年龄、性别、文化程度、投保险种、收入情况、爱好、拥有的保单状态等各种维度出发去分析公司客户构成、客户保留、客户价值等，以便可以更加充分为客户提供适合个性的保险及其附加服务。

2009年2月，中国人寿大同分公司开始推广应用《柜面综合管理系统》（简称CCMS系统）。其目的是为充分掌握和了解市、县两级柜面的基本情况、柜员基本信息、流动情况和工作业绩。CCMS系统包括个人信息、系统管理、柜面管理、柜员管理、考核制度、柜员考核、预警管理、统计分析等8个功能模块，与公司已有的CBPSV7.CBPSV8.OBPS、SLBPS、NBPS、CVMS、CIMS以及万能和打印等9个系统相关联，形成较为完善的信息管理体系。3月，中国保险监督管理委员会发布《寿险柜面服务规范》，该《规范》定位于规范中华人民共和国境内人寿保险经营机构柜面及其向客户提供服务过程中应遵循的标准，主要内容包括柜面设置及功能、服务环境、服务时效、服务礼仪、服务质量、服务纪律的标准和要求。5月，中国人寿保险股份公司下发总公司《中国人寿保险股份有限公司柜面服务标准（试行）》，该标准在保监会颁发的《寿险柜面服务规范》行业标准基础上，结合公司柜面管理的实际情况，引用《柜员手册》《客户服务中心设计标准执行手册》《中国人寿员工行为守则》《中国人寿员工道德规范》等11个管理性文件编制而成，在柜面服务时间、服务环境、服务时效、服务礼仪、服务纪律等方面都做出了明确的规定，成为柜面服务质量、环境、行为健全和完善的管理体系。12月1日，国寿大同分公司下发《大同分公司客服中心职场及柜员管理办法》的通知，该《管理办法》尊重公司《柜面服务规范》，从基础要求出发，由柜面人员基本要求、柜面人员基本行为守则、办公制度、安全制度、监督与执行等部分组成，从基本行为规范开始，尽快实现行业、公司准则要求。12月30日，国寿大同分公司下发《大同分公司客服中心行政管理办法》，该办法分柜面日常卫生管理制度、柜面办公设备管理制度、中心职场安全管理制度、中心公文处理实施管理制度和中心执勤组织架构等构成。同年，中国人民保险公司财险大同市分公司开始执行总公司制定的《客户服务基本标准细则》，主要从职业形象、服务流程、服务环境等方面，对柜面人员的服务规范建立相应服务标准。泰康人寿大同中支根据总公司下发的《新生活广场管理办法》《新生活广场引导员制度》《新生活广场服务质量标准实施细则》，进行新生活广场服务全面升级。为统一服务标准，规范仪容仪表，中支根据总公司制作的PPT课件《新生活广场关键时刻服务标准》FLASH版《泰康服务礼仪标准》，形成以保险关爱服务、温馨生活休闲、自助服务三大功能区域为主的服务模式，逐步将服务平台向体验中心靠近。

2010年5月，国寿大同分公司根据省公司《柜面后督员管理办法》，设立2名后督员岗位，对所辖柜员前一日处理完成的业务进行不少于3%的后督检查。对检查过程中发现的问题，填写《后督检查结果反馈表》向基层公司详细反馈，并提出整改建议。强化日常性检查和日清日结监督。8月，中国人寿大同分公司对大同营业部、收展部、南城三个B柜面进行整合，将三个柜面原有职能合并归入市分公司A柜面。

2011年1月，中国人寿总公司下发《中国人寿保险股份有限公司客户服务活动管理办法》，该办法主要是规范各级公司客户服务活动的管理，加强对客户服务活动自上而下的管控，提高活动统一性，确保服务品质，保障活动效果，针对客户、准客户等开展的各项主题回馈活动，是本公司增值服务体系的重要组成部分，该办法的管理内容主要包含活动策划、组织实施、监督管理、效果评估等。4月，总公司编制下发《柜面焦点问题问答指引》和《柜面服务常见情境应对指引》，作为系统客户服务人员日常服务行为规范。6月，下发了“十项制度”，从安全保密、会议、排班、突发事件应急、现场环境、客户、现场营销、信息、日清日结、营业等十个方面制订行为管理规定，并从当月一日执行。

2012年3月，山西保险业各公司在山西保险业提升服务质量大会上签署《山西省财产保险公司服务承诺》《山西省人身保险公司服务承诺》《山西省保险营销员服务承诺》等三项服承诺。4月，国寿山西省分公司通过《山西晚报》，以《提供高效优质服务，维护客户合法权益》为题目向社会发布国寿山西公司6大领域服务承诺。6月，中国人寿保险股份有限公司公布服务承诺，从规范经营、多样保障、诚信销售、便捷服务、用心倾听、快速响应、主动理赔、严格保密等8个方面，面向社会，做出庄严承诺。7月，中国人寿总公司印发《中国人寿保险股份有限公司柜面服务标准》《中国人寿保险股份有限公司柜面服务质量检查管理规定》，进一步细化系统柜面服务基本规范，明确柜面服务质量的自检、监测和评估依据。国寿山西省分公司结合全省实际，制定《山西省分公司柜面工作时间管理规定》，并根据总公司《客户服务人员着装管理规定》，对全省系统客服人员着装进行统一规范。同年，中国人民保险公司财险大同市分公司根据总公司制定的《服务界面标准化操作手册》，从营业厅服务、理赔服务、客户投诉服务等13个方面做了全面详细的规定。中国人民保险公司健康大同中支根据《中国人民健康保险股份有限公司山西分公司柜面标准化建设标准》，确立柜面服务功能、服务环境、服务礼仪、服务质量管理、服务纪律等方面应遵循的规范。

2013年3月，国寿大同分公司根据省公司制定的《客户服务中心综合柜员制实施方案》，在大同市公司客户服务中心、大同矿区柜面、城区西三环同城柜面等十多个柜面着手实施综合柜员作业模式，实现“前后台分离”“受理与处理分离”的“一站式”机制。4月，山西省保险行业协会印发《山西省人身保险业务基本服务标准（试行）》的通知，通知从销售服务、承保服务、保全服务、理赔服务、客户回访、柜面服务、投诉及应急处理、监督与执行8个方面，建立了人身保险业务经营的基础标准。8月，国寿总公司下发《中国人寿保险股份有限公司通知服务管理办法》，为搭建以客户为中心的一体化通知服务体系，实现对短信、电子邮件、信函、电话等通知服务的统一管理，通知服务需要遵循“集中管理，分类分级处理”的管理模式。9月，为落实《人身保险业务基本服务规定》，中国保监会印发《人身保险公司服务评价管理办法》的通知，《办法》由评价体系介绍、评价方法及要求、客户满意度测评、评价组织及管理、罚则、附录6个部分组成。

2014年1月，中国人寿大同分公司落实省公司转发的《关于落实保监会〈保险消费者投诉处理管理办法〉的实施细则》，建立健全投诉处理工作制度、投诉考评制度、责任追究制度。10月，国寿总公司修订下发《客服中心营业管理规定》等六项制度的通知，主要是：客户服务中心营业管理规定、客户服务中心会议管理规定、客户服务中心日清日结管理规定、客户服务中心现场客户管理规定、客户服务中心现场环境管理规定、客户服务中心职场建设管理规定，形成中心行政完整的管理体系。

2015年9月，安诚财险大同南郊支公司根据上级公司相关要求和山西保监局关于服务体系建设和服务创新的指示精神，制定出台《安诚财产保险股份有限公司大同南郊支公司服务管理体系建设方案》，该方案以“速度、效益、诚信、规范”为工作思路，以“专业、快捷、便利、贴心”为服务理念，通过服务，提高公司在当地保险市场上的品牌知名度。12月23日，中国人寿总公司结合《关于印发〈中国保监会关于加强保险消费者权益保护工作的意见〉的通知》对外部服务监督工作相关要求，对公司《服务质量监督员管理》进行修订，制定下发《中国人寿保险股份有限公司服务质量监督员管理办法》。目的是建立公司持续健康发展的服务质量社会监督机制。12 月 25 日，中国人寿大同分公司根据总公司印发《中国人寿保险股份有限公司客户通知服务管理办法（2015 年修订）》，进一步明确市级客户中心主要职责，积极处理权限范围的服务工件。《通知》划分市级客服中心职责为职责负责跟进人工通知件、通知不成功件；负责跟进处理省级分公司客户服务管理中心派发的通知问题件和咨询投诉件，受理和处理客户临柜提出的通知服务类咨询、投诉、建议等事项。

2016 年 1 月中国人寿总公司下发《中国人寿保险股份有限公司客户信息管理办法》，该《办法》由总则、客户信息分类、客户信息管理职责、客户信息收集与维护、客户信息使用、客户信息监督与保密和附则组成，其管理主要遵循原则为依法合规、以客户为中心、主动收集、真实完整、“谁使用、谁负责”、线上线下协同、同质管理等。2 月，中国人寿总公司结合实际工作对特约商家管理的目标和要求变化，对《特约商家管理办法（试行）》（国寿人险发〔2009〕610 号）进行修订。完善特约商家定义、增加对特约商家作用的表述、对合作原则进行优化、完善各级机构工作职责、完善特约商家甄选及使用相关规定，增加分级分类服务和互联网使用相关要求，增加奖励机制、调整管理办法的结构和各项内容顺序等。4 月，中国人寿总公司下发《客户投诉管理办法》（2016 年修订），该办法为规范客户投诉管理工作，保护客户的合法权益，提高对客户投诉的响应速度和解决效率，参照国务院颁布的《信访条例》（2005 年发布）、中国保险监督管理委员会、中国保险行业协会以及公司有关规定制定。目的是规范处理投诉人通过电话、信访、网络、传真等形式，反映公司在经营过程中侵犯其合法权益，或对公司服务表示不满，明确表达其诉求的非法律诉讼方式的行为。根据文件精神，国寿大同市公司成立保险消费者事务委员会，各（区）县级公司也成立相应的保险消费者事务委员会及办公室，保险消费者事务委员会办公室常设在客户服务中心。

第二十章 服务渠道

企业在为目标客户提供服务时所使用的场所、手段、平台等总称。服务渠道的便捷、高效、健康、人文是险企的追求。服务渠道多样化发展体现了险企在经营过程的永续创新。

第一节　服务渠道的基本演化路径

20世纪50年代是大同保险业的初创时期，受当时经营理念、管理理念的影响，保险业务的发展主要依靠业务人员外出寻找客户签单：即卖保险，直接来保险公司主动投保者少之又少，保险公司营业场所、服务手段、服务平台、营业柜面以及其他服务设施基本缺失或十分落后。80年代，中国人民保险公司大同支公司恢复国内业务，上门办理保险业务虽然增多，但依然根据签单环节不同需要在保险公司多个部门办公区域完成。进入90年代，中国人民保险公司大同中支、中国人民保险公司雁北中支开始重视窗口形象建设，对业务流程开始整合，对客户方便着手考虑，在大同、雁北所辖县（区）办公条件稍好的县支设置了独立的服务区域，可以一个场所完成签单程序。90年代后期，特别是个人代理机制在保险业实施，营业柜面建设、电子计算机应用、服务热线的开通等，大同保险业客户服务渠道日益增多，服务形式日渐丰富，进入了科学、文化、人本新时期。

第二节　服务渠道的创新

2000年7月，为了树立中国人寿形象，提高客户服务质量，中国人寿大同分公司参照银行柜面的形式，在市公司大楼一层，设置面向业务员和客户服务的营业大厅，大厅建立集承保、核保、保全、理赔和收付费的服务柜面平台。同年，中国人民保险公司山西系统开通365天×24小时的全天候“95518”专线服务电话，并设立电话中心。中国人民保险公司大同分公司设“专线电话服务中心”，各县（区）支公司设“专线电话”，为客户提供受理报案、预约投保、投诉举报、客户咨询、客户回访等服务。

2001年1月，中国人寿保险公司山西省分公司特申请办理“95519”作为公司全系统使用的客户服务短号码。6月，下发《中国人寿保险公司山西省分公司开通使用客户服务专用电话实施方案》，要求市级客户服务中心暂以开通“95519”和投诉、咨询、回访为主要工作内容。

2002年5月，根据山西省分公司中国人寿大同分公司要求决定从2002年6月1日起，新单回访率必须在出单48小时之内达到100%，对客户投诉做到专人负责、详细登记、仔细协调、认真处理，及时上报。8月，中国人寿大同分公司全市实行365天无节假日柜面服务工作机制。9月，中国人寿大同分公司根据山西省分公司决定在全省系统设立银行（邮政）保险代理机构。同年，太平洋财险大同中支发挥“95500”客户服务电话24小时服务的作用，推出365天12小时营业、24小时理赔的车险服务整体方案。

2003年8月，中国人寿保险股份有限公司规定，在原保险关系转移作业流程的基础上，增加客户直接到转入方申请的作业流程及相关规定。9月，太原保监办核准浑源县农村信用合作社保险兼业代理资格，增加了代办保险服务网点。平安财险大同中支开通服务热线“95512”电话呼叫中心，为客户提供报案、咨询服务。

2004年4月，中国人寿大同分公司根据山西省分公司下发《中国人寿保险股份有限公司山西省分公司客户服务柜面管理办法（试行）》，从6月下旬开始，可利用现有系统，通过操作员授权管理，改变现有流水线式的作业模式，先期实行CBPS系统中不涉及收付费的个险保全作业的“一站式”服务，同时建立业务处理监督机制。5月，根据《中国人寿保险股份有限公司山西省分公司咨询投诉管理办法》，大同分公司设立客服部主管专人负责咨询投诉工作的具体动作，分公司总经理室成员按期轮流兼任咨询投诉信访专员，了解客户意见和市场反馈信息。同年，太平洋财险大同中支发挥“95500”的信息咨询、业务受理、投诉、回访、调查等功能，全方位开展服务工作，做到赔案的100%回访。中国平安正式启动客户服务节活动，树立公司品牌形象，提高客户满意度。

2005年，中国人寿山西省分公司在全省系统推广“移动95519”短信客服系统，并相继进入系统运营。“短信系统”利用公司“业务数据”，自动通过“手机短信息”形式，分别向客户、代理人发送“新保银行划账不成功通知”“续期交费通知”“催缴费通知”“保单失效告知”“生日、新单问候”等通知。泰康人寿大同新生活广场成立，新生活广场门店功能上分为三大区域：保险关爱服务区、温馨生活休闲区、其他金融服务区。大地财险大同中支开通“95590”客户服务热线。

2006年，为了改进服务质量，提高服务水平，太平洋财险大同中支建立起客户快速报案、立案的信息查询平台。

2007年，中国人寿大同分公司在分公司大厅柜面设置VIP客户服务窗口，设置VIP客户室和排队叫号系统；市县（区）其他标准店外柜面执行优先为VIP客户提供服务，并向其他客户做好解释工作。

2008年，中国人寿发挥公司网络优势，在全系统开展相互代理服务，实现客户因客观原因无法在签单公司辖区内享受保险合同相关服务，而由其他分公司及下辖柜面在一定规则下代为提供、办理相关项目服务的行为。具体包括委托体检、委托生存调查、委托到指定医院调取病历、委托查勘和理赔、客户异地临柜代服务和统括业务代服务。同年，太平洋财险大同中支公司通过总公司使用强迅系统，实现了“95500”客服中心统一受理山西省各中心支公司的车险、CIBS、人意险报案，以及统一调度、非车险异地委托服务。中国人民保险公司人寿大同中支开通客服热线40088—“95518”和中支的客服电话“0352—2308018”，可以面向所有的中国人民保险公司客户，负责业务咨询、理赔报案、服务投诉。太平人寿依托于大型客户服务节开展丰富多彩的品牌活动——太平名家之约、太平家文化，太平绿树空间，太平手拉手公益，向所有的客户提供展示参与的平台。开通全国服务热线电话“95589”，建立网上营业厅和微信公众号为客户服务提供便利，打破客户柜面等待、减少柜面办理时间限制等壁垒，开拓电子化服务的新局面。中国人民保险公司健康大同中支充分利用年度中国人民保险公司“客户节”（5月18日至7月18日）搭建平台，开展“大客户户互动活动”“参与集团公司针对个人活动”“召开客户恳谈会联谊活动”“产品宣传周”“理赔专项活动”等渠道，提供客户服务增值服务。农银人寿大同中支成立之初，建立了6S柜面服务制度，要求柜员服务满足6S要求［smiling（微笑）、sincere（诚挚）、speciality（专业）、speedy（快速）、satisfied（满意）和super（卓越）］；搭建无障碍沟通渠道，开通95581/4007795581全国统一客户服务电话，提供24小时全年无休息人工电话服务，为客户提供咨询、查询、投诉受理、理赔报案等服务；同时开通短信服务和网络服务。

2009年6月，为增强“国寿1+N”实物载体的推广应用，提升“国寿1+N”服务品牌和美誉度，中国人寿大同分公司下发《国寿鹤卡发放推广实施方案》。鹤卡发放有三种方式即：新单发放、选择性发放和申领式发放，逐步实现“优化结构，期首发放”。卡功能分为卡功能现状和二期开发，其卡功能现状享有特约商家打折优惠服务活动、有机会参加中国人寿6·16客户节、牵手系列活动、凭卡号和相关信息拨打“95519”热线电话，享受全天候24小时的不间断、无缝对接服务等8类服务。

2010年，太平洋财险大同中支P17（中国太平洋保险P17客户服务系统）二期上线，实现了CIBS、人意险的报案、调度和异地委托，增加了车险、非车险理赔状态查询。

2011年，平安财险系统综合金融服务号码由“95512”整合为“95511”。

2012年，中国人寿山西省分公司提出为降低通知服务成本、提高通知服务效率，各公司要做好电子邮箱、手机号码等通知服务信息的采集与维护工作。采集客户基础信息工作的开展，建立了更多、更快、更便捷的服务渠道。

2013年6月，国寿大同分公司通过对农村网点、农村业务员及县支柜面的多次调研，按照省公司统一安排，开办“农村客户集中服务活动”，该项活动由省公司组织支持，市分公司协调安排，各县支公司统筹实施，市、县两级客户服务中心全程参与。实现以契约保全服务为主辅以客户关键信息维护的柜面延伸服务。10月，安盛天平财险大同中支成立伊始，开通客户咨询服务热线“95550”，为客户提供365天服务。同年，泰康人寿大同中支推出新生活广场“一岗通”服务模式，旨在提升岗位人员技能，减少客户临柜等待时长，提升工作效率。

2014年，中国人寿推出首个直接面向客户提供的全自助电子化服务产品——e宝。推广的主要服务内容：借款服务、还款服务、查询服务、变更服务、交费服务、理赔服务等。主要版本为网页版、手机App版及微信版等。

2015年9月，安诚财产大同南郊支公司在理赔专柜设立意见簿，便于客户在接受服务后能及时提出宝贵意见。12月，农银人寿大同中支推出电子信函服务，可以实现红利通知书及万能账户对账单的电子信函寄送及重新发送服务。

2016年6月，中国人寿大同分公司推广实行以智能手机为载体，通过“中国人寿山西省分公司”微信公众号平台，由投保人本人发起并完成签收回执和新单回访的一种新型服务模式，实现签收电子回执、自助回访。8月，都邦财险大同中支成立之初，设立服务专线：“4008895586”、“4691196”实行7天24小时接听服务制度。11月，最高人民法院、中国保险监督管理委员会下发《关于全面推进保险纠纷诉讼与调解对接机制建设的意见》，12月，中国人寿山西省分公司进行转发并提出“监督机关指导、行业协会承办、保险公司参与”的保险纠纷多元化解机制与工作模式，为保险纠纷当事人提供便捷、高效低成本的纠纷解决渠道。

2017年11月，中国人寿山西省分公司下发《山西省分公司e柜暨移动柜面服务模式推广工作方案》，国寿大同分公司依托移动设备开展引导分流、前置受理、快捷服务的移动柜面系统和服务模式，这种模式是落实公司“智慧国寿”要求融合智能技术、业务流程、服务场景于一体的创新尝试。

第二十一章 服务举措与活动

保险企业在经营保险业务过程中，在为客户提供承保、核保、保全、理赔、给付等保单契约服务的同时，同样也提供更多的其他有价值的活动。如保险咨询、风险评估、投保方案设计、风险防范管理、保险理财甚至于养生、亲子、环保、低碳等人文关怀理念与行动。20 世纪 50 年代，中国人民保险公司大同支公司围绕防灾防损，开展较多的科普活动；80 年代，中国人民保险公司大同中支、中国人民保险公司雁北中支在围绕理赔，开展了较多送赔款上门活动、围绕大客户投保状况，开展风险评估、投保方案设计活动等。进入 90 年代，大同保险企业客户服务活动和举措不仅停留在以保险为主题范围之内并向更加广阔的人文关怀迈进。

第一节　服务举措与活动

1996年，中保财险大同分公司开展“四讲一服务”“青年文明号”创建等活动。各营业部（室）工作人员开展语言、形体、接待“三个训练”，对员工进行“保户至上、信誉第一、质量第一”的服务意识教育。

1997年，中保财险大同分公司坚持“两手抓，两手都要硬”，在抓业务发展的同时，加强精神文明建设，扎实有效地开展“三职”教育活动，加强窗口工作人员职业道德、职业纪律、职业责任的教育。

2001年7月31日，中国人寿大同分公司“95519”客服专线开通，开辟了客户对保险的各类咨询、查询电话热线，架起了公司与客户沟通的桥梁。

2002年9月2日，中国人寿大同分公司正式开通回访服务，针对新契约、失效、生存给付、理赔、保全、离司业务员保单、投诉处理满意度进行电话回访。

2004年，为了树立公司品牌形象，提高客户满意度，中国平安财产保险股份有限公司启动客服节活动。

2006年2月，泰康人寿系统新生活俱乐部正式更名为泰康新生活贵宾俱乐部，并对服务群体、会员级别、服务项目等内容进行调整，升级后的俱乐部重点服务高端客户，服务集中在“健康、救援、出行、消费优惠”等领域；并率先推出“副卡”，使会员的家人同样有机会享受到俱乐部的热情服务。同年，平安人寿大同中支确立客服节活动主题为“平安家园爱心相伴 ”，相继开展社区活动、少儿比赛与夏令营闭幕式活动。

2007年5月，泰康人寿大同中支以“我最阳光我最棒”为主题，举办泰康宝贝海选暨少儿才艺大比拼活动。中国人寿总公司决定将每年的6月16日定为“中国人寿客户节”。开启了“牵手国寿、健康生活”客户服务活动，并提出“国寿1+N”服务品牌（“1”表示一个客户或一张保单，“N”代表客户不仅可享受到多种保单服务还可以享受多种附加值服务）。6月16日上午，国寿大同分公司在雁北宾馆隆重举行首届客户节开幕，特邀大同市政府、大同市消费者协会领导、市企事业单位领导以及客户代表参与，首先由市公司领导、特邀嘉宾、客户代表分别发表致辞、讲话和感言，接下来共同观看了《走进中国人寿》专题片、客户代表和业务代表进行互动、客户现场抽奖，最后特邀理财专家进行保险理财知识讲座。整个活动仪式由受邀前来参加的市新闻媒体朋友进行现场宣传报道。公司还开展了“有缘千里来相会”寻缘回馈活动，确定凡在公司投保的客户，且生效日在每年6月16日，都是该次活动的幸运客户，可获得公司赠送的纪念品等。30日，国寿总公司举办健康视频讲座，特邀全国政协委员、卫生部健康教育首席专家、中国医师协会会长、中国健康协会会长、中华健康快车基金会副主席兼秘书殷大奎主讲营养健康知识，城区及部分县区客户在本部参加收视。7月18日晚，国寿大同分公司在雁北影剧院隆重举行大型答谢客户文艺晚会，邀请国内著名艺术家和知名演员参加演出，上千名客户和嘉宾济济一堂，共同庆祝国寿客户节的设立和首届客户节举办。同年，平安人寿大同中支举办了以“健康人生 平安家园”为主题的客服服务节，并在6—8月相继举办客服节系列活动，包括客户节开幕式、健康社区行、少儿乒乓球大赛、少儿知识竞赛、专家巡讲活动、客服节闭幕式及夏令营活动。平安人寿大同中支还开展特定客户关爱活动，关注高价值的孤儿单客户及投诉客户，通过不同条件的客户甄选，为客户传递公司最新的服务资讯，并送去多维度的特别关爱。

2008年1月，平安人寿大同中支根据系统要求，所有平安专业公司VIP客户统一升级为平安VIP俱乐部会员，并分为黄金、铂金、钻石三个层级，由集团平安VIP俱乐部统一进行管理。在服务有效期内即可对应享受六大专属礼遇：财富盛宴（投资咨询、理赔规划、绿色通道与企业服务）、驾车关爱（非事故车辆道路救援服务、驾车礼遇、三代办服务）、商旅服务（机场贵宾、商旅协助）、健康关怀（健康体检、中医养生、预约挂号、导医导诊、住院探视）、平安援助（国内、海外急难援助）、尊贵礼遇（生日、节日祝福，留学、高尔夫、奢侈品采购礼遇）等。6月，中国人寿大同分公司制定“牵手国寿·健康生活”第二届客户服务系列活动，活动主要分为两项内容，一项是中国人寿姚明杯家庭趣味篮球预选赛，一项是“牵手国寿·健康生活”知识讲座活动。8月，国寿大同分公司家庭趣味篮球预选赛在大同大学体育场举行，参赛的VIP客户由29个家庭87人组成，每个家庭为一个参赛单位，分为发球、运球、投篮三个环节，每人为一个角色，最后以投篮多少决定胜者，前两名进入省公司决赛。“牵手国寿·健康生活”知识讲座活动从6月下旬拉开帷幕，市、县两级机构分别展开，聘请专家、学者、教授讲授社会关注的热门话题。市公司营业部聘请大同市第一人民医院妇科主任刘佩秀做“康宁终身保险中的临床医学问题”讲座，使保险员工、销售人员、公司客户充分了解保险产品的保障价值、保险与医学的关系、对待机体发病的正确观念以及现在国内临床治疗大病的水平和未来发展方向。截至10月底，国寿大同市、县两级组织开办“国寿大讲堂”知识讲座9期，受众人数达1300多人。平安人寿大同中支客服节主题为“相伴成长 共享平安”，并结合平安二十周年司庆活动和“全民健康总动员”系列活动共同开展四大活动，即平安客服节活动（开幕式活动、客服节闭幕式，即“平安夏令营”活动）；“健康中国大讲堂”专家巡讲活动；社区活动（露天电影晚会、客户沙龙活动）；系列少儿比赛（才艺比赛、知识竞赛）。中国人民保险公司人寿大同中支在5月18日客户节活动中，特邀客户参加，开展亚健康体检、公益大讲堂、户外徒步旅行活动。

2009年6月，国寿大同分公司特邀大同大学副教授郭恒林在北城支公司会议厅举办“中国人寿大同分公司高端客户健康讲座”。讲座内容是：日常生活中的健康养生。大同市分公司38位高端客户、市分公司、北城支公司部分管理干部参加了讲座，亲自体验一次与医学专家近距离交流的感受。同一时期，农银人寿大同中支举办高考护考活动，30多名员公司工深入多个高考考点，为考生、家长、同学、朋友提供饮水、避暑等服务。同年，平安人寿大同中支举办以“你的快乐我的承诺”为主题的客户服务节活动，活动内容主要包括客服节开幕式、社区电影晚会、专家巡讲报告会、少儿才艺比赛、客服节闭幕式以及夏令营活动。

2010年1月，阳光财险大同中支根据系统安排，在全市开始执行“三个一”服务，即理赔现场查勘时，赠送客户一瓶水、一张报纸、一把伞或一件大衣。5月，阳光总公司确定每年的5月19日至8月19日为阳光保险客户服务节，届时，阳光大同中支举办了不同形式的客户服务活动。6月，中国人寿大同分公司为回馈客户长久以来对公司的支持与信赖，特别邀请中国著名家庭教育专家、中国儿童教育中心特约嘉宾吕金刚为中国人寿大同分公司客户进行专题教育讲座，讲座内容主要针对目前社会民众普遍关注的话题——如何教育孩子，怎样进行健康的教育，如何引导孩子进行健康学习，怎样的生活才是健康的生活，等等。讲座邀请了团体企业客户、普通客户代表及部分VIP客户和公司部分管理员工共计150人。同年，太平洋人寿大同中支推出“太平洋急难救助服务”国际化售后服务项目。平安人寿大同中支确立“绿色承诺·平安中国”活动的环保主题，以“绿色承诺·平安启航”为口号，主要活动为：第十五届客户服务节开幕式、社区活动、专家巡讲、少儿比赛（才艺比赛、知识竞赛）以及客服节闭幕式暨“平安夏令营”活动。

2011年6月16日，中国人寿大同分公司迎来了中国人寿第五届客户节。23日，大同分公司特邀同大医学院教授郭恒林在大同青年文化宫举办“牵手中国人寿·共享绿色生活”讲座。受邀60多位VIP客户表示，讲座内容精彩，受众不虚此行。25日、26日由国寿大同分公司分别组织 VIP 钻石卡、金卡客户 135 人到大同南郊区西韩岭乡北村开展“体验水果采摘乐趣，感受健康休闲生活”户外活动，让习惯城市生活的人们再次体会土地的亲切和瓜果的芳香。6 月下旬，太平人寿大同中支举行“感恩十年，太平同行”客服节活动，开展“我的环保金点子——全国少儿创意绘画作品大比拼”、健康养生讲座及客户大回访三大主题活动。7 月 15 日，国寿大同分公司特邀江苏省委党校心理学教授黄菡做客国寿大讲堂，主讲《心理调适及压力管理》，其间雁北宾馆世纪厅内座无虚席，济济一堂，厅外过道珠贯棋布，秩序井然，2 个小时讲座，给听众奉上极其难忘的精神盛宴。同年，平安人寿大同中支举办以“爱心飞扬 · 平安相伴”为主题的客服节，将爱心公益活动融入客户节活动之中。平安产险大同中支面向优质客户在业内首推“酒后代驾”服务，持续倡导安全行车、践行企业社会责任。太平人寿大同中支高端客户以及其他应邀客户积极参与“太平人寿名家之约”，通过高清视频转播方式分享包凡一、巴蜀松、孔令谦、郑委先后开展主题为《人生教育与留学规划》《2011 年资本市场与金融形势分析》《饮食与健康的奥秘》《家长改变一点，孩子受益一生》的高端客户讲座。

2012 年 5 月 19 日，阳光财险大同中支迎来第三届阳光保险客户服务节，在大同开展了非事故道路救援服务，包括拖车、现场快修、搭电、换胎、紧急送油活动。同一时期，为了提高服务质量，渤海财险大同中支开展了免费非道路事故救援活动。31 日，国寿大同分公司客户服务中心牵头，与个险部、营业部联合举办中国人寿 2012 版新康宁首卖及服务承诺发布会。参加该会议的有《大同日报》《大同晚报》部分客户代表、部分业务员代表共 186 人。6 月 7—8 日高考期间，中国人寿大同分公司组织员工在全市各考点设立服务站，为参加高考的莘莘学子以及等待在外的家长们提供矿泉水、扇子等防暑用品，以回馈广大客户，夯实品牌知名度与影响力。6 月 16 日上午，特邀大同大学文史学院教授李富华进行“厚德载物”专题讲座，参加会议的有 VIP 客户、普通客户 218 人。下午，特邀大同市著名作家、教授、文化学者、中共大同市委政策研究室原副主任赵忠格进行“历史上的大同”专题讲座。参加该会议的有 VIP 客户、普通客户、公司管理层人员、公司领导共计 207 人。9 月初，太平人寿大同中支举办“放飞爱心，四海太平”客服节，开展了“同献爱心，共铸希望——为百所贫困小学建立爱心书屋”活动。同年，平安人寿大同中支以“平安有约 · 健康同行”为口号开展第十七届客户服务节活动，客户服务节主要举行了客户节开幕式、系列少儿活动、专家巡讲、社区活动以及闭幕式暨“平安夏令营”五大制式主题活动。太平人寿大同中支高端客户以及其他应邀客户积极参与“太平人寿名家之约”高端客户系列讲座，在大同通过视频分享叶檀、宋鸿兵、徐国静、中里巴人分别开展主题为“2012 年投资环境与投资热点分析”“货币战争时代全新金融理念与投资策略”“播种爱，播种智慧”“求医不如求己”高端客户讲座。

2013 年 5 月，阳光财险成立“阳光俱乐部”，大同高端客户以及应邀客户参加了“阳阳俱乐部”组织的自驾游、艺术摄影、公益活动等。6 月，国寿大同分公司联合大同新华书店、长宏图片社开展庆“六一”国际儿童节活动。活动开始前，公司通过“95519”短信向大同分公司 18 岁以下被保险人发送短信，通过公司晨会向销售队伍宣导两个途径，截至 6 月 20 日，共有 130 名客户持鹤卡享受特惠超值活动。6 月 16 日，国寿大同分公司在市公司五楼举办“牵手国寿‘爱’住我家”少年儿童绘画比赛大同分赛区启动仪式及国寿大讲堂少儿绘画讲座。活动开始前，公司为到会的客户播放了牵手国寿第二届绘画比赛部分获奖作品，并向大家介绍了中国人寿“1+N”多项附加值服务，了解公司推广的国寿鹤卡的意义及内容。毕业于中央美术学院、大同美协老师刘瑶带来绘画讲座之绘画的五个阶段，刘瑶从孩子在每个阶段需要怎样引导，孩子们在绘画的过程中需要掌握些什么等方面进行了讲解，对城区参赛的 90 多名儿童进行了绘画启蒙。同期，太平人寿大同中支举办“爱在太平，幸福一生”客服节，开展了“把蓝天留给未来”少儿环保绘画赛，“爱心书屋”持续关爱，“健康关怀”，全国保险征文等客户关爱活动，收集绘画作品 78 幅。同年 5—8 月期间，平安人寿大同中支，开展以“友善·安心·欢乐平安”为主题的第十八届客户服务节活动，传递“爱与责任”的公益理念，客户服务节活动紧密结合业务发展节奏，推出“缤纷夏日”系列活动整合业务推动，开展“平安大讲堂”、“精彩 1+1”少儿才艺大赛、“记忆中的旋律”、“平安志愿者行动”、“寻找平安有缘人”五大主题活动。太平人寿大同中支高端客户参加山西分公司高清视频直播樊纲、蒋佩蓉、常世旺、刘彦斌、姚景源分别开展主题为“未来中国经济增长的趋势和政策”“下一代的竞争力”“私人财富管理中的税收与法律问题”“理财有道、理财之道”“2013 宏观经济走势与政策分析”的“太平人寿名家之约”高端客户讲座。

2014 年 6 月，国寿大同分公司联合大同华林、沃尔玛开展庆“六一”国际儿童节活动，鼓励、引导客户使用国寿鹤卡享受公司的增值服务。同期，太平人寿大同中支举办“荣耀 85 载，太平与您同行”大型客户服务节，围绕“少儿、健康、公益、尊享、回访”，推动丰富多彩主题活动。活动期间，举办现场书画赛活动 8 场，参赛小选手共计 142 名，收集书画作品 158 幅、爱心图书 508 册、同步主题系列活动 18 场（参与活动 1145 人）、“时间去哪儿了”征文 5 篇、外媒宣传 8 篇、内部发稿 14 篇。永安财险大同中支举办高考护考活动。公司 30 多名内外勤热心参与、真诚服务，为大同市一中、三中、四中、五中 4 个高考考点近千名考生及家长提供饮用水、报纸、防暑应急药品、发放印有《高考小贴士》的清凉扇、遮阳伞等服务，得到了当地交警、城管及陪考家长等的一致认同和感谢。同年，太平洋人寿根据省分公司统一部署，启动了“第九届关爱工程大型客户服务活动”，先后组织绘画摄影大赛、“微服务、新体验”客户体验等活动。平安人寿系统以“平安有爱 · 乐 · 健康”为主题，为客户推出“永不落幕”网上客服节活动，为客户提供全年不间断的网络互动新体验。永安财险大同中支举办客户联谊会，通过面对面交流等，回报广大客户对永安保险的信任和厚爱。太平人寿大同组织高端客户与应邀客户场外分享了山西分公司通过高清视频直播及现场高端讲座形式分别邀请龙永图、刘彦斌、徐瑞昇、姚凯等分别开展《当前经济形势和中国的机遇与挑战》《家庭理财与资产配置》《十八届三中全会之后财富增值新局面》《目前的经济形势与财富管理对策》等的“太平人寿名家之约”讲座。农银人寿大同中支举办客户服务节活动，通过线下举办的少儿绘画比赛、健康生活大讲堂、贵宾客户健康体检以及线上微专刊、微测试、微功能推广等系列活动，提升客户服务体验，回报广大客户对农银人寿的信任和厚爱。

2015 年 6 月 13 日，中国人寿保险公司大同御河路支公司为满足客户的需求，积极应对市场的需要，在中国人寿客户节到来之际，举办了一场“2015 年客户节‘牵手国寿，健康生活’专题讲座”，该次讲座聘请大同市第三人民医院心内科主任李翠莲医师，主讲内容是人体心脏血管疾病的医学科普知识，70 多位中年 VIP 客户到会聆听了讲座。同一期间，泰康人寿大同中支举办“快乐夏日，梦想起航”泰康宝贝少儿才艺大赛暨第十届少儿书画大赛的海选及复赛，大同中支有 190 名少年参加了比赛，大同相关媒体对各地活动进行宣传报道。太平人寿大同中支举办“太平与您同行”大型客户服务节，活动以“体验、少儿、健康、公益”为主题，开放“绿树空间”体验馆，进行少儿才艺大赛，感受了健康体验活动，聆听了“名家之约”高端讲座，奉献了爱心公益等 30 多场，为 53 个贫困孩子实现爱心心愿。9 月，太平洋财险大同中支推出系列假日理赔服务特色活动，后端理赔会同前端业务，在各大旅游景点、高速路口为广大客户、过往行人提供节前关爱温馨提示、送水、搭电、业务咨询、小额事故快处快赔等特色服务，使假日出行游客充分感受到太平洋保险的服务关怀，保障客户轻松出行，较好地提升了社会形象和客户满意度。12 月，太平洋财险大同中支推出以暖心、称心、放心“三心”服务为宗旨，

4类专业务服务和6类关爱服务为核心的人伤理赔“心年行动”特色服务，通过活动开展，让客户、伤者真正感受到太保的关怀和慰问，传递了“寒冬暖心，全程爱”的服务理念。同年，太平洋人寿大同中支开展“灵感无限·点亮生活”少儿创意大赛、“客户体验大使活动”和“九九重阳称心如意”等多项客户服务活动。同年，平安人寿系统客服节以少儿及家庭健康管理为核心、“问医生”为载体，通过平安行、绿行家、欢乐秀三大模块，结合金管家App缤纷多彩的线上互动活动。太平人寿大同中支组织高端客户与应邀客户通过高清视频分享李稻葵、郎咸平等分别开展《新常态下的中国经济结果调整》《中国宏观经济情势分析与展望》的“太平人寿名家之约”讲座；部分高端客户以及应邀客户还在太原湖滨国际大酒店参与“太平绿树空间”开放式体验活动，通过“1厅5馆6区”营造“e服务，健康，养老，尊享，家文化”为主题的项目活动，体验名家之约、儿童娱乐、太平记忆，爱心公益等，让增值服务，健康养生，品质养老，实用资讯，亲子互动有亲切难忘之感受；太平人寿大同中支还经过前期的认真组织，广泛宣导，大同区域许多少年儿童参与少儿才艺赛，少儿绘画赛，家庭教育讲座，少儿乐创拼装活动，少儿户外活动，极大程度繁荣了“太平家文化”。

2016年6月18日，由大同市体育局、中共大同市直机关工委、大同总工会、大同市文化局、大同市旅游局、大同市文物局、大同广播电视台、大同市卫生局、大同古城管委会、中国邮政集团公司大同分公司联合举办“强健体魄·阳光生活·共享青运”第三届环古城全民健步走活动，中国人寿大同分公司作为该活动的协办单位进行了全程参与。作为协办单位的中国人寿由业务员及客户组成的2000余人队伍，着统一服装，早早到了健步路线起点华严寺广场。活动开始后，大同国寿队伍扛着中国人寿的鲜艳旗帜雄赳赳、气昂昂地穿过街道，走上城墙，通过言行，呼吁大家一起携起手来，传播正能量，提倡全民运动，开展阳光生活，共享美丽的家园。6月24日，中国人寿大同分公司举办“将幸福进行到底”的专题讲座，讲座聘请了中国人寿著名讲师陈华，主题是“我们的幸福婚姻”。陈老师从幸福需要浇水施肥、幸福需要预见才能遇见、必须站在对方的角度去思考问题、幸福家庭需要全方位的付出四个方面讲述幸福婚姻在日常需要注些什么，听众以已婚客户为主，有358位客户聆听了讲座。同期，太平人寿大同中支举办了“太平与您同行”大型客户服务节，开展“太平大明星 全家欢乐颂”少儿创意书画赛、健康小屋体验、“点亮微心愿太平献爱心”太平手拉手公益活动、VIP客户健康体检活动、“臻享太平如影随行”欢乐观影活动、“名家之约用爱滋养生命”专家教育讲座、肿瘤筛查等，为6000多名客户送去关爱和呵护。同年，太平洋人寿大同中支开展“绿色魔法小口袋”

少儿环保创意大赛等客户服务活动，赢得广大客户的高度认可；大地财险大同中支举办第一届“5·20”客户服务节活动。太平人寿大同中支继续组织高端客户其他客户开展视频“名家之约”讲座，先后分享徐瑞昇、卢勤、罗大伦等名家的线上讲座。

2017 年 6 月，太平人寿大同中支举办“太平与您同行”大型客户服务节，开展了“少年中国说，太平演说家”少儿口语表达大赛、名家之约、健康讲座、VIP 客户健康关怀体检、基因检测等活动，同时在全市范围内开展“交通安全进课堂”活动，为 500 多位小学生和幼儿讲解交通安全知识，传播公益。7 月 8 日，国寿左云支公司在全国保险宣传日来临之际，组织“要跑 700” 国寿客服系列活动。“要跑 700”是中国人寿联合姚明旗下众辉体育推出的跑步、健身活动。通过跑步活动推出“0 碳起跑·健康中国”公益理念，意在通过每一位参与者迈出的每一步，传播环保意识。该次活动是在左云东山公园进行，参加活动单 位有左云金融办、左云体育局、国寿山西省分公司、大同市分公司领导以及 300 多位公司客户和县城居民。

第二节　部分公司服务内容简介

入驻大同险企十分注重客户服务活动，充分利用各种媒体介绍自己的客户服务内容，并在不同时期举办各种特别的客户服务活动。下表是两家保险公司向社会承诺的服务内容。

一、中国人寿大同分公司客户服务内容和签约的商家

表 155　　2009 年中国人寿大同分公司增值服务项目

会员级别	服务项目	服务内容详细介绍
贵宾卡	业务处理绿色通道服务	1. 设立 VIP 客户室； 2. 享有新投保绿色通道服务，包括预约上门办理各项保险业务及保险法律咨询服务；享有业务优先受理服务，包括保全、理赔绿色通道服务及异地理赔绿色通道服务
	享受特约商家优惠服务	持 VIP 卡可享受全省范围内特约商家的优惠打折服务
	组织 VIP 客户主题活动	举办诸如：牵手国寿·天长地久客户节活动、财富论坛讲座、和谐生活·魅力女性讲座、关爱生命·健康全家健康知识讲座等客户主题活动

续表 155

会员级别	服务项目	服务内容详细介绍
金卡、银卡	除享受贵宾卡客户享有的服务外，还可享受以下服务项目	
	赠阅 VIP 专刊服务	订阅《自我保健》月刊，从客户最关心的问题出发，时时提醒客户珍爱身体，国寿关怀无处不在
	短信资讯服务	每日以短信形式提供气象预报服务。从每天的穿衣出行开始，给客户最贴心的关爱
	成立 VIP 俱乐部	成立 VIP 俱乐部，逐步完善其组织架构，举行各种主题的客户联系活动，使太原国寿成为客户贴心的家
钻石卡	除享受金卡、银卡客户享有的服务外，还可享受以下服务项目	
	赠送生日礼物	在客户生日之际，赠送“好利来”生日蛋糕，送上国寿温馨祝福
	组织免费体检	一年组织一次免费体检活动，国寿关爱，无微不至

表 156　2010 年国寿大同特约商家一览表

服务类别	特约商家名称
医	大同市新建康医院管理有限责任公司
医	大同现代医院
医	大同博爱健康体检中心
食	大同市晨光国际酒店
食	大同市浩海国际酒店
食	大同市同利酒店商贸有限责任公司大酒店
食	大同市大威皇面包房
住	大同市雁北宾馆有限责任公司
住	大同市晨光国际酒店
住	大同市浩海国际酒店
住	大同市同利酒店商贸有限责任公司大酒店
行	忠盛汽修
行	中国人寿财产保险大同中心支公司
玩	大同魅力舍宾文化传播有限责任公司

续表 156

服务类别	特约商家名称
玩	大同雁北宾馆旅行社有限公司
用	大同银星金店有限公司
用	大同市长虹图片社
住	大同市悦龙休闲商务酒店
玩	大同市悦龙休闲商务酒店
食	大同市永和食府有限责任公司
住	大同市花园大饭店
食	大同市永和食府有限责任公司
用	随缘花卉
用	尤萨高品质干洗
用	大同市镜界眼镜店
用	喜多坊婚纱影楼
行	大同市南郊区吉顺汽配总厂
玩	大同市花王美容美发中心
玩	大同市百合美业会馆

二、太平人寿保险公司 VIP 客户分级与提供相关服务内容

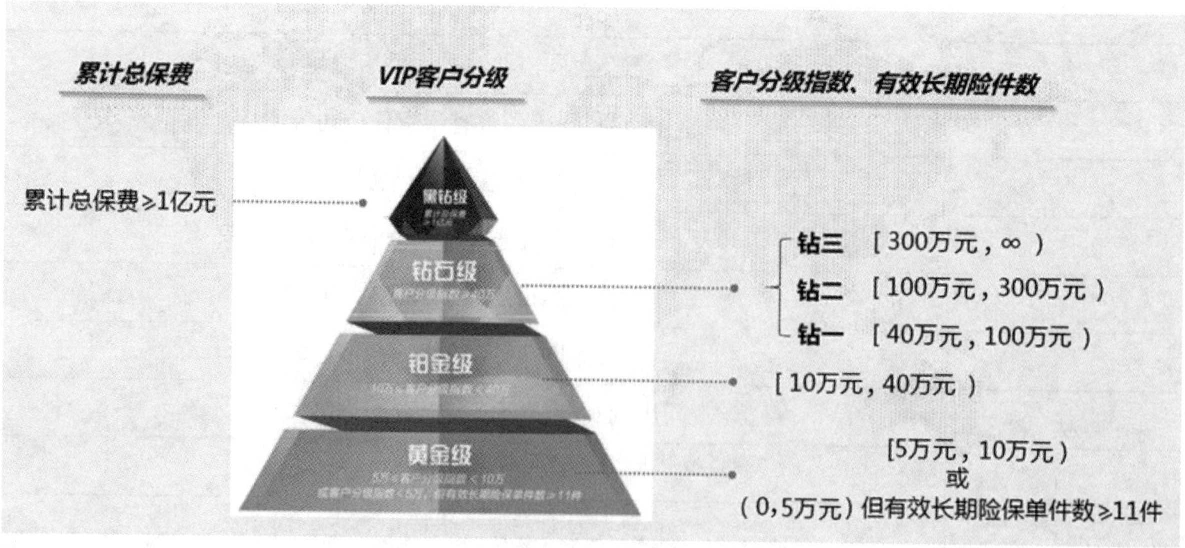

图 43　太平人寿客户分级指数（2013 年）

表 157　　2013 年太平人寿健康服务一览表

服务项目	VIP 层级（根据 VIP 客户分级指数分层级）				
	黄金级（5 万元～10 万元）	铂金级（10 万～40 万元）	钻石级		
			钻石级一档（40 万～100 万元）	钻石级二档（100 万～300 万元）	钻石级三档 ≥ 300 万元
24 小时电话医生服务	不限次	不限次	不限次	不限次	不限次
住院探视服务	1 次 / 年	1 次 / 年	1 次 / 年	1 次 / 年	1 次 / 年
国内救护车紧急救援服务	不限次	不限次	不限次	不限次	不限次
国内第二诊疗意见服务	1 次 / 年	1 次 / 年	1 次 / 年	1 次 / 年	1 次 / 年
专家门诊预约	—	投保人：不限次 其他：4 次 / 年	不限次	不限次	不限次
海外第二诊疗意见服务	—	1 次 / 年	1 次 / 年	1 次 / 年	1 次 / 年
海外就医安排服务	—	1 次 / 年	1 次 / 年	1 次 / 年	1 次 / 年
医生到府服务	—	—	1 次 / 年	1 次 / 年	1 次 / 年
国内空中医疗救援服务		—	不限次	不限次	不限次
协助住院安排	—	—	—	1 次 / 年	2 次 / 年
协助手术安排	—	—	—	1 次 / 年	1 次 / 年
健康关怀体检	—	1 次 / 年	—	—	—
健康尊享体检	—	—	1 次 / 年	—	—
国内顶级体检	—	—	—	1 次 / 年	—
住院体检	—	—	—	—	1 次 / 年
健康至尊体检	—	—	—	—	1 次 / 年

第六篇

保险宣传管理

保险宣传是保险行业或保险主体为了实现其经营管理目标的讯信表现手法，主要运用各种符号传播保险观念，以影响人们的思想和行为的社会行为。保险宣传管理在险企出现之时，就成为险企的重要管理内容，随着宣传媒体的创新与发展，给保险宣传注入了更多的时代特征。

第二十二章 保险主体宣传

保险公司为了让消费者了解保险和接受保险，不断树立公司形象和促进保险业务发展，经常举办各种宣传活动。本章主要记述保险公司举办的宣传活动，不包括保险行业协会组织的宣传活动。

第一节　保险主体宣传的基本路径

20世纪50年代，中国人民保险公司大同支公司成立，主要通过保险职工上门宣传、张贴标语、散发传单，以及利用农村集会、有线广播、黑板报、幻灯片、年画、宣传画等载体，宣传企业强制保险、财产保险、人身保险和农业保险等。1980年，国内保险业务恢复，中国人民保险公司大同支公司成立，保险宣传工作成为保险公司管理的重要内容，其主要宣传方式是借助于政府牵头召开各种形式的保险工作会议、街头咨询宣传、深入企业、厂矿上门宣传、广播宣传、墙体广告宣传、保险理赔兑现等手段实施宣传。进入20世纪80年代后期，保险宣传形式增多，中国人民保险公司在保持传统宣传方式的基础之上，开展了节假日宣传、邀请记者采访、召开记者新闻发布会、报送新闻信息、在电台、报刊、电视台等媒体播放广告或者开辟专栏、影视专题创作播放、书画摄影展览、大型宣传周活动等。进入90年代后期，大同保险市场主体增多，保险宣传风生水起、异彩纷呈，保险宣传呈现突出企业标识、突出企业特色为主。进入21世纪，随着现代企业管理理念运用，随着现代科学技术的发展，随着电子计算机技术、互联网等新型科技在保险业宣传上的运用与普及，大同保险业保险宣传在保持传统宣传方式上，大同各保险公司都在自家官网、微信公众号、手机App等新型媒体和各种形式的客户服务活动进行保险宣传，保险从业者个体进行秒拍、动图、微视频等自媒体同保险消费者沟通，形成多渠道、多式样、多角度的宣传格局，一个“全程、全息、全员、全效”全媒体时代即将到来。

第二节　保险主体的宣传活动

1951年，中国人民保险公司大同支公司在总结全年工作报告中指出，保险宣传工作要讲明政策，贯彻业务精神，深入群众中广泛宣传，强调国家利益，个人好处，耐心说服、详细解释、积极动员、注意工作方式方法，避免纠缠，掌握自愿原则，群众明白了，是能够接受保险的。

1952年，中国人民保险公司大同支公司在进行常规的上门宣传、张贴标语、散发传单和农村集会同时宣传，充分利用中国人民保险公司察哈尔省分公司根据本省实际赔款例子画成 3 种牲畜险漫画，张贴在农村街道墙壁上，运用赔款实例进行宣传。

1953 年，中国人民保险公司大同支公司在保险宣传上继续采取三种方式：一是参加有关能够宣传保险业务的会议；二是印制标语、漫画；三是广播通信、报纸投稿等办法。年初，中国人民保险公司大同支公司主要发放、张贴的漫画主题是“注意饲养管理，保护牲畜健壮”农村宣传画。6 月，国家停办农村保险业务。中国人民保险公司大同支公司根据总公司下发的宣传资料，印发并广播“停办农村业务宣传问答”和“停办农村业务宣传要点”。主要解答 6 个方面的问题。一是为什么要停办。从以下六个方面解答：1. 由于农民刚刚翻身，经济负担能力还很薄弱；2. 集中力量搞农业生产是农村中压倒一切工作的中心任务，要消除“五多”现象，即任务多、会议集训多、公文报告表册多、组织多、积极分子兼职多；3. 承保条件和农民实际要求有矛盾；4. 农村保险是一件新工作，普遍缺乏工作经验等。二是以后还会不会开办。基本回答是将来经济发展以后一定会办，等到农民大多数有了真正的自愿要求时再办。三是有些地方农民很欢迎保险，为什么也要停办？主要回答是不符合保险公司经济核算原则，农业保险不能在少数地方开办。四是怎样进行停办工作。答复是由党政总领导，统一布置，逐级贯彻，不能影响群众生产。五是如何办理退保退费。答复是无论 1952 年或 1953 年承保业务，均自退保日起按月计算退还保费，不满一个月按一个月计算。六是过去的欠费怎么办。答复是规定未到期业务欠费未缴的，一律作为自动退保，不再催收。

1954 年，中国人民保险公司雁北十二县支公司不同程度地、不同方式向党政部门汇报、说明强制保险的意义，取得当地党政部门的支持，当地政府帮助召开专门会议，由保险公司员工介绍强制保险业务知识，宣传强制保险的意义，布置办理强制保险业务。中国人民保险公司大同支公司召开强制保险座谈会，市财委委派专人主持、参与和指导，动员与会单位开展办理强制保险业务。12 月，中国人民保险公司大同支公司配合相关部门开展了多种形式防灾宣传，放映了防洪防火幻灯片若干次，发放了防灾标语宣传画 4910 多份。

1955 年，农村保险“根据积极准备、稳步发展”的精神，重点恢复办理牲畜自愿保险业务。10 月，中国人民保险公司大同支公司保险干部利用山西省财政厅和山西省委宣传部核准的“牲畜保险快板”“业务宣传提纲”和宣传画等，深入农村，利用农村广播、社员大会、赶集、物资交流会等场合，给群众说唱宣传。“牲畜保险快板”共分八节，详细介绍牲畜保险：一、为什么开办牲畜保险；二、保险对国家对个人有哪些好处；三、保险公司负哪些责任；四、投保的时候要办什么手续；五、一头牲口可以保多少钱；六、一头牲口要交多少保险费；七、牲口卖了或变更了用途保险怎么办；八、牲口死了怎么办等。“农村牲畜自愿保险业务宣传提纲”共四个方面的内容：第一讲解了牲畜保险从1953年停办到现在恢复办理的简单经过，和农村基本实现合作化以后，农民群众要求政府恢复办理牲畜保险的需求；第二讲解了开展牲畜保险，究竟对人民、对国家有哪些作用；第三全面详细介绍了牲畜保险办法和内容，包括：什么样的牲畜可以参加保险、保险公司负哪些责任、哪些情况保险公司不负责任，也不给赔款、保险的时候要办哪些手续、保险的期限、保险的金额、交多少钱、牲口出卖或变更用途怎么办、牲口死亡怎么办等；第四对群众提出几点希望和要求，要大力帮助宣传好保险政策，要帮助保险公司干部做好检验牲口和正确评定参加保险的牲口价格，要爱护牲口，改进饲养管理，要帮助保险公司掌握赔款原则，使国家和农民均不吃亏。在保险防灾宣传方面，中国人民保险公司大同支公司提出：开展保险业务政策宣传和防灾宣传，仍是一项很重要的工作。年内，为避免或减少灾害造成的国家财产和群众利益的损失，提高防灾人员、人民群众的防灾意识、知识和技能，对于季节性的防灾，如夏季防洪、冬季防火，及时通过标语、漫画、幻灯片、通知、通报、会议、宣传品等不同形式开展宣传。

1957年，中国人民保险公司大同支公司充分利用整风运动、社会主义改造和社会主义思想教育大辩论与保险自身工作相互结合，加强保险政策的贯彻和宣传，明确个人利益、集体利益和国家利益的重要意义。同年，在工作总结中提出；一、宣传工作不要公式化，要根据实际情况宣传，不要照本宣科；二、宣传内容过分简单，有关保障方面说得很少；三、保险自愿政策在个别保险干部中存在着单纯的任务观点和怕不投保的想法，不敢大胆地宣传自愿保险原则。

1958年，中国人民保险公司大同支公司采取不同业务不同的宣传方式，牲畜保险，按照“愿保就保，不愿保就不保”的自愿保险方针，深入农村，开展宣传，为农业生产“大跃进”提供保险服务；自愿火险是通过街道干部协助、集体宣传、个别争取的形式展开；运输保险是通过扩大责任范围、降低保险费率，重点在产品特点上进行宣传；防灾工作是通过深入检查，针对容易发生风险事件进行宣传。

1980年，国内保险业务恢复初期，中国人民保险公司大同支公司在组建机构、开展业务的同时，注重并加强保险宣传工作。宣传形式沿用了20世纪50年代做法，主要是利用会议、集会、集中宣传，深入机关、企（事）业单位宣传，向广播、报纸投稿发文宣传，以及自办刊物、自行设计印制宣传单、制作幻灯片等宣传。

1982年7—8月，中国人民保险公司大同支公司与大同市消防队共同创办了《消防与保险》小报，发行量为2000份。并联合举办放映“消防科技电影”专场演出30次，观众23200人次，印刷2万张宣传单，分发到300个单位。9月，中国人民保险公司总公司就中保大同市支公司“关于对外宣传问题”给予批复并转发了《对外宣传提纲》，在“批复”中指出：对于一般业务情况，开办了哪些保险业务，准备发展哪些业务，保险在我国经济和社会生活所起的作用以及保险机构和发展情况，都可对外宣传。《对外宣传提纲》主要发布和明确我国 1980、1981 两年保险费收入情况、机构发展情况、开办保险产品情况、保险赔款情况、防灾防损情况、对外新增业务情况、中外合资企业保险情况、经济特区保险情况、分入分出保险业务情况、多边保险公司交流情况、参加世界保险联合会情况、再保险业务情况、保险理论研究和学术交流情况、高校保险教育情况等。

1984 年 7 月，经中国人民银行山西省分行批准，大同市保险支公司正式升格为中国人民保险公司大同中心支公司。体改后，中国人民保险公司大同中支领导班子集体前往地委、市委、行署政府、市政府汇报，“挂号立户”，按照县团单位对待，成为大同金融行业又一重要支柱。8 月，中国人民保险公司大同中支召开了地市党政领导和有关部门、企事业单位领导共 170 人参加的大规模展业宣传会议，地市党政领导均派员参加并做指示，有关部门的领导也在大会上发了言，支持保险、积极投保。中国人民保险公司大同中支借此机会，就前段工作情况和以后的展业前景，以及保险工作的性质，任务、作用向与会人员作了汇报宣传，得到了党政和有关部门的大力支持。同年，中国人民保险公司大同中支把保险宣传列入公司的重要议事日程，逐渐趋于经常化、多样化、制度化，做到边宣传边展业，充分利用广播、电视、报刊等各种工具，为保险大造舆论。中支和 8 个县支公司均利用宣传橱窗、电影幻灯片、广告路牌做了宣传 13 次；阳高、左云、灵丘等县支公司，在组建展业过程中，挤出时间为本县广播站编写了保险业务知识讲座 24 次，分期播放，收到较好成效。阳高、灵丘、怀仁等支公司自己编写了保险动态，印发了宣传资料，下发张贴；应县支公司充分利用大街小巷的黑板报进行持续宣传；一年来，全市系统共采用当地电台、报刊宣传保险稿件 83 件，采用稿件最多的阳高县支达 20 篇，大同市、左云县电视台为大同中支和左云县支展业工作会议进行了新闻报道。同年，中国人民保险公司山西省分公司正式出刊《山西保险》杂志，给中国人民保险公司大同中支在宣传活动中增添了有力武器。

1985 年，中国人民保险公司大同中支重视党团组织建设，充分发挥党员、团员在各项工作中的模范带头作用。元旦、春节期间，北方的大地寒风凛冽，天寒地冻，中国人民保险公司大同中支团总支带领公司广大团员和先进青年冒着严寒，先后在大同西门外红旗广场，矿务局广场热情高涨地进行保险宣传咨询活动，先后为 900 多名群众进行了咨询服务，并发放近 2000 份宣传单，收到了较好的效果。

1986 年 2 月，中国人民保险公司大同中支认为：“开展广泛的、形式多样的又结合实际的保险宣传已经形成中国人民保险公司大同中支发展业务的一大特点。”面对春节、元宵节两大节日，以人们欢欢喜喜闹新春的节日气氛，中国人民保险公司大同中支利用传统习俗，增加保险元素，制作了“红火彩车”，同红火的人流一起，在大街小巷、车站广场共同庆祝生活的美好。6月，为落实全国保险宣传会议精神，中国人民保险公司大同中心召开会议，研究部署宣传周活动。确立指导思想：即以“全保”和“省保”会议精神为依据，以人身险、农业险为重点，以家财险为突破口，紧密结合当地实际，通过多种形式，大张旗鼓地宣传保险的重要意义。成立了组织领导：即班子成员为组长和副组长，经理办公室及其他相关科室为负责人为成员。明确活动内容：即一是向地、市、县广播、电（视）台发送稿件，撰写保险知识问答、制作保险广告；二是向雁同人民播放电视录像，主要包括理赔兑现、《无事生非》、大同方言快板；三是搞一次较大规模的保险咨询（分公司和支公司分别进行）；四是邀请城区、矿区及各县小学生组成“保险宣传队”共五个队；五是部分县支区办据本地情况搞若干部宣传车；六是朔县支公司搞电视讲话；七是组织保险员工深入部分企业、家庭包干宣传；八是市公司和县支区办出一期保险内部刊物；九是浑源县支公司搞一组“乡镇煤矿理赔”典型案例录像；十是新荣区支公司在电影放映前插播保险幻灯片。提出具体要求，主要是领导参与、保存照片、切实可行，活动结束以书面材料报中支。拟定活动周举办时间：6月22—28日。22日，中国人民保险公司大同中支全市系统如期进入保险宣传活动周。同年，中国人民保险公司雁北中支及其各县支公司分别在元宵节、物资交流会、古庙会等进行了保险宣传活动，共出宣传车18辆，印发宣传材料39.8万多份，举办保险广播讲座15讲，各种报刊、各级广播电台采用稿件213篇。

1987年，中国人民保险公司大同中支提出保险宣传、防灾检查、现场理赔、就地展业是一条有实效性的经验。保险宣传着重抓了一个新闻竞赛活动和防灾宣传周。当年在中央、省、市、县（区）宣传机构十种宣传工具上刊播稿件89篇次，由大同中支王颂、刘枫作词，田浩、梁述中谱曲共同创作的《我们是人民的保险员》在大同电台《每周一歌》中播放一周；在央视、省视、省市电台刊播稿件58篇次；出版1950—1986年大同市保险公司大事记，正式筹办了《大同保险动态》21期；与全国同业97个省、地（市）、县（区）建立了资料、信息联系渠道；在全省保险宣传工作会议上多人获奖，赵富义获全省新闻竞赛优秀个人，刘枫被评为优秀通讯员二等奖，田浩、王萍被评为优秀通讯员三等奖。宣传周活动是根据山西省委宣传部、省安委会、省经委、省公安厅和省保险公司的联合通知精神，市公司在西门外红旗广场开展了安全防灾宣传和保险咨询服务活动。宣传活动的第一天，接受咨询群众一万多人次，大同电视台就此宣传活动进行了录像采访，大同中支副经理杜林茂就有关问题回答记者的提问。中国人民保险公司雁北中支在“保险宣传周”活动中，全区张贴过街广告40多条，设立咨询服务台14个，开辟图片展览橱窗14个，散发各种宣传资料50多万份，录制播放录音磁带30多盘，接受宣传和咨询群众人数达50万人次。

1988年3月，中国人民保险公司大同中支隆重举行“大同保险新闻发布会”，省、市8家新闻单位23名记者到会采访，中国人民保险公司大同中支杜林茂副经理向记者通报大同市保险业务发展概况。截至上年底，全市集体单位投保610份、个人投保29209份、被保险人数达273000人，保险金额达33.5亿元。发布会期间，《大同日报》主编张文炳、农财科科长王国瑞、大同人民广播电台台长吴俊就保险公司机构、人员、改革措施以及有关简化投保手续等问题作了提问，大同市人民政府秘书长孙忠庆专程到会并讲了话。市体改办、市财委及市人行领导应邀出席会议，大同中支领导及各科室负责人参加会议。9月，山西省广播电视厅、电视艺术家协会、保险公司共同举办“保险杯”电视剧本、电视小品系列剧本有奖征文活动，大同市王颂、吴世明、贺涛、田浩、祁彪参加征文活动。12月，中国人民保险公司大同中支下发《关于纪念中国人民保险公司成立四十年宣传活动的安排意见》，制定宣传活动方针即：宣传成就，扩大影响，树立形象，普及知识，促进保险事业的蓬勃发展。指出宣传重点内容即：一是公司40年来曲折发展历史和恢复业务以来的重大成就；二是公司的优势和信誉；三是公司的业务宗旨，即“积聚保险基金，防止灾害损失，组织经济补偿，增进社会福利”；四是适合群众的保险产品。制定了实施要点和具体安排，最后提出了活动要求和注意事项。

1989年1月，中国人民保险公司大同市中支召开全市新闻、文化艺术界朋友座谈会，落实全省《“保险杯”电视剧、电视小品系列剧本有奖征文活动》通知精神。中国人民保险公司雁北中支在安排年度宣传工作中提出要重点做好6件事情：一是坚持把宣传同业务工作紧密结合起来，使宣传真正成为展业先锋，要动员职工做到既是业务员，又是宣传员；二是在《雁北日报》、雁北电台、雁北电视台开辟保险新闻、保险业务讲座、答记者问、领导讲话等专题栏目和专题节目；三是在全辖开展“保险新闻宣传竞赛活动”，鼓励广大职工向新闻单位投稿；四是为“保险40年成就展览”准备和推荐资料；五是在春节、元宵节期间，开展灵活多样、有一定声势的保险和防灾宣传活动；六是努力办好《雁北保险》简报和保险信息。2月，由中国人民保险公司大同中支刘枫、王继跃编撰者的《大同市保险业务资料手册》正式付印，并内部发行。7月，由大同市文化局王颂、中国人民保险公司大同中支刘枫作词、由中国人民保险公司大同中支田浩、大同师范梁述中作曲的《保险员之歌》被山西省保险公司选送到中国人民保险总公司参加司歌竞选。

10月，中国人民保险公司山西省改革与保险宣传周隆重举行，中国人民保险公司大同中支、雁北中支从14日至21日开展了十项实实在在的宣传活动。

1990年4月，中国人民保险公司大同中支、中国人民保险公司山西省分公司推荐的由中支王颂、刘枫作词，田浩、梁述中谱曲的《保险员之歌》在全国司歌评选中荣获二等奖，被定为"行业歌"。5月，中国人民保险公司大同城区办事处在大同市"迎亚运庆六一，中小学生运动会"上，为运动会开幕式的军乐队、腰鼓队和彩旗队参赛的前十二名团体颁发了奖品。大同市副市长王志芳及城区区长对保险公司的协助和支持给予高度评价，区委、区政府赠送中国人民保险公司大同城区"人民保险为人民"旌旗。5月15日，《南郊保险信息》创刊，并报送市中支及相关单位。6月，山西省分公司与山西省教委联合举办"雁北地震灾区中小学生保险作文竞赛"活动，大同、阳高、广灵、浑源四县400多所中小学校，计10万多名中小学生参加此项活动，经过学校、县、地逐级评选推荐，最后评出获奖作文65篇，其中一等奖10篇，二等奖20篇，三等奖30篇。并于10月中旬，在大同市举行颁奖仪式，省教委、省公司和雁北行署领导参加颁奖仪式并给获奖者颁奖。同月，由大同中支王颂、刘枫作词，田浩、梁述中谱曲的《我们是人民的保险员》和由王兴业作词，王兴业、田浩谱曲的《你是太阳你是月亮》共同入选由中国人民保险公司本溪市分公司受辽宁省分公司委托向全国征集保险歌曲由春风文艺出版社出版的《吉祥之声》歌曲集。10月7日，省公司在雁北中支的配合下，组织中央、省、地三级新闻单位19名记者，在雁北地区举行"大阳地震一周年跟踪采访"活动，先后到四县五乡十余个企业进行现场采访，并于13日举行隆重的新闻发布会，中国人民保险公司山西省分公司副总经理乔行之、雁北行署王善专员到会讲话。15日，中国人民保险公司大同中支和雁北中支职工认真贯彻执行省公司决定，开展声势浩大的优质文明服务活动，各级公司都进行了多种形式的宣传咨询活动，到11月15日共发各类稿件127篇，图片31幅，散发宣传单50万余份，开展咨询1300多人次，发行广告8万多张，空投宣传单6万份，发出《征求意见书》9000多张，收回900多张。"服务月"活动期间，中国人民保险公司大同中支系统员工全部实行挂牌服务，大同北街办事处开展"假如我是一个保户"的大讨论，为1340名投保中小学生免费体检，组织了40名职工到山西省化工厂参加义务劳动，开办"电话预约保险"；大同城区支公司开展"四比四看三贡献"活动；大同南郊支公司开展争创"七个第一"，争当文明职工竞赛活动，建立"方便保户服务台"；大同新平旺办事处为投保学生平安保险的64个学校制作100个保健箱；大同新荣与银行牵线搭桥，为新荣区工农化工厂贷款20多万元。同年，由中支机关与市公安消防队联合录制的反映保险体裁的电视剧《悔恨》在中央电视台、山西电视台、大同电视台分别播放。

1991 年 10 月，山西省首届保险宣传文艺会演在省城太原举行，雁北中支右玉支公司道情《震中情》和大同中支的快板书《苑小凡投保》都被选为优秀节目。《震中情》还在山西电视台《五彩缤纷》节目演出。11 月，王怀、郎建国编创，雁北地震局、雁北电视台、中国人民保险公司雁北中支三方领导担任监制，由雁北电视台、中国人民保险公司雁北地区中心支公司和山西省军区政治部联合摄制的反映雁北地区党和政府、解放军指战员、灾区人民、保险职工，在“大一阳”地震中抗震救灾、查勘理赔情况的电视剧《基石》，在中央电视二台、山西电视台、太原电视台和雁北电视台播放。

1992 年，中国人民保险公司大同中支通过《大同日报》和大同电台等新闻媒体专题宣传“家财长效还本保险”。6 月，中国人民保险公司专款资助重建的浑源县北岳保险中学（原名杨庄中学）举行新校名命名典礼仪式。同年，中国人民保险公司雁北中支保险宣传力度加大，注重了宣传形式和宣传广度的突破，开展了保险标语、保险好新闻和保险杯知识竞赛活动。全区在城镇闹市、旅游景点和乡村设立保险宣传牌及书写保险标语 36 条，在各级新闻媒介刊稿 164 篇，其中中央级 8 篇、省级 26 篇、地级 48 篇，县级 82 篇。应县支公司还与县文化部门组织专场保险文艺演出。使保险宣传自上而下扩大到社会各个阶层，进一步提高了中国人民保险公司的知名度。

1993 年 7 月，中国人民保险公司大同分公司安排“减灾保险”宣传周活动。分公司首先成立了活动领导组，由领导组统一安排、周密部署，制定实施方案，检查落实情况。全市设立了 19 个咨询服务点，在《大同日报》和《大同晚报》分别刊登“减灾保险”宣传专版一期。活动期间，有 350 多名保险干部员工参与，在街头、市区、厂矿、乡村散发各类宣传单 30 多万份，接受咨询群众达 45 万人次，自制保险标语 80 多条，深入 100 多个厂矿、机关、企业、乡村宣传保险，其中现场办理保险业务 68 笔，收取保费 12 万元。

1994 年 2 月，由中国人民保险公司大同分公司石宝镛、杜林茂担任监制，刘枫、张平生担任策划，田浩担任撰稿人的电视专题片《腾飞的大同保险业》在大同电视二台播出。10 月 9 日，市分公司在全市范围开展规模宏大的宣传日庆典活动。市政府副市长姚富春接受山西长城广播电台现场新闻采访，市公司党组、经理室 12 位领导成员及庆典活动领导成员分赴各点，开展咨询，并邀请新闻记者现场录像，采访。该次活动出动了 600 多名保险员工，散发了 40 多万张宣传单，宣传范围覆盖大同四区七县。11 日，中国人民保险公司市分公司、城区办事处与大同银星金店首次在全市开展“金饰品质量信誉保险”。

1995 年 7 月，《中华人民共和国保险法》颁布，中国人民保险公司大同分公司为庆祝《中华人民共和国保险法》诞生，组织了隆重、热烈、丰富的庆祝活动。一是充分利用报刊、电台、电视台等新闻媒体，通过发表文章、播放宣传录音（像）带、街头咨询、散发宣传单、记者采访、召开新闻发布会和社会各界座谈会等多种形式和渠道，在社会上形成大张旗鼓的宣传《中华人民共和国保险法》的声势和氛围，提高保险知名度，增强人们的保险意识。

1996年，为了树立中保人寿企业良好形象，扩大寿险公司知名度，中保人寿大同分公司开展了多种形式的宣传公关活动。一是隆重举行了中保人寿保险有限公司大同分公司成立典礼活动。市委书记纪友伟、市长杜玉林等大同市五套班子领导出席了典礼，并为公司成立题词，市委书记纪友伟题词是："振兴民族寿险业，为大同人民造福。"市长杜玉林题词是："发展人寿保险事业，为二次创业做贡献。"市人大常委会主任董瑞山题词是："办保险依法经营，为群众排忧解难。"市委常委、市纪委书记康明训的题词是："社会繁荣的安全阀，人民生活的稳定器。"市委常委、秘书长王化文题词是："搞好四讲一服务，提高寿险知名度。"市政协副主席王志芳题词是："人寿年丰，保险有功"。市委、市政府，金融系统、财贸系统、市直有关部、委、局，各大保户及各地市寿险公司均到会或来函来电祝贺。中保人寿山西省分公司副总经理王明在成立典礼上作了重要讲话，并为公司成立挂牌剪彩。大同市分公司16名礼仪小姐演唱了寿险司歌《幸福之光》。典礼节日期间，大同寿险分公司院内，悬挂了三组巨型氢气球和"发展人寿保险事业，安定大同人民生活""热烈庆祝中保人寿保险有限公司大同分公司成立"大幅标语，特邀请锣鼓队、军乐队及大同著名歌唱演员前来助阵共庆，并在大同电视一台、二台进行转播，成立典礼热烈、隆重、节俭和实效。一是利用新闻媒体进行了广泛宣传。在《大同日报》刊登典礼广告专版和市领导题词，在《大同晚报》《大同科技报》开辟"保险之窗"和"人寿保险连着你我他"等栏目，在消费报刊登专版向全市人民宣传介绍寿险新老险种，对当时正在进行"意外险突击月"活动的"岁岁平安综合保险""全家福平安保险"两款产品在大同电视一台、二台，大同广播电台一、二台进行专题宣传。二是开展计划生育宣传和保险咨询活动。制作计生系列宣传板三块，横幅标语二条，将计划生育工作与人寿保险事业紧密联系，市分公司与基层公司抽调业务一部员工和办公室宣传人员参加，共发放计生系列和各类寿险业务宣传单18000多份，咨询人数达1万多人次。

1997年1月1日，中保人寿大同分公司领导、员工和市区营销人员300多人在大同西门外红旗广场集会，隆重举行寿险知识和寿险产品"霹雳行动"宣传活动。"清禽百啭似迎客，正在有情无思间"，再过四五天就是小寒时节了，小寒时节的大同清晨，已是峻冷凛冽，中保人寿大同分公司员工早在广场北部大同展览馆台阶前布置了坐北向南的咨询台，咨询台背面悬挂着标有中保人寿大同分公司企业标识的横幅和宣传标语，咨询台旁边录音机播放着公司与大同人民广播电台一台联合录制的保险栏目，咨询台前面是由宣传人员组成的方队，方队营销员正在跳着欢快的晨操。8时许，广场的市民多了起来，前来观看和咨询的人多了起来，咨询台人员一边回答人们的提问，一边散发着宣传单。9时许，省分公司总经理张大运以及省分公司相关处室负责人等一行人员也参加宣传咨询活动，活动推向高潮。11时，“霹雳行动”宣传活动延续3个多小时结束。5月10日，中保人寿大同分公司营销部300多名着装统一的寿险员工在西门外广场开展规模宏大的保险咨询活动。6月1日，中保大同分公司在大同儿童公园举办了保险宣传咨询活动，并向儿童赠送印有“中保人寿”字样的书包。8月，在大同市第五人民医院还举办中保人寿大同市分公司定点医院挂牌仪式，市委常委、宣传部部长邹玉文、副市长齐平为挂牌剪彩并作了重要讲话。同年，中保人寿利用新闻媒介开展宣传，在大同电视二台全年播放保险广告标语、在大同广播电台二台《云中人家》节目中全年开办保险专题节目，在《大同科技报》全年刊登保险特约栏目，在《大同日报》《大同晚报》刊登保险宣传广告，总经理石宝镛、副总经理刘枫多次接受电视广播采访，并就有关业务知识向市民作了解答。全年开展宣传咨询活动共出动寿险员工及营销人员1800余人次，出动彩装宣传车6部，悬挂标语60多条，散发各类宣传单25万份，接受咨询和电视、广播人数100多万人次，极大地提高了群众的保险意识，起到了较好的宣传效果。

1998年，中保人寿大同分公司常年在大同电视台播放人寿险广告用语；在电台开设“寿险连着你我他”专题，宣传寿险知识，开设保险讲座；在大同火车站广场竖立巨幅广告标语。同年还与大同市广播电台二台联合举办中保人寿幸福家庭表演大赛，内容涉及人寿保险理论、在售产品等，历时1个多月，在大同引起较大反响。同年，太平洋财险大同中支成立，太平洋系统统一使用了宣传语:“平日注入一滴水，难时拥有太平洋。”一句宣传用语，许多媒体上不断刊用。

1999年9月，中保财险大同分公司在公司办公大楼举行建司五十周年新闻发布会，参加大会人员有市公司机关员工、各县（区）负责人，大会还邀请了部分大客户、相关单位代表共120多人前来参加，市委、市政府领导到会并作了重要讲话，有7家新闻媒体单位进行报告。年内，借助建司五十周年期间，组织了3次大型街头保险咨询活动，散发宣传单5万余份，组织方队参加了“1999国际乒乓球挑战赛”大同赛区的泛亚区电视直播，在中国人民保险公司财险南城支公司、大同火车站等市区繁华地带分别竖立户外广告牌和公司标识，开辟了电话热线服务，多种形式的宣传活动，塑造了中国人民保险公司在群众中的良好形象。同年，太平洋人寿在春节期间，利用报纸、电台等新闻媒体，向大同人民致“新春祝词”“新春寄语”，以展示太平洋人寿的形象。

2000年，为树立形象，突出效果，中国人寿大同分公司开展一系列卓有成效的宣传工作。中国人寿大同分公司系统利用传统节日春节、元宵节和“五一”“六一”等节日，组织职工、代办员、营销员，深入红旗广场、西门外、矿务局、各县城开展大规模的咨询宣传活动。8月19日、8月20日、9月28日，中国人寿大同分公司全市统一行动，分别在西门外红旗广场、大同公园、平城药店、矿务局广场、各寿险公司营业场所门前和各县城繁华地带组织开展大型的新险种宣传咨询活动。大同市城区内寿险员工和营销员在宽阔的西门外红旗广场，佩戴有国寿标识的绶带、组成整齐有序的20多人团险，形成了一道靓丽风景线，发放新险种宣传单。另外由营销部40多位营销员组成的军乐队，不停地演奏着欢快的乐曲，吸引了更多市民驻足观看，形成了咨询宣传的良好氛围。在全市集中宣传期间，有许多咨询的市民留下了联系方式，并成为在宣传后期主动上门签约的客户。同年，中国人寿大同分公司与大同电视台合作，全年免费在电视台《特别关注》栏目打出保险宣传条目，并在《特别关注》栏目就市民注重的寿险话题做了1期30分钟的宣传节目；在京大高速公路出口处平安桥两侧墙壁刷写了“中国人寿保险，关爱生命永远”“中国人寿，万家良友，一诺千金，相伴永久”的巨幅广告标语；在大同市文化宫大楼悬挂了“美好人生、寿险相伴”的巨幅灯箱广告，均起到很好的宣传效果。各县支公司在交通便利地段刷写了墙体保险标语，其中左云县刷写了10条，一条在县城出口道顶上制作的“中国人寿——保险”广告，十分醒目。同年，中国人寿大同分公司还举办了“迎千禧龙年，中世纪大奖”活动，在《大同日报》刊登专版进行具体宣传。

2001年5月28日，中国人民保险公司财险大同分公司召开大同云中商城服装大世界火灾事故理赔兑现新闻发布会，邀请大同市委、市政府领导和中国人民保险公司财险山西省分公司领导，以及驻同各新闻单位记者参加，现场赔付人民币500万元，赢得了良好的社会反响。

2002年2月，中国人寿大同分公司为扩大在大同铁路区域的影响，举办了团体年金保险答记者问，由总经理刘枫在大同铁路电视台讲解45分钟，为职工和家属就保险解疑释惑，反响大，效果好，连续七天滚动播放，印发报纸3万份，发放到车间班组，使中国人寿在大秦铁路沿线省市的大同铁路职工家喻户晓，人人皆知。10月25日，中国人寿大同分公司在大同宾馆一楼举办有市委、市政府、各县区主要负责人、各企事业团体负责人、中国人寿客户200多人参加的大型答谢会，其间，大同歌舞团进行了精彩的节目表演。同年，在“五一”国际劳动节、“六一”国际儿童节、“十一”国庆节等开展大规模的宣传活动，宣传活动期间设立咨询台100多个，展板50多张，刊印《大同日报》宣传专版3000多份，发放“美好明天”活动问卷调查表3万份，送达中国人寿山西省分公司总经理于学泽致全省小学生、幼儿家长的一封信5万份，不同场地悬挂彩色挂图“托起明天的太阳”“健康保险走进千家万户”500张，制作其他宣传材料1万余份，接受咨询群众13万人次；在大同云冈旅游节期间进行专题宣传，承保了开幕、闭幕两大活动意外伤害保险，并在主会场打出9个气球悬挂寿险广告标语，横幅等；组织参与晋冀鲁豫“浩海·山河杯”曲艺大赛，刊登广告悬挂广告标语，宣传可谓丰富多彩。

2003年，中国人寿入选《财富》全球500强，中国人寿大同分公司为此组织策划众多声势浩大的宣传活动。8月，是中国·大同云冈文化旅游节传统节日，旅游节以云冈石窟、北岳恒山为重点，组织19条风格迥异精品旅游线路，展示中国传统宗教文化以及优美的塞外风光。其活动内容包括开幕式、民间文艺表演、摄影展……闭幕式等许多环节，中国人寿大同分公司申请、陈述和投保方案设计，承保大会的开幕、闭幕式两大活动期间的短期人身意外伤害保险，保险金额达3亿元。在开幕、闭幕两个大会期间，大会场地悬挂着中国人寿的广告标语、横幅等，给参会人员留下深刻印象，并受到市委、市政府表彰。同一期间，大同煤矿集团认真贯彻《中华人民共和国安全生产法》，积极开展第二个全国安全生产月活动，中国人寿大同分公司见缝插针，主动参与同煤集团举办的“实施《安全生产法》、人人事事保安全”为主题的安全生产宣传咨询月活动，先后拨款10.8万元用于为职工购买3万份《非典防治手册》、防毒口罩、消毒液、红外线温度测试仪等用品，将保险理念和保险知识穿插于职工安全生产活动之中，更让员工了解中国人寿企业的品牌和服务。同年，太平洋人寿大同中支先后在《大同晚报》发布了题为《太保寿险对“非典”客户实行“先预付、后理赔”特殊政策》和《太保寿险开绿灯》等新闻报道。

2004年，中国人寿保险股份有限公司已于去年底在纽约、香港成功上市。中国人寿大同分公司借此机会精心筹划宣传活动。先后在《大同日报》《大同晚报》和《大同矿工报》等报纸上刊登新闻通稿，其中，《中国人寿股份千万元大单落户大同分公司》和《让农民得到实惠——大同分公司在左云县试办新型农村合作大病医疗保险纪实》两篇新闻通稿被《中国经济时报》《金融时报》和《中国保险报》相继刊用。大同市区内电视频道、广播电台媒体做了专题报告与宣传，使众多群众和社会对中国人寿的企业品牌、企业服务有了深入的了解。1月，中国人寿大同分公司在大同市黄金地带工人文化宫设置了面积为88平方米的“中国人寿保险股份有限公司”广告，在各公司职场主楼悬挂大型宣传条幅36幅，张贴各类宣传标语近300张，在全市引起极大轰动效应。2月3日，《大同晚报》专版刊登了中国人寿海外上市成功，中国人寿跻身世界500强，中国人寿隆重推出“国寿鸿鑫两全（分红）保险大型套红宣传”广告。2月3—6日，中国人寿大同分公司在大同西门外红旗广场制作了两块宣传“鸿鑫”“两康”“英才”（公司产品）等险种的大型广告板，参与市政府组织的企业成果展览。在新年到春节期间，中国人寿大同分公司出动了大型宣传彩车深入基层公司所在地大小街头进行了为期半个多月的宣传造势活动。3月15日，中国人寿大同分公司利用“国际消费者权利保护日”活动，先后在大同西门外红旗广场、大同煤矿集团俱乐部广场举行了大型宣传咨询活动，搭建了壮观的咨询台、竖起了多彩的企业文化展板、出动了48人组成的国际威风锣鼓队、身披统一国寿标识绶带喜气洋洋的上千名营销员队伍烘托了引人注目的风景，在持续的咨询宣传过程中，咨询人员笑迎八方宾客，耐心解答各种提问，留心记录联系方式，不停散发着中国人寿的宣传单，礼貌地迎来送往，活动推向高潮。后期统计，现场咨询群众1620人，发放宣传单38600多份。平安 人寿大同中支开展了“总经理接待日活动”，目的是由总经理全天坐班亲自接待来电、来访客户，及时处理各类投诉案件，认真解答客户咨询，切实维护保险消费者合法权益。同时在营业场所内外通过LED显示屏、设立宣传专栏、悬挂宣传条幅、发放宣传折页、播放宣传短片等，有效宣传与普及保险知识。6月13日，中国人寿大同分公司参与了同煤集团在平旺公园正门广场隆重举办了“以人为本，安全第一，关爱生命，关注安全”为主题的安全生产月咨询活动日庆祝活动，中国人寿与全国最大煤炭生产企业联手，共同参与，增进友谊，谱写保险公司与生产企业战略合作实现双赢的佳话。6月30日，中国人寿大同分公司参加大同市政府组织举办的以“树立行业新风，优化发展环境”为主题的行风咨询大型宣传活动，有公司60多名演员干部和工作人员，统一着装，统一话术，共发放行评宣传材料1500多份，接受社会各界人士的咨询150多人次，展出“大同国寿公司简介”和“大同分公司对社会各界的公开承诺”两块大型宣传展板，使中国人寿公司品牌、资金实力和优质服务在大同地区更加深入人心，家喻户晓。其间，山西日报社、山西电视台、大同日报社、大同晚报社、大同电视台、大同矿工报和同煤电视台等多家媒体记者进行了现场报道。

2006年，中国人寿大同分公司增加宣传投入，扩大社会影响，讲究宣传策略，重视宣传效果。通过与新闻媒体的积极合作，共刊登《保险园地》36期，先后四次在《大同日报》和《大同晚报》分别以整版或半版宣传公司产品和整体形象。年初，在大同市御河路段设立路灯箱广告5个，在大秦高速路上搭建大型灯箱广告。并根据省分公司安排部署，在县城、乡镇、农村等地粉刷了200条墙体广告。3月，国寿大同分公司积极参与国际消费者权益保护日公益宣传。8月，国寿大同分公司成为大同第七届云冈国际旅游节合作伙伴。通过多种形式和不同场合的宣传，达到了塑造形象提升知名度的目的。

2007 年 6 月，中国人寿大同分公司借助于总公司举办“牵手国寿，天长地久”首届客户节的大好时机，开展了为期一个月客户服务活动，通过诚邀新老客户参加客户节开幕式、闭幕式，举办健康义诊等一系列服务活动，使公司“客户至上”的服务理念得到了广大市民的广泛认同和信赖，树立了良好的社会形象。8 月，大同举办了由大同市委宣传部、大同报社主办，永安财产保险大同中心支公司独家冠名的“永安保险杯”“北京办奥运，大同做些啥”大讨论有奖征文活动。

2008 年 3 月，永安财险大同中支、农银人寿大同中支分别根据总、分公司安排，在“国际消费者权益日”，开展一系列宣传活动。活动内容包括举办保险知识讲座、开展“保险诚信服务进社区”公益宣传活动，农银人寿大同中支还设立“总经理接待日”，梳理完善应急处理机制、进行业务风险排查、进行客户信函大回访、开展客户答谢大抽奖等活动。同年，太平洋财险大同中支按照总公司制订的广告词，宣传用语重点放在了偏重人文关怀的服务类上，即“用心承诺、用爱负责”。

2009 年 2 月，《中华人民共和国保险法》修正案颁布，平安人寿大同中心支公司按照集团法律事务部及山西省保险行业协会的要求，开展形式多样的新保险法学习宣传活动。主要宣传形式是在市县营业厅门头的醒目位置悬挂新保险法宣传条幅，并在客服柜面设立咨询宣传台，向客户发放新保险法宣传册，针对客户提出的保险知识进行了现场解答等。3 月 3 日，为了进一步贯彻 2009 年中国人寿品牌宣传工作会议精神，营造良好的农村业务发展氛围，中国人寿大同分公司决定进一步强化和规范墙体广告工作，下发《关于开展万条墙体标语进农村宣传活动的通知》，制定各基层每年保持大型墙体广告任务目标和标语内容，成立墙体广告宣传领导和工作组，规范了墙体广告字体、颜色、底色、大小等，拟定了实施步骤，明确了验收标准等。15 日，为了认真贯彻落实中国人寿山西省分公司“3·15”诚信宣传活动有关通知精神，中国人寿大同分公司决定继续开展全市系统诚信教育宣传活动，制定《中国人寿保险股份有限公司大同分公司 2009 年“3·15”诚信教育宣传活动方案》，活动主题是：消费、发展、服务、诚信。活动时间是：3 月 15—30 日。活动形式是：开展客户回访。活动内容是：组织开展全员诚信教育活动，强化《诚信服务守则》的宣传教育。10 月，中国人寿大同分公司借助新保险法出台的契机，进行了为期 5 个月的宣传活动，并发布了公交车载电视广告，进一步提升了公司社会形象。11 月，中国人寿大同分公司根据总公司《关于开展反洗钱宣传活动的通知》和省分公司相关文件通知要求，中国人寿大同分公司开展了以“依法履行反洗钱义务，预防和打击洗钱犯罪”为宣传活动主题，以反洗钱相关法律、意义、公民义务和其他与反洗钱相关的内容，宣传活动分为两个阶段，11月1—30日为集中宣传阶段，内容是营业场所张贴反洗钱海报、营业网点设置反洗钱专柜、营业职场悬挂宣传横幅以及宣传折页、电子显示屏、建立相关人员反洗钱法律法规和制度的学习、考试和知识竞赛等。12月为总结阶段，主要内容是各基层对反洗钱宣传活动开展情况总结。同年，中国人寿大同分公司尝试分散宣传方式，积极开展“保险进三区”宣传活动，充分借助在小区内设立的广告宣传牌，设置业务咨询点，开展保险宣传咨询工作，使保险快速走进社区。

2010年，太平洋财险大同中支、太平洋人寿大同中支按照集团公司设定的广告宣传，在公众场合宣传用语表述为：“太平洋保险，在你身边”。合众人寿大同中支建立学习和宣传制度，每周组织员工观看《合众播报》，每月发放合众客服报，不断沟通全系统的经营成果分享工作经验。

2011年7月14日，太平洋人寿大同中支公司通过张贴海报、发放资料、摆放展台、悬挂条幅、LED流动标语等形式开展反洗钱宣传。同时积极响应市人行号召，组织员工及部分业务主管，在红旗广场举行“反洗钱宣传日活动”，就此以后，7月14日成为太平洋人寿大同中支“反洗钱宣传日”。

2012年6月，为了持续打造公司优质服务品牌形象，不断提升客户满意度和忠诚度，中国人寿大同分公司在全市范围内举办第六届“牵手”客户服务系列活动。为搞好“牵手”客户服务系列活动之第二届少年儿童绘画活动，大同国寿进行了先期认真的宣传活动，确立主题：即“牵手国寿运动快乐”；拟定时间：即2012年6月—2012年8月；作品征集：即，主要包含拼贴画及其他作品（国画、油画、版画、水彩画、水粉画、素描、速写），内容以“运动”为主，可自行命名。宣传渠道：即，一是安排和布置对于营销员晨会的宣导；二是开展网络宣传，对外公布公司官网操作流程；三是公司营业场所烘托宣传氛围。当年，大同参赛作品达到117幅，获市公司奖励作品30幅。9月，中国人寿大同分公司根据省分公司制定的《中国人寿山西省分公司集团留存业务保单月交月领转年交年领项目推广工作实施细则》要求，分三个渠道进行宣传，一是柜面员工的宣传，主要是利用客户处理业务时机进行宣传；二是“95519”客服员工的宣传，主要是借助回馈老客户契机进行宣传；三是销售人员的宣传，主要是上门推荐。11月，中国人寿大同分公司根据省分公司《关于开展2012年反洗钱宣传月活动的通知》要求，以“统筹规划、突出重点、创新形式、注重实效”为原则，以“依法履行反洗钱义务，预防和打击洗钱犯罪”“警惕网络洗钱陷阱，增强反洗钱意识”为主题，以市公司监察部为组织策划部门，在全市开展不同形式的宣传活动。太平洋人寿大同中支开展了“反洗钱主题月宣传活动”。中煤财险大同中支通过广播电台 FM99.6，开始一周年的品牌宣传。太平洋人寿大同中支响应大同市司法局倡导，在公司一楼张贴普法宣传漫画，就《中华人民共和国突发事件应对法》《中华人民共和国民事诉讼法》《中华人民共和国道路交通安全法》等进行简明、直观的宣传。

2013 年 1 月，为全力配合城乡居民大病保险业务的开展，更好地为销售一线提供支持，营造销售氛围，中国人寿总公司统一制作“城乡居民大病保险”平面宣传材料，中国人寿大同分公司及时下载，组织学习，成为开展业务的有力工具。5 月，中国人寿大同分公司根据省分公司转发保监会《关于深入开展防范和打击非法集资宣传教育活动的通知》的通知精神，充分利用国寿网络优势，以营业场所、营销会议、电子显示屏等载体，展示打击和处置非法集资有关法律、法规、政策，以及与非法集资相关的金融知识。中煤财险大同中支举办“百日品牌传播活动”，市中心全员户外参加了该项活动。6 月 8 日，中国保监会召开全国保险公众宣传日工作部署视频会议，决定每年 7 月 8 日为“全国保险公众宣传日”。根据中国保监会、中国保险行业协会通知要求精神，为切实组织好、开展好第一个“全国保险公众宣传日”活动，中国人寿大同分公司根据国寿山西省分公司制定的《中国人寿山西省分公司 2013 年“全国保险公众宣传日”活动实施方案》精神，进行了认真细致的工作落实。确定活动主题：每年 7 月 8 日确定为“全国保险公众宣传日”。主题是：“保险让生活更美好”。2013 年年度主题是“倾听由心，互动你我”；拟定活动时间：7 月 4 —10 日；选择活动形式：根据省分公司方案，大同市分公司紧密结合实际，发挥各自优势，采取多种形式，全市大部分营业网点、职场、客户服务柜面等，统一悬挂宣传横幅。利用现有的电视机或 LED 屏滚动播放“保险让生活更美好”公益广告，播放公众宣传日宣传语。部分临街县支在营业厅门前设立宣传咨询台，发放公众宣传日活动宣传页和公众调查表，宣传活动日主题以及保险知识，接受客户、社会公众咨询。各银行邮政兼业代理网点电子屏幕播放全国保险公众宣传日活动宣传语，播放“保险让生活更美好”公益广告。大部分员工、营销人员也通过微信在自己的朋友圈进行了“保险让生活更美好”的主题宣传。在“全国保险公众宣传日”举办宣传活动的保险公司有永安财险大同中支、平安人寿大同中支、中煤财险大同中支、中国人民保险公司人寿大同中支、太平财险大同中支、合众人寿大同中支等。14 日，太平洋人寿大同中支在中支本部营业大厅及各四级机构张贴海报、发放资料、摆放展台、悬挂条幅、LED 流动标语等多种方式举行第六个“反洗钱宣传日活动”和“反洗钱十周年主题宣传活动”。

2014年1月8日，《大同日报》刊登《快速发展增实力，服务升级惠万家》一文，详细介绍了中国人寿财险大同市中心支公司新的发展战略——服务升级，赢得了广大客户的欢迎。5月，为了巩固和深化集中开展的集资诈骗案件专项治理工作成果，进一步防范和化解非法集资风险，增强全市系统员工和销售人员依法合规意识，切实提高公司风险防范能力，中国人寿大同分公司根据《中国人寿保险股份有限公司山西省分公司防范打击非法集资宣传教育工作实施方案》，在全市进行宣传教育落实工作。一是确立了指导思想；二是建立了领导组织；三是明确工作内容；四是拟定方法步骤；五是提出工作要求。在整个宣传教育活动中，分成三个阶段。第一阶段宣传教育，从5月13日到5月25日，市县公司分别召开专门会议，主要领导亲自动员，全员干部集中学习，拉开防范打击非法集资宣教活动的序幕。营业场所张贴了海报，公布了举报电话和其他举报渠道，监察部制作了培训课件，各营销职场进行了培训进行职场活动，将防范打击非法集资宣传教育活动推向系统上下。第二阶段是排查清理，从8月1日到9月12日，全市公司系统上下认真开展了涉嫌非法集资广告资讯信息排查活动，销售条线重点是业务量异常波动的销售人员；业管条线重点是高现金价值类产品；后援条线重点是长时间请假不上班人员。第三阶段是整改落实。从9月13日到10月8日，主要是对前期工作进行分析总结，深入剖析，建立完善的防范打击非法集资的长效机制。7月1日，中国人寿大同分公司召开了党的群众路线教育实践活动学习会议，会议学习了省分公司《转发中央党的群众路线教育实践活动领导小组、中共中央组织部、中共中央宣传部关于广泛开展向全国共产党员王胜、于海河、毕世祥、文朝荣学习活动的通知》精神，开展了宣传新时期楷模，学习新时期楷模活动。8日，泰康人寿大同中支开展以“爱无疆，责任在行”为主题的保险公众宣传日活动。同年，太平洋人寿大同中支通过官方微信推出“粉红丝带乳腺癌防治宣传月活动”，积极引导业务人员和广大客户参与，活动共计476人次获得了相应保障。

2015年3月，中华联合财险大同城区支公司开展“穹顶之下，诚信就是蓝天”，消费者权益保护日宣传。5月，根据山西保监局《关于开展保险业防范打击非法集资宣传教育活动的通知》文件精神，中国人寿大同分公司下发实施宣传活动的通知，主要是成立领导组织，进行职责分工，提出工作要求，随文下发宣教参考资料。从实施通知下发后，全市系统利用条幅、展板、电子显示屏等载体，展示打击和处置非法集资有关法律法规、政策，与非法集资相关的金融知识，形成了良好的宣传氛围。6月5日，国华人寿大同中支召开“非法集资风险排查及非法集资宣传活动”启动会议，会议之后，国华人寿大同中支实施风险排查，组织进行宣传。7月3日，《中国保险报》刊登《凝聚“五气”力量，弘扬“双成”

文化》一文，详细介绍了中国人寿财险大同中支打造高绩效团险，快速发展业务的成功经验。8月，为进一步提高公司系统及社会公众对反洗钱工作的认识水平，普及反洗钱知识，营造有利于反洗钱工作的外部环境，中国人寿大同分公司根据山西省分公司《2015年反洗钱宣传活动实施方案》精神，在8—10月在全市范围组织开展以“保护自己，远离洗钱”为主题的反洗钱宣传活动。主要宣传内容是：反洗钱法律、反洗钱基础知识和反洗钱案例及警示。主要宣传形式是：一、在营业场所和营销职场悬挂反洗钱宣传条幅、利用电子屏幕滚动宣传用语、放置反洗钱宣传展架、张贴反洗钱宣传海报等；二、在营业场所资料专柜增加反洗钱宣传单、宣传折页等；三、组织开展反洗钱培训，宣传反洗钱义务。中华联合财险大同城区支公司为贯彻反洗钱工作“预防为主，防胜于治”的方针，下发《中华联合财产保险股份有限公司大同市城区支公司反洗钱宣传制度》，根据宣传制度，开展了反洗钱宣传活动。同年，太平人寿大同中支与大同日报传媒集团建立合作关系，先后在《大同晚报》刊登2次宣传太平人寿保险。

2016年5月，为贯彻落实集团公司、总公司防范和处置非法集资工作的指示精神，按照保监会《关于以“慧眼·守信·明责”为主题 切实做好2016年保险业防范非法集资专题宣传月活动的通知》要求，中国人寿大同分公司在全市范围内开展防范非法集资专题宣传月活动。活动主要措施：一是确立以“慧眼·守信·明责”为主题，从社会公众（保险消费者）、保险从业人员、保险机构管理人员三个维度着手，根据不同对象的特点进行有侧重的宣传教育；二是加强组织保障，市公司内控部门是此项工作的牵头组织部门，负责活动具体方案的实施，各条线部门是此项工作的执行责任人；三是具体工作任务：在“慧眼”主题活动中，市、县公司在柜面等办公场所悬挂了防范和处置非法集资工作宣传条幅、标语，张贴海报，摆放展板、易拉宝等，通过电子屏滚动播放关于非法集资宣传片等；在“守信”主题活动中，市、县公司各销售部门通过晨夕会对各渠道营销员开展2次宣导；在“明责”主题活动中，市公司在活动期间围绕宣导内容针对市、县各级条线管理人员，由监察部门开展了1次问卷调查，并结合实际对各县（区）支公司开展1次督导检查活动。6月，中华联合财险大同城区支公司开展了“慧眼·守信·明责”防范非法集资宣传月宣传活动。7月27日，幸福人寿大同中支正式入驻大同市场，举行开业典礼，典礼当天邀请了大同市金融办、大同市人民银行、大同市保险行业协会、省分公司领导莅临现场共同参与，大同市电视台、大同报社记者到场做了新闻报道。8月，中国人寿大同分公司根据集团公司相关文件要求以及省分公司安排，围绕中国人寿入选2016年《财富》“世界500强”等品牌荣誉开展宣传活动。拟定统一宣传时间为9月12日，活动形式为全市所有营业场所、营销职场放置统一设计的易拉宝及张贴画等宣传物料。同年8—10月，太平洋人寿大同中支在金融街，参加大同市人民银行组织的反洗钱户外集中宣传活动。英大财险大同中支为了更好地服务电网职工，于每周六深入电力职工小区，及时宣传公司保险新政策、新产品。中华联合财险大同城区支公司开展《中华人民共和国反洗钱法》颁布实施十周年主题宣传活动。

2017年5月，根据山西保监局《关于印发〈2017年山西保险业防范非法集资专题宣传月活动方案〉的通知》和国寿山西省分公司《关于开展2017年防范非法集资专题宣传月活动的通知》精神要求，中国人寿大同分公司在全系统开展以“树立风险意识，远离非法集资”为主题的防范非法集资专题宣传月活动。活动宣传的对象主要是社会公众和保险从业人员。对公众宣传对象进行细化，划分若干群体，并责成相关部室负责，宣传方式主要是通过微信公众号、“95519”短信、基层网点、办公场所和营业场所LED、广播电台、电视台、报刊等各类媒体。对保险从业人员宣传主要通过国寿E学平台、短信、云助理、云课堂、电子邮件、集中学习、各种教育宣导进职场活动以及开展知识讲座、知识竞赛、有奖调查和文体活动等。宣传内容主要是法律政策精神、金融保险知识、保险监管规定等。中华联合财险开展了“树立风险意识、远离非法集资”为主题的防范非法集资宣传月活动。19日，泰康人寿大同中支在公共资源部的组织下，公司内勤员工在职场楼下人流密集处开展了防范非法集资集体宣传活动。7月初，太平人寿大同中支开展了主题为“贯彻落实3号令，维护金融秩序”反洗钱宣传月活动。其中，开展户外活动2次，受众人数2000余人，发放宣传资料500余份。7月19日，泰康人寿大同中支在新生活广场悬挂条幅、张贴海报、设置反洗钱宣传栏、LED滚动播出反洗钱宣传字幅，微信平台分享反洗钱知识，利用一切有效媒介宣传反洗钱理念和相关法律知识。同时，在营业大楼外，设立展台、发放宣传资料等，工作人员耐心地为路人现场讲解洗钱的危害，以提高公众防范意识，当天，发放各类宣传资料100份，让更多的人了解泰康、感受泰康。28日，中华联合财险大同城区支公司开展“7·28”唐山地震41周年防震减灾宣传周活动。同年，中国人寿大同分公司开展了法制宣传教育活动。主要工作措施是成立“七五”普法工作领导小组；制定了领导干部学法制度、理论学习中心组学法制度，并进行了实施活动；开展多种形式、多种内容的法律知识宣传，如国寿E学、宣传专栏、会议培训等；开展学法用法活动，运用《中华人民共和国公司法》《中华人民共和国合同法》和《中华人民共和国消费者权益保护法》等指导实践，依法经营；制订下一步普法工作宣传与培训计划。同年，太平人寿大同中支与大同市蓝沐文化传媒有限公司建立合作关系，充分利用LED屏幕宣传太平人寿企业品牌，提升企业在大同知名度。

第二十三章 理论研究

保险理论研究与保险社会实践是险企存在的本身。随着社会的发展，人们认识风险、管理风险的能力提升，保险需求越来越丰富，保险研究越来越迫切，保险发展的空间越来越广泛。20世纪50年代，保险公司进入大同地区，成为人们生活和生产的一种需求，保险研究和保险销售就成为一代代保险人的不断探索的主题。许多保险员工在践行着保险的认知与实践的统一，履行着保险服务于地方民众生活与生产，保险理论研究在走向深入。

第一节　大同保险业征集论文

1986 年

论文题目：为农服务办实事，家财统保走新路
作　　者：石宝镛
刊　　载：山西《财经贸易》
论　　著：雁北保险管理回顾
编　　辑：郝禄、石宝镛等
作　　者：吴荣贵、徐利民、李宝福、李福贤、荆玉莲、郭桂梅等

1988 年

论文题目：开展典当服务是用活保险资金的一条有效途径
作　　者：石宝镛
刊　　载：《保险研究》
论文题目：把物品管理纳入经营管理轨道
作　　者：刘枫
刊　　载：《山西保险》（1988 年 2 月）

论文题目：对经理负责制的思考
作　　者：张平生
刊　　载：《山西保险》（1988 年第 12 期）
论文题目：浅议加强保险审计
作　　者：张平生
刊　　载：《山西审计》（1988 年第 2 期）

1989 年

论文题目：适应农村改革新形势，探索农业保险新路子
副 标 题：山西省应县保险公司开办农业互助保险的调查
作　　者：石宝镛、李宝福、吴荣贵
刊　　载：山西《财经贸易》

论文题目：农民互助保险的实践与启示
作　　者：石宝镛、贺美
刊　　载：《山西金融》《中国金融文库》

论文题目：同舟共济办保险
副标题：大同市公司为地方代理农业合作保险的情况
作者：杜林茂、刘枫
刊载：《山西保险》（1989 年 1 月）

论文题目：改革家财保费收取的办法
作　　者：李宝福、李生日、陈佩明
刊　　载：《山西保险》（1989 年 1 月）

论文题目：探索新路走出低谷
作　　者：杜林茂、刘枫、魏征
刊　　载：《中国保险》（1989 年 1 月）

1990 年

论文题目：浅谈大众传播媒介在保险宣传中的重要作用
作　　者：石宝镛
发　　表：朔州市金融系统理论研讨会

论文题目：浅谈提高保险业经济效益的途径
作　　者：刘枫
刊　　载：《山西保险》（1990 增刊）

1991 年

论文题目：行于创新，成于务实
作　　者：石宝镛
刊　　载：《当代银行家治策通例》

论文题目：浅谈驾驶员的非理智心理因素与加强安全教育
作　　者：刘枫
刊　　载：《山西保险》（1991 年 4 月）

论文题目：改革家财（保险）收费办法
作　　者：张平生
刊　　载：《内蒙保险》（1991年第2期）

1992年

论文题目：农业社会化服务的好措施，联产承包责任制的保护神
作　　者：石宝镛
发　　表：朔州市处级干部论文评选

论文题目：我们如何抓信息工作的
作　　者：张平生
刊　　载：《中国保险》（1992年第2期）

论文题目：降低车辆（保险）赔付的途径
作　　者：张平生
刊　　载：《当代保险》（1992年第3期）

论文题目：综合治理降低赔付
作　　者：张平生
刊　　载：《中国保险》（1992年第3期）

1993年

论文题目："三严三紧"出效益
副 标 题：山西省大同市保险公司廉政建设纪要
作　　者：刘枫、田浩
刊　　载：《当代保险》（1993年10月）

1994年

论文题目：论企业领导与科学思维
作　　者：石宝镛
刊　　载：《经济师》

论文题目：人民保险企业走向市场刍议
作　　者：刘枫
刊　　载：《大同日报》（1994年1月11日）

论文题目：社会主义市场经济条件下“人保”面临的挑战与对策
作　　者：荆玉莲
刊　　载：《山西金融》

1995 年

论文题目：强化保险意识，积极参加保险
作　　者：石宝镛、高士军
刊　　载：《经济师》

论文题目：对发展农业保险的一些看法与思考
作　　者：石宝镛
刊　　载：《山西保险》《中国发展理论与实践文集》

论文题目：开拓新思想，调动积极性
副 标 题：浅谈新形势下加强保险系统思想政治工作的途径和方法
作　　者：石宝镛
刊　　载：《煤城之光》《经济师》《全国经济师优秀论文选集》

论文题目：中国人民保险公司企业步入法制轨道后若干问题思考
作　　者：刘枫
刊　　载：《金融实践》（1995 年 6 月）

1996 年

论　　著：《经济改革大潮中的思考》
作　　者：郭促

论文题目：他们为“国家队”做保险后盾
副 标 题：大同中国人民保险公司为企业提供保险保障纪实
作　　者：石宝镛、刘枫
刊　　载：《经济师》

论文题目：谈竞争中如何加强中国人民保险公司宣传公关
作　　者：石宝镛、张平生
刊　　载：《经济师》

论文题目：“责任保险”归属问题刍议
作　　者：晋同寿（石宝镛、郭善宏等创作）
刊　　载：《市场信息导报》《中国保险报》

论文题目：采用人身图示验证，规范学生保险给付
作　　者：陈军、李生日、李宝福、陈佩明
刊　　载：《山西保险》

论文题目：抓档案达标为中国人民保险公司企业向集约型经营转变服务
作　　者：刘枫、梁仁国
刊　　载：《金融实践》（1996 年 3 月）

论文题目：对学生保险给付，实行图示验证探讨
作　　者：李生日、陈佩明、王谦
刊　　载：《中国保险》

论文题目：竞争中开展保险宣传公关的思考
作　　者：张平生
刊　　载：《大同科技报》

论文题目：国有企业如何实现两个根本转变
作　　者：张平生
刊　　载：《学术论丛》

1998 年

论文题目：拓展年金保险的有益尝试
作　　者：郭促
刊　　载：《山西寿险信息》（1998 年第 9 期）

论文题目：寿险市场中的辩证法
作　　者：郭促
刊　　载：《寿险工作动态》（1998 第 21 期）

论文题目：寿险五题
作　　者：郭促
刊　　载：《中国保险》（1998 年第 2 期）

1999 年

论　　著：《人身保险投保指南》
作　　者：郭促

论文题目：基层寿险公司面临的主要困惑及其对策
作　　者：郭促
刊　　载：《中国保险》（1999 年第 9 期）

论文题目：拓展寿险市场八策
作　　者：郭促
刊　　载：《财金贸易》（1999 年第 11 期）

论文题目：要在全社会宣传普及金融知识
作　　者：郭促
刊　　载：《改革开放 20 周年全国优秀经济论文选集》

2000 年

论　　著：《国寿保险实践中的思考》
作　　者：郭促

论文题目：九九新商品销售难点分析及营销建议
作　　者：郭促
刊　　载：《保险研究》（2000 年第 2 期）《山西寿险信息副刊》（2000 年第 4 期）

论文题目：提高寿险企业经济效益十法
作　　者：郭促
刊　　载：《山西寿险信息》（2000 年第七期）

论文题目：迎接 WHO 挑战国有人寿保险公司必须树立全新的人才观
作　　者：郭促
刊　　载：中国人寿保险公司《信息周报》（2000 年第 14 期）《山西寿险信息》（2000 年第 3 期）

论文题目：人寿保险——人类 21 世纪生存的保障
作　　者：刘枫
刊　　载：《煤城之光》（2000 年第 2 期）

2001 年

著　　作：《改革岁月建言集》
作　　者：郭促
印　　刷：山西人民出版社

2004年

著　　作：《建言集续集》

作　　者：郭促

印　　刷：山西人民出版社

2005年

论文题目：试论技术创新的支持系统

作　　者：杨密

刊　　载：《机械管理开发》

论文题目：保险电子商务发展与《电子签名法》

作　　者：杨密

刊　　载：《山西广播电视大学学报》

2006年

论文题目：山西国寿公司营销管理研究

作　　者：杨密

刊　　载：《武汉理工大学学报》（2006年第七期）

2008年

论文题目：浅析我国的社会保障体系

作　　者：陆晓军

刊　　载：《财经界管理学家》（2008年第12期）

论文题目：财产保险公司经营风险与营利

作　　者：陆晓军

刊　　载：《企业家天地》（2008年11月中旬刊）

2009年

论文题目：浅析社会保险基金管理中存在的问题和对策

作　　者：陆晓军

刊　　载：《中国商界》（2009年4月）

论文题目：关于国寿科学发展的几点思考
作　　者：郭促
刊　　载：《中国人寿改革开放 30 周年纪念文集》

论文题目：大同分公司运管管理实践的几点启示
作　　者：贺启宗
刊　　载：《中国人寿改革开放 30 周年纪念文集》

2010 年

论文题目：夯实发展基础，实现新的跨越，努力推进公司各项工作迈向新台阶
作　　者：麻秀文
刊　　载：《大同国寿财险》（总第 9 期）

2013 年

刊物名称：《工作简报》
内　　容：宣传、报道中支本部及基层机构在基础管理和业务拓展方面取得的成果和经验。
创刊时间与发行：2013 年 1 月 1 日，发行 494 期。
编　　辑：中国人寿财险大同市中心支公司

2014 年

论文题目：持续抓基础，重点抓细节，确保业务持续平稳发展
作　　者：郭善宏
刊　　载：《山西国寿信息》（2014 年第 46 期）

论文题目：坚持制度建设是公司发展的长远之计
作　　者：张平生
刊　　载：《山西国寿信息》（2014 年第 99 期）

论文题目：把“制度管事、规则办事、指标评事”作为预算对标的不二法门
作　　者：周文军
刊　　载：《山西国寿信息》（2014 年第 111 期）

论文题目：言无二贵　法无两适
作　　者：陈勇
刊　　载：《山西国寿信息》（2014 年第 99 期）

论文题目：学习“制度管事、规则办事、指标评事”的几点体会
作　　者：李凤玲
刊　　载：《山西国寿信息》（2014年第98期）

论文题目：落实“三事”搞好服务促进发展
作　　者：王坚
刊　　载：《山西国寿信息》（2014年第106期）

论文题目：弘扬“契约”精神是提升管理能力的基础
作　　者：贺启宗
刊　　载：《山西国寿信息》（2014年第107期）

2015年

论文题目：不断优化新型管理体系，快速推进“3+1”突破落地，实现公司的持续健康发展
作　　者：郭善宏
刊　　载：《山西国寿信息》（2015年第158期）

2016年

论文题目：借“3+1”突破之势，创一流省级培训基地
作　　者：李凤玲
刊　　载：《山西国寿信息》（2016年第37期）

论文题目：顺应新形势，落实新体系，培育新动力，寻求新突破
作　　者：李毅萱
刊　　载：《山西国寿信息》（2016年第57期）

第二节 大同保险业征集论文研究课题分布情况

通过收集资料，征集论文，编著保险志期间，共收集各种论文70篇，关注课题主要是公司治理、产品销售和基础理论，后援支持、保险宣传、客户服务和企业文化相对较少。

表158　1986—2017年大同保险业征集论文研究课题分布情况

论文题目	基础理论	公司治理	产品销售	后援支持	客户服务	企业文化	其他
为农服务办实事，家财统保走新路			√				
开展典当服务是用活保险资金的一条有效途径	√						
把物品管理纳入经营管理轨道		√					
对经理负责制的思考		√					
浅议加强保险审计							√
适应农村改革新形势，探索农业保险新路子			√				
农民互助保险的实践与启示	√						
同舟共济办保险			√				
改革家财保费收取的办法			√				
探索新路走出低谷			√				
浅谈大众传播媒介在保险宣传中的重要作用							宣传
浅谈提高保险业经济效益的途径							√
行于创新，成于务实		√					
浅谈驾驶员的非理智心理因素与加强安全教育	√						
改革家财（保险）收费办法			√				
农业社会化服务的好措施，联产承包责任制的保护神			√				
我们如何抓信息工作的							√
降低车辆（保险）赔付的途径							√

续表 158

论文题目	基础理论	公司治理	产品销售	后援支持	客户服务	企业文化	其他
综合治理降低赔付		√					
“三严三紧”出效益		√					
论企业领导与科学思维		√					
人民保险企业走向市场刍议	√						
社会主义市场经济条件下“人保”面临的挑战与对策	√						
强化保险意识，积极参加保险			√				
对发展农业保险的一些看法与思考	√						
开拓新思想，调动积极性			√				
人保企业步入法制轨道后若干问题思考		√					
经济改革大潮中的思考（论著）	√	√	√	√	√	√	√
他们为“国家队”做保险后盾			√				
谈竞争中如何加强人保宣传公关							宣传
“责任保险”归属问题刍议	√						
采用人身图示验证，规范学生保险给付	√						
抓档案达标为中国人民保险公司企业向集约型经营转变服务							√
对学生保险给付，实行图示验证探讨	√						
竞争中开展保险宣传公关的思考							宣传
国有企业如何实现两个根本转变	√						
拓展年金保险的有益尝试			√				
寿险市场中的辩证法			√				
寿险五题			√				
人身保险投保指南（论著）			√				
基层寿险公司面临的主要困惑及其对策			√				
拓展寿险市场八策			√				
要在全社会宣传普及金融知识							宣传
国寿保险实践中的思考（论著）	√		√				
九九新商品销售难点分析及营销建议			√				
提高寿险企业经济效益十法		√					

续表 158

论文题目	基础理论	公司治理	产品销售	后援支持	客户服务	企业文化	其他
迎接 WHO 挑战国有人寿保险公司必须树立全新的人才观		√					
人寿保险——人类 21 世纪生存的保障	√						
改革岁月建言集（论著）	√	√	√	√	√	√	√
建言集续集（论著）	√	√	√	√	√	√	√
试论技术创新的支持系统				√			
保险电子商务发展与《电子签名法》				√			
山西国寿公司营销管理研究			√				
浅析我国的社会保障体系	√						
财产保险公司经营风险与营利	√						
浅析社会保险基金管理中存在的问题和对策	√						
关于国寿科学发展的几点思考	√						
大同分公司运管管理实践的几点启示				√			
夯实发展基础，实现新的跨越，努力推进公司各项工作迈向新台阶		√					
持续抓基础，重点抓细节，确保业务持续平稳发展		√					
“制度管事、规则办事、指标评事”之体会——大同分公司郭善宏		√					
坚持制度建设是公司发展的长远之计		√					
把“制度管事、规则办事、指标评事”作为预算对标的不二法门		√					
言无二贵 法无两适		√					
学习“制度管事、规则办事、指标评事”的几点体会		√					
落实“三事”搞好服务 促进发展		√					
弘扬“契约”精神是提升管理能力的基础		√					
不断优化新型管理体系，快速推进“3+1”突破落地，实现公司的持续健康发展		√					
借“3+1”突破之势，创一流省级培训基地		√					
顺应新形势，落实新体系，培育新动力，寻求新突破		√					
合计	19	24	22	6	3	3	4

第七篇

企业文化建设

企业文化是企业在长期的生存和发展过程中形成的，为企业多数成员所共同遵循的经营观念或价值观体系，是以企业哲学为主导、以企业价值观为核心、以企业精神为灵魂、以企业道德为准则、以企业形象为形式的系统理论。

第二十四章 建设路径

企业文化建设有一个不断认识、不断发展的过程。随着保险主体的增多和市场竞争的加剧，企业文化逐步形成了企业的无形资产和不竭财富，企业文化被赋予了更多更重要的意义。从20世纪80年代的粗浅认识，到21世纪初，企业文化逐渐成为企业的重要管理要素，树立自身特色的价值体系已经成为企业核心竞争力的重要组成部分。

第一节　企业优秀理念的演变与积累

20世纪50年代，中国人民保险公司大同支公司根据总公司提出工作的基本方针是为生产服务，主要任务：一是保障生产安全，扶助贸易发展，促进城乡物资交流；二是提高劳动人民的福利；三是保护国家财产。因此，“保障劳动人民之福利，保护国家及社会财产，发展生产，繁荣经济”也形成早期中国人民保险公司大同支公司的一种经营理念。

1981—1985年，中国人民保险公司大同中支确立“为生产服务，为人民生活服务”的企业宗旨，形成了“城乡业务并举、大小险种并举、展业理赔业务并举、使用培养人才并举”的经营管理理念。

1986—1990年，中国人民保险公司大同中支在转变职能塑造形象过程中提出“忠诚服务、恪守信誉”的商业服务理念，机关逐步形成“一基、二变、三化”即“抓好基础工作；由单纯的数字汇总转变为综合分析，向指导性转变；由单纯的填制报表转变为提供信息，向发挥参谋作用转变；实现制度化、规范化、档案化”的工作作风；全辖形成“人民保险，防灾补损，遵约守信，为民分忧”的职工行为准则和“尽职业责任、讲职业道德、守职业纪律、懂职业技能”的教育培训理念；形成了“四比四看”即“比思想，看服务质量；比纪律，看服务态度；比贡献，看服务效果；比作风，看司容司貌”的奉献理念；形成了“进门有迎声、问时有答声、走时有送声”的服务接待准则。

中国人民保险公司雁北中支公司形成“团结协作、艰苦奋斗、无私奉献、争创一流”的企业精神；“忠诚服务，笃守信誉”的职业道德；“主动登门宣传、主动请示汇报、主动上门服务、主动调查资源、主动进行防灾检查、主动为保户排忧解难”的员工进取精神；“接待保户热心、解答问题耐心、办理手续细心、帮助客户诚心、接受意见虚心”和“生人熟人一样热情周到、干部农民一样态度和蔼、多收少收一样文明服务、赔多赔少一样认真会审、大事小事一样认真对待、早来晚来一样礼貌对待”的“五心、六个一样”的服务理念。

1991—1992年，中国人民保险公司大同中支形成“严于律己抓紧教育、严格制度收紧权限、严守职责扣紧环节”和“查思想，破故步自封，增强革命事业心；查斗志、破安于现状，增强工作责任心；查纪律，破松散作风，增强组织纪律性”的工作理念和工作作风。形成“职业理想、职业道德、职业纪律和职业技能”的教育培训理念。形成

“早”“争”“新”“活”“实”“和”六字经营理念。中国人民保险公司雁北中支确立“改革、竞争、防灾、服务”的“四个意识”和“班子、廉政、业务、队伍、网点”的“五个建设”的经营理念。

1993—1995 年，中国人民保险公司大同分公司形成“选拔人才、培养人才、吸引人才、留住人才、使用人才”的用人理念；形成“诚信 + 感情 + 奋斗 = 市场竞争胜利”的竞争理念；形成“登门展业、登门赔款、登门防灾、登门征求意见”和“生人熟人一样热情周到、干部职工一样态度和蔼、早来晚来一样礼貌、收多收少一样文明、大事小事一样认真对待”的“四登门、五一样”工作标准理念；形成“比思想觉悟，看谁对工作贡献大；比艰苦奋斗敬业精神，看谁任务指标完成得好；比遵纪守法，看谁工作作风好；比优质文明服务，看谁受到保户表扬多”的奉献理念。

1996—1998 年，中保财险大同分公司在经营管理中形成“以人为本、效益为先、笃守信誉、稳健经营”的指导方针；持续形成“政治品德怎么样、工作实绩怎么样、勤政廉洁怎么样、组织纪律怎么样”的绩效观念；形成“无违法、无违纪、无违规；人均保费增长率高、人均效益高、赔案合格率高、服务质量高；结案速度快”的“三无四高一快”竞争理念；开展“讲学习、讲政治、讲正气、讲纪律”的培训内容和“优美的环境、优良的秩序、优质的服务”“职业道德、职业纪律、职业精神”“职业道德、社会公德、家庭美德”的“三优、三职、三德”作风创建活动。中保人寿大同分公司在经营管理发展过程中逐步形成：以“服务人民，向社会奉献”的企业宗旨，开展“讲学习、讲政治、讲正气、讲纪律，全方位优质文明服务”活动和以“办廉洁公司、建廉洁班子、当廉洁经理、做廉洁职工”的“四讲一服务”和“四廉洁”为主要内容的企业文化创建活动。1999—2002 年，中国人寿大同分公司确立：以业务发展为中心，以效益优先为原则，以“强化法人意识、强化效益意识、强化竞争意识、强化风险意识”的经营理念，不断提倡“树立大局观念，确立责任意识；树立营销观念，确立永续经营意识；树立培训观念，确立培训是生产力意识；树立服务意识，确立为业务发展开道意识；树立效益观念，确立成本意识”五个观念，指导企业各项经营管理过程。

第二节　早期中国人民保险公司标识的演变（1949—1996 年）

1949 年 10 月 20 日，中国人民保险公司在北京成立，宣告了新中国统一的国家保险机构的诞生。人保创建不久，就设计出了第一代标识，并形成了系统的应用。标识如下。标识形象构成元素为麦穗、齿轮、五星、绸带，代表中国工农大众的主体，而徽标中的中国地图图形又深刻反映了“中国人民保险”这一品牌的具体形象。地图中并排有中国人民保险公司的繁体字，标识颜色为红色。整个标识丰厚饱满，复杂而又不易制作，象征意义全面具体。

1979 年，中国人保恢复国内保险业务后，开始设计第二代标识。标识如下。

第二代标识展现了强烈的民族、吉祥风格，整个标识造型来自中国传统的宫灯及铜锁图形，宫灯在中国代表了喜庆，而铜锁是中国传统的护身符，一般佩戴在小孩的胸前，保佑平安吉祥，长命百岁。标志外圈由汉字“人”构成，置于下口的“保”字形成宫灯穗和铜锁的锁口，而中间有人保名英文缩写“PICC”。

1996 年，人保组成集团公司，第一次按照 CI 战略开始设计企业标识。企业标识如下。

标识解释：凹凸的球体充分表现保险公司的补偿职能，即中央圆环中空白部分表示损失，球体表示补偿标志造型为“P”字变形，即“PICC”第一字母“P”又是停车场的标志，代表安全的港湾、避风港，凸实球体与平圆环是日月星辰象征；代表昼夜服务；图形又表示地球和宇宙，代表中保集团遍布世界的国际化风格。

第二十五章 企业文化体系

企业文化体系主要由物质、行为、制度和观念等层次组成。这一章主要记述各个同业公司总部成立之初向社会公布，相对成熟的表述，主要包括企业使命陈述、核心价值观表达和企业标识解释。

第一节　财产保险公司

一、中国人民保险公司财险

企业愿景：做人民信赖的卓越品牌（做人民满意的保险公司）。

企业使命：人民保险，服务人民。

企业战略：坚持创新引领，实施市场化、专业化、特色化、一体化、金控化的发展战略。

企业核心价值观：理念立司、专业兴司、创新强司、正气治司（诚信立业、稳健经营、创造卓越、回报社会）；

经营理念：以人为本、诚信服务、价值至上、永续经营。

公司精神：求实、诚信、拼搏、创新。

企业定位：特色鲜明、能力突出、行业领先的专业化另类投资公司；中国人民保险公司战略性资产配置和战略性资源获取的重要平台

用人理念：用忠诚的人、专业的人、协作的人；用公平的机会、公正的制度、公开的程序用人。

行为规范：爱司奉献、积极进取、遵纪守法、锐意创新、善于竞争、加强沟通、良性互动、举止文雅。

员工品格：自信阳光、简单善良；勤学笃行，忠职尽责；尚德守信，宽容协作。

文化载体：主要包括 PICC 品牌和标识、中国人民保险公司司旗、中国人民保险公司司歌、中国人民保险公司财险网站、“95518” 服务专线、电子商务平台、中国人民保险公司财险职工之家、中国人民保险公司财险文化展室等。

营销之歌歌词

中国人民保险公司财险的营销人，自豪的营销人， 担四海风险，保九州平安，保九州平安。

访千家万户，送幸福吉祥，中国人民保险公司财险心中的太阳， 我们相聚在这里，手挽手肩并肩。谱写人生豪迈篇章。

中国人民保险公司财险的营销人，拼搏的营销人， 展信念翅膀，登精英殿堂，登精英殿堂。

博市场风云，为人生理想，中国人民保险公司财险心中的太阳，我们相聚在这里，手挽手肩并肩。谱写人生豪迈篇章。

飞扬的心

中国人民保险公司财险，理想的天堂，水火无情，我送去保障，当微笑映在你脸庞，这就是对我最高的奖赏。

承受千百次拒绝，实现千百次超越，

飞扬的心去追逐梦想，飞扬的心豪情万丈，豪情万丈。

中国人民保险公司财险，精英的舞台，雨雪风霜，我带来吉祥，当幸福谱成祥和的歌，我的心飞翔，无比荣光无比荣光，付出千百次努力，换来千万家安康。

飞扬的心去追逐梦想，飞扬的心豪情万丈，豪情万丈。

企业标识：

PICC
中国人民保险

标识释义：PICC 全称：The People's Insurance Company（Group）of China，是中国人民保险公司英文名称。从 1999 年以来，中国人民保险公司的标识主体形象得到了稳定的传承，在品牌文化建设上已进入科学规范轨道，品牌保持延续性、稳定性，公司名称更迭，并没有导致公司标识的随意变化或更改。

二、中国太平洋财险

企业愿景：面向未来，中国太平洋保险推动实施“以客户需求为导向的战略转型，努力建设专注保险主业，价值持续增长，具有国际竞争力的一流保险金融服务集团”。

企业使命：做一家负责任的保险公司

对客户负责、对员工负责、对股东负责、对社会负责。

经营理念：推动和实现可持续的价值增长。

核心价值观：诚信天下，稳健一生，追求卓越。

诚信文化：诚信立业，合规经营，用心承诺，用爱负责。

创新文化：持续学习，专业精进，勇于改革，锐意创新。

绩效文化：结果导向，关注过程，持续优化，责任到人。

和谐文化：以人为本，关爱互信，同心同德，共铸愿景。

广告语：平时注入一滴水，难时拥有太平洋。

企业标识:

标识释义：太平洋的标识由三部分构成，分别是品牌标志图案、品牌标志中文名称以及品牌标志英文简称。品牌标志中的品牌标志中文名称和品牌标志英文简称是特别设计的字体。

太平洋的司徽是 CPIC（中国太平洋保险集团公司的英文缩写）的紧凑组合。像一面扬起的帆，蓝色代表大海（太平洋）。太平洋所要表达的是团队精神，平时注入一滴水，难时拥有太平洋，即是保险的意义，互相帮助。

太平洋保险 LOGO 的明度高，明度高的蓝色象征着包容、宁静、清澈。体现企业真诚透明的心，为“顾客着想，诚信天下，稳健一生，追求卓越”的核心价值观，以“专业、稳健、服务、卓越”为经营理念的文化。

太平洋保险的 LOGO 是外层为 P 即太平洋英文字母的缩写。内层为中国 China 的缩写，体现客户（祖国人民）在太平洋的呵护下平安，幸福生活。

LOGO 仔细看是左轻右重汉字“保”字的影子。

三、永安财险

企业精神：诚信、创新、敬业、和谐。

企业使命：为客户创造满意；为员工创造机会；为股东创造效益；为社会创造价值。

服务理念：永安——永远为客户着想。

员工行为规范：格物致知，知行合一；己所不欲，勿施于人；正心修身，和而不同。

企业标识:

标识释义：永安保险公司徽标采用了兵马俑布质护颈的形状作为公司徽标的造型，象征着永安保险的行业功能和力争行业领先的奋斗目标；同时，以永安保险公司英文的第一个字母“Y”正写和倒写的字母“A”变形而来，形似一颗光彩夺目的钻石，磨砺千年，终获得大自然的精华，恒久尊贵，辉耀华夏，象征着永安保险扎根于西部沃土，实现对客户的永久保护。

四、中国平安保险财险

平安文化理念：以“成为国际领先的个人金融生活服务提供商”为愿景，恪守企业社会责任，为客户、员工、股东和社会创造最大化的价值，倡导“以优秀的传统文化为基础，以追求卓越为过程，以价值最大化为导向，做一个品德高尚和有价值的人”的价值观，弘扬“专业领先、诚信服务、创造价值、回馈社会”的平安精神，坚持“专业创造价值”的品牌定位，在“综合金融 +”和“互联网 +”的新时代，实现“专业，让生活更简单”的客户体验。

平安文化架构：

平安愿景：成为国际领先的科技型个人金融生活服务集团。

平安使命：对客户负责、对股东负责、对员工负责、对社会负责。

平安价值观：价值最大化是检验平安经营管理一切工作的标准。

平安精神：专业领先、诚信服务、创造价值、回馈社会。

平安定位：专业创造价值。

核心理念：专业创造价值。

品牌口号：专业，让生活更简单。

文化特征：危机意识、包容、简单。

公司训导：专业领先、诚信服务、创造价值、回馈社会。

企业标识：

标识释义：

标识强化了平安的英文品牌名称，直截了当地使用 PING AN 作为标识主体，并与中文名称中国平安形成了固定的组合关系。

标识主题色使用了橙红色作为主色，深绿色用作点睛之笔为辅。

品牌标识上体现综合性和发展进程，逐渐淡化保险业的固有形象，转而建立更模糊的金融品牌。

五、天安财险

企业远景：打造奋勇争先的新型国际化金融保险集团。

企业使命：为梦想护航，让人生天安。

核心价值观：变革才能生存，变革才能发展。

企业精神：远见、学习、执行。

经营发展理念：险融互动，多元发展。

管理理念（司训）：绩效第一，勇于担当，同心协作，高效务实。

服务理念（品牌口号）：一生相伴，为您而变。

人才理念：发现和培养业内一流人才。

企业标识：

标识释义：直接运用“天安财险”的中英文简称作为 LOGO 显示，使整个标志更明了、简洁和大气；把一些活泼的小元素巧妙地注入字母当中，整个图形会变得更有活力，更让人有愉悦感；所有的字母都进行了倾斜的切割处理，以及字母“i”上一个倾斜的圆设计，都用倾斜表达了一种速度，预示企业发展速度快，服务速度快；在“A”字部分，将原来倾斜的部分，进行反向切割，使 A 在空间结构中处于最前方，凸显 A 具有 NO.1 含义，体现出天安正在向行业第一前进，也寓意天安给客户带来最优质的产品与服务；在英文的细节上做了统一的圆角切割，体现企业的统一管理和服务，同时也体现了天安是一个注重细节的企业，更加活泼，赋予年轻的活力；标志以深邃的蓝色和希望的橙色为主，蓝色代表高效、理性、包容、诚信的品牌形象，橙色则象征着天安财产保险股份有限公司多元化企业的属性，展现了企业昂扬的朝气和对未来的希冀，也突出 A，强调 A，强调了“NO.1”，表达出天安给客户带来的安全性。

六、大地保险

战略目标：打造中国保险业的百年老店。

核心价值观：简单、高效、务实、合规。

社会责任：用社会给予的关怀积极回馈社会。

企业精神：立足大地、携手创业、共享未来。

经营理念：诚信为先、稳健经营、价值至上、服务社会。

经营策略：技术领先、低成本扩张、总成本领先。

经营指导思想：专业化定位、综合化经营、扁平化管理、差异化发展。

企业标识：

标识释义：“太和标”的构图

“太和标”演绎了中国道家太极图像，由三条首尾相接的流动曲线绘制三条变形太极阴阳鱼，组成了形圆似球、通体设色古典蓝的中再集团徽标。构图以相似“黄金分割率”的神奇数列比率，精确计算每条曲线弧度并表现之间的均衡比例，由此形成的黄金螺旋可以无限伸缩，传达出东方与西方、传统与现代、艺术与科学有机融合的视觉美。

“太和标”的象征：“太和标”意象太极育包宇宙万物。中国古代先哲慧识而论，太极乃宇宙本体，谓之道；道生一，一生二，二生三，三生万物；太极则阴阳和合、刚柔相济、博大精微、变幻莫测、生生不息。“太和标”以圆形象征圆融和谐；以球状象征包容博大；以流线象征灵活速动；以蓝色象征冷静沉稳；以组三象征天、地、人，社会、保险、再保险，股东、客户、员工。

“太和标”的寓意：“太和标”寓意中再集团存于社会、立于市场、托于股东、赖以客户、寄于员工，担负重要使命，怀抱远大志向，以开放包容的融合素养而博采众长，以精湛高超的专业水准而锤炼品质，以诚信服务的社会形象而铸造商誉，以创新进取的恒久活力成就卓越，以分享协作的风范举止而造化和谐，以强健有力的步伐迈向国际保险业前列。

七、华安保险

企业愿景：做一家受人尊敬的保险企业。

成长口号：华安保险与您共成长。

经营原则：坚持正确的理念，把握客观的理论，保持操作的理性。

经营理念：责任、专业、奋进。

经营方针：利润生存，服务至上，规范经营，创新发展。

服务理念：比出险客户的亲人早到三分钟。

人才理念：用理想吸引人、用文化留住人、用待遇回报人。

企业标识：

华安保险 SINOSAFE INSURANCE

标识释义：标志的设计源于中华传统文化的玉玺。玉玺原是皇帝的印章，代表至高无上的信誉与承诺，象征华安财产保险股份有限公司言出必行、一诺千金的诚信。“华”的上部由华安英文名“Sinosafe”的开头字母“S”组成，形似长城，寓意华安公司为客户提供强而有力的各种保障，抵御一切风险，从而给投保人带来幸福安心的生活。其中的“人”字结构，蕴含着华安保险“我为人人，人人为我”的思想，也贯穿着华安一切以人为中心的人本思想。长城、山脉、江水……整个“华”字又似一幅图画，象征着华安立足中国，放眼全球的美好愿景。标志主色采用深红色，彰显公司的大气与尊贵，代表着至高的诚信。方正的结构以及篆书的“华”皆汇集了中国传统文化的淳厚，透出一股“浩然正气”，亦象征着华安人刚正不阿、行直走正的风格。

八、中国太平

发展理念：共享太平。

公司使命：创造安全、健康、富裕的美好生活。

公司愿景：建设具有全球竞争力的国际化现代金融保险集团。

价值观：诚信、专业、创新、业绩。

企业精神：担当、务实、协作、奉献。

企业标识：

标识释义：在整个视觉识别系统中，图形识别元素是中国太平经营目标和经营理念在视觉上的具体呈现，是其他视觉元素的领导者。

图形中的“太平”二字为象形的根植大地，拥抱蓝天、枝繁叶茂的参天大树，寓意中国太平充满活力，永续经营。

太平蓝象征天空的广阔与博大，诠释了中国太平通过诚信优质的理财服务和保险保障，为客户营造了一片安宁祥和的生活空间。

太平绿象征大地的生机与活力，寓意中国太平热爱自然、关爱生命的美好愿望以及积极进取、持续创新的企业风貌。

整体的造型为“圆”形，强化了“中国太平是中国保险行业第一家跨国公司”的个性特点，是中国太平全球化发展战略的形象诠释。

太平之歌

词：集体创作 曲：朱良镇

穿越时空，真情永远，肩负历史重托，会聚时代精英， 穿越时空，真情永远，为人们送去幸福，幸福安宁。至诚至信，永无止境，让我们造就永恒的生命。至诚至信，永无止境，让我们造就永恒的生命。至诚至信，永无止境，让我们造就永恒的生命。植根沃土，拥抱蓝天，树立远大志向，铸就辉煌人生， 植根沃土，拥抱蓝天，为生活增添祥和，祥和安宁。持续创新，追求卓越，让我们开创万世太平。持续创新，追求卓越，让我们开创万世的太平。持续创新，追求卓越，让我们开创万世的太平，开创万世的太平，开创万世太平。

九、永诚财险

经营宗旨：客户至上，服务社会，创造价值，回馈股东。

企业使命：努力打造成为一个机制先进、经营规范、管理科学、技术领先、人才优秀的专业化综合性财产保险公司。

核心价值理念：诚信、专业、效率、和谐。

企业精神：以人为本、求实创新、团结协作、锐意进取。

市场定位：行业特色鲜明、专业化经营。

经营方针：控制风险、优化管理、效益为先、快速发展。

企业标识：

标识释义：标志将永诚保险公司的英文缩写 AIC 融入其中，三者巧妙地搭配成汉字“永”，最终回归到企业名称的首字，体现出一种渊源无穷、无限循环的理念，契合企业的行业特点。

用书法的形式来表现“永”字，笔力遒劲，气势恢宏，彰显一种气势和力量的聚合，传递出企业文化的积累和沉淀。展现出永诚保险以更及时、更主动、更专业的服务，建设中国财产保险第一品牌的勇气和信念。

《说文》中解释“永，水长也。”标志下半部分恰好构成“水”字，我国古代歌谣中有“担水进财”一典，水是财富的象征，寓意财源广进。传统与现代的融汇更进一步体现出企业实力的雄厚，也预示了企业拥有远大广阔的发展前景。

标志于沉稳中体现出动感，开放的基础形散发出一种无比的热情与朝气。寓意企业集聚能量、蓄势待发的豪情，在竞争激烈的保险业中开拓思路，赢得市场。

标准色采用红、蓝两色，对比鲜明，给人以强烈的视觉冲击。红色热烈，寓意企业的热情服务；蓝色沉稳，给人以信赖感，体现出企业用心为客户构筑财产安全保障的服务理念。

标志整体形象汇集淳厚的中国传统文化底蕴，透出一股“浩然正气”，象征永诚保险立足中国，放眼全球的美好愿望。彰显公司大气尊贵。诚，信也。信任带来合作，信任也创造价值。永诚保险将秉承永恒的诚信、卓越的人文、铸造精品，服务社会的经营理念。

十、安邦财险

核心价值观 / CORE VALUES 文化体系 / CULTURE

崇尚人与自然的“水”文化。

安邦伴水而生，依水而长，从水中体悟企业生存之道：

“水”一样的自然，客户、市场、与社会息息相通；

“水”一样的多变，虚怀若谷，包容万物，即以专业的品质满足客户变化多样的需求；

“水”一样的力量，在竞争中生存，建立独具安邦特色的价值与盈利能力；

“水”一样的精神，简单高效、团队合作、互联支持、共赢未来，为建设恒久安邦奠定坚实的基础。

崇尚人与人的“家”文化、员工增值、客户增值是安邦的企业目标。

安邦将客户与员工作为企业发展过程中最为重要的两个因素，放诸第一位，不仅要给予客户综合式的服务，更要给予员工家庭式的关爱，让员工获得真正的利益，以安邦为家、以工作为乐。崇尚人与社会的“互联网”文化，安邦追求人与社会的互联网精神，互联支持，共赢未来。在互联网中，每个人都可拥有相同的资源，每个人都享受着平等的服务，每个人都可能参与其中，或创建或完善，将自己的聪明才智充分展现，但每个人又无法从根本上撼动其根基，无法对其造成致命伤害。这给予我们提示，要建立一个如互联网般的组织，一个非常平等的、民主的企业组织。

三种文化构成了安邦保险集团的“和谐文化”。

安邦的使命：金融报国，实干兴邦；客户、社会、给员工带来安全和帮助；客户增值，员工增值，股东增值；求真、求实，求善。

安邦的远景：成为中国保险业数一数二的企业（服务水平、创造能力、人才专业水平、管理能力、客户价值、销售网络规模）。在车辆领域形成战略优势，成为汽车服务产业链的枢纽。致力打造一流的价值增长型保险企业；中国经营效益最高及全球管理优秀的保险公司。

战略远景：最终成为综合化、集团化、国际化的金融控股集团，最终把安邦保险打造成为具有提供银行、保险、证券三大行业、全系列金融产品能力的、全国性乃至国际化的金融控股集团。

企业精神：无论发展到何时，安邦都要秉承“三零”精神。1. 零成本；2. 零管理；3. 零精神。

经营理念：凭借智慧、遵从规律、简单高效、团队合作、随需而变、马上就办、互联支持、共赢未来。

行为准则：阳光做事、快乐做人。

安邦的运营机制：1. 明确行事原则；2. 明确六定决策原则；3. 明确人力原则——形成用人机制；

安邦的行事原则：安邦的六个子文化，1. 责任文化导向执行；2. 流程文化导向高效；3. 标准文化导向公平；4. 绩效文化导向公正；5. 评估文化导向公开；6. 人性文化导向和谐。

六定决策原则：1. 定岗位；2. 定编制；3. 定人员；4. 定薪酬；5. 定预算；6. 定机制。人力原则：1. 人人有保障；2. 人人有目标；3. 人人有机制；4. 人人有支持；5. 人人有机会；6. 人人有快乐。

用人机制：以德行定取舍、以能力定职位、以贡献定薪酬；按照公平、公正、公开的原则做好考核工作。

安邦相信：平台 + 文化 + 机制 = 成功，机制 + 制度 + 自觉 = 绩效。

安邦的六大能力要求：1. 盈利能力；2. 降低成本能力；3. 团队精神（合作能力）；4. 悟性；5. 激情；6. 执行力。

对于人力资源的理解

1 层面：老板是人力资源经理；

2 层面：有专职的人力资源经理；

3 层面：各部门是自己部门的人力资源经理；

4 层面：员工是自己的人力资源经理；

5 层面：所有员工不仅关注自己分内的工作，追求个人进步，还要自主地关注与自己无关的工作，帮助其他人进步。

6 层面：所有员工主动承担公司的主要责任，站在 CEO 的立场上思考问题。

宣誓内容：我们是奋斗的安邦人，我们用智慧和双手，建设我们的家园，实现我们的梦想。

企业标识：

标识释义：安邦保险 LOGO 图片由英文字母的 A、B 组成，排在 26 个字母的第一第二位。AB 表示安邦是数一数二的意思，AB 是安邦的缩写，稻谷是为了表现它来源于生活运用于生活的企业文化。安邦财产保险股份有限公司是安邦保险集团旗下重要专业子公司。凭借一流的企业文化和创新机制，安邦产险发展迅速，已经成为全国分支机构最全的财产保险公司之一。

十一、渤海保险

核心价值观：海纳百川，风雨同舟。

详细阐述：海纳百川，有容乃大，渤海人要有宽广的胸怀、开阔的视野和包容和谐的精神，任何有利于公司发展的人才、技术、经验和思想都是我们吸收和学习的对象。

“风雨同舟”有两个层面：对内，渤海人在同一条船上，劈波斩浪，共荣共存；对外，我们要为客户分担风险，风雨同舟。

愿景：打造中国保险业的精品公司。

详细阐述：在发展中找准自己的市场定位，不求最大，但求最精。精品公司具体包含以下五方面内容：

精英：坚持“以人为本、专家治司、技能制胜”，打造一支素质高、能力强的专业团队、精英团队。

精神：以企业精神凝聚力量，以企业文化助推发展，建立和谐、责任、盈利、合规的文化导向，使公司的制度、管理、服务、工作和生活都充满先进文化的韵味，不断升华。

精明：对各类业务实行精细的分析、精准的分类、精明的选择和精确的定价，作精明的保险经营管理者。

精湛：以客户体验为中心，不断提升服务能力和服务效率，服务靠细节制胜。

精致：通过创新，打造渤海的特色，有过人的长项、局部的优势和领先的差异，做到“人无我有，人有我新，人新我精”。

经营理念：积极稳健发展，长期稳健盈利。

详细阐述：

积极稳健发展：积极稳健是我们的发展方式。积极发展，就是进取、跨越式地发展，要超越自我；稳健发展，指健康的发展、协调的发展、可持续的发展。

长期稳健盈利：盈利是企业的生命线，也是员工的生存线。盈利的业务要大干，微利的业务要积极干，保本的业务慎重干，亏损的业务绝不干。

企业文化：和谐、责任、盈利、合规。

详细阐述：

和谐：公司积极稳健的发展需要一种既能鼓励个人展现聪明才智，又能实现群体创造能力提升的和谐文化。这就要求员工具备较强的合作能力，而这种能力必须通过相应文化氛围的培育才能养成。团队合作精神是培养公司和谐文化的基础。

责任：责任文化要求提高干部、员工的执行力，要求工作中勇于负责，主动担当。没有责任心的管理者不是合格的管理者！没有责任心的员工不是合格的员工！履行责任，从我做起，从现在做起，从小事做起。

盈利：“盈利光荣、亏损可耻”，要让盈利行为受到尊重，让盈利者获得荣誉和奖励，让不能为公司创造效益的人受到批评和处罚，甚至淘汰。

合规：依法合规是公司的风险底线。我们要树立合规的理念、倡导合规的风气、加强合规的管理、营造合规的氛围，在公司内形成一种良好的合规文化。

企业使命：为员工提供发展，为客户分担风险，为股东创造财富，为社会奉献价值。详细阐述：

为员工提供发展：为员工提供职业发展的平台和良好的发展空间，是公司重要的使命之一。若公司的发展能带来员工的职业发展，则员工的成长、进步又会为公司的发展做出更大贡献，从而形成员工与公司间的良性互动。

为客户分担风险：“承担风险”是保险的本质属性，保险业是经营风险的特殊行业，公司要通过科学专业的制度安排，为客户分担风险损失。

为股东创造财富：股东是企业资本的提供者，是企业的所有者，股东投资企业的目的是增长财富，为股东创造财富是公司长期存在的基础。

为社会奉献价值：一方面通过专业经营，我们为经济社会分担损失，提供风险保障，在一定程度上参与社会管理，汇集资金支持地方经济发展。另一方面，我们通过企业的发展壮大聘用更多人才加盟渤海，为社会吸纳劳动力；通过依法纳税、参与社会公益活动等形式为社会的公平、正义奉献力量。

中期目标

到 2016 年，公司实现保费收入比 2013 年翻一番，承保业务盈利，为实现五年战略规划打下坚实基础。

合规经营八条禁令

1. 严禁违反公司法人分级授权经营制度和岗位职责，超越权限开展经营和管理活动；

2. 严禁设立“小金库”“账外账”，擅自开设银行账户；

3. 严禁鸳鸯保单、撕单、埋单，私自印刷和使用业务重要单证或保险费发票；

4. 严禁编制虚假赔案、虚增赔付成本、以赔谋私；

5. 严禁行贿受贿，侵吞或破坏公司资产，挪用、截留、侵占保费、赔款、车船税、薪酬等各种款项，恶意套取手续费或其他各类费用；

6. 严禁伪造、私盖公司印章，未经授权和公司批准擅自对外承诺或签订各类合同；

7. 严禁以公司各级机构的名义非法向员工和向外部借债，参与民间的融资、对外提供担保；

8. 严禁以公司的名义对外赊账、欠款。

企业标识：

标识释义：标志标准色为蓝色和绿色。蓝色象征深邃、博大，绿色象征希望、活力。蓝色图案象征生生不息、奔涌向前的海浪，绿色图案好似一只充满活力的海豚。整个图案令人产生联想。

渤海财险
Bohai Property Insurance co..ltd.

十二、阳光财险

企业愿景：打造最具品质和实力的保险公司。企业使命：共同成长。

核心价值观：

一个追求：创造价值；两个根本：诚信、关爱；三个统一：激情与理性、创造与执行、团队与个人；四个切记：颠覆创新、客户体验、制度有效、教育培训。

五点共识： 最深的底蕴是文化、最高的价值是客户、最大的财富是员工、最好的福利是培训、最强的能力是创新。

企业精神：战胜自我。

战略思想：紧紧围绕公司愿景的实现，以创造价值为追求，以人文和科技为两大驱动力，始终坚持以客户为中心，以服务更多客户和客户满意为一切工作指南，持续提升公司的经营品质、市场能力、盈利能力、风险管控能力、可持续发展能力。

发展模式：依靠科学治理、战略清晰、人才优势、管理创新和资源整合等，不断强化核心竞争力，形成阳光的价值发展模式，努力实现公司的快速发展及保持健康的、可持续的发展能力，其根本是有价值的快速发展。

一切以为客户创造价值、实现客户需要为导向，不断创新管理模式和盈利模式，优化资源配置，有效控制成本，努力提高企业的服务能力、盈利能力、盈利能力与价值积累。

“红黄蓝”管理模式及“多线并进”发展模式是阳光在相当长时间内的特有发展模式。

长期战略：第一步，自公司成立起，用 5 年左右的时间，打造中国最优秀、最具成长能力的新兴保险公司，建立和扩大在保险市场的知名度、美誉度和影响力；第二步，再用 5 年左右时间，打造中国最具品质和成长的保险集团公司；第三步，在公司成立 15 周年前后，把公司打造成为国内有影响力的保险金融集团；第四步，在公司成立 20 周年前后，把公司打造成为国际有影响力的保险金融集团。

经营原则：坚持发展为第一要务，坚持价值为第一选择；把握规模与效益的平衡发展，追求公司成长与卓越服务的高度统一。

核心竞争力：阳光致力于通过创新与执行实现强大的市场拓展能力、领先的资产管理能力、卓越的客户服务能力和杰出的风险管理能力。

客户服务理念：公司的一切价值源于客户，没有客户便没有一切。全心全意地为客户服务是阳光生存和发展的根本。

品牌管理：阳光品牌代表阳光形象，传递阳光文化。品质和关爱是阳光品牌的核心。

人力资源管理思想：强力猎取，关爱培养，成长激励，竞争淘汰。

人力资源管理风格：高、远、细、准、异、魂。

高：坚持高起点，高标准，从战略高度规划人力资源发展。

远：立足长远，坚持久远，以发展的观点放远视野，规划未来，保持人力资源建设的持续性和稳定性。

细：坚持耐心、细心、真心、用心对待员工，把握处理好涉及员工管理的每一个细节。

准：严格标准，把握政策，以对公司、对员工高度负责的态度，认真对待与把握每一项具体政策的准确落实与贯彻。

异：要体现出与其他主体的管理差异，要体现不同岗位、不同责任、不同价值员工管理的不同政策与差异管理。

魂：公正、公平、公开。

职业化总体要求：诚实正直、具有职业意识和职业追求，遵守职业规范与职业道德，坚持职业精神和奉献精神的高度统一，提高职业技能，做到尽责、专业、协作、高效。打造一支专业、职业、敬业，成就事业的优秀员工队伍。

人际行为准则：要积极乐观，不要消极埋怨；要真诚坦荡，不要阳奉阴违；要严谨扎实，不要马马虎虎；要心怀感恩，不要无情无义；要直截了当，不要拐弯抹角；要彼此信任，不要相互猜疑；要换位思考，不要误解他人；要热心助人，不要漠不关心；要融入集体，不要我行我素；要五湖四海，不要拉帮结派。

工作作为准则：

牢记事业心和使命感是一切事业成功的必需品；

牢记永远不做有损于公司利益和声誉的任何事情；

牢记执行是最基本的职业素质；

牢记细节往往决定成败；

坚信节约不仅是一种意识，更是一种能力；

坚信同样的工作尽早完成会取得事半功倍的效果；

坚信自己还能做得更好；

坚信缺乏团队精神的人可能面临的将是一事无成。

企业标识：

标识释义：阳光生活，兴高采烈。标志以舞动的人形为设计元素，表达有保障的生活使人们兴高采烈。标志也表达阳光四射的意象，传达企业名称。方形背景稳重，值得信赖。

积极进取，诚信可靠：标志呈圆环造型，如同太阳，辉映企业名称。圆形也象征能量、实力。红黄渐变代表积极向上的进取精神，深蓝色代表理智、诚信、可靠。

温暖亲切，诚信服务：标志整体呈圆形，代表圆满与完善，也如同太阳，温暖而亲切。交织的色带象征丰富的服务项目，细致、周到的服务，值得信赖。

十三、国寿财险

建司宗旨：树三高旗帜、走特色道路、创双强模式、达一流水准。“三高”：高起点、高标准、高要求。

特色道路：就是要对传统的财险发展道路进行扬弃，依托中国人寿的综合优势，推进差异化经营，形成业务发展和运营平台方面的鲜明特点和核心能力，着力打造具有中国人寿特色的财产保险公司。

双强模式：就是充分利用中国人寿主导性的分散性个人市场资源，大力发展分散性个人业务，同时从队伍建设、管理体系、客户服务等角度切入，全面优化法人团体业务，推动团、个险双强、均衡发展，积极创新财产保险的经营模式。

一流水准：就是始终以科学发展的理念为统领，注重自身综合素质、内涵价值和长远发展，坚持专业化、精细化、集约化和规范化，在产品、渠道、服务、队伍、技术、管理、效益等关键要素的运营上处于业界领先的水平。

企业目标：用3—5年时间，进入中国财险市场第一军团，资本实力、业务规模、市场份额、盈利水平等主要指标位居业内前列，具有一定的话语权和品牌影响力。

企业战略：立足集团一体化综合经营的理念，依托中国人寿资源、机制两大优势，整合分散性业务、法人团体业务和客户服务体系、创新产品、服务、销售和盈利模式，打造国内领先、国际一流、不断超越的财产保险公司。

企业精神：只争朝夕，高能高效。

工作方针：坚持市场拓展和能力提升两手抓，通过市场拓展拉动能力提升，通过能力提升推动市场拓展。

服务（理念）：竭诚为客户提供专业化、高品质、人性化、一站式的保险服务。

销售服务团队服务理念：尊重客户意愿，主动如实告知，不夸大、不误导、不规避，保守客户秘密，根据客户需要及经济承受力，专业定制风险保障计划。

理赔服务团队服务理念：高效专业，廉洁自律，热情指导索赔，一次性清楚揭示需要客户提供的所有索赔资料。

企业优势：渠道、客户、资源、品牌、管理、文化。

企业远景：顶级集团，一流财险。

标识释义同国寿。

十四、华泰财险

承诺：专业品质，恒久保障！

华泰企业口号：华泰保险，相伴永远！

华泰使命：为客户提供恒久可靠的保障，为员工提供充分展示才华的平台，为股东创造不断增长的投资价值，为建立和谐社会贡献更多的力量。

战略愿景：华泰财险将全力发展 EA 模式，做优做强商险，积极探索互联网保险，为中国千万家庭、百万企业提供综合金融保险服务，旨在成为细分市场领导者。

企业标识：

标识释义：

蜂巢正六边形的结构——象征稳定、恒久、可靠；动感明快开放的造型——代表实力雄厚、开放进取、健康向上。

蜜蜂身体条纹的构图——寓意“勤劳、合作、积累、奉献”的蜜蜂精神；华泰传统色调宝石蓝——代表纯真、传承、专业、高品质。

两条明黄条纹的搭配——象征本土资源与国际资源合作发展，共铸辉煌！

十五、中煤财险

公司使命：管理高危风险，保障和谐社会。公司愿景：客户身边的高风险管理专家。

精神标语：忠于承诺，管理未来。

核心价值观：责任、创新、价值。

经营理念：诚信守法、突出特色、驾驭风险、追求效益。

管理格言：

合作：没有完美的个人，但有完美的集体，唯有容人之短，宽以待人，精诚合作，才能形成完美的集体。

执行：制度、规范，如同乐谱上相互联系的音符，唯有在每一个环节上都不折不扣地执行，才能奏出华美的乐章。

精细：业成于勤，达于细。从小事做起，从细节做起，从现在做起，恒以持之，方能致远。

忠诚：要忠于公司整体利益，忠于自己今天做出的选择。任何时候，都不要做有损于公司利益的事。

创新：我们熟悉的道路上早已拥挤不堪，通往未来，我们必须开启另一扇大门。

服务：客户之于公司发展，一如空气之于万物生长。随时从客户的角度出发，悉心聆听客户的心声——哪怕是尖锐的批评。

沟通：世界上不存在两个完全相同的人，但只要目标一致，坦诚交流，任何分歧都可消融。

敬业：每天多做一点，是成功的开始；每天创新一点，是领先的开始；每天进步一点， 是卓越的开始。

卓越：卓越的服务，不仅是微笑，而是让客户信赖和感动的服务品质。

仁爱：保险是聚财成义，是爱的事业。要爱客户，爱事业，胜于爱自己。

慎行：风险如同细菌，无处不在。如果你不及时识别它、发现它、控制它，它就有可能吞噬你。

企业标识：

标志释义：守护高危道法中正

标志实体图形如同双手呵护着钻石（煤炭），寓意中煤保险为高危行业“托底”“护顶”、保驾护航的责任和爱心。虚图“中”字寓意道法中正的经营哲学。

融汇天地以纳方圆

标志外圆内方，暗含天地，寓天地相融，以和为贵。创新为本 变化有常

标志为一个变形的双鱼图（太极图）。双鱼代表阴阳、首尾相交，蕴含公司和谐、稳健、创新发展的理念。

聚财成义　共同成长

标志主体造型是一枚铜钱，表达中煤保险立足保障，聚财成义，为和谐社会勇担责任的使命；创造价值，管理未来，与客户共同成长的美好愿景。

十六、国任财险

信达时期

发展理念：坚持注重企业经营效益，实现有价值的增长；坚持“以规范求生存、以创新求发展”；坚持以市场为导向，实施差异化和专业化战略；坚持以人为本，追求员工与企业共同成长。

企业使命：为客户提供保障、为股东创造价值、为员工搭建舞台、为社会分担责任。

核心价值观：始于信，达于行——诚信、融合、创新、卓越。

经营理念：市场导向，效益为重。

服务理念：客户至上，赢得信赖。

竞争理念：开拓进取，敢为人先。

风险理念：坚守底线，主动管理。

管理理念：敬畏规则，严谨高效。

人才理念：人尽其才，有为有位。

责任理念：敢于担当，勤勉尽责。

团队理念：团结实干，简单清新。

发展愿景：从公司成立，经过五年至八年或更长时间的努力，把信达财险打造成为最具内涵价值和很强竞争力的知名财险企业。内涵价值表现为较高的股东回报、稳健的企业成长、优秀忠诚的员工队伍，富有凝聚力的企业文化。公司将通过不断优化险种结构、提高客户服务水平，加强队伍建设、严密风险管控体系等手段，达到提升内涵价值的目的。很强竞争力表现为灵活的市场反应能力、强大的市场占领能力，卓越的风险选择和管理能力、较高的投资回报能力，迅速的产品开发能力、严密制衡的内控内管能力。通过大力培养高精尖专业人才为客户提供专业、高品质的服务，树立公司的核心竞争能力。

知名是企业品牌的美誉度，体现了企业品牌价值，是企业产品和服务高质量的表现。可以方便消费者进行产品选择，缩短消费者的购买决策过程，使企业拥有一定数量的高度忠诚的稳定客户群，进而使企业享有较高的利润空间。争取在五年到八年内，有效益的保费规模进入国内前十强。与此同时，实现上市目标，成为永续存在的公众公司，获得广大客户的认知和认同。

国任时期

企业宗旨：国之重任、任重道远。

企业使命：致力于成为一家面向员工、面向科技、面向未来的智能数字化驱动科技金融公司，力争打造粤港澳大湾区“最好的科技服务险企”的卓越品牌。

企业战略：国任保险吸收深圳创新基因，结合地缘优势，依托自身资源禀赋，通过对传统管理模式、业务模式、商业模式的创新和重塑，形成传统业务、科技保险、投资资管“三驾马车、三箭齐发”的业务格局和融合发展模式，并全力推进数据科技驱动核心能力建设，实现公司数字化转型，助力公司实现高质量发展，持续提升公司价值。

企业标识：

标识释义：

企业 LOGO 图形，沿用其控股股东深投控统一 LOGO 标识，色彩方面凸显企业金融属性及科技感，LOGO 图形由三个板块组成，巧妙地契合了国任保险“三驾马车、三箭齐发”的战略布局和经营策略。

标识为与 LOGO 标识的造型结构形成统一观感，同公司的中英文标准字名称形成组合规范，在标准字字体上做了比较特别的创新设计，利用汉字独特的结构特征，把“任”字的部首做成象征数字 1 和向上箭头的造型，寓意国任保险将勇攀高峰，不断向上，抒发了国任保险争做业内一流保险公司的雄心壮志。

十七、安盛天平财险

核心价值观：尊重、共享、执行、卓越。

尊重：天平文化的基石。天平尊重彼此的人格、劳动、专业和创造。有尊重，才会有信任和理解，才会有团队协作，才会有执行。

共享：天平人协作的方式。天平倡导团队精神，在工作中共同分担风险、忧愁、痛苦和劳动，并共享信息、成果、荣誉与快乐。天平属于大家庭中的每一位成员。

执行：天平成功的保证。天平强调员工的积极参与和主动创造，在此基础上贯彻执行公司的每一项战略和经营策略。

卓越：天平人前进的方向。天平不满足于取得的一些进步与成绩，追求的是至善至美的卓越，每一位天平人在平凡的岗位上作出不平凡的业绩，都是对卓越的完美诠释。

经营理念：诚信、专业、创新、效益。

诚信：保险经营的基本原则，取名“天平”立意如此。天平秉承诚信天下的原则，不仅是给客户的承诺，也是对合作伙伴、员工和每一个天平利益相关者的承诺，天平视之为立身之本。

专业：天平定位于专业，围绕专业打造核心竞争力，并把专业贯彻到每个环节——专业产品、专业服务、专业营销、专业团队、专业精神。

创新：不断创新是天平的动力源泉，从创立第一家汽车保险公司，到开无数个先河，到未来愿景战略，天平无处不注重创新。锐意创新是天平的竞争优势所在，是天平永葆生机和活力的源泉。

效益：天平的发展遵循效益为先的原则，坚决摒弃“只要规模而忽视效益，只要数量而忽视质量”的做法，严格进行各环节风险控制，确保公司的偿付能力，为客户、员工、伙伴、社会和股东创造价值。

天平愿景：打造中国汽车保险第一品牌。天平使命：让出行更美好。

企业标识：

标识释义：安盛 LOGO 中的 AXA，是安盛集团的简称；LOGO 中的红色“斜杠”是安盛品牌的主要元素，象征着安盛让客户更自信。安盛总是与客户肩并肩，支持客户前行，鼓舞客户追求更美好的生活。

十八、英大财险

战略定位：面向主业、产融结合、以融促产、协调发展 。

金融平台定位：电网财产保险的主要提供商、产融结合战略的积极践行者、国网金融平台的重要组成部分。

战略布局：坚持服务主业、服务行业、质量为先、效率至上，有所为有所不为，做强做优做专做精保险业务，在管控好风险的基础上实现质量发展。

公司宗旨：为人民电业提供优质保险服务。

核心价值观：以客户为中心、专业专注、持续改善。企业精神：努力超越，追求卓越。

战略愿景：建成偿付能力坚强、资产优良、服务优质、业绩优秀的国内一流、国际知名的现代保险公司。

战略目标：做强电网、做优车险、做专特色、做精团队。

战略途径：转变公司业务发展方式，转变公司经营管理方式。

根本保证：坚持党的全面领导，加强队伍建设、法治建设、文化建设、品牌建设，实施全面风险管理。

基本方针：效益优先、兼顾规模。

经营理念：效益争先，服务创优，诚信树标，品牌求胜。

企业标识：

标识释义：

纵横相交的经纬线：代表了国家电网公司“经营电网”的核心业务。

黄色古钱币造型：代表国家电网公司的金融板块，表现出英大依托国家电网，面向社会的广阔背景。

两个叠加的圆形图案：象征着团结、力量；又寓意在新的市场格局中，企业与客户共同发展，和谐相处。

标准色为绿色和黄色

十九、中华联合

企业精神：团结、负责、勤奋、进取。经营理念：稳健、创新、持续、高效。

服务宗旨：服务至上、信守承诺、回报社会。

奋斗目标：创建一流的现代金融保险集团。

员工座右铭：优质服务、尽职尽责、开拓奋进、司兴我荣。

企业观：公司是学校，教人要育；公司是军队，治司要严；公司是家庭，同人要爱。公司使命：振兴民族保险，造福中华百姓。

公司承诺：

对社会负责：兴业报国，回馈社会。努力实现自身又好又快的发展，积极解决我国保险业存在的覆盖面不宽、功能作用发挥不充分等问题，为做大做强中国保险业做出积极贡献。努力把公司打造成为一家卓越的现代保险企业，使公司品牌卓然屹立于世界保险业之林，助力民族保险的振兴。主动承担企业公民责任，积极参与教育、环保、医疗、慈善等各项社会事业的发展，促进社会和谐发展与进步。

对客户负责：服务至上，创造价值。坚持服务至上，为客户不断创造价值。实施服务领先战略，致力于理念领先、技术领先、产品领先、回报领先，用诚信的精神、专业的运作，为客户提供高保障、差异化、高增值的服务。通过孜孜不倦地追求，不断提升中华百姓的生活品质，使百姓的生活更加美好和幸福。

对员工负责：真情关怀，共同成长。真诚关心每一位员工，通过提供和谐的工作环境、合理的工作收入、科学的生涯规划、公平的晋升机制、有效的培训体系、合理的考核机制，全力改善员工的收入待遇，全力支持员工的职业成长，为员工创造安居乐业的条件，搭建施展抱负的平台。

对股东负责：健康发展，稳定回报。以勤勉的态度、务实的作风，推动各项业务实现持续的、有效益的增长，为股东带来持续稳定的投资回报。同时，不断完善公司治理组织结构，推进全面风险管理体系建设，为公司价值的可持续提升奠定坚实的基础。

企业标识：

标识释义：标识中的“CIC”，是公司英文名称核心单词缩写的组合。含义：一是华表造型的模拟；二是“中”字的变形。

二十、安诚财险

企业核心价值观：安全放心、诚信忠心、仁爱关心、和谐用心。

企业使命：构筑风险预警体系，提供专业安全保障。

经营理念：专业经营，差异服务，集约管理，稳健发展。

企业愿景：致力于在中国财产保险领域塑造风险管理顾问与专业服务形象，打造技术领先、服务便捷的保险品牌，为客户提供最适合的保险产品和最优质的服务。

公司战略：专注于小康中产阶层品质生活保险需求，专注于中小企业发展保险需求，专注于基础设施投资及建设保险需求，强化“安全与保险互动”的责任保险经营特色。

二十一、紫金财险

核心价值观：责任、创新、价值。

责任：紫金保险肩负着服务经济、民生以及社会管理的责任和使命，以服务实体经济为己任，发挥经济“减震器”“助推器”以及社会“稳定器”作用。紫金保险肩负着作为保险公司的责任，体现在精细经营上。通过不断提升精细化管理能力，提升精细选择、管控风险和精细管控业务的水平，塑造坚实的核心竞争能力。

创新：通过创新，提升产品、服务、流程和商业模式的应变能力；通过创新，在舒适度、便捷性和处理效率方面对客户服务持续提升；通过创新，建立公司竞争壁垒，加速实现企业增长；通过创新，加强对内部员工的激励和整体企业活力的提升。

价值：对于股东，是长期稳健的价值创造者；对于客户，是保护客户权益，聆听客户之声，成为客户值得信赖的保险公司；对于社会，是积极参与社会治理，发挥保险的市场化风险转移机制、社会互助机制、社会管理机制；对于政府，是成为政府管理参与者、产业发展护航者、民生保障服务者、生态建设推动者。

企业使命：追求价值保障，致力社会和谐。

企业愿景：成为全国前列的保险综合服务和解决方案供应商。

近期目标：到 2022 年实现总保费规模过百亿，保险业务综合成本率低于 100%；到 2027 年进入行业前十名。

“发展”战略、“人才强司”战略。

紫金用人理念：选人标准“三化”、育才方向“三业”、用人理念“三事”。

选人标准“三化”：年轻化、知识化、专业化。

育才方向“三业”：职业、专业、敬业。

用人理念“三事”：想干事、能做事、好共事。

八项工程：贴心工程、创新工程、四驱工程、匠心工程、领航工程、双速工程、集团工程、文化工程。

企业标识：

标识释义：紫金首字母“Z”，英文“KING”的首字母“K”，“保险”的英文“INSURANCE”首字母“I”。K 做箭头造型，是积极向上的方向标，金色箭头代表我们“追求价值”的导向；K 是王者之冠，代表我们跻身行业前列的战略追求；K 是山峰，我们期待能通过努力站上紫金之巅，达成我们的愿景。新标志从我们的使命、愿景、价值观出发，希望传达紫金为客户管理风险，创造价值的使命，力求完成全国前列的保险综合服务和解决方案供应商的愿景，并向客户及内部传达我们的价值观。新标志造型方正，体现紫金保险的责任和诚信，简洁有力的开放式图形体现紫金保险的自信，以及业务开拓中的成熟与专业；紫色与金色表现出紫金保险稳健内敛、开拓进取的精神。

二十二、都邦财险

核心价值观：修己安人，践行尽责。

“修己安人”是儒圣孔子倡导的君子之道。所谓“修己”，就是从道德、智识、行为上修习提高自己，所谓“安人”，就是使他人和谐平安快乐，推而广之，“安百姓”以“安”天下。修己是手段，安人是目的，修己为安人，安人即修己。

有修己安人之志，还需“践行尽责”。“践行”就是摒弃空谈、把目标、计划付诸良好的执行。“尽责”则要诚信为先，责任为重，恪尽本分。

都邦司训：重品德、讲修养；重责任、讲诚信；重执行、讲效率；重人才，讲贡献；重品牌，讲服务；重发展，讲价值。

服务理念：都邦保险一直将管理的着眼点放在能够让客户拥有良好的消费体验和需求满足上，为此建立了先进的组织架构，优化流程，从售前、售中到 售后各个环节，了解和满足客户需求，立志打造中国服务最好的保险公司。

售前服务：都邦保险重视市场调研，把了解客户和市场需求作为一切的出发点，研发保险产品，并根据客户需求，为客户提供防灾防损建议与 咨询、风险管理培训、灾害提示等服务；同时强化诚信销售，确保客户明白投保，正确选择，并将在保单通俗化方面积极探索。

售中服务：密切与客户的信息沟通，积极预防风险的发生，及时了解和掌握客户的新需求和新意见。

售后服务：按照“主动、迅速、准确、合理”的理赔原则，以诚信为基础，以标准化为方向，以先进的技术管理手段为依托，制定严格的理赔服 务制度和规范，并通过对网上远程理赔系统的运用，提高理赔管理能力和工作效率；建立多层次、全方位的监督体系，通过理赔投诉处理、客户 回访处理、客户调查问卷等方式，提高理赔服务质量；在实施标准化基础上，都邦保险还针对客户需求，实施差异化、个性化服务。

企业核心价值观：创造快乐。

企业追求：打造中国服务最好的保险公司。

企业精神：在竞争中奋进，在创新中发展。

企业作风：求真务实。

经营原则：注重品质，快速稳健持续发展。行为准则：为客户提供贴心服务。

品牌理念：服务创造品牌，品牌重于生命。管理理念：简单、高效、务实、创新。

用人理念：品行为先，量才适用。

企业标识：

都邦财产保险股份有限公司
DUBON PROPERTY & CASUALTY INSURANCE CO.,LTD.

标识释义：标志是一个金色的“田”字，寓意福田。保险是造福社会的爱心事业，是立足今天准备未来的事业，犹如农人勤劳种田就有收获一样，今天种下爱与未雨绸缪的种子，明天就能结福德之实，保险人通过不懈地努力，为千万家庭和社会谋福祉，正是都邦广告语“有准备有未来”的基本含义。标志由四个“D ”组成，图案的形状，外圆内方，刚柔并济，形成了汇通融合的整体， 寓意都邦保险将凭借雄厚的实力和强大的文化力量凝聚天下英才，服务四面八方，共同耕耘保险事业。标志亦似葫芦，葫芦在中国传统文化中谐音“福禄”，寓意吉祥。在这一理念指导下，都邦保险还开发了吉祥物小象嘟嘟，以此表达都邦保险对消费者由衷的祝福。

第二节　人寿保险公司

一、中国人寿

核心理念：

成己为人，成人达己。

原则与风范：

企业宗旨：诚信为本，稳健经营。企业价值观：与客户同忧乐。

企业使命：造福社会大众，振兴民族寿险。企业目标：与时俱进，争创一流。

企业精神：创新、拼搏、务实、奉献。企业作风：严谨高效，热情周到。

企业愿景：打造国际顶级金融保险集团。

运营理念：

生存理念：漠视危机就是扼杀生机。

用人理念：能力决定岗位，贡献决定价值。

教育培训理念：让员工更出色，使公司更卓越。市场理念：市场是创造出来的。

销售理念：执着源于爱心，信誉成就业绩。竞争理念：抢占先机，一往无前。

投资理念：不求最高，但求最好。

传播理念：让中国人寿品牌成为第一联想。

产品开发理念：引导消费，满足需求。

管理理念：用最经济的投入获得最丰厚的回报。

服务理念：用专业和真诚赢得感动。

企业标识：

中国人寿
CHINA LIFE

标识释义：中国人寿 LOGO 的“C”形圆环代表中国人寿（中国人寿英文名称的首字母是“C”），圆球代表客户，圆环细心呵护、高高托起圆球，表明了中国人寿“以人为本、关爱生命”的崇高境界和“客户至上、一言九鼎”的庄严承诺，体现了“成己为人、成人达己”的文化理念。圆环向上敞开，圆球象征地球，展现出中国人寿海纳百川的博大胸怀和放眼全球的广阔视野。银灰色是成熟、稳健的象征，草绿色是生机、活力的体现，彰显出中国人寿“诚信为本、稳健经营、值得信赖”的本色风格，预示着中国人寿的事业不断发展、蓬勃向上、充满不竭的生命力。

二、太平洋寿险同太平洋财险（前述）

三、平安寿险同平安产险（前述）

四、泰康人寿

泰康愿景：专业化、规范化、国际化经营，吸引、发展、激励和留住杰出人才，未来成为最具有亲和力、最受市场青睐、全球领先的大型保险金融服务集团。

泰康使命：融入 21 世纪大众生活，深耕寿险，致力于为客户提供“从摇篮到天堂”卓越的社会金融产品和服务，帮助人们安排健康、幸福、美满的新生活。

泰康核心价值观：诚信、稳健、创新、分享。泰康经营理念：稳健经营，开拓创新。

泰康发展战略：专业化、规范化、国际化。

泰康人寿的品牌定位：代表日益成长的工薪白领人群的现代生活观、现代消费观和家庭价值观。

泰康人寿的市场定位：融入 21 世纪大众生活，为日益崛起的工薪白领人群提供高品质的寿险服务。

企业标识：

标识释义：“以人为本”中间一个“人”字，几何的规范感，绿色代表生命健康。同时暗含“T, K, L, I ”（TaiKang Life Insurance）四个字母。标准字：刚柔兼备，中文源于舒同体，但经过刚化处理，英文是等线体经过艺术加工，中文柔而不弱，英文刚毅。标准色：稳健的主色调“泰康绿”，稳定，生命，健康“泰康蓝”，理性，稳健，自信。

五、新华人寿

理念文化：理念文化就是新华保险的经营哲学，是企业文化体系中的核心文化，是经营企业的指导思想。新华保险的理念文化包括七个文化单元：新华保险的世界观——发展观，新华保险的核心价值观——“责任观”，新华保险的发展目标，新华保险提倡的十种精神文化，“低调、务实、商业”的企业风格，以公司司徽为标识的“方圆文化”，以及司训等。

制度文化：制度文化是公司指挥系统的规范化管理，决策系统的规范化管理，业务流程的规范化管理，对部门、岗位、员工工作的规范化管理等所形成的文化，是公司理念文化的实践表现。新华保险制度文化分三个方面：管理体制、管理制度和管理理念。

人格文化：企业文化由企业的广大员工构成人格主体。新华保险的人格文化体现为领导团队、先进人物和员工群体三个层次。企业家是企业文化的领导者，先进人物是企业文化的示范者，员工群体是企业文化的推动者。

品牌文化：品牌是企业文化的载体，品牌文化是企业文化的精髓。新华保险企业文化经过积累和沉淀，形成了品牌的独特个性，这集中体现在公司的品牌口号上：立信于心，尽责至善。

愿景：中国最优秀的以全方位寿险业务为核心的金融服务集团。

使命：为客户提供幸福生活的保障，为员工创造成就自我的机会，为股东贡献稳定持续的回报，为社会增添和谐安宁的力量。

价值观：诚信、责任、公平、创新、进取。经营理念：创造价值，稳健持续。

工作原则：简单、客观、协作、责任。

《新华进行曲》

词：阎 肃 曲：孟庆云

新华情最浓 新华业正丰 襟怀蓝天阔 青春火焰红 回首望征程 风雨见彩虹

一路春光美 勇攀最高峰 追求卓越 方显英雄本色 追求宁静 才能致远畅通

漫洒鲜花香四海 耿耿丹心九州同 我是新华人 亲切又热情 诚信肝胆壮

进取乐无穷 我爱新华人 坚毅又年轻 重任担肩上 永远向前冲

司训：勇于迎接竞争，稳健守法经营。脚踏实地创业，服务精益求精。立足以人为本，坚持诚信待人。团结敬业奉献，永葆新华精神。

企业标识：

标识释义：新华人寿标志图形设计以中国传统连环纹为基础，智圆形方。“方”指西方文化的重理性，强调个性；“圆”指东方文化的重人性，强调和谐。

新华人寿的VI设计，体现了继承与发展相结合、本土化与国际化相结合、当前的实用性与未来的前瞻性相结合的特点。

新华VI的推出，标志着新华人寿将进一步重视和加强品牌战略，以应对国际化的竞争。

标识含义：做事必方，诚信、守法、不越雷池，方中求发展，稳健创大业；做人必方，精业、忠诚、敬业、奉献，新华员工与企业同发展共命运。

理念必圆，圆就是求实、求智、求变、求异、求新，与时俱进，庙算于先，新华保险方能大发展、快发展。

方是基础、规则、制度，圆是思路、理念、智慧。方能制圆、方能助圆；圆不离方、圆能补方。方圆相容，缺一不可。

六、中国人民保险公司寿险

中国人民保险公司寿险的历程：PICC，即中国人民保险公司，是在中华人民共和国第一任总理周恩来的亲自关怀下，于 1949 年 10 月 20 日经中华人民共和国政务院批准成立的。经历十年“文化大革命”冲击后，于 1979 年 11 月恢复国内业务。

中国人民保险公司寿险的使命是：人民保险，服务人民。

中国人民保险公司寿险的宗旨是：为客户创造价值，为员工创造机会，为社会创造效益。

中国人民保险公司寿险的核心价值观是：诚信立业，回报社会，以人为本，和谐发展。企业标识同中国人民保险公司。

七、太平人寿

愿景：建设具有全球竞争力的国际化现代金融保险集团。

使命：创造安全、健康、富裕的美好生活。

价值观：诚信、专业、创新、业绩。

发展理念：为您分担风险，与您共享太平。企业精神：担当、务实、协同、奉献。

企业标识：

标识释义：在整个视觉识别系统中，图形识别元素是中国太平经营目标和经营理念在视觉上的具体呈现，是其他视觉元素的领导者。

图形中的“太平”二字为象形的根植大地、拥抱蓝天、枝繁叶茂的参天大树，寓意中国太平充满活力，永续经营。

太平蓝象征天空的广阔与博大，诠释了中国太平通过诚信优质的理财服务和保险保障，为客户营造了一片安宁祥和的生活空间。

太平绿象征大地的生机与活力，寓意中国太平热爱自然、关爱生命的美好愿望以及积极进取、持续创新的企业风貌。

整体的造型为圆形，强化了“中国太平是中国保险行业第一家跨国公司”的个性特点，是中国太平全球化发展战略的形象诠释。

“太平司歌”

词：集体创作曲：朱良镇

穿越时空真情永远，肩负历史重托会聚时代精英，穿越时空 真情永远，为人们送去幸福，幸福安宁。

至诚至信 永无止境，让我们造就永恒生命。

至诚至信 永无止境，让我们造就永恒的生命。

至诚至信 永无止境，让我们造就永恒的生命。

植根沃土 拥抱蓝天，树立远大志向 铸就辉煌人生，植根沃土 拥抱蓝天，为生活增添祥和和安宁。

持续创新 追求卓越，让我们开创万世太平。

持续创新 追求卓越，让我们开创万世的太平。

持续创新 追求卓越，让我们开创万世的太平。

开创万世的太平。开创万世太平。

八、中国人民保险公司健康

中国人民保险公司集团企业文化（见中国人民保险公司财险）。

经营理念：健康保险 + 健康管理。

保障链条：基本 + 大病（补充医疗）+ 医疗救助 + 长期护理 + 健康管理。

风险防控机制：病前健康管理、病中诊疗监控、病后赔付核查。

企业标识同中国人民保险公司集团。

九、农银人寿

嘉禾时期

公司愿景：把嘉禾人寿打造成深受客户信赖的保险公司。

经营理念：以信立业，以实求健、以新创绩、以效争优。

“以信立业”意指“立信”而成就大事业。“信”包括信心、信任、信用。信心是对公司、股东、人寿事业和未来充满信心。信任是代表员工与员工之间、上级与下级之间、员工与公司之间的相互信任，以及股东与经营班子之间、公司与客户之间的相互信任。信用是为人处世的准则和对客户、对员工、对股东、对社会的承诺，以信用面对客户、打造品牌、凝聚人心、开创事业。

“以实求健”是强调脚踏实地、稳健发展。“实”包括实想、实说、实干。实想是指制定的发展蓝图、策略、措施符合实际，切实可行；实说是做老实人，说老实话，办老实事，不说大话空话；实干是指实干精神，一步一个脚印，踏踏实实做事。

“以新创绩”是力求“创新”出成效、出业绩。“新”包括新观念、新机制、新模式、新品牌。新观念是自我突破，更新观念，打破常规；新机制是敢于大胆尝试和引进新机制，不断创新、不断超越；新模式是勇于探索新的营销模式，并不断改进和完善；新品牌是树立新形象，打造具有市场竞争力和影响力的新品牌。

“以效争优”是“争效”而再达“优”。“效”包括效率、效能、效益。效率是以最短时间创造最好业绩；效能是高效率所释放的高能量；效益包括经济效益和社会效益，效益是企业报效股东、客户和社会的保证。

服务理念：终生对客户负责，时刻为客户服务。

公司司训：诚信为人，用心做事。

“诚信为人”是指做人要真诚厚道，恪守信用，不弄虚作假，凡事言必行、行必果，说到一定做到。这不仅是一个人立身处世的根本，也是一个企业持续经营的基石。

“用心做事”包括两层含义。

首先，每个人做事应该拥有八颗心：第一、雄心，要拥有奋斗目标；第二、信心，在面对困难、经历挫折时拥有坚忍不拔的毅力；第三、耐心，在向客户宣传保险产品及知识时要多做尝试；第四、恒心，无论与同行间的差距有多远都要一直坚持下去、不断努力直至超越；第五、虚心，勇于察觉自己的不足、虚心地学习别人的经验；第六、诚心，本着客户是上帝的宗旨、绝对禁止消费误导或消费欺骗行为的发生；第七、齐心，在公司内部绝不搞内讧、上下齐心合力工作；第八、热心，热爱保险事业、热爱公司、热爱客户。

其次，每个人都要用“头脑”做事：认真思考、认真琢磨、多想多学、强调细节、注重实效，做事要细心。

宣传口号：嘉禾人寿，人寿家和。

“嘉禾人寿，人寿家和”，它汲取了中国传统“和”文化之精华，糅合了保险行业的经营特色和宗旨意识，既有厚重的文化底蕴，又富有鲜明的时代特色。

口号采用回环的表现形式和词语活用转换的修辞手法，寓意深远、简洁明快。借“嘉禾”与“家和”的谐音，喻义“家和万事兴”，既凸现了嘉禾人寿公司名称标识，直观明了地向公众展示了公司品牌，又蕴含了祈福的思想元素。简洁的“人寿家和”四个字，彰显了嘉禾人寿将以人寿保险这一服务载体，全力践行公司的服务承诺和服务宗旨，勠力同心，致力于创造一个“人寿年丰”“家和万事兴”的和谐社会环境。宣传口号充满活力，饱含生机，昭示了嘉禾人寿蓬勃向上的企业精神。

企业标识：

标识释义：标志由企业拼音首字母“J”变化而来，专属性强，具有良好的品牌识别力。

标志整体传达了“伞”的视觉意象，象征着呵护、保险，体现嘉禾人寿的行业属性及本质特征——关爱民生，佑护百姓，为顾客撑起一片安心祥和的天空。

标志又似一个向上的箭头，代表嘉禾人寿突破进取、积极向上、超越发展，象征着企业人蓬勃的朝气和奋斗的激情。

标志运用中国书画中的飞白手法，体现了中国传统文化特色，与企业名称“嘉禾”具有一致的中国文化气质。同时增强了标志的趣味性、可读性。

标志造型圆润浑厚，象征圆满细心的服务和雄厚的实力、宽阔的胸怀。至简大气的两笔渗透企业的力量和决心。蓝色象征着沉稳、希望、宁静，也利于标志在视觉环境中的凸显，具有较强的视觉冲击力。

农银时期

公司使命：面向城乡、服务客户、回报股东、成就员工。

我们的愿景：建设一家持续创新、品牌领先、有市场影响力的银行系寿险公司。

公司定位：依托农行，突出县域核心竞争优势，为城乡客户提供一站式金融服务，成为农行金融服务体系重要组成部分。

公司核心价值观/司训：诚信立业、稳健行远。

公司经营理念：以市场为导向，以客户为中心，以效益为目标。

公司服务理念：客户至上，始终如一。

公司风险理念：违规就是风险，安全就是效益。

公司人才理念：德才兼备，以德为本，尚贤用能，绩效为先。

公司管理理念：细节决定成败，合规创造价值，责任成就事业。

企业标识：

标识释义：标识采用中国农业银行标识和农银人寿合成，突出了企业拓展新的业务领域。标识的专色分别为：底色——白色，司徽——专绿色，中文行名——黑色，英文司名——黑色。其中，绿色象征生命和希望，预示着企业事业的兴旺发达；黑色象征着企业管理严谨、作风稳健、实力雄厚。

十、合众人寿

企业文化的核心：和合文化

文字表意："和"指和谐、和睦、祥和、和顺等；"合"指凝聚、合众、结合、融合、合作等。

内涵寓意：崇尚和谐合用、兼收融合、追求对立统一、内和外顺。

寓意和谐：和睦同心、众心归一、天人合一、和以处众。

寓意合作：团结协作、合群济众、互济双赢、和衷共济。

寓意包容：兼收并蓄、求同存异、和而不同、殊途同归。

寓意融突：对立统一、冲突融合、多元竞合、内和外顺。

核心价值理念：和合各方利益，实现多赢共好。

发展愿景：成为"一流的民族化、人文化、国际化的综合性金融服务集团"。

和合的具体要求和价值实现：

于股东：互济双赢，回报价值。于客户：诚实守信，服务至上。于员工：双向忠诚，共同成长。于社会：服务大众，回馈社会。于同业：文明竞争，和而不同。于公司：内和外顺，创造辉煌。

企业使命：致力于为社会大众提供人文关怀的寿险产品和服务。

核心竞争力：努力在业务拓展、客户服务、管理机制、信息技术、资金运用、人力资源六个方面培养和建立核心竞争能力。

经营方针：市场导向、效益为先、管理规范、经营稳健。

企业精神：艰苦创业精神、敬业守责精神、忠诚奉献精神、诚信立业精神、团结协作精神、学习创新精神。

企业风格：稳健、和谐、务实、活力。

公司司训：简单和谐，奋发向上；爱司敬业，忠诚奉献；诚实守信，稳健经营；和合共济，追求卓越。

管理体制：法人治理结构、股本结构、公司决策制度、战略管理、人力资源管理制度、信用管理、内部监督与风险控制制度、两核集中管理和财务垂直化管理制度。

管理理念：以和合凝聚团队，以诚信服务客户；以客户为本，以服务制胜；以业务为中心，以市场为导向；以经营求效益，以管理求效率；快速有效发展，稳健守法经营。

营销文化：公司与业务人员是合作关系；业务人员之间、主管与业务人员之间是合作伙伴关系；善待同业、谦和好学、博采众长、体现个性、建立品牌；诚实守信、服务客户、服务社会。

企业标识：

标识释义：合众 LOGO 由简洁而国际化的中英文组合形式构成。两条弧线的巧妙搭配，使整个组合富有生机与表现力，寓意为“保护、保障、呵护”，正是保险行业所承载的社会使命与基本义务，同时如同群山般厚重，集众之力、行稳致远，是合众文化必不可少的立志之本。右部“合众人寿”中文表现，增强品牌识别度，此英文＋中文结构极具国际化表现，意为公司向国际化迈进。

十一、国华人寿

企业使命：让每个家庭拥有保障和幸福。

企业愿景：致力于成为最能为客户、员工、股东、社会创造价值的金融服务集团。

企业核心价值观：信任、责任、精益、价值。

信任：信任于人，取信于人。信任，是文本契约的重要补充，企业生存的基础。既要取信于人，也要信任于人。我们被客户信任，客户才能相信并购买我们的产品；被员工信任，员工才能与公司患难与共、共同成长。信任于人，企业才能充分授权，提升效率；员工才能通力协作，发挥潜能，积极工作，实现目标。

责任：勇于担当，责有攸归。责任，是企业经营的必需。既要有所作为的勇于担当精神，又要具备恪尽职守的责有攸归态度。我们必须具备责任意识，勇于担当，有效执行；坚守本职岗位，用责任与专业推动工作，才能担负客户的信任。我们必须坚守责任精神，及时发现客户需求，为员工创造事业平台，为股东创造持续价值回报，为社会践行社会管理职责，使社会幸福、繁荣。

精益：精益求精，创新进取。精益，是国华人做事的态度。以不断改善的态度精益求精；以创新进取的精神追求卓越。我们倡导精益文化，算账经营，务实高效，创新进取，挑战自我；我们坚持精益思想，迅速响应需求，不断改善流程，提升资源效率，将每件事情做得更好。

价值：创造价值，分享价值。价值，是企业经营的要求。持续创造价值，是企业经营的核心；乐于分享价值，是企业良性运行的基础。我们的价值：为客户：提供优质的产品，便捷的服务，幸福的一生；为员工——创造生活的来源，事业的田园，精神的家园；为股东：创造持续稳定回报；为社会——丰富公众保障服务，使地方社会幸福、繁荣。

公司司训：以人为本，信任为先；勇于担当，责任在肩；创新进取，精益求精；优化成长，价值共赢。

企业标识：

国华人寿保险股份有限公司
GUOHUA LIFE INSURANCE CO.,LTD.

标识释义：标志图形以“国”字为创意出发点，一口一玉即为“国”，代表国华；“口”处理成略带曲线的圆角方形，稳重大气、端庄大方。“玉”的一点用玉石的外形点缀，起到点睛之笔的作用，象征企业提供有保障的高价值产品，也暗示企业的服务如美玉无瑕，值得信赖。

图形上方的白色渐变高光，取之风帆造型，寓意企业在稳健前行中追求高效与创新，传达出企业积极向上、开拓进取的精神风貌。标志图形外形又似印章造型，体现出企业诚实守信的经营理念以及博大深厚的文化底蕴。

十二、民生人寿

企业愿景：创造受人尊敬的公司。

企业使命：为民生服务，让民生确定。

企业精神：艰苦奋斗、大胆创新、克难攻坚、勇往直前。

核心价值观：利他共生，共创共享，走共同富裕之路。

经营理念：以用户为中心。

企业行为准则：讲真话，干实事。

服务理念：服务他人，精进自己。

企业标识：

MINSHENG LIFE
民生人寿
MINSHENG LIFE

标识释义：代表公司形象的 LOGO，以山脉为主体，象征公司与天地共存，“M”结构为“民”的读音，代表公司。整体结构以绿色为背景，喻为蓬勃发展，欣欣向荣，极具顽强的生命力。它代表了公司愿以天地共存，与山河同在，与民同在的美好愿景；是积极进取，蓬勃健康发展，为民造福的寿险公司。

十三、安邦人寿

企业文化体系：安邦崇尚人与自然的“水”文化；安邦崇尚人与人的“家”文化；安邦崇尚人与社会的“互联网”文化；三种文化构成了安邦的“和谐文化”。

“水”文化：安邦伴水而生，依水而长，从水中体悟企业生存之道。“水”一样自然，与客户、与市场、与社会息息相通；“水”一样的多变，虚怀若谷，包容万物，即以专业的品质满足客户变化多样的需求；“水”一样的力量，在竞争中生存，建立独具安邦特色的价值与盈利能力；“水”一样的精神，简单高效、团队合作、互联支持、共赢未来，为建设恒久安邦奠定坚实的基础。

“家”文化：员工增值、客户增值是安邦的企业目标。安邦将客户与员工作为企业发展过程中最为重要的两个因素，放诸第一位，不仅要给予客户综合式的服务，更要给予员工家庭式的关爱，让员工获得真正的利益，以安邦为家、以工作为乐。

“互联网”文化：安邦追求人与社会的“互联网”精神，互联支持，共赢未来。在互联网中，每个人都可拥有相同的资源，每个人都享受着平等的服务，每个人都可能参与其中，或创建或完善，将自己的聪明才智充分展现，但每个人又无法从根本上撼动其根基，无法对其造成致命伤害。这给予我们提示，要建立一个如互联网般的组织，一个非常平等的、民主的企业组织。

企业战略：安邦保险集团将发展成为以保险、投资为核心的，融银行、资产管理、金融租赁等多元金融业务于一体的、综合性跨国金融服务集团，提供“一个客户，综合服务”的全方位、定制化金融解决方案。

“人”字战略：

大脑：保险、银行、资产管理是我们的大脑，金融是我们的核心战略，想做这三个行业的都可以来到我们的“脑部”。

左手：五个手指是五个经营策略，第一个是个人金融全面解决方案，为个人客户提供全球的金融解决方案；第二个是法人企业金融全面解决方案，为法人企业提供全球的金融解决方案；第三个是互联网金融；第四个是健康医疗；第五个是养生养老。

右手：五个手指是五个投资战略。生命科技帮助我们拥有健康的身体，所以生命科技是我们的第一个投资战略。有了健康的身体，就需要安家立业、有房子住，不动产是我们的第二个投资战略。人出行需要有汽车，所以我们投资汽车和基础设施，这是我们的第三个投资战略。我们的第四个投资战略是能源和资源，第五个是互联网投资。

两只脚：一只脚是互联网，另一只脚是全球化。

中间的躯干：人才，能支撑我们持续前进的是人才。

企业标识：

标识释义：安邦保险 LOGO 图片由英文字母的 AB，排在 26 个字母的第一、第二位。AB 表示安邦是数一数二的意思，AB 是安邦的缩写。稻谷是为了表现它来源于生活运用于生活的企业文化。

十四、工银人寿

企业愿景：通过专业化、规范化、国际化的经营，建设信誉卓著、管理科学、文化先进、效益良好的国内一流保险公司。

企业使命：秉承服务客户，回报股东，成就员工，回馈社会的理念，深耕保险，帮助人们安享健康、幸福、美满的生活。

价值理念：诚信天下、勇于创新、精诚协作、追求卓越。

品牌标语：工银安盛，与您同行。

发展路径规则：工银安盛人寿“员工企业家”&“理财规划师”的摇篮。独有的理财顾问员工制用工模式：按照基本法设计的晋升路径，持续进行组织发展，收获能力、职级和收入提升，2 年圆梦员工企业家。打破行业常规，引入员工制。第一家引入“理财规划师”概念的公司，规划共赢人生发展之路：一是以客户为中心，成为“理财规划师”；二是以团队管理为中心，成为职业经理人；发展销售家族，成为“员工企业家”。两条路合二为一，成就共赢人生之路。

企业标识：

标识释义：工银安盛的品牌视觉形象为水平红色线条。

工银安盛人寿的辅助图形是一条水平红色线条，其灵感来自股东品牌形象系统中共有的红色线条以及工银安盛人寿司标中的红色装饰线，体现工银安盛人寿对股东企业文化精义的继承和发扬。

以白色为主的背景上运用红色水平线是这个设计的主要构思。红色代表关爱、热情；延伸的水平线代表执着、坚定、一往无前，象征着工银安盛人寿植根于坚实的基础之上，号召所有员工及销售团队齐心协力，坚持以专业创新的标准严格要求，在这条充满无限发展机遇的道路上勇往直前，为怀揣心中的同一愿景目标热情而执着地并肩奋斗。同时更寓意着无限延伸的客户关爱、始终如一的热情服务以及简单透明的沟通方式。

十五、幸福人寿

幸福人寿企业文化的核心理念包括企业价值观、企业使命、企业精神、企业愿景和企业司训。

企业价值观：以人为本，诚信规范，共创价值，服务社会。

“以人为本”指重视人的发展，满足人的需要。将促进人的发展视为公司生存与发展的目的，视为对公司最有意义、最有价值的事。

“诚信规范”是指幸福人寿作为一家寿险公司，将诚信从业、规范经营作为企业经营之道的根本，体现了企业的道德价值观。

“共创价值”是指在公司经营与发展的同时，与我们的客户、员工、股东和社会公众携手，共同创造属于自己的价值。

“服务社会”是指履行保险业保障人民生活稳定和社会安定，促进国民经济与金融体系又好又快发展的行业使命，这是企业存在价值与意义的最终表现形式。

企业使命：胸怀全局，关注民生，服务大众，促进发展。

“胸怀全局”是指站在全局的高度，从整个保险行业的视角看待公司自身发展，将振兴民族保险业作为企业的重要使命，把自身发展与行业发展相统一，通过自身的成长与提高促进保险市场和保险行业的发展，这是时代所赋予我们的使命。

“关注民生”是指将民生问题当作企业自身发展中的首要任务，常抓不懈，视为民分忧为保险业者应具备的行业精神，强化服务民生、改善民生的社会责任感。

“服务大众”是指从大众的需求出发，将切实满足人民群众的保险需求作为企业经营的出发点，通过自身的发展，为人民群众的生活提供更高层次的保障，进而提升大众的生活品质，促进人的全面发展。

“促进发展”是指将企业的发展与促进社会和谐发展的目标相统一，通过企业发展带动行业发展，促进客户发展，拓展员工职业生涯，为股东持续创造稳健丰厚的回报，履行企业的社会责任，促进社会和谐发展。

企业愿景：国际水准的经营管理，优质高效的客户服务，世界知名的企业品牌。

“国际水准的经营管理”的界定：我们在所从事的领域处于领先者的地位——我们

的经营理念、业务发展模式、管理方式、管理技术和系统都将长期在行业内和市场上处于领先地位。

“国际水准的经营管理”是幸福人寿的经营管理目标。幸福人寿目前尚处于起步创业时期，发展的阶段性特征决定了我们需要通过不懈的努力，树立先进的经营理念，建立科学、专业的经营管理机制，不断提升经营管理水平以适应发展和竞争的需要。

“优质高效的客户服务”的界定：是幸福人寿的服务目标。我们的服务在市场上深受信赖和欢迎——我们的服务极具竞争优势，客户因为享有我们的产品和服务而感到高度满意。

“世界知名的企业品牌”的界定：是幸福人寿的发展目标。我们致力于打造一家世界知名的寿险企业——我们要成为行业内的优秀典范和市场上的杰出品牌，这是我们永无止境的追求目标。

企业精神：至善至诚，传递幸福。

至善是幸福人寿永不止息、创新超越的进取状态和对完美境界孜孜不倦的追求精神；至诚是幸福人寿经营和发展的根本。幸福人寿秉持做优秀企业公民的诚意，以诚信实践承诺，不断进取，追求卓越，传递爱心和幸福。

企业司训：胸怀理想，铸造品牌，诚信经营，稳健发展。

“胸怀理想”是指公司始终秉持服务社会、奉献社会，让企业 、客户与员工同时获得幸福的崇高理想。

“铸造品牌”是指公司通过产品与服务差异化以及提高服务质量塑造自身的品牌特色，通过加强宣传等手段提高品牌知名度，通过诚信稳健经营和科学管理塑造企业形象，提高公司的核心竞争力，最终将幸福人寿打造成能够为客户、员工、股东和社会公众带来幸福的成功企业品牌。

“诚信经营”是公司对待商业道德取向的态度。幸福人寿秉持诚信经营的原则，重信守诺，诚实经营，坚持取信于客户、取信于员工、取信于社会。

“稳健发展”是幸福人寿对待成长规划取向的态度，是幸福人寿业务发展的基本战略选择。

幸福人寿的经营理念：诚信，稳健，专业，创新。

“诚信”是指诚实守信，肩负责任，取信于客户、取信于员工、取信于社会。

“稳健”是指幸福人寿坚持以科学发展观为指导，秉持稳健经营的原则，重视公司的长远发展和内涵价值的提升，不以眼前利益牺牲长远发展，科学合理规避和控制风险，实现公司的持续健康发展。

“专业”是指幸福人寿致力于为客户提供专业化的保险服务，为客户提供优秀的保险方案和产品，通过专业、优质的产品和服务赢得客户的信任，培育客户的忠诚度。

“创新”是指通过产品开发、服务模式、管理体制和运行机制的创新，提高公司核心竞争力。

幸福人寿的服务理念：专业，规范，贴心，超值。

通过“专业”提升我们服务的层次，通过“规范”保证我们服务的质量，通过“贴心”体现我们的服务满足客户的需求，通过“超值”证明我们服务的价值。我们希望用真诚付出，换得客户幸福相伴。

幸福人寿的人才理念：人才是兴业之本。

树立人才是公司最大的财富的理念，引进、培养和造就一批适应公司发展要求的高素质人才队伍。每位员工的发展与提高，离不开所有员工构成的企业这个集体的兴盛与发展，企业的发展又会带动员工的发展，二者紧密结合，不可分割。

幸福人寿的创新理念：创新成就未来。

创新是一家企业发展的不竭动力和生命力的源泉，是企业在激烈的市场竞争中生存与发展的核心优势。幸福人寿希望通过自身的不断创新，与客户携手共创美好未来。

幸福人寿的内控管理理念：健全合理，有效先进。

“健全合理”是指我们的内控体系合理和完备，有科学的决策体系，健全的内控制度和完善的风险管理机制，并具有科学的激励约束和监督机制，能够保证企业的正常平稳运行。

“有效先进”是指所有的管理指令能够顺畅传达并得到有效的执行，从而能够有效防范风险，让内控管理切实促进企业高质量、高效率地运营。

幸福人寿的营销理念：以市场为导向，以客户为中心，以创新为手段，以效益为目标。

“以市场为导向”是现代服务业业务发展和产品创新的出发点。公司在市场开拓、业务创新、产品和服务开发中都应坚持从市场需要出发，市场需要什么产品和服务，就要推出什么产品和服务，这是现代金融业市场营销的总体趋势，也是我们遵循的基本营销理念。

“以客户为中心”是公司开拓市场的基础。为了更好地服务客户，公司总部承担全系统业务的管理和大客户的开发，分、支公司实行客户经理制，直接向客户提供“一揽子”服务，强化业务系统的经营管理力度，使业务部门和客户经理更贴近市场，更贴近客户，以客户为中心开展各类营销活动，使管理和经营、总公司和分支机构实现相互配合、相互促进。

“以创新为手段”是公司实现可持续发展的灵魂所在。只有创新才能形成竞争优势，保持竞争优势又需要不断地创新和改善，任何企业一旦停止创新和改善终将会被竞争者所取代。

“以效益为目标”是企业经营的原则。在市场开拓中，我们要分析投入产出的关系，增强成本观念，把有限的资源运用到能实现效益最佳的业务领域，以此指导业务布局和产品与服务的开发。

幸福人寿的投资理念：规范，稳健，专业，价值。

“规范”是我们企业一切资金运用行为的基本准则，是约束投资行为的最高准绳，只有符合规定要求的行为才可被列为备选的投资手段，这是对企业负责，更是对全体客户负责的思想体现。

“稳健”是我们投资活动所遵循的原则，体现了我们幸福人寿作为一家寿险企业的责任意识，即我们不仅要有效管理股东的财富，更要履行帮助客户进行风险管理和实现财富增值的责任。

“专业”是我们投资工作的技术要求，体现了我们追求专业性和先进性的精神，即保障资产安全，实现风险投资收益要靠科学的投资技术和手段，确保投资工作稳固而扎实。

“价值”是对我们投资成果的要求，也是我们考核投资绩效的基本指标。这里所说的价值不仅包含投资收益，也包含我们的投资工作所创造的无形价值和社会价值。

企业标识：

标识释义：幸福人寿标志源于公司大股东中国信达资产管理有限公司，幸福人寿是中国信达集团旗下的寿险子公司。

以“中”字的变化为基本创意，球体及色带图形中包含“C”“D”两个字母，取自英文“CINDA”。图案中色带是“中”字的一竖，又有水流动的意象化处理，寓意财富的流动，体现中国信达作为金融性公司的行业特质。品牌标志整体稳中有动，体现出中国信达稳重而不失灵活的企业性格。

公司标志LOGO以蓝色为主色、红色为辅色，公司名称与LOGO主色形成一体，更彰显了公司LOGO与司名组合的自然、平衡、和谐。蓝色是国际通行的具有美好寓意的颜色，是代表创新的颜色，寓意理性、稳健，同时蓝色也是大海和天空的颜色，寓意中国信达具有海纳百川的博大胸怀。另一方面，司名字采用经过专门设计的综艺体，设计理念是方圆结合，彰显中国信达稳健改革、创新发展的企业品格。

十六、百年人寿

企业愿景：打造百年老店，做中国最好的保险公司。

企业使命：悦客户以服务、亲员工以眷顾、馈股东以价值、报社会以和睦。

核心价值：诚信、创新、稳健、进取、关爱、和谐。

悦客户以服务：百年人寿致力于客户每一个人生阶段的保险以及理财服务，追求业务的精益求精、关注客户长期利益，帮助客户有尊严地度过美好人生，让每个家庭无后顾之忧。

亲员工以眷顾：百年人寿致力于营造良好的人文环境，为员工提供公平的工作环境以及良好的职业规划，员工在百年可以获得最好的锻炼机会，最大限度地实现自身价值。

馈股东以价值：百年人寿致力于有效的合规管理与风险控制，确保股东资本在可控范围内达到价值最大化。百年人寿专注于产品服务的创新、品牌与资产的经营，以高于业界的成长率，达到合理的股东回报率。

报社会以和睦：百年人寿致力于通过为客户提供保障、使员工得到发展，为社会稳定做出贡献。积极参与社会公益事业，回馈社会。

经营理念：以人为本、大局为重、上下同心、科学决策、贯彻执行。

以人为本：百年人寿倡导尊重员工、理解员工、关心员工、发展员工及服务员工的用人理念，让人才成为企业发展的永续动力。

大局为重：树立大局观，培养使命感、责任感及主人翁意识，不计较个人得失，倡导以百年整体利益为重、以实现百年梦想为己任的价值取向。

上下同心：百年人寿致力于营造团结、和谐、向上的氛围，秉承共同的信念与共同的志向，将百年人寿视为终身事业的平台，从容面对市场与形势的变化，以实现企业的愿景目标。

科学决策：决策程序科学、决策目标准确、决策过程民主、决策依据充分，通过建立科学的决策流程和方法论，以实现科学决策。

贯彻执行：明正思想以提高执行意识、建章立制以倡导执行作风，把执行力融入全体员工的思想意识，把握要点，实现执行理念的不断提炼与升华。

企业精神：创业精神、进取精神、合作精神、敬业精神、奉献精神。

创业精神：倡导奋发向上、艰苦创业、百折不挠的精神，崇尚吃苦在前、享受在后、淡泊名利的境界，以及自强不息、开拓进取、蓬勃向上的精神风貌。

进取精神：开拓创新是企业发展的原动力，通过资源整合、理念创新汲取同业先进经验，促进企业核心竞争力的提升。

合作精神：倡导团队一致、合作与共、整齐划一的行为，将合作精神融入企业生命线的每一根毛细血管，深入企业发展的每一个环节。

敬业精神：倡导员工在工作中爱岗敬业、勇担责任，做到在其位、谋其政、司其职、尽其责。

奉献精神：鼓励重义轻利，倡导以“春蚕”“蜡炬”为荣，爱岗奉献的服务精神。强调哪里有奉献、哪里有付出，哪里才会有个人与企业的成功。

品牌主张：创新百年、关爱永恒。

创新百年：百年人寿致力于不断地创新与突破，凡事因势利导，鼓励不断探索，激发员工发挥潜力、群策群力、共达目标。

关爱永恒：以实际行动提供满足或超过客户需求的服务，努力创造人民生活的祥和与和睦。

企业标识：

标识释义：以印章作为百年人寿企业标识的基础要素，传递出保险企业诚信、庄严承诺的行为理念。

印章早在四五千年前就已在中国出现，是渊源深远的中国传统文化中最常见的艺术形式之一，具有其独特的 文化内涵。上至帝王，下至平民，每逢大事，均以印章为鉴， 印章已经成为广泛使用的社会诚信表现形式。印章作为企业标识的基础要素，表达出百年人寿对社会公众的庄严承诺。

“百年”作为企业标识视觉传达的焦点并置于印章右方，突显传统 “右为尊”，以客户需 求为导向的服务理念。

“百年”纵向右排，打破传统常规的居中构图，取之传统，又出于传统，企业中文名称 “百年”居右排列，寓意着“右为尊”、以客户需求为导向、力争成为客户终身信赖保险服务 商的服务精神。印章左侧完全空白，寓意着百年人寿继承传统的同时，敢于创新与突破，实现 客户、员工、股东、社会的共赢与价值的最大化，同时表达出“诚信”“创新”“高效”“进取”的核心价值观。

第八篇

企业工会建设与企业争先创优活动

工会组织是党和政府联系群众的桥梁与纽带，是党的群众工作的重要组成部分。《中华人民共和国工会法》明确规定，工会有“维护、参与、建设和教育”四项职能，随着保险业的不断发展，保险市场竞争加剧，工会有效整合各种资源作用更加突出，在企业经营管理中的特殊地位更加明显。因此，在企业充分发挥工会的职能作用和特有优势，对提升公司竞争力有重要意义。

第二十六章 工会组织建设与制度建设

从 20 世纪 50 年代起，人保大同支公司就十分重视工会的管理工作，并在保险经营过程中发挥着重要的作用。伴随着保险行业的发展，工会管理工作在险企的重要性受到广泛的关注，形成共识。工会的组织建设与制度建设是工会发挥职能的基础，同样，它伴随着保险业的发展经历了由粗放走向健全的过程。

第一节　大同保险行业工会发展路径

20 世纪 50 年代，中国人民保险公司大同支公司成立。中国人民保险公司大同支公司在“保护国家财产、保障生产安全、促进物资交流、增进人民福利”方针指引下，“兼顾生产与生活”，在发展保险的基础之上，对逐步改善职工生活福利进行了有效的探索。创业初期，机关和企业职工的待遇还不高，国家财政经济力量还不很充裕，社会福利制度还不完善，职工如果发生疾病、死亡、伤残事故，往往会给家属或本人带来经济困难，而职工所在机关或企业又无法完全解决。为此，中国人民保险公司在全国陆续开办了职工团体人身保险，并作为一种福利，在各个单位推广。20 世纪 80 年代，中国人民保险公司在大同建立分支机构，恢复国内保险业务， 工会组织随之建立，并积极参与公司的业务管理，特别对在开展劳动竞赛、发挥典型示范作用产生重大激励影响，如“青年文明号”和“巾帼英雄”称号的授予等。20 世纪 90 年代后期，大同保险业工会重视如“职工书屋”“职工之家”的建设，对职工生态环境改善，提高企业管理的保健因素达成共识。进入 21 世纪，伴随管理理念的不断发展，企业工会的职能得到更大的释放，在建言建议、学习培训、员工素质、职工福利、改善生态、社会管理等诸多方面发挥着积极作用。

第二节　工会组织建设与制度建设

1982 年 8 月，中国人民保险公司大同支公司成立了工会委员会，选举刘佃元任工会主席。9 月，中国人民保险公司大同支公司召开首届职工大会，庆祝公司成立暨恢复国内业务两周年。

1986 年 9 月，中国人民保险公司大同中支召开职工大会，选举第一届中支工会委员会。选举王兴业、吴世相、马艳平、刘存智、田浩为工会委员，王兴业为工会主席。

1988 年，中国人民保险公司雁北中支选举产生首届工会委员会，乔佐当选为工会主席。

1990 年，中国人民保险公司大同支公司召开第六次党组会议，确定公司女工委员会，乔素华兼任女工委员。

1991 年，中国人民保险公司大同中支任命任世英为工会女工委筹备组负责人，负责筹备公司女工委及女工委工作。

1992 年，中国人民保险公司雁北中支党组决定任命李福贤为工会副主任。

1993 年 7 月，中国人民保险公司山西省分保险公司任命杜志涛为中国人民保险公司大同分公司工会主任。8 月，大同分公司任命李福贤为系统工会副主任、任世英为系统工会主任助理、马翠兰为系统工会医务室主任。

1996 年 7 月，中共大同市直属机关工作委员会任命刘枫为中保人寿保险有限公司大同市分公司工会工作委员会主任，李福贤为副主任兼组织女工委委员，田浩为工会宣传委员。

1998 年 4 月，中保人寿山西省分公司转发总公司工会下发的《关于工会评模实行财务一票否决制的通知》。国寿大同分公司进行及时传达，并要求全市各级公司领导和员工在经营管理过程和销售过程中要严格执行财务及其他法律法规，做守法合规单位，做道德守法员工。9 月，中保人寿大同分公司转发了山西省总工会制定并下发的《山西省总工会推进工会法制化的实施意见的通知》和《关于金融系统基层工会法人资格登记有关问题的通知》，强化了保险企业依法建立工会、依法履行工会职能、依法维护职工权利的法律意识。

2000 年 5 月，中国人寿大同分公司根据《中国人寿保险公司山西省分公司系统机构体制改革实施方案》，工会、妇女、群众工作岗位设置在办公室。6 月，中国人寿大同分公司工会开始学习和执行由国寿山西省分公司制定的《工会女职工委员会暂行工作条例和工作制度》。11 月，中国人寿大同分公司开始执行由总公司制定的《中国人寿保险公司工会经费管理办法》。该办法明确工会经费来源与标准、收缴办法、回拨与奖励、人员配置、上缴时间等。

2001 年 8 月，中国太平洋财产保险股份有限公司大同支公司成立工会委员会，柴煜任工会委员会委员、主席，李宝日、许翠英为工会委员会委员。

2002 年 5 月，中国人寿大同分公司在国寿山西省分公司工会和大同市总工会支持下，召开国寿大同分公司首届职工大会，会议听取和审议了分公司系统工会主任郭促作首届职代会工作报告，总经理刘枫代表总经理室作的《解放思想，与时俱进，为实现大同人寿的高速发展努力奋斗》的工作报告，财务经理作财务工作报告，并按照会议要求讨论通过《中国人寿保险公司大同市分公司职工代表大会实施细则》《中国人寿保险公司大同市分公司劳动竞赛和先进单位、先进个人评选管理办法》，选举产生了首届工会委员会、经费审查委员会、女工委员会。

2004 年 12 月，中国太平洋财产保险股份有限公司大同中心支公司选举郝秀琴任工会委员、主席，许翠英、张秀琴为工会委员。

2005 年，中国太平洋人寿大同中支筹建首届工会委员会，组织召开首届会员大会、首届职工代表大会劳动争议调解委员会、提案审查委员会和民主评议干部委员会。公司成立了直属工会，下设女工委员会、经费审查委员会、基层工会小组。

2008 年 1 月，中国大地大同中支成立工会。

2009 年 8 月，永安财产保险股份有限公司大同中心支公司工会委员会成立，并设立经费审查委员会、女职工委员会。召开了第一届工会委员会，会议选举了郭永模为工会主席、刘世霞为经费审查委员会主任。国寿财险大同中支成立工会工作委员会，任命孟祥静为工会主任。

2011 年，中国人寿大同分公司根据《中国人寿山西省分公司深化经营管理体系改革总体方案》，工会工作岗位设置在综合办公室。

2012 年 1 月，中国人寿大同分公司工会开始执行由总公司印发的《中国人寿保险股份有限公司工会财务管理工作若干规定》和《中国人寿保险股份有限公司工会经费收支管理办法（试行）》。该规定主要由加强工会经费核算管理、加强工会经费账户管理、加强工会财务人员管理、严格工会经费使用范围、加强工会经费支出审核、加强工会固定资产管理、加强工会经费审查工作、推行工会经费公开等重要章节组成。该办法主要由总则、工会经费的收入与支出、工会经费审批和报销及附则组成。其中工会经费支出范围为职工活动支出、维权支出、业务支出、行政支出、资本性支出、补助性支出和其他支出。3 月 5 日，中国人寿大同分公司根据《关于做好工会财务电算化软件上线前相关准备工作的通知》的要求，办公室、财务、信息技术相关岗位人员开始认真实施准备工作。8 日，中国人寿大同分公司通过办公网络和会议，及时向全市女员工伙伴们传达了中国人寿山西省分公司工会及女工委《致全省系统女员工伙伴们的节日慰问信》。8 月，中国人民保险公司人寿大同中支召开了第一次工会会员大会，选举了工会主席、经费审查委员会主任、女职工委员会委员、宣传委员、组织委员。10 月，为了推进中国人寿系统各级工会组织的依法动作，保障会员行使民主权利，促进和谐工会建设，国寿总公司印发《中国人寿保险股份有限公司工会会员（代表）大会实施办法（试行）》的通知，该实施办法由总则、职权、会员代表、组织制度、会议程序和附则六个章节构成，中国人寿大同分公司在不同的会议上进行学习和传达。

2013 年，中国太平洋人寿大同中支对工会组织架构进行完善，成立中国太平洋人寿保险股份有限公司大同中心支公司工会委员会及经费审查委员会，选举产生工会主席 1 人，工会委员 4 人，经费审查委员会主任 1 人，委员 2 人。

2014年1月，英大财险大同中支设工会小组，小组由综合部负责日常工会工作。12月，中国人民保险公司健康大同中支经山西省分公司同意成立中国人民保险公司健康大同中支工会委员会，并选举产生工会主席、工会委员，建立经费审查委员会、女工委员会。为维护公司女职工合法权益，充分发挥女职工在公司改革、发展中的作用，促进建立和谐稳定的劳动关系，国寿山西省分公司制定了新的合同文本——《中国人寿保险股份有限公司山西省分公司女职工权益保护专项集体合同》，国寿大同分公司新入职的女职工和已经订立劳动合同的女职工按新合同标准执行。

2015 年 9 月 30 日，中华联合财险大同城区支公司召开第一次职工代表大会，会上根据《中华人民共和国工会法》规定，采取不记名投票方式，选举王春钢任工会主席，李文欢任工会经费审查委员会主任，中华联合财险大同城区支公司工会正式成立。12 月 16 日，根据《中华人民共和国工会法》和《中华人民共和国民法通则》规定，经大同市总工会审核批准成立农银人寿大同中心支公司工会委员会，首任法定代表人为杜琴南。安诚财险大同南郊支公司工会委员会成立，工会设立组织委员和工会宣传委员，高华云任工会主任。

2016 年，中国太平洋财产保险股份有限公司大同中心支公司选举姚勇任工会委员会主席。

2017 年 2 月 17 日，中国人民保险公司寿险大同中支召开第五届职工大会，由工会主席景涄曦主持，63 名会员参加代表大会。景涄曦做了 2016 年度工作报告。大会通过与会代表的无记名投票选举，景涄曦再次连任工会主席，昝霞当选劳动争议调解委员。8 月，都邦财产保险股份有限公司大同中心支公司工会委员会成立，法定代表人为张烜。11 月，太平财险大同中支成立工会小组，工会工作直属于太平财险山西省分公司管理和指导。农银人寿大同中支召开第二届工会会员代表大会，选举产生农银人寿大同中心支公司第二届工会委员会委员 3 名，其中经费审查委员会委员 1 名、女职工委员会委员 1 名。选举杜琴南为工会主席，张佳为女工委员会主任，选举郭丽红为经费审查委员会主任。同年，百年人寿大同中支工会成立。

第二十七章 企业争先创优与社会公益

争先创优是保险公司自身发展的动力。从20世纪50年代起，保险条款演讲、保险费率的计算和各种承保单证填写技术比武，到21世纪电子产品成为管理主要工具，各种保险知识比赛、优质服务技能比赛以及岗位关键指标的考核，无不渗透着行业鲜明的特色。争先创优记录着保险人奋进的步伐。社会公益是保险公司实现自身价值的责任担当。“人人为我、我为人人”是对保险工作的一种形象刻画。从20世纪50年代保险公司成立，险企的发展就植根于国家的经济发展之中，勇于承担社会责任，积极奉献社会，主动回馈社会成为保险企业发展的不竭动力。

第一节　行业争先与社会争先

1981 年，中国人民保险公司大同中支以“双文明”建设为中心内容，在工作中，重视培养先进、爱护先进、表彰先进，积极推动“五讲四美”建设深入发展，年内新人新事不断涌现。

1983 年，中国人民保险公司大同支公司开展争先创优活动，评出出席省的“金融红旗手”王亚来；出席市公司的先进工作者司光耀、高铁强、杨秀兰、杨淑钗。

1988 年，中国人民保险公司雁北中支开展优质服务竞赛活动，笃守信用、忠诚服务的宗旨得到充分体现，全区 13 名职工被雁北团地委和行署财委评为职业道德建设和强化优质服务先进个人，广灵县支被山西省工商局评为“重合同、守信誉”先进单位。

1989 年，中国人民保险公司大同中支开展“四比四看”的文明服务竞赛，取得丰硕成果。新荣区支公司被大同市委、市政府授予“文明单位”的称号；城区办事处被评为大同市财贸系统“文明经营、优质服务”先进单位；新平旺办事处、南郊区支公司、大北街办事处被评为“重合同、守信誉”单位。同年 8 月，中国人民保险公司大同中支召开首届职工运动会。13 日，大同中支在大同市委直属机关组织的“奉献杯”篮球赛中获得冠军。12 月，中国人民保险公司大同中支举办首届业务技术比赛，110 名职工参加比赛，21 名职工获取了比赛前三名。

1990 年，中国人民保险公司大同中支重视“两个文明”建设，狠抓政治素质和业务素质，城区办事处被评为出席省公司先进单位；新平旺办事处、南郊支公司被评为出席大同市先进单位。中支机关、新荣区办事处两人被市委、市政府授予“大同市劳动模范”称号。同年 2 月，中国人民保险公司大同中支参加全省系统技术比武载誉归来，大同中支获集体第三名，吴敏双、李展和张友权获单项第一名；包鹏峰获单项第三名。雁北中支李建民获单项第一名，荆玉莲获单项第二名。

1991 年 6 月，中国人民保险公司大同中支在大同体育馆举行保险业务知识竞赛活动。中国人民保险公司北城办事处、新平旺办事处和新荣办事处并列第一名；城区办事处获第二名；南郊支公司获第三名。夏木兰和李源获个人并列第一名。7 月，山西省“保险杯”企事业单位专职消防技术比武在大同矿务局举行。8 月，南郊支公司被大同南郊区政府授予“重合同、守信用”单位。

1992年9月，在山西省第二届青年技术大赛中，人保浑源支公司任有、陈军甫分别获得保险专业财险项目、人身险项目第1名、第二名。同年12月被团山西省委等授予“山西省青年技术能手标兵”称号。人保山西省分公司号召系统开展“家财险储金突击月”活动，市中支机关员工积极响应，有25名员工被省分公司评为“九二年长效家财险活动月攻坚能手”。

1993年12月，中保大同分公司举办首届保险职工卡拉OK大赛，35名声乐爱好者报名参赛，经过预赛和决赛，南郊支公司张仙梅获一等奖，机关本部宁美玲和涉外营业部田宇红获二等奖，北城办事处郎宏杰和雁同办事处马英获三等奖。

1996年，中保人寿大同分公司开展“四讲一服务”（人民银行关于在全国金融系统讲改革、讲政治、讲法纪、讲效益，提高服务水平的决定）和创建“青年文明号”活动，中保人寿南城、北城、矿务局、新建路、御河路支公司被命名为“青年文明号”单位。

1997年，中保人寿大同分公司根据省分公司的安排，开展了一系列争先创优和奉献爱心活动。3月，国寿大同分公司积极参与集团公司温暖基金捐款活动；开展了争创“双文明”建设先进单位和先进个人竞赛活动；5月，国寿大同分公司组织全员认真实施省分公司开展的“优质文明服务月”活动和“奉献爱心”活动；11月，国寿大同分公司工会推荐和选拔3名员工参加由山西省金融系统举办的“讲文明、树新风”演讲活动。

1998年5月，中保人寿大同市分公司为深入贯彻中保山西省分公司《关于开展系统“模范职工之家”考核、评选、验收、命名活动的通知》文件精神，市分公司领导要高度重视此项活动的开展，经历了准备、自评、民意测验第一阶段、地市分行金融工会二次评选，报送第二阶段和省公司工会考核验收第三阶段。中保大同分公司采取多种形式提高职工技能活动举措，如：一是在观念上把创建“模范职工之家”的活动作为公司一项基础建设来抓；二是从实际出发，因地制宜，积极创造条件，按照验收标准，高标准、高起点、高效率地进行；三是市分公司工会部门要认真履行职责，精心组织、尽职尽责，严格按照规定和考核验收标准及时间安排，有计划地组织实施。同年，各支公司相继成立“职工之家”，组织职工一起探讨和研究工作中各种问题，参与省分公司考核、评选和验收活动。10月，中保财险大同分公司、中保人寿大同分公司响应并参与全国金融系统开展的创建青年文明号活动。11月，中保人寿大同分公司根据总、省公司的安排，在全市两级公司开展“认真学习中国工会十三大精神，引导广大职工积极投身公司改革与发展”的活动。

1999年1月，为了鼓励广大职工立志自学成才，提高自身素质，充分发挥职工的聪明才智，中保人寿大同市分公司转发总公司下发的《中保人寿保险有限公司〈关于组织1998年度全国金融系统职工自学成才奖评定工作〉的通知》，在中保人寿大同市分公司全体职工中掀起了学科技、学文化、学政治、钻研业务的热潮。8月，中保人寿大同分公司转发了《关于转发中国金融工会〈关于坚决贯彻执行党和政府处理解决邪教“法轮功”问题的决策和部署的通知〉的通知》，并提出和引导员工树立正确的世界观、人生观和价值观，坚定共产主义信仰，尊重科学，反对封建迷信，反对愚昧，反对歪理邪说，开展了许多积极的、健康的、有益科学文明的文化体育活动。同一时期，中保人寿大同分公司根据《中国人寿保险公司山西省分公司系统工会女职工一九九九年工作要点》的安排，组织开展具体实施工作，开展优质文明服务，搞好窗口建设，有两家支公司被评为市级“青年文明号”单位，矿务局支公司连续三年被评为省级“青年文明号”单位。

2000年7月，中国人寿大同分公司根据国寿山西省分公司转发总公司《关于中国人寿系统开展“我为公司改革献良策”征文活动的通知》，组织动员广大员工以实际行动积极参与，关心、支持公司的改革与发展，充分发挥职工的主人翁精神和聪明才智，为公司的发展献计献策，贡献力量。中国人寿大同分公司转发《关于印发〈总公司工会第一届女职工委员会一次会议全体代表致全系统女职工的倡议书〉的通知》，国寿大同分公司女职工积极响应倡议号召，表示为共同开创女职工工作的新局面，为促进寿险事业的发展再立新功。

2001年12月，中国人寿大同分公司根据省分公司下发的《关于评选表彰“全省系统先进女职工及文明家庭”的通知》，在全市两级公司进行申报和评选活动。同年，中保财险大同分公司加强“三观”教育活动，坚持唯物主义，破除封建迷信，市公司投资10万元，建立了老干部活动室，订购书报、杂志，购置文化用具，解决老干部老有所乐的问题。

2002年1月，国寿大同分公司根据省分公司制定的《关于做好2001年度“先进集体”及“先进个人”评选表彰工作的通知》，按照评选条件进行申报和推荐，大同矿务局支公司刘永、大同御河路支公司杨晓东、大同分公司营销部米素萍，被评选为2001年度先进个人。9月，中国人寿大同分公司为落实总公司《关于在全系统女职工中开展评选“创建中国人寿系统女职工双文明示范岗”活动的通知》和省分公司《关于创建中国人寿保险公司山西省分公司“女职工双文明示范岗”的实施办法》，国寿大同分公司开展了推荐评选“创建中国人寿系统女职工双文明示范岗”的活动。中国人民保险公司财险大同分公司按照中国金融工会和总公司工会要求，召开全系统“职工代表大会”。开展了争创“青年文明号”活动，当年，有13家支公司被市、县团委命名为“青年文明号”，南城支公司被团省委命名为“青年文明号”，矿务局支公司连续6年被团省委评为“青年文明号”活动优秀组织单位；赵利斌、李元被省公司评为青年展业能手，王涛被省公司和总公司分别评为青年岗位能手，并被团省委命名为青年岗位能手，王者成被大同市工会评为“特等劳动模范”。中国人寿大同分公司在省分公司表彰2002年度个人寿险销售精英的活动中，张仕双获得“优秀个人代理人管理干部”。

2003年4月，为鼓励各级公司加快业务发展步伐，把公司做大、做强、做优，增强市场竞争力，中国人寿大同分公司积极参与省分公司举办的2003年度业务发展星级单位评比活动，全市实行逐月升级竞赛，逐月按总保费收入进行排队，充分做好准备工作。同年，中国人寿大同分公司组织“我为公司发展献一计”合理化建议活动，共征集评选出好的合理化建议18条。组织参与了国寿山西省分公司“双成杯”职工运动会。在全省首届“双成杯”运动会中，国寿大同分公司选派的运动员参与了篮球、乒乓球、羽毛球、象棋、扑克拱猪等五大类七个项目的比赛，大同营销员王春玲获乒乓球女子单打冠军。乒乓球女子团体比赛夺得第三名；女子团体羽毛球决赛名列第四名；羽毛球男子团体和男子单打决赛分别进入四强；扑克拱猪竞技项目夺得了全省第四名。

2004年3月，中国人寿大同分公司在2002年省公司开展的“创建中国人寿系统女职工双文明示范岗”活动以来，全市上下开展了以“学先进，比贡献，立足本职建新功”为目标的创建活动，大同分公司客户服务中心咨询投诉部（“95519”电话中心）和大同分公司新建路支公司第一营销分部（王兵兴团队）获得省分公司2003年度“女职工双文明示范岗”的单位称号。自2003年度省公司开展的业务发展星级单位评比活动开展以来，国寿大同分公司各级公司着眼于做大、做强、做优、做久，积极参与，开拓进取，锐意创新，加快发展，取得了骄人的业绩，国寿大同北城支公司获得业务发展银星团队称号、大同北城支公司经理祁彪获得银星经理称号。在2003年国寿全省系统各级基层工会开展创建“先进职工之家”活动以来，围绕公司中心，结合工会工作和基层工会建设的自身特点，深入开展了创建“先进职工之家”的活动，中国人寿保险股份有限公司大同市分公司工会、中国人寿保险股份有限公司大同市分公司营业部工会和中国人寿保险股份有限公司大同矿务局支公司工会被评选为2004年度中国人寿保险股份有限公司山西省分公司“先进职工之家”。同年，中国人民保险公司财险大同市分公司组织进行了6次劳动竞赛和集体活动，举办两次职工大联欢活动。开展“我为公司出点子”征集建议活动，起到较好效果。公司团委发起成立“保险兴趣小组”，青年职工踊跃参加。公司在经费紧张的情况下进行文化活动场所建设，提高了公司职工学习氛围。开展职工生日送鲜花祝福活动，重视职工主人翁意识。开展“精英在行动”、意外险竞赛、“创先争优”和“三优评选”活动，极大地调动了员工的积极性。在各个条线、各个部门和各个单位涌现出许多先进集体和先进工作者，如南城支公司获总公司“青年文明号”新命名单位，北城支公司经理张生富获总公司“优秀员工”奖章称号，承保中心主任白智敏被总公司评为“优秀党务工作者”，中国人民保险公司财险大同市分公司被大同市委、市政府授予“精神文明建设先进单位”。

2005 年 1 月，国寿大同分公司银保条线干部职工，按照省、市分公司安排部署，开拓进取、顽强拼搏，在业务快速发展的过程中，造就一支思想过硬、素质全面、吃苦耐劳、积极进取、特别能战斗的员工队伍，涌现出一大批成绩显著的先进单位和先进个人，国寿大同分公司被国寿省分公司授予“2004 年度银保业务标兵单位”；大同市北城支公司、大同市南城支公司、大同市南郊支公司和大同市左云支公司被省分公司授予“2004 年度银保业务十佳单位”；王志强、段成立被省分公司授予“2004 年度银保业务优秀管理干部”。同年，中国人民保险公司财险大同市分公司充分发挥工会、团委职能作用，举办不同形式的文化活动，增加职工学习积极性；统一员工的服饰，增强了职工精气神；开展职工生日送鲜花和蛋糕祝福活动，增强公司凝聚力；开展献爱心捐款和对贫困山区的扶贫活动，体现员工的爱心；实施家属楼供暖供电系统改造工程，减少了职工的后顾之忧。

2007 年，中国人民保险公司财险大同市分公司充分发挥党、工、团、妇等组织的职能作用，开展多种形式的主题教育活动，深入开展“创优争先”活动，大力宣传先进集体和先进个人事迹，鼓舞士气，激励斗志，凝聚人心。先后被大同市政府评为“行风建设先进单位”，被大同市工商局评为“守合同重信用”单位，被大同市总工会评为“窗口行业创建服务品牌活动先进单位”，被山西省消协授予“诚信单位”，连续三年被大同市检察院评为“预防职务犯罪工作先进集体”，上年“五一”前夕，公司获得建司以来的最高荣誉——被中国金融工委授予“全国金融五一劳动奖状”。

2008 年，中国人民保险公司财险大同市分公司组织和参与中国人民保险公司山西省分公司开展的“精英在行动”竞赛活动，并在竞争意识、营造氛围、队伍建设等方面加强努力，获得省公司“精英在行动”竞赛活动管理达标奖、竞赛活动管理创新奖、主题销售活动贡献奖。全年全系统开展了“优质文明服务活动”，取得丰硕成果，被大同市总工会授予“服务行业最佳服务品牌”并荣获集体一等功；被大同市政府评为“行业建设先进单位”和“和谐文明单位”。

2009年，永安财险大同中支、农银人寿大同中支积极开展丰富多彩的关爱员工活动，举办了员工生日送蛋糕祝贺活动，夏季高温季节为一线员工发放防暑降温用品送凉爽活动，春节、中秋节为员工发放慰问品庆贺活动。建立“职工之家”，购置了乒乓球桌，供员工在业余时间缓解工作压力；建立“职工书屋”，购置了各类书籍供会员阅读，提高文化素养，陶冶道德情操。

2011年4月，国寿灵丘营销服务部“职工书屋”在市分公司支持下开始筹建。11月，国寿大同分公司工会开始按照省分公司印发《中国人寿保险有限公司山西省分公司2012年至2014年“职工之家”创建工作计划》，分析大同实际，选定建设目标，谋划实施方案。12月，国寿大同分公司在春节前夕开展了“心系员工、和谐国寿”为主题的送温暖活动。活动由市分公司工会组织具体实施，从12月下旬到1月18日，完成了对3名大病患者等困难员工的慰问和16家基层单位一线员工的看望，在看望一线员工时，市公司工会人员倾心交谈，认真听取一线员工对公司经营管理的建议和工会工作等各个方面的意见。活动慰问金困难员工标准1000元/人，看望一线员工礼品数十元，该活动得到国寿山西省分公司工会的大力支持。

2012年7月，国寿大同分公司根据总公司《关于制定〈贯彻集团职工文化艺术体育节、推动基层文化发展方案〉的通知》精神，通过市分公司工会进行了安排和实施，逐步形成了党委重视、行政支持、工会落实、职工参与的局面。经常在公司大型的会议前后，如新产品启动、英模表彰等活动或集会前后，展现各个单位呈现的文艺节目。其中，由国寿大同分公司推荐的流行于山西灵丘的传统戏曲剧种——罗罗腔表演唱《话说保险》等剧目，在山西省分公司举办的以“健康身心 科学发展”为主题的中国人寿第一届“职工文化艺术体育节”中受到筹备组和观众好评。11月，中国人民保险公司人寿大同中支工会根据员工反映，及时向党委会议建议，批次更换了办公网络设备，改善员工办公条件，提高了员工满意度。

2013年6月，国寿总公司下发《中国人寿保险股份有限公司2013年—2015年职工之家创建达标活动方案》，国寿大同分公司根据方案要求，为进一步丰富职工之家创建的内涵，明确职工之家创建的标准，国寿大同分公司工会将大同目前工会“职工之家”实际情况，向党委进行汇报，并制定了2013—2015年“职工之家”创建工作的实施目标。为贯彻工会服务中心工作，服务基层、服务一线员工的工作宗旨，中国人寿大同分公司根据省分公司下发的《关于开展“职工在我心”工会服务一线职工专项活动的通知》精神，选择在6月满期业务给付高峰和双过半冲刺、7—8月战高温、9月三季度业务冲刺和12月年终业务冲刺等阶段性重点，开展实地走访慰问、送清凉、生病员工探望、员工家庭慰问、健康关怀和压力疏解、挖掘树立先进典型活动。9月，中国人寿大同分公司积极组织和参与由总公司开展的“可爱的国寿人”推荐活动。11月，中国人民保险公司人寿大同中支工会通过员工调查问卷，就员工关心的培训问题，及时向党委和总经理室建议，建立培训规划，改善培训方式，将分散培训改为封闭式培训。民生人寿大同中支为了增强职工归属感，提高企业的向心力和凝聚力，开展了员工生日慰问活动，结婚、生子慰问活动，生病探望慰问活动。

2014年5月，为进一步弘扬新时期劳模精神，发挥先进典型的示范引导作用，激发公司员工的荣誉感和责任感，增强公司凝聚力、向心力和竞争力，中国人寿大同分公司按照《中国人寿保险有限公司评先表优办法》，开展国寿第五届“劳动模范”“模范集体”“先进个人”和“先进集体”的申请、审核和推荐工作。6月，根据国寿省公司下发的《关于继续开展2014年“员工在我心”工会服务一线员工专项活动的通知》，国寿大同分公司决定从6月下旬开始，实施“员工在我心”专项活动。为改善员工生活习惯，提高身体素质，丰富员工生活，中国人民保险公司人寿大同中支根据员工建议，取得党委同意，利用周末，定期组织员工举行户外徒步、爬山活动，以锻炼体质，磨炼意志。民生人寿大同中支为了建立和谐、温馨的企业生态环境，针对员工开展了腊八送温暖、三八妇女节茶饮专题讲座、“益行九州，爱在民生”公益捐步活动。

2015年1月，国寿大同按照省分公司《关于2015年新春开展“心系员工，和谐国寿”送温暖活动的通知》，由总经理室成员分片带领相关部室经理和其他人员慰问了基层单位困难员工及其家属，看望了一线员工，并带去了国寿人对员工及其家属的问候和关爱。3月3日，国寿山西省分公司发文，下发了省工会及女工委《致全省系统女员工伙伴们的节日慰问信》，国寿大同分公司通过办公系统和各种会议，及时传达了慰问信，并将美好祝愿传递给全辖系统女员工伙伴，希望她们在新的一年里，踊跃投身到“巾帼建新功，共筑国寿梦”的伟大实践中，创建大同国寿更加辉煌的明天。为了进一步激发山西国寿广大女职工的责任感和使命感，弘扬爱司敬业、求真务实、开拓进取的精神，国寿大同分公司按照省分公司《关于评选表彰2015年度“巾帼建功能手”、“巾帼建功标兵”和“巾帼文明示范岗”的通知》，在全市按照规定的条件与标准，认真地开展推荐工作。5月，为进一步提升公司经营管理水平和防范风险的能力，积极探索内控新思想，推进内控体系建设工作，按照国寿省分公司《关于开展“我为内控体系建设建言献策”有奖征文活动的通知》，国寿大同分公司进行宣导和动员，许多年轻员工参与了建言献策活动，并取得较好成绩。6月，国寿大同分公司继续开展了“员工在我心”工会服务一线员工专项活动。中国人民保险公司人寿大同中支工会积极发挥职能作用，为提高员工工作技能，提升工作效率，组织相关部室对《员工日常行为规范》进行整改和完善，成为公司系统员工遵守的行为准则。10月，为提高企业整体形象，根据女工委建议，公司为员工统一制作职业装，展现了中国人民保险公司人寿员工的风采。农银人寿大同中支工会充分发挥桥梁纽带作用，建立激励竞争机制，开展员工岗位练兵，激励干部员工在公司发展中创优争先、建功立业。根据员工工作表现，出勤状况等进行“月度之星”评选，对工作表现好的员工加以奖励，引领员工提高工作积极性，提高竞争意识，提高工作效率。充分发挥工会经审委的作用，按照上级工会财务管理的要求，及时准确上缴各类工会经费，按时上报工会财务报表，“依法、遵章、规范”地“收好、管好、用好”工会经费。开展员工生日送蛋糕祝贺活动，夏日酷暑为一线员工送清凉活动，春节、中秋两节发放慰问品送喜庆活动、为贫困员工家庭送补助送温暖活动。矿区支公司一名内勤员工的父亲，在一家建筑私企工作中不慎被预制板砸断左手四根手指，仅手术费用就需要15000元，虽然企业垫付一定医疗资金，家里也拿出平时积蓄，但还是给这个农村普通家庭造成了较大困难，在这位员工一筹莫展之时，农银人寿大同中支工会申请困难补贴2000元，并发出“爱心捐款倡议书”，公司员工们积极响应，纷纷慷慨解囊，短短一天半时间，筹得爱心捐款4250元，帮助这位员工渡过了难关。

2016年4月6日，为表彰先进，树立榜样，进一步激励全省系统广大女职工岗位成才，建功立业，经过层层推荐、层层选拔，经过认真评比、认真审核，国寿大同分公司个险销售部被省分公司授予巾帼文明示范岗、国寿大同分公司收展部经理马红玲被省分公司授予巾帼建功标兵、国寿大同分公司营业部拓展区部负责人田英被省分公司授予巾帼建功能手称号。18日，为了激发全省系统员工努力拼搏、争先创优的团队活力，构成积极向上、凝心聚力的团队氛围，国寿山西省分公司决定在全省开展“争先创优，舍我其谁”职业技能大赛。下发通知文件，确定了比赛目的、拟定了比赛时间、划定了比赛内容、明确了参赛人员条件、规定比赛形式及试题类型、设定了奖项类别、提出了相关要求。为搞好这次竞赛，随文下发《中国人寿山西省分公司职业技能大赛比赛试题大纲》，该大纲由保险基础知识、相关专业知识、职业道德与基本礼仪、法律法规与行业自律四个部分组成，涵盖保险原理与实务、保险法及相关法律法规、职业道德与基本礼仪、行业自律、保险核心价值理念、风险管理、人身保险新型产品等。国寿大同分公司认真准备，积极动员，推荐5名员工前去参加，经过激烈争夺，最后，在全省80多名参赛选手中，有17名选手胜出，国寿大同分公司宁国兰获得“争先创优，舍我其谁”职业技能大赛三等奖。5月5日，中国人民保险公司人寿大同中支女工委建议，公司应建立女性更衣室，党委同意该项建议，并立即付诸实施。7月，国寿大同分公司继续开展“员工在我心”工会服务一线员工专项活动。同年，太平洋财险大同中支工会组织开展丰富多彩的娱乐活动、文体活动，举办了乒乓球、羽毛球、象棋等运动会，既丰富了员工业余生活，又提高团队凝聚力和战斗力。并通过“两节”“送温暖”活动把公司的关爱之情送到困难员工心中。当年，被评为总公司产险系统工会2016年度“先进职工之家”。幸福人寿大同中支广大员工积极参与总、省公司工会举办的“十大感动人物”“幸福俏佳人”“五四青年演讲赛”，参与了集团举办的各项金融大赛，参与了大同金融工委“五一劳动奖章”“巾帼标兵”的评选，参与了省行业协会举办的“保险姓保”演讲比赛。

2017年5月，幸福人寿大同中支在五四青年节期间特举办“用心感悟，秀我风采”职工读书分享、“这是你的船”演讲比赛等活动。8月，国寿财险大同中支工会组织举办了理赔、财务和承保三个条线的首届职工技能比武大赛。同年，农银人寿大同中支设立了“职工之家”，购置了乒乓球桌，供员工在业余时间缓解工作压力；组织员工进行健步走活动，让大家在紧张的工作之余感受到大自然的美好，身心得到了愉悦，从而能以更饱满的热情、更健康的心态投入工作中去；购置了各类书籍，建立了“职工书屋”，供会员在工作之余阅读，提高了员工的文化素养和生活质量，陶冶职工的情操。幸福人寿大同中支按照上级工会部署，开展习近平总书记系列讲话精神和相关法律法规，利用多种形式和渠道围绕“讲政治”“重品行”“精专业”“勇负责”四个主题，开展了“坚定理想信念，增强四种意识”“端品行，做好‘五带头’”“用忠诚践行誓言”“新时代的责任感”的专题学习活动。积极开展劳动竞赛和技能比武，展开了岗位培训、技能竞赛、岗位厘定、岗位考核、岗位练兵等一系列创新，基本实现“一岗多能”，树立了“工匠精神”的典范，更好地培养了专业知识和技术创新能力的高素质队伍。女员工先后组织了三八节观影、插花活动，“我的健康我做主”春季健步走活动，秋季趣味运动会活动，户外爬山团康活动。百年人寿大同中支工会充分发挥工会的桥梁纽带作用，开展职工教育培训，组织职工岗位练兵，下发职工业务书籍，举办职工庆生早会，将企业的温暖送到员工心坎。

第二节　社会公益

“人人为我、我为人人”是对保险工作的一种形象刻画。从20世纪50年代保险公司成立，险企的发展就植根于国家的经济发展之中，勇于承担社会责任，积极奉献社会，主动回馈社会成为保险企业发展的动力。

1982年，中国人民保险公司大同支公司努力搞好员工福利，解决了新建办公楼和家属宿舍楼的土地问题和资金问题，公司员工自己的办公条件和安居条件的改善步入实施阶段。1981—1982年两年内有10名生活困难的、遭遇特殊的员工，得到支公司补助。

1989年11月，“大阳”地震发生后，中国人民保险公司大同中支系统221名职工积极参加募捐活动，活动结束后，共捐款1081元，衣服86件。

1991年，中国人民保险公司大同中支系统职工捐款4443元，支援华东重灾区群众早日恢复家园。

1997年，中保财险大同市分公司积极开展“奉献爱心”参与社会公益事业等活动，中保财险大同市分公司客户大同煤气公司发生煤气泄漏，损失很大，中保财险大同市分公司及时捐赠10万元，帮助煤气公司渡过难关；矿务局支公司为矿务局教育系统运动会赞助3万元宣传品，并为大同市希望小学捐款2000元。春节前夕，中保财险大同市分公司领导和副科级以上干部，奔赴广灵县庄头村为村民送去年画、对联、白面、慰问金等，使村民过了一个祥和、愉快的新春。

1998年，中保财险大同市分公司积极开展献爱心活动，主动捐款捐物，当年全辖共捐款15145元，捐衣物100余件。

1999年，中国人民保险公司财险大同分公司积极参加社会公益活动，对于大同地区当年发生旱灾、蝗灾、雹灾、地震等自然灾害，公司开展献爱心活动，积极捐款捐物，全市共捐献衣物278件，现金1430元。支付1万元购买新品种羔羊用于脱贫项目，起到积极作用。

2001年，太平洋人寿大同中支在“六一献爱心”活动中，向百名优秀教师、优秀学生捐赠保单，保险金额达780万元；向大同市希望小学捐赠文具等学习用品，金额达数千元。

2002年，中国人民保险公司财险大同分公司根据安排，在灵丘县石家田乡马头关村进行定点扶贫工作，驻村当年，投入2万元为马头关村修葺学校。并从当年开始，在当地政府领导和指导下，逐年进行各种扶贫措施，连续投入资金15.2万元，先后为村民购买种羊480头，建立养羊专业户，购置村委会办公设施（桌子、椅子、卷柜），改善村委会办公环境，购置乒乓球台桌，增加学校学生体质锻炼。据2008年统计，马头关村村民人均纯收入从2002年的800元增加到2008年的2100元，增长162.5%。太平洋人寿大同中支在大同市第三届云冈旅游节闭幕式演唱会上，为演职人员和持票观众赠送人身意外险，保险金额1.8亿元。

2003年，太平洋人寿大同中支积极参加社会公益活动，为灾区人民和紧急遇难客户、员工进行捐助，总金额8000余元，衣物数十件。

2005年10月，大地保险系统包括大同中支员工开展捐款活动，在革命圣地——井冈山、延安、西柏坡建造三所“中国大地财产保险股份有限公司希望小学”。

2006年8月，“2006年阿姆斯特丹—北京自驾车之旅”旅行团亮相山西大同，永安财险大同中支从活动的准备、组织到开展都进行周密细致的安排，并为所有参展车辆提供了保险服务。

2007年5月1日，永安财险大同中支同大同交警部门取得联系，为大同市区所有值勤岗捐赠价值2万元的遮阳伞，100把带有永安保险标志的遮阳伞全部安放于大同市区的各个值勤岗，在“五一”黄金周到来之际，成为大同市亮丽的一道风景线。12日，中国四川省汶川县发生里氏7.8级地震，永安财险大同中支积极响应山西分公司党委和总经理室的号召，积极开展向四川地震灾区捐款活动。在中支总经理室带领下，中支全体员工表示：“要通过自己的一点绵薄之力，帮助灾区人民，希望早日渡过难关，重建家园。” 会后三个小时内，中支募捐资金8450元，以最快的速度向灾区人民献出一片爱心。15日，永安财险大同中支总经理室倡导全体员工为灾区人民献血，全体员工积极响应，共有71名员工报名参加献血。员工们表示：“这是每一个公民对社会应尽的一份责任，是永安员工回报社会的一次机会。”8月，太平洋人寿大同中支全体员工为大同市首例通过社会捐款成功实施肾移植的女孩李晓川捐助术后排异医疗费1876元。9月，太平洋人寿大同中支积极开展太平洋关爱活动，在总经理王继跃带领下，为革命老区灵丘县赵北乡龙王池小学送去捐赠物品。其中，个险部经理、组训、讲师等共50余人捐赠5000多元，并统一购置学习用品，其他员工捐赠900多本教学图书及各种衣物。太平洋财险大同中支积极参与社会管理，根据国家税务总局、中国保险监督管理委员会国税发下发《关于做好车船税代收代缴工作的通知》

精神，从事机动车辆交通事故责任强制保险的保险机构为机动车车船税的唯一扣缴义务人，应当依法代收代缴车船税。太平洋财险大同中支认真履行代收代缴机动车车船税的法定义务，确保税款及时足额解缴国库。

2008年1月，太平洋财险大同中支组织员工参加全市义务扫雪，并形成公司的优良传统。5月15日，太平洋人寿大同中支全体员工第一时间自发启动向汶川地震灾区爱心捐助，该活动共捐款48866元，当晚的《大同新闻联播》及次日的《大同晚报》进行了及时报道。同年，太平洋财险大同中支、太平洋人寿大同中支积极参加市委、市政府和上级组织的各项公益活动，宣传保险服务理念，体现“太平洋保险在你身边”的经营宗旨。其中，太平洋人寿大同中支全体员工向南方雪灾地区捐款5800元。

2009年，中国人民保险公司财险大同市分公司定点扶贫灵丘县马头关乡香炉台村，当年投资3万元，为每户村民购买两只能繁母山羊，扩大养殖，户均增收2000元。捐资3万元，帮助村民改良种植薄皮核桃20亩。

2010年4月14日，青海省玉树藏族自治州玉树市发生7.1级地震。21日上午，永安财险大同中支根据山西分公司的捐款倡议，在当天晨会上号召全体员工为灾区同胞奉献自己的一份爱心。大同中支领导班子成员率先垂范，带头捐款，广大员工积极行动，纷纷伸出援助之手。短短一上午的时间，大同中支共募捐资金10060元，以最快的速度向灾区人民献出了一片爱心。23日，平安财险大同中支及分支机构统一举行捐款活动，总经理带头捐款，广大员工纷纷跟随，为玉树灾区献上爱心，募集善款41070.6元，并在最短时间内通过红十字会将善款捐至灾区。同年，中国人民保险公司财险大同市分公司被安排在浑源县沙圪坨镇老僧洼村实施定点扶贫，公司实施了一系列连续措施，驻村第一年，投资3万元，帮助该村修建了小学；第二年，为学校购置桌椅、学习用具和教学仪器；第三年，公司领导和党员进行慰问和调研活动；第四年，投资3万元，购置树苗进行环境绿化；第五年，投资1万元，购买大米、面粉等物品，在春节前夕慰问了贫困户、“五保户”和低保户；第六年，为村委会捐助电脑一台，协助村委会打机井一眼；第七年，为村里贫困户捐赠棉服100套；第八年，投资3万元修建农田水利设施。太平洋财险大同中支认真执行《财政部、保监会关于从机动车交通事故责任强制保险保费收入中提取交通事故社会救助基金有关问题的通知》的要求和总公司财务部函件《关于计提交强险救助基金的核算和缴纳工作》要求，参与计提机动车交强险救助基金。

2012年，太平洋人寿大同中支响应总公司号召，积极参与“责任照亮未来”支教活动，中支共有7名青年志愿者，成功进入支教备选人才信息库。平安人寿山西分公司隆重启动以“执善心 筑大业”为主题的凤凰计划系列活动，旨在打造平安人的慈善信仰，传播爱心、善行客户，平安人寿大同中心支公司积极响应分公司活动，组织开展相应活动。

2013年4月20日，四川雅安发生7.0级强烈地震，波及四川十余个县、市、区，给人民群众的生命财产造成了严重损失。农银人寿大同中支响应山西分公司党委和总经理室的号召，积极开展向四川雅安地震灾区捐款活动。截至4月25日，农银人寿大同中支员工共为灾区人民捐款1600元。太平洋财险大同中支开始为灵丘县上寨镇上寨村孤儿奉献爱心，多次将学生学习用品如书包、纸笔、文具盒、参考资料等送给学生，还在公司职工中开展捐献图书活动等，将公司员工团结互助的精神和扶贫济困的美德传播到乡村，把太平洋的关爱与爱心散播到千家万户。

2014年，太平洋人寿大同中支积极开展爱心捐资助学活动，对大同市阳高县狮子屯乡中心学校捐助学习用具、体育用品等价值近万元。

2015年3月，太平洋财险大同中支党委、总经理室、工会和团总支组织员工在大同市新荣区花园屯乡杨窑村开展学雷锋、送爱心活动。中支干部员工踊跃捐献各类书籍、文体用品等学习用具，为老区人民送去太平洋保险人的关怀。7月，太平人寿大同中支开展一对一扶贫工作，总经理开始帮扶安徽省六安市裕安区一名贫困生。10月17日，太平人寿在大同市文瀛湖森林公园成功举办“太平，与您同行”大型客户服务节闭幕式暨现场捐赠仪式。太平人寿员工为大同县吉家庄中心学校留守儿童圆梦，送上她们喜爱的文具、玩具、体育用品及2000余册爱心书籍，并为在“家文化”少儿才艺大赛中荣获总、分公司各奖项的选手现场颁奖。同年，民生人寿出资设立了民生人寿保险公益基金会，民生每年将年度税前利润的12%捐赠给民生人寿保险公益基金会，基金会积极参与社会公益事业和社会管理，民生人寿大同中支积极响应并密切配合，通过系统奉献自己绵薄之力。中华联合财险大同城区支公司为大同市城区环卫工人捐赠防暑降温用品。

2016年，太平洋人寿大同中支积极贯彻落实山西省保监局保险扶贫安排，以“扶贫攻坚实施意见”为指引，参与浑源县脱贫攻坚和精准扶贫项目，深入开展贫困人口的保险服务，为浑源县下辖7个乡的贫困户提供大病补充医疗保险、人身意外伤害保险、住院护理保险和养老保险等综合保险服务，直接受益贫困人口2万多人，充分发挥人身保险功能。根据《山西省脱贫攻坚领导小组印发〈关于完善干部驻村精准帮扶机制的若干意见〉的通知》文件精神，积极践行社会责任，在克服人员编制紧、业务压力大等诸多困难的情况下，抽调三名干部员工组成扶贫工作队，对灵丘县白崖台乡东长城村开展为期两年的脱产驻村扶贫工作。平安人寿大同中心支公司持续深入地进行低碳运营，创建绿色金融企业，履行企业对社会和环境的责任，开展以“低碳100专注为明天”为主题的低碳系列活动，活动从低碳运营类、环境公益类、低碳健康生活类、绿色金融类四个层面全面展开，通过“地球一小时”熄灯活动、健步走日、会议精简、废纸回收利用、随手关灯、外出办事绿色出行等落实低碳100各项举措，提倡员工为节能减排做出贡献。大地财险大同中支在第一届“5·20”客户服务节向邻近贫困村赠送米、面、油生活用品。中煤财险浑源县支公司向浑源县东方城乡郭家庄学校捐资价值2700元的教学物品。英大财险大同中支工会小组组织全体员工利用周六休息时间专门来到大同县蔡庄求助站，捐款捐物，实践服务社会，积极参与社会公益活动。

2017年1月，农银人寿大同中支大同县支公司对大同县吉家庄乡固定桥村进行了慰问，为固定桥村100户村民购买白面和大米，共投入1万元，在春节前为村民送去温暖。5月，大地财险大同中支组织员工在“5·20”客户服务节向聋哑学校捐献学生学习用品，价值近2000元，为支持我国教育事业发展，树立公司良好社会形象。农银人寿大同中支驻村工作队与村委会在党的“三农”政策指导下，在当地县、乡两级政府的领导下，群策群力，因地制宜，勇于创新，大胆求实，实现了固定桥村全村脱贫的目标。6月，农银人寿大同中支驻村工作队在大同县委、县政府和乡党委乡政府的正确领导下，参加了党支部建设较弱的大同县东水地村的工作，进村伊始，就与该村村委会进行工作交接，了解了全村贫困户的构成，积极走访贫困户，了解和分析了致贫原因，制定一套帮扶方案。工作队团结带领全村广大党员干部群众务实进取、扎实工作，提升党建工作水平，提升凝聚力和战斗力，推进了全村脱贫攻坚工作扎实进行。7月，农银人寿大同市南郊区支公司为全区42名“第一书记”办理团体人身意外伤害保险，中国人民保险公司额高达55万元，为当地政府打赢扶贫攻坚战提供保险保障服务。8月，为了进一步强化扶贫工作，农银人寿大同工作队高度重视，严格按照县、乡两级党委的各项扶贫要求，精心组织，统筹安排，以村“两委”、驻村第一书记和驻村工作队为主，认真组织队员分成两个小组，深入东水地村，对56户贫困户进行一对一全覆盖满意度调查专访，经过为期20天入户专访工作，全队共5名帮扶队员，分别对各自的一对一帮扶贫困户进行入户周访，调查圆满结束，并受到村委的一致好评，为下一步脱贫攻坚奠定了坚实的基础。在工作期间，农银人寿大同中支发挥行业特色，为东水地村 25 户“五保户”购买人身意外险，总保额达 137.5 万元。11 月 24 日上午，由中国人民保险公司公益基金会和中国青少年发展基金会联合发起的“2017‘中国人民保险国学希望教室’公益活动”走进大同市南郊区水泊寺乡西谷庄小学，为孩子们送来物质上的资助和精神上的食粮。中国人民人寿保险股份有限公司大同市中心支公司副总经理罗劲韬、办公室主任李林春及工作人员带着 300 余册国学书籍和 148 套运动服，送给南郊区西谷庄小学。在“国学希望教室”——爱心图书和运动服捐赠仪式上，“中国人民保险公司国学希望教室”牌匾也挂在了该校阅览室的门口。

第九篇

大同市保险行业协会

保险行业协会是代表保险行业参与同行业改革发展、行业利益相关的决策论证，提出相关建议，加强与监管部门、政府有关部门及其他行业的联络沟通，争取有利于行业发展的外部环境的非营利性社团组织机构。

大同市保险行业协会是大同市商业保险机构自愿结成的保险行业非营利性社会团体组织。经原中国保险监督管理委员会山西监管局审核同意，于2007 年 12 月 18 日在大同市民政局注册登记成立。从大同保险行业协会成立以来，协会始终立足行业、恪守章程、服务行业、反哺社会，认真履行自律、维权、服务、交流和宣传责任，为大同保险业健康发展，发挥重要作用。

第二十八章 大同市保险行业协会概况

大同市保险行业协会概况主要从三个方面介绍，从 2007 年 12 月，经历了大同保险行业协会时期、山西保险行业协会大同办事处时期和恢复大同保险行业协会时期的三个阶段。大同保险行业协会作为市场、政府之外的“第三种治理力量”，首先从加强自身建设开始，逐步成长为一个组织严谨、职能明确、理念先进、执行有力的社团机构。

第一节　协会简介

大同市保险行业协会是大同市商业保险机构自愿结成的保险行业非营利性社会团体组织。经原中国保险监督管理委员会山西监管局审核同意，2007年12月18日在大同市民政局注册登记成立。

协会的宗旨：遵守《中华人民共和国宪法》、法律、法规和国家政策，遵守社会道德风范，为会员提供服务，维护行业和会员利益，加强行业自律、维护市场秩序和公平竞争，促进 行业交流合作，加强行业宣传和文化建设，推动保险行业和谐健康发展。

协会的基本职责：自律、维权、服务、交流、宣传。

协会的最高权力机关是会员代表大会，理事会是会员代表大会的执行机构，经理事会选举产生会长、副会长、常务理事。协会秘书处为常设办事机构，有专职秘书长负责日常管理工作。

协会理事会现设财产保险专业委员会、人身保险专业委员会、经费审查委员会、工作考核委员会、保险纠纷人民调解委员会。协会秘书处日常办事机构由四个部门组成，分别是：综合办公室、财产险工作部、人身险工作部、调委会办公室。

第二节　协会秘书处

秘书处具体职责有：负责协会的日常办公；代表协会进行对外联络；制订并组织实施年度工作计划；组织落实理事会的决定事项，接受理事会的工作考核；组织推动并积极协调各专业委员会开展工作，具体落实各专业委员会的决定事项；组织协会重要会议；具体承办政府监管部门授权委托事项；组织开展行业自律；对保险行业进行服务等。

综合办公室主要职责：组织协会秘书处各项规章制度及职责的制定并组织落实；处理协会日常行政事务性工作，包括人事劳资、财务、资产及办公用品的购置、登记、发放和管理，员工考勤等工作；组织承办协会相关会议；负责协会顾问管理、秘书事务、工作计划、年度总结的撰写与文件草拟、印发工作；负责协会文件、信函的收发、登记、分办、传阅、督办和文书的立卷归档；负责对外联络接待联络，保证协会与保监局、政府部门、地方法院兄弟协会等正常接洽，工作地顺利展开；负责保险行业相关信息的收集、分析与发布；负责宣传刊物的编写及官方网站的更新与维护；负责秘书处的财务管理工作。

财产险工作部主要职责：负责组织落实行业财产险领域自律协调与服务工作；承担财产险领域各组的日常联络、沟通与协调组织工作；对口负责与各会员公司、保监局相关处室的工作联系、沟通交流与协调负责处理涉及财产险业务的信访投诉；负责组织开展行业财产险领域的专项业务指导和业务培训工作；负责行业财产险领域发展状况的信息统计与调查研究，收集财产险会员公司的意见和建议，向政府及有关部门反映，维护会员公司的利益；完成协会安排的其他工作。

人身险工作部主要职责：负责组织落实行业人身险领域自律协调与服务工作；承担人身险领域各组的日常联络、沟通与协调；组织工作；对口负责与各会员公司、保监局相关处室的工作联系、沟通交流与协调负责处理涉及财产险业务的信访投诉；负责组织开展行业人身险领域的专项业务指导和业务培训工作；负责行业人身险领域发展状况的信息统计与调查研究，收集人身险会员公司的意见和建议，向政府及有关部门反映，维护会员公司的利益；完成协会安排的其他工作。

调委会办公室主要职责：宣传国家法律、法规和党的方针、政策，教育公民遵纪守法、尊重社会公德；向协会和政府相关部门反映矛盾纠纷、保险群众建议和人民调解工作情况；受理、审查、登记符合保险纠纷人民调解的纠纷；对不能受理的矛盾纠纷，告知其他合法解决渠道；已发调解矛盾纠纷，按照要求制作人民调解协议书，督促当事人自觉履行调解纠纷协议；做好矛盾纠纷稳控工作，防止矛盾纠纷升级扩大；负责保险行业与人民法院的诉调对接工作。

第三节　大同保险行业协会建设

2007 年 12 月 18 日，大同保险行业协会成立。协会在筹备期间及成立之初，先后起草《大同市保险行业协会章程》《大同保险行业协会考核办法》《大同市保险行业协会工作职责》《大同市保险行业协会的工作核心》《大同市保险行业协会组织结构》等 20 多个规章制度。成立之初，共吸纳团体会员单位和个人会员共 77 个，其中团体会员单位 17 家，个人会员 60 名。

2008 年，大同保险行业协会整章建制，先后建立《大同市保险行业专业委员会工作职责》《部门工作职责》《大同市保险行业协会会费管理办法》《大同市保险行业协会信息工作考核办法》《大同市保险行业协会印章管理办法》《大同市保险行业协会诚信评价计分管理办法》等各项制度，为协会的健康发展奠定了基础。年内，大同市保险行业协会团体会员单位23家，其中财产保险公司11家，人寿保险公司7家，中介代理公司5家。

2009年3月19日，在中国人民财产保险股份有限公司大同分公司五楼会议室，召开大同市保险行业协会第一届第二次会员代表大会，审议并圆满通过各项议程，为协会全年的工作目标指明了努力方向。同年，大同行业协会建立健全会员代表大会、理事会、常务理事会和专业委员会，细化协会的职责范围，明确了会长、秘书长、会员及工作人员的工作职责，规范会费的使用标准，设立了各专业委员会和常设办事机构秘书处，协会的组织框架基本上实现了专业化、系统化。制定《大同市保险行业协会会费规章》《秘书处专职工作人员绩效考核办法》《员工休假考勤管理制度》等16个相关制度，规范工作规则，理顺工作流程，提高工作效率。年内，团体会员单位27家，其中财产保险公司13家，人寿保险公司9家，中介代理机构5家。

2010年1月27日，大同保险行业协会召开第一届第三次理事会，按照章程有关规定，对理事会理事进行补选。泰康人寿大同中支总经理韩狄、嘉禾人寿大同中支总经理张建康当选为理事会理事。年内，秘书处制定《大同市保险行业协会秘书处管理人员工作考核办法》《大同市保险行业协会秘书处普通人员工作考核办法》《大同市保险行业协会秘书处薪酬实施细则》等六项制度。年内，大同市保险行业协会共有团体会员单位28家，其中产险公司13家，寿险公司10家，代理公司5家。

2011年，大同市保险行业协会变更为山西省保险行业协会大同办事处。

2012年，大同办事处定期或者不定期组织产、寿专业委员会、自律领导小组会议等各类会议共计18次。主要针对车险业务的“快速理赔”、地市“代资考”考点建立、保险纠纷调处工作以发现产、寿险市场存在的各类问题等事项进行讨论。组织实施暗访调查，妥善处理举报投诉，全年大同办事处共进行暗访59次，其中车险市场21次，寿险对银邮市场暗访38次。走访了17家银邮网点，涉及6家财险公司，7家寿险公司。完善大同保险行业业务数据报表体系，从当年1月起，将各保险公司县支机构的机动车辆险业务、非机动车险业务的保费收入、市场占比、上年同比等业务数据纳入每月业务报表范围，从而完善和丰富了大同办事处的统计报表内容，更加有利于各家保险公司准确地掌握市场情况。

2013年7月，大同办事处为提高办事处工作人员的工作能力，大同办事处从7月份开始实行“周末两小时学习制度”。办事处全体成员对于有关的保险法律、法规、保险基础知识、实用公文写作、代资考规章制度、承保与理赔流程等进行学习。8 月，为提高办事处工作人员的工作水平和工作效率，从 1 日起每个部门负责人要对本月的工作做出总结，并就下月工作做一份详细的行事历，并向自律工作委员会会长、副会长进行报送。

2015 年 1 月，为促进大同保险市场健康稳定发展，拓展办事处服务领域，大同办事处建立新的生产管理方式，各部门每月底将次月要完成工作内容形成行事历并报送至自律工作委员会会长单位，年底各部门对办事处人员的工作成效、履职情况、思想品德、工作能力等多方面进行考核。大同办事处加强学习制度的建立，注重工作人员保险知识及服务技能的提高。要求利用周五下午，组织培训相关保险知识，并对工作中遇到的问题进行交流总结。

2016 年 12 月 9 日，大同市保险行业协会再次成立。

第二十九章　职责履行

行业协会是政府与市场主体相衔接的桥梁，在我国市场经济发展过程中起到至关重要作用。保险行业协会作为一个社团组织机构，也是一个独立主体，一方面行使着自身管理、同业会员管理，促使行业协会管理日益规范。另一方面，作为政府与市场的纽带，生来就肩负着一定的社会责任，必须反哺社会。二者的结合，共同构成了行业协会的责任。可以概括为自律、维权、交流、服务、宣传和反哺等。

第一节　行业自律

保险行业自律是指保险市场主体为了共同的权益组织起来，通过行业内部协作、调节与监督，实行自我约束、自我管理。2007 年，大同保险行业协会成立，协会组织会员单位建立自律公约，制定行业标准，推进诚信体系建设，共同维护大同保险市场健康有序、公平竞争的环境。

2008 年，为进一步规范大同市保险市场，制止不正当竞争行为，维护保险市场的正常秩序，大同保险行业协会制定并签署了新的自律公约，包括《大同市财产保险从业人员流动自律公约》《大同市保险行业大型商业保险及各类投标业务自律公约》《大同市航意险代理网点销售自律公约》《大同市人身保险从业人员流动自律公约》《大同市短期意外险行业自律公约》《大同市保险行业诚信服务守则》《大同市自律保证金及违约金制度》《大同市银行、邮政代理保险业务自律公约》《大同市保险行业协会机动车辆险自律公约补充规定》9 条自律公约，正在修改的《大同市航意险代理网点销售自律公约》和《大同市短期意外险行业自律公约》。根据山西保监局、协会常务理事会及产寿险专业委员会的授权以及上述自律公约，大同保险市场全面开展整顿和规范保险市场秩序工作，在财产保险方面，以“手续费”为重点，对交强险、商业险、意外险领域的非理性价格竞争及险种条款费率执行情况等进行检查。在寿险方面，重点关注银邮销售过程中的误导，对意外险和银邮销售渠道的违规经营问题进行了检查。到年底，实施自律公约检查 4 次，分别是机动车辆险常规检查、银邮常规检查、从业人员流动检查和银邮保险代理网点投保提示检查；保监局授权检查 2 次，分别是意外险检查和机辆保险条款费率执行情况检查；检查市级保险机构 18 家，对车管所出单点暗访 5 次，受理违规举报 6 起，涉及 6 家财产保险公司；对 10 家市级保险机构进行自律性处罚。通过严肃查处违法违规经营行为，维护了保险市场秩序的稳定。制订《大同市保险行业协会诚信评价计分管理办法》，并依据管理办法中履行自律公约诚信、缴纳会费诚信、缴纳保证金诚信、日常资料报送诚信在全市产、寿险公司进行综合排名。制定《大同市保险行业专业委员会工作职责》，分别组织召开 7 次产险专业委员会、4 次寿险专业委员会会议。产险专业委员会专门制定了执行组，并下设两个小组轮流对市场规范经营情况实施查访，充分发挥协会的自律作用，有效地制止了市场无序竞争行为。

2009年，大同保险行业协会将自律工作作为重点工作，并从社会关注的焦点入手，强化会员自律检查，实施自律性惩罚，促进大同保险同业依法合规经营。年初，重点与工商、交警部门就规范车管所附近出单点秩序进行协调，依据法律、法规要求，规范车管所出单点的经营秩序。同一时期，大同行业协会与工商部门协调开展反商业贿赂检查，通过大同行业协会的多次沟通和探讨，将全面进驻会员单位检查改为随机抽查，既保证工商局检查的顺利进行，又促进了会员单位规范经营。4月，大同保险行业协会对车管所出单点集中定点检查4周，有效地维护车险市场秩序，杜绝车险业务恶性竞争行为的发生。5月，大同保险行业协会落实山西保监局专项检查，重点针对银邮网点代办业务过程中赠送礼品行为进行暗访检查，暗访小组先后到各银邮代理网点暗访10次，促进代理渠道健康发展。年内，大同行业协会依据工作计划和保监局的授权，组织开展自律公约执行情况的检查，强化自律公约的执行力度。全年先后抽调16人次，实施了5次检查，分别是机动车辆险“见费出单”检查、短期意外险检查、从业人员流动检查和机动车辆险常规检查，检查涉及21家市保险机构。对21家市级保险机构实施违约金处罚。年内，大同保险行业协会根据市场出现的不规范经营现象，征得团体会员单位的意见后，进一步完善大同市保险业诚信评价计分管理办法，并依据新办法对各团体会员单位年度履行自律公约的检查情况进行综合打分和总体排名，结果均在87.5分以上。

2010年，大同保险行业协会重视行业自律工作，重点开展了四个方面工作：第一是秘书处根据会员单位的意见和自律检查、暗访、举报当中发现的问题，组织会员公司对《大同市保险行业机动车辆险自律公约》《大同市短期意外险行业自律公约》《大同市保险行业协会自律保证金及违约金制度》等4项自律公约进行了修订，并由全体会员单位签字确认后正式生效。第二是抽调各公司业务骨干组成检查组，实施3次检查，分别是保监局授权进行的意外伤害保险检查、机动车辆自律公约履行情况检查以及银邮业务自律公约履行情况检查， 检查涉及22家保险机构。第三是组织实施暗访调查，协会共进行暗访47次，其中产险暗访小组对车管所暗访21次，寿险暗访小组对银邮暗访26次，查实违约行为7起（其中产险4起、寿险3起）。第四是开展自律惩戒，全年对22家市级保险机构违约行为进行惩处。

2011年，大同办事处产险自律小组通过3月、4月两个月会计凭证、业务及管理费用明细表、手续费台账，手续费支付比例、支付方式和报销费用情况，开展对国寿财险大同中支、平安财险大同中支进行合规性检查。在代理人资格、手续费用支付以及财务科目使用均符合自律公约。4月2日，大同行业协会组织会员单位签署《非车险自律公约》和《中介业务管理自律公约》，并要求各公司组织全体员工对新签订的自律公约进行学习。7月6日，大同保险同业在大同办事处召开“山西省保险行业协会大同办事处自律领导小组第一次会议”，传达中纪发〔2008〕38号、保监发〔2016〕106号文件精神，决定在全市范围内由纪检、工商等部门组成联合检查组，对保险业的“反商业贿赂”工作进行检查。并做出如下决定：一、召开“大同市保险行业反商业贿赂动员大会”；二、制定大同市保险行业“反商业贿赂”工作方案；三、组织各保险公司进行自查自纠，办事处对各公司自查自纠工作进行检查；四、做好“反商业贿赂自查自纠”工作的总结工作。之后，大同保险同业开始实施。8月23日，在山西省保险行业协会大同办事处会议室召开“大同市保险行业反商业贿赂动员大会”。大同保险同业23家保险公司，7家保险中介代理公司的总经理和负责人参加会议。办事处主任王者成宣读由大同市保险行业自律领导组授权办事处《大同市保险行业治理商业贿赂自查自纠实施方案》。会议之后，大同保险同业根据《大同市保险行业治理商业贿赂自查自纠实施方案》制定了本公司的活动方案。9月，大同办事处接到举报在代理银行窗口存在不规范竞争问题，办事处专门召开了寿险专业委员会会议，会议的讨论决定由办事处代表大同市保险行业与银行方面进行协调，在深入了解事件的来龙去脉后，银邮业务包销方式被取消。10月23日至11月20日，办事处按照《大同市保险行业治理商业贿赂自查自纠实施方案》，开始对大同23家保险公司“反商业贿赂”自查自纠工作进行验收检查。10月26日至11月11日，办事处对全市10家寿险保险公司、1家财险保险公司的银邮业务进行专项检查。通过认真检查9月份财务记账凭证、财务明细账、手续费台账、登录财务系统，对手续费支付比例、支付方式和报销费用情况进行认真核对，被检查单位银邮业务承保的整体质量较上年度明显提高，银邮业务基本符合保监会、山西保监局的相关规定。实现“总对总”或“分对分”签订的代理协议，且协议均显著提高了手续费支付比例。银邮业务专管员全部取得“保险代理从业人员资格证书”，持证上岗。11月18日至12月16日，办事处对全市12家财产保险公司的机动车辆保险业务进行了检查。此次检查累计共抽查各家公司保单2600份，涉及个代人员1378人次。通过检查交强险和商业险业务数据、财务记账凭证、财务明细账、有价单证领用发放台账、登录业务及财务系统，对手续费支付比例、支付方式和报销费用情况进行核对。各家财产保险公司承保的车险业务基本符合保监委、山西保监局的相关规定，也符合各家公司报备的险种条款、费率。

2012年1月12日，根据保监局《关于规范和加强地市保险行业自律组织管理有关事项的通知》和省协会《关于印发地市办事处管理有关意见的通知》等相关文件要求，大同办事处召开大同市保险行业自律工作委员会第一次会议，成立自律工作委员会。3月22日，大同保险行业协会召开寿险自律工作会议，安排部署人寿保险公司治理销售误导工作；5月22日，大同办事处组织召开大同市保险自律工作委员会第一次会长会议，对办事处今后的工作流程、行业自律、规章制度、自律检查以及服务维权工作做了新的说明；决定在大同市所辖的七个县成立县域保险行业自律小组。23日，大同办事处在网站上发布《关于成立大同市县域保险行业自律小组的通知》《大同市保险自律工作委员会县域保险行业自律小组议事规则》《大同市保险自律工作委员会县域保险行业自律小组工作规程》。各会员公司的县域保险分支机构按照通知要求，积极行动，由召集人组织召开筹备会，通过投票选举的方式，选出自律小组组长、副组长。6月4日至7月13日，大同办事处依据省协会《关于在全省开展山西省保险营销员流动管理自律公约执行情况检查的通知》精神，组成5人检查组，历时39天。对全市3家产、寿险会员单位进行保险营销员流动管理自律公约执行情况的检查。

2013年，山西保险行业协会大同办事处认真执行山西保监局、省协会对于行业自律的各项要求，针对提高手续费标准作为业务竞争主要形式问题，先后召开5次产险专业委员会会议，制定《山西省保险行业协会大同办事处车险自律公约实施细则》《大同地区车险自律轮值检查制度》《车险自律评议办法》，签署《车险自律公约承诺书》。其中在5月中旬，开展《山西省保险行业机动车辆保险自律公约》执行情况现场检查。为大同保险同业执行自律公约，大同办事处召开车险自律公约轮值检查组会议9次，讨论大同车险市场状况。并按照《大同地区车险自律轮值检查制度》，组织轮值检查组先后29次，经常性地深入车险业务较为集中的旧车交易市场附近进行暗访取证，对于违反自律公约的行为均按照相关规定进行处罚和通报。8月份，大同办事处还与大同地区从事车险业务的中介代理公司进行沟通，会同五家保险代理公司签订《大同市保险代理公司自律公约》，实现规范车险中介市场秩序。

2014年，大同办事处紧紧围绕年初确定的工作计划，加强行业自律工作落实。在车险业务方面：3月4日，大同保险同业认真贯彻省协会公约修订相关规定，明确相关自律内容和要求，落实《关于废止行业自律公约部分条款的通知》精神。7日，为了提高车险理赔服务质量，促进各公司改善理赔服务，采取不打招呼、不提前通知、不抽调保险公司人员，采用现场模拟报案的方式，在城区御河西路大都府路段，对大同市场16家财产保险公司车险现场查勘用时进行了检查，并有针对性地进行了反馈通报。

13 日，大同办事处组织召开大同市自律工作委员会年度第一次会议，就大同办事处年度重点工作向大会作通报。6 月 17 日，大同办事处先后两次到车管所尾气检测站检查是否存在中介代理车辆保险业务问题，并将落实的事实向山西保监局、省行业协会进行汇报。7 月 15—22 日，为了提高车险理赔服务质量，促进保险同业改善理赔服务，大同办事处对大同地区 18 家公司机构以抽取数据形式进行检查，检查结果经认真汇总核实后，在业内进行通报。在人寿险方面：年初即召开年度人身险专业委员会会议，会议期间组织全体会员学习山西省保险行业第四届人身险专业委员会第一次全体委员会议纪要；审议讨论通过《大同人身险专业委员会组织制度与工作规程》；根据《大同人身险专业委员会组织制度和工作规程》，结合大同市人身险市场情况，经民主讨论，决定设立银保、个险、团险、运营四个自律工作小组，负责相关自律工作；讨论通过了《关于积极处理非正常退保纠纷的十条措施》。7 月，大同市人身险自律检查工作会议召开。8 月，召集全市 12 家人身险公司，参与自律检查的 18 名工作人员，在办事处会议室进行自律检查岗前培训，开展了为期一个月的自律工作检查。检查项目涉及销售误导、银邮保险业务自律公约执行情况检查、防范风险工作开展情况检查、意外伤害保险业务自律公约执行情况检查等四大类 27 项内容。10 月 23 日，大同办事处召开大同人身险专业委员会第二次全体委员会议，会议学习《国务院关于加快发展现代保险服务业的若干意见》、山西保监局《关于加强非正常满期给付与集中退保风险防范化解工作有关事项的通知》、就办事处为寿险会员公司协调服务事宜做情况通报和工作要求；通报了当年大同寿险自律检查情况，人身险专业委员会对第四季度寿险业自律工作做安排。在县区保险市场方面：大同办事处相关人员，先后深入大同市阳高、天镇、浑源、灵丘、广灵、左云、大同县组织县域自律单位学习《大同市保险自律委员会县域小组自律规程》《大同市保险自律委员会县域小组议事办法》，宣导上级部门加强现阶段监管的工作重点。对大同县、灵丘县自律组织组长进行了选举调整，为七县自律协调组织单位进行了挂牌。配合山西保监局第四季度工作巡查，还深入矿区、新荣区、南郊区的保险机构进行了工作调研，实现对辖区基层机构自律活动的全覆盖。

2015 年 3 月 10 日，大同办事处组织召开大同保险业自律工作委员会工作会议，强调大同办事处将着力围绕行业自律、行业服务、行业形象宣传、保险纠纷调处、办事处自身建设等八个方面进行全面安排。财产险自律工作主要通过改善理赔质量、自律公约执行，开展交叉检查、商业车险费率改革后承保、理赔业务知识的培训、车险理赔服务专项调查、向会员公司征求意见几个方面实现行业自律。1 月 26 日、7 月 10 日，大同办事处在文瀛南路附近以及市区南环东路与永和路交叉路口向南路段，分别对大同保险同业23家财产险公司进行车险理赔服务质量测评的检查。检查划分为现场模拟报案、理赔服务时效等方面。两次检查的多项服务水平指标较上年同期明显提高，形成测评报告上报山西省保险行业协会，并在大同市财产险专业工作委员会上进行了通报。8月18日，大同办事处召开2015年大同财产险专业委员会工作会议，就落实《大同电动车管理办法》、组织财产险专项检查等多项工作进行具体安排。8月24日至9月16日，大同办事处对全市19家财险公司上半年车险承保业务以及车险自律公约执行情况进行了检查。共检查保单12211份，发现违约保单89件，涉及9家公司，其中变更使用性质的49笔，高费低保3笔，约定驾员未注明免赔条件1笔，新车使用上年无违章优惠系数36笔。财产险专业委员会按照自律公约的要求，对检查结果进行专项通报，对存在违约行为的公司进行了自律性惩处，相关违约公司依据《整改建议书》进行积极整改。人寿保险方面自律工作：7月30日，大同办事处组织召开大同人身险业务自律检查专项培训会。与会者认真学习《大同人身险业务自律检查方案》、《检查工作流程》、《关于进一步规范商业银行代理保险业务销售行为的通知》、《人身险新型产品信息披露管理办法》《2014年大同统计公报》、《2015年山西省人身险业务自律检查公司提供资料清单》、《检查用表》《检查报告模板》、保险中介机构上网查询办法等多种检查参考材料。并于8月10日到9月30日，根据《2015年大同人身险业务自律检查方案》，开展了对12家寿险公司自律性检查活动。8月11日，大同办事处组织召开大同人身险专业委员会工作会议，就保险业行业自律等工作进行布置，重点学习《山西省人身保险公司服务承诺》《2015年大同人身险自律检查方案》《山西省人身险星级柜面评审标准》等文件。

2016年，大同办事处围绕行业自律，确保保险市场良好秩序，开展三个方面工作：一是大同保险同业围绕市政府工作中心，创新业务发展模式，创新销售渠道、创新销售产品，不断寻找业务新的增长点，扩大保险服务项目、服务范围。在农业保险、环境污染责任保险、食品安全、养老保险、健康保险有明显突破。二是大力规范保险市场秩序，继续做好产寿险等相关专项自律检查工作。通过检查通报，促进了市场秩序的改善。三是着力防范满期给付和退保、舆论、重大案件等风险及风险跨行业传递，守住不发生区域性风险的底线。各家公司都制订或完善紧急预案。

2017年年初，大同市保险行业协会召开会员公司办公室主任会议，通报了2016年12月8日召开的大同市保险行业协会第一届第一次会员代表大会相关情况，对

2017年工作进行安排，重点对产寿险自律公约落实、精准扶贫宣传、行业形象化建设进行部署。3月28日，全市22家财产险公司一致通过出台了《大同市财产险公司整治车险乱象十项承诺》。5月19日、6月27—29日、11月24日，大同保险行业协会先后组织开展对大同地区23家财产险公司进行了5次车险理赔现场检查。测试选在交通便利的云中路与向阳西街交叉口西50米路段，现场检查包括：报案电话候时、查勘员电话礼仪、查勘服务、联系客户时效、查勘员到达现场时效等内容，促进了大同保险同业规范承保，合规理赔。6月，大同保险行业协会制定《2017年大同市车险自律检查工作方案》，根据方案安排，6月19—30日，大同保险行业协会深入22家公司进行车险自律公约执行情况检查，从财险公司方面更好地了解合规经营的执行情况。6月19日至7月19日，大同行业协会依据省协会协调中保信车险信息平台有关规则，共提取大同地区保单2650笔，其中交强险1647笔、涉及公司22家；商业险1003笔，涉及公司12家。问题保单209笔，一类是承保变更整备质量，共有204笔，占总检查笔数的12.39%；另一类是承保变更核定载质量，共有5笔，占总检查笔数0.19%。10月10日至17日，大同保险行业协会组织三个检查组共9名工作人员依据《2017年大同市人身险业务检查实施方案》相关要求，针对销售误导、广告宣传、风险自律、“销售行为可回溯”执行情况等四大项内容，对大同市15家人身险公司进行现场检查。

第二节　权益维护

权益维护是经营者和消费者在新时期的共同要求，也是经济不断发展的自身要求，二者相辅相成，不可分割。经营者的违法行为既对其他经营者的合法权益造成伤害，又同时伤害消费者的合法权益。保护一种权益，同样也构成对另一种权益保护。2007年保险行业协会成立之后，协会积极代表保险同业主动参与并加强与监管部门、政府有关部门及其他行业的联络沟通，争取有利于行业发展的外部环境。如2008年建立同工商局的沟通渠道，2009年改善与主流媒体的关系等。同时建立行业保险纠纷调解机制，加强保险消费者权益协调沟通机制的构建与维护。如2013年同司法系统开办的法律知识讲座，2014年共同建立“诉调对接”机制。在维护保险消费者权益、维护保险行业权益上不断探索。

2008年，大同市行业协会对外公布投诉咨询电话，确定了专岗工作人员，认真受理社会公众的保险咨询和投诉，及时处理投诉问题，杜绝群体性事件的发生。就大同保险业代收代缴车船税过程中遇到的问题，继续向山西地税局反映，并提出解决的意见和建议。加强与工商局和政府有关部门的联络沟通，建立沟通机制。配合省保监局在保护消费者利益方面发挥作用，积极与大同市消费者协会取得联系，双方建立长期合作机制，共同开展维护消费者利益活动。

2009年5月5日，大同一家媒体刊登三篇大同保险中介的通讯报道，在大同保险业界银邮代理市场引起巨大冲击，为了维护银邮市场的稳定和会员单位的利益，消除报道中的负面影响，协会秘书处立即与银监局取得联系，双方召开专题会议，共同研究应对策略，尽快化解行业公关危机。随后协会积极与相关媒体进行交涉，解释行业运行规律和经营策略，媒体在深入了解银邮业务后，及时纠正报道偏差。5月22日，6月11日、12日，积极、冷静、稳妥地处理渤海财险大同中支公司整顿事宜，将风险控制在可控范围。同年，大同保险行业协会按照“及时处理、积极沟通、耐心解释”的原则，进行多次专项暗访检查，对公众的投诉和举报做到件件有回复，结案率达100%。

2011年初，大同保险行业协会积极同大同工商局沟通和协调，主动配合大同工商局对保险主体进行监督管理和行政执法，检查公司是否登记注册或者无照经营等，为各公司创造良好的经营环境。3月20日，大同办事处在云冈国际酒店组织召开“大同市保险行业法律座谈会”。此次座谈会邀请了山西保监局法制处处长高奇志、山西省保险行业协会办公室主任景慧芬、大同市中级人民法院副院长张必卿以及各基层法院的主审法官出席。与大同市23家保险公司的总经理、法律工作负责人，就保险诉讼案件中的各类问题进行有针对性地讨论和交流。中国人民保险公司财险大同市分公司总经理薛雁翔、大同办事处主任王者成、法律顾问赵兴代表大同保险行业进行发言。主任王者成在会上做了题为《保险公司法律诉讼案件现状及思考》的发言，详细地阐述大同市各家保险公司在法律诉讼过程中遇到的问题。主要是产生诉讼的原因、保险合同条款理解、理赔标准的认定三大问题。市中院副院长张必卿，以及市中院民一、民二庭的主审法官分别进行发言。市中院副院长张必卿指出保险公司诉讼中普遍存在不能积极应诉、不能提供有力证据、不接受调解等三个问题，导致不但延长诉讼时间、增加了诉讼成本，而且不利于妥善解决诉讼双方的纠纷。经过双方认真研究、深入分析、积极沟通、广泛探讨，公司从源头抓职业道德教育、业务上抓素质培训，特别是畅通保险业、司法体系交流渠道，增加了双方沟通频率，统一了保险诉讼案件认识，使大同保险业诉讼案件的处理向科学、人性、法制化轨道迈进。年内，一审案件结案 92 件，其中涉及交强险的判决分项按约处理的达 60 件，占案件总数的 65%；涉及商业险的案件均按合同规定标准判决。二审结案的共计 63 件，对涉及交强险的判决基本上均按照约定的分项标准处理；对商业险赔偿的判决也能按合同约定的标准处理。统计分析，保险同业较之以往减少损失 37 万元以上。为了解决因车损险代位求偿案件产生的理赔争议，建立完善的纠纷处理机制，大同办事处转发了中保协制定的《机动车辆损失险代位求偿理赔争议处理机制》，并按照文件的有关要求，组建大同市财产保险公司车损险代位求偿理赔争议处理工作组。

2012 年 3 月，为维护消费者合法利益，大同办事处组织全体会员公司，根据《山西省保险行业协会大同办事处 2012 年“3·15”“诚信、服务、责任——让消费者满意”活动方案》要求，在全市范围内开展“3·15”系列宣传活动。通过开展以总经理接待周为核心的宣传活动环节、进入社区宣传保险知识和听取保险消费者意见环节，共接待咨询 1000 多人次，处理投诉 230 起，散发宣传单共计 15000 多份，使保险消费者明确了参加保险的法律地位。同年，大同办事处出台《提升保险服务质量，维护消费者权益》实施方案。通过指导思想、工作目标、工作原则、工作举措和工作要求五个部分，全面安排部署了二季度在全系统开展“提升保险服务质量，维护保险消费者合法权益”的专项活动。

2013 年 8 月，大同市司法局指导大同办事处保险纠纷调处工作，继续大力支持办事处推进保险纠纷调处。年内，大同办事处不断完善保险纠纷调处机制，理顺工作流程，贯彻落实省协会制定的《山西保险行业协会会员公司参与保险合同纠纷调处机制自律公约》，维护会员公司和保险消费者的合法利益。当年，办事处共计接到各类投诉 36 起，涉及金额 269.29 万元；其中产险投诉 9 起，涉及金额 47.47 万元；寿险投诉 27 起，涉及金额 221.82 万元；召开调解会 3 次，达成两份调解协议，涉及金额 5.48 万元；运用简易程序调解成功 14 起，涉及金额 41.13 万元。

2014 年 3 月 14 日，大同办事处召开“大同保险业维护保险消费合法权益座谈会”。邀请市政府有关部门、新闻媒体单位及全市 14 家产、寿险会员公司主管理赔、客服工作的副总经理，共计 30 余人参加了座谈会。会议期间，通报了大同保险业的有关情况及数据，介绍大同办事处保护保险消费者权益工作情况。4 月，大同办事处对 2 家公司主要负责人进行了约谈，促进会员公司内部解决纠纷的积极性和主动性。年内，大同办事处为维护会员公司和保险消费者的合法利益，主动与大同市人民法院、大同市司法局联系与沟通，积极推进诉调互动，共计接到各类投诉 41 期，涉案金额 91.89 万元，其中产险投诉21期，涉及金额67.42万元，寿险投诉20起，涉及金额24.47万元；召开调解会议13次，均调解成功，共涉及金额51.58万元，用简易程序调解20起，涉及金额19.4万元，维护消费者合法权益，也维护了公司正当利益。

2015年3月，大同办事处制订的“大同办事处‘3·15’活动方案”，对“3·15”消费者权益保护日活动全面开展进行详细部署和安排，同时印制3万份“明白消费、依法维权、理性解决保险合同纠纷”彩色宣传折页发放到31家会员公司。4月17日、24日，大同办事处分别组织召开由大同市中级人民法院民事审判二庭、大同市司法局司法鉴定处、大同市交警支队事故处、大同市城区人民法院综合办、中国人民保险公司财险大同市分公司、中国人寿大同分公司等11家保费规模较大的保险公司参加的“诉调对接工作座谈会”“大同市保险诉讼案件调研工作座谈会”。围绕大同市保险诉讼案件调研及“诉调对接”推进进行热烈的座谈交流。会议后不久，下发《关于保险诉讼案件建立诉调对接机制的函》《保险纠纷人民调解建议书》《关于调整大同市保险纠纷人民调解委员会组成人员的通知》等相关文件。为了解会员公司对于保险诉讼案件的态度和意见，推动保险诉讼案件“诉调对接”工作的开展，5月28日，大同市中级人民法院民事庭、国寿财险大同中支、国寿产险省公司法务专员进行保险诉讼案件座谈。10月9日，大同办事处召开大同保险业保险纠纷调处工作推进座谈会。全市业务规模较大的14家产、寿险会员公司分管纠纷调处工作或理赔业务的副总经理参加了会议。11月9日，大同市保险纠纷人民调解委员会与左云县人民法院按照程序进行了诉调对接，13日上午，调委会按照规定召开了调解会，纠纷当事双方在调委会的调解下当场达成了调解协议。11月20日，大同市中级人民法院在大同市城区人民法院召开“保险诉讼案件诉调对接工作推进座谈会”。12月10日，山西省保监局法制处处长王相军、山西省保险协会副秘书长魏峰、法务部主任徐永胜一行三人到大同办事处指导保险纠纷调处工作。就开展保险诉讼案件“诉调对接”工作、推动大同市中级人民法院与大同办事处联合下发建立“诉调对接”机制文件进行了座谈交流。12月28日，经过多方努力，大同办事处与大同市中级人民法院联合下发《关于建立保险合同纠纷案件诉调对接工作机制的实施方案》，使大同保险业诉调对接工作进入有序规范的新阶段。年内，大同办事处共受理各类纠纷调处案件157起，涉案金额250.14万元，成功化解案件98起，涉案金额203.91万元，确认无效投诉7起。“12345”热线转办117起，涉及金额87.81万元，无效投诉7起。

2016年，大同办事处在维权方面重点实施了三个方面工作。继续推进与市司法局及中级人民法院进行保险纠纷案件诉调工作对接，扩大工作成果，维护保险消费者和公司合法权益。继续提高保险纠纷人民调解委员会的工作能力和水平，加强保险消费者权益协调机制的构建与维护，把内部和解、行业调解、司法仲裁与审判运用进行了合理划分，将内部和解和行业调解的案例比例不断提高。认真处理市政府监管部门、市政府有关部门委托办理的事项，处理了政府热线转办的各种保险相关事项。

2017年，为规范涉及保险理赔的司法鉴定工作，维护涉保司法鉴定各方的合法权益，大同市保险行业协会于12月6日组织大同38家保险公司参加全省“涉及保险理赔司法鉴定工作视频推进会”。12月8日，大同行业协会联合大同市中级人民法院、大同市城区人民法院、大同市司法局、大同市道路交通事故快处中心以及大同市4家司法鉴定机构召开“大同市保险理赔司法鉴定工作座谈会”，大同保险同业有8家保险公司参与座谈与交流。年内，为最大限度地满足保险消费者需求，维护良好的保险市场秩序，大同市保险行业协会聘请50多名人民调解员，从事保险纠纷调解工作，并成功调处各类保险案件170件，涉案金额总计达158.55万元。

第三节　支持服务

服务是主体在履行自身责任过程中实现的价值。大同保险行业协会的社团组织特性决定了在履职过程，要为保险同业服务、为保险消费者服务、为保险监管者服务。2007年保险行业协会成立以后，协会主动收集保险同业建议，不断开展调查研究，在日常业务培训、协调市场关系、创建信息平台、整合资源共享、从业人员资格认证等，开展多渠道、多层次、多角度的服务，努力发挥桥梁、纽带作用。

2008年8月，根据《机动车车船税代收代缴管理暂行办法》第二条规定，凡在山西省境内从事机动车交通事故责任强制保险业务的保险机构为机动车车船税的扣缴义务人，应当依法代收代缴车船税。大同行业协会针对大同机动车辆保险市场车船税代收代缴现状，于11日上午，在中国人民保险公司大同市分公司四楼会议室，召开全市车船税代收代缴工作培训会议。邀请大同市地税局税政一科科长李海忠到会作讲座，使会员公司充分认识到履行车船税代收代缴义务、责任和担当，为下一步行业认真履责起到积极作用。

2009年8月，大同行业协会举办基层分支机构负责人法制培训班，提高了基层分支机构负责人学法、守法、用法的意识，对其在日常的经营管理中应该建立法律性思维有积极作用。年内，为方便各会员单位的业务人员参加保险代理人资格考试，大同保险行业协会积极与省协会取得联系，妥善安排个人代理业务资格考试的各项事宜，协助省协会组织考试 3 次，共计 768 人参加。

2010 年 9 月，为避免银邮业务出现销售误导现象，对广大保险消费者及时进行风险提示，大同保险协会积极配合省协会面向全市保险从业人员征集“银行保险风险提示语句”。到 9 月 30 日统计，共征集“银保业务风险提示用语”119 条。10 月 1 日，为了进一步推动协会信息化、无纸化办公，方便会员公司查询行业协会的相关文件、简报、数据报表，协会开通“信息查询邮箱”。12 月 16 日，为了促进各公司高级管理人员业务、法律、法规和管理知识学习，提高管理水平，山西保监局副局长杨春山带队来同，在中国人民保险公司财险大同市分公司五楼会议室，组织各公司高级管理人员进行业务知识考试。大同行业协会严格按照保监局人教处的要求，从布置考场、核对参考高管人员名单、监考等环节，圆满完成省保监局交付的任务。年内，大同行业协会配合山西保监局 4 次到大同保险市场，对行业协会建设、保险市场状况、反商业贿赂等工作进行了深入的调研活动。

2011 年 1 月，为维护和支持工商管理局的市场监督检查，保证大同保险市场车体广告检查、车管所出单点检查、常规进驻检查顺利进行，大同办事处多次与市工商局进行了沟通和协调，通过提供数据以及出示相关证照、文件等手段，科学合理有效地简化手续，节省监管检查时间，也满足保险主体开门红“只争朝夕”的愿望。11 日，大同办事处针对各家公司“系统内新车购置价”不尽相同，导致各家公司同一品牌、同一型号的车辆保费价格悬殊现象，进行摸底调查，并将导致差异结果及时向产险公司进行通报。3 月，大同办事处在云冈国际酒店组织召开“大同市保险行业法律座谈会”。该次座谈会邀请山西保监局法制处处长高奇志、山西省保险行业协会办公室主任景慧芬、大同市中级人民法院副院长张必卿，以及各基层法院的主审法官出席。与大同市 23 家保险公司的总经理、法律工作负责人，就保险诉讼案件中的各类问题进行有针对性的讨论和交流，为大同保险同业主体搭建起学法、守法和用法的平台。7—9 月，大同办事处专门召开了几次寿险专业委员会，商讨解决市场银邮代理渠道不当竞争问题。经过会议的讨论后，大同办事处代表保险行业与银行方面进行协调，科学、公正、合法、理性地解决市场不当竞争问题。5 月、7 月、12 月，先后有 3 位保险消费者与国寿、太平洋寿险、安邦财险发生理赔和退保纠纷。办事处业务联络部了解事实真相，耐心细致地为保险消费者进行调解，促进了纠纷及时解决。年内，根据山西保监局《关于规范保险公司与汽车制造厂商车险经营合作的通知》，大同办事处就保险公司与修理厂商签订保险车辆送修协议进行了深入调研活动。

2012年，3月27日—4月16日，为提高大同市各财产险公司的车险理赔服务质量，大同办事处制定《大同市机动车辆理赔服务质量调研方案》，成立调研小组，对13家财产险公司的服务承诺、理赔周期、结案率、赔付率、案均赔款、理赔回访率和第一现场率进行了现场调研。撰写《大同市车险理赔服务质量调研报告》，并下发到各财产险会员公司。8月1日，为了解大同保险市场存在的主要保险纠纷，大同办事处指派专人开展了9天专项调研。根据调研结果，在大同市司法局的大力支持下，大同办事处面向社会和保险行业选聘了35名调解员，建立兼职调解队伍。年内，大同保险行业协会根据山西省保监局下发的《山西保险代理从业人员资格考试地市分考点设立方案》、山西省协保险行业会制定的《山西保险代理从业人员资格考试地市分考点建设指引》及《山西保险代理从业人员资格考试地市分考点验收程序及标准》文件要求，大同保险行业协会大同分考点成立。为大同保险同业代理人考试提供了便利条件。

2013年9月，为提高会员公司保险纠纷调处意识、提高解决保险纠纷技巧和质量，大同办事处举办“大同市保险业案件诉讼实务暨纠纷调处工作专项培训”。全市28家保险公司负责理赔、客服、法律顾问岗位共60多人参加培训。办事处邀请大同市中院民事庭庭长侯慧文、大同市司法局基层处处长丁锁成分别为参训人员讲授“保险案件诉讼实务”和“保险纠纷人民调解工作要点”，同业深受其益。年内，大同办事处积极落实保监会关于应对满期给付和非正常退保引发的风险的相关要求，召开寿险专业委员会会议，制定并传达《银邮代理保险业务满期给付与集中退保风险应急处置预案》《人身保险业非正常给付与退保风险应急处置工作指引》。组织大同12家寿险会员公司签订《关于积极处理非正常退保纠纷的八点共识》，以杜绝推诿、拖拉、扯皮等现象的发生。大同办事处积极开展“代资考”各项服务工作，从各个环节为同业公司和参考人员提供方便。当年，代考点共有4406人报名，参考3895人，缺考511人，通过2401人，参考率达88.4%，平均分为62.54分，通过率61.64%。大同办事处根据保险同业要求，针对郊县区偏远的地方，专门为考生安排中午或下午场的考试；在冬季时节，针对北方昼短夜长特点，专门为考生加开了中午考场；针对某些同业要求，专门为有特殊要求的考生缩短考试周期，提高通过率。到年底，为广灵县等偏远县区的110余名考生安排了7场中午场考试。为了解会员公司的需求，建立沟通机制，大同办事处综合办公室和综合业务工作部负责人随办事处主任经常对全体会员公司进行走访，采取当面和下发征求意见函的方式了解会员公司对于办事处各项工作的意见和建议，全年共收集整理各家会员公司的意见和建议达96条。

表 159　　2014 年与 2013 年大同市分考点各会员公司报考情况统计对比表

2014 年公司报考情况										2013 年公司报考情况								
序号	公司	报考总计	占比	参考				参考率	场次	公司	报考总计	占比	参考				参考率	场次
				参考合计	通过	通过率	平均分						参考合计	通过	通过率	平均分		
1	平安寿险	1628	22.91%	1491	1123	75.32%	66.9	91.58%	151	平安寿险	1032	23.40%	947	743	78.46%	67.77	91.76%	86
2	中国人寿	1603	22.56%	1315	976	74.22%	66.6	82.03%	140	中国人寿	731	16.58%	596	319	53.52%	59.52	81.53%	72
3	太保寿险	1567	22.05%	1345	981	72.94%	66.2	85.83%	147	太保寿险	869	19.71%	754	418	55.44%	60.58	86.77%	118
4	新华人寿	367	5.16%	349	229	65.62%	63.9	95.10%	56	新华人寿	209	4.74%	193	116	60.10%	61.99	92.34%	36
5	太平人寿	287	4.04%	270	223	82.59%	67.9	94.08%	40	太平人寿	312	7.07%	257	192	74.71%	65.92	82.37%	42
6	人保寿险	277	3.90%	263	112	42.59%	57.6	94.95%	34	人保寿险	155	3.51%	141	73	51.77%	60.43	90.97%	29
7	农银人寿	189	2.66%	169	104	61.54%	61.4	89.42%	42	农银人寿	206	4.67%	192	117	60.94%	61.76	93.20%	27
8	泰康人寿	165	2.32%	145	81	55.86%	60.7	87.88%	37	泰康人寿	161	3.65%	141	107	75.89%	65.53	87.58%	29
9	人保财险	163	2.29%	150	53	35.33%	56.1	92.02%	27	人保财险	92	2.09%	77	31	40.26%	56.86	83.70%	14
10	中煤财险	153	2.15%	137	77	56.20%	60	89.54%	33	中煤财险	109	2.47%	105	47	44.76%	57.74	96.33%	22
11	合众人寿	139	1.96%	126	75	59.52%	61.2	90.65%	31	合众人寿	91	2.06%	84	47	55.95%	61.49	92.31%	25
12	民生人寿	112	1.58%	99	73	73.74%	64.8	88.39%	31	民生人寿	97	2.20%	91	69	75.82%	66.41	93.81%	22
13	国寿财险	76	1.07%	67	27	40.30%	57.2	88.16%	23	国寿财险	41	0.93%	34	12	35.29%	54.62	82.93%	10
14	平安产险	56	0.79%	54	21	38.89%	58.6	96.43%	20	平安产险	67	1.52%	65	23	35.38%	57.66	97.01%	14
15	人保健康	55	0.77%	51	31	60.78%	61.9	92.73%	22	人保健康	14	0.32%	11	4	36.36%	56.09	78.57%	3
16	华泰产险	52	0.73%	39	14	35.90%	55.8	75.00%	16	华泰产险	6	0.14%	4	1	25.00%	52.5	66.67%	2
17	祥和代理	47	0.66%	45	26	57.78%	61	95.74%	13									
18	永安产险	43	0.61%	41	19	46.34%	58.4	95.35%	13	永安产险	34	0.77%	33	8	24.24%	56.15	97.06%	9
19	中华联合	35	0.49%	34	15	44.12%	58.9	97.14%	9									
20	阳光财险	35	0.49%	35	17	48.57%	58.6	100.00%	15	阳光财险	21	0.48%	20	10	50.00%	58.35	95.24%	4
21	天安产险	12	0.17%	11	7	63.64%	60.3	91.67%	3	天安产险	7	0.16%	7	6	85.71%	68.29	100.00%	3
22	华安产险	12	0.17%	12	2	16.67%	50.6	100.00%	2	华安产险	4	0.09%	4	1	25.00%	53.25	100.00%	1
23	大地产险	11	0.15%	9	4	44.44%	62.8	81.82%	5	大地产险	47	1.07%	42	10	23.81%	51	89.36%	10
24	天平汽车	9	0.13%	9	4	44.44%	54.9	100.00%	5									
25	太平财险	6	0.08%	6	3	50.00%	58	100.00%	5	太平财险	30	0.68%	30	14	46.67%	57.97	100.00%	14
26	安邦财产	5	0.07%	3	1	33.33%	56.7	60.00%	4	安邦财产	11	0.25%	11	3	27.27%	56.09	100.00%	6
27	永诚财险	2	0.03%	1	0	0.00%	45	50.00%	2	永诚财险	2	0.05%	2	1	50.00%	57.5	100.00%	1
28										太保产险	39	0.88%	37	18	48.65%	59.57	94.87%	10
29										平安养老	1	0.02%	1	1	100.00%	61	100.00%	1
30										国华人寿	6	0.14%	5	1	20.00%	48.6	83.33%	3
31										信达财险	5	0.11%	4	2	50.00%	54	80.00%	2
	总计	7106	100.00%	6276	4298	68.48%	64.8	88.32%	380	总计	4410	100.00%	3897	2394	61.64%	62.54	88.37%	244

2014 年，一季度大同办事处与大同市人民银行，在大同市人民银行四楼会议室，联合召开全市保险业风险监测系统培训会，全市 29 家产寿险公司，风险监测负责人及财务报表人员近 60 人参加了会议。会上大同市人民银行货币信贷科科长齐培红，就开展大同市保险风险监测系统上线目的意义作详尽阐述；办事处财产保险业务工作部主任陈建勋就保险业防范风险预警及如何填报数据等事项进行工作要求和说明。5 月，大同办事处按省协会要求，召集大同人寿保险同业在新华人寿大同中支公司召开大同寿险业星级柜面现场观摩活动，来自大同 11 家寿险公司 20 多名分管客服中心的副总经理、客服中心经理参加了观摩，并就如何提高柜面服务水平，与会代表进行热烈的讨论，提出了建设性意见。11 月，大同办事处多次组织有需求的会员公司在大同大学举办专场校园招聘会，以满足会员公司对高端人才的需求，为大同保险同业建立人才引进平台。年内，大同办事处认真组织“代资考”服务工作，积极组织召开全市考务工作会议，明确“代资考”程序，严格审核报考条件，并积极通过考前培训、经验交流、妥善安排时间等积极因素，提高考试通过率。全

年共有 7106 人报名考试，组织考试 380 场，参加考试 6276 人，参考率达到 88.32%，平均分 64.76 分，考试通过人数 4298 人，通过率为 68.48%。

2015 年 1 月 29 日，经过大同办事处与大同市政府金融办及相关部门进行多次沟通、探讨、协商，大同市落实省政府加快发展现代保险服务业实施意见工作座谈会在大同市政府二楼会议室如期召开。大同市副市长张韬出席会议并作讲话。大同办事处主任郭促介绍大同保险业的基本情况，汇报了 2014 年大同保险业经营情况和 2015 年工作要点，并向与会人员详细讲解受市政府金融办委托草拟的《大同市人民政府关于加快发展现代保险业的实施意见》中的主要内容。全市有 1 3 家保险公司总经理参加会议并进行讨论，经过多次修改和完善，终于在 3 月 12 日以《大同市人民政府关于加快发展现代保险服务业的实施意见》（同政发〔2015〕20 号）文件正式印发。

2016 年，大同办事处围绕行业服务，开展创新推动工作。一是及时向监管部门和政府有关部门反映保险市场存在的风险与问题，并提出意见和建议。二是认真收集会员公司的业务、数据、技术、信息，开展经验交流；汇总保险市场信息，提供行业数据服务，实现信息共享。三是对会员公司不同的服务需求，无论业务推动还是社会事务，无论人才需求还是媒体造势，无论客户纠纷还是公关协调，均进行倾力支持。

2017 年，大同市保险行业协会举办七期针对全行业公文写作、内控管理等“多方位、多领域、多层次”的培训活动，参加人员为 38 家会员公司各部门负责人。包括：邀请有多年公文写作经验的市政府金融办和信息公开办的专家，从公文写作的基础、要领、文体，以及形式与内容的融会贯通等方面进行公文写作培训；为提高行业财务负责人的税务知识，邀请市国税局的工作人员，讲授了保险业营改增等税务常识；为做好行业防范和打击非法集资及反保险欺诈宣传教育工作，邀请市政府金融办特聘的专项法律顾问，讲授了保险业防范和打击非法集资及反保险欺诈的相关知识；为减少保险公司的用工风险，邀请大同大学教授、律师事务所主任，围绕保险公司目前的用工状况，讲授了用工风险的防范等的专项培训。同时，为提高行业高级管理人员的业务能力和水平，行业协会还组织保险机构（县、区）高级管理人员的集中培训。由监管机构等部门的业务骨干，分别从保险业形势政策、监管法律法规、专业知识与职业操守、机构规范运作的实务操作等方面进行深入透彻地讲解，并依规对参会的全市 18 家会员保险公司的 95 名基层公司经理进行严格的考核。为更好地化解保险纠纷、加大保险纠纷人民调解的力度，行业协会经与市中级人民法院和市司法局沟通，由职业法官对市保险纠纷人民调解委员会聘用的调解员进行“交通事故涉保险公司案件的裁判规则及思路”的专题培训，并组织学习了《大同市保险纠纷人民调解委员会人民调解员管理办法》等，对市政府“12345 市长专线电话”投诉转办、人民调解、诉调对接、行业和解等具有重要意义。

第四节　行业交流

保险协会行业交流主要包括会员之间的交流、行业协会之间的交流以及保险业同其他相关行业、部门之间的交流。2007 年保险协会成立之后，首先建立业内《简报》，开通了协会网站，实现大同同业的交流。随着同业公司的增多、保险市场的扩大，协会不断扩大交流领域，不断创建交流渠道，为同业开阔视野，创新业务不断努力。

2007 年 11 月，大同保险行业协会创刊《简报》，到 2008 年共发行了 9 期。组建了协会内部局域网、开通大同市保险行业协会网（网址：http: //www. dtbx. org.cn），每月及时汇总保险业务统计表等各项基础性工作有条不紊地进行，建立大同保险同业交流的平台，实现了大同保险同业的交流。

2009 年，大同行业协会重视网点建设，每月及时对网站进行维护，年内，更新网站内容 54 篇、图片 11 幅，受理网上投诉 2 起、网上咨询 1 起，完善网站栏目 5 个。网站的点击率越来越高，发挥了同业交流的作用。同时加强《简报》管理工作，经过积极筹划和认真准备，每月 25 日准时刊发《简报》，年内共刊发 12 期，《简报》越来越受到广大会员公司的重视和支持，在业内起到了宣传、交流、沟通的作用。

2010 年，为了进一步推动协会信息化建设，方便会员平时查询行业协会的相关文件、简报、数据报表，协会开通了“信息查询邮箱”：dtbxhyxh@sina. cn。从 2010 年 10 月 1 日起，行业协会下发的所有文件、刊发的所有《简报》以及每月公布的各类数据报表，都将在信息查询邮箱中予以公布，以便让所有会员单位第一时间了解、掌握协会各项工作的开展情况和行业内部数据。

2012 年 7 月，山西省保险行业协会年度地市办事处工作交流会在大同办事处召开。山西省保险行业协会秘书长郭志龙、法律事务工作部主任郭促、综合办公室主任景慧芬和十个地市办事处主任参加会议，大同办事处主任王者成主持会议。该次会议主要内容分交流和通报两部分，交流部分即由大同、朔州、忻州、晋中、吕梁、阳泉、长治、晋城、临汾、运城十个办事处主任汇报 2012 年上半年主要工作，交流了在工作中总结的经验和教训。主要从市场秩序情况及开展行业自律的创新做法、建立保险纠纷调处机制进展情况、在解决车险理赔难和销售误导方面的举措、自身规范化建设情况四个方面进行交流。通报部分即由山西省保险行业协会法律事务工作部主任郭促通报省协会人民调解工作进展情况，对在人民调解过程中遇到的问题与大家进行交流。综合办公室主任景慧芬对财务检查、数据统计情况进行了通报。

2013年7月，大同办事处重视网络交流平台建设，先后建立大同办事处会员公司办公室主任QQ群、保险纠纷调处联系责任人QQ群、产寿险业务联系责任人QQ群、保险销售从业人员考务工作交流QQ群，极大提高了信息流转速度，确保了各类信息的及时上报、汇总。10月，大同办事处网站全新改版，新增在线咨询、网上投诉的功能，为广大网友答疑解惑，建立起一个互动交流的平台。年内，大同办事处还利用《保险信息》《简报》增进业界的交流，宣传业内的好做法。到年底办事处共计编发《简报》17期，其中办事处内部投稿77篇，采用49篇；会员公司投稿119篇，采用41篇；为省协会投稿50篇，采用34篇。

2014年6月，为了提高大同办事处工作水平，及时了解各地市保险行业相关信息，推动保险业内交流与合作，山西保险行业协会大同办事处主任郭促及部门负责人主动与周边保险朔州办事处、内蒙古乌兰察布市保险行业协会进行晋蒙两省三地保险行业友好交流座谈。8月19日，山西省保险行业协会朔州办事处主任张海晶一行三人、内蒙古乌兰察布保险行业协会秘书长宋利新一行两人、河北省张家口保险行业协会秘书长徐振京一行六人在山西保险行业协会大同办事处进行了晋冀蒙三省四地保险行业友好交流座谈。25日，内蒙古乌兰察布市保险行业协会秘书长宋利新等一行五人抵达大同办事处就推动“晋冀蒙三省友好保险行业协会”机制的建立进行意见交流、资料交换、信息分离，并共同商定下一步行业协会建设的发展方向和延伸范围。年内，办事处网站发布最新动态66篇、图片信息60余幅、会员公司动态37篇，同业内交流不断。

2015年4月17日，大同办事处分别组织召开“诉调对接工作座谈会”“大同市保险诉讼案件调研工作座谈会”。大同市中级人民法院民事审判二庭庭长邵晋栋、副庭长马卉妍，大同市司法局司法鉴定处副处长霍秀华，大同市交警支队事故处处长李冬青、事故大队队长王连挺、副队长张晓东，大同市城区人民法院综合办主任张文斌以及中国人民保险公司财险大同市分公司、中国人寿大同分公司等11家保费规模较大的保险公司分管副总经理共计27人参加会议。会议围绕大同市保险诉讼案件调研及“诉调对接”推进进行了热烈的座谈交流。9月1日，由山西省协会组织、中国人民保险公司财险山西省公司主办的山西省第六届财产保险交流研讨会大同分会场在中国人民保险公司会议室举行。会议由山西省保险行业协会景秘书长主持，山西省保险行业协会特邀平安财险总公司的专家林晓星专题讲演。全市19家财险公司分管总经理及相关人员共69人参加了培训。10月9日，大同办事处召开大同保险业保险纠纷调处工作推进座谈会。参会的七家产险会员公司、七家寿险会员公司领导及相关人员还就推动诉调对接、做好人民调解以及处置“12345”政府服务热线投诉进行讨论交流，提出了很好的工作意见和建议，通过面对面的交流，大同同业大力提高工作力度，推动该项工作有新进展。年内，大同办事处8名工作人员分成两个组，深入全市33家会员公司就自律、维权、服务、协调等工作内容进行调研，并与各会员公司总经理进行了座谈交流。调研内容，从贯彻落实“市十条”亮点、行业自律、纠纷调处、形象宣传、办事处工作等六项重点工作向各会员公司征询建议和意见130多条，装汇成册，作为工作参考。12月10日，省保监局法制处处长王相军、省保险协会副秘书长魏峰、法务部主任徐永胜一行三人莅临大同办事处指导保险纠纷调处工作。就开展保险诉讼案件“诉调对接”工作、推动大同市中级人民法院与大同办事处联合下发建立“诉调对接”机制文件进行座谈交流，详细了解了大同办事处在推动“诉调对接”工作当中所做的各项工作。经过多方努力办事处与大同市中级人民法院于12月28日联合下发《关于建立保险合同纠纷案件诉调对接工作机制的实施方案》，使大同保险业诉调对接工作推进到了有序规范的新阶段。

2016年，大同办事处在巩固和扩大保险同业信息联通工作机制，促进业内信息交流的基础，重点探索行业与其他行业的交流。当年，重点加强与大同市银行业、证券业、投融资中小微企业、医疗卫生业、新闻工作者等行业协会的沟通与协调，促进行业对外交流。

2017年，大同保险行业协会围绕行业内外交流上既注重量的扩张又注重质的提升，既要做保险同业的后盾，更要做保险同业的使者。为了保证县域保险健康发展，落实保险业参与地方经济发展、实现精准扶贫，山西保监局巡查组李志超，大同市金融办主任王四桢，副主任张福平、张亮就大同保险业发展以及“精准扶贫 保险护航”等相关事宜进行工作交流。在大病医疗保险方面，山西保监局寿险处处长孟魁建、王焰一行在同督导调研大病保险工作期间，大同保险行业协会秘书长郭促陪同下，专门赴大同市医保中心，与大同医保主任戎力戒等部门负责人就城镇居民大病医疗保险、城镇职工补充医疗保险进行工作交流。大同保险行业协会秘书长郭促和部门负责人还多次参加市委、市政府以及市财政、公安、环保、发展改革委等部门组织召开的有关工作座谈会还进行了就保险行业参与社会治理进行充分的交流，为推动出台的各类政策，为行业发展和参与地方经济建设发挥重要作用。如大同市政府下发的《关于发挥保险作用支持创新驱动转型升级的实施意见》《大同市人民政府办公厅关于印发大同市健康扶贫工作定期督查考评办法的通知》；大同市政府金融办、大同市财政局、大同市扶贫开发领导组、中国银行大同市中心支行、大同银保监局、大同市保险行业协会联合下发的《关于“五位一体”推进全市扶贫小额信贷工作的指导意见》《关于印发大同市健康扶贫工程“三个一批”行动计划实施方案的通知》等。大同保险行业协会在内部管理建设中，充分利用“一站”和“一号”，暨大同市保险行业协会网站和公众号，发挥新兴媒体和移动互联网传播信息速度快和受众面年轻的特点，在内容方面狠下功夫，对与日常生活有关的保险知识和信息及时进行更新和推送，获得了大量的网站点击量和公众号关注，起到了良好的宣传作用与交流作用。与此同时，大同市保险行业协会还重视行业内部宣传，创立了《大同市保险行业协会简报》《大同市保险行业协会财产险咨询》《大同市保险行业协会人身险咨询》《大同市保险纠纷工作简报》四份简报，每月两期作为行业内部宣传和交流的平台，将各会员公司的工作经验、先进事迹、工作动态以及当月行业各类信息作为简报的主要内容，起到推动业内交流和信息共享的作用，受到会员公司的一致好评。

第五节　保险宣传

大同保险行业协会成立以后，重视保险知识的宣传、重视公众保险意识的提升，整合保险同业宣传资源，制定宣传规划，发挥行业整体效应，组织开展了多种不同形式的宣传和咨询活动。

2009 年，大同保险行业协会加强宣传工作，通过多层次宣传渠道，树立大同保险业的良好形象。一是巩固主流媒体的宣传阵地。年初开始，大同保险行业协会就与《大同晚报》进行接触，经过多次沟通、多次探讨、多次论证，终于达成合作意向，取得《大同晚报》的认可，决定在每周二《财富专刊》刊登保险专版，广泛宣传保险知识，截至 12 月 31 日，大同晚报共刊登保险专栏 30 期，使广大市民对保险知识以及保险公司有更直观、更深入的了解。二是积极办好协会网站，向社会公布网站地址，协会不断更新网站内容，通过现代网络手段，向社会公众宣传保险。三是积极组织“防灾减灾”宣传周活动。6 月，大同保险行业协会根据晋保监办〔2009〕32 号文件精神，精心部署、周密组织，及时制定了大同保险行业“防灾减灾”宣传周活动方案，活动期间，大同保险同业 20 多家会员公司通过发放传单，设置宣传专栏，开展知识讲座、专题培训甚至在红旗广场搭建“防灾减灾”宣传展板等多种宣传形式，使广大群众认识到保险在抗灾、防灾方面的重要作用。四是组织全体会员单位进行新保险法的宣传活动。5月21日，为贯彻落实保监局相关文件精神，更好地宣传新保险法，大同保险行业协会召开常务理事会，研究制定活动方案，并下发各团体会员单位。各公司结合自身情况制定具体的活动方案，开展形式多样的宣传活动，有的在职场悬挂宣传条幅和标语，有的在晨会和例会组织各部门学习新“保险法”知识，还有的充分利用业余时间组织员工观看《新保险法专题讲座》DVD。通过形式多样的学习宣传，使新“保险法”知识深入人心，达到预期的目的。

2010年，大同保险行业协会紧紧围绕山西保监局对宣传保险的整体部署，密切联系大同保险同业的现状，巩固主流媒体的宣传阵地。3月17日，大同市保险行业协会秘书长王者成就保险业相关政策法规和维护保险消费者权益等内容，接受了大同电视台综合频道《今日关注》栏目组的专访，并于3月21、22、23日黄金时间连续播出专访内容。行业协会继续保持与大同晚报社合作关系，延续每周二《财富专刊》刊登保险专版方式，广泛宣传保险知识和保险产品，截至12月31日，共刊登保险专栏54期。为了贯彻第一届常务理事会第十三次会议及第一届行事会第三次会议的有关精神，更好地宣传大同市保险业的先进事迹和最新的行业动态，大同保险行业协会建立了信息员联络制度。协会以信息联络制度为抓手，扩大保险信息采集渠道，畅通保险信息传播途径。各个会员公司信息员积极搜集公司典型事迹、先进事迹以及公司保险新动态，定期或不定期向保险协会报送，行业协会则通过《大同晚报》等媒体以及简报、网站等手段随时刊发各公司信息，扩大保险宣传范围。到年底统计，行业协会共收到同业公司稿件115篇、各类图片67幅，协会通过简报和网站刊登稿件31篇、图片15幅。

2011年，大同办事处继续与大同晚报社联系，不断完善《大同晚报·金融周刊》的保险专版。重点开展对保险同业推出的投资理财保险产品、如何理性选择保险保障以及对机动车辆险理赔业务等社会关注的热点、重点问题，大同办事处经过与大同晚报社磋商，着重对这几方面问题进行了宣传，收到良好的效果。截至12月31日，《大同晚报·金融周刊》的保险专版共刊发各类保险文章206篇。

2012年3月，大同保险同业按照山西省保险行业协会大同办事处《2012年“3·15”“诚信、服务、责任——让消费者满意”活动方案》要求，开启了“3·15”系列宣传活动。宣传期间，同业公司根据活动方案精神，结合自身实际情况，开展了以总经理接待周为核心的宣传活动，户外的宣传活动重点放在进入社区宣传保险知识和听取保险消费者意见两方面。在“总经理接待周”里，中国人民保险公司财险大同市分公司、中国人寿大同市分公司、大地财险大同市中心支公司、平安财险大同市中心支公司等多家会员公司的总经理认真接待了群众的咨询和投诉。诚恳解答，耐心解释。据不完全统计，在短短的一周时间里，共接待咨询1000多人次，处理投诉230起，接受消费者意见和建议近百条。在户外宣传活动中，同业公司有规则地奔赴街道和社区，散发宣传单共计15000多份。

2013年，大同办事处组织保险同业开展多种形式、多个主题的保险宣传活动。3月11日至15日，办事处多次组织办事处员工深入大型社区进行宣传，宣传的重点主题是保险纠纷调处工作，宣传内容是让社会了解山西保险协会大同办事处职能、性质以及办公地址；如何利用“大同市保险纠纷调解人民调解委员会”的职能解决保险纠纷，维护保险消费者合法权益。活动期间，办事处工作人员散发了由省协会设计的宣传折页400余份。7月8日，是首届“全国保险公众宣传日”。为进一步加强保险公众宣传工作，不断提高全社会保险意识，活动主题确定为“保险，让生活更美好”。活动期间，大同保险同业举办丰富多彩的宣传活动，布置了业务大厅，悬挂了主题标语，设计了主题展板，发放主题传单。特别是大同办事处主任郭促接受了《大同日报》《大同晚报》就“保险，让生活更美好”主题宣传活动专访，通过主流媒体将保险主题推向深入。9月，是中国人民银行确定的“金融知识普及月”。14日，人民银行大同中心支行在大同大学组织开展了全市金融机构宣传教育活动，省保险协会大同办事处和中国人寿大同分公司参加了此次公众服务宣传活动。活动期间，大同办事处组织活动能力、宣传活动积极性、表现专业知识得到人民银行大同中心支行领导高度的评价。年内，大同办事处积极落实山西保监局下发的《山西保险业〈农业保险条例〉宣传工作活动方案》精神，制定《山西省保险行业协会大同办事处〈农业保险条例〉宣传活动实施办法》；主动向政府各个部门推荐订阅《中国保险报》；不断完善办事处内部网络化交流平台；方便利用办事处部门建立的工作QQ群等。宣传方式不断增多，宣传范围不断扩大，宣传内容不断丰富，宣传影响不断深入。

2014年3月13日，大同办事处组织专门会议，传达山西省保险行业协会“3·15”活动方案，并对大同保险业“3·15”活动进行详细安排和解释。15日，大同保险同业依据大同办事处在营业大厅、销售职场通过对客户讲解保险常识、理赔流程等普及保险知识；通过发放宣传手册、悬挂宣传条幅等不同活动形式开展保险“维权”宣传活动。5月18日，在《大同晚报·财富周刊》整版刊登题目为《农业保险为大同农业撑起“保护伞”》的文章，表达农业保险在农民增收、农业发展、农村稳定建设过程中的保障作用。7月8日，大同办事处为了搞好“全国保险公众宣传日”活动，认真设立咨询台，摆放宣传彩页，利用LED屏播放保险宣传主题：“爱无疆，责任在行”等宣传标语，并安排专人对参观者进行讲解。当日，大同电视台《大同新闻联播》对办事处的集中宣传活动进行专题报道。7月10日，《大同日报》刊登了对行业协会秘书长郭促就保险宣传主题：“爱无疆，责任在行”的活动专访，有效地向社会公众普及保险知识，取得良好的社会效果。年内，大同办事处选取2013年以来大同保险业，四大类业务中典型案例，通过《大同日报》、《大同晚报》、《大同广播电视报》等媒体进行了刊载。召集中国人民保险公司财险大同市分公司，国寿财险大同中支、中煤财险大同中支三家会员公司召开《农业保险条例》宣传工作会议。与市委党校进行联系，推动县、乡、村三级农业保险宣传的开展。在《大同日报·经济周刊》《大同晚报·财富周刊》以专题报道的形式，对大同30家保险经营主体，进行专题报道；9位同业公司总经理在《大同晚报》“保险公司总经理访谈系列”话说大同保险。《大同保险业积极应对满期给付高峰》《12345服务保险民生更给力》《农业保险为大同农业撑起“保护伞”》先后刊载于《中国保险报》。《大同日报》《大同晚报》《大同广播电视报》《今日大同》等报刊对行业协会秘书长郭促进行了五次专访或署名文章，对大同保险业保障、服务社会进行了广泛宣传。

2015年3月10日，大同办事处组织召开大同保险业年度自律工作委员会会议。传达省保监局、省协会对“3·15”活动的安排和要求，宣导大同办事处“3·15”活动方案。15日，大同办事处举行保险消费者权益日办事处主任接待日活动；当日，中国人民保险公司财险、国寿财险、平安财险、太平洋寿险、新华寿险等会员公司在街头、社区向广大群众发放“明白消费、依法维权、理性解决保险合同纠纷”的彩色宣传折页、介绍保险知识等活动，大同电视台记者进行全程跟踪录制。3月16日，大同电视台《大同新闻联播》播出《我市保险市场发展健康有序》专题报道，引起了较好的社会反响。4月22日，大同办事处出台《关于进一步推进大同保险业信息报送工作的七点意见》5月15日、5月27日，山西省保险行业协会大同办事处两次参加市处非防范和处置非法集资领导组开展的防范打击非法集资宣传活动。活动现场设置了宣传版面、咨询台，发放《山西省防范和打击非法集资宣传教育手册》等相关资料1800余本。7月8日，是第三个“全国保险公众宣传日”，活动主题是“一键保险 呵护无限”。当日，在市政府办公厅、金融办的支持下，全市30家保险公司300多名工作人员第一次在市政府西侧迎宾广场进行设点集中宣传。活动中，前来咨询的市民对公司的手机App软件以及微信公众号的便捷产生浓厚兴趣，纷纷关注，咨询服务台前熙来攘往、人头攒动。各家保险公司还在营业大厅、销售职场，充分利用自便的宣传方式，通过悬挂条幅、LED显示屏、视频音频播放、营销员走访宣传等深入普及保险知识，营造全社会“学保险、懂保险、用保险”的浓厚氛围。活动期间大同电视台、《大同晚报》、《大同广播电视报》报分别对该次大型活动进行专题报道。年内，在《大同日报》《大同晚报》及大同新闻网等主流新闻媒体以“弘扬保险正能量、服务美丽新大同”为主题开辟专栏。每周固定时间刊登保险咨询、保险常识、保险案例、保险理论等内容。《中国保险报》刊有《山西大同：保险调解民忧》《山西大同：保险纠纷调处对接成功》《大同保险业积极处理市政府转办案件》《冬日里的温情——山西省保险行业协会大同办事处服务民生侧记》等。《大同晚报》刊有：《大同保险高速路上前行》《保险 撑起安全伞》等文章。《大同广播电视报》对大同保险业积极提升保险服务质量及维护保险消费者合法权益进行重点版面报道。大同电视台录制题为《保险业惠民生促发展》专题片，大同办事处主任郭促对《大同市人民政府关于加快发展现代保险服务业的实施意见》几个亮点给予了解读。大同办事处网站加大保险知识的宣传，发布最新动态120篇、图片信息100余幅、会员公司动态50篇，其他各类信息多条。

2016年，大同办事处围绕行业宣传，重点开展四项宣传活动。一是在3月15日国际消费者权益日，按照大同办事处活动方案，开展“3·15”系列宣传活动。二是在“7·8全国保险公众宣传日”，由大同办事处组织“彩虹定位跑”保险健身活动。当日，古都煤城秋高气爽，文瀛湖畔景色宜人，湖水、白登、“大同蓝”，构成了“碧云天，黄叶地，秋色连波，波上寒烟翠”的一幅山水图画。大同36家保险会员公司总经理、员工代表组成一支朝气蓬勃的队伍，站在书写着“@保险，一切更简单”主题标志的背景墙面前，像即将出征的威武的战士，市金融办副主任张福平打响彩虹跑发令枪，全体人员开始沿湖向北3公里集体跑步。三是加强大同办事处网点的建设，内容更加丰富，主题更加鲜明，风格更加多样，质量更加优良。四是印制了《稳健发展的大同保险业》宣传手册和《大同保险业通联手册》，制作了《稳健发展的大同保险业》专题片，提升了行业形象，扩大社会影响。

2017年，大同市保险行业协会积极履行协会职能，大力开展宣传工作，多平台、多角度、多渠道弘扬保险社会形象，促进大同保险业健康发展。《大同日报》《大同晚报》上每周刊登大同市保险行业协会的报花，报花上刊登大同市保险行业协会的联系电话，已建立保险行业协会和广大市民之间的沟通桥梁。在传统媒体方面大同市保险行业协会还与大同市广播电视台、大同市广播电台进行密切合作，对于行业新闻、保险知识、行业活动等进行专访式报道。在“3·15 消费者权益日”“7·8 保险公众宣传日”“行业精准扶贫”活动中都进行了详细报道，并拍摄了宣传片，在大同地区引起强烈反响。在新兴媒体方面，大同市保险行业协会充分利用“一站”和“一号”，暨大同市保险行业协会网站和公众号，发挥新兴媒体和移动互联网传播信息速度快和受众面年轻的特点，在内容方面狠下功夫，对与日常生活有关的保险知识和信息及时进行更新和推送，获得了大量的网站点击量和公众号关注，起到了良好的宣传作用。同年，大同 办事处创立《大同市保险行业协会简报》《大同市保险行业协会财产险咨询》《大同市保险行业协会人身险咨询》以及《大同市保险纠纷工作简报》四份简报，每月两期作为行业内部宣传和交流的平台，将各会员公司的工作经验、先进事迹、工作动态以及当月行业各类信息作为简报的主要内容，起到了推动业内交流和信息共享的作用，受到会员公司的一致好评。

第六节　反哺社会

反哺社会是指企业在经营过程中，在追求自身效益实现自身价值过程的同时，回馈社会的行为。

2008 年 8 月，大同保险同业泰康人寿大同中心支公司举行“泰康司庆十四载，血浓情深献爱心”大型公益活动，公司 28 人为大同血库无偿献血。阳光保险大同中心支公司助学郭霞、郭婷两姐妹完成大学学业并每年无偿提供 2000 元生活补助。

2010 年 7 月 16 日，中国人寿大同公司联手市老龄办共同启动大同市“关爱银龄助老御险”活动，落实了以人为本的科学发展观为老年人建立保险保障，使他们在意外发生后能得到及时的经济补偿和治疗。

2008 年春季，我国西南地区遭遇历史罕见的特大旱灾，大同行业协会立即号召协会会员公司所有员工为灾区捐款捐物，大同同业公司及协会员工积极响应，当年共捐款 6 万多元。

2013 年 11 月 5 日，在大同办事处、大同市新闻工作者协会积极推动下，中国人寿大同分公司举行了主题为“真情送保障，服务正能量”的“赠送保险仪式”活动。向全市 800 多名新闻工作者，每人赠送了保额为 1.2 万元的意外伤害保险。活动期间，大同市委宣传部、大同市新闻工作者协会、中国人寿大同分公司有关领导以及省、市 11 家新闻媒体相关人员、28 家会员公司主管宣传工作负责人等 60 多人参加该次活动。

2016 年，在“冬季行动”中，大同保险业协会积极发挥保险经济补偿、资金融通、社会管理职能，在全市社会保障、防灾减灾、社会管理等方面积极参与，使大同人在这个寒冷的冬天依然能够感受到来自保险业的细腻与温暖。

2017 年，大同保险行业协会积极发挥行业优势，认真推进保险扶贫工作。年内，在保险服务方面，大同保险同业不断改进大病保险服务，推广贫困人口专属商业健康保险产品，以乡镇为单位进行农村人口小额意外伤害保险及村干部意外伤害保险的推广宣传，切实为农村人口带来“保费低、保障高、服务快捷”的贴心服务。在精准扶贫机制上，大同保险同业选择保险机构优秀人才，定期深入贫困基层，面对面为贫困人口提供保险咨询、理赔等服务。并选择脱贫任务重的地区，协调保险机构广泛开展公益捐赠、大病筛查、公益演出、保险知识普及等扶贫活动。同时，保险机构面向贫困人口开展定向招聘、技能培训和职业教育等服务。在具体落实上，中国人民保险公司财险、中国人寿、国寿财险、太平洋寿险驻村工作队及派驻村书记，按照当地政府安排入村到户开展帮扶工作。中国人寿为天镇县逯家湾镇上湾村，捐款 4 万元用于维修村民委员会设施，为 57 名贫困户家庭学生捐助 5.5 万元保额学生险，为天镇县新平镇曹家湾贫困户捐助价值 6000 余元的衣被，特别是国寿天镇县支公司针对当地多年形成的“保姆输出”劳务品牌，积极与扶贫办会商，为“天镇保姆”提供了保险保障，到年底统计，已为近千位“天镇保姆”办理大病补偿和意外伤害保险，同时还为这些人建档立卡随时关注健康状况。国寿财险、太平洋寿险在驻地帮助进行试种黄芪脱贫工作申报等。

第十篇

保险监管

保险监管有狭义和广义之分，广义的保险监管是指监管主体不仅是政府，应包括社会组织、保险行业协会以及保险机构自身的监督管理。狭义的保险监管是指国家依法设立机构依法管理市场，确保保险经营者的稳健经营和保险市场规范运行，保护消费者的权益，维护社会的稳定。我国保险法规定，保险监管主要包括保险组织监管、保险业务监管、保险财务监管以及保险中介等方面的监管。1950 年 12 月，中国人民保险公司大同支公司成立，根据《中国人民保险公司组织条例》，由当地中国人民银行直接领导。1952 年 6 月，划归当地财政局领导。1985 年，国务院发布《保险企业管理暂行条例》，成为中国人民银行为监管保险行业的重要法律依据。1995 年，《中华人民共和国保险法》颁布，涵盖了“保险合同法”和“保险业法”，为中国保险业发展和保险监督提供了基本依据。1998 年国务院批准设立中国保险监督管理委员会，1999 年，中国保险监督管理委员会成立，2001 年太原保监办成立，专司保险监管。2003 年保监会发布偿付能力监管指标，2012 年启动以风险为导向的第二代偿付能力监管体系，2016 年初步建成较为完善的监管体系。大同保险业作为经营保险的企业，经历了以行政管理为主要监管手段，以保险业实施和费率为主要内容的初期阶段；经历了以法制为主要监管手段，以市场行为和偿付能力为主要内容的发展阶段；走向了以专业化、法制化和技术化为监管手段，以构建偿付能力体系和完善责任准备金提存为主要内容的相对成熟阶段。

第三十章 保险法律与法规

监管法律是监管部门有效实施保险业监管的依据，是保险企业销售与管理的根本规范。从 20 世纪 50 年代《中国人民保险公司组织条例》的行政法规实施，到 20 世纪 90 年代《中华人民共和国保险法》出台，到《保险公司偿付能力额度及监管指标管理规定》的颁布，依法监管、合法经营成为保险业健康发展的根本保证。

1950 年 1 月 4 日，中央人民政府政务院正式颁布《中国人民保险公司组织条例（草案）》，该条例规定，中国人民保险公司是经营各种保险业务的国营企业，以全部财产对其业务及债务负责。11 月 3 日，中国人民保险公司颁布了《中国人民银行分支机构代理中国人民保险公司业务办法》。为中华人民共和国成立早期政府管理保险行业规范性文件。

1951 年 2 月 3 日，中央人民政府政务院作出《关于实行国家机关、国营企业、合作社财产强制保险及旅客强制保险的决定》，明确中国人民保险公司为办理强制保险法定机关。4 月 24 日，中央人民政府政务院财政经济委员会发出《关于颁布财产强制保险等条例命令》，对中国人民保险公司拟定的《财产强制保险条例》《船舶强制保险条例》《铁路车辆强制保险条例》《轮船旅客意外伤害强制保险条例》《铁路旅客意外伤害强制保险条例》和《飞机旅客意外伤害强制保险条例》共6种，核定准予公布施行。8月8日和9月6日，财政部先后下发《关于执行财产强制保险条例的通知》《关于执行财产强制保险的补充通知》。

1953年7月28日，山西省人民政府下发《关于今后保险工作的指示》，主要就贯彻全国保险第三次工作会议“整顿城市业务，停办农村业务，整顿机构，在巩固的基础上稳步前进”的方针以及落实全省第三次保险工作会议拟定的工作目标、任务等进行部署。

1957年4月6日，财政部发布《公民财产自愿保险办法》，11月16日，财政部和中国人民保险公司联合发文《关于1958年起局部修改财产强制保险条例的指示》，对扩大保险责任范围和修改保险金额及赔款计算方法等主要问题进行了说明。

1958年9月1日，山西省人民委员会根据国务院有关规定出台《关于改进保险工作管理制度的规定》，对省内保险工作的部分管理权限进行下放。

1981年12月13日，第五届全国人民代表大会通过了《中华人民共和国经济合同法》，这是中华人民共和国成立后第一部涉及保险行为的法律。

1982年12月，国务院颁布《中国人民保险公司章程》，在第一章“总则”中明确中国人民保险公司以及所属机构、支公司经营的业务范围。在第四章“财务审理”中，明确营业年度、年终编制报表等规定。

1983年9月，国务院发布《中华人民共和国财产保险合同条例》，确立财产保险的分类标准，规定财产保险合同订立、变更和转让的要求，说明了投保方义务，明确保险方的赔偿责任等。

1984年3月，国务院发布《国营企业成本管理条例》，规定所有实行独立经济核算的国营企业，其中包括金融保险企业，必须依照本条例管理成本。这一条例内容包括总则、成本开支范围、成本核算、成本管理责任制、监督与制裁和附则六个章节。

1985年3月，国务院发布《保险企业管理暂行条例》，明确中国人民银行为国家保险管理机关，主要职责是拟定保险事业的方针、政策，批准保险企业的设立，指导、监督保险企业的业务活动，审定基本保险条款和保险费率。检查保险企业会计账册和报表单据，并对保险企业在业务经营中违反国家法律、法规，或者损害被保险方合法权益的行为给予经济制裁，直至责令停业。同时，对保险企业的设立、偿付能力和保险准备金、再保险等作出了明确规定。

1989年2月，国务院办公厅颁布《关于加强保险事业管理的通知》，主要针对政企不分，行政强制、自设公司、自办保险、无序经营、压低费率、恶性竞争、挪用保费、拖延兑付等问题，从治理经济环境、整顿经济秩序对保险市场提出治理与整顿要求。

1990 年 12 月，财政部公布《国营金融、保险企业成本管理办法》，是继 1984 年《国营企业成本管理条例》之后，保险企业加强成本管理的新的法律法规依据。

1992 年 9 月 28 日，人行山西省分行下发《关于加强保险业务管理有关问题的通知》，就保险条款的审批与报备、跨省开展保险业务、执行保险费率、非保险性的资金运用业务以及业务报表报送等问题，进行明确规定。29 日，人行山西省分行转发央行《关于发布〈保险代理机构管理暂行办法〉的通知》，对保险代理机构管理提出具体明确的要求。

1995 年 6 月，《中华人民共和国保险法》颁布，这是新中国保险业的第一部基本法，涵盖“保险合同法”和“保险业法”，主要包括保险合同、保险公司、保险经营规则、保险业的监督管理、保险代理人和保险经纪人、法律责任等内容，为中国保险业发展和保险监督提供基本依据。《保险法》第 106 条规定：商业保险的主要险种的基本保险条款和保险费率由监管部门制订，保险公司拟订的其他险种的条款和费率报监管部门备案。

1996 年 7 月，中国人民银行颁布《保险管理暂行规定》，明确规定主要险种的基本条款和费率由中国人民银行总行制定，进一步强化保险条款和费率管理的规范性、严肃性。

1999 年 1 月 11 日，中国保监会制定并印发《保险机构高级管理人员任职资格管理暂行规定》，对保险机构高管人员的任职资格条件、任职资格审查与管理、任职资格取消进行了明确规定。15 日，下发《关于人身保险业务有关问题的通知》，对人身保险条款、费率的使用、代理手续费和佣金、业务经营、股利分配等进行具体明确管理要求。6 月 8 日，保监会下发《中国保险监督管理委员会关于下发有关精算规定的通知》，通过《人寿保险预定附加费用率规定》《人寿保险精算规定》《利差返还型人寿保险精算规定》《意外伤害保险精算规定》《健康保险精算规定》等，强化规范人身保险业务的监管和精算工作。8 月，保监会下发《保险公司内控制度建设指导意见》，为保险公司控制风险，提高管理水平提出具体要求。12 月，中国保监会发出《关于保险公司委托会计师事务所开展审计业务有关问题的通知》，规定保险公司向保监部门报送业务报告、财务会计报告和其他有关报告时，应提交由符合条件的会计师事务所出具的审计报告。

2000 年 1 月，为加强对保险公司的监督管理，维护保险市场的正常秩序，保护被保险人的合法权益，促进保险事业健康发展，印发《保险公司管理规定》，明确保险机构的设立、变更、撤销以及合并的原则、条件、程序、报告等；界定了财产保险公司和人身保险公司可以经营的业务范围；规定了“商业保险的主要险种”范围由中国保监会认定，保监会可以根据市场情况对主要险种范围进行调整，可以委托保险行业协会或保险公司拟订主要险种的基本保险条款和保险费率；限定保险资金管理及运用范围；提出保险公司偿付能力的具体要求和再保险具体要求；列举了保监会对保险机构实行日常和年度检查的全部或部分内容；公开违反保险法律、法规的相关罚则。

2002年5月30日，太原保监办印发《山西省保险代理人管理暂行办法》；9月10日下发《山西省〈保险公司营销服务部〉管理办法实施细则（试行）》；10月18日，下发《关于贯彻落实机动车辆保险条款费率管理有关问题的通知》等规范性文件。

2003年3月，中国保监会发布《保险公司偿付能力额度及监管指标管理规定》（以下简称《规定》），《规定》划分为财产保险公司偿付能力额度、人身保险公司偿付能力额度。《规定》列举了财产保险公司监管指标、人寿保险公司监管指标。《规定》明确指出：“保险公司在任何时点实际偿付能力额度低于最低偿付能力额度，公司法定代表人、精算责任人、财务负责人及其他高级管理人员应及时向中国保监会报告，并采取有效措施，使其实际偿付能力额度达到最低偿付能力额度。”《规定》是保险业监管发展的重要里程碑。同年，为贯彻新修订保险法颁布与实施，太原保监办先后下发《关于加强车险管理有关问题的通知》《关于规范无赔款优待管理问题的通知》《关于加强航意险管理的通知》《关于高级管理人员任职资格管理有关事宜的通知》《关于加强保险从业人员管理的通知》等规范性文件。

2004年，中国保监会重新颁布《保险公司管理规定》，对投保人、保险人、受益人的合法权益提出更高的监管要求。山西保监局根据中国保监局要求，下发《关于进一步明确保险业不正当竞争行为监管执法主体的通知》《关于加强航空意外保险及其替代产品管理通知》。清理和废止《山西省〈保险公司营销服务部管理办法〉实施细则》等。

2005年，山西保监局制定下发《山西省寿险营销员管理制度建设指引》《关于进一步明确行政许可有关事项的通知》《寿险公司分支机构内控制度建设指引》《关于警惕非法销售保险产品通知》《关于保险营销员管理有关问题的通知》《关于规范财产保险公司批单退费有关事项的通知》《关于规范山西省人身保险产品管理有关问题的通知》《关于加强学平险业务规范经营的通知》，对组织监管、从业人员监管和业务监管提出具体要求。

2006年1月5日，中国保监会印发《关于规范保险公司治理结构的指导意见（试行）》的通知，指导意见由强化主要股东义务、加强董事会建设、发挥监事会作用、规范管理层运作、加强关联交易和信息披露管理、治理结构监管和其他七个部分构成，为推进保险业监管又一里程碑。6月15日，国务院印发《关于保险业改革发展的若干意见》。12月1日，山西省政府印发《山西省人民政府关于加快保险业发展的实施意见》，为大同保险业发展奠定良好的机遇和环境。同年，中国保监会制定下发了《保险营销员管理规定》。山西保监局先后制订并下发《关于加强财产保险投标业务管理的通知》《关于加强机动交通事故责任强制保险管理的通知》《关于加强保险营销员管理工作有关事项的通知》《关于实施农村保险营销员资格授予制度有关事项的通知》《关于规范银行代理保险业务的通知》《关于保险营销员资格证书、展业证和培训证书有关事宜的通知》《保险许可证管理暂行办法》《山西省寿险业内部控制监管工作机制（试行）》等法规，为规范保险行业发展，建立规范法规体系。

2007年6月15日，山西保监局下发《关于促进农村人身保险市场规范发展的指导意见》该指导意见明确要求建立农村营销服务部必须制订专门的管理办法，在办法中主要包括设立条件、业务范围、经营区域、职能权限、营销员培训、展业管理、客户回访、理赔服务、退出办法等，并将其他如承保手续、培训事项、宣传方式、机构报备等问题进行了明确。22日，山西保监局转发了中国保监会《关于进一步加强大型商业保险及各类招标业务管理的通知》，明确提出了保险主体、保险行业协会、保监局的责任要求。9月17日，山西保监局下发《关于加强机动车交通事故强制保险费率浮动管理的通知》，为加强机动车交通事故责任强制保险费率浮动的监管，维护正常的市场秩序，抑制恶性价格竞争明确规范。21日，山西保监局印发《山西保险业信息报送工作管理办法》，对强化业内了解辖内保险动向，增强信息交流有积极作用。印发《山西省农村保险营销员管理暂行办法》，对加强农村营销员的营销活动、维护农村保险市场秩序，保护农村地区投保人和被保险人的合法权益，促进农村保险市场健康发展，对从业人员的销售和管理提出了规律规范。印发《山西省保险营销员展业证管理暂行办法》，加强了营销人员展业登记、规范保险营销人员的展业行为、维护保险市场秩序的制度建设。11月，下发《保险公司分支机构相互代理保险业务管理细则》，规范了相互代理行为，促进保险相互代理业务健康发展。

2008年1月9日，山西保监局印发《山西省财产保险招投标业务管理实施细则》，对规范财产保险市场的招投标行为，规范市场竞争秩序制订了规则。24日，山西保监局转发中国保监会《关于规范代理制保险营销员管理制度的通知》，对营销员的从业资格、增员制度、代理合同、日常管理提出法规要求。4月17日，山西保监局下发

《关于实施农村保险营销员资格考试管理制度有关事宜的通知》，对组织农村保险营销人员参加考试的保险公司、组织形式、证书管理、考试具体要求、后续监督提出管理规定。5月19日，山西保监局印发《山西保险业涉嫌非法集资活动预警和查处工作实施细则》，对保险同业落实处置非法集资，加强日常监督方面制订规范。27日，下发《关于启用保险营销员监管信息系统有关事宜的通知》，大同保险同业根据安排，实施营销员监管信息系统上线准备工作。8月28日，山西保监局下发《关于加强农村人身保险市场管理的指导意见》，对规范人身保险公司在农村市场的展业行为，促进农村人身保险业务的健康发展，开发并保护好农村保险市场提出法律指导。为进一步确保保险营销员监管信息系统数据的真实性，规范保险公司对营销员各个环节的管理，下发《关于进一步加强保险营销员管理有关事项的通知》，对营销人员管理系统与监管信息系统的系统化管理、资格考试管理提出新要求。9月1日，根据中国保险监督管理委员会2008年第1号令，《保险公司偿付能力管理规定》开始实施。10月29日，为发挥行业和社会监督作用，加强保险业的诚信建设，山西保监局制定《山西省保险营销员诚信记录管理实施细则》，从诚信记录内容、诚信记录的申报、审核与登记、诚信记录的管理与使用等方面提出规范。12月30日，山西保监局下发《山西辖内保险公司分支机构高级管理人员履职监管细则（试行）》，对加强保险分支机构高级管理人员的管理监督、保障保险公司的合规经营提供法律法规依据。下发《山西省人身保险公司销售人员培训指导》，就培训机构与人员建设、培训计划与培训教材、培训工作的实施、培训工作的考核和监督提出要求。

2009年6月16日，为巩固兼业代理市场清理整顿工作成果，做好新保险法施行前衔接工作，山西保监局下发《关于规范保险兼业代理管理的通知》，从代理资格申请、代理关系管理、其他方面提出规范要求。9月25日，中国保监会同时以保监会令下发6个重要法规，即《保险公司管理规定》《人身保险新型产品信息披露管理办法》《保险公司中介业务违法行为处罚办法》《保险专业代理机构监管规定》《保险经纪机构监管规定》《保险公估机构监管规定》。《保险公司管理规定》从法人机构设立、分支机构设立、机构变更、解散与撤销、分支机构管理、保险经营、监督管理等方面制定规则；《人身保险新型产品信息披露管理办法》从新型产品的划分、信息披露形式、信息披露内容、风险提示、利益演示、回访制度、信息披露材料管理、各险种信息披露要求、法律责任等进行规范要求；《保险专业代理机构监管规定》《保险经纪机构监管规定》《保险公估机构监管规定》分别从市场准入、经营规则、市场退出、监督检查、法律责任等明确监管规定。《保险公司中介业务违法行为处罚办法》明确列举了保险公司通过保险中介进行销售、理赔等活动的 18 条违规行为处置办法。12 月 4 日，为进一步完善信访工作格局，督促各公司加强信访投诉工作，健全工作机制，提高服务水平。山西保监局印发《山西保险公司分支机构信访投诉工作考核办法》，从考核方式、考核具体内容、考核结果的使用三个方面提出规范。

2010 年 2 月 5 日，中国保监会下发 2010 年 3 号令，即《财产保险公司保险条款和保险费管理办法》，对保险公司制订条款和保险费率的审批、备案、组合式及共保保险条款和保险费率管理、法律责任人和清算责任人、监督管理、法律责任等方面进行规范。11 日，下发 2010 年 4 号令，即《人身保险业务基本服务规定》，从保险公司营业场所设置、设备配置、服务标识、服务热线以及销售、承保、保全、理赔（满期给付）、收费、回访、投诉等环节的具体服务进行规范。4 月 27 日，下发 2010 年 5 号令，即《中国保险监督管理委员会行政处罚程序规定》，从管辖范围、立案与调查、处罚、执行四个方面进行明确规定。5 月 12 日，下发 2010 年 7 号令，即《保险公司信息披露管理办法》，从信息披露内容、信息披露的方式和时间、信息披露的管理方面进行规范。11 月 25 日，下发 2010 年 35 号令，即《旅行社责任保险管理办法》，对旅行社责任保险从投保、赔偿、监督检查和罚则进行规范与明确。同年，中国保监局对保险案件责任追究、财产保险条款和保险费率、分支机构管理、电话销售规范、高级管理人员审计管理、电话营销专用产品、保险公司中介业务管理进行了规范与规定。山西保险局对保险公司突发事件和紧急重大情况信息报送、治理商业贿赂工作情况信息报送、案件责任追究、人身保险产品说明会管理、撕票式短期意外伤害保险、激活注册式意外险业务经营行为、学生平安保险、销售误导责任人制度、银行邮政机构保险代理销售人员培训、人身保险电话营销和电话约访行为等方面管理或者问题进行了明确规定或者要求。

2011 年 4 月 7 日，为做好农业保险承保管理，加强农业保险经营规范性，切实防范虚假承保行为的发生，中国保监会下发《关于加强农业保险承保管理工作的通知》，从农业保险开办机构、发展规划、服务网络、保险产品、规章制度、操作流程、风险预案、书面报告、政府沟通、基础信息、标的识别、承保原则、承保档案均提出具体要求。6 月 27 日，中国保监会下发《关于规范人身保险业务经营有关问题的通知》，对保险条款和保险合同、业务宣传资料、年金保险业务经营、犹豫期、销售佣金、保单贷款和客户信息保护七个方面内容进行规范。8 月 17 日，中国保监会下发《关于加强保险公司与商业银行保单质押贷款业务合作管理有关问题的通知》，对商业银行开展质押贷款搭车销售保险存在问题、以死亡为给付条件办理质押贷款被保险人同意的问题进行具体规定。9月19日，中国保监会下发《关于规范机动车辆保险电销专用产品行为有关问题的通知》，对委托或变相委托保险中介机构代理并向其支付手续费提出禁令和罚则。20日，下发《保险代理、经纪公司互联网保险业务监管办法（试行）》，对开展互联网业务的条件、互联网站上开展业务的条件、报告制度、信息披露办法以及投保提示、保险凭证、相关信息的管理办法进行了管理要求。

2012年，山西保监局相继下发《山西省保险公司分支机构准入指引（试行）》《山西省机动车辆保险理赔服务质量量化评价及披露办法（试行）》《关于建立健全保险纠纷调处机制的指导意见》《山西省保险兼业代理机构准入与退出管理指引》《山西省机动车小额财损交通事故快速理赔办法（试行）》《关于加强反保险欺诈工作的意见》《山西省非正常经营管理类保险监管市场退出指引（试行）》等规范文件。

2013年7月4日，山西保监局下发《山西省保险机构案件处置工作暂行办法》，该办法从案件类别、案件风险防控、案件调查、案件责任追究、案件的督办和督查、涉嫌犯罪的案件移送、整改及警示教育等方面进行规范。同年，山西省还下发《山西省保险专业代理机构准入退出指引（试行）》等规范性文件。

2014年1月，为了规范商业银行代理保险业务销售行为，保护保险消费者合法权益，促进商业银行代理保险业务持续健康发展，山西保险局转发中国保监会《关于进一步规范商业银行代理保险业务销售行为的通知》，该通知要求商业代理销售保险时要对投保人进行需求分析与风险承受能力测评、要发展风险保障型和长期储蓄型保险产品、规范商业银行代理销售产品犹豫期计算方法、合同样式、合同组成以及其他相关管理规范。8月，山西保监局下发了《关于规范保险公司在未设立分支机构的地区委托中介机构开展业务的通知》，主要通过非现场监管、信访投诉、县域巡查等方式加强对此类业务的后续监管，依法查处应报告未报告，服务不到位、侵害客户合法权益的保险公司和中介机构。9月，为防范化解非正常满期给付与集中退保风险，督促指导公司和协会妥善开展风险监测、报告、排查、应急处置及责任追究等工作，牢牢守住不发生区域性、系统性风险底线，山西保监局下发《关于加强非正常满期给付与集中退保风险防范化解工作有关事项的通知》，对监测报告工作、风险排查工作、应急处置工作、责任追究工作等进行规范要求。12月，山西保监局下发《关于规范人身保险业务销售行为有关问题的通知》，重点对客户信息完整性、逻辑准确性控制功能、建立健全客户信息审核机制等方面提出规范。

2015年11月5日，山西省人民政府办公厅发布《关于全面实施城乡居民大病保险的实施意见》，从基本目标、资金筹集、保障内容、保险承办、监督管理、组织实施六个方面提出执行要求。9日，《关于加快发展商业健康保险的实施意见》，从总体要求、主要任务、政策保障三个方面提出推动商业健康保险快速发展的要求。

2016年10月9日，为贯彻落实《国务院办公厅关于全面实施城乡居民大病保险的意见》精神，促进城乡居民大病保险业务健康开展，规范大病保险市场秩序，保护参保城乡居民的合法权益，中国保监会关于印发《保险公司城乡居民大病保险投标管理暂行办法》等制度的通知。《投标管理暂行办法》由总则、投标资格、投标流程管理、投标风险管理、监督管理、附则六个部分构成。《保险公司城乡居民大病保险业务服务基本规范（试行）》由总则、服务能力建设、大病保险数据管理、结算服务、客户服务、医疗风险管控、档案管理、服务评价和附则九个章节构成。《保险公司城乡居民大病保险财务管理暂行办法》由总则、资金管理、会计核算、费用管理、报表报送和监督检查、附则六个章节构成。《保险公司城乡居民大病保险风险调节管理暂行办法》由总则、风险调节情形、风险调节机制设计、风险调节实现和附则组成。《保险公司城乡居民大病保险市场退出管理暂行办法》对保险公司退出大病保险业务的行为，维护参保群众合法权益，完善大病保险制度体系，进行具体补充。

2017年5月17日，为进一步规范人身保险市场秩序、整治市场乱象，加强人身保险公司销售管理工作，严厉打击违法违规行为，保护保险消费者合法权益，中国保监会下发《关于进一步加强人身保险公司销售管理工作的通知》，重点针对产品管理、信息披露、销售宣传、客户回访、续期服务和投诉处理等业务环节，排查相关经营行为是否依法合规、内控制度是否健全有效、信息资料是否真实完整，对捏造散布“返还型健康险被叫停”“部分重大疾病将列为免责病种”等虚假信息的炒作行为和通过虚假宣传引诱投保人订立保险合同等违规销售问题开展全面清查和责任追究。6月28日，为规范保险销售行为，维护保险消费者合法权益，促进行业持续健康发展，中国保监会下发《保险销售行为可回溯管理暂行办法》，对保险销售行为可回溯管理的概念、实施范围、重要环节、留存资料、建立视听资料质检体系、回访内容、资料保存等方面进行明确规定和具体要求。7月1日，为进一步完善保险公司合规管理制度，大同保险同业开始执行由中国保监会印发的《保险公司合规管理办法》。7月11日，中国保监会下发《信用保证保险业务监管暂行办法》。该办法由总则、经营规则、内控管理、监督管理和附则五个章节构成。

第三十一章 监管活动

保险监管是保险监管机构履行行政管理职能，依据法律法规统一监管保险市场的活动。20世纪50年代至90年代，保险监管重点实施对大同保险市场保险主体的市场准入监管，产、寿险分业经营之后，主要开展对保险条款、产品费率以及保险从业人员进行监管。进入21世纪，监管范围不断扩大，延伸到偿付能力、责任准备金提存、风险控制等方面。随着我国经济的发展，保险业的繁荣，保险监管不断创新，保险监管逐渐构建起全面系统、科学规范、运行有效的现代保险监管体系。

1953年4月11日，山西省人民政府向各专区、市、县人民政府下发通知，指示各专区、市、县所设立的保险公司及分支机构，受该上级公司和当地政府双重领导，并要求各级保险公司经理参加当地政府的政务会议。

1979年，山西省人民政府批转人行山西省分行《关于在山西省恢复国内保险业务的请示报告》，决定在太原、大同和榆次三市进行恢复试点。同年9月，经山西省人民政府批准正式设立大同等三个支公司。

1981年4月，中国人民银行下发《关于保险公司管理体制的通知》，指出保险公司是在各级人民银行领导下办理保险业务的专业公司，目前属于人民银行内部建制应予改变，各级保险公司受同级人民银行和上级公司双重领导，业务上由上级公司领导，并实行独立核算，按规定比例留存各级保险基金。

1984 年 10 月，中国人民银行下发《关于金融机构设置或撤销并管理的暂行规定》，要求“按本暂行规定获得批准的金融机构，由人民银行发给‘经营金融业务许可证’。在本暂行规定公布前设立的金融机构，应补办审批手续，领取由中国人民银行统一制发的‘经营金融业务许可证’”。同年，中国人民保险公司机构改革之后，中国人民保险公司系统人事任免实行系统垂直管辖，并抄送当地组织部备案。

1985 年 4 月 15 日，中国人民保险公司大同中支根据人行山西省分行下发的《关于贯彻执行〈保险企业管理条例〉的通知》，接受当地人民银行的监管。

1986 年 4 月 14 日，中国人民保险公司大同中支根据山西省工商行政管理局下发的《关于中国人民保险公司所属分支机构办理注册登记的通知》，“省内所有保险分支机构必须凭人民银行核发的‘经营金融业务许可证’到工商行政管理部门办理工商企业注册登记手续，领取营业执照”。的规定，在大同市工商管理局办理注册登记，领取营业执照。随后成立的雁北中支以及各县支公司、郊区支公司分别在当地工商局办理相应注册登记手续并领取营业执照。

1987 年，人行大同分行围绕整顿金融机构，采取相应整顿措施，维护金融秩序。按照《关于各银行和信用社不能办理保险业务的通知》，明确银行业务和保险业务属于不同性质的金融业务，各家银行和信用社暂不得开办保险业务。

1989 年 1 月 5 日，经国务院批准，由雁北地区划出朔县、平鲁县、山阴县设立朔州市。1 月 9 日，中国人民保险公司山西省分公司向人行山西省分行报送《关于申请成立中国人民保险公司朔州市中心支公司的报告》，同年 4 月 21 日，人行山西省分行下发《关于同意成立中国人民保险公司朔州市中心支公司的批复》，并根据行政区隶属关系变更，朔县、平鲁、山阴三个县的保险支公司随之划转。

1991 年 6 月 12 日，人行山西省分行转发中国人民银行总行《关于对保险业务和机构进一步清理整顿和加强管理的通知》精神，该通知规定：凡擅自开办保险业务的，要一律停办；凡擅自设立的保险机构一律撤销。各地市保险公司设立保险代理机构，其名称统一定名为中国人民保险公司 ×× 支公司（办事处）×× 代办所，代理机构主要在乡镇设立，代理机构只能从事代理业务，不得搞自营业务。并明确规定“今后保险公司代理机构要纳入计划，实行指标控制”。年度计划由各地、市保险公司编制，人民银行二级分行审核后，报省保险公司汇总平衡，再报省人行审核批准后下达各地市，由人民银行二级分行在指标内审批。同年，人行大同分行、人行雁北分行按照央行规定，开展清理整顿工作，在代理机构审批中实行计划管理、严格控制为主的原则。

1996年1月1日，中国人民银行下发《保险代理人暂行规定》。5月1日进入实施阶段，中国人民保险公司大同分公司对实施之前的各类保险代理机构进行了规范登记，并作为产、寿险分业经营的基础。8月，大同保险同业根据人行山西省分行向全省转发的中国人民银行《关于印发〈财产保险基本险〉和〈财产保险综合险〉条款、费率以及条款解释的通知》，对原企业保险条款和费率作废，并同时启用新的产品。

1997年1月3日，人行山西省分行批准中保财险山西省分公司申报的《公路货物运输定额保险条款（试行）》和《家庭财产保险条款、附加险条款》。

1998年，人行山西省分行继续加强保险条款和费率的管理。1月6日，批准中保财产山西省分公司《高速公路路产设施机动车辆第三者特别责任保险条款》面市。7月，批准中保财产申报的《个体工商业财产保险条款》及其《附加盗窃保险条款》等10个保险条款。11月，中国人民银行对1995年开始实行的机动车辆盗抢险条款和费率进行修订，下发《关于修订机动车辆保险附加全车盗抢险条款和费率的通知》。同年，人行山西省分行对中保财险、太平洋保险多个产品及费率进行了审批。

1999年1月4日，中保人寿大同分公司根据省分公司《关于启用由中国保险监督管理委员会监督制的航意险保单的通知》，开始安排清理回收废旧航意险保单，积极主动地与民航售票部门取得联系，准备上线航意险新保单。11日，中国保监会下发《保险机构高级管理人员任职资格管理暂行规定》，对保险公司高级管理人员的划定范围、任职资格、资格审查、管理、取消等事项进行明确规定。当年，中国人民银行太原中心支行依据中国保监会的暂行规定行使对省内保险机构高级管理人员任职进行监管。15日，中国保监会下发《关于人身保险业务有关问题的通知》，要求："人身保险条款、费率由各保险公司总公司制定，并由总公司向中国保监会备案后才能使用，分公司不得自行制定条款、费率。"6月，大同保险市场各人寿保险公司按照中国保监会《关于人身保险业务必须遵循自愿投保原则的通知》要求，开展进一步强化销售业务过程遵循自愿原则的活动。7月，根据保监会制定下发的《关于开展保险兼业代理人审核工作的通知》要求，大同各保险主体立即组织基层公司开始有关材料的准备工作，重点对民航、旅行社、各银行、邮政、建筑等保险兼业代理人必备五项条件进行准备，接受监管部门的审核。12月15日，中国保险监督管理委员会下发《关于界定责任保险和人身意外伤害保险的通知》，对险种概念、界定原则进行明确，并提出不得任意混淆界线，严禁超范围经营。2000年，大同各寿险公司进行学习与传达。

2000 年 5 月，大同各人寿保险公司开始执行中国保险监督管理委员会《关于“保险代理人资格证书”展期的通知》的相关要求。8 月，中国保监会颁布《财产保险条款费率管理暂行办法》，规定财产保险险种分为主要险种和其他险种，其中主要险种的基本保险条款和保险费率由中国保监会制定和修改，主要险种的非基本条款和费率以及其他险种的条款和费率由保险机构拟定，报中国保监会或其省级机构备案。

2001 年 1 月，太原保监办成立，承接了对山西省区域保险行业的监管职责，形成了山西省保险市场监管核心。同月，根据中国保监会《关于做好高级管理人员任职资格情况清理工作的通知》要求，开展对辖内保险高级管理人员任职资格情况进行清理。4 月，根据太原保监办对全省保险机构和行政许可方面的问题进行清理要求，大同保险 4 家公司在自查的基础上，接受太原保监办的现场检查。8 月，保监会下发《关于投资型财产保险产品预定利率管理问题的通知》中规定，对产品的预定利率提出规范。11 月，太原保监办根据保监会《关于规范保险公司业务分支机构业务经营区域的通知》精神，对保险险种和扩大区域经营业务继续进行备案管理。同年，太原保监办对辖区寿险公司已经开办的 180 多项产品和新面市的 10 多项产品进行备案。

2002 年 3 月，国寿大同分公司根据中国保险监督管理委员会、中华人民共和国工商行政管理总局联合下发的《保险公司营销服务部管理办法》，开展对系统现有机构认真清理整顿工作。

2003 年 2 月 26 日，太原保监办下发《关于对保险机构 2002 年度年检的通知》，采取审验各保险公司年检报告和现场检查等方法，于 3 月底完成对辖内保险公司和代理公司的年检。8 月，太原保监办下发《关于高级管理人员任职资格管理有关事宜的通知》，规定保险公司各级分支机构除总经理（经理）以及具有相同职权的负责人外，其他人员均不在高级管理人员任职资格审查范围；保险分公司、中心支公司副总经理任免实行报告制，在任免 10 个工作日内由一级分公司向太原保监办报告。5 月，国寿大同分公司落实总公司《转发中国保险监督管理委员会办公厅〈关于妥善处理人身保险新型产品客户投诉有关问题的通知〉的通知》精神，在投诉处理组织机构、坚持值班报告制度、规范投诉处理操作流程、加强信息统计工作四个方面进行了强化。同月，大同各寿险公司开展落实中国保险监督管理委员会、中国人民银行《关于加强银行代理人身保险业务管理的通知》精神，在兼业代理实务、信息披露、渠道沟通、客户回访、宣传资料、人员培训以及投保各个环节进行规范。

2004 年，山西保监局根据《中华人民共和国行政许可法》和《中国保监会行政许可实施办法》的规定，积极推行保险监管行政审批制度改革，努力完善监管工作流程。

制定并下发了《山西保监局行政许可内部程序规定（试行）》，该规定从接受行政许可申请到行政许可决定送达的各个环节做了详尽规定和要求。同年，山西保监局从辖内实际出发，在充分征求保险公司意见和报请中国保监会同意，对县级支公司经理任职资格进行调整，调整条件规定为：达到大学本科以上学历的，从事经济工作 5 年以上，具有相应的管理能力；达到专科学历的，应从事经济工作 7 年以上，且担任副经理、经理助理、副科长等相当职务 2 年以上。

2006 年 3 月 30 日，山西保监局印发《山西保监局保险许可证管理暂行办法》，明确规定山西保监局是山西省内各类保险机构《经营保险业务许可证》的颁发和管理机关，负责全省保险机构《经营保险业务许可证》的领取、变更、换发、补发、撤销公告事宜。该办法同时对各项工作的办理程序和时限提出明确要求。9 月 1 日，大同保险同业执行由中国保监会印发的《健康保险管理办法》。

2007 年 10 月 15 日，山西保监局印发《山西保监局保险许可证管理办法》，新出台的管理办法增加了山西保监局在中国保监会授权范围内行使保险许可证颁发和监管职权所遵循的“依法、公开、公正、便民、高效”的原则；增加了在省辖内应当依法取得保险许可证的保险机构中经营保险业务的各级分支机构；明确了保险许可证的七种类型，并对各类型保险许可证的有限期进行了界定；对许可证内容的记载、换发、补发、送达、时限、公告等具体要求进行了调整和修订。

2008 年 4 月 8 日，根据山西省保监局《关于开展 2008 年短期意外险市场秩序专项整顿工作的通知》精神，大同保险同业 9 家财险公司、6 家寿险公司开始接受短期意外保险的专项检查。10 月，大同财产保险同业按照山西保监局印发的《山西省财产保险市场机动车辆条款费率执行情况检查方案》，接受由山西保险行业协会、市行业自律小组牵头各财险公司业务骨干参与组成小组进行专项检查。11 月，中国保监会下发《关于加强人身保险收付费相关环节风险管理的通知》，对已收付费业务、保险单证、印章、信息化、内部监督等方面进行了明确规范。12 月 30 日，山西保监局下发《山西辖内保险公司分支机构高级管理人员履职监管细则（试行）》，对全省辖内保险分支机构高管履职的适应对象、监管方法、监管要求、监管信息管理、监管信息利用、法律责任等方面进行了规定。

2009 年 1 月，大同保险同业根据中国保监会《关于停止以撕票方式经营短期意外伤害保险的通知》规定，开始清收和销毁已发放的以撕票方式经营的短期意外伤害保险单证，结算与保险中介的保险费及其他费用，3 月 1 日准时停止了以撕票方式销售短期意外伤害保险业务。12 月，大同保险同业按照中国保监会《关于印发〈人身意外伤害保险业务经营标准〉的通知》要求，分别成立了由公司主要负责人任组长、相关部门和专人负责的领导小组进行组织、实施和落实工作。各公司制定实施方案、梳理管理制度，完善运营流程，对保险单证、保险中介、条款费率等进行了准备与规范，并在年底之前上报上级公司，准备接受监管部门的验收。同月，大同人寿保险市场主体积极贯彻落实中国保监会《关于进一步加强投资连接保险销售管理的通知》《关于推进投保提示工作的通知》《人身保险新型产品信息披露管理办法》的相关规定，落实承保前向投保人进行投保提示，签单后及时进行客户回访的机制。要求银行代理网点认真配合保险公司严格执行上述机制，引导投保人在投保资料上填写真实信息，并在人身保险新型产品投保单上抄录风险提示语句和有关声明，严禁在办理保险过程中提供虚假信息，严防发生销售误导。年底，山西保监局开发的高级管理人员任职资格电子化考试系统经过调试正式启用。

2010 年 4 月 13 日，山西保监局下发《关于开展保险公司分支机构整改工作的通知》，大同保险同业根据要求，把分支机构高级管理人员或主要负责人是不是与保险公司签订劳动合同的正式员工、分支机构是否具有规范和稳定的营业场所和配备必要的工作人员和办公设备、分支机构是否将经营保险业务许可证原件置于营业场所显著位置、营业部和营销部是否管理其他分支机构等四个方面的情况为重点，同时对在整改期间营业部、营销服务部的改建条件和程序作了规定。机构整改安排 1 年半时间完成。9 月 1 日，山西保监局下发《关于印发〈山西辖内保险公司高级管理人员培训管理暂行办法〉的通知》，就各保险公司分公司（中心支公司）总经理、副总经理、总经理助理和支公司、营业部经理以及与上述高级管理人员具有相同职权的人员的教育培训进行规范。

2011 年 1 月，山西保监局印发《山西省 2011 年整顿和规范保险中介市场秩序工作的通知》。重点针对保险公司与保险中介机构在业务财务等方面不合法、不真实、不透明的合作关系，重点查处保险公司利用中介业务和中介渠道弄虚作假、虚增成本、非法套取资金等突出问题。大同各保险主体开展了自查自纠工作。4 月，为维护未成年人合法权益，大同保险同业根据保监会《关于父母为其未成年子女投保以死亡为给付保险金条件人身保险有关问题的通知》，以及系统的安排，及时开展了业务系统优化与改造，调整了部分投保单证，配套下发了相关实务和客服热线电话等，做好了修订后条款面市的准备工作。

2012 年，山西保监局下发《山西省保险公司分支机构准入指引》《山西省非正常经营管理类保险机构市场退出指引》等规范文件。文件规定设立分支机构应与分类监管评价结果和行政处罚等情况相结合，并将准入条件与偿付能力、违规情况及管理水平、人才储备挂钩，兼顾主体发展质量和市场容量，科学调控保险公司分支机构准入节奏。当年，大同保险市场市级保险主体达到 28 家。

2013 年 5 月，中国保监会对 2013 年第一季度保险业内刑事案件情况进行了通报。

7月，大同保险同业开始实施年初由中国保监会颁布的《保险销售从业人员监管办法》。该办法分为总则、从业资格、执业管理、管理责任、法律责任、附则六章，共38条。该办法适用对象为“保险销售从业人员”；规定所有保险销售人员，包括代理机构从事保险产品销售的人员，均应取得资格证书，并将参考人员的学历条件从初中提升至大专以上（保监会派出机构可调整辖内报考学历要求，但此部分人员从业地域不得超出该派出机构的辖区）；若保险销售人员出现该办法规定的十三种违法违规行为之一，保监会及其派出机构可以对保险公司、保险代理机构处以警告、罚款等行政处罚，并可以对保险公司采取公开披露、监管谈话等监管措施。办法还新增若干刚性监管要求，突出对结果性因素的监管。

2014年1月，大同保险同业开始按照中国保监会印发的《人身保险客户信息真实性管理暂行办法》的规定，以及各保险系统实施细则开展历史保单客户信息的清理及补正工作。大同保险各市级分公司成立了领导组和工作组，明确工作职责和工作目标，拟定了具体工作措施，建立了信息沟通方式，提出相关要求等，经过近7个月的全员努力，按时完成历史保单客户信息的清查和补正工作，及时向上级公司报送了工作总结和相关报表（国寿系统留存业务清理时间另有规定）。12月，中国保监会下发《中国保监会关于开展保险机构“两个加强、两个遏制”专项检查的通知》，该通知表明专项检查的目的意义，详细设计总体安排，提出专项检查的自查要求和其他要求。在总体安排上主要明确检查范围、检查重点、时间安排等具体工作。在公司自查要求上提出专项检查总体原则，即全面自查、鼓励自纠、强化责任三个原则；组织实施要求，即组织领导、实施方案、督办抽查、整改处理四个阶段；自查报告报送要求，即报送时间及方式、报送内容、签发要求等三个方面。大同保险同业从收文开始，着手专项检查工作的启动、安排和实施工作。

2015年5月，大同保险同业按照山西保监局《关于开展保险业防范打击非法集资宣传教育活动的通知》，召开了全市30家保险公司、6家中介代理公司分管此项工作的负责人会议，传达了大同市人民政府非法集资风险排查工作会议精神，山西保险行业协会大同办事处就做好非法集资排查提出工作要求，分发了山西省处置非法集资领导组、山西省人民政府金融办、山西银监局联合制作的非法集资宣传折页、非法集资案例宣传资料等。各保险主体通过电视广播、报纸杂志、网络媒体、客户刊物、微博、微信、短信平台、海报条幅、电子显示屏、宣传单（板）等媒介，采取现场集中宣传、网点分散宣传、流动宣传相结合的形式，穿插采用新闻发布会、媒体见面会等方式，突出重点，注重实效，强化日常宣传结合开发集中宣传，明确内部职责分工，细分宣传重点人群。活动期间，大同办事处成立两个检查组对全市13家会员单位进行抽查，集中宣传活动结束后，大同市人民政府组织召开“山西省处置非法集资工作大同巡查组工作汇报会议”，大同办事处主任郭促就大同保险业“打击非法集资”开展的各项工作进行汇报，山西巡查组对在打击非法集资方面所做的工作给予充分肯定，并对下一阶段打通保险业开展“打击非法集资”工作进行了指导。10月，大同保险同业认真落实中国保监会关于印发《保险小额理赔服务指引（试行）》的通知，不断强化保险理赔的管理水平。

2016年5月，大同保险同业按照中国保监会的通知和公司系统布置开展以“慧眼·守信·明责”为主题，切实做好2016年保险业防范非法集资专题宣传月活动。6月30日，保监会制定并印发《中国保监会关于进一步加强保险公司关联交易信息披露工作有关问题的通知》，大同保险业按照上级公司部署，认真学习通知精神以及系统制定关联交易管理办法，认真履行自身职责。7月上旬，针对保险市场“买保险送礼品”问题比较突出，大同保险同业按照山西保监局《关于整治和规范保险销售通知》精神，开展加强法律法规学习教育，自上而下进行自查整改活动。同一期间，根据保监会《人身保险公司风险排查管理规定》，大同寿险公司同业针对但不限于保险资金案件风险、财务管理风险、业务管理风险、内控管理缺陷等4大类风险，在2015年7月1日至2016年6月30日时间范围业务进行排查活动。下旬，大同保险同业实施贯彻落实中国保监会《关于进一步规范保险理赔服务有关事项 的通知》，不断提升保险理赔管理水平与服务水平。9月，大同保险同业按照保监会《保险机构“两个加强、两个遏制”回头看工作简报第5期》精神以及系统“两两回头看”工作布置，进一步按照做好“两两回头看”整改工作“思想认识到位、责任落实到位、自查整改到位、督导问责到位、总结提高到位”五个到位要求，加大自查力度，逐单核查，边查边改，努力实现全部整改到位，没有遗漏。

2017年5月，大同保险同业根据保监会《中国保监会关于进一步加强保险业风险的通知》和保险系统工作安排，认真开展风险防控各项工作，牢牢守住不发生系统性风险的底线目标。针对“保监会35号”明确指出当前保险业风险较为突出的九个重点领域，并对保险公司提出了39条风险防控措施要求，各家公司进行认真部署和详细安排。如国寿大同分公司制定下发《关于贯彻落实总 公司5月25日会议精神及加强风险排查工作》，建立“一把手”负总责，一级抓一级，层层落实风险防控格局，明确了各级公司、各个部门和各个岗位人员的风险防控任务，形成了制度管理、流程管理、权限管理和系统管理的风险防控体系。6月28日，中国保监会制定并印发《保险销售行为可回溯管理暂行办法》，大同保险同业根据《办法》的规范和要求，全面进行落实和实施。年内，山西省银保监局按照计划，由相关处室工作人员组成工作组，对大同保险市场，实施定期或不定期的监管巡查。

参考文献

[1] 中国保险学会 . 中国保险史 [M]. 北京：中国金融出版社，1998.

[2] 马斌 . 三晋史话 · 大同卷 [M]. 太原：三晋出版社，山西人民出版社，2016.

[3] 仓修良 . 方志学通论 . 增订本 [M]. 上海：华东师范大学出版社，2013.

[4] 中共山西省委党史研究院，山西省地方志研究院 . 山西省志 · 保险业志 [M]. 中华书局，2019.

[5] 陈磊 . 论民国时期的章学诚研究 [D]. 武汉：武汉大学，2015.

[6] 林立强 . 中国企业史研究的新起点——“范式与方法：首届中国企业史研究 Workshop”综述 [J]. 中国经济史研究，2018（01）: 185—187.

[7] 王艳 . 中国保险公司制度变迁与创新研究 [D]. 长春：吉林大学，2014.

[8] 叶映兰 . 寿险公司财务管理运营机制研究——组织、控制与系统 [D]. 武汉：武汉大学，2010.

[9] 菅佩芬 . 明清时期大同城镇发展轨迹——从军事重镇向商业城镇的转型 [D]. 呼和浩特：内蒙古大学，2013.

[10] 李玉林 . 民国时期大同城市发展研究（1914—1945）[D]. 南昌：江西师范大学，2017.

[11] 徐雪强 . 明清晋蒙交界区商业地理研究 [D]. 西安：陕西师范大学，2017.

[12] 孙祁祥，周新发 . 中国保险业四十年嬗变 [J]. 中国金融，2018（10）: 15—18.

[13] 梁滨久 . 志书分类谈 [J]. 广西地方志，1995.

[14] 全国保险业标准化技术委员会 . 保险术语 [M]. 北京：中国财政经济出版社，2007.

[15] 大同市志编纂委员会 . 大同市志（1993—2013）[M]. 北京：中华书局，2019.

后　记

掩卷深思，言犹未尽。经历了一个多月煞费苦心的篇目设置，经历了一年多时断时续的资料收集，经历了两年多苦思冥想的编著，《大同市保险业志》十篇三十一章一百多万字的草稿编纂工作终于告成。看着眼前一页页的样稿，心潮起伏、百感交集，兴奋之余亦有担忧，担忧通稿记述内容不能比较全面、真实、准确地记述大同保险行业发展的辉煌历程。

三年前，我接受了大同保险行业协会秘书长郭促的邀请，共同着手《大同市保险业志》的编纂工作。这项工作，对于郭秘书长而言，因为他有系统的财经专业学习背景，多年从事保险系统管理工作的实践，深厚的文字、语言运用功力，且著述颇丰，可谓轻车熟路。而我并非金融保险专业科班出身，也没有受过文史学科的正规专业训练，仅作为一名受过临床医学教育误入保险行业，并从事寿险管理工作的普通工作者，深感编纂工作之烦琐、责任之重大。完成大同保险业跨度长达70多年甚至要追溯更长的历史事实记述，对我来说是一次前所未有的挑战。

在从事寿险业务管理工作期间，我一直在追问：为什么有的企业基业长青？有的企业昙花一现？决定企业成为优秀或者卓越是否有它的充要条件，抑或有恒常不变的规律或通则？我在工作之余，阅读了泰勒的《科学管理原理》、法约尔的《工业管理和一般管理》、马克斯·韦伯的《社会和经济组织理论》，甚至巴纳德、德鲁克、梅奥、钱德勒等许多管理大师的著作，却并没有得到一个明确的答案，我开始怀疑这个问题的意义。

企业史学科的创始人格拉斯（Norman Scott Brien Gras）认为，企业史就是对企业运营管理历史的研究。这部《大同市保险业志》征集了驻大同38家保险会员公司的历史资料，主要从企业使命、组织结构、企业经营、企业管理、客户服务、保险宣传、企业文化、工会建设、保险自律、行业监管等10个企业管理要素作为志书陈述对象，把企业管理和企业经营两篇内容作为记述重点，尝试运用管理的思维方式同史学的研究范式相结合去记述这段史实，希望通过对过去与现在大同险企状态的变迁、发展路径的观察与重要事件的记述，使读者有所思考、有所启迪、有所收获。一方面实现“存史、资治、教化”的作用，更重要的是共同继续寻找、探索和揭示那几个问题的最终答案。

“每一个时代都要编写它自己的历史。不是因为早先的历史编写得不对，而是因为每个时代都会面对新的问题，产生新的疑问，探求新的答案。”（斯塔夫里阿诺斯语）大同保险业经历了70多年的奋斗历程，经历了40多年的快速发展时期，保险业经营的生态环境、监管模式、治司理念、管理体制、销售方式都发生了深刻的变革。因此，整个业界不但需要对过往的成就和贡献予以总结和致敬，同时，更应该对发生的教训和弯路进行严肃的反思。正如任正非在《北国之春》提到的:“什么是成功？是像日本那些企业那样，经历九死一生还能好好地活着，这才是真正的成功。华为没有成功，只是成长。”大同保险业同样不仅需要发扬和保持艰苦创业、顽强拼搏的企业精神，更需要树立和弘扬“反思、质疑和批判”的意识，在未来保险业发展途中，在维护金融安全、服务实体经济、完善社会保障、分散社会风险方面，成为大同国民经济部门的中坚力量，发挥支柱作用。

《大同市保险业志》能够编纂出版，是本届保险行业协会的正确决策，编纂一部反映大同保险业的史志，是业界“保护和弘扬保险历史文化，总结保险业发展规律，激发行业自豪感和自信心”的一项重要举措，正是“合适的时间，做了合适的事”。我们不奢望这本志书对大同保险业未来产生多大影响，只企及能够在大同保险业发展史上有过一丝记忆，为日后有识之士继续谱写大同保险业的壮丽篇章和讴歌大同保险人的奋斗精神留下一条线索。

《大同市保险业志》编纂工作的完成，要感谢山西保险行业学会郭志龙、郭晓莉两位秘书长的悉心指导，感谢大同地方志研究室副主任王林、科长张艳的热情帮助，感谢大同银行保险监管局局长任厚、副局长张少英、副局长张智德、办公室主任谭美贵等领导的大力支持。

在我们编纂过程中，在收集资料等方面，常常遇到许多困难，在他（她）们的支持、建议、帮助下，困难迎刃而解，所以要感谢他们。感谢中国人寿山西省分公司业管部总经理武玉清、经理刘红梅；信息技术部总经理张志明、副总经理崔斌；财务处总经理郝建玉、经理潘红；团险部经理武彦荣、经理赵在超；健康险处经理乔晓洁。感谢中国人寿朔州分公司副总经理丁世珍、副总经理张鹏、客服中心经理宫志芳、人力资源部经理巩彪。感谢中国人寿吕梁分公司副总经理李霞。感谢国寿晋中左权支公司经理贾庆生。感谢一直关心《大同市保险业志》进展情况并提供许多珍贵图片的国寿大同分公司两位前任总经理石宝镛、刘枫和提供具有重要价值资料的培训部经理马红玲、田浩、连虹以及辛勤工作、乐于奉献的《大同市保险业志》编纂委员会等众多领导和同事们。

清人章学诚在《方志立三书议》中提出，“凡欲经纪一方之文献，必立三家之学，而始可以通古人之遗意也。”本次编纂的《大同市保险业志》，由于时间关系，并没有将人物、制度等编入其中，这方面的记述，有待于后者。

本志一定有许多不足之处，诚恳欢迎批评指正！

《大同市保险业志》编纂委员会　贺启宗

2021 年 5 月 23 日